新訂版

國際法講義

李 漢 基 著

博 英 社

新訂版 序文

箕堂 선생님께서 타계하신 지도 어언 2년 이상의 세월이 경과하였다. 생전의 箕堂 선생님은 다양한 직책으로 수많은 활동을 하신 바 있으나, 국제법 연구의 길을 따르고 있는 후학의 입장에서는 國際法 학계의 큰 어른으로 가장 기억될 것이다. 箕堂 선생님 타계 이후 유족들도 國際法 학자로서의 선생님의 학문적 업적이 이어질 수 있도록 뒷받침하는 적지않은 지원사업을 전개중이다. 이 과정에서 제기된 문제 중의 하나가 선생께서 생전에 남기신「國際法講義」의 처리였다. 이 책은 이에 담겨 있는 理論의 정밀성이나 內容의 수월성이라는 측면에서 볼 때 선생님의 타계와 함께 그냥 잊어버리기에는 너무나 아까운 책이기 때문이다. 또한 선생님의 타계 이후에도 학생들 사이에서의 수요가 꾸준히 지속되고 있다는 점을 무시할 수 없었다. 다만 기존의 新稿版이 1990년에 初出된 바 있어 지난 수년간의 국제사회의 변화와 학계의 발전이 충분히 반영되지 못한 아쉬움이 있었다. 이에 몇몇 제자들이 뜻을 모아「國際法講義」를 수정보완하여 다시 한번 세상에 내놓기로 하였다. 그러나「國際法講義」는 어디까지나 箕堂 선생님의 저작물이고, 현재는 개략적인 수정 지침조차 받을 수 없는 상황이므로 가급적 최소한의 변화만을 가하는 것이 선생님의 학문적 업적을 손상시키지 않는 제자된 도리라고 생각하였다. 따라서 이번의 손질과정에서는 기존의 체제를 그대로 유지시키고 장, 절은 물론 소제목에 대하여도 수정을 가하지 않되, WTO의 출범 등 변화가 많았던 국제경제분야에 한하여만 불가피하게 항목을 추가하였다. 서술에 있어서도 가급적 기존 內容과 學說을 유지시키되 그간의 條約이나 法令의 변화, 새로운 주요 判例의 출현 등만을 반영하였다. 다만 종래보다 한자의 사용은 대폭 축소시켰으며, 표현에 있어서도 요즘의 언어 감각에 맞지 않는 지나치게 예스러운 표현은 일부 수정하였다. 따라서 제자들에 의한 수정이 가하여졌다

하여도 기존의 체제와 내용에 있어서는 큰 변화가 없고, 箕堂 선생님께서 생존해 계실 경우 이 점만은 반드시 고치셨을 것이라고 판단되는 최소한의 수정만을 가한 셈이다. 이 작업에 참여한 제자들은 백충현, 정인섭, 최태현, 최승환, 홍성필, 서철원, 조시현 등이다. 지면을 통하여 그간의 수고에 감사를 표하는 바이다.

끝으로 이 책이 다시 출간되는 과정에서 온갖 뒷바라지를 아끼지 않은 博英社 관계자 여러분께도 사의를 표한다.

1997년 5월

제자 대표

新稿版 序文

이 책의 初版이 발간된 것은 1973년, 그 후 10년 만에 修訂版을 내놓았으나, 그 동안의 엄청난 國際社會의 變化는 이 책의 전면적인 改訂을 불가피하게 하였다. 修訂版 이후 8년 만에 다시 全面改訂을 단행하여 「新稿國際法講義」라는 이름으로 세상에 내놓게 되니 著者로서 責務의 一端을 다한 것 같아 기쁘기도 하나 여전히 未洽함과 불만을 금할 수 없다.

오늘날 國際社會는 構造的으로 變動期에 놓여 있으며, 이것을 規律하고 여기에 妥當하는 國際法도 근본적 변화의 과정을 밟지 않을 수 없게 되었다. 이전의 傳統國際法은 戰爭과 征服, 植民地獲得을 合法化하는 法이었다. 이 「法」에는 「힘의 論理」가 支配하고 있었다. 그러나 제 2 차대전 후의 現代國際法下에서는 戰爭은 이미 不法化되었고, 非植民地化가 正當化되었으며, 自決權의 確立과 더불어 植民地解放이 合法化됨에 이르렀다.

이리하여 現代國際法에는 平和, 人權, 軍縮 등의 문제가 中心課題가 되어 國際法의 構造 및 性質에 기본적인 중요성을 갖게 된다. 또한 國際法의 內容도 풍부하게 되어 國際法의 一部이면서 國際組織法이나 國際經濟法과 같은 새로운 科目이 나타나고 있다. 그리고 他面 法的 拘束力은 없으나 國家間의 行動을 規律하는 점에서 종래의 法源을 보충하며 國際法의 欠缺을 막아주는 이른바 “soft law”의 중요성에도 注目할 필요가 있다. 이 新稿版은 이러한 分野들을 浮刻시키려고 하였다.

이 책이 나오기까지 서울대학교 法科大學의 白忠鉉 교수를 中心으로 하는 서울國際法研究院의 스탭들의 도움을 받았다. 특히 鄭印燮 교수는 校正에서 索引에 이르기까지 많은 수고를 아끼지 않았다. 충심으로 감사의 뜻을 표한다.

그리고 이 책이 나오도록 끊임없이 격려해주신 安洹玉 會長, 安鍾萬 社長의 誠意에 감사하며 또한 出版에 애써주신 李明載 常務에게 敬意를 表한다.

1990년 7월

저 자

修訂版 序文

初版이 발간된 1973년 초에서 현재에 이르는 10여 년은 어느 때보다도 國際法分野에 급격한 변천과 발달이 이루어진 時期이었다. 제 2 차세계대전의 종결 이후에 탄생한 다수의 新生獨立國家들이 새로운 國際法秩序를 모색하는 데 직접적이고도 적극적인 發言權을 행사하여 전통적 국제법관념에 대한 變化에 크게 영향을 미쳤다. 특히 주목의 대상이 된 人權에 관한 國際法, 國家承繼 및 海洋法領域에 있어서는 UN 및 地域的 國際機構의 주도 아래 상당한 業績을 달성하였고, 다수국의 國家慣行을 통하여 定着되고 있다. 이와 같은 國家社會의 與件變化는 本書의 전반적인 改稿를 필요로 하였지만, 우선 海洋法의 주요부분을 수정・보완하고 다른 분야에는 최소한의 수정만을 加하여 미흡한 대로 修訂版을 내놓는다.

1983년 2월

著　者識

序 文

著者가 「國際法學」 上卷과 下卷을 公刊한 지 어언간 10餘年의 세월이 흘렀다. 그 동안 國際法的 現實에 많은 變化가 일어났고 簡略한 單卷의 教科書를 요망하는 소리도 있어 改稿의 필요를 느껴왔으나 餘暇를 얻지 못하던 차 다행히 1971年度의 서울대학교 硏究教授로 선발되어 講義의 부담을 덜게 된 것을 機會로 이제야 그 뜻을 이루게 되었다. 돌이켜 생각해보니 學問의 더디고 어려움을 새삼스럽게 느낀다.

여기에 本書는 戰爭法規를 除外한 全體系를 새로이 썼다는 의미에서 이름을 달리하여 「國際法講義」라 하고 前著와 구별하였다. 本書가 단순한 「國際法學」 上·下의 合本이나 縮小版이나 또는 改訂版이 아닌 所以다. 제 나름의 獨立性을 지닌 것이라고 생각한다. 다만 本書의 目的도 역시 講義에 있어 학생들의 筆記의 勞力을 덜어주기 위한 入門書 이상의 것을 기도하지 않으니 되도록 代表的인 學說과 意見을 취사선택한 것과 특수한 學派의 方法論에 치우치지 않으려고 노력한 著者의 뜻을 이해할 수 있으리라.

本書는 그 동안의 새로운 立法的인 條約으로 1958年의 海洋法에 관한 Geneva 4條約, 1961年의 外交關係에 관한 Wien條約, 그리고 1969年의 條約法에 관한 Wien條約 이른바 條約法條約 등을 새로이 취급하였다.

특히 최근에 이르러 海洋法의 分野에서는 눈부신 발전을 볼 수 있으나, 그 具體的 成果는 1973年에 開催하기로 예정된 第3次 海洋法會議 이후가 刮目할만한 것이 될 것이다. 本書에서는 이 分野中 1969年의 北海大陸棚事件의 判決을 中心으로 大陸棚의 새로운 發展을 叙述한 데 그쳤다. 1967年의 저 有名한 Malta 提案과 이에 發端한 深海底問題에 관해서는 그것을 아직 形成過程에 있는 lege ferenda로 보아야 하므로 여기서는 그 취급을 省略하였다. 그러나 深海底에 관한 國際制度가 確立되기 전이라도 최근의 海洋科學의 急速한 發達에 비추어볼 때 國際制度가 수립될 때까지 海洋開發을 封鎖하려는 開發途上國들의 moratorium 決議에도 不拘하고 先進國의 interim measures의 方向으로 深海底는 未久에 開發되리라고 보여진다. 이렇게 되면 開發에 관하여 國際紛爭이 발생할 우려가 있으나 海洋은 地球上의 人類가 進出할 수 있는 최후의 frontier이고 人類共同의 遺産(common heritage of mankind)이라고 생각되므로 반드시 이 問題의 解決을 위한 規則이 發見되리라고 믿는다. 그렇다 하더라도 우리나라가 다른 開發途上國家와 같이 海洋에 관한 國際立法의 過程에 참여할 수 있기를 바라는 마음 절실하다.

傳統的 國際法體系에서 지금까지 소홀하게 다루어온 것으로 國際經濟의 分野가 있다. 國際經濟의 槪念規定은 Erler나 Schwarzenberger나 또는 Harms나에 있어서 각각 다르지만은 經濟問題가 國際法現象中에 獨自的 地位를 占하고 있는 오늘날 經濟에 관한 國際法關係를 看過할 수는 없다. 우선 이곳에서 國際經濟法의 序說을 意圖한 데 지나지 않았으나 앞으로 同學들의 體系的 硏究에 많은 기대를 걸고 싶다.

오늘날의 國際關係가 多極化되어가는 것은 사실이지만은 아직은 19世紀와 같은 새로운 多極的인 힘의 均衡體系를 形成하는 데 成功하지 못하고 있다. 現代는 아직도 복잡하게 계속되는 革命狀況의 世界이다. 그러므로 國際關係中의 重要領域에서 非政治化된 「豫測可能」한 領域이란 거의 消滅되고 말았다. 國際法을 「國際關係中에 秩序라고 부를 수 있는 可測性을 부여하는 體系」라고 볼 때 오늘날 그러한 體系는 찾아볼 수 없다. 이러저러한 理由로 오늘처럼 國際法의 妥當根據가 疑問視되고 또한 過小評價되는 時代도 없는 것 같다.

그러나 어떠한 安定된 時代라 할지라도 國際關係가 반드시 法에 의하여 처리되는 것이 아님은 말할 것도 없다. 그것은 高度로 組織化된 國內社會에 있어서도 國內問題가 다 法으로써 처리되지 않는 것과 같다. 또 世上에서는 허다하게 戰爭이나 國際紛爭을 統制하지 못하는 허물을 國際法에 돌리기도 하나 國內의 革命, coup d'état, 政黨間의 紛爭 등에 있어 國內法이 반드시 效果的인 對應手段이냐 하는 것은 疑問視되는 것이다.

戰爭과 革命의 時代, 또는 國際政治의 座標가 크게 動搖되는 時代에는 國際關係에 法을 말하는 것이 時代錯誤와 같은 느낌을 준다. 언젠가 H. Morgenthau와 G. Kennan이 現實主義의 立場에서 美國外交政策의 法律主義를 痛駁한 것은 유명한 이야기다. 그러나 國內法이 國內法體系대로 엄연히 存在하고 있는 이상 적어도 그 體系內에 受容되는 國際法의 存在만은 否認할 수 없을 것이다.

國際法은 참으로 戰爭과 같은 社會力의 大爆發的 現象에는 거의 關係가 없으며 모든 법이 그러함과 같이 正常的인 國際關係에 비로소 機能하는 것임을 알아야 한다. 今日과 같은 "Sturm und Drang"의 時代에 있어서도 圓滑한 國際關係의 處理라는 要請이 있는 限 國際法의 役割은 減少되지 않을 것으로 確信된다.

끝으로 이 책의 文獻目錄과 索引과 校正까지 담당해준 白忠鉉 助教授의 手苦에 대하여 깊은 감사의 뜻을 표한다.

1972年 12月 24日

서울大學校 法科大學 研究室에서

李 漢 基

目　　次

제 7 장 國家의 種類와 權利義務

제 8 장 國家領域

제 9 장 海 洋 法

제13장 條 約

제18장 安全保障

제19장 戰 爭 法

제 1 장 國際法의 性質

제 1 절 國際法의 槪念

1. 定義와 意義

國際法(international law 또는 law of nations; Völkerrecht; droit des gens)이란 국제사회의 법으로서 주로 국가간의 관계를 규율하는 법이다. 많은 개인으로 구성된 국내사회에 각종 國內法(헌법, 민법, 형법 등)이 있는 것과 같이 다수의 국가가 존재하는 국제사회에도 역시 법이 있다. 이것이 국제법이다. 법은 사회규범이며, "사회 있는 곳에 법이 있다"(*ubi societas, ibi ius*)라는 법언이 말하는 바와 같이 인간사회에 질서를 부여하기 위하여 법이 필요한 것이라면 국제사회에도 법은 존재한다고 보아야 한다.

원래 국제법은 위와 같이 국가간의 관계를 규율하는 법으로서 성립되었으며, 그러한 법으로서 정의되어 왔다. 그러나 근래 국제사회의 조직화와 더불어 국제사회 전체의 입장에서 국제관계를 규율하려는 동향은 국가 이외의 실체(entity)에게도 어느 정도 권리·의무의 歸屬體, 즉 主體性을 인정하기에 이르렀다. 따라서 국제법에 관한 전통적 정의는 수정이 불가피하게 되었다(예를 들면 Starke 3).

> 법에 관한 일반적 정의와 마찬가지로 국제법에 관한 정의도 각자의 철학에 따라 여러 가지가 있을 수 있다. 그러나 가치 있는 정의라면 경험에서 얻은 관련성을 파괴하지 않고 현상을 남김없이 정확하게 설명할 수 있어야 하며, 일단 채용한 이상 일관성 있게 적용하여야 하며 또한 현실의 발전에

따라 그 정의도 발전하는 것이 아니면 안된다(Verdross, 2; 43 AJIL 435-436; Friedmann, 444). Cardozo 판사도 "정의의 결과가 사실에 맞지 않으면 정의가 나쁘기 때문이다. 그러므로 우리는 정의가 널리 현실을 설명할 수 있는 곳까지 이것을 확장할 필요가 있다"고 말하였다(Cardozo, 127).

오늘날의 국제사회는 오로지 국가만을 구성단위로 하는 사회가 아니라 실로 국제조직과 개인까지도 포함하는 사회로 변화하였다. 국제사회에는 다수의 주권국가가 공존하고 있는 한편, 동시에 특정한 다수국가의 합의에 의하여 그들 국가 상호간에 국제조직이 다수 설립되게 이르렀다. 이 국제조직은 독자적 법적 기초 위에 독자적 조직 또는 기관을 가지며 독자적 권한을 행사한다. 그것은 국가로써 구성되고 그 국가간의 조약에 의거하여 또한 그 조약의 한도 내에서 그와 같은 국제단체로서의 성질을 갖는 것이나, 그 조직 자체의 존재와 기능은 벌써 이것을 구성한 개개의 국가간의 관계에 환원되는 것이 아니다.

20세기 국제사회의 새로운 현상은 이러한 국제조직의 중요성이 양적 및 질적으로 증대하고 있는 것이다. 세계의 대다수 국가가 참가하고 있는 국제연합(UN)이나 그 專門機關(WHO, FAO 등)과 같은 세계적 조직, 美洲機構(OAS)나 유럽연합(EU)과 같은 지역적 국제조직, 나아가서 石油輸出國機構(OPEC)나 經濟協力開發機構(OECD)와 같은 제한된 국가간의 국제협력 기구 등 그 목적이나 성격은 실로 다양하다. 오늘날 국제사회에 있어서 이같은 국제조직의 숫자와 이들의 임무와 영향력은 점점 증대하고 있는 추세이다.

〈民間國際組織의 擡頭〉 제 2 차대전 후에는 특별히 국가간 관계의 국제적 발전과 병행하여 또는 이것과 별도로 각국의 인민 · 사회집단 · 사회계급 · 개인, 그리고 각종 법인 · 회사 · 단체 등이 개개의 국가의 국경선을 넘어 또는 국민의 屬人的 · 法的 지위에 구애받지 않고 경제적 · 사회적 · 문화적 및 정치적 국제교류를 활발히 전개하고 있으며, 이에 따라 그 목적을 달성하기 위한 '非國家的 · 非政府的 國際組織(민간국제조직=NGO)'을 착실히 확대 · 강화하고 있다. 이 현상은 '국가간 국제조직'(IGO)의 현대적 발전을 능가할 추세를 보이고 있다. 따라서 국제사회라고 할 때 광의에서는 국가간의 국제사회와 동시에 비국가간의 국제사회의 양자를 포함하는 것으로 보아야 하며, 국제사회란 단순히 국가간의 사회라는 전통적 관념으로부터 벗어나야만 한다(Kaufmann, 419-440).

현대인은 너나없이 '고향상실자'이며, '어딘가' 또는 '무엇인가'에 귀속하고자 하는 인간집단을 탐구한다. 지금까지 기존의 인위적인 국가라는 틀 속에 매몰되어 있던 객체로서의 개인이 이제 와서 적극적으로 자기 자신의 '고향'을 찾아 나서게 된 것이다. 근대화에 수반되는 가치의 다양화와 더불어 이 개인의 편력의 종착역이 이제는 반드시 국가에 한정되지 않는다. 어떤 특정의 집단일 수도 있고 민족일 수도 있고 지역일 수도 있고 초국가조직일 수도 있고 또는 보편적인 지구사회 내지 인류사회일 수도 있다. 그리고 이 경향은 국가가 개인에게 至上의 '생활세계'는 아닌 것으로 되었을 뿐만 아니라 오히려 생명과 자유를 위협하는 존재라는 인식이 높아짐에 따라 더욱더 강화되었다. 이것이 바로 국가 이외의 여러 집단이 역사나 국제사회에 적극적으로 작용하는 actor(행위체)로서 대두하게 된 가장 큰 요인이다.

중요한 NGO의 예로서는 國際法曹委員會(International Commission of Jurists), 國際赦免委員會(Amnasty International), 國際赤十字委員會(International Committee of the Red Cross), 世界教會協議會(World Council of Churches/Commission of the Churches on International Affairs) 등이며, 기타 반핵·반전운동이나 공해반대운동 등도 만만치 않다.

이러한 NGO의 특성은, 첫째 '國益'에 구애되지 않고 전인류적 관심사에 대한 여론의 환기, 둘째 민중에게의 정확한 정보의 제공, 셋째 초국경적 민중의 연대, 넷째 국가간의 마찰의 조정, 다섯째 특정 문제에 관한 전문적이고도 공정한 조사, 여섯째 국가중심지향의 완화 등을 들 수 있다.

그러나 NGO가 국제사회의 구조적 변화에 끼친 영향이 큼에도 불구하고 그 앞길에는 넘기 어려운 한계가 놓여 있다. 첫째, 현대의 국제사회에 있어서는 어디까지나 주권국가가 주역이다. NGO에는 조약 체결권이 없다. 둘째, UN에서도 의결권이 인정되지 않고 이에 대한 참가도 극도로 제한되고 있다. 셋째, 다양한 NGO를 통할·조정하는 국제조직이 완비되어 있지 않다. 넷째, NGO는 그 가치실현을 위한 수단이나 실효적 능력을 충분히 구비하고 있지 않다. 다섯째, 제 3 세계의 NGO는 질·양에 있어서 다같이 미약하다.

그러나 앞으로 NGO는 전체적으로 국제사회에 대한 발언력과 영향력을 증대해 갈 것이며, 국가의 테두리를 초월하려는 개인들로써 장차 '인류사회'의 형성을 지향할 것으로 보인다(馬場伸也, 「NGOと國際社會」, 69-70).

또한 극히 예외적으로 개인(individual, 회사 등의 법인 포함)에게도 國際法 主體性이 부여되는 경우가 있다. 즉 종래 국제법의 객체에 불과했던 개인이 20세기에 들어와서는 국가를 매개하지 않고 직접 자기의 이름으로 國際組織에 청원 내지 國際裁判所에 출소할 수 있는 권리를 갖게 되었다. 또한 의무의 면에 있어서도 국제조직으로부터 제재를 받는 등 국제관계에 있어서 의무가 부과되는 현상이 나타나게 되었다. 즉, 국제법이 직접 개인에 관해서도 규율하게 된 것이다.

위와 같은 국제사회의 구조적 변화와 이에 따르는 실정적 발전은 國際法을 오로지 국가간의 법으로만 보아온 전통적 정의에 만족할 수 없게 되었다. 이리하여 현대적 정의로서는 국제법이란 國際社會의 法, 그 구성단위인 國家, 國際組織 및 個人도 규율하는 법이라고 하는 것이 옳다.

그러나 유의할 점은 국가가 일반적 · 전체적으로 국제관계를 유지할 수 있는 완전한 국제법 주체인데 비하여 국제조직과 개인은 국가가 인정하는 한도 내에서(즉, 특정 조약에 규정된 범위 내에서) 국제법상의 권리 · 의무를 갖는 불완전 또는 제한적인 국제법 주체라고 하는 것이다. 이 점에서 본다면 국제법이란 원칙적으로 국가간의 관계를 규율하는 법이라고 해도 무방하다(Akehurst, 1).

국가를 초월한 '人類社會'는 아직 완전히는 조직되어 있지 않고, 공권력이나 법을 제정 · 해석 · 집행하는 기관도 구비되어 있지 않다. 그러므로 국제법이 규율의 대상으로 하는 국제사회란 '국가를 단위로 하는 국제사회'(협의의 국제사회)이며, '개인에 의하여 구성된 인류사회'(광의의 국제사회)는 아니다. 따라서 국제법은 여러 국가(이에 준하는 권력주체)간의 관계를 규율하는 법인 것이다(The Lotus Case, PCIJ). 국제법을 국가간의 단순한 합의에 의하지 않는 '인류사회의 법'으로 보려고 들면 자연히 타국의 국내문제에 간섭하는 '人類의 法'(예, 인권)이 나오기 쉽다. 그러나 오늘날 지구상에 '인류사회'(또는 세계사회)라고 부를 만한 통일적인 사회는 아직 성립되지 않고 있다.

2. 名 稱

國際法이란 용어의 기원은 로마법의 *jus gentium*(유스 겐티움, 萬民法)에 유래한다. 이것은 그 판도 내에 있는 로마인과 외국인간 및 외국인 상호간의 관계를 규율하는 로마법으로서, *jus civile*(유스 키비레, 市民法)와 대비되는 개념이다. 또 이것은 실제로 '여러 民族의 法'(또는 '여러 국가의 법' 또는 '여러 인민의 법')이 아니라 로마판도 내의 개인간의 관계를 규정한 로마 國內法이라는 점에서 국제법과는 전혀 다른 것이었다. 그러나 *jus gentium*이라는 말이 문자 그대로 해석하면 '여러 민족의 법'이라는 의미이므로 근대 유럽 각국은 이 말을 'law of nations' (droit des gens, Völkerrecht) 등으로 번역하여 국제법을 지칭하게 되었다. 이 단계에 있어서의 law of nations에는 여러 민족(또는 여러 국민)간에서 보는 '間'이라는 생각은 들어 있지 않았다. 다만 여러 국민이 준수해야 하는 법이라는 생각을 나타내고 있으며 집권적 질서에 있어서의 법이라는 뉘앙스가 강하다. 이것은 동시에 광의의 '國際社會의 法'에 대응하는 개념이다.

그런데 17세기 영국인 Zouche(주우치)가 *jus gentium*은 여러 國家(또는 여러 국민)間의 관계를 규율하는 법의 명칭으로서는 부적당하므로 '*jus inter gentes*'라는 용어를 사용하자고 제창하였다. 이에 따라 18세기에 이르러 역시 영국인 Bentham(Jeremy~, 1748-1832)이 이 '*jus inter gentes*'를 international law로 번역하여 사용하기 시작하였다. 이 말에는 당연히 여러 國民'間'의 法이라는 뉘앙스가 진하게 풍긴다.

위와 같이 '間'이라고 하는 생각이 들어 있지 않은 *jus gentium*이라는 말은 중세적·통일적 질서하의 국제법을 의미하는 것으로 사용되어 왔고, 다른 한편 근대국가의 권력이 강화되어 가는 과정에서 分權的 秩序(다원적 국가권력의 병존 상태의 근대 국제사회)가 형성됨에 따라 특별히 '間'이라는 생각을 채용한 international law라는 말이 창제되지 않을 수 없었다는 사실은 흥미 있는 현상이다. 국제법을 이와 같이 國家'間'의 법으로 보는 international law라는 말은 협의의 국제사회에 대응하는 개념이 된다.

이리하여 제 1 차대전 후 國際聯盟이 탄생하면서 어느 정도 집권적 국제질서가 예상되는 새로운 사태가 발생하자 다시 '間'이라는 생각이 들어 있지 않은 'law of nations'라는 말이 부활하기 시작하였다. 이것은 암암리에 국제질서의 새로운 방향감각을 나타내 주는 것이며, 종래의 國家'間'의 국제법에 새로이 국제조직이나 개인의 국제법 주체성을 인정하려는 국제법철학을 내포하는 것으로 풀이될 수 있다.

위와 같은 law of nations와 international law와의 양 용어 중에 어느 것을 택하느냐의 문제는 학자의 국제사회에 관한 인식과 철학 여하에 달려 있으나 실질적인 차이는 거의 없는 것 같다. 최근에 '國家間의 法'으로서의 국제법은 interstates law라고 불러야 한다는 주장이 있는 반면에 국제법을 국제사회의 법으로 보고 또한 국제법의 국가에 대한 상위성을 강조하기 위하여 supernational 또는 übernational law라고 하는 것이 타당하다는 주장도 있다(Verdross, Einheit, 40).

이와 같이 국제법의 명칭에 대한 주장의 다양성은 국제법의 성질의 복잡성을 나타내는 것이다. 그러나 현재 말할 수 있는 것은 그 국제법적 인식은 여하간에 명칭을 새삼스럽게 변경할 필요가 있는가이다. nation이라는 말에는 국민 이외에 국가라는 뜻도 있으므로(예, League of Nations는 '국가의 연맹', United Nations는 '국가의 연합') international을 구태여 interstate로 개정할 필요는 없다. 또 최근에 국제법은 국가 이외에 국제조직 및 개인도 규율하는 이상 '國家間의 法'이라는 의미의 international law는 국제법의 성질을 완전히 나타내지 못하는 것이라는 주장도 있으나, 국제법은 당초에 국가라고 하는 인간집단의 이해관계를 조정하기 위하여 탄생하였으며, 국제조직 및 개인의 국제법상의 권리 · 의무도 국가간의 합의와 그 한도 내에서만 인정되는 것이므로 국제법의 실질적 및 형식적 발생원인에 비추어 이것을 '국가간의 법' 즉 international law라고 할지라도 부당하다고 말할 수는 없다. 또한 國際法上位論에 입각한 修正說은 결국 국제법이 국가를 구속한다는 주장에 불과하므로 國際 '法'의 '法'이라는 용어의 사용으로써 충분히 super 또는 über의 의미를 표현한 것으로 해석할 수도 있다. 다른 한편 국제법을 일종의 도덕규범으로 보고 국제'법'의 '법'이라는 용어의 부당성을 공격하는 사람도 있으나 법이라는 말의 다의성을 감안한다면 종래의 명칭을 변경할 필요는 없는 것으로 생각된다.

최근 유럽연합(EU)과 같이 그 구성국가에 대하여 강제력을 행사하는 법규를 제정할 수 있는 국제조직이 나타나게 되었다. 그 조직을 超國際組織이라고 하며 그 법을 超國家法(supranational law 또는 supernational law)이라고 부르기도 한다.

또한 최근에는 국경을 넘어서 개인(비국가간 국제조직 또는 국내민간단체 등)이 서로 교류하는 초국내적(trans-national) 관계가 점차로 형성됨에 따라 이러한 관계를 대상으로 하는 法을 超國內法(transnational law)이라고 부르기도 한다. 오늘날 가장 넓은 의미의 국제법에서는 이러한 supranational law나 transnational law의 문제도 여기에 포함시켜 다루고 있다.

제 2 차대전 후 각국은 국제무역 및 해외투자의 급격한 증대에 대처하기 위하여 그 많은 법률문제를 해결하기 위한 실제적 요구에 직면하였다. 그러나 전통국제법은 국가 대 국가의 법률문제를 주된 대상으로 하고 私人間 또는 사기업간의 국제적 활동에 관한 '法의 抵觸'의 문제를 國際私法에 맡기고 있다. 그러나 이러한 방법은 실제적 문제를 해결하는 데에 적당하지 않은 것을 알게 되었다.

또한 국제생활의 급속한 발전은 '국제공법'에 의해서도 또는 '국제사법'에 의해서도 적절히 해결되기 어려운 허다한 법현상을 낳고 있다. 예를 들면 민간 또는 非政府(非國家)間의 국제조직법 이외에 어떤 국가의 법인격도 갖지 않는 국제민간단체간의 협정이나, Verdross가 말하는 '準國際法協定'(quasi-völkerrechtlicher Vertrag), 즉 국제법상의 국제조직과 민간의 국제조직과의 사이나 국가와 외국사인과의 사이에, 평등한 입장에서 '국제법상의 협정에 유사한 형식'으로 체결된 협정(일방은 국제법상의 주체이나 타방은 주체가 아니다) 등이 이러한 것이다. 특히 국가와 외국기업과의 사이의 이런 종류의 협정은 발전도상국의 자원개발이나 공업화에 대하여 중요한 의미를 갖는다. 이와 같은 협정을 '超國內的'(transnational) 협정이라고 부르는 학자가 있다. Jessup은 국경을 초월한 모든 법현상을 transnational law(초국내법)라는 이름으로 표현하고 있다. 이것은 개개의 국경을 넘어서 전개되는 법률행위를 규제하는 모든 법, 이를테면 종래의 국제공법이나 국제사법만이 아니라 반드시 이에 속하지 않는 다른 법의 분야도 포함하며, 그 행위주체는 개인, 법인, 국가 및 국제조직 등을 포함하는 넓은 개념이다. 이리하여 오늘날 '국제법으로부터 초국내법에로' 발전하려는 국제법학의 동태는 활발화되고 있다.

결국 국제사회(광의)의 법으로서의 transnational law를 분류하여 보면, (1) 國家間(또는 政府間) 國際法(intergovernmental international law), (2) 非政府間 國際法(non-governmental international law), (3) 公私混合 國際法(mixed international law)이라는 세 개의 카테고리로 나눌 수 있다. 그러나 (2), (3)의 것은 그 법현상의 급속한 증대에도 불구하고 아직 체계화되지 못한 상태이다.

transnational law는 주권이나 권력으로부터 출발하는 것이 아니고 세계의 국가간에 우호적으로 조정될 수 있는, 그리고 그 관할권이 본질적으로 절차의 문제라는 전제로부터 출발한다(Jessup, Transnational Law 1956, 2). 그러나 오늘날 국가 이외의 어떠한 조직도 국제법상의 形式的 地位(즉, ICJ의 당사자가 될 수 있는 지위)를 갖지 못하는 것이 큰 결점이다. 국가가 모든 면에서 유일한 국제법 주체로 존속하는 한 현행 국제법의 이론과 현실 간의 간격은 참으로 심각한 것이다(W. Friedmann, Law in a Changing Society, 331).

한국에서는 어느 때 國際法이 처음으로 도입되었으며 그 때 사용된 명칭은 어떤 것이었던가. 청말 1860년대에 미국인 宣教師 William Martin(1827-1916, 중국명 丁韙良 또는 丁冠西)이 H. Wheaton의 *Elements of International Law*(Philadelphia, 1836)를 중국어로 번역하여 惠頓著 「萬國公法」이란 이름으로 북경에서 출판하였다. 이 漢譯本은 즉시 그 명칭 그대로 일본에 수입되어 일본의 역사를 개국의 방향으로 이끄는 새로운 사상으로서 널리 보급되었다. 그 후 이 명칭은 箕作麟祥에 의하여 '國際法'이라는 이름으로 개조되어(Theodore Woolsey, Introduction to the Study of International Law의 번역에서 처음 사용되었는데, 1881년 동경제국대학의 학과 중에 '국제법'이란 말이 채택된 이래 일반화되었다) 다시 중국으로 역수입되었다.

한국에도 Martin의 漢譯本 「萬國公法」이 신속히 수입되었으리라고 믿어진다. 17세기부터 북경에 출입한 조선사신에 의하여 漢譯된 「西學書」가 다수 한국에 수입되었기 때문이다. 그러나 당시의 엄격한 쇄국체제하에서는 만국공법이란 開國思想를 고취하는 것이라는 이유로 불온사상으로 인정되었기 때문에 이에 관한 정확한 기록은 아직까지 발견되지 않고 있다.

문헌상 처음 나타난 기록으로서는 1877년(강화조약 체결 다음해) 일본의 대리공사 花房義質이 북경 同文館 발행의 光緒 2 년판 丁韙良의 「星軺指掌」(Charles de Martens, Le Guide Diplomatique, 1866)과 「萬國公法」의 2부를 예조판서 趙寧夏에게 기증하였다고 한 것이다(李瑄根, 最近世史, 443). 그 후 역시 丁韙良의 「公法會通」(Johann C. Bluntschli, Das moderne Völkerrecht der civilisierten Staaten als Rechtsbuch dargestellt, Nordlingen, 1867)이 수입되어 갑오경장 직후인 1896년 5월 9일 學部編輯局長 李庚植이 서문을 붙인 光緒本 그대로를 출판하여 정부요로 인사에게 배포하였다. 그리고 한말 朱定均이 大東法律專門學校에서 처음으로 '만국공법'이라는 이름으로 강의를 하였다. 그가 「萬國公法論」이

라는 자기 저서를 교과서로 사용하였다고 하나 아직 그 책은 발견되지 않고 있다.

위에서 본 바와 같이 만국공법으로 풀이되는 'law of nations' 계통의 명칭이 당초 중국에서 시작되어 일본과 한국에서도 사용되었으나, 그 후 일본에서 international law 계통의 '國際法'이라는 말이 생겨나면서 이것이 다시 중국과 한국으로 역수입된 것이다.

오늘날 국제법은 國際私法과 구별하기 위하여 國際公法(public international law, droit international public)이라는 말을 쓰기도 한다. 그러나 국제법은 원래 공법이므로 국제법 중에 국제공법 이외의 국제사법이란 있을 수 없다. 국제법과 국제공법은 같은 말이다. 이에 대하여 국제사법은 涉外私法關係에 적용할 실체적 사법이 둘 이상 있는 경우, 이른바 法의 저촉(conflict of laws)의 경우에 어느 사법을 적용해야 하는가의 준거법을 결정하는 裁判地國의 법(국내법)인 것이다. 최근에는 국제공법이라는 말보다도 국제법이라는 말을 많이 쓴다.

國際私法이라고 하는 것은 涉外私法事件, 즉 당사자의 국적, 목적물의 소재지, 법률행위의 행위지 등이 외국에 관계되는 사법사건에 있어서 재판소가 어느 국가의 국내법을 적용할 것인가를 결정하는 법이다. 오늘날 세계 각국의 私法은 각각 실질적으로 상이한 결과 필연적으로 이른바 '法律의 抵觸'이 발생하게 마련인데, 이 저촉의 문제를 해결하기 위하여 그 법률관계에 관한 각각의 준거법을 지정하는 것을 목적으로 하는 국내법이 바로 국제사법이다. 한국에서는 이것을 涉外私法, 일본에서는 法例라고 부른다.

예를 들면 어느 프랑스인이 한국에서 사망하여 그 유산상속에 관한 분쟁이 한국법원에 제기된 경우, 법원은 "상속은 피상속인의 본국법에 의한다"라는 한국섭외사법의 규정에 따라 한국민법을 적용하지 않고, 프랑스민법을 적용하게 된다. 이렇게 하는 것이 보다 더 당사자의 이익을 보호하며 또한 상거래의 편의를 도모할 수 있기 때문이다.

국제사법의 규칙은 여러 국가에 우연히 공통된 것도 있고 국제조약이나 관습에 의하여 설정된 것도 있다. 후자의 경우는 국가간의 관계를 규율하는 국제법으로서의 성질을 가진 것이다. 기타의 규칙은 모두 국가가 그 단독의 의사로써 섭외사권관계에 대한 준거법을 지정한 법률이라는 의미에서 모두 어느 국가의 국내법규에 지나지 않는다. 그러므로 국제사법이 국제법은 아니라는 뜻을 명시하기 위하여 '國際'私法의 명칭을 다른 것으로 바꾸는 것이 바람직하다(예, 한국에서는 涉外私法, 일본에서는 法例).

최근 구체적인 국제사건에서는 國際'公法'과 國際'私法'이 서로 교착하고 혼합되어 양자간의 전통적 구별이 애매하고 유동적인 경우가 많다. 여기에 transnational law가 기능할 수 있는 분야가 열린다.

3. 國際社會와 法

(1) 法과 社會와의 一般的 關係

법이란 사회 있는 곳에 비로소 존재할 수 있으며(따라서 교섭이 있는 곳에 법이 있다. *ubi societas ibi jus*), 반대로 사회는 그 구성원 상호간의 관계를 규율하는 법체계 없이는 존재할 수 없다. 무릇 법은 그것이 발생한 사회를 질서화하여 만인의 만인에 대한 투쟁을 회피케 함으로써 사회 구성원의 공존과 협력을 확보하는 데 목적이 있는 것이다. 국제법도 그러한 법으로서 존재한다. 사실 국제법은 역사적으로 발전해 내려온 국제사회를 모체로 하여 그것을 질서화하는 법으로서 성립·발전한 것이다.

그런데 국제법을 국제사회의 법이라고 정의할 때 이 정의는 당연히 여러 국가의 '사회'가 존재한다는 가정 위에 선 것인데, 과연 국제사회라고 하는 것이 존재하는가, 존재한다면 그것은 어떠한 구조와 성격을 가지며 거기에 기능하는 법(즉, 국제법)은 어떠한 특질을 갖는가 등등의 문제를 따로 검토할 필요가 있다.

첫째, 국제사회가 존재한다는 가정(문명세계 전체가 모든 현실적 의미에서 하나의 사회 또는 하나의 공동체를 구성한다는 가정)은 이에 대한 검증 없이 정당화될 수는 없다(Brierly-Waldock, 41-42). 사회 있는 곳에 비로소 법이 있다고 해서 인간사회의 어떠한 형태와도 별개로 자연상태에 존재하는 자연법이 있다고 생각하는 것은 잘못이다. Grotius와 같은 古典國際法 학자들이 자기들의 법학체계에 사용한 자연법이라고 하는 것은 그리스 철학과 로마의 법학과 그리고 기독교 윤리에 근원을 가진 역사적 발달의 성과였다.

사실 어떠한 문화나 조직을 초월한, 인간에 공통된 심리적 특성이 존재하지 않는 것은 아니다. 이러한 특성이 있기 때문에 어느 정도 일반화가 가능하고 또 그렇기 때문에 세계인권선언과 같은 인류에 관한 법을 작성할 수도 있다. 그러나 자연법이라 할지라도 그것은 어떤 특별한 전통 속에 뿌리박은 것이어서 참으로 지구상의 모든 나라에 통용될 수 있는 普遍 國際法(universal international law)의 기반을 제공하기에 알맞는 것은 거의 없다.

근대 국제법은 정신적으로는 기독교문명을, 경제적으로는 자본주의 경제를 기반으로 하여 유럽의 '문명'국에 타당하는 법으로서 출발하였다. 이 법은 유럽국가의 식민주의적 세계적 팽창에 따라 비유럽사회에도 통용됨에 이르러 '文明'의 질(quality)에 입각한 國際社會(내지 인류사회)를 창설하는 일은 곤란하게 되었고, 따라서 共同의 合意(조약과 관습)가 그 법의 기반이 될 수 밖에 없었다.

그런데 유럽국가들은 국제법 당초의 기반이 된 근본신념에 관계가 없는 비유럽 각국에 대하여 복종을 강요하여 그 결과 서양의 정복자와 기타의 피정복자간에는 다수의 條約(대개는 불평등조약)이 체결되었고, 이러한 조약의 체결을 통하여 유럽식의 외교와 전쟁에 관한 관행이 도입되었으며 또한 이들은 묵종을 강요당하기도 하였다.

그러나 유럽의 전통을 지닌 조약과 관습은 문화와 역사를 달리한 국민간에 일단 분쟁이 발생한 경우 질서의 기초가 되기보다 오히려 충돌의 근원이 되기가 일쑤였다. 조약과 관습의 효력과 의미를 확정하는 공동의 법적 기관이 없을 때 분쟁을 유권적으로 해결할 방법이 없는 것이다. 특히 유럽국가들은 그 우세한 군사력을 배경으로 하여 조약을 일방적으로 작성하고 또 일방적으로 해석하는 일이 많았으므로 그 도덕적·정신적 지도성을 인정하지 않으려는 비유럽 인민들은 상황의 변화가 오기만 하면 언제나 이러한 조약을 개정 또는 폐기하려고 했으며, 아니면 그들의 이익에 합치되는 그들 자신이 당사자로 된 합의의 결과만을 선택하는 권리를 주장하기 시작하였다. 따라서 유럽에 기원한 實定法은 차라리 유럽의 자연법보다도 一般國際法(general international law)에 대한 기반으로서는 한층 더 적절치 않다는 것이 증명되었다.

이상으로써 명백해진 것은 어느 사회이든 사회구성원이 다같이 적절하게 법을 해석할 수 있는 일정한 法源을 인정하고 또 법의 최소한의 준수를 보장하는 일정한 제재를 인정할 때 그러한 사회내에서만 법이 존재할 수 있다는 것을 알 수 있다.

무릇 어느 사회에 통용되는 사회규범 전부가 반드시 엄격한 의미의 법규범의 형태를 취하는 것은 아니다. 사회의 일정한 역사적 단계에 있어서는 법규범이 다른 규범으로부터 분화되지 않은 상태 그대로 작용한다. 그것은 習俗的·道德的 또는 종교적 요소로써 채색되어 있어 그 어느 것인지 분간하기 어려운 경우가 많다. 그러나 시대의 진보, 사회의 발전과 더불어 이 규범에는 분화가 발생하기 시작하여 마침내 의식적·조직적 및 강제적 사회규범으로서의 법규범의 지배적 작용을 보게 되는 것이다. 국제법의 성질규정에 있어서 Kelsen은 그것이 '自助의 法技術'과 '피(血)의 復讐'(Vendetta)라는 제도를 특징으로 하는 原始法이라고 진단한다. 이러한 성질규정의 타당성은 별문제로 하더라도(피의 복수는 반드시 원시법에 고유한 것은 아니라는 것과, 오늘날의 UN과 같은 국제조직에서 보는 제재의 도식으로 보아서도 이것을 원시법이라고 규정할 수 있느냐라는 비판이 있다), 國際法이 여전히 법의 제정·적용·집행의 면 등에서 미발달의 법인 것은 부인할 수 없다. 이러한 국제법의 성질은 국내사회에 비하여 월등하게 분화과정을 경과하지 못한 국제사회의 현실을 그대로 반영한 것이다.

(2) 國際社會의 特質과 構造

다음 국제사회를 국내사회와 비교할 경우 대체로 세 가지 현저한 특징을 가릴 수 있다. 첫째, 국제사회의 구성원의 숫자는 그 넓은 지구의 면적에 비하여 극히 소수인 점이다. 국제사회의 중요한 주체인 국가의 수는 과거에 비하여 많이 불어났지만 국가의 구성원인 개인의 수에 비한다면 극히 소수에 지나지 않는다. 둘째, 국제사회의 구성원의 이질성을 들 수 있다. 이것은 각국의 특수한 人種的·歷史的 개성에서 발단한 것이다. 셋째의 특징은 국제사회가 그 역사적 발달의 어느 단계에서도 이에 대립하는 다른 사회를 갖지 않는 것이다. 國際社會 全地域(地球)의 외부로부터 국제사회에 도전해 오는 다른 사회가 없다는 것이다.

이와 같은 사회적 특질은 외형상의 차이에 불과하지만 그 내부적 사회관계에 깊은 영향을 준다. 먼저 국제사회의 주요한 구성원인 국가가 소수라고 하는 것은 그만큼 각 구성원의 행동영역이 넓다는 것을 의미한다. 즉 국제사회의 생활관계에 있어서 광범한 행동의 자유를 갖게 된다. 첫째 국가는 국내적으로 광범한 입법·사법·행정의 활동이 가능할 뿐만 아니라, 둘째로 그 대외활동에 있어서 외부의 구속을 받지 않는다.

다음 국제사회의 구성원인 각국의 異質性(인종·역사·문화·사회적 발전단계 등의 이질성, 면적·자원·인구 등의 차이, 그 개별적 목적의 정치적 성격, 그 상호관계의 불규칙성, 상대적 희소성 등)은 국가가 국제사회의 일반이익보다 각국의 특수이익을 추구하는 방향으로 나아가게 한다. 그 결과 일반적 규범보다 소수 구성원간의 특별규범이 성립될 가능성이 더 크다(de Vissher).

끝으로 국제사회가 그 대립자를 갖지 않는다는 사실은 대외관계 때문에 그 내부조직을 강화할 필요가 없고, 또한 국제사회 생활의 전반에 통제를 가할 필요가 없다는 것을 시사한다. 사회생활관계에 통제를 가하지 않는다는 것은 그 구성원(이 경우 국가)의 행동을 구속하지 않는다는 말이다. 국가와 국민간에 존재하는 지배관계는 國際社會의 국가간의 관계에서는 볼 수 없는 현상이다. 어느 사회이든 각 구성원이 다른 구성원을 지배하지 않고 동시에 사회 그 자체간에도 지배관계를 발생치 않을 경우, 각 구성원은 그 곳에서 최고의 권력자로 존재하게 된다. 국제사회에서 국가가 주권적 존재라고 하는 것은 다름아닌 이것을 가리켜 말하는 것이다.

도대체 사회란 무엇인가. 국내사회이든 또 국제사회이든 간에 사회의 속성은 무엇이며 이 두 사회 사이의 차이는 어디에 있는가. Wright 교수에 의하면 사회라는 말의 의미는 대부분의 사회학 내지 정치학상의 용어와 같이 상대적 개념이다. 그런 까닭에 이러한 종류의 질문에는 명확한 '그렇다'(yes) 또는 '아니다'(no)로써 대답할 수 있는 것이 아니고, 불명확하나마 정도가 '크다' 또는 '작다'로써 대답할 수 있을 뿐이라고 하였다. 중세의 기독교 국가는 17세기의 유럽보다 한층 더 사회적이라고 할 수 있을 것이고, 또 오늘날의 국민국가보다는 덜 사회적이라고 할 수 있을 것이라는 것이다.

사회학자에 의하면 사회에는 交通(communication), 文化(culture), 協力(cooperation) 및 組織(organization)의 네 가지 요소가 있어야 한다. 정치적 사회란 그 모든 부분에 교통이 계속적으로 가능한 곳이다. 근세 이

전에는 동양과 서양을 망라한 사회는 존재하지 않았으며, 콜럼버스 이후에 이르러 비로소 유럽과 美洲를 망라한 사회가 성립하게 되었다. 오늘날 세계는 전체적으로 어느 정도의 교통을 유지하고 있어 이 점에 관한 한 어느 정도의 사회성을 보유한다고 할 수 있다.

다음 문화라고 하는 것은 공동의 가치와 표준을 의미하며, 동시에 이 표준을 모든 인민에게 적용할 수 있다는 인식을 포함하는 것이다. 이러한 견지에서 사람과 짐승 사이에는 사회가 없다. 또 극심한 文化的·思想的 차이가 있는 사람들 사이에는 사회가 구성될 수 없다고 보아야 한다. Australia에 정착한 최초의 백인들은 '캥거루'나 다름없이 원주민을 토벌하였다. 냉전시대에는 공산주의와 자유주의(자본주의)는 심각하게 대결하였다. 이와 반대로 공동의 문화가 있는 곳에는 주종, 남녀, 빈부 등의 차이가 있을지라도 각자 공동의 가치를 分有하며 상대방의 입장을 인정할 만큼 관대하다. 민주주의의 발달에 따라 공동의 가치는 보편화되고 문화는 통일성을 갖게 된다. 약간의 공동의 원칙과 표준은 다수의 선언이나 조약에 채택되기도 한다. 예를 들면 不戰條約, 國際聯合憲章, 世界人權宣言 등은 공동의 가치를 표현한 것이다. 그러나 그러한 국제문서는 각각 상이한 문화의 배경을 지닌 국민들간에는 상이하게 해석되기 쉽다. 결국 국제사회는 국내사회에 비하여 대단히 적고 대단히 불명확한 표준을 갖는 것으로 보인다.

사회는 또한 각 구성원간의 공동의 목적을 전제로 하는 것이며, 공동의 이익과 행동의 목표를 포함할 때 더욱 활성화되는 것이다. 오랜 역사적 희생과 투쟁을 통하여 헌신한 일정의 공동목표가 없으면 그 사회는 견고한 항구적 결합을 이룰 수가 없다. 하나의 조약이나 선언으로써 곧 사회가 탄생할 수 있다고 생각한다면 그것은 환상에 지나지 않는다.

국가라는 사회는 그 구성원간의 이익을 위한 단체인 동시에 외적에 대한 방위단체라는 이중성을 갖는다. 이에 대하여 국가간의 사회, 즉 국제사회에는 제1의 성질은 있으나 제2의 성질이 없다. 외부에 대한 방위 또는 경쟁의 단체라는 의미를 전혀 갖지 않은 국제사회의 이러한 특징은 이 사회에 타당하는 규범(즉, 국제법규범)의 성질을 특징짓지 않을 수 없으며, 각 구성원간의 협력의 성질 및 態樣과 한계를 결정짓는 것이 된다.

外敵에 대한 방위 또는 경쟁의 단체로서의 사회에 있어서는 항상 '전체가 부분에 우월하다'는 원칙이 통용되기 때문에 그 사회의 목적달성에 필요한 한 구성원에게 고도의 희생을 요구하는 일이 있을 수 있다. 이와는 반대로 국제사회는 그 사회 전체를 위하여 개별 구성원의 자기희생을 요구할 수 없게 되어 있다. 설사 이러한 국제사회의 본질에 반하는 어떤 규범적 요구가 이 사회의 규범으로서 규범화되었다 할지라도 그것은 결코 실행될 가능성이 희박한 것이다. 국내사회의 유추를 기계적으로 국제사회에까지 확대하는 것은 지극히 위험한 일이다.

확실히 국제사회의 이른바 공동목적이나 목표는 다수의 다자조약과 선언 속에 표현되어 있다. 전쟁의 금지, 국제분쟁의 평화적 해결, 국제법의 발달과 法典化, 노동수준의 향상, 통화의 안정, 인권의 존중 등의 목표가 UN憲章과 專門機關의 規程에 기록되어 있다. 현재 세계 대다수의 국가를 포함한 UN의 존재는 엄연한 사실이며, 동시에 UN 및 전문기관과 더불어 각 국가가 일정한 한도 내에서나마 서로 협력하고 있는 것도 또한 엄연한 사실이다.

그러나 국제사회의 현실을 직시해 보면 그것은 그 구조상 적어도 두 개의 국제정치질서를 포함하고 있다는 사실을 솔직히 인정해야 한다. 이 두 개의 정치질서간의 관계는 그것이 각각 상반된 국가관념을 가지고 있는 이상 한 개의 세계질서로서 통합될 가능성은 현재로서는 豫斷하기 어렵다. 세계적 조직으로서의 UN과 같은 것은 이 두 개 질서의 통합적 기구라고 하기보다는 차라리 두 개 질서의 互惠的·技術的인 국제통로로서 존재한다는 것이 실상에 맞는다. 또 이 두 개 질서의 쌍방에서 합의한 국제법규란 필경 재래의 국제법규 중의 호혜적·기술적·행정적인 것에 지나지 않는다. 한 개의 포괄적 국제법질서를 말할 수 있는 국제사회의 기반이 결여되어 있는 것이다.

끝으로 사회라고 하는 것은 어느 정도의 조직과 절차, 그리고 權威의 序列(hierarchies)을 가진 것이며, 동시에 질서를 유지하고 그 표준을 확보하는 데에 필요한 기관을 구비하여야 한다. 사실 조직이라고 하는 것은 그 긴밀도에 있어서 불완전한 17세기의 유럽의 조직으로부터 전체주의 국가에서 볼 수 있는 것과 같은 경제와 사회가 고도로 중앙집권화된 조직에 이르기까지 각종 각색이다. 국제사회의 현 단계의 조직은 전체로서 이 양극 사이에 있는 것 같다. 한편으로는 外交나 領事制度에 관한 전통적 제도가 있고, 다른 한편으로는 UN과 전문기관이 있으며, 극단으로는 다수의 지역적 기관과 동맹 같은 것이 있다. 이러한 국제제도에 의하여 설치된 중앙적 권위는 그 원칙을 세계적으로 실시할 권위를 주장하고 있으나 다수의 중요 문제에 신속한 결정을 볼 수 없다는 것이 실증되었고, 비록 결정을 본 경우에도 그 결정을 실시할 능력이 없는 것도 사실이다. 국제사회는 국가사회에 비하여 참으로 불완전하고 비능률적인 사회이다 (Wright).

그러므로 현실주의적 입장을 대표하는 미국의 Corbett 교수는 국제사회의 존재 자체를 단적으로 부인한다. 국제사회란 여러 국가의 단순한 集積(congeries)에 불과하며, 여기에 사회라는 용어를 붙이는 것은 만부당하다는 것이다. 공동의식보다 충돌의식이 더 강한 것이 국제사회이며, 정치적 내지 법적 上位者가 없는 것을 사회라고 하는 것은 그 자체 모순이며 사회의 부정이라고, 그는 極言하는 것이다.

사실 기독교와 그리스 및 로마 문명이라는 공동의 배경을 지닌 16세기의 유럽사회는 진정한 의미에서 여러 국민의 '사회'였다. 그러나 그 후(Westphalia 강화조약 이후) 유럽國家體系(European State System)가 대두하여 법적 대등자로서의 주권국가의 병렬적 결합관계를 기본구조로 하는 국제사회가 전개됨에 따라 오늘날과 같은 배타적 nationalism이 팽배하게 되고, 그것은 다시 전 기독교국가의 유대라는 전통을 저해하기에 이르렀다. 다른 면에 있어서 이러한 발전과 더불어 각국의 相互依存(interdependence)을 촉진하는 광범한 요소도 발전하게 되었다. 현대과학은 교통의 수단과 속도를 크게 증진시키고 현대상업은 터무니없는 현대적인 경제적 nationalism도 능히 어찌할 수 없는 타국 상품에 대한 수요를 창출하고 있다. 그러나 이러한 경제적 상호의존은 유감스럽게도 진정한 공동체의식에까지 도달하지 못하여 마찰의 소지를 항상 안고 있는 것이다.

(3) 國際社會의 現段階와 法

국제사회는 위와 같은 몇 가지 특질에 의하여 그 連帶性이 지극히 박약한 사회이며, 따라서 국제사회에 있어서의 법의 기초는 대단히 불안정하다. 그 곳에서 각 구성원(국가)간의 이해충돌은 연대성에 의한 이해관계의 조절을 실현하기보다는 종종 일반이익을 분해하는 방향으로 치닫기 쉽다. 일반이익을 구성하고 있던 국가이익은 개별적인 특수이익의 주장에 따라 적대국가 또는 적대진영간에 실력투쟁을 일으키며, 그 후 새로운 일반이익을 표현하는 균형이 달성되었을 때 낡은 일반이익은 소멸되어 그것은 겨우 형식상으로 문서 또는 관습법 중에 남게 될 뿐이다.

이와 같이 불안정한 국제사회인지라 그만큼 질서와 정의에의 요청은 도리어 크다. 國際法은 실로 이러한 요청의 산물이다. 우선 국제사회의 거의 모든 국가는 필연적으로 상호관계를 맺지 않고 고립해서 살 수는 없는 것인데 국제법의 존재는 이러한 다수의 국가가 공존하는 불가피한 결과이며, 그 존재에 대한 유력한 증거는 각국이 실제로 그 존재를 인정하고 있는 점에서 찾을 수 있다(Brierly, Outlook, 4-5). 오늘날의 국제관계에 있어서 어떠한 국가도 자기의 의사를 타국에 강제할 만큼 충분히 강대하지는 못하기 때문에(강대국이라 할지라도 국제사회의 반발 없이 약소국을 침략할 수 없다) 독립국가 상호간의 평화적 공존을 위해서는 공통적으로 수락된 일정한 행위의 표준이 필요하게 된다.

> 國際法은 서구에 발전하고 있었던 사회의 요청에 부응하여 발생하였고 또 발달하였다. 최저한의 秩序·豫測可能性 및 안정성 없이는 근대사회의 사적 경제생활은 거의 수행될 수 없었을 것이다. 많은 소국으로 분열되었고 그 공급과 시장을 원격지에 점점 더 많이 의존하지 않을 수 없는 대륙에 있어서는 국내법만으로는 필요한 최소한의 안전을 제공할 수가 없었다. 세계의 모든 정부가 보통 승인하고 복종하는 공적인 행동의 기준이 필요하게 되었다. 그러한 기준 없이는 국경을 넘은 인간, 상품 및 자본의 이동은 불가능하리만큼 위험하였을 것이다. 이리하여 국제법은 정부간의 불필요한 충돌을 방지하고, 동시에 가치와 자원의 비합리적인 파괴를 방지하는 데 봉사하였다(Lyssitzyn).

이리하여 국제법을 과소평가하는 國際政治學徒에 있어서도 국제관계를 처리하는 여러 기술 중에 국제사회의 실제적 필요에 부응하여 발생한 국제법에 대하여 일정한 지위를 인정하며, 특히 국제법을 하나의 '평화의 기술'로 보는 것이다(밀기누 · 게써비취, 宮澤小田譯, 국제헌법, 서문).

만약 위와 같은 국가행동에 관한 표준이 없다면 자국의 권한이 어디서 끝나고 타국의 권한은 어디서 시작하는지를 알 수 없을 것이며, 각국은 일상의 정부기능을 발휘함에 있어서 항상 충돌을 면치 못할 것이다. 전쟁이나 또는 기타의 실력을 행사하여 분쟁을 해결하려 든다면 국가간의 평화적 공존은 불가능하게 될 것이고, 사실 분쟁마다 실력을 행사한다는 것은 아무리 강대국이라 할지라도 불가능한 일이다. 따라서 모든 분쟁해결을 전쟁의 신 Mars의 결정에 위임하기로 하지 않는 한, 각국은 일정한 행위규범을 수락할 수밖에 없다. 각 국가간의 관계를 규율하는 이와 같은 행동의 표준 또는 규범은 국제법이란 이름으로 알려진 바로 그것이다.

그것은 규범인 이상 인간의 선택이 작용하는 영역에 속하는 것이며, 자연과학의 법칙과 같이 기계적 결정론이 지배하는 영역은 아니다. 따라서 그것은 인과적으로 당연히 실현되는 것이 아니므로 인간의 의사에 좌우되는 것이며, 그 사실적 실현의 정도는 불확정적이라고 보아야 한다. 국제법은 이 점에 있어서 다른 社會規範과 다를 것이 없다. 다만 그것은 비조직 · 비통일적인 특수한 국제사회를 배경으로 하는 법규범이기 때문에 그 법규범으로서의 사실적 실현에 대한 객관적 보장이 결여되어 있을 뿐이다. 이것이 바로 국내사회의 법규범인 국내법과 다른 점이다.

國際社會라는 것이 필경 지구상의 모든 국가를 포섭하여 자연적으로 존재하는 단일의 世界社會(또는 인류사회)가 아니라 각국이 각각의 공통의 이해관계 · 목적 · 전문사항에 따라 결집하여 의도적 · 인위적으로 설정한 복수의 국제공동관계를 의미하며 그것들을 총칭한 추상적 개념에 지나지 않는다. 바꾸어 말하면 국제사회란 각국이 주권 · 독립에 입각한 국내체제의 차이를 그대로 유지하면서 특정의 기능별로 존재하는 공통이익을 승인함으로써 구성된 것이다. 따라서 국제법은 각국이 상대국의 주권과 대결하면서도 상호간의 합의에 의하여 서로의 국내체제 · 이데올로기 · 문화의 차이를 극복하면서 주장할 수 있는 객관적인 내용을 갖추었을 때 비로소 국제관계에 적용가능한 것이 된다고 하는 특수한 임무를 가진 법이다(山本草二, 2, 9).

국제사회가 통일권력의 지배에 복종하는 단일의 세계국가가 아닌 결과 거기에는 통일적인 立法者가 있을 수 없다. 국제법이라고 하는 법은 개개의 국가간의 합의에 의해서만 성립하고 합의한 국가만을 구속하는 것이다. 이것은 그것이 주권국가로써 구성된 국제사회의 법이라는 의미에서 국제법의 본질적·기본적 성질이다. 그 법은 마치 원시사회의 법과 같아서 법의 주요한 두 개의 원천인 관습과 입법 중에 전자만이 존재하는 셈이다. 어느 일부의 견해는 국제사회를 국제입법단체로 보고 다수 국가의 다자조약이 사실상 '立法條約'에 해당하는 것이라고 한다. 그러나 조약이 제아무리 다자간에 체결되었다 할지라도 원칙상 조약이란 이것을 수락하지 않은 타국을 구속할 수 없다는 사실로 인하여 국제입법이 될 수는 없는 것이다. 이러한 의미에서 국제사회에 엄밀한 의미의 國際立法은 아직 없다.

법이란 국내사회에 있어서도 많은 정치행동 중의 한 형태이다. 그것은 적절하며 실효적인 경우도 있고 그 반대의 경우도 있다는 것을 승인해야 한다. 법은 정치에 대신하는 것은 아니나 그렇다고 여러 정치적 목표나 투쟁으로부터 고립되어 있는 것도 아니다(Shklar, Legalism, 215). 이러한 법의 일반적 성격은 국제법에 있어서도 마찬가지다. 그러나 非組織的·非統一的인 국제사회에 있어서는 국제법의 정치적 성격은 보다 강하게 나타나게 마련이다.

> 인도에 있어서의 포르투갈의 잔여 식민지에 관한 인도와 포르투갈 간의 분쟁은 포르투갈의 법적 권원의 유효성 여하가 주요 쟁점이 아니라, 하나의 식민국가가 이미 다른 식민국가가 철수한 지역에 자기의 주권을 그대로 유지하고 있다는 사실이 오늘날의 상황으로 보아 정치적으로 수락할 수 있는 것이냐의 여부의 문제였다(인도령 통행권사건, 1960년 ICJ 판결).

印度領通行權事件(The Right of Passage over Indian Territory Case)은 법적인 것과 정치적인 것의 상호작용을 보여주는 사건인데, 국제법이란 것도 국제관계의 범역 내에서 작용하는 정치적 요소들과 고립된 상태에서 존재할 수 없음을 알아야 한다(Greig, 1). 이데올로기란 세계를 이해하는 하나의 방법인 것이며, 이러한 의미에서 legalism(법률주의)이라고 하는 것도 국내정치에 있어서와 마찬가지로 국제적인 세계에 여러 가지 법률주의적인 요소를 투영하여 바라보는 하나의 작업에 지나지 않는다(Shklar, Legalism, 214).

(4) 世界政府의 問題

오늘날의 국제사회는 심각하게 분열된 사회이다. 핵시대에 대응하는 국제사회의 조직화는 世界政府(連邦)에까지 도달하지 않으면 안된다는 논의가 있다. 그러나 그것은 인류의 소망이나 悲願일 뿐이다. 경험적 법칙은 전통적 국제법상의 '동의'절차에 의한 세계정부(연방)의 수립 가능성을 부정한다. 또 국가간의 전쟁보다도 혁명을 보다 위험시하는 사람들은 세계정부 안에서의 혁명의 회피라는 견지에서 세계정부(연방)에 소극적이다. 그러나 이러한 목표에 도달하려는 과정에서 동질사회의 조직화, 지역주의의 확립, 그리고 마침내는 EU와 같은 초국가적 조직화 내지 동화현상이 나타날 수도 있다. 동시에 이질적인 社會關係(예를 들면 남북관계)도, 특히 國際經濟法의 분야에서 국제법의 새로운 대상으로 등장하고 있다.

여하간 세계정부(연방)는 어느 역사적 시기에 '동의'가 아닌 '강제'에 의해서 달성될지 모르며, 그 수립 방법은 '논리'에 의해서가 아니라 '역사'에 의해서 발견될 가능성은 배제할 수 없다. 그러나 어떠한 방법으로든 세계정부(연방)가 수립된 경우에는 국제사회가 세계국가로 국제법이 세계법으로 지양되어 국제사회와 국제법은 소멸되고 만다. 그러므로 국제법은 어디까지나 主權國家간의 법으로서 존재하는 한에서 국제법인 것이며, 국제사회는 그 성격상 코스모폴리스(cosmopolis)적인 조직체에까지 도달할 수 없는 한계성을 지니고 있는 것이다.

4. 國際法의 機能

국제법은 당연히 국제사회에서 기능하는 법이다. 그런데 국제사회에는 진실로 사회라는 이름에 적합한 몇 가지 요소가 결여되어 있거나 또는 불충분하게 존재한다는 점은 앞서 말한 바와 같다. 사회라고 부를 수 있으려면 첫째 전체가 부분에 우월해야 하며, 공동의 가치관념이 지배해야 하며, 동시에 일치한 책임관념이 확립되어 있어야 한다. 그러나 국제사회는 국가 대 국가의 투쟁이 공공연하게 자행되는 곳(UN 헌장 제2조 4항의 무력 사용금지의 원칙에도 불구), 전체(국제사회)의 이익보다 부분(국가)의 이익이 더 중요시되는 곳, 공동의 價値觀念이나 責任意識이 전연 없거나 또는 있다 해도 희박한 곳이다. 이와 같은 사회에 타당하는 국제법의 기능은 그 사회적 성격의 여러 조건에 의하여 규정되지 않을 수 없다.

국제법의 사회학적 배경을 탐구해 온 Schwarzenberger 교수는 '힘'(power)이 국제사회의 최고의 법이라는 결론에 도달하였다. 다만 이 결론은 국제사회에서 '힘'의 지배가 완성되었다는 뜻이 아니고 또 그것의 완성만을 목표로 하고 있음을 가리키는 것도 아니다(Schwarzenberger, Making, 31). 국가의 '힘'을 구성하는 요소는 多種多樣(인구, 면적, 경제, 정치, 군사 등, 그리고 국민의 사기도 포함된다. 또 폭력적 힘뿐만 아니라 도덕적 힘도 무시할 수 없다)한 것이기 때문에 法과 正義의 궁극적 승리를 위해서는 '힘'이라는 요소를 과도하게 강조하는 일은 옳지 않으나, 국제법의 개념이 그것을 미화하여 현실성을 결여한 기능의 서술에 그치는 것도 국제법의 권위를 높이는 태도는 아니다. 그러기에 Morgenthau는 국제법이 국민국가의 법체계와 같은 유효한 법체계가 아니며, 특히 국제사회에 있어서의 세력투쟁을 통제하고 억제하는 데에 실효성이 있는 것은 아니지만 그것이 권력정치의 하나의 제한 형식이라는 기능을 갖는 것임은 겸허하게 인정하고 있다(Morgenthau, Politics, 228-242).

사실 國際社會에는 '힘'의 지배가 가능한 여러 조건들이 존재한다. 우선 지적할 수 있는 것은, 통일적 · 국제적 권위가 없는 國際法秩序는 nationalism이라는 강력한 감정에 의하여 지지되고 있는 국내법제도에 비하여 크게 취약하다는 것이다. 국가는 내부의 질서를 유지하고 외부의 침략을 방지하기 위하여 어떠한 대가를 지불하더라도 국가적 통일을 수호하려고 든다. 때문에 국내법질서는 궁극적으로 국제법질서와 충돌하기 쉽다. 특히 20세기의 nationalism은 본질적으로 한 민족을 외국의 지배로부터 자유케 하고 그 민족에게 국가를 돌려주는 것이었다. 그런데 20세기의 그것은 他國民에 대하여 自己行動의 평가와 기준을 부과하는 권리를 요구한다. 이것이 바로 國民主義的 普遍主義(nationalistic universalism)라고 부를 수 있는 20세기 nationalism의 특징인 것이다(Morgenthau, 192 이하). 그러므로 오늘날의 국제법규나 적어도 국제법 학설은 다소의 정도의 차이는 있으나 자국민의 이익을 중심으로 하는 국가적 입장의 투영적 성질임을 면치 못할 뿐만 아니라 강대국의 의사의 반영이라는 모습이 크게 돋보인다.

오늘날 權力政治(power politics)를 본질로 하는 국제정치사회에 있어서 국제법질서라고 하는 것은 결국 강대국간의 관계를 제도화한 것이라고 볼 수도 있다. 어떤 정치질서가 공고하려면 불가불 제도화에 의하여 합리화되며, 법질서에 의하여 적법화되어야 한다. 이 결과 국제법은 특정한 시기에 있어 현실 국제관계의 유지를 돕는 것이 된다.

그러나 동시에 국제법은 그 시기에 일어나는 大·小·強·弱의 국가간에 권력변동에도 적응할 수 있어야 한다는 이율배반적 효력 또한 지녀야 한다. 그러므로 강대국의 합의가 현상유지에 있으면 국제법의 정치적 효용은 현상유지에 있고, 또 만약 강대국의 합의가 변혁에 있는 경우에는 새로운 '立法條約'이 합의되어 국제법체계에 변동이 오고 말 것이다. 그리고 만약에 강대국의 일부가 현상유지파이고 다른 일부의 강대국이 변혁파라면 국제법의 유지에는 중대위기를 겪게 될 것이다(李東洲, 128 이하).

그러나 모든 국제법규가 반드시 강대국의 의사를 무조건 반영한 것이라고 한다면 그것은 지나친 생각이다. 약소국가를 포함한 다수 국가의 이해관계의 타협적 조절에서 형성된 국제법규도 많다(예, 전쟁법규 등). 뿐만 아니라 당초 강대국간의 정치질서의 유지를 위하여 성립된 국제법규라 할지라도 그것이 일단 객관적으로 확립된 이상 그 강대국에 대하여도 어느 정도의 구속력과 제약성을 발휘하게 마련이고, 다른 중소국가들도 이러한 국제법규의 이익을 균점하게 되는 일도 드물지 않다.

하나의 정치적 현실로서의 국제법은 각국이 그 존재를 인정하고 그 규칙을 상호간의 규칙에 적용하는 한에서 발전할 수 있는 것이다. 이 규칙의 적용에 관한 團體利益(community interests)과 일반적 동의가 없는 경우 국제법은 기능을 발휘할 수 없으며, 국제관계에 있어서 단순한 형식만이 존재할 뿐이다. 국제법은 이러한 의미에서 하나의 정치적 사실로서의 각국의 동의에 의존한다.

그러나 오늘날 국제사회에 있어서 국제법의 존립기반으로서의 일반적 단체이익의 존재가 의문시되고 있으며, 歐美 선진국과 개발도상국 간에 존재하는 빈부의 격차의 해소를 위한 새로운 秩序(신국제경제질서)가 혁명에 의하지 않고 개혁에 의하여 달성될 수 있느냐의 문제에 의문이 던져지고 있다. 그러나 구미 제국을 현상유지파로 보는 A·A제국도 지역주의나 국제회의(예, UN총회)의 결의에 입각하여 자기 자신의 정치적 목적을 달성하기 위한 국제법의 발달을 전망하고 있다. 이와 같이 국제정치질서에서 발생한 강력한 압력은 이렇게 국제법질서에 반영되기도 하는 것이다. 결국 국제법의 합의적 기반이 저하됨에 따라 현행 국제법의 수많은 문제가 일반적 합의이론만 가지고는 해결하기 어렵게 되었다(Greig, 5).

그러나 국제법도 법인 이상 行爲規範으로서의 기능과 재판규범으로서의 기능을 아울러 갖는다. 첫째, 행위규범으로서는 각 국가에게 행동의 규칙을 제공하며 국가 상호간에 상대방 국가의 행동에 대한 예측가능성을 부여함으로써 분쟁의 발생을 미연에 방지하는 기능, 즉 '法의 社會制御機能'을 수행한다. 둘째, 裁判規範으로서는 법위반행위를 강권적으로 시정하기 위한 제재를 결정하는 규준이 됨으로써 분쟁을 해결하고 사회질서를 회복하는 기능, 즉 '法의 紛爭制御機能'을 수행한다.

그러나 폭력의 독점을 배경으로 한 중앙집권적인 근대국가 법체계에 있어서는 '법의 분쟁제어기능'이 중시되는 데 대하여, 主權國家의 다원적 병존이라는 분권적 질서구조를 갖는 국제사회에서는 의무적 재판제도에 전형적으로 표현되는 통일적인 제재결정의 기구가 일반적으로는 존재하지 않기 때문에 국제법의 기능은 실제로 행위규범으로서의 사회제어기능에 한정된다.

다만 任意的이라도 일단 분쟁이 국제재판에 부탁된 경우에는 국제법은 재판규범으로서의 분쟁제어기능을 수행하는 것이다. 그러나 그 경우에도 국제사회는 그 재판의 판결을 자동적으로 집행하는 제도를 가지지 아니하므로 그 기능도 완전한 것이 아니다.

그런데 국가간의 상호의존성이 커져가는 현대 국제사회에 있어서는 각국은 국민의 경제적 지위 향상을 권력의 최상의 정당성 근거로 하는 적극국가를 지향함으로써 국제경제에 있어서의 안정된 국가간의 교류를 유지하는 것이 권력의 존립을 확보하기 위한 불가결의 전제가 된다. 이리하여 국가간의 행위규범으로서 기능하는 국제법에 대한 기대가 급속히 증대되었다.

왜냐하면 첫째, 종래의 國際慣習法이 규율하지 않은 광범한 사항을 새로이 규율할 필요가 생겼다. 둘째, 종래의 국제법규는 기본적으로 각 국가의 주권적 자유를 전제로 한 그 관할권의 상호적 한계를 획정하는 것을 목적으로 하는 '形式的 規則'(jurisdictional law)인데 대하여, 오늘날에 요구되는 국제법은 각각의 사항에 관하여 국가에 명확한 행동지침을 부여하고 이로써 타국의 행동에 관한 예측의 정확성을 높이는 기능적으로 특정된 '實質的 規則'(functional law)이 되어야만 하기 때문이다. 종래의 국제법은 근대국가가 중세의 봉건적 여러 권력에 도전하면서 자기의 최고성을 확립하는 데에 급했던 까닭으로 外交·領海·公海·戰爭·中立 등에 관하여 자연법사상의 힘을 빌어 국제관습법적으로 전개됨에 그쳤으나, 국가주권의 기반이 절대군주로부터 국민대중, 특히 시민계급으로 이행·확대되면서 전통 관습법규가 다 커버하지 못하는 사회·경제의 각 분야에 다수의 協定(이것은 대부분 functional law이다)이 실정법적으로 체결되어 국경을 넘어서 전개되는(trans-national) 시민의 경제·사회활동을 보장하기에 이른 것이다. 이리하여 지금까지 국내의 공법 또는 사법에 유보되었던 많은 사항들이 바야흐로 국제법의 규제하에 놓이게 되어 이 법은 인간생활의 모든 영역을 차례로 망라할 전망이다(Friedmann, Changing Structure, 152).

그런데 '形式的 規則'으로서의 국제법이 '實質的 規則'으로서의 국제법으로 발전함에 따라 국제법의 정치적 기능은 서서히 변화하고 있는 것이다. 종래의 국제법의 정치적 우월성은 각 국가의 고립상황에서 현저히 기능한 것이었으나 상호의존성이 강화되어가는 오늘날에 있어서는 국제사회가 이러한 현실의 변화에 발맞추어 기능할 수 있도록 그 行動規範을 부단히 정립해 나가는 조정적 기능에 중점을 두고 있다. 이러한 의미에서 국제법은 이른바 '權力의 法'이나 또는 '相互主義의 法'으로서의 기능으로부터 점차 '調整의 法' 내지 '協調의 法'으로서 실질적 기능전환을 하고 있다.

다음 국제법의 紛爭制御機能(분쟁해결규범으로서의 기능)은 국내법 체계 내에 있어서의 재판기능과는 다르나(이것은 국제사회의 분권적 구조의 반영, 즉 국제분쟁의 해결은 기본적으로는 당사자간의 자치적 해결에 맡겨진 결과이다), 국제사회에서 중대한 기능을 발휘한다. 무력분쟁이 발생한 경우 전투행위중에서도 戰爭法(*jus in bello*)이 적용되어 전쟁의 무익한 잔학화를 억제하는 기능을 발휘한다(전통 국제법은 평시와 전시를 준별). 오늘날 전쟁의 위법화의 관념이 보급됨에 따라 전쟁법(또는 전시국제법)이란 명칭의 적절성에도 의문이 제기되고 있으나, 그 실체를 구성하는 상당수의 규칙은 관습법 또는 조약규정으로서 현재에도 유효하다. 최근 또 무력분쟁시에 전쟁희생자 등의 개인을 보호하는 국제법 규칙을 총칭하는 것으로서 國際人道法(international humanitarian law)이 사용되고 있다. 이러한 규칙들은 무력분쟁이라는 어쩔 수 없는 상황 속에서도 최소한도의 질서와 인간의 존엄성을 유지하는 기능을 발휘한다.

그리고 보통의 경우 분쟁당사국 상호간의 多重的 條約關係 내지 분쟁당사국과 제 3 국간의 利害關係條約의 존재가 단기적 이익을 위한 이러한 조약관계의 파괴가 가져오는 불이익의 較量을 통하여 분쟁의 무제한의 확대를 억제하는 기능도 발휘한다.

또한 국제정치적 위기에 있어서도 국가의 대외적 정책결정이 국제법에 의하여 정당화될 수 있는 대상을 선택하려 한다면 국제법은 역시 국가의 행동결정의 범위를 획정하는 기능도 수행한다(그러나 Cuba위기에서 보는 바와 같이 이러한 legalism에 대하여는 Kennan 등 일부 국제정치학자들의 비판이 따르고 있다). 그리고 이러한 정당화의 선택은 분쟁의 방지나 제어를 결과하는 경우도 있다.

국제분쟁의 자치적 해결과 관련하여 국제법은 분쟁제어기능과는 별개로 다음과 같은 기능도 갖는다고 보아야 한다. 첫째는 교섭환경의 설정을 위한 communication의 기능이다. 즉 분쟁의 자치적 해결의 전제조건이 되는 상대국의 의사를 확인하는 데 있어서 국제법이 의사소통의 media로서 기능하는 것이다(즉, 국가가 국제분쟁의 과정에서 자기 입장의 법적 정당성을 서로 응수하는 경우 상대방의 요구의 범위, 성격을 알기 위한 정보교환의 의미를 갖게 되어 교섭에 들어갈 정지작업을 하는 것이 된다). 둘째는 분쟁의 법적 유도기능이다. 분쟁당사자의 일방이 법적 논의로써 권리주장을 하는 경우 타방의 당사자도 법적 논의로써 대항하도록 유도함으로써 힘에 의한 분쟁해결을 억제하는 기능이다.

위와 같이 국제법의 기능은 극히 다면적이며 이러한 경향은 현대 국제사회의 상호의존성이 확대됨에 따라 더욱 심화되어 갈 것이다(河西直也, 國際法の基礎, 17-21).

5. 國際法의 세 개의 類型

Schwarzenberger가 말한 바와 같은, '힘'이 우월적으로 지배하는 사회 내의 법으로서의 국제법은 다음과 같은 세 개의 유형으로 분류할 수 있다.

(1) 權力의 法(The Law of Power)

국제법은 첫째 권력정치를 돕는 법으로 나타난다. 전쟁의 결과를 시인하며 승리한 강국의 입장을 법적으로 공식화하는 경우 국제법은 이와 같은 '權力의 法'이 되는 것이다. 전후의 평화조약은 대체로 이 법에 속한 것으로서 전쟁에 의하여 달성된 세력균형에 법적 표현을 부여한 것에 지나지 않는다. 제 2 차대전 후의 전쟁범죄인의 처벌을 규정한 'Nürnberg 軍事法廷 條例'나 '極東軍事法廷 條例'도 '승자의 재판'을 합법화하기 위한 사후입법으로서 일종의 '권력의 법'이라고 할 수 있다.

이러한 '권력의 법'으로서의 국제법은 왕왕 국가의 침략적 의도를 법적 위장으로 치장하는 편리한 구실을 제공하는 경우가 있다(예, 1910년 한일합병조약). 이와 같은 국제법의 남용은 국제사회가 국내사회에 견줄 만한 통일적인 입법·사법·행정의 여러 제도를 발달시키지 못하는 한 불가피한 현상으로 보인다.

(2) 相互主義의 法(The Law of Reciprocity)

권력정치가 지배하는 국제사회에 있어서도 각국이 만약 상호주의에 입각하여 그 권력과 실력의 사용을 제한하고 국제법을 공평하게 적용할 용의가 있다면 그것은 '相互主義의 法'으로서 일정한 기능을 수행할 수 있다. 전쟁법규나 중립법규 등은 이 원칙에 의존한 것이다.

그러나 이 '相互主義의 法'은 국제정치상 별로 중요치 않은 분야 또는 力分布(distribution of power)에 무관한 분야에서 기능한다고 보아야 한다. 예를 들면 외교사절의 特權·免除, 범죄인의 인도, 通商航海 등의 분야가 이것이다.

(3) 調整의 法(The Law of Co-ordination)

각 구성원이 자기 보존과 자기 복지의 추구를 지상으로 하는 국제사회에 있어서도 그 사회의 독자적인 법이 없는 것은 아니다. 예를 들면 19세기의 아프리카 노예무역의 금지를 위한 조약, 國際人權規約(1966년), 1951년의 難民의 지위에 관한 條約(1967년의 의정서에 의하여 적용범위가 확대되었다), 또는 UNRRA의 사업에 관한 조약 등이 이것이다. 그러나 이러한 '調整의 法'은 각국이 세계의 이익을 자기의 이익으로 간주하는 동안까지만 존속한다(Schwarzenberger, Manual, 4-5).

일찍이 국제법의 기능에 관하여, 국제법사회학의 선구자인 Max Huber는 「Palmas島 事件」에서 "국제법은 다른 법과 마찬가지로 법적 보호의 가치가 있는 이익의 공존을 보증할 목적을 가진 것이 분명하다"고 하였고, 또 PCIJ는 Lotus號 事件에서 국제법이라고 하는 것은 "독립한 단체의 공존을 규제하거나 또는 공동의 목적을 추구하기 위한 것"이라고 하였다.

이리하여 국제법의 기능은 두 가지 型의 규범에 표현되는 두 개의 방향에서 발현하게 된다. 첫째는 모순 대립하는 이익을 조정하기 위하여 주체의 상호 행동을 규율하는 규범이며, 둘째는 공동의 이익을 만족시키기 위하여 주체간의 협력을 실현하는 규범이다. 결국 국제법의 기능도 共存과 協力이라는 사회적 요청을 표현하는 두 가지 형의 규범을 중개하여 전개되는 것이다.

그런데 국제법의 이와 같은 調整的·協力的 성격은 하나의 출발점으로는 생각할 수 있으나 국제법과 국제사회 간의 면밀한 검토가 없이는 그 구체적 성과를 말하기 어렵다(Schwarzenberger, International Law, 4). 만약 平和的 變更(peaceful change)에 관한 규정이 없거나 또는 당사자간의 합의의 성립이 불가능한 경우에는(실제로 평화적 변경을 확신하는 합리적인 국가는 거의 없다) 변경이란 '힘'에 의하여 성취되는 것이다. 과연 권력정치제도하에서는 전쟁의 결과가 아닌 평화가 없고 강제된 조약의 결과가 아닌 평화도 없는 것이다.

그러므로 국제법의 기능은 출발점부터 국내법의 그것과 판이하여, '힘'에 의하여 달성된 세력균형에 대하여 법적 불가침성을 부여하고 이로써 국제사회의 안정을 도모하려는 목적을 갖는다. 원래 干涉, 復仇, 平時封鎖 등은 국가의 주권과 평등권의 원칙에 반하는 정치적 방법이지만 도리어 국제법에 의하여 법적 정당성의 구실을 얻은 것들이다. Westlake에 의하면 "법의 최대의 기능은 自己保全의 원시적 본능을 순화하고 그 이름으로 실행되는 범죄를 방지하기 위한 목적을 갖는다"라고 하였으나 국제사회에는 강제적 관할권이 수립되지 않고 있으므로 국제법 본래의 목적 달성의 기회는 지극히 적다. 그리하여 국제법의 주요 기능은 결과적으로 '힘'의 지배를 지지하는 것이며, 그것이 달성한 결과에 법의 신성과 위신을 부여하는 것이며, 現狀(*status quo*)의 변경을 원하는 국가에 대하여는 변혁에 대한 편리한 변명을 제공하는 것이 된다.

이와는 반대로 권력정치의 범역 밖에서는 국제법이 하나의 진정한 법제도로서의 기능을 수행할 수 있다. 이 곳에서는 국제사회의 구성원간의 공동의 합의에 의하여 성립된, 인간행동을 규제하기 위한 규칙의 일단이 적용되며, 그 법제도에 고유한 벌칙에 의하여 그 규칙은 강행된다. 약소국뿐만 아니라 최강대국가라 할지라도 이 규칙에 일치한 행동을 취하는 것은 필요하게 되며 이익도 되는 것이다.

제 2 절 國際法의 法的 性質

1. 問題의 提起 —— 國際法은 法인가

국제법은 진정한 의미에서 '법'이라고 할 수 있는가. 그것은 과연 '법'으로서의 실질을 갖춘 것인가의 문제에 관한, 이른바 '국제법의 법적 성질'에 관한 논쟁은 이미 300년 전 國際'法'이라는 용어가 나왔을 때부터 시작된 것이다. 원래 서구사회의 법으로서 출발하여 오늘날과 같은 세계적 규모의 법체계에로 확대된 국제법은 특히 국제사회의 구조적 변동에 따라 '世俗化'(humanization)되면서 그 법적 성격에 더욱 많은 도전을 받고 있다. 도전의 이유는 국제법이 국제사회에서 '법'으로서의 기능을 충분히 발휘하지 못하고 있다는 불만과 국제사회가 이를 위한 조직화와 체계화를 달성하지 못하고 있다는 반성의 결과이다.

오늘날에 있어서는 국제법의 법적 성질을 부정하는 학자는 많지 않다. 다만 그 법적 성질을 둘러싸고 한쪽에서는 국제법을 '世界 共同社會의 法'(田中耕太郎 박사의 「世界法의 理論」에서 보듯이 국제법을 세계인류사회의 법으로 보는 사상) 내지는 여기에 이르는 도정의 중도에 있는 법으로서 세계법 가능의 입장에서 규정하는 사고방식이 있는가 하면, 그 반대편에서는 국제법을 권력정치에 종속하는 이른바 '權力의 法'(무력에 호소하여 문제를 해결하는 권력적 체제를 배경으로 한 행위양식을 정형화한 것)이라고 규정하는 접근방식도 있다. 그리하여 그 법적 성질을 파악하는 방식은 이 양극단 중에서 다양한 진폭을 보이고 있다고 할 수 있다.

여하간 이 논쟁에 참가한 사람이면 누구나 명시적 또는 묵시적으로 자기의 입장을 불가피적으로 갖지 않을 수 없게 된다. 여기서 공통된 문제점은 법이란 규범의 하나이지만 도덕이나 習俗과 같은 다른 사회규범과 다른 점은 그것이 최소한 公的으로 강제되는 사회규범이라는 것, 나아가서 그 강제성을 보장하기 위한, 즉 법의 실효성을 확보하기 위한 강제수단을 갖추고 있는 점인데, 과연 국제법이 이러한 강제성 내지 실효성을 갖추고 있는 법규범인가 하는 것이다. 이 점에 있어서 법의 개념요소 내지 법의 속성을 명백히 구명해야 함에도 법의 일반이론상 일치한 견해는 아직 없다.

國際法의 實效性에 대한 평가는 사람에 따라 대단히 다르다. 국제법의 強制性·實效性, 따라서 그 법적 성질을 부정하는 논의는 주로 권력정치의 입장에서 제기되고 있는데, 국제법은 권력정치에 의하여 언제든지 휴지화될 수 있다는 주장에 입각한다(1914년 8월 4일 독일 수상 Beethman Hollweg는 영국이 '휴지'와 같은 Belgium 중립조약의 수호를 위하여 우호국에 전쟁을 걸어왔다고 비난하였다). 국제사회를 위계질서 없는 여러 국가의 堆積(congeries)에 지나지 않는다고 보는 Corbett 교수가 국제법의 이념이 전통적 국제법의 문헌에서는 극히 과대하게 평가되고 있는 데 반하여 현재의 '마키아벨리스트'에 의해서는 너무 과소평가되고 있다고 주장하는 것도 국제법의 실효성에 관한 평가의 하나이다. Nicolson은 외교가 국제법의 진흙탕에 빠져드는 것을 경고하고 있으며, Kennan이나 Morgenthau 같은 국제정치학자들은 대외정책에 대한 도덕적 · 법률적 접근을 비난하면서 국가이익에 입각한 현실주의적 외교를 강조한다. 이러한 현실주의의 입장을 견지하는 학자나 정치가의 국제법에 대한 평가는 대체로 '국제법이란 국제사회생활'을 규제하는 규칙이 아니라 과거의 여러 가지 상황, 관례적 규칙, 장래의 사태에 대한 기대 등으로부터 발생한 것의 혼합물에 지나지 않는다는 견해이다.

> 국제법에 대한 이러한 접근방법은 국제관계를 본질적으로 '힘'의 관계로서 파악하여 국가는 어떠한 수단에 의해서도 그 국가이익을 달성해야 한다는 사상이다. 그러나 현실적으로는 어떤 강대국도 국제법을 무시하는 태도를 취하고 있지 않다. 강대국이 국제법을 준수하는 요인은 여러 가지가 있겠으나 그 가운데 국내적 · 국제적 여론이 큰 비중을 차지하고 있는 것이다.

일반적으로 국제법의 실효성에 대한 평가의 차이는 다음 세 가지 기본적 문제에 대한 공통의 '컨센서스'가 존재하지 않은 까닭이다. 첫째는 법의 본질에 대한 인식의 차이다. 이 차이는 단순히 法의 正義에 관한 견해의 차이뿐만 아니라 法의 目的, 機能 및 妥當根據(자연법주의냐 또는 실정법주의냐의 문제) 등의 차이에 관련된다. 둘째는 국제사회에 있어서의 국제법의 기능과 역할에 관한 인식의 차이다. 국제법이란 국제사회의 법으로서 국제평화와 안전의 유지를 위한 실효적인 법이 아니면 안된다고 보고, 만약 그렇지 않다면 국제법이란 '法'으로서의 의미를 갖지 않는다는 견해와, 반드시 그렇지는 않다는 견해와의 대립이다. 셋째는 국제법의 형성과정에 대한 인식의 차이이다. 국제법규는 국가간의 合意(명시적 또는 묵시적)에 의하여 성립되며 확립된 국제법규는 모든 국가를 구속한다고 되어 있으나, 국제사회에 최근 등장한 국가(예를 들면 A·A제국)는 기존 국제법규의 성립에 대하여 명시적이든 또는 묵시적이든간에 합의를 부여할 기회가 없었다는 의미에서 그것은 합의의 산물이 아니라는 것, 그리고 동시에 근대 국제법의 서구적 지도이념과 상반된 이념을 토대로 성립된 국가나 정부(예, 구소련 중국 등)가 '西歐'的 國際法을 준수할 의무가 있느냐 등의 문제가 있어서 견해의 차이는 심각하다.

그러나 결국 국제법의 법적 성질의 문제는, 첫째 법을 어떻게 정의하는가(법의 정의의 문제), 둘째 법의 본질적 계기라고 하는 '강제성' 문제를 어떻게 보느냐(이 경우 강제성을 단순히 규범논리적으로 이해하는가 또는 그 구체적인 발현현상을 법사회학적으로 확인해 나가는가)의 두 가지 문제로 귀착된다고 볼 수 있다.

2. 否 定 論

일찍이 17세기 이래 이른바 國際法이라고 하는 것은 국제사회의 사회규범이기는 하나 '法'規範은 아니라고 하는, 국제법의 법적 성질을 부정하는 주장이 나왔다. Hobbes(市民論 14장 1642년), Pufendorf(自然法과 萬民法 2권 3장 22절, 1670년), Austin (一般 法律學講義 6장, 1863년), 그리고 Philip Zorn과 Albert Zorn 父子 등이 이와 같은 否定論者의 계보에 속한다.

실제에 있어서 Pufendorf와 그의 후계자(최근의 Le Fur에 이르기까지)는 自然法이 유일한 법이라고 생각하였기 때문에 조약이나 관습에 입각한 국제법의 법으로서의 성격을 부정하지 않을 수 없었다. Hobbes나 Austin은 법이란 주권적으로 정립되고 제재를 수반하는 명령인데도 불구하고 국제법은 그러한 최고의 立法權의 소산이 아니라 국가간의 합의에 의하여 정립되며, 국가에 우월적으로 그것을 적용(집행)하는 권력도 실재하지 않다고 하는 것이 부정론의 이유이다.

일련의 국제법 부정론자 가운데 Austin(1790-1859)은 특별히 유명하다. 그에 의하면 "法은 命令이며, 義務와 制裁를 불가분으로 포함한다. 더욱이 실정법은 독립된 정치사회의 주권자의 명령이다. 그런데 국제법은 주권자의 명령이 아니라 다만 여론에 의하여 설정되고 강행되는 것에 지나지 않으며 더욱이 실정법은 아니다"라고 주장하면서 국제법을 고작 實定國際道德(positive international morality) 또는 類推法(law by analogy)으로 보았다.

Kunz가 지적한 바와 같이 국제법의 법적 성질을 부정하는 학자가 줄기는커녕 오히려 반대로 증가하고 있다면, 그것은 대개 위와 같은 命令的 法概念(law in the imperative sense)의 신봉자가 증가하고 있다는 증거이다. 그러나 국제법의 실정적 법규성을 부정하는 주장은 법의 기능에 관하여 특정의 전제를 두는 것이며, 국제사회의 구성단위로서의 국가의 존재 이유와 국가간의 합의에 입각한 국제법의 특수한 기능을 간과하는 것이다.

Austin의 命令的 法概念에 걸맞는 고도의 국내제도는 그 사회제도의 승인 및 이에 대한 복종을 포함하는 것이다. 그러므로 Austin적 법개념에 의한 국제법의 법적 성질의 부정은 당연히 국제사회의 사회성의 부정으로 연결된다. 그리고 Austin의 법개념을 수락하는 경우에도 국제법이 실정 국제도덕과 같은 것이라는 결론은 나오지 않는다(Stone, 28).

3. 肯 定 論

'國際法이 法이냐'라는 문제는 적어도 법의 정확한 개념은 무엇이냐라고 하는 질문과 필연적으로 관련되는 것이고 보면 법에 관한 어느 하나의 정의만이 역사적으로나 분석적으로나 정확한 것이라고 말할 수 없는 현 단계의 법사상에 있어서는 국제법 부정론과 마찬가지로 국제법 긍정론도 각각 나름대로 근거를 제공하고 있다. 사실 법의 정의에 관한 문제는 그 자체 법적 문제가 아니라 超法的(meta-legal) 내지 法以前(pre-legal)의 문제이며, 수백 년의 法哲學도 아직 완전히 풀지 못한 어려운 문제이기도 하다. 이와 같이 법에 관한 유권적 정의가 없는 이상 '국제법이 법이냐' 하는 질문에 대한 대답도 단 하나만이 있을 수는 없다(Jessup, 4-8, Stone, 27). 그러므로 국제법의 법적 성질에 대한 접근방법에 있어서 어떠한 법적 정의에 의하여 국제법의 법적 성질이 긍정되기도 하고 또는 부정되기도 하는가를 검토하는 일이 중요하게 된다(Stone, 27).

(1) 긍정론의 첫째는, 국제법의 법적 성질을 부정하는 것은 실제에 있어 불편하고 最良의 法的 思惟에도 반한다는 주장이다(Briely, 41-42, 68-76). 왜냐하면 1914년의 독일에 의한 벨기에의 侵攻이나(당사의 벨기에는 독일도 보장당사국인 永久中立國), 1941년의 일본에 의한 진주만 기습과 같은 事例(부전조약 기타 전쟁 개시에 관한 조약 등의 위반)에 있어서 만약 이것들이 국제법 위반이 아니라고 한다면 이러한 國家行爲가 과연 어떠한 규범에 대한 위반인지를 규정하기가 곤란하기 때문이다. 위의 사례가 단순한 도덕규범의 침해라고는 도저히 볼 수 없는 이상 어느 법규범(즉, 국제법 규범)

의 침해라고 인식하는 것이 最良의 法的 事由라고 생각되는 것이다.

국제법이 국제도덕과 다르다고 하는 것을 인정하면서도 그 법적 성질의 긍정을 주저하는 이유가 주로 Austin과 같은 命令的 法槪念에 잡혀 있기 때문임은 말할 것도 없다. 그러나 이러한 견해는 법에 관한 그릇된 분석의 결과이다. 예를 들면 영·미의 Common Law(보통법)와 같은 관습법은 명령적 법개념으로는 설명할 수 없는 것이다. 오히려 역사학파 내지 인류학파에 의하면 세계 인민은 명령적 법으로부터 기능적으로 구별할 수 없는, 즉 主權命令的도 아니고 主權制裁的도 아닌 규칙하에서 살아왔고 현재도 살고 있다. 법의 본질은 명령에 있는 것이 아니라 사회구성원이 어떤 규칙을 습관적으로 지킴으로써 그 규칙의 준수를 구속적이라고 확신하는 데 있다. 이러한 의미에서 국제법이야말로 진정한 법이라고 주장한다(Savigny, Maine).

그 이유로서 첫째 일반적으로 어느 규칙의 습관적 준수가 있는 경우 그 규칙의 약간의 위반이 있을지라도 그 법적 성격은 상실되지 않는다는 것, 둘째 국제사회에는 국제법을 변경할 수 있는 주권자가 없으므로 타국의 국제법 위반을 제재하려는 국가가 그것을 변경하는 방법으로 국제법의 준수를 철회하는 경우가 많다는 것(국제법 위반과 국내법 위반은 이 점에 있어서 다르다) 등이 이 학파가 환기시키는 국제법의 중요한 특징이다.

(2) 국제법의 법적 성질을 긍정하는 둘째 이유는 국제법 체계에 고유한 약간의 결함이 있을지라도 그것은 그 법적 성질을 부정하는 결정적 요인이 되지 않는다고 하는 것이다. 국제법에는 위반이 많다는 것, 국제법의 정립에 관한 통일적인 立法機關이 없다는 것, 국제법의 적용에 관한 통일적인 司法機關이 없다는 것, 국제법을 강제하는 執行機關이 없다는 것 등은 국제법을 국내법으로부터 구별하는 표준이 되며, 동시에 국제법의 법적 성질을 의심케 하는 요인들이다.

사실 국제법은 현 단계에 있어서는 국내법 체계에 비교될 수 있는 법제도를 거의 갖고 있지 않다. 그러한 의미에서 국제법은 '制裁 없는 法'이라고 하기보다는 '制度 없는 法'이라고 하는 측면이 더 본질적이다. 국내사회에 비하여 법주체의 수가 극히 소수인 국제사회에서는 물리적 제재가 그다지 중요성을 갖지 않으며, 특히 오늘날의 초강대국에 대한 물리적 제재를 말하는 것은 비현실적이다(Hart, 211-215, 234-238). 國際法 主體에 법을 준수하고자 하는 의사가 있기만 하면 국제법은 제재를 발동하지 않더라도 충분히 기능할 수 있다. 실제에 있어서 국제법은 잘 준수되어 왔다. 그 이유는 국제법의 受範者가 실은 국내법을 집행할 입장에 있는 Hart가 말하는 '공적 기관'이기 때문이다. 국제법이 법제도를 갖지 않은 것은 국제사회의 역사적 사정에 의한 것으로서 이론적으로는 언제나 복원가능한 것이며 국제법의 본질적 특징은 아닌 것이다.

국제법의 법적 성질에 의문을 품게 하는 위의 모든 요인은 초기의 원시적인 법체계에 있어서는 어디든지 존재하는 형태이다. 국가가 부단히 새로운 법을 정립해야 하고 현행법을 강제해야 하며, 法과 國家意思가 동일시되는 것이 당연하다고 생각하게 된 것은 극히 최근의 일이다(그러나 국제사회와 국가사회는 여러 가지 점에서 상이함에도 각각 상이한 기반에 타당하는 국제법과 국내법을 하나의 법의 발전단계의 지속으로서 비교·유추하는 데는 문제가 있다). 오늘날 '법'이라고 하는 말이 보통 중앙집권적인 근대적 주권국가 내의 법질서를 의미하는 것으로 사용되고 있으나 그것은 법 발전의 하나의 단계로서 유럽에서는 종교개혁 이후의 산물인 것을 알아야 한다. 인류는 原始法秩序로부터 오늘의 중앙집권적인 국가법질서에 이르기까지 허다한 발전단계를 경과해 왔다. 따라서 유독 오늘날의 국가법질서만을 '법'의 기준으로 삼는 것은 국제법질서의 평가를 위하여 반드시 타당한 것이라고는 생각되지 않는다.

Kelsen에 의하면 法秩序의 진화는 역사적으로 항상 自助의 제도로부터 재판의 제도에로 집권적인 執行權의 발전을 향하여 진행하여 왔다. 때문에 법기술적으로는 극히 불완전하지만 국제법질서와 같이 분권화되어 있는 원시적 사회질서도 또한 '법'의 이름으로 불러야 한다고 주장한다. 이것은 각국이 각각 국제법의 形成·適用·執行의 권리를 갖는 국제사회의 '分權化'된 구조를 그대로 하나의 법질서로서 인정하는 것을 의미한다.

또한 Lauterpacht가 "국제법의 여러 규칙을 강제하는 집권적 권위가 존재하지 않기 때문에 각 국가는 때에 따라 국제법을 스스로 집행하지 않으면 안된다"고 말한 것은 바로 그러한 뜻이다. 왜냐하면 게르만 고대법에 있어서의 私鬪(Fehde)나 血讐(Blutrache)와 같은 自力救濟(自助, Selbsthilfe)의 방법도 위법행위에 대한 정당한 반작용으로서 사회적으로 시인되고 있는 한, 그것이 아무리 불완전하고 미숙한 것이라고 할지라도 법의 집행으로서의 성격을 상실하지 않기 때문이다. 이 단계의 법규범은 그 내용에 있어서 도덕규범이나 종교규범이나 또는 習俗規範 등과 정확히 구별되기 어려운 것이지만 그 규범의 준수가 단순히 개인의 양심이나 여론에 의한 강제에 의하여 행해지는 것이 아니라 사회적으로 허용되고 시인된, 그러한 의미에서 사회적으로 조직된 물리적 강제력에 의한 제재가 정당화되는 경우에는 그것은 법규범의 카테고리 속에 분류될 수 있는 것이라고 보아야 한다.

(a) 첫째, 국제법의 결함으로서 '국제법에는 위반이 많다'는 비난에 대하여 Brierly는 국제법이 국가간의 일상의 교통관계에 있어서 오히려 국내법보다 더 잘 준수되고 있음에도 불구하고, 다만 세인의 관심이 극히 드물게 일어나는 센세이셔널한 國際法 違反事件에 집중되는 까닭에 국내법의 존재나 가치가 간과되기 쉽다고 말한다. Starke도 이 점에 관하여 그 이유를 다음 두 가지로 보고 있다. 첫째는 국제법의 규칙이 평화유지를 주요 목적으로 하고 있다는, 일반 사람들이 품고 있는 견해이고, 둘째는 평화나 전쟁과 같은 고도의 정치문제에 치중하는 나머지 다른 잘 알려지지 않은 다수의 규칙을 무시하는 경향이다(Starke, 16).

그러나 실제에 있어서 국제법의 대부분의 규칙은 평화 또는 전쟁의 문제와는 거의 관계가 없는 것들이다. 그리고 법의 위반은 완전하다는 국내법의 경우에도 피할 수 없는 것이며, 다만 정도의 문제라고 보는 것이 옳다(위반의 책임이 문제되는 경우 그 국가는 어떠한 이유로든 그 합법성을 주장하는 것이 보통이다).

(b) 국제법에는 統一的인 立法機關이 결여되고 있다는 점에서 그 법적 성격을 부정하는 유력한 견해가 있다(예, Austin). 확실히 국제법은 당사국을 초월한 상위의 통일적 입법기관에 의하여 정립되는 것이 아니라 평등한 당사자로서의 국가 상호간의 合意(명시적 또는 묵시적)에 의하여 정립되는 것을 원칙으로 한다. 그러나 합의에 의하여 정립된다고 해서 반드시 국제법은 법이 아니다라는 결론은 나오지 않는다. 왜냐하면 모든 법이 반드시 입법기

관에 의하여 정립된 것이 아니면 안된다는 사고방식은 成文法 만능의 독단론이며 관습법을 제외하는 과오를 범하는 것이기 때문이다.

오늘날 국제법체계가 법의 발달단계에 있어서 이른바 放任主義(laissez faire)의 단계에 정체하고 있는 것은 사실이다. 그러나 과거 반 세기 동안 비유적 표현이나마 다수의 '立法條約'에 의한 '國際立法'의 성립을 볼 수 있고, 동시에 국제법규 가운데 관습법규의 부분이 상대적으로 감소되는 반면 조약법규의 비중이 착실히 커가는 현상을 본다. 국제사회에 비록 단호한 주권적 입법의 권위가 존재하지 않는다 하더라도 국제회의나 국제기관을 통한 '국제입법'의 방식에 의하여 국제법규나 또는 이른바 soft law를 설정하는 절차의 확립은 국내입법의 경우보다는 능률적이 아니기는 하나 그것도 일종의 입법에 해당한 것임에는 틀림이 없다(국제입법이라 할지라도 최종적으로는 관계국가의 동의를 얻어야 하는 데는 변함이 없다). 그리고 국제법관계의 변경에 있어서 그 때마다 국가의 동의를 얻는 불편을 경감하기 위하여 미리 조약으로써 어떤 기관을 예정하고 그 기관의 결의에 당사국을 구속하는 효력을 인정할 것을 약속하는 예도 있다(베르사이유조약 제422조, UN헌장 개정에 관한 헌장 제108조 및 제109조).

국제법의 많은 규칙이 불확실한 것이고 이미 수락된 원칙이라 할지라도 그 구체적 적용의 세부에 이르러서는 더 한층 불확실한 이유의 하나가 권위적 입법기관의 결여에 있다는 비난을 듣는다. 그러나 사실의 가능한 연속이 무한히 가변적인 이상 법으로부터 불확실성을 없애고 수학적 정확성을 기한다는 것은 거의 불가능한 일이다. 그러므로 이 점에 있어서도 국제법과 국내법과의 차이는 정도의 차이에 불과하고 종류의 차이는 아니다. 사건을 국제법정에 제소하는 국가의 관행이 보편화되어 국제법의 원칙 내지 규칙의 의미·내용이 상세화되는 동시에 위에서 말한 '國際立法'이 착실하게 발달함에 따라 양자간의 차이는 점차로 축소될 수 있다.

오늘날에 있어서는 비록 통일적이라고는 말할 수 없을지라도 압도적 다수의 국가가 참가하는 국제조직이나 외교관회의에서 일반조약의 작성이나 법전화작업(특히 International Law Commission의 업적)이 이루어지고 있다. 그러나 그것들은 통일적인 입법이라고 할 수는 없다. 국제사회의 상황변화에 발맞춘 國際法의 平和的 變更(peaceful change)은 일반적으로 곤란하다. 그렇기 때문에 최근에는 UN총회의 일정한 결의나 선언 등에 의한 법의 형성이나 변경을 인정코자 하는, 이른바 soft law의 발상이 나타나고 있다.

(c) 다음은 국제법의 결함으로서 주장되는 統一的 司法機關의 결여에 관한 문제이다. 국제사회의 國際紛爭(국가간의 분쟁뿐만 아니라 개인과 국가간의 분쟁이라 할지라도 그 개인의 소속국이 그 분쟁을 자국의 분쟁으로 취급하는 경우에는 국제분쟁이 된다)을 유권적·최종적으로 해결하는 統一的 司法機關이 없다는 것은 근대국가의 재판제도에 비하여 중대한 결점이다. 그러나 법이란 재판소에 의하여 적용됨으로써 비로소 법이 된다는 생각은 독단이다. 그리고 국제법의 적용, 특히 국제재판에 있어서도 그 사건만을 처리하기 위한 (*ad hoc*) 중재재판으로부터 常設的 裁判所에 의한 사법적 해결의 제도가 있다는 것이 간과되지 말아야 하며, 근래에는 ICJ의 이용이 지속적으로 활성화되고 있다.

(d) 다음 국제법체계에 고유한 결함으로서 특별히 지적되고 있는 것은 국제법의 강제성에 관한 문제이며, 특히 '사실적' 강제의 문제이다. 다시 말하면 국제법을 법규범이라고 논단할 수 있을 정도로 거기에 사실적 강제가 존재하느냐이다.

법은 본질상 강제규범이라고 하는 점에서 다른 사회규범과 구별되는데 국제법에는 이러한 강제성이 결여되어 있다는 의미에서 법이 아니라고 부정론자들은 주장한다. 그러나 법의 본질로서의 강제성이라고 하는 것은 '事實的 意味의 強制'(사실상 강제되는 것)를 가리키는 것이 아니고 '規範的 意味의 強制'(마땅히 강제되어야 한다는 당위적 의미의 강제)를 가리키는 것이며, 그러한 의미의 당위적 강제는 국제법에도 있다는 이유에서 국제법의 법적 성질을 긍정하는 학자가 있다(예, 横田喜三郎). 그러나 법이 사실적 계기의 우위에 의한 규범적 계기와의 통일체라고 한다면 법에 있어서의 강제를 단순히 당위로서만 파악하고 안도할 수는 없다.

일반적으로 국제법은 '事實的 強制'의 면에서 '弱한 法', 또는 '不完全한 法'이라고 하며, 이에 대하여 국내법은 강제(즉, 실효성의 보장)에 있어서 '強한 法'으로 통한다. 그러나 이와 같은 판단은 상대적인 것이다. 국제법에서도 이른바 '相互主義의 法'(상호간 이익이 존재하는 분야의 법)은 국내법의 어느 분야에 비해서도 못지않게 확실하고 실효적이다. 뿐만 아니라 '政治的 分野의 國際法'에 있어서는 약소국의 국제법 위반에 대한 강대국의 강제(제재)에 관한 한 반드시 약한 법도 아니다. 또 오로지 강제적 실효성이라고 하는 한 점에만 국한하여 본다면 국내법이라 할지라도 반사회단체의 철통같이 엄격한 규칙에 비하여 반드시 강한 것도 아니다. 법이 이러한 규칙과 상이한 점은 그 실효성이 정치적 권력주체인 국가에 의하여 보장되고 있다는 바로 그 점이다. 이와 같은 의미에서 무엇보다도 국가에 의하여 실효성이 보장되고 있는 사회규범은 '법'이라고 할 수 있는 것이다.

그런데 強制主體의 면에서 볼 때 국내법의 주체나 국제법의 주체가 원칙적으로 같은 것이다. 국제법의 '事實的' 실현을 객관적으로 보장하는 統一的 · 組織的인 정치권력이 없는 국제사회에서는 일방의 국가에 의한 국제법(조약)위반은 타방의 조약당사국에 의한 제재의 형식을 취하지 않을 수 없게 된다. 결국 제재의 주체가 국가라는 점에서는 국제법이나 국내법이나 다 마찬가지다. 그러므로 국제법상의 강제도 정치적 권력주체인 국가가 담당하고 있는 점에서는 국내법이 법인 것과 본질상의 차이가 없는 것이다.

그런데 국가가 법규범의 실효성을 보장할 수 있는 정도는 자기 정치력이 도달할 수 있는 한계까지이다. 그러므로 유한한 국가권력이 항상 '사실적' 강제를 어느 때나 완전히 확보하기는 거의 불가능한 일이다. 따라서 강제의 불완전성으로 인하여 국제법의 법적 성질을 부정하는 것은 논리에 맞지 않는다. 그러나 이러한 국제법의 법적 성질의 확정논리에는 약간의 위험이 따른다. 그것은 '規範的' 강제가 중시된 나머지 '事實的' 강제와의 거리가 간과되는 문제이다. 만약 국가에 의한 법실현의 노력이 '事實的' 강제의 가능성을 완전히 결한 경우 그것은 이미 법이라고 할 수 없고, 강제주체인 국가에 의한 국제법 실현에의 노력이 절망적으로 포기되었을 경우 거기에는 국제법의 '形式'은 있어도 '實質'은 없다고 보아야 한다. 국내법의 경우 집권적 체제에 의하여 어느 정도 사실적 실현이 보장되어 있다는 것이 그것을 근대법으로 변질케 한 요인이 된 것임을 간과해서는 안된다.

최근 국제법상의 강제와 관련하여 국가에 대한 국내법상의 의무의 履

行(compliance)을 강제하는 법집행기능에 약간의 변화가 발생하고 있는 것은 주목할 만하다. 전통국제법하에서는 의무이행을 위한 강제조치가 각국의 개별적 판단에 입각한 自救行爲로써 행해졌으나, 그 최종적 수단이었던 전쟁 기타의 무력의 행사 내지 위협이 원칙적으로 금지된(헌장 제2조 4항) 현재에는 多元化되고 또 많은 국제법상의 제한에 복종하게 되었다(Wengler, 16-23).

〈自力救濟〉 어느 국가가 다른 국가에 대하여 위법행위를 하고 損害賠償의 지불 또는 국내·국제법정에의 출정을 거부하는 경우 피해국이 취할 수 있는 유일한 제재수단은 自力救濟이다. 자력구제는 모든 법제도에 제재로서 존재한다(영국에서는 Norman 정복 전의 영국법에 있었고 현대의 발달된 영국법에도 있다). 그러나 오늘날의 국제사회에서는 자력구제는 원칙이 아니고 예외가 되었다. 오늘날에도 잔존하고 있는 자력구제의 형식은 報復과 復仇뿐이다.

〈報復(retorsion)〉 보복이라고 하는 것은 부당한 행위를 한 국가에게 손해를 줄 목적으로 하는 '適法'한 행위를 말한다. 예를 들면 경제원조의 단절과 같은 것이다(조약상의 의무가 없는 한 경제원조의 법적 의무가 일반적으로 있는 것은 아니다).

〈復仇(reprisal)〉 복구라고 하는 것은 보통의 경우에는 위법행위이지만 타국의 國際法 違反行爲(prima facie 우선 객관성이 있어야 하고, 급박성·불가항력·사정변경 등의 위법성조각사유가 없을 것)에 대한 대항조치로서 행해짐으로써 적법화된 것을 말한다. 예를들면 A국이 B국민의 재산을 무보상으로 국유화한 違法行爲(단, 사회주의국가에서는 무보상의 국유화가 원칙)에 대항하여 역으로 B국이 B국 내의 A국민의 재산에 대한 수용·동결·채무변제의 거부 등 위법행위를 할지라도 그것이 적법화되는 것이다.

〈復仇의 適法要件〉 복구는 최초의 위법행위와 똑같은 형식을 취할 필요는 없다. 앞서 든 예에서 B국은 A국 시민의 재산을 收用하는 대신 B국이 A국의 시민으로부터 빌어온 借入金의 지불을 거부할 수 있다. 그러나 원인이 된 상대국의 국제위법행위와의 관계에서 비례성을 유지해야 한다. 예를 들면 B국은 그 시민이 상실한 어림(見積)가격보다 수배가 되는 가치의 재산을 수용할 수는 없는 것이다. 또한 복구는 회복불능의 수단(살해, 귀중재화의 파괴)을 사용해서는 안되며, 또한 상대국이 그 국가책임을 해제하기 위한 조치(원상회복, 사죄, 위법상태의 제거, 손해배상의 지불)를 취한 경우에는 즉시 중지해야 한다. 그리고 상대국의 보통의 國際違法行爲(위법적 무력사용에 이르지 않은 것)에 대하여 무력에 의한

復仇가 금지되어 있는 것은 과거와 다른 점이다.

그리고 복구의 행사에는 특별한 조약에 의한 事項的 · 時間的 制限이 있다. 첫째 사항적 제한에 있어서는 제네바 條約 第一追加議定書 제20조가 "본편에 의하여 보호되는 人과 物(부상자, 病者 및 難船者)에 대한 복구는 금지된다"고 규정하고 있다. 다음 시간적 제한에 관해서는 '友好關係原則宣言'(1970년)이 국제분쟁의 해결을 위한 외교교섭이 계속되는 동안, 또는 국제재판소의 심리가 계속되는 동안 복구의 행사를 금지하고 있다(원칙 제2조 4항).

〈權利의 剝奪〉 국제법 위반의 행위를 하는 국가에 대하여 국제법상 적법하게 그 국가의 권리를 박탈함으로써 일종의 制裁(強制)를 가하는 경우가 있다. 예를 들면 중대한 위반을 이유로 하는 조약의 일방적인 終了·停止(비엔나 조약법 조약 제60조) 또는 국제조직에 의한 권리의 停止 · 除名處分(UN헌장 제 5 조, 제 6 조, 제19조) 등이다. 특히 國際通貨基金(IMF)의 제명조치는 제재로서 효과적이다(필요한 외화의 차입 불가능화).

〈國際制度의 履行監視의 措置〉 국제법상의 특수한 강제의 방법의 하나로서, 정부간 국제조직이나 기타의 다변적 국제제도가 체약국의 행위의 국제법상의 의무(인권보장, 해양오염방지, 원자력평화이용, 군비규제 등에 있어서 조약, 결의 또는 국제기준에 입각한 의무)와의 적합성을 검증(verify)하기 위하여 각종의 감시 기타의 규제를 행하는 경우가 있다. 거기에는 의무이행에 관한 국내조치에 대하여 '報告義務'(reporting system)를 부과하는 경우(국제인권규약 A규약 제16-19조, 국제인권규약 B규약 제40조, ILO헌장 제19조 5항·6항, 제22조 등), 체약국의 의무위반에 대하여 심사, 심의, 사찰, 인정, 해명요구, 시정권고를 행하는 경우(UN인권위원회, 식민지주의나 apartheid에 관한 UN총회 특별위원회의 조치), 또는 가맹국에게 어떤 부작위를 명령하는 경우(UN총회가 남아프리카에 의한 Namibia 통치의 계속을 위법 · 무효라고 선언하고 그 계속을 합법화하는 행위 · 교섭을 억제하는 의무를 가맹국에게 부과한 1971년 6월 21일 'Namibia에 있어서의 남아프리카의 잔유상태에 관한 법적 결과사건' ICJ 권고적 의견, ICJ Reports 1971, 54-56)도 있다.

〈地域的 組織의 規律의 嚴格性〉 지역적 조직은 그 가맹국을 한층 엄격한 규율에 복종케 할 수 있다. 예를 들면 유럽연합裁判所는 공동체의 규칙을 위반하였다고 진술된 국가에 대해 의무적 재판관할권을 가질 수 있다.

〈UN의 制裁措置〉 UN에 의한 제재조치로서는 안전보장이사회가 UN의 강제조치로서 제재를 가하는 경우가 있다(헌장 제 7 장).

그러나 헌장 본래의 의미의 군사적 조치에 의한 제재는 UN軍의 미편성으로 발동 불능이며, 뿐만 아니라 다섯 상임이사국의 거부권에 의하여 마비되는 경우가 많다. 반면 UN총회는 거부권에 복종하는 일은 없으나 그 결의는 보통 구속력을 갖지 않는다. 다만 그 결의는 조직화된 여론으로 인정되며 상당한 정치적 영향력을 행사할 수 있다. 그리고 안전보장이사회와 총회는 정치적 기관이고 사법기관이 아니기 때문에 정치적 고려에 입각하여 결정을 하며 분쟁의 정당성이나 부당성에 관해서는 거의 유의하지 않는다(Akehurst, 7).

> 국가가 국제분쟁에서 서로 기술적인 논쟁을 하는 경우에 가장 현저한 것은 선례, 조약, 법학논문에의 언급이며, 도덕적인 옳고 그름이나 善惡에 관한 언급은 거의 하지 않는다. 그러므로 北京政府가 대만으로부터 國民政府軍을 추방할 국제법상의 권리를 갖느냐의 여부에 관한 논쟁은 그것이 공정·정당하다든가 도덕적으로 선인가 악인가 하는 문제와는 크게 다른 것이며, 그것은 전적으로 다른 성질의 議論에 의하여 지지되는 것이다(Hart, 223). 법적 논의는 특수한 논의의 형식을 취한다.

위에서 본 바와 같이 국제법의 강제적 집행기능은 다원화되고 그 행사에 관한 객관적 규제도 강화되어 가고 있다.

(3) 국제법의 법적 성질을 긍정하는 셋째의 이유는 각국의 관행이 항상 국제법상의 문제를 법률문제로서 취급하여 왔다는 사실이다(International law is law because states regard it as law). 위선적이든 아니든 간에 국가간의 외교교섭에 있어서 국가는 국제법을 단순한 도덕규범과는 다른 또는 그 이상의 것으로 취급하여 왔다. 외교정책의 결정자들은 그 국가문서의 작성에 있어서 도덕적 논의나 정의의 일반적 감정에 호소하기보다는 선례나 조약이나 또는 법이론에 호소한다. 이것은 국가간의 관계에 있어서도 도덕적 의무와 구별되는 법적 의무가 존재한다는 것을 말해 주는 것이다(국가간의 관계에 있어서도 사생활관계에서 인정되는 친절 및 예의의 기준에 비슷하나, 명백히 법적인 것과 또 명백히 도덕적인 것과의 중간에 있는 것이 있다. 이것은 국제 '禮讓'의 범위에 있는 것이다. Hart, 223).

(4) 넷째의 긍정 이유는 현대 대부분의 입헌국가가 자신의 헌법에 국제법을 국내법으로 수용하는 동시에 양자간의 효력관계를 규정하고 있는 것이다(대한민국헌법 제6조 1항, 미국헌법 제6조 2항). 예를 들면 인권보장에 관한 條約(선언 포함)이 점차 일반화하고 있는 오늘날의 국제사회에서는 외국인의 처우에 관한 국내행

정기관의 재량권뿐만 아니라 내국인의 처우에 관한 그것에 대해서도 국내재판소가 개입, 국제법의 강제력을 사법적으로 실현하는 경우가 늘어가고 있다('정치범불인도의 원칙'이 현재 국제관습법으로 되어 있다고 보고 그 국내법으로서의 효력을 인정하여, 이 원칙에 반한 퇴거명령서를 위법이라고 하는 판례가 있다. 1969년 일본동경지방재판소 민사2부, 杉本 재판장의 판결).

오늘날의 국제법 위반에 대한 각국의 법의식을 고찰해 볼 때 國際法違反도 법을 지켜야 한다는 의식, 법의 준수를 요구할 수 있다는 권리의식, 법의 위반에 대한 반작용을 할 수 있다는 권리의식 등을 파괴할 만큼 일반적인 것은 아니며, 어떠한 국제법규라도 그 법으로서의 성격을 상실할 정도로 사실상 널리 위반되고 있는 것은 아니다.

(5) 다섯째의 긍정적 이유로서는 국제법적 사건이 국제법정이나 국내법정에서 법률문제로 처리되고 있다는 사실이다(한국에서 1983년 중국민항기 사건은 그 한 예). UN헌장은 명시적 내지 묵시적으로 국제법의 진정한 법적 성질의 수락 위에 서 있으며 UN의 주요 기관의 하나인 國際司法裁判所 規程(Statute of the International Court of Justice)은 재판소에 부탁된 분쟁을 '국제법에 따라 재판하는 것'을 재판소의 임무로 한다(제38조)고 밝히고 있다.

國際法의 법적 성질에 대한 긍정론을 일별하고 나서 정직하게 말할 수 있는 것은 제재(강제)가 국제법에 있어서는 국내법에 있어서만큼 효과적이 아니라고 하는 사실이다. 국가는 수적으로 적고 힘에 있어서 평등하지 않다. 그리고 강대국에 대한 制裁는 유감스럽게도 비현실적이다. 그러나 이 사실은 국제법이 반드시 국내법보다 효과적이 아닌 것을 뜻하는 것이 아니라 국내법과는 다른 방법으로 작용하는 것을 뜻하는 데 지나지 않는다. 제재는 어떠한 법제도에 있어서도 법률이 준수되는 이유의 주요한 것은 아니다. 어떠한 법제도도 제재의 관점에서만 검토하는 것은 합리적이 못 된다. 우리는 법의 병리현상과 법 자체와를 혼동해서는 안되는 것이다(Akehurst, 7). 국제법이 갖는 이러한 특이성은 결국 국제사회의 정치적 사회로서의 미성숙성에 기인하는 것인데, 국제법의 경우 국내법 이상으로 법과 사회와의 연관은 중시되지 않으면 안된다(이러한 의미에서 국제법은 '관습적인 법체계'(customary system of law)이다).

4. 國際法의 存在와 實效性

일반적으로 법이란 네 개의 요소를 필수적으로 포함한 것이 아니면 안된다. 즉, 輿論(public opinion), 法源(jural sources), 制裁(jural sanctions) 및 實施(actual enforcement)가 그것이다. 첫째의 여론과 넷째의 실시는 어느 의미에서 법체계의 밖에 있는 것이라고 할 수 있으나, 그것들은 법체계가 기능할 수 있는 조건을 제공하는 것이며 법의 존재 및 실효성과 중대한 관계가 있는 것이다.

첫째 여론은 일정한 사회 내의 개인적 및 사회적 이익에 가치를 부여하는 것으로 法의 궁극적 淵源이다.

> 그러나 오늘날 국제정치학의 관점에서는 국제사회에 있어서의 여론성립의 가능성을 과소평가하는 경향이 있다. 즉, "국제여론이란 공통의 평가와 반응의 실체가 없는 이데올로기적 영상에 지나지 않는다. 왜냐하면 세계 어느 곳에서나 여론이 국민국가의 여러 정책에 의하여 제조된다는 사실이며, 이러한 여론의 제조는 윤리에 관한 국민적 관념을 보편화하기를 요구하는 것이기 때문이다. 이 사실은 세계여론의 성립이 불가능하다는 것을 나타내는 것이다"라는 견해(Morgenthau 197, 206, 207)가 그것이다. 그러나 과거에 수에즈 및 헝가리 문제에 대한 국제여론은 국제법의 존재와 실효성을 증명하였고, 국가행동을 規整하는 힘을 발휘하였음을 부인할 수 없다.

일정한 사회적 價值, 目的, 標準에 관한 사회적인 일치가 없는 경우 사회나 법이 있을 수 없음은 자명하다. 상대적으로 항구적인 정의의 원칙을 가변적인 의견과 구별하기 위한 방법(즉, 法源)에 관하여 여론이 일치할 때까지는 진정한 법이란 존재할 수 없다. 동시에 法源이 수락되어 正義를 구체화한 규칙이 생산되었다 할지라도 그 규칙이 실시된다는 전망이 보이지 않으면 또한 법이 존재할 수 없다. 이러한 전망에 대한 인식이 법의 제재를 구성하며 法源을 실효성 있는 법규로 만든다.

그러나 또 동시에 법이 실시될 수 있다는 전망과 인식이 있음에도 불구하고 '힘'이 충분치 않거나 충분히 조직되어 있지 않아서 법이 실제로 적용되지 않을 경우에는 법의 형식은 있어도 법의 실질은 없게 된다. 국제법의 존재와 실효성에 관해서도 위와 같이 말할 수 있는 것이다.

> 국제법의 일반적 불완전성은 부정할 여지가 없다. 강제의 요소가 빠져 있는 것이 아니라 오히려 '힘을 힘으로 물리치는 것이 허용된다'(*vim vi repellere licet*)라는 관념이 국제법질서에 깊이 뿌리박혀 있다. 그러나 강대국이 힘(폭력)을 행사할 경우 약소국도 힘(폭력)으로써 격퇴하는 것이 허용된다고 할지라도 실제상 그것은 무의미한 일이다. ICJ는 Corfu 海峽事件에서 영국에 의한 해군의 강제행동에 관한 干涉權의 원용을 배척하면서 그것이 어떻게 정당화되든지 간에 용이하게 '힘의 정책'으로 변형되어 최대의 강국들에게만 유보될 가능성이 있음을 지적하였다(皆川·判例集 494).

국제법도 포함하여 어떠한 법질서도 그것에의 복종을 확보하기 위하여 강제력에만 기댈 수는 없으나 특히 국제법에 있어서의 그 존재와 실효성은 궁극적으로 실력에 의하여 지탱되는 각국의 동일 또는 相互補充的 利益에 의존되는 것이다. 이러한 이익이 존재하지 않는 경우에는 단순한 勢力均衡(balance of power)이 국제법규의 침범을 방지하는 유일한 방법이 된다. 이리하여 공동의 이익도 세력균형도 존재하지 않는 곳에서는 이미 실질적인 국제법은 존재하지 않게 된다. 국내법은 국가기관의 주권적 의사에 의하여 성립될 수도 있는 것이나 국제법은 항상 객관적인 사회력의 소산이다. 국제사회에 있어서 어떤 법제정권력이 공동의 이익이나 또는 세력균형의 어느 것에도 지지되지 않고 단순히 국제법규를 강제하려고 시도할지라도 그러한 법규는 전혀 유효한 것이 되지 못하거나 또는 단순히 실효성이 없는 잠정적 존재로 끝날 공산이 크다.

國際法規의 존재와 실효성은 반드시 조약이라는 법적 문서에 표현되어 있어야만 비로소 발생하는 것은 아니다. 단순히 효력에 관한 한 법적 문서에 표현되어 있지 않아도 유효한 국제법규가 있을 수 있고, 반대로 그러한 법적 문서에 표현되어 있어도 유효치 않은 국제법규도 있을 수 있다. 원래 규범이란 그 위반자에 대한 제재를 수반하는 경우에 실효적으로 되는 것은 물론이다. 그러한 실효적 제재를 수반하지 않은 규범은 단순한 이상이나 또는 희망에 지나지 않으며 결코 진정한 의미의 법규범이라고 할 수는 없다. 그 침범에 대하여 국가의 어떠한 反作用(制裁)도 없고 또 그

가능성도 없는 국제법규는 반작용이 없다는 사실만으로도 유효한 국제법규라고 할 수 없는 것이다.

현실적 국제법규의 實效性은 적어도 경험적으로는 국가의 정치권력에 의하여 국제정치를 통해서 실현된다. 일반적으로 법규범이란 공동의 규범의식을 가진 사회집단에 의하여 그 실효성이 보장되는 것인데 국제법에 있어서도 보통 국가가 이러한 사회집단으로 인정된다. 그런데 국가간의 대립적 이해관계를 필연적으로 내포하는 국제사회에 있어서는 국가의 실력에 현저한 차이가 있고, 따라서 국제법의 실효성을 보장하는 '힘'에도 강약의 차이가 크다. 그러므로 현실적으로는 국제법질서가 지배와 종속의 질서로서 불평등을 확립하는 법의 일면을 가지며, 강대국의 強制力이 실질적으로 제 1 차적 의미를 갖는다는 사실을 부인하기 어렵다.

5. 國際法의 妥當性의 根據

국가는 왜 國際法의 구속을 받는가의 문제, 즉 국제법의 拘束力(妥當性)의 근거의 문제는 일단 국제법의 법적 성질과 그 타당성을 긍정하는 입장으로부터 출발하여 주권국가를 구속하는 법질서의 가능성의 근거의 문제에까지 필연적으로 소급하는 문제이기도 하다. 국제사회라고 하는 고도로 힘이 우월하는 영역에 있어서 국제법의 규제대상인 국가가 동시에 물리적 강제력의 배타적 독점자로서, 더구나 각국이 각자의 '國家理性'에 따라 행동한다는 이 엄연한 사실에도 불구하고, 국제법이 그러한 국가를 구속한다면 그 근거는 과연 무엇인가.

이 문제는 동시에 국제법에 대한 접근방법에도 밀접한 관계가 있는 것이나 결정적 대답은 아직 실정법이나 자연법이나 어느 법이론에서도 나오지 않고 있다. Jean Spiropoulos는 이것을 전혀 실제적 가치가 없는 문제라고 단정하고, Brierly는 法의 拘束力(타당성)의 근거의 문제란 모든 법에 공통된 법철학상의 문제이므로 유독 국제법학자만이 특별하게 국제법의 구속력을 설명해야 하는 의무는 없는 것이라고 주장한다. 이 문제를 超法的 論議로 보고 국제법학의 범위 밖에 두는 견해이다.

다만 Brierly가 법의 구속력이란 결국 인간이 이성적인 동물인 이상 인간이 살아야 하는 세계의 지배원리가 질서이지 혼란은 아니라고 하는 가설을 채용하고 있다(Brierly, 5th ed., 57). 그러나 이러한 가설은 충분히 실증된 것이 아니다.

국제법의 타당 근거에 관한 학설을 대별하면 그 근거를 超國家的 規範에서 발견하느냐 또는 국가의사 가운데서 탐구하느냐의 두 가지 방도에 그친다. 즉 이 문제는 자연법이냐 또는 실정법이냐의 문제에 귀착하고 만다. 자연법사상은 그것이 자연법이란 이유에서 모든 人定法의 정당한 근거가 될 수 있고, 따라서 국가도 자연법의 구속을 받아야 한다고 생각한다. 그러나 "뱃사공은 이것에 따라서 방향을 정하기는 하나 여기에 도달할 수 없는, 그리고 그가 현명하다면 거기에 도달하려고 노력해서도 안 되는 북극성" 이것이 자연법이다(Stammler).

사실 국제법의 타당성의 근거의 문제가 자각적으로 제기된 계기는 그것을 超經驗的 계기에서 구하게 된 자연법론에 대신하여 實定法論이 유력하게 대두된 19세기, 특히 意思實證主義의 입장에서였다. 국내사회든 또는 국제사회든 간에 法定立 主體란 언제나 국가이며, 국가야말로 법의 실효성을 보장할 뿐만 아니라 법규범을 정립하는 시원적 권위이며 현실의 정치권력이다. 따라서 법의 규범적 및 현실적 타당근거와 또 실효성의 근거가 국가라는 실체에 통일될 수 있다는 것이다. 즉, 이 입장은 實定的 國際法의 타당근거를 국가의사에서 찾는다.

주권국가에 의한 法定立 方法으로서 개별국가의 의사나 또는 국가간의 공동의사가 거론된다. 그러나 개별국가의 의사가 국가의 의무의 기초라면 그 의사의 일방적 변경으로 그 의무를 깨뜨리는 일이 정당화되어야 한다(그러나 사실은 그렇지 않다). 또한 合同行爲(Vereinbarung)의 이론에 의하면 동일 또는 공통의 목적을 추구하는 여러 국가의 의사는 경합을 낳으며 그 곳으로부터 개별의사에 상위하는 共同意思(Gemeinwille)가 발생하는데 국제법은 그 공동의사에 기초를 두는 것이라고 한다(Triepel). 그러나 이 이론도 국가가 적당하다고 판단한 경우 왜 특정국가의 의사를 변경할 수 없는가에 대한 대답을 적어도 법학적으로는 부여하지 못한다. 결국 어느 갈래의 法實證

主義도 국가의사가 국가에게 구속력 있는 규칙을 생산하는 이유를 제공하지 못하고 있다.

이 약점을 극복하기 위하여 국가의사에 구속력을 부여할 목적으로 그 전제로서 *Pacta sunt servanda*(합의는 준수해야 한다)의 原則을 내거는 이론이 있다. 이 이론에 의하면 합의에 표명된 공동의사가 국제법규의 창조에의 기초가 되는 것이 아니라 법적으로 분해될 수 없는 先驗的(apriori) 原則인 *Pacta sunt servanda*라는 公理가 국제법규의 준수를 국가에게 의무화하는 것이라고 한다. 확실히 국제법의 기초를 국가의사와는 별개의 객관적 원칙 위에 둔다는 것은 의사주의의 이론보다는 진일보한 것이라고 볼 수 있다. 그러나 *Pacta sunt servanda*라는 원칙은 자연법적인 공리라고 볼 수밖에 없으므로 결국 實定 國際法의 기초를 자연법에서 찾는 것이 된다. 그리고 이 원칙이 조약의 구속력의 기초로서는 타당할지 모르나 국제관습법의 본질을 '默示的 合意'로 보지 않고 '法的 確信'이라고 보는 학자들로부터는 국제관습법을 포함한 실정 국제법의 기초원칙으로서는 불충분한 것이라는 비판을 받게 된다.

또한 Kelsen에 의하면 규범만이 규범의 구속력의 근거가 되는 것이며, 규범의 타당성은 상위의 一般規範으로부터 나오는 것이고 이 일반규범의 정점에 서는 근본규범은 *Pacta sunt servanda*의 원칙이라고 한다. 이 원칙은 당초 가설로 간주되었다가 후에 관습에 기초를 둔 것이라고 하여 결국 순환론에 빠지고 말았다.

> 여하간 *Pacta sunt servanda*의 根本規範(Grundnorm)은 신의성실의 원칙에 기초를 둔 것이며, 국제관계에서는 이 원칙에 입각한 상호신뢰가 존재하는 것으로 추정된다. 그렇지 않으면 국가간의 법적 교통이나 협력은 불가능하게 된다. 다만 이 원칙의 사회학적 기초가 문제이다.

다음 합의의 형성과정을 중시하는 과거 Tunkin의 新合意理論에 의하면 규범정립과정에 있어서 사회주의 국가와 자본주의 국가간의 상이한 대립된 계급적 의사가 충돌하는데 이 경우의 兩意思의 공통성은 일정한 국제법규범 정립을 목적으로 하는 것이며, 그 공통의 의사는 일정규칙의 내용과 그 법규범으로서의 승인에 관하여 의사의 일치가 성립된 것이라고 하였다. 이 新合意理論은 분열된 국제사회에 있어서의 각국의 이데올로기 대립과정에서 성립된, 국제법규범 정립시의 합의의 의미를 보여주는 새로운 이론이었다. 그러나 합의가 그것에 의하여 성립된 규범에 왜 구속력을 발생케 하는가의 의문은 여전히 해결하지 못하였다.

국제법의 타당근거는 실로 국제사회를 구성하는 국가의 目的意思 가운데 찾을 수밖에 없다. 국제사회를 규율하는 것같이 보이는 自然法도 사실인즉 국가에 의하여 정립되는 한에서 실정 국제법이 된다. 주권국가를 그 자신의 규범력에 의하여 구속하는 듯이 보이는 普遍的 慣習法(국제사회의 자연법)도 실은 국제사회의 지배적 규범의식에 의하여 지지되기 때문에 문명 각국의 명시적 내지 묵시적 합의에 의하여 실정법으로 정립된 것이다. 현실의 국제사회에는 모든 구성국가를 총망라한 공통의 규범의식이란 지극히 드물어 국제정치상의 주도적 국가의 규범의식이 국제관습법의 형성에 지대한 영향을 준다(Visscher, 150). 위와 같이 實定主義의 이론은 國際法規範을 국가의 실행을 관찰함으로써 확인한 것이고, 자연법과 같은 그 자체 증명할 수 없는 선험적 관념에 의하여 역시 선험적으로 추정한 것은 아니다.

국제법규범의 타당 근거가 국가의사에 있다고 한다면 국가로부터 출발하여 국가를 구속하는 국제법규의 존재를 증명할 수 있는가라는 질문이 당연히 나오게 마련이다. 이 질문에 대답하는 실정주의 학설 가운데 가장 설득력 있는 것은 국가의 '自己制限(自己拘束)'說이다. 옐리네크는 "국가의 제한은 외부로부터 가해진 것이 아니라 국가의 내면적 성질로부터 나온 것이므로 자기제한으로 볼 수밖에 없다. 이러한 국가의 자기제한은 결코 일시적·경과적인 것이 아니다"라고 말함으로써 국가의사가 국내 및 국제적 조건에 의하여 규정되고 국가의 자기제한은 필연적이라고 생각하였다. 다시 말해서 국제관계가 국제법질서로 화하지 않으면 안되는 필연성이 국가의 자기제한을 규정한다. 그러나 국가는 어떠한 경우에도 자기제한의 형식을 폐기할 수는 없다. 왜냐하면 자기제한의 형식이야말로 다름아닌 국가주권의 형식적 독립성과 평등성의 최종적 보루이기 때문이다. 不平等條約도 또한 국제법이 될 수 있는 이유는 국가의 형식적 평등, 국가의 자기제한, 즉 總體的으로 국가의 자유의사라는 형식을 매개한 것이기 때문에 그렇다.

그러나 국가의 자기제한이 국가의 전적인 자유에 의하여 이루어진다면 그것은 국제법의 구속력의 근거가 될 수 없다. 국가의 자기제한은 국제사회의 필연성에 의하여, 직접적으로는 그 집중적 표현인 정치적 관계에 의하여 규정된다. 이 점에 관하여 옐리네크도 "국가의 의사를 규정하는 것은 자의적·일시적 심사가 아니라 합리적 동기이다. 일반적으로 국가가 어떤 법질서의 설정을 의욕하는가의 여부 및 그 법질서는 어떠한 내용을 가져야 하는가의 문제는 실질상 국가의 恣意가 아니다"라는 통찰을 보여주고 있다.

그러나 위와 같은 국가의 自己制限說은 한편으로는 國家主權의 절대성을 표시하면서 다른 한편으로는 그 독립성과 평등성의 추상성을 나타내고 있다. 이리하여 이 자기제한설은 앞서 말한 국가적 특질이라고 하는 것이 국가의 성질에 고유한 것은 아니고 역사적 과정의 한 단계에 지나지 않는다는 것을 간과하고 있다는 비평과 또한 국제관계의 발전가능성을 실제에 있어서 부인하는 학설이라는 비난도 듣고 있다. 그럼에도 불구하고 국가는 그러한 추상성을 지양할 수 없는 것이다. 국가가 일정한 역사적 단계까지 정치적 통일체로서 존속하지 않을 수 없는 이상 그것은 자기제한의 자유를 가진 主權國家像을 버릴 수 없다. 이와 같은 자기제한이란 형식적 자유마저 포기하는 경우 그것은 완전히 소멸하든가, 식민지가 되든가 또는 세계국가에 흡수되고 말 것이다.

결국 근대 국제법은 그 규범적 타당근거를 국가 자체의 의사에 두면서 동시에 국가를 구속한다는 일단 역설적인 타당형태를 취한다.

국제법의 타당근거를 국가간의 '合意' 또는 '共同意思'(Vereinbarung 이론의 Gemeinwille나 또는 신합의이론)에 구하는 경우 국가의 '일방적 행위'에 의한 국제법 정립을 설명하기 곤란하다. ICJ는 프랑스의 핵실험사건(1974년)에서 "법률상 또는 사실상의 사태에 관하여 一方的 行爲(unilateral acts)로서 행해진 선언이 법적 의무를 창설하는 효과를 가질 수 있다는 것은 충분히 승인되고 있다"고 하여, 일방적 약속의 의무적 성질을 인정하였으며, 그 근거로서 "이 선언의 유효성과 그 법적 결과는 국제교통의 안전 및 국가간의 관계에 있어서 극히 중요한 신뢰와 신용의 일반적 범위 안에서 고찰하지 않으면 안된다"고 하여 '信義誠實의 原則'을 들고 있다(ICJ Reports, 1974, 253-274).

제 2 장 國際法의 歷史的 形態

제 1 절 國際法의 成立

1. '國際法의 歷史'의 問題

國際法은 국제사회의 법으로서 각 시대의 국제사회의 구조와 특징을 반영한다. 그러므로 국제법의 이해를 위해서는 각 국제사회의 형성을 가져온 역사적 배경과 국제적 사건에 대한 통찰이 필요하게 된다.

본서가 다루는 국제법은 주로 現代國際法이며, 특히 제 2 차대전 이후의 국제법을 연구의 주요 대상으로 한다. 그 이전의 고대·중세의 국제법은 현대·근대 국제법과 따로 고찰하는 것이 적당할지도 모른다(Schwarzenberger는 국제법사의 연구는 중세부터 시작하기를 주장한다). 그러나 근대·현대의 국제법이란 것도 하나의 역사적 형태에 불과한 것이고 보면 그 前史에 해당하는 일정 시기의 국제법상의 개개의 제도를 그 연속성과의 관련에서 연구하는 것은 유익하며 또한 참고가 된다.

2. 古代의 國際法

현행의 국제법은 과거 3세기 동안 유럽 역사상의 각종 國際的 事件에서 얻은 경험의 소산이다. Anzilotti의 표현을 빌리면 "오늘날의 국제법은 대부분 중세로부터 근대에로 이행하는 과정에 있어서 유럽의 정치구조를 변형시킨 각종 원인의 소산"이다.

그러나 國際法이 국가간의 관계를 규율하는 법이라고 한다면 그것은 역사적으로 국가의 존재와 더불어 시작된 것이라고 보아야 한다. 그것이 왕국이든, 도시국가든, 또는 부족이든 간에 서로 접촉하고 교섭을 갖게 되었을 때 그 상호간의 관계를 규율하는 일정한 규칙이 필요하게 되었을 것이다.

국제법의 원시적 형태라고 할 수 있는 일종의 條約이 일찍이 기원 전 3100년경 메소포타미아의 도시국가 사이에 체결된 조약 중에서 발견되었다. 이것은 기록에 남아 있는 最古의 조약형태로 알려져 있다(Nussbaum, 1-3). 고대 그리스의 도시국가 사이에도 인종, 문화, 언어, 종교의 일치로 인하여 일종의 협동의식과 이것을 기초로 한 어느 정도의 법적 유대가 형성되어 각종 국제법규의 싹을 보기에 이르렀다. 예를 들면 同盟條約의 체결, 전쟁수단의 제한, 중재재판, 외교사절의 派遣·接受 및 特權, 그리고 庇護權과 같은 관행이 발달되고 있었다(Phillipson).

그러나 이러한 관행은 도시국가 상호간에만 한정되었고, 다른 민족에 대하여는 동일한 규칙에 의하여 구속을 받는다는 의식이 없었다. 이것은 말하자면 근대 국제법 이전의 사상이다. 고대 동양의 인도와 중국에 있어서도 전쟁, 평화, 외교에 관한 여러 규칙과 관례가 일찍이 존재하여 상당히 고도의 발달을 보여주고 있었다는 것은 역사가들도 인정하는 바이다(단, 중국의 경우 제후 위에 항상 제왕이 있었으므로 제후간의 관계를 국제법적 관계로 파악하는 것은 정확한 것이 아니다).

다만 고대 세계에서는 여러 국가 또는 여러 민족들을 연결하는 공통의 規範意識이 희박하였던 관계로 고대 국제법이란 단편적인 법규의 집적에 지나지 않았으며, 하나의 법체계를 형성하기까지에는 도달하지 못하였다. 또한 그 이유는 고대의 국제관계가 본질적으로 적대관계였다는 사실로 인하여 국제질서라는 개념이 성립될 여지가 없었다는 것, 동시에 그것은 고대국가가 대부분 주변의 이질적인 小國들을 정복·통합함으로써 점차 그 국가적 기초를 다져 나갔다는 사정에 대응한 것이다.

이와 같은 이른바 고대 국제법은 단편적이나마 고대문화와 함께 세계국가인 로마에 계승되고 발전되었다. 원래 로마에는 옛날부터 '페티알'(*fetial, fecial*)이라고 불리는 神官이 있어, 그들에게 宣戰, 講和, 기타 대외적 문제를 결정하는 권한이 부여되었다. 그리고 이러한 神官이 적용하는 법을 *jus feciale*라고 불렀다. 이것은 로마의 국내법에 지나지 않은 것이었다. 또한 로마인들이 로마제국 이외의 문명국을 인정치 않고 스스로 국제법이라고 생각하였던 유스 겐티움(*jus gentium*)도 사실은 로마의 국내법의 일종이었다. 즉, 로마인은 자기 민족에게 고유한 유스 키비레(*jus civile*)를 가지고 있었으나 기원 전 3세기 이후 로마가 세계의 중심이 되고 수많은 이민족을 포함하게 되자 외국인과 로마인간 및 외국인 상호간에 적용할 새로운 법률이 요구됨에 따라 外人法官(*Praector Peregrinus*)이 임명되고 이 법관이 발하는 政令(*edicta*)에 의하여 일단의 법규가 형성되었으니, 이 법규가 이른바 *jus gentium*이라고 하는 것이었다.

*jus gentium*은 위와 같이 外人法官이 널리 여러 민족의 관습을 참작하여 상이한 문화를 가진 민족에 대해서도 적용할 수 있도록 제정된 법이다. 그러므로 *jus civile*가 그 후 *jus gentium*을 섭취하였을 때 外人에 대해서도 적용할 수 있게 되었음은 말할 것 없고 로마제국의 멸망 후에도 로마법이 여전히 세계를 지배하게 된 것은 실로 이 *jus gentium*이라는 요소 때문이라고 한다.

이와 같은 고대국제법이 근대국제법과 상이한 특색의 하나는 전자가 신 앞에 법의 준수를 선서하는 종교적 색채를 농후하게 지니고 있는 데 대하여, 후자는 실리적인 거래법적·기술적 성격을 다분히 포함하고 있는 점이다. 그 밖에 그리스와 로마가 후세의 국제법 이론에 공헌한 것은 自然法에 지배되는 일반적 '人類社會'라고 하는 철학적 및 법학적 개념이었다(Corbett, The Study, 11).

그러나 여하간 고대국가는 많이 소멸되었고 그 규칙들도 거의 다 소멸되었으므로 고대국제법의 존재를 역사적 사실로서 부정할 수는 없으나 근대국제법으로의 연속성이라는 역사적 맥락을 설정하기는 어렵다.

3. 中世의 國際法(16세기부터 18세기)

중세의 봉건주의 및 봉건제도는 국가의 부정이었다. 당시(9세기~11세기)의 유럽에서는 기독교를 중심으로 하는 보편적 共同社會(*Respublica Christiana*) 또는 기독교 국가(Christendom)가 성립되어, 국왕, 제후, 영주, 가신 등의 계층적 주종관계의 정점에 종교적 수장으로서의 법왕과 세속적 수장으로서의 신성 로마 황제의 최고권력이 지배하고 있었던 까닭에 중세기 전체를 통하여 강력한 중앙집권적인 국가권력은 성장할 수가 없었다. 즉, 중세의 유럽은 현대적 의미에 있어서의 국가(주권 국가)로 나누어 있지 않았다. 대내적으로는 정치권력이 封建諸候에 의하여 다원적으로 분열되고(봉신들은 각각 사적인 군대를 가지고 있었다), 대외적으로는 로마法王과 신성로마제국황제의 지배에 대하여 충성을 바치고 있었다. 따라서 국제법에 대한 수요도 없었고, 그것을 성립케 할 사회적 조건도 성숙되지 않았다.

그러나 중세 말 이른바 莊園經濟에 대응하는 지방할거주의인 봉건제도가 중세 상업의 발달(장원경제로부터 도시경제에로 이행)로 인하여 당연히 이에 적응하는 정치형태에로 발전하게 되는데, 이 과정에서 市民階級이 대두하게 되고, 두 개의 상위권력에 대항해 낸 국왕이 봉건제후에 대한 우위를 확립함에 이르렀다. 그리고 이 시대에는 고대의 단편적인 국제법 형태가 한층 더 발달하게 되었다. 특히 14세기의 해상의 관례를 법전화한 콘소라토 델 마레(*Consolato del Mare*)는 敵船中의 中立貨, 그리고 敵貨를 수송하는 中立船의 포획을 금지하여 중립상업에 극히 유리한 원칙을 규정하였다(이 원칙은 19세기까지 그 권위를 주장하여 왔다). 13세기에는 이탈리아 도시국가 사이에 常任 外交使節의 제도가 도입되었고, 다시 15세기에는 이 도시국가로부터 스페인, 독일, 프랑스, 영국 등에 상주사절이 파견됨에 이르렀다.

국제법의 이념이 최초로 나타나기는 중세의 聖 어거스틴(St. Augustine)(354-430)의 「神國」에서 비롯한다. 그러나 후세의 국제법 창설자에게 커다란 영향을 준 사람은 토마스 아퀴나스(Thomas Aquinas)(1225-1274)였다. 그는 국가에 있어서의 인간의 사회성에 관한 아리스토텔레스의 학설을 계승하여 이것을 국제사회에 적용하였다. 각 국가는 그 자신 고립할 수 없고 본질적으로 다른 국가들과의 교제에 의존하고 있으며 국제사회는 자연적 질서 위에 기초를 두고 있다는 주장을 폈다. 또한 그의 正戰思想은 전쟁에 관한 카톨릭 이론의 초석이 되었다(Nussbaum, 36-38).

4. 近世의 國際法

근세국제법은 중세의 보편적 권위(법왕, 황제)가 무너지고 그 후에 主權國家를 단위로 하는 이른바 유럽국가 체제(Western State System)가 성립되는 과정에서 그러한 주권국가 상호관계를 규율하는 법으로서 형성되었다. 봉건적 분할·할거의 폐지, 영토국가의 발생, 국내시장과 국제무역의 발달은 이 근대국제법의 전제가 된다. 강력한 중앙집권적 국가만이 통일적인 전체자로서 국제무대에 이른바 '國際法 主體'로 등장할 수 있었다. 한편으로 교황과 황제와의 장구한 투쟁을 통하여 기독교국가의 통일이 깨짐으로써, 다른 한편으로는 봉건제도의 내부적 모순에 의하여 봉건제후의 권력이 약화됨으로써 민족국가의 통일의 길이 열리게 된 것이다. 국왕은 그 지배하는 지역 내에서 기존의 봉전적 권력을 전부 흡수하는 최고권력(*Saumma potestas*)을 확립하였다. 그것은 벌써 황제 또는 법왕과 같은 상위자로부터 부여된 것이 아니라 이것들과 전연 관계 없는 본원적 권력으로 관념되었다. 국왕은 정치상으로 또한 종교상으로도 자기 이상의 상위의 권위를 인정하지 않는다는 입장을 명백히하고 나섰다.

그런데 독일지역에 新敎가 만연되는 것을 방지하고 신성로마제국의 권력을 재건하려는 황제가 法王의 지원을 얻어 최후의 일전을 시도한 것이 이른바 30년전쟁(1618~1648)이라는 장기간의 전쟁이었다. 그러나 그 결과는 제국의 와해로 끝났다. 이 전쟁을 마무리짓기 위하여 1648년 각각 오스나부뤽(Osnabrück)과 뮌스터(Münster)에서 개최된 이른바 웨스트팔리아(Westphalia)講和會議는 실로 근대국제법의 역사적 전개를 위한 출발점이 된 것이다. 프로테스탄트 주권자의 全權代表와 카톨릭 주권자의 전권대표 또는 황제, 그 동맹자의 전권대표와의 사이에 체결된 이 조약은 유럽에 있어서 카톨릭 국가와 프로테스탄트국가와의 동등한 권리를 조약상으로 확립하고 국제문제를 각국의 평등한 합의 위에서(즉, 국제법적으로) 해결한 역사상 최초의 사례가 되었다. 그리고 이 조약은 과거 유럽의 질서가 상위의 권력에 복종하는 계층적인 보편질서로부터 주권·독립국가간의 同等關係를 주축으로 하는 사회에로 변형되기에 이르렀다는 사실을 역사적으로 기록한 것으로서 새로운 시대의 개막을 예고한 것이다. 그것은 중세 이래 존속한 유럽의 전통적 사회구조에 종말을 선언하고 새로운 국제사회에 대한 일종의 성문헌법을 제공한 것으로서 국제법사상 커다란 의의를 갖는 것이다.

그런데 중세의 보편적 권위로부터 해방된 다수 주권국가들은 상호간에 치열한 권력투쟁을 전개한다. 이에 따라 국가의 대외관계는 오직 자기 권력의 확대에만 집중되었고 Hobbes(1588~1679)가 지적한 바와 같이 국제관계를 규율하는 법이란 생각할 수도 없을 만큼 '萬人의 萬人에 대한 투쟁'이라는 자연상태가 지배하고 있었다.

그러나 그 후 국제교통의 발달을 촉진하는 사회적·경제적 사정이 조성되는 한편 문예부흥이 가져온 문화의 공통성, 특히 회교도의 침입으로 촉발된 유럽 연대의식의 발달은 각국의 對立意識을 완화하고 합의를 기반으로 하는 국제법적 규범의식의 형성에 도움을 주었다. 이와 같은 경향에 더욱 박차를 가한 것은 이른바 '국제법의 창시자'라고 일컫는 일련의 국제법학자들이 국가간의 권력투쟁을 합리적인 궤도 위에 올려놓고 이의 한계를 획정하는 규범으로서 국제법의 필요성을 강조한 사실이었다. 이와 같은 학자들의 이론과 다수 국가의 실천이 부합하여 점차 국가간의 행동을 규제하는 국제법 체계가 형성되어 간 것이다.

국제법의 創始者(또는 국제법의 아버지)는 보통 그로티우스(Hugo Grotius)(1583~1645)라고 한다. 그러나 그에 앞서서 이미 빅토리아(Francisco de Vitoria)(1480~1546), 수아레즈(Francisco de Suârez)(1548~1617), 아얄라(Balthasar Ayala)(1548~1584), 젠틸리(Alberico Gentili)(1552~1608) 등의 쟁쟁한 선구자가 있었다. 또한 그로티우스와 동시대 또는 그 후기에는 주우치(Richad Zouche)(1950~1660), 푸펜도르프(Samuel Pufendorf)(1632~1694), 볼프(Christian Wolff)(1676~1756), 빈켈쉐크(Cornelius van Bynkershoek)(1673~1743), 바텔(Emmerich de Vattel)(1714~1767) 등이 다채로운 국제법사상을 전개하였다. 이와 같은 16세기~18세기는 이른바 국제법의 형성기(formative period)로서 국제법학의 '英雄時代'(heroic era)라고 불린다.

이 영웅시대의 초기(Vitoria, Suarez, Grotius의 시대)에는 국제법이 국가간의 관계를 규율하는 법으로서 관념된 것이 아니라 봉건군주, 제후 및 그들이 대표하는

君侯國이나 왕국, 더 나아가서 그들의 국가에 속한 인민도 포괄적으로 규제하는 초월적인 '보편인류법'을 지칭하는 것이었다. 그리고 이러한 법이 기능하는 사회는 당시의 군후국·봉건영주국, 왕국 등의 한계를 넘은, 본질적으로는 개인에 의하여 구성된 '大國家'(*civitas maxima*)였다. 개인은 그가 속하는 군후국의 시민인 동시에 이 '대국가'의 시민이기도 하다. 그리하여 이러한 군후국이나 왕국의 시민과 지배자는 다같이 이 '普遍的 人類法' 밑에서 서로 권리·의무를 나눠 갖는 것으로 생각되고 있었다. 그러나 이러한 인류법으로서의 국제법은 각국의 관행에 의한 통일적인 법체계로서 출발한 것은 아니었다. 그것은 처음 근대국제법의 창시자라고 불리는 일련의 국제법학자의 이론적 요청으로 나타났고, 그것이 당시의 군주에 의하여 국가의 실천으로 채용되어 점차 실정 국제법체계로 성장한 것이다. '영웅시대'의 국제법은 종교로부터 독립을 획득하였으나, 그 대부분이 스콜라적 자연법과는 완전히 절연하지는 못하였다. 다만 그들이 도달한 설명 및 결론은 17, 18세기 이후에 배출한 각 학파와 동일한 기초를 발견하는 데에 특징이 있다. Pufendorf와 Vattel은 자연주의적 조류로, Bynkershoek와 Martens는 實證主義的 潮流(G. Martens에게는 역사적 요소가 가미된다)로, Gentili와 Grotius는 프래그머티즘적 조류로 대별할 수 있는데, 自然主義(naturalism), 實證主義(positivism), 歷史主義(historism), 프래그머티즘(pragmatism)의 네 조류는 그 후의 19, 20세기에 나타난 제학파에서도 볼 수 있는 것이다. 여하간 '보편적 인류법'으로서의 국제법은 Pufendorf, Wolff와 Vattel에 이르는 국제법 발전의 과정에서 人類法의 요소가 점차 배제되고 그 대신 국가의 주권·자유·독립의 관념을 출발점으로 하는 원자론적인 국제법 사상이 점차 전면에 나타나기 시작하였다. 특히 Vattel을 중심으로 하는 근대적 국제법사상에로의 변화는 유럽에 있어서의 근대적 민족통일국가의 성립과 이에 따라 새로이 등장한 국가의 主權論의 발전과 밀접한 관계가 있는 것이다.

Grotius시대에는 봉건적 분립상태가 이미 중앙집권적 국가권력에 자리를 양보하였다. 이 시대는 또한 국가권력의 절대화라는 시대적 요구를 대변하는 이데올로기(idéologue)를 갖게 되었으니, 그가 바로 유명한 보댕

(Jean Bodin)(1530~1596)이었다.

Bodin시대의 France는 당쟁과 내란으로 크게 분열되어 있었다. 이에 Bodin은 France의 고난의 원인이 봉건적 경쟁자와 종교적 頑迷性으로 인한 파괴적 영향을 억제하기에 충분한 힘, 즉 最高權力(*summa potestas*)을 가진 정부가 결여된 데 있다고 확신하였다. 그리하여 이러한 惡을 타도하는 최선의 방법을 France군주국을 강화하는 것이라고 확신하기에 이르렀다. 결국 Bodin은 16세기의 France의 요구를 이론화한 것이라고 할 수 있다. 이것은 바로 Hobbes가 영국에 있어서, Vattel이 Swiss에 있어서, Hegel이 독일에 있어서, 그리고 리브스(Emery Reeves)가 미국에 있어서 그러한 것과 같다.

Bodin은 그의 주저 「國家에 관한 六書」(*Les six livres de la République*, 1576)에서 주권을 절대·영구의 권력이라고 규정하는 동시에 국가권력 위에 어떠한 외적 권위도 존재하지 않는다는 것을 논증하였다. 당시의 유럽은 중세의 특징적인 분열적 사회구조로부터 벗어나서 각각의 민족단위로 통합되는 경향을 강화하고 있었다. 이러한 통일적 근대국가를 건설하기 위해서는 안으로 제후의 권력을 박탈하고 밖으로는 법왕 및 신성로마황제의 보편적 권위를 배제할 필요가 있었다. 그러므로 Bodin의 '주권론'은 절대군주제의 확립을 위한 이론적 무기로서 제출된 것이며, 우선 국내적 의미를 가진 것에 지나지 않았다. Bodin에 있어서 국가권력의 최고·절대성의 주장은 국내·국외의 다른 권력주체와의 관계에 대하여 말한 것이지만 대외적 관련을 명확히 의식한 것은 아니고, 더구나 다른 권력주체와의 관계를 넘어서 어떠한 객관적 구속도 부인하는 것은 아니었다. 그러기에 Bodin은 주권자(군주)라 할지라도 神法, 자연법 및 人定法(만인에게 공통된 법)에는 복종해야 한다고 상대성을 주장하는 것이다. 사실 Bodin의 '主權論'의 진정한 뜻은 로마법왕이나 신성로마황제와 같은, 근대국가의 형성을 방해하는 봉건세력에 대한 항의적 개념을 본질로 하는 것이었으나 그 후 그것은 국왕에 의한 권력의 집중을 정당화하기 위한 국내질서의 원칙으로부터 국제적 무질서의 원칙으로 변질되고 말았다(Brierly, 46).

Grotius시대의 네덜란드는 당시 Spain의 통치에 반기를 들 만큼 시민적 자유가 충분히 성숙한 선진국가였다. 그러므로 현대 시민적 教養의 국제법 이론을 처음으로 체계화한 Grotius가 네덜란드에 나타난 것은 결코 우연한 일은 아니었다. 그의 「海洋自由論」(*Mare Liberum,* 1609)은 세계의 모든 항구로 자유항행을 원하는 네덜란드의 시민계급의 이익 및 그 국가이익이 명령하는 바와 꼭 들어맞는 것이었다.

이 시대의 지도적 자연법학자인 Grotius는 본의 아니게 국내의 종교적·정치적 파쟁에 휘말려 종신금고의 선고를 받고 服役中(Lövenstein 감옥) 부인의 기지로 탈옥하여 프랑스로 망명하는 유배생활 속에서 「戰爭과 平和의 法」(*De jure belli ac pacis,* 1625)이라는 역저를 완성하였다. 이 책에서 그는 국가가 당연히 지켜야 하는 국제법의 존재를 주로 자연법을 근거로 하여 주장하였다. 그는 말하기를 인간은 사회성과 판단력을 가진 동물이다. 인간 고유의 천성은 질서 있는 사회에 평온한 생활을 영위코자 하는 사회성과 선악을 구별할 줄 아는 판단력을 가지고 있다. 자연법은 이 양자로부터 나온다. 비록 신이 존재하지 않더라도 자연법은 존재한다(자연법은 본래 신에 기원을 갖는 것이라고 생각되고 있었던 이 시대의 Grotius의 이 발언은 실로 대담한 것이었다). 이러한 자연법은 인간의 천성에서 나온 것이므로 인간이 존재하는 곳에는 어디서나 항상 존재하며 개인간의 관계에서와 같이 국가간의 관계에도 존재한다고 하였다. 이와 같이 Grotius는 국제법의 준수를 각국의 군주들의 이성에 호소하였던 것이다.

Grotius는 자기의 이론을 성서의 인용, 「그리스·로마史」의 참조, 그리고 로마 私法으로부터의 유추에 의하여 설명하였다(로마 私法은 당시 자연법을 어느 정도 정확하게 반영한 것으로 칭찬을 받고 있었다). 그리고 그는 自然法(*jus naturale*) 이외에 意志法(*jus voluntarium*)을 인정하며, 후자를 다시 神意法과 人意法으로 분류하고, 또다시 인의법을 市民法(*jus civile*)과 國際法(*jus gentium*)으로 구분하였다. 이리하여 국제법은 또한 人意(제국의 의지)에 입각해서도 성립되는데, 다수국의 의지에 입각하여 성립되는 국제법 역시 '합의는 구속한다'(*pacta sunt servanda*)라는 자연법의 규칙에 입각하여 효력을 갖는다고 하였다. 그러므로 국제법은 자연법에 근거를 두는 것이고, 전시에도 모든 법이 다 정지되는 것이 아니라 자연법과 의지법은 여전히 통용된다고 하였다(적국간에도 자연이 정하고 또는 만민의 합의가 정립한 것은 의연히 효력을 갖는다. Prolegomena 25항, 26항).

위와 같은 Grotius의 학설은 30년전쟁을 전후한 당시의 절대군주 상호간에 부단히 계속된, '야만인까지도 치욕으로 생각하지 않으면 아니될 전쟁'을 완화시키고 조절할 목적에서 비롯된 것이었다. 동시에 국가의 전쟁자유의 권리를 일정한 공통의 국제법적 규칙에 복종케 하려고 시도한 것이다. 그의 소설은 당시 전쟁을 혐오하는 현실적 요구에 부합하였는데, 이와 같은 학자의 이론적 요청으로 나타난 국제법 이론은 점차 국가의 관행에 의하여 실정적 기반을 얻게 되고 현실적 법의식에까지 도달함으로써 하나의 체계적 통일을 형성함에 이르렀다.

그러나 Grotius의 학설이 전체적으로 각국에 의하여 수락된 것은 아니었다. 그가 주장한 公海自由의 원칙과 전쟁법제정에 의한 전쟁완화의 제언은 당시 확립된 국제법의 부분이 되었으나, 正戰(*bellum justum*)과 不正戰(*bellum injustum*)을 구별하려고 한 그의 기도는 결코 현실국제법의 부분으로 채택되지 못하였다. 그는 正戰과 不正戰의 구별이 곤란한 이유로서 두 가지를 들었다. 첫째는 전쟁 당사국의 어느 편에 권리가 있는지를 알기가 곤란하고, 둘째는 다른 국가들이 전쟁의 正·不正을 판단하여 불법자를 제재하려고 해도 이에는 위험이 따른다는 난점이었다(「전쟁과 평화의 법」 제 3 권 제 4 장 제 4 절). 그는 이미 당시에 현대적 문제인 '侵略者의 定義'를 첫째로 고찰하였고, 둘째로 '集團的 安全保障'이라는 현대적 개념을 검토하기도 하였다.

> 正戰理論의 연구는 실로 기원 4세기 聖어거스틴에까지 소급한다. Grotius 이전의 고전국제법학자들도 이 이론의 건설에 공헌한 바 크다. 戰爭法(*jus belli*)의 연구는 주로 '전쟁의 정당한 원인'(*justa causa*)은 무엇인가, 즉 '전쟁은 어떠한 경우에 정당화되는가'(*jus ad bellum*)라는 문제에 우선 집중되었다. '전쟁중의 권리'(*jus in bello*), 즉 '어느 정도의 해적수단이 정당화되는가'의 문제는 주로 19세기 이후의 연구에서 많이 다루었다. 그리고 초기의 국제법학자가 몰두한 전쟁법의 연구는 平時法의 연구에 선행하였으며, 그것은 로마법의 영향을 받지 않고 발달한 법학의 부문으로서 유일한 것이었다. Grotius에 있어서의 *jus ad bellum*은 신체 및 재산의 보호를 위한 전쟁 또는 권리침해자를 처벌하기 위한 전쟁은 합법적이라는 결론에 도달하고 있다.

Grotius 이후의 국제법은 Grotius의 사상에 포함된 自然法的 및 實定法(同意)的 계기의 발전에 따라 自然法學派(naturalists), 實定法學派(positivists), 절충학파(eclecticists) 즉 Grotius학파(Grotians)의 세 가지로 분류된다고 하는 것이 정설이다. 자연법학파라고 하는 것은 자연법만을 국제법으로 생각하고 계약과 관습에 의한 국제법의 성립을 부인하는 학파이다. 실정법학파는 이와 반대로 계약과 관습에 기초를 둔 '實定'의 국제법만을 중요시하고 자연법을 부인 또는 경시하는 학파이다. 절충학파 또는 Grotius학파란 Grotius가 그렇게 한 것과 같이 국제법이 자연법의 형태를 취할 수도 있고 동시에 실정법의 형식으로 성립할 수도 있다는 것을 다같이 인정하는 학파인 것이다.

자연법학파의 계승자인 Pufendorf는 그의 주저 「自然의 法과 諸國民의 法」(*De jure naturale et gentium,* 1672)에서 자연법만이 주권자를 지배할 수 있는 유일한 법체계라고 주장하였다. 법이란 본질적으로 상위자의 명령이기 때문에 법이란 하위자의 동의에서 나올 수 없다. 자연법은 주권자의 유일한 상위자인 신의 명령이다. 조약은 '합의는 구속한다'라는 자연법의 원칙에 근거하나 관습은 원래 법적 효력이 없는 것이다. 때문에 참으로 법의 효력을 가진 人意的 내지 실정적 국제법은 존재하지 않는다고 극언하였다.

Grotius의 사후 자연법에 대한 인식태도는 점차 회의적인 방향으로 나아갔다. 1700년대까지 법은 대부분 실정적 즉 사람이 정립한 것이고, 그 결과 법과 정의는 동일한 것이 아니며, 법이란 입법자의 의사에 따라 때와 장소를 달리하면 달라질 수 있는 것이라는, 이른바 法實證主義가 대두하기 시작하였다. 이것을 국제법에 적용할 경우 국가의 실제행동이 국제법의 기초가 되는 것이라고 보았다. 이 최초의 위대한 국제법의 법실증주의자는 또 하나의 네덜란드인 빈켈쉐크(Cornelius Van Bynkershoek)(1673~1743)였다. 그는 자기 시대를 앞선 선구자였다. 법실증주의가 그 기원을 18세기에 갖는 것이었으나 19세기까지는 일반적으로 수용되지 않았다. 국가의 관행에 대한 과학적 연구는 20세기부터 체계적으로 진행되었다.

그런데 누구보다도 뚜렷한 自然法學派인 Vattel은 동시에 자연법주의와 법실증주의와의 결합을 시도한 최초의 학자였다. 그는 국가가 자연법으로부터 얻어내는 固有의 權利(inherent rights)를 강조하는 동시에 자연법에 의하여 부과된 의무의 준수에 관해서는 국가가 그러한 의무를 실정법의 일부로 취급하자고 명시적으로 합의하지 않는 한, 국가는 국가 자신의 양심에 대해서만 책임을 진다고 하였다.

Vattel은 스위스 출신이며 외교관으로서의 실무경력도 가지고 있는 학자였다. 그는 「國際法」(*Le Droit des Gens*, 1758)을 출간하여 현실적 · 민주주의적인 정치적 자유의 사상을 명확히 표현함으로써 비상한 명성을 얻었다. Vattel은 이 책에서 모든 인간은 생래적으로 평등 · 자유라는 명제로부터 출발하여 이 명제를 국가에 적용하였다. 大小, 強弱을 불문하고 모든 국가와 국민은 동일한 주권과 독립의 권리를 갖는다고 한 것이다. 이와 같이 국가의 평등권은 Vattel에 의하여 국가기본권의 하나로서 명확히 국제법에 도입되었다. 동시에 Vattel은 영토나 주민이 군주의 재산을 구성한다는, 이른바 세습적 국가이론에 결정적으로 반대하였다. "군주에 대하여 이와 같은 거짓의 소유권을 부여하는 것은 개인의 세습재산에 관한 법의 남용으로부터 발생한 怪物이다. 국가는 세습적이 아니며 또 그럴 수가 없다. 왜냐하면 세습이란 것은 소유자를 위하여 존재하는 것이고 군주는 국가를 위하여 임명된 자에 지나지 않기 때문이다"라고 하였다(제 1 권 제 5 장).

전쟁의 문제에 관하여 Vattel은 자연법상 '正戰論'을 인정하기는 하였으나 Grotius와 같은 법학적 관점에서가 아니라 당시의 진보적 정치사상의 관점에서 해결하려고 하였다. 즉, 그는 자기방위, 침해에 대한 구제, 위법자의 처벌, 이 세 가지에 대한 전쟁을 정당한 것으로 보았다. 그러나 국가란 다 평등하고 독립하여 어느 국가도 상대방 국가에 대한 판정자가 될 수는 없는 것이므로 의문 있는 경우에는 쌍방을 다 합법적인 것으로 인정하지 않으면 안된다고 주장함으로써 이른바 無差別戰爭觀의 초기적 사상을 명백히 표시하였다. 그는 또한 어느 경우에는 국민의 일부가 국가로부터 분리하여 새로운 독립국가를 형성할 수 있다는 것을 인정하였다. 이 Vattel의 사상은 당시 독립전쟁을 개시한 미국에서 비상한 인기를 얻게 되었다. 이리하여 그의 국제법이론은 절대권력에 저항하는 시민적 자유를 중심으로 전개되었는데, 사실 Grotius가 절대주의의 국제법을 썼다고 한다면 Vattel은 '정치적 자유의 국제법을 썼다'고 할 수 있다(Introduction to the Carnegie edition of Vattel, 1916에 De Lapradelle이 한 말. Brierly, 40). 그를 시민계급의 이데올로그(idēologue)라고 부르는 이유가 여기에 있었다.

Vattel의 국제법사상에서 특히 주목할 부분은 그가 국제법을 "국민들 또는 국가들간에 존재하는 권리와 이 권리에 대응하는 의무에 관한 학문"이라고 정의한 것이다. 그에 있어서는 초기의 국제법학자에게서 일반적으로 볼 수 있는 보편인류법으로서의 국제법이라는 관념은 사라지고 없었다. 이와 같이 국가주권을 중심으로 하는 이른바 근대국제법사상은 18세기 Vattel에 비롯된 것이며, 19세기 實證主義的 國際法理論도 그것이 자연법의 타당성을 인정하지 않는 점을 별개로 한다면 국가주권을 출발점으로 삼았다는 점에서 사상적 계보는 Vattel로 연결되는 것이다.

그러면 보편인류법으로서 제창되었던 국제법이 국가 또는 국민 간의 국제법으로 관념된 이유는 어디에 있는가. 근대 초기에는 유럽국가체계가 충분히 성립되지 않는 까닭에 유럽사회에는 국가간의 관계라는 의식보다는 중세 이래의 정신적·문화적 공동의식이 여전히 지배적이었다. 그리고 당시의 지배적 법사상은 시간과 공간을 초월하여 타당하다는 自然法思想이 아닐 수 없었다. 국제법적 실행이 희소하였던 초기의 국제법학설은 초월적인 자연법에 입각하여 보편적 인류사회의 의식에 호소하는 방식을 취할 수밖에 없었던 것이다.

이에 대하여 18세기에 이르면 유럽국가체계가 확립되고 국가간의 국제법적 실천이 진행됨에 따라 국가간의 합의에 의한 실정국제법의 형성이 증대하여 갔다. 종래와 같은 초월적인 자연법적 논의가 아니라 구체적 실정법규가 현실적으로 타당하는 새로운 상황이 조성된 것이다. 이때의 자연법사상은 점차 변질과정을 경과하여, 실정법을 완성할 때까지의 전단계의 법으로 생각된 결과 국가간의 실정적 입법행위에 우위를 인정하는 역사적 전환기가 도래하게 되었다.

自然法理論은 장구한 전통을 가진 것으로서 로마시대에까지 소급한다. 그것은 로마·카톨릭교회에서는 공인된 법철학으로서 지금도 세력을 유지하고 있다. 그러나 오늘날에는 자연법의 이론은 로마·카톨릭교회를 제외하고는 별로 신봉자가 없다. 이 이론은 종교적 동기를 가진 것이며 또한 검증불가능한 것이기 때문에 과학적·세속적 시대에 이르러서는 의문시되고 있다. 이 이론의 본질은 법을 正義로부터 도출하는 데에 있다. 법률가와 재판관은 법에 있어서의 흠결을 보충하거나 또는 불확실한 점을 해명하기 위하여 수시로 정의에 호소하는 일은 있으나, 부정한 규칙은 전적으로 법이 아니며 재판관에 의하여 무시될 수 있다는 급진적 자연법이론에는 동조하지 않게 되었다. 그러한 이론은 어떠한 근대법의 제도도 용인하지 않게 되었다. 그러나 17, 18세기까지에는 이 자연법이론은 보편적으로 인정되고 있었다. 유럽의 封建制度의 붕괴와 더불어 카톨릭과 프로테스탄트의 분열이, 자연법이론이 없었더라면 완전한 무질서를 초래했음에 틀림없었을 시대에 이 이론은 정의의 존중을 강조함으로써 대단히 유익한 기능을 발휘했던 것이다. 그 시대에 국제법의 제도를 구축할 수 있는 자연법 이외의 다른 기초를 생각하기는 곤란한 일이었다(Akehurst, 13-14).

그리고 그 당시의 국제사회란 조직화되지 못한 관계로 국가의 자유·독립을 그대로 인정하면서 그 안전을 보전하기 위해서는 국가간의 상호역관계의 균형을 이용하는 이른바 '勢力均衡'(balance of power)의 방식에 의존하지 않을 수 없었다. Vattel도 세력균형의 원칙이 국가간의 질서와 자유를 유지하는 가장 중요한 방법임을 강조하여 이것을 국제법에 도입하였는데, 국가의 주권·독립을 옹호하기 위한 목적에서 나온 것이었다.

Vattel의 국제법사상은 위와 같이 국가의 主權·獨立을 너무 지나치게 강조한 결과 그의 '法的 個人主義의 原則'(principles of legal individualism)은 이미 국제법 요청에 합치하지 않는 시대에까지 이어져 국제법에 재난을 가져왔다. 동시에 그가 국가간에는 사회적 유대가 존재하는 것을 허용하지 않는다고 가르침으로써 국가의 법에 대한 종속을 설명 또는 정당화하는 것을 불가능하게 만들어 국제법에 치유할 수 없는 상처를 남겨 놓았다(Brierly, 40-41).

그러나 Vattel의 主權思想에는 대국의 권력정치를 억제하고 소국의 독립을 수호하려는 목적의식이 숨어 있었다. 그러므로 세력균형이 어쩌면 소국의 희생 위에 성취되는 경우가 있을지라도 그의 主權理論은 원래 국제정치의 현실에 대한 '抗議'的 概念으로 제기되었다는 점을 간과해서는 안된다.

제 2 절 國際法의 展開

1. 19世紀의 國際法

유럽 기독교사회의 법으로서 출발한 국제법이 비약적으로 전개되기는 특히 19세기 후반기 이후의 일이다. 이 시기에 있어서 국제법사상의 발달과 실정법의 형성이 서로 대응하면서 이른바 근대국제법은 그 外延을 확대하고 이에 따라 內包의 충실도 급속히 갖추어 나가게 되었다.

이러한 현실을 가져온 하나의 유력한 원인은 유럽 문명의 世界的 進出, 바꾸어 말하면 선진 유럽 시장의 세계적 확대라고 할 수 있다. 18세기 말에 시작된 산업혁명의 진전과 더불어 근대산업은 정치적 국경을 돌파하고 세계의 수요에 응하여 비약적으로 신장되었다.

이와 같은 유럽 문명으로 표시되는 유럽 시장의 세계적 진출을 배경으로 完全主權國으로서의 자격 또는 법주체성을 취득하기 위해서는 '文明國家'(civilized nation)로서의 실질, 즉 로마법 원칙을 계수한 국내법제, 기독교 사상의 배경을 가진 사회제도, 상업자본주의나 중상주의에 입각한 경제체제 등, 서구문명의 전통 또는 이에 준하는 국내체제를 갖추는 것이 요건으로 되었다. 19세기에 들어와서 국제관계가 전 세계에 확대되어 이 국제사회에 포섭된 각국의 정신적·물질적 생활조건이 접근화·유사화함으로써 국가간의 상호의존은 가일층 촉진되었고, 國際社會(즉, 국제시장)의 확대에 따라 국제법은 유럽적 존재로부터 탈각하여 원래의 유럽 公法(*jus publicum europaeum*)으로서의 성격을 지양하였다. 앞서 말한 요건이 당초의 유럽적 국제사회의 구성국이 갖는 동족성을 넘어서 그 공통요소를 추출하여 정식화한 문명형태라고 하는 것은 이러한 국제법과 국제사회의 세계적 확대와 관련이 있기 때문이었다.

19세기의 국제사회가 유럽에 국한된 同族社會(family of nations)라는 폐쇄적 사회를 탈피하여 지리적 범위를 넘어서 세계적으로 확대되어 가는 과정을 보면, 우선 18세기 말 미국이 독립을 달성하고, 19세기에는 중·남미의 제국이 속속 스페인으로부터 독립을 성취함에 이르렀다. 여기에 국제법은 처음으로 유럽을 넘어 미주대륙에까지 타당 범위를 확대한 것이다. 이 과정은 더욱 진전되어 크리미아 전쟁 후 1856년의 Paris 조약에 의하여 Turkey가 최초의 비기독교 국가로서 국제사회에 참가하였다. 동양에서는 중국이 최초로 1842년 南京條約에 의하여, 일본은 1854년 神奈川條約에 의하여 개국하였고, 점차 다수의 조약관계에 들어갔다. 그러나 동양 각국의 개국과 국제사회에의 가입은 그 주체성이 정비되기도 전에 서양열강의 강압에 의하여 이루어진 까닭에 그 최초의 국제법적 관계는 대등한 것이 아니었다. 일반 국제법의 전면적 적용을 받지 못하고 그 이질적인 문명형태와 미숙한 국내체제를 이유로 '不完全主權國家'로 취급되어 불평등을 강요당했다(예, 영사재판, 불평등관세율 등). 그 후 19세기 후반에 샴(Siam, 즉 지금의 Thailand), 아프가니스탄, 페르시아(지금의 이란) 등의 아시아 제국이 국제사회에 가입하였고, 아프리카 제국까지도 불평등한 지위나마 국제법의 영향을 받게 되었다.

그러나 비기독교 제국은 압도적인 서구열강의 실력 앞에 피동적으로 국제법 원칙에 대한 추종을 강요당하였을 뿐 그 적극적인 발전에 대하여는 완전히 무력한 존재에 지나지 않았다. 이러한 비서구 제국이 不平等條約의 改正을 달성하고 完全主權國家의 지위를 획득하기 위해서는 그 국내체제를 근대 국제사회의 동질문명에 적응한 수준까지 정비하는 것이 조건으로 된 것은 누차 말한 바와 같다. 그런데 한국은 허다한 開國의 호기를 붙잡지 못하고 완고한 쇄국주의정책을 고수하다가 마침내 20년의 시차로 선진국이 된 일본 제국주의의 식민지로 전락하고 말았다(1831년에는 영국선이, 1866년에는 독일선이 각각 통상교섭을 목적으로 내한했었다).

위와 같이 국제사회가 확대된 반면 새로이 나타난 하나의 현상은 국가간의 투쟁이 격화되었다는 사실이다. 식민지 또는 반식민지의 쟁탈을 목표로 하는 이른바 近代帝國主義(modern imperialism)의 시기에 돌입하면서 국제사회는 파국을 피하기 위하여 그것을 합리적으로 조정할 필요가 절실하게 요청되었다. 원래 유럽 이외의 지역은 근대 국제법의 형성기에 있어서도 유럽제국의 식민지 또는 시장으로서, 말하자면 국제법의 객체로서 유럽제국의 지배대상에 지나지 않았으므로 이 시대의 국제법은 유럽제국의 비유럽제국에 대한 지배과정에 있어서의 그들 사이의 투쟁을 합리화하는 일면을 가져야만 하였다. 예를 들면 영역취득의 權原을 부여하는 '先占'의 법리는 유럽제국의 비유럽지역의 취득을 정당화하고 그들 상호간의 투쟁을 일정한 규칙에 따라 조정하기 위한 방법이었고, '公海自由'의 주장도 실은 유럽 상업자본의 유럽 이외의 시장획득과정에 있어서 그들의 경쟁의 공정을 기하고자 하는 방편이었다. 그러므로 19세기 歐美諸國간의 제국주의적 식민지 쟁탈전이 격화함에 따라 이러한 국제법적 조정의 필요성이 과거 어느 시기보다 증대한 것은 당연한 이치였다.

다른 한편 국제관계를 담당하는 각국 정부의 권력적 중추에는 점차 市民階級이 등장하게 됨으로 인하여 국가의 대외적 활동, 특히 경제적 활동면에 시민계급의 이해를 반영하는 국제법규가 형성될 수 있는 조건이 성숙하여 갔다. 예를 들면 프랑스혁명 이후 조약체결에 국회의 동의를 요하게 하는 헌법이 증가한 사실, 그리고 정부가 대외정책에 관하여 여론에 호소하며 그 지지를 구하는 사실 등은 정부의 대외정치에 대한 市民階級의 발언권이 높아진 증거라고 할 수 있다. 그리고 시민계급의 법의식의 면에서도 각국이 상품교환을 기반으로 하는 근대적 시민법체계를 공유함으로써 국제적 동질성이 나타나고, 자본주의의 발달에 따라 각국의 국내체제가 점차 정형화하여 사회체제에도 동질성이 실현되었다. 이와 같은 동질성을 기반으로 시민계급의 국제적 連帶意識이 형성되고 또 그것은 상호간의 지적 교류를 매개하여 더욱 그 동질성이 촉진되는 과정에서 국제법의 새로운 전개에 유력한 작용을 하였다.

國際法의 타당범위의 확대에 따른 또 하나의 주목할 현상은 그것의 일반화에 비례하여 국제법 속에 있던 기독교적 요소가 희박화해짐으로써 세속화되고 또 無力化되었다는 사실이다(H. A. Smith). 원래 국제법은 自然法思想이 지배적인 시대에 자연법과의 관련 밑에서 발달한 것이었으나 19세기에 이르러 자연법사상이 역사학파에게 배격을 당하고 또 法實證主義에 의하여 비판을 받게 되자 그 국제법의 기반이 상실되고 동시에 그 기능조차 크게 제한되었다. 이 시대의 법은 일체 그 기초를 국가주권에서 구하였으므로 이 입장을 철저화하면 국제법의 법적 성질은 부인되거나 또는 國家

的 涉外法으로밖에 인정할 수 없는 것으로 전락되고 만다. 이와 같이 국가의 의지에 국제법의 궁극적 기초를 두고 어떠한 초국가적 권위도 인정하지 않는 경향은 19세기 당시의 국가주의적 국제관계를 솔직히 반영한 것이었으나 국제법 자체에 대해서는 무력화와 세속화를 가져왔으며, 특히 '國際法의 無政府的 性質'을 단적으로 표명한 것이 되었다.

위와 같은 두 가지 현상, 즉 한편으로는 국제관계의 대립적 요소와 협력적 요소를 조화시킬 사명을 지면서, 다른 한편 그 일반화에 결부되는 세속화로 인하여 무력화된 국제법은 결국 약간의 정치적 분야 외에 대체로 국가의 중대이익이나 안전보장에 큰 지장을 주지 않는 비정치적 분야에서 활로를 개척할 수밖에 없었다. 개별적 정치분야를 넘어서 일종의 Cosmopolitanism이 성장함에 따라 국제법은 주로 행정적·경제적·과학적 분야에 있어서 국제협력과 국제거래를 조정하는 기술적 규범으로서의 기능을 수행하게 되었다. 먼저 國際通商法이 다수의 행정적 국가연합의 설치 및 각국간의 통상조약에 의하여 급속히 발달하였다. 이러한 행정적 국제조직의 실례로서는 1865년의 國際電信聯合(International Telegraphic Union)(단, 이것은 1932년에 International Telecommunication Union이 되었다), 1874년의 一般郵便聯合(General Postal Union)(이것은 1878년에 만국우편연합(Universal Postal Union으로 개칭되었다), 1883년의 工業所有權保護聯合(International Union for the Protection of Industrial Property) 등을 들 수 있다. 국제조직은 이와 같이 처음에는 비정치적 분야인 國際行政聯合(International Administrative Union)의 형태로부터 점차 발달해 나아간 것이었다.

특히 주목할 현상은 19세기의 국제관계가 종래와 같은 두 나라 간의 합의보다는 다수의 국가가 참가한 다자간 조약에 의하여 규율하는 경향이 증대한 것이었다. 多邊的 條約은 대개 일회적 행위(예, 영토할양, 국경획정 등)를 약속한 것이 아니고 장래에 걸친 다수국가간의 협력규율을 설정한 것이므로 立法條約(law-making treaties)이라고 부르기도 한다(이것은 편의상의 명칭에 지나지 않고, 국내법에 있어서와 같은 입법기관에서 제정된 법은 아니다). 예를 들면, 하천의 국제화 및 노예매매의 금지를 선언한 1815년의 '비엔나 회의 의정서', 그리고 이 의정서를 기초로 체결된 1841년의 '奴隸船防止條約' 및 奴隸貿易의 금지와 원주민의 보호 및 문호개방을 규정한 1885년의 'Berlin의정서', 즉 'Congo조약', 또한 외교사절의 석차를 규정한 '비엔나 회의 의정서 부속서', 海上捕獲에 관한 1856년의 'Paris선언' 등이 있으며, 1899년 및 1907년 양차의 Hague평화회의에서 체결된 다수의 전쟁법규도 이러한 다변적 · 입법적 조약 그것이었다(이러한 입법조약의 수는 1864년부터 1914년까지 257에 달한다고 한다. Brierly, 89).

이 19세기에는 仲裁裁判制度가 보급된 것이 특색이었다. 중세를 통하여 널리 실행된 이 재판제도는 중세의 정치사상에 대한 반동으로 17·18세기에는 쇠퇴되었으나 1794년 영국과 미국 사이에 제이 조약(Jay treaty)이라는 仲裁條約이 체결된 이래 19세기에 들어가자 이 제도는 급속히 일반화되어 갔다. 국제분쟁의 평화적 처리의 방법으로서 이와 같은 중재재판제도가 급속히 발전한 데는 여러 가지 이유가 있으나 무엇보다 중요한 이유로서는 19세기에 국가간의 접촉이 빈번함에 따라 분쟁도 증가하게 되는데 이것을 낱낱이 전쟁에 의하여 해결하기는 곤란하다는 사정, 그리고 합리적인 기준에 의한 평화적 해결을 요망하는 시민들의 의사가 각국의 정책면에 반영된 것, 또한 공통의 시민법체계의 채용에 의한 법의식의 공통화 · 일반화의 경향 등을 들 수 있다. 19세기에 중재재판에 의하여 처리된 사건의 수는 영국 · 미국 간의 알라바마호 사건(The Alabama Case)을 비롯하여 177건에 달한다. 19세기 후반에는 의무적 중재재판조약의 체결이 증대하였으며, 특히 1899년의 제 1 회 헤이그 평화회의에서 채택된 '국제분쟁의 평화적 해결조약'에 의하여 常設仲裁裁判所(Permanent Court of Arbitration)가 Hague에 설치되었다(이 재판소는 그 자체 상설적은 아니고 각국이 미리 선출한 재판관의 명부에서 사건마다(ad hoc) 당사국이 재판관을 선출하여 사건을 담당케 하는 방법을 취하는 것이다).

19세기 후반에는 국제법에 대한 관심이 높아짐에 따라 국제적인 국제법학회가 성립되기 시작하였다. 1873년에는 Belgium의 겐트(Ghent)에서 이른바 '國際法學會'(Institut de Droit International)가 창립되었는데, 각국의 우수한 국제법학자를 선거에 의하여 선출하며 그 회원수를 제한하고 있는 것이 특색이다. 또 하나의 학회는 역시 1873년 London에서 설립된 '국제법의 개혁과 법전화의 협회'(Association of the Reform and Codification for the law of Nations)로서 후에 '國際法協會'(International Law Association)라고 개칭되었다. 이 학회는 학자 이외에 실무가도 포함하고 회원수에 제한도 없으며, 각국에 지부를 두고 있다(1964년 동경총회에서 한국은 Korean Branch of International Law Association

이라는 명칭으로 당시 공산블록의 치열한 반대를 물리치고 표결의 결과 가입되었다).

요컨대 19세기의 국제사회가 이미 유럽적인 것으로부터 세계적인 것으로 발전하였으며, 이 시대의 국제법도 따라서 단순한 이념이나 관례에 그치지 않고 실정법에 중점을 두는 것이 되었다. 즉, 자연법의 부정, 자연법적 국제법이 쇠퇴하고 그 대신 실정국제법의 지배적 현상이 19세기 국제법의 특징을 이룬다.

2. 20世紀의 國際法

(1) 제 1 次 大戰 前後부터 제 2 次 大戰 前까지

19세기로부터 20세기에 이르는 두 차례의 헤이그 평화회의에서 다수 전시법규의 조약화와 분쟁의 평화적 해결의 제도화가 이룩되었고, 이어서 1908년부터 1909년에 이르는 London 海戰法規會議에서는 封鎖, 戰時禁制品, 軍事的 援助 등에 관한 海戰法規가 조인되었다(단, 정식으로 성립되지는 않았다). 이와 같은 전쟁법의 실정적 발달은 여러 가지 이유에서 촉진되었으나, 우선 프랑스혁명 이후 용병적 직업군인의 폐지와 국민개병제의 채용으로 인하여 시민들이 직접 전쟁에 참가하게 된 사실을 들 수 있다. 둘째로는 시민들의 국제적 연대의식을 통하여 발생한 박애정신, 셋째로는 전쟁으로부터 사적 영역을, 특히 경제적 분야의 활동자유를 확보코자 하는 시민들의 욕구 등이 중요한 이유이다. 특히 세 번째 이유는 모든 전쟁법에 일관된 기조로 작용하였다. 이와 같이 20세기의 국제법도 전체적으로 시민들의 이해를 반영한 것이다.

戰爭法의 발달이 말하듯이 1914년의 제 1 차대전까지는 국제분쟁의 무력적 해결이 합법적인 것으로 허용되고 있었다. 그 이유인즉 역시 시민들의 이해와 내셔널리즘(nationalism)과의 밀접한 관련을 들지 않을 수 없다. 즉 시민들은 국내에서는 국가권력의 간섭을 배제하면서, 다른 한편 대외적으로 외국세력과 경쟁할 때에는 본국의 외교적·군사적 원호를 최후의 武器(*ultima ratio*)로 삼았다. 그리하여 시민들은 자기의 이익과 국가의 이익을 동일시하며 이것을 국제정치에서 Nationalism으로 표현함으로써 국가간의 대립을 격화시켰다.

이와 같은 대립을 그대로 방치하면서 안전을 유지하는 전통적 방식은 이른바 勢力均衡의 원칙이었고, 이 원칙은 동시에 戰爭의 合法(즉, 자유)이라는 관념 위에 입각한 것이었다. 국가간의 무력사용을 합법적인 것으로 허용하는 이 종래의 국제법은 드디어 제 1 차대전에서 파국에 봉착하고 말았다. 그런데 제국주의전쟁은 도리어 식민지 독립운동을 자극하였고 전후의 세계경제에 구조적 파탄을 초래하였다는 사실을 인식하게 되었다. 이 뼈아픈 반성 위에 평화유지와 전쟁방지를 목적으로 國際聯盟(League of Nations)이 설립되었다. 이 국제조직은 종래의 세력균형의 방식 대신에 集團的 安全保障(collective security)의 방식을 도입하여 대립하는 국가간의 힘의 균형에 의한 안전보장의 방법이 아니라 대립하는 국가도 포함하여 관계국가 전체의 집단적 실력으로써 평화를 유지하는 새로운 방법을 채용하였다.

국제연맹이 집단적 안전보장이라는 새로운 안전보장방식을 도입한 결과 종래의 전쟁 개념이 중대한 수정을 받게 되었다는 사실은 20세기 국제법의 특징이다. 19세기의 전쟁 개념은 無差別戰爭觀이었으니 당시의 전쟁은 불법이 아니라 합법적인 제도적 존재였다. 그러나 현대 국제법(Jessup은 전쟁의 합법성을 인정한 전통국제법과 결별하였다는 의미에서 '현대국제법'이라는 말을 쓴다. A Modern Law of Nations, 1948) 또는 신국제법(Wright 교수는 이 용어로써 전통국제법과의 구별을 나타내고 있다. Contemporary International Law, 1955, 16)은 차별적 전쟁 개념을 확립하여 전쟁을 국제법제도로부터 축출하였다. 국제연맹 규약에 의하면 일정한 경우의 전쟁이 위법으로 규정되었으며, 규약에 위반된 위법의 전쟁에 대하여는 국제연맹 구성국이 의무적으로 집단적 제재를 가하게 되었다. 이에 따라 19세기 교전국에 대한 공평의 관념을 기초로 한 중립제도 역시 전쟁 개념의 변천과 더불어 수정이 되어야만 하였다.

그런데 戰爭違法化에 관한 국제연맹의 방식은 철저하지 못하여 경우에 따라서는 합법적으로 전쟁에 호소할 수 있는 여지가 남아 있었다(예, 규약 제15조 7항). 이 간격을 메우기 위하여 연맹 내에서 노력이 거듭되었으나(1923년의 상호원조조약안, 1924년의 '제네바' 의정서 등) 결국은 실패로 돌아갔으며, 다만 연맹의 테두리 밖에서 1928년에 不戰條約(General Treaty for the Renunciation of War)이 체결되었다.

이 不戰條約은 구조상의 약점은 있으나 적어도 법적으로는 규약의 간격을 완전히 메워 전쟁의 여지를 일체 봉쇄하였으므로 전쟁불법화에 관한 획기적 국제문서가 되었으며 그 후의 국제사태의 진전에 커다란 영향을 주었다. 예를 들면 미국이 국내의 고립주의로 인하여 스스로 만든 국제연맹에는 참가하지 못하였으면서도 부전조약의 주창자로 등장하여 이에 참가하게 되자, 동서양의 후진국들(일본, 독일, 이탈리아)이 1929년에 시작된 심각한 세계공황을 타개하는 방법으로서 군국주의적 군사행동으로 나왔을 때 이에 대항하는 무기로서 이 부전조약을 들고 맞섰다. 일본이 만주국이라는 괴뢰국가를 수립하였을 때 미국의 국무장관 Stimson이 이것을 부인하기 위하여 제창한 '非承認主義'가 바로 이 부전조약에 근거한 것이었다. 뿐만 아니라 제 2 차대전중에 전통적 중립제도를 부인하고 武器貸與法(The Lend-Lease Act)에 의하여 장래의 동맹국을 원조하면서 자기의 입장을 '非交戰國'(non-belligerent) 또는 '非交戰狀態'(non-belligerency)라고 규정한 것이나, 또는 제 2 차대전의 戰犯者의 처벌도 부전조약의 당연한 귀결이었다.

국제연맹의 전쟁위법화가 철저하지 못한 것과 같이 그 제재의 발동방식에도 결함이 있었다. 규약은 어느 연맹국이 규약에 위반하여 전쟁을 벌인 경우에는 기타 모든 연맹국이 이에 대한 경제적 제재에 참가해야 한다고 규정하였으나 실제에 있어서는 1921년의 총회의 해석결의에 의하여 위법전쟁의 존재 여부에 관한 인정이 각 가맹국에게 위임되었으므로 제재의 발동은 사실상 연맹국의 자유재량에 속하게 되었다. 이 결점은 이미 이탈리아의 에티오피아 전쟁과 일본의 만주침략 당시의 연맹국의 태도에 여실히 나타나고 말았다.

國際聯盟은 창설 이후 안전보장, 국제재판 및 군비축소 등의 분야에 커다란 영향을 미쳤고, 특히 국제행정의 분야에 현저한 공헌을 하였다. 자르(Saar)지방 및 단치히(Danzig)자유시의 施政, 위임통치, 소수민족의 보호 등에 대한 새로운 경험은 후일의 중요한 참고가 되었다. 그러나 창설 10년이 다 못 되어서 국제연맹은 각국의 노골적인 권력정치에 봉착하여 그 이상을 실현할 수 없게 되었다. 일본에 의한 만주침략과 독일·이탈리아 등에 의한 베르사이유 체제의 파괴로부터 스페인 내란을 경과한 후 독일의 폴란드 진격에 의하여 제 2 차대전이 발발하자 드디어 19년의 단명으로 국제연맹은 붕괴되고 말았다.

(2) 제 2 차대전 이후 현재까지

제 2 차대전 후 國際聯盟의 뒤를 이어 國際聯合(United Nations: UN)이 탄생하였다. 최근의 국제법은 이 세계적 국제조직을 중심으로 전개된다. 첫째, UN은 不戰條約의 전쟁위법화 체제를 그대로 답습하였을 뿐만 아니라 그것을 한층 더 전진시켰다. 즉, 종래의 전쟁(분쟁해결을 위한 전쟁, 타국의 영토나 정치적 독립을 위협하는 전쟁)은 말할 것도 없고 더 나아가서 국제법상의 전쟁에 이르지 않는 무력사용까지도 금하였다. 개별국가에 의한 무력사용은 오직 자위의 경우로 한정되었고, 그 밖에는 UN만이 일체의 무력사용을 독점할 수 있게 하였다. 둘째, 制裁(강제조치)의 발동방식에 있어서도 UN은 각 가맹국의 제재에의 참가를 그 개별적 판단에 위임하지 않고 오히려 가맹국이 미리 동의한 이사회 결정의 법적 구속력에 의하여 통일적·조직적으로 실현하는 방식을 채용하였다. 이와 같이 UN은 국제연맹에 비하여 戰爭違法化를 한층 강화하고 평화파괴에 대처하는 군사적 기능을 한층 조직화하였다. 그러나 실제에 있어서 강대국의 거부권에 의하여 제재의 발동이 곤란하고, 다른 한편으로는 다수의 지역적 협정이 사실상 동맹으로서의 성격을 갖게 됨으로써 특히 냉전시대에는 UN의 集團的 安全保障體制가 거의 유명무실한 것으로 空洞化되기도 하였다. 셋째로, UN은 경제·사회·문화의 비정치적 분야에서 국제협력의 달성과 기본적 인권의 존중에 이르기까지 유기적·종합적인 기능화를 지향하고 있으며, 특히 인권의 국제적 보장의 문제는 제 2 차대전 후 국제법의 중요한 과제가 되고 있다. UN憲章(전문, 제 1 조, 3 항, 제13조 1항 b, 제55조 C, 제62조 2항, 제 7 조 C), 1948년의 美洲機構(Charter of the Organization of American States)(제 5 조 1항), 1949년 서구 10개국간에 체결된 '유럽위원회 규약'(Statute of the Council of Europe)(제3조) 및 이것을 구체화한 1950년의 '人權과 基本的 自由保護協定', 그리고 1948년의 '世界人權宣言'(Universal Declaration of Human Rights) 등은 인권보장을 위한 획기적인 국제적 노력의 성과이다.

그 후 UN인권위원회에 의하여 위의 '세계인권선언'을 조약화한 국제인권규약이 1966년에 채택되어(1966년 12월 16일 UN 제21차총회에서 채택) 1976년에 효력을 발생하게 되었다. 그런데 1960년대 세계의 관심은 전체주의에 대한 투쟁이라는 의식에서 反植民主義, 反人種主義에로 쏠리게 되고 이것과의 관련 밑에서 인권을 말하게 되었다. 전후의 인권에 대한 이해가 反파시즘을 근간으로 하는 서구적인 개인본위적 이해로부터 민족의 권리가 충분히 보장되지 않은 곳에 개인의 권리의 보장은 없다고 하는 반식민주의를 근간으로 한 제 3 세계적인 단체주의적인 이해에로 이동한 것은 크게 주목할 현상이었다. 그리고 또한 전후의 인권보장은 개인의 국적에 의하여 구별하는 보장이 아니라 국적을 불문하고 內外國人平等을 기초로 하는 '인간'의 권리의 보장이라는 점에 특색을 갖는다. 그러나 무엇보다도 특기할 점은 인권의 국제적 보장이 인권의 국내법적 보장만으로는 충분치 않았다는 제 2 차대전의 경험에서 나온만큼, 인권보장의 담보를 일국의 국내법제와 그 가치 및 사상의 담당자인 국민의 감시에 맡기지 않고, 이것을 적극적으로 국제적 연대하에 둔 것이다. 인권과 평화는 밀접 불가분의 관계에 있다는 것이 인식되어 인권보장은 만국공통의, 국제관계의 기본적 원칙으로 인정되고 있다. 다만 일반적인 인권보장의 의무는 아직 성립되었다고 볼 수 없으며, 따라서 인권에 관한 일반적 조약의 성립에 기대하지 않으면 안된다.

다음으로 UN은 그 자체 내에서 헌장(13조 (a))에 규정된 '國際法의 漸進的 發達과 法典化'라는 사업을 구체화하기 위하여 1947년에 '國際法委員會'(International Law Commission)를 설치하고 1949년부터 활동을 시작하였다. 이 위원회는 제 2 차대전의 전범자를 처벌한 뉘른베르크(Nürnberg)의 제원칙을 국제법으로 공식화하는 문제를 비롯하여 公海 및 領海制度, 대륙붕, 조약법, 중재절차, 국적 등의 각종 문제를 심의 완료하고 또 상당한 건수를 심의중에 있다(위원회 자체가 주제를 선정하기도 하고 UN총회에 부탁하기도 한다).

국제법위원회 규정(15조)에 의하면 '國際法의 漸進的 發達'이라는 말은 아직 국제법에 의하여 규제되어 있지 않은 문제 또는 법이 국가의 관행으로 충분히 발달되지 않은 문제에 관한 조약안의 준비를 의미한다. '國際法의 法典化'라는 말은 이미 광범한 국가의 관행, 선례 및 학설이 존재하고 있는 분야에 있어서의 국제법규의 보다 정확한 정식화 내지 체계화를 의미하는 것으로 사용된다. 그러나 양자 사이에 엄격한 실제적 구별이 곤란한 경우가 많다.

위와 같은 國際法委員會의 활동과 성과는 실로 UN을 중심으로 한 국제법질서의 형성 및 성장을 의미하며 국제사회의 조직화를 지향한 진전이라고 할 수 있다.

제 2 차대전 후의 국제법의 발달이 UN이라는 國際組織을 중심으로 전개되는 이상 종래와 같은 국가주권의 절대성이나 국가의 절대적 독립성은 그 자체 하나의 제약을 당연히 포함하는 것이었다. 특히 集團的 安全保障制度에의 절실한 요청은 국제조직에 있어서의 의결방식을 전원일치제로부터 다수결제로 발전시킴으로써 각국의 주권에 대한 어느 정도의 제한을 불가피하게 하였다. 예를 들면 안전보장이사회의 결의에는 가맹국 전체를 법적으로 구속하는 효력이 인정되고 있어 결의에 참가하지 않은 국가 또는 결의에 참가는 하였으나 찬성하지 않는 국가도 그 결의에 복종하지 않으면 안되게 되었다. 이와 같은 경향은 양차대전의 참화에 대한 심각한 반성의 결과 국제법 자체의 질적 전환을 기도한 역사적 결단이라고 할 수 있다.

이와 같이 국제사회의 조직화가 진행되고 인권의 존중이 국제적으로 크게 발전된 것은 제 2 차대전 이후의 특징적 현상이라고 할 수 있다. 그러나 총체적으로 볼 때 20세기의 국제법은 그 국제사회의 존립기반이 근본적으로 동요함으로써 중대한 위기에 봉착하였던 것도 사실이었다. 19세기의 국제법은 자유주의경제의 순조로운 발달을 통하여 等質的인 국제사회를 기반으로 성립되었고, 따라서 이 시기의 국제법은 비교적 안정된 것이었다. 이 19세기의 각국은 자유주의적 민주주의체제를 정비하고 이 공통의 체제에 입각한 국제적 연대의식 위에서 정치·경제·사회·문화의 각 방면에 국제적 교류를 전개하였다. 그러나 이미 19세기 후반기에 벌써 등질적인 시민사회는 여러 가지 불가피한 요인으로 말미암아 국내적으로 분열되면서 동시에 국제적 성격을 갖게 되었다. 그것은 다름아닌 사회주의국가군의 출현으로서 제 1 차대전중에는 소련, 제 2 차대전 후에는 중국, 동구 제국과 같은 전체주의를 신봉하는 사회주의 국가군이 성립됨에 이르러 국제사회는 이질적 요소와 대립을 내포하게 되었고, 더하여 이러한 사회주의국가군은 자신들의 연대의식을 별도로 가짐으로써 자신들의 국제사회 역시 별도로 형성하려는 경향을 보였었다.

제 2 차대전 후의 또 하나의 특이한 현상은 이른바 제 3 세계라고 불리는 과거에 서구 자본주의국가들의 식민지였던 지역이 차례로 독립을 달성한 사실이다. 그것은 제 2 차대전의 진행과정에서 식민국가의 식민지에 대한 지배력이 약화된 까닭이다. 여하간 이에 의하여 국제사회의 구성은 크게 변화되었다. 원래 근대 국제법은 16·17세기의 유럽 기독교사회를 기반으로 하여 성립되었고, 자본주의의 발전과 더불어 성장·확대된 것이었다. 그러한 관계로 제 1 차대전 전의 국제사회의 구성국은 자본주의체제를 기조로 하는 유럽국가 내지 이러한 체제를 취하는 국가에 한정되었고, 그러한 의미에서 同質性이 확보되었다고 할 수 있는 것이었다. 그러나 제 2 차대전 후 동구 기타의 지역에서 사회주의국가가 성립되고, 아시아·아프리카의 이른바 A·A지역에서 다수 식민지가 속속 독립하여 국제사회에 커다란 비중을 차지하게 되자 국제사회는 옛날의 동질성을 상실하게 되었다. 이리하여 20세기 중반부의 국제사회는 경제적·정치적 체제상으로나 역사적 전통상으로나 여러 상이한 성질을 가진 구성원으로 형성된, 이른바 '분열된 세계'(a divided world)의 양상을 진하게 보여주었다(Corbett의 이른바 Congeries of States의 현상).

그럼에도 불구하고 과거 공산국가나 신생국가나 다같이 국제법 그 자체를 거부하지는 않았다. 오히려 일반적으로는 긍정적 태도를 취하였다. 다만 서구 자본주의제국의 식민지 지배를 합리화하기 위한 國際法上의 原則(先占 또는 외국인재산의 收用에 있어서의 '충분한, 실효적인, 신속한' 補償의 원칙 등)에 대해서는 그 타당성을 부인하였다. 더 나아가서 새로운 국제질서에는 개발도상국의 입장이 충분히 반영되어야만 한다는 주장을 전개하였다. 예를 들면 식민지 독립을 의미하는 것으로서 민족자결권을 강력히 주장하는 동시에 그것을 한층 더 발전시킨 것으로서 '天然의 富와 資源에 대한 永久主權'이라는 새로운 개념을 창출하였다. 이 새로운 개념이 1966년의 두 개의 人權規約에 채용된 것은 개도국의 주장이 반영된 것이라고 할 수 있었다. 뿐만 아니라 1974년 4월의 제

6차 특별총회 또는 자원총회에서는 '新國際經濟秩序(New International Economic Order, NIEO)의 수립에 관한 선언'과 '신국제경제질서의 수립을 위한 행동계획'이 채택되고, 계속해서 신국제경제질서(NIEO)의 기본원칙이라고 할 수 있는 '國家의 經濟的 權利義務憲章'이 또한 채택되었다(1974년 12월 제29차 UN총회). 이 헌장은 경제적 측면에서 선진자본주의 국가를 중심으로 한 기성의 국제질서에 대한 도전을 구체화한 것이었다.

그러나 이러한 상황에도 최근에는 근본적인 변화가 도래하였다. 80년대 중반부터 쇠락된 동구 사회주의 국가에서의 개혁 열풍은 마침내 구소련의 분열과 독립국가연합으로의 재편으로까지 이어졌다. 이러한 변화는 사회주의 국가들의 국가 운영체제나 국제관에 근본적 변화를 가져왔으며, 바야흐로 국제사회는 탈냉전사회라는 새로운 상황을 맞고 있다. 거부권에 의하여 그 기능이 사실상 봉쇄되어 왔던 안전보장이사회가 강대국의 협조 아래 새로운 평화구축자의 역할을 하고 있는 긍정적 측면이 있는가 하면, 냉전시대에 억눌려 왔던 민족간 갈등이 도처에서 발화하여 국제사회의 새로운 불안요소를 제공하고 있다. 이러한 국제사회에 질서를 제공하고 평화를 구축하여야 하는 국제법은 지난 반세기와는 또 다른 형태의 도전에 직면하고 있는 것이다.

제 3 장 國際法의 法源

제 1 절 法源의 多義性

1. 法源의 意義

法源(sources of law)은 로마법의 *fontes juris*(법의 源泉 또는 법의 淵源)에서 나온 말로서 다의적인 개념이다. 국제법의 법원도 국내법상의 그것과 같이 개념상 두 가지 의미로 구별하여 사용된다. 하나는 국제법규의 창설·변경·소멸이라는 효과를 발생시키는 국가간의 합의가 어떠한 형식으로 표시되는가를 기준으로 하는 '形式的 法源'(제1차적 법원)이고, 또 하나는 그 합의가 어떠한 요인에 입각하여 성립되었는가를 기준으로 하는 '實質的 法源'(제2차적 법원)이다. 간단히 말해서 전자는 국제법의 성립형식이며, 후자는 국제법의 발생요인이다. 실정법주의에서는 근대국제법에 있어서의 법규범이란 국가의 합의를 기초로 형성된다는 것이 전제가 되고 있다. 때문에 전통국제법은 형식적 법원만을 대상으로 하여 왔으나, 오늘날에는 실질적 법원이 형식적 법원의 형성에까지 도달하는 과정도 중요시하게 되었다.

〈形式的 法源〉 국제법의 형식적 법원으로서는 그 成立節次(또는 표시형식)에 따라 조약(국제법주체간, 특히 국가간의 명시적 또는 明文에 의한 합의)과 國際慣習(묵시적·불문의 합의)이 거론되고 있다(대한민국 헌법 제6조). 이미 확정적으로 성립된 국제법규가 현실의 국제관계를 효과적으로 규율하는 경우에는 그 엄격한 해석·적용에 의하여 법적 안정성을 확보하는 것으로 충분하며 특별히 實質的 法源을 검토할 필요는 없었다.

종래 형식적 법원만을 일반적 적용성이 있는 국제법규로서 취급한 이유는 바로 여기에 있었던 것이다.

〈實質的 法源〉 역사적으로 실정법규의 발생을 자극하며 그 변경을 촉진하는 모든 요인이 실질적 법원이다. 법원이라는 말 자체가 비유적인 표현이기 때문에 그것은 국제법상의 의무의 기초(자연법학파에 있어서는 인간의 이성 또는 신의 의지, 실정법학파에서는 조약과 관습)를 의미하기도 하고, 또 國際法의 原因(이 원인으로서 유력한 것은 법적 확신이며, 여기에 이른 동기는 이성, 편의, 전통, 정책, 필요성, 정의, 사회연대 등)을 가리키기도 하고, 또는 국제법의 認識資料(조약문, 조약예비초안, 국제회의의 의사록·보고서, 기타의 외교문서, 선례, 국내 및 국제의 판결, 학설 등)와 같은 뜻으로 쓰이기도 한다.

오늘날과 같이 국제사회의 기본적 구조 자체가 동요되고 있는 시대에 있어서 기존의 국제법의 유효성과 타당성이 문제가 되며, 그 보완과 수정이 주장되는 경우에는 이 실질적 법원에 특별히 주목하게 된다.

그런데 본래는 實定國際法의 분야 외에 있는(extra-juridical) 요인으로서 법 적용 기능에 의하여 실정국제법의 흠결을 보충하는 해석수단으로 이용되기도 하고, 또는 앞으로의 國際立法의 방향을 제시하기도 하는 것이 있다. 예를 들면 地理的 隣接性(무인도나 남극지역에 대한 領域權原으로 주장된다) 또는 지역주민의 經濟的 依存性(영해의 직선기선 또는 우선적 어업권 또는 천연자원에 대한 영구주권을 주장하는 근거로 사용된다) 등과 같은 기능적 요인들이다. 이 요인들은 그러한 한에서 실질적 법원으로 인정된다. 특히 국내법과 같은 강제적·일원적인 법정립기관을 갖지 않은 국제법에 있어서는 형식적 법원과 실질적 법원을 구별하는 일은 어려우며, 각국이 그 주권에 입각하여 개개의 국제법규의 자국에의 적용가능성을 낱낱이 엄격하게 점검하는 오늘날에는 특별히 그렇다. 이러한 상황하에서는 형식적 법원에까지 이르지 않은 것이라 할지라도 거기에 도달하기까지의 동태적 요인으로 생각되는 것은 충분히 고려할 가치가 있다(예를 들면 국제판결, 국제기관의 결의, 미발효의 다수국간 조약 또는 초안, 국제실행 등).

2. 條　約

국제사회에는 통일적인 입법기관이 없으므로 이곳에서 국내사회의 입법행위에 해당하는 것은 각 주권국가에 의한 조약의 체결이다. 조약은 국가간의 明示的 合意(보통 문서에 의한 합의)로서 조약의 내용은 당사국을 구속하는 국제법이 된다(조약법 또는 조약 국제법). 이와 같이 조약은 일반조약이든 또는 특별조약이든 간에 당사국에 대하여 권리·의무를 설정하는 形式的 法源이다.

그런데 "約定은 이것을 맺은 자에 대하여는 법이 되며 지방의 일반법에 우선하고 이것을 보충하며 또는 이것을 폐지하기도 한다. 관습과 약정은 법률에 이긴다(*Modus et conventio vincunt legem*)"(Salmond, Jurisprudence, 31. Brierly, 58). 그러므로 이 원칙과 같이 조약은 모든 규범에 우선하는 제 1 차적 권위를 갖는 것이며, 체약국간의 국제분쟁에 적용되는 모든 形式的 내지 實質的 淵源 중에서도 최우선의 지위에 선다(ICJ규정 제38조).

국내법은 일반적으로 당사자의 합의에 의하여 배제할 수 없는 다수의 強行規範(*jus cogens*)을 포함하나, 국제법에는 거의 완전한 '契約自由의 原則'과 같은 조약체결의 자유가 있으므로(국제법에도 최근에 *jus cogens*의 개념이 발달하고는 있다) 조약이 당사자간에 규범을 정립하는 범위는 대단히 넓으며, 그것은 기존의 국제관습법상의 일반적 의무에 대체되기도 하고 또는 이것을 보완하거나 일탈하기도 한다. 그리고 조약이 국제관습법의 존재를 위한 증거를 제공하는 한 실질적 의미의 법원이 되기도 한다. 이와 같이 형식적 법원과 실질적 법원은 상호적·교호적이다.

조약은 위와 같이 당사자에 대하여 '特殊' 또는 '特別'의 法源이며, 이것과 양립되지 않는 국제관습법규에 우선한다.

영국은 1863년, 미국은 1864년에, 그리고 세계의 30개 主要海事國은 그 직후에 해상충돌을 방지하기 위한 統一法(條約法)을 채용하였다. 그런데 영국의 汽船 Scotia(스코티아)호가 미국의 帆船 Berkshire(버크샤이어)와 충돌하여 이것을 침몰시킨 사건이 발생하였다. 미국 선박측은 1871년 이 사건을 연방대법원에 제소하였다. 심리의 결과 미국 선박은 당시 舊海事法에 규정된 등화를 게양하였으나 新統一法規가 요구하는 등화를 게양하지 않았기 때문에 영국 선박이 이것을 기선으로 오인한 것이 사고의 원인으로 판명되었다. 당시 帆船은 白色燈을 게양하는 것이 금지되고 있었는데도 미국 선박이 게양한 등화는 바로 백색등이었던 것이다.

연방대법원은 판결하기를 新海事法(조약)의 일반적 채용은 이것을 새로운 국제법으로 인정하였다는 표시이며, 사법당국도 이 사실을 인정해야 한다고 하면서 영국 선박측의 승소를 선언하였다(Briggs, 25).

다음 윔블던(The S. S. Wimbledon)호 사건에서 PCIJ(상설국제사법재판소)는 독일이 중립국의 권리·의무에 관한 관습법규를 원용하였으나, PCIJ는 역시 베르사이유조약(제380조)이 관습법규에 우선한다고 판시하였다(Bishop, 25).

다른 한편 조약은 그 합의에 참가하지 않은 제3국을 구속하지 못하는 것을 원칙으로 한다. 그러므로 다수의 국가가 당사국이 되지 않는 한 조약은 국내법상의 제정법보다 오히려 개인간의 계약에 유사한 것이다. 그럼에도 불구하고 통일적인 입법기관이 없고 주권국가의 조약체결권을 통제할 국제공공정책의 일반적 규칙이 존재하지 않은 국제사회에 있어서는 조약 그 자체가 始原的 立法이며, 따라서 이것을 국제법의 제1차적 법원으로 간주할 수밖에 없다(Schwarzenberger, 14).

근대법사상은 그 당초에 있어서는 계약은 그 자체가 규범은 아니라고 보았다. 원시계약 내지 사회계약이라는 가정도 객관적 법을 형성하는 정치권력의 정당성의 근거를 부여하는 것이기는 하나 그 자체로서는 구체적 법규범을 정립하는 것으로 생각되지는 않았다. 요컨대 종래의 法思惟에 의하면 계약은 주관적 법 즉 권리를 창설하나, 객관적 법 즉 규범을 설정하는 것은 아니라고 보았다.

그러나 原子論的 社會觀의 수정과 함께 국내법에 있어서도 合同行爲의 합의가 사회규범(자주법)을 형성한다는 것이 승인되기에 이르렀다. UN헌장이 가맹국의 합의, 즉 조약에 의하여 규범으로 형성되었다고 하는 것은 의심의 여지가 없다. 그러므로 문제는 국내법에 있어서의 雙務契約과 동일한 것으로 관념되는 조약이 과연 규범을 형성할 수 있는가의 여부에 있다. 여기서 생각하지 않으면 안되는 것은 계약을 법률행위로 하는 법률을 그(계약)행위 그것에 의하여 형성하는 경우에는 주관적 권리의 설정은 동시에 객관적인 법의 형성이 아니면 안되는 것이고, 조약은 바로 이와 같은 경우에 해당한다. 이리하여 조약이 합동행위에 의하든 또는 雙務行爲에 의하든 간에 그 곳에서 형성된 규범은 법이라고 할 수 있다. '프랑스' 民法典 제1134조에는 "법적으로 형성된 계약은 이것을 체결한 자에 대하여 법의 효력을 갖는다"고 규정하고 있다(Bishop, 25).

그러므로 2국간의 조약(양자 조약 bilateral treaty)이든 또는 다수국간의 조약(다자 조약 multilateral treaty)이든 어떠한 조약도 당사국간에는 法規範이 된다. 그런데 국제법의

法源으로서의 조약이라고 할 경우 2국간의 조약을 여기에 포함시키는 것은 적당치 않으며, 일반적 국제법규로서 다수의 국가가 준수할 다수국간의 조약만을 포함시키는 데에 그쳐야 한다는 논의가 있다.

Triepel은 계약적 성질을 가진 조약을 Vertrag(계약)라고 부르고, 당사자의 장래의 행동을 규율하여 일반국제법규의 설정 기능을 가진 것을 Vereinbarung이라고 하여 이 양자를 구별하는 동시에 후자만을 法源으로 인정하였다(H. Triepel, Voelkerrecht und Landesrecht, 1899).

그러나 이와 같은 논의는 우선 양자 조약이라면 으레 계약적이고, 다자 조약이면 반드시 입법적이라고 오해한 데서 발단한 것이라고 생각된다. 사실 양자 조약은 타국의 가입을 인정치 않는 폐쇄조약이 많고 또한 대체로 그 이행과 동시에 소멸하는 일회한의 계약적 성질의 조약이 대부분이며, 이와 반대로 다자 조약은 당사국간에 주로 동일한 권리·의무관계를 설정함으로써 국제법규범을 창설한다고 볼 수 있다. 그러기에 학자는 이러한 다자 조약을 특히 立法條約(law-making treaty)이라고 부른다. 입법조약은 소수국간의 특별조약에 비하여 한층 국제사회 전체의 법에 가까운 것이므로 중요성이 더 큰 것은 물론이다.

그러나 다자 조약에도 계약적 성질의 규정이 있고, 양자 조약에도 입법적 성질의 조약이나 규정이 있을 수 있다(예, 범죄인인도조약, 통상항해조약, 국제관습법상의 의무를 확인·변경 또는 배제하는 내용을 가진 것). 때문에 다자 조약은 곧 立法條約이라는 등식은 반드시 정확한 것은 아니다. 2국간만의 조약이라 할지라도 체약국간의 행위를 계속적으로 규율하는 규범을 정립하는 것도 많다. 뿐만 아니라 2국간 조약이 설사 일회한의 행위를 규율하는 것이라 할지라도 당사국간에는 하나의 규범을 설정한 것이므로 국제법의 법원이 되는 것으로 보아야 한다.

立法條約이라고 하는 것은 당사국의 행위를 장래에 걸쳐 규율하는 일반규범을 정립한 조약이다. 이 말은 엄격한 법률적 용어는 아니고 실제적 중요성에 입각한 개념이다. 입법조약이라는 용어를 사용할 때에는 다음 사항에 유의할 필요가 있다. (1) 입법조약 이외의 조약은 국제법규범을 설정하지 않는 듯한 인상을 주기 쉽다. (2) 국제사회에도 국내의 입법기관과 비슷한 국제법 제정기관이 있는 듯한 착각을 일으키기 쉽다. (3) 입법조약은 국제사회 전체의 법으로 정립되어 그 합의에 참가하지 않은 국가도 구속할 수 있다는 인상을 주기 쉽다.

입법조약 중에는 기존의 國際慣習法을 확인 또는 조약화한 것, 그 후의 국가실행의 集積에 의하여 새로운 국제관습법을 형성하게 된 것도 있다. 이러한 입법조약은 비당사국도 구속하며 일반적 적용성이 있는 형식적 법원이 된다. 1955년 4월 ICJ는 '노테봄 사건'(The Nottebohm Case)에서 "외교적 보호권의 행사가 유효한 것으로서 타국에 대항할 수 있기 위해서는 國籍國과 國民 간의 '眞正한 유대'(genuine link)의 존재를 조건으로 한다는 취지의 규정(1930년 '국적법의 저촉에 관한 Hague 조약' 제 1 조 · 제 5 조)을 非當事國(Lichtenstein)에 적용하였다(ICJ Reports, 1955, 23). 또한 ICJ는 1969년의 '北海大陸棚事件'(The North Sea Continental Shelf Case)에서 1958년의 '大陸棚條約'의 제 1 조부터 제 3 조까지의 대륙붕의 기본제도에 관한 조약규정은 국제관습법을 확인 또는 형성한 것으로 인정하였다(ICJ Reports 1969, 32-41).

북해대륙붕 사건이라고 하는 것은 북해의 대륙붕의 경계선에 관한 당시 서독과 덴마크간, 서독과 네덜란드간의 분쟁으로서 ICJ가 1969년 2월 20일 판결을 내린 사건이다. 이 사건에서 덴마크와 네덜란드는 각각 서독에 대하여 3국의 앞바다에 있는 대륙붕의 경계는 1958년의 대륙붕조약의 제 6 조 2항에 규정된 等距離方式에 의하여 획정되어야 한다고 주장하였다. 양국은 이 방식이 이미 국제관습법의 규칙으로 되어 있으며, 조약당사국이 아닌 서독도 구속하는 것이라고 하였다. 서독은 이것을 부정하고, '衡平의 原則'에 의하여 경계선이 획정되어야 한다고 주장하였다.

재판소는, 대륙붕에 대한 연안국의 권리는 대륙붕이 연안국의 영역으로부터 海中을 향하여 자연적으로 연장하고 있을 경우에 발생하는 것이며, 그렇지 않은 경우에는 대륙붕이 해안으로부터 근거리에 있을지라도 당연히 가장 가까운 연안국에 우월하는 권리를 부여하는 것은 아니라고 생각하였다. 따라서 等距離方式을 대륙붕에 고유한 것이라고 생각할 수 없으며, 위의 제 6 조의 규정을 관습법규칙이라고 볼 수는 없다고 판시하였다.

ICJ는 이 판결에서 "관계된 행동이 확립된 관행에 해당될 뿐만 아니라 나아가서 이 관행이 법의 규칙에 의하여 의무화되었다는 신념의 증거가 필요하다. 이러한 주관적 요소의 존재는 '法的 信念'의 관념에 고유한 것이다. 따라서 관계국가에게는 법적 의무에 복종하고 있다는 감정이 없어서는 안된다"고 말하였다.

그러나 이에 대한 반대의견은 "모든 경우에 관하여 그 관행을 시작한 국가를 포함한 모든 국가가 법적 의무하에서 행동하였다고 믿고 있었다고 생각하는 것은 擬制이다"라고 비판하였다.

〈條約의 重要性의 相對的 增大〉 오늘날과 같이 모든 국제적 생활영역에서 급격한 변화가 진행되고 있는 시대의 여러 조건하에서는 조약이 관습보다 국제법규범을 정립하는 보다 적절한 수단이 되고 있다. 국제관계의 불안정성으로 인하여 국가의 활동은 '法으로서 수락된 一般的 慣行'으로 결정되기가 어려운 상황에 놓여 있다. 오랫동안 법의 형성을 지배해 왔던 도덕적 내지 법적 개념의 동질성이 역사의 가속화와 더불어 점차 감퇴하는 까닭에 관습법의 형식이나 발달은 저해되고 있는 형편이다.

다른 한편 조약의 효력범위는 그 당사국에 한정되는 데 대하여 慣習國際法規는 국제사회에 일반적으로 타당하다는 장점을 갖는다. 최근까지 국제법체계의 중요부분은 관습법규로써 구성되었고 조약은 다만 관습법규의 틀 안에서 제 2 차적 역할을 담당한 데 지나지 않았다. 그러나 근년에 국제관계가 복잡해지면서 이에 대응할 필요 때문에 점점 많은 조약이 체결되기에 이르렀다. 오늘날 조약은 국제법의 새로운 규범을 創設·變更·發展시키는 직접적인 수단이 되고 있다.

그러나 조약이 관습에 기초를 갖지 않는 한, 그 계약적 기원은 그 규칙의 해석을 곤란하게 하며, 의사표시에 입각한 모든 규제에 필연적으로 따르는 무효화의 위험이 항상 있게 마련이다.

條約은 국제관계에 있어서 협력의 주요한 수단인 동시에 또한 변화를 위한 수단이기도 하다. 이 점은 국제법이 본질적으로 보수적인 것이라는 관념이 그릇된 생각임을 말해 준다(Akehurst, 25).

3. 慣 習

(1) 國際法의 法源으로서의 慣習

국제법의 法源으로서의 慣習(custom)은 단순한 습관(habit)이나 慣例

(usage)나 또는 慣行(practice)이 아니고, '법으로서 수락된 일반적 관행'(ICJ 규정 제38조)을 말하는 것이다. 그리고 관습은 默示的 條約(tacit treaty)의 한 형태가 아니라 하나의 독립된 법형식인 것이다. 이러한 관습으로부터 발생한 법규범이 國際慣習法이다.

慣習과 慣行(또는 관례나 실행) 간에는 명백한 기술적 구별이 있다. 관행은 관습에 이르는 과도기에 지나지 않으며, 아직 충분한 법적 인정을 받지 않은 국제적 습관일 뿐이다. 관행이 끝나는 곳에서 관습은 시작된다. 관행은 서로 충돌할 수 있으나 관습은 통일적이며 일관적이다.

입법기관이 없는 국제사회에서는 국제관습법이 일반법규로서 각국을 구속하여 왔다. 같은 관습을 신봉하는 국가간에는 이 관습을 통한 하나의 법사회의 성립을 반영하는 것이기 때문이다. 다수의 국제관습법은 수 세기 동안 조약 형태로 발달해 온 국가관행 속에 기원을 갖는다(예, '공해자유의 원칙', 외교사절의 특권·면제, 외국인의 거주·在留). 이 관행이 일단 명시적으로 조약에 규정되고 점차 널리 국가간에 수락된 경우에는 어느 일정 시기 이후 그러한 조항이 조약문에서 삭제된 경우에도 그것은 자동적으로 구속력을 갖게 된다(예, 정치범불인도의 원칙, 접속수역의 최소한 12해리의 원칙). 이 경우 관행이 그러한 관습으로 변형되기까지의 시간적 제한은 일정치 않다.

드 비셔(de Visscher) 교수는 國際慣習法의 형성과정을 다음에서와 같이 설명한다.

"국제관습법의 완만한 성장은 공터를 횡단하는 통로의 서서한 형성에 비교되어 왔다. 그 초기에는 통과한 발자국의 수는 많으나 명료치 않아 지상에 그것을 발견하기가 어렵다. 어떤 공통의 유용성 때문에 멀지 않아 대부분의 보행자가 같은 통로를 통과하게 된다. 하나의 통로가 명료하게 되어 간다. 점점 그 유일한 통로로 인정되는 길만이 생긴다. 그러나 어느 순간에 그 변화가 일어나는가를 명백히 말하기는 불가능하다. 몇 사람의 보행자 가운데는 항상 타인보다 깊이 지상에 발자국을 남긴 자가 있다. 그것은 이 세계에 있어서의 그들의 실력이 크기 때문이며 또한 그러한 방향으로 그들을 행동케 하는 이익 때문이기도 하다. 이러한 대국은 하나의 관행에 결정적 방향을 부여한 후에 그 대국 스스로가 그 관행의 보증인인 동시에 방위자가 된다. 국제관습법의 형성에 있어서 항상 결정적인 대국의 역할은 慣行에 대하여 실효성을 부여한다. 이러한 실효성 없이는 법적 확신과 같은 일반적 동의의 조건은 사회적 현실 속에 충분한 기초를 발견하기 어렵다. 많은 관습은 전체로서 그 계기를 대국의 결정이나 행위에 의존하고 있다. 대국의 결정과 행위의 반복 및 연속에 의하여 또한 최종적으로는 거기서 생기는 질서의 관념에 의하여 정치적 성질의 의미에 있어서의 개별성이나 우발성은 조금씩 없어지고 형성과정에 있어서의 관습의 상태가 된다. 법학자는 適法性의 原則을 추구하고 질서의 요청에 따름으로써 사후에(*ex post facto*) 확립된 관습을 정당화한다. 역사가는 그 성립을 확정한 정치적 세력들의 작용을 감추려고 하지 않는다. 이 두 개의 관점은 서로 용납될 수 없는 것이 아니다. 국제관습은 힘과 법의 공동작용의 가장 중요한 표시의 하나이다."

위와 같은 드 비셔의 견해에는 國際慣習의 성립에 따르는 세 개의 문제점이 지적되고 있다. 하나는 慣習法의 성립시기 확정의 곤란성, 둘째는 관습법의 실효성, 셋째는 사실의 규범력(normative Kraft des Tatsächlichkeit)의 문제이다. 이에 대하여 '맥두갈'(M. S. McDougal) 교수에 의하면 대립하는 여러 국가의 요구는 기초가 국가이익에 있지만 서로 반응을 일으켜 평가되고 그것에 의거하여 각각의 국가의 태도가 결정된다고 한다. 즉 국제관습법의 형성과정은 여러 국가의 '상호주의적 청구와 상호간의 관용의 과정'으로 파악되고 있다.

(2) 慣習(國際慣習法)의 成立要件

관습 즉 國際慣習法이란 "법으로서 인정된 일반관행의 증거로서의 國際慣習"(international custom as evidence of a general practice accepted as law)을 말하는 것이므로, 이 정의가 표시하는 바와 같이 국제관습법으로 성립하기 위해서는 어떤 특정의 실행이 '확립된 國際法規'(일본국헌법 제98조 2항)로서의 여러 국가간의 일반적 승인(대한민국 헌법 제6조 1항)을 얻은 것이라야 한다. 따라서 그것의 성립요건은 '一般的 慣行'과 '法的 確信'이다.

〈一般的 慣行〉 일반적 관행이라고 하는 것은 동일한 형태의 실행이 반복·계속되어 일반성을 갖게 된 것을 말한다. 이것은 국제관습법의 객관적·실체적 요소이다. 국가기관의 일회한의 행위는 관습을 창설할 수 없다.

일반적 관행의 증거로서 추정되는 '實行'에는 국가적 실행(조약 기타의 국제문서의 수락, 정책성명, 국내법령, 행정기관의 결정판결, 외교서간, 법제의견 등)과 국제조직의 결의나 실행도 포함된다.

이러한 실행은 어떠한 경우에 國際慣習 成立의 증거가 되는가. 첫째는 그 실행을 확보하기 위한 국가행동의 구체적 발현(위반에 대한 처벌, 외교교섭이나 국제재판에 의한 청구 등)을 수반하는 것에 한한다는 엄격한 해석도 있다(直線基線의 방식에 의한 Norway의 어업수역의 일방적 확장에 대하여 그 국가실행의 증거성을 부인, 1951. 12. 18 Fishery Case, ICJ 판결·Read 판사의 반대의견. ICJ Reports 1951, 191). 둘째는 관계국가의 실행이 불일치하여 현행 국제법의 내용이 불확정한 경우 본래 입법론에 불과한 실행(국제회의의 선언·제안 등)이라 할지라도 금후의 국제관습법의 형성에 영향을 준다는 점에서 일반관행의 증거가 된다는 생각이다(1974. 7. 25 Fishery Case〈본안〉, ICJ 판결·합동분리의견, ICJ Reports 1974, 47-48). 후자가 점차 유력해지고 있다.

또한 이러한 실행은 어느 정도 '恒久的·均一的 慣行'(constant and uniform usuage)으로서 반복될 필요가 있는데 그 구체적 인정은 국제재판소가 개개의 관계사항을 참조하여 한다(예를 들면 관계의 실행이 불확정적이고, 서로 모순·동요·중단을 나타내며, 관계국의 정치적 편의의 고려의 영향을 받고 있는 한 그 일반적 관행성을 부인할 수도 있다. ICJ는 외교적 비호에 관한 미주지역 국제관습법의 존재를 부인하였다. 1950. 11. 20 Asylum Case, ICJ 판결, ICJ Reports 1950, 276-277). ICJ는 '어업사건'의 판결에서, 설사 상당수의 국가의 실행(영해의 幅員을 직선기선을 기준으로 측정하는 경우의 기준으로서의 灣口 10해리의 규칙)에 균일성이 인정된다 할지라도 복수의 규칙을 다같이 허용할 만한 중대한 理由(연안지역의 실정에 가장 적절한 이유)가 있는 경우에는 그 실행을 일반적 관행으로 인정하지 않을 수도 있다고 하였다(ICJ Reports 1951, 131).

그리고 오늘날과 같이 '템포'가 빠른 국제사회에 있어서는 새로운 관습법이 단시일에 성립될 수도 있다. 일찍이 慣習國際法의 성립에는 장기간의 관행('초기억적'(immemorial)인 과거부터의 관행)을 요건으로 하는 경우도 있었으나 중대한 영향을 받는 이해관계국을 포함한 각국의 실행이 그 기한 안에 광범하고 균일적인 것이 되어 있으면 족하며 시간적 요인은 문제가 되지 않는다(북해대륙붕사건, ICJ 판결 ICJ Reports, 1969, 42-43; Sorensen 특임재판관의 반대의견, *Ibid.*, 243-244).

위와 같은 단시일에 성립되는 國際慣習法을 '速成慣習法'(instant customary law 또는 hotcooked law)이라고 한다. 신속하게 전개되는 국제사회를 배경으로 관습법의 형성도 가속화되는 경향이 있다. 즉, 관습법의 규칙이라고 주장되는 것에 반대하는 증거가 없는 경우에는 극히 약소한 관행일지라도, 또는 극히 소수의 국가만이 관행일지라도, 또는 극히 단기간 계속된 것일지라도, 관습법의 성립에 충분하다는 학설이 있다(Akehurst, Custom, 1, 21-21). 예를 들면 대륙붕에 대한 주권적 권리가 그렇다. 宇宙法도 최초의 인공위성이 발사된 이래 신속히 발달하고 있다(ICJ Reports 1969, 3, 42-43, 230).

이 速成慣習法의 이론은 1963년의 '宇宙空間을 규율하는 法原則 宣言'과 1970년의 '深海底를 규율하는 원칙 선언'과 같은 UN총회의 결의에서 선언된 일정한 각종원칙의 법적 구속력을 도출하기 위한 설명으로서 전개되어 왔다. 즉 일반적 관행을 수반하지 않은 國際慣習法의 성립가능성을 이 이론은 제기하고 있는 것이다.

속성관습법의 이론에 의하면 관습법의 성립에 있어서의 관행의 역할은 순전히 증거적인 것에 불과하다는 것이다. 국가관행이라는 관습법의 사실적 요소는 '法的 信念'이라는 심리적 요소를 증명하기 위해서만 필요한 것인데, '법적 신념'이 다른 수단에 의하여 확인되기만 한다면 관행은 전연 불필요한 것이 된다는 것이다.

이러한 사고방식에 의하면 관습은 '법적 신념'이라고 하는 단 하나의 구성요소를 갖는 것에 지나지 않으며, 법적 신념의 일치가 있는 경우에는 그것만으로 관습법이 성립된다. 이 이론은 관행이라는 사실의 존재 그것 속에 관습국제법의 성립을 발견하려는 단일요소의 이론과 대조를 이루는 것이다. 최소한의 관행도 수반하지 않은 UN총회 결의에 법적 효력을 인정하기 위해서는 이 결의를 압도적 다수국가에 의한 관행의 同時的 集積으로 파악하고 여기에 '법적 신념'의 일치를 보려는 것이다. UN가맹국의 바로 그러한 의미의 '법적 신념'에서 UN총회 결의의 법적 구속력이 증명된다고 보는 것이다.

그러나 일단 확립된 관습에 있어서 심리적 요소에 어떠한 지위가 부여되든지 간에 관습이 현실화되는 과정을 보면 이 '심리적 요소'는 '少數·不變의 慣行'이 반복됨에 따라 형성되는 것임을 알 수 있다. 관행을 '법적 신념'의 단순한 인지수단으로만 보는 것은 관습의 실체의 일면성만을 관찰한 피상적 견해이다.

다른 한편 간과할 수 없는 사실은 국제생활의 템포가 빨라짐에 따라 국제사회의 다수 구성원의 총의의 집약도 용이하게 된 것이다. 관습법도 종래 국가의사를 존중하여 '의사 내지 합의의 법'이라고 하였으나, 현대에는 '의식 내지 컨센서스(consensus)의 법'이라고 하는 것이 한층 적절할지 모른다(Lissitzyn은 ICJ 규정 제38조 1항(b)는 '법으로서 인정된 일반적 컨센서스 또는 기대의 증거로서의 각국의 관행'으로 변경되어야 한다는 示唆를 한다. International Law, 36). 이와 같이 관습법의 의식적 개조가 시대적 요청으로 등장하고 있다는 사실도 오늘날 무시할 수는 없게 되었다.

〈法的 確信〉 법적 확신(*opinio juris*)이라고 하는 것은 어떤 실행이 국제법상 필요하다는 신념을 가지고 행동하는 것으로서 國際慣習法 성립의 心理的·主觀的 요인이다. 단순히 같은 종류의 행위가 여러 번 반복되었다는 객관적 사실(즉, 관행)이 존재할지라도 각국의 일치한 '法的 信念'(또는 필요신념 *opinio necessitatis*)이 수반되지 않은 경우에는 아직 국제관습법은 성립되지 않는다(이것은 이원론이다. 일반관행이나 법적 신념의 어느 하나의 요인만을 지지하는 설은 일원론이다). '법으로서 인정된 일반적 증거로서의 국제관습'이라는 표현은 확실히 일반적 관행과 법적 확신이라는 이원론에 토대를 둔 것으로 생각된다. 관습에 있어서의 이와 같은 심리적 요인은 ICJ도 '庇護權事件'(The Asylum Case)에서 강조한 바 있다. ICJ에 의하면 "하나의 관행이 비록 불변적·획일적이라 할지라도 庇護賦與國이 권리로서 그 관행을 적용하고, (영토국이)의무로서 그것을 준수하지 않는 한 그것은 관습이 되지 않는다"고 하였다. 관행이 단순한 예양이나 편의 또는 관례(의례, 의전)로서가 아니라 국제법상의 권리·의무로서 부과되었다는 판단하에 행해지는 것이 필요하다('북해대륙붕사건' 판결, ICJ Reports 1969, 44).

그러나 그러한 관행이 권리·의무관계는 아니라 할지라도 국제법상 허용된 것이라는 판단 아래 행해진 경우 법적 확신의 존재가 인정될 수도 있다.

> 1927년 9월 7일 PCIJ(Permanent Court of International Justice)(常設國際司法裁判所)는 The Lotus Case에서 '공해상의 선박의 충돌에서 발생한 손해에 대하여 피해선의 旗國에 의한 형법의 域外適用'(외국인에 의한 國外犯이라 할지라도 그 결과가 내국에서 발생한 것에 대한 객관적 속지주의에 입각한 내국형법의 적용)도 국제법상 허용된 것이라는 판단에 입각하여 피해선의 旗國인 Turkey에게 승소판결을 내렸다(CPJI Série A, n° 10, 31).
>
> 또한 PCIJ는 加害船의 旗國 이외의 국가에 의한 형사재판권의 행사에 대하여 지금까지 항의가 없었다는 것을 이유로 들어, 가해선의 기국에게만 형사재판권을 인정한다는 법적 확신의 존재는 입증할 수 없다고 하였다. 결국 가해선만이 형사재판권을 갖는다는 관습국제법의 존재는 부인되었다(CPJI Série A, n° 10, 29).

ICJ는 대륙붕의 경계획정에 관한 等距離基準(1958년 '대륙붕 조약' 제 6 조)에 관하여 조약채택 이전의 국가적 실행이 빈약한 것 또 그 후의 국가적 실행도 일반관행으로서 결정되지 않았다는 것을 지적하여 법적 확신의 유무를 검토할 필요도 없이 그것의 관습법규정을 부정하고 있다(ICJ Reports 1969, 41-42).

> 어느 국제법적 규율사항에 관하여 일반관행이 확립되어 있다는 원고측의 입증이 행해진 경우에는 국제재판소로서는 이것으로써 법적 확신의 존재를 일단 추정할 수 있다(Brownlie, 8-9).

(3) 慣習의 性格

관습이 국가간의 묵시적 합의라고 하는 실증주의의 기반은 계약적 관념 위에 사후적으로 구축된 의제에 지나지 않는다. 관행이라고 하는 것은 보통 그 시초에는 전통법으로부터 의식적으로 어긋난 행위이다. 그것이 충분한 실력에 의하여 지지되고 또 일반적 필요에 적응함으로써 다수의 동일한 관행이 출현할 때까지는 관습이 되지 못한다. 관습에 있어서 '힘'이라는 요소는 결정적이며, 이른바 '法的 確信'이라는 것도 일정한 관행에 대한 '힘'의 태도를 반영한 것이다. 이와 같이 관습은 전적으로 강국들의 결정이나 행동에 기원을 둔 것이 많다. 그 예로서는 18세기 말 이후 中立法의 발달에 있어서의 미국의 힘을 들 수 있고, 또 해양에 관한 국제관습법의 많은 부문이 강대한 海事國의 관행으로부터 출발하였다는 사실을 이해하면 족하다.

> 강대국의 관행은 항상 海洋國際法의 발달에 중대한 영향을 준 것이 사실이다. 해양에 대한 관심이 가장 깊은 강국들이 해양을 가장 잘 이해할 수 있기 때문이다. 해양국제법규의 형성에는 영·미의 해사재판소, 해사전문가, 해사관리들의 공헌이 크다(Colombos, 7).

이와 같이 관습의 형성을 결정하는 것은 정치력이고 법률가는 질서의 요청에 따라 확립된 관행에 대하여 사후의 법적 승인을 부여하는 것이므로 관습은 실로 '힘'과 법의 공동산물이라고 할 수 있다(Visscher, 148-150). 예를 들면 公海制度가 일방적 주장(즉, 강대해양국의 일방적 관행)을 보호하는 형식으로 발달해 온 것은 주지의 사실이다(McDougal and Schlei, The Hydrogen Bomb Tests, 648-710, 小田, 海洋の國際法構造, 253 이하). 해양에 대한 약소국의 주장은 강대국의 이익에 반하는 한 부단한 공격의 대상이 된다(한·일간의 평화선문제에 대한 일본 및 영·미측의 태도를 보라).

慣習은 공동생활의 요청에 근거한 自發的·無意識的 표현에 의하여 발생하는 것이므로 가장 발달된 의식을 전제로 한 조약에 비하여 역사적으로 선행하며, 따라서 비교적 일반적인 것이 많고 일반국제법의 성립을 가능케 한다. 그러나 국가는 민족·언어·문화·지리·역사·정치·경제 등의 각종요소를 달리하는 것이며, 이에 따라 국제관습도 동일사항에 관하여 일국가군과 타국가군간에 내용적으로 상이한 것이 있을 수 있다(예: 영·미주의와 대륙주의, 영국주의와 프랑스주의, 또는 남미주의와 회교권주의 등). 이리하여 특수한 관습은 특별국제관습법을, 어느 지역의 관습은 地域的 國際慣習法을 형성한다. 이러한 각각의 국제관습법은 다른 국제관습법과 대립·충돌하는 경우가 있다.

> 덴마크와 스웨덴의 두 정부가 1951년 내지 1952년에 소련의 12해리 영해확장에 대하여 항의를 제출한 사건, 그리고 1951년 영국과 노르웨이간의 '漁業紛爭事件'(The Anglo-Norwegian Fisheries Case)은 그 대표적 표본이다. 특히 '어업분쟁사건'에 있어서는 관습의 개별화가 인정되었다고 볼 수 있다(Visscher, 153). 이 사건의 쟁점은 노르웨이정부가 채택한, 영해 측정에 관한 直線基線의 방법이 국제법상 위반이 되느냐의 문제를 결정하는 것이었다. ICJ는 굴곡이 심한 노르웨이해안의 특수형태를 참작하여 여기에 단순한 관습법상의 '干潮線의 規則'을 적용할 수 없다고 판시하였다.

과거 공산권과 서구권간에는 관습법의 의의에 관하여 크게 대립하였었다. 구소련은 당초 관습을 부인하고 조약만을 法源으로 인정하였으나, 후에는 관습의 법원성도 수락하기에 이르렀다. 여하간 진실로 법사회를 반영한 것은 관습이며, 관습에 근거를 둔 규칙은 周密性과 안정성을 갖는다. 그런데 과거에 새로운 관습의 성장은 보통 완만하여, '법으로서 수락된 일반적 관행'에까지 결정되기에는 상당한 시간과 어려움이 따른 것이었다. 그러나 최근에는 국제생활의 신속화와 더불어 관습도 속성화되는 경향이 있다는 것은 앞서 말한 바와 같다(이른바 instant customary law).

(4) 慣習의 立證問題

관습의 법적 성격의 존부를 입증하는 일은 실제에 있어 상당한 법적 수련을 요한다. 보통 同一行爲의 반복이라는 객관적 사실이 있으면 법적 신념이라는 주관적 요소의 존재를 추정할 수 있다. 그러므로 관습의 성립요건으로서는 전자가 제일의적이라고 보아야 한다. 극단적으로는 법적 신념의 존재가 필요없다는 소수설도 있다. 慣行이 국제법화하기까지의 과정에서 미리 법적 신념을 전제로 한다는 것은 논리적으로 모순이라고 하는 것이다.

이리하여 관습의 성립요건으로서의 법적 신념은 어느 관습법규의 확립을 증명하는 측에서 적극적으로 입증할 요건이라고 하기보다 오히려 그 법규의 확립을 부정하는 측에서 그 不存在를 입증해야 하는 요건이라고 생각된다. 예를 들면 UN에서 拒否權을 의미하지 않는 棄權投票가 여러 번 반복되는 경우 그러한 棄權(또는 결석)은 거부권을 의미하지 않게 된다. 만약 후에 와서 이것이 거부권을 의미한다고 주장하려면 주장하는 측에서 그 입증책임을 져야 한다.

> ICJ는 '庇護權事件'에서 다음과 같이 말하고 있다. "관습을 원용하는 당사자는 이 관습이 타당사자에 대하여 구속력을 갖게 된 것으로 확립되었음을 입증하여야 한다. 콜롬비아 정부는 그 원용한 원칙이 당해 여러 나라에 의하여 실행된 불변적·획일적 관행에 일치하고, 더욱이 그 관행이 비호를 부여한 국가에 속하는 권리이며, 영토국에 대한 이러한 의무의 표현임을 입증해야 한다. 이것은 법으로서 인정된 일반적 관행의 증거로서의 국제관습에 언급한 ICJ규정 제38조로부터 발생하는 귀결이다."
>
> '모로코에 있어서의 미국 국민의 권리에 관한 사건'(Case concerning the Rights of Nationals of the United States of America in Morocco)에서 ICJ는 모로코에 있어서의 미국의 領事裁判權 및 기타의 治外法權(capitulatory rights)이 관습과 관행에 의거한 것이라고 미국은 주장하였으나 그 권리의 행사가 모로코에 대한 구속력을 갖는 것으로 확립되었다는 결론에 도달하는 것을 가능케 하는 충분한 증거는 제출되지 않았다고 판단하였다.

國際慣習法의 적용에 있어서 그 내용을 확인하기 위해서는 국제 및 국내법정이 중요한 역할을 한다. 당사자의 청구가 관습법에 입각한 경우 항상 재판소는 당사자가 원용한 규칙이 유효한 국제관습법규인가 아닌가를 조사하여야 한다.

동시에 어느 특별한 문제점에 관한 관습법의 성질을 결정함에 있어서 재판소는 다음과 같은 인식자료를 참조한다.

1) **國際裁判所의 判決** 국제법은 '先例拘束의 原則'(doctrine of *stare decisis*)을 갖지 않으나(ICJ규정 제59조) 각종 국제법정과 특히 두 개의 세계법정(PCIJ와 ICJ)의 판결은 큰 설득력이 있으므로 변론과 판결에 인용되는 일이 많다. PCIJ나 ICJ는 자신의 판결 및 PCA(permanent Court of Arbitration 상설중재재판소)의 판결에 언급하는 일이 많으나(1933년의 PCIJ 의 Legal Status of Eastern Greenland는 1928년의 PCA 의 Island of Palmas Case를 인용하였다) 각종 평화조약에 의한 법정이나 二國間의 중재법정의 판결을 인용하는 데는 신중을 기하고 있다.

2) **國內裁判所의 判決** 국내재판소는 국가의 기관이지만 특정의 문제에 관하여 재판소가 그 이해하는 국제법을 표명할 때는 외교적 실행보다 월등하게 공정하다. 그러나 최량의 재판소라 할지라도 다음과 같은 제한이 있다.

① 국내재판소는 자국의 헌법에 반하는 국제법은 적용하지 않는다.

② 條約은 실시 전에 입법을 요하는 경우가 있다.

③ '國家行爲의 理論'(doctrine of act of state)이 행정부의 약간의 행위를 심사하지 못하도록 방해한다.

④ 재판소는 행정부의 말을 어떤 특정 사태의 결정적 증거로서 수락하는 경우가 많다.

⑤ '커먼 로'(Common Law) 국가에서는 先例拘束의 이론으로 말미암아 국내재판소의 국제법 해석은 시대에 뒤떨어지기도 한다.

국내재판소의 판결은 구속력이 없으나 중요한 여러 국가의 재판소가 내린 통일적 결정의 누적적 효과는 국제관습의 증거를 제공할 수 있다.

3) **國家慣行** 國家慣行은 표면상(*prima facie*) 편견과 주관성의 의심이 짙고 특정의 편의에 맞춰 일시적(*ad hoc*) 법원칙을 작성하는 것이라는 혐의를 받기는 하나, 이러한 경향은 국제사회의 선례를 좇는 법률고문

에 의하여 시정된다. 국가는 면적과 권력에 차이가 있음에도 불구하고 동등한 지위를 갖는 것으로 간주되나 강대국은 보다 넓은 이해와 보다 넓은 책임을 지는 것이므로 국제법정의 안목에는 보다 큰 권위를 갖는 것으로 반영되는 것은 당연하다. 마찬가지로 관행의 계속성을 장구히 유지한 국가가 비교적 짧은 기간 동안밖에 존속하지 못한 국가보다는 더 큰 권위를 갖게 될 것이다.

4) **宣言的 條約** 이것은 제 1 차적으로 條約法이며 그 자체 조약당사자만을 구속하나, 다수국이 이 조약을 채택함으로써 후에 관습법을 선언한 것으로 간주된다.

(5) 慣習法規의 效力範圍

慣習法規의 효력은 그것을 묵시적으로 법규범으로서 승인한 국가에 한정된다. 그러므로 그러한 관습의 형성과정에서 명백히 또는 집요하게 그 관행의 법으로서의 승인에 반대해 온 국가에 대해서는 적용되지 않는다. 한걸음 더 나아가서 그러한 묵시적 합의의 존재를 拒否(challenge)하는 국가에 대하여 그 관습법규의 적용을 강요하는 것은 잘못이다.

'영국 · 노르웨이 漁業紛爭事件'(Anglo-Norwegian Fisheries Case, 1951)에서 ICJ는 이른바 '灣에 관한 10해리규칙'을 배척하면서 "노르웨이가 10해리규칙을 그 연안에 적용하려는 어떠한 시도에 대해서도 항상 반대해 왔으므로 어떠한 경우에도 노르웨이에 대하여 이 규칙을 적용할 수 없다"고 말했다.

마찬가지로 ICJ는 '庇護權事件'에서도 말한다. "콜롬비아 政府補佐人이 이 점에 관하여 의거한 것은 특히 1933년의 몬테비데오 조약이다. 이 조약은 단순히 라틴아메리카의 관습에 의하여 이미 승인된 원칙을 법전화한 것에 지나지 않으며, 따라서 그것은 관습법의 증거로서 페루에 대하여 효력을 갖는다고 주장되고 있다. 재판소는 콜롬비아정부가 그러한 관습의 존재를 입증하였다고 볼 수 없다. 설사 그러한 관습이 라틴아메리카 국가간에만 존재한다고 생각할 수 있다치더라도 그 태도에 의하여 이 관습을 지키기는커녕 반대로 1933년 및 1939년의 몬테비데오 조약——이것은 外交的 庇護에 관하여 범죄의 성질결정에 관한 규칙을 규정한 최초의 조약이었다——을 폐기한 페루에 대하여는 그 관습을 원용할 수 없다."

國際慣習法의 효력범위는 특수적인 것(예, 영미주의나 대륙주의 또는 남미주의) 또는 지역적인 것(지역적 관습 ── The Rights of Passage over Indian Territory Case, ICJ 1960)으로부터 세계적 내지 보편적인 것으로 점점 확대되는 경향이 있다. 흔히 처음에는 어느 특정국가의 일방적 선언에 의하여 어떤 하나의 관습의 형성에 출발점이 주어지게 된다. 당초 전통법으로부터 의식적으로 어긋난 이러한 행위가 점차 충분한 실력에 의하여 지지되고 또한 일반적 필요에 적응하게 되면 타국의 승인을 얻게 되어 보편적인 관습국제법규범에까지 발전하게 된다(내정불간섭의 원칙, 공해자유의 원칙, 군사목표주의 등).

"국제법규범을 창설하는 한 양식으로서의 관습의 본질은 국가간의 합의이다"라고 하는 사고방식에 대한 지도적 반론은 관습법규가 국가에 의한 승인이나 수락과는 관계없이 국가를 구속한다는 의논이다. 바드방(Basdevant) 교수가 "국제사회의 기존국가는 신생국가에 대하여 관습규범을 승인하거나 또는 승인하지 않거나 하는 자격을 인정하지 않는다. 그들은 당연히 관습법에 복종하는 것으로 간주된다"라고 한 것, 또 켈젠(Kelsen)이 慣習國際法 規範은 국제사회의 구성원의 일반적 동의에 의하여 설정되는 것이 아니고 "국력이나 문화에 있어서 중요한 국가를 포함한 다수국가의 장구한 관행에 의하여 설정된다"라고 한 것 등은 모두 같은 계보의 반론에 속한다.

확실히 관습법의 성립을 위한 묵시적 합의라고 하는 '暗默의 契約'(*pactum tacitum*)의 이론은 하나의 법적 의제로서 반드시 동일행위를 반복하거나 또는 각국의 관행에 참가하지 않더라도 적극적 반대를 하지 않는 한, 거기에는 묵시적 합의가 주어진 것으로 간주된다고 하는 것은 사실이다. 그러나 '多數國家의 長久한 慣行'에 의하여 설정된 관습규범은 다른 국가를, 그 국가들의 이 규범에 대한 태도 여하에 불구하고 구속한다는 주장은 논리적으로나 실제적으로나 수긍할 수 없다. 첫째, 그러한 사고방식은 보편적으로 승인된 국제법의 기본원칙, 특히 국가평등의 원칙과 완전히 모순된다. 관습법규는 일국 또는 수개국의 반대에도 불구하고 필요한 정도의 일반성에 도달하기만 하면 성립할 수는 있으나 반대자를 구속할 수는 없다. 즉, 국제법에서는 관습법의 형성에 관해서는 다수결의 원칙은 적용되지 않는 법이다. 강국을 포함한 다수국가의 태도가 보편적인 국제법규범의 형성 과정에서 第一義的 중요성을 갖는다고 하는 것은 의심할 여지가 없다. 그러나 이것은 사실상의 문제이다. 법적으로 국가의 의사는 국제법규범 창설의 과정에서 다같이 평등하다. 국제관계에서는 국가의 다수파라도 다른 국가를 구속하는 규범을 창설할 수는 없다. 이것은 '國家의 主權平等의 原則'에서 나온 직접적인 결과이다.

말할 것도 없이 어떤 규범의 법규범으로서의 일반적 승인은 그 규범의 보편적 승인을 추정할 만한 이유가 되지만 최종적 결론을 내리기에 충분한 이유는 되지 않는다. 이와 같은 이해의 방법은 UN의 國際法委員會(International Law Commission)의 그것과 일치된다. 이 위원회는 외교사절단의 직원(사무·기술·서비스 계통)의 特權·免除의 문제를 고찰하였을 때, 이 문제에 관한 획일적·일반적 관행을 발견하지 못하였으므로 이에 관한 國際慣習法規는 존재하지 않는다고 결론지었다.

외교사절의 개인사용의 물품에 대한 관세의 면제에 관한 문제에 대하여 위원회는 원칙적으로 이에 대한(동거가족의 개인용 물품에 대해서도) 면제의 관행이 일반적이라는 결론에 도달하였다. 그러나 '이 면제의 관행은 오히려 國際禮讓에 기초를 둔 것'이라고 보았다.

(6) 慣習과 新生國家

전통적 이론에 의하면 하나의 관습법이 일반규칙으로서 확립된 경우에는 국가 자신이 그 형성에 적극적으로 참가했든 안했든 간에 그것을 반대하지 않는 모든 국가를 구속한다. 沈默(silence)은 반대(dissent)가 아니라 默認(acquiescence)으로 해석된다. 국가는 관습을 수락했다는 추정을 받는 것이므로 문제의 관습에 대한 실제적 반대의 증거를 제시하지 못하는 한 국가는 이것에 구속된다. 그러나 관습이 수락되었다는 추정을 그 국가에 대한 관습적용의 필수조건(*sine qua non*)으로 삼지 않는 것이다.

신생국들은 조약에 관해서는 백지로 돌아가 재출발하고 있으며, 관습규범에 관해서는 무조건 이것을 수락하지는 않는다. 現狀(*status quo*)의 유지보다는 사회적 변동에 치중하는 신생국들이 서구문명의 소산인 관습국제법 체계를 전체적으로 수락하지 않는 이유는 그러한 관습의 형성과정에 자신들은 참가할 기회가 없었다는 것이다. 제네바 海洋法會議(1958년 및 1960년)에서 신생국들은 영해에 관한 3해리설을 배격하였다. UN에서 '식민지 및 그 인민에 대한 獨立附與 宣言'(Declaration of the Granting of Independence to Colonial Countries and Peoples)을 토의할 때 신생국 대표들은 식민지 및 피보호국에 관한 관습법규를 배격하였다. 다수국에 의한 관습의 실천은 곧 모든 국가를 구속하는 국제법의 규칙을 창설한다라는 명제의 수락을 신생국들에게 기대하기는 어렵다.

과거 공산권의 학자는 관습법에 관해서도 條約理論에 관한 것과 똑같은 주장을 내세웠다. 일반국제법의 규범이라는 이유로 이것을 '아시아·아프리카' 신생국가들에게 강제하려는 서구국가들에 대하여 말할 수 있는 유력한 자료들을 가지고 있다. Tunkin에 의하면 "신생국은 일반 국제법의 특정의 관습규칙을 승인하지 않을 적법한 권한을 갖는다. 그러나 어떠한 留保도 없이 타국과의 사이에 공적인 관계를 맺는 것은 신생국이 국가간의 관계의 기초를 구성하는 일단의 현행 국제법의 원칙 및 규칙을 수락하였다는 것을 의미한다"(Driot international public: problèmes théoriques, 1965, 87). 이것은 Tunkin이 관습에 관한 전통적 원칙과 자신의 合意理論과의 조화를 시도한 것이다. 그러나 관습법에 대한 전면적 부인은 일반국제법 질서의 전면적 부인으로 통하는 것임을 알아야 한다.

(7) 國際法의 法典化

慣習國際法은 보편적으로 타당하는 일반국제법으로서 중요한 지위를 차지하고 있으나 반면에 그 성립은 여러 국가의 관행을 기초로 하기 때문에 내용의 불명확성을 면하기 어렵다. 따라서 관습법을 성문화하여 그 내용을 확정하는 일은 국제법의 발달을 촉진하는 것이 된다.

이미 18세기 이래 많은 학자들이 국제법의 법전화를 기도하였다(Bentham, Fiore, Pessoa 등). 19세기 후반에 설립된 國際法學會(Institut de Droit International)나 國際法協會(International Law Association)는 국제법의 법전화를 목적으로 하는 국제적인 학회이다. 국가에 의한 법전화의 노력으로서는 미국이 남북전쟁시(1863년 4월), '戰爭에 관한 訓令'(Instructions for the Government of the Armies of the United States in the Field)을 작성하여 북군의 지침으로 한 것을 들 수 있다(10장 157조로 구성). 이것은 국제법 법전화의 선구자로 간주된다. 이 훈령 중에는 "인간이 무기를 들고 서로 공연한 전쟁에 종사하는 경우에도 적에 대하여 또한 신에 대하여 결코 도덕적 인격자임을 폐기한 것은 아니다"(제15조)라는 유명한 문구가 있다.

國際法의 法典化는 먼저 전시법규의 영역에서 결실되었다. 1899년과 1907년의 2차에 걸친 헤이그 평화회의는 전쟁법의 법전화에 상당한 성과를 올렸다(전쟁개시에 관한 조약 등). 平時法規의 분야에서 본격적으로 법전화가 이루어지기는 국제연맹시대이다. 특히 1930년 헤이그에서 개최된 國際法典編纂會議는 큰 성과는 없었으나 획기적인 행사였다(國籍法의 충돌, 영해, 외국인의 손해에 대한 국가책임 등을 심의).

UN에 있어서도 총회는 憲章(제13조 1항)의 규정에 따라 '국제법의 점진적 발달과 법전화를 장려'하기 위하여 연구를 발의하고 권고를 행하는 임무를 부담하게 되었다. 1947년 총회는 보조기관으로서 國際法委員會(International Law Commission = ILC)를 설치하고 법전화를 위한 준비작업을 담당케 하였다(위원수는 현재 34명). 오늘날까지 그 위원회가 작성한 조문 초안을 기초로 하여, 海洋法(1956년의 4조약, 즉 영해 및 접속수역에 관한 조약, 공해에 관한 조약, 어업 및 공해의 생물자원의 보존에 관한 조약, 대륙붕에 관한 조약), 外交法(외교관계・영사관계・특별사절단・국제기관과의 관계에 있어서의 국가대표의 지위), 조약법, 조약에 관한 국가승계법 등에 관한 조약이 이미 체결되어 있다.

국제법위원회 이외에도, 해양법에 관해서는 1967년에 설치된 海底平和利用委員會(1970년 이후에는 확대해저평화이용위원회)의 작업을 기초로 1973년부터 1982년에 걸쳐 UN주최의 해양법 회의가 개최되어 해양법 전반에 관한 새로운 해양법 협약이 채택되었다. 이것은 1958년의 제네바 해양법 4조약을 대신하는 것이 된다. 기타 인권의 국제적 보장에 관해서는 人權委員會가 작성한 초안을 기초로 1966년에 2개의 國際人權規約과 1개의 선택의정서가 총회에 의하여 채택되었다(1976년 발효).

또 宇宙法의 분야에 있어서는 우주공간평화이용위원회의 활동에 의하여 우주조약(1966년)을 비롯한 약간의 관련조약이 체결되었다. 국제상법거래에 관해서는 1966년 국제상거래법위원회가 신설되어 관련 분야에 있어서의 법의 통일을 위한 노력을 계속하고 있다. 그리고 1974년 UN총회는 제3세계의 강력한 요구에 의하여 '국가의 經濟의 權利義務憲章'을 채택하였는데, 이 문서에 포함된 새로운 원칙은 이른바 '개발의 국제법'의 중핵을 구성하는 것으로서 이 분야의 금후의 국제법 발달에 하나의 방향을 제시하는 것이 된다.

나아가서 國際人道法의 분야에 있어서는 1949년 UN의 테두리 밖에서 이른바 전쟁희생자보호에 관한 4개의 제네바조약(戰地에 있는 군대의 부상자 및 病者의 상태개선에 관한 조약〔제1조약〕, 해상에 있는 군대의 부상자, 병자 및 난선자의 상태개선에 관한 조약〔제2조약〕, 포로의 대우에 관한 조약〔제3조약〕, 전시에 있어서 문민의 보호에 관한 조약〔제4조약〕)이 체결되었다. 그 후의 발전에 대처하기 위하여 스위스 정부의 초청으로 개최된 '國際人道法 會議'는 1974년 이래 전기 제네바 4조약을 보완하는 작업을 계속해 왔는데, 1977년 2개의 추가의정서를 채택하였다.

그런데 國際法委員會의 규정은 '國際法의 漸進的 發達'과 '국제법의 法典化'를 구별하고 있다. 전자는 "국제법에 의하여 규제되지 않은 문제, 또는 이에 관한 법이 국가의 관행에 있어서 아직 충분히 발달되지 않은 문제"에 대하여 조약안을 준비하는 것이다. 후자는 "이미 광범한 국가의 관행, 선례 및 학설이 존재하고 있는 분야에 있어서의 국제법규의 보다 정확한 정식화 및 체계화"를 기도하는 것이다(제15조). 그러나 법전화의 경우에도 실제로 불명확한 부분이나 미발달의 부분이 많을 것이므로 양자의 구별은 쉬운 일이 아니다.

국제법을 법전화한 것, 즉 '法典化 條約'으로서 1958년의 大陸棚條約이 있다. 이러한 조약규정에는 기존의 관습법규를 재기술한 것(협의의 법전화)과 '국제법의 점진적 발달'을 위하여 새로운 입법을 한 것의 양자가 구별된다. 이 대륙붕조약에서 문제가 된 것은 이 조약의 제1조부터 제3조까지의 규정이 기존의 관습법을 '법전화'한 것인가의 여부에 있었는데 이미 그 당시 그것은 관습법으로서 확립된 것으로 생각되었다(1945년의 Truman 선언이래의 대륙붕에 관한 각국의 실행이나 제네바 해양법회의에서의 토의의 경과를 보라). 이것은 그 조약이 제1조부터 제3조까지의 규정에 대하여 유보를 금지하고 있다(제9조)는 것을 보아도 수긍이 가는 것이다.

法典化 條約은 관습법을 선언한 것이 아닌 경우에도 그 조약 자체가 내포하고 있는 일반화에의 지향성과 그 영향력에 의하여, 또한 이것을 지지하는 각국의 실행에 의하여 조약내용이 국제관습법으로 轉化해 나가는

경우가 있다. 이것이 법전화조약에 의한 관습법의 '創設'이다. 이 경우 시간적 요소는 반드시 중요한 것이 아니다(ICJ는 북해대륙붕사건의 판결에서 제 6 조에 규정된 等距離原則이 일반화가 가능한 '규범창설적 규정'인가의 여부, 그리고 그것을 관습법규칙으로서 인정하기에 족한 국가적 실행과 그것을 지지하는 법적 확신이 존재하는가의 여부의 문제점에 관하여 부정적으로 판단하였다).

국제법의 법전화는 법적 확실성을 위하여 바람직한 사업이다. 그러나 현대 국제정치의 불안정성과 '分裂된 世界'에 뿌리 깊은 상호불신으로 인하여 법전화라고 하는 국제법질서의 확립은 험난한 과정을 밟아야 할 것 같다. 이 밖에도 국제법의 법전화의 과정에는 다음과 같은 장애요인이 가로놓여 있다. ① 역사학파에 유래하는 반대론, ② Common Law를 중심으로 하는 영·미법계와 법전을 중심으로 하는 대륙법계와의 대립, ③ 규칙을 명확화함으로써 자승자박에 빠지는 것을 회피하려는 국가의 이기주의, ④ 조약의 체결이라는 각국의 번잡한 절차.

여하간 公式 내지 非公式團體(예, Harvard Law School)에 의한 조약 초안은 국가의 비준을 목적으로 한 것이 아닌 경우에도 관습법의 중요한 증거를 구성하기도 하고, 또는 당해 법규를 restate하는 편리한 수단으로 이용되기도 한다.

4. 法의 一般原則

조약과 관습이 국제법규의 성립형식, 즉 法源으로서 승인되고 있다는 것은 이론의 여지가 없다. 그렇다면 국제법의 법원은 조약과 관습에만 국한되고 기타의 법원은 인정되지 않는 것인가.

國際法의 法源은 先驗的·必然的으로 결정되고 또 고정되어 있는 것이 아니라 국제사회의 발달에 따라 새로운 법원이 성립될 가능성은 있다고 보아야 한다. 그런데 ICJ규정은 ICJ가 적용할 재판준칙으로서 '문명국이 인정한 법의 일반원칙'을 국제조약과 국제관습의 다음 제 3 의 순위에 열거하고 있다(제38조 1항). 이것은 PCIJ규정 제38조 1항을 그대로 계승한 것이다. 여기서 이른바 '法의 一般原則'은 재판준칙이 됨으로써 독자적인 국제법의 법원으로 인정되는가의 문제가 발생한다. 이 '법의 일반원칙'의 法源性에 관한 논쟁은 다른 모든 논쟁이 그런 것과 마찬가지로 법원이라는 일정한 용어에 부여한 학자의 의의가 상이한 데서 연유하기도 하고, 또는 학자의 국제법철학의 다양성으로부터 발생하는 경우도 있다. 이리하여 '法의 一般原則'이란, 첫째 국제법의 일반원칙으로 보는 견해, 둘째 국내법의 일반원칙으로 보는 견해, 셋째 위의 첫째와 둘째 양론의 중간적 입장을 취하는 견해 등 세 가지로 대별할 수 있다.

(1) '法의 一般原則'을 國際法의 法源으로 보는 學說(積極說)

첫째의 학설은 '법의 일반원칙'이 어떠한 법질서에도 고유한 것이며 일반 타당성을 가지고 있는 자연법적인 것으로 보는 견해이다. 그것은 문명국의 양심에 의하여 승인된 客觀的 正義(자연법)의 규범을 국제법의 法源으로 인정하는 것이며, 이것과 저촉되는 實定國際法을 무효화할 수 있다는 설이다.

Bin Cheng은 형식적 과정의 방법에 의해서만 국제법이 성립할 수 있다는 이론을 배척함으로써 규정 제38조 1항에 근거하여 법의 일반원칙을 국제법의 법원으로 보았다(General Principles of Law as Applied by International Courts and Tribunals, 1953, 23). Brierly 교수도 국제법이 국가가 그 동의를 부여한 규칙만으로 구성된다는 실정법주의를 배척함으로써 동일한 견해를 표명하였다(Law of Nations, 64).

재판규범은 곧 행위규범이라는 이유에서 재판규범인 '법의 일반원칙'은 바로 국제법규범이다라고 단정한 학설도 있다(田岡良一, 「國際法講座」 제1권, 47).

둘째는 '법의 일반원칙'이란 원래 문명국에 공통된 私法上의 원칙으로서 국내법의 원칙에 지나지 않는 것이나, ICJ규정이라고 하는 국제적 합의(즉, 조약)를 매개하여 특별히 국제법상의 지위가 부여된 것이라는 견해이다.

셋째는 재판소가 '법의 일반원칙'을 재판준칙으로 하여 내린 판결은 구속력이 있는 것이므로 그 준칙인 '법의 일반원칙'은 국가간에 구속력이 있는 법, 즉 국제법이 된다고 하는 것이다.

넷째, 法의 一般原則은 法源이라고 하기보다는 오히려 기존의 법원를 사용하는 방법, 다시 말해서 현행규칙을 유추에 의하여 확장하거나, 歸納的 推論에 의하여 보다 개별적인 규칙으로부터 일반적인 원칙의 존재를 추론하거나 하는 방법이라고 보는 견해이다. 이 견해는 결과적으로 법의 일반원칙의 국제법적 적용을 긍정하는 학설이라고 볼 수 있다(Akehurst, 34).

> 영국의 재판관은 위와 같은 방법으로 제정법상의 授權을 요하지 않고 영국법을 발달시키고 있다. 따라서 영국의 법률가는 국제재판소가 위와 같은 일을 하기에 앞서 어찌하여 법으로써 정해진 수권을 필요로 하는가를 이해하는 데 고심할 것이다. 그러나 상세한 성문법전을 가진 大陸法 국가에서는 재판관의 임무는 법을 적용하는 일이며 법을 발달시키는 일은 아니라고 일반적으로 생각되고 있다. 따라서 대륙의 정치가는 만약 국제재판소가 그러한 명시적 수권을 받지 않고 법의 발달을 시도한다면 그 관할권의 일탈을 이유로 하여 재판소를 비난할 것이다(Akehurst, 34).

(2) '法의 一般原則'의 法源性을 否認하는 學說(消極說)

첫째, 어떠한 自然法도 국가가 타국과의 관계에서 그것을 상호간의 법으로 동의하지 않는 한 그것은 곧 국제법으로 인정될 수 없다("오늘날 자연법을 국제법의 대신으로 수용할 수 없다"—1923년의 '미국·멕시코'간의 북미준설회사사건에서의 일반청구위원회의 결정).

둘째, 국제법은 국가간의 합의인 條約과 慣習으로 구성된다. ICJ규정(제38조 1항)을 보면 '法의 一般原則'은 제 3 의 카테고리로서 열거되고 있다. 따라서 그것은 조약도 아니고 관습도 아니며 그 어느 것과도 다른 것이다. 즉, 그것은 국가간의 합의에 의하여 인정된 것이 아니다. 그러므로 국제법은 아니다.

셋째, 국제판결이 구속력을 갖는 것은 그 재판의 準則이 반드시 국제법임을 전제로 하지는 않는다. 실제에 있어서 ICJ나 기타의 국제재판소에서 당사자가 합의하면 법에 의하지 않고 '衡平과 善'(*ex aequo et bono*)에 의하여 재판할 수 있으며(ICJ규정 제38조 2항), 그 재판은 법에 의한 재판과 같은 효력을 갖는다. 그러므로 '법의 일반원칙'이 국제재판의 준칙으로 사용되었다고 할지라도 그것을 국제법의 법원으로 인정하는 것은 충분한 이유가 없다. 또한 ICJ의 판결과 권고적 의견은 다같이 '법'에 의한 결정이지만 판결은 구속력을 가지는 데 대하여 권고적 의견은 구속력이 없는 것으로 미루어 보아 판결의 구속력과 판결에 사용된 준칙이 법이라는 것과는 필연적 관계가 없음을 알 수 있다.

이리하여 '법의 일반원칙'을 적용한 국제판결이 구속력을 갖는다고 하는 사실로부터 곧 그 준칙으로 사용된 '법의 일반원칙'이 국제법이라고 단정할 수는 없다.

(3) '法의 一般原則'의 法源性에 관한 積極說과 消極說의 中間의 立場(中間說)

'法의 一般原則'은 條約과 國際慣習法을 보충하는 독자적인 法源이라고 보는 입장이다. 위의 적극·소극 양론의 중간에 위치한 것으로서 오늘날의 국제판례와 다수의 학설은 그 독자적 법원성을 인정하고 있다. 국제재판소는 법의 일반원칙을 적용함에 있어서 각 국내재판소에 집적된 法的推論(legal reasoning)과 私法的 類推의 여러 요소 중에서 국가간의 관계에 관련이 있고 적당하다고 판단되는 원칙을 선별하는 것이며, 소재로서의 각 국내법의 구체적인 법규를 기계적으로 적용하는 것은 아니다. 이와 같이 국제재판소가 국제관계에 적용이 가능한 원칙을 선별·원용하는 권한을 행사함으로써 법의 일반원칙은 국제법의 독자적인 法源이 되며 일반적인 구속성을 갖게 되는 것이다(Brownlie, 16-17).

> 여러 나라의 국내법의 원칙은 국제법에 강력한 영향을 미친다. 그것은 국제법의 소재가 됨으로써 국제법규범의 창설에 작용한다. 그러나 이 사실은 '법의 일반원칙'이 곧 그대로 국제법의 원칙이라는 의미가 아닌 것이 분명하다. 따라서 ICJ규정 제38조 3항이 국제법규범의 특별한 창설양식으로서 조약과 관습 이외의 독자적인 연원을 설정하였다고 생각할 수는 없다. 그것은 국제법규범으로서 승인된 어떠한 원칙의 역사적 기원을 제시하는 것으로 해석된다.
>
> 그러나 오늘날에 있어서는 국제재판소의 실행의 集積에 의한 국제법발달의 한 현상으로서 법의 일반원칙이 조약과 국제관습 다음의 제 3 의 법원으로 인정되고 있다는 사실을 부인할 수는 없다.

사실 '법의 일반원칙'의 기능은 첫째, 사건에 적용할 본래의 국제법규의 흠결로 인하여 裁判不能(non-liquet)에 빠지는 경우가 발생하는 것을 방지하는 데 있다. 국제법이 그 규칙 및 제도의 많은 부분을 사법체계로부터 보충해 온 이유가 바로 이것이다. 그러나 국제법이 거기서 차용해

오는 방법은 사법제도를 '이것저것 할 것 없이 어느 것이나'(lock, stock, and barrel) 모조리 도입하는 것은 아니고 다만 '政策과 原則'을 도입하는 데 지나지 않는다('서남 아프리카의 국제적 지위에 관한 사건'에서의 McNair 판사의 개별의견).

둘째의 기능은 재판관의 獨斷的·恣意的 판단에 의한 판결을 방지하려는 것이다. '법의 일반원칙'은 '형평과 선'과는 달라서 당사국의 합의에 의한 청구가 없어도 재판소가 당연히 적용할 수 있는 규범이기 때문에 객관적 규범이 아니면 안된다. 동시에 '文明國에 의하여 승인된' 것이라야 하므로 또한 실증적 규범이 아닐 수 없다. 따라서 '법의 일반원칙'에 의한 재판은 客觀性과 實定性이 보장되는 재판이며, 독단적·자의적인 재판은 될 수 없다.

셋째의 기능은 현행 국제법상의 국가의 주권·독립에 부여되는 '有利한 推定'에 대하여 법의 일반원칙은 이러한 일반적 추정에 선행하는 역할을 한다. 예를 들면 "영역외에서 발생한 외국인의 행위 및 기타의 사실에 대한 국내법의 적용을 일반적으로 금지하는 국제법규는 없으며, 국가의 독립과 주권에 입각한 自由裁量에 부과되는 제한은 특별의 禁止規定이 있는 경우를 제외하고는 추정할 수 없다"고 하는 Lotus호 사건의 판결원칙에서 보는 일반적 추정은 '법의 일반원칙'에 우선할 수는 없는 것이다. 오히려 '법의 일반원칙'은 그러한 일반적 추정의 남용을 방지하는 것으로서 국제법상 독자의 기능을 갖는 것이다.

요컨대 '법의 일반원칙'은 본래에 있어서 국내법의 원칙에 지나지 않으나 比較法的 客觀化에 의하여 국제관계에도 적용 가능한 법원칙이 된 것이며, 추상적인 자연법상의 원칙으로부터 구체적·기술적인 것에 이르기까지 다양한 법원칙을 포함하며, 국제법의 미확정의 분야에 있어서 국내법과의 융합을 꾀하면서 국제법의 충실화와 발전을 촉진하는 역할을 수행하고 있다.

(4) '法의 一般原則'의 適用順位

이 원칙의 적용 순위는 조약과 관습의 다음이 된다. 조약과 관습의 적용 법규가 엄연히 존재함에도 불구하고 '법의 일반원칙'을 우선적으로 적용할 수는 없다.

'印度領의 通行權事件'에서 ICJ는 이 점에 관하여 말하고 있다. 포르투갈은 통행권의 주장을 지지하기 위하여 일반국제관습뿐만 아니라 '문명국에 의하여 인정된 법의 일반원칙'을 원용한다. 한편 영국 및 인도당국과 포르투갈인간의 교섭의 경과는 당사국간에 충분히 양해된 관행을 확립함에 이르렀고, 이에 의하여 포르투갈은 私人, 공무원 및 일반의 물품에 관하여 통행권을 취득하였다는 결론에 도달하였으므로 재판소는 일반관습 또는 '문명국에 의하여 인정된 법의 일반원칙'이 동일한 결과로 인도하는가의 여부를 심사할 필요가 없다. 재판소가 당사국에 의하여 그들간의 관계를 규율하는 것으로서 승인된, 2국간의 명백히 확립된 관행을 발견한 경우에는 재판소는 그 특정의 권리·의무를 결정하기 위하여 그 관행에 결정적 효과를 부여하지 않으면 안된다. 그러한 특별의 관행은 일반규칙에 우선하여야 한다.

(5) '法의 一般原則'의 具體的 適用例

〈延滯利子의 原則〉 1912년의 터키·러시아 간의 '러시아 賠償金事件'(Russian Indemnity Case)에서 常設仲裁裁判所(Permanent Court of Arbitration)는 러시아가 전쟁배상금을 전부 받은 후에 새로이 터키에 대하여 그 동안의 연체이자를 청구할 수 있느냐의 문제를 결정해야만 되었다. 재판소는 채권자가 채무자에게 元金辨濟의 연기를 허용하면서 延滯利子請求權을 그 당시 유보하지 않을 경우에는 그 권리가 소멸한다는 사법상의 일반원칙을 적용하였다.

〈義務違反에 대한 賠償責任〉 1928년 PCIJ는 '호르죠(Chorzow)공장사건'에서 "어떠한 約定違反도 배상의무를 수반하는 것은 국제법의 원칙이며, 법의 일반적 개념(general conception of law)이기도 하다"라고 말하였다.

〈代位의 原則〉 1924년 역시 PCIJ는 '마브로마티스의 팔레스타인 특허사건'(Mavrommatis Palestine Concessions Case)에 관한 판결에서 代位(subrogation)의 원칙을 '법의 일반원칙'의 하나로서 적용한 바 있다.

〈衡平法의 原理〉 1937년의 '뮤즈강의 引水에 관한 사건'(The Case concerning the Diversion of Water from the Meuse)에서의 PCIJ의 판결은

허드슨(M. O. Hudson) 판사의 의견으로서 영미법상의 衡平法의 원리를 '일반원칙'으로 적용할 수 있다는 견해를 표명하였다.

〈**信義誠實**의 **原則**〉 역시 '호르죠공장 사건'의 판결은 관할권에 관한 폴란드의 抗辯을 각하하면서 "자기의 불법행위에 의하여 상대방의 의무이행이 방해되었을 경우에는 그 불이행을 責할 수 없는 것이 일반적으로 승인된 원칙"이라고 하였다.

〈**權利濫用**의 **禁止**〉 '영국·노르웨이 漁業紛爭事件'에 관한 ICJ의 판결에서 알바레즈(Alvarez) 판사는 "각국이 자기 영해의 범위 및 그 起算方法을 자유로이 결정할 수 있으나 합리적인 방법으로 할 것이며, 그 水域을 감시하면서 국제법에 의하여 부과된 의무를 이행할 수 있어야 할 것, 타국의 기득권을 침해하지 않을 것, 일반이익을 침해하지 않을 것, 그리고 權利의 濫用(abuses of a right)을 구성하지 않을 것 등을 조건으로 한다"고 하는 개별의견을 발표하였다.

이 밖에도 국제재판소가 '법의 일반원칙'으로서 원용한 예를 보면 '노테봄 사건과 '프레 비히어(Preah Vilhear) 寺院 事件'에서 禁反言(estoppel)의 원칙을 적용하였다. 단, '세르비아 公債 事件'(Serbian Loans Case)에서는 禁反言의 원칙을 적용하기에 충분한 기초가 제시되지 않았다는 이유로 이 원칙의 적용을 거부하였다. 이것은 역으로 이 원칙을 인정한 것이 된다. "누구도 자기의 소송에서 재판관이 될 수 없다"(No one can be judge in his own suit; *nemo judex in re sua*)라는 원칙이 '터키·이라크 國境事件'에 적용된 바 있고, "의무를 이행하지 않는 자에게는 의무를 이행할 필요가 없다"(*inadimplenti non est adimplendum*)라는 원칙이 '뮤즈江 事件'에서 안지롯티(Anzilotti) 판사에 의하여 강조되었다. 또한 사법기관에 의하여 언도된 판결은 분쟁당사자간에 구속력을 갖는다고 하는 '旣判事項'(*res judicata*)의 원칙은 'UN 행정재판소 사건'에 적용되었고, 이 밖에 '當事者平等의 原則', 조약의 해석은 소급효를 갖는다는 원칙(독일인 소수 자학교 사건), 後法優先의 原則(미성년자 후 견조약 사건) 등이 각각의 경우에 원용되었다.

특히 새로운 사태를 처리하기 위해서는 '법의 일반원칙'이 적극적으로 원용된다. 바르셀로나 電力會社 事件(Barcelona Traction Case)(ICJ 판결 1964. 7. 24,

1970. 2. 5; ICJ Reports 1964, 6-47; ICJ Reports 1970, 4-51)에서는 株主本國의 外交保護權에 관하여 국내법상의 주식회사 개념에서 추론하였다(설립준거법과 등기상의 주된 사무소의 기준에 따랐다. 회사가 밀접·항상적인 관련을 갖는 것으로서 Canada를 그 본국으로 인정하였다). 컨세션(concession)계약이나 또는 國家契約(state contract)(사인과 국가와의 계약)의 경우 '*pacta sunt servanda*'(합의는 구속한다)의 법원칙을 적용하여 그 일방적 파기와 국유화를 위법·무효로 하기도 한다(1977. 1. 19 텍사코 석유회사 對 리비아 정부사건의 중재재판판결, AJIL, vol. 74 (1980), 134-141).

〈國際法의 一般原則〉 실정국제법의 기초가 되고 있는 '國際法의 여러 原則'(일반국제법, 예, Corfu 해협사건에 있어서의 연안국의 위험통고의무)은 이미 조약 또는 국제관습법으로서 구체화되고 수용되고 있는 원칙이며 독자적인 法源性을 갖지 않는다. 따라서 이것은 '법의 일반원칙'과 구별되어야 한다.

제 2 절 法源의 補助手段

국제사회에는 통일적인 입법기관이 존재하지 않으므로 일반국제법의 규칙은 적당한 수단에 의하여 그 존재를 확인할 필요가 있다. 여기에 본래의 法源은 아니지만 實定國際法의 실질적 내용을 인식하며 결정하기 위한 보조수단으로 볼 수 있는 것이 있다(ICJ 규정 제38조 1항 d). 이것은 실질적·제 2 차적 法源이다.

1. 判 決

判例(및 학설)는 법칙결정의 보조수단으로서 勸告的 意見과 명령을 포함한다. 뿐만 아니라 여기서 말하는 '裁判上의 判決'에는 PCIJ, ICJ, 각종 중재재판소의 판결 이외에 유럽연합 司法裁判所와 각국 국내재판소의 판결도 포함된다.

특히 國際判例는 先例拘束性(*stare decisis*)을 갖지 않으며("재판소의 재판은 당사자간에 있어서 또한 그 특정의 사건에 관해서만 구속력을 갖는다." ICJ 규정 제59조), 그 효력은 분쟁당사자에게만 미칠 뿐이다(*inter partes*, 동규정 제59조). 이 점에 있어서 현재의 사법적 해결도 판례법을 도입할 상황에는 있지 않다.

> 仲裁裁判의 경우에는 더더구나 재판소에 계속성이 없으며, 따라서 판례의 집적은 기대할 수 없기 때문에 선례구속의 원칙이 성립될 기반은 존재하지 않는다. 판례에 法源의 지위를 인정하기 위해서는 의무적 재판제도가 수립되고 상설재판소에 強制管轄權의 부여가 전제가 된다.

그러나 현재의 ICJ가 이전의 司法判決 내지 仲裁判決에 부단히 언급하고 또 의거하고 있는 것은 사실이며, PCIJ 이래의 이 관행을 통하여 판례는 국제법규의 인정과 형성에 중요한 기능을 한다. 뿐만 아니라 국제판례는 단순한 법칙결정의 보조수단에 그치지 않고 국제법 발달에 중요한 역할을 하고 있다. 이 점에 있어서 ICJ 및 그 전신의 권고적 의견도 마찬가지이다.

특히 판결의 '法規認定의 機能'은 서로 대립하는 분쟁당사자의 주장에 관하여 객관적인 인정을 내리어 국제법규의 효력과 내용에 관하여 유권적인 증거를 제공한다. 분쟁당사자는 비록 재판소의 판단을 그대로 수리하지 않는 경우에도(판결은 그 이행을 강제하는 일반적인 집행수단을 갖지 않는다—UN헌장 제94조) 그 인정 기능을 용인하여 그 테두리 안에서 처리하도록 노력하는 것이 보통이다.

> 예를 들면 ICJ는 UN加盟申請의 승인조건(헌장 제4조 1항)에 관하여 그 한정 열거된 것 이외의 조건의 추가는 할 수 없다고 하였으나, 개개의 신청이 이 조건을 충족한 것인지의 여부는 UN 가맹국의 광범한 재량권에 위임된다고 판단하였다(1948. 5. 28 '가맹조건사건' ICJ Reports 1948, 57). UN은 이 판단을 존중하여 미·소에 의한 거부권 행사의 자제라는 형식으로(종전의 가맹신청에 대한 일괄 거부를 위법이라고 하여 그 재심리를 행하는 것은 아니라고 하는 판단) 一括加盟(1955년 15개국)의 처리를 행하였다.

둘째로, 판결은 새로운 일반국제법규의 형성을 촉진하는 이른바 '法規形成機能'을 갖는다.

> 예를 들면 ICJ가 直線基線의 채용에 있어서 沿岸陸地와의 지리적 연관성이나 경제적 이익이라는 요인을 중시한 판결('어업분쟁사건' 판결 · ICJ Reports 1951, 127-128, 133, 138)은 당시에는 일종의 '司法에 의한 立法'이었으나, 그 후 일반조약상의 국제법규가 되었다(1958년 '영해조약' 제4조 2항 · 4항, 1982년 UN해양법조약 제7조).

셋째로, 판결은 '交涉義務 命令'의 기능을 갖는다. 즉 판결은 분쟁해결을 위한 여러 요소를 정형화하여 분쟁당사국에게 그 테두리 안에서 직접 교섭을 재개하고 형평한 결과를 실현하도록 의무를 과하는 경우가 있다.

예를 들면 ICJ는 대륙붕의 경계획정에 있어서 고려할 요소(당해 해저지역의 지질학적 · 지리학적 요인, 鑛床의 일체성, 해안선의 길이와의 비율 등의 '관계사정' · '북해대륙붕사건'판결. ICJ Reports 1969, 239-241)를 지적함으로써 이것을 기초로 하여 교섭과 협정에 의하여 해결할 것을 명령하고 있다.

이러한 '교섭의무 명령'은 國際裁判所에 의한 일종의 중개 · 조정의 기능이며, 더 나아가 분쟁당사국에게 국제분쟁의 재연을 사전에 회피하기 위한 '協議義務'를 부과하는 것이 된다.

2. 學 說

ICJ규정은 '재판상 판결'과 함께 '각국의 가장 우수한 국제법학자의 학설'도 국제법규 결정의 보조수단으로 인정하고 있다(제38조 1항 d). 그러나 국제판례의 경우와는 달리 학설은 ICJ의 판결이나 勸告的 意見 중에 직접으로 인용되는 일은 없다. 근대국제법의 형성 초기에는 실정국제법규의 미발달로 인하여 學說은 국제법의 발달에 크게 공헌하였을 뿐만 아니라(학자는 국가를 인용하고 국가는 학자를 인용), 국제법상의 주장의 직접의 근거로서 원용되기도 하여 實質的 法源으로서 중요한 역할을 수행하였다(Grotius, Gidel 등). 그러나 그러한 '학설의 시대'는 지나간 지 오래다. 다만 오늘날에 있어서도 국제법은 불명확 · 불충분한 점이 많기 때문에 학설은 그러한 분야에 대한 실정법규의 존재를 확정하기 위한 증거를 제공하며, 국제법의 발전의 방향을 제시하는 것으로서 그 가치는 무시할 수 없는 것이다.

이러한 견지에서 각국의 여러 국제법학자의 학설과 마찬가지로 이러한 학자들로 구성된 國際法學會(Institut de Droit International, 1873년 창립) 및 國際法協會(International Law Association, 1873년 10월 Brussel에서 설립되었다. 당초에는 "Association for the Reform and Codification of the Law of Nations"라는 명칭이었으나 1895년의 총회에서 현재의 것으로 개칭되었다) 등의 학회조직의 의견도 참조되어야 하며, ICJ의 개별의견이나 반대의견, UN국제법위원회(International Law Commission 1947년 총회결의(Ⅱ))의 소견 및 UN사무국의 법률의견은 각각의 입장은 다르나 어느 것도 단순한 학설 이상의 권위가 있는 것이다.

3. 國際組織의 決議

國際組織(특히 보편성을 가진 UN, 전문기관 등)의 결의는 ICJ규정에는 명시되어 있지 않으나, 그 기본조약에 부여된 권한의 범위 내에서 각종의 법규범의 정립에 관여한다(실질적 · 제 2 차적 법원).

국제조직의 결의에는 첫째, 그 內部組織法(의사규칙, 직원규칙)이나 기술규칙을 작성한 것이 있다. 예산, 가맹, 제명 등에 관한 '내부'문제에 대하여 구속력 있는 결정을 내릴 권한이 부여되며, 특히 헌장 제 7 장은 安全保障理事會가 그 행동의 일부로서 '평화에 대한 위협', '평화의 파괴' 및 '침략행위'의 처리를 국가에게 명령할 권한을 부여하고 있다. 유럽연합(EU), 기타의 국제조직도 구속력 있는 결정을 내리는 권한을 빈번히 허용하고 있다.

특히 技術規則(국제민간항공기관, 세계보건기관 등이 각각의 기술분야에서 작성하는 규칙)에는 '適用除外의 意思表示'(contracting out)의 제도(일정기간 내에 불승인 · 유보를 통고하는 국가에 대해서는 적용되지 않는다는 제도)를 채용하여 일정기간 내에 반대의 의사표시를 표명한 국가가 일정수 이상에 도달하지 않는 한 그 기간의 만료 후 전 가맹국에게 일반적 구속성을 미치게 하는 준입법적 효과를 갖는 것도 있다.

UN 총회의 결의는 가맹국의 장래의 행동에 관한 규칙의 정립에 관한 한 구속력이 없고 권고적 성질을 가질 뿐이다. 다만 UN 총회는 헌장이 명시적으로 총회에 부여한 권한에 의해서는 구속력 있는 결의를 채택할 수도 있으나 일반적으로 이러한 결정은 行政的 · 執行的 기능을 가질 뿐이며, 입법적 기능은 없는 것이다. 이러한 결의가 조약안으로 성립되어 가맹국이 이를 비준하거나 또는 가입함으로써 구속력 있는 조약으로 발전될 수도 있고, 또는 가맹국의 대다수에 의한 일반관행으로부터 관습법으로 진행할 수도 있다는 것은 말할 것도 없다.

그런데 UN 총회의 결의 중에는 전원일치나 압도적 다수로써 채택된 것이 있으며, 또한 '宣言'이라는 명칭이 붙은 UN 總會決議(세계인권선언, 식민지독립부여선언, 우호관계선언, 침략의 정의, 천연자원에 대한 항구주권에 관한 선언, 국가의 경제적 권리의무헌장, 신국제경제질서 수립선언, 우주천체법 원칙선언, 심해저법 원칙선언) 중에는 기존의 실정

국제법규와 저촉되거나 또는 그 내용을 초과하는 것도 있어 이것들은 단순한 '法規確認의 手段'이 아니라 도리어 그 자체의 '法的 拘束力'을 인정해야 한다는 주장도 최근에 널리 제기되고 있다. 이 경향은 UN총회에서 다수를 차지하고 국제법의 변혁을 추구하는 제 3 세계 국가들과 그 학자들에 의하여 주장되고 또 강화되어 왔다. 이들의 견해에 의하면 이러한 종류의 총회결의는 국제법의 법원의 하나가 되는 것이다. 그러나 이러한 견해에 반대하는 입장에서는 UN총회란 국제사회의 입법기관으로 예정된 것이 아니며, 비록 전원일치의 결의라 할지라도 법적으로는 국가에 대한 權告에 지나지 않는다는 전통적 사고방식 위에 서서 반론을 전개한다.

현단계에 있어서 이러한 종류의 총회결의 자체가 국제법의 法源으로서 국제법규를 창조하는 것은 아니다. 그러나 '법이 창조되는 중요한 전단계'이며, '慣習法의 형성에 불가결한 법적 신념이 국제사회의 각 국가간에 생기고 있는 유력한 증거'라고 보는 것이 옳다. 종래의 조약이나 國際慣習法이 명확한 법을 제정하며 그 구속력, 법적 구속력도 확실한 hard law인데 대하여 이와 같이 '凝固過程에 있는 법'을 soft law라고 부른다.

이러한 soft law의 예로서는 '뉘른베르크(Nürnberg) 재판소 조례와 그 판결에 의하여 승인된 국제법의 원칙을 확인한 결의가 그것이다. 이 결의는 마침내 '集團殺害罪(Genocide)의 방지 및 처벌에 관한 조약'으로 발전하였다. 또한 '植民地獨立附與宣言'이나 '천연자원에 대한 영구주권에 관한 선언'은 오늘날의 실정국제법의 내용을 형성하며 실천되고 있다. 결국 soft law는 엄밀한 의미에서 國際立法過程의 산물은 아니지만 準立法過程(quasi-legislation process)에 속한 것이라고 보는 것이 국제법질서의 현상에 대한 현실적 인식이라고 볼 수 있다.

Jimenéz에 의하면 총회의 원칙선언의 결의에는 '법전화를 위한 외교관회의에서 채택되는 조약'과 같은 효과가 인정된다고 한다. 그것은 즉, ① 선언적 효과, ② 명확화 효과, ③ 발전적 효과 세 가지이다. 제 1 의 효과는 이를테면 '友好關係宣言'(총회결의 2625호)에서 볼 수 있는 바와 같이 UN헌장에 구체화된 여러 원칙을 선언한 것이다. 제 2 의 효과는 '우주공간의 심사 및 이용에 관한 선언'(총회결의 1962호)에서 볼 수 있는 것인데, 우주공간에서의 활동의 자유에 관하여 기왕에 나타난 합의(consensus)에 명확한 형태를 부여하려는 것이다. 제 3 의 효과는 '植民地獨立附與宣言'(총회결의 1514호)에서 볼 수 있다. 이 선언은 비식민지화를 촉진하기 위한 새로운 입법론적 원칙을 선명한 것인데, 그 후 각 국가의 일반적 지지를 얻음으로써 관습국제법의 일부로 발전하게 되었다. ICJ는 '서부 사하라'(Western Sahara) 사건에서 "총회결의 1514호는 1960년 이래 금일의 UN가맹국인 다수국가의 창설에 의하여 표현된 비식민지화 과정의 기초가 된다"라고 언명하였다.

ICJ는 1971년 Namibia사건에 관한 勸告的 意見에서 "총회가 원칙적으로 권고적 권한만을 갖고 있다는 이유로 그 권한 내에 있는 특정사건에서도 법적 효과를 갖는 결의의 채택을 할 수 없다고 생각하는 것은 정확하지 않다"고 말함으로써 권고적 의견에도 예외가 있음을 인정하고 있다. 그러나 일반적으로는 Fitzmaurice가 말한 바와 같이 "총회결의는 법규형성에 이바지할 수 있는 법의 내용에 영향을 줄 수는 있으나, 그러나 법규를 창조할 수는 없는 것이다"(Henkin *et al.*, International Law, 103).

결국 총회결의의 구속성 여하의 문제는 다음과 같이 분류할 수 있다. 그 내용이 ① 그 후의 형식적 법원에 수용되어(다수국간 조약이 작성되거나, 국가실행의 집적을 경과하여 국제관습법으로 응축되거나, 또는 각국이 동일내용의 일방적 선언과 국내입법을 행하거나 함으로써) 실정국제법이 되는 것, ② UN헌장의 해석기준이 되는 것, ③ 가맹국의 법적 확신의 형성에 있어서의 지표가 되는 것, ④ 금후의 교섭이나 결정에 있어서의 가맹국의 행위규범의 기준이 되는 것 등이다.

4. 衡平과 善(*aequum et bonum*)

衡平과 善은 正義나 自然法과 동의어로 사용된다(여기서 말하는 형평은 英法上의 전문적인 것을 제외한다). 형평을 국제법의 하나의 法源으로 보는 사람은 主觀主義라는 비난을 면하기 위하여 자연법에 호소하는 경우가 많다. 이리하여 형평, 정의 및 자연법의 3개의 용어는 서로 혼합되는 경향이 있다.

16, 17세기에는 자연법은 국제법의 주요한 법원이었다. 오늘날에 있어서는 ICJ가 '당사자의 합의가 있을 경우에 한하여' 형평과 선에 입각한

재판을 할 수 있을 뿐이다(ICJ규정 제38조 2항. 단 이 조항은 지금까지 적용된 예가 없다).

仲裁裁判 기타의 재판소는 때때로 형평과 선에 입각하여 재판할 권리가 명시적으로 부여되지 않은 경우에도 법의 흠결을 메우기 위하여 형평과 선을 사용할 수 있으나, 명시적으로 그러한 授權이 없는 한에서는 조약, 국제관습법, 법의 일반원칙을 무시하고 '형평과 선에 입각하여'(*en aequo et bono*) 판결을 내릴 수는 없다. 그러나 중재재판에서는 때때로 형평과 선에 입각하여 재판할 권리가 부여되고 있다(1930년대에 Latin America에 있어서 두 개의 국경분쟁이 이 방법으로 중재인에 의하여 해결되었다. UN Reports of International Arbitral Awards Ⅱ 1307 and Ⅲ 1817, Akehurst, 39). 그렇다고 해서 형평이 국제법의 법원이 된다고 보기는 어렵다. 왜냐하면 형평이란 어떤 특수한 倫理體系內에서만 이해되는 것이고 공통의 윤리적 가치를 갖는 것으로 추정되는 국내사회에서 의미가 있는 것이지 적대적 철학을 가진 이질적인 국제무대에서는 전연 사정이 다르기 때문이다(Akehurst, 39).

제 3 절 法源의 順位(法源 相互間의 效力關係)

국제법의 어느 法源으로부터 발생한 규칙과 다른 법원으로부터 발생한 규칙이 서로 저촉하는 경우 어느 규칙이 우선하는가.

1. 條約과 國際慣習法間의 效力關係

조약과 국제관습의 양자간에는 원칙적으로 효력의 우열은 존재하지 않는다. 대륙법계의 국내법에서는 입법자가 목적의식적으로 제정한 성문법이 민간에 자연적으로 발생한 관습법의 우위에 선다는 것이 대체로 인정되고 있으나, 국제법에서는 조약과 국제관습은 성립형식을 달리할 뿐 동등의 가치가 있는 것으로 인정되며 어느 일방이 타방에 대하여 보충적·제한적 지위에 서는 일은 없다. 국가는 어떠한 내용의 합의도 자유로이 할 수 있으며, 이러한 '合意의 自由'는 오늘날에도 원칙적으로 유지되고 있다. 그러한 의미에서 국제법은 任意法(*jus dispositivum*)이다. 다만 強行

規範(*jus cogens*)같은 특별의 상위규범에 위반된 경우에 한하여 변경되거나 폐기될 수 있을 뿐이다(강행규범에 저촉된 조약은 당연무효, 1969년 비엔나조약법 조약 제53조 · 제64조).

조약과 국제관습이 서로 충돌할 경우 그 성립의 시간적 전후에 따라 조약이 먼저 발효한 것이었다면 조약당사국간에서는 후법인 관습법이 우위에 선다(후법이 선법을 폐기한다. *lex posterior derogat priori*). 이것을 '後法優先의 原則'(*lex posterior principle*)이라고 한다(1969년 비엔나조약법 조약 제30조). 이 원칙은 조약 상호간 및 관습법 상호간에도 적용된다.

그러나 조약이 廢絶(desuetude)에 의하여 종료되는 경우(desuetude는 조약이 당사국에 의하여 부단히 무시되고 이 무시된 상태가 항상 묵인되는 경우이다) 이 폐절은 조약과 저촉하는 새로운 관습의 출현이라는 형식을 취하는 일이 많다.

다른 한편 동등의 가치를 가진 법규 상호간에 또한 저촉이 발생한 경우 그 내용의 특정성의 유무에 따라 '특별법은 일반법에 우선한다'(*lex specialis derogat generali*). 이것을 '特別法의 原則'(*lex specialis* principle)이라고 하며, 이 원칙에 의하여 국가간의 합의인 조약이 일반국제법(국제관습법)을 배제할 수 있게 되는 것이다(조약과 국제관습법 상호간, 조약 상호간, 국제관습법 상호간에 모두 타당). 그런데 특별법이 일반법을 폐하는 경우에도 그 진정한 의미는 일반법의 소멸을 의미하는 것이 아니고, 오직 당사국간에 일반법의 효력이 배제되거나 또는 제한된다는 것을 의미할 따름이다. 그러므로 만약 어떠한 이유에서 당사국간에 특별법이 폐지되면 그 당사국들은 당연히 일반법의 적용을 받게 된다(예를 들면 공해상에서 어느 국가도 관할권을 행사할 수 없다는 것이 일반국제법상의 원칙이나 국가간의 합의가 있으면 일반국제법의 적용을 배제하고 특정 국가의 관할권을 인정할 수도 있다. 만약 이러한 특별합의가 폐지되면 일반법의 효력이 당연히 회복된다).

위의 '特別法의 原則'에서 몇 가지 주의할 점이 있다. 첫째, 특별법과 내용적으로 상이한 일반법이 후법인 경우에는 일반법이 특별법을 破하는 경우가 있다(예를 들면 전시중 동맹국이 적국영토처분에 관하여 협정을 체결한 후 평화조약에 의하여 이것과 상이한 협정에 도달한 경우). 둘째, 일반법과 특별법이 다같이 條約法인 경우 전자가 이것과 상이한 특별법의 작성을 금지하는 규정을 두었을 때에는 그 후에 일반법을 폐할 수 있는 특별법이 성립할 여지가 없다. 그러나 금지규정에도 불구하고 일단 그러한 특별법이 성립된 경우 그것이 일반법에 저촉한다는 이유로 당연히 무효가 되느냐 하는 것이 문제가 된다. UN헌장 제103조는 "가맹국의 이 헌장에 의

거한 의무와 다른 국제협정에 의거한 의무가 저촉할 경우에는 이 헌장에 의거한 의무가 우선한다"고 하였다. 이 규정은 헌장(일반법)에 저촉한 특별법의 성립을 인정하면서 다른 한편으로는 그 효력을 제한하는 취지로 해석된다.

'특별법의 원칙'에 있어서 셋째로 주의할 점은 특별법의 당사국이 그 이외의 일반법 당사국의 권리를 제한하거나 또는 의무를 부과한 경우 적어도 일반법 당사국에 관한 한 그 특별법은 무효라고 하는 것이다(예를 들면 甲·乙 양국이 각각 그 영해 내 에서 내국상선의 통항을 금지하자는 조약을 체결할지라도 이 특별법이 丙國의 일반국제법상의 無害航行權을 폐지하지는 못한다). 이때의 특별법은 일반국제법에 대한 위반을 내용으로 하고 있으므로 當然無效이나 丙國이 그 내용을 승낙할 경우에는 여기에 새로운 특별법이 성립되어 도리어 일반법을 파하게 된다.

요컨대 제 3 국의 일반법상의 권리를 해하는 특별법은 무효이고, 따라서 특별법이 일반법을 파할 수 없으나, 제 3 국이 그러한 권리를 확인 또는 확대하는 특별법은 유효하며, 그 때의 일반법은 그 특별법의 한도 내에서 제한을 받는다.

최근 국제관계의 긴밀화와 상호의존성의 심화와 더불어 조약과 국제관습법의 우열관계는 유동적이다. 첫째, 國際慣習法의 발달속도는 대단히 느린 것이므로(단, 速成慣習法의 경우는 예외) 새로운 요청에 적응하기 위해서는 조약이 기존의 국제관습법의 적용을 배제하고 이것에 우선하는 경우가 있다. 새로운 첨단기술의 개발 · 이용의 경우가 그렇다(우주공간에 대한 영역주권의 적용의 부인, 심해저에 대한 공해자유의 원칙의 배제, 원자력의 평화적 이용). 다음 둘째로, 그 후의 국제관습법의 성립 또는 국제조직 내부의 실행의 집적에 의하여 조약의 적용이 배제되거나 또는 관계규정의 의미·해석이 특정화되는 경우도 있다. 예를 들면 爆發性 投射物의 사용금지(1868년 'St. Petersburg 선언')에 관한 제 1·2 차대전에 있어서의 불이행, 그리고 상선에 대한 잠수함의 無警告 攻擊의 금지(1922년 'Washington조약' 제 1 조, 1930년 'London 해운조약', 제22조, 1936년 'London 의정서')에 관한 제 2 차대전중의 불이행, 나아가서 안전보장이사회에 의한 비절차사항의 결정(UN 헌장 제27조 3항)에 있어서의 상임이사국의 棄權(한국전쟁시의 소련의 행태)의 효력에 관한 해석관행 등이다.

국제법의 발달과정에 있어서 慣習과 條約은 서로 결합하는 경우가 있다. 관습을 수락한 조약이 있고, 역으로 조약을 수락한 관습이 있을 수 있는 것이다. 전자의 예로서는 '해전법규에 관한 런던선언'에서, 그 총칙이 "記名國은 다음 諸章에 규정된 규칙이 실질상 일반적으로 승인된 국제법의 원칙에 부합한 것임을 승인한다"라고 선언한 것이다. 후자의 예로서는 위의 런던선언의 제규정(미발효)을 교전국들이 전쟁중 자발적으로 준수한 관습을 들 수 있다. 후자에 관한 또 하나의 예로서는 '외국인대우에 관한 최소한의 표준'이다. 처음에는 이것이 조약에 규정되었으나 그 후 점차 그 표준이 일반적으로 인정되어 현대에는 이 원칙이 자명한 것으로 인정되기 때문에 조약규정에 이것을 명시할 필요가 없게 되었다. 이와 같이 수 세기 동안 다수의 국제조약에 전개된 국가행위의 표준은 국제관습법의 체계에 침전되기에 이르렀다.

2. '法의 一般原則'과 條約 및 國際慣習法과의 關係

'법의 일반원칙'은 조약 또는 국제관습법과의 관계에 있어서는 이것들의 흠결을 보충하는 일반법규로서의 기능을 갖는 데 지나지 않는다. 따라서 조약이나 국제관습법과의 사이에 직접적인 抵觸關係는 발생하지 않는다. 그러나 만약 저촉이 있다고 생각되는 경우에는 위의 두 개의 법규범이 '법의 일반원칙'보다 우위에 선다.

3. 判例와 學說

재판상의 판결(판례)과 각국의 가장 우수한 국제법학자의 학설은 ICJ규정 제38조 1항에서 '法則決定의 補助手段'이라고 언급되고 있으므로 여기에 열거된 다른 3개의 法源(조약, 국제관습법, 법의 일반원칙)의 하위에 있는 것을 뜻한다. 판결은 학설보다 중요시되고 있으나 여기에 엄격한 규칙이 있는 것은 아니다. 따라서 그 중요성은 재판관이 행하는 논증의 질에 달려 있는 것으로 보인다.

4. 衡平과 善

재판관은 '형평과 선'에 입각하여 재판할 권한이 부여된 경우 자기의 형평의 관념을 모든 국제법의 규칙에 우선적으로 적용하는 것이 허용된다. 그러나 이러한 明示的 許容이 없이는 형평을 적용할 수 없다.

國內裁判所에서는 재판관은 법률적 쟁점에 관하여 신뢰할 만한 선례가 없는 경우 형평과 선의 고려에 호소하는 경우가 있다. 그렇다고 이것이 형평을 국내법의 法源으로 인정하였다는 증거는 되지 않는다.

5. 國際組織의 決議

國際組織의 결의에 있어서는 권고적 효력을 가진 것을 제외하고 國際慣習法的 효력을 가진 것과 條約과 동등한 효력을 가진 것을 구별하여야 한다. 이 구별에 입각하여 앞서 조약과 국제관습법과의 관계에서 말한 논리가 그대로 적용된다고 보아야 한다.

제 4 절 強行法規

1. 強行法規의 意義

強行法規(또는 강행규범)라고 하는 것은 任意法規(*jus dispositivum*)의 반대가 되는 법적 개념이다. *jus cogens*는 로마법에 기원을 가진 것이며, 근대법에 있어서는 전적으로 국내법에만 존재하는 것으로 생각되고, 이것이 하위의 법규의 내용을 절대적으로 규제하며 이것으로부터의 일탈을 허용하지 않는 법적인 힘을 가진 상위규범으로 취급되었다.

이에 대하여 국제법에 있어서는 조약과 관습 간에 효력의 優劣關係는 원칙적으로 존재하지 않으며, 오직 '特別法 優先의 原則', 또는 '後法 優先의 原則'이 인정될 뿐이었다. 법적으로 대등한 주권국가간의 조약체결의 자유를 제한하는 *jus cogens*가 존재할 여지는 없는 것으로 생각되었다(초기의 국제법학자 중에는 자연법에 반한 조약은 무효라고 생각하는 사람이 있었으나, 자연법이론이 쇠퇴함에 따라 이러한 규칙의 존재는 잊혀지고 있었다).

국제법에 있어서 *jus cogens*의 문제에 일반의 관심이 높아지기는 제2차대전 후의 현상이다. 전쟁의 위법화, 인권의 존중, 인류의 공통이익의 수호 등 국제사회에 있어서도 國際公序(international public order)의 관념이 점차 발달됨에 따라 국가가 조약을 체결하는 데 있어서 무제한의 자유를 누리는 것이 아니라 일정의 국제법규칙에 반하는 합의는 國際公序를 파괴하는 것으로서 무효로 해야 한다는 주장이 대두되었다(그 주창자로서 Alfred Verdross가 특히 유명하다). 이 주장은 UN하에서 이루어진 조약법의 法典化의 과정에서 개도국과 사회주의국가를 포함한 다수국가의 지지를 얻어 실정법화되었으며, 조약의 무효원인 및 종료원인의 하나로 규정되었다.

이와 같이 *jus cogens*의 문제가 크게 부각된 것은 첫째, 국내사회에서 自由放任主義에 입각한 계약자유의 원칙이 사회적인 입장에서 점차 제한을 받게 된 것과 궤를 같이하여, 국제사회에 있어서도 중소국가(대부분이 사회주의국가 내지 사회주의에 傾斜된 국가)의 발언권이 강화됨에 따라 국가 또는 국민간의 어떠한 조약(예를 들면 한일합병조약 같은 것)도 합의의 형식을 취하기만 하면 유효라고 하는, 종래의 국제법의 존재 양식에 대한 비판과 반성에 근본의 원인이 있다. 둘째, 인권의 존중, 무력사용의 제한과 같은 인류의 생존의 문제에 깊이 관계되는 기본원칙에 관하여 각국 국민간에 공통의 규범의식이 발생한 까닭이다. 이 경향은 일견 자연법의 부활처럼 보이나 그러나 이미 自然法에 입각한 것이 아니라 실정법적 제도가 된 것이다. 이 규칙은 바야흐로 조약을 체결하는 국가의 자유는 말할 것도 없고 지역적 관습을 형성하는 국가의 자유도 제한하는 것으로 생각되고 있다. 이리하여 이 규칙은 국제법을 다수의 다양한 국제법으로 분열시키는 경향을 억제하는 작용을 한다.

2. 強行法規의 內容

무엇을 *jus cogens*로 보는가의 문제에 대해서는 議論이 구구하다. 비엔나條約法 條約에 의하면 "어떠한 일탈도 허용되지 않으며, 또한 사후에 발생한 동일성질의 일반 국제법규범에 의해서만 변경될 수 있는 규범으로서, 국제사회 전체에 의하여 수락되고 또한 승인된 규범"이라고 정의되고 있다(제53조). 또 체결 당시(또는 체결 이후에도) 이 강행법규에 저촉된 조약(일반조약이든 특별조약이든)은 실효되는 것으로 하였다. 이것은 '後法은 先法을 파한다'라는 원칙뿐만 아니라, '특별법은 일반법을 파한다'라는 원칙도 부정하는 것이며, 국제법의 보충법적 성질을 부정하고 強行法規(a peremptory norm)의 존재를 인정하는 것이다.

條約法 條約은 구체적으로 어떤 규칙이 강행법규인가에 관해서 예시하지 않았다. 많은 규칙이 강행법규의 후보로서 거론되고 있으나 지금 일반적에 가까운 승인을 얻고 있는 유일의 것은 침략반대의 규칙이다(Akehurst, 41). 즉 UN 헌장에 반한 무력에 의한 위협이나 무력의 행사를 금지하는 국제법상의 원칙이 *jus cogens*의 성질을 갖고 있다는 데는 거의 의견의 일치가 이루어지고 있다. Barcelona Traction 사건에서 ICJ는 傍論으로서 모든 국가가 거기에 포함된 권리의 보호에 법적 이해관계를 가지며, 따라서 모든 국가·국제사회 전체에 대한 의무가 되는 규범이 현대의 국제법에 존재한다고 하였으며(강행법규의 존재를 인정), 그러한 것으로서 侵略行爲 및 集團殺害(Genocide)의 비합법화, 또는 노예제도 및 인종차별로부터의 보호를 포함한 기본적 인권의 규칙을 언급하였는데, 이것들을 강행법규의 예로서 들 수도 있을 것이다(1970년 2월-1970년 4월 판결).

조약법조약은 강행법규와의 저촉에 입각한 無效申請에 관한 분쟁이 발생하였을 경우에는 어느 분쟁 당사국도 ICJ에 부탁할 수 있다고 하였다(제66조. 단, 제65조에 의하여 '어느 당사국으로부터의 이의신청이 있는 일자로부터 12개월 이내에 어떠한 해결도 보지 못한 경우'에 한한다). 이것은 헌법위반의 의심이 있는 법률에 대한 위헌심사와 비슷한 제도이다. 강행법규에 관한 분쟁과 그 해결은 단순히 당사국간의 문제일 뿐만 아니라 국제사회 전체에 효력을 미치는 중대한 문제이기 때문에 ICJ에 사실상 強制管轄權을 인정하여 객관적인 판단을 기대하는 것이다(당사국이 합의하에서 중재재판에 부탁한 경우에는 예외로 한다). 국가가 어느 규칙을 강행법규라고 주장하는 경우 그것의 立證責任(burden of proof)은 제 1 차적으로 주장하는 국가에게 있다. 그 국가는 자기가 주장하는 강행법규의 규칙이 '국제사회 전체(as a whole)에 의하여 수락되고 또한 승인된 것'이라는 증명을 해야 하는 것이다.

'公海自由의 原則', 특히 '航行의 自由'가 강행법규이냐 아니냐에 관하여 견해가 나눠져 있다. 부정설이 다수설이다. 1958년에 제네바 公海條約 제 2 조는 이러한 자유가 "公海自由를 행사하는 타국의 이익에 합리적인 고려를 하여 행사되어야 한다"고 규정하고 있는 것으로 보아 그 강행법규성은 부정되는 것으로 생각된다.

제 4 장 國際法과 國內法

제 1 절 國際法과 國內法의 關係에 관한 理論

1. 問題의 所在

國際法은 국제사회의 법으로서 국제관계의 규율을 주요한 목적으로 하며, 國內法(국가법 또는 국가의 내부법)은 국가사회 내부의 관계를 규율하는 법이라고 할 때 자칫 양자는 전연 별개의 무관계한 법이라고 생각되기 쉽다. 그러나 국제법은 국내법의 타당범위(국권행사의 공간적 한계)를 정하며, 조약(국제법)의 締結權限은 국내법(특히 국내헌법)의 授權에 의존한다는 이론상의 관련이 있다. 현실적으로도 국제법과 국내법은 동일사항을 규율의 대상으로 하는 경우가 많으며, 더구나 각각의 규정내용이 서로 모순되는 경우도 적지 않다.

최근 국제관계의 긴밀한 발전과 더불어 국제법의 규율대상이 점점 확대되어 종래에는 각 국가에 맡겨진 사항도 국제법이 직접 규정하는 경우가 많게 되었다. 반면 국제관계와 국내생활이 긴밀화됨에 따라 국내법도 국제적 사항을 많이 규정하게 되어 憲法의 國際化라고 불리는 현상이 지적되고 있다(B. Mirkine-Guetzewitch, Constitutionnel International, 宮澤 · 小田 역, 「國際憲法」, 1). 그러나 18세기 말까지의 절대왕정하에서는 국제법과 국내법의 관계는 문제가 되지 않았다. 왜냐하면 대외적 및 대내적 권력이 군주 한 사람에게 집중되어 실제상 국제법과 국내법 간에 모순이나 충돌이 일어날 수 없었기 때문이다.

그러나 오늘날에 있어서 다수국가가 채용하는 입헌주의와 권력분립주의하에서는 외교관계를 처리하는 行政府와 국민의 대표로써 구성되어 국내법을 제정하는 立法府간에 항상 의사의 합치가 이루어질 보장은 없는 것이다. 따라서 국내법(특히 헌법)과 양립되지 않은 조약(국제법)이 체결되기도 하고(적극적 저촉), 조약의 실시를 위하여 필요한 국내법상의 조치가 취해지지 않은 경우(소극적 저촉)도 발생할 가능성이 증대하게 되었다.

예를 들면 전쟁포기의 헌법(국내법)을 가진 국가가 타국과 同盟條約(국제법)을 체결했다고 하면 그 헌법과 조약은 서로 모순된다. 외국인자산의 非沒收를 규정한 조약을 체결한 국가가 외국인토지의 몰수도 포함한 국유화법을 제정했다고 하면 이 역시 조약(국제법)과 법률(국내법)은 서로 충돌되는 것이다. 또 어느 국가가 '公海自由의 原則'을 무시하고 자국의 어업법을 영해외에까지 확장하여 어떠한 법적 근거도 갖지 않는 獨占水域을 설정하였다면 이것도 역시 국제관습법과 법률과의 충돌의 사례가 된다. 이상은 모두 다 양자의 적극적 저촉의 예이나, 소극적 저촉의 경우로서는 인권의 보장, 국제범죄의 방지, 난민의 대우 등에 관하여 일반조약이 체약국에 대하여 필요한 입법, 기타의 국내조치의 정비를 의무화하였을 때 국내의 관계법령의 불비를 그대로 방치해 둔다면 조약의 실체적 규정은 국내에서 실시되지 못하고 따라서 의무의 불이행이 발생하는 경우이다(가령 국제인권규약 A규약에 가입한 국가가 남녀불평등의 법체제를 가진 경우 이것은 제3조의 '남녀의 동등의 권리'를 확보하는 입법을 해야만 한다).

위와 같이 國際法(국제관습법, 조약법)의 규정과 國內法(헌법, 법률)의 규정이 서로 積極的·消極的으로 저촉되는 경우에 어느 것이 우선하는가. 다시 말해서 국내의 행정부는 어느 법을 집행해야 하며, 또 국내재판소는 어느 법을 적용해야 하며, 그리고 만약 국제재판소에서 판결을 내린다면 그 결과와 논거는 국내재판소의 그것과 다를 것인가 또는 같을 것인가. 이러한 질문은, 첫째 국제법과 국내법의 체계적 관계에 관한 법철학상의 문제이며(理論), 둘째 각국의 국내법(헌법, 법률)·관행 등의 실정법에 대한 해석·적용의 문제에 귀착한다(實際). 그러므로 이 문제에 대한 해결은 이론적 고찰과 아울러 각국 법질서의 실증적 검토를 필요로 한다.

국제법과 국내법의 관계에 관한 학설은 크게 두 개의 카테고리로 나눌 수 있다. 하나는 二元論(分立說)인데 국제법과 국내법은 서로 독립된 별개의 법체계에 속한다고 하는 입장이며, 다른 하나는 양자가 동일한 법질서를 구성한다고 보는 一元論(統一說)이다. 일원론은 다시 동일의 법질서 중에 국제법과 국내법의 어느 것이 우위에 있다고 보는가에 따라서 國際法 優位論과 國內法 優位論으로 나눠진다(역사적으로는 국내법 우위의 일원론이 이원론에 선행한다).

2. 二元論(dualism)

二元論은 국제법과 국내법은 타당근거(法源)와 규율하는 대상을 달리하는 각각 별개의 법질서를 구성한다고 생각하는 입장이다. Triepel에 의하면 국내법은 국가의 단독의사에 의하여 성립되고 개인 상호간 또는 개인과 국가와의 관계를 규율하는 데 대하여, 국제법은 여러 국가의 共同意思(Gemeinwille)에 입각하여 성립되며 평등한 국가 상호간의 관계를 규율하는 것이라고 한다(그 후의 이원론자로는 Anzilotti가 유명).

이와 같은 이원론에 따르면 국제법과 국내법은 각각 별개의 법체계라고 생각되는 결과 국제법이 그대로(*per se*) 국내법화하는 경우는 있을 수 없다. 그것이 국내에서 효력을 가지고 적용되기 위해서는 반드시 국가가 그 국제법을 국내적으로 受容(reception)하기 위한 變型(transfomation)을 하여야 한다. 그렇지 않는 한 국제법과 국내법 간에 법리적 견지에서 진정한 저촉은 있을 수 없고 효력의 상하관계도 발생할 수 없다. 일단 양자가 충돌된다고 생각되는 경우에도 충돌이 없었던 것과 마찬가지로 행정부나 재판소는 다같이 국내법을 적용해야 한다는 것이다.

이 이원론은 국가주권의 존중을 기본으로 하는 實定國際法秩序에 적합한 것이며, 특히 국제법 위반의 국내법을 무효화하지 않고 국가책임의 추구에 그치도록 한 점에서 국제판례의 입장과도 일치한다. 그러나 이원론의 난점은 국제법과 국내법의 분립성을 너무 강조하는 나머지 그 결합성을 전적으로 부인하는 것이 그 첫째이다. 오늘날 국가가 국제법규의 내용과 모순된 국내법규를 제정·실시한 경우 그 국내법규는 국제법 위반의 것으로 생각되고 국가는 國際責任을 면치 못하는 실정이다. 이 사실은 두 法體系(법질서)간에 어느 정도 법적 관련이 있다는 증거가 된다.

제 2 의 난점은 그 變型理論이다. 현실적으로 볼 때 국제법이 국내적으로 적용될 경우 이원론의 주장과 같이 국제법의 일체가 국내법으로 변형의 형태를 취하는 것이 아니다. 그 중에는 국내법으로 변형되지 않는 한 국내적으로 적용되지 않는 것도 있으나(현단계의 인권) 국내법으로 변형되지 않아도 그대로 국내에 적용되는 경우도 있다(국제관습법, 외교사절의 특권). 따라서 문제는 각 국가가 각각 그 헌법질서하에서 국제법 내지 조약의 효력을 어떻게 규정하는가에 달려 있다고 보아야 한다.

이원론은 각국의 합의에 기초를 두고자 하는 意思主義에 입각한 것이다(Charles Rousseau). 원래 法實證主義의 입장에서 제기된 것이며, 정치적 색채가 비교적 적고 오랫동안 다수설로 인정되어 왔다. 그러나 이원론은 국제법과 국내법과의 관계가 "어떤 법률행위가 Italy의 법질서에 의하면 유효하나 France의 법질서에 의하면 무효가 될 수 있는 것과 같다"(Anzil-otti)고 하는 엄격한 분립주의에 문제가 있다.

최근의 국제법 발달의 전체적 경향은 두 개의 법질서를 준별하는 이원론적 구성을 배척하고 다음의 국제법 우위의 一元論을 지지하는 학자가 많다. 그러나 일원론의 가치를 인정하면서 '국제법 질서의 현단계에서는' 이라고 하는 전제하에 二元論의 입장을 취하는 학자도 적지 않다.

3. 一元論(monism)

국제법과 국내법은 별개의 독립된 법질서가 아니라 양자는 하나의 통일된 법체계를 형성하며 따라서 상호간의 저촉은 上位·下位의 법질서에 의하여 해결된다고 하는 학설이 일원론이다.

(1) 國內法 優位論

이 國內法 優位의 一元論은 국내법이 국제법의 상위에 선다는 학설이다(독일의 Bonn학파인 Zorn父子, P. Zorn, A. Zorn과 Kaufmann이 주장. 과거 소련의 다수 학자가 주장. Verdross도 한때 이 설의 지지자였다).

이 설에 의하면 국제법은 국내법에 의존하는 것이라고 하는 것이다. 그 증거로서 條約(국제법)의 성립형식을 보면, 憲法(국내법)의 수권에 의하여 조약체결의 권한을 갖는 국가기관이 조약(국제법)을 체결하는 것이므로 국제법

(조약)의 성립은 국내법(헌법)의 수권에 의존하는 것이다. 이 사실은 총체적으로 국제법의 타당근거가 국내법에 있다는 것을 證示하는 것이라고 한다.

국제법의 타당근거가 국내법에 있다는 국내법 우위론에 대한 비판은 다음과 같다. 일국의 단독의사로써 국제법을 변경 또는 폐기할 수도 있다는 결론으로 인도되는 이 주장은 현실에 반한다. 또 세계에는 여기에 존재하는 국가의 수만큼의 다수의 국제법의 존재를 상정하는 것도 통일적인 국제법의 성립을 부인하는 것이며, 이 설은 결국 국제법의 否認論에 도달하고 마는 것이다. 그리고 또한 국제법이 국내법 우위론이 주장하는 바와 같이 일국의 '外部的 國家法'(äusseres Staatrecht)에 지나지 않는다면 국제법은 일국의 국내법과 운명을 같이하는 것이 된다. 이것은 국내법의 변혁에도 불구하고 국제법의 타당성은 조금도 영향을 받지 않는다는 실제의 법현상(국제관습법의 일반적 구속성 또는 국가 동일성의 원칙에 입각한 조약의 효력의 존속 등의 실정국제법규의 존재)과 모순되는 것이다.

그리고 국내헌법에 의한 授權者가 조약을 체결한다는 것은 국가를 대표하여 조약을 체결하는 자가 누구냐고 하는 문제에 지나지 않는 것이고, 조약의 타당성 자체의 문제와는 관계가 없는 것이다.

국내법 우위론은 19세기 독일의 제국주의 이데올로기로서 국가주권의 절대성을 강조한 관념철학의 산물이다. 이론 및 실제에 있어서 많은 결함을 가진 것이다.

(2) 國際法 優位論

이 설은 一元論 중에 국제법이 국내법의 상위에 선다고 주장하는 학설이다. 이 이론은 二元論에 대한 안티테제로서 제창된 것인데, 제 1 차대전 후 純粹法學에 입각한 Wien학파의 Kelsen, Verdross, Kunz 등의 학자가 이 학설을 대표한다.

국제법 우위론의 논거는 다음과 같다. 국제법과 국내법 간에 저촉이 있을 수 있는데, 만약 저촉이 생긴 경우에는 양자의 조화가 요청된다. 조화가 요청된다고 하는 것은 양자가 별개의 법질서가 아니라 동일한 법체계(타당성의 기초가 동일한 근본규범에 있는 법체계)인 것을 말한다. 별개의 법질서간에는 법적 저촉이나 법적 조화가 발생할 수 없기 때문이다(이탈리아 국내법과 프랑스 국내법 간에는 법적인 저촉이나 조화의 문제는 발생하지 않는다).

그렇다면 양자의 관계는 논리상 同位關係에 있든가 또는 상하관계에 있든가, 그 어느 하나가 아니면 안된다. 만약 양자가 동위관계에 선다고 하면 양자를 동위관계에 두는 제 3 의 보다 상위의 법질서를 전제로 해야 하는데 현실적으로 이러한 제 3 의 보다 상위의 법질서는 존재하지 않는다. 그러므로 결국 양자는 상하의 관계에 있다고 보지 않으면 안된다.

그런데 국내법이 국제법의 상위에 선다고 하는 이론에 적합한 실증적 사실은 하나도 없다(국내법 우위설의 부정). 오히려 국내법상의 각종 제도는 하나의 보다 높은 법질서의 존재를 가정하지 않고는 설명되지 않는다. 왜냐하면, 각 국가의 일정한 지역적·인적 관할의 범위내에서만 統治權을 행사할 수 있을 뿐, 그 범위를 임의로 결정할 수 없다고 하는 것은 각국의 국내법의 타당범위를 결정하는 국제법을 전제로 하여야만 비로소 가능하다고 볼 수 있기 때문이다. 이러한 국제법에 위반된 국내법은 위반의 한도 내에서 배제가 요구되며, 위반에 대한 國家責任을 추궁당하게 된다. 그리고 국가의 主權·獨立權·平等權 등의 법적 개념도 국제법의 국내법에 대한 委任(delegation)에 의해서만 성립될 수 있는 것이다. 따라서 국내법의 유효성 및 타당성의 기초가 결국 국제법에 있다고 보아야 하므로 국제법은 개개의 국내법을 넘어 규범적으로 그 상위에 있는 법이라고 생각된다. 그러므로 국제법과 국내법 간의 저촉분야는 국제법의 우위에 의하여 해결되어야 하며, 국내법의 유효성은 국제법으로부터 파생되는 것이므로 국제법 위반의 국내법은 법적으로 존재할 수 없고 각국의 국내법상으로도 당연히 무효가 된다고 주장하는 것이다.

Kelsen에 의하면 國內法優位論과 國際法優位論은 다같이 논리적으로 동등의 가치를 지닌 것이다. 그 어느 것을 택할 것인가라는 문제는 각국(또는 각 학자)의 초법률적인 윤리적·정치적 가치판단에 의하여 결정되는 것이다. 선험적인 法的 所與라고 하는 것은 이 세상에 존재하지 않으며, 어느 것이 필연적으로 선택되어야 한다는 법은 없다. 그러나 국내법 우위론은 인식론상의 주관주의로서 '國家的 唯我論'(state solipsism)에 빠지는 것이며, 동시에 윤리적·정치적 입장에서는 국가주의와 제국주의의 세계관에 대응하는 것이다. 이에 대하여 국제법 우위론은 인식론상의 객관주의로서 윤리적·정치적 입장에서는 국제주의와 평화주의에 통하는 것이다. 그러므로 국제법 우위설이 도덕적으로 보다 우월하다는 것이다. Kelsen 자신의 실천이성은 말할 것도 없이 국제법 우위론을 택한다는 것이다.

그러나 국제법 우위론은 다음과 같은 비판을 받는다. 이 설은 국내법의 독자성을 부인하고, 그 타당성의 기초가 국제법의 위임에 있다고 하는 이른바 '委任의 優位'(delegationsprimat)를 주장하는 데에 문제가 있다. 국가가 국제법으로부터 위임된 권한에 의하여 비로소 국가행위를 할 수 있다고 하는 것은 역사와 현실을 무시한 의논이고 국가의 확신에도 반하는 것이다. 각국의 국내법질서에 대하여 국제법의 우월적 적용을 명령하거나 또는 국제법에 위반된 국내법을 자동적으로 무효화하는 일반 국제법은 존재하지 않는다(국제법 우위론은 순수법학적 견지에서 규범논리적인 인식에 불과한 것이다).

위와 같이 國際法優位論은 실로 實定法의 현실적 타당과는 전연 관계 없이 규범의 세계에서만 타당하는 이론구성이다. 실제로 국제법 위반의 국내법을 국제법 자신의 입장에서 무효화할 수 없는 이상 국제법이 국내법의 상위에 선다고는 말하기 어렵다. 국제법은 법규범으로서 본질적으로 규범의 세계에만 안주할 수 있는 것이 아니라 역사적·사회적 실효성의 문제를 그 본질 속에 포함하는 것이다. 따라서 국제법과 국내법의 관계는 규범논리적인 문제인 동시에 각국의 국내법(헌법 내지 관행)을 통하여 그 실효성을 실증적으로 확인해야 할 문제이다.

참된 국제법 우위론이 실현되기 위해서는 국제사회가 세계사회로의 질적인 변화를 달성하고 국제법 역시 世界法으로의 질적인 발전을 성취하는 것이 필요하다. 현시점에서 이 설이 立法論的(*lege ferenda*) 견지에서는 매력적이기는 하나 결코 국가적 실행으로부터 지지를 받고 있는 것은 아니다. 한편 과거 소련의 학자들은 국제법 우위론이 국제법의 우위를 명목으로 타국의 내정에 대한 불간섭의 원칙을 무효화함으로써 제국주의자인 서방국가들의 세계지배의 실현에 대한 야망을 반영하는 것이라고 비난하였었다.

(3) 等位理論

위의 세 개의 학설 중에 국내법 우위론은 거의 부정되고 있으므로 이원론과 국제법 우위의 일원론만이 국제법과 국내법의 관계에 관한 대표적 학설로 남는다. 그러나 양자의 실제적 타당범위에는 한계가 있으며, 국제적·국가적 실행도 반드시 일치하지는 않다. 이 점에 주목하여 오늘날의 국제법과 국내법을 等位의 관계에 두고, 상호간에 발생하는 '義務의 抵觸'은 조정에 의한 해결에 일임하려는 입장이 유력시되고 있다.

즉 국제법과 국내법은 각각 별개의 고유의 분야에 있어서 최고이며, 법체계 그 자체로서는 저촉도 優劣關係도 발생하지 않는다. 그러나 오늘날 국내생활의 국제화라는 현상을 배경으로 적어도 國際面에서는 국제법의 우위성이 어느 정도 인정되고 있는 것은 사실이다. 그러므로 국가가 국제법상의 의무를 국내에서 이행하지 못하는 경우(의무의 저촉의 경우), 적어도 국제면에서는 국제법의 우위에 입각하여 國際違法行爲에 대한 국가책임의 추궁이라는 형식으로 조정을 시도하게 되는 것이다. 그렇다고 하여 이러한 國際法의 調整(coordination)의 기능이 국제법상의 의무와 저촉하는 국내법령을 당연히 무효화하는 것은 아니다(국제법에 반하는 국내법의 제정은 국가책임의 발생원인이 되고, 국가는 국내법을 이유로 국제법상의 구속을 면할 수 없을 뿐이다).

국내법의 타당근거가 국제법으로부터 나오는 것이 아닌 이상 국제법이 그 자신의 힘으로 국내적으로 타당하다는 것은 무리한 주장이며, 타면에 있어서 국제법은 '變型'되지 않는 이상 국내적으로 타당하지 않다고 하는 것도 실제의 법현상을 외면한 주장이다. 그리고 또한 국제법과 국내법의 저촉에 의하여 서로 영향을 받는 일이 없다고 한다면 그것도 곤란한 주장이라고 아니할 수 없다. 그러나 또한 동시에 국제법과 국내법은 각각 별개의 타당근거를 갖는 것이기는 하나 상호간에 밀접한 법적 관련이 있는 것도 부인할 수 없는 사실이다. 이러한 사정하에서 국제법과 국내법의 규정이 모순되는 구체적 경우에 어느 것이 우위에 서는가 하는 문제는 각국의 현실의 법질서를 통하여 실증적으로 국제법의 국내적 효력의 문제로 취급되면서 모순이 있는 경우 그 모순은 국제법의 조정의 기능에 의하여 해결을 기하는 것이 실정이라고 할 수 있다.

제 2 절 國際法秩序에 있어서의 國內法의 地位

1. 國際裁判所의 實際

國際法과 國內法의 관계에 대한 국제재판소의 태도는 항상 '國際法優位의 원칙'을 견지해 왔다. 즉 국내법의 내용이 국제법상의 의무에 적합하지 않은 경우에는 국제법상의 國家責任이 추궁되는 것을 인정하고 있는 것이다. 국제재판소의 판결이나 국제적 실행에 나타난 이 원칙들은 다음과 같다.

(1) 국제관계에 있어서 국내법은 국제법에 우선할 수 없다(그리스 · 불가리아 촌락공동체에 관한 사건, PCIJ 권고적 의견). 예를 들면 締約國은 조약에 의하여 소수민족의 이동의 자유를 보장한 경우 이것과 상이한 내용의 국내법령이 있을지라도 이 자유에 제한을 가해서는 안된다. 오히려 조약의 집행을 확보하는 데 필요한 관계법령의 개정을 약속하여야 하며(supremacy of international law), 이것을 방치하면 국가책임을 면할 수 없다.

(2) 국가는 국제의무를 免(또는 제한)할 목적으로 국내법을 원용하여 국제법상의 면책을 주장할 수 없다(1932년 2월 4일 PCIJ의 '단치히 在住 폴란드 국민의 대우에 관한 사건'). 이 원칙은 19세기 후반 이후의 많은 국제재판의 판결에서 승인되어 왔다. 예를 들면 알라바마(Alabama)호 사건에서 중재재판소는, 영역 내에서의 私人의 활동(교전국의 일방의 사인이 위탁한 군함의 건조와 그 취항)을 규제하는 국내법상의 권능이 없을지라도 국가는 '상당한 주의'의무를 게을리한 中立義務의 불이행에 대하여 그러한 국내법상의 수단의 불비를 원용하여 국제법상 면책을 주장할 수 없다고 하였다(1872년 9월 14일 영 · 미중재재판소판결). PCIJ는 그 후의 판결에서도 이 원칙을 일관적으로 적용하여 왔다(1926년 5월 25일 PCIJ의 '폴란드령 상부 실레지아에 있어서의 일정 독일인의 권익사건', 1928년 9월 13일 '호르죠공장사건'; 1932년 6월 7일 '상부 사보이 등의 자유지대 사건'). ICJ도 이 점에 관하여 PCIJ와 같은 태도를 취하고 있다(1952년 8월 27일 모로코에 있어서의 미국민의 권리에 관한 사건'). 1949년 UN국제법위원회가 채택한 '국가의 權利 · 義務宣言'도 같은 내용의 규정을 두고 있는 것이다(제13조).

(3) "국제법과 그 기관인 국제재판소의 입장에서 볼 때 국내법은 단

순한 사실에 지나지 않는다"(위의 '폴란드의 상부 실레지아에 있어서의 일정 독일인의 권익사건'). 즉 국제재판소로서는 관계 국내법 그 자체를 해석해야 할 의무도 권한도 없고(단, 재판부탁합의서에서 국내법의 적용을 인정하는 경우, 국제법 자체가 국내법을 준칙으로 지정한 경우, 주요 쟁점이 국내법의 심사에 있는 경우를 제외한다), 다만 紛爭當事國이 국제법상의 의무에 위반하였는지의 여부를 판단하는 데 그친다.

(4) 국제재판소는 국제법을 알고 있다고 간주되지만 국내법을 알고 있다고는 간주되지 않는다(PCIJ '단치히 법규명령의 자유시 헌법과의 양립성에 관한 사건'). 필요한 경우에는 확립된 국내판례를 존중할 때도 있고('세르비아 공채 사건') 국내법을 적용할 때도 있지만, 여러 나라의 국내법을 모두 알아야 한다는 의무는 없다('브라질 공채 사건'). 국내법의 내용과 그 해석·적용은 국제재판소가 당연히 알고 있다고 간주되지 않으며, 분쟁당사국이 그 立證責任(burden of proof)을 진다(Brownlie, 42-43).

> 예를 들면 concession의 부여의 조건으로서 그 국가의 국적취득이 요구되든가 또는 이 조건이 충족되지 않은 concession은 당연히 무효가 되는가의 여부의 문제는 紛爭當事國(특히 피청구국)이 입증해야 한다. 이러한 거증이 없는 경우 국제재판소는 그 concession이 유효한 것으로 보아야 한다(PCIJ의 1925년 3월 26일 마브로마티스(예루살렘특허)사건). 다만 필요한 경우 국내법의 효력을 판단한 권능을 가지나, 그 국내적 효력 자체가 아니라 국제법의 관점에서 판단을 내리는 것이다(ICJ의 1955년 '노테봄 사건').

(5) 이상의 국제관계에 있어서의 '國際法優位의 原則'에도 불구하고 국제법에 의하여 국제법 위반의 국내법이 직접 무효화되지는 않는다(PCIJ의 1932년 8월11일 '메멜기본법의 해석사건'). 국제재판소는 그러한 無效化宣言을 의식적으로 회피하는 것이다. 국제법이 국내법상의 제도(예를 들면 각국의 국내법에 준거하여 설립된 주식회사에 있어서의 이사와 주주와의 관계)에 관하여 관련법규를 원용하는 경우에도 각국의 국내문제를 존중하여 관계 국내법규의 국내적 효력 여부를 선언하지는 않는다(ICJ의 1970년 '바르셀로나 전력회사 사건').

2. 國際關係에 있어서의 國際法의 優位

이상과 같이 국제관계에 있어서의 국제법의 우위의 원칙은 과거 냉전시대에도 구미와 공산국가를 포함한 모든 국가에 확립되어 있었으며, 어느 국가도 국제법 위반의 항변으로서 국내법을 원용할 수 없다는 것은 의심의 여지가 없다.

그러나 다른 한편 국가가 국제법 위반의 국내법을 제정하였을지라도 그것이 타국과의 관계에 있어서 직접 문제가 되지 않는 한 그 국내법은 그 국내에 있어서는 의연히 효력을 가지며 타당하는 것이라고 해석된다.

이것은 國際社會가 主權國家를 단위로 하는 국가 병존의 구조를 가지며 각각의 국내에서 특별히 국제법상의 제한이 없는 한 국가의 통치작용이 배타적으로 행해지는 결과이다. 이것과 아울러 생각할 것은 국내법질서에 있어서도, 예컨대 헌법 위반의 국내법이 있는 경우 그것이 구체적으로 분쟁 또는 소송으로서 절차적·제도적으로 거론되지 않는 한 여전히 유효한 것으로서 추정을 받으며 현실적으로 적용되는 것과 흡사하다는 것이다. 다만 국제사회에는 국내재판소가 보통 갖는 違憲審査權이 없으므로 어떤 국내법의 적용이 국제적으로 문제가 된 경우 그 분쟁이 國際裁判(임의적 관할)에 부탁되었을 때 비로소 그 유효성 여부가 확정되는 것이다.

條約法 條約도 국제관계에 있어서의 국제법의 우위에 관하여, "당사국은 조약의 불이행을 정당화하는 근거로서 자국의 국내법을 원용할 수 없다"(제27조)고 규정하였다.

제 3 절 國內法秩序에 있어서의 國際法의 地位

1. 國際法의 國內的 適用에 있어서의 問題點

국제법은 원칙적으로 그 규범을 각 국내에서 실현하기 위한 고유의 수단을 갖지 않는다(UN 헌장 제 7 장의 집단안전보장은 예외). 국제법규는 각국의 국내법질서에 편입 내지 변형되어 국내법규로서의 효력을 가지고 적용되는 것이 보통이다. 그러나 국제법의 국내적 실현을 위한 절차와 조건에 관해서 일반국제법의 원칙은 없고 각국의 헌법체계 내지 헌법관행에 일임되어 있다. 그리고 그러한 국제법의 국내적 현실에 있어서 國際慣習法과 條約을 구별하여 취급하는 것이 다수국가의 헌법의 태도이다. 따라서 이 문제는 規範論理的

이 아니라 각국의 현실적 법질서를 통한 실증적 고찰이 필요한 부문이다.

국제법의 국내적 실현에 있어서 문제점은, 첫째 국제법은 그 자체 당연히 국내적으로 적용되는가라는 國內的 妥當性의 문제이며, 둘째로 그 국내적 적용이 인정된 경우 국제법은 國內法秩序의 位階(hierarchy) 중에서 어떠한 위치를 차지하는가 하는 국내적 효력의 위치의 문제이다.

위의 첫째의 문제에 있어서 각국의 헌법체제는 결국 變型(transformation)이나 또는 編入(incorporation)의 방법으로써 국제법의 국내적 타당을 실현하고 있다. 변형의 방법이라고 하는 것은 기본적으로 二元論의 입장에 서는 것인데, 국제법이 국내적으로 타당하기 위해서는 국내법으로 변형되어야 한다는 헌법체제를 말한다. 이에 대하여 편입의 방법은 국제법을 포괄적으로 국내법에 편입하여 국제법의 형태 그대로의 국내적 타당을 인정하는 헌법체제라고 할 수 있다. 실제로 각국은 이 두 가지 방법 중의 어느 하나에 의하여 국제법의 국내적 실현을 보장하고 있는 것이다. 그리고 변형이냐 편입이냐 하는 선택의 문제도 국제법과 국내법의 관계의 본질에서 당연히 결정되는 문제가 아니라 實定國內法, 특히 각국의 헌법체제의 문제로 귀착된다.

둘째의 문제, 즉 국제법이 국내법질서의 위계 중에 어떠한 위치를 차지하느냐의 문제는 국내적 효력이 인정된 국제법규가 헌법이나 법률 기타의 국내법규와 저촉되는 경우 어느 것이 우선적으로 적용되느냐의 문제로 환원될 수 있는데, 이것 역시 각국의 헌법에 의하여 결정될 문제이다. 그런데 국제법이 국내법 체계 중에서 어떠한 지위를 차지하는가의 문제도 각국의 헌법체제에 따라 다르기 때문에 실증적으로 고찰하는 것이 필요하다.

2. 英國의 實行

국제법의 국내적 효력에 관한 영국의 실행은 國際慣習法과 條約法을 각각 다르게 취급하고 있다.

(1) 國際慣習法

영국에서 國際慣習法은 Common Law의 일부를 형성한다. 따라서 그것은 국내법적 효력을 갖는다고 하는 것이 판례법상 확립되어 있다(International law is a part of land law의 원칙). 그러므로 영국의 재판소는 국내법의 명시적 허용 없이도 국제관습법을 그대로(as such) 적용할 의무가 있다(1735년 Talbot 대법관에 의한 Burfuit Case의 판결 이래 1905년의 West Rand Central Mining Co. Ltd. v. the King 및 Chung Chi Chiung v. the King의 판례와 학설에서 일관적으로 채용된 원칙). 즉, 영국재판소는 18세기 후반 이래 관습국제법에 관한 編入理論(doctrine of incorporation)을 원칙적으로 유지하여 온 것이다.

그러나 그 구체적 적용에 있어서는 국제관습법의 국내적 효력을 무조건 용인하는 것이 아니라, 첫째 적용코자 하는 특정의 국제관습법규가 시간적 전후에 관계 없이 영국의 制定法(statute) 또는 확정판결에 저촉되어서는 안된다는 제한을 두고 있다(Mortensen v. Peters 원칙). 둘째의 제한은 일정한 국제관습법규의 범위가 영국법정에서 최종적으로 결정되면 그 후에 이것과 상이한 國際慣習法이 성립될지라도 全英國裁判所는 그 처음의 결정에 구속된다고 하는 것이다. 이같은 제한은 설사 국제법을 무시하는 결과가 될지라도 영국재판소로서는 존쟁해야 하는 것이다. 국제법규에 대한 이러한 결과적 위반은 재판소의 알 바가 아니며, 외국과의 관계에서 행정부의 관심사로 취급될 뿐이다.

이리하여 영국의 재판소는 19세기 후반 이래 국내법령과의 적합성에 관한 위의 조건을 한층 강화하여 국제관습법에 관해서도 지금까지의 編入理論에 대신하여 점차로 變型理論(doctrine of transformation)(국제법규의 국내적 실현을 위해서는 그 내용이 制定法〔국내법〕으로 변형되어야 한다는 이론)의 채용으로 전환되어 갔다. "국제법은 그 자체로서 국내재판소에서 인정될 수 있는 권리가 부여되어 있는 것은 아니다. 국제법의 규칙이 국내재판소에서 권리의무를 발생케 하는 것으로 인정되는 것은 그것이 국내법의 규칙에 포함되어 있다고 승인되는 한도 내에서이다" (Atkin 판사가 Commercial and Estates Co. of Egypt v. Board of Trade에서 표명한 견해, 〔1925〕 1K. B. 271, 295).

요컨대 영국법의 이론은 編入理論을 지지하고 있으나, 영국 재판소는 실제로 관습법을 발견하기가 곤란한 까닭에 영국의 판결을 관습국제법의 주요한 증거로 보아 관행은 變型理論에 가까운 것이 되고 말았다.

영국 재판소에 의한 국제관습법의 자동적 적용에는 위의 두 가지 제한 이외에도 두 가지 중요한 예외가 있다. 첫째는 행정부에 의한 '國家行爲'(act of state)이다. 예를 들면 전쟁선언이나 영토병합 같은 것은 그것이 설사 국제법 위반의 행위일지라도 재판소는 그것을 문제삼을 수 없다. 또한 국왕에 의하여 授權되었거나 追認된 행위에 의하여 피해를 입은 외국인은 영국 재판소에서는 어떠한 救濟節次도 갖지 못한다. 그 외국인의 유일한 구제절차는 그 본국이 영국에 대하여 국제적 청구를 행사하는 방법뿐이다(Buron v. Denman(1848), 145 E.R. 450).

둘째, 영국 재판소는 왕의 大權에 속하는 문제에 관해서는 행정부의 해석을 결정적인 것으로 받아들여야 한다. 예를 들면 국가나 정부의 법률적 승인이나 사실적 승인 또는 外交特權을 주장하는 사람의 외교적 지위에 관한 행정부의 의견 같은 것이다. 재판소가 외무부의 증명서를 구속력 있는 것으로 취급하는 이유는 대외관계를 처리하는 데 있어서 외무부의 의견을 존중해야만 국가적 상호모순을 피할 수 있다고 보기 때문이다. 다만 이 증명서는 특정지위의 존재에 관해서만 구속력을 가질 뿐이고, 그 지위의 법적 효과는 재판소에 의하여 결정된다(예를 들면 어느 외교관이 특정조세의 면제를 받는지의 여부를 결정하는 것은 재판소가 한다).

⑵ 條 約

영국에 있어서 조약은 관습과 달리 취급된다. 원래 영국에 있어서 조약을 체결 또는 비준하는 권한은 大臣(장관)의 조언에 입각하여 행동하는 왕의 권한에 속한다. 국회는 조약의 체결 또는 비준에 있어서 아무 역할도 하지 않는다. 그 결과 조약은 자동적으로 英國法의 일부가 되지 않는다. 만약 조약이 자동적으로 영국법의 일부가 된다면 왕이 국회의 동의 없이 영국법을 변경할 수 있게 된다. 이것은 국회가 立法權을 독점할 수 있게 되어 있는 英國憲法上의 기본원칙에 위배되는 것이다.

영국에 관한 한 조약의 국제법상의 효력과 국내법상의 효력 간에 명백한 차이가 있다. 즉 국제법상 條約은 왕에 의하여 비준되었을 때 효력을 발생한다. 그러나 국내법상으로 조약은 보통 국회가 制定法으로써 조약에 효력을 부여할 때까지는 효력을 발생하지 않는 것이다. 다른 국가에 있어서는 이러한 구별이 뚜렷하지 않는 경향이 있다. 다른 대다수의 민주주의 국가에서는 국회가 비준과정에 참가한다. 따라서 비준은 立法行爲가 되며 조약은 국제법 및 국내법에 있어서 동시에 발효하는 것이다(미국에서는 대통령이 상원의 조언과 동의를 얻어 조약을 체결하는데 이러한 절차를 완료한 조약은 자동적으로 미국의 국내법의 일부가 된다. 조약은 국제적 · 국내적으로 효력을 발생하는 것이다).

국왕의 條約締結權은 무한한 것은 아니다. 즉, ① 私人의 권리에 영향을 주는 조약, ② 그 실시를 위하여 Common Law나 制定法의 변경을 요하는 조약, ③ 왕에게 보다 많은 권력을 부여할 필요가 있는 조약, ④ 정부에 보다 많은 재정적 부담을 지우는 조약 등을 제정법의 형식으로써 의회의 동의를 얻은 것이라야만 재판소가 적용할 수 있다.

이러한 조약들이 Common Law의 전통으로부터 떨어져서 특별히 국회의 동의를 얻어야 하는 이유는 조약의 체결과 비준이 왕의 대권에 속하는 것이므로 왕이 국회의 동의 없이 조약의 형식으로써 실질적으로 입법권을 행사하는 일이 없도록 미리 방지하려는 것이다. 그러므로 국회의 입법권을 침해하지 않는 조약, 국내법의 변경을 포함하지 않는 비공식적인 行政協定(의회의 동의를 필요로 하지 않는 조약) 등은 국회의 특별한 입법을 요하지 않는다.

그러나 위의 중요한 조약들은 설사 비준되어 국제법상 영국을 구속하게 된 경우에도 變型方式에 의한 국회의 동의가 없는 한 재판소는 국내법상의 부존재로 취급하고 이것을 구체적인 사안에 적용 · 집행하지 않는다(Brownlie, 49-51). 다만, 영국 재판소는 국내법의 解釋權은 가져도 조약의 해석권은 갖지 못한다. 조약의 해석권은 체결권자인 왕에게 있으며, 실제로는 왕의 조약체결에 조언하는 行政府(외무부 장관)가 검찰총장을 통하여 재판소에 제출하는 증명서, 서한 또는 성명서에 왕의 해석이 표시된다. 그 해석이 설사 국제법에 위반되는 것이라 할지라도 재판소는 이 해석에 구속된다.

(3) 國際法과 國內法이 矛盾되는 경우의 그 效力關係

영국 기타 대부분의 Common Law 국가의 재판소에서는 國際慣習法은 그 시간적 전후에 관계 없이 항상 법률(제정법)과 확정판결보다 하위에 선다. 이 제정법의 우위는 관습법뿐만 아니라 조약법에도 마찬가지로 적용된다(Mortensen Peters의 원칙).

> 덴마크의 선장 Mortensen이 영국의 영해 외의 한 수역에서 漁撈를 하던 중 영국 관헌에게 체포되어 기소되었다. 체포 이유는 1889년의 영국 어업법이 그 수역도 漁業禁止區域으로 설정하였는데 Mortensen이 그 제정법을 침해했다고 하는 것이다. 그러나 영국의 어업법이 국제관습법인 '公海自由의 原則'에 위반된 것임은 명백한 사실이었다. 그럼에도 불구하고 英國裁判所(1906)는 다음과 같이 판시하였다.
>
> "우리는 이 법정에서 외국이 불법이라고 생각하는 행위를 영국 입법부가 행했는지 않았는지의 여부에 관여할 바 아니다. 동시에 우리 법정은 입법부가 발표한 법령이 일반적으로 승인된 국제법의 원칙에 위반된 월권적인 것인지 아닌지를 결정하기 위하여 열린 것도 아니다. 우리에게는 상하 양원에서 직절히 통과되고 국왕의 裁可를 얻은 의회의 制定法(Act of Parliament)이 최고이며, 우리는 그 조항에 실효성을 부여할 의무가 있다."

그러나 실제에 있어서는 이러한 국제법에 대한 국내법의 우위가 국제법과 국내법의 '合致의 推定'(presumption)이라는 解釋理論(a rule of construction)에 의하여 상당한 제한을 받고 있음을 알아야 한다. 즉 국내법규는 국제법규에 저촉되지 않도록 해석되어야 하며, 국회는 국제법 위반의 의사가 없는 것으로 추정된다는 것이다. 예를 들면 어느 국가(영국)의 국내법이 제정법에 의하여 외교사절에게 필요한 특권을 부여하지 않고 있다면 재판소는 그러한 특권이 묵시적으로 부여된 것이라고 추정해야 한다.

또 하나의 제한은 이른바 통치행위(political question, act of state)의 이론을 채용하여 재판소의 조약에 대한 違憲審査權을 회피 또는 제한하는 방식으로써 양법의 적합성을 꾀하는 것이다. 이 결과 어느 정도까지 국제법의 헌법에 대한 우위를 확보하고 있는 실정이다.

> 영국의 외무부의 法律顧問은 부단히 영국법을 검토하여 국제법 위반이 없도록 확실하게 한다. 예를 들면 제출된 조약이 영국법의 변경을 필요로 한다는 생각되는 경우에는 필요한 立法이 항상 조약의 비준 전에 이루어진다. 이렇게 하여 영국은 일시적이라도 조약위반을 이유로 하는 비난을 듣지 않도록 배려한다(Akehurst, 48).

그러나 국제법이 너무도 명백하게 국내법과 저촉되어 해석의 조작에 의해서도 양자의 모순을 도저히 해결하기가 곤란한 경우에는 재판소로서는 국제법위반의 국내법을 적용하여야 한다. 捕獲裁判所(prize court)는 위와 같은 Common Law 재판소나 衡平裁判所의 입장과 다르다. 1916년의 자모라(Zamora) 사건의 판결에 의하면, ① 포획재판소에서 적용될 법률은 국내법이 아니고 국제법이며, ② 그 재판소는 국제법에 저촉되는 勅令(Order in Council)의 구속을 받지 않고, ③ 제정법은 국제법에 저촉되는 것이라도 재판소를 구속한다(①과 모순된 진술로서 의문이 없지 않다).

3. 美國의 實行

(1) 國際慣習法

國際慣習法에 관한 미국의 실행은 영국의 경우와 거의 같다. "International law is a part of land law"라는 원칙은 그대로 미국에 繼受되어 건국 초부터 국제관습법은 당연히 미국의 국내법상의 효력을 갖게 되었다(Paquete Habana, 1900). 즉 미국은 국제법의 국내적 효력을 헌법의 명문에 의하지 않고 헌법관행으로써 인정한다(미국, 영국, 프랑스, 벨기에, 스위스 등은 헌법관행(불문율)으로써 인정됨. 명문의 규정으로써 인정한 국가는 독일기본법, 1931년의 스페인 헌법, 이탈리아 · 오스트리아 헌법, 일본 헌법의 '확립된 국제법규'의 성실준수(제98조 2항)도 같은 의미로 해석된다).

의회의 제정법은 국제관습법에 저촉되지 않도록 해석해야 하는데(Charming Besty, 1804), 오직 다른 해석이 불가능한 경우에 한하여 '後法 優先의 原則'에 따라 후의 제정법이 전의 국제관습법규에 우선함은 물론이고(Over the Top, 1925), 제정법이 국제관습법과 명백히 저촉되는 경우에는 보통 제정법을 우선적으로 적용한다.

미국은 국제관습법의 국내적 적용에 있어서 입법적 해결을 시도한 일도 있다. 美國聯邦大法院은 자국 자산에 대한 외국정부의 국유화 조치가 국제관습법위반이라는 의견이 제기된 사건에서 이 문제를 규율하는 조약, 기타의 명백한 합의가 없는 경우에는 재판소는 외국정부가 그 영역내에 있는 재산에 대하여 행한 국유화에 관하여 그 효력을 심리할 의사가 없는 것이며, 본건에 있어서도 國家行爲理論을 그대로 유지하는 것이 국가간의 법의 지배를 확립하기 위한 국익에도 합치하는 것이라고 판시하여, 국가행위이론을 적용불능이라고 판시한 下級審(1·2심)의 판결을 破棄하였다(1964년 3월 23일 Cuba 국립은행 대 Sabbatino 사건 376 U.S. 398). 그런데 그 판결후의 破棄還送審의 계속중에 연방의회는 對外援助法을 개정하여 당사자가 국유화에 관한 국제법상의 原則(보복적이 아니고 공공목적을 가질 것, 차별적이 아닐 것, 정당한 보상을 할 것)을 위반한 국가행위에 의한 몰수 기타의 수용을 이유로 하여 재산권의 청구를 하는 경우에는, 미국의 재판소는 위의 원칙을 적용하여 본안에 관한 판단을 내려야 하며, 국가행위이론에 의하여 이것을 회피해서는 안된다(다만, 외국의 행위가 국제관습법에 위반되지 않는 경우 또는 대통령이 외교정책상의 이익 때문에 그 적용을 필요로 한다는 결정을 내린 경우를 제외)라고 결정하여 국제관습법의 국내적 적용에 관해서 입법상의 해결을 하였다(Henkin, 123-135).

〈사바티노事件(Banco Nacional de Cuba v. Sabbatino et al.)〉 1960년 Cuba정부에 의한 미국계 기업의 일련의 국유화 조치에 관련하여 미국의 재판소에 제기된 많은 민사사건 중의 대표적인 사건.

피고 Farr회사는 New York의 설탕 브로커인데 미국계 Cuba설탕회사(미국시민이 지배주식을 가진 것)인 CAV와 설탕매입계약을 체결하였다(1960년 2월과 7월). 그러나 1959년 Cuba에 Castro정권이 성립된 이래 미·Cuba관계는 급속도로 악화되어 Cuba는 미국의 Cuba 설탕輸入割當에 대한 보복조치로서 위 CAV를 포함한 미국계 기업을 국유화하였다. Farr사는 위의 계약에 의하여 국유화당시 Cuba항에서 船積中에 있던 설탕에 관하여 Cuba 정부대리인과 새로이 계약을 체결하고 출항허가를 얻을 수가 있었다. 그런데 이 Farr사는 Cuba정부의 재무상의 대리인(본건의 원고)인 Cuba국립은행(Banco Nacional de Cuba)에의 설탕대금의 지불을 거부하고, New York에 있는 CAV의 管財人(receiver) Sabbatino에게 이것을 지불하였다. 이 때문에 Banco Nacional de Cuba(Cuba의 국립은행)는 Farr사와 Sabbatino를 상대로 위 설탕대금의 인도를 청구하는 소송을 연방 지방재판소에 제기하였다.

(2) 條 約

조약에 관해서는 미국 헌법은 원칙적으로 編入理論을 채용하여 명문의 규정을 두고 있다. 즉, "조약은 헌법 및 법률과 함께 미국의 最高法이며, 각 州의 재판관은 주의 헌법이나 법률에 반대의 규정이 있는 경우에도 그것들(헌법, 법률, 조약)에 의하여 구속된다"(제 6 조 2 항).

이와 같이 조약은 미국의 최고법의 하나가 되었다. 그러나 그 국내적 효력은 영국과 같이 행정부와 입법부와의 타협에 좌우되는 것이 아니고, 실제로 미국 재판소가 결정하는 '自己執行的 條約'(자동적 집행력이 있는 조약 self-executing treaty)과 '非自己執行的 條約'(자동적 집행력이 없는 조약 non-self-executing treaty)과의 구별에 의존하게 되어 있다. 전자는 미국 재판소가 어느 조약의 국내적 실시에 있어서 따로 국내법에 의한 구체화가 없더라도 내용상 그 형태 그대로 국내법으로서 직접 적용할 수 있다고 판단한 조약이다(조약 그대로의 형태로 국내적 효력을 갖는 조약). 재판소 내지 국가기관이 개개의 조약에 관하여 주관적(조약 당사자의 의사)·객관적(법적 안정성 및 판례 등) 사정을 고려함으로써 自己執行力의 유무를 결정하게 되는 것이다. 예를 들면 미국 재판소(California 주 대법원)는 외국인 이민자의 토지취득을 금지하는 국내법(California주 외국인토지법)의 위법·무효를 주장하는 原告(日人 藤井)의 청구에 대하여 위의 기준에 비추어 UN 헌장의 人權關係規定(제1조 3항, 제55조 C, 제56조)의 자기집행력을 부정하고 그 청구를 각하하였다(1952년 4월 17일 판결 242 2d, 617-650).

어떠한 조약이 自己執行的인 조약인가의 여부에 관하여 국제법상 일정한 규칙은 없다. 藤井 事件에서는 자기집행성의 유무의 문제는 조약 중에 있는 당사국의 明文의 의도, 명문이 없는 경우에는 그 정립시의 상황을 고려하여 검토되는 것이라고 하면서, 문제의 인권규정은 일반적 원칙이나 장래의 행동을 약속하는 것이고 가맹국에게 의무를 과하는 것이 아니라고 하였다.

미국에서 船舶衝突 條約 또는 海難救助 條約의 경우와 같이 손해배상 청구권이나 救護請求權과 같은 권리는 직접 조약으로부터 발생하는 것이며 자동적으로 국내적 효력을 갖는 자기집행적인 것으로 인정되고 있다(ILO 조약의 경우도 같다. 일본에서는 ILO 87호. 조약의 성립에 있어서 국내법의 개정이 뒤따랐다. 조약이 법률에 우월하기 때문에 조약에 반하는 국내법은 개정된다). 만약 어느 조약이 이와 같은 自己執行的 條約이라고 인정된 경우에는 그 조약은 미국법의 일부분을 형성하며 당연히 국내적 효력을 갖게 된다.

非自己執行條約은 국내적 실시를 위하여 국내법의 제정을 요하는 것인데, 주로 政治的 條約(중립조약, 방위조약, 영토할양조약 등) 내지는 인권에 관한 조약(UN 헌장의 인권조항)이 이것에 해당된다. 이러한 조약은 필요한 입법이 완성될 때까지는 미국 재판소를 구속하지 못한다.

조약이 연방헌법에 저촉되었을 경우 어느 것이 우선하는가에 관하여 명문의 규정은 없다. 그러나 판례법상 다음과 같은 원칙이 확립되어 있다. ① 연방헌법은 조약의 상위에 있으며, 이 헌법에 위반된 조약(국민의 자유를 제한하는 조약, 연방과 주의 권한관계를 변경하는 조약 등)은 무효가 된다. 주의 헌법은 조약의 하위에 선다(Missouri v. Holland). ② 연방의 법률과 조약 간의 효력관계에 있어서는 양자가 동위에 있으며, '後法優先의 原則'에 따라 최후에 발표된 것이 우선한다. 그러나 州의 제정법은 조약 후에 발표된 것이라도 조약에 위반된 것은 실시되지 못한다.

위의 원칙은 조약의 국내적 효력에 관한 원칙이다. 조약의 對外的 效力에 관해서는 아직까지 실제로 이 원칙에 의하여 무효로 선언된 것은 하나로 없다. ① 헌법 위반이라고 주장된 조약으로서 (a) 州의 留保條約(제10개정)에 위반된다는 조약(Missouri v. Holland ⟨1920⟩), (b) 개인의 기득권을 침해하였다는 조약(Ware v. Hylton ⟨1796⟩, US v. Pink ⟨1942⟩)이 있었으나 실제로 판결에서 위헌이라고 결정된 것은 없었다. ② 후에 제정된 연방법률과 조약이 모순된다고 주장된 사건(Cook v. US ⟨1933⟩)에서도 실제로는 해석적 조작에 의하여 그 법률을 조약에 적합하게 함으로써 조약을 무효로 하지는 않았다.

국제법의 國內的 效力(국제법의 해석 · 적용)에 관한 미국의 관행에 있어서 다음 두 가지 점이 주목된다. 하나는 政治問題(political question)의 이론 또는 國家行爲理論(act of state doctrine)이다. 조약의 문제는 정치문제의 하나로 취급되며 재판소의 위헌심사로부터 제외되고 있는 것이다. 조약의 해석에 관한 한 재판소는 行政府(특히 국무성)의 해석을 유권적인 것으로 수락해야 한다(판례법상의 원칙 Oetjen v. Central Leather Co.). 대외문제의 처리에 있어서는 사법부의 기능보다 행정부의 그것이 우선해야 된다고 보기 때문이다. 또한 '국제법과 국내법의 合致의 推定'에 의하여 가급적 조약에 일치하도록 국내법을 해석해야 한다. 이에 따라 국제법과 국내법이 서로 저촉되는 경우에도 위와 같은 법률문제의 정치적 처리의 조치에 의하여 사실상 국제법을 국내법의 우위에 놓은 것과 같은 효과를 보게 된다.

> 國家行爲理論도 정치문제와 같은 기능을 발휘해 왔다. 미국의 판례법상, "미국에 있는 개인에 대하여, 그 곳에 있는(locate) 物 또는 그 곳에 존재하는(localize) 권리에 관한 청구에 관하여 결정을 내릴 관할권을 갖는 미국의 재판소는 외국의 행위로서 그 행위에 의하여 외국이 자신의 공익을 실

현하기 위한 관할권을 행사한 경우 그 유효성을 심리하는 것은 삼가한다" 라고 정의되는 국가행위이론은 전통적으로 확립된 判決規則(rule of decision)으로 간주되어 왔다. 그러나 과거 쿠바의 국유화 조치의 미국에 있어서의 유효성에 관한 일련의 판결, 특히 사바티노 사건(Banco Nacional de Cuba v. Sabbatino)의 판결과 이것을 둘러싼 학계와 사법계의 반응은 국가행위이론에 중대한 의문을 불러일으켰다. 결국 미국 의회는 1964년 10월 7일의 '對外援助法' 수정(The Sabbatino Amendment)으로써 사실상 이것을 폐지하고 말았다.

한 나라의 영역내에서 행해진 국가행위는 타국의 재판소에서 문제되지 않는다는 이론, 극단적으로 그 행위가 국제법에 위반된 경우일지라도 타국의 재판소에서 문제될 수 없다는 이 國家行爲理論이 국제법의 규칙인가에 관하여는 국가행위에는 다음과 같은 대단히 다른 두 가지 경우가 있으므로 이것을 구별하여 생각할 필요가 있다. 첫째는 개인이 어느 국가의 재판소에서 타국의 관리 또는 대리인으로서 행한 행위에 대하여 訴追된 경우이다. 이 경우에는 국가행위이론은 일종의 主權免除原則의 系(corollary)이며 확립된 국제법의 규칙이다. 둘째는 국가가 자국영역내에 있는 재산을 수용하여 그것을 사인에게 매각하고, 그 후 원소유자가 그 사인을 타국의 재판소에 소추하는 경우이다. 이 사태에 국가행위이론을 적용한 판례는 미국에 많다(앞서의 Sabbatino 사건). 미국의 지도적 판례는 이 법이론을 국제법의 규칙으로서가 아니라 권력분립의 원칙으로부터 유래하는 하나의 원칙, 즉 재판소는 행정부에 의한 대외관계의 처리에 있어서 외국국가의 행위에 이의를 제기함으로써 행정부를 곤란에 빠뜨려서는 안된다고 하는 미국 헌법상의 규칙으로 보는 것이다(Akehurst, 51-52).

4. 日本의 實行

일본헌법 제98조 2항은 "日本國이 체결한 조약 및 확립된 국제법규는 이것을 성실하게 준수함을 요한다"라고 규정하고 있을 뿐, 그 국내적 수용의 방식이나 국내법(헌법·법률)과의 효력관계는 명백히하고 있지 않다.

그런데 일본정부는 조약은 보통 이것을 공포하기만 하면 즉시 국내법으로서의 효력을 가지며, 따로 국내법으로 변형할 필요가 없다는 태도를 취하고 있다.

다른 한편 그 제98조 1항은 "이 헌법은 국가의 최고법규이며, 그 條

規에 반하는 법률, 명령 등은 그 효력을 갖지 않는다"고 명시하고는 있으나 조약 및 관습국제법에 대한 헌법의 最高法規性(즉 헌법에 반한 조약 및 관습국제법이 무효라고 하는 것)은 명기하고 있지 않다. 뿐만 아니라 '일체의 법률·명령이 헌법에 적합한 것인가 아닌가'를 재판소가 인정할 수 있다고 규정한 제81조에 있어서도 조약 및 관습국제법은 위헌심사의 대상에 포함되지 않고 있다.

이리하여 일본헌법이 國際主義에 입각하고 있으며, '성실한 준수'를 강조하고 있으므로 국제법이 헌법에 우월한다고 해석할 수 있다. 확실히 장구한 관행의 축적과 다수 국가의 법적 확신에 지지되는 '확립된 國際法規'는 일본의 최고법규인 헌법에 의해서도 자유로이 개폐할 수 없다는 의미에서 헌법에 우월한다고 볼 수 있다. 그러나 조약의 체결절차는 헌법의 개정절차에 비하여 대단히 간략하다. 그러므로 조약에 헌법 이상의 효력을 부여하는 경우(이 경우에는 조약에 저촉되는 헌법규정은 당연히 무효가 된다) 정규의 헌법 개정의 절차를 밟지 않아도 조약에 의하여 헌법이 실질적으로 개정되는 결과를 가져올 수 있다. 그리고 헌법을 변경하는 효력을 갖는 조약에 있어서는 대개 엄중한 절차를 요구한 타국의 헌법의 예를 볼지라도 조약이 헌법에 우월하는 효력을 갖는다고 생각하는 것은 논리에 맞지 않는다.

국제법의 '誠實한 遵守'를 강조한 일본 헌법의 취지로 보아 조약에 적어도 법률에는 우선하는 효력을 인정해야 한다는 것이 대부분의 일본학자의 견해인 것 같다. 국제주의와 동시에 신헌법이 의거하고 있는 國民主權主義(민주주의)의 입장에서 이 견해는 충분히 이유가 있다(高野雄一, 國際法槪論 上, 108). 그렇다면 조약에 위반되는 법률은 무효이며, 이미 체결된 조약은 그 후에 제정된 법률에 의하여 개폐되지 않는다.

일본의 최고재판소는 砂川事件(1959년)에서 이른바 統治行爲理論을 채용하여 美·日安全保障條約의 합헌성의 판단을 기피하였다. 문제를 정면에서 취급한 것이 아니기 때문에 조약에 대한 위헌심사의 문제의 최종적인 해결은 앞으로 과제로 남는다.

> "일본에서는 조약은 보통 국내법으로 變型되지는 않는다. 그러나 실무에 있어서 조약은 이전부터 日本法制의 일부를 구성한 것이라고 해석되어 여기에 상응한 효력이 부여되어 왔다. 조약은 국내법보다 높은 지위를 점한

다고 해석된다. 만약 재판소가 국내법과 조약 간에 불일치를 발견한 경우에는 조약이 우선한다"(UN인권전문위원회에서의 일본대표의 언명. CCPR/C/SR. 324, 10 Nov. 1981).

5. 韓國의 實行

대한민국의 현행헌법은 국제법과 국내법의 관계를 다음과 같이 규정하고 있다. 즉, "헌법에 의하여 締結·公布된 조약과 일반적으로 승인된 국제법규는 국내법과 같은 효력을 갖는다"(제6조 1항). 이 규정은 국제법을 대한민국 국내법의 일부로서 수용한다는 의사를 명백히 표명한 것으로 해석된다.

다만 일정한 조약(상호원조조약, 안전보장조약, 국제조직에 관한 조약, 통상조약, 어업조약, 강화조약, 국가나 국민에게 재정적 부담을 지우는 조약, 외국군대의 지위에 관한 조약, 입법사항에 관한 조약, 주권의 제한에 관한 조약 등)의 체결·비준에 대해서는 國會의 동의를 필요로 하나(제96조 1항) 조약과 국제관습법이 한국의 국내법으로 일반적 수용이 되었다는 데는 변함이 없다.

헌법(1972년·1980년 헌법) 제 5 조는 1962년 헌법 제 7 조의 '批准·公布된'이라는 문구를 '헌법에 의하여 締結·公布된'이라는 구절로 바꾸어놓았을 뿐 양자는 완전히 같은 내용이다. 위와 같은 부분적 수정을 가한 이유는 최근의 조약체결의 경향으로 보아 '비준'을 경유하지 않고 '서명'만으로 효력을 발생하는 조약도 있기 때문에 그러한 조약도 포함시키기 위한 것이라고 생각된다.

위의 헌법규정에는 다음과 같은 두 가지 점이 문제가 된다. 첫째, 조약과 慣習國際法規가 그대로 당연히 국내법의 일부가 되어 국민과 법원을 구속하는가 또는 이들을 구속하기 위해서는 따로 국내법의 제정을 필요로 하는가, 둘째 조약과 관습법규가 국내적으로 실시되는 경우 국제법과 국내법이 서로 충돌했을 때 어느 것이 우선하는가. 우리 헌법은 이 두 가지 문제의 어느 것에 관해서도 명문의 규정을 두지 않고 있으므로 결국 해석상으로 결정지을 수밖에 없다.

첫째 문제에 관해서는 제 2 차대전 후의 민주주의국가의 憲法 傾向과 같이 헌법상 적법하게 체결된 조약은 공포만으로 국내적 효력을 갖는다고 해석하는 것이 타당하다. '일반적으로 승인된 국제법규'란 대체로 국제관습법규에 해당하는 것이며, 영미의 관행과 같이 공포절차도 필요치 않다고 보아야 한다. 그것은 당연히 국내적 효력을 갖는다고 볼 수 있으나, 어느 것이 '일반적으로 승인된 국제법규'인가를 결정함에는 역시 국가의 認容이 있어야 한다.

둘째 문제는 국제법의 국내법에 대한 효력의 순위에 관한 것이다. 먼저, 관습법은 한국의 국가적 인용을 받은 것이라고 생각되므로 사실상 헌법과 충돌하는 일은 없을 것이다. 다음, 조약도 중요한 것은 대부분 국회의 동의를 얻게 되어 있으므로(제96조 1항) 한국 국회가 헌법 위반의 조약의 체결에 동의를 부여하리라고 생각되지 않는다.

그러나 실제에 있어서 국제법과 국내법이 충돌하는 경우에는 '國際法과 國內法과의 合致의 推定'이나 국가행위이론의 적용 또는 정치문제로서의 처리와 같은 방법을 시도하여 양자가 충돌되지 않도록 해석해야 한다. 그래도 이와 같은 해석이 도저히 불가능한 경우 (1) 헌법과 조약 간에는 헌법이 우선하며, (2) 법률과 국제법(조약법규와 관습법규) 간에서는 동등한 효력을 갖는 것으로 보고, '後法優先의 原則' 또는 '特別法優先의 原則'에 의하여 해결한다. 왜냐하면, 첫째 헌법에 대한 조약의 우위는 실질상 조약에 의한 헌법의 수정을 의미하는 것이므로 憲法上의 개정절차에 의하지 않는 이러한 헌법 수정은 허용될 수 없고, 둘째 대부분의 민주주의 국가에서는 조약의 효력을 법률의 하위에 두는 예가 거의 없으며(영국은 예외) 그렇다고 법률의 상위에 둔다는 적극적 규정을 두고 있는 나라도 흔치 않으므로(일본의 경우는 해석상 조약은 헌법과 법률의 중간에 있다는 설이 유력), 조약과 법률 간의 효력관계를 최소한 同位關係로 하는 것이 타당하다고 생각된다.

1965년 2월 1일 주한미대사관은 대한민국 외무부에 대하여 '신문 · 통신 등의 등록에 관한 법률'(1963.12.12 법률 제1486호) 제 5 조 및 제 7 조에 언급하고, '대한민국과 미합중국간의 友好 · 通商 및 航海條約'(1957. 11. 7 효력발생, 조약 제40호) 제 7 조 및 제 8 조와의 저촉을 지적하면서 위의 법률의 개정과 적절한 행정조치를 요청하여 왔다.

이에 외무부는 위의 조약이 우리나라 헌법 제 5 조 1 항(당시)에 의하여 국내법에 수용되어 국내법과 동일한 효력을 가진다는 자신의 해석을 피력하면서, 다음 사항에 回示하여 줄 것을 法制處에 요청하였다.

(1) 상기 조약이 상기 법률에 대하여 특별법 관계에 서 있다고 해석되지 아니하고 '신법우선의 원칙'에 지배되어 법률이 우선하는지의 여부. 또는

(2) 상기 조약이 상기 법률에 대하여 특별법 관계에 있다고 해석하고, 따라서 '특별법우선의 원칙'에 지배되어 조약이 우선하는지의 여부.

위의 질의에 대하여 법제처는 다음과 같이 답변하고 있다. 즉, '한미우호·통상·항해조약' 제 7 조 및 제 8 조는 '신문·통신 등의 등록에 관한 법률' 제 5 조 및 제 7 조에 대하여 우선하는 효력을 가진다고 하면서 그 이유를 다음 세 가지로 집약하고 있다.

(1) 현행 헌법 제 5 조 1 항은 체결·공포된 조약은 국내법과 동일한 효력을 갖는다고 규정하여 '國際法·國內法 同位說'의 입장을 취하고 있음에 비추어 체결·공포된 조약과 국내법 간에 상충되는 내용이 있을 때에는 국내법 상호간의 충돌이 있는 경우의 효력을 결정하는 일반원칙에 따라 양자간의 효력을 결정한다.

(2) '韓美友好·通商·航海條約'은 그 인적 규율대상이 체약국민에 국한되어 있는 것이나 '신문·통신 등의 등록에 관한 법률' 제 5 조 및 제 7 조는 모든 외국인을 일반적으로 규율하고 있음에 비추어 전자는 후자에 대한 특별법관계에 있다.

(3) 위와 같이 볼 때 '특별법우선의 원칙'에 따라 '한미우호·통상·항해조약' 제 7 조 및 제 8 조는 '신문·통신 등의 등록에 관한 법률' 제 5 조 및 제 7 조에 우선한다.

1965년 7월 24일 외무부는 법제처에 대하여 '외국보험업자의 등록에 관한 질의'를 제출하였다. 질의의 내용은 대략 다음과 같다.

주한 미국대사관에 의하여 미국인 X는 1954년 7월 9일 재무부에 한국내에서의 영업을 위한 면허신청서를 제출한 이래 아직까지 면허를 취득하지 못하고 있는데 한국정부는 '한미우호·통상·항해조약'이 체결된 후(1957년) 同件을 보류하면서도 1958년 9월에 제출한 汎韓火災海上保險株式會社의 신청에 대하여는 면허를 주었으므로 內國民待遇를 규정한 제 7 조 위반이라고 하고 있다.

재무부가 조약체결 이후 '汎韓'에 대하여 신규 면허를 주면서 X에 대하여 보류한 이유는 그 당시 외국보험사회의 국내 영업면허를 위한 관계법규가 없었기 때문이라고 해명하고 있다. 재무부는 X의 건이 보류중인 동안에도 신규 면허는 아니나 기존 한국 보험업자에 대하여 보험업종 추가를 위

한 면허를 주어 왔으며 1963년 大韓損害再保險公社(정부기업체)를 설립하고 재보험업무를 전담케 하였는데, 이에 대해서도 미국대사관은 항의하여 왔다. 재무부가 보험업자 특히 외국 보험업자의 등록을 기피하고 있는 이유는 보험업계의 재정비 및 한국보험업자의 육성을 위한 것이며, 실제로 保險業法(1962년) 및 외국보험업자에 관한 법률(1962년)이 제정된 후에는 재보험공사를 제외하고는 민간업자에 대하여 신규 면허를 주지는 않았다고 한다. 1962년 신법이 제정되기 전까지는 미군정청에 의하여 이용되어 온 舊保險業法에 의하여 면허를 실시해 온 것이다.

위와 같은 경위의 외무부 질의에 대하여 법제처는 1965년 8월 17일 다음과 같이 회시하고 있다.

(1) '韓美友好 · 通商 · 航海條約' 제 7 조는 양체약국의 국민과 회사는 타방 체약국에서의 영업상의 행위 등에 관하여 內國民待遇를 받도록 규정하고 있으며, 동조에서의 내국민대우란 외국인 또는 외국법인에 대하여 법령의 집행 · 적용에 있어서 자국민과 동등 · 무차별의 처우를 하는 것을 뜻한다.

(2) 문제의 미국법인 X의 한국 내에서의 보험면허신청은 관계법령인 보험업 및 외국보험업자에 관한 법률이 정하는 바에 따라 X의 경우와 유사한 여건하에 있는 한국인 또는 한국법인의 면허신청과 동등하게 처리되어야 한다.

(3) 同法 등의 집행에 있어서 주무부장관이 보험업규제의 필요에 입각하여 일반적으로 신규면허를 줄 것인가의 여부를 결정하는 것은 당해부 장관의 재량에 속하는 사항이다.

6. 기타 各國의 實行

國際法과 國內法의 관계(관습국제법 또는 조약법의 적용에 관한 헌법규정 및 국내재판소의 태도)에 관한 각국의 실제는 상당히 구구하여 여기에 하나의 통일적인 원칙을 세우기는 어렵다. 그러나 다음과 같은 경향을 지적할 수는 있다.

(1) 대부분의 민주주의 국가는 "International law is a part of the law of the land"(국제법은 국내법의 일부이다)라는 원칙을 채용하고 있다. 이 원칙은 각국의 실제의 관행에서 발생한 최대공약수라고 볼 수 있을 뿐, 그 내용은 지극히 많은 문제(편입의 문제, 국제법의 국내법상의 형식적 효력의 문제, 재판소의 違憲審査權과의 관계)를 포함하고 있으며, 이러한 각종문제에 대한 각국의 태도는 대단히 다르다. 그러나 다

수국가에서는 적어도 국제관습법에 관한 한, 그것이 현행 국내법에 저촉되지 않는 경우에는 '編入'(incorporation)이라는 특별한 행위를 요하지 않고(특별한 국내입법을 요하지 않고, 즉 국내법에의 변형을 요하지 않고) 국내법의 일부가 된다.

(2) 조약의 국가적 효력에 관해서는 조약의 국내법에 대한 우위가 철저하게 인정되고 있다(국제법정에 있어서의 국제법우위를 원칙).

(3) 조약의 국내적 효력에 관해서는 다수국가가 어떠한 국내적 변형도 하지 않고 조약을 그대로 국내법으로서 인정한다. 다만 非自己執行的條約에 한해서 입법을 따로 하는 국가도 있고, 거의 모든 조약에 대하여 입법 내지 입법적 승인을 요구하는 국가도 있다(예, 벨기에).

(4) 국제법의 국내적 효력을 인정하는 경우 이것을 國內法體系 중의 어느 지위에 놓느냐에 관해서는 각국의 행태가 구구하다. 대략 다음 다섯 가지 유형으로 분류할 수 있다.

1) **프랑스型** 헌법, 조약, 법률의 순위로 하는 방식.

2) **美國型** 헌법은 제 1 위, 법률과 조약은 다같이 제 2 위로서 동위관계로 하는 방식.

3) **英國型** 헌법, 법률, 조약의 순위로 하는 방식.

4) **오스트리아型** 조약을 그 批准에 국회의 3분의 2의 다수를 요하는 것과 2분의 1로써 족하는 것의 2종으로 나누어, 전자의 경우는 조약과 헌법이 동위, 후자의 경우는 조약과 법률을 동위로 하는 방식.

5) **네덜란드型** 역시 조약을 오스트리아형과 같이 2종으로 나누어 전자의 조약은 헌법의 상위, 후자의 조약은 법률의 상위로 하는 방식.

위의 5개의 형 중에 1), 2)형이 가장 많고, 3)형은 비교적 적으며, 4), 5)형은 대단히 드물다.

위의 어느 형에 있어서도 統治行爲의 理論(프랑스) 혹은 정치문제나 국가행위의 이론(미국·영국)을 채용하여 재판소의 조약심사권을 박탈 내지 제한하는 방법 및 '국제법과 국내법의 합치의 推定'이라는 방법에 의하여 조약에 저촉되지 않도록 국내법을 해석하는 것이 일반적 경향이다. 이리하여 실질적으로는 '네덜란드형과 같은 국제법우위의 입장에 접근하는 것이 된다.

이와 같이 사법부가 어느 종류의 문제를 입법부나 행정부(이 양자를 영·미에서는 정치부문이라고 한다)의 결정에 맡기는, 이른바 '行政權에 대한 司法府의 委讓'(judicial deference to executive authority)이라는 관행은 헌법질서의 기본문제이며, '裁判官은 大事를 취급하지 않는다'(*de maxim is non curat praetor*)라는 로마법의 격언에 표현된 사상이 구체화된 것이라고 볼 수 있다.

확실히 오늘날에 있어서 다수의 국가는 그 헌법규정에서 국제법질서의 발전을 위해서 필요한 경우(예를 들면 국제의 평화·안전의 유지의 경우) 國家主權을 제한·이양하거나 또는 국내기관의 권력균형을 수정하는 내용의 조약의 체결을 용인함으로써 헌법규정으로부터의 일탈을 허용하는 경우가 있다(프랑스 제 4 공화국 헌법 전문, 이탈리아공화국 헌법 제11조, 독일연방기본법 제24조, 네덜란드 헌법 제63조, 1970년의 벨기에 헌법 제25조의 2, 1953년의 덴마크 헌법 제20조 1항). 그러나 이러한 종류의 조약에 있어서도 당연히 헌법에 우월하는 국내적 효력을 인정하는 것이 아니라, 그 국회에서의 승인의 경우에 실질적으로 헌법개정과 동일한 절차와 요건을 충족하는 것을 의무화하고 있다.

이리하여 조약의 국제법적 효력은 여하간에 그 국내적 효력에 있어서는 거의 모든 국가가 헌법을 정점으로 하는 국내법질서의 존엄성과 일체성을 온존·유지하고 있는 것이다. 사실 조약체결권한에 관한 중요한 국내법(특히 헌법)에 명백히 위반하여 체결된 조약(위헌 조약)은 무효인 것이다(비엔나조약법 조약 제46조).

> 국제법규를 국내법질서에 編入하여 이것을 국내적으로 실현하기 위한 구체적 방법의 결정에 관해서는 전통적으로 각국의 국내법에 큰 재량권이 인정되어 왔다. 그러나 최근에는 국제법규의 국내적 이행을 확보하기 위하여 각종의 多者的 國際制度(정부간 국제조직 또는 국제회의)가 개입함으로써 국가의 전통적 재량권의 범위를 제한하고 있다. 특히 인권보장의 위반에 관한 事實審査(UN인권위 특별전문가 작업부회의 사실심사, 소수민족보호·인종차별에 관한 UN총회 보조기관의 조사보고·인권위반에 관한 UN경제사회이사회 인권위의 사정조사), 핵군축에 관한 사찰(국제원자력기구에 의한 보장조치에 관하여 '동기구 헌장' 제12조, 1968년의 '핵무기비확산조약' 제 3 조), 조약의 적용을 확보하기 위한 감독(EC 위원회에 있어서 1957년 '구주경제공동체 설립조약' 제155조) 등을 그 예로 들 수 있다.

제 5 장 國際法의 主體

제 1 절 國際法 主體의 概念

1. 國際法 主體의 意味

국제법의 주체라고 하는 것은 국제법상의 권리·의무가 직접적으로 귀속되는 자(受範者 Träger)를 말하며(국제법상의 권리능력의 유무가 그 인정기준이 된다), 여기에 더하여 국제법상의 행위를 스스로 실시하고 처리하는 행위능력을 가진 자를 뜻한다. 행위능력이란 구체적으로 말하면 法律行爲能力(국제법상의 의사를 표시 또는 수락하는 능력, 예를 들면 조약체결의 능력), 違法行爲 責任能力(국제위법행위의 책임에 관하여 자기의 이름으로 청구를 제출하거나 追及을 당하거나 하는 능동적·수동적인 당사자적격), 그리고 訴訟能力(국제재판에 있어서 원고 또는 피고가 되는 소송당사자적격) 등이다. 특히 국제법상의 권리를 국제청구의 방법으로 행사할 자격을 갖는 것이 중요하다('UN의 직무중에 입은 손해에 대한 배상' 사건에서의 ICJ의 권고적 의견). 이 점에 있어서 개인의 국제법 주체성이 인정되려면 개인이 자기의 이름으로(국가의 외교적 보호권의 발동에 의해서가 아니라) 국제법상의 권리를 주장하거나 또는 의무의 추급을 당할 수 있도록 특별한 국제법상의 절차(국제재판소 또는 국제기관에 있어서의 당사자자격)가 마련되어 있어야 한다(원폭소송판결, 祖川·小田判例 248-249).

국제법상의 행위능력은 그 권리능력의 내용을 이루는 것으로서 국제법주체는 이 두 가지를 불가분의 것으로서 겸유하는 것이 보통이다. 그러나 예외적으로 국제법상의 權利能力(국제법 주체로서의 지위)을 가지면서 行爲能力의 일부 또는 전부를 缺하는 경우도 있다(제 2 차대전후 연합국의 점령관리하에 있던 독일과 일본의 지위). 또 행위능력 중의 하나를 가진 자는 동시에 다른 능력을 갖는 것이 보통이나 그 어느 일방의 능력만을 갖는 자에 대해서도 국제법상의 주체로서의 자격을 인정하는 것이 적당하다고 생각된다.

그런데 國際法에는 法主體에 관한 명문의 규정이 없을 뿐만 아니라, 국제법의 타당형태가 특수하기 때문에 주어진 법률적 사실을 놓고 이것을 이해하고 해석하는 법적 인식이 반드시 같지 않다. 국제법주체라는 용어에 부여하는 개념이 각각 다르기 때문이다.

일반적으로 법주체라고 하는 것은 역사적으로 볼 때 항상 불변의 것은 아니다(중세초기의 로마法王廳, 1310년 이후의 '마르타' 기사단은 일정 범위의 법주체성이 인정되었다). 근대국제법의 형성·발전기에 있어서는 주권국가가 유일한 국제법주체로 인정되었다. 주권을 법주체성의 유일한 Merkmal(표준)로 보았기 때문이다. 그러나 제 1 차대전 후에는 역으로 국가의 법주체성을 부인하고 개인만을 국제법주체로 보는 학설이 대두하였다(L. Dugit, G. Scelle). 나아가서 제 2 차대전 이후에는 UN을 비롯한 다수의 국제조직이 창설되고, 조약상의 인권규정이 증대됨에 따라 國際組織(UN, 국제적십자위원회 등)과 개인의 국제법 주체성이 새로운 각도에서 부각되었다. 또한 民族自決權의 등장과 더불어 민족 내지 인민의 국제법 주체성의 문제도 논의의 대상이 되고 있다. 이와 같이 국제사회의 구조적 변화에 따라 국제법주체의 다양화는 불가피한 현상이지만 동시에 그 주체의 성질에 큰 차이가 있다는 것도 부정할 수 없는 사실이다. 이것은 법주체의 Merkmal로서 '主權性'보다는 국제법상의 '權利·義務의 直接的 歸屬'이라는 넓은 의미가 부여된 결과이다.

2. 國際法主體에 관한 學說

國際法主體는 무엇인가, 특히 개인도 국제법의 주체가 될 수 있는가에 관하여 학설은 대단히 구구하다. 이 문제에 관한 지금까지의 학설을 정리해 보면 대략 다음 네 가지로 분류할 수 있다.

(1) 국가만을 국제법주체로 하고 개인의 國際法主體性을 부인하는 학설, (2) 국가의 국제법주체성을 부정하고 개인만을 국제법주체로 하는 학설, (3) 국제법의 주체는 원칙적으로 국가이나 개인의 국제법주체성도 인정하는 학설. 이 학설은 다시 ① 좁은 범위에서 개인의 국제법 주체성을

인정하는 견해와, ② 넓은 범위에서 개인의 국제법 주체성을 인정하는 견해로 나누어진다.

이 여러 학설은 어떤 것도 국제법의 '定義' 자체에, 따라서 그 본질 자체에 관계되는 것이므로 국제법학상 극히 중요한 문제이다. 그러나 스톤(Julius Stone)도 말한 바와 같이 개인의 국제법 주체성의 문제는 그로티우스(Grotius)나 수아레즈(Suârez)의 자연법같이 오래된 것이기 때문에 단순히 이론만으로는 이 논쟁의 결말이 날 것 같지는 않다. 오히려 국제법주체란 하나의 고정개념이 아니므로 국제법제도 내에 수용하는 것이 필요하다고 생각된 경우에는 어떠한 실체에 대해서도 국제법을 적용할 수 있다는 폭넓은 국제법 주체개념을 갖는 것이 바람직하다.

(1) 국가만을 國際法主體로 하고 개인의 國際法主體性을 부정하는 學說

국제법은 국가간의 법이며 국가간의 관계를 규율하고 국가간에만 권리의무를 발생케 하는 법이라고 하는 이 학설은 20세기 초에 이르기까지 통설이 되어 왔다. 이 학설의 논거는 ① 국제법이란 원래 국가간의 관계를 규율하는 법이라는 것(예, Redslob), ② 국제법은 국가의 동의 위에 성립된 법이라는 것(예, Oppenheim), ③ 국제법은 그 자체로서는 국내적으로 타당하지 않고, 국가의 인용에 의하여 비로소 타당하다는 것(예, Walz) 등이다.

그러나 첫째의 논제는 국제법을 처음부터 국가간의 법이라고 보는 先驗的(*a priori*) 定義로부터 출발하고 있으며, 그 정의 자체에 국제법주체에 대한 이해를 미리 포함하고 있어 일종의 論點竊取를 범한 同意語反復(tautology)에 지나지 않는다(과거 소련국제법도 주권적 권리의 소유자만을 국제법의 주체로 보았다. 일찍이 소련은 Marx주의가 전통적 국제사회의 인정을 허용하는지의 여부에 관하여 애매한 입장을 취하였으나 그 후 점차로 전통적 국가권위와 국가주권의 개념을 강조함에 이르렀었다). 둘째, 국제법이 국가간의 합의를 기초로 하여 성립한 것임을 이유로 하는 견해는 국제법주체의 문제를 國際法定立의 문제로 이해하고 있다. 그러나 주체의 문제와 정립의 문제의 필연적 관계가 여기에 證示되어 있지 않다. 셋째, 국제법이 타당하는 특수성을 이유로 하는 주장은 국제법이란 국내적으로 變型(transformation)되지 않으면 국내적으로, 따라서 개인에게 타당하지 않는다고 하는 생각이다.

예를 들면 通商航海條約을 체결한 경우 체약국의 국민이 각각 상대국에서 갖는 권리(영업·거주·입국 등)는 조약상(즉, 국제법상)의 권리가 아니고, 締約國이 조약에 규정된 권리를 각각 상대국의 국민에게 부여하여야 하는 조약상의 의무에 입각하여 국내법을 제정해야 하는데 체약국의 국민은 각각 상대국에서 그러한 국내법상의 권리를 갖는다고 하는 것이다. 이 증거로서는 그 권리가 침해되었을 때 개인은 상대국의 국내법에 입각하여 소송할 수 있을 뿐이며, 개인이 직접 국제법상으로 구제를 얻을 방도가 없는 것을 든다. 상대국의 국내법에 입각하여 구제를 얻지 못하는 경우 그 개인의 본국정부가 이른바 '外交的 保護權'을 행사하여 상대국과 외교교섭을 벌이거나 또는 상대국의 동의하에 국제소송을 제기할 수도 있다. 그러나 外交交涉 또는 국제소송에 있어 당사자로 나타나는 것은 국가 자신이며, 더욱이 국가는 국민의 代理人이라는 자격으로 나타나는 것이 아니다. 그러므로 표면상 국제법이 개인에게 권리를 부여한 것처럼 보일 경우에도 실은 국제법상의 권리가 국가에게 부여된 것이며, 개인은 고작 국내법상의 권리를 갖는 데 지나지 않는다고 이 학설은 설명한다.

생각건대 오늘날 국제법이 국가의 아무런 認容行爲도 없이 그 자체 직접적으로 국내에 타당하여 개인을 구속한다고는 볼 수 없다. 만일 개인의 국제법에의 직접성이 원칙화된다면 그 때에는 국제법은 사라지고 세계법(world law)만이 존재하게 된다. 그러나 여기서의 문제는 變型理論을 기초로 하여 국제법주체를 미리 국가에만 한정하는 것이 이론적으로나 실제적으로나 옳은 견해인가에 있다. 전통적으로 국제법규의 形成·運用·執行이 국가를 통하여 이루어졌고, 이에 따라 국제법상의 권리·의무가 직접 국가에 귀속되어 왔으므로 국제법주체는 국가라고 말할 수 있었다. 그렇다고 할지라도 국제법주체가 국가에만 한정되어야 한다는 이론은 차라리 논리의 비약이라고 생각된다. 사실 국제법이 근세 초의 유럽에 있어서 중세의 로마법왕과 신성로마 황제를 정점으로 하는 그리스도교적 통일세계가 무너진 후 각각 주권의 소유자로서 등장한 절대주의국가 상호간의 관계를 규율하는 법규로서 발생했다는 역사적 緣由는 있다(단, 초기에 있어서 국제법은 보편적 인류법으로서의 성격을 가진 것인데 Vattel에 이르러 비로소 국가간의 법으로 관념되었다). 그러나 실제에 있어서 국제법의 발달은 국제생활의 요구에 영향을 받아왔으며 다수국가의 집단적 활동의 점진적 증대는 이미 국가 아닌 실체가 국제면에서 행동하는 실례를 보여주고 있다. 국제사회의 변혁에 따라 국제법이 국가 이외의 실체에게도 주체성을 인정하는 방향으로 발전하는 것을 방해할 아무 것도 없다. 국제법이 규정하기에 따라서는 그 자체 국내적으로 타당하고 개인도 직접 국제법상의 권리·의무의 주체가 되게 할 수 있음은 물론이다.

실제에 있어서는 PCIJ는 1928년 3월의 '단치히 裁判所의 管轄權 事件'(Case of the Jurisdiction of the Court of Danzig in the Matter of the Danzig Railway Officials)에서 "조약은 일반적으로 국가의 권리·의무만을 설정하며 개인의 그것을 설정하지 않는 것이 확립된 國際法의 規則"이라고 하면서도 "당사국의 의사에 따라서는 직접 개인의 권리·의무를 설정할 수도 있다"는 것, 따라서 개인이 직접 국제법상의 권리·의무를 가지며 국제법상의 주체가 될 수 있다는 의견을 피력한 바 있다.

〈단치히 **裁判所의 管轄權 事件**〉 1921년 폴란드와 단치히와의 사이에 폴란드가 인계받은 단치히 철도직원의 고용조건을 규정한 이른바 職員協定(Beamtenabkommen)이 체결되었다. 폴란드는 이 협정에서 단치히의 철도를 인수하는 동시에 그 직원에게는 단치히의 동급직원에 대등한 봉급을 지불하기로 약속하였다.

폴란드는 이 협정이 그 직원들에게 出訴權을 부여하고 있지 않다고 주장하였다. 그 이유로써 직원협정은 국제조약이고 또 폴란드의 국내법으로 편입되지도 않았으므로 체약국간의 권리·의무를 설정할 뿐이라고 하였다. 따라서 폴란드는 그 의무를 이행하지 않을지라도 단치히에 대해서만 책임을 지고 鐵道職員(개인)에 대해서 책임을 지는 것은 아니라고 하는 것이다.

PCIJ는 그 권고적 의견에서 일반원칙으로서의 폴란드의 주장을 인정하나 그 특정사건에서 당사국의 의사는 개인이 집행할 수 있는 권리를 설정하는 데에 있었으니, 단치히 직원은 폴란드 철도국에 대하여 위의 협정을 근거로 출소할 수 있다고 판시하였다.

(2) 국가의 國際法主體性을 부정하고 개인만을 國際法主體로 하는 學說

이 학설에 의하면 국가는 하나의 법인으로서 실제로 사고하며 행동하는 실재가 아니다. 국가의 의사 또는 행위는 결국 국가의 기관을 구성하는 개인(자연인)의 의사나 행위에 지나지 않는다. 국가의 권리·의무라는 것도 따지고 보면 이 기관을 구성하는 개인의 권리·의무로 환원된다. 그러므로 개인만이 國際法主體이고 국가는 그 주체가 아니라고 이 학설은 주장하는 것이다.

이 학설은 말하자면 전통적 國際法學說에 대한 하나의 안티테제(antithesis)로서 대단히 특이한 생각이나 다수설은 아니다. 생각건대 국가에서 임명한 全權委員이 조약을 체결하였을 경우 그 조약상의 권리·의무가 전권위원인 개인에게 귀속되는 것이 아니라 국가에 귀속되는 것은 말할 것도 없다. 법기술적 의미의 법인격을 국가에 인정하지 않는다는 것은 異端的이며 실제에도 어긋나는 것이다.

(3) 국가 이외에 특히 개인의 國際法主體性을 넓은 範圍에서 인정하는 學說

이 학설은 국제법이 직접 개인의 권리·의무를 규정한 경우에는 일체 개인의 국제법주체성을 인정한다는 견해이다. 권리·의무가 국제법상의 기관을 통하여 직접 개인에게 귀속되는 경우는 말할 것도 없고, 설사 국내법상의 기관을 통하여 귀속되는 경우에도 그것이 국제법에 근거를 갖는 한, 개인도 국제법의 주체가 된다는 것이다. 예를 들면 通商航海條約에 의하여 居住·營業의 권리가 개인에게 부여된 경우에는 비록 그 권리가 침해되었을 때의 구제수단이 국내절차에 한정되어 있을지라도 개인은 여전히 국제법상의 권리를 가지며, 국제법의 주체가 된다는 것이다. 해적의 경우에도 海賊行爲를 해서는 안된다는 국제법상의 의무가 개인에게 지워진 이상, 비록 그 의무위반을 처벌하는 수단이 국내절차에 한정되어 있을지라도 개인은 국제법상의 의무를 지며 국제법의 주체(위의 권리주체에 대하여 이 경우는 의무주체라고 할 수 있다)가 된다는 것이다.

왜냐하면 법률학상 '權利'라고 하는 말은 일반적으로 그것이 침해되었을 경우 자기 이름으로 그 救濟을 요구할 수 있는 것만을 의미하는 것이나, 그 실현을 위한 절차가 반드시 實體的 權利를 규정한 법질서 가운데 발견되어야 한다는 법은 없기 때문이라는 것이다. 어느 법질서에서 권리를 규정하고 그 실현수단에 관해서는 다른 법질서에 맡기는 일은 충분히 가능하다. 즉, 실체적 권리만을 국제법이 규정하고 그 실현을 위한 절차상의 권리는 국내법이 규정할 수도 있다. 절차상의 권리가 국내법상의 권리라고 하여 실체상의 권리도 국내법상의 권리라고 하는 것은 옳지 않다. 실체적인 권리로서는 전연 동일한 것이면서, 국제재판소에 제소하면 국제법상의 권리가 되고, 국내재판소에 제소하면 국내법상의 권리가 된다는 것은 모순이라는 것이다.

(4) 국가 이외에 개인도 한정된 範圍內에서 國際法의 主體가 될 수 있다는 學說

국제법이 개인의 권리·의무를 규정한 것만으로는 개인의 國際法主體性을 인정하지 않고 개인이 국가를 떠나 자기의 권리를 자신의 이름으로 국제면에서 주장할 수 있는 경우, 또는 개인에 의한 국제법상의 의무위반에 대하여 그 제재가 국제법에 근거한 것만이 아니라 실로 국제적 기관과 국제적 절차에 의하여 실시되는 경우에만 비로소 개인이 國際法主體(권리주체 또는 의무주체)가 된다고 하는 학설이 바로 이것이다.

생각건대 주체라는 말의 定義가 문제이지만 일반적으로 법의 주체라는 개념은 일정한 법질서에 있어서 권리의 享有者에게 訴訟能力을 부여한 경우에만 사용하는 법기술적 수단이다. 그러므로 조약을 실시할 경우 이것을 확보하기 위하여 국가만의 개입이 허용될 뿐 개인의 개입은 허용되지 않을 경우에는 설사 그 조약에 의하여 개인의 이익이 보호된다 할지라도 그 개인은 국제법의 주체가 아니라고 보아야 한다. 즉, 개인에게 조약상의 권리를 확보하는 절차가 국제적으로 부여되지 않은 경우에는 아무리 개인의 권리가 조약상으로 규정되어 있을지라도 개인의 국제법주체성을 말할 수 없다.

위에서 본 바와 같이 개인의 국제법주체성을 널리 인정하는 학설은 개인의 권리가 조약에 규정되기만 하면 그 개인에게 국제법주체성이 부여되었다고 보나, 이러한 견해는 현단계의 국제적 실행에는 맞지 않는다.

그 증거로서 조약상의 권리가 침해된 경우 개인은 조약에 규정된 자기의 권리를 자기의 이름으로 주장할 권리를 갖지 않는 경우가 보통이고, 상대국의 국내법에 입각하여 소송을 제기할 수 있을 뿐이다. 이러한 '國內的救濟'를 얻을 수 없는 경우에 한하여 그 개인의 本國政府가 이른바 '外交的 保護權'을 행사함으로써 상대국과 外交交涉을 벌이거나 또는 상대국의 동의를 얻어 국제소송을 제기할 수 있다. 그러나 외교교섭이나 국제재판에도 국가적 이해를 도외시하면서까지 개인보호에 나서지 않는 것이 국가의 실행이며, 설사 나서는 경우에도 당사자는 어디까지나 국가이지 개인은 아니다. 국가는 국민(개인)을 당사자로 하는 대리인이라는 형식을 취하는 것이 아니다. 국가는 또한 개인의 受託者로서 행동하는 것도 아니다. 실로 자국민(개인)에의 손해에 의하여 국가 자신이 손해를 받았다는 '바텔(Vattel)의 擬制'를 사용하는 것이다. 이것은 현행 국제법제도에 뿌리 깊은 이른바 '個人要求의 國家要求에의 沒入'이라는 현상이다. 그러므로 通商航海條約上의 개인의 권리와 같은 것은 체약국의 국민이 각각 상대국의 국내법상으로 갖는 권리에 지나지 않는다고 보아야 한다.

의무의 면에서 볼 때에도 海賊行爲, 戰時禁制品의 輸送, 封鎖侵破 등의 경우 그 국제법상의 의무위반에 대하여 제재는 국제법이 규정하고 있으나 실제로 제재를 가하는 자는 국가기관이며 국제기관은 아니다. 국가기관이 국제법에 근거하여 제재를 가하는 현상만을 가지고 개인의 국제적 의무를 말하는 것은 개인의 의무를 부당하게 확장한 것이 된다. 왜냐하면 극단적으로 말해서 국가가 국내법에 의하여 개인을 처벌한 경우에도 그것은 국내법에 의한 처벌이 아니고 국제법이 국가에 인정한 통치권의 작용이라고 해석함으로써 그것을 국제법상의 처벌이라고 볼 수도 있기 때문이다. 이렇게 되면 개인의 국내법상의 의무와 국제법상의 의무와의 한계가 극히 애매하게 될 수밖에 없다. 그러므로 양자를 본질적으로 구별하는 표준이 있어야 하고, 그 표준은 국제법 위반에 대한 처벌이 국제법에 근거하였다는 점에 구할 것이 아니라 실로 국제적 절차에 근거하였는지의 여부에 구하여야 한다. 국가기관이 국제기관을 대행했다는 의제를 사용할 필요는 없는 것이다.

제 2 절 國家의 國際法主體性

1. 國家의 國際法主體性의 性質

국가는 국제법상의 권리·의무가 직접적으로 귀속되는 法主體로서 오늘날까지 일관적으로 전형적인 本源的 國際法主體로 인정되어 왔다. 국가가 국제법상의 권리·의무의 보유자이며, 그 권리를 자기의 이름으로 국제적 주장을 할 수 있는 능력을 갖고 있으며, 동시에 그 의무위반에 대하여 국제적으로 책임을 부담할 능력을 가지고 있다는 것은 전적으로 의심의 여지가 없다. 그것은 主權國家를 주요한 단위로 하는 국제사회의 구조와 그곳에서 기능하는 국제법의 성질로부터 당연히 나오는 것이다.

그러나 국가가 국제법의 유일한 주체는 아니다. 오늘날의 국제기관에 있어서는 '국가 이외의 實體'(non-state entities)도 다원화되고 있다(entity는 행동주체로도 번역됨). 예를 들면 革命團體나 民族解放團體(국가의 胎兒라고 볼 수 있는 것), 정부간 국제조직(inter-governmental organization), 그리고 각자의 국경을 넘어서(transnational) 국제적 교류(재화, 자본, 기술, 정보, 사상, 반전평화운동, 문화 등)를 행하는 私人(自然人, 法人)의 조직(non-governmental organization) 등 대단히 많고 다양하다. 이러한 실체들도 어느 정도의 國際法主體性을 가지나, 국제법의 주체에는 "그 성질 또는 권리의 범위에 관하여 반드시 동일한 것은 아니다"(1949년의 'UN근무중에 입은 손해의 배상'사건에 있어서의 권고적 의견). 그러나 오늘날에 있어서도 여전히 국가는 국제법의 가장 중요한 주체임에는 변함이 없다. 국가는 국가 이외의 실체에 대하여 그 국제법상의 존재를 인정하며, 각각의 목적에 적합한 범위내에서 어느 정도의 권리·의무를 부여할 것인가의 여부를 그 판단과 합의에 의하여 결정하는 권리능력을 갖는다. 국가의 국제법주체성은 생래적·본원적·포괄적이다.

국가는 그 대소에 관계 없이 어떠한 국가도(이른바 미니 국가도) 法主體性을 갖는다. 그러나 주권을 완전히 상실한 국가는 그 명칭의 여하를 불구하고 국제법주체라고 할 수 없다. 主權의 일부를 보호국에 이양하고 그 잔존부분만을 갖는 被保護國은 '不完全 國際法主體'이다(주권의 可分性에 입각한 Oppenheim-Lauterpacht의 說). 複

合國家(국가결합)에 있어서는 결합의 정도에 따라 여러 가지 종류가 있으므로 일률적으로는 판단할 수 없고 결합을 만들어 낸 법문서의 규정에 의할 수 밖에 없다.

요컨대 국가의 국제법 주체성의 특질은 다른 법주체의 경우와 판이하여, 국가로서의 존재 그것에 의하여 일반 국제법상 당연히 갖는 보편적 주체성이며, 어떤 조약상의 권리·의무에 의하여 비로소 또는 그 한도 내에서 주체가 되는 것은 아니다. 국가의 국제법 주체성의 이러한 특질은 慣習法이든 條約이든 간에 국제법규범의 정립(변경 또는 폐지)에 참가할 능력을 갖는 점에 나타난다(능동적 주체).

2. 國家의 權利能力

(1) 國家의 資格要件

지구상의 모든 국가에 적용 가능한 국제법상의 국가에 관한 정의는 존재하지 않는다. 그러나 국가의 자격요건, 즉 國家性의 기준으로서 국가는 적어도 領土(또는 領域), 人民(定住하는 주민), 政府의 3 요소로써 구성된다는 점에는 異論이 없다. 다른 한편 국가는 그 구성요소의 면에서만 정의할 것이 아니라 국제법적 관점에서 국가만이 갖는 속성을 주목하지 않으면 안된다. 그것은 국가가 대외문제를 처리하는 능력, 즉 외교관계를 맺는 능력(외교능력)이다. 국가의 자격요건으로서 이러한 외교능력이 요구되는 이유는 국제법이 국제사회의 分權的 性格을 반영하고 있는 까닭에 국가가 대외 문제를 스스로 처리하는 능력을 갖는다는 것이 그 전제로서 요청되기 때문이다. 이리하여 국가의 資格要件(국가성의 기준)은 영토, 인민, 정부의 3 요소 이외에 외교능력이라고 하는 제 4 의 요소를 더하게 되었다(1933년 '국가의 권리·의무에 관한 몬테비데오 조약' 제 1 조).

국가의 성립을 단순한 사실문제로 파악하는 19세기의 創設的 效果說은 대부분 승인을 부여하느냐 않느냐는 정치적 재량의 문제라고 보았다. 그 때 유럽 국제사회의 법질서의 유지라는 목적이 그 정치적 판단의 기준이 되었다. 그것은 '일정한 문명정도'의 요구라는 형식으로 나타났는데, 바로 유럽·기독교 문명을 지칭하는 것이었다. 이윽고 유럽 각국에 있어서의 산업자본의 융성을 배경으로 하는 아시아·아프리카에의 확장정책 속에서 그 경제활동의 자유와 안전의 보장이 강하게 요구됨에 이르러 '文明'은 '國際法遵守의 능력과 의사'에 의하여 측정되게 되었다. 그러나 어디까지나 국가의사를 중핵으로 하는 창설적 효과설의 입장에서는 승인요건의 명확한 객관화는 자기의 근본적 입장을 파괴하는 것으로 생각되어(T. Chen, The International Law of Recognition, 1951, 62), 적어도 19세기의 실행은 국가승인의 요건에 대하여 관심을 기울이지 않았다.

얼마 안 가서 創設的 效果說의 난점과 실천상의 불편에 대한 비판으로부터 宣言的 效果說이 등장하는데, 이 설에 의하면 신생국가는 국제법이 정한 국가성의 기준을 충족시킴과 동시에 국가로서의 국제법주체성을 획득하며 국제사회의 구성원이 된다. 즉 국제법상의 국가가 된다는 것이다. 이와 같이 기존국가의 주관이나 의사의 개입 없이 국가로서의 국제법주체성이 획득된다고 하는 선언적 효과설하에서는 국가란 무엇인가, 즉 국가성의 명확한 객관적 기준(국가성립의 요건)의 확립이 당연히 요청되게 된다. 지금까지 선언적 효과설의 입장에서 여러 가지 기준의 설정이 시도되었는데, 그 중의 가장 대표적인 것이 위에서 언급한 바와 같은 美洲國家間의 '國家의 權利 및 義務에 관한 條約'(통칭 몬테비데오 조약)이다.

위와 같은 국가의 자격요건은 독립된 정부가 일정 영역 내의 인민에 대하여 실효적으로 지배하는 것을 국제법주체로서의 국가의 필요·충분한 조건이라고 하는 것으로서 '實效性의 原則'이라고 지칭되는 것이다. 이 요건 이외에 '문명' 내지 '國際法遵守의 能力과 意思'를 더하는 학자도 있다. 그러나 전자는 그 기준의 비객관성으로 인한 자의적 판단으로 빠지기 쉬운 것이라는 비판을 면치 못한다. 후자의 요건도 '文明'요건과 같이 과거의 유럽중심의 폐쇄적 국제사회에의 가입허가를 의미한 국가승인을 위한 주관적 요건의 잔재라는 비판의 대상이 되고 있다. 그러나 이 '국제법준수의 능력과 의사'라는 요건은 국제법이 과거의 유럽 公法的 성격을 불식한 오늘날에 있어서도 정부의 실효성 요건에 대한 평가의 한 측면으로서 고려될 수 있는 것이다(1936년의 국제법학회에서 채택된 '신국가 및 신정부의 승인에 관한 결의'에 있어서의 국가의 정의 중에는 이 요건이 들어 있다. UN헌장 제 4 조 참조). 이상의 요건 이외에 한때는 '正統性'이라는 요건이 국가자격의 기준으로 손꼽힌 경우도 있었으나 그것은 실효성의 원칙에 의하여 빛을 잃게 되었다.

1) 永久的 住民 첫째의 자격요건은 人民, 특히 '永久的 住民'(permanent population)이다. 이것은 그 국가의 국적을 취득하여 그 영역과의

결합에 의한 공동사회의 형성에 참여하고 공통의 충성관계를 기초로 하는 인간집단을 말한다. 이러한 영구적 주민인가 아닌가는 집단구성원의 국적을 기준으로 결정되는 것이며(집단구성원의 주관적 합의인 국적), 그 국가의 영역에 거주하느냐 안하느냐는 기준이 되지 않는다(주관설).

다른 한편 인종·언어·종교·문화 등의 生來的·社會的·客觀的 요인에 의하여 영구적 주민을 인정하려는 주장이 있다(객관설). 이러한 주장은 현존의 국경의 범위를 넘어서 동일민족에 의한 국가통합을 정당화하려는 침략주의에로 인도될 위험이 있으므로 인정되지 않는다(나치스 독일의 범 게르만주의에 의한 오스트리아 등 지역의 병합). 또 그것은 領域國家(國籍國家)의 병존이라고 하는 실정국제법의 전제와도 적합하지 않기 때문이다. 이리하여 한 국가 내에 있어서의 客觀主義에 입각한 분리·독립운동(프랑스어권의 캐나다의 퀘벡州에서 일어난 1963년의 무력항쟁 등)에 대하여 국가는 그 일체성의 確保(주관설)에 전력을 기울인다.

> 최근 헌법학자나 국제법학자는 외국인을 國民(국적 보유자) 대 外國人(국적 비보유자)이라는 二元主義的 도식에서 구별하지 않고 國民, 定住外國人, 一般外國人의 삼자로 유형화하는 경향이 늘어가고 있다. 이것은 정주외국인의 경우 국적은 外國籍이라 할지라도 생활의 실태는 국민과 다르지 않으므로 법적 권리·의무의 관계에 관해서도 그 실태를 근거로 해야 한다는 생각이다(大沼保昭·徐龍達編, 「在日韓國·朝鮮人と人權」, 1986, 3-7). 정주외국인이 영구적 주민에 포함되느냐의 문제는 앞으로 외국인의 인권론의 발달에 따르는 국민개념의 전환 여하에 달려있다고 생각된다.

오늘날에는 mini state 또는 micro state(微小國家)가 많이 탄생하여 그 권리능력과 의무능력이 실질적으로 문제가 되고 있다. UN에서는 인구의 기준은 결정되지 않았고 10만 이하의 국가도 가맹이 인정되고 있다(UN 안보이사회의 전문위원회에서의 토의에 관하여는 Gunter, Michael M., What happened to the UN ministate Problem, AJIL, 1977, 110ff. 참조). 국제연맹에서는 1920년 小國들의 가맹신청에 대하여 Luxemburg의 가맹은 인정되었으나 Lichtenstein은 인정되지 않았다(그 거부이유는 국제의무의 이행능력의 결여와 주권의 일부의 타국 〈Swiss〉에의 위임이라는 두 가지 점이었다).

2) 明確한 領域 국가는 일정한 영역과 영속적인 관계를 갖는 인간의 집단이다. 즉 地緣的 團體이다. 따라서 영역은 국가의 제 2 의 구성요소가 된다. 영역을 缺한 국가는 존재하지 않는다. 그것은 국가가 단순히 사

람들의 정신적 결합만으로는 성립될 수 없다는 것을 뜻한다(Whiteman, Digest, vol. I, 231). 그러나 반드시 국경이 엄밀하게 획정되어 있을 필요는 없고 주민이 조직한 정치적 공동체가 실효적 · 계속적으로 지배권을 행사하는 確定的 地域(defined territory)이 있으면 충분하다. 즉 국경이 확고부동일 것을 요구하지 않는다.

항상 이동하는 유목민의 집단은 국가로 인정되지 않는다. 1975년의 '西部사하라 사건'에서의 ICJ의 권고적 의견에서는 "遊牧民(nomadic tribes)이 실효적 정부를 갖지 않는 경우에는 그 지역은 국가로 간주되지 않으나, 그 경우에도 그 영역이 無主物(*res nullius*)로 간주되지는 않으며, 반드시 타국의 점유의 대상이 되는 것으로 인정할 수 없다"고 하였다(ICJ Reports, 1975, 12ff.).

國土面積의 廣狹에 관하여 국제법은 문제시하지 않는다. 또 영역은 반드시 지리적으로 연속되어 있을 필요가 없다. 그 단적인 예로서 과거의 파키스탄은 인도를 중간에 두고 동서로 분리되어 있었다. 또 타국의 영역내에 둘러싸인 enclave(圍繞地)도 세계 각지에 존재한다(enclave에 있어서는 그 주권의 귀속, 국경의 획정, 위요지 통과권 등의 법적 문제가 발생하기 쉽다. 인도령통과권사건 ICJ Reports, 1960, 5-144).

3) **實效的 政府** 제 3 의 國家資格要件은 영역 일반에 대한 실효적 정부의 존재이다. 실효적 정부라고 하는 것은 領土主權 및 屬人的 管轄權을 포함한 확립된 통치조직인데, 그 실효성의 정도나 내용에 대해서는 국제법상의 규정은 없다. 그러나 과거의 실행을 보면 본국으로부터 分離抗爭을 거쳐 독립하는 경우에 이 요건을 엄격하게 적용하며(비아푸라의 분리독립항쟁의 불승인(1967-1970)), 역으로 평온한 형태로 본국으로부터 독립이 부여되는 경우에는 느슨하게 해석해 왔다고 할 수 있다(콩고의 독립(1960)이 그 전형적인 예). 여하간 통치조직의 확립의 유무는 국가승인의 경우에 타국이 인정하는 것이므로 정치적 고려가 개입하기 쉬운 곳이다(종전의 식민지 지배를 계속하기 위한 근거 내지는 구실로 남용될 우려가 있다).

국가가 혁명이나 쿠데타에 의하여 통치조직에 혼란이 옴으로써 실효적 정부의 일시적 부재가 생기는 경우에도 국가로서의 존재는 계속된다. 동시에 혁명에 의하여 새로운 정부가 성립할지라도 그것은 정부의 변경이고 국가의 변경은 아니다(국가계속의 원칙). 다만 이러한 일시적 실효성의 완화나 또는 실효적 정부의 일시적 부존재의 경우에도 일반적으로 정부는 실효성이 요구된다는 것이다.

국제법은 국가의 정부형태에 관하여 특정한 형태(군주제, 공화제, 입헌제, 전제)를 요구하지 않는다. 19세기 신성동맹에 의하여 제창된 군주주의적 정통성, 20세기 초엽 Equador의 외무장관 Tobar에 의하여 주장된 民主主義的 정통성(Tobarism)은 어느 것도 국제법상의 원칙으로 결정되지 못하였다. 민주주의가 일반화된 오늘날에 있어서도 정통성은 實效性에 대치되지 않은 것이다. UN憲章도 UN의 가맹국이 되기 위해서 특정한 형태의 정부를 가진 국가임을 요구하지 않고 있다(憲章 제4조 참조). ICJ도 "국제법의 어떠한 규칙도 현재 세계에 존재하는 국가적 구조의 다양성이 그것을 증명하고 있는 바와 같이 국가가 특정의 구조를 갖는 것을 요구하지 않는다"(1975년 西部사하라사건에 관한 권고적 의견)고 말함으로써 국가의 이른바 憲法的 自治의 원칙을 확인하였다.

다만 어떤 국가가 채용한 정부형태가 他國에 영향을 미치는 경우는 있을 수 있으나 그것은 국제정치의 문제이지 국제법의 문제는 아닌 것이다.

4) **外交能力** 제4의 국가자격요건은 '他國과 관계를 맺는 능력'(capacity to enter into relations with the other states)인데, 조약체결이나 외교사절의 교환을 포함한 그 국가의 대외관계를 자주적으로 처리하는 능력이며, 외교능력이라고도 한다. 단적으로 '獨立性'을 의미한다. 즉, 외교능력은 독립이라는 개념의 법적인 표현이며 국제법상 국가로서의 자격을 인정받기 위한 결정적 요건이다. "외국세력이 고도의 정책에 관하여 조직적으로 또한 恒時的으로 결정권을 강요해 오는 경우"에는 진정한 독립국이라고 할 수 없다(Brownlie, Principles of Public International Law, 76). 그러나 국가의 대외적 경제의존도가 높다고 하는 것 자체는 그 법적 독립성을 부정하는 것이 아닌 것으로 취급되고 있다.

국가자격의 승인에 있어서 국가의 기원에 관한 위법성의 문제는 분권적인, 그렇기 때문에 *ex factis jus oritur*(사실로부터 법이 발생한다)라는 원칙이 보다 강하게 타당하는 국제사회에서는 역사적으로 거의 불문에 붙여져 왔다. 그러나 지금까지 국가기원의 위법성의 관점에서 국가승인을 거부당한 예로서는 만주국과 남로데지아가 있다. 오늘날에 있어서도 남아프리카공화국 같은 apartheid의 수행을 위하여 창설된 국가는 국가성립요건을 缺한다는 설이 있다(Crawford, The Creation of States in International Law, 225-227).

근래 *jus cogens*(強行規範)의 존재는 그 구체적 내용이 확정되지는 않았을지라도 모든 국가가 인정하고 있다(비엔나 조약법 조약 제53조). ICJ는 Barcelona Traction 회사사건(1970년)에서 侵略行爲, Genocide罪, 인종차별로부터의 보호를 포함한 기본적 인권의 침해를 금하는 법을 예시하였다(Brownlie, 515; 현재 UN에서 심의중인 '국가책임에 관한 조약' 제19조는 국제사회의 기본적 이익의 보호를 침해하는 것을 국제범죄로 하고, ⓐ 침략 등 국제평화와 안전을 침해하는 행위, ⓑ 人民自決權의 침해, ⓒ apartheid, ⓓ 대규모의 환경오염 등을 들고 있다). 기타 Fawcett(The Law of Nations, 1968, 38-39)나 Crawford의 이론은 국가성립의 요건으로서 전통적인 실효성원칙에 새로이 부가해야 할 원칙으로서 위법적인 무력행사, 자결권의 침해, apartheid의 수행 등의 *jus cogens* 상당의 위반이 수반된 경우에는 국제법주체로서의 국가로서 성립될 수 없다는 새로운 이론을 제시하고 있다.

따라서 금후 극히 중요하고 보편적인 국제법 위반을 기초로 한 국가형성에 대해서는 따로 不承認決議나 선언을 기다릴 필요 없이 또는 조약상의 근거가 없더라도 국가성립의 요건을 결하는 것으로 볼 수가 있다. 이와 같이 단정하는 데는 아직 異論이 있으나 적어도 그러한 慣習法化에의 국제적 지향은 인정할 수가 있다고 생각된다. 이리하여 국가성립요건 또는 승인요건으로서 그 기원에 중요하고 보편적인 국제법 위반이 없어야 한다는 것을 더하는 방향으로 국제법은 발전하고 있는 것이다.

(2) 外交能力이 制限된 경우의 權利能力

1) 從屬國　이것은 宗主國(suzerain)에 종속하여 종주국의 국내법으로 국가로서의 지위가 인정될 뿐 외교능력이 전체적 또는 부분적으로 제한된 국가를 말한다. 附庸國(vassal state)이라고도 부른다. 종속국은 외교능력이 保護國과의 조약(보호조약)에 의하여 제한된 被保護國(protectorate)의 경우와 다르다.

종속국과 종주국 간의 이른바 附庸關係는 일정하지 않으나 대체로 단일국가의 일부분이 점차로 독립하는 과정에서 본국과의 종속관계를 과도적으로 지속하는 경우에 발생한다.

종속국 중에는 전연 국제법상의 능력이 인정되지 않는 것(예, 인도의 土侯國)과 약간의 한정된 국제법상의 능력이 인정된 것(예, 터키의 종속국이었던 제1차대전 전의 이집트)이 있다. 문제가 되는 것은 후자인데, 종속국의 지위에 관한 국제법상의 일반규칙은 없다. 그것은 각각의 경우에 구체적으로 규정된다. 예를 들면 제1차대전 전의 이집트는 종주국인 터키의 동의를 얻지 않고 외국과 통상조약을 체결할 수 있었다.

2) **被保護國** 피보호국의 국제적 지위는 이것과 보호국과의 국제조약에 의하여 또 경우에 따라서는 關係國간의 다자조약에 의하여 규정된다. 이와 같이 보호관계가 조약에 의하여 설정되는 데 대하여 附庸關係는 국내법에 의하여 설정되는 것이 양자의 차이점이다.

보호국이 전적으로 피보호국의 外交權을 장악하였을 경우 피보호국은 국제법상의 권리능력은 있으나 행위능력이 없는 것으로 해석된다. 그러나 제3국이 그러한 보호관계를 인정하지 않는 경우 이 제3국과의 관계에 있어서 피보호국의 주권은 소멸되지 않는 것으로 보아야 한다.

被保護國의 실례로서는 Buhtan이 인도의 외교적 보호하에 들어갔으며(1949년 8월 8일 양국간의 평화조약), Sikkim도 인도의 피보호국이 되었다(1950년 12월 5일). Morocco와 Tunis도 과거에 프랑스의 피보호국이 되었으나 1956년에 각각 독립을 달성하여 UN에 가입되었다. Andora는 프랑스와 스페인의 공동피보호국이며(1278년 이래), San Marino는 이탈리아의 피보호국이다(1872년 이래). 1905년의 乙巳條約 이래 1910년의 합병에 이르기까지 大韓帝國은 일본의 피보호국이었다.

保護關係에도 공통의 성질은 있으나 그 관계의 사항·정도·방식은 일정한 모양이 아니다. 그 각각의 보호조약을 검토할 필요가 있다. PCIJ는 '튀니지·모로코 국적법사건'에서 다음과 같이 말하고 있다.

"被保護國領域에 있어서의 보호국의 기능의 범위는 제1로 보호관계를 설정하는 보호국·피보호국간의 조약, 제2로 이러한 조약규정에 의거할 의도가 향해진 제3국이 승인하는 보호관계의 조건에 의존한다. 국제법하에서 보호관계에 의하여 보유되는 공통의 특색에도 불구하고 그것은 그것을 창설한 특별의 조건과 그 발전단계로부터 발생하는 개별적인 법적 성격을 갖는다"(PCIJ의 권고적 의견 1923년 2월 7일).

이와 같이 보호관계는 설정시의 합의의 내용에 좌우된다. 예를 들면 保護關係設定條約, 기타의 형식의 합의에 의하여 보호국이 피보호국의 일체의 대외관계를 스스로 처리·지휘·감독할 권능을 취득하는 완전한 보호관계의 경우(1905년의 韓日協約, 1949년의 인도·부탄條約 등)가 있는데(이 경우에는 보호국이 원칙적으로 피보호국의 일체의 국제관계의 처리에 있어서 피보호국의 이름으로 또한 이에 대신하여 실제의 권능을 행사한다. '모로코에 있어서 미국민사건', ICJ 판결, ICJ Reports 1952, 188), 이것은 전형적인 보호관계의 예이다. 또 다른 예로서는 보호국이 피보호국과 제 3 국의 중요한 조약의 체결에 한하여 개입할 권능을 갖는 경우도 있다(1918년 '프랑스·모나코 조약'). 이러한 보호관계의 설정은 양국의 그 후의 力關係의 변화에 따라 併合으로 진행하는 경우(1910년의 한·일합병조약)도 있고, 保護關係 設定條約의 외관을 취하면서 타국을 완전한 종속상태에 두는 경우도 있다(1939년 '독일·슬로바키아 보호관계조약', 이 때 '슬로바키아'와 같은 국가를 위성국가라고 한다). 이러한 경우의 피보호국은 완전히 외교능력을 상실한 것이므로 국제법상의 국가로서의 자격요건을 결하는 것이다. 이러한 종속 내지 보호관계는 보통의 조약에 입각한 협력 내지 결합관계와는 달리 무기한으로 보호관계 설정조약의 개폐가 금지된 체제인 것이다. 오늘날에 있어서는 국가 상호간에 외교능력의 상실을 가져오는 새로운 보호관계의 설정은 금지되고 있다(1965년 '한일기본관계조약' 제 2 조, 1960년 UN총회결의 '식민지독립부여선언' 등).

3) **聯邦構成國** 聯合國家 또는 聯邦國家(federation, federal state)는 다수 국가의 통합에 의하여 형성된 연방조직의 국가이다. 원칙적으로 연방국가 자체가 완전한 외교능력을 지닌 주권국가이며 그 구성국(支分國 또는 支邦, 명칭은 프로방스, 칸톤, 주, 공화국 등)은 내부적으로 국가적 성격을 보유하면서 대외적으로는 국제법상의 주체성을 갖지 않는 것이 보통이다(아르헨티나, 오스트리아, 브라질, 인도, 캐나다, 유고슬라비아, 오스트레일리아, 멕시코). 연방구성국의 시민은 연방의 시민으로서 공통의 국적을 가지며 연방의 권력은 구성국의 시민에게 직접적으로 미친다. 또한 구성국 상호간의 무력충돌은 내란이 되며 국제적 전쟁으로 취급되지 않는다.

그런데 예외적으로 연방구성국 중에는 국제사회의 승인 또는 연방헌법의 규정에 따라 한정적인 외교능력이 인정된 것도 있다. 예를 들면 인도는 그 독립(1947년 7월의 영국 '인도독립법'에 근거) 이전에 국제연맹 및 UN의 原加盟國이 되었다. 이 밖에 연방헌법상 명문의 규정이나 관행에 근거하여 제 3 국과의 관계에서 한정적인 외교능력을 갖는 것도 있다(칸톤에관해서는 '스위스 연방헌법' 제 8 조·제 9 조, 란트에 관해서는 '독일연방기본법' 제32조 3항, 각 州에 관해서는 연방회의의 동의를 조건으로 '미국헌법' 제 1 조 10절 3항).

여하간 연방구성국의 외교능력은 직접 국제법에 근거하는 것이 아니라 연방헌법에 입각한 연방정부의 의사에 의존하는 것이다.

(3) 條約上의 協力關係와 外交能力

국가가 다른 국가와 조약을 체결하여 關稅聯合, 永世中立制度, 安全保障 등의 협력관계를 설정하는 경우 그 국가는 외교능력의 제한을 받는 것이 되는가? 이러한 질문에 대한 대답은 부정적이다. 이러한 협력관계가 相互主義 내지 同權의 관계이고 지배나 종속관계가 아니므로 그 조약에 관한 폐기의 권리가 유보되는 것이며, 그러한 한 외교능력의 제한을 가져오는 것이 아니다.

1) 關稅聯合 關稅聯合(customs union) 또는 關稅同盟이라고 하는 것은 복수의 국가가 조약을 체결하여 그 내부에서는 상호간의 무역장벽을 철폐하며(域內貿易의 자유화), 외부국가에 대해서는 공통의 對外通商政策을 수행하는 것(대외공통관세의 설정이 대표적)을 말한다. 오늘날 그 실례는 적지 않다(Benelux Customs Union, EU, Andes 공동시장, 동아프리카 공동체, 아랍공동시장, 서아프리카 관세동맹, 중부아프리카 관세경제동맹 등, GATT 협정 제24조). 그런데 이 關稅聯合의 결성이 체약국의 독립·외교적 능력을 害하는가의 여부가 문제가 된다.

제1차대전 후 패전국 오스트리아는 St. German조약에서 국제연맹이사회의 동의가 없는 경우 자국의 독립을 위태롭게 하는 어떠한 행위도 하지 않을 것을 약속하였다(1919년 생 제르맹 평화조약 제88조, 1922년 제네바의정서 제1호). 그러나 그 후 오스트리아는 독일과의 조약(1931년 비엔나의정서)에 의하여 양국간에 관세연합의 설립을 결과하는 조약의 체결을 합의하였다. 이 관세연합이 생 제르맹조약과 양립하는지의 여부의 문제에 관하여 聯盟理事會로부터 勸告的 意見의 요청을 받은 PCIJ는 다음과 같은 의견을 제시하였다.

① 그 '다수의견'에 의하면, 오스트리아의 '독립'이란 오스트리아가 경제·정치·재정 기타 일체의 사항에 관하여 단독의 결정권을 가진 별개의 국가로서, 현존의 국경 내에 계속적으로 존재하는 것을 말하는 것이므로, 오스트리아의 주권적 의사가 독일의 의사에 종속되거나 또는 대체되는 경우에는 독립의 이양·포기가 된다. 관세제도의 설정 자체는 당연히 오스트리아의 독립을 상실케 하는 것은 아니다(조약에서 폐기의 권리를 인정하고 있으므로 그 독립권행사의 가능성은 담보되고 있다). 그러나 이 관세제도는 독일에게 특별한 이익과 배타적 특권을 부

여하는 것이므로 오스트리아의 경제적 독립을 해한다(제네바의 정서위반)고 판단하였다.

② 안지롯티(Anzilotti) 판사의 '個別意見'에 의하면, '獨立'이라고 하는 것은 국제법상의 국가의 요건으로서 국제법 이외의 권위에 종속되지 않는 것을 말하며(조약에 의한 국가의 자유의 제한은 독립을 상실케 하는 것이 아니다. 합병, 병합, 흡수는 종속관계를 구성한다), 일반적으로 관세제도의 설정은 독립을 이양하거나 위태롭게 하는 것은 아니다. 그러나 이러한 법률문제와는 별도로 본건의 관세제도는 양국의 정치적 연합(민족, 언어, 문화, 국민감정 등의 공통성에 입각한 정치적 연합)을 결과할 우려가 있으며, 오스트리아의 독립에 위험한 사태가 된다. 따라서 생 제르맹조약과 그 구체적 적용으로서의 제네바 의정서의 쌍방에 위반되는 것이라고 하였다.

③ 이에 대하여 '反對意見'에 의하면 국가가 외교능력을 상실한 경우에 한하여 독립을 이양하였다고 할 수 있는데, 조약의 체결에 의하여 주권의 행사에 어느 정도 제한이 가해졌다 하더라도 국가의 통치기구로서의 권능이 박탈되지 않는 한 그 독립을 해하지 않는다. 관세제도의 설정은 당연히 체약국의 관세지역과 관세행정의 병합을 수반하는 것이 아니므로 관세조약에 규정된 오스트리아의 독립을 해하지 않는다고 하였다.

이상 세 가지 의견에서 관계조약상의 '獨立'의 개념을 일반국제법상의 '外交能力'과 같은 의미로 해석하느냐의 여부의 문제에는 대립이 있었으나, 조약상의 連携關係가 외교능력의 상실과는 구별된다고 하는 점에는 의견 일치를 보이고 있다.

> PCIJ는 Wimbledon호 사건에서, "이러한 종류의 의무를 설정한 어떠한 조약도 국가의 주권행사가 일정한 방향으로 행사되는 것을 요구한다는 의미에서 하나의 제한을 과하는 것은 틀림없으나 國際約定을 맺을 수 있는 권리는 국가주권의 속성이다"라고 언명하였다.

2) **永久中立國**　永久中立國은 ① 利害關係國(반드시 인접국이 아니라도 좋다)간의 조약에 의하여, ② 自衛의 경우 이외에는 전쟁을 행하지 않으며, ③ 간접적으로 전쟁에 개입할 우려가 있는 국제의무를 지지 않을 것을 조건으로, ④ 영구히 그 독립과 영토보전을 보장받고 있는 국가를 말한다. 이와 같

은 영구중립국의 성립을 위한 국가간의 약속은 그 이해관계국(대개는 강대국)이 국제회의를 개최하고 조약의 형식으로 체결하는 것이 보통이다(스위스의 경우). 그러나 영구중립을 희망하는 국가가 일방적으로 영구중립을 선언하고 다른 국가가 이것을 승인함으로써 개별적으로 성립된 2국간의 합의가 다수 집적되어 여기에 다자간 國際條約을 체결한 것과 동일한 효과를 나타내는 경우도 있다(이른바 오스트리아 방식).

스위스의 경우에는 1815년의 비엔나條約(당사국은, 영국 · 프랑스 · 오스트리아 · 프러시아 · 스페인 · 포르투갈 · 스웨덴)에 의하여 그 영구중립이 약속되고, 스위스가 이 조약에 가입하였으므로 당사국들은 파리선언(1815년 11월 20일 스위스 비가입)을 작성하여 스위스의 영구중립을 보장하였다(동시에 프랑스 · 스위스의 국경지역에 자유지대를 설정하였다. PCIJ의 '자유지대사건'판결 참조). 스위스의 이 영구중립의 지위는 1919년의 베르사이유조약(제435조)에 의해서도 재확인되었다.

오스트리아의 영구중립은 1955년 오스트리아의 중립에 관한 연방헌법(제1조, 제2조)이라는 국내법을 제정하여 일방적으로 영구중립을 선언하고 이것을 열강에 통고하여 승인을 구하여 4대국을 포함한 다수 국가가 이것을 승인함으로써 성립되었다(1955년 4월 '대 소련모스크바 각서', 일본 · 오스트리아 교환공문). 이것은 다자조약의 형식을 취하지 않고 각국의 개별적 승인의 집적으로써 이것에 대신함으로써 동일한 효과를 거두고자 하는 영구중립의 새로운 형태이다.

그런데 오스트리아의 경우, 각국의 승인은 오스트리아의 永久中立을 존중한다는 의사표시에 그치는 것이고, 이것을 보장한다는 의사표시를 포함하고 있지 않다. 이와 같이 영구중립에 관한 스위스 방식과 오스트리아 방식은 성립형식에 있어서나 각국의 의무의 면에 있어서나 서로 다르다고 하는 점을 주의해야 한다.

다음 국제법상의 永久中立과 혼동해서 안되는 것은, 첫째 평시 일방적 선언에 의하여 자국의 영구중립을 선언하는 '自治的 中立化' 또는 '自己的 中立化'이다. 둘째, 戰時中立의 경우인데, 타국간에 전쟁이 발생한 경우 제3국이 자발적으로 그 전쟁에 참가하지 않기로 결정한 일시적 지위에 지나지 않는다. 이러한 지위는 자기의 의사에 의하여 언제든지 포기하고 교전국이 될 수 있다는 점에서 당사국의 합의가 없으면 그 지위를 포기할 수 없는 영구중립과 다르다. 셋째, 영구중립은 국가 전체의 중립화로서 수에즈운하의 중립화와 같은 국가영역의 일부의 중립화와도 구별된다.

UN에의 가입문제에 있어서 스위스와 오스트리아는 각각 다른 접근을 보여주고 있다. 일찍이 스위스는 일정한 조건하에 국제연맹에 가입하였다. 즉 ① 연맹의 군사행동에 참가하지 않을 것, ② 외국군대의 스위스 영토 통과를 강제당하지 않을 것, ③ 단, 聯盟規約違反의 가맹국에 대한 경제제재에는 참가할 것 등이었다.

그러나 UN에는 가입하지 않고 있다. 샌프란시스코 제헌회의의 당시 중립의 지위와 UN가맹국의 의무가 헌장의 규정상 양립되지 않는다는 해석이 확립되었기 때문이다(헌장 제2조 5항, 제4조 1항 및 제42조). 즉 침략행위에 대한 군사조치에 참가할 가맹국의 의무는 永久中立國의 지위에 반한다는 것이다(1985년 UN 가입문제를 국민투표에 부쳤으나 역시 부결되고 말았다).

오스트리아는 스위스와는 달리 UN에 가입하였다. 영구중립은 UN헌장과 양립되지 않는다는 원래의 해석이 그 후에 변경되었고, 진영간의 대립을 완화함에 있어서 永久中立國의 역할이 재인식된 까닭이다. 즉 헌장은 침략이 발생할 경우 이러한 조치를 취할 것인가에 관한 결정권을 전적으로 안전보장이사회에 부여하고 있다(제39조, 제41조, 제42조). 그러므로 가맹국은 국제연맹의 경우와 같이(규약 제16조) 즉각적으로 침략국에 대하여 군사조치를 취할 의무가 없고 이사회의 결정을 기다리게 되었다. 결의가 성립할 때까지 각 가맹국은 중립을 취할 수 있으며, 더구나 이 결의의 성립은 곤란하다(특히 強大國의 拒否權). 뿐만 아니라 각 가맹국이 UN의 군사행동에 협력할 의무의 한도는 장차 이사회와 가맹국 간에 체결될 특별협정에 의하여 결정될 예정이었으나(제43조) 이러한 협정은 그 때나 지금이나 하나도 체결되지 않았다. 그리고 그러한 特別協定은 각 가맹국이 그 헌법상의 절차에 의하여 비준하였을 때 효력을 발생하게 되어 있으므로 비준을 하지 않을 경우 가맹국은 구속되지 않는다(협정의 비준은 자유). 따라서 UN이 오스트리아에 대해서 특별협정의 체결을 제의하지 않으면 충분하고, 제의하더라도 영구중립을 이유로 이것을 수락하지 않을 수도 있다. 이리하여 영구중립국의 UN가입은 그 중립의 지위와 모순되지 않는다는 해석이 가능하게 되었다(다만 비군사적 조치와의 관련하에서는 중립은 여전히 문제가 된다).

永久中立의 제도는 약소국의 이익과 그 약소국을 중심으로 한 여러 국가의 이익이라는 두 개의 이익에 지지되어 성립되는 것이다. 약소국을 중심으로 한 일종의 집단적 보장인데, 영구중립국이라는 소국의 이익만을 위한 제도가 아니라 그 지역의 '全般的 利益'을 위한 제도로서 존재한다. 그리고 영구중립국이 조약에 의하여 비교적 중요한 의무를 지고 또한 권리의 특수한 제한을 받고 있으나 그 외교적 능력이 문제되지는 않으며, 따라서 주권국가임에는 변함이 없다.

3) 바티칸(Vatican, the Holy See) 바티칸은 국가의 자격요건에 관하여 문제가 있기는 하나 그 종교적 권위에 입각한 전통에 의하여 법주체성이 인정되고 있는 일종의 국가이다.

이것은 전에 로마교황청으로서 실질적으로 국가의 지위를 가지고 있었으나 1870년 이탈리아에 합병되어 순전한 종교상의 존재가 되었던 것인데, 1929년 이탈리아가 라테란조약에 의하여 바티칸의 전통과 세계적 사명에 따른 고유의 권능으로서 국제적 분야에서의 주권을 승인하였으며, 동시에 새로이 바티칸市國을 설립하여 독립의 영토적 기반을 보장하였다.

각 국가들도 로마法王의 원수적 지위를 인정하여 바티칸과 외교관계를 유지하며 사절을 교환하고 和親條約(concordat)을 맺고 있다. 로마法王使節은 그 석차에 있어서 특권적 지위가 인정되며(1961년 '비엔나 외교관계조약' 제16조 3항), 人道문제 또는 '國際法의 法典化'에 관한 국제회의에 참가하기 하고, 또 주요한 다수국간 조약의 당사국이 되기도 한다(난민조약, 비엔나 조약법조약, 비엔나 외교관계조약, 핵비확산조약, 포로대우 기타의 1949년 제네바 4조약 등).

이와 같이 바티칸은 국가라 할지라도 종교적 기능을 중심으로 하는 실체이며 그 분야에 있어서의 국제관계를 유지하고 있는 특수한 국가이나 그 외교능력이 일반적으로 제한된 것은 아니다.

제 3 절 準國家的 實體의 權利能力

1. 交戰團體의 承認

內戰(內亂)의 진행과정에 있어서 현지의 무력분쟁이 叛亂狀態(이 상태에서는 합법정부와 반란군의 관계가 국내법을 전제로 한 실력항쟁에 지나지 않으나 제 3 국이 필요에 의하여 이 반란단체를 승인하는 경우가 있다)를 넘어서 交戰狀態(belligerency)에 들어가는 경우가 있다. 中央政府(*de jure* government)에 대하여 반란을 일으킨 단체(이 초기는 반란상태 insurgency이다)가 그 국가영역의 일부를 점령하여 여기에 하나의 事實上의 政府(*de facto* government)를 수립하고 중앙정부의 권력이 전혀 이곳에 미치지 못할 경우가 바로 이것이다.

이 때 중앙정부와 교전단체간 또는 제 3 국과 교전단체간의 관계를 국제법상으로 규제할 필요가 생기게 된다. 중앙정부는 叛徒占領地에 있어서의 외국인의 신체·재산상의 손해에 대한 책임을 면할 필요가 있으며, 제 3 국은 叛徒와 교섭하여 자국민의 이익을 보호할 필요가 생긴다. 중앙정부 또는 제 3 국이 이와 같은 필요 때문에 교전단체에게 일정한 제한된 국제법상의 주체성을 부여하는 경우 이것이 곧 交戰團體의 承認이다.

내란(riot 또는 disturbance)이나 내전(civil war)은 원래 국내문제에 지나지 않는 것이나 교전단체의 승인에 의하여 그것은 국내법적 반란상태로부터 국제법상의 전쟁법규의 규율을 받는 전쟁(국제적 내전)이 된다.

이 교전단체의 승인을 받은 '事實上의 當局'(*de facto* authorities)은 그 실효적 지배와 제 3 국의 권익의 정도에 따라 상대적·주관적으로 戰時國際法上의 주체성이 부여되며, 그러한 한에서 종전의 합법정부가 가지고 있던 대외적 대표권은 그 지역적 타당범위가 그만큼 좁아지는 것이다.

2. 亡命政府

어느 국가의 행정부 등 주요한 국가기관이 외국군의 점령 또는 내란 등의 발생의 결과 국외로 망명하여 그 망명지의 국가 및 기타 關係諸國의 승인을 얻어 正統政府로 인정되고 일정 한도의 정부기능을 행사할 경우 이것을 亡命政府(government in exile)라고 한다.

> 망명정부의 문제가 논의되기는 兩次大戰, 특히 제 2 차대전을 계기로 한다. 제 2 차대전중 독일군의 침략·점령으로 런던으로 탈출한 Netherland, Norway, Belgium, Poland, Luxemburg, Yugoslavia 등이 이 망명정부의 예이다.
>
> 내란에 의한 망명정부의 예로서는 Spain 내란에 의하여 국외로 탈출한 共和制政府(현재에도 Mexico는 이것을 Spain의 정통정부로 인정하여 외교관계를 유지하고 있다) 등이 있다.

망명정부는 국가영역에 대한 사실상의 지배권을 缺如(국가자격요건의 부분적 결여)함에도 불구하고 한정된 범위 내에서 국제법주체성이 인정된다(징병, 자국민의 재판 등 1941년 영국의 '외교특권확대법'). 이 문제는 亡命政權 受入國의 領土主權의 자기 제한이라는 형태로 해결된다. 그런데 망명이 적국군의 점령에 의한 경우에는 국제법상 戰時占領은 피점령국의 주권에는 영향을 미치지 않는다는 원칙이 일반적으로 인정되고 있기 때문에 이 점에서 망명정부의 지위가 위협을 받지는 않는다. 그러나 점령하에 있는 본국에 점령군과 협력하는 정부가 수립되는 경우에는 망명정부의 지위는 신정부의 승인과 표리의 관계를 이룬다. 그러나 국제법상 위법으로 관념되는 침략전쟁에 의한 군사점령의 경우에는 망명정부의 주장에 유리한 설득력이 부여된다.

이에 반하여 외견상은 망명정부라 할지라도 본국 헌법상의 法的 連續性(그 표명으로서 국민의 지지·승인)을 상실한 것은 망명정부로서 승인을 받을 자격이 없다. 특히 망명정부와 적대되는 사실상 또는 법률상의 정부가 이미 본국의 영역 내에 성립된 경우이다(1936년 Spain 내란에서 패배하고 프랑스, 그 다음 멕시코에 설립된 구스페인 공화당정권, 제 2 차대전중 런던에 설립된 체코망명정권 등). 그러나 韓日合併後 중국에 망명한 上海臨時政府는 당시의 중국정부로부터 일정한 대우(광복군의 편성과 활동허용, 특정의 특권·면제의 부여)를 받았으며, 망명정부로서의 자격이 인정되었다.

3. 民族解放團體

민족의 독립을 목표로 무력항쟁을 계속하는 조직으로서 국제법상 국가에 준하는 지위가 부여된 것을 民族解放團體(national liberation movements)라고 한다(중동의 팔레스타인 해방기구, 즉 PLO; 남아프리카, 南西아프리카, 기니아, 가보·벨데제도, 짐바베, 세이셸 등의 지역에서 식민지 독립전쟁에 종사하던 조직).

민족해방단체의 정의에 관해서는 각국의 정치적 입장을 반영하여 두 개의 견해가 대립하고 있다. 첫째는 “일체의 형태의 제국주의와 식민지주의에 실력으로 저항하고 있는 피압박민족의 조직”이라는 광의의 정의이다(과거 동구측 · 제 3 세계국가의 주장). 둘째는 UN의 실행인데, 엄밀하게 그 목적 · 대상을 특정하여 “국가로서의 독립과 일체성을 추구하여 외국의 식민지적 지배, 점령 및 인종적 차별에 무력으로써 저항하고 있는 민족단체”를 말한다. 구체적으로는 UN의 각 기관이 關係地域機關(아프리카 통일기구, 아랍제국연맹 등)과 협력하여 민족자결(UN헌장 제 1 조 2 항, 제55조)과 植民地獨立附與宣言(1960년 15차 UN 총회결의 1514호)의 원칙의 실현을 담당하는 자로 인정된 것에 한하여 민족해방단체의 자격이 부여되는 것이다(27차 총회결의 2928호, 28차 총회결의 3103호).

민족해방단체는 먼저 平時國際法上 국가에 준하는 대표권을 주장한다. 이 주장에 대하여 여기에 광범한 대표권과 외교특권을 부여하는 국가(제 3 세계국가)가 있는 반면, 그 사무소의 설치를 인정하는 정도에 그치고 국제법상의 승인을 유보하는 국가(일반적으로 서구제국)도 있어 그 대우는 일정치 않다.

다음 민족해방단체는 UN의 주요기관(보조기관 및 전문기관 포함)과, 이것들이 주최하는 각종의 국제회의에서 일반적으로 옵저버의 지위가 부여되고 있다(1982년 ‘UN해양법조약’ 최종의정서 부속서. 1974-77년 국제인도법회의에서는 서방국가의 반대에도 불구하고 제안 · 수정권도 부여되었다).

다음 민족해방단체는 對象國(식민국, 인종차별국)이 民族自決原則의 실현을 저지하는 경우 그 목적 달성을 위하여 무력행사에 호소할 권리(*jus ad bellum*)가 있는가? 또 그 항쟁은 국제적 무력분쟁으로 간주되어 交戰法規(*jus in bello*)上의 보호를 받을 수 있는가? 이 질문에 대해서 UN 總會決議(제 3 세계의 다수파의 견해)는 민족해방단체는 ‘무력에 호소할 권리’를 가지고 있다는 것을 인정하였다. 즉, 민족자결 · 식민지 독립부여는 모든 국가에 대항할 수 있는(*erga omnes*) 절대적인 원칙인데 대하여, 그 실현을 방해하는 식민지적 지배체제의 존속은 국제의 평화 · 안전에 대한 위험 · 위협이 된다. 따라서 민족해방단체는 무력사용을 포함한 일체의 필요한 수단을 사용하여 식민지세력에 대하여 투쟁하는 ‘固有의 權利’(자위권의 정당한 사용)를 갖는다고 하였다

(21차 UN총회결의 2189호, 25차 총회결의 2621호). 그러나 서구제국은 현행 국제법이 민족해방단체의 무력사용의 권리를 공인하고 있지 않다는 반론을 제기하고 있다.

다음 '交戰法規'의 적용상 민족해방단체에 의한 무력사용(민족해방전쟁)이 국제적 무력분쟁(1949년 '포로대우 기타 전쟁희생자 보호에 관한 제네바 4조약' 제 2 조)에 해당하는가? 이 문제에 대해서도 제 3 세계 국가들은 긍정적 입장을 취하였다. 이미 확립된 국제관습법에 입각하여(이것을 확인한 것이 1977년 '국제적 무력분쟁 희생자보호에 관한 제 1 추가의정서' 제 1 조 4항) 당연히 관계 교전법규의 전면적 적용을 받는다고 하였다. 반면에서 서방각국은 민족해방전쟁이란 일국의 영역내의 '국제적 성질을 갖지 않는 무력분쟁'(1949년 제네바 4조약 제 3 조)에 지나지 않으며, 보통의 내전에 그치는 것이라고 주장하였다.

이러한 대립에도 불구하고 민족해방단체는 그 兵員이 戰鬪員(일반주민으로부터 식별되는 것을 요건으로 한다. 그러나 그것이 불가능한 교전상황의 경우에는 '무기를 공연히 携行함으로써' 그 조건을 충족한다는 것. 제44조 3항) 및 捕虜(제 4 조 1·2 항)로서의 대우를 받을 권리가 있다고 주장하며, 이것은 '民族自決 · 植民地獨立附與'의 원칙으로부터 파생된 강행규범(*jus cogens*)이라고 하였다.

위와 같이 민족해방단체의 법적 지위에 관해서는 많은 의견의 대립이 었고, 그것이 국제법의 한정적 주체로서 일정한 권리능력을 인정받은 것도 사실이었다. 그러나 그 권리능력은 關係諸國 내지 국제조직에 의한 승인을 요하는 것이며, 그 목적달성에 필요한 범위 내에서의 기능적 · 과도적인 성질을 갖는 것에 지나지 않는다고 보아야 할 것이다.

제 4 절 國際組織의 權利能力

1. 定義와 分類

1) 定義 國際組織(international organization) 또는 國際機構라고 하는 것은 공동의 목적을 달성하기 위한 여러 국가의 결합으로서 보통 조약에 입각하여 창설되며 그 기능을 수행하기 위한 기관(organ)을 가지고 이 기관을 통하여 개개의 構成國의 의사와는 별개의 단체 자신의 의사를 표명하며 단체의 이름으로 행동하는 것을 말한다.

첫째, 국제조직은 국가간의 합의에 입각하여 성립된다. 합의의 형식은 일반적으로 조약이지만 회의의 결의에 의하는 경우도 있다. 넓은 의미의 국제조직이라 할 때는 이러한 '政府間 國際組織'(international intergovernmental organization)만이 아니라 민간인간에 국경을 넘어 형성된 '非政府 國際組織'(international non-governmental organization)도 포함되지만 국제법상으로는 정부간 국제조직(IGO)이 중심이 된다. 그러나 비정부 국제조직(NGO)이 국제관계에서 수행하는 역할은 무시할 수 없으며, UN이나 전문기관과 협의자격을 가짐으로써(UN헌장 제71조) 국제법 현실에 영향을 미치는 경우가 있다(이 협의자격을 갖는 비정부조직은 국제 NGO와 국내 NGO의 양자를 포함한다).

둘째, 국제조직은 공통의 목적을 달성하기 위한 기능적 단체인 점에서 본질적으로 영토단체인 국가와 다르다.

셋째, 구성국의 의사와 구별되는 독자적 의사를 표명하는 상설기관을 갖는 점에서 한때의(*ad hoc*) 국제회의와 다르다.

2) **分類** 국제조직은 여러 가지 표준 또는 각도에 따라 분류할 수 있다.

첫째, 구성국의 범위를 세계적 규모로 하느냐 또는 특정지역에 한정하느냐에 따라 一般的 國際組織(UN, 15의 전문기관 등)과 地域的 國際組織(북대서양조약기구, 美洲기구, 유럽연합, 아시아개발은행 등)으로 분류된다. 지역적 국제조직이라고 하는 경우의 지역성은 반드시 지리적 접근을 의미하는 것이 아니고, 같은 이해관계와 정치이념을 가진 특정범위의 국가간의 지역적 연대에 입각한 것으로서 상대적인 개념이다.

이 지역적 국제조직은 地域國際法의 우월을 주장하여 국제사회의 분열·동맹화를 결과할 우려가 있으므로 이러한 폐해를 제거하기 위하여 UN헌장(8장 제103조)은 일반적 국제조직의 우위를 확보하는 장치를 강구하고 있다. 즉, UN가맹국으로서의 의무와 지역적 국제조직의 가맹국으로서의 의무 간에 경합·저촉이 생긴 경우에는 UN헌장상의 의무가 우선한다는 것이다.

둘째, 목적 또는 임무에 따라 정치적인 것과 비정치적인 것으로 분류된다. 국제평화와 안전의 유지 및 국제협력을 포함한 총합적인 국제조직(UN, 美洲기구 등)이 전자에 해당하며, 후자는 개별적 분야의 국제협력을 담당하는

行政的 · 專門的 國際組織(전문기관, 국제원자력기구 등)이다. 그러나 이러한 구별은 유동적·상대적이다.

셋째, 권능의 정도나 통합도에 따라 국제적인 것과 超國家的(supranational)인 것으로 분류된다. 오늘날의 국제조직은 대부분 가맹국의 주권의 존중을 원칙으로 하는 조직체이다. 그러나 초국가적 조직은 가맹국과 그 국민을 직접으로 구속하는 결정을 하며, 그 내부기관은 이것을 실시하기 위한 직접의 사법기관과 집행기관을 광범하게 갖는다.

넷째, 구성단위가 주권국인가 아닌가에 따라 정부간조직과 비정부조직으로 분류된다(후자는 즉 국제적 NGO로서 만국의원연맹, 국제적십자위원회, 국제상업회의소 등 다수). 전자는 主權國家(또는 특별히 인정된 영역)의 결합체인데 결합의 정도에는 편차가 있으나 현단계에서는 주권국가의 집합체 이상의 지위를 탈피하지 못하고 있다. 기능적 단체인 점에서 이른바 '國家結合'(Staatenverbindungen)과 구별된다.

그러나 이상의 정의나 구별은 이론상의 것이며 오늘날의 복잡하게 분화된 국제조직의 전부를 커버할 수 있는 실정국제법상의 정의는 존재하지 않는다.

다섯째, 임무 또는 활동방식을 기준으로 하면 대체로 3종의 국제조직이 있다.

(1) '調整機能'을 갖는 국제조직인데 대부분의 국제조직은 여기에 속한다. 가맹국의 견해와 정책을 조정하여 국내행정업무를 국제적 동일기준으로 수행하도록 하는 기능이다.

(2) '行爲規範 設定機能'을 갖는 국제조직이다. 공통의 행위규칙을 작성하여 가맹국에게 적용하는 기능이다. 특히 전문기관 중에는 각 전문적 업무에 관한 상세한 기술규칙 · 기준을 작성하여 가맹국의 국내법령으로 가급적 일원적 적용을 하도록 일반적 구속성을 과하는 것이 있다(국제민간항공업무, 보건위생, 검역, 국제기상정보, 우편·전기통신 업무 등의 분야).

그런데 그 일반적 구속성을 확보하기 위한 구체적 방식에는 두 가지가 있다. 그 하나는 기술규칙 등의 채택이 공표되면 전가맹국에 대하여 발효되는 것으로 하고, 다만 일정기간 내에 불승인 · 유보를 통고해 온 국가에게는 적용하지 않는다(contracting out)는 방식을 취하는 것('국제민간항공조약' 제37조·38조·90조, '세계보건위생기구헌장' 제21조·22조, '세계기상기구헌장' 제 8 조 b 등)과 또 하나는 각 가맹국에 대한 적용은 그 승인(또는 묵시적 비준, 수락 등)을 조건으로 하는(contracting in) 방식이다(1964년 '만국우편연합헌장' 제22·25조, 1982년 '국제전기통신조약' 제42·44조).

(3) 셋째는 '職務運營機能'을 행사하는 국제조직이다. 이것은 가맹국 또는 私人에 대하여 직접적으로 國際公共性이 있는 이 기능을 행사하는 것인데, 특히 그 국제조직이 국제사업 운영기관으로서 활동하는 경우에는, ① 국가를 구성원으로 하는 본래의 정부간 국제조직의 형태를 취하는 것과, ② 최근의 국제공공기업과 같이 정부대표 외에 국가가 出資事業體로서 지정한 비정부기관(공·사 어느 기관)의 대표도 구성원으로 하는 등 이원적 구성을 취하는 것도 생기게 되었다(국제전기통신위성기구 International Telecommunications Satellite Organization [INTELSAT]). 여하간 이러한 것들도 정부간의 합의에 의하여 설립된 것이므로 역시 국제조직의 새로운 형태로 보아야 한다.

비정부조직은 정부간의 조약에 의하지 않고 非國家的·民間레벨의 합의에 입각하여 설립되며, 교육·학술·종교·문화·경제·인도·반핵 등의 분야에서 국제적 내지 단일국가의 규모를 넘은(transnational) 공적 활동에 종사하는 법인(대부분 본부소재지국의 국내법상의 사단 또는 재단)이다. 이러한 비정부조직은 국제법상의 권리능력을 갖지 않으나 국제법상의 여러 문제에 영향력을 행사하고 있다(前記 UN헌장 제71조).

2. 國際組織의 國際法主體性과 그 法的 根據

국제조직이 국가와 동등 또는 동질의 국제법주체로 인정되는 것은 아니지만 그 가맹국과는 별개로 국제법상의 일정한 권리·의무의 귀속주체인 것은 오늘날 대다수의 국가가 異論 없이 승인하고 있다(국제조직의 국제법주체성을 일단 부인하고 있는 소련 학자도 국제조직의 조약체결권을 인정하는 등 실제로는 서구학자의 견해에 상당히 접근하고 있다. Tunkin, 國際法理論, 岩淵 譯, 103-108). 그런데 그 근거에 관해서는 학자간에 의견의 대립이 있다.

(1) 첫째는 基本文書(조약)根據說인데, 국제조직이 설립기본조약에 의하여 조약체결권 기타의 일정한 국제법상의 권리가 인정되고 있다는 이유에서 국제조직의 國際法人格(주체성)이 추론된다는 것이다. 이것은 '必要한 推論'說이라고도 한다.

그러나 이 기본조약근거설은 일종의 循環論法으로서(조약체결권이 규정되고 있다. 따라서 국제법주체성이 있다. 따라서 조약체결권이 있다고 하는 순환론법) 반드시 국제조직의 주체성을 논증한 것으로 볼 수 없다(Bowett, The Law of International Institutions, 273-277). 동시에 국제조직의 설립기본문서에 명문으로 인정된 권능(특정의 조약체결권)을 이유로 광범한 주체성(조약일반의 체결권, 또는 일반국제법상의 주체성)을 인정한다는 것은 논리적 비약이다.

(2) 둘째는 目的必要說이다. ICJ가 'UN의 역무중에 입은 상해에 대한 補償事件'(이른바 Bernadotte 사건에 관한 1949년 4월 11일의 권고적 의견)에서 UN에는 국제법인격, 특히 일반국제법상의 손해배상 청구권행사가 인정된다고 한 것은 이 목적필요설을 명확하게 보여준 입장이다. 그러나 이 설도 기본문서근거설을 넘지 않는 한 국제조직의 법주체성을 국제법상 일반적으로, 특히 비가맹국과의 관계에서 인정될 수는 없다.

(3) 셋째는 客觀的 存在說이다. Seyersted에 의하면 국제조직의 법주체성이란 그 객관적 존재성에서 발견된다고 한다(International Personality of International Organizations: Do Their Capacity Really Depend upon Their Constitution?, 53). 국제조직은 가맹국으로부터 분리된, 가맹국에 종속되지 않은 독립의 기구를 가짐으로써 설립되었으며, 그 사실에 의하여 설립기본문서에 명문의 근거규정이 있느냐 없느냐에 불구하고 國際法主體性을 갖는다고 그는 주장한다. 이러한 견해는 기본문서의 제약을 떠나서 이에 일반성을 부여한 곳에 문제가 있다(목적필요설을 극한적으로 확대한 것으로서 국제조직의 권한이 가맹국의 의사에 좌우된다는 기본적 사실을 간과하고 있다).

위의 세 가지 학설을 검사해 볼 때 객관적 존재설은 국제조직의 국제법상의 일반적 법률상의 지위를 설명하는 것이고 기본문서(조약)근거설은 개개의 기본적인 국제조직의 권한 내지 책임의 범위를 명확히하는 것으로서의 의의가 있다(공적 국제조직은 일반적 국제법주체이나 그 주체성에는 정도의 차이가 있을 수 있다. Friedmann, The Changing Structure of International Law, 99-102).

〈'推論된 權能'에 대한 ICJ의 態度〉 UN은 國際法人格으로부터의 '必要한 推論'(necessary implication)에 의하여 그 임무달성에 불가결이라고 생각되는 權能(손해배상 청구권)을 갖는다고 하는 Bernadotte사건의 원칙은 그 국제조직의 목적·임무에 관한 합리적 범위를 넘어서 남용될 우려가 있는 것이다('필요한 추론'의 원용은 기본조약의 명문으로 규정된 권능의 범위 내의 권리능력에 한정되어야 한다는 비판은 동사건에 있어서의 Hackworth 판사의 반대의견).

그러나 그 후에도 ICJ는 UN의 이러한 '推論된 權利'(implied power)

를 광범하게 인정하고 있다. 그 예로서 ICJ는 안전보장이사회가 남아프리카의 人種隔離政策(인종차별정책 apartheid)을 비난하여 委任統治協定을 일방적으로 종료시키고 그 잔류를 위법으로 인정할 권한을 갖는 근거로서 동 이사회의 국제의 평화·안전의 유지에 관한 주요한 책임(헌장 제24조 1항)이라는 일반적 권능을 원용하였다(나미비아에 있어서의 남아프리카의 殘留狀態에 관한 법적 결과사건, 권고적 의견, ICJ Reports 1971, 51-52).

> 그러나 Fizmaurice 판사의 반대의견에 의하면 안전보장이사회가 위임통치제도에 개입할 수 있는 것은 그 평화유지기능에 입각하여 UN헌장의 관계규정(6, 7, 8, 12장)이 정한 특정의 권한을 행사하는 경우에 한정되며, 그 경우에 있어서도 領域的 權利(주권이든 시정권이든)를 폐기·변경할 권능을 갖지 않는다고 하였다(*Ibid.*, 292-294).

위와 같이 ICJ의 태도는 그 기본조약에 명백히 규정된 목적과 임무에 관련되는 한 널리 권능을 추론할 수 있으며, UN의 목적달성에 상당한 한 권한일탈이 되지 않는다는 추정을 받는다는 입장인 것이다('특정경비사건' 권고적 의견, ICJ Reports 1962, 168).

그러나 위와 같은 ICJ의 해석을 취한다면 국제조직은 가맹국의 합의 여하에 관계 없이 국가와 같은 일반적인 법주체성을 갖게 되어 본래의 기능적 성격을 상실하게 된다. '합의'가 항상 고정적인 것이 아니라 기본조약의 문언, 그리고 그 후의 축적된 실행에 의해서도 확인되는 것이고 그러한 의미에서 일종의 動態性(dynamism)을 갖는다는 것도 사실이나 국제조직이 그러한 합의의 한계를 떠난 일반적 법주체가 아닌 이상 '推論된 權能'의 인정은 엄밀한 것이 되지 않으면 안된다(Bowett, The Law of International Institutions, 337-339).

3. 國際組織의 權利能力

국제조직이 국제법상의 주체로 인정된다고 하는 것은 오늘날의 통설이나 그것은 설립기본문서에 규정된 목적·임무에 입각하여 기능적으로 개별적 권리능력을 갖는 것이며 법인격의 유무에 상관 없다.

이러한 국제조직의 권리능력에는 국제법상의 것과 가맹국의 국내법상의 것 두 가지가 있다. 國際法上의 權利能力이라고 하는 것은 조약의 체결, 손해배상에 관한 국제청구의 제기, 국제책임, 特權免除 등 국제법상으로 취득한 권리·의무를 말한다. 이에 대하여 '國內法上의 權利能力'이라고 하는 것은 가맹국의 영역에서 그 국가의 국내법에 준거하여 국제조직이 자신의 이름으로 소송을 제기하는 當事者適格을 갖는 것을 말한다(계약의 체결, 재산의 취득·처분, 소송의 제기 등).

국제조직의 이러한 국제법상의 권리능력과 국내법상의 권리능력은 그 근거와 효과를 달리하는 것이므로 구별할 필요가 있다. 원래 국제조직은 국가와 같은 領域團體가 아니므로 그 목적과 임무를 달성하고, 필요한 활동을 전개하기 위해서는 어느 국가의 영역의 일부를 사용하지 않을 수 없다. 이리하여 국제조직은 그 활동(법률행위, 직원 및 자산의 관리 등)에 필요한 최소한의 권리·자유·법적 안전성을 확보하기 위하여 '국내법상의 권리능력'이 인정된 것이다(UN헌장 제104조·제105조, 1946년 'UN특권면제조약' 제1조 1항). 국제조직의 '국제법상의 권리능력'은 원래 기본조약 또는 가맹국의 '合意의 推論'에 의하여 설정된 지위이므로 특정 加盟國의 국내법에 의하여 변경 또는 소멸될 수 없으며, 그 '국내법상의 권리능력'도 그 구체적인 내용이나 정도는 각 가맹국의 관계국내법에 의하여 개별적으로 결정되는 것이지만 그것이 국제조직의 국제법상의 권리능력에 유래하는 것이므로 최근의 기본조약에서는 그 내용이 유형화되는 경향이 있다.

4. 權利能力으로 본 國際組織의 類型

국제조직의 권리능력은 그 조직에 따라 각각 다르지만 몇 개의 유형으로 대별할 수 있다.

(1) 기본문서에 '완전한 國際法人格'을 갖는다고 규정한 국제조직이 있다(아프리카 개발은행 협정 제50조). 그러나 이러한 포괄적인 주체성을 명문으로 규정한 기본문서를 가진 국제조직은 많지 않다. 유럽 石炭鐵鋼共同體(ECSC 조약 제6조), 그리고 유럽 經濟共同體(EEC 조약 제210조)는 '法人格을 갖는다'고만 기본문서에 규정하고 있다.

(2) 둘째의 유형은 개별적 조약체결권을 기본문서 중에 규정하고 있는

것인데, UN을 비롯한 대부분의 국제조직은 이 유형에 속한다(기본조약의 명문의 규정, 상위기관의 결의 또는 추론에 의하여 법인격이 인정된 것. UN, 전문기관, COMECON, UNCTAD, UNIDO, 국제심해저기구, EEC). 예를 들면 UN은 헌장 제43조에 의한 특별협정을 체결할 수 있다(가맹국과의 사이에 국제의 평화 및 안전의 유지에 필요한 병력, 원조 및 편익을 안전보장이사회에 제공하기 위한 특별협정의 체결). 또 UN은 헌장 제63조에 의하여 전문기관과 連携協定을 체결할 수 있다.

여기서 문제가 되는 것은 이러한 유형의 국제조직에 있어서 명문으로 인정된 사항 이외의 조약을 체결하는 것이 그 국제조직에 인정되는가이다. 이 문제에 관해서는 앞서 말한 객관적 존재설(Seyersted)과 같이 국제조직은 객관적으로 존재한다는 사실에 의하여(기본문서에 명문의 근거가 있거나 없거나 상관 없이) 국제법인격이 인정되며, 따라서 어떠한 조약체결도 가능하다는 입장도 있겠으나 이것은 기본문서의 의미를 사실상 무시하는 것이 된다. 그렇다고 근거규정이 없는 조약체결권은 일체 인정하지 않는다는 엄격한 입장(Kelsen, The Law of the United Nations, 392-330)도 UN이 명문의 근거규정 없이 本部協定을 미국이나 '스위스'와 체결한 사실이 있으므로 지지하기 곤란하다. 결국 Bernadotte 사건에서 ICJ가 보여준 바와 같이 목적실현에 필요한 조약체결은 비록 명문의 근거가 없을지라도 '필요한 추론'의 범위에서 인정된다고 하는 目的必要說이 이론적으로나 실제적으로 적당하다고 생각된다.

(3) 국제조직으로서의 구조가 없어 국제회의에 가까운 것인데도 그 기능에 착안하여 법인격이 인정되는 것이 있다(GATT 체약국단).

(4) 국제법상의 일정한 권리능력을 갖고는 있으나 법인격성이 인정되지 않는 것도 있다(UN의 난민고등판무관사무소, 기술원조평의회, 남극조약체결국협의회).

5. 國際組織의 法人格의 非加盟國에 대한 效果

국제조직은 비가맹국에 대하여 자신의 법인격을 주장할 수 있는가. 이 문제에 대하여는 다음 세 가지 학설이 대립하고 있다.

(1) 첫째는 派生的 法人格說이다. 이것은 국제조직이란 그 존재가 가맹국의 의사로부터 파생한 것이며, 또한 그것에 의존하며 기능적으로 제한된 국제법상의 능력을 가진 國際法主體라고 하는 입장이다. 따라서 국

제조직은 국가와 같은 일반적 권리능력을 갖는 것이 아니므로 그 법인격은 가맹국과의 관계에서만 유효하며, 또한 그 합의된 범위에 한하여 유효한 것일 뿐 비가맹국을 구속하지 않는다(비가맹국이 명시적 또는 묵시적으로 그 법인격을 인정한 경우는 다르다)고 한다.

(2) 둘째는 客觀的 法人格說이다. 국제조직의 法人格은 그 가맹국의 합의에 종속되는 것이 아니고 국제관습법상 확정된 객관적 성질을 갖는다. 따라서 가맹국에게도 비가맹국에게도 유효하게 대항할 수 있다는 입장이다. 국제조직은 기본조약에서 특별히 배제되지 않는 한 그 목적·임무를 달성하는 데에 필요한 범위에서 국가와 같이 원칙적으로 자유롭게 국제법상의 행위를 할 수 있는 '固有의 權能'을 갖는 것이며, 국제조직이 수락한 조약은 비가맹국과의 관계에서도 유효하게 적용될 수 있다고 한다(국제조직이 일반적 법인격을 갖는다고 하는 추정을 부정하는 국가가 있으면 그 국가가 이에 대한 거증책임을 진다는 것이다. Bernadotte 사건에 있어서의 ICJ의 권고적 의견, 기타. ICJ Reports 1949, 185).

(3) 셋째는 法人格否認說이다. 국제법주체는 주권국가뿐이며 국제조직은 국가와 同列의 독자적 행동단위로서의 고유의 법인격을 갖는 존재가 아니라는 입장이다. 그러나 이 입장은 국제조직이 국가와 같은 일반국제법상의 포괄적 권리·의무의 주체가 아닌 것을 강조하는 것이 그 취지이고 사실상 국제조직이 국제법상의 특정의 권리·의무를 취득하는 것까지 부정하는 것은 아니다. 그러므로 派生的 法人格說과 결국 궤를 같이하는 것이 된다. 위의 세 가지 학설 중에 파생적 법인격설이 통설이다.

6. 國際組織의 國際法上의 權利能力

국제조직의 기본문서가 국제법상의 權利能力(國際法人格)을 명문으로 규정한 경우에는 문제가 없으나 대개는 그러한 명시적 규정을 두고 있지 않은 경우가 많다(예외적으로 국제심해저기구에 관하여 UN해양법조약 제176조). 문제는 기본조약에 명시되지 않은 기능을 '推論된 權能'(묵시적 권능)으로서 승인할 필요가 있느냐고 하는 점이다. 앞서 본 바와 같이 기본조약에 규정된 개개의 권능으로부터 국제조직의 특정한 '국제법상의 권리능력'을 추론하는 일은 가능하며 실제상으로도 그러한 해석에 입각하여 일반적인 유형화가 시도되고 있다. 이러한 권리능력으로서 주요한 것은 다음과 같다.

1) **條約締結權**　국제조직은 그 법인격의 증거로서 대부분 조약체결권을 갖는다(Bernadotte 사건의 원칙). 그러나 법인격을 갖더라도 반드시 조약체결권을 갖는 것은 아니다. 조약체결권의 유무는, ① 각 국제조직의 기본조약, ② 그 내부규칙, ③ 그 임무의 효과적 달성에 필요하다는 합리적 추론 등에 의하여 결정된다.

첫째, 국제조직 중에는 명문으로 條約締結權이 규정된 것이 있다(예, UN 헌장 제57조 · 제63조 他의 국제조직과의 연휴관계에 관한 협정; 제12조 신탁통치 협정, 제43조 강제조치에 관한 특별협정; 제105조 3항 특권면제에 관한 세목조약).

둘째, 기본조약상 명문의 규정이 없는 사항에 관해서도 국제조직이 조약을 체결하는 경우가 있다(예, UN은 국제연맹의 자산과 임무를 계승하기 위한 제협정, 1946년; 기술원조협정, 평화유지활동에 관한 협정 등을 체결). 이것은 '필요한 추론'에 의하여 인정된 권능이다. 그런데 이 '推論에 의한 條約締結權'의 행사에 대하여 權限逸脫 등의 적법성이 문제되는 경우가 있다. 이러한 적법성에 관한 판단에 있어서 기본조약에 명문의 규정이 있는 것(EEC설립조약 제228조 1항)도 있으나 없는 경우에는 일반적으로 권고적 의견에 관한 ICJ의 재판관할권의 범위 여하에 관계된다(UN해양법조약 제162조 2항 f · 제191조).

셋째, 국제조직이 조약체결권이 있다고 인정되는 경우에도 반드시 조약의 당사자가 되는지의 여부는 일정치 않다. 예를 들면 UN은 국제법의 법전화 · 점진적 발달을 조장할 일반적 권능(UN헌장 제13조 1항)을 가지고 있지만 자신은 서명당사자가 되지는 않고, 일반적으로 가맹국에게 조약의 체결을 '提案'하거나('특권면제에 관한 조약'의 경우), 다른 기관이 작성한 조약을 '採擇 · 承認'하거나 또는 조약작성을 위한 외교관회의의 소집을 '決定'하거나 한다. 그러나 최근에는 UN총회도 國際立法에 적극성을 보이고 있다('법원칙선언에 관한 결의'의 채택 등).

2) **特權免除**　국제조직과 그 본부시설, 직원, 가맹국 대표는 그 임무의 효과적 수행에 필요한 범위에서 일정한 특권면제가 부여되고 있다. 이것도 국제조직의 法人格性의 반영이라고 볼 수 있는 것이다.

① 국제조직의 특권면제와 외교특권과의 차이 :　당초에 국제조직의 특권면제는 외교특권과의 유추에서 나온 것이나 양자간에는 중요한 차이가 있다. 외교사절은 국가의 위신을 대표한다고 생각되어 相互主義에 입각한 국제관습법상의 '完全한 特權免除'가 인정되어 왔다. 이에 대하여 국제조직이나 그 직원은 그 고유한 영역적 기반을 갖지 않고 어느 국가의

영역을 빌어 활동하여야 하기 때문에 그 목적달성과 임무수행에 필요한 한도내에서, 즉 그 기능적 필요에 의한 '制限된 特權免除'를 가질 뿐이다.

② 최근 특권면제를 향유하는 국제조직과 직원의 수가 증대함에 따라 在留國에서 비판의 소리가 높아지고 있어(교통사고에 있어서 재판권면제나 과세면제 등) 그 특권면제를 부여하는 기준이 점점 엄격해지고 있다. 그 임무의 성질을 구체적으로 점검하는 일이 많게 되었다.

③ 특권면제에 관하여 기본조약에서는 원칙적인 규정만 두고 細目은 별도의 조약 등에서 규정하는 경우가 많다(UN특권면제조약, 전문기관특권면제조약, 아랍연맹, 미주기구, 유럽심의회 등). 또 관계국이 이러한 국제법상의 의무를 확보 또는 구체화하기 위하여 관계국내법을 제정하는 경우도 있다(1945년의 미국의 '국제기관면제법', 1950년의 영국의 '국제기관특권면제법').

④ 국가는 특별한 조약규정이 없는 한 국제조직의 특권면제를 인정할 의무를 당연히 지는 것이 아니다(외교특권과의 相違點). 그러나 그 영역 내에서 국제조직의 활동을 허용한 경우에는 필요한 특권면제를 허용해야 한다(신의성실의 원칙).

3) **國際責任** 국제조직은 자신이 입은 손해에 대하여 국제청구를 제기할 수도 있고 또는 그 國際違法行爲에 의한 법익침해에 대하여 스스로 책임을 지는 등, 능동적 내지 수동적인 당사자능력이 인정된다.

① 국제조직은 국가의 국제법상의 의무위반에 의하여 그 法益(국제조직 자체, 자산, 그 이익)이 침해된 경우에는 그 임무의 달성에 필요한 한 國際的 請求를 제기할 자격이 인정된다(Bernadotte사건－'UN근무중에 입은 손해의 배상사건', ICJ의 권고적 의견. ICJ Reports 1949, 179-181).

〈Bernadotte 사건〉 스웨덴 출신의 평화활동가 Bernadotte 백작이 전쟁이 끝난 후 팔레스타인 전쟁의 調停을 위하여 UN에 의하여 파견되었다. 임무수행중 그가 예루살렘에서 이스라엘 과격파에 의하여 살해된 사건.

그리고 또 국제조직은 그 직원이 임무수행중에 입은 손해에 대하여 賠償訴訟을 제기하는 경우 본국에 의한 외교적 보호와는 별도로 기능적 보호의 권능에 입각하여 국제적 청구를 제기할 자격을 갖는 것이다. 이러한 능동적 당사자자격은 국제조직의 목적과 임무에 내재된 권능으로서 외교적 보호의 경우에 요청되는 國籍繼續의 원칙과는 무관하게 인정되는 것이다. 국제조직은 설사 그 직원이 가해국의 국민이라 할지라도 그 기능적 보호권에 입각하여 그 국가(피해자의 본국)에 국제적 청구를 제기할 수 있다(국제재판소에의 제소, 교섭, 특별협정의 체결).

(2) 국제조직은 동시에 그 내부기관의 作爲 또는 不作爲에 의하여 발생한 손해에 대하여 국제책임을 지는 受動的 當事者適格을 갖는다. 그런데 내부기관의 행위가 기본조약상 권한일탈인가 아닌가를 판단할 국제사법기관이 없다(유럽연합재판소는 예외. '유럽經濟共同體設立條約' 제173조). 그러나 내부의 한 기관이 같은 내부의 다른 기관의 권한을 행사하는 경우 국제조직은 당연히 선의의 제 3 자에 대하여 그 조치의 위법이나 무효를 주장할 수 없다. 국제조직이 내부기관에 의한 조치(예를 들면 UN 총회에 의한 평화유지활동군의 창설)를 권한일탈이라고 하여 그것을 위한 경비의 부담이나 채무를 부인함으로써 제 3 자의 법익을 침해하는 것은 위법이 된다('특정경비사건', ICJ권고적의견. ICJ Reports 1962, 168).

4) 기타의 **權利能力** 국제조직, 특히 UN은 이상의 일반적 권능 이외에 ① 國際軍(한국UN군, 평화유지군 등)의 편성·유지 또는 ② 특정지역에 대한 관할권의 행사(UN헌장 제81조. Trieste, Jerusalem, 1963년까지의 西Guinea 등에 대한 UN의 施政, 1967년의 Namibia UN이사회의 설립) 등의 권능을 갖는다.

7. 國際組織의 國內法上의 權利能力

국제조직은 가맹국의 국내에서 활동하는 경우 가맹국의 국내법상 계약의 체결, 재산의 취득·처분, 소송의 제기 등 일정한 法律行爲能力을 갖는다. 그 이행이나 불이행의 경우에는 역시 국내법의 절차에 따라 강제가 행하여진다. 다수의 국제조직은 ① 設立基本文書, ② UN 또는 전문기관의 특권·면제조약, ③ 개별적 본부협정 등에 있어서 국내법상의 법주체성에 관한 명문의 규정을 가지고 있다.

설립기본문서 중에 직접 이러한 규정을 갖는 것으로서는 ILO헌장(제39조), IMF協定(제 9 조 2항), 世界銀行協定(제 7 조 2항) 등이 있다. 어느 것이나 각 국제조직이 가맹국의 영역 내에서 '완전한 법인격을 갖는다'는 것, 특히 ① 계약의 체결, ② 동산·부동산의 취득·처분, ③ 소송의 제기 등을 규정하고 있다.

UN의 경우 헌장 제104조의 대체적인 규정이 있는데, 그 자세한 내용은 UN의 특권·면제조약에 의하여 보충되고 있다. 전문기관에 관해서는 전문기관의 특권·면제조약 제 1 조의 상세한 규정이 모든 專門機關(ICAO조약 제47조와 같이 상세한 규정이 없는 전문기관까지도)을 커버한다.

1) **準據法의 決定** 管轄國內裁判所는 국제조직의 문제된 개개의 법률행위에 관하여 적용법규(준거법)를 결정한다. 국제조직에는 일반적으로 회사의 경우와 같은 屬人法(설립지, 업무의 중심지를 기준으로 한다)이 없기 때문에 법률행위의 성질·사정에 따라 국제법, '法의 一般原則', 국제조직의 내부규정 또는 所在地法(*lex situs*), 경우에 따라서는 당사자간의 합의의 추정 등으로부터 준거법이 결정된다(예, 부동산의 경우에는 본부협정에 별단의 규정이 없는 한 보통 소재지법에 의한다). 다만 국제조직측에서 主權免除를 포기한다는 의사를 명시하지 않는 경우에는 現地法上 訴의 利益과 當事者適格은 부인된다.

2) **國際組織의 職員과의 雇傭契約** 국제조직이 그 직원과 체결한 雇傭契約에 관해서는 보통 그 국제조직의 '內部行政法'(internal administrative law, 예, 직원규칙, 취업규칙 등)이 우선적으로 적용된다(1977. 9. 21 동경지방재판소의 판결, 'UN 대학사건'). 이 '내부행정법'은 현지의 국내법령이 준거법으로서 적용되는 경우 法廷地의 노동법과 저촉되는 한 무효가 된다('EC 주일대표부원 채용거부사건' 東京地法 1982. 5. 31 판결; 東京高法 1983. 12. 14 판결).

'UN大學事件'이란 동경에 본부를 둔 UN대학에 秘書로서 고용된 사람이 3 개월의 기한만료시에 계약이 갱신되지 않고 사실상 해고된 것을 불만으로 하여 UN대학을 상대로 地位保全의 가처분을 신청한 사건이다. 'EC駐日代表部員 採用拒否事件'도 이 대표부에 고용된 현지직원이 試用期間 3 개월을 경과하자 해고되어 위와 같은 신청을 낸 사건이다. 위 두 개의 사건에서 동경지방재판소는 UN대학과 EC위원회의 당사자 능력을 다같이 인정하였다.

제 5 절 個人의 權利能力

1. 個人의 權利能力의 認定基準

國內法에서는 法主體의 인정은 곤란한 문제가 아니지만 국제법에서는 그 타당의 태양이 갖는 특수성으로 인하여 무엇이 법주체인가의 문제는 학설상의 쟁점이 된다. 특히 개인의 국제법상의 권리능력의 유무는 그 法人格性에 관한 논리와 결부되어 역사적인 변천을 결과하여 왔다. Grotius 시대에는 자연법주의의 국제법학 하에서 국제법을 국가와 개인의 쌍방에 적용되는 법으로서 인식하였다(당시의 국제법의 명칭은 '萬民法'(*jus gentium*)으로서 국가·私人의 법률관계가 미분화상태였다). 그러나 이러한 보편적 인류법적 의식에 입각한 國際法觀은 近代主權國家體系의 성립과 더불어(18세기후반 이후부터) 후퇴하기 시작하여 국제법은 개인간의 법이 아니라 국가간의 법이라고 관념되어 개인은 국제법질서의 範域으로부터 배제되었다(R. Zouche(1590-1660)가 만민법 대신에 '諸國民間의 法'(*jus inter gentes*)이라는 용어를 사용한 것은 이 전환기를 상징한 것). 국제법은 각 국내법에로의 사전의 변형이 없는 한 개인에게는 도달하지 않게 되었다(이원론).

20세기 초 이래 개인만이 국제법주체가 된다는 학설(Dugit 등 프랑스 법사회학파의 설)이 제기되는 한편 정치적 면에서뿐만 아니라 경제적·사회적 면에서도 개인과 국가간의 관계가 긴밀화·다양화하여 개인의 국제적 생활관계에 관해서도 국제적 조정이 필요하게 되면서 국제조약은 국가 대 국가의 관계뿐만 아니라 국가 대 개인, 나아가서 개인 대 개인의 관계까지도 규정하게 되었다.

그러나 국제법상 개인의 권리가 규정된 것만으로 바로 개인이 진정한 권리능력을 취득하였다고 볼 수는 없다. 개인의 권리능력의 기준은 개인이 자신의 권리·의무의 실현을 확보하기 위한 국제법상의 절차가 있느냐 없느냐에 달려 있다고 보는 것이 오늘날의 통설이다.

〈權利能力取得의 條件〉 개인이 국제법상의 권리능력을 취득하기 위한 조건은 국가의 外交的 保護權의 개입 없이 개인이 스스로 그 권리를 집행·실현하기 위한 국제적 구제절차를 갖는 것이다. 그러나 그 구제절차의 구체적 내용에 관해서는 다툼이 있다.

일반적으로 개인에 대하여 국제기관 기타의 국제제도에 의한 구제절차가 부여되는 경우를 권리능력 취득의 조건으로 하며, 특히 국제법정에의 出訴權이 인정되는 경우에는 國際法主體로서의 권리능력이 부여된다고 한다. 그러나 개인이 비록 자국을 상대로 소송을 제기할 조약상의 권리가 있는 경우에도 그 권리가 국내재판소 기타의 국내적 조치에 의하여 집행되는 것인 한 개인의 권리능력은 부정되는 것이다(Danzig 재판소의 관할권 사건, PCIJ 권고적 의견). 다만 개인의 권리를 규정한 조약규정이 自動執行性을 갖는 것이거나, 또는 국제기관이 조약의무의 이행에 직접 개입하는 등, 국제법상 각국의 裁量을 제한하여 그 이행을 엄격히 의무화하는 경우에는 그 한도 내에서 개인의 국제법상의 권리능력에 대한 국제적 승인이 있다고 보아야 한다.

2. 個人의 權利能力의 種類

1) **出訴權**　　개인의 출소권의 예로서는 1907년의 中美司法裁判所設置에 관한 조약이 締結國(중미 5 개국)의 국민에게 다른 체약국의 국민을 상대로 직접 제소하는 것을 인정하였다(1918년까지 존속).

제 1 차대전 후의 平和條約(베르사이유 조약 제296조 이하)에 의하여 설치된 혼합중재재판소에 대하여 戰勝國의 국민(동맹 및 연합국의 국민)은 舊敵國(패전국)을, 상대로 직접 손해배상의 소송을 제기할 권리가 인정되었다(1922년 '美獨協定'에 의하여 설립된 혼합청구권위원회도 같다).

제 2 차대전 후의 청구권의 처리는 일반적으로는 국가간의 권리·의무로서 처리되었으나, 예외적으로 특정 지역의 私人에게 청구권처리에 관한 출소권이 부여된 예도 있다(1952년 당시 서독과의 협정에 의하여 설립된 중재위원회). 오늘날에는 특정 지역의 정치적·경제적 통합을 기도하는 국제조직에 있어서의 특별의 관할권을 갖는 국제재판소에 있어서 私人의 當事者適格, 기타 裁判請求權(right to access)이 인정된 경우가 있다.

유럽연합재판소는 공동체의 기관(이사회 위원회)이 취한 조치의 합법성을 재심할 권한을 갖는데, 개인(사인 법인)도 자기에 직접 관계가 있는 결정, 규칙 기타의 조치의 위법·무효를 다투어(무권한, 조약·법규의 침범, 또는 권리남용을 이유로 한다) 이것을 제소할 권리가 있다('유럽 석탄·철광공동체설립조약' 제33조, '유럽 경제공동체설립조약' 제173조).

2) **請願權**　　개인의 請願이 인정되는 예로서는 신탁통치지역주민의 UN(신탁통치 위원회)에의 청원(UN헌장 제87조 (b)), 지역적인 것으로서는 유럽 인권위원회나 美洲 인권위원회에의 체약국의 의무위반에 대한 개인의 청원(1950년의 유럽인권조약 제25조, 1969년의 미주인권조약 제44조), 그리고 일반조약으로는 1965년의 '모든 형태의 인종차별철폐

에 관한 국제조약'에 의한 인종차별철폐위원회에의 개인의 청원, 1966년의 '시민적 및 정치적 권리에 관한 국제규약의 選擇議定書'(제1조-제5조)에 의한 인권위원회에의 개인의 청원 등이 있다.

유럽人權條約의 경우 관계체약국에 의한 관할권의 수락선언을 조건으로 인권위원회가 사인의 청원을 수리하여, 對審審査, 조사 등에 의한 우호적 해결을 기도한다. 상기 선택사항의 경우 사인의 통보를 수리하여 관계국에 대한 注意喚起, 審議, 意見의 送付를 행하는 경우도 있다.

3) **個人의 權利能力의 限界와 國內節次에 의한 保障** 위와 같은 개인의 出訴權 또는 請願權 등을 규정한 조약은 아직까지는 소수이며, 국제기관의 청구절차에 직접 참가하는 경우라 할지라도 무조건으로 인정하는 것이 아니라 여기에 동의를 부여한 체약국의 국민, 또는 일정한 국제조직의 직원의 경우에 한정되고 있다. 또한 國際慣習法上 개인에 관한 청구인 경우에도 이것을 국제적으로 제기할 자격을 갖는 자는 국가라고 하는 원칙(1924. 8. 30 Mavrommatis Palestine Concessions Case; 1955 Nottebohm Case)이 오늘날에도 여전히 유지되고 있어 개인에게 청구권을 부여한 사례는 없다. 그러므로 국제기관에의 청구절차에 있어서의 당사자 능력의 취득이라는 기준을 전제로 하는 한 실정국제법상 개인의 권리능력이 인정되는 경우는 극히 특정된 것이 아닐 수 없다.

그러나 개인의 국제법상의 권리의 실현이 각국의 국내법에 의하여 담보되고 국내법상의 절차에 의존 내지 실현되는 경우가 적지 않다. 이러한 국내적 절차는 그 자체 국제법상의 의무의 집행이라는 성격을 가지며 국제적으로 기준화되고 있는 현상도 무시할 수 없다. 결국 조약이 개인의 구제를 위한 실체법상의 기준을 정하는 동시에 각 체약국에 대하여 그 국내적 이행을 위한 立法義務를 과하고 개인에게 일정한 국내재판소에의 출소권을 보장하는 경우 개인은 실질적으로 國際的 管轄權에 있어서의 당사자적격이 인정되며 그러한 한도내에서 국제법상의 권리능력을 갖는다고 할 수 있다.

3. 個人의 國際的 刑事責任의 能力

국제사회에서는 종래 민사적 위법행위와 형사적 위법행위, 민사적 책임과 형사적 책임과 같은 분화가 반드시 명확하지 않았다. 그러나 19세기 후반 이래 양자가 분화되어 전자에 대하여는 國際不法行爲로서 국가에 책임을 지우고 후자에 관해서는 행위자인 개인에게 國際犯罪로서 형벌을 과하는 경향이 나타나기 시작하였다.

> 국가 이외의 국제조직이나 개인이 民事的 國際不法行爲를 행하는 것은 가능하며 그 경우 민사적 책임을 진다. 그러나 국제사회의 현단계에서는 국가나 국제조직의 형사적 국제위법행위·형사책임은 인정되기 곤란하며, 이것을 가능케 하는 국제조약이나 국제관습도 현재에는 존재하지 않는다.

이와 같은 개인의 刑事責任에 있어서 어떠한 경우에 개인의 진정한 國際 刑事責任이 인정되는가라는 문제가 있다. 어느 학설은 개인이 직접 국제법상의 의무를 지고 국제재판소에 의하여 訴追되는 경우라 하고(Verdross-Simma 223-228), 또 다른 학설은 국내재판소라 할지라도 직접으로 국제법에 준거한 裁判準則을 적용하여 재판관할권을 행사하는 한 개인의 국제형사책임의 소추가 있다고 보아야 한다고 한다(Brownlie, 561).

종래 국제법상의 '萬國共通의 犯罪'(예: 해적)나 국제사회의 일반이익을 침해하는 '國際法違反의 犯罪'에 관해서 실행자 개인의 소추가 현실적으로 행해지는 경우도 직접 국제법에 의해서가 아니라 각국이 당해 조약상의 의무를 담보하기 위하여 그 재량으로 제정한 刑事法令에 의하는 경우이므로 개인의 진정한 국제형사책임은 인정되지 않는다는 것이 다수설이었다. 그러나 다수국조약이 普遍主義(다수국에 공통되는 이익을 해하는 범죄에 대하여 그 범죄인을 체포한 모든 국가에게 기소·처벌의 관할권을 부여하는 주의)를 채용한 경우에는 국내재판소도 국제법에 준거한 관할권을 행사하는 것이 되며, 그러한 한에서 개인의 국제형사책임을 소추하는 것으로 보아야 한다는 새로운 학설이 있다. 오늘날에는 확실히 국제사회의 일반이익을 해하는 '국제법 위반의 범죄'(국제범죄)에 대하여는 종래의 국제관습법상의 의무를 보완하여 각 체약국에게 起訴·處罰·犯罪人引渡의 의무를 강화하는 경향을 볼 수 있다.

國際犯罪라는 말은 극히 애매하여 무엇을 '기준'으로 하는가에 따라서 범위가 달라진다. UN국제법위원회의 국가책임에 관한 초안에 의하면 "국제사회의 기본적 이익의 보호에 극히 필요한 국제의무의 위반으로서 그 사회전체가 그것을 범죄로 인정한 것"이다. 海賊行爲·侵略戰爭(평화에 대한 죄, 인도에 대한 죄), Genocide(집단살해) 등이 국제범죄로 인정되고 있다. 그러나 국제범죄에 책임 있는 자를 국제적으로 처벌하는 국제체제는 아직 정비되어 있지 않다. 현재 UN에서는 국제형사법원 설립작업이 진행중이다.

1) **'通常의 戰爭犯罪'의 경우**　전쟁법규나 관례를 위반함으로써 성립되는 '通常의 戰爭犯罪'에 대하여는 종래의 국제관습법상으로도 각국은 그 권력 내에 들어온 敵國民을 처벌할 수 있었다. 처벌하는 경우 그 처벌이 직접 국제법에 입각한 것인가 또는 처벌한 국가의 국내법(국내형사법)에 입각한 것인가에 관하여 논쟁이 있었다. 따라서 제2차 세계대전 후의 국제군사재판소가 이 점에 관하여 국제법에 입각한 개인책임의 범죄라고 단정한 것은 입법적·창설적인 것이었다. 그러나 집행면에서 볼 때 현재 UN에 의하면 舊유고 연방사태와 루완다 사태의 처리를 위한 국제전범재판소가 가동중이기는 하다. '통상의 戰爭犯罪'를 국제적으로 재판하는 일반적 國際刑事裁判所가 아직 설립되지 않은 오늘날에 있어서는 국제기관에 의한 訴追는 불가능하며 犯行地所屬國의 재판소에서 기소·처벌하는 것이 원칙일 수밖에 없다.

2) **'平和에 대한 罪'의 경우**(crime against peace)　'평화에 대한 죄'라고 하는 것은 제2차대전 이후의 새로운 戰爭犯罪로서 침략전쟁 또는 국제법 위반의 전쟁(선전포고의 유무를 불문)을 말한다(이러한 전쟁의 계획·준비·개시·실행·공동모의에의 참가, '극동국제군사재판소조례' 제5조). 이것은 개인의 집단책임을 규정한 창설적 내용을 갖는 것이며, 그러한 의미에서 事後立法의 遡及的 適用이라고 할 수 있다(단, 침략전쟁은 실질적·형식적으로 중대한 국제범죄로서 이에 대한 국제재판은 합법적이라고 하는 의논은 橫田, 「國際法」(再訂版), 267-275). 더욱이 국제군사재판소가 설정한 뉘른베르크(Nürnberg)원칙은 그 후 일단 일반국제법상의 원칙으로서 UN총회가 승인하기까지 하였으나(1946년 UN총회결의 95호), 그것의 입법화는 완성되지 않았고 따라서 개인의 국제형사책임은 불명확한 까닭에 '평화에 대한 죄'가 개인에게 직접적으로 국제형사책임을 부과했다고 보기는 곤란하다는 설도 있다(山本 132).

하여간 '事後立法'이든 아니든간에 뉘른베르크 원칙은 하나의 국제적 선례로서 침략전쟁에 책임 있는 개인의 국제적 형사책임을 설정하였다고 보는 것이 타당하다.

3) '人道에 대한 罪'(crime against humanity)의 경우 '人道에 대한 죄'라고 하는 것은 '平和에 대한 죄'와 마찬가지로 제2차세계대전에서 새로운 전쟁범죄가 된 것이다. "전쟁전 또는 전쟁중에 일반인민에 대하여 행해진 살해, 絶滅的인 大量殺人, 奴隷化, 強制的 移動, 기타의 비인도적 행위, 또는 정치적·인종적·종교적 이유에 의한 박해"를 말한다(국제군사재판소조례 제6조 극동국제군사재판소조례 제5조). 종래에도 이 구성요건은 사인이 실행자인 경우에 '萬國共通의 犯罪'로 인정되어 왔다. 전투중이라도 적의 일반 인민의 살해, 대량살육은 지금까지도 전쟁범죄가 되었으나, 전쟁전이나 자국민에 대하여 행해진 것은 지금까지도 전쟁범죄로 취급되지 않았다. 그러나 '人道에 대한 罪'는 국제군사재판소에서 실행자 개인(헌법상의 지배자, 공무원 또는 사인을 불문)에게 직접으로 국제형사책임을 지우는 '국제법 위반의 범죄'로 규정되고, 그 후에 다수국조약에서도 확인되어(1948년 '집단살해죄방지처벌조약' 제1조) 일반국제법규로서 확립되었다. 다만 그것의 집행면에서 볼 때 국제형사재판소가 설립되지 않은 현단계에 있어서는 '인도에 대한 죄'나 '集團殺害罪'에 대한 국제기관의 소추는 거의 불가능하며, 犯行地所屬國의 재판소에서 기소·처벌하는 것을 원칙으로 할 수밖에 없다(헌법상의 지배자가 범죄자인 경우 동조약이 적용되는 경우는 혁명에 의한 정부의 변경이나 또는 패전국으로서 항복한 경우에 한정될 것이다). 따라서 이러한 종류의 범죄는 '만국공통의 범죄'로서 각 체약국에 대하여 그 기소·처벌의 의무를 과하는 단계에 머물러 있으며, 국내재판소가 위와 같이 국제법(조약)에 준거한 관할권을 행사함으로써 개인의 國際的 刑事責任이 추구되는 것이라고 할 수 있다.

그런데 '인도에 대한 죄'의 구성요건은 戰時(무력분쟁시)·平時를 불문하고 국제범죄가 되는 것이므로 현재에는 '戰爭犯罪'의 개념에 포함되지 않는다(1968년의 전쟁범죄 및 '인도에 대한 죄'에 대한 시효의 부적용에 관한 조약)고 하는 설이 있다. 그러나 '인도에 대한 죄'는 '평화에 대한 죄'와 마찬가지로 형식적으로는 약간의 문제점(죄형법정주의 기타)이 있으나 실질적으로는 전쟁범죄로서 처벌될 충분한 이유가 있고 제2차대전에서 유력한 선례로서 인정되었으므로 전쟁범죄로서 확립되었다고 보아야 한다.

종래에는 전쟁종료와 더불어 적국포로는 석방하고 전쟁범죄인도 이것을 석방하는 것(amnesty)이 관례였으나 제 2 차대전 후에는 이 관례가 실행되지 않았다.

제 6 장 國家의 成立과 變動

제 1 절 國家의 承認(國家의 成立)

1. 國家成立의 諸形態

국가는 여러 가지 경위, 여러 가지 형태로 사실상 성립하지만 국제법은 그 성립의 방법이나 형태에 대하여 원칙적으로 규율하지 않는다.

오늘날에 있어서 국가가 새로이 無主地에 성립(예, 19세기 흑인이 건설한 Liberia 공화국)되는 것은 생각할 수 없다. 비교적 많은 신생국의 성립은 국가의 일부가 분리·독립하는 경우이나(제 2 차 대전 후의 A·A제국), 기존의 복수의 국가가 합병하여 단일의 신생국을 형성하는 경우도 있다(1871년 성립한 독일제국, Tanganyika와 Zanzibar가 1964년 합병하여 United Republic of Tanzania를 형성). 그러나 만주국과 같이 타국에 의하여 정책적으로 성립된 국가나 1939년의 독일·오스트리아合併(Anschluss) 등은 위법으로 간주되었다. 극히 예외적으로는 多數國間 條約(과거 Danzig 自由市, Trieste 자유지역의 설정), 또는 UN 총회의 결의(Indonesia, Israel, Arab, Libya의 독립) 등 다수국간의 합의에 의하여 신생국이 성립되는 경우도 있다. 특히 최근에는 民族自決權 또는 植民地獨立附與宣言을 적극적으로 해석하여 분리·독립에 따르는 신생국의 실효적 지배의 확립에 유리한 추정을 부여하는 경우도 적지 않다. 신생국의 성립은 대부분의 경우 주권의 변동에 따르는 여러 가지 법적 문제가 제기된다.

2. 國家의 成立과 承認의 性質

국가가 형성되는 형태는 여러 가지이나 어떤 국가도 '國家'라고 하려면 이에 걸맞은 要素(영구적 주민, 명확한 영역, 정부, 타국과 관계를 맺는 능력)를 구비해야 한다. 그런데 어떠한 형태의 국가성립의 경우에도 이것을 통일적으로 인정하는 절차나 기관이 국제사회에는 존재하지 않기 때문에 국가의 성립은 개개의 국가의 인정에 위임되어 있다. 이것이 국가의 승인이다. 이러한 승인의 성질에 관해서는 전통적으로 두 개의 학설이 대립하고 있다.

1) **宣言的 效果說** 국가의 承認(recognition)이란 국제법의 주체인 기존의 국가가 사실상으로 성립된 신생국가에 대하여 그 국가가 본래 가지고 있는 국제법적 지위를 확인하고 또 선언하는 행위이다(선언적 효과설). B. Chen의 표현을 빌리면 "어떤 정치적 공동체가 國家資格(statehood)을 취득하였다는 사실을 선언하는 것이며, 동시에 그 공동체와 관계를 맺고자 하는 의사를 암시하는 것"이라고 할 수 있다(승인에 대한 영·미 국가의 공식태도).

위의 정의는 승인에 관하여 전통적으로 대립된 두 개의 이론, 즉 宣言的 效果說과 創設的 效果說 중에 전자의 입장을 대표하는 것이다. "국가의 정치적 존재는 다른 국가에 의한 승인과는 관계가 없다. 승인 전에도 국가는 그 보전 및 독립을 옹호하며, 그 유지 및 번영을 위하여 대비하고 따라서 적당하다고 인정하는 바에 따라 自國을 조직하며, 그 이익에 관하여 법률을 제정하고 그 공무를 집행하며, 재판소의 관할 및 권한을 정립할 권한을 갖는다"고 주장하는 것이 선언적 효과설의 입장이다(1933년 12월 26일 Montevideo시에서 서명된 미주국가간의 '국가의 권리 · 의무에 관한 조약' 제 3 조 1 항).

이 설은 승인이란 신생국가가 그 성립과 동시에 취득한 국제법상의 권리능력에 있어서 그 법적 효과의 상호간의 발생을 확인하는 행위에 지나지 않는다는 사고방식(법률적 행위설)이다. 20세기의 오늘날에 이르러서는 적어도 구미제국에서 다수설이 되고 있으며, 제 2 차대전 후의 신생제국도 이 선언적 효과설을 지지하는 경향이 있다.

2) **創設的 效果說** 이에 대하여 창설적 효과설은 國家承認이란 신생국가에 국제법주체로서의 자격을 부여하는 행위라고 한다. 즉 "국가의 성립은 단순한 역사적 사실이다. 국가는 다른 국가에 의하여 승인되지 않는 한 국제법주체성을 가질 수 없다. 따라서 국가가 아직 승인되지 않고 있다는 것은 국제법상으로는 그 국가의 不存在를 의미한다"(K. Strupp)고

설명하는 것이다.

이 설은 승인과 國際社會構成員 資格의 부여를 동일시하는 것이며, 승인을 기존의 국가에 의한 주체적인 자유재량행위로 보는 思考方式(政治的 行爲說)이다. 신생국은 승인을 계기로 하여 사실상의 존재로부터 국제법상의 존재로 전환된다. 따라서 승인을 부여하지 않는 국가의 입장에서 본다면 신생국은 어디까지나 사실상의 존재이고 법률상의 無(Nichts)라고 하는 것이다.

3) **두 學說의 檢討** 創設的 效果說은 국제사회가 소수의 同族·同質의 유럽 기독교국가이며 국제교류가 그다지 빈번하지 않았던 시대에는 충분히 타당한 설이었다. 그러나 국제법이 적용되는 국제사회가 유럽 이외의 지역으로 확대되어 이질적 국가를 다수 국제사회가 포함하게 된 오늘날에 있어서는 승인이 정치적 가치판단에 의하여 남용되는 경우의 논거가 될 수 있을 뿐만 아니라 오늘날의 국제사회의 상호의존성과 이익공동관계에 적합하지 않다는 난점이 있다. 확실히 창설적 효과설은 승인의 一方性·個別性·相對性을 설명할 수는 있으나 국제사회의 현실을 직시할 때, 즉 未承認國의 UN 및 전문기관에의 가맹 기타 각종 법적 관계가 설정되는 현실에 비추어 볼 때 미승인국의 국제성을 부인하기 어렵게 되었다(UN에 있어서 미승인국의 대표의 발언이 법적 의미가 없다고 주장하여 무시할 수 없다).

이에 대하여 宣言的 效果說은 새로운 국가나 정부에 관하여 그 성립형태·성립방법의 非合憲性(정통성)·非正規性 등의 정치적 판단보다 實效的 支配의 확립의 유무를 기준으로 승인문제를 파악하려는 事實主義(The Tinoco Case의 原則)에 입각한 것이며 창설적 효과설에 비하여 오늘날의 국제사회의 다원적 구조에 보다 타당한 법적·객관적인 분석방법을 확립한 것이다.

그러나 선언적 효과설에 있어서 국가의 성립이라는 사실이 그대로 법적 확인을 가져오는 것이 아니라, 첫째 실효성의 유무라는 기준에 의한 法的 評價·認定이 들어오는 것이며, 둘째 그 인정은 주관적·개별적인 것이 되는 것이며, 셋째 실효적 지배가 있을지라도 거기에 사용된 수단은 국제법에 위반된 것(국가책임)이 아니라야 한다.

1932년 1월 7일 美國務長官 Stimson은 중·일 양국에 보낸 통첩에서 미국은 不戰條約에 위반된 어떠한 사태도 승인하지 않을 것을 명백히 하였다. 이것은 일본이 수립한 傀儡國家인 만주국에 대한 불승인을 표명한 것이다. 이것은 Stimson Doctrine(스팀슨주의)이라고 불리고 있다.

1965년 11월 11일 Rhodesia의 Smith정권은 독립을 선언하였다. Rhodesia는 형식상 국가의 실질적 요건을 구비한 것이었으나 UN총회는 그것이 소수 백인이 지배하는 인종차별체제하에 있는 것이라고 하여 UN총회(결의 2024〔XX〕)와 안전보장이사회(결의 제217)에서 이 독립선언을 무효화하고 각국에 대하여 불승인을 호소하였다.

남아프리카공화국은 Apartheid 정책(白人優位의 人種差別政策)을 취하여 그 일환으로서 Transkei 등의 Bantustans(흑인을 일정지역에 집합시켜 독립을 부여하려는 것)을 창설하고 1976년 10월 Transkei의 독립을 인정하였다. 그러나 아프리카 제국은 이것을 Apartheid 정책에 의한 것이라고 하여 각국에 불승인을 호소하였으며, UN총회(제31차)도 1978년 10월 26일 Transkei 不承認決議(31/6A)를 채택하였다.

그러나 결국 국가가 형성되는 형태가 각양각색이기 때문에 이론상으로는 宣言的 效果說의 일반적 타당성이 인정되기는 하나 현실적으로는 創設的 效果說이 타당하는 경우도 있다는 것을 주의해야 한다. 예를 들면 국가의 일부가 독립하는 경우(무력투쟁을 통하여 또는 전후처리의 일환으로 독립하는 경우) 본국으로서는 分離獨立한 부분의 국가성을 부인하는 것이 보통이므로 그 부분이 국가로서의 國際法主體性을 취득하였는가의 여부는 承認에 결부시키는 것이 명확하다. 따라서 이 경우에는 승인에 대한 창설적 효과가 타당하다고 할 수 있다. 이에 대하여 기존의 독립국이 몇 개 합병하여 하나의 새로운 국가가 출현한 경우에는 승인의 필요가 없고 승인은 선언적 효과를 갖는 것이라고 생각된다. 왜냐하면 지금까지 국제법주체였던 복수의 국가가 합병과 동시에 국제법주체성을 상실하고 사실상의 존재가 된다는 것은 논리에 맞지 않는다고 생각되기 때문이다. 이와 같이 창설적 효과설이냐 선언적 효과설이냐 하는 문제는 각각의 경우에 따라(case by case) 결정될 문제이다.

역사적으로 볼 때 19세기중 국제법은 유럽문명을 가진 국가간에만 적용되는 것이라고 생각되어 그 외의 국가는 그 '會員'에 의하여 '選定'된 경우에 한하여 그 클럽에의 가입이 인정되었다. 이 '선정'이 승인의 형태를 취한 것이며, 혁명정부는 승인을 받을 때까지는 클럽에서 배제되었던 것이다(Akehurst, 59-60). 오늘날에 있어서도 승인은 이러한 창설적 효과를 갖는 경우가 있다. 만약 국가의 수립이 국제법에 위반된 경우에는 그 국가는 승인을 받을 때까지 법적으로 존재하지 않는 것으로 간주된다. 예를 들면 과거 서방국가들은 동독(독일민주공화국)의 존재를 승인하지 않았다. 당시 서방국가들이 소련에 의한 동독의 수립을 제2차대전 후 연합국간에 체결된 獨逸人管理에 관한 여러 조약에 입각한 소련의 의무위반이라고 생각했기 때문이다. 1973년 서방국가들은 드디어 동독을 승인했었는데, 이것은 서방국가에 관한 한 창설적 효과를 갖는 것이었다.

그러나 다른 대부분의 사례에서는 새로운 국가의 수립은 폭력에 의한 수립의 경우라 할지라도 國際法違反이 되지 않았다. 인민이 어떠한 방법으로 국가를 수립해야 한다는 국제법의 일반적 규칙은 존재하지 않기 때문이다. 국가의 존재는 단순한 사실의 문제이며, 이 경우 승인 또는 불승인은 보통 어떠한 법적 효과도 갖지 않는다(Tinoco 사건의 원칙). 실효성의 사실이 명백한 경우에는 승인이란 宣言的이라고 보는 것이 타당하다.

> Tinoco 사건에 있어서 仲裁人 Taft 재판장은 Tinoco 정권이 명백히 Costa Rica를 실효적으로 지배하였으므로 그것은 Costa Rica 정부이며 그것이 영국을 포함한 여러 나라에 의하여 승인되지 않았다는 사실은 중요하지 않다고 裁定하였다. Tinoco 사건에 있어서와 같이 實效的 支配의 사실이 명백한 경우에는 승인 또는 불승인의 증거가치는 그 결과에 영향을 줄 만큼 강하지는 않다.

3. 國家承認을 어떻게 理解할 것인가?

승인이라는 현상은 국제사회의 구조와 깊은 관련을 가진 것이며, 정치·국제법 및 국내법의 복잡한 혼합물이어서 법적 요소와 정치적 요소를 분리해 내기 어려운 것이다. 승인을 부여하거나 유보하거나 할 때에 국가는 법적 고려보다 정치적 고려에 의하여 영향을 받는다. 그러므로 학설상으로 定說이 없고 실천상으로도 각양각색이다.

승인은 국제정치상 큰 기능을 발휘하여 왔으며 각국의 정책적 고려에 지배되어 발전되어 온 관계로 여기에 어떤 확립된 원칙과 규범의식을 발견하기가 어렵게 되어 있다. 선언적 효과설과 창설적 효과설이 옛날부터 다투어 내려온 이유도 승인현상에 대한 이해의 차이에 있는 것은 말할 것도 없다. 그러나 국가의 승인은 '創設的' 행위가 아니라 '宣言的' 효과를 갖는 데 지나지 않는다고 하는 견해가 보다 적절하다. 국가는 승인이 있거나 없거나에 불구하고 존재한다. 다른 국가의 승인에 의하여 비로소 존재를 개시하는 것은 아니다. 승인은 스스로 국가라고 주장하는 어떤 정치적 공동체를 국가로서 정식으로 확정하는 것, 즉 지금까지 불확정적으로 있던 것을 자기에게 명확하게 하는 행위라고 해석된다.

승인의 정치적 측면을 강조하는 드 비셔 교수는 특히 국제관계에서 긴장이 고조된 시기에는 승인이 權力政治의 도구로 이용되는 경향이 있음을 지적하면서 선언적 효과설과 창설적 효과설의 치열한 논쟁도 따지고 보면 정치적 성격의 기능으로서 설명된다고 한다. 그러나 드 비셔 교수에 있어서도 승인이란 법적으로는 선언적 행위에 지나지 않는다고 보았다.

역사적으로 볼지라도 그로티우스나 바텔에 있어서는 새로운 국가가 국제법상의 관계를 갖는 것이 당연한 일로 생각되었다. 그것은 오늘날의 선언적 효과설과 비슷한 결과가 되는 것이다. 승인이 특히 문제가 되기는 18세기 말 미국이 영국으로부터 독립하였을 때이며(프랑스가 미국에 尙早의 承認을 부여하여 영국의 항의를 받았다), 그 후 美洲大陸의 스페인 식민지가 독립할 때에도 미국과 영국 등은 母國인 스페인의 반대를 물리치고 승인을 부여하였다. 이와 같은 과정을 경과하여 오늘날과 같은 승인제도가 형성되었으니 承認論의 이데올로기적 성격으로서 창설적 효과설을 제국주의의 이론이라고 하던 과거 소련학자들의 주장은 가혹할지 모르나, 적어도 국가의 絶對主權論과 관계가 있다고 보는 브라이얼리(Briely) 교수의 주장은 옳다.

承認理論에서 가장 문제가 되는 점은 ① 承認이란 과연 법적 제도인가 또는 정치적 제도에 지나지 않는 것인가, ② 기존의 국가는 새로이 탄생한 국가를 반드시 승인할 의무가 있는가이다. 창설적 효과설의 주창자인 라우터팍트(Lauterpacht) 교수는 국가승인을 엄격한 법적 요건에 입각한 법적 제도로서 파악한다. 동시에 어떤 정치적 공동체가 국제법상의 국가자격에 관한 조건들을 충족한 경우 모든 국가는 이 공동체를 승인할 의무가 있다고 주장한다. 그에 의하면 승인이란 승인국과 피승인국 간의 국제법적 권리·의무를 '創設'하는 법적 행위이다(Lautepacht Doctrine).

이에 대하여 승인을 일종의 政治行爲로 보는 宣言的 效果說의 입장(예, Kunz)에서는 승인의 의무가 없는 것이 당연한 귀결이다. 실제 국가의 관행을 보아도 승인의 의무가 있다고 말하기는 곤란하다. 승인의 부여나 승인의 유보가 엄격히 국제법에 의하여 규율되는 것이 아니라 반대로 국가의 자유행동에 속하는 정책문제로 다루어지고 있는 실정이므로 승인이란 義務的인 것이 아니고 任意的(facultative)인 것이라고 보는 것이 한층 관행에 일치된 관찰로 보인다.

그러나 선언적 효과설에 있어서도 승인은 전연 법적 의의를 갖지 않는 정치적 행위에 그치는 것은 아니다. 승인에 의하여 승인국은 신국가와 정식으로 외교관계를 맺으며 법률관계에 들어갈 수 있음을 선언하는 것이므로 법적 의미가 있을 뿐만 아니라, 일단 승인한 후에는 承認行爲가 승인국을 구속하는 법적 효과를 낳는 것이다. 승인에 의하여 認定(acknowledge)한 것을 승인 후에는 부인하지 못하게 되는 禁反言(estoppel)의 법적 효과를 가져온다. 이 점에 있어서는 승인은 확실히 하나의 국제법제도라고 할 수 있다(승인의 禁反言性은 1933년의 Eastern Greenland Case에서 명백히 인정되었다). 국가는 승인의 의무가 없으나 가능한 한 법적 원칙에 입각하여 승인을 부여하려고 노력하며, 정치적 고려 때문에 승인을 유보하는 경우는 있을지라도 일단 승인을 부여하여 피승인국의 국가자격을 인정한 이상, 차후에는 이것을 부인하지 못하게 됨으로써 승인에 관한 국가의 任意性은 상당히 완화된다. 이러한 한도 내에서 승인은 하나의 법률행위로 볼 수 있다(국내재판소에 있어서 승인은 보통 행정부가 행하는 정치행위 내지 국가행위로 보고 재판소가 문제시할 수 없는 것으로 한다. Oetjen v. Central Leather Company, 1918).

다만 1983년 9월의 Aung San 사건후 미안마가 북한정권에 대한 승인을 취소한 것은 극히 이례적인 일이다.

〈承認制度의 成立過程〉 승인제도는 근대 국제법의 성립과정에 있어서(16-18

세기) 군주의 主權的 地位의 승인이라는 형태로 나타나 국제법의 한 분야로서 형성되어 왔다. 당시는 주권자의 지위변경이라는 객관적 사실이 있으면, 외국은 그 사실을 그대로 인정하는 단순한 '客觀的 事實主義'가 승인조건으로서 일반화되었다. 특히 17-18세기 부르주아지의 이데올로기로서 Wolf나 Vattel은 국민주권주의의 입장에서 主權者(君主)에 대한 국민의 혁명권을 주장하였으며, 혁명권의 행사의 결과로 실현된 주권자의 변경의 사실은 외국으로서는 반드시 이것을 승인해야 한다고 말하였다. 만약 승인을 거절하면 그것은 그 국가의 국민의 혁명권에 대한 침략행위가 되며, 내정간섭을 구성한다고 보았다.

19세기에 이르러 국민 일반의 정치참여라는 민주주의의 사조가 고조됨에 따라 종래의 단순한 객관적 사실주의가 국민의 의사를 채택한 주관적 사실주의로 대치되고, 거기에 국제의무의 준수라는 새로운 조건이 부가되었다. 이와 같은 변화의 이유는 이 시대의 승인대상이 되는 국가가 대부분 라틴 아메리카나 동양 각국(특히 중국)과 같은 革命頻發의 후진국가라는 사실에 있다. 이러한 후진지역에서는 선진구미제국의 거대한 자본이 투하되어 이 자본주의국가의 입장에서는 안정된 정권의 확립이 투자이익의 보호를 위하여 크게 요망되었다. 따라서 수립된 혁명정부가 국민의 지지를 받는 안정된 정치권력으로서 확립되는 것이 승인의 요건으로 되는 것은 당연한 귀결이었다. 여기에 종래의 단순한 客觀的 實效主義 대신에 국민의 동의를 얻은 정부라는 主觀的 實效主義의 사상이 강조되었으며, 이러한 사상은 미국을 중심으로 한 다수국가의 민주주의이념에 의하여 시대적 요청으로서 지지를 받아왔다.

이와 같이 國際義務의 준수라는 승인요건도 선진자본주의제국이 혁명정부에 의한 경제적 기득권의 계속적 존중을 강력히 요구한 데서 나온 것이다. 특히 新政府가 前政府가 부담한 조약의무를 존중하는 것이 승인조건으로서 주장되었다. 미국이 中國政權을 승인하지 않았던 주요 이유가 그 정권이 무력행사의 금지라는 일반국제법상의 의무를 준수할 의사가 없는 것, 그리고 국민당 정부가 부담한 개별조약의 의무를 계승할 의사를 갖지 않는 점 등에 있다. 특히 제2차대전 이후에는 국제의무의 준수의 내용으로서 개별조약상의 의무뿐만 아니라 일반국제법상의 의무의 준수를 강조하는 경향이 나타나고 있다.

사실 위의 主觀的 實效主義는 국민동의의 표시방법으로서 선거나 국민투표를 요구하여 왔다. 그러나 타면에 있어서 이러한 명시적 절차 대신에 묵시적 동의 내지 수동적·소극적 복종이라도 상관 없다는 생각이 점차 일반화하였다. 특히 제1차대전 이후 전체주의국가가 많이 나타나서 국민의 자유의사에 입각한 지지 여부에 관계 없이 상당히 장구한 기간에 걸쳐 안정된 정권을 유지하는 사태가 발생하였다. 여기에 이르러 주관적 실효주의는 또다시 소박한 객관적 실효주의에로 복귀하지 않을 수 없게 되었다. 그러나 제2차대전 이후에는 또다시 반전하여 주관적 실효주의가 득세하게 되었으니 이것은 연합국의 승리와 더불어 민주주의적 절차와 국민의 명시적 동의의 표시가 요구된 까닭이다. 이와 같이 승인의 요건은 그 시대에 있어서의 정치적 상황에 따라 크게 영향을 받는다.

4. 承認에 관한 基本的 規則

承認에 관한 확립된 일반적 규칙은 없으나 대략 다음과 같은 규칙은 자명한 것으로 인정되고 있다.

(1) 확립된 규칙이나 조약상의 의무가 없는 경우 승인은 자유재량의 사항이다.

(2) 승인은 承認附與國의 일방적 행위이며, 주관적·개별적·상대적인 성질을 갖는다.

(3) 승인의 범위와 효과는 의도(intention)의 문제이며, 그 의도는 승인행위의 취지와 그 문맥에 따라 결정된다.

(4) 승인과 外交關係의 설정은 동일한 행위가 아니며 혼동해서는 안된다. 외교관계의 설정(외교사절의 파견·접수)은 쌍방의 합의에 입각한 雙方行爲인데 다만 승인에 수반된 효과로서 승인과 거의 동시에 행해지는 경우도 있고, 묵시적 승인의 한 형태로서 행해지는 경우도 있기 때문에 혼동되기 쉽다.

외교관계의 단절·종료는 곧 승인의 취소·철회를 의미하지 않는다. Cuba의 Castro 정권에 의한 국유화조치에 대한 불만으로 1961년 1월 외교·영사관계의 종료를 통고한 미국은 그 후에도 利益代表國을 통하여 Cuba와의 외교관계를 처리하고 있다.

(5) 승인은 무조건 또는 조건부로 부여할 수 있고, 또 명시적 내지 묵시적으로 부여할 수도 있다.

(6) 항의와 권리유보의 방법은 묵시적 승인을 부여할 의사가 없음을 명시하는 데 이용된다.

(7) 제3국이 국가승인을 포함한 어떤 사태에 반대할 수 있도록 하기 위하여 이러한 사태는 '通知'의 방법으로써 제3국에 전달된다.

(8) 국가가 실효적 지배를 확립한 결과 '政治的 存在'(political existence)로서의 지위를 유지하는 것은 승인과 관계가 없으며, 타국은 승인을 부여하지 않더라도 그 새로운 국가의 존재와 그 管轄權行使 자체를 부인할 수 없다(선언적 효과설의 전제, 1933년 '국가의 권리의무에 관한 Montevideo 조약' 제 3 조, 1948년 Bogoda 헌장 제 9 조, 1967년 동 개정 제12조). 승인이라고 하는 것은 이러한 '정치적 존재'에 대하여 국제법상의 一般的 權利能力(국가 자격)을 인정하고 그것과 일체의 권리·의무의 포괄적인 실현을 목적으로 하는 것이다.

5. 承認의 要件

새로이 성립된 국가의 승인에는 몇 가지 사실적 요소의 존재가 요구된다.

(1) 國家의 成立

첫째는 新國의 성립이다. 국가의 성립은 주로 정치상·역사상의 문제이나 승인을 받을 수 있는 제 1 의 요건으로서 타국과 국제관계를 형성하며 국제기구에 가입할 수 있는 전제가 되는 것이므로 법적인 의미를 갖는다.

그러면 이러한 '新'國은 어떤 경우에 성립하는가. ① 他國의 지배를 받지 않는 처녀지에 성립하는 경우(1822년 미국 식민협회가 미국 북부의 해방흑인을 아프리카 서해안의 먼로비아에 보내 식민지를 만들고 그것이 1847년 7 월에 독립하여 리베리아 공화국이 되었다). 그러나 오늘날 이러한 경우는 거의 없다. ② 기존의 국가로부터 분리·독립한 경우(무력에 의한 경우——영국으로부터 독립한 미국, 평화적으로 독립한 경우——제 2 차대전 후의 대다수의 A·A제국). 이와 같은 예가 가장 많다. ③ 수 개의 독립국이 合併 또는 合同하여 하나의 국가나 연방을 형성하는 경우(1958년 2월 1일 Egypt와 Syria가 합병하여 Arab연합공화국이 된 것. 1964년 4 월 26일 탕가니카와 잔지바르가 합병하여 탄자니아

(연합공화국이 된 것). ④ 하나의 국가가 여러 개의 국가로 분열하는 경우(Austria-Hungary 제국이 각각 Austria와 Hungary로 분열하였다. 인디아와 파키스탄도 그 예).

그런데 과거 소련의 국제법학자들은 하나의 사회제도로부터 다른 하나의 사회제도로 변천하는 사회혁명, 예를 들면 자본주의로부터 사회주의로 넘어가는 사회혁명의 결과로서도 새로운 국가가 창설된다고 주장하였다. 구소련이나 중국의 성립을 그와 같은 새로운 국가의 창설이라고 보는 것이었다. 이 점은 새로운 국가의 창설이 아니라 단순한 정부의 변경(소련의 경우 帝政 Russia와 동일한 국가의 계속)으로 보는 전통적 서구국제법과는 상충되었었다.

다음 새로운 국가의 성립에 있어서 국가가 되기 위해서는 어떠한 자격조건을 갖추어야 하는가. 통상 ① 일정한 인구, ② 일정한 영역, ③ 일정한 정부가 국가의 요건으로 인정된다. 이 중에서도 주권적 정치조직인 정부의 실효적이고 자립적이고 영속적인 권력의 확립이 가장 중요한 요건이다. 1932년에 독립을 선언한 만주국은 일본에 의하여 만들어졌고, 일본의 원조에 의해서만 유지되는 傀儡國家였으므로 국가자격이 없는 것이었다. 영토에 관한 한 엄격한 국경선은 요구되지 않는다(예, 이스라엘).

(2) 國際法 遵守의 意思와 能力

둘째의 요건은 새로운 국가가 국제법을 준수할 의사와 능력을 가져야 하는 것이다('국가의 권리 · 의무에 관한 조약' 제1조). 이 능력의 객관적 표시는 확립된 정부이나 그 정부가 국제법에 대하여 부정적 태도를 취할 때에는 국제법을 준수할 의사가 없는 것으로 간주된다. 과거 중국정부와 같이 침략자의 낙인을 찍은 UN의 非難決議가 있는 경우, 또는 국민당정부가 부담한 조약의무의 계승을 거절한 경우는 여기에 해당되는 것이다(단, 1920년 12월 17일 Liechtenstein은 국제의무를 준수할 능력이 없다는 이유로 국제연맹에의 가입이 거절된 예가 있었으나, 이것은 국제승인의 경우와는 구별된다).

위와 같은 요건이 있음에도 불구하고 국가의 실행을 보면 承認을 부여하느냐의 여부는 각국의 정치적 선택에 달려 있는 자유재량의 행위이며, 새로운 국가의 성립에 따라 승인의 의사를 표시해야 하는 국제법상의 의무는 없는 것으로 되어 있다. 실제로 새로운 국가의 성립 직후에 승인한 예(1948년 미국의 한국승인과 이스라엘승인), 새로운 국가의 실효성에 의문이 없는 경우에도 승인을 거부한 예(이스라엘에 대한 이집트 이외의 아랍국가), 현저하게 지연된 예(미주 식민지 해방의 10-75년 후의 스페인에 의한 승인) 등이 있다. 따라서 새로운 국가로부터 승인의 부여를 청구할 수 없음은 물론이고, 제 3 국이 승인의 유무에 관한 타국의 판단과 해석에 대하여 그 당부를 다툴 여지도 실정법상으로는 존재하지 않는다. 최소한 새로운 국가에 대하여 그 '政治的 存在'를 승인의 유무에 관계 없이 존중해야 하는 일반국제법상의 기본적 의무(신국의 영토보전, 주권 · 독립권의 존중, 무력불행사의 의무)를 진다(Brownlie 95).

〈尙早의 承認〉 위와 같은 요건을 구비하지 못한 국가에 대하여 부여하는 승인을 尙早의 承認(premature recognition)이라고 한다. 상조의 승인은 물론 법이론적으로는 무효이다. 승인의 요건이 결여되어 있으므로 실은 승인의 대상이 존재하지 않기 때문이다. 그러나 실제에 있어 요건의 달성을 판정할 객관적 권위가 없기 때문에 결국 승인하는 국가의 재량에 일임할 수밖에 없다. 그러나 명백히 요건을 결한 승인은 新國家라고 하는 것이 모국으로부터 이탈을 기도하는 경우 신국가(叛徒)에 대한 원조행위로 간주되며 본국(모국)에 대한 不法的 干涉行爲를 구성한다. 미국의 독립전쟁의 진행중 프랑스는 미국과 동맹조약을 체결하고 미국의 독립을 승인하였는데, 영국은 이것을 프랑스의 武力干涉行爲로 보았다(영국은 프랑스에 대하여 선전포고).

실제에 눈을 돌리면 승인요건의 인정이 곤란한 것보다 각국은 승인을 자국 외교정책의 유력한 무기로서 이용하고 있는 데에 문제가 있다. 대부분의 국가가 만주국을 승인하지 않은 이유는 그것이 실효적인 독립국가로서 성립되었는지의 여부를 의심한 것도 있지만 그보다 일본의 만주침략에 대한 반대의사의 표명이라고 보아야 한다(외교상의 항의). 1903년의 미국의 파나마 승인(파나마가 모국인 콜롬비아에 반란을 일으킨 지 3일후), 1948년의 미국의 이스라엘 승인(이스라엘이 독립선언을 한 지 수 시간 후)과 같은 경우는 새로운 국가가 독립국으로서 성립한 것을 확인한 것이라고 하기보다 그 자체 독립을 지원하는 정치행위에 지나지 않는다. 오늘날의 경향으로서 자국과 체제를 달리하는 국가의 승인을 이와 같은 정치적 고려에 의존케 하는 예가 많다.

오늘날에 있어서는 UN도 '尙早의 承認'을 회피할 목적으로 가맹국에게 비승인을 요청하는 경우가 있다.

Rhodesia(1964년 北Rhodesia가 Zambia로 독립, 南Rhodesia는 단순히 Rhodesia라고 한다)가 Apartheid 정책을 수행하기 위하여 1965년 백인만으로 조직된 현지정부가 영국으로부터 分離·獨立을 일방적으로 선언, 모국인 영국과 무력항쟁에 들어갔다. 이 南Rhodesia의 Smith정권에 대하여 영국은 경제적·정치적 제재로써 대항조치를 취했다. UN도 그 일방적 독립은 民族自決의 원칙에 반하는 것이므로 그 원칙이 실현될 때까지 가맹국은 상조의 승인을 삼가하도록 권고하였다. 그 후 식민자결의 원칙에 입각하여 Zimbabwe라는 명칭으로 독립이 달성되어 1980년 영국으로부터 정식으로 분리되었다.

〈非承認主義(Stimson doctrine)〉 1932년 1월 7일 미국무장관 스팀슨은 일본과 중국에 通牒을 보내어 "不戰條約의 약속과 의무에 반하는 방법으로 야기된 일체의 사태, 조약 또는 협정을 승인할 의도가 없다"는 것을 통고하였다. 같은 해 3월 11일 國際聯盟總會는 45국의 찬성투표에 의하여 "연맹규약 또는 부전조약에 반하는 방법으로 야기된 일체의 사태, 조약 또는 협정을 승인하지 않는다"는 것을 결의하였다. 이것들은 실질적으로 같은 내용을 가진 것이며, 최초의 통첩을 보낸 사람의 이름을 따서 스팀슨주의 또는 非承認主義(doctrine of non-recognition)라고 부른다.

스팀슨주의가 특히 국제법에서 문제가 되는 것은 국가 또는 정부의 승인에 관해서이다. 신국가 또는 신정부가 일본의 부전조약에 위반된 침략의 방법으로 야기된 만주국과 같은 것인 경우 이것을 승인하는 것은 승인의 요건을 결하는 것으로서 무효라는 이유로 스팀슨주의는 이와 같은 사태를 인정하지 않는 근거를 제공하는 것이다.

오늘날에 있어서도 UN헌장에 위반된 방법(헌장 제2조 4항, 무력의 행사 또는 무력에 의한 위협)으로 수립된 국가나 기타의 사태에 대해서는 일반적으로 비승인주의의 적용이 있다고 해석된다(1970년의 '우호관계원칙 선언' I 원칙 제1·10항). 다만 과거의 예에서 보듯이 국제법 위반에 대한 제재로서의 비승인주의는 그 실효성이 문제이다(만주국에 대해서는 일본·엘살바도르·독일·이탈리아·헝가리 등이 승인, 이탈리아에 의한 에티오피아 침략·병합에 관해서는 1935년 당시 국제연맹은 비승인의 결의조차 채택하지 못했으며, 이탈리아·에티오피아帝國에 대한 승인은 무려 44국에 달했다).

6. 承認의 方式

(1) 明示的 承認과 默示的 承認

明示的 承認은 단독의 선언, 신생 국가에 보내는 통첩 또는 旣存國家 상호간의 조약 중에 신생국 승인의 뜻을 명백하게 표시하는 경우이다. 피승인국의 협력을 필요로 하지 않으므로 일방적 행위이나 1955년의 '독립 민주국으로서의 오스트리아의 재건을 위한 조약'과 같은 조약의 형식으로 승인의 의사를 표시할 수 있다. 묵시적 승인은 승인의 의사를 명시하지 않고 일정한 행태를 통하여 승인의 의사를 암시하는 경우이다. 그러므로 이러한 묵시적 승인은 승인국의 의도의 문제로서 파악된다.

다음 경우는 신생국에 대한 默示的 承認으로 간주되는 예이다. ① 신생국의 외교사절을 공식으로 접수하는 것, ② 신생국과 외교사절을 교환하는 것, ③ 통상조약이나 기타의 포괄적 관계에 관한 조약을 체결하는 것, ④ 신생국의 領事에게 認可狀(exequatur)을 수여하는 것, ⑤ 신생국의 국기를 승인하는 것. 이와 같은 행태는 국제법주체로서의 국가에 대해서만 할 수 있는 것이므로 승인의 의사를 간접적으로 추정케 하는 것이다.

그러나 다음의 경우는 반드시 묵시적 승인으로 인정되지는 않는다. ① 通商代表部의 설치를 허가하는 것(설사 영사특권과 같은 것을 인정하는 경우에도), ② 多數國間 조약에 신생국이 가입할지라도 다른 가맹국이 이 신생국을 묵시적으로 승인한 것이 되지 않는다(1928년의 부전조약에 소련이 가입하였으나 그것은 미국에 의한 묵시적 승인과는 관계가 없는 것이었다. 1963년의 부분적 핵실험정지조약에 과거 동독과 서독 및 대만이 가입하였었는데, 이것은 반드시 이들을 승인하지 않고 있는 타국이 이들을 묵시적으로 승인하였다고 보지는 않았다). ③ 아직 승인을 부여하지 않은 신생국과 함께 국제회의에 참가하는 것도 그 국가가 묵시적 승인을 부여하였다고 볼 수는 없다(인도차이나 전쟁의 종결을 협의한 1954년의 제네바회의에 중국대표와 동석함으로써 미국이 중국을 승인한 것으로 인정되지 않았다). ④ 2국간의 정식회담이 장기간 계속되어도 승인을 의미하지 않는 경우가 있다(예, 미·중국간수교 이전 대사급회담). ⑤ 禮儀的인 사절의 교환이나 신국의 국민에 대한 旅券査證(visa)의 발급도 그것만으로는 승인을 의미하지 않는다. ⑥ 특정의 실체(신국가)가 제정한 법률의 효력을 인정할지라도 그 실체에 대한 국가승인은 되지 않는다. 위의 어떤 경우에는 자기의 행태가 승인으로 해석되어서는 안된다고 선언하는 것이 영·미의 관행이다(한국전쟁 후 미국과 중국 간에 대사급 회담이 개최되었는데, 미국은 이것이 중국에

대한 외교적 승인은
아니라고 강조하였다).

(2) 事實上의 承認과 法律上의 承認

'事實上의'(*de facto*) 승인과 '法律上의'(*de jure*) 승인은 실제로 행해지고 있는 두 개의 승인형태이다. 이 양자간의 구별은 상대적인 것이며 모호하지만, 어느 것이나 공적·법적 행위로서 표명되는 것이므로 양자가 다같이 법률행위임에는 차이가 없다.

그런데 '法律上의 承認'이란 실은 '法律上의 政府'의 승인을 의미하는 것이다. '법률상' 또는 '사실상'이라는 말은 정부를 가리키는 것이지, 승인행위를 말하는 것은 아니다(Akehurst).

그러면 '사실상의 정부'와 '법률상의 정부'의 구별의 기준은 무엇인가. 사실상의 정부는 법률상의 정부와 같은 정도의 확고한 법적 기초를 갖지 않는 것이라고 할 수 있다. 그러나 그 법적 기초를 결정할 수 있는 법적 규칙을 발견하기는 어렵다.

보통 혁명정부는 사실상의 정부라고 한다. 그러나 혁명의 성공은 당해 국가의 헌법의 변경을 가져오며, 사실상의 것을 법률상의 것으로 바꿀 수 있다. 현재 영국의 政體는 1688년의 名譽革命(Glorious Revolution)에 기초를 둔 것이다. 그것은 1688년 이전의 법률에 의하면 위법인 것은 말할 것도 없다. 그러나 1688년 이후의 정부의 합법성을 결정하기 위해서는 1688년 이전의 법률이 아니라 1688년 이후의 법률이 적용되어야 한다. 법률을 만드는 것은 정부이며, 법률이 정부를 만드는 것은 아니다. 국제법상의 합법성을 기준으로 채용한다 할지라도 법률상의 정부가 반드시 사실상의 정부보다 합법적인 것은 아니다. 국제법은 국가에 대하여 특정의 正體를 채용하라고 요구하지는 않는다. 정부가 그 국가를 실효적으로 지배하고 있는 한, 그 정부가 혁명적이든 비민주적이든 국제법상 그 국가의 정부를 구성하는 것이다.

법률상의 정부와 사실상의 정부 간의 구별은 보통 正統性(legitimacy)의 개념에 입각하는 것으로 보인다. 그러나 이러한 문맥에서의 정통성은 정치적 이데올로기의 관점에서 정의되는 것이고, 법적 관점에서 정의되는 것은 아니다.

실제의 관행을 보면 사실상의 승인은 ① 신생국가(또는 신정부)가 국가(또는 정부)로서의 요건을 우선 구비하고는 있으나 그 권력의 안정성에 불안이 있는 경우(제1차 대전후의 신생국가의 경우, Indonesia는 1945-49 화란과의 독립투쟁중에 여러 나라로부터 사실상의 승인을 받았다), ② 국제법을 준수할 의사와 능력에 의문이 있는 경우(소련이나 중국의 경우), ③ 母國과의 관계를 고려하는 경우(Latin-America 제국이나 Panama의 경우) 등에 있어서 그럼에도 불구하고 신생국을 지원하여 이것과 일정한 공식관계를 설정할 필요가 있다는 정치적 판단 하에 행해지는 것이 보통이다(Salimof v. Standard Oil Company Case, 1933.7. 11 New York 연방항소재판소 판결).

이 두 개의 承認形態간의 구별은 주로 承認效果의 범위에 의한 것이다. 사실상의 승인은 법률상의 승인에 비하여 그 법적 효과의 범위가 한정적이며 실무관계에 그치는 경우가 많다. 그러나 사실상의 승인도 일정한 승인의 요건을 전제로 행해지는 것이므로(설사 정치적 행위로서 행한 승인이라 할지라도 반드시 요건을 내세운다) 법률상의 승인의 경우와 비슷한 법적 효과를 가져온다. 다만 승인의 요건이 불확실한 단계에서 행해지는 승인이므로 잠정적이며 법률상의 승인에 이르는 과도적인 것이 될 수도 있고, 또는 종국에 가서 철회될 수도 있다.

역사적으로 볼 때 사실상의 승인이라는 승인의 방식이 처음으로 채용되기는 20세기 초 라틴아메리카국가들이 스페인과 포르투갈로부터 연달아 분리·독립하던 시절이다. 영국 · 미국 기타 여러 국가들은 신생국을 승인할 필요를 절실히 느끼면서도 母國(스페인과 포르투갈)과의 관계를 무시할 수 없었기 때문에 요건의 확립이나 모국의 주장과는 관계 없이 단순히 사실상의 국가가 성립하였다는 취지로 정식의 승인 전에 事實上의 承認이라는 방식을 사용하였다.

20세기에 이르러 파나마가 콜롬비아로부터 독립하였을 때 미국은 파나마의 독립선언 후 3일 만에 사실상의 승인을 행하고 그로부터 1주일 후에 법률상의 승인을 행하였다. 소련에 대한 승인의 경우에도 먼저 사실상의 승인을 행하고, 그 후 어느 정도의 기간을 경과한 후에 법률상의 승인을 행한 국가가 상당히 많았다.

만약 국제법에 위반하여 국가(또는 정부)가 수립되거나 또는 領域的 變更이 초래된 경우에는 법률상의 승인에 의하여 비로소 위법성이 치유되는 것이며, 사실상의 승인은 위법성을 치유하는 데에 충분하지 않다(Akehurst, 65). 승인에 대한 證據的 價値로서는 법률적 승인이 사실적 승인보다 한층 높다고 보아야 한다(The Tinoco Case에서의 Taft 판사의 말).

사실상의 승인의 예로서 Salimof v. Standard 석유회사 사건을 들 수 있다. New York州 抗訴裁判所는 미국이 과거 소련을 승인하지 않은 시점에서 소련정부의 국유화법을 유효한 것으로 판시하였다. 그 재판소는 판결을 내리기에 앞서 소련정부의 실체에 관하여 국무부에 鑑定을 구했다. 국무부는 감정서에서 소련정부가 러시아에 있어서 지배와 권력을 행사하고 있다는 것, 미국이 소련정부의 승인을 거부하는 것은 그 정부가 실권이 없다는 것이 아니라 다른 이유 때문이라는 것을 밝혔다. 재판소의 판결은 감정서의 영향을 받은 것이었으며, 이 사건은 정부승인에 관한 것이나 미국에 의한 구소련의 사실상의 승인의 예로서 인용되었다.

(3) 個別的 承認과 集團的 承認

승인은 개개의 국가에 의하여 개별적으로 행해지는 것이 보통이다. 1878년의 베를린회의에서 불가리아 · 루마니아 · 세르비아 · 몬테니그로가 여러 국가의 공동행위로서 승인된 예가 있기는 있으나, 이러한 集團的 承認도 그 자체 하나의 독립행위가 아니라 개별국가의 승인이 우연히도 집합된 것이며 개별적 승인과 본질적으로 다를 것이 없다.

여기서 문제가 되는 것은, 첫째 UN과 같은 국제조직에의 가입은 그 조직에 의한 집단적 승인을 의미하는가, 둘째 UN과 같은 국제조직에 가입된 未承認國은 가맹국 개개에 의한 묵시적 승인으로 인정되는가이다. 전자에 대한 대답은 긍정적이다. 그러나 그 법적 효과는 각국에 대하여 묵시적 승인을 추정케 하는 것이 아니다. UN에의 가입은 UN의 기관의 결정에 의한 '集團的 行爲'이나 승인은 개개의 국가가 스스로 결정하는 '個別行爲'이므로 양자는 성질상 별개의 행위인 까닭이다(1950년 3월 8일 UN 사무총장이 중국대표권 문제에 관하여 안전보장이사회의 의장에게 제출한 'UN에 있어서의 대표권문제의 법적 측면'). 후자에 대한 대답도 원칙적으로 긍정적이다. UN 헌장 所定의 가입절차(UN헌장 제4조 2항, 제18조 2항)에 의하여 未承認國의 가입을 적극적으로 찬성한 국가는 말할 것도 없고, 가입결의에 있어서 기권 내지 반대한 국가에 대해서도 이론상 UN에의 가입은 가입국에 대한 묵시적 승인으로 인정되어야 한다. 왜냐하면 UN에의 가입은 국가에만 한정되고(헌장 제4조 1항), 가맹국 상호간에는 일반국제법이 적용되며(헌장의 전문 제1조 1항), 主權平等

原則(제2조 1항)이 인정되기 때문이다. 그러나 UN의 관행에 의하면 어느 국가의 UN가입에 반대의 의사를 표명한 국가에 대해서는 묵시적 승인의 효과가 발생하지 않는 것으로 되어 있다(1949년 5월 11일의 UN총회에서 이스라엘공화국—1948년 5월 14일 독립—의 가입이 승인되었는데, 이집트는 이것을 승인하지 않고 그 가입에 대해서도 반대하였다). 다만 同意投票를 한 가맹국은 적어도 '事實上의 承認'을 부여한 것으로 생각되며, 정식의 승인관계는 차후에 별도로 결정할 문제이다(몽고의 UN가입 시 일본의 태도).

(4) 條件附 承認과 無條件 承認

승인은 무조건으로 행해지는 것이 보통이나 때로는 일정한 조건부로 행해지는 경우가 있다. 예를 들면 1878년의 베를린회의에서 불가리아·몬테니그로·세르비아·루마니아 등이 승인되었을 때 그 국민에게 신앙의 자유를 보장할 것을 조건으로 부과하였다. 그러나 이러한 조건은 엄밀한 의미에서 조건이라고 할 수 없고 일종의 부담이라고 해석된다. 그러므로 이 조건의 성취와 승인의 효과와는 관계가 없다. 被承認國으로서는 條件成就의 의무가 있으나 그 의무가 이행되지 않을지라도 승인이 무효가 되는 것은 아니며, '法律上의 承認'인 경우 승인을 취소 내지 철회할 수 없다. 승인은 이미 기성사실이며 피승인국은 단순히 義務違反의 책임을 질 뿐이라고 해석된다.

법적 개념으로서의 條件附 承認이란 진정한 의미가 없다. 승인이란 보통 일방적 행위이므로 승인국은 자신이 동의하지 않는 조건을 준수할 의무가 없기 때문이다. 승인 전에 요구된 대부분의 조건은 대개 정치적인 것이므로 이러한 조건위반에 대한 求正도 대개 정치적인 것이다.

7. 國家承認의 效果

신생국가가 다른 국가로부터 승인을 받은 경우 그 국가와의 관계에서 당연히 일반적 권리능력을 취득하며 양국간에는 一般國際法關係가 형성된다. 승인국은 被承認國에 대하여 그 일반국제법상의 주장을 부인할 수 없을 뿐만 아니라 국내법상으로도 일정한 지위를 인정해야 된다. 예를 들면 피승인국에 대한 국제법 위반행위에 대하여 당연히 損害賠償의 의무를 지지 않으면 안되며, 국내법상 소송능력을 인정해야 하는 것이다. 그러나 외교관계의 수립은 승인의 당연한 효과가 아니며, 그 목적을 위해서는 당사국간의 합의가 필요하다(동시에 외교관계의 단절은 반드시 승인의 취소를 의미하지는 않는다. Sabbatino 사건과 미국·쿠바 관계). '外交關係에 관한 비엔나 조약'(1961년) 2조는 승인과 외교관계 개설과의 관계를 명확히 하지 않고 "국가간의 외교관계의 개설 및 常駐外交使節團의 설치는 상호의 합의에 의해서 한다"고만 규정하고 있는데, 이 표현은 승인에 의하여 당연히 외교관계가 개설되는 것이 아니라는 의미로 해석된다.

특히 承認의 효과에 관해서 문제가 되는 것은 승인과 국내재판과의 관계를 중심으로 승인한 국가의 국내법상 피승인국의 법령·판결·행정기관의 결정 등이 어떠한 효과를 갖는가이다. 승인이란 국가가 외교관계의 처리라는 관점에서 행하는 것이고, 국내법상의 여러 결정은 涉外事件에 있어서 私人의 법률관계의 합리적 조정이라는 관점에서 행하는 것이므로 양자는 필연적으로 결부되는 것은 아니다. 그러나 국가의 관행상 승인국은 被承認國·그 대표·그 재산을 자국의 소송절차로부터 면제하며(주권면제—한미 선박 충돌사건), 외국정부의 그 국내법상의 행위의 유효성을 승인국의 국내재판소에서 의심할 수 없는 것으로 취급한다(Sabbatino 사건에 있어서의 Harlan 판사의 견해). 이와 같은 관행 때문에 피승인국의 법령 등의 존중은 승인의 국제법상의 효과로 인정되기 쉬우나 사실은 승인이 없을지라도 재판소가 未承認國의 裁判免除나 그 법령의 효력을 인정한 예(외국인의 이혼소송에 관한 국제사법사건에서는 미승인국의 법령도 적용하는 예가 증가하고 있다)가 적지 않은 것을 보면 그것을 반드시 승인의 국제법상의 효과라고 보기는 어렵다.

승인의 효과로서 피승인국의 권리를 요약하면 대략 다음과 같다. 즉 승인받은 국가는, ① 承認國의 법정에서 소송을 제기할 수 있는 권리를 취득하며, ② 승인국의 법정은 피승인국의 입법적·행정적 행위에 대하여 효과를 부여하며(Sabbatino 사건), ③ 被承認國의 재산과 외교사절에 대하여 소송면제를 청구할 수 있으며(한·미 선박 충돌사건), ④ 前政府에 속한 재산으로서 승인국의 관할권 내에 있는 재산에 대하여 청구·소유·처분의 권리가 발생한다.

영·미제국에 있어 신생국가의 존재란 하나의 사실상의 문제에 지나지 않으나 중요한 정치적 고려를 요하는 문제이며, 따라서 사법기관에 의해서가 아니라 정치적 기관에 의해서 우선적으로 결정되는 것이 원칙이다. 따라서 승인문제에 관한 한 재판소는 사법부와 행정부 간의 충돌을 회피하며 국가이익을 확보하기 위하여 행정부의 의견을 존중한다. 또한 이렇게 하는 것이 증거의 문제를 해결하기 위해서도 필요한 것이다. 당해 국무장관의 이 문제에 관한 성명이 최상의 증거라고 생각되기 때문이다(Duff Development Co. v. lantan Government에 있어서의 Lord Sumner의 의견). 그러나 어느 특정의 정부가 승인을 받지 않았다는 행정부의 성명이 있을지라도 영국 재판소는 그 정부가 주권적이라고 판정할 수 있으며, 특히 主權免除의 문제를 포함하지 않을 경우에는 더욱이 그렇게 판정할 수 있다(1956년의 Luigi Monta of Genoa 사건).

재판소는 국가(또는 정부)의 변경에 따라 영향을 받을 개인의 실체적 이익을 보호하기보다 대외문제의 처리에서 행정부의 입장이 난처한 지경에 빠지지 않도록 하는 데에 더욱 신경을 쓴다는 비난을 받고 있다. 이리하여 행정부의 의견에 대한 과도한 존중은 반대에 봉착하기도 한다. 그러나 행정부로서는 때때로 간결한 내용의 증명서(certificate)를 택하여 재판소가 행정부의 외교정책의 수행에서 있을지도 모르는 영향에 구애됨이 없이 결정에 도달할 수 있도록 배려한다.

일반적으로 말해서 영국 재판소는 ① 국가의 주권적 지위, ② 외국의 '事實上' 및 '法律上'의 승인에 관하여 '司法的 認知'(judicial notice)를 하며(사법상의 자기 제한, 즉 사법부가 행정부와 별개의 판단을 해서는 안되며 행정부의 판단을 그대로 인정하는 것), 의문이 있는 경우에는 해당 부처에 정보의 제공을 신청한다. 이 때의 회답은 결정적(conclusive)이다.

당해 부처가 재판소에 제출한 공식적 진술이 행정부의 의견을 전달하는 유일한 방법은 아니다. 검찰총장 또는 법무관이 재판소의 청구에 의해서 또는 스스로 개입하여 왕(Crown)의 태도를 전달하기도 한다. 뿐만 아니라 외무부가 일방의 당사자의 변호사에게 송달하고 다시 재판소에 제출된 서한은 왕의 의견의 충분한 증거로서 간주된다.

1) **未承認國의 地位** 승인을 받지 못한 국가(미승인국)의 경우 그것이 실효적 지배를 확립한 '정치적 존재'가 되는 것은 승인과 무관하다. 다른 국가는 승인을 부여하지 않더라도 이 미승인국의 권리의무 자체를 부인할 수 없다(1933년 '국가의 권리·의무에 관한 조약' 제3조). 보통 다른 국가는 구체적 문제가 발생할 때마

다 미승인국과 접촉하여 그 해결에 필요한 범위에서──대개는 이익대표단을 통하여──상호간에 그 권리·의무를 실현한다. 미승인국은 승인의 법적 효과를 분할 가능한 범위에서 한정적·단편적으로 향수하는 것이다.

未承認國은 이것에 승인을 부여하지 않은 다른 국가(비승인국)와의 관계에서도 국가관할권(속지적·속인적 관할권)에 입각하여 일정한 국제법상의 권리를 갖는다. 예를 들면 미승인국의 선박(미승인국을 기국으로 하는 선박)은 공해에서 자유항행, 비승인국의 영해에서는 無害通航의 권리를 갖는다. 非承認國(승인을 하지 않은 국가)이 이것을 이유없이 拿捕·押留한 경우 미승인국은 비승인국의 국가책임을 추구할 수 있다. 또한 비승인국의 선박·항공기가 미승인국의 동의나 허가 없이 그 영해·영공에 침입할 경우에는 강제퇴거조치 또는 그 미승인국의 국내법상의 제재조치를 받는다. 그러나 이러한 조치는 국제법상 과잉이 되어서는 안된다(1968년 1월의 Pueblo호 사건, 1983년 9월 KAL기 사건).

미승인국의 권리는 그 정치적 존재에서 유래하는 것이며, 그 권리·의무의 실현은 필요한 경우 제3국(이익대표국)의 기관을 통하여 행해진다. 때로는 승인의 거절이 실제에 있어 외교관계의 단절과 같은 경우가 있다. 1933년 11월 소련에 승인을 부여할 때까지의 미국의 소련에 대한 태도가 그것이며, 1949년 이후의 미국의 중국에 대한 불승인의 태도도 마찬가지다(1933년의 Salimof사건에서 미국무성이 New York대법원에 보낸 서신에 의하면 미국의 소련에 대한 승인의 거부는 소련정부가 실효적이 아니라는 이유에서가 아니고 '다른 이유'에 있다고 하였다).

新生國(또는 신정부)의 비승인은 非國交가 반드시 非承認을 의미하지 않는 것과 마찬가지로 미승인국과의 비국교를 의미하지 않는다(단, 미국의 한 지방법원은 1961년 1월 3일의 미국에 의한 Cuba와의 단교를 승인의 철회로 취급한 사례가 있다). 예를 들면 영국정부는 일방적으로 독립을 선포한 로디지아(Rhodesia)정부와 토의한 사례에서 보듯이 미승인국과의 필요한 회담 또는 법률행위를 사양하지 않는다. 다만 그 때에 이러한 비공식의 관계 내지 교환이 공식적 외교관계에 해당한 것이 아님을 명백히 해두면 그만이다. 이리하여 왕왕 未承認國에 영사를 임명·파견하는 일이 있는데, 이러한 임명이 절대로 사실상의 승인조차도 의미하는 것이 아님을 명백히 하는 데에 배려한다. 더 나아가서 1919-20년 영국은 '북부 러시아의 臨時政府'의 공식적 승인을 거부하면서도 소련에 대한 군사작전에 협력할 목적으로 그 런던주재 대표와 관계를 유지하였다. 이러한 사례 중에 가장 심한 것은 미국이 1958년 이래의 바르샤바회담을 포함하여 1949년 이래 중국과 다수의 협상을 가진 것이다. '法律的 承認'과 '事實的 承認' 이외에 이것을 非公式默示的 承認(nonformal tacit acceptance)이라는 제3의 종류(*teritium quid*)로 보는 학자도 있다(Starke).

> 영국은 대만정부를 승인하지 않았어도 이것과 영사관계를 유지하면서 때때로 자국민의 재판상의 피해에 대하여 대만정부에 외교적 청구를 하였다. 이 '容認'(acknowledgement)이라고 하는 정책은 미국의 정책에서 가장 뚜렷하게 볼 수 있다. 미국은 힘에 의하여 정권을 잡은 중국을 여러 가지 이유로 오랫동안 승인하지 않으면서 때때로 중국과 교섭도 하고 기타의 準外交的 접촉을 가졌다.

다음 외국의 國內裁判所의 미승인국에 대한 태도에 있어서 그 재판소는 승인관계에 상관 없이 미승인국의 국내법령의 효력을 인정하고 이것을 적용하여 재판을 행하는 경우가 있다. 예를 들면 섭외적인 이혼청구사건 등의 신분관계의 사건에서 미승인국의 國內法令(夫 또는 妻의 국내법령)을 준거법으로 지정하여 적용하는 경우이다(일본의 경우 한반도가 두 나라로 분열된 것으로 하여 각자의 영역 내의 법령을 준거법으로 하는 방침이다). 法廷地의 국가가 외교상의 승인을 받았느냐의 여부에 관계 없이 '적어도 국제사법상으로는' 각각의 국가를 독립적인 존재로 보고 그 국가에 속한 인민에 대하여는 그 영역 내에서 시행되는 법령을 적용하는 것이 타당하다는 이유에서이다. 또한 미승인국의 영역 내에서 체결되고 이행될 계약의 불이행에 관한 소송에 대해서도 계약의 효력을 규정한 법은 契約締結地의 법이라고 해석하여 미승인국의 국내법을 적용한 예도 있다.

다음 미승인국의 國內公法에 관해서도 그 영역 내에서의 효력에 관한 한 외국재판소가 그것을 진정한 국가행위로 간주하여 유효한 것으로 취급한 예도 있다(前記 Salimof 사건). 그러나 法廷地의 국가의 그 영역에서 이행될 필요가 있는 법률행위(법정지 영역에 소재한 사람 또는 재산에 관한 금전채무의 회복소송)에 대해서는 그 域外的 效力이 인정되지 않는 것을 원칙으로 한다. 또한 외국재판소는 미승인국의 정치적 존재를 존중하여 그 기관에 대하여 출소권을 부여하거나 재판면제권을 인정하는 경우도 없지는 않다.

그러나 위의 여러 가지 관행에도 불구하고 미승인국의 권리는 법정지

재판소의 인정 여부에 좌우되는 문제이며, 미승인국이 비승인국에 대하여 당연한 권리로서 주장할 수는 없는 것이다.

〈**分斷國家의 承認問題**〉 한국과 통일 이전의 독일은 다같이 제2차대전의 결과로 탄생한 분단국가였다. 각각의 정치체제와 이데올로기가 전적으로 상반된 두 개의 국가가 성립된 것이었다. 그런데 각 당사국은 이러한 대립을 2개국의 성립으로 보지 않고 一國家 二政權의 대항으로 파악하며, 각각 현실적으로 지배가 미치는 지역이 한정되고 있음에도 불구하고 舊國家의 전국적 지배를 계승하고 있다는 이른바 '繼承國家論'을 전개하면서 스스로 정통성을 주장하는 동시에 대립적인 상대국의 국제법상의 존재를 부인하였다.

1955년 서독(독일연방공화국)은 자국과 외교관계를 갖는 제3국이 금후 동독(독일민주공화국)과 외교관계를 설정하는 경우에는 동독에 대한 '묵시적 승인'을 부여한 것으로 인정하고 이것을 독일의 국내문제에 대한 간섭 내지 비우호적인 행위로 간주하여 이 제3국과의 외교관계 단절의 조치를 취하겠다는 성명을 발표하였다(서독은 1867-1945년의 독일제국의 계승자를 자처하고, 동독은 구독일제국을 이분하여 승계하였다고 주장). 이것이 그 起草者의 이름을 딴 할슈타인주의(Hallstein Doctrine)라고 하는 것이다. 대한민국 정부도 서독과 거의 같은 시기에 이 주의를 외교정책으로 채택하였다. 할슈타인주의는 繼承國家論의 전형적 예가 된다.

그러나 독일은 1969년 이후 Brandt 외상의 동방정책의 추진, 그 성과로서의 1972년 이후 東西獨基本條約 · Berlin 협정의 체결에 의한 국가자격의 상호승인(양독의 대등성, 상호무력불사용, 국경불가침, 전독대표권의 부인, 상호교류), 양독의 UN에의 동시가입(1973년), 그리고 서방 제국의 동서독동시승인을 거치면서 할슈타인주의는 사실상 적용근거를 상실하게 되었다. 한국도 초기에는 이 원칙을 엄격하게 적용하였으나 1972년의 七四共同宣言, 남북한 동시승인국가의 증대, 독일의 동방정책에 필적하는 북방정책의 채용 등으로 한국에서도 이 원칙은 死文化되었다. 그러나 남북한간의 대립은 날로 심화되고 남북이 다같이 계승국가론의 주장을 포기하지 않고 있다.

오늘날 세계 각국은 남한만을 승인한 국가, 북한만을 승인한 국가, 남북한을 동시승인한 국가로 분류되고 있다. 그러나 그 어느 것도 북위 38도의 휴전선까지를 관할구역으로 하는 국가로서 승인한 것이지 계승국가론에 동의하고 있지는 않은 것으로 보인다.

〈**韓日基本關係條約과 承認**〉 1965년의 한일기본관계조약에 의하면 韓日合併(1910년 8월) 이전에 대한제국과 일본간에 체결된 제조약은 당초부터 무효라고 되어 있다. 그러므로 한국은 이 기본조약에 따라 한일합병조약도 무효라는 견지에서 일본에 의한 Potsdam선언의 수락시에 그 때까지 법적으로 존속한 대한제국의 지위를 포괄적으로 계승하였다고 주장한다(동조약 제2조). 그런데 한국은 그 헌법에서 대한민국은 한반도 전체를 지배하는 유일한 합법정부라고 규정하고 있고, 동 조약의 체결(제3조)에 의하여 일본도 이 것을 승인한 것이므로 일본은 동조약을 폐기하지 않는 한 북한과의 사이에 어떠한 법적 관계도 설정하는 것은 완전히 금지되어 있다고 주장한다.

이에 대하여 일본정부는 1952년 4월 28일의 對日平和條約의 發效(1953년)와 동시에 한국을 승인하였으며(1952년 이후 일본정부는 재일한국대표부에 대하여 정상적 외교관계가 개설될 때까지 임시로 정부기관으로서의 지위와 영사상당의 특권을 부여함으로써 대한민국을 묵시적으로 승인하였다고 한다. 제50회 일본국과 대한민국과의 사이의 조약 및 협정에 관한 특별위원회회의록 제 8 호, 1965년 11월 1일 7-8), 동 조약 제 3 조에서 말하는 UN 총회결의 195호(Ⅲ)는 한국이 UN 臨時韓國委員會의 감시·협의가 미치는 부분(38度 이남)에서 실효적인 支配權과 管轄權을 갖고, 동 위원회의 관리하에서 행해진 선거에 의하여 선출된 유일한 합법정부임을 말하고 있으며, 일본정부도 한국이 그 결의에 표시된 한에서의 유일 합법성을 확인했을 뿐이라고 반론하고 있다. 실제에 있어서도 일본은 동 조약에 의하여 한국의 관할권이 휴전선 이북에는 미치지 않는다는 것을 확인하고 있으며 북한과의 관계는 동 조약의 적용범위 외의 문제라는 입장을 유지하고 있다.

일본 재판소가 이 문제에 관하여 취하는 태도는 다음과 같다. "對日平和條約 제 2 조(a)에서 말하는 '朝鮮'에 관하여 대한민국과 조선민주주의인민공화국이 다같이 조선의 전역을 자국영토로서, 全朝鮮民族을 자국의 국민으로서 서로 朝鮮을 정통으로 대표하는 정부임을 자처하고 있으므로, 이들은 朝鮮半島를 기반으로 하는 하나의 국가 내에 있어서의 2개의 정부로 보는 것이 타당하며, 동 평화조약은 이러한 하나의 국가로서의 조선의 독립을, 그 정통정부가 어느 것인가 하는 문제에는 다치지 않고 승인한 것이라고 해석할 수밖에 없다"고 하는 판례가 있다(東京地裁 1957년 5월 14일 손해배상청구권사건, 1953년(7)7016, 下民集 8권 931).

2) **英國法上의 國家承認의 效果**　국제법상의 승인의 효과와 국내법상의 승인의 효과는 반드시 일치한 것은 아니다. 그 일례로서 영국의 경우를 보기로 한다. 많은 사례에 있어서 국제법상의 승인은 창설적 효과를 갖지 않으나 영국법상의 승인은 창설적 효과를 갖는다. 즉 영국의 재판소는 외무부가 영국정부가 어떤 국가(또는 정부)를 승인하고 있다는 것을 증명하지 않는 한 그것이 존재하지 않는 것으로 취급한다(영국의 재판소는 어떤 국가의 존재 여부를 결정해야 하는 경우 외무성의 증명서에 의하여 구속된다).

① 被承認國은 主權免除를 갖는다. 그 동의 없이 영국 재판소에서 訴

追되지 않는다(The Annette, 1919).

② 未承認國은 영국 재판소에서 존재하지 않은 것으로 간주되는 결과 영국재판소에 소송을 제기할 수 없으며 또 어떠한 종류의 법률행위도 할 수 없다(City of Berne v. Bank of England, 1804).

③ 未承認國은 자신에 관한 어떠한 권리도 주장할 수 없다. 예를 들면 미승인국은 그 국가가 갖는 債權을 회수할 수 없다(Haile Selassie v. Cable & Wireless, Ltd., 1939).

④ 영국의 재판소가 섭외사건에서 외국법을 적용하는 경우 재판소는 피승인정권에 의하여 제정된 피승인국의 법령만을 적용할 수 있다(Luther v. Sagor).

⑤ 법률문서에 사용된 '國家', '政府', '戰爭'과 같은 용어는 계약과 같은 사적 문서에 기재된 경우보다 국회제정법에 기재된 경우가 한층 더 영국정부가 승인한 사태 또는 실체를 가리키는 것으로 인정된다(Akehurst, 67).

3) 英國法에 있어서 事實上의 承認과 法律上의 承認의 效果와 그 優先順位 영국은 때때로 어느 하나의 실체를 한 국가의 법률상의 정부로서 승인하고 또 하나의 실체를 동일국가의 사실상의 정부로 동시에 승인하는 일이 있다. 이러한 경우 재판소는 그것이 가능하다면 쌍방의 실체를 다같이 정부로 취급함으로써 문제를 해결하려고 한다. 예를 들면 쌍방의 정부가 다 主權免除를 향유한다(The Arantzazu Mendi, 1939). 그러나 사례에 따라서는 일방의 정부를 타방의 정부에 우선하게 한다. 영국은 그 국제사법의 규칙에 따라 문제의 주제사항을 '地方化'(localising)함으로써 해결하는 것이다. 만약 문제의 주제사항이 사실상의 정부의 지배하에 있는 것으로 증명된 경우에는 그 지역에 관련된 사실상의 정부가 우선한다. 만약 그것이 영국 또는 제3국을 포함한 타지역에 관련된 경우에는 법률상의 정부가 우선한다.

優先順位에 관련된 이 원칙은 Italy의 Ethiopia정복에서 발생한 두 개의 사건에 의하여 예증될 수 있다. '에티오피아은행 대 이집트국립은행 및 리고리오' 사건(Bank of Ethiopia v. National Bank of Egypt and Liguori, 1937)에서 Italy는 Haile Selassie 황제의 의사에 반하여 에티오피아은행을 해산시키려고 하였다. 영국 국제사법의 규칙에 의하여 회사의 지위는 그 主事務所의 所在地에서 효력이 있는 법률에 의하여 지배된다. 본건에 있어서 주사무소의 소재지는 Addis Ababa였다. 그러나 외무부의 증명은 Haile Selassie를 법률상의 정부로 승인하고 Italy를 Addis Ababa를 포함한 Ethiopia의 거부 전부를 사실상 지배하는 것으로 승인하는 것이었다. 따라서 영국 재판소는 Italy의 은행 해산명령을 적용하였다.

이에 대하여 (Haile Selassie v. Cable & Wireless, Ltd., 1939) 사건에서는 逆으로 분쟁은 영국 내에서 에티오피아에 지불될 채무에 관계되는 사건이었다. 이것은 그 權原이 영국법에 의하여 지배되는 것을 의미한다. 따라서 第一審 裁判所는 법률상의 지배자인 Haile Selassie가 그 금전에 대한 권리를 갖는다고 판시하였다. 그런데 사건이 항소재판소에 계속되기 이전에 Haile Selassie에 대한 법률적 승인이 철회되고 그것이 Italy에게 부여되었다. 이 때문에 항소재판소는 하급재판소의 결정을 파기하고 Italy에게 승소의 판결을 내렸다(Akehurst, 67-68).

4) 承認의 遡及效 영·미 법정의 관행상 승인은 소급효를 갖는다. 즉, 被承認國이 국제법상의 주체로서의 요건을 구비했을 당시까지 소급하여 승인의 효과가 발생한다. 사실상의 승인이나 법률상의 승인의 주요 목적은 법적 진공형태를 회피하는 데 있으므로 승인국은 피승인국이 신생국가로서의 존재를 처음으로 선언한 시점까지 승인의 효과를 소급시키는 것이 보통이다. 승인의 효력은 피승인국이 실효적 지배를 확립하고 그 존재를 개시하였다고 인정되는 시점까지 소급하여 그 시점 이후의 행위는 진정한 國家行爲로 간주되는 것이다.

영국은 과거 소련정부에 부여한 사실상의 승인(1921. 4)의 결과 동 정부의 존재의 시기가 국유화법의 적용에 관한 분쟁발생의 이전이므로 그 국유화조치가 당시 유효한 국가행위였음을 인정하였다(Luther v. Sagor). 그러나 法廷地國의 영역에서 이행될 필요가 있는 법률행위에 관해서 승인의 소급효를 인정하기 위해서는 단순한 사실상의 승인으로서는 불충분하며 신정부에 대하여 법률상의 승인이 부여되어야 한다(Haile Selassie 사건).

承認은 반드시 다 소급하는 것은 아니다.

상원의 중요한 두 개의 판결(Gdynia Ameryka Linie v. Boguslawski 및 Civil Air Transport Incorporated v. Central Air Transport Corporation)은 다같이 승인의 소급효를 부인한 것으로서 설명을 요한다. 판결의 하나는 승인의 소급효의 문제에 있어서 행정부의 증명서가 압도적 중요성을 가진 것으로 취급되는 까닭에 만약 이러한 증명서가 명백히 승인의 소급효를 인정하지 않을 의도임을 표시한 경우에는 소급효가 제외된다는 것을 보여준다. 또 하나의 판결은 전에 법률상의 승인을 받은 정부에 의한 법률행위에 의하여 합법적으로 귀속된 소유권 및 기타의 권리는 그 후에 와서 신정부를 법률상으로 승인할지라도 이것에 의하여 무효가 될 수 없다는 것을 보여주고 있다.

승인이란 소급적 효력을 갖지만 전 정부의 행위를 無效化하는 것이 아니라 새로이 법률상의 승인을 받은 사실상의 정부의 행위를 유효화하는 것이다.

5) **承認의 撤回** 일단 부여된 법률상의 승인은 철회할 수 없는 것이 원칙이다. 비록 정치적 동기에서 부여된 승인이라 할지라도 또는 被承認國과 이 이상 외교관계를 유지할 생각이 없을 경우에도 승인은 법률상으로 부여된 이상 撤回할 수 없는 것이다. 영국은 1924년 구소련을 법률상으로 승인하였으나 1927년 외교관계를 단절하였으며, 그 후에 외교관계가 재개되었지만 소련을 국제연맹으로부터 축출하는 투표에 참가하였다. 이러한 외교관계의 단절이나 추방행위도 소련정부의 승인을 무효화하지 않았다.

事實上의 承認은 피승인국의 안정성에 관한 불확실성에 입각한 것이므로 그 국가로서의 지위가 의문시되었을 때 철회된다는 것은 의문의 여지가 없다. 즉 사실상의 승인은 피승인국의 계속적인 사실적 존재에 관한 조건부라고 할 수 있으므로 만약 그 피승인국의 사실적 존재가 소멸한 경우 승인이 계속될 여지는 없다. 그러나 법률상의 승인의 경우는 이 원칙의 적용에 있어서 사실상의 승인과는 현저한 차이가 있다.

만약 法律的 承認이 ICJ가 염두에 두고 있는 타입의 구속력 있는 일방적 선언과 같은 것이라면 피승인국의 지위에 관한 본질적 변경이 있지 않는 한 그 법률적 승인은 철회될 수 없다(조약법상의 *pacta sunt servanda*가 신의성실에 기초를 두고 있는 것과 같이 일방적 선언에 의하여 부담한 국제의무의 구속성도 이것과 같다. ICJ Reports, 1947, 253). 미국과 영국은 과거에 Latvia, Estonia, Lithuania 등의 Baltic 3국이 1940년 소련에 의하여 탈취당했을 때 일관적으로 그 사실의 승인을 거부하였으며, 전과 다름없이 그 3국의 외교사절을 適法政府의 정식대표로서 계속 접수하였다.

영국법 하에서는 사실상의 승인은 법률상의 승인에서 얻은 권리를 파하지 못한다. 영국법정은 이 원칙을 엄격히 적용하므로 적법정부가 영국내에 가지고 있는 국유재산이나 문서까지도 사실상의 정부는 회복할 자격이 없는 것이다. Spain 내란중 영국은 Franco 장군의 정권을 사실상 승인하였고, 또 Abyssinia 전체에 대한 Italy 지배에 대해서도 사실상의 승인을 부여하였다. 그런데도 불구하고 전의 적법정부가 퇴진한 것은 Spain과 Abyssinia가 각각 법률상의 승인으로 전환되었기 때문이다. 그러므로 제한된 의미에서는 사실상의 승인이든 법적 승인이든 간에 다같이 조건부라고 할 수 있다. 사실상의 승인은 국가자격과 정부능력이라고 하는 標準(criteria)을 계속적으로 존속시키느냐 못하느냐에 좌우되는 것이며, 동시에 기왕의 법률상의 승인도 對立政權에 대한 새로운 법률상의 승인에서 살아 남기는 곤란하다.

제 2 절 政府의 承認(國家의 變動)

1. 政府承認의 性質

정부의 승인이라고 하는 것은 어느 정부를 그 국가의 정식의 국제적 대표기관으로서 인정하는 것을 말한다. 국가의 구성요소(영토, 인민, 정부)의 일부에 변동이 있을 경우에도(예, 인구의 증감, 영토의 확대 또는 축소, 정부의 변경) 국가로서의 同一認識이 가능한 한 국가의 동일성은 계속되는 것으로 인정되며, 특히 혁명이나 쿠데타에 의하여 정부가 그 국가의 헌법규정에 의하지 않고 비합법적으로 변경되는 경우에도 국가의 동일성은 계속되는 것으로 인정되므로 이 경우에 국가승인은 필요없으나 신정부의 승인은 필요하게 된다. 한 국가 내에서 복수의 정치권력이 대립·항쟁하는 내전을 계속하는 동안은 각각 지배적 실효성을 유지하는 한도에서 대항력 있는 권력을 갖는 것이며 제 3 국도 이 사실을 존중해야 하지만(尙早의 승인의 금지), 정부가 전면적으로 교체되어 혁명정부가 확립된 경우에는 그 혁명정권은 타국으로부터 '政府의 承認'을 받음으로써 종래의 정부와 교체되어 그 국가를 국제법상 대표하는 지위를 취득하게 된다. 이 승인이 부여되지 않는 한 신정부에 의하여 대표되는 국가와 다른 기존국가와의 정식 또는 전면적 외교관계는 열리지 않는다. 이와 같이 "정부의 형태가 변경되어도 국가는 변경되지 않는다"(*forma regiminis mutata, non mutatur civitas ipsa*)라는 원칙은 그로티우스 이래 학설상 일반적으로 인정되어 왔으며 또한 국가의 실행에 있어서도 일반적으로 승인되고 있다(Mexico v. Viamonte Y. Fernandez, 1923). 즉 정부의 비합법적 변경은 국가의 동일성에 영향을 주지 않으며, 政府承認은 그 국가의 대표자가 누구인가를 확인하는 것인 점에서 國家承認과 다르다.

정부승인의 목적의 하나는 舊政府 하에서 행해졌던 외교관계로서 일시 정지되었던 것을 새로이 부활시키는 데 있다. 그러므로 구정부에 의하여 체결된 조약은 신정부에 의하여 계승되지 않으면 안된다.

이 원칙은 1923년의 영국과 코스타리카 간의 티노코 仲裁事件(Tinco Arbitration)에 있어서 태프트 연방대법원장에 의하여 그 裁定 속에 명백히 표명되고 있다. 1917년 코스타리카에 쿠데타가 일어나 티노코라는 인물이 신정부를 수립하였는데, 1919년에는 또 다시 쿠데타가 일어나 구정권이 회복되었다. 그런데 1922년에 이르러 이 부활된 정부는 티노코 정부가 체결한 일체의 조약을 무효로 하는 법률을 제정하였다. 이 법률은 처음에, 부활된 코스타리카 정부와 英國商社(티노코 정권과의 계약에 의하여 코스타리카에서 이권을 획득한 영국상사) 간에 문제가 되고, 다음 영국정부와의 사이에 분쟁으로 발전하였다. 이리하여 이 분쟁에 대한 태프트의 재정은 부활된 정부는 티노코 정부가 코스타리카에 부과한 의무를 부인할 수 없다고 하였다.

그러나 한편 정부의 변경은 하나의 체제로부터 다른 하나의 체제로 변경되는 경우 國家의 繼續性을 부인하는 학설이 있다. 혁명 또는 쿠데타에 의한 정부의 변경의 경우 사실 영토와 인민은 舊政府의 그것과 동일하므로 그러한 의미에서는 새로운 국가의 탄생이라고 볼 수 없다. 그러나 신정부는 국내법의 관점에서 볼 때 비합리적이며 헌법상의 계속성은 파괴된 것이다. 특히 혁명의 경우에는 사회·경제·법률의 모든 체제를 달리 한다. 이러한 의미에서 신정부 하의 국가와 구정부 하의 국가는 국가로서의 계속성을 갖지 않는다. 그러므로 정부승인은 본질적으로 국가승인과 다른 것이 없다는 것이다. 이와 같은 이론 하에서 1917년에 수립된 소련 정권은 구러시아정부가 체결한 일체의 조약 하의 의무, 특히 金錢債務를 부정하였다. 신정부 하의 소련국가는 구정부 하의 러시아제국과 국가의 계속성을 갖지 않은 새로운 국가이므로 러시아제국이 체결한 조약은 소련을 구속할 수 없다고 주장하였다.

그런데 政府承認에 관해서도 앞서 말한 국가승인의 성질·요건·방식 등이 원칙적으로 타당하다. 특히 새로운 국가가 성립된 경우 다른 국가가 이것을 승인하는 것은 동시에 그 정부를 승인하는 것이 된다. 보통 신정부가 內戰의 과정을 경과하여 성립되는 경우 정부승인에 있어서 정치적 판단이 혼입되기 쉽다. 신정부의 실효적 지배가 일단 확립되었을지라도 전정부가 아직 국내의 일부에 잔존하여 지배력을 유지하고 있을 경우에는 실력항쟁의 금후의 전망이 불투명한 것과 관련하여 한층 정부승인의 판단에 정치성이 침투할 여지가 크다. 다른 국가로서 어느 정부의 대표성을 선택할 것인가는 앞으로의 양국간의 國交의 성질과 내용을 좌우하기 때문이다. 현재 이러한 정부승인에 내재하는 정치성을 유효하게 규율할 수 있는 국제법규는 존재하지 않는다. 그러기에 혁명정권이 거의 전국적 지배를 확립한 후에도 다른 국가는 정권의 안정성이나 그 민주적 형태 등을 이유로 '事實上의 承認'을 부여하는 데 그치는 경우도 있다.

亡命政府의 승인에 있어서, 본토에 이것과 대립되는 정부가 없는 경우에는 受入國은 이것을 국제법상의 국가를 대표하는 정부로서 대우할 수 있다. 그러나 본토에 전국적 지배를 확립한 정부가 성립된 경우에는 수입국은 망명정부에 대한 승인을 중지하여야 하며(본국정부에 대한 위법한 간섭을 회피) 단순한 정치적인 은혜로서 일정한 대우를 보장할 수는 있다.

2. 政府承認의 要件

(1) 신정부가 그 국가 일반에 대한 실효적 지배를 확립하는 것, 즉 '一般的 事實上의 政府'(general *de facto* government)가 되는 것이 첫째 요건이다(事實主義 : de-factoism). 종래의 정부가 아직 잔존할지라도 그것이 지방정권(local *de jure* government)으로 전락되어 신정부를 타도할 가능성이 전연 상실된 경우에는 정부승인이 가능하게 된다.

(2) 국가를 대표할 의사와 능력을 갖는 것이 둘째 요건이다. 즉, 그 국가가 신정부의 성립 이전부터 갖고 있는 國際法上의 權利·義務를 계승하며, 이것을 이행하는 것이다. 특히 의무의 이행이 중요하다. 신정부가 구정부의 의무(특히 대외적 부채)를 부인하는 경우 비승인의 이유가 된다. 구정부가 그 국가의 대표자로서 국제법상 국가 자체의 의무를 지는 것과 같이 신정부도 그 국가를 국제법상으로 대표한다면 그 국가의 국제법상의 의무를 계승하여 이것을 이행하지 않으면 안된다.

(3) **特殊한 要件** 1907년 중미 5국(Costa Rica, Guatemala, Honduras, Nicaragua, Salvador)간에 체결된 조약은 국민으로부터 자유로이 선발된 대표자가 立憲的으로 그 국가를 재조직하지 않는 한 혁명이나 쿠데타에 의하여 성립된 정부를 승인하지 않는다고 규정하였다. 이것은 입헌주의적 정통성의 원칙이라고 할 수 있는 것인데, 특히 에콰도르의 토바르 외무장관이 주장한 것이므로 이것을 토바르주의(Tobarism)라고 한다.

이에 대하여 1930년 멕시코의 에스트라다 외무장관은 각국은 타국의 혁명에 관계 없이 가능한 한 신정부를 승인하여 외교관계를 계속할 의무가 있다고 주장하였다. 혁명이 빈발한 멕시코는 토바르주의에 반대하기 위하여 이와 같은 에스트라다주의(Estrada Doctrine)를 제창한 것이다.

위와 같이 정부승인에 있어서 각국은 독자적인 승인의 요건을 설정할 수 있으나(과거 동독을 승인한 국가와는 외교관계를 맺지 않는다는 Hallstein Doctrine도 그 일례), 正統性, 合憲性, 自主獨立性(외국의 군사적 지배에의 비종속), 또는 이데올로기 등은 승인의 일반적 요건이 아니며, 다만 국가의 승인정책에 관계되는 사항에 지나지 않는다.

여하간 정부의 승인은 그 일반적 요건과 특수한 요건의 다양성으로 인하여 각국의 요건인정이 서로 상이하여 재량행위로서의 성격이 대단히 강하다. 그리하여 정부승인의 요건은 역사적으로도 많은 변천을 경과하였는데, 오늘날에 있어서는 실효적 지배라는 요건의 중시, 사실주의에 입각한 단계적 처리의 유연성 등의 현상을 볼 수 있다. 특히 미승인정부에 대한 실무적 처리(1972년의 상해 커뮤니케 이후 1979년의 국교정상화에 이르기까지의 미·중관계)나, 국내재판소에 있어서 미승인정부의 국가행위의 효력을 승인하는 사례 등이 나타나고 있으며, 정부승인방식의 폐지론의 대두도 볼 수 있다.

3. 政府承認의 方法

정부승인의 방법은 대체로 國家承認의 경우와 같다. 그러나 다음 몇 가지의 경우를 주의할 필요가 있다.

(1) 한 국가의 내란시 두 개의 정부가 대립하여 각각 UN 대표권을 주장한 경우에는 총회가 별단의 결정을 짓지 않는 한 議事進行法에 따라 양 대표를 동시자격으로 출석하게 할 수 있다.

(2) 위의 경우 UN에 의한 어느 代表權의 인정은 UN 자체에 의한 승인에 그치는 것이고, 가맹 각국에 의한 승인을 의미하지 않는다.

(3) 어느 정부에 대한 법률상의 승인은 '一般的 事實上의 政府'에 대해서만 행하는 것이고, '地方的 事實上의 政府'에 대해서는 오직 사실상의 승인만을 행할 수 있다. 이 사실상의 승인은 정부의 안전성과 영속성 또는 國際法遵守의 의사능력에 대한 전망이 확실치 않을 때 일시적으로 행하는 假承認으로 볼 수 있다.

4. 政府承認의 效果

정부승인의 효과는 국가승인의 효과와 대체로 동일한, 다음 몇 가지 점을 주의할 필요가 있다.

(1) 승인된 정부는 그 국가의 정식 대표기관의 지위를 취득한다. 국가승인의 경우 신국가는 承認國과의 관계에서 일반국제법상의 지위를 향유하는데, 정부승인의 경우에는 신정부가 승인국에 대하여 일반국제법상 국가를 대표할 뿐만 아니라 전정부가 부담한 特別國際法(조약)상의 권리·의무까지도 계승한다.

그러나 혁명정부가 사실상 성립되기 이전에 그 국가의 정부(정통정부)를 상대로 타국이 맺은 조약과 혁명정부가 사실상 성립된 이후에 잔존하는 구정부를 상대로 타국이 맺은 조약 간에는 차이가 있는 것으로 생각된다. 승인을 받은 혁명정부가 전자를 계승하는 것은 원칙적으로 당연하나(이 점에는 異論이 있다) 후자는 반드시 그렇지 않기 때문이다. 일본이 北京政府의 수립(1949년)

이후 동정부를 승인하지 않은 시기에 1952년 臺灣政府(국민당)을 상대로 맺은 日華平和條約은 후자의 예가 된다(일본은 1972년의 日中共同聲明에서 북경정부를 명시적으로 승인, 동시에 일화평화조약의 실효를 성명).

(2) 政府承認의 효력은 그 정부가 사실상으로 확립되었을 때까지 소급하여(Luther v. Sagor) 승인 전에 발생한 승인국과의 사실상의 관계는 승인과 동시에 국제법상의 관계가 된다. 그러나 이 원칙은 편의상의 규칙에 지나지 않으며, 선의의 외국인에게는 적용되지 않는다고 보아야 한다(French Claims against Peru, 1911년의 상설중재재판소의 판결).

(3) 사실상의 승인과 법률상의 승인간에는 국가책임에 관한 한 효력의 차이가 없다. 그러나 재산권 기타에 관해서는 차이가 인정된다. 제1차 대전후 에티오피아에 대한 이탈리아의 지배는 영국에 의하여 사실상으로 승인되었는데, 에티오피아의 자산에 대해서는 國家繼承의 방법에 의한 권리를 인정할 수 없다고 英國法廷은 판결하였다(Haile Selassie v. Cable & Wireless, Ltd.(No.2) 1939).

(4) 승인을 받은 국가의 상사나 시민 또는 그 국가는 승인국의 법정에서 원고가 될 수 있는 訴權을 갖는다. 그러나 승인 이전의 외국정부는 원칙적으로 소권이 인정되지 않는다. 다만 정식승인의 협상이 진행중에 있을 때는 재판소가 이것에 法律上의 確知(judicial notice)를 하고 원고자격을 인정하는 경우도 있다(Mexico v. Viamonte Y. Fernandez).

(5) 피승인국의 법령은 승인국의 법정에서 인정된다. 영국법정은 그 외국법령이 설사 영국법에 반하는 경우에도 그 효력을 인정해야 한다고 판시한 바 있다. 미국도 원칙적으로 피승인국의 법령의 효력을 존중한다. 미승인국의 법령에 대하여는 그 정당성 여하를 심사하여 결정한다. 이와는 반대로 프랑스법정에서는 외국의 몰수법령이 프랑스법에 반한다는 이유로써 이 효력이 부인된 사례가 있다.

〈政府承認方式의 廢止論〉 최근의 국가실행에 의하면 승인은 신국에 대해서만 행하며 신정부(혁명정부)에 대해서는 승인의사를 정식으로 표명하지 않고 단순히 그 실효적 지배에 대응한 機關處理(dealing)만을 행하는 현상이 나타나고 있다(1965년의 France의 대 Algeria, 1969년의 Belgium의 대 Libya Qadhafi 정권의 통고를 계기로 서독, 소련, 스위스, 이탈리아, 오스트리아, 1977년 이후에는 미·영 등의 국가관행). 학설에 있어서도 정부승인의 완전 폐지 내지 적용 제한이 이러한 국가실행의 집적의 결과 관습법으로서 성립되었다는 주장이 있다(Peterson, Recognition 39-43). 이 정부승인방식의 폐지론에는 찬반양론이 있으며 각각의 이론적 근거가 있는 것이다.

(1) 정부승인방식의 폐지론에 의하면, 종래의 政府承認은 첫째 중립적인 요식행위라고 하기보다는, 한편 신정권의 성립방법이나 정책(예를 들면 인권침해, Apartheid)에 대한 동의를 부여한 것으로서 오해를 받거나, 다른 한편에 있어서는 상대국의 국내문제에 대한 간섭으로서 비난을 받거나 하기 쉬운 것이다. 둘째, 정부승인방식은 승인을 부여하는 국가의 국내법상 복잡한 절차를 요하며, 정치적으로 까다롭다는 사정도 있다.

그러므로 신정부에 實效的 支配의 능력이 인정되는 한 이 사실에 착안하여 정부승인의 공식적 조치가 필요 없이 신정부의 실효성의 능력·정도를 평가하여 수시로 공식관계의 처리를 행하면 족하다고 하는 것이다(1977년 미국무부 성명, 1982년 영 외무성 성명).

(2) 정부승인방식의 폐지론에 반대하는 이론은 첫째, 신정부가 충분한 실효성을 가지고 활동을 개시한 시점의 결정 등에 관하여 또는 실효성의 유무에 관해서도 각국의 판단이 필요하며, 일률적으로 결정할 수 없다는 것이다. 둘째, 신정부의 실효성의 유무는 지배의 실효성이라는 외형적 사실만이 아니라 기타의 관계사항(특히 내전·분리독립전쟁에 있어서의 타국의 간섭·원조 등의 요인)의 제요인도 고려되어야 하는 문제라고 하는 것이다(아프가니스탄에 대한 소련의 무력개입 등). 셋째, Estrada 주의나 정부승인방식의 폐지론을 가지고도 승인방식의 일체를 부인하기는 불가능한 일이며, 그 중점을 '明示的 承認'으로부터 '默示的 承認'으로 이동하기 위한 것이라고 해석할 수밖에 없다. 신정부와 일단 외교관계를 설정한 이상 승인국은 피승인정부의 국제법상의 일반적 권리능력의 존재를 인정할 의사가 있는 것으로 추정되며(묵시적 승인), 그 후의 개별적 관계의 처리에 있어서 이것을 일방적으로 부인할 수는 없기 때문이다. 넷째, 위와 같은 폐지론에 의하면 인정기준이 더욱 정치적 편의의 문제가 되어 국교의 안정성을 유지할 수 없게 된다. 다섯째, 어느 국내의 대립정권이 잔존하는 경우 또는 지금까지 양국간에 외교관계가 없었던 경우에는 타국은 명시적이든 또는 묵시적이든 간에 신정부의 법적 지위에 관하여 의사표시를 아니할 수 없다(중국은 '명시적 승인'의 방식에 의할 것을 국교정상화의 조건으로 하였다).

영·미를 비롯한 서방 제국은 1979년 10월까지 Cambodia의 혁명정권 Heng Samrin이 영토의 대부분을 지배하게 되었음에도 불구하고 외국인 베트남의 군사적 지원에 완전히 종속되어 있다는 이유로 政府承認을 전환하지 않고, 종래의 합법정부인 Pol Pot정권(영국은 1976년 이 정권에 법률상의 승인을 부여하였다)과의 사이에 계속적으로 관계처리를 행하였다. 그러나 그 후 Pol Pot정권의 실효적 지배와 내전·저항의 종료로 합법정부에 대한 승인도 철회되었다.

제 3 절 交戰團體의 承認

1. 意 義

交戰團體(belligerent)라고 하는 것은 한 국가의 내부에 있어서의 政治的 叛亂團體(local *de facto* government)로서 그것은 다른 국가(타국 또는 모국정부)로부터 교전단체로서의 승인을 받음으로써 戰時法規를 중심으로 하는 일정한 범위의 국제법관계의 주체가 되는 것이다.

중앙정부(*de jure* government)에 대하여 반란을 일으킨 단체(이 초기는 반란상태 insurgency이다)가 그 국가영역의 일부를 점령하여 여기에 하나의 사실상의 정부(*de facto* government)를 수립하고 중앙정부의 권력이 전연 이곳에 미치지 못할 경우(이 때를 교전상태 belligerency라고 한다) 중앙정부와 교전단체 간 또는 제3국과 교전단체 간의 관계를 국제법상으로 규제할 필요가 생기게 된다. 중앙정부는 叛徒占領地에 있어서의 외국인의 신체·재산상의 손해에 대한 책임을 면할 필요가 있으며, 제3국은 반도와 교섭하여 자국민의 이익을 보호할 필요가 생긴다. 중앙정부 또는 제3국이 이와 같은 필요 때문에 교전단체에게 일정한 제한된 국제법상의 주체성을 부여하는 경우 이것이 곧 교전단체의 승인이다.

내란(riot 또는 disturbance)이나 내전(civil war)은 원래 국내문제에 지나지 않은 것이나 교전단체의 승인에 의하여 그것은 국내법적 반란상태로부터 국내법상의 전쟁법규의 규율을 받는 전쟁(국제적 내전)이 된다.

2. 承認의 要件

(1) 반란군은 영토의 일부분을 실제적으로 지배하는 정치조직을 가지며 戰時法規를 준수하여야 한다(客觀的要件).

(2) 승인을 행하는 제 3 국은 이 지역에 보호해야 할 자국민의 생명·재산 등의 권익을 갖고 있어야 한다(主觀的要件).

위와 같은 요건이 충족되기 전에 승인을 부여하는 것은 尙早의 승인으로서 本國政府에 대한 간섭행위가 되며 불법이다. 미국의 남북전쟁 당시 프랑스와 영국은 南軍(Confederate State)을 교전단체로 승인하고 중립을 선언하였는데 미국은 이것을 상조의 승인이며 비우호적인 행위로 보았다.

그러나 母國政府가 이미 승인한 경우에는 제 3 국이 즉시 승인할지라도 모국에 대한 불법적 간섭이 되지는 않는다.

3. 承認의 方法

승인의 방법에는 일정한 규칙이 없으나,

(1) 제 3 국이 승인하는 경우 中立宣言의 형식으로 하는 예가 많다.

(2) 중앙정부가 승인하는 경우 체포된 병사를 포로로 대우하거나 또는 포로교환을 하는 것과 같이 반란정부를 국제법상의 交戰國과 동일하게 대우함으로써 묵시적으로 승인하는 예가 많다.

4. 承認의 效果

(1) 제 3 국에 의한 승인의 경우 ① 그 제 3 국은 승인된 交戰團體에 대하여 전시의 중립국과 같은 권리·의무를 갖는다. ② 교전단체의 점령지역 내에 있는 제 3 국의 권리에 대해서는 중앙정부의 책임이 해제되고 교전단체가 책임을 지게 된다.

(2) 본국(中央)정부에 의한 승인의 경우 ① 중앙정부와 승인된 교전단체간의 무력투쟁은 국제법상의 전쟁으로 취급된다. 따라서 양자간에는 국제

법상의 전쟁법규가 적용된다. 이 결과 체포된 장병은 내란죄의 적용을 받지 않고 포로대우를 받는다. ② 제3국은 양자에 대하여 중립국과 같은 권리·의무를 갖는다.

(3) 중앙정부는 교전단체의 점령지역 내에 있는 외국의 권익에 대하여 그 보호책임으로부터 해제된다.

교전단체의 승인은 이와 같이 교전단체를 交戰法規, 中立法規를 중심으로 하는 한정된 범위에서 국제법상의 주체로 하는 것이다. 따라서 그 효과는 당연히 제한적이며(정규의 외교사절의 교환이나 조약의 체결 등은 허용되지 않는다) 과도적이다. 교전단체가 모국정부와의 전쟁에 패하면 그 승인의 효과는 당연히 소멸되며, 성공하면 새로이 정부의 승인이나 국가의 승인을 얻어야 한다.

> 교전단체의 승인은 18세기 말 이후 미주제국의 독립전쟁중에 관행화되었으며, 1861년 미국의 내란인 남북전쟁시 남군에 대하여 부여된 예가 있을 뿐(1881년 Bolivia가 Chile의 반군을 승인한 예는 있다), 그 이후에는 행해지지 않았다. 원래 이 제도는 내전에 대한 '不干涉의 原則'을 준수하는 외국이 내란의 규모가 확대됨에 따라 반도에게 교전권을 인정함으로써 내란을 국제전쟁에 준하는 것으로 취급하여(그 외국은 중립을 지킨다) 문제를 해결하려고 한 것이다. 제1차대전 후에는 내란에 대한 외국의 군사개입(예를 들면 스페인 내란)이 행해지는 경우가 많아 이 제도의 기반은 상실되어 가고 있는 실정이다.

〈內亂時 交戰法規의 部分的 適用〉 적법한 중앙정부는 반란을 진압하는 과정에서 국내형법을 적용하여 비인도적 사태를 초래하기 쉽다. 그럼에도 불구하고 중앙정부가 정치적 내지 감정적 이유에서 반란군을 교전단체로 승인하는 일이 극히 드물다는 사실은 관행이 보여주는 바와 같다. 이리하여 1949년 제네바條約(전쟁피해자의 보호에 관한 제조약)은 '국제적 자격을 갖지 않은 무력분쟁' 즉 내란의 경우(반란상태 내지 교전상태)에도 적대행위에 직접 참가하지 않은 자의 인도적 대우와 傷病者의 수용 및 간호를 의무화하는 한편, 특별의 협정에 의하여 제네바조약의 여타의 규정의 전부 또는 일부를 실시하도록 노력하지 않으면 안된다고 하였다.

최근에는 내란시의 叛亂團體에 대하여 인도적 요소를 포함한 교전법규상의 한정적 주체성을 인정하는 경향이 있다. 이것은 '사실상의 交戰團

體의 承認'이라고 할 수 있으며, 일반 국제조약에 의해서도 인정되고 있다. 前記 1949년의 제네바조약 등의 4조약의 공통의 총칙 규정 각 제3조에 있어서의 '紛爭當事者' 및 1977년의 비국제적 무력분쟁의 희생자에 관한 追加議定書에 있어서의 '반란군대 또는 조직적 무장집단'은 그러한 한정적 주체로서 파악되고 있다.

각종 民族解放團體도 국가 내지 국제조직으로부터 그 실체성을 인정받는 경우가 드물지 않다. 예를 들면 과거의 포르투갈·기니(Portuguese Guinea)(현재의 Guinea-Bissau)나 Vietcong 임시정부가 1974년의 제네바전쟁법 회의에 참석하였고, 팔레스타인 民族解放機構도 1974년 UN총회에 팔레스타인 민족의 대표자격으로 招致되었다(105 대 4 기권 20).

제 4 절 國家承繼

1. 國家承繼의 意義

일정한 영역에 대한 통치권이 하나의 국가로부터 다른 국가에 인계되는 것을 國家承繼(또는 국가상속, Succession of States)라고 한다. 예를 들면 복수의 국가가 '合倂'하여 단일의 국가로 되는 경우, 1국이 2국 이상으로 '分裂'하거나 또는 1국이 타국의 일부를 '割讓'받아 이것을 병합하는 경우가 그것이다. 특히 국가의 일부가 '분리독립'하여 새로운 국가를 형성하는 경우에는 오늘날 민족자결의 원칙 또는 식민지 독립부여 선언과의 관계에서 특유의 문제가 발생한다.

이와 같이 일정 지역의 영역권이 변동되는 경우 일반적으로 前國家(선행국)의 국제법상의 권리·의무(조약, 재산, 채무, 주민의 공·사법상의 권리)가 新國(승계국, 후계국, 후국)에 승계되는가, 승계된다면 어떠한 조건이나 정도로 승계되는가의 문제가 발생한다. 선행국과 후계국과의 영역주권간에 법적인 계속성이 인정되는가. 이것이 바로 '國家承繼'의 문제이다. 그런데 국가승계라는 개념은 사법상의 상속개념을 국제관계에 유추한 것이므로 오늘날에 있어서는 사인 상호간의 상속관계를 그대로 국가간의 권리·의무의 계승관계에 유추하기는 불가능하다. 사법상의 상속에서는 상속인과 피상속인 간에 법적 계속성과 일체성을 당연한 전제로 하여 그 권리·의무의 포괄적 승계를 원칙으로 하는 데 대하여 국가승계에서는 보통 後進國은 先進國과의 사이에 그러한 연속성을 단절하여 독립주권국으로서 새로운 지역에 領域主權을 행사하는 것이기 때문이다.

국가승계의 문제에 관하여 원래 學說·慣行에도 대립이 있으며(포괄적 승계설과 법적 계속성의 부정설), 특히 사회주의국가의 출현과 제2차대전 후의 식민지독립에 의하여 종래와는 다른 이질적인 국가승계의 문제가 대두하게 되었다. 이리하여 이 문제를 UN국제법위원회에서 새로이 검토하여 법전화 작업을 진행하여, 우선 '條約에 대한 國家承繼에 관한 비엔나조약'('조약국가승계조약'으로 약칭한다)이 채택되었다(1978년 8월 22일 채택). 이어 선행국의 국내법질서에 준거한 경제적 권익(사유·국유재산, concession, 대외채무 등)의 승계에 관해서도 '국가의 財産·文書 및 債務에 대한 국가승계에 관한 조약'('재산국가승계조약'이라고 약칭)이 채택되었다(1983년 4월 7일 채택).

國家承繼의 문제는 보통 割讓條約이나 平和條約에 의하여 규율되어 왔으나 이 문제에 관한 일반국제법원칙의 존재에 관해서는 극단의 학설상의 대립이 있다. 일찍이 家産國家觀의 시대에는 사법상의 상속 개념으로부터의 유추에 입각한 '包括的 承繼'의 이론이나 또는 국가의 실질적 요소(영토와 인민)의 계속성에 입각한 승계이론이 주장되었다. 그러나 실증주의이론의 대두와 더불어 선행국의 주권과 후계국의 주권간에는 어떠한 계속성도 존재하지 않는다는 것 및 국제관행의 다양성과 불일치로 인하여 국가승계에 관한 일반국제법의 존재를 부정하는 견해가 유력하게 주장되었다. 그러나 오늘날에는 법적 안정성의 유지라는 요청과 주권의 변경에서 발생하는 새로운 사태에 법률관계를 조화시키고자 하는 요청간에 조화점을 발견하는 일이 문제이다.

2. 政府承繼와의 區別

國家承繼는 정부승계와 구별되는 개념이다. 국가승계의 경우에는 그 지역에 대한 영역주권의 주체의 실체(동일성)가 완전히 변동한 경우이다. 이에 반하여 정부승계의 경우는 한 국가 내에서 정부조직이나 헌법구조에 변동이 있을지라도 단순히 통치권력의 실질적인 내용에 변화(국가내부의 변화 internal change)가 인정될 뿐 그 영역은 여전히 종전의 국가에 의하여 지배되며(국가의 동일성·계속성) 국가 자체는 제3국간에 종래와 같은 국제법상의 권리·의무를 보유한다.

과거 소련정부는 당초에 혁명·내전 등 종전의 헌법체제를 부인하는 수단에 의하여 정부가 교체되어 그 국가의 정치체제에 근본적인 변혁이 있은 경우에는 새로운 정부가 전정부의 권리·의무를 승계하지 않는다고 주장하면서 帝政러시아의 對外債務의 승계를 거부하였다.

그러나 정부승계의 경우에는 전정부가 그 국가를 대표하여 행한 법률행위는 원칙적으로 신정부에 승계되는 것이므로 구태여 이 경우에 승계의 요건이나 기준을 논할 필요가 없는 것이다.

3. 條約의 承繼

조약의 승계는 國家承繼의 핵심을 이루는 문제이다. Grotius는 일찍이 영역주권의 이전이 있을지라도 국가의 실질적인 계속성은 인정된다고 하는 이유에서 先行國의 조약은 그대로 포괄적으로 後繼國에 승계된다고 주장하였다(국가개념의 동질성을 논거로 주장). 그 후 당연히 승계되는 조약과 그렇지 않은 것을 개념상 구별하려는 시도도 있었다. 그러나 이러한 분류는 실질적으로 초기의 포괄적 승계설을 전제로 하면서 성질상 적용하기 어려운 조약을 제외하려는 것이므로 그러한 한에서는 여전히 관념적으로 선행국과 후계국과의 법적 계속성의 존재를 인정하는 것이었다.

조약에 관한 국가승계에 있어서의 중요문제는 위와 같은, 선행국이 맺은 조약상의 권리·의무를 승계국이 승계한다는 '繼續의 原則'(rule of continuity)을 취하느냐 또는 승계국은 전적으로 백지의 입장이 되어 선행국의 권리·의무는 승계국의 의사에 의하지 않고 승계되지는 않는다고 하는 '白紙의 原則'(principle of clean slate)을 취하느냐의 문제에 귀착된다(clean slate는 Latin어의 *tabula rasa*로서 문자가 쓰여지지 않은 석판이라는 의미). 그런데 특히 분리·독립을 달성하여 선행국으로부터의 정치적 독립을 강조하는 신생국들은 대부분 이 '백지의 원칙'을 지지한다.

1978년의 '조약국가승계조약' 제16조도 '新獨立國'에 대해서는 'clean slate의 원칙'을 규정하였다.

그러나 실제에 있어서는 承繼國이 선행국의 조약의 승계를 전반적으로 부인한 예는 드물다. 첫째, 승계국은 자국에 적용 가능한 조약을 일반적으로 또는 부분적으로 승계하기로 하는 承繼協定을 선행국과 체결하는 예가 많다. 최근의 경향으로서는 니에레레 이론(Nyerere Doctrine)이나 잠비아 방식과 같이 승계국의 일방적 선언에 의하여 독립후 잠정적으로 선행국의 조약의 적용을 인정하고 그 후에 어느 조약을 승인하느냐의 여부를 결정하는 방식을 취하는 국가가 많아지고 있다. 그러나 승계협정이든 또는 일방적 선언이든 간에 그 자체로서는 승계국과 조약의 다른 당사국 사이의 법적 관계를 창설하는 것이 아니다. 승계가 유효하게 행해지기 위해서는 조약의 다른 당사국의 동의가 필요하다.

Nyerere Doctrine은 Tanganyka가 1961년 영국으로부터 독립하였을 때 조약승계에 관하여 취한 방식이다(Tanganyka는 1964년 Zanzibar와 합병하여 Tanzania 연합공화국이 되었다). 이 이론은 독립후 일정 기간은 승계를 인정하고 그 기간에 합의가 성립하지 않은 경우에는 조약은 종료된 것으로 간주하는 방식으로서 承繼國(신국)에게 조약승계에 관한 선택의 자유를 인정한 데 특징이 있으나, 新國(승계국)의 의향에 따라 조약의 존속이 좌우되어 조약관계의 안정이 손상될 우려가 있다. Tanganyka 이외에 Uganda, Kenya, Marawi, Botswana, Lesotho도 이 방식을 취했다.

한편 clean slate의 원칙에는 다음과 같은 예외가 인정되고 있다. 첫째는 慣習國際法의 일부가 되어 있는 조약이다. 후계국이 관습국제법에 구속된다는 것은 보편적인 원칙이 되어 있다. 따라서 일반국제법을 확인한 多數國條約(1907년 '국제분쟁의 평화적 처리에 관한 조약', 1958년의 공해조약 및 대륙붕조약의 일부 등)도 예외가 된다. 둘째, 영역적 제도에 관한 조약, 屬地的 條約(localizedtreaty. 일정한 토지와 밀접하게 결부된 의무 또는 지위를 설정한 조약, 예를 들면 일정지역의 비무장화 · 중립화조약, 국제운하 · 하천의 자유항행조약, 관세지역의 사용에 관한 조약 등) 또는 處分的 條約(dispositive treaty)은 주권의 변경 후에도 자동적으로 후계국에 승계된다(조약국가승계조약 제11조 · 제12조). 학설상 이른바 '一身專屬的 條約'(동맹 · 상호원조 · 공동방위 등 체약국 상호간의 동질성과 연대성을 전제로 한 조약)은 그 성질상 당연히 승계의무가 부정되는 데 대하여 특정의 토지에 연결되어 처분적인 행위를 규정한

'物權的 條約'은 후진국이 당연히 승계의무를 진다는 생각이다. 실제에 있어서 1920년의 국제연맹의 법률가위원회의 올란드諸島 사건에 관한 보고 및 1932년의 상부 사보이와 젝스지구의 자유지대사건에 관한 PCIJ의 판결 등, 후진국이 선행국의 조약상의 부담에 의하여 구속되는 것을 인정한 중요한 선례가 존재한다.

위의 國際同盟法律家委員會의 올란드제도에 관한 보고는 1856년의 Paris조약에 의하여 Russia에 부과된 그 도서의 非武裝化의 의무는 1917년 Finland가 Russia로부터 독립된 후에도 Finland를 구속한다고 하였다.

또 위의 PCIJ의 판결은 1860년 Sardinia로부터 France에 할양된 지역에 관하여 Sardinia가 Swiss에 대하여 부담하고 있던 관세상의 의무를 France도 당연히 존중해야 한다고 하였다.

기타 國境劃定條約에 관하여 일반적으로 事情變更의 원칙을 원용함으로써 그 종료 또는 면책을 주장할 수 없다(비엔나조약법조약 제62조 2항 a). 뿐만 아니라 국제재판에서는 후계국이 할양 전에 체결된 境界劃定條約을 존중할 의무를 지며(앞서의 자유지대사건), 또 독립의 달성 전에 보호국이 다른 국가와 체결한 경계획정조약을 원용할 수 있게 되었다(Cambodia의 권리에 관하여, 1962. 6. 25 Preah Vihear Temple 사건〔본안〕, ICJ Reports, 1962, 16, 27, 29-30). 또 1964년 아프리카단결기구는 종전의 국경선을 유지하기로 결의한 바 있다. 이러한 屬地條約은 지역에 유사한 의무를 창설한다. 라틴아메리카 제국은 구스페인령 시대의 행정구획선이 독립 후의 국경을 결정한다는 우티 포시데티스(*uti possidetis*), 즉 現狀承認의 법리를 주장하고 있는데, 아프리카단결기구의 결정도 아프리카에 있어서의 *uti possidetis*를 받아들인 것이다. 일정한 영역에 관하여 優先權, 漁業權, 通船權 등은 외국에 보장한 조약도 후계국에 의하여 승계된다(예, 1899년 Suez운하조약 제1조 · 제9조. Egypt가 1956년 운하회사의 국유화를 선언한 후에도 1957년 그 조약을 존중하고 운하 자체의 지위를 변경하지 않을 것을 보증하였다).

그러나 외국군대에 의한 基地의 사용에 관한 조약은 원칙적으로 승계의무를 인정하지 않는 것이 통례이다(조약국가승계조약 제12조 3항). 위와 같이 영역제도를 설정한 조약에 있어서 국제실행상 후계국의 승계의무를 널리 인정하고 있으며, 條約國家承繼條約도 승계의무를 정식화하였다(제11조· 제12조). 그러나 관행은 반드시 일치하지 않으며 후계국에 의한 선택적 승계의 여지는 여전히 남는다. 적어도 국제사회 일반의 이익을 위하여 일정 지역에 승계적인 지위를 설정한 조약은 후계국에 의하여 존중되어야 한다고 보아야 한다.

4. 新生獨立國의 경우

'新生獨立國'(newly independent state)은 後繼國의 일종으로서, 先行國이 그 영역에 대하여 국제관계의 책임을 지고 있던 종속지역이었던 국가를 말한다(조약국가승계조약 제2조 1항 f). 이러한 신독립국에 관한 국가승계는 기존의 국가 상호간에 관계조약의 적용범위의 변동을 발생하는 경우와는 전적으로 달라 종속관계의 이탈에 따르는 권리·의무의 창설이라는 특별한 경우이다. 따라서 신독립국은 선행국의 조약을 당연히 승계할 의무를 지지 않는다(제16조). 그러나 이것은 clean slate의 이론을 무조건 인정하는 것이 아니고 조약의 승계는 신독립국의 선택적 수락에 맡긴다는 것이며, 당연히 구속하는 것은 아니고 그 동의를 얻어야만 이 제3국에 대하여 구속력이 발생한다는 것이다.

1) **多邊條約** 新獨立國은 원칙적으로 통고만으로 다변조약의 당사국이 될 수 있으나(특히 그 다변조약이 관습법인 경우) 당사국의 동일성을 요건으로 하는 제한적인 다변조약(북대서양조약 제10조)의 경우에는 그렇지 않다. 다른 모든 당사국의 동의가 있을 경우에 한하여 신독립국은 당사국이 될 수 있다는 뜻으로 해석된다.

2) **選擇的 受諾의 方式** 이 방식으로서 첫째는 신독립국의 일방적 선언에 의한 방식이다. 그러나 이러한 일방적 선언은 제3국(선행국이 체결한 조약의 타방 체약국)에 대항할 수 없으며(조약국가승계조약 제9조 1항), 그 동의를 조건으로 한다. 둘째의 방식은 신독립국이 선행국과 체결한 承繼協定(devolution agreement)에 의한 것이다. 이 협정도 선행국이 체결한 조약의 다른 당사자를 당사국으로 할 수 있다.

5. 國家의 結合·分離의 경우

둘 이상의 국가가 결합하여 단일의 국가를 형성하거나 또는 국가영역의 일부가 분리하여 新生國(後繼國)을 형성하는 경우 선행국과 후계국간에 법적 동일성은 완전히 절단되지만 법률관계는 사실상 승계된다. 국가의 결합 또는 분리의 경우 후계국은 선행국과 동일의 영역을 기반으로 하여 성립된 것이므로 조약의 適用地域의 變動(moving treaty-frontier)의 원칙이 적용될 뿐이다. 즉, 이전의 대상이 된 지역에 있어서는 선행국이 제3국과 체결한 조약은 적용불능이 되며, 원칙적으로 후계국의 조약이 자동적으로 확장 · 적용되는 것이다(조약국가승계조약 제15조 a, b). 이것은 조약법의 일반원칙이기도 하다(비엔나조약법조약 제29조). 國家結合의 경우 선행국에 유효한 조약은 일정한 경우(후계국과 다른 당사국 간에 별단의 합의가 있는 경우, 조약의 목적과 양립되지 않아 운용조건을 크게 변경하는 경우)를 제외하고는 계속적으로 후계국에게도 유효하다(조약국가승계조약 제31조). 국가의 분리의 경우에도 선행국에 유효한 조약은 원칙적으로 후계국에게도 계속 유효한 것으로 인정된다(조약국가승계조약 제34조).

〈國際組織의 加盟國의 地位의 承繼〉 국가의 결합 또는 분리와 같은 주권의 변경에 의하여 국제조직의 가맹국으로서의 지위가 승계되는가의 문제가 제기된다.

(1) 국가결합에 의하여 성립된 후계국에 있어서 선행국의 전부가 종전부터 국제조직의 가맹국인 경우 그 후계국은 사무총장에 대한 통고만으로 자동적으로 가맹국으로서의 지위가 인정된다(1958년의 Egypt와 Syria가 결합된 아랍연합공화국).

(2) 분리에 의하여 성립된 후계국은 당연히 가맹국의 지위를 취득하는 것이 아니고 가맹신청의 절차를 밟는 것이 필요하다. UN 하에서는 새로이 독립된 舊海外植民地(Burma, Ceylon, Ghana, Vietnam, Guinea 등)에 대하여 가맹신청의 절차를 요구하였다. 1947년 원가맹국인 英國領 인도가 인도와 파키스탄으로 분열하여 완전히 독립하였을 때 인도에게는 UN 가맹국의 지위가 계속되는 것으로 하고(인도는 국제연맹, UN을 통하여 원가맹국의 지위를 계속 보유하는 것으로 취급), 파키스탄에게는 신생국가로서 가맹절차가 필요하다고 하였다.

UN은 1947년 인도로부터 분리된 파키스탄이나 인도나 다같이 신가맹국으로 인정하여 가맹신청의 절차를 요구해야 한다는 의견을 배척하였다.

UN은 파키스탄의 가맹의 승인후 이에 관한 기준을 다음과 같이 작성하였다(제6위원회의 초안을 토대로 유엔총회가 작성). 첫째, 現加盟國은 그 헌법이나 국경의 변경뿐만 아니라 이에 따른 국제법상의 권리・의무의 소멸이 있다는 것이 입증되지 않는 한 가맹국으로서의 지위를 상실했다고 추정해서는 안된다. 둘째, 신생국가가 형성된 경우에는 그 구성하는 영토・인민의 여하에 불구하고, 또 기존의 가맹국의 일부였든가 아니든가를 묻지 않고 가맹신청의 절차에 의하여 UN 가맹국의 지위를 취득한다(신생국가는 헌장의 규정에 따라 UN가맹국으로서 정식으로 승인되지 않는 한 가맹국의 지위를 취득할 수 없다). 기타의 경우에는 실정에 따라 판단하는 것으로 하였다(1961년 아랍공화국으로부터 분리・탈퇴한 Syria는 자동적으로 가맹국의 지위를 회복).

6. 經濟的 利益의 國家承繼

(1) 國有財産의 國家承繼

어느 국가가 타국의 전영역을 취득할 경우에는 그 국가(후계국)는 그 타국(선행국)의 모든 국유재산(국가재산)을, 그 재산의 소재 여하에 관계 없이 승계한다(Haile Selassie v. Cable & Wireless, Ltd., 1939). 국유재산이라고 하는 것은 國家承繼가 행해진 시점에서 선행국이 그 국내법에 따라 소유하고 있던 재산, 권리 및 이익을 말한다('재산국가승계 조약' 제8조). 따라서 후계국은 선행국의 公的財産(국가와는 별개의 공법인이 소유한 공유재산)은 거의 승계하지 않는다.

국가재산 특히 不動産은 국가영역의 從物로 인정되어 영역의 변동에 따라 당연히 후계국에 귀속한다(제1차대전 후의 평화조약에서 연맹제국은 舊敵國, 독일, 오스트리아, 헝가리, 불가리아 등이 할양한 영역에 소재하는 국가재산을 모조리 취득하였다). 또한 국제판례도 선행국의 국가재산(병원, 학교 등의 국유시설)은 특별한 합의 없이 후계국에 이전된다고 판단하였다(1933. 12. 15 Peter Pazmany University Case, PCIJ 판결).

실제에 있어서 국가재산의 국가승계에 관한 조건은 구체적으로는 선행국과 후계국 간의 조약(또는 관계국제기관의 결의)에 의하여 개별적으로 규정되는 것이 보통이다. '財産國家承繼條約'은 이러한 관계국간의 특별 합의가 없는 경우의 일반원칙을 규정한 것에 지나지 않는다. 이 원칙은 후계국이 신생독립국인 경우 이것과 선행국 간에 별도의 협정을 체결할 때 '천연자원에 대한 永久主權'의 원칙을 침해할 수 없는 것으로 하였다(동조약 제15조 4항).

〈國家文書의 國家承繼〉 國家文書(state archives)라고 하는 것은 선행국이 그 국가작용의 행사에 있어서 작성 또는 수령한 일체의 문서로서 국가승계의 시점에서 그 국내법에 따라 소유하며 또한 직접 또는 그 관리하에 보유한 것을 말한다('재산국가승계 조약' 제20조). 국가문서의 국가승계에 관해서도 별단의 합의가 없는 한 국가재산의 취급에 준하여 후계국에 이전된다.

〈미안마 對 戶田小太郞 등 不動產 假處分 異議事件〉 이 사건의 쟁점은 미안마국정부가 취득한 在日不動產은 미안마에 승계되는가 여부의 문제였다. 동경지방재판소는 '승계된다'고 하여 다음과 같이 판시하였다. "미안마는 英本國으로부터 新國家의 분리로서 정식으로 독립을 달성한 것이므로 미안마를 위하여 본건의 토지에 관해서는 당연히 국제법상 영본국으로부터의 권리의 승계가 이루어져야 하는 것이다"(동경지방재판소 1965. 7. 14 판결).

〈在韓日本財產의 處理〉 제2차대전 후 일본의 在韓國有財產은 당연히 한국정부에 귀속되었다. 일인의 사유재산은 미국이 군정법령 제33호로써 몰수하여 대한민국과의 최초의 財政協定에 의거하여 한국정부에 이양하였다. 이것은 식민지시대에 있어서의 지배관계를 유지하는 데 이바지한 경제적·재정적 제관계를 파괴하려는 이른바 비식민지화 과정의 일환이다.

(2) 私權의 國家承繼

전통적인 학설, 국가실행, 국제판례에 의하면 후계국은 선행국의 국내법령하에서 私人이 취득한 財產權 기타의 私權을 존중하며 승계해야 하는 국제법상의 의무가 있다고 한다.

예를 들면 독일(先行國)이 그 유효한 법령에 따라서 부여한 私權(농민에 대한 토지 정기매매 채권)은 영토주권의 변동(제1차세계대전의 결과 Poland에의 영토반환)에 의하여 당연히 소멸되는 것은 아니다.

PCIJ는 'Poland에 있어서의 독일계 농민의 사건'에서 부여한 권고적 의견에서 "私權은 새로운 領域主權者에 의하여 존중되어야 하며, 국가승계의 일반원칙이 국제법에 존재한다는 것을 다투는 사람이라 할지라도 사권이 주권의 승계자에 대하여 무효이다라고까지 주장하지는 않는다"고 하였다(PCIJ 권고적 의견 1923. 9. 10). 따라서 선행국의 법령하에서 확정적으로 취득된 사권에 대해서는 후계국은 이것을 존중하고 승계할 의무를 진다(비록 재정상의 부담을 지는 경우에도 그렇다. 다만 선행국의 법제하에서 미이행, 미확정인 사권은 승계하지 않는다)고 판단되었다. 이러한 기득권의 존중의 원칙은 이미 일반국제법의 일부가 되었으며, 후계국에 의한 그 위반은 國家責任을 수반한다는 판결도 있다(1927. 7. 26 Chorzow Factory Case).

> 私權承繼의 표준은 그 私人의 국적에 의존한다.. 만약 사권의 소유자가 선행국의 국민이거나 제3국인인 경우에는 승계국은 외국인대우에 관한 최소한의 국제표준을 준수해야 한다. 즉, 收用은 공공목적을 위한 것이고 배상을 수반하는 것이어야 한다(Akehurst 161).

그러나 이러한 전통적 기득권존중의 원칙에 대하여는 A·A 제국과 과거 사회주의국가가 강력히 반대하였다. 그 이유인즉 이 원칙이 선행국의 경제질서를 강제하여 후계국의 주권에 입각한 경제체제의 선정에 부당한 중압을 가하는 것으로 인식되기 때문이다. 신생국가는 독립 후에는 이 '서구'적 규칙을 수락할 용의가 있을지라도 독립전 자신의 권익을 수호할 수 없을 때 이루어진 투자 등에 대해서는 별도의 고려가 필요하다는 생각이다. 여하간 오늘날에 있어서는 기득권존중의 원칙은 그 존재 자체가 부정되고, 선행국과 후계국의 법적 계속성은 단절되었다고 보아야 한다. 이와 같이 후계국이 선행국의 사권의 승계를 거부하는 이유는 이러한 기득권이 후계국의 주권·공서의 개념과 저촉된다는 것, 그 取得原因에 의문이 있다는 것, 후계국을 해칠 목적으로 설정되었다는 것 등이다(단, Akehurst는 이러한 전통적 기득권존중의 원칙의 부인이 신생국의 장기적 이익에 진실로 일치하는 것인지에 대해서 의문을 표시하고 있다. 162).

(3) Concession의 國家承繼

컨세션(concession)이라고 하는 것은 국가와 컨세션내어(Concessionaire 特許權所有者인 企業 또는 自然人)간에 체결된 公法上의 國家契約(state contract)인데, 국가가 이 계약에 규정된 사업(보통, 石油 또는 기타의 鑛物의 採掘. 가스·水道·電氣의 供給 또는 運河나 鐵道의 運營 등)을 운영하기 위하여 부여한 免許 내지 利權이다. 컨세션이 공법상의 계약이라고 하는 것은 그것을 부여한 국가의 입장에서 보는 견해이고, 한편 그 외국사인이나 그 본국에서 볼 때는 私法上의 契約이다(私的自治의 原則에 의하여 당사자의 合意가 客觀的으로 유지되며 旣得權尊重의 原則이 존중되어야 한다). 이와 같이 컨세션은 서로 모순되는 이중성을 가진 것이다. 또 컨세션내어의 권리는 半所有權的·半契約的인 것이다(이 二重性의 公法的 측면을 강조하는 경우 그 국가의 領域主權의 변동의 영향을 가장 많이 받는 것이 된다).

전통적인 학설·판례·국가실행은 사권에 관한 既得權尊重의 原則을 그대로 컨세션에도 적용 가능한 것으로 해석하여 왔다(1973. 3. 17. '프랑스·그리스 燈臺事件' PCIJ 判決·마브로마티스 事件 同判決). 따라서 이러한 컨세션의 위반에 따르는 손해배상책임에 관해서는 후계국도 이것을 승계하여 부담한다(1956. 7. 24. '프랑스·그리스 등대사건' 상설중재재판소 판결).

그러나 컨세션의 내용이 후계국의 국민경제에 대한 외국의 실질적 지배를 허용할 우려가 있는 경우에는 기득권존중의 원칙의 적용은 제한되며, 승계의무를 거부할 사유가 된다. 또 선행국이 부여한 컨세션은 국가승계의 경우 소멸된다는 설도 있고('天然資源에 대한 永久主權'), 컨세션을 취소할 경우에는 보상을 지불해야 한다는 설도 있다(Akehurst 163, Mavrommatis case, 1924, PCIJ 不當利得의 原則의 適用). 위와 같이 관행은 반드시 일치하지 않으나 소멸설이 근래에는 유력하다.

(4) 國家債務의 國家承繼

先行國의 대외채무에는 국채와 공채가 있는데 '財産國家承繼條約'이 규정하고 있는 것은 국채(state debt)에 한정되었다. 국채(국가채무)라고 하는 것은 다른 국가, 국제조직, 기타의 국제법 주체에 대한 선행국의 재산상의 의무로서 국가승계의 시점에 국제법에 따라 발생한 것을 말한다(제33조, 제35조).

전통적 학설에 의하면 계약 또는 不法行爲責任에 입각한 선행국의 대외채무는 당연히 후계국에 승계된다(그 근거는 제3자가 취득한 기득권의 존중, 부당이득, 負擔附 土地의 이전, 형평의 원칙 등이다).

그러나 영역주권의 변동의 경우 대외채무에 관하여 선행국과 후계국과의 법적 계속성을 일률적으로 추정할 수는 없다(변동사유가 할양·분리·분열·신국의 성립 등 다양하기 때문이다). 오늘날에 있어서는 오히려 國責의 승계의무는 부정되는 경향에 있으나 국채가 후계국의 영역에 있어서 분할가능하고 또한 후계국이 이익을 얻는 한도 내에서 승계가 인정되며, 다만 '敵對的 國家債務'(hostile debts)에 대해서만 승계의무가 부정되는 것이 보통이다. 즉 전승국은 패전국이 전쟁자금의 조달을 위하여 부담한 채무에 대해서는 책임을 지지 않는 것이다.

영국 식민지가 독립하였을 때 그 식민지들은 영국의 지방적 식민지 행정에 의하여 발생한 채무에 대해서는 책임을 지게 되었으나 영국의 국채에 대해서는 어떠한 책임도 지지 않았다. 그러나 아일랜드 자유국이 1922년 독립하였을 때 아일랜드는 영국의 국채의 일부를 승계하였다(O'Connell, State Succession in Municipal Law and In-

ternational Law,
1967, Vol. I, 404).

위와 같이 관행이 구구하여 차라리 신독립국과 같이 후계국이 선행국과의 사이에 최소한의 법적 계속성도 없는 경우에는 선행국의 대외채무의 승계의무가 전적으로 면제된다는 주장이 유력하게 되고 있다.

一般公債, 地方的 公債, 敵對的 公債 등에 대해서도 國債의 경우와 같은 이론이 준용된다.

7. 國籍의 國家承繼

영역의 변경이 있는 경우 이에 따라 후계국은 승계지역의 주민에게 그 國籍을 부여하는 것이 통례이다. 선행국의 국적은 상실되고 후계국의 국내법이 정한 바에 따라 그 국적이 취득된다는 설이 학설상 및 실행상으로 유력하다. 이것을 일반국제법규의 반영이라고 보는 입장에 대하여 다른 입장에서는 그러한 국가관행은 국제법상 선행국의 국적의 소멸을 일견 추정할 수 있음을 표시할 뿐이고 당연히 후계국의 국적을 취득한다는 일반국제법규가 존재하지는 않는다는 반론이 있다. 그리고 領域變更의 당시 승계지역의 외부에 在住한 자에 대하여도 국적변동의 효과를 미치는가의 여부에 대해서는 국가관행은 확실치 않다. 관계 지역의 주민에 대하여 일단 후계국의 국적을 일률적으로 취득하는 것으로 하고 그 후 일정기간에 한하여 후계국의 국내법상의 절차에 따라 그 국적을 포기하고 선행국의 국적을 회복하는, 이른바 國籍의 選擇權(right of option)을 부여하는 경우도 적지 않다(폴란드 소수민족에 관한 베르사이유조약 제4조 2항, 1947년 對伊平和條約 제19조).

여하간 영역변경에 따라 주민의 국적변경이 발생하는 것은 사실이나 그 시기와 인적 범위에 대해서는 국제법상 확정된 일반원칙은 없으며, 구체적으로는 각각의 경우에 따라 개개의 조약 또는 후계국의 국내법에 의하여 명시적·묵시적으로 규정된다. 다만 國籍變更의 시기에 관해서는 영역주권변동의 요인이 되는 사실(할양·병합·포기·반환·분리)이 발생한 일자가 아니라 이것을 정식으로 확인한 관계조약의 발효일로 하는 것이 통례이다. 국적변경의 효력이 미치는 인적 적용범위에 관해서도 승계지역의 주민 중에 영역주권의 변동의 시점에서 이미 선행국의 국적을 보유하고 있던 자를 대상으로 하는 것이 통례이다(1919년 '폴란드 소수민족에 관한 베르사이유조약' 제 4 조 1항, 1948년 '영국 국적법' 등).

合併의 경우에는 합병된 국가의 국민은 합병한 국가의 국민으로서 그 국적을 취득한다. 예를 들면 일본은 1910년 8월 22일 한국을 합병하였으며, 그로 인하여 종래의 한국민은 전부 일본국적을 취득하였다. 이에 대하여 영토할양의 경우 일본은 제 2 차대전 이전까지는 그 할양지의 주민에게 국적선택권을 인정하였다(1875년의 樺太千島交換條約, 1895년의 下關條約, 1905년의 포츠머스조약 등). 그러나 1951년의 對日平和條約(한국, 중국 등 불참여)에는 한반도주민의 국적에 관하여 아무런 규정도 두지 않았으며, 1952년 4월 19일의 日本 법무부 民事局長 通達 '평화조약발효에 따른 조선인·대만인에 관한 국적 및 戶籍事務處理에 대하여'라는 지시에 의하여 한국인은 일본국적을 상실하게 되었다. 그 후 한국인(조선인)은 이 통달에 의하여 일본에 정주하고 있는 주민을 포함하여 일률적으로 일본국적이 박탈되었다. 이에 대하여 일본최고재판소는 영토주권의 포기는 이에 속한 對人主權의 포기를 포함하는 것이라고 하면서 "조선을 독립국가로서 승인함으로써 조선이 이에 속한 人·領土 및 政府를 갖는 것을 승인한 것이 된다. 따라서 평화조약에 의하여 일본은 조선에 속해야 하는 인에 대한 주권을 포기한 것이다"라고 판결하였다.

위의 通達이나 判例는 할양지의 주민은 일괄적으로 그 토지와 더불어 新領有國에 이전된다는 영토주권설 내지 토지와 인에 관하여 병합 이전의 상태로 환원시킨다고 하는 원상회복설에 근거한 사고방식이다. 토지에 관해서는 원상회복이 가능할지 모르나 인간에 관해서는 원상회복이 불가능하다. 한국의 경우 선행국 일본과의 사이에 법적 계속성은 인정되지 않으나 선행국 일본에서 평생을 보내고 일본인 자신과 똑같은 모든 의무를 다한 在日韓人의 경우 이른바 定住外國人으로서 당연히 일본국적을 상실한다고 보기는 어렵다. 일본에 정주하는 이러한 한인에게는 國籍選擇權이 주어져야 마땅하다는 의견이 지배적이다.

제 7 장 國家의 種類와 權利義務

제 1 절 國家의 種類

1. 國際法上의 國家의 槪念

國家는 국제법의 가장 원초적 주체이며, 그 자격의 전통적 속성으로서 ① 인민, ② 영토, ③ 정부, ④ 독립의 네 가지를 헤아릴 수 있으나, 국제법주체로서의 국가는 이 밖에 국제법을 준수하며 타국과 법적 관계를 맺을 의사와 능력을 필요로 한다(국가의 권리·의무에 관한 조약 제 1 조). 이러한 國際法上의 주체로서의 국가는 국제법상의 권리·의무를 향유하며 또한 국제법의 정립에 참가할 능력을 갖는다.

이와 같이 국제법과의 관계에 있어서 논의되는 국가의 개념은 국제법의 주체로서의 국가이다. 즉 국가가 국제법상의 권리능력 또는 의무능력을 갖느냐의 여부의 문제이며, 구체적으로는 그 국가의 정부의 권능이 국제관계에 미치느냐 또는 미치지 못하느냐의 문제이다. 이러한 의미에서 미국의 state나 캐나다의 province는 국가가 아니다.

제 2 차대전 전의 India와 Malay는 주권국가가 아니었으나 외교적 대표의 파견, 조약의 체결 등의 능력을 가졌으며, 그 국가의 수령은 주권국가의 원수와 같은 대우를 받았다(微行(*in cognito*)중으로 영국에 있는 어느 Sultan이 결혼약속을 파기한 사건에서 영국법정은 管轄免除를 선언한 사례가 있다. Mighell v. Sultan of Johore 〔1894〕).

2. 主權國과 半主權國

(1) 主 權 國

主權國은 국제법상의 관계를 유지하는 데 있어서 완전한 권리능력과 행위능력을 갖는 국가이다. 특히 外交能力이 제한되지 않은 국가를 말하며 독립국이라고도 부른다(국가간의 관계에 있어서 주권은 독립을 의미한다. 단, 팔마스島사건). 그러나 주권국이라 할지라도 국제관습 또는 조약에 의하여 상호적 내지 일방적으로 주권의 제한을 받는 일이 적지 않다.

예를 들면 日本은 완전한 주권국가이나(San Francisco 평화조약 제 1 조(b)), 남서제도, 남방제도 기타에 대해서는 미국이 입법, 행정, 사법상의 권력을 행사한다(동제약 제 3 조). 이 도서에 대하여 미국이 施政權을 행사하는 동안은 일본은 殘餘主權(residual sovereignty)을 보유하는 데 그친다. 또 과거에 일본은 通商條約에 의하여 외국에 領事裁判權을 허용한 일이 있다(1852년-1899년).

기타 주권국의 지위와 양립하는 범위 내에서 주권제한을 인정하는 경우의 예로서는 프랑스 헌법이 상호주의의 유보하에 평화의 조직과 방위에 필요한 주권의 제한을 승락한다고 하였으며(전문), 독일연방공화국 기본법도 같은 취지의 것을 규정하고 있다(제24조 2항).

(2) 半主權國

이것은 국제법상의 능력이 제한된 국가이다. 연방제 국가 내의 州(state)는 원칙적으로 국제법상의 능력을 갖지 않으며 국제법의 대상이 되지 않는다. 국제법상의 능력이 제한된 국가로서는 被保護國이나 附庸國을 들 수 있다.

3. 從屬國과 被保護國

이에 관하여는 제 5 장 2 절 해당 부분 참조.

4. 單一國家와 複合國家

한 국가에 하나의 중앙정부가 존재하여 이것이 대외적으로 국가 전체를 대표하는 경우 그러한 국가를 單一國家(unitary state)라고 말하며, 이에 대하여 둘 이상의 국가가 결합하여 하나의 정부(또는 군주)를 가지고 국제관계에서 전면적 또는 부분적으로 하나의 국가로서 행동하는 경우 이것을 複合國家(composite state)라고 한다. 보통의 국가는 단일국가이며, 복합국가에는 다음과 같은 것이 있다.

(1) 同君聯合

同君聯合은 동일한 군주 밑에 둘 이상의 국가가 결합한 것으로서 역사적으로 군주국에서 볼 수 있는 특수한 국가결합이다. 동군연합에는 인적 동군연합(身上聯合 personal union)과 물적 동군연합(物上聯合 real union)이 있다.

1) 人的 同君聯合 인적 동군연합은 둘 이상의 국가가 우연히 동일 군주를 갖는 경우이다(흔히 왕위계승 법에 의한다). 이것은 기구적으로는 결합관계가 없으며 각각 완전한 독립국으로서 개별적으로 행동한다(한 국가의 전쟁에 다른 국가는 중립를 지킬 수 있다). 그러므로 인적 동군연합은 엄밀하게는 복합국가가 아니다. 사례로서는 과거에 영국·하노버(1714-1837), 홀란드·룩셈부르크(1815-1890), 그리고 벨기에·콩고自由國(1885-1908) 등이 있었다.

2) 物的 同君聯合 물적 동군연합은 둘 이상의 국가가 조약에 의하여 결합하고 동일한 군주를 갖는 경우이다. 내부적으로는 구성국이 각각 독자적으로 존재함에도 불구하고 국제관계에서는 단일체로서 행동한다. 그러므로 물적 동군연합의 구성국이 외교능력의 일부를 갖는 경우 여기에 半主權國이 생기게 된다. 이러한 사례로서는 과거에 스웨덴·노르웨이(1815-1905), 오스트리아·헝가리(1807-1918) 등이 있었다.

(2) 國家聯合

국가연합(confederation of states)은 둘 이상의 국가가 조약으로써 결합하여 어느 범위의 외교적 기능을 공동으로 행사하는 국가결합이다. 연합 자체는 국가적 성격을 갖지 않으며 조약의 한도 내에서 제한된 외교능력을 가질 뿐이다. 동시에 構成國도 원칙적으로 독립성을 보유하나 그 외교능력의 일부를 연합에 移讓하고 있으므로 완전한 주권국가라고 볼 수 없다. 구성국의 시민은 당해 구성국의 국적을 가지며 國家聯合 공통의 국적을 갖는 것이 아니다.

사례로서는 1750-1795년의 홀란드연합, 1781-1787년의 북미연합, 1815-1868년의 독일연합, 1815-1848년의 스위스연합, 1949년 1월 2일-1954년 8월 10일의 홀란드·인도네시아연합을 들 수 있다. 최근의 예로는 구소련이 해체되고 독립국가연합(CIS)을 결성한 것이 대표적이다.

(3) 聯合國家

연합국가(federation, federal state)는 다수 국가의 통합에 의하여 형성된 연방조직의 국가이다. 원칙적으로 연방국가 자체가 완전한 外交能力을 가진 주권국가이며 그 構成國(支分國 또는 支邦)은 내부적으로 국가적 성격을 보유하면서 대외적으로는 국제법상의 주체성을 갖지 않는 것이 보통이다. 연방구성국의 시민은 연방의 시민으로서 공통의 국적을 가지며 연방의 권력은 구성국의 시민에게 직접적으로 미친다. 또한 구성국 상호간의 무력충돌은 내란이 되며 국제적 전쟁으로 취급되지 않는다.

사례로서는 미국, 스위스, 독일, 소련 등 그 수가 적지 않다.

5. 英 聯 邦

英關係國은 전체적으로 일찍이 British Empire(英帝國)라고 불렸는데 현재에는 British Commonwealth of Nations(英聯邦) 또는 단순히(Commonwealth)라고 불린다(1948년 이래 수상회의의 코뮤니케에서 결정). 이 Commonwealth 국가간의 관계는 기존의 국가결합의 어느 유형에도 들지 않는 새로운 형태를 보여주고 있다.

영국은 원래 植民帝國으로서 단일 주권국가였으나 그 식민지가 점차 自治領(Dominion)으로 발전하기도 하고 또 어느 것은 자치령의 지위에서 벗어나 독립국을 형성하기도 하였다. 영연방은 本國인 영국 이외에 이와 같은 독립국, 自治領 및 屬領 등을 포함한 국가집단이다. 즉 영국·캐나다·오스트레일리아·뉴질랜드·인도·파키스탄·스리랑카·케냐·말라야·나이지리아·세라 레오네·탄자니아 등, 이른바 Commonwealth Countries(또는 Members of Commonwealth)와 속령으로 구성되어 있다(Canada, Australia, New Zealand, 南아프리카는 Dominions라고 불려왔으나 최근에 와서는 Commonwealth Countries라는 명칭이 사용되어 공식문서에서는 Dominions라는 용어는 사용하지 않게 되었다).

Commonwealth 국가는 영국을 포함하여 상호 대등한 관계에 서며, 영국은 다른 Commonwealth 국가에 대하여 명령·지배할 입장에 있지 않다. 이 Commonwealth 국가들은 대외적으로 독자적 외교능력을 가지나 영국왕관의 상징하에 결집하여 그 상호관계는 국내법으로 규율되고 국제법의 규율을 받지 않는다. 이러한 의미에서 Commonwealth는 일종의 複合國家라고도 볼 수 있으나 그것과도 다른 특이한 존재이다. 첫째, 인적동군연합과는 성립의 경위를 달리하며, 영국이 통일적 권력을 행사하지 않는 점에서 물적 동군연합과도 다르다. 둘째, Commonwealth 자체는 국가연합과 같이 제한된 외교능력도 없고, 연합국가와 같은 독자적 외교능력도 없다. 셋째, Commonwealth는 국가연합과 같은 조약관계가 아니며 일정한 중심기관도 갖지 않는다. 이와 같이 Commonwealth는 1931년의 웨스트민스터 憲章 이래 영왕관을 공통의 상징으로 결합한 독자적 국가결합이며 국제법상 특수한 국가형태이다(Statute of Westminster는 "왕관은 Commonwealth 구성국의 자유로운 결합의 상징이며 각 구성국의 왕관에 대한 공통의 충성에 의하여 통합된다"고 말하고 있다).

Commonwealth 국가의 대외관계에 있어서 몇 가지 특이한 점은 다음과 같다.

(1) Commonwealth 국가는 대외관계에 있어서 독립된 자격을 부여받고 있다. 자기의 권한으로 외교사절을 파견·접수하며 국제조약을 체결할 수 있고 UN의 가맹국으로서의 지위가 인정되고 있다.

(2) 조약을 체결할 때 사전에 그것을 다른 Commonwealth 국가에 통고할 의무가 있다. 이것은 조약에 의하여 영향을 받을 국가에 대하여 의견을 진술할 기회를 줌으로써 Commonwealth 국가 간의 이해를 조정하기 위한 것이다.

(3) Commonwealth 국가 간에는 통상의 外交使節은 교환되지 않고 그 대신 高等辦務官(High Commissioner)이 파견된다. 이 고등판무관은 외교관명부에 기재되지 않으며 과세의 면제 이외의 외교특권도 인정되지 않았으나 1952년의 外交免除法(Diplomatic Immunities Act) 이후에는 다른 외교사절과 같은 외교특권이 인정되게 되었다.

(4) Commonwealth 국가 간의 분쟁은 보통의 국제분쟁으로 취급되지 않고 국제재판에 의한 해결에 부탁되지도 않는다. 따라서 ICJ 규정의 선택조항을 수락할 때 수락 자체는 각국별로 하지만 Commonwealth 국가 간의 분쟁의 부탁은 裁判付託의 의무로부터 제외한다는 유보를 붙이는 것이 보통이다. 그러나 제 2 차대전 이후에는 Commonwealth 국가 간에 체결된 조약 중에 특정사항에 관하여 ICJ의 관할권을 인정한 예가 나타나고 있다. 또한 Commonwealth 국가 간의 분쟁이 UN에 제소되는 예도 볼 수 있게 되었다(India와 Pakistan 간의 Kashmire 분쟁 India와 South Africa 간의 인도인 취급에 관한 사건. South Africa는 현재 Commonwealth에서 탈퇴하고 있다).

(5) Commonwealth 국가들이 다른 국가와 통상 · 항해에 관한 조약을 체결하여 最惠國待遇를 약속할 때 여기에 붙이는 유보는 Commonwealth 국가들 간에 인정되는 특혜관계에는 영향을 미치지 않는다. GATT(관세 및 무역에 관한 일반협정)에는 이 Commonwealth 조항이 삽입되었으며(제 1 조 2 항 및 부속서), 대한민국과 오스트레일리아 간의 貿易協定(1965년 9월 21일 발효. 제 3 조 1 항) 및 대한민국과 캐나다 간의 무역협정(1966년 12월 20일 발효. 제 1 조 3 항)에도 이 조항이 포함되어 있다.

(6) Commonwealth 국가의 국민에게는 'Commonwealth의 시민'으로서의 지위가 공통하게 인정되고 있다. Commonwealth 국가의 국민은 각각 자국의 국적을 취득하고 있으나 다른 Commonwealth 국가 내에서 Commonwealth 시민으로서의 지위를 향유하며 단순한 외국인과는 다른 특별한 대우를 받는다. 즉 일반적으로 Commonwealth 시민은 歸化의 절차에 의하지 않고 단순한 등록에 의하여 다른 Commonwealth 국가의 국적을 취득하는 것이 보통이다. 물론 국민의 외교적 보호는 國籍의 소속국이 한다.

6. 永久中立國

제5장 2절 해당 부분 참조.

제2절 國家의 基本的 權利義務

1. 國家의 基本的 權利義務의 槪念

국가는 국제법의 주체로서 조약상의 권리·의무를 갖는 동시에 일반국제법상의 권리·의무도 아울러 갖는다. 전제는 각각의 조약에 의하여 규정된 권리·의무이며 그 내용은 특수적·개별적이다. 이에 대하여 후자는 국가가 국가인 이상 당연히 갖는 이른바 '기본적' 권리·의무이며 일반적·공통적인 것으로 관념된다.

조약상의 권리·의무는 국가에 따라 각각 다르다. 그러나 일반국제법상의 그것은 국제사회의 모든 국가에 공통의 것이며, 권리의 면을 중시하여 국가의 기본권이라고도 불리는 것이다.

18, 19세기의 학자는 계몽기 自然法思想을 근거로 인간의 자연상태에 있어서 개인의 天賦人權이 존재하는 것과 같이 바로 자연상태에 있는 국제사회에 있어서도 천부인권적인 국가의 기본권이 존재한다고 하여, 그것은 말하자면 實定國際法의 기초가 되는 까닭에 실정국제법보다 더 큰 절대적 구속력을 갖는다고 생각하였다. 그러나 그 후 국제법이 實定法主義의 입장에 서게 됨에 따라 이와 같은 자연법적 사고방식은 이론적 기초를 상실함에 이르렀다. 즉 법질서를 떠나서 권리·의무를 생각할 수 없으며, 국가의 기본권도 국가간의 합의를 전제로 하여 비로소 존재할 수 있는 것이다. 바꾸어 말하면 국가의 권리·의무는 국제법상의 것이며 국제법을 떠나서 또는 국제법 이전에 고유한 기본적 권리·의무가 인정될 수는 없는 것이다.

근년에 와서 국가의 기본권은 조약화되는 경향이 있다. 대표적인 것으로는 1933년 美洲국가 간에 체결된 '국가의 權利 · 義務에 관한 條約'(몬테비데오 조약)이 있으며, UN 국제법위원회도 1949년 12월 6일 총회에 제출한 '국가의 권리 · 의무에 관한 선언안'에서 다수의 권리 · 의무를 나열하고 있다(未條約化).

국가의 기본권의 구체적 내용은 반드시 확정되어 있지 않다. 종래에는 주권, 독립권, 평등권, 自衛權, 國內管轄權(국내문제 불간섭의 의무), 또는 이에 더하여 명예권(국가의 '人格'에는 명예와 위신도 포함되는 것으로 해석되었다. 구체적으로는 원수를 중상하지 않을 것, 國旗를 손상하지 않을 것 등을 요구하는 권리이다. 그러나 헌장이나 '우호관계원칙선언' 등에 명문의 규정은 없다. 다만 그 침해에 대하여 국가책임이 추급된 사례는 있다), 교통권을 들었다. 몬테비데오조약은 이러한 전통적 기본권을 들고 있으나 國際法委員會案에 이르면 상당히 새로운 내용을 볼 수 있다. 이 案은 ① 독립권, ② 관할권, ③ 不干涉의 의무, ④ 내란을 선동하지 않을 의무, ⑤ 평등권, ⑥ 기본적 인권의 존중의 의무, ⑦ 국제평화를 확보할 의무, ⑧ 분쟁의 평화적 해결의무, ⑨ 무력불사용의 의무, ⑩ 침략국에의 불원조의무, ⑪ 침략국에 의한 영역취득을 승인하지 않을 의무, ⑫ 자위권, ⑬ 국제법상의 의무를 이행할 의무, ⑭ 국제관계를 국제법에 따라 처리할 의무 등 14항목을 들고 있다.

그런데 국가의 기본권은 관습법상의 권능인 결과 조약에 의해서 제한하는 것도 가능하다는 것이 傳統 國際法의 입장이었다(예를 들어 불평등조약. 기본권은 *jus cogens*로 보지 않았다). 그러나 오늘날의 국제법은 국제사회의 일반이익을 실현하고 확보하기 위하여 국가의 普通的 義務를 규정하고, 이것에 대응하여 국가의 기본권능의 조직화 및 객관화를 추진하고 있다. 이것은 UN과 같은 다수국간의 국제조직에 있어서의 가맹국으로서의 지위 · 책임이 일반 국제법으로서 우월적 지위를 차지하게 된 결과이다. 예를 들면 '友好關係原則宣言'(UN헌장에 입각한 제국가간의 우호관계와 협력에 관한 국제법 원칙선언, 1970. 10. 24. 제25차 UN총회결의 2625호)은 국가의 기본권의 전환방향을 제시하는 지침으로서의 의의를 갖는다.

UN은 제12차 총회(1957년) 이래로, 특히 제17차 총회(1962년) 이후에는 'UN헌장에 입각한 국가간의 우호관계와 협력에 관한 국제법 원칙'이라는 이름으로 평화공존문제를 심의하여 1970년 선언을 채택하였다. 그 후 제29차 총회(1974년)는 그 7원칙에 새로운 원칙을 가하여 이것을 기초로 신국제경제질서를 수립할 목적으로 '國家의 經濟的 權利 · 義務憲章'을 채택하였다.

이 선언에 의하면, ① 무력의 행사·위협의 금지, ② 국제분쟁의 평화적 해결, ③ 국내문제의 불간섭, ④ 상호협력, ⑤ 인민의 동권·자결, ⑥ 주권평등, ⑦ 헌장의무의 성실이행 등의 7원칙은 '국제법의 기본원칙'을 구성한다. 이 원칙들은 앞의 國際法委員會案과 유사한 것을 포함하고 있으며 또한 UN헌장 제1조(목적) 및 제2조(원칙)에 규정되어 있는 것인데 채택 당시 불어난 사회주의국가들이나 아시아·아프리카 신생국들의 주장도 채용하여 말하자면 평화공존원칙이라고도 할 수 있는 것이었다. 따라서 이 원칙은 국가의 기본적인 의무와 대응하는 기본권능을 규정한 것으로서 UN가맹국에만 한정되는 것이 아니라 모든 국가의 국제적 행동과 상호관계에 대한 준칙이 되는 것으로 하였다.

국가의 기본권은 국제사회의 조직화와 더불어 제한될 수 있는 반면, 평화공존의 명분이 국제사회의 조직화를 억제하는 기능을 발휘할 수도 있다. 앞으로 국제사회의 조직화와 평화공존원칙을 어떻게 조화시켜 나갈 것인가가 오늘날 국제법의 중요한 과제이다.

이하에서는 학자간에 국가의 가장 중요한 기본권으로서 공통적으로 인정되고 있는 主權·獨立權·平等權·自衛權 및 國內問題不干涉의 義務(國內管轄權)에 대하여 고찰하기로 한다. 이것들은 모두 국제사회의 구조와 국제법질서의 성질에 깊이 관계되는 권리·의무인 까닭에 최근의 국제사회의 조직화와 이에 따른 국제법질서의 발전과정에서 본질적으로 중요한 변화와 발전을 경험하고 있다.

2. 主　　權

主權이라는 용어의 개념은 역사적 소산으로서 多義的인 것이나 간단히 요약해서 최고·독립의 권력 내지 의사라고 해석된다. 그것은 원래 봉건적인 내외의 제권력에 대항한다는 抗議的 槪念으로서 제기된 것이므로 대내적과 대외적의 두 개의 측면을 갖는다. 우선 최고라고 하는 것은 국가의 대내적 측면에 관한 것이고, 독립이라고 하는 것은 대외적 측면에 관계된다. 국가가 어느 측면에 있어서도 다른 나라로부터의 간섭을 배재하고 독자적인 의사결정을 할 수 있는 권리가 주권이며, 전자를 對內主權, 후자를 對外主權이라고 한다.

對內主權은 이것을 공간적으로 보는 경우 영토주권이 되며, 사항적으로 보는 경우 國內管轄權(국내문제불간섭의 원칙 또는 의무)이 된다. 영토주권은 영토에 대한 영유권 및 처분권(*dominium*)을 의미한다.

> "대한민국의 영토는 한반도와 그 附屬島嶼이다"라는 헌법규정은 이러한 의미이다.

동시에 領土主權은 국가가 타국의 간섭 없이 영역내의 人 또는 物에 대하여 행사하는 최고·배타적인 권리(*imperium*)를 의미하기도 한다. 따라서 국가는 타국의 동의 없이 타국의 영토에서 권력을 행사할 수 없다. 다른 면에 있어서 國內管轄權이란 국가가 국제법에 의하여 규율되지 않고 자국의 관할권 내에 있는 사항을 타국의 간섭으로부터 자유롭게 처리할 수 있는 권리이다. 타국은 이것을 존중할 의무를 진다(국내문제불간섭의 의무).

> 국가가 위와 같은 주권을 갖고 있는 결과 타국의 영역에서 국권을 행사하는 것은 주권침해가 된다. 코르푸해협사건에서 영국이 알바니아영해인 코르푸해협에서 기뢰에 대한 소해작업을 실시한 것은 설사 영국 군함의 침몰에 대한 알바니아측의 過失責任이 있다 하더라도 알바니아의 주권침해로 인정되었다(코르푸 해협 사건(본안)의 ICJ판결. 1949년).
>
> 또한 이스라엘 비밀경찰이 나치전범자인 아이히만(Adolf Eichmann)을 아르헨티나로부터 체포해 온 것도 아르헨티나에 대한 주권침해로 간주된다. 다만 이스라엘의 예루살렘 지방법원은 아이히만 사건과 같은 '人道에 대한 죄'(crime against humanity)에 있어서는 아이히만에 대한 변태적 체포(irregular abduction)에도 불구하고 재판관할권을 갖는다고 하였다.

對外主權(주권의 대외적 측면)은 독립권이라고도 하는데, 국가가 대외관계를 그 독자적인 의사로써 결정할 수 있는 권리이다. 전통적으로 사절을 파견하고, 조약을 체결하며, 또한 전쟁을 행하는 권리가 대외주권의 주요한 속성으로 인정되고 있다.

이러한 국가의 주권의 상호존중은 국가간의 우호관계를 촉진하는 기능을 수행하며, 국제관계의 기초이자 국제법의 초석이 되는 것이다. 그런데 근대국제법하에서는 國家主權은 실정국제법에 우월하는 궁극의 권력(*summa potesias*)으로 간주되었다. 근대국가의 국내사회에 있어서의 국권의 최고성을 그대로 국제관계에 유추하여 국제법상의 주권도 자연법에 입각한 국가의 '固有의 權利'(inherent right)로서 역시 최고성을 갖는 것이라고 보았다. 더 나아가 19세기 독일에 있어서 헤겔(Hegel)의 영향하에 있던 학자들에 의하여 절대주권이 제창되고, 국제법은 국가의 의사에 입각한 것이므로 마찬가지로 국가의 의사에 의하여 국제법을 변경할 수 있다고 주장하였다. 국가주권의 개념은 필경 自救, 自己保存(self-preservation), 國家理性(Staatraison)이라는 이름으로 국가가 실정국제법상의 의무를 면하기 위한 사유로서 원용되는 일이 많았다.

그러나 20세기에 들어와서 국제법은 이러한 독단론을 배격하고 주권을 실정국제법상의 국가의 권능으로서 주권의 내용과 기능을 재구성하게 되었다. 그것은 특정의 이념에 기초를 둔 超法規的인 기본권으로부터 오늘날에는 실정국제법에 입각한 권능으로 전화되었음을 뜻한다. 예를 들면 국가가 주권의 행사를 제한하는 일정한 조약을 체결할지라도 그것은 주권의 포기가 아니며 주권과 모순되는 것은 아니다(국제조약을 체결할 권리는 국가주권의 한 속성이다. S.S. Wimbledon Case에 있어서의 PCIJ의 판결). 국가는 다만 국제법의 구속을 받을지라도 자기의사에 반하여 국제법의 구속을 받지 않으며, 일단 정립된 국제법의 구속에 복종하기는 하나 그 정립에는 타국의 간섭 없이 독자의 의사로 참가하는 것에 주권의 진정한 의미가 있다.

주권의 한 속성으로서의 전쟁은 기존의 조약질서를 타파하는 한에서는 국제법 내의 권리라고 하기보다 오히려 국제법을 초월한 것이라고 할 수 있다.

1) 舊社會主義國家에 있어서의 主權槪念 제 2 차세계대전 후 자본주의의 모순으로 인하여 다수의 사회주의국가가, 그리고 식민지제도의 붕괴에 이어 다수의 후진독립국이 아시아·아프리카 지역에 탄생하였다. 전자는 국제정치상의 소수자로서 또 후자는 나약한 정치적 독립을 수호하

고 경제적 후진성을 극복하기 위하여 다같이 외국의 간섭의 배제와 자기 주장을 목적으로 특정의 自然法觀에 입각한 국가주권의 우월성을 강조하였다. 예를 들면 과거 소련은 그 성립초기에는 국제법이란 부르주아 국가의 산물로서 국제적 폭력의 기술에 지나지 않는다고 혹평하면서(예, Pashukanis) 기존의 國際法을 부인하였고, 또 자연히 자본주의 국가의 포위망 속에 있다고 자인하던 소련은 적대국가에 대항하는 법적 수단으로서 주권개념을 이용하였다. 소련은 국제법에 대해서도 마르크스·레닌주의에 입각한 계급이론을 적용하여 國家主權이란 생산수단을 독점한 각국의 지배계급의 의사에 의하여 규정되는 것인 이상 경제의 발전단계를 달리한 자본주의 국가와의 사이에 공통된 일반 국제법은 없다고 주장하였다(당시 소련은 정부승계, 외국인자산의 보상기준 등 국제관습법상의 의무를 거부하였다). 이와 같이 Korovin, Pashukanis, Vishinsky 등을 거쳐 소련의 국제법이론은 변천을 거듭해 오다가 1955년 이후 平和共存理論의 고양과 더불어 '하나의 國際法'이 제창되었다. 이 시기의 소련의 대표적 학자인 Tunkin은 이른바 合意理論을 주장하여 각국간의 합의에 국제법의 기초를 두고, 그 합의에 각각의 토대가 작용한다는 설명을 부여함으로써 主權國家 상호간의 평등한 합의에 입각한 일반 국제법의 정립에 협력하게 되었다. 주권평등과 내정불간섭을 중심으로 한 일반국제법의 구성을 지향하는 일면이 있는 것은 확실하다. 이러한 平和共存論은 새로운 일반조약의 작성에 의하여 사회주의 혁명을 평화적 수단으로 달성할 수 있으며 궁극적으로 사회주의 국가의 국가이익을 확보할 수 있다는 자신감을 표명한 것이었으나 서구 국제법 학자들은 이 이론의 법적 성격을 인정하려 하지 않았다. 그러나 1980년 후반 사회주의권의 몰락에 따라 사회주의 국가의 독자적 주장은 사실상 사라지게 되었다.

2) 開發途上國과 經濟的 主權 개발도상국은 당면의 목표인 정치적 독립을 달성하였으나 경제의 절대적 불평등 내지 격차로 인하여 정치적 독립만으로는 진정한 독립이라고 할 수 없으며, 진정한 독립을 위해서는 經濟的 獨立(經濟的主權)이 불가결하다는 것을 깨닫게 되었다. 그들은 정치적으로는 독립하였지만 식민지시대에 주요한 지하자원이나 생산물을 본국(또는 본국의 기업)에 의하여 수탈당했을 뿐만 아니라 그 식민지 경제기구의 일환으

로 편입되었기 때문에 이러한 영향으로부터 완전한 경제적 자립을 달성하기란 용이한 일이 아니었다.

傳統國際法下에서는 國家主權이란 정치적 독립을 의미한 데 불과하고 경제적 독립을 문제로 하는 일은 없었다. 그러나 오늘날의 주권 개념은 경제적 주권을 포함하는 것이어야 된다는 생각에서 개도국은 UN에서 경제적 독립을 위한 주장을 되풀이하여 '天然資源에 대한 永久主權'의 決議(1803 [XVII])를 채택하게 하였다(1962. 12. 14 제17차 총회). 개도국이 경제적 독립 또는 경제적 주권을 주장하는 경우 항상 중핵적 개념으로서 기능해 온 것이 바로 이 결의이다. 각 식민지국내의 주권적 국내문제였던 식민지문제가 국제문제로 취급되어 독립이 달성되었다고는 하나 그것은 신생국가의 남북문제라는 거창한 현대적 국제문제로 이행되고 있는 가운데 천연자원에 대한 주권 등의 경제적 주권이 보장되지 않는다면 신생개도국은 또다시 선진대국에 의한 경제적·정치적 從屬關係(新植民主義)로 전락하고 말 것이며, 그렇게 되는 경우 民族自決權과 같은 제도는 다시금 활성화된 법으로서의 기능을 요구받게 될 것이다.

1966년의 國際人權規約도 같은 규정을 두고 있는데, 이러한 결의와 규약은 국가의 권리로서가 아니라 국가의 실체를 담당하는 자로서의 '人民'에게 永久主權이나 경제적 자결권을 인정하고 있다. 위와 같은 천연자원에 대한 영구주권의 결의는 UN총회에서 여러 번 채택되었고, 나아가 1972년의 비동맹제국의 외상회의 조지타운 행동선언에 이어 1973년의 알제리 경제선언은 천연자원에 대한 영구주권뿐만 아니라 경제활동에 대해서도 영구주권을 주장하게 되었는데, 여기에는 외국투자와 다국적기업에 대한 규제도 포함되고 있다.

그 후 1973년 12월 17일 제28차 UN총회에서 채택된 '天然資源에 대한 永久主權'의 決議(3171 [XXVIII])는 "국가간의 경계의 內側의 陸地, 自國의 관할권내의 해저와 그 지하 및 상부수역에 있는 모든 천연자원에 대한 영구주권에의 국가의 不可讓의 권리를 강력히 재확인"함과 동시에 "천연자원을 확보하기 위한 주권의 표현으로서 국가에 의한 국유화의 원칙의 적용에는 각국이 가능한 보상액 및 지불방법을 결정할 권한을 가지며 또한 그로부터 발생하는 분쟁은 이러한 조치를 취하는 각국의 국내입법에 따라 해결되어야 한다는 의미를 포함하는 것을 확인한다"고 하였다. 그리고 1974년 5월 1일 UN 자원총회가 채택한 '新國際經濟秩序(NIEO)樹立宣言(결의 3201 [SVI])'과 같은 해 12월 12일 제29차 UN 총회가 채택한 '國家의 經濟的 權利義務憲章'(결의 3201 [XXIX])도 천연자원에 대한 영구주권에 관한 위의 UN 決議들을 확대·강화하는 방향으로 나아갔다.

그러나 위와 같은 일련의 결의는 권고적 효력을 가질 뿐, 즉시 법적 구속력을 갖는 것은 아니다. 그러나 일찍이 로마법왕, 신성로마황제의 권력으로부터 이탈하여 국내의 봉건제후의 권력을 배제하고 근대국가를 형성할 때에도, 또 다른 절대주의국가에 의한 內政干涉을 배제하여 國民國家를 수립할 때에도 억압자에 대항하여 싸운 것은 바로 이 왕권의 개념이었다. 오늘날 제국주의적 식민지지배의 桎梏으로부터 간신히 탈각한 개발도상국이 새로운 국제독점자본이나 강대국에 의한 경제진출을 신식민지주의로 간주하고 국가주권을 이에 대한 대항수단으로 활용하는 것은 당연하다. 이러한 경향은 현재 국제사회의 발전방향을 시사하는 것으로서 법적 구속력 이상의 의의가 있다.

3) **國際法과 主權** 최고·독립의 권력을 의미하는 것으로서의 주권은 오늘날 적어도 서구의 국제법학자에 의해서는 과거와 같은 의의를 상실하였다. 주권에 관한 낡은 도그마와 고유의 권리는 배척되고 있는 것이다(공산주의국가와 신생독립국가의 태도와는 대조적). 주권은 국제법 하에 서는 것이며, 일단 조약을 체결한 이상 자기의 의사만으로 그 구속으로부터 이탈할 수 없다. 또 그것은 국제관습법에 의하여 제한·규제된다.

> 그러나 Akehurst에 의하면 실제에 있어서 20세기 국가관행의 과학적 검토는 그러한 도그마가 이론가가 주장하는 절반 정도도 국가에 의하여 심각하게 인정되고 있지 않다는 사실을 명백히 하였다(Akehurst 16).

사실 '條約法에 관한 비엔나條約'(1969. 5. 22 채택)은 "효력을 갖는 모든 제약은 당사국을 구속하며, 당사국은 이 조약들을 성실하게 이행하지 않으면 안된다"(제26조), "당사국은 조약의 불이행을 정당화하는 근거로서 자국의 국내법을 원용할 수 없다"(제27조)고 규정하고 있다. 더 나아가서 이 조약은 "체결시에 일반 국제법의 強行規範(*jus cogens*)에 저촉하는 조약은 무효이다"(제53조), "일반 국제법의 새로운 강행규범이 성립된 경우에는 그 강행규범에 저촉되는 기존의 조약은 효력을 상실하고 종료된다"(제64조)라고 규정하여 국가의 의사를 초월한 강행법규의 존재를 인정하였다. 특히 제 2 차대전 이후에는 인권의 존중이 국제적 관심사가 되어(국제법위원회에서는 *jus cogens*의 심의과정에서 인권의 존중이 민족자결권과 함께 이 강행규범에 해당된다고 하였다) 국가주권의 당연한 속성으로 생각되었던 개인의 문제가 종래와 같은 '國內問題'나 또는 '不干涉의 義務'의 대상이라고는 할 수 없게 되었다. 그것은 第一義的으로는 각국의 국내법질서에 있어서의 문제이지만 현대에 있어서는 국제법상의 문제가 된 것이다.

원래 주권은 국제법과 모순되는 개념이 아니며, 국제법을 초월하는 절대성을 가진 것이라고 생각한 것은 잘못이다. 동시에 법적 의의를 가진 주권개념을 부정하는 것도 權力主體인 국가의 병존관계로 형성된 국제사회의 현실에 맞지 않는 생각이다. 주권의 본래의 의미에는 국가가 국제법의 객관적 구속을 배제한다는 뜻은 포함되어 있지 않으며, 외부의 어떠한 권력에도 종속되지 않으나 국제법에는 복종한다는 것이다. 비엔나학파의 이른바 '國際法直接性'은 이러한 뜻이다. 이와 같은 상대적 내지 제한적 주권관은 현대 국제법의 통설이 되고 있다.

4) **國際組織과 國家主權 및 主權의 制限과 喪失** 원칙적으로 조약상의 의무는 주권 자체를 침해하는 것이 아니다(전술). 그러나 조약의무의 내용에 따라서는 주권침해가 될 수도 있다. 예를 들면 보호조약의 체결에 의하여 국가의 외교관계의 결정권을 타국에 위임하는 경우 그 국가는 對外主權을 상실하여 독립국으로서의 자격도 상실되는 것이다(을사보호조약에 있어서의 대한제국의 경우. 한일합병조약의 경우는 더 말할 것도 없다). 문제는 주권의 정의상 국가가 다른 권력주체에 종속되는 것인가 아닌가, 즉 정치적 사항(Hans Morgenthau에 의하면 헌법수정, 선전포고, 講和, 병력의 구성과 양의 배치, 정부의 구성, 재정정책 등이다)에 관계되는 것인가의 여부이다.

국가가 국제재판의 판결에 복종하는 것은 국가의 주권과 모순되는가? 첫째, 분쟁을 재판에 부탁하는 것은 분쟁당사국간의 합의에 의하는 것이며, 국내재판과 같이 강제관할권을 갖고 행하는 것과는 근본적으로 다르다. 둘째, 국제재판은 새로운 국제법의 정립이 아니라 이미 국가간에 합의된 기존의 국제법의 적용에 지나지 않는다. 따라서 國際判決에 복종하는 것은 자기의 의사에 의하지 않고 타자의 의사에 복종하는 것이 되지 않으며 주권의 의미에 반하는 것이 아니다.

국제재판소는 현행법의 인정을 임무로 하는 것이며, 국가의 상위에 위치한 權力主體라고 볼 수 없다. ICJ에 대한 불신의 이유는 재판의 준칙으로서의 일부 전통법규에 대한 불신과 재판관 구성에 대한 불만이지 재판 자체가 主權侵害라는 의론은 오늘날 존재하지 않는다. 오늘날에 있어서 主權制限의 현상을 볼 수 있는 경우는 특히 정치적 사항을 임무로 하는 국제조직의 다수결에 의한 구속력있는 결정에 복종하기로 약속한 경우이다. 우선 UN에 있어서 국가주권은 어떠한 제한을 받는가?

UN은 가맹국의 주권평등을 기초로 조직된 국제조직이다(UN헌장 제 2 조 1항). 그러나 UN 헌장은 이에 대한 예외규정을 두고 있는데, 특히 주목되는 점은 UN의 모든 기관에서 다수결의 원리가 도입되고 있는 것이다(국제연맹에 있어서는 전원일치제). 이 경우 다수결에 의한 결의는 내부사항을 제외하고 일반적으로는 권고적 효력만을 갖는 것이므로 각국의 주권은 최종적으로 유보되고 있다. 그러나 여기서 주목되는 것은 UN에 있어서 안전보장이사회와 가맹국과의 관계이다. 안전보장이사회의 일정한 결정(UN헌장 제25조(침략행위의 인정이나 이에 대한 강제조치의 결정).)은 가맹국에 대하여 구속력을 갖는다. 이 결정은 다수결로 이루어지는데, 常任理事國은 拒否權을 가지므로 국가주권을 관철할 수 있으나 기타의 가맹국은 그 결정이 자신의 의사에 반할지라도 그것을 수락하고 이행할 의무를 진다. 따라서 가맹국은 그러한 한에서 주권의 제한을 받는다. 국제사회의 조직화에 따른 전통적 국제법구조의 수정현상인 것이다. 이러한 현상은 UN 헌장의 개정의 경우에도 볼 수 있다. 개정의 경우 상임이사국의 찬성을 조건으로 하나 그 이외의 국가는 비록 개정에 반대할지라도 이에 구속된다(UN헌장 제108조 · 제109조. 단 이 개정에 반대한 국가가 UN을 탈퇴할 수는 있다).

여하간 이러한 국가주권의 제한은 보통 국제조직에서 볼 수 있는 현상이고 다른 국가에 의한 제한은 아니다. UN의 기능 전체에서 본다면 극히 한정된 국면에 지나지 않는다. 기타의 국면에서는 일반적으로 주권은 유보되어 있고, 가맹국 상호간에는 主權尊重이 원칙으로 되어 있다.

제 1 차대전 후 국제연맹의 설립과 더불어 국제사회의 조직화를 저해하는 요인으로서 주권을 부정하거나 또는 이것을 단순한 권한(competence)으로 전화시키는 학설(Wien 학파)이 생겨났다. 그러나 국제사회의 조직화의 현단계에서는 상대적 의미의 주권개념은 아직 중요한 자리를 차지하고 있다고 보아야 한다.

3. 獨 立 權

獨立이라고 하는 것은 국제법상의 국가의 요건으로서 국가가 국제법 이외의 어떠한 권위에도 종속하지 않는 것을 말한다(조약 기타의 국제적 약속에 입각한 국가의 자유의 제한은 합병 등과 같은 타국에의 종속관계와는 달리 독립을 상실하지 않는다). 이것은 國家主權의 대외적 경향인데, 국가가 경제·정치·재정 기타 일체의 사항에 관하여 단독의 결정권을 갖는 독자적 국가로서 현재의 국경내에 존속하는 것을 말하며, 국가는 일반적으로 이러한 권리, 즉 독립권은 갖는다(국가는 어떠한 타국의 명령도 받지 않고 자국의 통치형태의 선택을 포함한 모든 법적 권력을 자유로이 행사할 권리를 갖는다. UN 국제법위원회가 1949년 12월 6일 총회에 제출한 '국가의 권리와 의무에 관한 선언' 초안도 같은 취지에 의한 것이다). 국가의 주권적 의사가 타국의 의사에 종속되거나 대체되는 경우에는 독립의 移讓·抛棄가 된다. 한편 어느 국가가 무력을 행사하여 타국의 독립을 위협하는 경우에는 被侵國家는 자국의 독립권을 수호하기 위하여(독립권의 유지와 회복을 포함) 自衛權을 행사할 수 있다(UN 헌장 제51조). 위와 같은 정치적 독립은 실정적으로 UN 헌장에 의하여 보장되고 있다(제 2 조 4 항).

4. 平 等 權

국제사회에 있어서의 모든 국가는 실질적인 차이에도 불구하고 같은 국제법상의 인격자로서 병렬적으로 존재한다는 사실에 의하여 법적으로 평등하다고 인정되어 왔다. 이러한 의미에서 모든 국가는 主權平等을 향유한다. 경제·사회·정치 기타의 면에서 차이가 있을지라도 동등한 권리·의무를 가지며 국제사회의 동등한 구성원이 된다(국가간의 우호관계 및 협력에 관한 국제법원칙의 특별위원회가 1966년 4월

22일 채용한 '국가의 평등에 관한 권고안' 제 1 조; 국가의 권리 · 의무에 관한 몬테비데오 선언안 제 5 조). 이러한 국가의 평등권은 역시 근대 국제법의 하나의 지주로 인정되며, UN 헌장도 실정적으로 이 원칙을 채용하고 있다(전문 제 1 조 2항, 제 2 조 1항).

그런데 國家의 平等權에는 대략 다음 세 가지 국면이 있다.

(1) 첫째, '法 앞에 있어서의 平等'(equality before law), 즉 국제법의 적용에 있어서의 평등이다. 다시 말하면 어떠한 국가도 같은 국제법상의 권리를 주장하고 의무의 이행을 요구할 수 있는 것이다. 국제법은 국가의 대소, 강약 기타에 관계 없이 평등하게 적용되지 않으면 안된다고 하는 것이다. 국내법상 '법 앞에 있어서의 평등'이라는 원칙이 기본적 인권의 하나로서 어느 국가에서도 인정되고 있는 것과 같다. 이와 같은 국제법의 평등적용은 약소국의 권리가 무시되기 쉬운 국제사회의 안정을 위하여 지극히 필요한 것이다. 이것이 부인된다면 그 다음에 오는 것은 世界帝國이거나 그렇지 않으면 세계의 혼란뿐이라고 생각된다.

(2) 둘째, '法 안에 있어서의 平等'(equality in law)을 의미하는 경우가 있다. 이러한 의미의 평등권은 국제법의 적용의 형식적 평등이 아니라 더 나아가서 정립된 법내용에 있어서 권리 · 의무관계가 실질적으로 평등하다고 하는 것이다. 이러한 입장에서는 국가영역의 일부에 대한 외국의 統治權이나 國際地域의 설정을 인정한 조약 등은 국가의 평등권에 반하는 조약이라고 할 수 있다. 그러나 모든 국가가 모든 점에 있어서 동일한 권리 · 의무를 가져야 한다는 의미의 국가의 실질적 평등권은 자연법적 가치는 별 문제로 하고, 실정국제법상의 원칙으로서는 지금까지 지켜진 일이 없다.

이와 같은 不平等條約(特別國際法)이 발생하는 최대의 원인은 전통국제법이 '협박이나 강제에 의한 조약'의 효력을 인정해 온 까닭이다. 국내법상 강제에 의하여 체결된 계약이나 強行法規(*jus cogens*)에 저촉된 계약은 무효인데 대하여 국가간의 힘의 사용을 통제하지 못하는 국제사회에서는 어떠한 強制(최종적으로는 전쟁)에 의할지라도 형식적으로 자유로운 합의의 형태가 취해지는 한 제약은 유효하게 성립된다. 그리고 일단 조약이 성립된 이상 '조약은 준수되어야 한다'(*pacta sunt servanda*)라는 원칙에 의하여 체약국을 구속한다.

이리하여 전통국제법에서는 제도적으로 국가간의 세력관계가 조약의 내용에 강력히 반영될 수 있게 되었으며, 이것이 서구열강의 A·A 제국에 대한 식민지적 지배의 큰 법적 지주를 이루고 있었다. 오늘날 A·A 제국이 과거의 不平等條約이나 강제에 의한 조약의 무효를 주장하는 데는 충분한 이유가 있는 것이다.

(3) 셋째, 국가가 자기를 구속하는 국제법의 정립에 평등한 자격으로 참가할 수 있으며 동시에 자기가 그 정립에 참가하지 않는 국제법규의 구속을 받지 않는다는 의미로 사용된다. 전자의 구체적 내용은 (a) 외교교섭이나 국제회의에 있어서 평등한 參加權·發言權·投票權을 갖는 것, (b) "대등한 자는 대등한 자에 대하여 支配權을 갖지 않는다"(*par in parem non habet imperium*)라는 원칙에 의하여 어느 국가도 타국에 대하여 裁判管轄權을 주장하지 못하는 것(이른바 sovereign immunity의 문제), (c) 어느 국가도 타국이 그 관할권에 속한 사항에 관하여 행한 공적 행위에 대하여 원칙적으로 그 효력을 부인할 수 없는 것이다(이른바 act of state의 문제).

후자의 경우는 국가가 국제법의 정립에 있어서 타국과 평등하게 참가하지 않으면 국제법의 구속을 받지 않는다는 뜻이다. 이러한 의미의 평등권은 자기가 참가하지 않은 국제법의 구속을 받지 않는다는 주권의 문제에 귀착되는데, 국가는 이러한 지위에 있어서 원칙적으로 평등하다고 보는 것이다.

1) **國家平等權의 轉換**(國際組織과 國家平等權) 국제법의 창시자들이 계몽기의 自然法思想에 입각하여 인간의 자연적 평등이라는 아날로지로써 국가평등의 개념을 도출하였을 때 위의 세 가지 국면을 예정조화적으로 결부시켜 생각하였던 것이다. 그러나 그 결과로서 형성된 법내용에 있어서의 불평등에는 관심을 갖지 않았다(예를 들어 보호관계, 영사재판제도, 國際地役, 租借地 등). 따라서 형식적 평등의 용인은 실질적 불평등의 용인으로 통하게 되었다.

그런데 19세기 후반 이후의 국제사회의 조직화와 더불어 국가의 평등권은 커다란 전환과 변혁을 경험하고 있다. 형식적 평등의 단순한 적응을 가지고는 국제조직의 유효한 운영은 불가능하기 때문에 형식적 평등은 실질적 평등으로 발전적 전환을 하지 않을 수 없게 되었다. 종래 國家平等權의 결과 국제회의에서 모든 관계국가가 평등한 입장에서 대표를 파견하고 투표에 참가하며(1국 1표) 전원일치로써 결의가 성립하였다. 그러나 국제연맹에 이르러 총회 이외에 이사회가 구성되어 大國만이 상임이사국으로 될 수 있었다. 여기에 대표참가의 평등권이 파괴되었다. UN의 안전보장이사회에 있어서는 대국의 常任制와 拒否權이 인정되고 있는데, 이러한 5대국의 二重特權은 대표의 평등을 파괴한 것이다. 뿐만 아니라 안전보장이사회의 결의가 일정한 경우에 가맹국을 구속하는 법적 효과를 가진 점에서 투표의 평등까지도 파괴되었다. 일부의 유력한 가맹국에게 보다 큰 지위를 표결절차상으로 부여하는 이른바 加重投票制度(weighted voting system)(국가에 따라 투표권의 수를 달리한 것과 거부권과 같이 표결권의 법적 가치에 질적인 차이를 두는 것의 두 가지가 있다)는 이와 같이 투표의 평등을 파괴하는 것이다. 그러나 국가의 기능적 평등이라는 관념하에 정당화되는 이러한 불평등은 국제법상의 일반원칙이 아니고 국제조직의 헌장에 기초를 둔 개별적인 현상이다.

안전보장이사회의 常任理事國에게 이러한 二重特權을 부여한 이유는 이사회가 국제평화와 안전의 유지에 주요한 책임이 있으며(UN 헌장 제24조), 그 가장 중요한 기능인 強制措置(특히 軍事的 強制措置)를 취할 경우 결국 병력의 제공은 대국의 부담에 의존하게 될 것이므로 그 대국의 책임과 부담에 대응하는 권리로서 거부권을 부여하는 것이라고 한다. 또한 대국의 반대를 무시하고 강제조치를 취하는 경우 대규모의 전쟁의 가능성이 예상되므로 그러한 사태를 회피하기 위해서도 대국의 일치가 필요하다는 것이다. 이유야 여하간에 기능적 요청에 따라 UN에 있어서 불평등관계가 나타나고 있다(機能的 平等).

특히 非政治的 國際組織(行政的·經濟的·技術的 性質의 國際組織)에 있어서는 일찍부터 불평등한 대표권과 투표권이 인정되어 왔다. 일례를 들면 國際農業機構(International Institute of Agriculture)에서는 회원자격을 5계급으로 나누어 제 1 계급의 회원국은 5개의 투표권을 가지며 제 5 계급의 회원국은 1개의 투표권을 갖는다.

IMF(국제통화기금)와 IBRD(국제부흥개발은행)에 있어서는 출자액에 따라 대표·투표의 양면에서 불평등관계가 형성되고 있는데, 각각 당해 기관의 운영상 자금원은 중요한 의미를 갖는 것이어서 그 기능적 요청으로 인하여 불평등관계가 생긴 것이다(유럽연합(EU)에 있어서는 인구나 생산고를 기준으로 하여 비례대표제로써 구성된 기관이 결정권을 대리하는 상대적 평등제).

위와 같은 機能的 平等은 국제법상의 일반적 개념은 아니다. 독립주권국가로 구성된 현재의 국제사회의 기본구조 하에서 미래의 平等權의 존재이유는 인정되지 않으면 안된다. 그러나 국제평화의 확정 또는 인류복지의 실현을 위하여 조직이 유효적절하게 기능하도록 어느 정도 형식적 평등이 제한되고 실질적 평등이 추구된다는 것은 평등권의 소극적 제한 내지 부정이 아니라 그 적극적 전개라는 의미도 있는 것이다.

국가의 주권과 평등권은 밀접한 관계가 있는 개념이나 동시에 별개의 관념이다. 거부권을 포함한 多數決制度는 평등권의 제한을 뜻하지만 그 결의의 효력이 단순히 권고에 지나지 않을 경우에는 주권의 제한이라고는 할 수 없다. 또 단순한 다수결제도에는 평등권의 제한은 존재하지 않으나 그 결의가 구속력을 갖는 것인 경우에는 주권의 제한이 있다고 생각된다.

2) **新國際經濟秩序와 國家平等** 제 2 차대전 후의 舊植民地諸國은 UN 가맹국의 과반수를 차지한 개발도상국으로서 정치적으로 독립을 달성하였으나 경제적 자립에는 거리가 먼 빈곤한 나라들이다. 1960년의 '植民地獨立附與宣言'은 식민지의 '정치적' 독립을 선언한 것이나(식민지를 당장에 독립시킬 법적 의무를 과한 것은 아니다), 이것만으로는 진정한 독립이 되지 않는다는 견지에서 개발도상국들은 '경제적' 독립을 주장하고 나섰다.

이리하여 UN 총회는 처음으로 '천연자원에 대한 永久主權' 결의를 채택하였다(1962. 12. 14 결의 1803 XVII). 이 결의는 "천연의 부와 자원에 대한 永久的 主權에의 人民과 民族의 權利는 그들의 발전·복지를 위하여 사용되어야만 하며, 외국이 주민의 의사를 무시하여 이용하는 것은 허용되지 않으며, 이러한 권리의 침해는 UN 헌장의 정신·원칙에 반하며, 국제협력의 발전과 평화의 유지를 저해한다"라고 하는 새로운 사고방식을 내놓았다. 이 天然資源永久主權은 그 후 여러 차례 같은 이름의 決議(1966. 11. 25의 2151 XXI, 1970. 12. 11의 269 XXV, 1972. 12. 18의 3016 XXVII, 1973. 12. 17의 3171 XXVIII)와 '新國際經濟秩序樹立宣言'(1971. 5. 1의 資源特別總會決議 3201) 및 '신국제경제질서 수립에 관한 행동계획'(결의 3202), 그리고 '국가의 經濟的 權利義務憲章'

(1974. 12. 12 결의 3281)에 있어서 그 내용과 대상을 점차로 명확히 하고 확대시켜 나갔다.

UN은 위와 같은 상황에 대응하기 위하여 1964년 제 1 차 UN 무역개발회의(UNCTAD)를 개최하고 南北問題(자본주의제국 즉 북의 세계가 저개발국 즉 남의 세계에 대한 개발원조를 그 대외정책의 중심과제로 하는 문제)에 대한 적극적인 대응을 개시하였다. 이 제 1 차 UNCTAD에서 제시된 원칙들이 위의 신국제경제질서의 기점이 되었다.

여기에 있어서 국제평등의 문제는 남북문제와의 관련에서 새로운 전개를 보여주었다. 바야흐로 식민지 등의 非自治地域 기타의 개발도상국이 단순한 초과이윤의 추구를 위한 지배의 객체로 취급되는 것은 허용되지 않으며, 이러한 지역의 주민은 국제법의 주체로서 그 정치적 지위를 자유로이 결정하는 동시에 그 경제적·사회적·문화적 발전을 자유로이 대표할 권리를 갖는다는 것이 승인되기에 이르렀다. 여기에서는 국제사회가 國際共同體(international community)로 파악되며, 선진국(北)들은 개발도상국(南)과의 경제발전의 격차를 시정하는 의무를 지고 개발도상국은 선진제국과의 '實質的 平等'을 주장하는 권리가 인정되었다고 주장되었다.

실질적 평등을 달성하는 방법으로서 신국제경제질서 하에서는, 첫째 선진각국이 개발도상국측에 '特惠'를 공여하여 약자보호를 시도함으로써 실질적 평등의 확보를 제기하였다. 둘째, 주로 經濟憲章에 입각하여 국제경제의 의사결정과정에의 平等參加權을 주장하고 있다. 그것은 제 2 차대전 후의 국제경제관계에 결정적 역할을 한 Bretton Woods 체제(IMF와 IBRD)와 GATT(WTO) 체제가 선진국의 이익을 중심으로 한 것이고, 거기에 있어서의 의사결정도 加重代表制 내지 加重表決制에 의하여 소수의 선진국에 집중되고 있으므로 이러한 '機能的 平等'으로 평가되는 선진국의 우월적 지위를 재검토하여 이러한 선진국 주도의 국제경제체제를 시정함으로써 개발도상국도 적극적으로 국제경제의 의사결정과정에 참가하겠다는 것이었다. 여기에서는 '기능적' 평등이 '실질적' 평등에의 저해요인으로 파악되고 있는 점이 주목되었다.

新國際經濟秩序에 있어서의 실질적 평등의 문제가 안고 있는 난점은 첫째 국제사회를 國際共同體로 상정하는 바로 그 점이었다. 사실 오늘날의 국제사회는 전례 없이 상호의존적이고 이에 따라 상호연대적이다. 그러나 선진국측에 의무를 과하고 개발도상국측에 권리를 부여할 정도로 그 연대성이 강고한 것은 아니다. 國際共同體란 국제사회와는 차원을 달리하는 구성국 상호간의 연대성을 기초로 하는 것이며, 그 개별국가에 상위하는 의사의 주체가 존재한다는 전제가 있고, 이것이 실증되어야 한다. 현재의 국제사회가 국제공동체인 것이 실증되지 않는 한 신국제경제질서에서 부르짖는 실질적 평등의 근거도 깨지는 것이다.

위에서 보아 온 신국제경제질서의 수립에 관한 UN의 각종 決議는 권고적 성질의 것이고 법적 구속력은 없는 것이다. 현재의 국제사회가 국제공동체로까지 발전하는 날 국제조직의 '機能性'과 남북간의 '經濟的 格差의 是正'이라는 두 가지 상충되는 문제는 동일한 차원에서 취급될 수 있는 것이다. 이러한 의미에서 國家平等의 문제는 항상 국제사회의 발전단계에 대응하는 것이라고 할 수 있다.

5. 自 衛 權

전통적 국제법이론에 의하면 자위권은 국가의 가장 기본적인 일반국제법상의 권리이며, 조약규정에 관계 없이 당연히 인정되는 고유의 권리라고 한다. 이러한 자위권은 국내법상의 개념으로부터 유추된 것인데, 국내법상의 正當防衛와 緊急避難을 합성한 개념이다. 정당방위적 자위권은 급박·부정한 침해에 대하여 허용되는 반격행위인데 대하여, 긴급피난적 자위권은 상대방이 부정이 아니라도 관계 없고(긴급상태가 자연의 재해나 제3국의 불법행위에 의하여 야기된 경우 상대국에 아무런 책임도 없을지라도), 단순히 '急迫'한 침해이면 족하다. 어느 경우에도 가해행위와 반격행위 간에 비례성이 있어야 한다. 위의 요건을 충족한 경우에는 違法性이 조각된다는 것이다(전자의 예로서는 1837년의 Caroline호 사건, 후자의 예로서는 Denmark 함대인도사건을 든다).

오늘날에 있어서도 自衛權은 실정국제법상 국가의 '고유의 권리'로서 인정되고 있다(UN 헌장 제51조). 그러나 그것은 국가인 한 原始的으로(*ab initio*) 취득된 것으로서 국제관습법상 인정되고 있는 권리이지, 과거와 같은 자연법적 기본권 개념을 용인한 것은 아니다. 그 증거로서 이러한 권리의 취득에는 타국의 승인을 요하지 않으나(권리의 원시적 취득), 그 내용·요건·절차는 실정

국제법이 정하는 바에 따르고 있기 때문이다. 오늘날에 있어서 자위권은 침략에 대항하는 유효한 반격수단으로 빈번히 원용되고 있을지라도 超實定法的인 국가의 자연권으로 보는 것은 아닌 것이다.

개인이 자기의 생명을 노리는 刺客의 습격을 받았을 때 소위 正當防衛權을 행사할 수 있는 것과 같이 국가도 급박한 위해에 대하여 부득이한 한도 내에서 방위적 실력행위를 합법적으로 행사할 수 있다. 이것이 국가의 자위권(right of self-defense)이다. 한국사변에서 대한민국 정부가 취한 무력행동은 이러한 자위권의 행사이다(J. Stone, Legal Controls of International Conflict, 1954, 234. 단, 참전 UN 제국은 집단적 자위권을 행사하였다는 설과 전쟁을 행하였다는 설의 양자가 있다. 拙稿, 한국휴전협정의 제문제, 대한국제법학회논총 제 3 호 참조).

일반적으로 전쟁이 금지되지 않았던 전통 국제법 하에서는 분쟁해결이나 또는 국가정책수행을 위하여 국가는 항상 자위권의 이름으로 전쟁행위를 정당화하여 왔다. 이 시대의 자위권은 왕왕 自己保存權(自存權)(right of self-preservation)의 일부로 인정되었으나, 제 1 차세계대전 이후 특히 不戰條約(1928년)의 체결 이래 전쟁을 위법화하고 自衛權만을 합법으로 인정함에 이르러 자위권은 자기보존권의 개념으로부터 분리되었다. 역사적으로 자존권은 일찍이 바텔을 비롯한 다수의 국제법학자에 의하여 국가의 기본권 또는 절대권이라고 주장되었다. 그러나 국가가 그 존립을 유지하고 더 나아가 적극적으로 그 발전에 필요한 행위를 권리로서 행할 수 있다는 自存權의 사상은 그것이 타국의 권리를 침해하는 한 허용될 수 없다. 타국의 권리를 침해하지 않는 경우에는 권리이든 아니든 간에 국제법이 금하지 않는 국가의 자유에 속한다. 이리하여 일반적으로 자존권을 국가의 기본권이라고 보는 사상은 부정되고 그 대신 자존권에 포함되었던 자위권만이 인정됨에 이르렀다.

자위권의 존재와 기능이 실정국제법상의 기본권으로서 승인되기는 戰爭違法化의 현상이 나타난 제 1 차대전 이후, 엄밀히 말해서 UN 헌장의 제정 이후의 일이다. 자연법사상 하에서는 자위의 전쟁은 제재의 전쟁과 더불어 '正戰論'의 지주를 구성한 것이 사실이며 '전쟁의 권리'의 공인과 함께, 특히 '전쟁에 이르지 않는 정도의 武力行事'(평시봉쇄, 무력간섭, 군사적 시위 등)를 정당화하는 근거로서 이용되었다. 그러나 법실증주의의 대두는 無差別戰爭觀에의 길을 열어 놓았다. 즉, 근대 실정국제법 하에서는 모든 전쟁이 適法이라는 추정을 받으므로 특정의 무력행사에 '自衛'라는 이름을 붙여 이것을 적법화할 필연성은 없었다. 그 후 전쟁이 원칙적으로 부정되고 自力救濟가 원칙적으로 금지됨에 이르러 자위권은 국가의 기본권으로서 자기를 주장할 수 있게 된 것이다. 즉, UN 헌장은 한편으로 "모든 가맹국이 그 국제분쟁을 평화적 수단에 의하여 국가간의 평화와 안전 및 정의를 위태롭게 하지 않도록 해결하여야만 한다"고 하면서(제2조 3항), 다른 한편으로는 제51조에서 국가의 자위권을 '고유의 권리'로서 인정하고 있다. 이와 같이 자위권은 원래 '고유'의 권리라고 인정되는 까닭에 모든 전쟁을 금지한 1928년의 不戰條約에 있어서도 그 근저에는 자위권의 승인이 있었다고 하며, 역시 UN 헌장도 자위권의 행사로서의 무력사용은 허용하는 것이다.

19세기 당시의 慣習國際法에 의하면 자위권의 행사는 急迫性(침략의 위협이 절박하고 압도적이며 다른 선택의 수단도 없는 부득이한 경우)의 존재를 요건으로 하며, 이 요건을 충족하는 경우에 한하여 부당 또는 과잉이라는 비난을 면하게 되는 것이었다(1837년 Caroline호 사건에 있어서 1841년의 Webster 미국무장관의 對英通告). 이러한 입장에서는 급박한 위험을 미리 내다보고 하는 '先制的 自衛權'도 위의 요건을 갖추기만 하면 국제법상 허용되었다. 그러나 이 경우 급박성의 유무에 관한 판결은 제 1 차적으로는 당해 국가에 맡겨지지만 선제적(또는 예방적) 자위권을 원용한 군사행동이 실제로 침략적 또는 방어적 그 어느 것에 해당하는가는 궁극적으로 국제법에 입각한 심사와 판정에 복종하는 것이다(1941년의 Norway 침략이 聯合軍 上陸의 급박한 위협에 대항하기 위한 선제적 자위권의 행사였다고 하는 독일의 주장을 1946년의 Nürnberg 국제군사법정의 판결은 배척하였다).

1) **UN에 있어서의 自衛權** 국제사회의 조직화가 진행됨에 따라 자위권의 개념에도 현저한 진전을 보게 된다. 종래 자위권은 국가의 중요한 법익(독립, 영토 등)에 대한 침해가 있는 경우 이것을 배제하는 데 필요 내지 이에 상응한 한도 내에서 무력에 의한 반격을 허용하는 것이었다. 그후 자위권을 행사하는 국가(자위국)가 그 권리의 본질에서 유래하는 개별적 판단의 先行性도 위와 같이 국제사회에 의한 사후의 객관적 통제에 복종해야 한다는 법의식이 싹트기 시작하였다. 이렇게 발전된 自衛權 概念은 제 2 차대전 후 UN 헌장 제51조의 규정에 계수되고 중요한 國際裁判에서도 인증되었다(국제군사재판소 및 극동군사재판소의 판결).

UN 헌장은 자위권에 중대한 통제를 과하고 있다. 첫째, 자위권의 발동을 武力攻擊(armed attack)의 발생의 경우에 한정한 것이다. 즉, 헌장은 자위권의 존재를 적극적으로 명백히 함과 동시에 그 발동은 침해가 상대국의 무력공격에 의하여 야기된 경우에 한하는 것으로 하였다(여기서 무력공격이라고 하는 것은 육·해·공의 정규군에 의한 조직적 군사행동을 말한다. 1960년 U-2기 사건에 있어서 안전보장이사회에서의 미국의 주장. 또한 외국민간기의 영공침입도 무력공격이 아니다). 둘째, 자위권의 발동은 安全保障理事會가 국제평화와 안전의 유지에 필요한 조치를 취할 때까지만 인정된다. 즉, 그 발동의 시간적 한계에 대하여 통제가 가해진 것이다. 셋째, 자위권의 행사에 있어서 가맹국이 취한 조치는 즉시 안전보장이사회에 보고하도록 되어 있는데, 이것으로써 자위권의 행사로서 취해진 조치가 국제법상 적당한 것인가의 여부를 심사할 수 있게 되었으며, 자위권의 행사의 내용이 UN에 의한 통제를 받게 된다. 따라서 이 규정은 自衛行動이 필요한 한도를 넘어서 행사되는 것을 방지하려는 목적을 가진 것이라고 해석된다.

위와 같은 UN에 의한 자위권의 통제는 자위권의 명목으로 침략행위가 자행되어 온 국제사회의 현실에 비추어 대단히 중요한 발전임에는 틀림없다. 그러나 여기에는 다음과 같은 문제점이 있다. 첫째, 자위권을 통제하는 중추적 기관으로서 안전보장이사회에 있어서 常任理事國은 거부권을 가지므로 어느 하나의 상임이사국 또는 그것이 후견하는 국가가 자위권이라는 명목으로 불법적인 무력행사를 하는 경우 이것에 대한 통제는 사실상 불가능하게 된다. 둘째, 어떤 법체계에 있어서도 자위권과 같은 自力救濟를 금지하려면 그 사회의 공적 기관에 의하여 위법자에 제재를 가하는 동시에 피해자의 권리를 구제하는 제도가 확립되어 있어야만 한다. 그러나 오늘날의 국제법에 있어서는 이러한 제도의 실현의 체제가 확립되어 있지 않다. 셋째, '武力攻擊'이 발생한 경우에 한하여 자위권을 발동할 수 있다고 규정한 헌장 제51조는 원자탄 기타의 핵무기의 사용이 예상되는 現代戰에는 적합하지 않다. 그러므로 현대전의 조건에 적합한 무력공격의 정의를 새로이 내릴 필요가 있다(1946년 7월 12일 원자탄통제안에 관한 미국의 각서 제 3 호). 그러나 이러한 재정의는 아직 내려지지 않고 있다.

2) '武力攻擊이 발생한 경우'의 意味 自衛權의 발동요건인 '무력공격이 발생한 경우'란 무엇을 의미하는가. 이 점에 관한 학설에는 많은 異

論이 있다.

첫째, 자위권은 被害法益의 現在性을 요인으로 한다는 설이다. 이러한 의미에서는 先制的 · 豫防的 自衛權은 금지된다(Brownlie, 275). 그 논거로서 UN의 집단안보는 개별적 강력을 일반적으로 금지하고, 유일한 예외라고 할 수 있는 자위에 관해서도 객관적 통제를 행하려고 하는 고도의 집권적 체제이므로 무력공격의 '위협'의 단계에서는 분쟁의 평화적 처리수단(즉 直接交涉, 仲裁, 調停, 裁判 등)의 채택에 의하여 그 제거에 노력해야 한다는 것, 또 상대국의 공격의사를 상정함으로써 선제적으로 무력을 행사한다는 것은 예방전쟁을 긍정하는 결과가 된다는 것이다.

둘째의 설은 UN 헌장 제51조는 무력공격이 발생한 경우의 자위권의 법적 지위를 명확히 한 것에 불과하고 국제관습법상의 先制的 自衛權을 당연히 부인 또는 제한한 것이 아니라고 한다. 따라서 또한 무력공격을 수반하지 않는 침해에 대해서도 국가의 본질적인 특정권리를 방위하기 위한 反擊措置는 허용된다(UN 헌장 제 2 조 4 항의 금지에도 저촉되지 않는다)고 하는 반론도 있다(Bowett, 188-192).

이 先制的 自衛權을 지지하는 학설 중에도 몇 가지 논거가 있다. 하나는 무력의 선제적 사용이 침략에 해당된다는 추정을 번복할 만한 관계사항이 있는 한('침략의 정의' 제 2 조에 입각한 안보이사회의 인정을 조건으로) 선제적 자위권도 UN 헌장상 허용된다. 또 하나의 논거는 침략자의 第一擊(武力攻擊)에 의한 손해의 현실적 발생이 있어야만 비로소 피해자의 반격이 허용된다고 한다면 現代武器體系의 경이적 발달을 고려할 때 제 2 차 반격의 유효성은 기대할 수 없다. 선제적 자위권이 UN 헌장상 당연히 금지되는 경우, 특히 핵무기에 의한 공격은 침략국에 유리한 결과를 가져온다는 것이다.

셋째, 무력공격만이 자위권 발동의 형식적 요건은 아니고 간접침략이나 경제적 침략에 대해서도 자위권을 행사할 수 있다는 소수설이 있다. 또한 제 3 세계 국가들은 외국의 식민지 지배를 일종의 침략(무력공격)으로 보고 이에 대항하기 위한 민족해방전쟁을 자위권에 해당한다고 주장한다(서방제국은 이에 반대).

결국 자위권의 요건으로서의 가해행위는 무력공격에 한정되며, '무력공격'의 '발생'이라고 하는 것은 자위행위의 시점에 있어서 무력공격이 구체적으로 착수되고 진행되어 무력공격에 의한 법익침해가 절박한 경우이고(진주만폭격의 명령이 발령되었을 때 바로 무력공격이 존재하였다), 무력공격의 완성 내지 피해법익의 현재성을 의미하는 것은 아니라고 보아야 한다. 豫防的 · 先制的 武力使用은 적어도 UN 체제하의 현대 국제법상의 자위권으로는 인정되지 않는다(1981년 Iraq의 원자로가 원폭개발 준비중이라는 소문이 있어 Israel은 자위를 이유로 하여 이것을 폭격하였다. UN 안보이사회는 이것을 위법적인 선제적 자위라고 하여 Israel에 대한 비난결의를 채택하였다).

3) **侵害法益의 問題**　자위권에 의하여 상대방의 무력행사로부터 보호할 수 있는 법익의 범위는 어디까지인가? 어떤 학설에 의하면 국가의 법익 일반을 포괄적으로 保護法益의 범위로 한다. 그러나 이에 대립하는 학설에 의하면 자위권의 발동으로써 방위할 수 있는 법익의 내용은 국제평화의 관점에서 불가결한 한 국가의 기본적 법익, 즉 국가의 영토보전 및 정치적 독립에 한정된다. 구체적으로는 영역 · 공해상의 군함 · 군용항공기 · 在外軍事基地에 대한 무력침공 등이다. 在外公館에 대한 무력침공도 포함된다는 입장도 있으나(Tehran 미국공관 인질사건에 있어서의 미국의 주장, ICJ Reports 1980, 17-18, 43) 이것은 부당한 견해이다(공관의 불가침권의 근거로서 치외법권설을 취할 수 없기 때문). 在外國民의 생명 · 재산 및 재외경제적 이익에 대한 침해도 그 자체만으로는 자위권의 원용 사유가 되지 않는다고 해석된다. 우발적인 국경충돌사건에 있어서 국가의사가 개재되지 않는 경우, 해협에 있어서의 通過通航權이나 공해에 있어서의 어업권의 침해와 같은 사례에서 보듯이 무력행사의 목적이 명백히 한정적인 경우에는 거기에 침략의 존재를 인정할 수 없고 자위권에 입각한 무력행사도 용인되지 않는다. 그러나 개별적으로는 한정적 무력행사의 외관을 띠는 사건이 실체적으로는 타국의 영토 · 독립의 침해를 의도하는 침략행동의 일환으로 판정된다면 자위권 발동의 요건은 충족되는 것이다.

자국민 보호를 위한 자위권도 존재하는가?

강대국에 의하여 종래 주장되어 왔고 국제적 실행도 있으나 대체로 자위권 남용의 경우가 많다. 재외국민에 대한 가해가 본국의 자위권 행사를 정당화하는 경우는 극단의 예외적 경우, 예를 들면 폭도의 자국민에 대한 가해를 영토국 정부가 방치 · 허용 · 가담하는 경우이다. 1976년 Entebbe 공항사건에서 Israel이 자위의 명목으로 공항을 급습하여 자국민 구출을 시도하였는데, 여기에서는 Uganda 정부가 항공기납치범을 용인하였는지 또는 이에 가담하였는지의 여부가 문제되었다.

在Tehran 미국외교 · 영사사건에 있어서 미국은 자국민구출을 위한 '自衛

의 고유의 권리'를 행사하였다고 주장하였다. ICJ는 본건 변론이 종료되고 판결의 작성 중 그 구출활동이 실행된 것은 국제관계에 있어서의 사법절차의 존중을 손상하는 것이라고 주의를 환기시켰다. 그러나 구출활동이 UN 헌장 또는 일반국제법상 적법인가 아닌가의 문제는 심리의 대상이 되지 않는다고 하여 그 이상의 판단을 내리지 않았다(ICJ Reports 1980, 17-18, 43).

4) **自衛權의 統制** 자위권은 무력공격의 발생을 발동요건으로 한다. 또 그것은 무력공격을 배제하는 데 필요한, 그리고 이에 상당한 반격을 그 행사조건으로 한다.

원래 자위권의 발동을 정당화하는 사태의 존부 또는 침해를 배제하는 데에 어떠한 수단을 어느 정도까지 사용하는가 등의 문제가 적어도 제1차적으로는 反擊國 자신의 판단과 재량에 맡겨진다는 것은 자위권의 본질에서 유래하는 필연적 요청이다. 동시에 개별적 판단은 주관적 내지 자의적으로 흐르기 쉬운 위험성을 안고 있으므로 이것을 최종적으로는 국제적 심사와 판정에 복종하게 할 필요성이 있는 것도 국제법질서의 기본적 요청이다. 이리하여 UN 헌장 제51조는 자위권 행사를 즉시 안전보장이사회에 보고하도록 의무화함으로써, 또한 이사회가 국제의 평화·안전의 유지에 필요한 조치를 취할 때까지만 계속되는 暫定的 措置라고 규정함으로써 자위권의 통제를 기하고 있다.

그러나 만약 동 이사회가 어떠한 조치도 취할 수 없고(안보이사회에서의 거부권행사의 경우), 또 그 조치가 명백히 불충분한 경우에는 각국에 의한 자위권의 행사는 적법하게 계속된다(Falkland=Marvinas 분쟁에 있어서 1982. 5. 21-22 안보이사회에 있어서의 영국의 반론). 그러나 "국제의 평화 및 안전의 유지에 필요하다"고 인정하여 안전보장이사회가 취한 조치가 당사국의 판단으로 "자위를 위하여 필요하고 또한 상당하다"고 인정하여 취한 조치와 양립되기 어려운 경우에는 이사회의 결정이 우선한다.

5) **集團的 自衛權** 집단적 자위권이라고 하는 것은 "UN 가맹국(A)이 다른 가맹국(B)에 무력공격(C)이 가해질 경우에 자국(A)의 독립과 안전이 당해 타가맹국(B)의 그것과 동일시될 만큼 밀접한 관계에 있는 경우 그 무력공격(C)에 대하여 (A)가 자위의 행동을 취할 수 있는 권리"이다(Oppenheim-Lauterpacht 7th ed. 1952, 155). UN 헌장 제51조는 개별적 자위권과 함께 이러한

집단적 자위권을 국가의 고유의 권리로서 인정하고 있다.

그러나 집단적 자위권은 첫째, 가맹국의 고유의 권리로서 규정되고 있지만 실은 고유의 것이 아니라 UN 헌장에 의하여 가맹국에게 새로이 인정된 권리이다. 이러한 의미에서 국가의 기본권으로 인정되는 개별적 자위권과 달리 다른 가맹국을 방어하는 권리라는 점에서 '他衛'의 권리라고 할 수 있다. 동시에 이것은 무력공격이 현실적으로 자국에 가해지는 것을 요건으로 하지 않으므로 본래의 자위권을 확장한 것이다.

둘째, 집단적 자위권의 개념에 있어서는 그 '武力攻擊'이 자국에 대한 것과 동일시되는 관계에 있는 것이 필요하다. 일정한 연대성의 존재가 필요하다는 것인데 지리적 접근의 필요성이 문제가 된다. 현실적으로는 지리적 접근성은 문제가 되지 않고 있다(그러나 이 요건이 무시되는 경우 일반적 안보기구가 위험에 빠진다).

NATO, 全美상호원조조약, 기타 헌장 하에서 성립된 공동방어·상호원조의 條約들이나 機構는 예정된 공식에 의하여 지역적 그룹이 형성되지 않은, 개별적 사정의 결과이기 때문에 지리적 근접성은 문제가 되지 않는다.

셋째, 集團的 自衛權은 가맹국에 대한 무력공격이라는 조건이 존재하는 한 가맹국이 이 권리를 규정하든 안하든 간에 행사가 가능하다. 개별적 자위권에 있어서와 같이 무력공격의 존재를 전제로 하나 단순한 '武力攻擊의 威脅'만 가지고 선제적으로 자위권을 발동할 수는 없다.

1958년 7월 미국은 Lebanon에 출병하였을 때 당초 이것을 집단적 자위권에 입각한 행동이라고 설명하였다. 그러나 무력공격이 현재 Lebanon에 가해지지 않았다는 비평 속에서 급히 Lebanon 정부의 요청에 입각한 출병이라고 정정하였다.

넷째, UN 헌장이 이러한 집단적 자위권을 인정함으로써 가맹국은 UN 통제하의 집단적 조치로서가 아닌 他國援助의 가능성을 가지게 되었다. 즉, 1950년 한국전쟁시에 대거 침공·남하한 북한의 공산군에 대하여 미국은 즉시 재일미공군을 출격시켜 한국을 원조하였다. 이것은 미국의 집단적 자위권으로서 설명되었다. 그 직후 소집된 긴급 UN 안보이사회는 북한의 무력침공을 '平和의 破壞'로 인정하고 평화와 안전의 회복을 위하여 한국에 원조를 부여할 것을 UN 가맹국에 권고하는 결의를 채택하였다(1950. 6. 27). 이 결의 이후의 미국의 무력행동은 UN의 집단적 조치로서의 강제행동에 해당된다(미국 이외 15가맹국이 권고에 응하여 UN군을 결성하고 참전하였다). 여기서 당시의 한국이 UN 非加盟國이라고 하는 것은 문제가 되지 않는다.

1962년 10월 미국에 의한 Cuba '隔離'(Quarantine)를 절박한 무력공격의 위협에 대한 미국의 무력행사로서 정당화하려는 의론이 있다. 미국의 행동의 기초가 되는 OAS 理事會의 결의는 이 점에 관하여 全美相互援助條約 제 6 조 및 제 8 조에 따른 조치를 취한다고 규정하고, 이 조약 제 3 조의 집단적 자위권에 입각한 조치라고 하는 것을 피하고 있다.

다섯째, 집단적 자위권의 법적 요건에 관하여 一說에 의하면 자위권이라고 하는 이상 개별적이든 집단적이든 무력공격에 의하여 침해되는 자국의 실체적 권리의 존재를 요건으로 한다(Bowett, Self-Defence, 245). 이에 대하여 또 하나의 설은 자국의 실체적 권리가 침해되어서가 아니라 평화·안전에 관한 일반이익을 수호하기 위한 것이라고 한다(Goodrich, 348).

일본은 Goodrich의 해석을 전제로 일본 헌법(제9조)상 허용되는 것은 개별적 자위권뿐이며 일본과 특별한 집단적 관계가 있는 어떤 국가일지라도 이에 일본국의 자위력을 사용하는 것은 금지된다고 해석하여 집단적 자위권을 부인하고 있다(단, 일본이 집단적 자위권의 수익자가 되는 경우에는 그렇지 않다. 1969. 3. 5 國會豫算委에서의 內閣法制局長官의 답변).

여섯째, 집단적 자위권은 오늘날에는 관습국제법상의 권리로 인정되어 특별한 조약상의 근거 없이 수시로 또는 地域制度에 입각하여(NATO 조약 제 3조, Warsaw 조약 제 4 조, 1960년의 美日안전보장조약 제 5 조 등) 행사된다. 이러한 지역적 제도는 외부로부터의 무력공격에 대항하는 집단적 자위권의 행사를 목적으로 하는 것이고, 강제행동에 안전보장이사회의 허가를 요하는 地域的 協定·機關(UN 헌장 제52조·제53조, 1947년의 전미상호원조 조약 제 3 조·제 5 조)과는 다른 것이다.

6) **集團的 自衛權과 地域的 協定** 집단적 자위권의 성립과정을 보면, 원래 집단적 자위권은 헌장의 原案인 덤버튼·오크스 提案(Dumbarton Oaks Proposals)에는 규정되지 않았었다. 그러나 전후 상호원조조약의 체결을 차플테펙조약(Act of Chapultepec)으로써 약속한 중남미국가들이 샌

프란시스코회의에서 地域的 協定에 관한 헌장 제53조 1항을 實效化하기 위하여 집단적 자위권의 규정을 제창한 관계로 이 권리가 헌장에 삽입된 것이다. 국제연합은 안전보장이사회의 권능 하에 안전보장에 관한 地域的 機關을 두었다. 그러나 지역적 기관이 강제조치를 취하기 위해서는 이사회의 허가를 얻어야 하는데(제53조 1항), 이사회의 허가는 거부권으로 인하여 기대할 수 없다. 그러므로 이사회의 허가를 요하지 않고 강제조치를 취할 수 있는 길을 개척한 것이 바로 이 집단적 자위권이다.

美洲諸國은 San Francisco 회의 직전의 3월 3일 미주제국의 어떤 국가에 대한 침략이 있을 경우 다른 국가들이 일치하여 대항하기로 한 조약을 전후에 체결할 것을 약속하였다. 이것이 Act of Chapultepec(차플테펙 조약)이다(원가맹국 51국 중 21국이 가입).

Egypt를 중심으로 한 Arab 7개국도 위와 같은 내용의 Arab 연맹규약을 같은 해 3월 22일 체결하였다.

이와 같이 UN 헌장의 초안에는 들어 있지 않았던 집단적 자위권을 추가하지 않을 수 없었다. 그러나 지역적 기구를 一般的 安全保障機構의 틀 안에 묶어두려고 했던 원리는 집단적 자위권을 규정함으로써 정치적 후퇴의 길을 열어놓았다(헌장 기초자의 의도를 일탈한 것). 왜냐하면 집단적 자위권은 지역적 협정·기관과 결부됨으로써 '무력공격의 발생'이라는 전제요건만 충족된다면 집단안전보장보다 오히려 개별안전보장으로 작용할 수 있게 되었기 때문이다(그 후의 사태전개는 이것을 실증). 한 체약국에 대한 무력공격을 '모든 체약국에 대한 공격으로 간주'함으로써 집단적 자위권이라는 이름으로 지역적 기관간의 조직적 반격·무력충돌을 정당화하는 정식이 일반화되었다.

집단적 자위권의 대규모의 조직화는 적어도 실체적으로는 전통적인 同盟體制에의 부활을 뜻하며, 각 지역적 기관이 상호 대립할 경우에는 전통적 자위권, 특히 自存權의 부활을 보게 될지도 모른다(Bin Cheng, General Principles of Law, 101).

본래의 지역적 협정·기관으로서는 (1) 전미연합(OAS), (2) 아랍연맹(Arab League), (3) 서구연합(WEU), (4) 아프리카단결기구(OAU) 등이 있고, 본래의 지역적 집단(공동)방위기구로서는 북대서양조약기구(NATO)가 대표적이다.

7) 舊敵國條項과 集團的 自衛權 제 2 차대전중의 연합국과 싸운 패전국의 침략의 재현에 대비하여 지역적 협정이 작성된 경우, 이 지역적 협정에 입각한 강제행동은 안전보장이사회의 허가가 필요없다(제53조 1항). 집단적 자위권의 경우와 같은 '武力攻擊이 발생한 경우'라는 제한도 없고, 취한 조치를 안전보장이사회에 보고할 필요도 없으며, 안전보장이사회가 '국제평화와 안전의 유지에 필요한 조치를 취할 때까지'라는 한정도 없다. 이러한 의미에서 연합국은 舊敵國에 대하여 행동의 자유를 유보하고 있다. 과거 소련이 당시 동구제국과 맺은 對獨相互防衛協定 및 영국이나 프랑스 등 서방측의 對獨防衛協定은 이 구적국조항에 의하여 안전보장이사회의 '허가'를 얻지 않고도 강제행동을 취하는 것이 가능하였다.

그러나 舊敵國條項이 적용되는 것은 어디까지나 '제 2 차대전의 적'에 한정되며 '대전 후의 새로운 적'에 대해서는 적용되지 않는다. 이러한 '새로운 적'에 대하여 안전보장이사회의 허가를 얻지 않고 강제행동을 취할 수 있는 길은 Dumbarton Oaks 제안 중에는 규정되지 않았는데, San Francisco 회의에서 집단적 자위권의 규정(제51조)이 삽입됨으로써 비로소 그 길이 열리게 되었다.

연합국이 구적국에 대하여 행동의 자유를 갖는 기간은 헌장상 "關係政府의 요청에 입각하여 이 기구가 그 적국에 의한 새로운 침략을 방지하는 책임을 질 때까지"의 기간이다. 그러나 관계정부가 요청할 의무가 없는 이상 그 요청이 제기되게 하는 기운을 조성하는 방법밖에 없다. 그러므로 결국 헌장이 개정되지 않는 한 구적국이 연합가맹국이 되어도 당연히는 이 규정의 대상으로부터 제외되는 것은 아니다. 현재로서 구적국조항의 실질적 의미는 사실상 상실되었고, 이 조항의 개정이 추진중이다.

中·蘇友好同盟相互援助條約(1950. 2 조인, 4월 발송, 1980. 4 실효)은 일본을 상대로 이 구적국조항에 기초을 둔 것이었다.

8) 制限主權論과 集團的 自衛權 소련은 그 세력범위내에서의 反體制活動을 배제하기 위하여 무력으로 개입하면서 집단적 자위권을 원용하였다.

먼저 소련은 Hungary 動亂(1956년 10월의 반정부데모)과 Czechoslovakia 動亂(1968년 8월의 공산당의 자유화정책)에 있어서 무력으로 이것을 진압하였다. 이러한 자유화운동은 사회주의에 적대적인 내외세력이 반혁명을 의도하여 일으킨 것이며, 전사회주의국가에 대한 공통의 위험과 관심사이므로 집단적 자위권에 입각한 원조(Warsaw조약 제 4 조)를 부여할 필요가 있다는 이른바 브레즈네프 주의(Brezhnev Doctrine)를 논거로 하였다(1968. 11. 12 소련공산당 서기장 Brezhnev가 Poland 통일노동당 제 5 차 대회에서 행한 연설). 개개의 사회주의국가는 사회주의공동체 전체의 이익으로부터 자유일 수는 없다는 의미에서 브레즈네프 주의는 또한 '制限主權論'이라고도 불리었다.

과거 소련은 사회주의국가 상호간에는 일반국제법과는 별도로 평화공존에 입각한 사회주의적 국제주의에 입각한 사회주의국제법(프롤레타리아국제주의에 입각한 지역적 특별국제법)이 우선적으로 적용된다고 주장하였다(Tunkin, Peaceful Co-existence, 1958 Ⅲ, 51). 이 사회주의국제법의 핵심은 개별이익과 전체이익의 결합 및 형제적 상호원조의 의무가 타당하다는 것인데, Warsaw 조약 등에서 주권존중 · 국내문제불간섭의 의무 등이 규정되어 있을지라도 그것은 社會主義的 國際法의 원칙에 입각하여 해석되고 적용되어야 한다는 것이었다. 즉 사회주의국가들은 그 규정에 따라 사회주의발전의 구체적 방식결정의 자유를 갖지만 그 내용이 사회주의건설을 위한 공통의 自然法(사회주의국가와 노동자계급의 기본이익)을 해하는 것이 되어서는 안되며, 사회주의공동체의 공동의 이익으로부터 이탈하는 것은 허용될 수 없다고 하였다. 따라서 내외의 적대세력에 의하여 자본주의체제의 부활과 反社會主義 · 中立化가 진행되는 경우 사회주의체제의 공통이익에 대한 위협으로서 급박성에 입각한 무력개입과 군사원조를 할 수 있기 때문에, 체코에 대한 원조는 주권의 제한이 아니라, 오히려 체코로부터 주권을 빼앗으려는 자본주의 · 제국주의 제국에 대한 체코의 주권옹호를 위한 투쟁이라고 주장하였다(Henkin, 925-928, 950-953). 그리고 소련은 체코에의 무력개입시 당초에는 외부로부터 파괴활동이 있었다는 것, 조약상의 의무 및 UN 헌장의 규정에 따라 체코의 요청에 입각하여 취한 행동이라고 설명하였다. 그러나 외부로부터의 위협의 사실도 그리고 요청의 사실도 체코 당국에 의하여 부인되었다. 그리하여 소련은 사회주의공동체의 전체의 이익이라고 하는 대의명분을 내세우게 되었다. Hungary 동란시는 소련 단독의 군사개입인데 대하여 체코의 경우는 Warsaw 조약기구의 5개국 군대에 의한 개입이라는 차이가 있기는 하였다.

여하간 Hungary 동란 및 Czechoslovakia 동란과 같은 사회주의 국가의 국내동란이 집단적 자위권의 행사를 정당화할 만한 '타국으로부터의 무력공격'(Warsaw조약 제 4 조)에 해당하는 것이었는가, 또 비록 現地國家(또는 공산당)로부터의 원조요청이 있었다 하더라도 공통 이해관계 사항에 관한 협의에 입각한 무력개입(제 3 조)이라고 할 수 있었는가, 또 이러한 무력개입이 UN 헌장의 우위성(제103조)을 배제할 수 있는가(헌장 제 2 조 4 항의 무력불행사 의무와의 양립성의 문제)는 의문이었다(중국은 초대국사회제국주의의 식민주의·패권주의라고 비난). 동구 사회주의가 몰락한 현 시점에서 이같은 제한주권론이 다시 주장될 수는 없을 것이다.

9) **Johnson 主義와 集團的 自衛權** 미국은 Dominica 혁명시(1965. 4. 24)에 인명보호를 이유로 군사개입을 하면서 집단적 자위권을 원용하였다. 미주지역에 있어서의 공산주의 정권의 수립을 배제한다는 대의명분을 내세웠으나 집단적 자위권 발동의 요건이 충족되었다고 볼 수는 없다. 이것은 Johnson 주의라고 불리는 것이다(1989년 말의 Panama 침공은 명백한 국제법 위반).

Cuba 봉쇄(1962. 10. 22)시에 미국은 Cuba로 가는 소련제 공격용 미사일 기타의 무기수입을 저지하기 위하여 공해상에서 외국선박에 대하여 進路遮斷·停船·臨檢搜索·退去命令 등 隔離(quarantine)의 조치를 취하였다. 이러한 조치에 대하여 미국은 집단적 자위권을 원용하지 않고 OAS에 의한 공동방위조치의 협의(전미상호원조조약 제 6 조·제 8 조)에 입각한 것이라고만 설명하였다.

6. 國內問題 不干涉의 義務

국내문제(국내사항, 국가의 관할권내에 있는 사항)라고 하는 것은 개별 국가의 관할권에 속하는 것으로서 국제법에 의하여 규제되지 않는 사항이다. 그렇기 때문에 국가의 자유로운 결정·처리에 맡겨진 사항이라고 정의할 수 있다. 이것은 국가의 對內主權을 사항적인 측면에서 본 것인데, 권리의 면에서 國內管轄權이라고 하며, 이에 대응하는 의무의 면에서 국내문제불간섭의 의무라고도 한다.

이와 같은 국내관할권 및 이에 대응하는 '국내문제에 대한 불간섭의 의무'는 국제법상 확립된 국가의 기본적 권리 · 의무이다.

> 일례를 들어본다. 어떤 미국인과 독일인이 공동으로 파리에서 어느 프랑스인을 살해하고 그 후에 영국으로 도망하였다고 하자. 그들이 아직 프랑스에 있는 동안은 프랑스관청이 이들을 체포할 수 있고, 프랑스재판소가 이들을 재판할 수 있다. 그 피고들이 외국인이라고 하는 사실은 중요하지 않으며, 프랑스에서 범한 살인죄에 입각하여 프랑스의 관할권이 성립하는 것이고 그들이 프랑스내에 있기 때문에 프랑스가 그들에 대한 관할권을 행사할 수 있는 것이다. 이와 같은 프랑스의 관할권 행사에 대하여 미국이나 독일이 간섭할 수 없다. 다만 각각의 국가간에 犯罪人引渡條約이 있을 경우 이 조약에 입각하여 인도를 청구할 수 있을 뿐이다. 그러나 두 범인들이 영국으로 도망했을 경우 사정은 달라진다. 영국법정은 영국인을 재판할 수는 있으나 독일인을 재판할 수는 없다. 영국 재판소의 관할권은 영국시민에 의한 살인죄에 입각하고 있으며 영국시민은 세계 어느 곳에서 살인죄를 범하든간에 영국법에 의하여 처벌을 받게 되어 있다. 이리하여 영국의 재판소는 그 영국인이 지금 영토적으로 그 관할권내에 있기 때문에 관할권을 행사할 수 있는 것이다. 그러나 독일인에 대한 관할권의 행사는 그 독일인이 영국내에 있음으로 해서 그 자체 가능하다 할지라도 영국 재판소가 이 독일인을 재판할 수는 없다. 왜냐하면 영국재판소는 외국에서 외국인이 범한 범죄에 대하여는 관할권을 갖지 않으므로 그 독일인을 재판할 근거(basis)를 갖지 않기 때문이다.

이 不干涉의 義務는 국가의 기본적 권리로 인정된 主權平等 · 獨立權에 대응하는 의무이며, 독립권과 불간섭의무는 표리일체를 이룬 불가분의 관계에 있는 것이다. 말하자면 불간섭의 의무는 국가의 주권과 독립권으로부터 도출되는 당연한 코롤러리(corollary)라고 할 수 있다.

그럼에도 불구하고 역사적으로 또 오늘날의 국가적 실행으로 볼 때 이 원칙은 침범되는 일이 많았으며, 특히 그 침범은 대국에 의한 약소국에의 개입이라는 형태를 취하는 것이 대부분이다. 그러기에 제2차대전 이후 UN의 내외에서 국가간의 기본관계를 규율하는 문서는 거의 다 불간섭의 의무를 두고 있다. 예를 들면 1965년의 '不干涉宣言'('국가의 국내문제에 대한 간섭의 비허용성 및 국가의 독립과 주권의 옹호에 관한 선언', 총회 결의 2131(XX)) 및 1970년의 '友好關係宣言'(UN 헌장에 따르는 국가간의 우호관계와 협력에 관한 국제법 원칙

(에 관한 선언)의 제3원칙, 즉 "헌장에 따라서 어떠한 국가의 국내관할권내에 있는 사항에도 간섭하지 않을 의무에 관한 원칙" 등은 A·A 제국과 라틴아메리카 국가들의 공동세력의 성과였다.

이와 같이 開發途上國(과거 사회주의 국가 포함)의 강력한 불간섭의 요구와 국제사회의 조직화의 발전에 따르는 국가주권의 제한의 필요성에 직면하여 국내문제불간섭의 원칙은 오늘날 국가주권의 옹호와 국제조직의 발전이라는 일견 상반된 두 개의 문제를 어떻게 조화시키느냐 하는 과제를 안고 있다.

> ICJ는 Corfu 해협사건의 1949년의 판결에서 국제법에 있어서의 干涉權의 지위를 부인하고 그것은 과거에 있어서 가장 중대한 남용을 야기한 힘의 정책의 표시라는 의견을 개진하였다. 그 예로서 영국이 Albania의 동의 없이 Corfu해협에서 기뢰소해작업을 실시한 것은 설사 국제법상의 권리(無害航行權)를 보전하기 위한 자기방위 또는 범죄증거의 확보를 이유로 하는 것이라 할지라도 국제관계의 본질적 기초가 되는 領域主權을 침해한 것으로서 위법이라고 단정하였다(ICJ Reports 1949, 35).

1) **國內問題란 무엇인가** 국내문제라고 하는 것은 국가가 단독·임의로 처리할 수 있는 문제로서, 원칙적으로 국제법의 대상이 되지 않는 사항이다. 그런 自然法論者들은 국내문제와 국제문제 간에는 한계가 있으며, 국제문제가 규율할 수 없는 국내문제의 고유의 영역이 존재한다고 주장한다. 소련의 학자들도 국내적 관할의 영역은 국제법과 독립적으로 존재하는 것이며, 국제법의 산물이 아니라고 말함으로써 국내문제의 독자성을 시사하고 있다(Kozhevnikov, Tankin 등).

대체로 국내법우위론과 二元論은 국내문제와 국제문제의 한계설을, 그리고 국제법우위론은 무한계설을 취하고 있다. 이론은 여하간 실증적으로 볼 때 국제사회가 긴밀화·조직화됨에 따라 국제적 규율의 대상은 확대되고 국내문제는 반비례적으로 축소되는 경향이 있는 것은 확실하다. 비교적 국제적 규율과 인연이 먼 憲法體制·關稅·國籍·移民에 있어서도, 예컨대 關稅에 관해서는 WTO 또는 '유럽경제공동체(EEC)의 설립조약'이, 국적에 관해서는 '국적법의 저촉에 관한 어떤 종류의 문제에 관한 조약'이, 이민에 관해서는 '이민조약' 등이 체결되어 있어 그러한 한에서 당사국간에서는 국내문제가 아닌 것으로 간주된다.

특히 최근에는 지금까지 각국의 내부문제로서 국제법의 대상이 되지 않았던 問題(경제·문화·위생·노동·교육·교통통신 등)들이 조약에 의한 국제협력의 대상이 되고, 개인의 자유나 인권에까지 미치게 됨에 이르러 국내문제의 범위는 더욱 양적으로 좁아지고 있다.

PCIJ는 '튀니지와 모로코의 國籍法의 사건'(Tunis-Morocco Nationality Decrees Case)에 관한 권고적 의견(1923. 2)에서 다음과 같이 말하였다. "어떤 문제가 전적으로 어느 국가의 관할에 속하느냐 속하지 않느냐의 문제는 본질상 상대적인 문제이다. 그것은 국제관계의 발달에 관계되는 국제법의 현상에 있어서 국적에 관한 문제는 원칙적으로 유보영역에 속한다." 또한 '노테봄사건'(Nottebohm Case)에서 "국적취득에 관한 규칙을 자국의 법률에 의하여 해결하여 귀화에 의한 국적을 부여하는 것은 주권국에 속하나 국가가 外交的 保護權을 행사하여 재판소에 제소할 권한을 갖느냐의 여부를 결정하는 것은 국제법이다"라고 말함으로써 국적의 문제에도 국제적 국면이 있다는 것을 시사하였다.

그러나 국가가 주권국가로서 존속하는 한 국내문제가 본질적으로 소멸할 수는 없다. 따라서 국가의 국내관할권 그리고 이에 대응하는 불간섭의 의무는 여전히 국가의 중요한 기본적 권리·의무로서 존속할 수밖에 없다. 한편 국제적 相互依存關係가 심화되고 있는 오늘날에 있어서 국가의 정치적 독립이나 자율성을 절대불가침으로 보고 여기에 대한 타국의 개입을 어느 것이나 위법이라고 비난할 수 있을 만큼 그것이 국제법상의 보호법익이 되고 있는가의 문제에 대해서는 의문이 있으며, 이에 따라 불간섭의무의 대상사항의 범위에 관해서 국제법상의 규율은 소극성으로부터 적극성에로 전화되고 있는 실정이다.

오늘날에 있어서의 국내문제의 범위는 국가의 普遍的 義務(국제사회의 일반이익을 해하는 행위, 즉 침략, 식민지지배, Genocide, 인종차별, 대량오염 등을 금지하는 것)와의 관련에서 파악되며, 구체적으로는 국가의 인격성, 그 정치적·경제적·문화적 실질, 영토보전, 국내제도, 국가적 일체성 등 실정국제법상 적극적으로 보호되는 國家法益에 특정된다.

2) **國內問題의 認定은 누가 하는가** UN 헌장은 무엇이 국내문제인

가, 누가 국내문제인가 아닌가를 결정하는가를 명시하지 않았다(국제연맹규약에서는 제1차적으로는 당사국이 인정하나 최종적으로는 연맹이사회가 결정한다). 그리하여 의문이 있는 경우에는 주권을 제한하지 않도록 해야 한다는 해석원칙에 따라(국가를 구속하는 법규는 국제합의에 표시된 국가의 자유의사로부터 파생되는 것이므로 국가의 주권에 대한 제한을 함부로 추정해서는 안된다) 認定權은 당사국에 있다고 해석할 수 있다. 그런데 UN 헌장은 연맹규약 이상으로 국내문제 불간섭의 원칙을 인정하고 있어 제 7 장에 의한 강제조치 이외의 모든 UN 기능에 이 원칙을 적용하고 있다. 따라서 국내문제의 인정권이 당사국에 있게 되고 不干涉原則의 적용범위는 점차 확대되어 UN의 기능은 중대한 지장을 받지 않을 수 없다.

그러나 UN의 실천과정에 있어서 UN의 각 기관들은 자신에게 결정권이 있는 것처럼 행동하였으며, 가맹국도 이 점에 관하여 UN의 활동을 크게 제약하지는 않았다.

認定權에 관해서 말한다면, 국내문제인가 아닌가의 권한문제는 덮어두고 먼저 議題로 채택하여, 토의과정에서 국내문제로 인정되면 의제로부터 제외하기로 해놓고도 실제로는 의제에서 제외하지 않고 권고까지 몰고 감으로써 UN이 암묵적으로 권한을 취득하는 경우가 적지 않다. 다음, 국내문제가 아니라고 하기 위해서는 당해 문제가 조약(UN 헌장 이외의)상의 문제라고 주장하거나, 또는 예컨대 기본적 인권이나 민족자결에 관련된 문제의 경우에는 당해 사항이 UN 헌장(=조약)에 규정되어 그러한 의미에서는 이미 국내문제로부터 떠난 것이라고 주장하기도 한다.

人權問題나 植民地獨立問題 등에 있어서는 헌장 제 2 조 7항을 이유로 UN의 토의와 권고를 거부한 국가가 있었다(예, Indonesia 문제에 있어서 Netherlands, Tunis와 Morocco의 독립문제에 있어서 France). 인권(apartheid는 하나의 예)이나 식민지독립의 문제 등은 UN 헌장에 규정은 있으나 그것은 일종의 프로그램적 규정이며 구체적 권리·의무를 정한 것이 아니므로 國內管轄事項이라고 하는 것이 그러한 식민국가들의 법적 근거였다. 그러나 오늘날에 와서는 이러한 문제들이 국내문제가 아니라고 하는 것은 이미 관행상 확립되었다고 보아도 무방하다.

다음, UN 헌장 제 2 조 7항의 단서는 "평화에 대한 위협, 평화의 파괴 또는 침략행위"가 있을 경우에 적용되는 것이나, 그 지경까지 이르지 않은 국제평화와 안전을 위태롭게 할 우려가 있는 단계에서도 '國際的 關心事

項'(matter of international concern)으로 취급하는 관행조차 생겼다.

헌장 제2조 7항의 원용은 경제·사회·문화의 분야에서보다 주로 정치적 분쟁에 관하여 총회와 안전보장이사회에서 빈번히 일어났다. UN에 있어서의 해석기능의 분권화로 인하여 총회와 안전보장이사회는 다른 기관과 같이 스스로의 기능과 권한에 대한 解釋權을 갖는다. 이 권리가 제2조 7항에 관하여 자유로이 행사되어 왔으며, 두 기관은 어느 특정분쟁이 권고적 의견을 얻기 위하여 ICJ에 부탁되는 것에 저항하여 왔다. 이 결과 정치적 편의의 고려가 제2조 7항의 해석 및 적용에 있어 중요한 역할을 수행해 왔으며, 오히려 재판소보다 국내관할권의 제한에 관한 좁은 해석을 가져오게 되었다.

3) **干涉의 意味** 국제법상의 국내문제에 간섭하는 것은 허용되지 않는다고 할 때 어떠한 행위가 그러한 불법적 간섭으로 인정되는가? 간섭은 상대방의 자유의사를 강제하는 것, 한 국가의 의사를 타국에 강요하는 것, 즉 타국에 그 의사에 반하여 특정행위를 강요하는 이른바 명령적 개입이다.

그러나 실제에 있어 국가간의 합의에 의한 국제법관계의 형성에는 현실정치의 力學的 關係(설득, 압력, 위협 등)가 작용하기 쉽다. 지금까지 국내문제였던 사항도 일단 조약에 의하여 규율되기만 하면 국내사항으로부터 떠나게 된다.

보통 협박·무력에 의한 위협·무력사용 등 어떠한 실력행사를 배경으로 상대국의 의사를 좌우하는 행위가 국제법상 허용될 수 없는 위법행위인 것은 말할 것도 없다. 타국의 현정부를 실력으로써 전복하려는 파괴활동·테러리즘·무장저항활동을 자국 내에서 조직화하거나 이것을 지원·재정원조 또는 묵인하는 것은 단순히 領域國에 그 防止·排除의 의무를 과할 뿐만 아니라(1837년의 Caroline호 사건, 1934년의 Alexander 국왕암살사건에 있어서 국제연맹이사회의 결의) 그 자체가 위법적 간섭이 된다. 또한 내전에 있어서는 제3국이 쌍방의 당사자에 대하여 公平不援助를 내용으로 하는 중립의 의무를 지며, 설사 합법정부로부터 원조요청이 있더라도 이에 대한 협력이나 원조는 위법적 간섭이 된다(우호관계원칙선언 제1, 제3원칙).

그러나 그러한 위법행위도 일정한 절차를 밟아서 조약으로 성립되기만 하면 그 간섭행위의 불법성은 치유되어 국내문제는 성립된 조약의 범위 내에서 새로운 국제문제로 등장하는 것이 보통이다. 상대국의 대표에 대한 인적 협박의 경우는 종래부터 그 자체가 위법일 뿐만 아니라 이로써 강제적으로 체결된 조약은 무효가 된다. 이에 대하여 상대국 자체에 대한 무력적 위협과 그것에 의한 조약의 체결은 종래에는 위법이 아니었으나 UN 헌장(제2조 4항) 및 條約法條約(제52조)에서는 위법 내지 무효가 됨에 이르렀다. 이와 같이 UN 헌장 제 2 조 4항의 武力不使用의 원칙은 일반국제법상의 強行法規(*jus cogens*)로 확인되고 있어 이른바 무력간섭은 불간섭의무의 위반이 되기 이전에 이 강행법규에 대한 위반으로 인정된다.

뿐만 아니라 위법성이 조각된다고 하는 '合法的 干涉'에 있어서도 그것이 無力行使의 態樣을 취하는 경우에는 무력행사의 위법성이 조각되는 자위권 등에 의하여 합법화되지 않는 한 위법이 되는 것이다.

종래 '人道를 위한 干涉'은 적법한 것으로 인정되었다. 19세기 당시의 유럽 열강은 Turkey제국내의 기독교도에 대한 박해방지를 위한 간섭을 행하며 그것을 그러한 명분으로 정당화하였다. 오늘날에 있어서도 정치·종교 기타의 이유로 주민의 일부 또는 전부가 박해를 받는 등, 人道에 반한 행위 또는 사태가 존재하는 경우에는, 비인도적 행위 또는 사태를 저지·제거하기 위하여 행한 간섭은 합법이라고 주장되어 왔다. 제 2 차대전 후의 국제사회에도 자국민 또는 외국인의 보호를 이유로 한 무력개입, 예를 들면 1964년 Belgium에 의한 Congo(현재의 Zaire 공화국)에의 군사개입, 1965년 미국에 의한 Dominica에의 군사개입도 '人道'에 의한 정당성이 주장되었다.

이러한 '인도를 위한 간섭'에서 문제가 되는 것은 구체적으로 무엇이 인도인가에 관하여 국제법이나 국가간의 실행에 있어서 명백하지 않으며, 개입하는 국가가 일방적으로 판단하여 남용하는 경우가 많은 것이다. 오늘날에 있어서는 인도에 반하는 행위를 인도에 대한 범죄로서 처벌을 예정하고 있는 '집단살해범(Genocide)의 방지 및 처벌에 관한 조약' 및 'Apartheid(인종차별)죄의 진압 및 처벌에 관한 조약'이 있으며, 이러한 조약에 입각한 국제조직의 판단에 의한 경우에 한하여 인정하는 것이 타당하다. 인도를 위한 간섭을 정당화하는 일반국제법상의 원칙은 없는 것이다. 한편 재외자국민의 보호를 위한 군사력에 의한 구출활동은 自衛權을 원용할 수는 없으나 현지정부의 통치능력이 불충분하고 UN도 조치를 취하지 못하는 경우에 한하여 이것을 적법으로 보는 견해가 유력하다.

종래 상대국의 明示的·默示的 同意에 입각한 간섭은 '合法的 干涉'이라고 인정되어 왔으나, 오늘날에는 인민의 자결권의 침해를 수반하는 간섭은 설사 정부의 동의가 있더라도 위법이다.

간섭의 의미에 관해서는 UN의 실행을 보면, 어떤 문제를 단순히 총회나 안전보장이사회의 의사일정에 상정한 것만으로 제 2 조 7항의 의미내의 간섭을 구성하는 것이 아니며, 동시에 어느 한 기관에서 토론한 것만으로는 그것이 설사 어떤 사정하에서 강제적 영향을 갖는다 하더라도 간섭이 되지 않는다.

4) **非軍事的 強制手段과 干涉** 어떤 행위가 간섭으로 인정되는가를 판정하는 규준은 국제법상 확립되지 않았으며(1965년의 '불간섭선언'은 간섭이 되는 행위를 구체적으로 예시하고 있다), 복잡·미묘하여 현실정치내에서의 그 인정은 곤란한 경우가 많다. 하나의 예를 들면 강대국의 약소국에 대한 권고가 형식상은 권고이지만 실질에 있어서 협박이나 간섭이 되지 않는다고 말할 수 없다. 위법적 간섭은 군사적 강제에만 한정되는가? 반드시 그렇지는 않다.

비군사적 강제라 할지라도 타국의 主權的 權利의 종속을 꾀하거나 또는 타국의 정치적·경제적·문화적 체제의 선택권을 박탈할 목적으로 사용된 경우에는 違法한 干涉에 해당된다. 무력의 사용, 위협이 원칙적으로 금지되고 있는 오늘날에는 오히려 이러한 비군사적 강제수단이 주요한 간섭 방법으로 등장하여 그 위법성이 추궁되는 경우가 많다('우호관계원칙선언' I 원칙 제 2 항·3항·4항). 헌장 제 2 조 4항에서 말하는 'force'라는 말에는 武力(armed force)만이 아니라 정치적·경제적 압력도 포함되는 것으로 이해하고, 이러한 '힘'에 의한 간섭도 일반적으로 금지된다고 하는 주장이 강력한 지지를 받고 있다.

5) **科學技術의 發達과 干涉** 현대의 고도한 과학기술의 발달은 타국의 영역주권·영토보전·국가의 일체성을 침해하는 강제수단이 되고 있어 국제합의에 의하여 그 이용을 규제하려는 주장이 고조되고 있다. 예를 들면 대기권내의 핵실험이다. 이에 수반하는 放射線物質의 낙하와 퇴적은 타국의 領域主權을 침해하는 것으로서 違法的 干涉이 된다.

1973년 5월 Australia와 New Zealand는 각각 France를 상대로 ICJ에 제소하여 France가 계획중에 있는 남태평양에 있어서의 핵실험이 국제법에 위반된다는 취지의 선언을 해줄 것을 청구하였다. ICJ는 청구국의 영역내에 방사성낙하물을 가져오는 핵실험을 중지하도록 France에 지시하는 假保全措置를 명령하였으나 France는 이것을 무시하고 실험을 강행하였다. 단, ICJ는 다음해 12월의 판결에서 "France가 이 실험의 종료 후, 그 이상의 대기권내 실험을 하지 않겠다는 취지의 서약을 했으므로 양국의 청구는 목적을 상실하여 분쟁은 소멸되었다"고 판시하였다(ICJ Reports 1973, 103-104, 140). 이로써 핵실험의 위법성에 관한 재판소의 판단은 회피하게 되었다.

그러나 다른 한편에 있어서 원고의 청구는 타국에 대하여 특정의 국방정책을 강제하려는 것이며 그 국내문제에 대한 간섭이 된다라고 하는 의견도 있다(1974. 12. 2. ICJ 판결에 있어서의 Gros 재판관의 분리의견, ICJ Reports 1974, 283).

또한 대상피해국의 國家管轄權의 침해 내지 간섭을 방지하기 위하여 宇宙空間의 탐사 · 이용의 자유(우주조약 제1조)의 적용에 일정한 제약을 과하려는 경향이 현저하게 나타나고 있다. 방송위성에 의한 텔레비전편성의 송출과 같은 것은 타국의 국경을 넘어 수신국의 공서 · 양속, 정치적 · 문화적 일체성을 침해하기 쉬우며 그 타국의 주권에 대한 간섭이 될 수가 있다. 이러한 업무를 실시하려는 국가는 대상국에 대하여 사전의 통보 · 협의 또는 협정체결의 의무를 진다(1982. 12. 10 '국제직접 텔레비전방송을 위한 국가에 의한 인공지구위성의 이용을 규율하는 원칙' UN총회결의 37-92호).

多國籍企業의 활동과 같은 경제적 압력수단으로써 타국에 간섭하는 행위는 역시 불법이다. 그러나(1974년 '국제적 권리 · 의무 헌장' 제1조 · 제2조 2항) 그 受入國에 의한 국제위법행위책임의 추구는 실지에 있어서 절차상 곤란한 경우가 많다(책임 국가를 특정하기 어려운 것이 난점이다).

6) UN憲章과 國內問題不干涉의 原則 UN 헌장은 제2조 7항에서 이 헌장의 어떠한 규정도 '본질상 어느 국가의 國內管轄權內에 있는 사항'에 간섭할 권한을 UN에 부여하는 것이 아니며, 또한 그 사항을 이 헌장에 입각한 해결에 부탁할 것을 가맹국에게 요구하는 것도 아니라고 하였다. 다만 이 원칙은 제7장에 입각한 強制措置의 적용을 방해하는 것은 아니라고 하는 단서를 두고 있을 뿐이다.

그런데 이 헌장의 규정은 國際聯盟의 유사한 규정(제15조 8항)과 비교하여 볼 때 UN은 聯盟規約 이상으로 국내문제 불간섭의 원칙을 인정하고 있는 그 특징이 뚜렷해진다.

첫째는, 기능면에서 보아 연맹은 '분쟁의 평화적 해결'에 관해서만 국내문제 불간섭의 원칙을 유보(不適用)하였는 데 반하여 UN은 '분쟁의 강제적 처리'를 제외한 모든 기능(경제 · 사회 기타 식민지문제를 포함한 UN의 기능일반)에 대하여 이 원칙을 유보하고 있다. UN에 있어서의 이 불간섭원칙의 확대는 UN의 임무와 권한이 연맹과 비교하여 월등하게 확대 · 강화된 점에 대응하는 것이다.

둘째, 사항적으로 볼 때 留保領域이 연맹보다 확대되었다. 연맹 규약에서는 국내사항을 '국제법상 전적으로 그 당사국의 관할 내에 있는 사항'이라고 엄격하게 규정한 데에 비하여 UN 헌장은 '본질상 어느 국가의 국내관할권 내에 있는 사항'이라고 느슨하게 규정하였는데, 이 결과 어떤 사항이 국제법에 의하여 규율되어도 여전히 '本質上'으로는 국내문제라고 하여 UN의 간섭을 배제할 가능성을 남겨놓고 있다. 또한 UN 헌장에 있어서 '국제법'이라는 기준이 없어지고 '본질상'이라는 말로 대치된 것은 그 문제가 국제법의 측면에서 규정된 것이 아니라고 말할 수 있는 가능성을 암시하는 것이 된다.

셋째, '干涉'의 의미에 관해서 종래와 같은 '의사의 강제'라는 의미보다 널리 '적극적 개입'이라는 의미로 해석하는 것이 타당하다. 왜냐하면 UN 기관의 결의는 일반적으로 강제력을 갖지 않으며, 구속력 있는 강제조치의 결정에 관해서는 단서가 별도로 예정하고 있으므로 '의사의 강제'라는 의미로는 규정의 의미가 상실될 우려가 있기 때문이다.

넷째, 국내문제인가 아닌가의 인정은 연맹 규약에서는 제 1 차적으로는 당사국이 인정하지만 최종적으로 연맹 이사회가 하는 것으로 되어 있다. 그러나 UN 헌장은 이 점에 관한 규정을 두지 않았으므로 의심 있는 경우에는 주권을 제한하지 않도록 한다는 해석원칙에 의하여 인정권은 당사국에게 있다고 판정될 여지가 있다.

다섯째, UN헌장은 분쟁의 강제적 처리에 관해서는 不干涉原則의 適用除外를 명기하고 있다(헌장 제 2 조 7항 단서. 연맹규약 제15조 8항은 불간섭의 규정에는 이러한 적용제외의 규정이 없다.). 이것은 집단적 안전보장에 관한 UN의 강력한 입장을 표명한 것이다. 이로써 UN은 국내적 사건이라 할지라도 국제평화를 위태롭게 하는 것은 이에 관계되는 가맹국(또는 비가맹국)에 대하여 강제조치를 가하며(한국전쟁이 그 예), 동시에 이 조치의 실시에 관해서는 다른 가맹국을 구속력 있는 결정에 복종케 하는 것이다.

1956년 10월 헝가리문제에 대한 UN의 간섭, 1960년 7월의 콩고문제, 1966년 12월의 로데지아문제에 대한 UN의 간섭 등은 모두 헌장 제2조 7항의 단서규정에 의한 것이다. 특히 1962년의 'UN의 일정비용'(Certain Expenses of the United Nations)사건에 관한 의견에서 ICJ는 콩고의 군사원조를 제공하는 안전보장이사회의 결의가 국제평화와 안전의 유지를 목적으로 채택된 것이 명백하다고 말하였다. 그러나 로데지아문제에 있어서 스미스 정권의 人種差別政策이 '평화에 대한 위협, 평화의 파괴 또는 침략행위'를 구성한다는 안전보장이사회의 결정은 인종차별을 적대시하는 '세계사회의 표준'(world community standards)이 과연 관습국제법으로 볼 수 있느냐의 문제를 제기한다.

그런데 UN의 불간섭원칙은 UN 각 기관의 기능 전체에 적용되고, 연맹규약에 명시된 객관적 판단기준으로서의 '국제법'이 삭제되었으며, 또한 판단기관이 명백하지 않은 결과 UN의 전기능을 마비상태에 빠뜨릴 우려가 있다. 그러나 실천과정에 있어서 빈번히 이 원칙이 원용되었음에도 불구하고 탄력적 해석과 문제의 실질적 해결에 의하여 곤란을 극복하였으며, UN 헌장의 규정과 저촉된 문제는 '國際的 關心事項'이라는 견지에서 UN의 개입을 정당화하였다.

분쟁의 평화적 처리 기타에 있어서의 UN의 활동은 '勸告'가 주요임무이며, 강제적 요소를 포함하지 않으므로 종래의 간섭의 개념에는 반드시 해당되는 것은 아니다. 따라서 이러한 권고가 국가간에는 간섭이 되지 않을 것이다. UN의 기능에 관한 한 그 인정된 사항을 초과한 권고는 헌장상 국내문제에 대한 간섭으로 간주된다.

그런데 주의를 요하는 것은 UN 기타의 국제조직에 있어서는 일반적 성질의 권고와 특정국에 대한 구체적 권고를 구분하여 '國內事項'에 대해서도 전자는 '干涉'이 되지 않으나 후자의 경우는 '간섭'이 된다는 사고방식으로 실행되고 있는 것이다. UN 또는 연맹의 분쟁처리에 관한 권고는 국제재판의 경우와는 달리 반드시 법에 의하여 행하여지는 것은 아니다.

따라서 법률적으로는 '국내문제'라고 할지라도 이에 대한 정치적 해결을 시도하는 것은 무방한 것이다.

7) **UN 加盟國相互間의 不干涉原則**　UN 헌장 제2조 7항은 UN과 가맹국 간의 관계를 규정한 것이지만 가맹국 상호간에도 이 원칙의 타당성이 부정되는 것은 아니다. 헌장 제2조 4항(정치적 독립에 대한 무력행사의 금지) 또는 제2조 1항(주권 평등)은 가맹국 상호간의 불간섭원칙을 설명한 것이라고 볼 수 있다.

나아가서 '內政干涉의 否認과 국가의 獨立·主權保護에 관한 선언'(1965년 UN 제20차 총회가 채택한 '국가의 국내문제에 대한 간섭의 비허용성 및 국가의 독립과 주권의 옹호에 관한 선언')이나 友好關係宣言(헌장에 따라 어떠한 국가의 국내관할권 내에 있는 사항에도 간섭하지 않을 의무에 관한 원칙)은 무엇보다도 內政不干涉의 문제를 다루고 있다. 특히 우호관계선언은 국내문제에 대한 불간섭의 의무가 각국 국민들이 서로 평화롭게 생활하는 것을 확보하는 불가결의 조건이라고 하면서(전문) 간섭의 의미를 다음과 같이 설명하고 있다. 먼저 직접적인 것만이 아니라 간접적 간섭도 금지되며, 이 관계에 있어서 국가의 인격 또는 정치적·경제적 및 문화적 요소에 대한 '무력 또는 기타의 모든 개입형태'도 국제법 위반이 된다. 그리고 타국의 주권적 행사를 굴복시키고 또는 어떠한 편익을 얻기 위하여 '정치적·경제적 또는 기타의 어떠한 강제조치'를 취하거나 또는 장려할 수 없다고 하였다. 더 나아가 인민으로부터 그 민족적 동일성을 박탈하는 힘의 사용은 인민의 불가양의 권리 및 불간섭원칙의 침범이라고 규정한 것은 진일보한 것이다.

그리고 이른바 '平和五原則'의 하나로서 '內政不干涉'의 원칙이 중요시되고 있다.

1979년의 Nicaragua 혁명은 Sandinista 民族解放戰線(FSLN)의 주도하에 Somoza 독재정권의 타도를 실현했으나, 혁명 전부터 Cuba로부터 군사지원을 받아온 FSLN은 점차 인근의 El Salvador 국경 등지에서 게릴라전을 전개하며 Honduras와 Costa Rica의 국경을 군사적으로 침략함에 이르렀다. 이에 El Salvador는 Nicaragua의 무력공격하에 있음을 선언하고 미국의 집단적 자위권의 발동을 요청하였다. 미국은 자위권발동의 요건이 충족되었다고 보고 Nicaragua에 대하여 무력적 간섭을 시도하면서 그 정당성을 주장하였다(또한 미국은 Sandinista 정부가 그것이 확약한 자유선거와 인권존중을 준수하지 않았다는 이유로 인도적 간섭을 내세웠다).

그러나 ICJ는 사실심리의 결과 El Salvador의 경우 그 정부의 반대파에 무기를 공급하는 것은 관습국제법상 무력공격을 구성하지 않는다고 하였다. Honduras와 Costa Rica의 경우는 국경침략의 정보가 충분치 않다고 판단하였다.

또 ICJ는 무력공격보다 정도가 낮은 무력사용 및 타국의 국내문제에 간섭한 Nicaragua에 대하여 미국이 대응조치를 취할 수 있는가의 문제에 관해서는, Nicaragua의 행위는 피해국(즉, El Salvador, Honduras, Costa Rica)의 '比例的 對應措置'만을 정당화할 뿐이지 제 3 국(미국)의 대응조치, 특히 무력사용을 포함한 간섭은 정당화시킬 수 없다고 하였다. 인도적 간섭의 경우에도 무력사용을 포함한 간섭행위는 용인될 수 없다고 하였다.

생각건대 國際社會에는 법을 지키지 않음으로써 얻는 이른바 이익영역(sphere of interest)의 범위가 국내사회에 비하여 상당히 넓은 까닭에 국가가 자신의 행동을 법에 의하여 정당화하는 경우에도 반드시 법에 일치한 행동만을 목표로 하지 않는 경우가 많다. 역설적으로 말하면 어떤 필요한 행동을 일단 취해 놓고 후에 그것을 법적으로 정당화하는 것이다.

8) **國際裁判과 國內事項** 국제재판은 분쟁당사국의 합의에 의해서만 성립되는 것이 원칙이나, 분쟁이 발생할 때마다 당사국의 합의에 의하는 것이 아니라 재판소의 관할을 사전에 인정하는 경우도 있다. 이러한 의무적 관할에 있어서 재판소의 관할권을 제약하는 일정한 유보조항을 붙이는 경우 이러한 유보조항 중에 '國內事項留保'가 있다. 즉, '국내관할권내에 있는 사항에 관한 분쟁'에 대해서는 재판소의 관할권을 인정하지 않는다는 것인데, 국내사항인가 아닌가의 결정은 재판소가 하는 것이 아니고 유보국이 스스로 결정한다는 이른바 '自動的 留保'(automatic reservation)가 그것이다. 이 자동적 유보는 국제재판소의 의무적 관할권을 실제에 있어서 유명무실하게 만드는 것이다.

지금까지 PCIJ나 ICJ에 부탁된 사건에는 이 國內管轄事項의 유보를 원용하여 재판소의 관할권을 부정하는 先決的 抗辯(preliminary objection)을 제출한 사례가 많다. 여기에 국내문제와 국제문제의 충돌을 볼 수 있는데, 국제재판의 발전을 위해서는 이 양자의 적절한 조화가 필요하며, 동시에 양자의 조화는 또한 국제관계의 발전에 의존한다.

제 8 장 國家領域

제 1 절 國家領域의 槪念

1. 國家領域의 本質

근대국제법의 전제가 되는 地緣社會로서의 國家는 영역 없이 그 존재를 생각할 수 없다.

국가영역이라고 하는 것은, 이러한 국가가 국제법상의 제한이 없는 한 원칙적으로 배타적 지배를 할 수 있는 인적·사항적·장소적인 여러 한계 가운데 특히 장소적 한계를 가리키는 개념이다. 이 영역에 대한 국가의 기능을 領域權(領土權, 領土主義)이라고 하는데, 이것은 ① 영역 자체를 자유로이 사용하고 수익하고 처분하는 권리와, ② 영역 내에서 자유로이 통치를 하는 권리를 함께 포함한다. 영역권의 이와 같은 개념은 근대국가가 지역단체로서 성립하여 온 역사적 사실에 연유하는 것이다.

타국의 영토와의 한계를 國境이라고 하며 국가의 권능은 국경 내의 토지의 표면과 지하에까지 도달한다. 영토는 항상 반드시 지리적으로 연속되어 일체를 이루어야 하는 것은 아니다. 국가영역의 일부가 그 사이에 介在하는 타국의 영토에 의하여 다른 주요부분으로부터 切斷된 경우(Canada의 개재에 의한, 미국의 Alaska州와 다른 주와의 관계), 또는 그 주위가 타국의 영토에 의하여 완전히 포위된 圍繞地(enclosure), 또는 타국의 영토를 하나 건너 뛰어서 존재하는 飛領(enclaves)의 경우도 있다. 특히 飛領의 경우에 있어서는 본국의 다른 부분과의 통행을 확보하기 위해서 타국의 영토를 통과하지 않으면 안되는 까닭에 그 보장은 관계 당사국간의 합의에 의하여 결정된다. 印度領通行權事件에서 당사국간의 특별한 관행에 따라 私人, 文官, 商品 등의 비군사적 통행에 관해서는 도로교통, 관세, 안전보장, 과세 등의 규칙 이외에 제한은 받지 않는 것으로 하고, 반면 군대, 무장경찰, 무기, 탄약 등의 군사적 통행에 관해서는 당연의 권리는 인정되지 않고 상호주의에 입각하여 허가를 조건으로 하는 것으로 하였다(ICJ Reports 1960, 40-43, 45-46).

2. 國境의 劃定

국경은 보통 관계국가간의 國境條約에 의하여 지도상으로 획정되는 일이 많으나, 그러한 합의가 없는 경우에는 산맥의 分水嶺, 하천의 中央線(항행불능의 하천인 경우), 또는 河川最深流의 중앙선(하항수로에 적용되는 원칙으로서 이것을 Talweg의 원칙이라고 한다)과 같은 자연적 경계를 국경으로 한다(그러나 중·러국경분쟁을 비롯하여 많은 국경분쟁은 정치적 성질을 띤 것이다. 한국 · 중국 간의 국경도 완전히 해결된 문제는 아니며 백두산정계비를 중심으로 언젠가는 논의될 문제이다). 湖沼에 의한 국경의 획정은 별단의 합의가 없는 한 호소의 중심점과 국경의 호소와의 접촉점을 연결하는 선에 의하는 것이 보통이다.

라틴아메리카 지역의 식민지가 독립할 때 신생국가는 상호의 합의로 現狀承認의 原則(*uti possidetis*)에 의하여 국경을 획정하였다. 설사 민족이라는 사회집단으로서의 일체성이나 경제적 관련성을 절단하는 일이 있더라도 국경분쟁을 회피하고 미주지역의 안정을 확보하기 위하여 종전의 식민지시대의 행정구획을 그대로 상호의 국경으로 유지하려는 취지에서 나온 것이다. 이 현상승인의 원칙은 오늘날에 있어서도 신생국가의 國境劃定에 적용되고 있다.

어떤 경우에는 국가가 國家領域外에서도 國權을 행사할 수 있다. 이러한 국권행사는 관습 또는 조약에 의한 허용이 있을 때에 한한다. 그러므로 타국영역이나 공해에서 국권행사를 하려는 국가는 이것을 인정하는 관습법규나 조약의 존재를 증명하지 않으면 안된다. 이에 반하여 영역내의 국권행사에는 이러한 존재를 증명할 필요가 없이 일반적 허용이 추정되는 것이다. 그러므로 국가영역 내에서의 領域國의 국권행사가 위법임을 증명코자 하는 외국은 영역국의 행위를 금지하는 법규의 존재를 증명하여야 한다. 이것이 영역 내의 국권행사와 영역 외의 국권행사와의 차이점이다.

領域權의 본질에 관하여는 종래 客體說(또는 국제법적 소유권설)과 空間說(또는 권한설)의 대립이 있다. 로마私法上의 *dominium*(所有)의 개념을 유추한 客體說(the object theory)은 국가가 그 영역을 양도·매매·교환·대여·담보의 객체로 하는 현상을 적절히 설명하고 있다. 그러나 영역에 대한 국가의 배타적 통치의 측면을 설명하지 못하는 난점이 있다. 왜나하면 국가가 영역 및 영역상의 物을 소유의 객체로 할 수 있으나 통치의 대상으로 할 수는 없기 때문이다. 이에 대하여 空間說은 국가가 영역상의 사람을 통치의 대상으로 하는 현상을 적절히 설명하고 있으나 영역 및 영역상의 物을 배타적으로 사용 또는 처분하는 현상을 설명하지 못한다. 왜냐하면 통치란 사람에 대한 관념이지 物에 대한 관념은 아니기 때문이다. 이리하여 결국 영역권이란 영역 및 영역상의 物을 사용 또는 처분할 수 있다는 *dominium*의 개념과 또 한편으로는 영역상의 人을 통치할 수 있다는 *imperium*의 개념과의 혼합개념으로서 국가권한의 행사에 관한 장소적 한계를 설정한 것이라고 할 수 있다.

그러나 국가의 管轄權의 배분은 반드시 장소적 한계의 획정에 그치는 것이 아니고 인적 한계, 사항적 한계도 보충적으로 이용되고 있다. 예를 들면 인적 한계에 있어서 어느 국가의 영역내에 있는 사람은 內國人이든 外國人이든 그 국가의 관할권에 복종하는 것이 원칙이나 외국인의 처우는 반드시 내국인과 동일하지는 않으며, 특히 외교관의 신분을 가진 외국인은 국제법상 영역국가의 관할권으로부터 원칙적으로 면제된다. 또 사항적 한계에 있어서, 항공기 납치(hijack)라고 하는 특수한 범죄의 경우에는 조약에 의하여 이른바 보편주의가 채용되어 항공기의 등록국 이외에도 着陸國이나 기타의 국가에도 관할권을 인정하고 있다.

이와 같이 권할권의 배분은 장소적 한계를 중심으로 하는 것이 원칙이나, 근래 국제협력이 증대되고 국경을 넘는 인간의 활동이 빈번해짐에 따라 이러한 보충적·예외적 배분은 불가피하게 된다.

이리하여 國家管轄權의 屬地性의 우위가 일단 추정된다고 할 수 있을

지라도 국가는 항상 그 관할권의 적용을 자국의 영역 내에만 한정시킬 이유가 없다. 국가는 오히려 그 영역 외에 있는 사람, 재산, 행위에 대해서도 그 국내법령과 관할권의 적용대상으로 할 수 있는 광범한 자유를 갖는다(다만 그 현실의 행사는 자국 영역 내에 한정될 뿐이다). 예를 들면 범죄의 取締, 制限的 貿易慣行(기업결합 등)의 금지, 對蘇 經濟制裁의 同調要請 등 관할권의 域外適用같은 사례이다. 이 결과 오늘날에 있어서는 동일사항에 관하여 복수의 국가관할권이 경합하는 사례가 더욱 증대하고 있다. 이 경우 어느 국가의 관할권이 우위에 서는가를 결정함에 있어서 반드시 영역국의 屬地的 관할권에 유리한 추정이 주어지는 것은 아니다. 각 관계국과 대상사항 간의 '실질적 및 진정한 연관'의 존재 유무, 각국의 정당이익의 比較考量 등 국제법상의 기준에 의하는 것이다.

3. 領域의 構造

전통적으로 지구 면적은 대략 국가영역과 公海(國際公域)로 二分되었다. 국가영역은 특정국에 법적으로 귀속하여 그 영역주권의 행사에 복종하는 장소이며, 국제공역으로서의 공해는 어느 국가의 영유·지배도 금지되어 모든 국가의 자유가 보장되는 장소(공해자유의 원칙)이다.

국가영역은 일정 범위의 陸地(영토), 이 육지에 접속한 일정 범위의 水域(영해), 그리고 이 육지 및 수역의 上空(영공)으로써 구성하는 3차원적 구조를 갖는다. 領土 및 領水(영해와 내수)의 지하도 국가영역에 포함된다. 이 각각의 국가영역은 법적 지위를 달리하는데, 영토에 대한 배타적 지배권이 가장 강하고 다음은 영공, 영해의 순서로 나아간다.

國家領域의 가장 기본적인 부분을 이루는 것이 영토이다. 영해나 영공은 영토를 중심으로 결정되는 것이므로 영토없이는 영해도 없고 그 상부공간인 영공도 없다. 영토는 육지와 내수로 형성되며 영역주권이 가장 전형적 및 배타적으로 미치는 장소이다. 領水는 內水와 領海로 구분된다. 內水(하천·호소·항만·내해)와 영해와의 주요한 차이는, 영해에서는 외국선박의 무해항행권이 인정되어 연안국의 관할권행사가 일정한 제한을 받는 점이다. 영공은 그 고도가 어디까지인지 아직 확정되지 않았으나 여하간 영공의 상한은 있어 上空無限일 수는 없다. 그 상한 이상의 공간은 어느 나라의 배타적 지배도 미치지 않는 宇宙空間(outer space)으로 취급된다.

위와 같은 분류의 기준은 어느 지역이 전반적으로 그 국가의 관할권에 복종하느냐 않느냐에 따른 구분이다. 즉, 국가가 관습국제법이나 조약에 의하여 특별히 제한되지 않는 한 자유로이 그 지배를 미칠 수 있는 장소를 그 국가의 영역이라 하고, 이에 대하여 원칙적으로 어떠한 관할에도 복종하지 않는 장소를 國際公域이라고 한다. 또 오늘날에는 어느 국가에도 속하지 않는 순수한 無主地(오늘날에는 그것이 과거에 무주지였던가에 관한 분쟁이 대부분이다)는 존재하지 않고 이미 각국에 분할이 완료되었다. 또 남극과 같이 어느 국가영역에도 속하지 않고 국제화된 지역이 있다. 그러나 해양에 있어서도 港, 灣, 內海 및 영해는 연안국의 영역의 일부이다.

그런데 제 2 차대전 이후에는 국가의 관할권을 영해와 그 海底를 넘어서 外海로 확대하려는 경향이 점차 강화되었다(어업수역, 대륙붕, 배타적 경제수역 등). 이에 따라 公海는 상대적으로 축소되는 과정을 밟아 왔으나 이 경향은 연안국의 영역 그 자체의 확장을 지향하는 것이 아니고 일정한 기능적 관할권의 취득을 요구하는 것이었다. 그 결과 오늘날에 있어서는 원래 공해였던 수역과 그 지하의 상당부분이 영해도 아니고 공해도 아닌 제 3 의 구역으로 분류되고 있다. 그리고 국가의 관할권의 한계를 넘은 해저 및 그 지하와 그 구역의 자원은 '人類共同의 遺產'(common heritage of mankind)이라고 하는 일반적 합의가 성립되었는데 이것이 국제공역의 하나라고 생각된다.

1) 領域權의 分割性 국가는 원칙적으로 그 영역 내에서 유일한 영역권의 소유자이다. 그러나 역사적 경험과 현재의 관행에 의하면 동일의 영역 내에 하나의 영역권만이 존재하는 것이 아니라 때로는 2국 또는 여러 국가의 영역권이 공존하는 경우가 있다. 영역권의 본질이 원래 *dominium*과 *imperium*의 혼동개념인 관계로 영역권의 공존에는 영역의 영유가 국제적인 것(공동영유, 즉 *condominium*)이 있고, 또한 영역에 대한 통치가 국제적인 것(공동통치, 즉 *coimperium*)도 있다. 이러한 현상은 領土主權이 분할될 수 있는 것임을 말하는 동시에 영토주권 유일의 원칙에서 본다면 영역권의 제한이라고도 할 수

있다.

공동영역의 예로서는 영국과 프랑스가 양국간의 협상에 의하여 1906년 이래 남태평양의 뉴 헤브리디스諸島에 대한 共同領有權을 설정한 것이다. 제2차대전 후 미국·영국·프랑스·소련 등 4대국의 독일에 대한 '最高權能'(supreme authority)은 독일의 처분권을 포함하지 않은 것으로서 공동통치에 속하는 것이라고 해석된다. 1951년 9월 일본과의 평화조약을 조인하기 위한 샌프란시스코 회의의 석상에서 미국대표 덜레스(Dulles)는 琉球·小笠原諸島에 있어서 여전히 일본의 殘存主權(residual sovereignty)이 인정된다고 했는데, 이 말은 미국이 통치권을 전면적으로 장악하더라도 포괄적인 권한으로서의 영역권 가운데 아직도 잔존하는 것이 있다는 전제 위에 입각한 것이라고 보아야 한다(영역권에서 통치권을 제외한 부분, 즉 영역 자체에 대한 처분권을 의미한다). 그리고 이 잔여주권이라는 개념은 주권이 분할될 수 있는 것이라는 전제로부터 나오는 것이다(US v. Ushi Shiroma).

Lauterpacht는 UN체제하의 신탁통치지역에 관하여 주권 그 자체(잔존주권)와 주권의 행사와를 구별하여 주권의 행사는 施政權國에 있으나 잔존주권은 UN에 있으며 UN의 승인없이는 신탁통치지역의 법적 지위를 변경할 수 없다고 말한 바 있다.

2) **國家領域의 利用에 있어서의 權利義務의 強化傾向** 국가는 위와 같이 그 영역을 자유로이 사용할 권리가 있으나, 최근에는 그러한 권리를 강화하는 동시에 그 권리의 행사에 일정한 제약을 가하려는 동향도 나타나고 있다. 그 단적인 예가 '人間環境宣言'이다.

그것은 1972년 UN의 주최하에 스톡홀름에서 개최된 인간환경회의에서 채택된 것인데 거기에는 다음과 같은 원칙이 표명되고 있다. 즉, 각국은 UN헌장과 국제법에 따라 자국의 자원을 개발하는 주권적 권리를 가짐과 동시에 자국의 관할권내에 있어서의 활동이 타국 또는 國家管轄權外 地域의 환경에 손해를 끼치지 않도록 조치할 책임을 진다(동선언 21원칙)고 하였다.

여기서 자국의 천연자원을 개발하는 권리는 A·A제국 및 라틴아메리카 각국의 주장으로 '천연의 부와 자원에 대한 영구주권'과 같은 UN결의를 보게 되었으며, 자국 이외의 지역의 환경을 해하여서는 안된다고 하는 의무는 해양오염의 방지에 관한 조약 등으로 나타나고 있다.

3) **領域의 多元的 構造** 오늘날의 領域論은 영역주권의 적용을 기준으로 하는 단순한 이원론적 구성에 머무르지 않고 불가피하게 다원적 구조로 수정·분화하게 되었다. 그것은 오늘날의 영역 특히 해양이 각국의 경제·자원·과학기술·군사적 여러 요인과 각국의 國內 公·私法의 영향을 과거 어느 때보다도 많이 받는 공간으로 비중을 더하게 되었기 때문이다.

오늘날에는 영역주권 개념의 다면적 구성요소를 각종의 목적에 따라 기능별로 분화시켜 본래의 국가영역과는 별개로 특정목적의 국가관할권의 행사의 확대를 인정하는 경우가 보편화되었다. 예를 들면 영역주권을 原領域國에 잔존시키면서 施政權을 취득하는 경우가 있고, 또는 영역주권의 취득이 금지된 위임통치·신탁통치의 경우가 있다. 기타 범죄의 처벌·방지를 위한 접속수역, 자원의 탐사·개발을 위한 연안국의 主權的 權利(sovereign right)를 인정한 대륙붕, 어업에 관한 독점을 인정한 배타적 어업수역 등의 제도가 이것이다. 또한 해역의 境界劃定, 천연자원의 개발과 배분, 자본·기술·상품의 국제적 이전 등의 기준을 정하는 경우 국가간의 경제적 격차를 시정하여 사회적 공정성을 실현하기 위하여 관계사정을 충분히 較量한 형평의 원칙을 도입하고 있다.

이와 같이 오늘날에 있어서는 領域論의 구조가 복잡화하여 동일한 지역 또는 해역이라 할지라도, 예컨대 자원배분, 항행, 환경보전, 질서유지 등 각각의 이용목적에 따라 상이한 내용의 법제도와 국가관할권의 적용을 받는다.

國際公域에 있어서는 전통적인 公用物(*res in publico usu*) 내지 국제공역(*international public domain*)의 개념 이외에 오늘날에는 '公物'(*domaine public*) 또는 쾌적한 생활공간으로서의 '公共自然空間'(common amenities) 등의 국내법상의 새로운 개념을 유추하여 국제공역의 관할·개발·이용에 관한 국제법상의 규제가 형성되고 있다. 제 2 차대전 이후 특히 1970년대 이후 국제공역에 관해서 천연자원의 보존과 최적이용 및 형평적 배분을 실현하거나, 환경·생태계의 보전을 확보하거나, 평화목적을 위한 이용에 특정하는 등 각국의 屬人的 관할권의 행사에 대하여 국제사회의 일반이익을 실현하기 위한 공공적·객관적인 기준을 설정하고 있다. 특히 深海底와 같은 새로운 국제공역에는 '人類共同의 遺産'이라는 새로운 개념을 도입하여 그 천연자원의 개발·배분을 국제기관의 직접관리에 부탁하게 되었다.

4. 國家管轄權을 決定하는 準則

國家管轄權을 결정하는 준칙으로서, ① 屬地主義, ② 屬人(國籍)主義, ③ 受動的 屬人主義, ④ 保護主義, ⑤ 普遍主義 등 이상 다섯 가지를 분류할 수 있다. 문제는 이러한 준칙이 단순히 각국의 국가관할권설정의 일방적·주관적 기준으로서 이용된 것이 아니고 국제법상 타당한 것으로서 타국의 관할권의 주장에 유효하게 대항할 수 있는 것인가의 점이다.

1) 屬地主義 자국영역을 범죄실행지로 하는 경우, 이것을 표준으로 관할권을 결정하는 입장을 속지주의(territorial principle)라고 하며, 가장 기본적인 준칙이다.

속지주의는 이것을 확장하여 자국영역 밖에 있는 自國籍의 선박, 항공기 등의 이동체의 내부에서 행해진 행위에 대해서도 자국영역 안에서 행해진 것으로 간주한다(Chung Chi Cheung v. The King 참조). 이리하여 國內에서 개시되어 국외에서 완성된 범죄(주관적 속지주의), 역으로 국외에서 개시되어 내국에서 완성된 범죄(객관적 속지주의) 등, 그 구성요건의 하나가 자국영역내에서 실행된 범죄에 대해서도 각국의 형법상 영역외 행위가 당해 범죄의 구성요건으로서 공통으로 인정되고 있는 것인 한, 국제법상으로도 속지주의에 입각한 관할권의 결정이 허용된 것으로 볼 수 있다.

그런데 더 나아가 미국·독일·유럽연합은 이러한 제한을 넘어서 객관적 속지주의를 확장하고 있다. 즉, 외국인에 의한 영역외 행위라 할지라도 내국의 질서에 대하여 '직접, 실질적, 예견 가능한 영향'을 주는 것으로 인정되는 한, 이것에 국내법(반트러스트법)의 영역외 적용을 하고 있다. 그러나 그 인정은 주관에 흐르기 쉽고, 그 '影響'을 속지주의에 결부시킬 수 있을지 의문이어서 각국의 항의를 받고 있다.

2) **屬人(國籍)主義** 犯罪實行地의 여하를 불문하고 실행자의 국적 또는 內國民性에 입각하여 관할권을 결정하는 입장을 屬人主義(또는 국적주의 personality or nationality principle)라고 하며 적어도 중대범죄(반역, 살인, 중혼, 국가기밀누설 등)에 관한 한 在外自國民에 대한 관할권의 적용이 일반적으로 인정된다.

그러나 國籍國은 재외자국민에게 犯罪實行地法(*lex loci delicti commissi*)상 위법이 되는 행위를 하도록 요구해서는 안된다. 또 외국인 거주자에 대한 과세, 외화규제, 병역의무 등의 적용은 '거주의 사실을 국적과 동일시'하는 것이므로 속지주의와 같이 관할권 행사의 대상사항과 在留國 간에 '실질적 및 진정의 관련'의 존재를 요건으로 한다(다만 재일동포의 경우 거주의 사실이 일본인 국적자와 구별할 수 없을 정도로 밀접함에도 불구하고 일본정부는 철저히 속인주의로써 대하고 있다).

미국은 屬人主義를 확대하여 미국 내에 거소·영업소를 갖지 않는 외국인 또는 외국법인이 미국의 영역 외에서 행한 행위라 할지라도 미국과의 경제활동상의 연결관계가 있으면 미국의 관할권에 복종하는 것으로 간주한다. 미국에 의한 과거 對蘇經濟制裁(1982년 6월의 미국수출 무역관리법 개정)가 그 일례인데, 국적취득에 의한 충성관계 이외의 사유에까지 확대한 것이다. 그러나 외국회사가 미국 내에 거소, 내국민성, 국적 등을 갖고 있지 않는 한 이러한 속인주의의 확대는 국제법상의 근거를 갖지 않는 것이며 속인주의(국적주의)의 남용이 된다.

3) **受動的 屬人主義** 외국인의 영역외행위의 피해자가 법정지인 국가의 국민 또는 그 내국법인인 경우 이것을 기준으로 관할권을 결정하는 입장을 수동적 속인주의(passive personality principle)라고 한다. 그러나 이러한 준칙은 영미법계 국가에서 반대가 강하며, 국가실행도 일치하지 않다. 오히려 보호주의 또는 보편주의(후술)에 의하여 처리하는 것이 타당하다.

4) **保護主義** 범죄의 실행의 행위자, 행위지의 여하에 불구하고, 범죄행위에 의하여 국가의 기본적 이익에 대한 중대한 침해가 발생한 경우, 이것을 기준으로 관할권을 결정하는 입장을 保護主義(protective or security principle)라고 한다. 국제법상 일반적으로 내란, 外患誘致, 파괴활동, 출입국관리법 위반, 스파이행위, 査證 등 공문서에 관한 위증, 재외공관의

습격 등 '정치적 기본질서를 해하는 죄'와 통화·유가증권의 위조 등 '경제적 기본질서를 해하는 죄'가 그 적용대상이 된다(1931년 만국 국제법학회의 결의).

5) **普遍主義** 다수국가에 공통된 이익을 해하는 범죄에 있어서 그 실행자의 신병을 억류·체포한 모든 국가에 기소·처벌의 관할권(보편적 관할권)을 부여하는 입장을 보편주의(universality principle) 또는 세계주의라고 한다.

상당히 다수의 국가가 국제적 공서에 관계되는 문제로서 특정의 범죄에 보편주의를 적용하였다. 그러나 영미법계의 국가들은 보편주의의 적용이 원칙적으로 屬地主義의 우위를 침범하여 국제법에 위반된다는 견해를 갖고 있다. 그 주요한 이유로는 보편주의의 적용에 의하여 실행자 개인은 行爲地法上 적법한 행위에 대하여도 소추될 뿐만 아니라 다른 국가에서의 審理에 따르는 많은 소송절차상의 곤란(증거, 증인, 언어 등)에 직면하여 불공정한 취급을 받을 염려가 있다는 점이다(Bowett, Jurisdiction, 13). 다만 이러한 국가들도 국제법에 의하여 보편적 관할권이 허용된 것에 대하여는 예외를 인정하고 있다.

우선 보편주의의 적용에 관하여 異論이 없는 것은 海賊(piracy)의 경우이다. 해적은 '인류 일반의 敵'(*hostis humanis generis*)으로 간주되어 모든 국가는 공해상의 해적선박·해적항공기에 대하여 나포·체포 또는 압류하며, 나아가서 기소·처벌도 할 수 있다(공해조약 제19조, UN해양법조약 제105조). 즉, 모든 국가에게 해적에 대한 입법·집행·사법의 관할권이 인정된다.

그러나 기타의 海上犯罪에 대해서는 보편주의가 반드시 다 적용되는 것은 아니다. 노예매매, 마약의 거래, 해저전선·파이프라인의 손괴 등의 해상범죄의 단속은 같은 국제사회의 公序維持를 위한 다수국간조약의 규율의 대상이 되고 있으나 각국의 관할권의 적용은 한정되고 있다. 대체로 容疑船舶에 대한 경찰권(임검, 수색·나포·억류, 압류 등)의 행사에 그치는 경우가 많다. 旗國主義의 우위가 배제되는 한도 내에서 보편주의의 적용을 인정한 것이라고 할 수 있다.

그런데 공해상의 무허가 방송의 소추에 있어서는 위의 해상범죄의 경우보다 널리 선박의 旗國(속지주의), 설비의 등록국 또는 실행행위자의 本國(국적주의), 受信國 또는 混信의 피해를 받는 국가(객관적 속지주의, 수동적 속인주의 또는 보호주의)에게도 관할권을 부여하고 있으나(UN 해양법조약 제109 3항) 그 범위는 특정되어 있으므로 이것을 해적의 경우와 같은 보편주의의 적용이라고 보기는 어렵다.

戰爭犯罪(포로에 대한 학대 등)에 대한 관할권은 전통적으로 교전당사국에 專屬되어 있다. 또한 集團殺害(genocide)罪의 처벌에 있어서도 아직까지 보편주의는 적용되지 않고 있다(국제형사재판소가 설립되어 체약국이 그 관할권을 수락할 때까지 범죄실행지의 국내재판소만이 관할권을 갖는다. 집단살해방지처벌조약 제 6 조).

아이히만(Eichmann)사건(1960-1961)에 있어서 이스라엘은 아르헨티나에 잠복중인 독일인 피고를 강제연행하여 전쟁범죄와 집단살해죄에는 보편주의의 적용이 가능하다고 주장함으로써 이것을 기소·처벌하였다. 그러나 이스라엘의 주장에는 위와 같이 국제법상의 근거가 없다.

최근에는 다수국간 조약으로 일정한 국제법 위반의 범죄에 대하여 전통적인 속지주의, 국적주의, 수동적 속인주의 등을 아울러 적용할 수 있게 하는 동시에 나아가서 보편주의에 입각한 관할권의 설정도 인정하고 있다. 예를 들면, 항공기의 不法奪取(1970년 '항공기의 불법탈취의 방지에 관한 Hague 조약' 제 4 조 1항·2항)와 安全沮害(1971년 '민간항공기의 안정에 대한 불법행위의 방지에 관한 Montreal 조약' 제 5 조), 외교관에 대한 공격(1973년 '외교관을 포함한 국제적으로 보호된 자에 대한 범죄의방지·처벌에관한조약' 제 3 조 1항·2항), 아파르트헤이트(1973년 '아파르트헤이트죄의 방지·처벌에 관한 조약' 제 4 조·제 5 조), 人質奪取(1979년 '인질탈취에 관한 국제조약' 제5조 1항·2항) 등의 국제범죄에 대해서이다.

위와 같은 범죄에 대해서는 기존의 犯罪人引渡條約에 특별한 규정이 없더라도 당연히 그 범죄인인도조약상의 引渡犯罪로 하는 의무를 진다. 또한 용의자를 실제로 억류하고 있는 자가 기소·처벌에 관한 관할권의 결정에 있어서 항공기의 등록국, 착륙국 기타의 관계국보다 우월적인 입장에 있다는 의미에서 보편주의의 전형이라고 할 수 있다(반대론 Bowett, 13).

제 2 절 領域의 取得의 理論

1. 領域取得의 意義

영역의 취득은 곧 領域主權의 취득과 같은 말이다. 영역주권이라고 하는 것은 '국가의 활동을 전개하는 排他的 權利'를 뜻한다(1928년의 팔마스島 사건에 관한 중재판결에 있어서 막스 후버 중재관). 그것은 국가영역을 자유로이 사용, 수익, 처분하는 영토 자체에 대한 지배권(*dominium*)과 영역 내에서 자유로이 통치하는 對人的 支配權(*imperium*)을 포함하는 개념이다.

그러나 영역주권은 無制約한 것이 아니고 국제관습 또는 조약상의 제약을 받는다. 어느 국가는 타국의 영역에 조약 또는 지방적 관습에 의하여 통행권을 취득하는 경우가 있다.

> 예를 들면, 포르투갈이 인도반도에 영유한 Daman 지역은 그 圍繞地 인도영역을 통행하지 않으면 안되게 되어 있어 그 통행권을 주장하여, 이것을 거부하는 인도와의 사이에 분쟁이 발생하였다. 1960년의 ICJ의 판결은 "私人과 공무원 및 일반의 물품에 관해서는 영국인이 지배한 시기 및 그 후의 시기를 통하여 Daman과 包領(enclave) 간의 자유통항을 허용하는 불변적·획일적 관행이 존재하였다"고 결론지었다. "이 관행은 인도가 독립국이 되었을 때 발생한 包領에 관한 통치방식의 변경에 의하여 영향을 받지 않고 125년을 넘은 기간을 계속해 왔으므로, 재판소는 이 경우의 모든 사정을 고려하여 그 관행은 당사국에 의하여 법으로서 승인되었으며, 그 권리와 상관적인 의무를 발생케 한 것으로 인정한다"고 하여 인도영역의 私人 등에 의한 통행권을 인정하고 있다.

어떤 경우에는 자국영역을 타국에 양도하는 권리조차 조약에 의한 제약을 받는 경우가 있다. 1955년 國家條約(state treaty)에 의하여 오스트리아는 독일과 정치적 또는 경제적 연합을 결성하지 않기로 합의하였다. 또한 1713년의 '유트레히트 조약'(Treaty of Utrecht)에 의하여 영국은 지브랄타에 대한 주권을 양도하고자 할 때는 먼저 스페인에 신청하기로 합의하였다.

2. 領域取得의 權原

국가가 영역을 취득하기 위한 법적 근거를 權原(title)이라고 한다. 즉, 일정 지역에 대하여 領域主權을 유효하게 행사하기 위한 원인 또는 근거가 될 수 있는 사실을 말한다. 한걸음 더 나아가서 그것은 그 지역에 대한 국가활동의 현실적 표시 중에 그 국가영역에의 屬地的 權能의 행사라는 법적 효과가 인정되고 동시에 타국에도 유효하게 대항할 수 있는 것으로 인정되는 사실·행위·사태이다. 국제법은 종래 이와 같은 권익으로서 다음과 같은 5가지의 방법을 인정하여 왔다. ① 先占, ② 時效, ③ 添附의 3가지 권원은 사법상의 소유권 취득의 방법을 국제법에 도입한 것이다. 기타 국제법에 특유한 영토취득의 권원으로는 ④ 割讓, ⑤ 征服이 인정되어 왔다.

영역의 취득은 국가간의 합의에 의하는 것이 원칙이나, 국가의 일방적 행위에 의하는 경우가 있고, 드물게는 자연현상으로서 생기는 경우도 있다. 할양·병합은 첫째의 경우이고, 선점·정복은 둘째의 경우이며, 자연적 첨부는 셋째의 경우이다. 그런데 선점과 첨부는 原始的 取得이다. 원시적 취득이라고 하는 것은 종전에 어느 국가의 영역에도 귀속되지 않은 지역(無主地)을 선점 기타의 權原에 의하여 국가영역에 편입하는 것을 말한다. 이에 대하여 承繼取得이라고 하는 것은 지금까지 다른 국가의 영역이었던 부분을 할양 기타의 권원(조약에 의한 것과 의하지 않는 것이 있다)에 의하여 국가영역에 편입하는 것이다.

新生國의 성립(제 2 차대전후의 식민지 체제의 붕괴의 경우)은 상기 5개의 권원의 어느 것에도 해당되지 않고 그 실효적 지배에 입각한 성립과 국가승인의 당연한 결과로서 영역권의 취득이 인정된 경우이다. 이것은 국가의 성립으로서 영역의 취득과는 다른 특별한 의미를 갖는다. 여하간 영역의 취득(또는 상실)에 있어서는 주민의 국적, 조약, 재산, 채무 등에 관하여 부수적인 법률문제가 발생하는 것이 보통이다.

오늘날 A·A제국이나 구소련의 국제법 이론에 의하면 UN헌장에 위반된 무력행사의 결과로서의 영토취득 또는 주민의 자결의 원칙에 입각하지 않은 영토취득은 효과를 발생하지 않는다는 견해가 지배적이다. 그러나 이것은 법률의 遡及效에 관한 時際法(intertemporal law)의 문제인 동시에, 효과적 내지 실효적 권원에 의한 영토취득의 효과가 다른 국가의 승인에 의하여 좌우되는가의 문제를 제기한다.

단적으로 말하여 승인이란 영토주권에 관한 한 전적으로 이것과 상관없는 것이다.

3. 時際法의 理論

領域의 귀속에 관한 국제분쟁은 과거 수 세기에 소급하는 사실 또는 조약의 해석을 쟁점으로 하는 것이 적지 않다. 그런데 영역취득을 규율하는 규칙들은 수 세기에 걸쳐 변화하여 왔다. 이 경우 영역에 대한 권한의 유효성을 결정하기 위해서는 어느 세기의 법을 적용해야 하는가의 문제가 발생한다. 이 문제는 그 취득 당시에 유효했던 국제법규에 입각하여 판단되는 것이며, 현행법의 소급적 적용은 원칙적으로 인정되지 않는다는 것이 바로 時際法의 이론이다(서부 사하라 사건, ICJ Reports, 1975, 12, 37-40).

그런데 팔마스島 事件(前記)에서 막스 후버(Max Huber) 仲裁官은 "권리의 창설과 권리의 존속 간에 구별을 하지 않으면 안된다. 권리를 창설하는 행위를 그 권리가 발생하였을 당시에 유효한 법에 복종케 하는 똑같은 원칙이 권리의 존재, 즉 권리의 계속적 발현은 법의 발전에 의하여 요구되는 조건에 따라야 한다는 것을 요구한다"고 裁定하였다. 즉, 영역주권의 취득·설정과 그 후의 존속을 구별하여 각각의 時際法을 적용함으로써 그 유효성 여부를 인정한다는 것이다. 따라서 領域取得에 관한 법이 엄격하게 되면 될수록 국가는 그 권원의 유지를 위하여 항상 새로운 법에 맞도록 관리를 해야 하는데(시효에 의한 네덜란드의 권원취득을 저지하기 위해서는 팔마스島에 있어서의 스페인의 한층 더 큰 활동이 필요하였다), 그렇다면 과거에 일단 유효하게 설정된 영역주권이라 할지라도 그 후의 국제법의 발전에 따라서는 그 효력이 부정되는 경우도 생길 수 있다. 그러나 時際法을 이와 같이 확대 적용하여 영역권원이 시대의 경과와 더불어 항상 유효하게 유지·존속되기를 요구하는 것은 실질적으로는 현재의 새로운 국제법규의 소급적 적용을 무조건으로 인정하는 것이 된다. 이것은 종전의 권원의 효력을 전복시켜 법적 안정성을 크게 저해하는 것이다. 그리고 또한 영역취득의 유효성은 취득을 주장한 시점에서 유효한 법에 입각한다는 규칙의 효력을 실질적으로 부정하는 것이 된다(막스 후버가 언명한 넓은 요건에 관하여, Akehurst의 의견, 150).

時際法은 정복이라는 권원의 경우에는 심각한 문제를 제기한다. 오늘날에는 정복이 권원을 부여할 수는 없으나 과거에는 그것이 가능하였다.

여기서 문제는 정복에 입각한 과거의 권원은 무효인가라고 하는 것이다. 이것를 논리적으로 거슬러 올라가면 미국은 아메리칸 인디언에게 반환되어야 하며, 영국은 웨일즈를 웨일즈인에게 반환해야 한다는 것을 뜻하게 된다(웨일즈는 13세기에 잉글랜드에 정복되었다). 이 때문에 1970년 UN총회가 현재의 정복에 의한 영역취득의 금지는 헌장의 제도 이전에 또는 국제법하에서 유효하게 창설된 영역에 대한 권원에 영향을 주는 것으로 해석되어서는 안된다고 선언하였다.

그러나 A국이 19세기에는 B국의 영역의 일부를 정복한 경우 B국이 오늘날에는 그 영역을 재정복할 수는 없는가라는 또 하나의 심각한 문제를 제기한다. 포르투갈은 16세기 정복에 의하여 인도령 고아(Goa)를 취득하였다. 인도는 1947년의 독립후 포르투갈의 권원을 승인하였으나 1961년에 고아에 침입하였다. 인도는 安全保障理事會의 이 문제에 관한 토의에 있어서 포르투갈의 권원은 정복에 의한 것이므로 무효라고 주장하였다. 이러한 견해는 20세기의 국제법의 관념에서는 정당하다. 그러나 16세기에는 반드시 그렇지 않다. 그럼에도 불구하고 안전보장이사회 및 총회는 인도의 행동을 비난하지는 않았다. 그러나 그것은 인도의 행동이 법적으로 정당화되는 것이라고 생각했다는 것을 의미하지 않는다. 이 경우 최선의 해결책은 국내법상의 검찰이 기소를 하는 데 있어서 상당한 재량권을 행사하는 경우가 있듯이 UN도 인도의 고아 침입에 대하여 불간섭의 태도를 취하는 것이었다(Akehurst, 151).

1) *uti possidetis*의 原則 과거에 무력에 의하여 획정된 식민지의 국경은 지금 대부분의 경우 신생독립국의 국경이 되고 있다. 라틴아메리카 및 아시아·아프리카 제국은 식민지국경이 독립후에도 국제법상 계속하여 국경으로 인정하는 데에 합의하였다. 라틴 아메리카에서는 이것을 우티 포시데티스(*uti possidetis*)의 원칙이라고 부른다. 그것은 "네가 현재 갖고 있는 것과 같이 네가 계속해서 갖고 있어라"라는 뜻이다.

植民地國境은 部族구분을 무시하거나 자연적 경제단위를 구성하는 구역을 분단하고 있다. 그러나 新生獨立國은 성급한 국경의 재획정에 관한 합의에 도달하기가 곤란한 관계로 현국경을 유지함으로써 분쟁과 불안정을 회피하는 현명한 태도를 취하고 있는 것이다.

2) **時際法理論의 制限的 適用** 시제법의 구체적 적용에 있어서 다음 두 가지 경우를 구별하는 것이 판례의 태도인 것으로 보인다. 첫째, 領域權原이 과거의 사실에 입각하여 당시 유효하게 취득된 경우라 할지라도 그 후에 새로운 국제법규가 성립하여 그 효력을 부정한 경우에는 그것은 그 시점에서 소멸하고 그 이후 현재에 이르기까지 하등의 법적 효과도 발생하지 않는 것으로 취급한다. 둘째, 과거의 영역권원이 그 후 실효적 점유와 같은 다른 유효한 권원으로 대체되었다는 충분한 입증이 있는 경우에는 이것에 한하여 예외적으로 시제법의 소급적 적용이 인정된다(1953. 11. 17. '망키에 및 에크레오 諸島事件', ICJ 판결, ICJ Reports 1953, 56; 1975. 10. 16. '서부 Sahara 사건' ICJ 권고적 의견, ICJ Reports 1975, 168-171).

4. critical date의 理論

critical date(決定的 期日)라고 하는 것은 "이 기일 이후의 당사자의 행위는 係爭된 법률관계에 하등의 영향도 주지 않는 日字"이다(D.H.N. Johnson). 그것은 영역분쟁의 해결에 있어서 당사국간에 분쟁이 발생한 시기 또는 영역주권의 귀속이 결정적으로 되었다고 인정되는 시기를 말하는데, 이 시기를 기준으로 영역권원의 근거가 되는 사실의 증거력이 결정되며, 이 시기 이후의 당사국의 행위는 증거로서의 가치가 인정되지 않는다. 특히 분쟁의 존재가 명백하게 된 단계에서 당사국이 자기의 입장을 유리하게 할 목적으로 행한 행위에 대해서는 증거력을 부인하는 것이다(Brownlie, 133).

국제법상 critical date를 결정하는 기준은 확립되지 않았고 국제재판에서도 판례법으로 성립되지 않았다. 피츠모리스(Fitzmaurice)는 critical date를 결정하는 기준으로서 다음 여섯 가지를 들고 있다. ① 분쟁이 개시된 시기, ② 원고가 명확한 청구를 제출한 일자, ③ 분쟁이 구체화된 시점, ④ 분쟁당사자의 일방이 交涉, 周旋, 調停 등 사법적 절차 이외의 해결방법을 제의한 일자, ⑤ ④에 열거된 절차의 하나가 실제로 개시된 일자, ⑥ 중재재판 또는 사법재판에의 부탁이 이루어진 일자 등이다(32 B.Y. (1955.

6), 20-44)). 이러한 기준은 각각의 장단점과 한계를 지니고 있어 그 가치판단은 용이하지 않다.

critical date의 결정은 각 사건의 성질이나 재판부탁의 합의의 내용에 따라 관할 국제재판소가 하는 것으로 되어 있다. 지금까지의 선례를 분류하면 critical date의 확정은 다음 세 가지 방법에 의한다.

〈팔마스島 사건의 경우〉 領土割讓條約의 체결과 발효의 시점(스페인이 미국에 필리핀군도를 할양한 파리조약에 있어서의 1899년 12월)을 critical date로 결정하였다. 이 시점까지 분쟁당사국(미국과 네덜란드)의 어느 편이 係爭地域에 영역주권을 설정하고 또한 분쟁발생의 시점(1906년)에 이르기까지 이것을 유효하게 유지하였는가를 심사하였다.

〈동부 그린랜드 사건의 경우〉 一國이 領有宣言을 하여(노르웨이가 동부 그린랜드에 선점을 선언한 1931년 7월 10일), 양국간에 분쟁이 발생한 일자를 critical date로 인정하고, 그 기일의 직전의 시점에 이르기까지 계쟁지역에 관하여 다른 국가(덴마크)의 유효한 영역권원이 설정되어 있었든가, 아니면 無主地였든가를 심사하였다.

〈망키에 및 에크레오 사건의 경우〉 분쟁당사국이 각각 상이한 critical date를 주장하였으나(프랑스는 영·불어업조약 체결시, 영국은 1905년의 재판부탁합의서 작성시를 주장), ICJ는 critical date를 특별히 결정하지 않고 양국이 주장하는 領域權原에 관하여 중세까지 소급, 어느 주장이 보다 확신적인 증거의 뒷받침을 가진 것인가를 심사하였다.

제 3 절 領域權原의 取得의 態樣

1. 先 占

先占(occupation)이라고 하는 것은 無主의 土地(*terra nullius*)를 다른 국가보다 먼저 실력적으로 지배(실효적 선점)함으로써 성립되는 영역취득의 권원(方式)이다.

선점의 요건은 국가의 영유의사라는 主觀的 要素(*animus*)와 국가의 권력에 의한 실효적 및 계속적 지배라는 客觀的 要素(*corpus*)를 필요로 한다(동부 그린랜드의 법적 지위에 관한 PCIJ의 판결). 이 객관적 요소는 영역취득의 의사라는 주관적 요소의 존재를 입증하기 위하여 특히 중요시된다(1931. 1. 28 The Clipperton Island Case의 중재판결 및 전기 동부 그린랜드 사건의 PCIJ판결). 超國家的 국제제도가 결여된 국제사회에서는 완전한 사법제도에 의하여 담보된 추상적 소유권이 승인되는 국내법제도와는 달리 영역주권의 존재를 추상적으로 추정할 수는 없다. 따라서 배타적 영역주권은 항상 實效的 占有(국가활동의 평온하고 계속적인 표시)에 의하여 유지될 필요가 있기 때문이다. 선점할 수 있는 자는 국가이다. 그러나 私人 또는 회사의 행위라 할지라도 국가의 사전의 위임이나 사후의 追認이 있으면 그것은 국가의 행위가 된다. 네덜란드와 영국의 동인도회사의 예가 그것이다.

先占의 주관적 요소로서의 영유의사는 영유·선언, 입법행정상의 조치, 다른 국가에 대한 통고 등에 의하여 표시된다. 다만 통고에 관해서는, 그것이 선점의 일반국제법상의 요건은 아니라고 하는 다수설과 필수요건이라고 하는 소수설이 대립하고 있다.

1) 先占의 通告는 義務的인가 팔마스島 사건에서는 통고를 선점의 요건으로 취급하지 않았다. 그렇다고 이 판례에서 바로 선점에는 통고가 필요 없다는 원칙을 도출해서는 안된다. 이 판례의 당해 부분을 자세히 보면 그 팔마스섬이 有人島이므로 이 섬에서 은밀한 주권행사는 불가능하기 때문에 통고가 필요치 않다고 말했을 뿐이다(Schwarzenberger, Title to Territory, 322). 그러므로 오히려 무인도의 경우에는 통고가 필요하다는 추론을 이 판례는 가능하게 하는 것이다. 클립퍼튼島 사건에서는 프랑스영사가 하와이의 일간지에 이 섬에 대한 주권의 확립을 선포하고 동시에 하와이정부에게 그 완성을 통고하였다(단, 통보의 요건은 부정되었다).

1885년의 베를린회의에 있어서의 콩고議定書(제34조·제35조)는 先占의 요건으로서 지방적 권력의 수립 이외에 통고의 의무를 규정한 바 있다(클립퍼튼島 사건의 판결은 이것을 조약법의 창설이라고 하였다). 그러나 이것은 아프리카지역에 있어서 유럽 국가 간의 식민지 획득의 경합을 방지하고 규제하기 위한 특별의 요건이지 일반국제법상의 요건은 아니라고 한다. 사실 생 제르맹 조약(1885년 9월)에 있어서는 통보의 요건을 삭제하였다.

그러나 막스 후버 仲裁官이 팔마스島 사건에서 강조한 바와 같이 영역주권의 취득에 있어서 이해관계국의 승인의 필요성을 간과해서는 안된다. 先占이 원시취득이기 때문에 통고가 필요없다는 설도 있으나 당사국 또는 제 3 국에게 대하여 승인 또는 거절의 기회를 주기 위하여 통고는 영역취득에 있어서 불가결한 要素이다(1923년의 Jaworzina 국경사건에서 PCIJ는 승인을 영역주권의 불가결한 요소라고 규정하였다. Schwarzenberger, Title to Territory, 317; 동부 그린랜드 사건에서도 승인은 존중되었다. Ibid.). 이와 같이 승인과, 따라서 通告와 公表는 서로 밀접한 관계가 있는 것이며, 實效的 占有에 있어서도 통고의 의무는 본질적 요소라고 할 수 있다.

2) **無主地** 선점의 객체는 無主地이며, 선점은 반드시 무주지에 있어서만 성립된다. 무주지라고 하는 것은 어느 국가의 국가영역에도 귀속되지 않은 지역 또는 국가영역으로서의 통치를 떠나 遺棄된 地域(영역 유기 또는 포기(derelict)에도 포기의 의사라는 주관적 요소와 포기의 사실이라는 객관적 요소가 필요하다)을 말한다. 국가의 정책상 어느 영역을 일시적으로 사실상 포기하였을지라도(빈번한 倭冠의 침공으로 일시 空島政策을 실시한 독도 및 울릉도의 경우) 포기의 의사가 없었다는 사실이 증명된 경우에는 이것을 포기로 보지 않는다(Santa Lucia 사건).

전통국제법에 의하면 無人地域은 물론 어느 정도의 사회적·정치적 조직을 갖춘 원주민이 거주할지라도 국제사회의 구성원인 국가 내지 서구 문명의 단계에 도달되지 않은 지역도 무주지로 간주하여 원시취득의 대상으로 삼았다. 이 지극히 난폭한 선점의 법리는 그 후 많은 비판을 받고 있다. 과거에 서구 열강은 先占의 법리에 의하여 아시아·아프리카지역을 식민지로 삼았다. 비유럽지역의 대부분은 주민이 살고 있어도 유럽문명의 단계에 도달하지 못했다는 이유로 무주지로 취급되어 선점의 대상이 되었던 것이다. 이에 오늘날의 A·A제국에 의하여 선점의 이론은 부인되고 있다. 과거 소련의 국제법은 선점이 '掠奪의 制度'이며, 주민 자결의 원칙에 입각하지 않는 한 영역취득의 효과가 발생하지 않는다고 주장하였다.

오늘날에 있어서는 무주지의 개념에 약간의 변화가 발생하였다. 西사하라에 관한 ICJ의 권고적 의견에서는 "지방부족의 長과의 합의에 의한 주권의 취득은 무주지의 선점으로 간주되지 않는다"고 하는 것이다. 일찍이 19세기 당시의 국가실행에 비추어 보더라도 사회적 및 정치적 조직을 가진 부족이나 인민이 거주하는 지역은 無主地로 취급되지 않았다는 것이다. 따라서 이 지역에 대한 식민지적 지배(1884년의 西部사하라지역에 대한 스페인의 보호령 선언)도 처음부터 현지의 首長과의 約定에 입각한 일종의 承繼取得이었으며, 1960년의 식민지독립부여선언(1960년 UN총회 결의 1514호)의 적용을 배제하여 금후에도 원시취득의 효력의 존속을 주장하는 것은 허용되지 않는다고 이 勸告的 意見은 말한다(西部사하라 사건, ICJ 권고적 의견. ICJ Reports 1975, 39).

독도의 영유권문제에 있어서 독도는 역사적으로 한국의 영토이고 무주지가 아니었으나 일본은 1905년 2월 22일에 이른다 '시마네(島根)縣告示'로써 이것을 그 縣에 편입하여 선점을 완료하였다고 주장한다. 그러나 ① 이해관계국에 대한 통고가 없었다는 것, ② 선점의 意思表示(公表)가 단순히 국내적인 지방자치단체의 고시에 불과한 것, ③ 1905년 당시 일본은 한일협약에 의하여 실질적으로 한국의 외교권을 박탈하였으므로 일본의 독도 편입에 대하여 한국으로부터 정식의 항의가 없었음을 원용할 입장에 있지 않는 것 등의 이유로 보아 일본의 주장은 근거가 박약하다.

동부 그린랜드 사건(PCIJ, 1933)은 노르웨이가 그린랜드의 식민되지 않은 부분을 무주지라고 하여 1931년 그 일부분의 선점을 선언한 데 대하여, 덴마크는 그린랜드 전부가 그 주권하에 있다고 주장함으로써 노르웨이의 선언을 무효로 판정하도록 PCIJ에 요구한 사건이다. 재판소는 이 사건에서 ① 첫째, 덴마크가 그린랜드 전체에 대하여 權原을 주장하려는 의사가 있었음을 증거에 의하여 확인하였다. ② 둘째, 재판소는 係爭地域(덴마크가 植民하지 않은 부분)에 대하여 덴마크가 선점의 제 2 의 요건인 권한행사를 하려고 시도한 증거를 검토한 결과 다른 국가에 의한 경합적 주장이 존재하지 않음을 지적하고 어떠한 국가도 보다 우세한 주장을 제출하지 않는 한 비교적 경미한 권한행사로써 충분하다고 하였다. ③ 셋째, 그린랜드의 비식민지역의 極地 및 遠隔的 성질은 계속적 및 강도의 권한행사를 요구하는 것이 불합리하다고 하였다. 즉, 이것은 실효적 지배가 불가능한 곳에서는 상징적 지배의 관념도 부정되지 않는 것을 말한다. ④ 넷째, PCIJ는 덴마크가 명백히 그린랜드 전체에 적용할 목적을 가진 허다한 입법적·행정적 조치, 덴마크의 주장을 묵인하고 있는 다수의 조약규정 등으로써 노르웨이가 이미 전기 지역에 대한 덴마크의 주권을 승인하였다는 사실인정을 하였다. 이리하여 결국 PCIJ는 1931년 노르웨이가 주장한 지역은 선점의 대상이 될 수 있는 無主地가 아닌 것을 명백히 하고 그린랜드 전체에 대한 덴마크의 주권을 인정하였다(한일간의 독도분쟁에 있어서 선점이론을 적용하는 일본의 학자가 있으나 1905년 일본에 의한 이른바 독도편입의 당시 독도가 무주지가 아닌 것은 역사적으로 증명된다).

3) **實效的 占有, 發見, 未完成 權原** 선점의 실체적 요건으로서 선점은 실효적이 아니면 안된다. 무인도를 발견하여 거기에 國旗를 세우는 것과 같은 상징적인 領土編入行爲만으로는 부족하다. 팔마스島 사건의 판결은 "발견의 권원은 가장 호의적인, 가장 넓은 해석에 의해서도 단순한 미

완성의 권원으로서만, 실효적 선점에 의해서 주권을 수립할 수 있는 청구권으로서만 존재한다." "19세기 이래의 견해에 의하면 발견의 미완성 권원은 상당한 기간 내에 발견했다고 주장하는 지방의 실효적 선점에 의하여 보충되지 않으면 안된다." 따라서 "발견만 있고 그 후의 행위가 없을 때에는 주권을 증명하는 데 충분하지 않다"(橫田喜三郞, PCIJ판례연구, 국제법외교잡지 36권 9호, 83, 67, 66).

다른 한편, 발견은 영역주권의 확정적인 권원을 설정하지 않고, 단순한 '未成熟의 權原'(inchoate title)에 지나지 않으나, 그러한 권원으로서 국가권력의 외면적 표시가 없더라도 그 후에도 유효하게 존속한다는 설이 있다. 그러나 19세기 이후의 국제법규에 의하면 발견이라는 미성숙의 권원은 상당한 기간 내에 實效的 先占에 의하여 대체되어야 하며, 설사 이 미성숙 권원이 critical date의 시점까지 유효하게 존속할지라도 계속적·평화적 권력의 표시에 입각한 타국의 확정적 권원에는 우월할 수 없다(前記 팔마스島사건, PCA 판결, 846, 868).

실효적 점유에 있어서의 실효성의 정도는 토지의 지리적 상황이나 거주인구의 밀도 등에 의하여 결정된다. 즉 到達의 難易, 인구의 多少, 타국의 경합적 권원의 유무 등 각 지역의 사정에 따라 다르다. 실효적 점유라 할지라도 토지의 현실적 사용이나 定住人口와 같은 물리적 지배보다는 그 지역에 대한 지배권(법질서의 유지, 실력의 유지)의 확립이라는 사회적 점유가 중요시된다. 원격지의 식민은 사실상 곤란한 까닭에 물리적 점유는 크게 요구되지 않는다. 지리적 조건에 따라서는 실효성의 원칙이 완화될 수도 있다. 태평양의 孤島 클립퍼튼島(The Clipperton Island)를 둘러싼 프랑스·멕시코간의 분쟁에 있어서 1931년의 중재판결은 이 무인도의 프랑스에 의한 상징적 지배를 인정하였다. PCIJ도 '동부 그린랜드'사건의 판결에서 定住人口가 없는 極地의 실효적 점유에 관하여 같은 취지의 판결을 내렸다.

無主의 토지를 획득하기 위해서는 그것을 실효적으로 지배하는 것이 필요하다는 이른바 '先占實效性의 原則'으로 인하여 단순한 무주지의 발견만으로는 영역취득의 효과가 발생하지 않는다. 그러나 실효적 선점이란 발견 후에 점진적으로 진행되는 것이 보통이므로 단순한 발견도 '不完全權原'(inchoate title)—즉, 선점우선권을 부여하는 것이 된다. 미국과 네덜란드간의 팔마스島 사건(The Palmas Island Case, 1928)은 그 섬이 스페인의 계승자로서의 미국이 영유하게 된 필리핀 군도와 네덜란드령 東印度諸島와의 중간에 위치한 것인데, 양국이 각각 이 섬에 대한 주권을 주장하였기 때문에 일어난 분쟁사건이다. 미국은 무엇보다도 먼저 스페인이 팔마스島를 16세기에 발견하였다는 사실을 근거로 하여 영유를 주장하였다. 이에 대하여 중재관인 막스 후버(Max Huber)는 말하기를 "스페인에 의한 발견의 효과는 16세기의 국제법규에 의하여 결정되어야 한다. 그러나 19세기의 국제법은 선점의 실효성을 요구하는 원칙을 수립하였다. 발견만 있고 그 후의 행위가 없을 때에는 오늘날에 있어서 팔마스島에 대한 주권을 증명하기에 충분치 않다"고 하였다. 사실 발견의 효과는 권한의 계속적 및 평화적 표시에 우선할 수 없으며 네덜란드측이 제출한 이러한 표시에 관한 증거는 중재관을 만족케 하는 것이었다.

4) **隣接性(背後地)의 理論** 선점의 효과는 실효적으로 점령된 범위에 한정되는 것이 원칙이다. 해안의 한 지방을 점령함으로써 배후지 또는 분수령까지의 점령을 주장할 수 있다는 이른바 擬制的 先占을 인정하는 학설도 있으나 위의 팔마스島 사건에서 선점자는 隣近의 地域(선점지의 보장과 안전에 필요한 한도 내의 인근지역)도 같이 획득한다는 '接續의 理論'(theory of contiguity)은 배척됨에 이르렀다. 즉, 팔마스島가 지리적으로 필리핀 군도에 가장 근접해 있음을 근거로 하는 미국의 주장에 대하여 후버중재관은 영해 밖에 있는 어느 섬이 그 국가의 육지의 연장을 형성한다는 사실만으로 그 섬이 그 국가에 귀속된다는 실정 국제법규의 존재를 증명하기가 불가능하다고 판시하였다(19세기 말 아프리카의 콩고분지에 관한 식민국가간의 분쟁에 종지부를 찍은 1885년의 베를린 일반의정서는 아프리카 대륙연안에 있어서의 새로운 선점이 유효하려면 지방적 권력의 수립이 필요하다고 하였다).

그러나 실효적 점유와 점유의사에 관계 없이 '從物은 主物에 따른다'는 원칙에 의하여 자연적 사실에 입각한 영역권원의 원시취득을 공인해야 한다는 견해도 있다. 접속의 이론 또는 인접성의 원칙은 일반 국제법상으로는 독립의 영역권원으로서 인정되고 있지 않으나 영해나 영공이나 또는 영해 중에 있는 섬, 군도 등은 영토의 從物로 취급되어 그 영토와 일체화된 영역권원이 인정되고 있으며 그 근저에는 인접성의 관념이 작용하고 있는 것이 분명하다. 아울러 접속수역, 대륙붕, 배타적 경제수역 등의 해역부분이나, 또는 영공 외에 설정된 防空識圈(Air Defense Identification Zones; ADIZ) 등 특정목적에 한정된 國家管轄權의 행사가 인정된 것도 인접성의 관념의 반영이라고 할 수 있다. 그러나 그것은 국제법상의 특별한 제도로서 확립된 것에 지나지 않고 영역주권을 취득하기 위한 일반 국제법상의 원칙으로서 인접성을 원용하지는 못하게 되어 있다.

국제재판소도 隣接性에 관하여 부정적 태도를 취하고 있다. 팔마스도 사건에서는 이른바 인접성의 원칙은 영역주권의 귀속에 관하여 특정국에게 유리한 추정을 부여하는 권원이 될 수는 없다고 하였다. 또 西사하라사건에 있어서의 ICJ의 권고적 의견은 설사 係爭地域과의 지리적 일체성·인접성을 고려한다 치더라도 다른 국가에 의한 국가권력의 명백한 행사의 증거가 있는 한, 이에 우월한 권원으로 인정할 수 없다고 하였다(ICJ Reports 1975, 43).

그러나 인접성의 원칙이 국제법상 수행하는 기능은 복잡하므로 각각의 경우의 조건과 효과도 상이하다는 점에 유의해야 한다.

5) 極地에 대한 隣接性의 理論 領域權原에 있어 인접성의 원칙이 강하게 주장되는 경우가 극지에 대해서이다. 그 주장의 근거는, ① 그 지역은 성질상 실효적 선점에 적당치 않다. ② 주민의 상주가 불가능하다. ③ 본토지역으로부터 멀리 떨어져 있고 물리적 성질에 있어서도 영토의 自然的 延長論의 적용이 곤란하다는 것이다.

6) 北極의 경우 19세기 말로부터 20세기의 초에 걸쳐 非沿岸國의 발견에 입각한 영역권원의 주장에 대항하기 위하여 캐나다와 소련은 연접성의 법리를 원용하여 그 북극해 연안을 통과하여 극점에 이르는 2개의 경선과 연안의 위도선으로 둘러싸인 扇形部分에 들어가는 모든 육지와 섬에 대하여 영역권원을 주장하였다(소련, 캐나다, 덴마크가 주장. 미국과 노르웨이는 반대).

이러한 扇形理論(sector theory)의 주장은 실효적 지배의 요건을 결한 것이며, 域內國 중에도 반대가 있으므로 지역적 국제관습법으로도 성숙된 것이라고 볼 수 없다.

7) 南極의 경우 남극대륙은 종래 無主地로 생각되어 다수국가는 이것을 선점할 의사를 갖고 있었으나 그 가혹한 자연조건 때문에 그 실효적 지배는 거의 불가능한 상태였다. 때문에 남극의 영유에 관해서는 선점

의 요건을 완화하여 실효적 지배를 원칙으로 하지 않고 扇形理論(sector theory)에 입각한 영유를 주장하여 왔다. 선형이론이라고 하는 것은 영토의 양단으로부터 극에 이르는 子午線으로써 형성된 扇形區域內에 들어 있는 섬과 육지는 선점이 없을지라도 당연히 近接地域(또는 색인지역 region of attraction)에 위치한 국가의 영역으로 삼는다는 주의이다.

금세기초부터 제 2 차대전 후까지 영국, 프랑스, 노르웨이, 칠레, 아르헨티나 등이 이것을 주장하여 왔다. 그러나 남극은 북극과 달리 극지에 영토를 가진 국가는 존재하지 않으므로 각국의 요구도 반드시 자국영토의 양단을 통과하는 자오선의 범위에만 한정하고 있지 않다. 실제에 있어 아르헨티나, 칠레는 近接理論을 들고 자국영토가 남극에 근접해 있다는 이유로써 근접한 부분에 대한 영유를 주장하고 나왔다. 이리하여 그 어느 지역은 영국, 아르헨티나, 칠레의 영역권의 주장이 경합하게 되었다(1955년 영국은 이 문제를 일방적으로 ICJ에 제소하였으나 아르헨티나 · 칠레가 ICJ의 관할권을 거부하였기 때문에 문제는 미해결로 남아 있다).

그런데 國際地球觀測年을 계기로 한 남극에서의 조사활동의 활발화는 남극의 가혹한 자연조건을 극복하고 실효적 지배도 가능한 방향으로 나아감에 이르러 방치해두면 남극지방에 관한 국제분쟁이 크게 벌어질 우려가 있었다. 이리하여 남극에 대한 특별 관심을 표명해 온 미국의 주재하에(1820년 미국인에 의한 남극발견 이래 미국은 남극탐험에 많은 실적을 올렸다) 워싱턴에서 일본과 구소련을 포함한 12개국의 남극회의가 개최되어 南極條約이 성립됨에 이르렀다(1961년 6월 발효. 한국은 1986.11. 28 33번째로 가입). 이 조약은 남위 60도 이남의 지역에 있어서는 각국의 領土權의 주장을 조약의 유효기간중 동결시켰으며(제4조), 평화적 이용과 과학적 조사의 자유를 규정하고 군사적 이용을 금지하였으며(제1, 2조), 핵폭발과 放射性 廢棄物의 처분을 금지하고(제5조) 조약의 준수를 확보하기 위하여 사찰을 규정하였다(제7조).

이 조약에 의하여 남극의 국제적 지위는 거의 확정되었다고 볼 수 있다. 일찍이 남극지방에 대한 영역주권을 주장하는 국가 중에는 ① 본토와의 지리적 인접성과 지질학적 일체성을 이유로 하는 것 또는 ② 發見, 占有 등의 권원에 의하여 취득한 연안부분을 기점으로 하여 대륙 내부에 깊숙히 扇形理論의 적용을 주장하는 것(영국, 프랑스, 오스트레일리아, 뉴질랜드, 노르웨이 등)이 있다. ③ 이에 대하여 영역주권을 부인하고 스스로 자국도 그것을 주장하지 않는 국가도 있어, 남극조약의 성립으로 그 대립은 동결되고 있는 형편이다(제4조).

2. 時 效

한 국가가 일정한 육지 또는 해역에 대하여 당초에는 영유권도 갖지 않는 위법의 점유를 할지라도 그것이 장기간 및 평화적으로 '實效的 占有'를 계속하는 동안 다른 관계국들의 묵인이 있었다고 인정되는 한 적법한 영역주권이 설정되었다고 간주된다. 이것이 국제법상의 取得時效(acquisitive prescription)라고 일컫는 법이론으로서 상당 기간 영역주권의 不行使(유기 또는 포기)로 인한 소멸시효와 구별되는 것이다.

육지에 관해서는 종전의 領域國, 海域에 관해서는 인접국, 기타 이해관계국이 상당 기간 내에 反對意思(외교상의 항의 등의 방법)를 충분히 표명하지 않는 한 묵인이 있는 것으로 추정되어 취득시효에 입각한 영역권원의 성립요인이 된다(D.H.N. Johnson, Acquisitive Prescription, 27 B.Y. 1950, 353-354).

위와 같이 時效는 時效經過의 효력으로 인한 권리의 취득 또는 소멸을 인정하는 법제도이다. 그 기원의 善意(*bona fide*) 또는 惡意(*mala fide*)를 묻지 않고 장기간 계속된 일정사태를 적법으로 간주하는 것인데, 국제법에도 이러한 시효를 영역취득의 권원으로 인정할 수 있느냐에 관하여 학설 및 판례가 일정치 않다.

時效否認論은 영토취득의 완성에 필요한 점유기간을 확정하기가 곤란하므로 민법상의 시효제도를 국제법에 유추할 수 없는 것이라고 한다(The Right of Indian Passage Case에서 Moreno Quintana 판사는 시효가 하나의 사법제도라는 이유에서 국제법상의 지위를 부인).

그러나 약간의 학설과 판례는 시효를 인정하면서 각국의 현재의 국경을 '超記憶的 時效'(prescription from time immemorial)로써 설명하고 모든 법체계의 근저에는 '사실로부터 법이 발생한다'(*ex facto oritur jus*)라는 시효 관념이 존재한다고 주장하는 것이다. 팔마스島사건의 중재관은 '국가활동의 평화적·계속적 및 효과적 발휘'를 강조하면서 시효를 필요한 국제법상의 원칙으로 인정하였으며, '英領 기아나·베네수엘라 國境仲裁條約'(British Guiana-Venezuela Boundary Arbitration Treaty, 1897)은 취득시효를 50년으로 작정한 바 있다.

그러나 국제판례의 실제에서 보면 시효에 의한 영토취득은 드물다. 동부 그린랜드의 법적 지위의 사건에 있어서 진정한 쟁점은 노르웨이와 덴마크의 어느 한쪽이 逆的 占有(adverse possession) 즉 시효취득을 통하여 영토권을 취득했느냐가 아니라, 문제의 지역이 무주지였느냐 아니면 덴마크의 주권 밑에 있었느냐였다. 1951년의 어업사건에서 영국은 공해에 대한 권리취득은 시효에 의해서만 가능하다고 주장한 데 반하여 노르웨이는 시효의 존재 자체를 부인하고 나섰다. 판결은 이 점에 관하여 침묵을 지켰는데, 이것은 이 원칙의 국제법상의 적용가능성에 대하여 의문을 품었기 때문이라고 해석된다. 1953년의 망키에 및 에그레오 사건(The Minquiers and Ecrehos Case)에 있어서도 영국이나 프랑스는 불확실하고 난점이 많은 時效理論을 원용하지 않고 장기간 계속된 '實效的 占有'에 의하여 확립된 권원을 대체적으로 주장하였다. ICJ는 영국의 원시적 권원을 인정하였고, 더불어 영국이 그 섬을 포기한 사실이 없었다는 이유로 영국에 승소판결을 내렸다. 따라서 양당사자의 대체적 주장에 언급할 필요가 없었다. 1959년의 一定國境地帶에 대한 主權사건(The Sovereignty over Certain Frontier Land Case)에서 ICJ는 벨기에가 그 스스로의 권리를 주장하지 아니하고 네덜란드의 주권행위를 '묵인'함으로써 그 주권을 상실하였는가의 여부의 문제에 직면하였다. 이에 대하여 ICJ는 時效理論에 서지 않고 默認理論의 관점에서 문제에 접근한 결과 벨기에의 태도는 그러한 묵인으로 해석되지 않는다는 결론에 도달함으로써 벨기에에게 승소를 선언하였다. 다수의견이나 소수의견이 다같이 시효이론의 원용을 삼가하였던 것이다.

시효제도의 난점은 惡意(*mala fide*)의 방법으로 영토를 취득하는 것을 허용하는 데 있다. 무력사용의 불법화가 일반국제법으로 인정된 오늘날에 있어서는 不法(사실)으로부터 법을 발생케 하는 시효제도란 그 존재의 기반을 상실한 것이라고 할 수 있다.

여하간 시효제도는 영유권성립의 근거를 관계국의 묵인에 두고 있다. 그리고 이것과 관련하여 선점과 시효가 다같이 실효적 점유를 요건으로 하고 있는 사실에 착안하여 이 두 가지를 점유의 歷史的凝固(historical consolidation)라고 하는 단일의 權原으로 포괄하려는 시도가 있다. 그러나 양자는 원래 권원의 대상이 되는 토지의 성격이 다르며, 권원의 성립에 필요한 기간에 대한 요청도 상이하므로 이러한 시도에는 무리가 있는 것으로 보인다(Jennings, Acquisition of Territory 참조).

〈合意 · 承認 · 默認 · 禁反言〉 국제사회의 발달에 따라 영역권은 단순한 점유주의에 입각한 일방적 영토취득의 행위(선점, 정복, 시효, 첨부 등)만이 아니라 합의 · 승인 · 묵인과 같은 다양한 방식에 의하여 '凝固'되며 확정되어 간다는 의미에서 이러한 역사적 권원의 凝固(consolidation)를 새로운 권원 취득의 방식으로 인정하는 학자가 있다. C. de Visscher 판사가 제창하고 D.H.N. Johnson, G. Schwarzenberger 교수가 발전시킨 이론이다. 응고의 이론은 그 長期的 占有(*possessio longi temporis*)라는 요건 때문에 기존의 강대국을 위하여 편리한 이론이므로 신생국들은 이 이론에 반대하고 있다.

확실히 默認, 承認 및 禁反言은 엄밀한 의미에서 영토취득의 권원은 아니나, 영역의 취득에 있어서 대단히 중요한 몫을 한다. 상술한 時際法의 소급적 적용에 있어서 타국의 승인, 묵인, 禁反言 등 다른 권원의 효과를 比較考量함으로써 그 남용을 방지할 필요가 있다. 경합된 청구국의 쌍방이 당해 분쟁영역에 어느 정도의 지배를 계속해 왔다는 것을 입증할 수 있는 경우에 국제재판소는 그 권원이 타국에 의하여 승인되었다는 것을 입증한 국가에게 유리한 결정을 내리는 것으로 보인다. 그러한 승인은 명시적인 선언의 형식을 취하기도 하고 또는 묵인, 즉 상대국의 지배에 대하여 항의가 없다는 것으로 추정할 수도 있다.

승인 또는 묵인은 禁反言을 낳는다. 예를 들면 특정의 영역에 대한 타국의 권원을 승인한 국가는 그 타국이 그 승인에 의거하여 어떤 행위를 하였을 경우 그 타국의 권원을 부인하지 못하는 것이 금반언의 원칙이다. 금반언에 대한 국제법의 태도는 반드시 일관적인 것은 아니다. 그러나 국제법상의 금반언은 때로는 영국법에 있어서와 같이 어느 당사국이 그 前言과 모순되는 언행을 불가능하게 하는 효과를 갖는다(Preah Vihear Temple Case, ICJ Reports 1962, 6. 63-64. 동부 그린랜드 사건, PCIJ, McNair, Law of Treaties, 1961, 485).

승인과 묵인은 위와 같이 時效에 있어서 결정적 역할을 한다(상기 동부 그린랜드사건).

취득시효의 성립에 관한 중요한 요인은 타국에 의한 묵인의 유무이며, 묵인의 내용·방식을 국제법상 일률적으로 규정할 수 없다는 것이 통설이다. 항의는 시효진행의 중단사유가 된다.

오늘날에 있어서 국가는 정복에 의한 영역의 취득은 허용되지 않으나 이러한 영역취득은 승인에 의하여 치유될 수도 있다. 다만 이 때의 승인은 제3국의 명시적·법률적인 승인이어야 하고, 희생자인 당사국에 의한 승인은 인정되지 않는다(Akehurst, 149-150)고 보아야 한다. 犧牲當事國은 자주적인 의사표시의 자유가 없기 때문이다.

3. 割 讓

割讓(cession)이라고 하는 것은 어느 국가영역에 대한 영역권의 일부를 合意(보통 조약의 형식을 취한다)에 의하여 타국에 양도하는 것을 말한다(대일 평화조약에 있어서의 放棄라는 표현도 같은 의미). 한 국가가 타국에게 영토 전체를 양도하여 국가로서의 존립을 상실하는 경우 이것을 併合이라고 말하여 할양과 구별하고 있으나, 병합도 또한 廣義의 割讓에 속한다. 다만 강제적 병합은 征服(후술)과 같은 것이며, 이 경우에도 조약(합의)의 형식을 취하는 경우가 많다(한일병합조약). 국가영역의 전체를 타국에 이양하기로 합의한 경우 상대국과 합병하여 국가로서 소멸되는 경우가 있고 또는 새로운 국가를 형성하는 경우도 있다(1964년 탕가니카와 잔지바르가 합병하여 탄자니아 성립, 1958-61년 이집트와 시리아와의 합병에 의하여 아랍 연합공화국성립).

할양의 법적 성질에 관하여 학설상 그것이 원시취득의 일종이라고 보는 견해가 있고(실효적 지배를 확립해야만 할양의 법적 효과가 발생한다는 이유), 반면 그것은 조약방식에 의한 承繼取得의 한 態樣이라고 보는 견해도 있다. 國際判例는 후자의 입장을 지지하고 있다(1937. 10. 8 크레타섬과 사모스섬에 있어서의 등대사건, PCIJ 판결).

平時에 행해진 할양은 교환, 매매, 증여 등에 의한 것이다.

교환의 사례로서는 1875년 5월 7일의 일본과 러시아 간의 '千島·樺太交換條約'에 의한 일본의 樺太와 Russia의 千島와의 교환, 매매의 사례로서는 미국이 프랑스로부터 루이지애나를 8,000만 프랑으로, 1819년 스페인으로부터 플로리다를 500만 달러로, 1850년 멕시코로부터 아리조나의 일부를

1,000만 달러로, 1869년 러시아로부터 알래스카를 720만 달러로, 1917년 네덜란드로부터 서인도제도를 2,500만 달러로 구입하였다. 또한 베네치아는 1866년 오스트리아가 프랑스에 증여한 것인데 후에 프랑스가 이것을 이탈리아에 양도하여 금일에 이른다.

일본은 청일전쟁에서 대만 기타의 지역을 중국으로부터 탈취하고(1895. 4. 17 하관강화조약), 러일전쟁에서 승리한 후 韓日併合條約(1910. 8. 29)에 의하여 대한제국을 자국영역에 편입하였다. 어느 것이나 강제적 병합이고 정복이었으나 조약의 형식을 취하였다.

제 2 차대전에서 패배한 일본은 1951년 9월 8일의 연합국과의 샌프란시스코 講和條約(1952년 4월 28일 발효) 제 2 조에서 한국에 대한 일체의 권리, 권원 및 청구권을 放棄(포기)하였다. 방기는 일방적 행위처럼 보이나 조약상 방기한 것이므로 당사국간의 합의에 틀림없으며, 이것으로써 한국을 할양한 것이 된다(한국의 입장에서 본다면 점령해제이며 원상회복이다).

전쟁의 결과 체결된 조약의 효력에 관해서 전통국제법은 강제된 조약에 있어서 '강제된 의사도 또한 의사다'(*coacta volunta, sed voluntas*)라고 하여 자유로이 체결된 조약과 같이 유효한 것으로 보아왔다. 그러나 조약법에 관한 비엔나 조약(이른바 조약법조약, 1969년 5월 22일 채택) 제52조는 "條約은 그 체결이 UN헌장에 규정된 국제법의 원칙들에 위반되는 무력에 의한 위협 또는 무력의 행사에 의하여 행해진 것인 경우에는 무효이다"라고 하여 조약교섭의 대표자개인에 대해서뿐만 아니라(제51조), 국가에 대한 경우에도 자유의사에 의하지 않고 조약을 강제하는 것을 위법으로 하였다. 침략국에 대하여 부과된 평화조약은 보통 그 성질상 強迫에 의한 조약이지만 유효한 것으로 인정되지 않으면 안된다(1945년 포츠담 선언 제 5 항 · 제 8 항, 대일평화조약 제 2 조). 오늘날에 있어서도 강박의 수단이 위법적인 무력의 行使 · 威脅(UN헌장 제 2 조 4항)에 해당하는 경우(비엔나 조약법조약 제52조)에는 무효이지만 일반적으로는 '強迫에 의한 조약'은 유효한 것이다.

영토의 할양에 있어서 人民投票(plebiscite)로써 주민의 의사를 확인하는 예가 있다. 프랑스 혁명 이래의 민권사상 및 19세기 중엽의 민족주의의 발전에 따라 영토의 이전에는 주민의 의사를 묻는 인민투표를 실시함으로써 그 귀속을 결정한 예가 있는 것이다.

인도네시아와 네덜란드 간의 西 Irian 귀속문제의 해결을 위해 양국간에 체결된 '西 Irian 협정'(1962. 8. 15)은 이 방법을 채용하였으며, 그 결과 1969년 7월-8월 UN 관리하에서 인민투표가 실시되어 인도네시아에의 귀속이 최종적으로 결정되었다. 또 인도-파키스탄 간의 카시미르 문제의 해결에 관해서도 UN 안전보장이사회는 1948년 8월 13일 UN 관리하에서의 인민투표에 의한 결정을 권고하여 양국의 승낙을 얻었으나 아직까지 실시되지 않고 있다.

그러나 民族自決의 원칙을 원용하여 지역주민이 그 領土處分權을 제한할 수 있는가의 문제는 논쟁의 여지가 있다. 한때 한 국가의 영토이전에 의하여 영향을 받는 지역의 주민은 이 민족자결의 원칙에 입각하여 주민투표로써 그 조치에 반대할 권리가 있는 것으로 생각되었다. 오늘날의 UN 헌장 하에서는 민족자결의 원칙은 植民地·非自治地域의 장래의 정치적 지위를 결정함에 있어서(1960년 '식민지 독립부여선언', 15차 UN총회결의 1514호 제 2 항·제 5 항) 지역주민의 동의(주민투표)를 요하는 것으로 되어 있는 한 실정국제법규로 성숙되었다고 볼 수 있다. 그러나 식민지국가의 영토처분권 자체는 제한을 받지 않는다고 해석된다. 人民投票가 영토이전(할양)을 위한 일반국제법상의 원칙이라고 말하기는 어렵다.

할양의 결과 할양지주민의 국적과 권리·의무 또는 할양국의 재산 및 채무 등에 관한 상속문제가 발생한다. 그러나 이에 관한 일반원칙은 확립되지 않았으므로 개개의 국제판례와 국가관행을 검토하는 것이 필요하다. 먼저 할양지주민의 국적에 관해서는 각각의 영토할양조약에 의하여 결정되나, 대개는 讓受國의 국적을 취득한다. 그러나 본인의 선택에 의하여 舊國籍을 보유하는 경우도 있다. 이것이 이른바 國籍選擇의 제도이다(예, 제 1 차 대전후 베르사이유평화조약, 제 2 차 대전후 이탈리아 평화조약).

私人의 기득권에 관하여는 폴란드에 있어서의 獨逸系農民(German Settlers in Poland)사건에서 PCIJ는 "현행법하에서 취득된 私權은 주권의 변경에 따라 소멸되지 않는다"고 선언하고, 프러시아로부터 이양된 폴란드 영토 내의 독일계 농민이 프러시아국과의 계약에 의하여 보유하고 있는 토지는 폴란드가 기득권으로서 존중하여야 한다고 판결하였다. 마브로마티스의 팔레스타인利權(Mavrommatis Palestine Concession) 사건은 그리스인인 마브로마티스가 제 1 차대전 전 터키로부터 일정한 이권을 얻었는데 대전의 발발로 인하여 허가된 공사에 착수하지 못하던 중 전후 새로이 팔레스타인을 통치하게 된 영국이 같은 허가를 타인에게 부여함으로써 일어난 사건이다. PCIJ는 이 사건에서 그리스 국민의 기득권을 존중해야 한다고 판결하였다(단, 영국의 재판소는 이것과 정반대의 입장).

割讓地內의 국유재산은 讓受國으로 이전된다. '하일레 셀라시에 對 유선·무선전신주식회사(Haile Selassie v. Cable and Wireless Co. Ltd.) 사건'에서 영국정부가 하일레 셀라시에 황제를 에티오피아의 법률상의 지배자로 인정하였을 때의 衡平裁判所는 사회에 대하여 에티오피아 정부에서 차관한 금액을 반환하라고 판결하였다. 그러나 사건이 항소심에 繫屬되기 전 영국정부는 이탈리아 국왕을 법률상의 에티오피아 황제로 승인하였다. 따라서 그 채무에 대한 권리는 이탈리아 국왕에게 이전되었음이 인정되어 전기 판결은 파기되었다.

4. 征 服

征服(conquest, subjugation, debellatio)이라고 하는 것은 무력에 의한 기존 국가의 영토의 취득이다(1918년의 루마니아에 의한 베사라비아 정복). 정복국에 의한 併合意思의 표시와 피정복국의 완전한 복종이 정복의 요건이다. 단순한 戰時占領은 영토권의 변경을 가져오지 않는다(1945년 1월 5일 4국 공동선언은 독일에 대한 최고권위를 규정하였으나 병합의 의사가 없음을 명백히 하였다). 그러나 제 2 차대전 전 이탈리아에 의한 에티오피아병합은 일종의 정복이었다.

정복에 의한 권원취득의 법률적 승인에 대하여는 일련의 國際文書(국제연맹규약, 不戰條約, 스팀슨주의(Stimson doctrine), UN헌장, 무력에 의한 영토취득의 비승인에 관한 리마 선언)가 맹렬히 반대하고 있다. 그럼에도 불구하고 과거의 이탈리아에 의한 에티오피아 정복이나 병합은 국제연맹국의 대부분에 의하여 기성사실로서 승인되었다. 국내법이 성공적 혁명에 의한 정권변경을 인정하지 않을 수 없는 것과 같이 국제법도 성공적 정복에 의한 영토변경의 효과를 거부할 수는 없을 것이다.

> 이와 같은 영역취득의 방식은 先占의 경우와 같이 주민이 자결의 원칙에 입각하지 않는 한 영역이전의 효과가 발생하지 않는다고 하는 것이 구소련 국제법의 이론이었다.

征服에 의한 領土取得이 합법적인 것으로 인정된 것은 국제법이 그때까지 전쟁을 합법화했기 때문이다. 오늘날과 같은 戰爭違法化의 국제법 체제하에서는 정복에 의한 영토취득은 UN헌장뿐만 아니라, '국가간의 우호관계와 협력에 관한 국제법의 원칙에 대한 선언'(1970년 10월 24일 UN총회의 결의 2625)도 "무력에 의한 위협 또는 무력의 행사로서의 결과 발생한 어떠한 영토취득도 합법적인 것으로서 승인되어서는 안된다"라고 규정하면서 무력에 의한 영토취득은 UN헌장에 대한 위반 여하를 불문하고 무효라고 선언하고 있다. 그러나 이 선언은 동시에 "헌장의 제도 이전의 국제법 하에서 유효한 것은 이것에 영향을 받지 않는다"라고 하여 기존의 법질서를 유지할 뜻을 명백히 하고 있다. 이것은 일종의 時際法의 적용이다.

> 1961년의 포르투갈領 고아에 대한 인도의 침입사건에 있어서 UN은 인도에 대해서는 UN헌장(제2조 4항) 위반의 이유에서 즉시 정전과 철퇴를 요청하였고, 영역권원의 당부에 관한 분쟁에 대해서는 평화적 절차에 의해서 해결할 의무가 있다는 뜻을 제시하였다(이 결의안에 소련은 거부권을 행사). 그 후 1974년 포르투갈은 인도의 권원을 승인하였다.
>
> 이러한 포르투갈의 승인은 당연히 국제사회의 각 국가에 유효하게 대항할 수 있는 것은 아니다. 무력행사의 영역 권원성의 유무와 그 적용한계는 직접관계양국만으로 인정할 수 있는 것은 아니고 국제적 이해관계사항이기 때문이다.
>
> **〈포클랜드紛爭에 있어서의 領域權原〉** 1982년의 포클랜드-알비나스島紛爭에 있어서도 안전보장이사회는 무력침입과 군사점령이 유효한 영역권원으로 인정되지 않는다는 입장을 취하였다. 영국은 18세기(1774년) 이래 포클랜드를 점유해 왔기 때문에 시제법의 적용에 의하여 '정복'에 입각한 영국의 영역권원은 유효하게 존속하는 것으로 인정된다. 따라서 아르헨티나가 무력행사로써 이것을 부인하며 일방적으로 영역권원의 승계(스페인으로부터)와 회복을 할 수 있는 법적 근거는 없다는 것이 유력한 학설이다.

〈北方四島의 軍事占領의 問題〉 제 2 차대전 후 소련은 南千島(擇捉, 國後), 齒舞, 色舟의 이른바 北方四島에 대하여 군사점령을 계속하고 있다.

북방사도에 대한 소련의 사실상의 점령·지배를 유효한 영역권원으로 변경하기 위해서는 국제법상 할양 또는 병합의 절차를 필요로 한다.

5. 添　　附

添附(accretion)는 자연현상(예, 河口의 델타형성, 분화에 의한 신도의 출현)이나 人工(해안매립 또는 인공도)에 의한 연안국영토의 증대를 말한다. 첨부가 발생한 경우에는 영해의 幅員을 측정하는 基線도 변경된다. 첨부에 의한 영토취득에는 국가의 법적 행위나 국제법적 승인도 필요없는 것으로 생각된다.

1967년 미국과 멕시코간의 약 100년에 걸친 채미잘(Chamizal)영토분쟁이 해결되었는데, 이 사건은 하천의 변화에 관한 구별 즉 浸蝕(erosion)이냐 또는 토지의 自然分離(avulsion)냐의 대립, 그 구별에 의한 분쟁지역의 귀속에 관하여 하나의 국제판례를 이룬 것이다. 이 판례에서 보는 것은 국경하천이 완만하게 점진적으로 침식퇴적에 의한 새로운 토지의 첨부에 의하여 流路變化가 발생한 경우에는 국경선도 그것에 따라서 변화하지만 급격·돌연한 침식, 토지의 자연분리에 의한 유로변화의 경우에는 국경선은 변경되지 않는다는 원칙을 확인한 것이다.

첨부에 관한 또 하나의 국제판례에 안나(Anna)호사건이 있다. 스페인선박 안나호가 1805년 영국과 스페인 전쟁중 영국의 捕獲特許船 미네르바호에 의하여 미시시피하구부근에서 나포되었다. 이에 대하여 미국은 그 나포가 자국영해내에서 행해진 것을 이유로 그 석방을 요구하였다. 나포는 미국 본토의 연안으로부터 3해리외에서 행해진 것이나 하구외에는 河流가 운반한 土砂나 樹木으로 구성된 작은 섬이 형성되어 있었으며, 이것을 기점으로 하는 경우 그 나포는 3해리 이내의 행위가 되는 것이었다. 여기에 영국의 海事高等裁判所는 이러한 첨부를 인정하여 안나호의 석방을 명령하였다.

제 9 장 海洋法

제 1 절 海洋法秩序의 構造

1. 海洋法의 傳統的 構造

해양법은 국제법 중에서 가장 오랜 전통을 가진 분야인 동시에 국가 상호간의 경쟁·대립과 해양이용에 관한 각 시대의 요청을 반영하여 그 규제내용이 역사적으로 많은 변천을 겪어 왔다.

고대 및 중세의 전반에는 해양은 일반적으로 자유로운 사용에 개방되어 있었다. 중세 후기에 들어와서 지중해의 都市國家(Genoa, Venice 등)가 자국의 근해에 대하여 領有權을 주장하기도 하고 외국선박에 대하여 通航稅를 징수하기도 하였으나 로마법상의 萬民共有物의 개념과 봉건제의 법리에 입각하여 해양 자체의 영유권은 부정되고 있었다.

그러나 중세 말부터 근세 초기에 걸쳐 대국들은 해양식민지를 획득하기 위하여 해양의 지배·영유를 주장함에 이르렀다(1493년의 Roma 법왕의 교서 Inter Caetera와 1494년의 Tordesilas 조약에 의한 Spain과 Portugal의 대서양 분할). 이 광대한 해역에서 배제된 국가들은 이것을 위법이라고 하여 대항했으나 그 강대한 해군력에 굴복하지 않을 수 없었다.

그러나 이 때 英國(Elizabeth I 세 여왕)은 해양이 자유임을 주장하면서 해적 Darke의 대서양에 있어서의 약탈항해에 대한 스페인의 항의를 일축하였다. 동시에 네덜란드도 포르투갈이 인도양의 영유를 주장하여 인도양의 航海와 인도와의 통상을 방해하는 데에 반대하였고, 이러한 시대에 Grotius가 나와 1609년에 公刊된 「自由海論」(*Mare Liberum*)에서 해양의 자유를 제창하였다.

Grotius의 海洋自由論은 우선 네덜란드의 동인도식민회사와 통항의 자유를 확보하기 위한 목적을 가진 것이었는데, 그 이론적 근거는 다음과 같은 것이었다. ① 해양은 대단히 넓어서 이것을 효과적으로 점유하기가 곤란하다. 그것은 특정의 국가 또는 사인의 점유·전용 등 법률행위의 대상이 될 수 없으며 만인의 공유에 속하는 것(*res communis*)이다. ② 해양은 국제교통의 불가결의 통로이다. ③ 해양에는 자원의 재생산성과 비고갈성이 있으므로 타인에게 해를 주지 않고 만인에 의한 이용이 가능하므로 법적 영유가 불가능한 해양으로부터 외국인의 조업을 배제하는 것은 허용될 수 없다. ④ 부와 자원의 地域的 偏在라는 자연상태를 시정하기 위해 국제간의 통상·교통·교환의 자유는 보편인류사회에 있어서의 국가의 기본적인 자연권이며 해양은 그것을 위한 중요한 자연의 수단이다(단, Grotius도 陸岸으로부터 볼 수 있는 약간의 범위의 연안해에서 항행·어업의 보호를 위하여 일정한 관할권을 연안국에 부여하였다. 그러나 영유권은 부인하고 있다).

이에 대하여 영국의 Selden은 해양이 영유의 대상이 된다고 주장하였다. 그는 1635년에 公刊된 「閉鎖海論」(*Mare Clausm*)에서 해양은 自然法에 의해서나 萬民法에 의해서도 모든 사람에게 공유가 아니라 역으로 점유의 대상이 된다고 하면서 영국의 왕은 그 주권의 속성으로서 영국주변의 해양에 대하여 지배권을 갖는다고 주장하였다. 이 주장도 역시 Grotius와 마찬가지로 자국의 국가이익을 정당화하고 옹호하기 위한 것이었다. 그 논거는 ① 해양은 장기의 관행과 실정국제법에 입각하여 일반적으로 領有가 가능하다는 것, ② 어업자원은 난획에 의하여 고갈의 위험에 놓여 있다는 것, ③ 해양은 해군력에 의하여 지배·영유가 가능하다는 것 등이다.

이와 같은 Grotius와 Selden의 입장은 해양의 법적 지위에 관한 최초의 공식적 논쟁으로서 주목할 가치가 있는 것이다.

18세기부터 19세기 초에 이르는 신대륙발견시대가 끝나고 重商主義·通商自由主義가 강화됨에 따라 해양의 자유는 바야흐로 융성하는 자본주의 여러 나라에 유익한 것으로 부각되었다. 이리하여 공해자유의 원칙이 확립됨에 이르렀다.

Selden의 「閉鎖海論」에 있어서 해양영유의 주장은 광대한 대양을 의식한 것이 아니었고, Grotius의 「自由海論」도 대양에 있어서의 자유를 주장한 것이지 근해에 있어서의 자유까지를 주장한 것은 아니었다. 결국 근해에 있어서의 해양영유의 주장은 해양자유의 주장 앞에 그 타당범위를 점차 축소하여 오늘날과 같은 영해제도를 형성하였다. 한편 해양자유의 주장은 현재의 공해제도의 기초가 되었다.

이 시대의 해양법질서는 沿岸國의 평화·안전·질서의 유지에 필요한 '좁은 領海'(着彈距離 3海里)의 영해제도와 선진해양제국의 諸利益(상업자본주의의 발전, 해외식민지의 획득, 무역의 독점 등)을 위한 '넓은 公海'의 공해제도를 기반으로 이원적인 구성을 확립하였다. 이러한 해양법질서는 당시의 국제사회에서 합리적인 것으로 인정되어 여러 나라의 법적 확신의 뒷받침을 얻었으며 國際慣習法으로 성립되었다.

이 해양에 관한 國際慣習法規를 성문화하여 법전화하려는 시도는 전세기부터 있었으나 정부차원에 있어서는 1930년의 헤이그국제법전편찬회의가 처음으로 領海制度의 문제를 취급하였다. 그러나 이 회의는 領海幅의 문제에 일반적 합의를 얻지 못하여 실패로 끝났다.

1958년 UN은 제네바에서 해양법회의를 개최하고 이른바 '제네바 4조약'의 채택에 성공하였는데, 기본적으로는 전통적 해양질서의 구조적 支柱 위에 입각한 것이다. 해양법 4조약(또는 제네바 조약)이라고 불리는 이 조약들은 '領海 및 接續水域', '公海', '漁業 및 公海生物資源의 保存', '大陸棚'에 관한 것이었다.

UN은 1960년 다시 1958년의 해양법회의에서 의견일치를 보지 못했던 영해의 폭을 의제로 하여 제2차 해양법회의를 개최하였으나 여기에서도 아무런 결론을 얻지 못하였다.

2. 제3차 海洋法會議의 成立

1960년대 후반부터 해양자원의 이용·배분을 둘러싼 국가간의 대립은 많은 구식민지의 독립과 해양기술의 급격한 발전에 의하여 점점 심화되어감에 따라 종래의 해양법질서의 근본적인 변혁을 요구하는 주장이 높아갔다. 특히 신흥제국의 대다수가 17·18세기 이래의 '좁은 領海'와 '넓은 公海'의 二分的 構成에 입각한 전통적 해양법을 전면적으로 개정하고 해양의 이용과 관할의 국제적 재배분을 요구한 것이 결정적 요인이 되었다.

그러나 선진해양국들도 이러한 개도국의 주장이 그들의 개별이익의 추구에만 그치는 것이 아니라 오늘날의 국제사회의 일반이익도 반영한 것으로 보고 신해양법조약의 작성에 협력하였다. 이와 같은 태도변경은 최근의 海洋科學技術의 급속한 발전에 따라 종전의 해양법질서의 수정의 필요성을 인정했기 때문이다.

제 3 차 海洋法會議의 계기가 된 것은 1967년의 UN총회에 있어서의 深海底制度에 관한 Malta국의 제안이다. 동국의 대표 Pardo는 대륙붕 以遠의 심해저가 현상대로 방치되면 기술의 진보에 따라 선진국의 독점물이 되고 군사화될 우려가 있다는 것을 주장하면서, 국가관할권이 미치는 대륙붕 이원의 심해저는 어느 국가의 영유로도 해서는 안된다는 것을 골자로 한 제안을 하였다.

이 Malta제안에 입각하여 UN총회는 '海底平和利用委員會'를 설치하고, 1970년 12월 UN총회는 '深海底를 규율하는 原則宣言'을 채택하였다. 그 내용은, ① 심해저가 '人類共同의 遺産'이라는 것, ② 심해저의 자원의 탐사 · 개발은 장래 설립될 국제기관에 의하여 규제된다는 것이다. 또한 심해저의 문제뿐만 아니라 1958년의 이른바 제네바해양법 4조약을 개정할 필요가 있다는 것이 인식되어 UN총회는 1970년 12월의 결의에서 해양법의 전반적 문제를 재검토 · 조약화하기 위한 제 3 차 UN해양법회의를 개최하기로 결정하였다. 여기에 海底平和利用委員會가 회의의 준비위원회로서 기능하였다.

제 3 차 UN해양법회의는 1973년의 제 1 회기에서 조직과 절차를 결정하고 1974년의 제 2 회기 이후 실질심의에 들어갔다. 드디어 1982년 'UN海洋法協約'을 채택하였다.

컨센서스方式과 表決方式 제 3 차 海洋法會議에서 각국이 날카롭게 대립한 것은 해양자원의 이용 · 배분에 관하여 新國際經濟秩序의 이념의 적용을 주장하는 개도국의 요구를 어디까지 수용할 것인가, 또 영해 외의 해역에까지 확대된 연안국의 우월적 권능이 일반 영역주권으로 轉化되는 현상(creeping jurisdiction)을 어떻게 방지할 것인가라는 문제였다.

이러한 각국이 중시하는 이해관계의 대립으로 인하여 제3차 UN해양법회의에서는 전통적인 표결절차를 버리고 이른바 컨센서스(consensus) 방식을 취하기로 하였다. 이 방식은 실질문제에 관해서는 되도록 표결을 강행하지 않고 전원의 합의에 도달하도록 모든 노력을 다하여 입장의 상이를 조정하는 것이다(의사규칙부속의 '신사협정에 관한 선언').

이 제3차 해양법회의에서의 특색은 각국이 사항·이해관계별로 그룹을 형성하여 조약문을 작성하였다고 하는 것이다. 이것은 지역적·정치적 그룹에 의한 종전의 방식에서 탈피한 것이고 컨센서스방식의 적용에 의하여 교섭과 작업을 원활하게 하는 것이었다. 그러나 이 회의도 결국 深海底制度를 중심으로 각국의 기본적인 대립을 해소하지 못하고 당초의 컨센서스방식에 의한 의사절차를 단념하여 표결에 의한 'UN海洋法協約'의 채택을 보게 되었다(1982. 4. 30 130 대 4, 기권 17).

1973년말에 시작된 제3차 해양법회의는 20회에 가까운 회기, 통산 100주에 가까운 심의를 거쳐 1982년 12월 Jamaica의 Montego Bay에서 145국의 대표가 모여 UN海洋法協約에 서명하였다(320조와 9부속서).

이 새로운 해양법은 각국간의 분쟁을 평화적으로 해결할 것을 의무화하고 있다. 즉 구속력 없는 調停 등의 절차 이외에 구속력을 갖는 國際海洋法裁判所, 國際司法裁判所, 仲裁裁判所 또는 特別仲裁裁判所(해양환경의 보전, 해양과학조사, 船舶基因의 해양오염 등)에의 부탁을 의무화한 것이다. 그러나 바다의 경계획정, 군사활동에 관한 분쟁이나 해양의 과학적 조사 또는 어업에 관한 연안국의 주권적 권리나 관할권의 행사로서의 법의 집행에 관한 분쟁은 재판절차로부터 분리하여 조정에만 부탁하기로 하였다.

3. 海洋法秩序의 變動

전통적 해양법질서는 영해제도와 공해제도를 기본적인 구조적 지주로 하여 형성되어 왔다. 그 기반이 된 관념은 '좁은 領海'와 '넓은 公海'라는 관념이었다. 그러나 제2차 해양법회의 이후의 각국의 동향은 '넓은 領海'를 지향하였고(중남미 제국의 영해 200해리의 주장, 기타 국가의 12해리 주장), 제3차 해양법회의에서 채택된 신조약은 영해와 공해 사이에 排他的 經濟水域(exclusive economic zone)을 설정하여 해양에 領海도 아니고 公海도 아닌 독자적 수역을 추가하고 있다(자원의 탐사 · 개발 · 해양오염의 방지 · 과학적 조사에 관하여 주권적 권리를 행사하는 새로운 수역, 해양법조약 제55-75조).

특히 해양법은 海域의 區分 · 法的 地位에 관한 관할권규정과 각 해역의 이용권과 그 행사의 조건에 관한 이용권규정으로 이분되어 이용관계의 규율이 복잡하게 조정됨에 따라 그 영향을 받아 관할권규정도 각각의 이용관계에 대응하여 복잡하게 기능별로 분화되고 있다. 해양과학기술의 급속한 진전과 자원내셔널리즘의 보급으로 海洋의 利用 · 開發의 양태가 다양화되었으며, 각 해역의 각종의 이용 상호간에도 경합과 충돌이 예상되어 해양법이 적극적으로 이에 개입하여 객관적 규제에 의한 조정을 하는 것이 불가피하게 되었다. 예를 들어 領海, 國際海峽, 排他的 經濟水域, 群島水域, 大陸棚 등 지금까지 공해의 일부에 지나지 않았던 해역에 대하여 연안국의 주권 또는 우선적 권능이 확대되는 반면, 통항의 자유를 확보하는 의무와 책임을 강화하여 연안국의 法益과 해양국의 航行利益이 공평한 균형을 이루도록 각 관계국의 권리행사에 관하여 객관적인 규정을 설정하였다. 뿐만 아니라 해양법은 해양자원의 배분에 관한 국제분쟁을 방지할 목적으로 선진해양국 상호간의 기득권을 조정하는 동시에 심해저를 비롯한 대륙붕, 배타적 경제수역의 법제도 등 해양법질서의 변혁이 개도국의 경제주권의 주장과 긴밀하게 결부되어 資源指向的인 특징을 갖게 되었다.

또한 제3차 해양법회의에서는 大陸棚 以遠에 펼쳐 있는 심해저의 자원개발을 국제적 관리하에 두는 새로운 심해저제도를 설정함으로써 공해에 관한 한 상부의 수역에 적용되는 제도와 해저의 자원개발에 적용되는 제도를 분리하여 입체적 구분이 설정되게 되었다.

제 2 절 內水 및 群島水域

1. 內水의 定義

국제법상 內水라고 하는 것은 領海의 基線의 육지측에 있는 모든 해역(다만, 群島水域은 제외)을 말한다(UN해양법조약 제2조 1항 · 제8조). 내수에는 항·만·하구 및 내해 등이 있다.

지리학적으로는 運河, 河川, 湖沼 등의 내수면을 내수라고 하는 경우도 있으나 이것들은 국제법상 특별한 제도가 설정되어 있지 않는 한 원칙적으로 육지의 일부로 취급되며 內水制度가 적용되지는 않는다.

2. 領海의 基線

영해의 기선은 內水와 領海의 경계를 구획하는 선이다. 영해의 폭을 측정하는 기준으로서 해안에 접하여 그어진다. 이 경우의 '해안'에는 항구적인 항만시설의 불가분의 일부를 구성하는 것(근해설비 · 인공섬은 제외)을 포함한다(UN해양법조약 제6조·제11조).

보통의 해안에서 영해는 해안의 低潮線으로부터 측정된다(통상기선). 이 경우 해안의 低潮線과 高潮線 사이의 수역은 내수가 된다(내수의 정의).

〈通商基線〉 이것은 해안의 저조선(연안국이 공인한 대축척에 의한 해도에 기재된 것)이며(UN 해양법조약 제5조), 海岸線이 비교적 직선적이고 단순한 경우에 이것과 평행하여 그어진다.

〈直線基線〉 그러나 해안의 굴곡이 심하거나 해안에 따라 至近距離에 일련의 섬이 산재하는 경우(Norway 서안의 Skjaergaard)와 같이 해안선이 복잡하여 通常基線의 엄격한 적용이 곤란한 경우에는 그 대신 直線基線을 적용한다. 즉 연안지역의 最外側에 있는 低潮線上의 섬, 암초, 기타의 隆起의 突端을 연결하는 직선을 基線으로 한다(종전의 灣口 10해리 기준은 일반법규로 인정하지 않는다).

영국 · 노르웨이 漁業事件(The Anglo-Norwegian Fisheries Case)에 관한 1951

년의 ICJ판결을 계기로 하여 直線基線(straight base-line)이라는 새로운 개념이 인정되었다.

이 사건의 내용은 다음과 같다. Norway는 1935년 해안선의 굴곡이 심한 自國海岸(fjord)의 어장으로부터 외국선박을 축출할 목적으로 하나의 칙령을 발표하여 영해를 측정하는 기선을 종래같은 저조선으로 하지 않고 특정한 점과 점을 연결한 직선을 기선으로 하는 방식을 채용하였다.

이 점의 어떤 것은 본토의 돌출부 끝단에 있었고, 또 어떤 것은 도서에 있었으며, 또 도서에 있는 어떤 점은 본토로부터 상당히 떨어져 노르웨이 연안에 있는 이른바 스캬엘갈드(Skjaergaard) 또는 암벽에 있었다. 그 결과 기선으로부터 육지를 향하여 상당히 광대한 수역이 노르웨이의 漁場으로 유보되었다. 영국은 이 직선기선의 효력을 다툰 것이다.

ICJ는 노르웨이의 칙령이 국제법에 위반되지 않는다고 판결하면서, ① Skjaergaard는 본토와 一帶를 형성하고 있으므로 노르웨이 領海帶를 측정함에 있어서는 이 지리적 특성을 고려하지 않으면 안되며, 따라서 기선은 반드시 저조선을 따를 필요가 없고 '해안의 일반적 방향'을 따르면 족하다는 기준을 수립하였다. ② 기선내의 수역이 내수로 생각되리만큼 육지와 충분히 밀접하게 관련되어 있지 않으면 안된다고 하였다. ③ 沿岸地域의 주민이 그 생계를 본질적으로 어업에서 얻어 왔다고 하는 그 지역에 고유한 경제적 이익 및 장기의 관행에 의하여 證示된 사실을 고려하지 않으면 안된다고 하였다.

3. 灣

灣이란 3면이 육지에 연하고 1면의 입구에 의하여 해양에 접속한 수역이다. 국제법상 內水로서의 만이 되기 위해서는 그 해안이 단일국가에 속하며 灣口를 직경으로 하는 半圓의 面積보다 灣內의 면적이 같거나 또는 더 커야 한다. 灣口의 폭이 24海里를 넘지 않아야 한다(제10조 4항).

만의 입구가 광대한 것 또는 여하히 입구가 협소하여도 연안국이 복수인 경우에는 그 만은 內水가 되지 않으며 灣內의 領海를 제외한 부분은 公海가 된다. 그러나 이른바 '歷史的 灣'(historic bays)에는 이 규정이 적용되지 않는다(제10조 6항).

〈歷史的 灣〉 灣口의 幅이 상기의 국제법상의 기준을 초과한 만이라 할지라도 연안국이 평온하게 장기에 걸쳐 주권을 행사해 왔고 타국의 반대도 없는 경우에는 이것을 歷史的 灣이라고 칭하며 국제관습법상 內水로 인정된다.

그러나 灣口가 더 넓은 灣(Canada의 Hudson만, 만구 29해리의 미국의 Santa Monica만)에 있어서는 오늘날에도 歷史的 灣으로서의 妥當性이 다투어지고 있다. 특히 러시아의 Peter 大帝灣(만구 102해리)을 內水로 하여 그 통항과 상공비행을 허가제로 하는 주장(1957. 7. 21 최고간부회 공고)에 대해서는 歷史的 灣의 요건을 충족하지 않고 공해자유의 원칙에 위반된 것이라고 하여 타국의 항의를 받고 있다.

4. 內海와 港

港은 灣이나 內海(2 이상의 입구 즉 해협에 의하여 공해에 접속된 것으로서 만과 동일이론)와 같은 특별한 요건에 관계없이 내수를 구성하는데, "領海의 境界를 획정하기 위해서는 港灣制度의 불가분의 일체를 이룬 가장 외측에 있는 항구적인 항만시설은 연안의 일부를 구성하는 것으로 간주된다"(제11조). 즉 領海는 이 시설의 외방으로 측정된다.

內海는 2 이상의 입구로 公海에 접하는 바다인데, 주위가 동일국의 영토로 둘러싸이고 그 어느 입구도 일정한 한도를 넘지 않는 경우에는 그 국가의 內水로 인정된다(일본의 瀨戶內海). 여기서 말하는 일정한 한도라고 하는 것은 앞서 말한 灣의 경우와 같다.

沿岸國은 외국선박에 대하여 입항·정박을 인정할 일반국제법상의 의무를 지지 않는다. 개항 여부의 결정은 당해 국가의 주권에 속하는 문제이다.

그러나 실제에 있어서는 19세기 이래 沿岸國은 특별한 사유(公序·保建衛生·安全保障·戰爭 등)가 있는 경우를 제외하고는 外國私船의 입항을 자유화하고 있다.

5. 內水의 地位

內水(그 海底와 上空 포함)는 연안국의 영역의 일부를 구성하며, 領土와 마찬가지로 그 완전한 영역주권에 복종한다. 연안국은 내수에 있어서는 領海의 경우와는 달리 외국선박에 대하여 無害通航權을 보장할 의무가 없다. 그러나 연안국이 直線基線을 채용함으로써 새로이 內水가 된 해역(그 때까지는 영해 또는 공해의 일부였던가 또는 내수로 인정되지 않았던 해역)에 있어서는 영해수준의 무해통항권을 보장하지 않으면 안 된다.

港에 대한 국가의 권능은 영토에 대한 것과 거의 동일하게 배타적이다. 연안국은 선박의 파손 또는 해난과 같은 불가항력의 경우를 제외하고는 외국선박의 入港·停泊을 인정할 의무가 없다. 그러나 일반적으로 각국은 조약 또는 상호주의에 입각하여 외국선박의 입항을 인정하는 것이 보통이다(한·미우호통상항해조약 제19조). 1923년의 '海港의 國際制度에 관한 條約'은 외국무역을 위하여 사용되는 港에 있어서는 그 출입·사용·편의의 향유에 관하여 자국선박과 조약당사국 선박과의 平等待遇를 의무화하고 있다.

港에 있어서 외국상선에 대한 裁判管轄權은 원칙적으로 연안국에 있다. 그러나 선박 내부의 사항에 관하여는 소속국의 領事의 청구가 있거나 또는 연안국의 치안이 침해되지 않는 한에서는 연안국은 재판권을 행사하지 않는 것이 보통이다(단, 英美主義가 연안국의 관할권을 일반적으로 인정하는 데 대하여 大陸主義(프랑스주의)는 내부사항에 관한 관할권을 부인하고 있다. 그러나 프랑스주의도 내부사항에 관하여 항의 안전이나 평화에 관한 것에는 연안국의 관할권을 인정하고 있으며 영미주의도 국제예양상 순전한 선박의 내부사항에는 관여하지 않는다는 태도를 취하고 있다).

公船(정부선박 및 사소유선박으로서 정부에 charter된 것도 포함) 內의 범죄에 있어서도 그것이 상업적 목적에 사용되는 경우 연안국의 국민에 의하여 또는 연안국민을 대상으로 발생한 것에 관해서는 연안국의 재판권을 인정하여 범인을 연안국에 인도하여야 한다(상업적 목적에 사용되는 공선은 기타의 소송이나 구제에 있어서도 사선과 같이 취급되며 면제가 부인된다).

입항·정박중의 外國私船에 대하여 연안국은 해양환경의 보전을 위한 특별한 관할권을 행사할 수 있다. 예를 들면, 연안국은 그 內水·領海·經濟水域의 외부에서 당해 선박이 국제규칙이나 기준에 위반하여 배출한 오염에 대하여 조사·집행절차를 개시할 수 있다(UN해양법조약 제218조). 또한 연안국은 停泊中인 외국선박의 堪航性이 국제규칙·기준에 위반되어 해양환경에 손해를 끼칠 우려가 있는 경우에는 그 항행을 방해하기 위한 행정조치를 취할 수 있다(동 제219조).

〈內水에 있어서의 外國軍艦의 地位〉 軍艦(공해조약 제 8 조 2항, UN해양법조약 제29조, 1907년 '상선을 군함으로 변경하는 데 관한 조약' 제1조-제4조) 기타 非商業用의 政府船舶(경찰선, 세관선, 병원선)은 免除權을 가지는 것이므로 외국의 내수에 있을지라도 그 관할에 복종하지 않는다. 상업용의 정부 선박(국가 또는 국영기업이 소유하는 통상용의 선박)이 免除權을 갖느냐의 문제에는 다툼이 있다. 사회주의국가들은 絶代免除主義의 입장에서 면제를 주장한다.

연안국은 특별한 조약이 없는 한 외국군함의 입항을 인정할 의무가 없다. 한편 군함의 입항에 관한 조건을 규정할 수 있으나 입항을 거부하여도 상관없다. 다만 해난 기타의 불가항력에 의한 입항을 필요로 하는 경우에는 연안국은 인도적 이유에 의하여 그 입항을 인정할 의무가 있다. 또 전시에 있어서 中立國의 軍艦의 입항에는 항상 연안국의 허가를 얻어야 한다.

6. 群島水域

1982년의 UN해양법협약에 의하여 새로이 인정된 水域(4部)으로서 인도네시아, 필리핀과 같이 전체가 1 또는 2 이상의 群島로써 성립된 群島國家는 군도의 외측에 있는 섬의 외측점을 연결하는 직선의 群島基線을 그어서 그 내측을 群島水域으로 할 수 있다. 여기에는 군도국가의 주권이 미친다.

군도국가에 있어서의 군도는 섬의 집단과 수역 기타의 천연지세가 지리·경제·정치상 또는 역사상의 단위를 형성하여 서로 밀접한 관련성을 갖는 것을 말한다. 그리하여 群島基線의 조건을 엄격하게 규정하고 있다(제47조 1항-3항). 군도기선의 내측에 있는 수역의 면적과 육지의 면적과의 비율은 1대 1 내지 9대 1의 사이가 되어야 하며, 군도기선의 길이는 원칙적으로 100해리 이하가 되어야 한다. 또한 군도기선은 군도의 일반적 윤곽으로부터 멀리 떨어져서 그어서는 안된다.

군도수역에는 군도국가의 주권이 미치지만 군도국가는 타국과의 현행협정, 인접국의 전통적인 어업권, 타국이 이미 설치한 旣設 해저전선을 존중하며(제51조), 군도수역에 있어서의 외국선박의 無害統航權을 보장할 의무를 지며, 기타 群島水路帶를 지정한 경우에는 외국의 선박, 항공기에 대하여 國際海峽의 通過航海權과 비슷한 통항권을 보장해야 한다(제53조).

제3절 領 海

1. 領海의 法的 地位

領海는 연안을 따라 일정한 폭을 가진 帶狀의 연안해역인데 일반적으로 연안국이 공인한 大縮尺海圖에 기재되어 있는 연안의 低潮線을 기선으로 하여 측정된다. 내수가 있는 곳에서는 그 外緣이 기선이 된다. 영해에는 연안국의 주권이 미친다(UN해양법조약 제2조).

영해는 연안영토의 자연적 불가분의 從物이며 그 법적 지위는 領土의 得失(할양, 선점 등)에 자동적으로 부수된다. 이와 같이 영해가 영토의 종물로서의 법적 지위를 갖는 것은 국제법상 필연적이며 관계국의 자유의사에 의존하는 것은 아니다. 따라서 영토와 별개로 영해만을 주장하여 여기에 領域主權에 입각한 권리를 주장하거나 의무·책임을 면할 수는 없다(Fitzmaurice, Law and Procedure, B. Y. 1954, 372-373).

1) 領海에 대한 國家의 權能 영해는 국가영역의 일부이다. 따라서 영해에 대한 국가의 권능은 영토에 대한 것과 같다. 이러한 의미에서 주권이라고 부른다. 그러나 영토에 비하여 국제법상의 제한을 많이 받으므로 이것을 표시하기 위하여 管轄權이라고도 한다. 여하간 결국은 국제법상으로는 같은 내용이다.

국가는 영해에 대하여 주권을 갖는 이상 국제법상의 제한하에 어떠한 권능도 행사할 수 있으며, 그 중요한 내용은 다음과 같다. 첫째는 연안국의 배타적인 漁業統制權이다. 국가는 영해에서 자국의 어업법을 실시할 수 있고 沿岸漁業을 자국민에게 유보할 수 있다(단, 조약으로써 타국민의 어업을 위하여 개방할 수도 있다). 아울러 해저광물자원의 채굴에 관한 독점권도 갖는다. 둘째는 연안국의 경찰권이다(관세, 위생, 항해에 관한 규칙의 실시를 내용으로 한다). 셋째, 연안무역(cabotage)의 권리이다. 개항장, 또는 불개항장간의 여객 또는 물자의 수송은 자국민에게 유보할 수 있다(한국선박법 제3조). 넷째, 연안국은 裁判管轄權을 갖는다. 다만 항행중의 선박에 대하여 民·刑事의 재판권이 행사된다면 항행에 중대한 지장을 주므로 연안국은 다음의 경우를 제외하고는 그 행사가 금지된다. 영해를 통과중인 외국선박 내에서의 범죄에 대해서는 ① 범죄의 결과가 연안국에 미치는 경우, ② 범죄가 연안국의 평화 또는 領海의 질서를 교란하는 종류의 것인 경우, ③ 선장 또는 선박소속국의 영사로부터 연안국의 당국에 원조의 요청이 있는 경우, ④ 마약의 불법수송을 억제하기 위하여 필요한 경우 등을 제외하고는 연안국은 체포 또는 수사를 위하여 형사재판권을 행사해서는 안된다(UN해양법협약 제27조 1항). 또 연안국은 領海通過中의 외국선박 내의 사람에 대한 民事裁判權을 행사하기 위하여 그 선박을 정지시키거나 또는 항로변경을 시켜서는 안되나, 선박 자체가 영수를 통과중에 부담한 채무 또는 책임에 관해서는 그 선박에 대하여 강제집행이나 압류를 할 수 있다(제28조 1, 2항). 다만 외국선박이 내수로부터 공해로 나가는 도중에 영해를 항행하고 있는 경우에는 연안국은 이해관계가 대단히 크므로 이상의 제한에 관계 없이 자국의 법령에 입각하여 민·형사의 재판관할권을 행사할 수 있다(제28조 3항). 위에 말한 영해 내에서의 외국선박의 지위는 상선뿐만 아니라 상업용 및 비상업용의 정부선박에도 적용되나 비상업용의 정부선박에 대하여는 연안국의 民·刑事의 裁判權이 면제되고 있다(제32조)(외국선박에 대한 관할권의 규정은 종래의 영국주의와 프랑스주의를 조정한 것).

2) **領海에 대한 國家權能의 制限** 영해에 대한 연안국의 권능은 평시 외국선박에 대하여 인정되는 관습국제법상의 無害通航權(right of innocent passage)에 의하여 약간의 제한을 받는다. 연안국은 이 무해통항권을 방해해서는 안될 뿐만 아니라 이것을 적절히 보장해야 한다. 따라서 항해에 대한 위험을 알고 있는 바가 있으면 이것을 적당히 공시할 의무가 있다(제24조)(The Corfu Channel Case, Merit, 1949, ICJ판결).

無害通航權이란 외국선박이 연안국의 평화·공서 또는 안전을 해하지 않는 한 자유로이 항행할 수 있는 권리를 말하며(제19조 1, 2항), 여기에는 이 목적을 위한 연안국의 법령에 복종할 의무를 포함한다(제21조 4항)(이러한 권리·의무는 상선뿐만 아니라 정부선박도 마찬가지다). 무해통항에는 통상의 항해에 수반된 경우 또는 不可抗力(force majeure)이나 해난에 의하여 필요로 하는 경우에 한하여 정박 및 投錨가 포함된다(제18조 2항). 외국어선이 어업금지를 위한 연안국의 법령을 준수하지 않는 경우 이러한 통항은 무해통항으로 인정되지 않는다. 잠수함의 경우에는 해면을 항행하며 또한 그 旗를 게양하지 않으면 안된다(제20조). 또한 영해 내에서 측량을 하거나 掃海를 하는 것도 무해통항권의 범위에 들지 않는다(前記 The Corfu Channel Case의 判決).

無害通航의 제도는 원래 연안국의 이익과 항행의 이익과의 균형 위에서 성립된 것이다. 그러므로 연안국은 외국선박의 무해통항을 방해하지 않을 의무를 지는 동시에(제24조) 무해가 아닌 통항을 방지하기 위하여 필요한 조치를 강구할 權利를 가지며, 나아가서 국방상 필요한 경우에는 영해 내의 특정 수역(국제해협은 제외)에 있어서 외국선박의 무해통항을 일시적으로 정지시킬 수도 있다. 단 외국선간에 차별을 두어서는 안되며, 그러한 정지는 정당하게 공시된 후에만 효력을 갖는다(제25조). 반면 외국선박은 연안무역의 금지, 航行規則의 준수와 같은 연안국의 법령에 따르지 않으면 안되나 영해의 통항만을 이유로 하는 어떠한 요금도 지불할 의무가 없다(그 선박에 제공된 특정의 役務에 대한 대가는 예외로 한다. 제26조).

2. 無害通航의 意味

모든 국가의 선박은 연안국의 평화·질서·안전을 해하지 않는 한 그 국가의 영해에서 無害通航權을 갖는다. 동시에 연안국은 영해사용자의 자격과 조건을 규정하여 선박의 통항을 규제할 권능을 가지나 그 행사에 있어서 無害通航을 부인·방해하는 결과가 되지 않도록 일정한 국제법상의 受忍義務를 진다.

따라서 이러한 無害通航權의 구체적 내용과 법적 성질은 公海에 있어서의 航行自由의 原則(통항선박의 항행이익, 기국의 법익)이 어느 정도까지 영해 내의 외국선박의 通航制度에 반영되고 있는가에 따라 또한 이 원칙이 어느 정도까지 연안국의 주권행사를 규제할 수 있는가에 따라 결정될 것이다.

외국선박에 인정되는 무해통항의 구성요소로는 '通航'과 '無害의 通

航'이라는 두 가지 요소를 들 수 있다.

通航이라고 하는 것은 ① 內水에 들어가지 않고 領海를 통과하는 것, 또는 내수 외의 정박지 또는 항만시설에 들르지 않고 영해를 통과하는 것을 말한다(UN해양법조약 제18조) ② 내수를 향하여 또는 내수를 나와서 영해를 항행하는 것 또는 그 정박지나 항만시설에 들르기 위하여 영해를 통항하는 것이다. 통항은 '계속적으로, 또한 신속하게' 행해지지 않으면 안된다(단, 불가항력이나 海難의 경우 등에는 제외).

다음 無害의 通航이라고 하는 것은 연안국의 평화, 질서, 안전을 해하지 않는 통항을 말한다(동조약 제19조). 잠수함 기타의 수중항행기기는 그 기를 내걸고 해면에 부상하여 항행하여야 한다(제20조).

그런데 UN해양법협약은 위의 여러 규정(영해조약)보다 연안국법익의 보호에 유리하도록 적극적 규정을 두고 있다.

첫째, 통항과 무해성을 별개의 규정으로 했기 때문에(제18조, 제19조), 연안국은 무해성의 기준에 관계없이 통항의 요건에 해당하지 않는 경우에는 한층 엄격하게 영해 내에서 외국선박을 퇴거시킬 수 있는 명백한 권한을 가지게 되었다(예를 들면 그 목적이 내수 또는 그 외측에 있는 항만시설에의 출입을 위한 항행이 아닌 경우, 또는 통항이 계속적 그리고 신속하게 행해지지 않는 경우이다. 제18조 1항 b·2항).

둘째, 通航의 無害性의 기준으로서 영해조약과 같은 규정, 즉 통항은 연안국의 평화·질서·안전을 해하지 않는 한 무해로 본다고 하는 규정(제19조 1항)을 두는 동시에 외국선박이 영해 내에서 다음과 같은 활동을 하는 경우에는 무해한 통항으로 인정되지 않는다고 하고 있다(제19조 2항. 이 조항은 UN해양법조약이 처음으로 구체적인 규정을 한 것이다). ① 무력에 의한 위협 또는 무력의 행사, ② 군사연습 또는 훈련, ③ 연안국의 방위·안전에 관한 정보수집, ④ 연안국의 방위·안전에 영향을 주는 선전, ⑤ 항공기의 發進·着船·船積, ⑥ 군사기기의 발진·착선·선적, ⑦ 연안국의 통관·재정·출입국관리·위생에 관한 법령위반의 상품·통화·사람의 선적 또는 적하, ⑧ 조약위반의 고의·중대한 오염행위, ⑨ 어업활동, ⑩ 조사활동 또는 측량활동, ⑪ 연안국의 통신망 기타 시설·설비의 방해행위, ⑫ 통항에 직접 관계 없는 기타의 활동 등이다.

연안국은 無海하지 않는 통항을 방지하기 위하여 영해 내에서 필요한 조치를 취할 수 있다(제25조 1항). 이상과 같은 무해하지 않은 활동에는 고의 또는 중대성의 정도를 묻지 않는 까닭에(오염 제외) 경미한 기술적 위반에 대해서도 통항이 금지된다. 또 국내법령의 不遵守(영해조약 제14조 5항)가 없을지라도 어업활동 자체가 유해시되며, 통항의 요건을 직접적으로 충족하지 못한 모든 활동을 대상으로 하는 등 無害性의 인정에 관한 연안국의 규제권능은 극히 광범하다(O'Connell I, 269-271).

無害한 通航이라고 하는 것은 통항의 양태에 관한 것이고 선박의 종류에 관한 것은 아니다. 그러나 최근에 유조선이나 원자력추진선이나 핵물질을 운반하는 선박이 출현하여 연안국의 안전에 영향을 주게 되었다. 그리하여 UN해양법협약은 항행의 안전상 필요하다고 인정하는 경우에는 연안국은 무해통항하는 외국선박에 대한 항행규칙으로서 '航路帶'를 지정하거나 또는 '分離通航方式'을 설정하여 이를 이용하도록 요구할 수 있다(제22조).

또 원자력추진선이나 핵물질 기타 위험한 유해물질의 운반선의 영해내 무해통항에 있어서는 그 선박은 이러한 선박을 위하여 국제협정이 정하는 문서를 휴대해야 하며, 또한 동협정이 규정한 특별한 예방조치를 준수해야 한다(제23조).

외국선박의 영해의 무해통항에 관하여 연안국은 이것을 방해하지 않을 의무를 지지만, 무해하지 않은 통항을 방지하기 위하여 영해내에서 필요한 조치를 취할 수 있고, 특히 자국의 군사적 안전의 보호에 불가결한 경우에는 영해 내의 특정해역에서 외국선박의 무해통항을 일시적으로 정지할 수 있다(제25조).

3. 領海의 幅

領海의 범위는 基線으로부터 측정되는데, 이 基線과 領海外側의 한계선간의 거리를 영해의 幅이라고 한다. 이 문제에 관하여 1930년 헤이그 국제법전편찬회의, 1958년과 1960년의 제네바 UN해양법회의 등 세 차례 국제회의가 개최되었으나 모두 실패로 돌아갔다. 영해의 폭의 문제를 둘러싸고 국가간에는 어업상 또는 군사상의 이해가 날카롭게 대립하였다. 영해의 폭의 통일을 곤란케 하는 이유는 폭이 좁은 경우 海洋國에 유리하며(타국의 연안에 접근하여 어업할 수 있고 군함활동을 할 수 있기 때문에), 반대로 폭이 넓은 경우 沿岸國에 유리하기 때문이다(타국의 어선이나 함대가 연안에 접근할 수 없기 때문에).

종래 영해의 幅으로서 3해리가 지배적 관행이었다. 그러나 3해리는 단일의 일반적으로 승인된 폭은 아니었다(역사적으로 3해리설은 착탄거리설에 유래한 것이나 지금은 이것과 관계 없이 주장되고 있다). 제1·2차 제네바 해양법회의에서는 영해의 幅으로서 12해리를 주장하는 국가들과 최대한 6해리를 인정하려는 국가들이 대립하였다. 이것들의 타협안으로서 ① 영해는 12해리 이내에서 각국이 자유로이 결정하되 나머지를 漁業水域으로 한다는 案(연안국측에 유리한 안), ② 영해는 6해리로 하고 그 외측에도 6해리의 어업수역을 인정한다는 案(어업상의 이익은 양보하더라도 군사상의 이익을 확보하려는 안) 등이 나왔다. 그러나 어느 것도 필요한 3분의 2의 다수찬성을 얻지 못하여 부결되었다. 해양법회의의 경과로부터 판단한다면 ① 領海의 幅의 최소한은 3해리라는 것, ② 12해리 이상의 폭은 허용되지 않는다고 하는 것이다. 그 이상으로는 국제법에 명확한 기준이 없다. 그러나 영해의 폭은 漁業事件에 관한 ICJ의 판결에서 보듯이 ① 국내법에 표시된 연안국의 의사에만 따를 수 없으며, ② 그 획정행위는 연안국만이 이것을 행할 권능을 가지고 있으므로 필연적으로 일방적 행위이나 다른 국가에 대한 관계에 있어서의 획정의 유효성은 국제법에 의존하는 것이다. 다만 해양법회의에 있어서의 두 개의 제안은 다같이 어업에 관한 연안국의 권리를 基線으로부터 12해리까지 인정하는 점에는 차이가 없으므로 최근에는 영해의 폭에 관계 없이 기선으로부터 12해리까지를 어업수역으로 설정하는 방법이 채용되고 있다. 나아가서 미국은 1970년 다음 두 가지를 조건으로 12해리의 영해의 일반제도화를 제창하였다. 즉 ① 國際海峽에서는 영해 내이더라도 연안국은 외국의 선박 및 항공기의 통과의 자유를 보장할 것, ② 각 연안국은 그 12海里의 領海 외에도 근해어업에 대하여 우선권을 가질 것 등이다.

이러한 미국의 제안을 중심으로 12해리영해의 움직임은 활발하게 전개되었고, 그 후 제3차 UN해양법회의에서 채택된 UN海洋法協約은 모든 국가가 기선으로부터 12해리를 초과하지 아니하는 범위 내에서 영해의 폭을 설정할 권리를 갖는다고 규정하여 사실상 領海 12海里制度를 인정하고 있다(제3조).

그러나 1952년 Chile, Ecuador, Peru 등 3국간의 Santiago조약 이래 다수의 남미제국은 200해리의 영해를 주장하였으며, Argentine, Brazil, El Salvador, Nicaragua, Panama, Uruguay도 이에 동조하였다. 이 영해주장의 주요논거는 개발도상국가가 연안의 自然資源(생물·비생물)에 대하여 완전한 주권을 행사하는 것은 당연하다고 하는 것이다. 1970년에는 Lima회의가 개최되었고, 여기에 한국도 observer로 참석하였다. 다시 1972년 6월에는 Santo Domingo선언이 채택되었는데, 여기에서 Latin-America제국은 12해리의 영해 외에 200해리의 patrimonial sea를 주장하고 있다. 이 수역은 일종의 經濟水域으로서 UN헌장에 규정된 평화적 절차에 따라 2 또는 2 이상의 국가와 합의하여 경계를 획정한다는 것이다. 적당한 번역어가 없으므로 우선 '世襲水域'이라고 부르기로 한다.

4. 外國船舶에 대한 管轄權

(1) 刑事裁判權

연안국은 영해통항중의 외국선박에 대하여 통항중 선내에서 행해진 범죄에 관해서는 원칙적으로 旗國의 裁判管轄權에 위임하며, 연안국이 수사·체포 등의 형사재판권을 행사할 수 있는 경우는 특정되어 있다. 이것은 통항선박은 일반적으로 연안국의 재판권으로부터 면제된다는 생각이다(Jessup, The Law of Territorial Waters and Maritime Jurisdiction, 1927, xxxiii, 119).

연안국이 체포나 수사를 예외적으로 행할 수 있는 특정된 경우는, ① 범죄의 결과가 연안국에 미치는 경우(밀수, 불법입국, 오염, 안전보장법령위반 등), ② 범죄가 연안국의 평화 또는 영해의 질서를 문란케 하는 성질의 것인 경우, ③ 당해 선박의 선장 또는 기국의 外交官이나 領事官으로부터 연안국의 당국에 원조요청이 있는 경우, ④ 마약 또는 向精神劑의 불법거래의 방지에 필요한 경우 등이다.

다만, 이 경우의 영해통항중의 선박에 관해서는 內水를 떠나 영해를 통항중인 선박은 포함되지 않는다. 또한 당해 외국선박이 영해에 들어가기 전에 행해진 범죄에 관해서도 내수에 들어가지 않고 단순히 영해를 通航中인 경우에는 체포·수사 등의 조치를 취할 수 없다. 그러나 이러한 통항중이라 하더라도 해양환경의 보호·보전·오염방지에 관한 경우와 排他的 經濟水域에 관한 법령위반의 경우에는 예외이다.

연안국은 비록 이와 같이 특정한 경우에 刑事裁判權의 행사가 인정된다 할지라도 그 실시에 있어서는 범죄의 중대성의 정도와 운항저지의 위험과를 비교·형량하여 항행이익에 타당한 고려를 할 필요가 있다(UN해양법조약 제27조).

위와 같이 영해를 통항중인 외국선박에 대하여는 그 無害通航權의 보장에 필요한 한도에서 연안국의 司法管轄權은 기능별로 제한되고 이에 대응하여 旗國의 관할권이 유지된다고 할 수 있다(Rousseau Ⅳ, 371-373).

⑵ 民事裁判權

領海를 無害通航中인 외국선박에 대하여 연안국은 선내의 사람에 관한 민사재판권을 행사할 목적으로 정박시키거나 또는 항로를 변경시키는 일은 허용되지 않는다. 동시에 그 선박에 대하여 民事上의 強制執行이나 保全處分을 행할 수도 없다. 그러나 다음과 같은 경우에는 예외가 인정된다. ① 선박이 연안국의 내수·영해를 항행중 또는 항행을 위하여 그 선박에 관해서 발생한 채무 또는 책임에 관한 경우와, ② 선박이 내수에 정박하고 있는 경우 또는 내수를 나와 영해를 통항하고 있는 경우 등이다.

⑶ 軍艦의 無害通航

군함이 他國領海에서 無害通航權을 갖느냐의 문제는 정설이 없다. 그러나 외국선박의 무해통항권은 국제무역의 필요에 의하여 인정되고 있음에 반하여 군함의 경우에는 영해의 통과 그 자체가 연안국의 안전에 대한 위협이 되는 것이므로 연안국이 명시적 또는 묵시적으로 인정한 경우를 제외하고는 군함의 무해통항권은 인정되지 않는 것으로 보아야 한다(해양법회의에서는 군함의 통항에 관하여 연안국의 사전허가를 필요로 한다는 제안이나, 사전의 통고만으로 족하다는 제안이나 그 어느 것도 채택되지 않았다. 이리하여 '영해 및 접속수역에 관한 조약'에는 군함의 통항권에 관한 규정이 생략되어 두 개의 해석이 가능하게 되었다. 하나는 동조약 제3장 A절이 '모든 선박에 적용될 규칙'으로서 무해통항권을 인정하고 있으므로 D절 '군함에 적용될 규칙' 중에 특별한 규정이 없는 이상 군함은 영해내에서 무해통항권을 갖는다는 해석이다. 다른 하나는 동조약 제23조에서 군함은 연안국의 영해통항에 관한 규칙을 준수하지 않으면 안되게 되어 있으므로 그 규칙 중에 사전의 허가 또는 통고를 포함하여 이것에 복종하지 않는 군함을 퇴거시킬 수 있다는 해석이다. 이 점을 명확히 하기 위하여 다수국가는 조약에 유보를 붙여 군함의 통항권을 부인하고 있다. 그러나 이 조약에는 유보의 효력에 관한 조항이 없기 때문에 어떠한 유보도 이에 반대하는 국가에 대해서는 유효하지 않다고 주장하는 국가도 있다). 1982년 UN해양법협약도 1958년 제네바협약의 관계규정을 그대로 유지함으로써 군함의 무해통항권 문제는 아직도 미결인 채로 남게 되었다. 다만 公海와 公海를 연결하는 해협으로서 國際水路로 되어 있는 곳은 군함에게도 無害通航(通過通航權)이 있다는 것이 종래 인정되어 왔다(The Corfu Channel Case).

제 1 차 UN해양법회의에서는 사전의 허가 또는 통고를 조건으로 한다는 원안이 부결되고, 영해조약에서는 관계규정을 두지 않았다.

UN해양법조약도 군함의 무해통항권에 관한 명문의 규정을 두는 데에 합의가 성립되지 못한 결과, 동조약의 서명시에 군함의 영해내통항에 대하여는 사전의 허가제 기타의 국내법상의 규제조치를 적용할 수 있다는 解釋宣言(무해하지 않은 통항을 방지할 수 있다는 제25조의 해석선언)을 행한 국가(Finland, Iran, Rumania, Sweden 등)가 있고, 현행 국제법의 해석상 이에 반대하는 뜻을 선언한 국가(영, 미, 이, 서독 등)도 있다.

외국의 군함(정부선박 포함)에 대하여 연안국의 刑事裁判權 · 民事裁判權은 적용되지 않는다. 연안국의 재판권의 적용이 인정되는 예외적인 경우에도 연안국은 그 艦船內의 범죄에 관하여 체포권 · 수사권을 행사하는 것은 허용되지 않으며, 함선내의 사람의 불법행위나 채무에 관하여 함선에 대한 강제집행이나 보전처분을 하지 못한다. 그런데 이것은 군함 등의 정부선박에게 국제법상의 주권면제가 인정되는 결과이고 군함의 무해통항에 특별히 인정되는 것은 아니다. 외국함선은 무해통항의 경우만이 아니고 영해내에 체재하는 경우에도 연안국의 재판권행사는 예외없이 배제된다.

군함이 영해의 통항에 관한 연안국의 법령을 준수하지 않고, 연안국의 준수요청도 무시하는 경우에는 연안국은 영해로부터 즉각 퇴거하도록 요구할 수 있다(제30조). 단, 이 이상의 조치를 영해내에서 취할 수는 없다.

또 군함 및 非商業用의 政府船舶이 영해의 통항에 관한 연안국의 법령 및 국제법의 규칙을 준수하지 않고, 그 결과 연안국에 손해를 끼친 경우에는 함선의 본국, 즉 旗國이 국제법상의 책임을 진다(제31조). 그런데 일반선박(및 상업용 정부선박)의 경우에는 위와 같은 경우에 선박의 책임은 연안국의 국내법상의 문제가 되고 본국의 국제적 책임에는 관계가 없다(군함은 주권면제가 있어 연안국의 권력행사로부터 보호되고 있으나 일반선박은 그렇지 않기 때문이다).

제 4 절 國際海峽의 通過航海權

1. 國際海峽의 意義

國際海峽은 물리적으로는 영해의 일부이나 그 국제항행상의 중요성에 비추어 오늘날에는 통상의 영해와는 구별되는 독자적 법제도의 규율을 받게 되었다.

UN해양법협약이 새로이 설정한 '國際海峽'의 제도에 의하면 국제해협이라고 하는 것은 "公海 또는 排他的 經濟水域의 일부와 公海 또는 排他的 經濟水域의 다른 부분"과를 결합하여 國際航行에 사용되는 수로(해협)이다.

> 領海條約에 의하면, 국제해협이라고 하는 것은 공해의 일부분과 공해의 다른 부분 또는 외국의 영해와의 사이를 연결하는 영해부분으로서 국제항행에 사용되고 있는(which are used for) 해협을 말한다. 이 정의는 두 가지 점에서 종전의 관습법을 개정한 것이다. 첫째, 지리적으로 공해의 두 개의 부분에만 한하지 않고, '공해의 1부분과 외국의 영해와의 사이'를 첨가한 것이다. 둘째, 사용기준에 있어서 국제관습법에서는 국제항행에 '사용된'(used for) 것이라는 용어에 의하여 금후 국제항행에 사용될 가능성이 있는 것도 포함된다고 해석되었다(Corfu Channel Case, ICJ Reports, 1949, 28). 그러나 領海條約에서는 '사용되고 있는'이라는 용어로 개정하여 종래의 사용실적에 한정한다는 취지를 나타내고 있다. 따라서 홍해에 있는 티란해협과 같이 국제항행을 위한 규칙적 사용의 실적이 빈약한 것은 국제해협으로서의 지위가 인정되지 않으며 무해통항권이 보장되지 않는다.

이러한 국제해협에 있어서는 '모든 선박 및 항공기'는 방해받지 않는 '通過航海의 權利'를 갖는다(제37조, 제38조). 通過航海權은 영해의 무해통항권과 상이하며, 항공기의 통항이 포함된다는 점에서 群島航路 通航權과 같은 것이다.

이 국제해협은 다음과 같은 것을 포함하지 않는다. 첫째, 공해 또는 排他的 經濟水域과 국가의 영해와를 연결하는 해협이며(여기에서는 무해통항권이 인정된다), 둘째 앞서 말한 국제해협의 정의에 해당한 해협에 있어서도 다음 두 가지 경우는 제외된다. 하나는 그 해협부분에 항행상 수로상의 특성에 관하여 똑같이 편리한 항로가 공해 또는 배타적 경제수역으로서 존재하는 경우, 또 하나는 본토와 섬 사이의 해협에 있어서 위와 같은 편리한 항로가 섬의 외측에 존재하는 경우이다(제45조·제38조 1항·제36조). 通過航海가 인정되는 국제해협은 해협부분이 연안국의 영해에 의하여 커버된 것이다. UN해양법협약에서 영해가 12해리까지 인정되게 되자 종래 영해가 3해리였을 당시에 중앙에 공해 부분이 있었던 세계 각지의 해협(약 116개)이 모두 연안국의 영해로 커버되게 되었다(원칙적으로 24해리의 폭까지). 이러한 사태에 직면하여 미국과 구소련 등 해공군, 해운, 항공에 있어서 유력한 국가들이 영해가 12해리로 확대되는 것을 반대하였다(영해의 폭이 12해리로 확대되면 폭 24해리 미만의 해협에서는 모든 선박이 무해통항권이 보장되지만 통항의 가부는 해협연안국의 주관적 인정에 좌우된다). 반면 개발도상국은 200해리의 배타적 경제수역을 요구하고 있었으므로 이것과 교환하는 식으로 타협이 성립되어 國際海峽의 通過航海制度가 수립되었다.

2. 國際海峽에 있어서의 通過航海權

국제해협에 있어서 외국의 '선박 및 항공기'는 방해받지 않는 '通過航海의 權利'를 갖는데(제38조 1항), 이것은 무해통항권과는 달리 "계속적이고 신속한 통과의 목적만을 위하여 항행 및 上空飛行의 자유"를 행사하는 것을 말한다(제38조 2항). 이 통항에는 해협연안국에의 입국, 또는 그 곳으로부터의 출국의 목적으로 해협을 통과하는 것도 포함된다.

通過航海에 있어서 선박 및 항공기가 준수하여야 할 공통의 사항은, ① 해협의 통과를 지체없이 할 것, ② 무력에 의한 위협 또는 무력행사를 삼가할 것, ③ 계속적이고 신속한 통과의 통상의 형태에 부수되는 활동 이외의 활동을 삼가할 것 등이다(불가항력 또는 해난의 경우는 예외로 한다).

선박은 이러한 공통사항 이외에도 ① 해상안전을 위하여 일반적으로 인정된 충돌예방 및 기타에 관한 국제적 규칙・절차・관행, ② 선박으로부터의 오염의 방지・경감・규제를 위하여 일반적으로 인정된 국제적 규칙・절차・관행 등을 준수하여야 한다.

항공기는 위의 공통사항 이외에도 ① 國際民間航空機關이 설정한 민간항공기에 적용되는 항공규칙을 준수해야 하고, 軍用을 포함한 국가의 항공기는 항공규칙관계의 안전조치를 준수해야 하며 또한 항상 비행의 안전을 위하여 적정한 고려를 해야 하고, ② 국제적으로 지정된 권한 있는 항공관리당국이 할당하는 주파수 또는 적당한 국제조난주파수를 항상 청취해야 한다.

선박의 경우에는 이 밖에 해안연안국의 허가 없이는 조사활동 또는 측량활동을 해서는 안된다(제40조). 또한 해협연안국은 국제규칙에 적합한 船路帶를 지정하고 分離通航方式을 설정할 수 있으며(제41조), 특정사항에 관한 법령을 제정・적용할 수 있다(제42조). 하지만 그 위반을 이유로 통과항해권의 부인 또는 통과통항의 정지를 초래해서는 안된다(제44조). 만약 통과통항 중의 선박이 그 의무를 이행하지 않는 경우에는 旗國 또는 등록국의 국가책임을 물을 수 있을 뿐이다.

영해의 무해통항에 관한 법령을 준수하지 않는 군함에 대해서는 연안국은 영해로부터의 즉각 퇴거를 요구할 수 있다는 규정이 있으나 국제해협의 통과항해에 대해서는 이에 해당하는 규정이 없다. 국가책임에 관한 前記의 규정이 있을 뿐이다.

제5절 排他的 經濟水域

1. 排他的 經濟水域의 概念

1) 定 義 排他的 經濟水域(exclusive economic zone)이라고 하는 것은 영해의 외측에 접한 영해측정 기선으로부터의 200해리까지의 해역

을 말한다. 이것은 제3차 UN해양법회의에서 처음으로 창설된 것이나, 그 기원은 일찍이 排他的 漁業水域과 大陸棚의 개념에서 찾을 수 있으며, 이 양자를 결합·발전시킨 제도이다.

배타적 경제수역의 最外側의 한계선은 영해의 기선으로부터 외해를 향하여 최대한 200해리의 선이다(제57조). 그러므로 실제로는 12해리의 영해의 폭을 제외한 188해리가 배타적 경제수역의 최대한이다. 다만 UN해양법협약은 배타적 경제수역이나 영해의 폭을 위의 한도 내에서 설정할 것을 연안국에게 인정하고 있으므로 만약 연안국이 위와 다른 幅을 설정한 경우에는 배타적 경제수역의 폭도 국가에 따라 달라진다.

2) 排他的 漁業水域 排他的 漁業水域이라고 하는 것은 어업자원의 어획량의 배분과 조업활동의 규제에 관하여 연안국이 일방적으로 결정하며 행사할 수 있는 권리가 인정된 수역이다.

전통적인 해양법에 있어서는 해양은 領海와 公海로 이분되어 영해의 외측은 공해로서 자유사용에 개방되어 있었다. 이 공해에서는 모든 국가의 어선이 자유로이 어업에 종사할 수 있었다. 그러나 어업기술의 발달과 더불어 세계 전체의 어업생산이 매년 증대하는 반면, 약간의 어종에 있어서는 자원고갈의 현상이 나타나기 시작하였다. 公海自由의 原則하에서는 공해상의 어선에 대한 관할권행사는 旗國主義에 의하여 그 어선의 본국만이 할 수 있으므로 어업자원의 보존을 위해서는 같은 어장에 출어하는 국가들간의 합의에 의하여 어업규제를 실시하는 방법이 채택되었다(어업보존조약 제4조). 그러나 이 방법으로써는 그 어업조약에 참가하지 않은 국가의 어선에 대해서는 규제를 할 수 없었다. 그 위에 어업조약의 시행은 각 어선의 본국이 행하는 것이므로 보존조치의 실효성을 기할 수 없었다.

이리하여 연안 앞바다의 어업자원은 연안국으로 하여금 관리케 하는 것이 자원보존상 가장 유효한 방법이라고 하여 연안국의 관할권을 영해 외의 어업자원의 관리에까지 확대하려는 움직임이 활발해졌다.

이러한 움직임의 배경에는 다음과 같은 요인이 작용한 것이다. ① 1958년의 大陸棚條約이 영해 외의 해저광물자원에 대한 연안국의 주권적 권리를 승인한 것, ② 1960년의 제2차 해양법회의에서 영해측정기선으로부터 12해리의 어업수역을 설정하여 연안국이 영해 외의 어업에 관해서도 배타적 관할권을 갖는 것을 인정하는 제안이 부결되었음에도 불구하고 그 후의 국가관행에 있어서는 각국이 영해 외에 영해측정기선으로부터 12해리의 배타적 어업수역을 설정할 권리가 있다는 관행이 성립된 것(1974년 Iceland어업관할사건에 관한 ICJ의 판결), ③ UN에 있어서의 '天然資源에 대한 永久主權'결의가 영해 외에 어업자원도 연안국의 천연자원으로 인정한 것 등이다.

이리하여 제2차 해양법회의 이후 1970년대에 걸쳐 영해와는 별도로 그 基線으로부터 12해리까지의 범위의 어업수역이 각국의 국내법 또는 조약에 의하여 널리 인정되었다. 연안국은 이 어업수역에서 어업활동에 관한 한 영해와 같은 屬地的 권능을 가지며 여기에 참가하는 외국어선에는 연안국 국내법을 적용하나 그 위반에 대한 강제조치와 재판권은 기국과의 교섭·협정에 의하여 기국관할권이 유보될 여지를 남겨놓았다.

3) **優先的 漁業權** 위와 같이 1970년대 말 12해리 배타적 어업수역이 국제관습법으로 성립되었는데, 그 以遠의 해역에서도 특별히 연안어업에 의존하는 연안국에 대해서는 優先的 漁業權(preferential right fishing)이 국가관행상 널리 인정되기에 이르렀다. 이 우선적 어업권은 어획량의 제한, 기타의 보존조치가 필요한 경우 자원배분에 관하여 연안국의 우선순위를 인정한 것이었다. 그러나 이것은 12해리의 배타적 어업수역과는 달리 어업실적을 가진 타국에 유효하게 대항할 수 있는 것이 되기 위해서는 실적국의 어업권과 형평한 균형을 유지하도록 관계국과의 교섭에 의하여 어획량을 할당하지 않으면 안된다(1974. 7. 25 '어업관할사건'(본안) ICJ판결. ICJ Reports 1974, 23-24, 26-29, 31).

UN해양법조약은 경제수역에 있어서 우선적 어업권의 개념을 배척하였다(위의 ICJ판결은 12해리이원의 어업수역에 관한 보편적 효력의 유무를 판단하는 것을 삼가하였다. 영·아이슬란드간의 '대구전쟁' 참조).

4) **排他的 經濟水域의 成立** 배타적 경제수역의 구상이 등장한 것은 1972년의 아프리카국가들의 야운데(Yaoundé)회의 및 동년의 카리브해제국이 200해리 '世襲水域'(patrimonial sea)을 선포한 Santo Domingo 선언이 그 계기이다.

이러한 동향은 배타적 어업수역의 관행을 보편화하였으며, 이 관행은 더욱 확대되어 다른 사항까지도 포함하여 배타적 경제수역의 제도를 낳게 되었다.

UN해양법협약은 복잡한 타협을 거듭하여 이 배타적 경제수역의 제도를 설정하였다. 그러나 그 이전에 다수의 국가는 UN해양법협약의 작성·서명을 기다리지 않고 국내법을 제정하여 배타적 경제수역의 내용을 미리 규정하였다. 당연히 각국의 국내법령의 내용은 동일하지는 않으나, 경제수역 자체를 대상으로 한 것도 있고, 200海里漁業水域(UN해양법조약 제61-73조)을 설정하는 국내법령도 있다(소련, 미국, 일본, EU제국 등). 이리하여 배타적 경제수역의 개념은 UN해양법협약의 발효 이전에 이미 현대국제법의 일부가 되었다(1982. 2. 24 '튀니지·리비아대륙붕사건' ICJ판결. ICJ Reports 1982, 74).

2. 排他的 經濟水域의 法的 地位

배타적 경제수역은 영해의 基線으로부터 측정하여 200해리까지의 거리 내에 설정된 隣接海域이다. 이 수역에 있어서의 연안국과 타국의 권리·의무는 UN해양법협약의 규정에 의하여 규율된다.

〈沿岸國의 權能〉 연안국은 이 수역에서 특정된 사항에 관하여 주권적 권리와 관할권을 갖는다(본래의 영역수역의 포괄성·입체성을 갖는 것이 아니다).

① 해저와 上部水域에 있어서의 생물 및 비생물자원의 탐사, 개발, 보존 및 관리의 목적을 가진 주권적 권리, ② 해수, 조류 및 해풍으로부터의 에너지생산과 같은, 이 수역의 경제적 개발 및 탐사를 위한 활동에 관한 주권적 권리, ③ 인공섬, 시설 기타의 해양구축물의 설치와 사용, 해양의 과학적 조사 및 해양환경의 보호에 관하여 해양법협약에서 규정한 관할권, ④ 해양법협약에서 규정된 기타의 권리(제56조).

다른 한편 모든 국가는 이 수역에 있어서 항행의 자유, 상공비행의 자유, 해저전선과 파이프라인 부설의 자유 및 이러한 자유에 부수되는 기타 해양의 합리적 사용에 관한 자유를 갖는다. 동시에 배타적 경제수역의 제도와 저촉되지 않는 한 공해제도에 관한 국제법의 규칙이 이 수역에서도 적용된다. 이것은 전통적 공해제도에 있어서는 일체화되었던 자원개발제도와 교통통신제도가 이 수역에서는 분리되어, 전자에 있어서는 연안국에게 영해에 있어서와 같은 권리가 인정되고 후자에 있어서는 모든 국가에게 사용의 자유가 인정된다고 하는, 전적으로 새로운 법적 지위를 갖는 수역이 해양법협약에 의하여 설정된 것을 의미한다. 따라서 배타적 경제수역은 조약상 영해와 다르고 공해와도 다른 '特別한 地位'(*sui generis*)를 갖는 수역이라고 할 수 있다(제55조, 제86조). 이 수역에서는 연안국과 기타 제국과의 법적인 권원·권리가 기능별로 형평하게 배분되어 있다.

3. 排他的 經濟水域에 있어서의 漁業

1) 資源의 管理 배타적 경제수역의 제도는 원래 연안국의 배타적 어업관할권의 확대를 목표로 한 것이다. 그러나 UN해양법협약은 연안국의 배타적 어업관할권의 행사에 관하여 여러 가지 제한 또는 조건을 붙여서 타국의 어업권익과의 균형을 잡도록 하였다.

2) 沿岸國의 權利·義務 연안국은 이 수역에서 그 수역내의 각 어종에 관하여 허용어획량을 결정할 권능을 갖는다. 그러나 이 경우에 입수 가능한 最良의 과학적 증거를 고려하여 생물자원이 최대지속적 생산량을 유지할 수 있도록 적당한 보존·관리의 조치를 취할 의무를 진다(제61조). 이 보존의 의무는 영해 또는 과거의 어업수역에는 없었던 것이며, 배타적 경제수역의 제도를 승인하는 대가로서 연안국의 주권적 권리에 부과된 하나의 제한인 것이다. 그러나 허용어획량의 결정 자체가 연안국의 권능인 이상 보존·관리의 구체적 내용도 연안국의 판단에 속한다.

연안국은 이 수역에 있어서의 생물자원의 보존과 최적이용(optimum utilization)을 촉진할 의무를 진다(제62조 1항). 이를 위하여 연안국은 자국의 어획가능량을 결정하고 그것을 초과하는 허용어획량의 잉여분에 대해서는 협정 기타의 합의에 의하여 타국에 할당함으로써 그 入漁의 기회를 주지 않으면 안된다(동 2항). 그러나 무엇보다도 자국의 장기적 이익이 중시되는 것이므로 다른 어업국의 종전의 조업실적이 우선적으로 또는 확실히 고려된다는 보장은 없다. 이러한 의미에서 잉여분의 할당은 양국간의 일반적 외교관계에 관련시켜 처리되는 경우가 적지 않다(외교상의 무기로서 무역마찰).

위와 같은 배타적 경제수역 내에서의 보존조치, 허용어획량의 결정, 잉여분의 할당 등에 관한 분쟁에 관하여는 UN해양법협약이 규정한 強制的 解決節次(제286조-제296조)에 부탁되지 않고 強制調停(구속력이 없음)에 의하여 해결하기로 되어 있다.

그 밖에 연안국의 주권적 권리는 배타적 경제수역의 海底에 있는 광물자원과 정착성 생물자원의 관리에 대해서도 행사된다. 그러나 연안국은 이미 대륙붕조약에 의하여 대륙붕의 해저자원의 탐사 및 개발에 관한 주권적 권리를 보유하는 것이므로 제 3 차 해양법회의에서는 이 부분의 해저자원의 관리의 문제를 대륙붕제도에서 규정하고 있다. 그러나 배타적 경제수역과 대륙붕의 제도가 서로 중복되어 있어 상호모순된 부분은 조정이 필요하게 되었다(섬의 지위 제121조 3항, 해양구축물 제60조 · 제80조, 해양의 과학적 조사 제246조, 경계획정 제74조 · 제83조 등).

3) **外國漁民의 義務** 배타적 경제수역 내에 入漁의 허가를 받은 외국어민은 연안국이 규정한 보존조치와 관계법령을 준수하지 않으면 안된다. 이 관계법령에서는 入漁料의 지불조건을 포함한 허가증의 발급, 허용되는 어종과 어획량의 지정, 漁期 · 漁具 · 漁船의 규제, 어업조사, 기술이전의 협력 등에 관한 입어조건을 규정한다(제62조 4항). 외국어민은 이러한 관계법령을 위반한 경우 나포, 기소, 처벌 등 연안국의 사법권에 복종한다(제73조).

그러나 UN해양법협약에 의하여 연안국에 부여된 권리는 주로 자원·경제사항에 관한 배타적 관할권이다. 그 권리의 범위와 행사의 양태는 각 사항의 필요 정도를 고려하여 다원화되어 있다. 연안국이 이러한 권리를 행사함에 있어서는 타국의 권리를 적절하게 고려하여 新條約과 양립하도록 행동할 의무가 있다(제56조 2항).

국내법령의 집행에 관한 연안국의 조치는 영해의 경우와는 달리 엄격히 배타적 경제수역의 설정 목적의 범위 내에 한정되며, 실력행사에 있어서는 일반적인 국제기준에 따라야 한다. 그러나 연안국의 집행조치에 따르는 감독기관의 권한일탈이나 임용에 대하여 기국 또는 개인이 사법적 구제를 청구할 수 있는 보증은 충분치 않다. UN해양법협약은 연안국이 이 수역 내에서 국내법령의 집행에 관한 분쟁에 있어서 이 조약이 규정한 강제적 절차의 적용의 선택적 제외를 선언할 수 있으며(제298조 1항 b), 또한 연안국이 선박과 선원의 조기석방의무(제73조 2항)를 위반한 경우 旗國이 공탁금의 지불 등을 조건으로 한 조기석방을 신청할 수 있는데 그 관할재판소는 합의되지 않으면 연안국이 수락하는 것에 한정된다(제292조).

4. 排他的 經濟水域內에 海洋汚染의 防止

연안국은 경제수역에서 해양환경의 보호·보전에 관한 관할권을 갖는다(제56조 1항 b iii). 다만 국제적인 규칙·기준에 적합하여야 할 것과 그 국내적 실시를 조건으로 하여 관계 국내법령을 제정할 권한을 갖는다. 특히 船舶基因汚染의 규제와 같은 외국선박의 通航에 직접적인 영향을 미치는 것에 대해서는 연안국이 자의로 국제적 기준을 상회하는 기준을 작성하여 외국선박에 부과할 수 없다.

배타적 경제수역내의 특정구역에 특별한 오염방지조치가 기술적 이유에서 필요하고 또한 종전의 국제적 기준·규칙으로서는 충분히 대처할 수 없는 사정이 있는 경우에도 연안국은 일방적으로 입법관할권을 행사할 수는 없다. 이 경우 연안국은 관계국과의 협의를 거쳐 권한 있는 국제기관이 이 사정이 이유 있다고 결정한 경우에 한하여 특정수역에 적용할 수 있는 국내법령을 제정할 수 있다(제211조 6항 a).

그런데 통항중의 외국선박이 船舶基因汚染의 방지에 관한 국제적 기준·규칙 또는 이것을 실시하는 國內法令에 위반하였다고 믿을 만한 이유가 있는 경우에도 연안국은 당해 외국선박에 대하여 필요한 정보를 제공하도록 요구할 수 있을 뿐이고 일반적으로는 期國管轄權에 유리한 추정을 하게 되어 있다(제220조 3항). 그러나 그 외국선박이 정보의 제공을 거부하거나 그 제공된 정보가 일견 명백한 사실과 다른 경우에는 그 선박에 대하여 정보수집을 위한 물리적 검사를 할 수 있다(동 5항). 또한 중대한 위반으로 인하여 관계이익에 중대한 손해를 끼칠 우려가 있는 배출의 경우에는 연안국은 당해 선박에 대하여 억류 또는 국내법상의 집행절차를 취할 수 있다(동 6항).

제 6 절 大 陸 棚

1. 大陸棚의 定義

대륙붕은 원래 지형학상의 개념이었으나 대륙붕의 국제법상의 정의는 이 지형학상의 개념을 떠나서 독자적으로 규정되었다.

1958년의 '大陸棚에 관한 條約'(제1조)에서는, "대륙붕이라고 하는 것은 ① 연안에 인접하고 있으나 영해 외에 있는 해저구역의 海床 및 그 지하로서(인접성), ② 상부수역의 수심이 200m까지의 것(수심), ③ 또는 그 한도를 넘는 경우에는 상부수역의 수심이 해저구역의 천연자원의 개발을 가능케 하는 곳까지의 것(개발가능성), 그리고 섬의 연안에 인접하고 있는 같은 모양의 海床 및 지하를 말한다"라고 하였다.

1945년 9월 28일 Truman 미국 대통령은 California해저유전의 개발과 관련하여 California연안대륙붕(공해)에 대한 미국의 관할권을 주장하는 선언을 발표하였다. 이것은 전통국제법을 위반하는 것이었으나 타국으로부터 항의가 제기되지 않았으며 오히려 다수의 국가가 이것과 대동소이한 대륙붕에 대한 관할권을 주장하는 선언을 발표하기에 이르렀다. 그 후 미국의 선언은 대륙붕에 대한 연안국의 확정적 권리에 관하여 실정국제법의 출발점이 된 것으로서 적극적인 평가를 받고 있다(북해대륙붕사건 ICJ판결. ICJ Reports 1969, 32-33).

이에 따라 1958년의 제1차 해양법회의는 大陸棚條約을 작성하여 대륙붕의 지하자원의 개발에 관한 새로운 국제제도를 설정하였다. 이 조약은 一般公海制度로부터 분리되어 대륙붕의 해저·지하의 천연자원의 탐사·개발에 관한 연안국의 주권적 권리를 인정하였다(제2조 1항). 그리고 이 권리는 모든 연안국의 배타적 권리이며 선점 또는 명시적 선언에 의존하는 것은 아니다(동조 제2 2항). 그리고 이 권리는 어디까지나 대륙붕의 천연자원에 대한 권리이며, 그 상부수역의 공해로서의 법적 지위 및 그 상공의 법적 지위에 영향을 미치는 것이 아니다(제3조).

대륙붕의 범위는 위와 같이 수심 200m와 개발가능성이라고 하는 두 개의 기준을 채용하였다. 그런데 그 후의 해저개발기술은 눈부시게 발달하여 이미 수심 200m의 기준은 무의미하게 되었으며, 연안국은 개발가능성의 기준을 근거로 하여 자국에 속하는 해저구역의 범위를 한없이 확대할 우려가 나타나기 시작하였다(이에 따라 1967년 UN총회에서 Malta의 Pardo대사가 대륙붕의 범위를 명확히 정하고 그 외측에 심해저의 제도를 설정할 것을 제안하였다. 제 3 차 UN해양법회의는 이 제안을 계기로 시작되었다). 이리하여 여기에 대항할 목적으로 隣接性이라고 하는 기준은 지구물리학 · 지질학 · 지리학상의 관련성을 말하는 것이라고 하여, 대륙붕의 무제한적인 확대를 반대하는 논거로 사용되었다(1965. 6. 14 프랑스가 대륙붕 조약의 가입시에 행한 해석선언).

> 일반적으로 해저는 연안으로부터 완만한 경사로 깊어지면서 바다로 향하며 평균하여 수심 130 meter 정도의 지점에서 급각도로 떨어지는 것이 보통이다. 지리학상으로는 이 완만한 경사의 해저부분을 大陸棚(continental shelf)이라고 말하며 또 대륙붕의 말단으로부터 수심 3,000 meter 정도까지의 급경사의 부분을 大陸斜面(contnental slope)이라고 한다. 나아가서 대륙사면의 하단으로부터 또다시 해저의 경사가 완만해지는 부분을 大陸隆起(continental rise)라고 말한다. 그리고 대륙붕, 대륙사면 및 대륙융기를 합한 해저를 大陸緣邊(continental margin)이라고 부른다. 이 대륙융기로부터 해저는 深海底(deep sea-bed)이다.

1) 自然延長論의 대두 그 후의 국제법의 발달은 대륙붕을 연안국 영토의 해저지역에의 自然的 延長 · 繼續이라고 하여 자연적 연장의 기준을 중시함으로써 종전의 기준에서 이탈하게 되었다. 즉 국제법상 연안국에게 대륙붕에 대한 법적 권원을 부여하는 것은 당해 해저지역이 이미 연안국의 지배권이 미치고 있는 영토의 연장이라고 하는 사실에 근거하는 것이며, 인접성의 기준은 이 자연적 연장의 기준에 우선할 수 없는 것이다('북해대륙붕사건' ICJ판결. ICJ Reports 1969, 30-31, 그리스 · 터키간의 1978. 12. 19 '에게해대륙붕사건'〔관할권〕 ICJ판결. ICJ Reports 1978, 36).

이러한 자연적 연장의 기준은 그 후 UN해양법협약에도 계승되어 대륙붕의 새로운 정의가 되었다. 즉 "대륙붕이라고 하는 것은 연안국의 영해를 넘은 해면아래 지역의 해저와 그 지하로서 연안국의 영토의 자연적 연장에 따라 大陸緣邊部(continental margin)의 外緣까지로 하며, 그 외연이 영해측정 기선으로부터 200해리의 거리에 도달하지 않을 경우에는 영

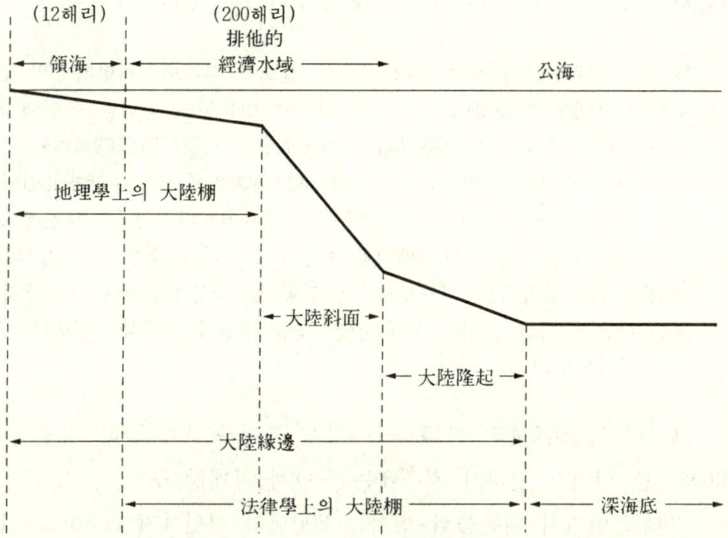

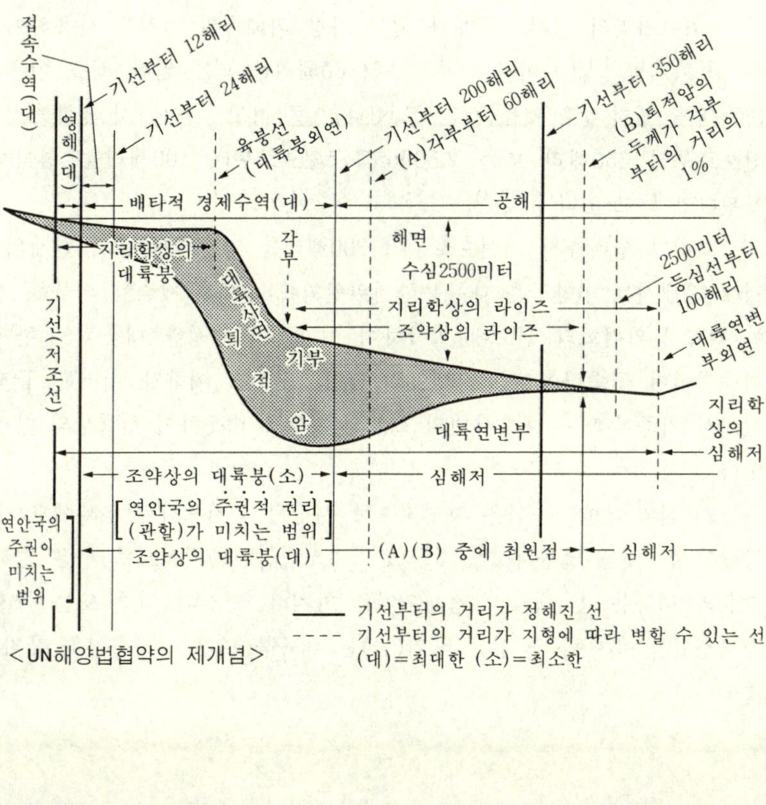

<UN해양법협약의 제개념>

해측정 기선으로부터 200해리까지를 말한다"(제76조 1항·3항).

> 1958년 대륙붕조약 이후 개발기술의 진보에 의하여 '개발가능의 한도'가 무한히 확대될 가능성이 나타났기 때문에 대륙붕의 범위를 수심에 의하여 정하지 않고 오히려 영해측정의 기선으로부터 一定距離(200해리)로 정하자는 의견이 강하게 나타났다. 제3차 해양법회의에서는 아랍제국이나 내륙국, 지리적 불리국이 이러한 발상을 지지하였으며, 영국·아일랜드 등은 육지의 자연적 연장의 한계까지를 인정해야 한다고 주장하여 前記의 '대륙연변'까지를 주장하는 의견도 있어 결국 UN해양법협약에서는 양자를 다 채용하여 그 어느 것이나 보다 넓은 것을 연안국의 대륙붕으로 한다는 안으로 낙착되었다.

그런데 '大陸緣邊의 外緣'을 어떻게 특정하느냐, 특히 기선으로부터 200해리를 넘어서 펼쳐진 경우에는 무한히 확대할 수 있는 것인가가 문제가 된다. 여기서 대륙붕의 범위는 200해리 이원까지 continental margin이 계속되는 경우에는 퇴적암의 두께가 脚部로부터 대륙사면의 하단까지의 최단거리의 적어도 1%가 되는 가장 외해측의 정점을 사용하여 그은 선(600해리를 넘지 않을 것을 조건으로 한다)이나 각부로부터 60해리를 넘지 않은 점을 이은 선(60해리를 넘지 않을 것을 조건으로 한다)으로 하고, 나아가서 영해측정 기선으로부터 350해리 또는 2,500m 等深線으로부터 100해리를 넘어서는 안된다고 하고 있다(제76조 4항·5항).

그리고 영해측정 기선으로부터 200해리를 넘는 대륙붕의 한계의 설정에 관해서는 연안국은 대륙붕한계위원회에 정보를 제출할 의무를 지는 동시에, 동위원회의 권고에 입각하여 연안국이 설정한 대륙붕의 한계는 최종적이며 구속력이 있는 것으로 되었다(제76조 8항). 여하간 이러한 규정에 있어서 기준이 되는 대륙사면의 基部의 확정을 비롯하여 실행상의 난점이 많다.

2) 섬의 地位 섬은 자연적으로 형성된 육지로서 高潮時에도 수면상에 있는 것을 말한다(제주도 남방의 이른바 파랑도는 수면하에 있는 것이므로 섬이 아니다). 원칙적으로 섬은 영해와 고유의 대륙붕 및 배타적 경제수역을 가지나, 인간의 거주 또는 독자의 경제생활을 유지할 수 없는 바위(岩)는 대륙붕 또는 경제수역을 갖지 않

는다(제121조). 그런데 여기서 말하는 '經濟生活'의 의미가 애매하기 때문에 섬으로서 고유의 대륙붕 또는 경제수역을 갖지 못하는 것도 적지 않다. 그러나 적어도 本島에 근접한 섬은 대륙붕 또는 경제수역을 측정하기 위한 기선을 그을 때의 기점으로서 고려되는 것은 가능하다.

2. 大陸棚制度

연안국은 그 대륙붕의 탐사와 그 천연자원의 개발을 위하여 대륙붕에 대하여 주권적 권리를 행사한다(대륙붕조약 제2조, UN해양법협약 제77조). 이 주권적 권리는 국제법상 연안국의 고유의 권리로 인정되며, 이것은 실효적 점유·명시적 선언에도 불구하고(대륙붕조약 제2조 3항, UN해양법조약 제77조 3항) 또 다른 국가의 승인이 없을지라도 대륙붕이 연안영토의 자연적 연장이라고 하는 '사실로 인하여 당연히 또 원시적으로'(*ipso facto and ab initio*) 연안국에 부여된 권리이다(북해대륙붕사건 ICJ판결. ICJ Reports 1969, 22, 42-43).

동시에 연안국의 주권적 권리 및 기타의 大陸棚制度의 기본을 이루는 법규(대륙붕조약 제1-3조)는 원래 조약상의 규정이지만 당해 조약의 비당사국도 이것을 원용할 수 있는 것으로 해석된다. 이러한 법규는 대륙붕조약의 작성의 시점에서 이미 확립된 국제관습법을 확인한 선언적 효과를 갖는 것이기 때문이다. 이러한 규정이 유보금지의 대상이 되고 있는 것(제12조)도 일반국제법규로서 그 성질상 국제사회의 모든 국가에 대하여 동등한 효력을 가지며 일국의 자유의사로써 일방적으로 그 적용을 배제하는 것은 허용되지 않는 規範設定的인 성질을 갖는 것이라고 판단된 결과이다(북해대륙붕사건 ICJ판결. ICJ Reports 1969, 38-39).

연안국의 주권적 권리는 그 적용지역에 있어서 대륙붕에 한정되며, 그 행사의 목적도 천연자원의 탐사·개발에 한정된다. 그 주권적 권리는 영역주권과는 달리 일반적·포괄적인 것이 아니며 주체성과 포괄성을 갖지 않는다. 이 권리는 대륙붕상의 공해 및 상공의 자유를 해쳐서는 안되며 동시에 대륙붕의 천연자원의 탐사·개발과 전연 관계 없는 사항에는 적용되지 않는다.

그러나 대륙붕에 대한 연안국의 권리가 '主權的' 권리이기 때문에 한정된 적용지역과 목적의 범위 내에서는 '排他性'을 갖는다. 이 점은 배타적 경제수역에 대한 연안국의 권리와 같은 성질의 것이다. 따라서 대륙붕에서는 타국이 자원개발의 활동을 하기 위해서는 연안국의 '명시적 동의'를 필요로 한다(제81조).

그리고 대륙붕의 천연자원은 석유 등의 광물자원이 중심이 되지만, 전복·게·해삼과 같이 해저에 항시 접촉하고 있는 정착성의 어족과 같은 생물자원도 포함된다(정착성 생물자원은 배타적 경제수역에서의 연안국의 권리로부터 제외되어 있다. 제68조).

그런데 대륙붕에서 행해지는 활동 또는 사실이라 할지라도 그 천연자원의 탐사·개발 및 또 이것과 관련된 사항에 해당되지 않은 것에 대해서는 연안국의 주권적 권리가 미치지 않는다(대륙붕상의 침몰선박, 그 침몰재화의 인양과 소유권 문제, Spain 침몰선사건에 관한 1976년의 미연방지재, 1978년 동항소심판결, 71 AJIL 1977. 151-152; 72 AJIL 1978, 664-665).

대륙붕의 상부수역에서 발생한 선박충돌사건에 관한 형사재판권의 적용문제에 있어서 대륙붕의 천연자원의 탐사·개발에 관계 없이 발생한 경우에는 연안국의 주권적 권리는 부인된다.

대륙붕에 대한 연안국의 권리는 대륙붕의 상부수역과 그 상공의 법적 지위에 영향을 미치지 않는다. 해저의 상부수역에는 배타적 경제수역 200해리의 수산자원에 대한 연안국의 주권적 권리가 행사되지만 타국의 선박 및 항공기의 항행 또는 항공의 권리 및 자유가 인정되며, 이 점에 있어서 공해와 다름없다(제78조). 그러나 다만 이 경우 대륙붕의 탐사, 그 천연자원의 개발, 파이프라인으로부터의 오염방지에 관하여 연안국은 '적당한 조치를 취할 권리'가 인정되며, 동시에 파이프라인 부설시 대륙붕상의 경로에 관해서는 연안국의 동의가 필요하다.

대륙붕의 개발을 위해 연안국은 시설을 할 수 있으며, 그 주변에 500m의 안전지대를 두어 시설의 보호를 위하여 필요한 조치를 취할 수 있다. 그러나 이러한 대륙붕의 개발이 항행, 어업 또는 생물자원의 보존에 대하여 부당한 방해가 되어서는 안된다. 예를 들면 시설의 건설에 대해서는 적당한 통고를 해야 하며, 또 그 존재에 대하여 경고를 주기 위한 恒久的 手段도 필요하다.

대륙붕의 광물자원의 개발에 관해서는 대륙붕의 200해리를 넘는 부분에 관하여 다음과 같은 특별규칙이 있다. 즉 연안국은 위의 개발에 의한 생산물에 관해서 매년 일정한 '현금 또는 현물에 의한 기부금을 납부'해야 된다(제82조). 이러한 현금 또는 현물에 의한 기부금은 국제기구를 통하여 행해지며, 이 기구는 개발도상국의 이익과 필요를 고려하여 '형평한 배분'의 기준에 입각하여 체약국에 배분한다. 다만 발전도상국의 대륙붕의 경우 그 국가가 대륙붕에서 생산되는 광물자원의 순수입국인 경우에는 이 기부금납부의무에서 면제된다.

3. 大陸棚의 境界劃定

1958년의 大陸棚條約은 동일한 대륙붕에 서로 접한 제국가의 지리적 관계를 ① 對向한 관계(바다를 사이에 두고 서로 향하고 있는 관계—1항), ② 隣接한 관계(바다에 면하여 횡으로 인접한 관계—2항)의 둘로 나누어 각각의 경우에 적용할 원칙을 규정하고 있다(제6조). 이러한 경우라도 경계획정은 먼저 관계국간의 합의에 의하며, 합의가 성립되지 않은 경우에는 서로 대항하고 있는 관계에 있어서는 '中間線'을 경계선으로 하고, 인접관계에 있어서는 '等距離原則'을 적용하여 경계선을 정한다는 것이다. 다만 어느 경우에도 '특별의 사정'이 존재하는 경우에는 이것에 의하여 정당화되는 경계선이 우선한다. 그러나 여기서 말한 특별한 사정이 무엇인가는 명료하지 않다(국제법위원회의 심의의 단계에서는 '연안의 예외적인 형상, 섬 또는 可航水路의 존재'가 특별한 사정으로 예시되었다. Yearbook of the International Law Commission 216, Para. 82, 1953-II).

대륙붕의 경계분쟁의 최초의 예는 北海大陸棚事件이다. 1969년의 이 사건에 있어서 관계국 중 덴마크와 네덜란드의 연안은 凸狀인데 대하여 그 사이에 끼어 있는 독일연방공화국의 연안은 凹狀이었기 때문에 등거리원칙의 기계적인 적용에 의한 경계획정에 의하면 Denmark와 Netherlands에게는 바다를 향하여 끝이 넓은 대륙붕이 귀속하는데, 반대로 독일의 대륙붕구역은 협소한 것이 된다.

ICJ는 이 사건에서 모든 경우에 의무적인 경계획정의 유일한 방법은 없다고 말하면서 경계는 형평의 원칙에 따라, 합의에 의하여 결정되어야 한다고 판시하였다.

당사국이 교섭에서 고려할 요소로서는 ① 당사국의 연안의 일반적인 지형 및 특별하거나 이상한 형상의 존재, ② 이미 알려져 있든가 또는 충분히 예측된 한에서는 당해 대륙붕의 물리적·지형학적 형상 및 천연자원, ③ 형평의 원칙에 따라 행해지는 경계획정이 연안국에 속한 대륙붕지역의 넓이와 연안선의 일반적 방향에서 측정되는 연안의 길이 사이에 가져올 합리적인 균형, 이 삼자라고 재판소는 말하였다.

英佛大陸棚事件에서는 프랑스의 연안 근처에 영국領의 첸널諸島가 있어 대륙붕조약 제1조 (b)에 입각하여 이 섬들이 대륙붕을 갖는다고 하면 그것이 영국 南岸으로부터 남방으로 뻗는 대륙붕과 해협의 중앙에서 합체되어 프랑스의 대륙붕은 동서로 이분되므로 형평에 매우 어긋난다는 문제가 제기되었다. 이러한 해역에서는 대륙붕조약의 규정은 적용되지 않고 관습법에 입각한 결정이 내려졌다(대륙붕조약 제6조의 '특별한 사정').

〈排他的 經濟水域의 境界劃定〉 제3차 UN해양법회의는 대륙붕과 배타적 경제수역을 각각 별개의 제도로서 설정하였으나 그 각각에 적용될 경계획정의 규칙을 구별하지는 않았다. 현실적으로는 영해측정 기선으로부터 200해리 내의 해저·지하에 있는 광물자원에 대해서는 양제도에 입각한 연안국의 주권적 권리가 경합적으로 행사된다. 이 兩制度에 있어서 단일의 경계선을 설정해야 한다는 주장도 있으나('튀니지·리비아 대륙붕사건'판결. ICJ Reports 1982, 231-234), 양제도가 연안국의 주권적 권리의 법적 근거·내용·효과가 다르며 경계획정에 고려될 관련사항도 같지 않은 이상 양자에 공통한 단일의 경계선을 설정한다는 것은 반드시 형평원칙의 실현에 공헌하는 것이 아니라는 반대의견도 있다(O'Connell II, 728-730). 여하간 제3차 海洋法協約은 이 경계획정이 형평한 해결을 달성하기 위해서는 ICJ규정 제38조에 규정된 국제법에 입각하여 합의에 의해서 행한다(제74조, 제83조)라고 규정하였다. 그러나 구체적인 경계분쟁의 해결에 있어서 어떤 사정을 관련 있는 사정으로 생각해야 하는지 또 무엇을 형평이라고 생각해야 하는지 분명치 않다.

ICJ는 1982년 튀니지·리비아대륙붕사건, 1985년의 리비아·몰타대륙붕사건 및 그 小法廷에 의한 1984년의 캐나다·미국 양국간의 '메인灣境界事件' 등에서 경계문제를 취급하였다. ICJ는 형평한 결과와 관련 있는 사정을 각각의 사례에 대하여 판단하였으므로 여기서 일정한 원칙을 추출하기는 곤란하게 되었다.

4. 共同開發

대륙붕경계획정의 교섭이 실패하는 경우 중복된 부분에 대해서는 공동개발의 방식을 채용하는 경우가 있다(북해대륙붕사건 ICJ Reports 1969, 53).

韓日間의 大陸棚境界事件에 있어서 등거리방식에 의하면 전부가 일본의 대륙붕에 포함된다. 한국측은 대륙붕의 육지자연적 연장설을 취하는 입장이므로 沖繩 근처의 해역 사이에 海溝가 있는 것을 이유로 그 해역의 대륙붕에 대한 관할권을 주장하였다.

결국 1974년 1월 30일 서울에서 '한일양국에 인접한 대륙붕의 북부의 경계획정에 관한 협정'과 '한일양국에 인접한 대륙붕의 남부의 공동개발에 관한 협정'이 체결되었다. 전자는 양국기선으로부터의 등거리중간선을 양국대륙붕의 경계로 하였으나, 후자는 경계획정을 하지 않고 등거리중간선의 일본측의 九州의 서, 沖繩의 북에 있는 대륙붕을 전부 양국의 공동개발구역으로 하였다.

공동개발의 방식에는, ① 旣定境界線의 양측에 걸친 일정범위의 共通鑛床에 관하여 각국의 영역내의 埋藏豫測量에 따라 年次探堀割當量을 결정하는 지질학적 협력의 방식, ② 각 당사국의 개발권자에게 그 상호계약에 의하여 공동조업을 하게 하는 방식(1962년 서독·네덜란드간의 엠즈하구조약), ③ 각 당사국의 개발권자의 계약에 의하여 지정한 단일의 조업관리자가 전 당사자를 위하여 공통광구를 일원적으로 개발하고 그 이익을 개발권자에게 분배하는 협력방식(1974년 '한일대륙붕남부개발협정', 동년 '프랑스·스페인간 비스게이만협정' 등), ④ 공통광구를 불가분으로 하여 각 당사자가 대륙붕의 광물자원의 공유와 공동개발권을 행사하는 방식 등이 있다.

제7절 公 海

1. 海洋의 三元的 構造와 公海

역사적으로 해양은 영해와 공해의 이원적 구조를 가진 것으로 인식되어 왔다. 1958년의 '公海에 관한 條約'은 "'公海'라고 하는 것은 어느 국가의 영해 또는 내수에도 포함되지 않은 해양의 모든 부분을 말한다"(제1조)라고 정의하였으나, UN해양법협약은 배타적 경제수역이 공해에 포함되느냐의 문제에 관한 논쟁이 있는 관계로 공해의 명확한 정의를 두지 않았다. 다만 '제 7 부의 공해'규정이 "어느 국가의 배타적 경제수역, 영해 또는 내수, 또는 어느 군도국가의 군도수역에도 포함되지 않는 해양의 모든 부분에 적용된다"고 하였는데, 이것은 모든 국가가 배타적 경제수역에서 향유하는 항행 및 상공비행의 자유, 해저전선 및 해저파이프라인의 부설의 자유 및 이에 부수된 해양의 이용(제58조 1)의 자유에 어떠한 제약도 과하는 것이 아니라고 규정하는 데 그쳤다(제86조).

여하간 배타적 경제수역은 첫째, 국가영역이 아니다. 즉 연안국의 배타적 지배에 복종하는 수역이 아니다. 둘째, 배타적 경제수역은 자원의 개발・관리에 관하여 연안국의 일정한 '主權的 權利'와 '管轄權'이 인정된다. 즉 연안국의 배타적 지배가 일정한 범위에서 미치는 곳이므로 비국가영역인 것은 확실하지만 공해로서 성질은 상실되고 있다.

이리하여 공해는 영해와 배타적 경제수역의 외해를 지칭하는 것이 된다. 따라서 오늘날의 UN해양법협약상으로는 영해, 배타적 경제수역, 공해의 3원적 해양법질서가 구성되었다고 할 수 있다.

2. 公海의 自由

(1) 公海自由의 原則

公海(high seas)라고 하는 것은 배타적 경제수역, 영해, 내수 또는 군도수역에 포함되지 않는 모든 해역을 말한다(UN해양법협약 제86조). 이 수역에는 국제법상 이른바 '公海自由'(feedom of seas)의 원칙이 인정되고 있다. 이 '공해자유'의 원칙은, 공해란 국제관습법상 萬民共有物(*res communis omnium*)로서 모든 국가의 국민에 개방되는 것이며, 어떤 국가도 공해의 어떤 부분을 그 주권하에 두는 것을 유효하게 주장할 수 없다는, '귀속으로부터의 자유'를 첫째의 내용으로 하는 것이다(제89조).

둘째, 공해의 자유는 어떤 국가도 공해상에 있는 타국의 선박에 대하여 권력을 행사할 수 없는 것을 내용으로 한다(해적행위, 노예무역·무허가방송 등의 협의가 충분히 있는 경우는 예외). 1927년의 로터스호사건(The Lotus Case)에서 PCIJ는 공해자유란 공해에 대하여 어느 국가도 주권을 행사할 수 없는 것을 의미한다고 하였다. 그러나 동시에 이 시점에서 확립된 원칙은 공해상의 국권행사의 금지가 공해에서 발생한 사건에 대하여 어느 국가의 법령에 의한 평가의 대상으로 하는 것을 금하는 것은 아니라고 하는 것이다. 따라서 공해상에서 발생한 범죄라 할지라도 이것을 자국영역에서 처벌하는 것은 공해자유의 원칙에 반하지 않는다.

공해가 어느 국가의 주권 밑에도 들어가지 않는다는 원칙의 당연한 귀결로서 모든 국민은 타국의 간섭을 받지 않고 공해를 자유로이 사용할 수가 있다. 이것을 '공해사용의 자유'라고 한다. '사용의 자유' 가운데 대표적인 것은, ① 항행의 자유, ② 어업의 자유, ③ 해저전선과 파이프라인의 부설의 자유, ④ 공해상공의 비행의 자유, ⑤ 人工島嶼 및 기타 시설의 설치의 자유, ⑥ 과학적 조사의 자유 등이다(제87조).

위에 열거된 자유 이외의 행위는 일체 금지되는가? 공해상에서의 해군의 연습과 같은 군사적 이용이 문제가 된다. 이러한 행위는 위에 열거한 자유와 충돌되지 않는 한 합법성을 인정해야 한다는 설이 있다(수소폭탄실험에 관한 위험수역의 설정에 있어서의 McDougal 교수의 견해). 이 밖에도 국제법의 일반원칙에 의하여 승인된 것이라면 어떠한 목적이든 공해의 사용이 당연히 금지되지는 않는다.

公海의 自由는 하나의 역사적인 개념이다. 고대 로마에 있어서는 해안을 공기와 같이 공유물로 보고 만인에게 자유로이 개방되는 것으로 인정하였으나 중세 후기에는 바다에 대한 영유가 널리 행해지고 있었다(Italy의 도시국가, Spain, Portugal, 후에 해양자유의 Champion이 될 영국까지도 바다에 대하여 널리 주권을 주장). 그러나 그로티우스 시대에 이르러 공해자유가 제창되었고, 그 이론적 근거는 ① 公海가 국제교통상 불가결의 통로라는 것, ② 공해는 대단히 넓어서 이것을 유효하게 점유하기가 곤란하다는 것, ③ 공해는 누구에게도 손해를 끼치지 않고 사용될 수 있다는 것, ④ 공해에는 魚族 기타의 해양자원이 무진장하다는 것 등이었다. 그러나 당시의 사회적 제조건은 그 후의 과학기술의 발달로 인하여 중대한 변화를 경험하였다. 즉 ①의 의의는 오늘날에도 남아 있으나 ②, ③, ④의 근거는 이미 성립할 수 없게 되었다. 현대의 고도로 발달된 과학기술을 이용하면 공해의 대부분을 유효하게 점유할 수 있고, 수산자원의 최대지속적 생산력을 파괴함으로써 그것을 고갈케 할 수도 있다. 이것은 누구에게도 손해를 끼치는 결과가 되는 것이다(어업자유의 제한). 그러므로 공해자유에 최근까지 불변적 내용이 있다면 그것은 항행의 자유였다. 그러나 한편 항행의 자유를 내용으로 하는 공해자유의 원칙도 대륙붕과 같은 자연자원의 개발을 위하여 공해상에 시설을 함으로써 제한될 수 있다는 법의식이 성장함에 이르렀다(항행자유의 제한). 이와 같이 새로운 사태에 응하여 새로운 공해자유의 개념이 성립되어 가고 있다.

(2) 海洋의 汚染

해양의 汚染(pollution)은 공해사용의 자유에 반하는 것으로서 1954년에는 '유류에 의한 해수오염의 방지를 위한 국제조약'이 채택되었다. 1962년의 개정을 거쳐 1969년에는 또다시 개정되어 전 해역에 있어서의 廢油投棄를 금하게 되었다.

다음 政府間海事協議機關이 1969년 11월 브뤼셀에서 채택한 2개의 조약은 주목할 만하다. ① '油汚染事故時 공해상에 있어서의 개입권에 관한 국제조약'은 선박이 공해상에서 사고가 발생하여 그 결과 연안국의 이익이 油類에 의하여 침해되는 중대하고 급박한 위험이 발생한 경우 연안국은 조약이 규정한 요건을 충족하는 방제조치를 취할 수 있게 되었다. ② '油汚染損害에 대한 민사책임에 관한 국제조약'은 선박이 유류를 흘린 결과 연안국의 국민에게 손해를 준 경우에는 그 책임은 일체 船主에게 있는 것으로 하고 선주에 대하여는 책임제도를 인정하는 동시에 책임제한액 상당의 보험에 가입하도록 강제하고 있다.

최근에는 放射能에 의한 오염이 문제가 된다. 1958년의 '공해에 관한 조약'은 어떤 국가도 放射能廢棄物의 投棄에 의한 해수의 오염을 방지하기 위하여 조치를 취하며(이에 관한 국제조약은 아직 성립되지 않고 있다) 또한 이를 위하여 권한 있는 국제기관(예, 국제원자력기관)과 협력할 것을 규정하고 있다(제25조). 1963년의 '부분적 핵실험금지조약'은 본래 군축을 목적으로 한 것이나 동시에 방사능물질에 의한 해양오염을 방지하는 효과를 갖는 것이 되었다.

최근 국제사회는 해양환경의 항구적인 보호 및 보전을 위하여 보다 포괄적인 국제적 통일규칙과 협력을 모색하였다. 1982년 UN해양법협약은, 첫째로 해양오염규제대상을 육지, 국가관할권에 속하는 해저활동, 심해저활동, 오염물질의 投棄(dumping), 선박 및 대기 등의 모든 해양오염의 원천으로 확대하였고(제207조-제212조), 둘째로 모든 국가가 국제법규 및 국제적 기준에 합치하도록 해양환경의 오염을 예방·감소·통제하기 위한 국내조치를 실시하며, 동시에 국제기구를 통한 국제협력을 강화하도록 하였다(제194조, 제197조). 셋째로 해양오염규제의 실효성을 위하여 그 규제권의 행사를 선박의 旗國(제217조), 연안국(제220조) 및 입항국(제218조)에게 복합적으로 부여하였으며, 넷째로 개발도상국의 해양오염방지능력을 지원하기 위한 과학지식 및 기술원조방식을 예정하고 있다(제202조, 제203조).

3. 公海의 法秩序

(1) 自國船舶에 대한 管轄

공해는 자유이며 공해의 사용도 자유이나 그것은 無法狀態를 의미하는 것이 아니며, 국제법은 공해의 질서유지를 위하여 약간의 규칙을 설정하고 있다.

공해의 법질서의 하나로서 국가는 공해상에서 자국의 국기를 게양한 선박에 대하여 專屬的 管轄權을 갖는다는 규칙을 들 수 있다. 즉, 어느 국가도 연안국이든 또는 비연안국이든 간에 선박의 등록과 자국기를 게양할 권리에 관한 규칙을 정하고, 이 자국기를 게양할 권리를 갖는 선박이 그 국가의 국적을 갖는다(기국, 제91조). 이 旗國은 자국의 국기를 게양하는 선박을 공해상에 항행시킬 권리를 갖는다(제90조). 역으로 선박은 그 국기를 게양할 권리를 갖는 국가의 국적(선적)을 갖는다(제91조). 자국선박에 대한 불법적인 침해를 배제하는 것도 이 선적국의 권능의 하나이다. 다른 국가도 선적국의 이와 같은 권능을 인정하여야 한다.

선내의 인원과 화물은 그 국적 여하를 막론하고 선적국(기국)의 排他的

管轄權에 복종한다(제92조 1항). 이러한 의미에서 船籍은 극히 중요한 표준이 된다(선박이 흡사 기국의 영토와 같이 그 곳에 배타적 지배가 적용된다는 의미에서 선박을 영토의 浮動부분 또는 浮動영토라고 칭하는 학설도 있으나, 이것은 비유에 불과하고 법적인 표현은 아니다. The Wong Ock Jee v. Weedin, 1928).

선박은 그 구성요소(선박소유자, 운항자, 선원, 선객, 하주, 보험업자 등)와는 별개의 국내법상 독자의 법인격·권리능력을 갖는다. 그리고 민사·형사관할권의 적용, 내국민·최혜국대우의 부여와 연안무역의 규제, 전시에 있어서의 敵性의 認定, 외교적 보호권의 행사, 나아가서 국제사법상의 준거법의 지정 등에 관하여 선박의 국적이 중요한 기준이 된다.

이와 같이 선적은 공해의 법질서를 조직하는 실제적 수단이지만 국가가 선적의 부여에 채용하는 표준은 각국의 국내법에 일임되고 있다(제91조). 그럼에도 불구하고 국가가 자국선을 전속적으로 관할함으로써 공해의 질서 유지의 책임을 분담하는 것이 공해제도의 특징이다. 그러므로 선박에 대하여 무책임하게 국적을 부여하는 것은 허용되지 않는다. 旗國은 자국적의 선박에 대하여 행정상·기술상·사회상의 문제에 관하여 유효하게 관리할 책임이 있다(제94조). 따라서 이러한 기국과 선박 사이에는 '眞正한 關聯'(genuine link)이 존재하여야 한다(제91조).

'진정한 관련'의 내용에 관해서 학설상의 대립이 있으나, 일반적으로는 자국적의 선박에 대하여 실효적인 관할·규제를 유지할 것을 기국에 요구함에 불과한 것이고 이것을 어떠한 방법에 의하여 확보하는가는 각국의 판단에 맡기고 있는 것이며, 국적부여의 기준에까지 개입하는 것은 아니라고 하는 것이 유력한 해석이다. 오늘날에 있어서 旗國은 국적부여에 관한 국내법상의 조건을 여하히 결정하더라도 그 국제적 대항력을 갖기 위해서는 '진정한 관련'의 존재를 확보하여야 한다. 이리하여 기국의 의무로서 자국의 선박·선장·승무원에 대하여 행정·기술·사회적 사항 등에 관하여 유효한 관할·규제를 행하며, 선박의 구조·설비를 정기적으로 검사하여 승무원의 기능 훈련을 실시하는 일들이 부가되었다.

때때로 문제가 되는 것은 便宜置籍이라고 하는 것이다. 지금까지 파나마나 리베리아 등은 거의 실질적인 관련이 없는 외국선에도 그 국적을 부여해 왔는데, 이것은 국제법상 허용되지 않는 방법이다(단, ICJ는 1960년의 '해상안전위원회의 구성'에 관한 권고적 의견에서, 정부간 해사기관의 1구성기관인 해상안전위원회의 위원국이 '최대선박보유국'이라고 하는 경우, 당해 관계국의 등록톤수가 문제이지 '진정한 관련'은 문제가 되지 않는다고 하여 파나마와 리베리아를 위원국으로 선출하지 않은 것은 잘못이라고 하였다). 그러나 편의치적에 대한 규제는 국적부여의 기준의 강화보다는 위와 같은 기국의무의 강화의 방향으로 처리되고 있다.

'진정한 관련'이 없는 예로서는 타국적을 가진 선박에 대하여 이중으로 자국적을 부여하는 경우이다. 2 이상의 국기를 사용하여 항행하는 선박은 무국적의 선박으로 간주된다. 또한 선박은 소유권의 진정한 양도 또는 등록의 변경의 경우를 제외하고는 항해중 또는 기항중에 그 국기를 변경할 수 없다(제92조 1, 2항). 선박은 또한 먼 곳에서 인식할 수 있는 船名을 선체에 표시하여야 하며, 허가 없이 또는 등기를 하지 않고 선명을 변경하지 못한다.

船籍取得의 조건은 때때로 통상항해조약에 합의로써 규정되는 경우가 있다. 韓·美通商航海條約에 의하면, ① 체약국의 국기를 게양하고, ② 체약국의 법령이 요구하는 일정 서류를 비치한 선박은 그 체결국의 선적을 취득한 것으로 간주된다(동조약 제19조. Barcelona Declaration). 그리고 관할권의 적용에 있어서 선박의 귀속국은 일단 기국으로 추정되기는 하나, 그것은 절대적인 기준이 아니고 사안의 성질에 따라 선박의 소유, 傭船, 賃借 또는 운항지배의 관계 등 다른 실질적인 연결요인에 의하여 결정되는 경우도 많다(O'Connell II, 752-755).

선박의 국적문제에 있어서 세계의 선박에는 사실상의 소유자 내지 관리자와 선박의 국적이 일치하지 않은 것이 많은 점에 문제가 있다. 제2차대전 후 리베리아, 코스타리카, 파나마, 온두라스 등의 국적을 가진 선박은 '便宜置籍船'(flags of convenience)이라고 칭하여 그 국적은 명목상에 불과하고 실질적 소유자 내지 관리자는 미국, 그리스 등의 외국인(법인)이었다.

리베리아 기타의 便宜置籍國(이 국가들의 頭文字를 따서 Panhonlib 또는 Panlibhonco라고 한다)은 선박의 등록세 기타의 세금이 극히 적다. 그러므로 미국의 선주는 편의치적선을 용선하여 세제상의 이익을 얻고 인건비가 싼 외국인선원을 配乘할 수도 있다(미국 선박에서는 법에 의하여 선장은 물론 해원의 3/4 이상이 미국국민임을 요한다고 되어 있어 선원비는 대단한 고액으로 국제경쟁력상 불리하다). 이러한 방법으로 不定期船業을 유지할 수 있는 것은 국방상 필요하며, 전시 타국적의 선박은 적국으로부터의 공격을 면할 수 있게 되는 이점을 갖는다.

이 제도는 ILO 등을 통하여 반대가 많았으나 결국 등록한 국가를 선박의 국적으로 한다는 등록주의에 의하는 것이 원칙으로 되게 되었다.

UN 기타 국제기관의 기를 게양하는 선박은 국제법상 국적 있는 선박과 다름이 없다(제39조).

(2) 外國船舶에 대한 管轄

공해상의 선박은 원칙적으로 旗國의 배타적 관할권하에 놓이지만 공해의 질서유지를 위하여 원칙에 대한 예외로서 타국의 선박에 간섭할 수 있는 경우가 있다. 다만 다른 국가의 선박상에서 실행된 범죄에 대해서는 각국이 각각의 기준을 원용하여 국가관할권의 역외적용을 하는 일이 있으나 강제조치를 수반하는 관할권의 행사 자체는 원칙적으로 기국에 유보된다(Lotus호 사건).

1) 國旗의 審査(臨檢)　군함은 공해상에서 어떠한 상선에 대하여도 그 국기를 심사(verify)할 권리가 있다. 이 권리를 right of approach(접근권)라고 하는데, 이것은 평시 공해상의 외국선박에 대한 국권행사를 금하는 일반관습법의 유일한 예외가 된다. 심사권의 행사는 조약에 입각한 경우를 제외하고는 주로 해적행위, 노예수송, 무허가방송, 무국적선박의 혐의 또는 외국국기를 게양하거나 또는 국기확인을 거절하는 선박이 실제로는 臨檢國의 선박이라는 충분한 혐의가 있는 경우에 한하여 허용된다. 그러나 그러한 혐의가 근거 없는 것이 판명된 경우 그 선박은 손해배상을 받을 권리가 있다(공해조약 제22조 3항, UN해양법조약 제110조 3항, 제110조). 임검을 할 수 있는 자는 군함이다. 그 밖에 오늘날에는 군용항공기 또는 정부의 공무에 종사하는 기타 선박·항공기도 할 수 있다(제110조 4항·5항).

2) 海賊行爲　해적은 '인류일반의 적'(*hostis humanis generis*)으로 취급되어, 어느 국가의 군함(또는 군용항공기 또는 이 목적을 위한 정부의 선박이나 항공기)도 해적의 혐의가 있는 선박을 임검·수색·나포할 수 있다(제107조). 확실히 해적선으로 판명된 선박의 경우에는 이것을 나포하여 자국법정에서 처벌할 권리가 인정된다(제105조).

국제법상 해적이란 사선 또는 사항공기가 공해 또는 국가의 관할권에 속하지 아니하는 장소에서 사적 목적을 위하여 다른 선박·항공기 및 인명·재산에 대하여 행하는 불법적인 폭력·억류 또는 강탈행위라고 할 수 있다(제101조). 따라서 이러한 행위를 군함이나 정부선박이 행한 경우 또는 사유의 선박이 정치적 목적을 가지고 행한 경우에는 국제법상의 해적행위가 되지 않는다(1961년 산타 마리아호 사건. 단, 異論이 있다). 交戰團體의 권한상에서 실행된 것도 사적 목적을 갖지 않는 것은 정당한 교전권의 행사로 간주된다. 피해받은 중립국선박은 이러한 선박을 직접 나포하거나 처치하지 못하며, 오직 기국에 대하여 그 처벌을 요구할 수 있을 뿐이다(해적에 유사한 하이잭범죄에는 별도로 조약규정이 있다).

해적행위가 성립되기 위해서는 가해선과 피해선의 양자가 존재하는 것이 필요하다. 따라서 하나의 선박 내에서 선원이 반란을 일으켜 화물을 사취하거나 살인·폭행 등의 불법행위를 자행하거나 또는 선박 자체를 탈취하거나 하는 경우 그것만으로는 기국의 국내법상의 범죄에 지나지 않으나 실제에 있어서는 해적의 취급을 받는다. 海賊航空機는 해적선박과 같이 취급된다(제105조).

해적의 정의가 조약이나 국내법으로 규정되는 경우도 있다. 1937년 스페인 내란시에 국적불명의 잠수함이 지중해를 跳梁하여 해상교통을 위협한 까닭에 스위스의 Nyon 회의에서 국적을 표시하지 않고 또 1930년의 '잠수함의 전투행위에 관한 의정서'에 위반된 잠수함은 해적으로 간주한다는 결의가 성립되었다.

영국의 국내형법에 의하면 전시중 '왕의 적'(The King's Enemies)에 대하여 원조를 부여한 자 또는 공해상에서 노예무역에 종사한 자를 해적으로 규정하였다. 그러나 국가는 공해에서 타국선박에 대하여 국내법을 실시할 수 없으므로 국제법상의 해적이 아닌 경우에는 외국인을 해적으로 취급하지 못한다.

3) **船舶의 衝突**　공해상에서 국적을 달리한 선박이 충돌하여 형사사건이 발생한 경우 일반관행에 의하면 가해선의 旗國이 관할권을 가져왔다. 그러나 1926년 PCIJ는 '로터스(Lotus)호사건'의 판결에서 가해선박과 피해선박을 다같이 범죄의 장소로 인정하여 쌍방의 선적국이 공히 재판관할권을 갖는다고 하였다. 이것은 被害船舶의 管轄權도 인정한 것이다. 그 후 이 판결에 반대하는 여론이 강하게 대두하여 1952년의 브뤼셀외교관회의에서는 '충돌 또는 기타 항해사고로 인한 형사재판관할권에 관한 국

제조약'(1955년 11월 발효)을 채택하고 형사관할권은 가해선의 기국에 있는 것으로 규정하였다. 이것은 로터스호사건 당시의 프랑스측의 주장을 채용한 것인데, 그 목적은 국제통상에 따르는 항해를 피해선의 선적국의 가혹한 재판으로 인한 위축으로부터 보호하고자 한 것이다.

1958년 '公海에 관한 協約'과 1982년 UN해양법협약도 이 취지를 답습하여 선장 기타의 자에 대한 형사상 또는 징계상의 소송절차는 선적국(旗國) 또는 이 자들이 속한 국가의 사법당국이나 행정당국에만 제기할 수 있게 하였다(제97조).

선박의 충돌에 관한 민사재판권은 원칙적으로 피고의 재소지 또는 선박의 등록지의 재판소에 속한다.

(3) 無許可放送

모든 국가는 공해(영해외 해양)로부터의 無許可放送(해적 방송)의 방지에 협력할 의무가 있다(제109조). 무허가방송이라고 하는 것은 공해상의 선박 또는 설비로부터 행해지는 방송으로서 일반공중의 수신을 의도한 것을 말한다. 무허가방송의 종사자는 선박의 기국, 설비의 등록국, 실행행위자의 국적국, 그리고 당해 방송을 수신할 수 있는 국가, 무선방송으로 방해를 받는 국가의 어느 재판소에도 訴追할 수 있으며, 이러한 국가들은 공해에서 그들을 체포·나포·압수(방송기기압수)할 수가 있다(UN해양법협약 제109조).

4. 公海에 대한 管轄權의 擴張

(1) 沿岸國利益의 保護

領海의 합리적인 범위를 여하히 결정하든 간에 영해만으로 연안국의 모든 정책수행을 위한 일체의 목적을 충족시키기에는 적당치 않다. 그러므로 오늘날의 해양제도에는 국가의 특정 목적을 위하여 공해상에 일련의 보충수역을 설정하는 것을 필연적으로 포함하게 된다. 보충수역은 안전·자위·위생·관세 등의 규칙의 시행, 어업의 보존이나 독점, 대륙붕 또는 심해저의 정착어류나 광물자원의 개발, 해상연습·작전행위 기타 평시의 방위행위의 실시 등 국가목적을 수행하기 위하여 연안국의 관할권을 공해에까지 확장한 수역을 총칭하는 말이다(인접수역 또는 접속수역이라고도 한다). 이와 같은 공해에의 管轄權擴張은 공해자유와의 관련하에서 문제가 된다. 그러나 왕년의 공해자유가 항행 및 어업이라는 공동이익의 합리성의 표준에 의하여 해양의 독점을 제압함으로써 성립한 것과 같이 연안국의 보충수역에 대한 욕구도 단순한 우발적인 것이 아니고 역사적·본질적인 현상인 한에서 그 전통적 가치인 어업과 항해를 어느 정도 희생해 가면서까지 자기 자신을 주장할 수 있게 되었다. 과거의 公海自由가 실제로는 해양강대국의 자유에 지나지 않았음은 주지의 사실이다. 따라서 후진국이 주장하는 연안어장의 독점적 지배의 욕구도 종래의 법적 자유가 실질적 자유를 보장하지 못한 데 대한 하나의 반작용으로서 어떤 역사적 의의를 가진 것이다.

이리하여 보충수역의 설정은 領海極大化에의 욕구와 공해자유의 유지와의 타협적 산물이라고 할 수 있다. 여기서 우리는 공해제도가 항상 해양을 최고도로 이용하려는 상호이익의 견지에서 국가의 일방적 주장을 보호하는 형식으로 발전해 왔다는 사실을 상기할 필요가 있다. 즉, '海洋自由'는 항행·어업 등의 목적에 대한 일방적 주장을 보호한 것이고, '영해'·'접속수역'·'배타적 경제수역'·'대륙붕' 등은 항해나 생물 또는 비생물자원에 간섭하는 연안국의 주장을 지지한 것으로서 형성되었다. 이와 같은 주장의 합법성을 결정하기 위한 표준에는 단순한 국제조약, 국제관습법, '법의 일반원칙' 또는 판결과 학설만이 아니라 '형평과 선'도 고려하지 않으면 안된다. 공해상에 설정된 보충수역의 어느 것은 일반 국제법으로 성숙한 것도 있고 또 어느 것은 *lege ferenda*(있어야 할 법)의 단계를 넘지 못한 것도 있다. 그러나 모든 새로운 국제법현상이 그러하듯이 *lege lata*(있는 법)와의 식별은 그다지 쉬운 일이 아니다.

(2) 追 跡 權

연안국은 자국의 內水·群島水域·領海 또는 接續水域에서 외국선박이 그 법령을 위반하였다고 믿을 만한 충분한 이유가 있는 경우, 이것을 나포하기 위하여 공해에까지 추적할 수 있다. 이러한 피의선박을 연안국에 인도하여 처벌하는 것은 일반국제법상 인정되어온 연안국의 권리이다. 이 권리는 追跡權(right of hot pursuit)이라고 불리는데 공해에 대한 연안국의 권능의 확장이라고 할 수 있다. 본래 연안국의 국내법령의 실효성을 확보하기 위하여 그 영역주권에 복종하는 해역(내수·영해) 내에서 개시된 관할행위의 계속을 인정한다는 취지이다.

이 추적권의 행사의 조건은, ① 피의선이 추적국의 내수·군도수역·영해 또는 접속수역의 내부에 있을 때 개시해야 하며, ② 또 그 추적은 중단 없이 계속하는 것이라야 한다. ③ 추적선은 영해 또는 접속수역에 있지 않아도 좋다(제111조 1항). 그러나 피의선이 능히 보고 들을 수 있는 거리에서 停船信號를 발한 후에 추적할 수 있다(제111조 4항).

被疑船舶이 접속수역의 내부에 있을 때 개시되는 추적은 "그 접속수역의 설정에 의하여 보호하려고 하는 권리의 침해가 있는 경우"에 한하여 행할 수 있으며(제111조 1항), 배타적 경제수역 또는 대륙붕에서의 추적권행사는 연안국의 관계법령을 위반한 경우에 한하여 준용된다(제111조 2항).

추적권은 군함, 군용항공기 또는 정부의 역무에 복종하는 기타 선박 또는 항공기만이 행사할 수 있다(제111조 5항).

추적권은 피의선박이 기국 또는 제3국의 영해내로 도주해 들어갔을 때 끝난다(제111조 3항). 정선명령에 복종하지 않는 밀수용의선박에 대한 총격·격침은 과잉이며 위법이다(1933·1935년 캐나다·미국 간의 'I'm alone호 사건' 합동위보고).

(3) 接續水域

연안국은 영역내에서의 관세·재정·출입국관리·위생상의 규칙의 위반을 방지하고 처벌하기 위하여 영해에 접속한 일정 범위의 수역을 설정하는 것이 인정되고 있다(제33조 1항). 이 수역을 接續水域(contiguous zone)이라고 하여 연안국이 특정목적을 위하여 관할권을 행사할 수 있게 하였다. 이 제도는 미국이 1920년대의 금주법시대에 공해로부터 접근해 오는 밀수를 방지하기 위하여 다수국가와 각각의 2국조약을 체결한 사례에서 비롯되었다. 1982년 UN해양법협약에 의하면 접속수역의 범위는 기선으로부터 24해리를 초과하지 못한다고 하였다(1958년 '영해 및 접속수역에 관한 협약'에서는 12해리를 초과하지 못한다고 규정).

〈漁業水域〉 어업수역은 어업의 목적을 위해 설정된 수역이며 漁業專管水域이라고도 부른다. 1958년의 해양법회의 이후의 제도인데, 연안어업의 독점을 확보할 목적으로 영해의 폭을 확대하려는 후진국의 주장에 대하여 자국의 함대활동의 자유를 확보할 목적으로 공해를 널리 유지할 필요에 의하여 좁은 영해를 희망하는 미국의 제안이 타협된 것이다. 즉 해양법회의에서 미국이 캐나다와 더불어 영해를 6해리로 하고 그 외측 6해리를 어업수역으로 하자는 제안을 한 것이 계기가 되었다. 이 어업수역에서는 어업의 목적을 위해서라면 영해 내에 있어서와 같은 권능을 행사할 수 있으므로 어업수역이란 일종의 어업영해라고 할 수 있는 것이다.

영국과 아일랜드간 어로관할권사건(ICJ, 1974) 이래 12해리 어업수역은 일반국제법상의 제도로 성립되었다. 그러나 1982년 UN해양법협약이 영해의 범위를 12해리까지 인정함으로써 12해리의 어업수역제도는 존재의의를 상실하게 되었다.

5. 公海使用의 條約上의 制限

(1) 航行·海運의 規則

항행 또는 해운의 안전을 위하여 선박의 건조·장비·운항·해난에 관한 최저기준 또는 조건을 규정한 다수국간조약이 몇 가지 있다.

항행의 안전에 관해서는 각국은 자국선박이 신호의 사용, 통신의 유지, 충돌의 예방, 승무원의 배승, 노동조건, 선박의 구조, 설비 및 堪航性에 관하여 국제기준의 준수를 위한 필요한 조치를 취하지 않으면 안된다(공해조약 제10조). 이러한 항행의 안전에 관한 국제기준은 정부간 해사협의기관의 주도로 채택된 1960년 및 1974년의 '海上에 있어서의 人命安全을 위한 國際條約', 1966년의 '滿載喫水線에 관한 國際條約', 1972년의 '해상에 있어서의 衝突豫防을 위한 國際規則에 관한 條約' 등에 의하여 설정되고 있다.

특히 海上人命安全條約은 타이타닉호사건(1912년·Titanic호는 1912년 4월 New York항을 향하여 처녀항행중 Newfoundland 남방에서 빙산에 충돌·침몰하여 1,500명의 희생자를 낸 영국의 거대 여객선)을 계기로 작성되어 수차의 개정(1914년, 1960년, 1974년의 신조약 1981년 1983년 1987년 1989년 개정)을 경유하였다. 국제항행에 종사하는 일정 噸數 이상의 선박의 구조·滿載吃水線의 기준·무전통신설비·구명장비의 유지 등을 규정하여 체약국에 대하여 조약실시에 필요한 국내조치를 취할 의무를 부과하고 있다.

(2) 遭難者의 救助義務

다음 해상에서 생명의 위험상태에 놓인 자가 있을 경우, 선장은 그 선박·선원·승객에 중대한 위해를 미치지 않는 한 그 자들을 전부 구조해야 하며, 체약국은 그 이행을 확보하기 위하여 국내법제정의 의무를 진다(1910년 '해난에 있어서의 구원·구조에 관한 규정의 통일에 관한 조약' 제11조·제12조, '공해조약' 제12조 1항).

6. 公海의 海洋環境의 保全

해양의 이용이 활발하게 됨에 따라 해양공간은 오염이 심화되어 해양오염에 대한 국제적 관심이 높아가고 이에 따라 그것을 규제하기 위한 각종의 조약이 체결되기에 이르렀다. 이 문제는 일찍이 연맹시대에 취급되었으나(1926년 워싱턴 주요해운국회의), 1958년의 '公海條約'이 이것을 규정하였으며(제24조, 제25조), UN해양법협약은 특히 '해양환경의 보호 및 보전'이라는 제12부를 두어 상세하게 이것을 규정하고 있다. 여기에서는 공해에 한정하지 않고 경제수역·영해를 포함한 해양 전반에 관하여, 동시에 심해저·대륙붕·영해해저에 걸치는 해저전반에 관하여, 또 상부의 대기권을 포함하여 문제를 총합적으로 취급하고 있다. 이것은 환경오염의 전체적 성질에 유래하는 것이며, 오염의 세계적 특징이기도 하다. UN해양법회의에서는 오염방지의 규칙·기준의 집행에 관하여 종래의 旗國主義를 보완하는 것으로서 배타적 경제수역 내에서의 연안국에 의한 집행(zonal approach) 및 선박의 입항국에 의한 집행이라는 방식이 채용되고 있다.

UN해양법협약에 의하면 모든 국가는 해양환경을 보호·보전할 의무를 진다(제192조). 그리고 자국의 관할·관리 하에 있는 활동 또는 사고에 의하여 타국과 그 환경에 오염이 발생하거나 또는 파급하지 않도록 확보하기 위하여 모든 조치를 취하여야 한다.

원래 공해자유의 원칙 하에서는 공해를 항행하는 선박은 원칙적으로 기국의 배타적 관할권에 복종한다. 따라서 선박이 공해에서 국제법에 위반하는 오염행위를 행한 경우 당해 선박을 처벌할 수 있는 것은 기국에 한정된다. 그러나 오염에 의하여 실제로 피해를 입는 자는 그 부근의 연안국이다. 1967년의 토리 케년사건(Incident of the Torrey Canyon. 12만 890톤의 리베리아 편의치적선인 대형 유조선. 영국 근해의 공해상에서 좌초하여 유출한 대량의 기름에 의하여 영국과 프랑스가 크게 피해를 입은 사건)을 계기로 기국주의에 대한 반성이 높아졌다. 종래 UN의 국제해사기관(IMO, 1982년까지는 IMCO 즉 정부간 해사협의기관이라고 불렸다)의 작업을 기초로 맺어진 조약은 적지 않다.

'油類에 의한 海水汚染의 방지를 위한 國際條約'(1954년 IMCO가 작성. 유탁방지조약이라고 약칭)은 형사책임의 추구에 의하여 해양오염을 규제하려는 것으로서 그 후 수차의 개정에 의하여 적용범위를 확대하였다. 그러나 각 체약국은 외국선박의 위반사실을 확인하여 그 증거를 기국에 통보할 수 있을 뿐이며 기소·처벌의 권능은 전적으로 기국에 있다. 1973년의 '선박기인의 해양오염의 방지에 관한 조약'은 기름오염방지조약을 단일의 텍스트로 통합하였으며, 쓰레기, 오수, 기름 이외의 유해물질의 배출로부터 발생하는 해양오염도 규제의 대상으로 삼았다.

Torrey Canyon 사건을 계기로 하여, 사고에 의한 기름의 배출에서 발생한 해양오염에 관해서는 다음 두 가지 조약이 규제하게 되었다. 하나는 특정해역에 있어서 체약국 상호간의 국제협력에 의한 공동감시방제시스템의 설정(1969년의 '북해의 기름오염에 관한 본 조약')이다. 다른 하나는 연안국의 권익을 보호하기 위한 사후구제(개입권과 손해배상의 민사책임)의 제도화로서 일반조약의 성격을 가진 것이다.

前記 토리·케년사건에서 연안국(영국)은 공군에 의하여 이 유조선을 爆沈시켰다. 유조선으로부터 유출하는 원유에 의하여 연안해가 오염되는 것을 방제하기 위한 비상수단이었다.

그러나 이러한 실력행위의 적법성의 근거로서 연안국이 원용한 법리는 어느 것이나 엄밀한 해석론상 난점이 있었다. 첫째, 접속수역의 법리상 연안국의 규제조치 중에 외국선박의 폭침이라는 실력행위가 포함되느냐의 의문이 있다. 둘째, 이러한 해양오염에 있어서는 기국에 의한 급박한 무력공격 기타의 침해의 사실은 없으므로, 기껏해야 운송자의 업무상의 책임을 물을 수 있을 뿐 自衛權의 요건을 충족하고 있다고 볼 수 없다. 긴급피난도 방제조치의 위법성의 조각사유가 되는 데 지나지 않으며 국제법상의 권리의 행사가 아니므로 제3자 손해·부당이득에 관한 연안국의 보상의무를 면제하는 것이 아니다.

이 사건은 실제에 있어서 그 선박의 기국(리베리아)이 방제조치에 항의하지 않았고, 선박소유자(리베리아 법인)도 연안국(영국, 프랑스)에 대하여 손해배상(피해자개인에 대한 위로금을 포함)을 하여 청구권을 처리하였다(1967. 11. 11.).

그런데 이러한 연안국의 일방적인 실력에 의한 방제조치를 국제법상의 개입권(intervention)으로서 확정한 것이 '油汚染事故時 公海上에 있어서의 介入權에 관한 國際條約'(1969년. '公法條約'이라고 약칭)이다. 이 조약은 선박의 충돌, 좌초 기타의 항해상의 사고에 의한 해양의 기름오염으로부터 연안국의 이익을 보호하기 위하여 연안국이 공해상에서 외국선박에 일정한 조건하에서 조치를 취할 것을 규정하고 있다. 여기서 일정한 조건이라고 하는 것은 기국 기타의 관계국과의 사전의 협의, 이해관계자에 대한 사전의 통보, 개입조치와 해양오염의 위험성과의 균형의 유지 등이다. 이러한 조건에 위반된 조치에 의하여 타인에게 손해를 준 경우에는 연안국은 보상의 의무를 진다(제1조-제6조).

그 후 기름 이외의 유해물질에 의한 해양오염에 대해서도 이 조약이 적용되게 되었다(1973년 의정서).

위의 '공법조약'과 동시에 체결된 '기름오염損害에 대한 민사책임에 관한 국제조약'(1969년. '사법조약'이라고 약칭)은 기름수송중에 선박으로부터 유출되는 기름유출사고에 기인한 오염손해에 관하여 선박소유자에게 무과실·유한의 민사책임을 과하게 되었으며, 체약국에 대해서도 그 이행을 확보하기 위하여 필요한 특별의 국내조치를 취하도록 의무를 지우고 있다.

위의 '공법조약'에 있어서의 개입권은 기국주의의 배타성을 제한하고 있을 뿐만 아니라 이 조약의 비당사국인 기국도 대상으로 하고 있는 점에서 제3국에 대한 조약의 적용성의 문제에도 주목을 요한다.

7. 廢棄物의 海洋投棄

국가는 유해물질의 海洋投棄에 의한 해양환경의 오염을 방지·경감·

규제할 의무를 진다(UN해양법협약 제210조, 제216조). 여기서 投棄(dumping)라고 하는 것은 일국의 영역(또는 그 관할권) 내에서 발생한 폐기물을 선박·항공기에 의하여 공해에 버리는 것을 말한다.

그런데 고도의 유해·위험성이 있는 물질, 예를 들면 방사성폐기물의 투기에 관해서는 '公海自由의 原則', 즉 공해사용의 자유와 그 한계에 관하여 각국이 대립하고 있다. 구소련의 입장은 아무리 '합리적 고려'를 다한다 할지라도 타국의 법익을 회복불능의 정도로 침해한다는 이유에서 투기의 무조건금지를 주장했다. 이에 대하여 여타의 국가들은 투기의 형태·기준을 국제적으로 정비하여 '합리적 고려'를 정식화해야 한다는 주장으로 맞선다. 결국 타협으로서 公海條約 제25조가 성립되었다.

海洋投棄를 규제하는 제조약은 먼저 각 물질의 독성·유해성의 정도에 따라 해양투기를 전면금지의 대상으로 하는 black list(원래는 영국의 대적거래금지법에 부속된 적성상사의 리스트)와 조약소정의 기준·조건에 따르는 한 각국의 특별허가를 얻어 해양투기가 허용되는 물질인 gray list로 분류한다. black list에 있어서는 조약으로 열거하는 것(1972년의 London조약, 1974년의 Helsinki조약, 1976년의 Barcelona조약 등)과 국제기관이 수시로 규정하는 것(1972년의 Oslo조약, UN해양법조약 제210조 4항)이 있다.

해양투기의 규제방법으로서는 주로 체약국의 선박·항공기(등록된 것·기국주의)가 필요한 지령 및 방지조치를 행한다. 투기에 의한 손해배상은 국가책임에 관한 국제법의 원칙에 따르는 것으로 하고 있다(제235조). 즉, 국가는 그 관할하에 있는 자연인·법인이 일으킨 오염손해에 대하여 신속·충분한 배상 또는 기타의 구제를 자국법에 의하여 확보할 의무를 진다. 또 국가는 배상책임의 결정, 손해의 인정, 배상의 지불에 관련된 분쟁의 해결을 위한 기준·절차에 관한 국제법의 발전에 협력할 의무를 진다.

제 8 절 深 海 底

1. 深海底問題의 發端

深海底라고 하는 것은 대륙붕의 범위 외측의 해저와 지하를 말하는데, 이 심해저의 개발문제는 제 3 차 해양법회의 개최의 발단이 된 문제일 뿐만 아니라 이 회의의 성부를 좌우하는 문제이기도 하였다. 구체적으로 심해저문제는 1967년 제22차 UN총회에서 몰타(Malta)의 제안으로 발단되었다. 연안국이 자원개발을 독점할 수 있는 대륙붕의 범위는 스스로 한계가 있다는 점, 大陸棚以遠의 심해저는 이른바 공해자유의 원칙이 적용되는 장소로서 이것을 현상태대로 방치하면 심해저가 기술의 진보에 따라 선진국의 독점물이 되어 거기에 부존하는 자원(망간단괴)이 완전히 분할되고 만다는 점, 더욱이 심해저가 군사화될 우려가 있다는 점 등을 주장한 몰타 대표는 다음과 같은 내용의 제안을 하였다. ① 국가관할권이 미치는 대륙붕이원의 심해저는 어느 국가의 영유로도 하지 않을 것, ② 심해저의 탐사는 UN헌장의 원칙과 목적에 따라서 행할 것, ③ 심해저의 이용은 제 1 차적으로는 빈한한 국가의 발전을 위하여 사용될 것, ④ 심해저는 영구히 평화적 목적에만 사용될 것.

이와 같은 몰타제안에 입각하여 1967년 12월 18일 총회는 하나의 결의(“현재의 국가관할의 한계를 넘는 공해 하의 해저 및 해상 그리고 지하의 전적인 평화적 목적을 위한 유보 및 그 자원의 인류를 위한 이용에 관한 문제의 심의”)를 만장일치로 채택하였다. 이 결과 ‘深海底平和利用의 *ad hoc* 委員會’가 설립되었다. 1968년의 UN총회에서 새로이 상설적인 심해저평화이용위원회가 설치되고, 1970년에는 이른바 ‘深海底原則宣言’(‘국가관할권의 범위를 넘는 해저 및 그 지하를 규율하는 원칙선언’ 전문 및 15항의 본문)이 채택되었다. 그 내용은 대체로 전기의 몰타제안과 비슷하나, ① 심해저가 ‘인류공동의 유산’이라는 점, ② 심해저의 자원의 탐사·개발은 장래 설립될 국제기관에 의하여 규제된다는 점 등을 명백히하였다. 이 법원칙을 실현하기 위하여 1982년 UN해양법협약은 제11장에서 ‘심해저’제도를 상세하게 규정하고 있다. UN해양법협약상의 심해저(Area)는 국가관할권이

원의 해저·海床 및 하층토를 말한다(제1조 1항). 심해저와 그 자원은 인류의 공동유산으로(제136조) 인류 전체에게 그에 대한 권리가 귀속되며, 어느 국가도 심해저와 그 자원에 대해 주권 또는 주권적 권리를 주장할 수 없다(제137조 1항).

심해저활동은 오직 평화적 목적으로만 인류 전체의 이익을 위하여, 특히 개발도상국 및 비자치지역 주민의 이익과 필요성을 고려하여 수행되어야 한다(제140조 1항).

이에 대하여 선진공업제국은 이 제도에 불만을 표시하였는데, 특히 미국은 UN해양법협약의 채택에 반대투표를 하였다. 당초에는 심해저에도 공해자유·기국주의에 입각한 개발방식(free for all)의 적용을 주장하였다. 이 제도 하에서는 미국 등의 선진국은 자본과 기술을 동원하여 자유로이 심해저의 개발을 할 수 있지만, 이 제도가 없으면 그러한 자유가 다대한 제약을 받게 되기 때문이다. 그러나 결국 그 입장을 변경하여 자유경쟁에 수반되는 위험부담과 손해를 회피하기 위해서 오히려 국제제도의 설정에는 동조하면서 다만 국제제도의 관할권을 될 수 있는 한 제한하려는 방침을 유지하고 있다.

2. '人類의 共同遺産'의 概念

심해저와 그 자원은 '인류공동의 유산'이며 그 법적 지위는 다음과 같다. 첫째, 어떠한 국가도 "심해저의 어떠한 부분 또는 그 자원에 대해서도 주권적 권리를 주장하거나 또는 행사"해서는 안된다. 심해저의 어떠한 부분도 국가 또는 자연인이나 법인에 의한 전유는 허용되지 않는다. 둘째, 심해저의 해저에 관한 모든 권리는 '인류전체'에 부여된 것으로서 國際海底機構(International Sea-bed Authority)는 '인류 전체를 위하여 행동'한다. 자원은 양도의 대상이 되지 않으며, 채취된 광물은 심해저제도하에서만 양도될 수 있다. 셋째, 심해저제도에 복종하는 경우에만 국가, 자연인, 법인은 채취된 광물에 대한 권리를 주장·취득·행사할 수 있다(제137조). 넷째, 심해저는 평화적 목적을 위해서만 이용되어야 한다(제141조).

그리고 이 '인류의 공동유산'이라는 개념은 필연적으로 인류 전체를 대신하여 심해저를 개발하고 심해저자원을 취득할 국제조직, 즉 '국제해저기구'의 설립을 예정하여, 그 광물자원의 이용·개발에 관한 권한의 국제관리화를 도모한다는 적극성을 가지고 있다. 즉, 국제제도 내지 국제기구를 설정하여 심해저와 그 자원의 질서 있는 개발과 합리적 관리, 그 이익의 형평한 배분에 관한 관리·규제의 권한을 여기에 집중시키도록 하고 있다.

3. 深海底의 開發方式

UN해양법협약의 당사국들은 모든 당사국에 의하여 구성되는 국제해저기구를 설립하여 심해저개발의 관리를 하고자 하는 데는 일찍이 다른 의견이 없었다. 그러나 심해저의 개발방식에 관해서는 이 기구에 의한 직접개발을 원하는 개발도상국과 국가 또는 사기업의 개발을 희망하는 선진국과의 조정에 어려움이 있었다. 결국 UN해양법협약은 이 대립된 견해를 절충하여 해저기구의 하부기관이며, 그 자체가 법인격을 갖는 '엔터프라이즈'(개발청 Enterprise)에 의한 직접개발과, 국가 또는 기업이 동기구의 인가를 얻어 행하는 개발과의 병용을 규정하였다(제153조). 후자의 경우에는 항상 2개의 광구를 신청하여 그 선택에 따라 동기구가 그 하나를 유보하게 된다(부속서 III, 제8조). 이른바 倂行開發體制이다. 구체적 개발방식은 2단계로 나누어진다. 상업적 생산의 개시 15년 후에 재검토회의를 개최하여 일원방식으로 이행할 것인가를 새로이 심의하기로 하며(제155조), 적어도 그 때까지는 Enterprise에 의한 직접개발과 동기구가 승인한 각 체약국 또는 그 사업체와의 제휴에 의한 개발이라는 並行方式(parallel system)을 인정하였다(제153조). 개발도상국에 유리한 타협인 것이다.

해저기구는 자메이카에 본부를 두며, 모든 조약가맹국으로 구성된 총회와 36국으로 구성된 이사회를 갖는다(제11부 4절). 총회는 기구의 최고기관이며 매년 정기통상회기를 가지며, 필요에 따라 특별회기를 갖는다. 총회에는 각국 1인의 대표(대리 및 고문동반)가 참석할 수 있으며, 과반수 출석으로 성립되며 3분의 2의 다수로 의결한다. 이사회는 광구개발을 위한 계획의 승인

등의 중요한 기능을 가지며, 이사국의 선출에 있어서는 심해저개발의 투자국, 동종의 광물자원의 소비국, 육상산출국 등 상이한 이익의 미묘한 균형을 고려하고 있다(어떠한 경우에도 이사국의 하나는 동유럽의 사회주의국가에서 선출한다).

(1) 條約發效前의 先行投資保護

UN해양법협약이 정식으로 발효하여 深海底鑛物資源의 상업적 생산에 들어가기 전에 국제심해저기구 등의 기능의 개시가 부당하게 지연되는 일이 없도록 필요한 준비를 하기 위하여 이 조약의 발효에 앞서 준비위원회가 발족되었다. 그리고 그 탐사 등의 선행활동이 신속히 개시되기 위하여 투자의 보호(선행투자보호 Pioneer Investment Protection: PIP)의 제도가 설정되었다(1982. 4. 30 UN해양법회의결의 II).

이 제도에 의하면 '先行投資者'로서 승인된 사업주체는 조약발효까지의 기간 동안 그 등록일부터 할당된 광구에서 탐사활동을 행할 배타적 권리가 부여되며, 조약의 발효 후에는 해저기구가 발급하는 생산인가에 있어서도 Enterprise를 제외한 타신청자와의 관계에서 우선순위가 부여된다(동결의 제 6 항 · 제 9 항).

이러한 선행투자자로서의 자격을 갖는 자는 1983년 1월 1일까지 소정액(선행활동에 3,000불 상당액 이상, 신청구역의 확정 · 조사 등의 경비의 10% 이상)을 지출한 자로서, ① 4국에 속한 각 1개의 사업주체(프랑스, 인도, 일본, 소련 또는 그 각국의 국영기업, 그 국적을 갖거나, 그 국가 · 국민의 유효한 지배를 받는 자연인 · 법인), ② 4개의 국제콘소시움(벨기에, 캐나다, 서독, 이탈리아, 일본, 네덜란드, 영, 미의 8국의 어느 국적을 갖거나, 그 국가 · 국민의 유효한 지배를 받는 자), ③ 개발도상국에 속한 사업주체이다.

UN海洋法協約의 서명국의 선행활동이 조약과 양립되는 방법으로 행해지도록 확보하는 책임을 진다. 또한 선행투자자는 그 본국이 동조약에 서명하고 증명국이 된 경우에 한하여 탐사 · 개발활동에 종사할 수 있다.

이와 같이 先行投資保護制度는 동조약의 발효 전의 조치로서 선험적 조직인 준비위원회에 의한 국제적 승인에 입각하여 할당광구에 관한 탐사권의 배타성을 서명국 상호간에 서로 보장하는 것이다.

(2) 相互主義方式

한편 해양법의 발효 전의 또 하나의 조치로서 相互主義方式이 있다.

해양법조약에 서명하지 않고 제3국의 입장에 있는 국가들은 일방적 국내입법에 입각하여 행해지는 광구의 할당과 심사활동에 관하여 그 배타성을 상호주의에 의하여 서로 승인하는 방식이다. 이러한 상호주의의 자발성에 국제법상의 구속력을 부여하기 위하여 이 관계국들은 상호간 사전통보와 협의에 의한 조정, 기타 분쟁해결의 절차 등을 조약으로써 규정하고 있다(1982년의 이른바 미니조약). 이러한 조약은 한층 보편성을 가진 조약상의 제도가 성립될 때까지는 준입법적인 효력을 가진 것으로서 제3국에도 유효한 대항력을 가진 것이라고 한다(Apolis, 124-128).

UN해양법협약이 발효하기까지 이 조약의 규범설정적 규정과 상호주의방식의 어느 것이 금후의 국가실행에 의하여 합리적 개발방식으로서 정착될 것인가, 국제적인 합리성에 관한 추정이 어느 편에 유리하게 작용할 것인가 결정될 것이다(D' Amato, An Alternative, 77 AJIL 1983, 282-284). 그러한 의미에서 선행투자보호제도의 운용이 주목된다.

1982년 해양법협약의 심해저조항에 대해 선진국들은 불만을 표시하였다. 선진국들이 불만을 표시한 주요내용은 심해저기업의 이익을 다른 개발업자의 이익보다 우선하는 것, 해저기구의 조직이 너무 방대하여 조직유지비가 과중한 것, 개발권자가 납부해야 하는 개발수수료가 과중한 것, 해저기구에 투자자의 의사반영 기회가 주어져 있지 않는 것, 협약상의 표결절차에서 선진국과 같은 소수그룹의 이익보호가 미흡한 것 등이었다. 이러한 불만을 이유로 선진국이 해양법협약에 참가하지 않은 상태로 해양법협약이 발효하면 심해저조항의 실효성이 의문시된다. 이 문제를 해결하기 위하여 UN사무총장 주도하에 선진국을 포함한 25개국간의 비공식 회의가 열렸다. 이 회의에서의 합의는 1994년 7월 29일자 UN총회결의를 통하여 협정(1982년 12월 10일자 UN해양법협약 제11부의 履行에 관한 協定, 이하 이행협정)으로 채택되었다. 그 주요내용은 인류공동의 유산이란 개념을 지키면서 협약상의 개발제도와 심해저기업의 운영방식에 자본주의적인 요소를 대폭적으로 도입하는 것, 의결방식을 원칙적으로 콘센서스방식에 의하도록 하여 선진국의 의사가 반영되는 것을 보장한 것, 선행투자자가 납부하는 고정수수료를 상업생산시점까지 유보하여 재정적 부담을 낮춘 것, 심해저기구를 최소비용으로 운영하도록 한 것 등이다.

이와 같이 이행협정은 실질적으로 해양법협약을 개정한 것이다. 그런데 해양법협약의 발효일(1994년 11월 16일, 60번째 국가가 비준한 1993년 11월 16일로부터 1년되는 날) 이전인 1994년 7월 29일자에 이러한 개정안이 해양법협약에서 규정한 개정방식이 아닌 다른 방식으로 채택되었다. 또한 이행협정은 해양법협약의 체약국이면서 이행협정을 비준하지 않은 국가도 이행협정의 적용을 받도록 하는 여러 가지 제도를 마련해 두고 있다. 이행협정은 40개국의 비준과 선진 5개국을 포함한 7개 선발투자가국의 참여로 발효한다. 1994년 11월 16일까지 이행협정이 발효하지 않는 경우에는 이행협정서명국 중 서면으로 반대표시를 하지 않은 국가에 대하여 이행협정이 잠정적으로 적용된다. 1994년 7월 29일자 현재 해양법협약을 비준한 국가는 1년 이내에 서면으로 다른 의사표시를 하지 않는 한 이행협정을 수락한 것으로 본다. 이행협정의 발효로 잠정적용은 종료된다. 이행협정이 발효하지 않으면 1998년 11월 16일부터 잠정적용은 중단된다. 이와 같이 이행협정은 해양법협약상의 개정절차가 아닌 다른 방식으로 채택되었으면서 해양법협약의 체약국 모두에 적용되도록 하기 위한 조치를 취하고 있다. 명시적 의사표시를 통하여 그 적용을 배제할 수 있지만 이를 위해서는 명시적 거부의사 표시를 해야 하는 의무를 협약에서 규정한 방식이 아닌 다른 방식으로 채택된 별개의 협정에서 부과할 수 있는지 그 합법성이 의문이다.

제 9 절 海洋法紛爭의 解決節次

1. 海洋法紛爭의 處理機關

UN해양법협약은 조약의 본문규정에 극히 상세한 분쟁해결조항을 두고 있다. 그것은 종래와 같은 일반적 해결절차 이외에 독자적인 분쟁처리기관의 설립을 포함한 중층구조의 분쟁해결시스템을 정비하였으며, 동시에 강제관할의 절차를 원칙으로 하는 것을 특징으로 한다.

분쟁해결기관으로서는 다음 5종류가 열거된다.

調停 —— 제284조 및 부속서 V
海洋法裁判所(The Law of the Sea Tribunal) —— 부속서 VI
國際司法裁判所(ICJ) —— 제287조
仲裁裁判所(An Arbitral Tribunal) —— 부속서 VII
特別仲裁裁判所(A Special Arbitral Tribunal) —— 부속서 VIII

이 가운데 조정을 제외하면 재판소는 상기 4개가 된다. 그리고 해양법재판소에는 深海底紛爭裁判部(The Sea-bed Disputes Chamber of the Law of the Sea Tribunal)가 설정되어 있다(제XI부 제5절 제186조, 제187조). 기타 "국제해양법재판소의 특별재판부, 深海底紛爭裁判部臨時裁判部 및 商事仲裁"에 관한 규정이 있다(제188조, 부속서 VI).

2. 管轄權의 分配

체약국은 UN해양법협약의 해석·적용에 관한 모든 분쟁에 관하여 평화적 해결의 의무를 지며(제279조), 그 합의에 의하여 선택한 평화적 수단에 의해서도 해결에 도달하지 못한 경우에는, 특히 이것을 배제한다는 뜻의 별단의 합의가 없는 한 동조약에 규정된 해결절차에 따른다(제280조, 제281조).

(1) **調停委員會** 조정위원의 명부는 UN사무총장이 작성·보관한다. 당사국은 각각 2명 합계 4명의 조정위원을 지명할 권한을 갖는다. 이 4인의 조정위원은 다섯 번째의 조정위원을 선정임명하여 합계 5명으로써 조정위원회를 구성한다. 소정의 기간 내에 선정이 이루어지지 않으면 UN사무총장이 당사국과 협의하여 임명한다(부속서 V 제2·3조).

위원회의 권고는 위원의 과반수로써 행한다. 위원회는 분쟁의 우호적 해결에 도움이 되는 조치에 관하여 분쟁당사국에게 주의를 환기한다. 이 위원회와 기타의 조정절차는 보통 강제관할권을 갖지 않으며, 그 보고는 구속력이 없다(제284조, 부속서 V 제1조·제5조·제7조). 그러나 조정절차에 강제적으로 부탁되어야 하는 분쟁으로서는 다음과 같은 것이 지정되고 있다(부속서 V 제11조). 하나는 '강제적 절차(제15부 제 2 절 제286조 이하)의 적용제한'의 대상이 되는 특정한 분쟁(해양의 과학적 조사 또는 어업에 관하여 연안국이 그 대륙붕·경제수역에 있어서의 권리 의무에 위반되고 있다는 신청이 있는 경우. 제297조 2항 b·3항 b), 또 하나는 '선택적 제외'의 대상이 되는 특정한 분쟁(해양의 경계획정분쟁에 관하여 당사국의 교섭이 진행되지 않는 경우. 제298조 1항).

(2) 강제적 절차에 속하는 기관으로서는 國際司法裁判所가 있고, 또 해양법협약에 특유한 4개의 기관이 있다.

(a) 해양법재판소　재판관은 21명으로써 구성된다(제2조). 그러나 실제의 재판에 있어서의 재판관의 정족수는 11명이다.

(b) 심해저분쟁재판부　해양법재판소의 재판관 중에서 특별한 절차에 의하여 선정되는 11명의 재판관으로 구성된다(부속서 VI 제 4 절). 이 재판부는 다음의 사항에 관하여 관할권을 행사한다(제187조, 부속서 VI 제14조).

첫째, 이 부 및 이 부에 관련된 부속서의 해석 또는 적용에 관한 체약국간의 분쟁,

둘째 국제심해저기구와 당사국간의 분쟁,

셋째 동기구와 당사국 국민과의 분쟁,

그리고 심해저분쟁재판부는 총회 또는 이사회의 활동범위내에서 발생하는 법률문제에 관하여 총회 또는 이사회의 요청에 의하여 '권고적 의견'을 부여한다(제191조).

(c) 仲裁裁判所　먼저 이 조약을 비준할 때 그 해석·적용에 관한 분쟁을 미리 서면에 의하여 어느 재판에 부탁할 것인가를 선언할 수 있으나(제287조 1항), 여기서 말하는 仲裁裁判(제287조 1항 c 및 3항·5항, 제290조 5항)은 그러한 선언에 포함되지 않은 분쟁의 해결(동 3항), 또는 당사자의 쌍방이 따로따로의 해결수단을 원하는 경우(동 5항)에도 중재재판을 한다.

UN사무총장이 보관하는 중재인명부 중에서 당사자는 각 1명의 자국민을 선정할 수 있으며, 다른 3명을 역시 당사자의 합의로 선정하여 계 5명으로써 재판을 한다(부속서 VII).

(d) 特別仲裁裁判所　각 당사자가 중재인명부로부터 2명씩 선정할 수 있으며 그 중의 1인은 자국민이라도 상관없다. 특별중재재판소장은 당사자가 합의하여 선정하며 합계 5인으로써 재판을 한다. 이 특별중재재판

소는 동조약에 특별히 규정된 어업, 해양환경의 보호, 해양의 과학적 조사, 선박기인오염을 포함한 항행 등의 해석·적용에 관한 분쟁을 관할한다.

3. 管轄權의 特徵

UN해양법협약의 분쟁해결조항의 특징은 대부분의 분쟁에 있어서 어느 분쟁당사국의 일방적 요청에 의하여 상기의 강제적 절차에 부탁할 수 있다고 한 점이다(강제관할의 승인 제286조).

각국은 동 조약의 서명·비준·가입시 또는 그 후에 언제든지 그 해석·적용에 관한 분쟁을 해결하기 위하여 이러한 강제적 절차 중에 어느 것을 적용하는 데에 동의하는가의 선택을 일방적으로 선언할 수 있다. 분쟁당사국 쌍방이 동일한 절차를 선택한 경우에는 별단의 합의가 없는 한 이 절차만이 당해 분쟁에 적용된다. 분쟁당사국간에 부탁할 강제적 절차에 관하여 합의가 없는 경우에는 중재재판소에 부탁되어 구속력 있는 결정을 보게 된다(제287조 1항-5항).

이와 같이 UN해양법협약은 모든 분쟁에 관하여 사법적 해결 또는 중재재판의 강제관할권의 설정을 원칙으로 하는 반면, 다음 중요한 두 개의 예외를 인정하고 있다. 하나는 연안국에 의한 주권적 권리, 권한 또는 관할의 행사에 관한 특정의 분쟁은 강제관할의 적용에서 제외된다(제297조). 또 하나는 각국은 기타의 특정의 분쟁(영해·대륙붕·경제수역의 경계획정분쟁, 군사적 활동에 관한 분쟁, UN안보이사회에 부탁된 분쟁)에 관하여 강제관할권의 선택적인 적용 제외를 요구하고 일방적 선언을 할 수 있다고 하였다(제298조).

제10장 空　　域

제1절 領　　空

1. 空域의 區分

空 또는 空域(하늘)은 물리적으로는 일체를 이루는 것이나 법적으로는 다음 세 가지로 구분된다. 첫째는 領空이다. 이것은 국가영역인 영토·영수의 경계선상에 수직으로 세운 면에 의하여 구성된 上空의 部分을 말한다. 둘째는 국가영역 이외의 지표부분(영해외 해양, 즉 배타적 경제수역 및 해양법조약의 공해)의 上空(公空)이다. 셋째는 領空과 公空으로 구성된 공간보다 더 높은 부분으로서 宇宙空間이라고 불리는 것이다. 空域을 이와 같이 분류하는 경우 領空과 公空(이것들을 대기권이라고 총칭한다)을 宇宙空間(대기권외라고도 한다)의 경계와 어디서 구별하는가가 문제가 된다. 20세기 이래 항공기가 급격히 발달되어 국가영역으로서 영공의 개념이 정착되었으며, 영공의 상한에는 한도가 없는 것으로 생각되어 왔으나 1957년에 우주활동이 시작되면서부터는 영공의 더 높은 상공에 국가영역에 속하지 않는 自由空間으로서 우주공간의 존재가 인정되게 되었다. 영공과 우주공간과는 그 법적 성격을 달리하기 때문에 양자를 명확히 구별할 필요가 생기게 되는 것이다.

領空은 영역국의 완전 그리고 배타적인 주권이 미치는 부분인 데 대하여 우주공간은 어떠한 국가의 영역권의 설정이나 행사도 인정되지 않으며, 특별한 이용질서에 복종하는 지역이다. 즉, 우주공간은 국가의 관할외에 있는 지역으로서 국가의 영공주권의 적용이 배제된다. 여하간 우주공간은 영역상부의 것이냐 공해상부의 것이냐에 관계없이 동일한 성격의 것으로서 일체적으로 파악된다.

2. 領空의 法的 地位

國家領域(영토와 영해)상의 공간의 법적 지위에 관하여 금세기 초에는 "상공은 자유다 또는 일정한 고도 이상은 자유로운 公空이다"라는 주장(自由公說)이 있었다. 그러나 제1차대전경에는 영역의 상공은 고도의 한정 없이 그 국가의 배타적 지배에 속하는 공간, 즉 국가영역이라는 것(주권설)이 확립되었다. 바로 이것은 領空이다. 실제에 있어서 항공기가 下土國의 안전 기타의 이해관계에 미치는 영향이 중시됨에 따라 공간은 하토국이 영유·관리하여야 한다는 主觀說이 보다 실현가능한 학설로 인정되었으며, 제1차대전시 교전활동에 휘말리는 것을 경계한 중립국들(네덜란드, 스위스)이 자국상공을 폐쇄한 경험은 이 영공주권의 성립에 크게 이바지하였다.

이리하여 그 후의 일반항공조약이나 기타의 다수의 항공조약은 국가의 상공, 즉 영토와 영해를 포함한 국가영역의 상공에 있어서의 '완전 그리고 배타적인 주권'을 승인함에 이르렀다(1919년의 파리국제항공조약 제1조, 1944년의 시카고민간항공조약 제1조). 이와 같이 20세기 초두 이래 학설과 국가의 실행에 의하여 서서히 형성되어 온 영공의 법적 지위는 일반국제관습법상의 원칙으로서 국가의 영공권으로 확립되었다.

우주공간이 문제가 되기 이전에는 영공의 고도의 한계는 생각되지도 않았고 생각할 필요도 없었다. 그것은 항공활동을 할 수 있는 공간, 실질적으로 공기가 존재하는 공간, 즉 대기권이었던 것이다. 오늘날에 있어서는 각국의 '완전·배타적'인 영공주권이 확립되었으므로 영해에서 외국선박에 무해통항권이 인정되는 것을 유추하여 영공에 있어서도 외국항공기의 無害航空權을 인정하자는 주장은 성립되지 않는다.

3. 領空의 境界劃定

領空主權의 행사는 각국의 영공의 경계가 불명확한 경우 문제가 발생하기 쉽다. 여기에 영공의 경계획정의 필요가 생긴다. 그러나 그 경계선을 정하는 기준에는 어려움이 있다.

실제로 각국의 영공의 범위는 지구의 중심을 정점으로 하여 이것과 영토·영해의 경계선과를 연결하고 지표상을 수직으로 연장한 면에 의하여 포위된 空域으로 하고 있다. 그러나 고속으로 비행하는 항공기가 이러한 영공의 경계선내를 통과하고 있는지를 정확히 판별한다는 것은 쉬운 일이 아니다. 외국비행기가 자국의 영공에 침입하였다는 이유로 외국항공기에 대하여 강제조치를 취하는 경우가 드물지 않으며, 이 경우 그 위치확인을 위한 국제분쟁이 발생할지라도 사법적 해결의 가능성은 거의 없다.

영공침범을 이유로 미군용기에 대하여 동구제국이 취한 강제착륙과 승무원의 처벌(1951. 11. 11 헝가리의 조치) 또는 격추(1952. 10. 7과 1954. 11. 7의 齒舞諸島上空, 1954. 9. 4 일본해상공에서의 소련의 조치, 1953. 3. 10 미국의 독일점령지역과의 경계선상공에서의 체코슬로바키아의 조치)에 관하여 ICJ에 대한 미국의 일방적 부탁이 있었음에도 불구하고 被飛行國이 관할권수락을 거부하였기 때문에 이 사건을 그 리스트에서 제외하였다. 또한 정기항공업무에 종사하고 있던 이스라엘민간항공기를 격추한 불가리아에 대한 손해배상청구사건에 있어서도 ICJ는 관할권이 없다는 이유로 본안심리에 들어가지 않았다(1921년의 불가리아의 PCIJ 강제관할권 수락선언은 동재판소의 해산당시, UN 가맹국이 아니었던 동국에 관해서는 ICJ관할권에의 이전이라는 효과를 발생하지 않는다는 이유였다. 1959. 5. 26 '항공기사건'판결. ICJ Reports 1959, 136-138, 144).

우주공간과의 관계에서 영공의 '垂直的 境界劃定'의 필요성을 제창하는 국가도 있으나, 우주공간의 정의 및 경계획정의 문제를 심의중인 UN 宇宙平和利用委員會에서는 경계획정의 필요성 및 기준의 문제를 에워싸고 아직까지 합의는 성립되지 않고 있다.

4. KAL機事件의 國際法的 考察

시카고민간항공조약은 영공주권의 배타성을 규정하고 있다(시카고조약 제1조, 영해조약 제2조). 영역국은 사전의 허가를 받지 않고 고의 또는 과실에 의하여 그 영공을 침범한 외국항공기에 대하여 필요한 조치를 취할 수 있다는 것이다. 그러나 이러한 조치는 영공침입에 의하여 발생한 법익침해와 비례되는 한도 내의 것이라야 하며, 이것을 초과하면 영역국은 국제위법행위로 인한 국제책임을 지는 것이 원칙이다. 영공에 침입한 외국항공기는 영역국의 착륙·퇴각·항로변경 등의 명령에 복종할 의무가 있으며, 영공의 침입이 고의나 또는 기장의 과실에 기인한 것인 경우에는 착륙후 그 항공기와 승원은 영역국의 국내법상의 형벌·억류를 면치 못한다.

단, 조난이나 사고인 경우에는 면책이 될 뿐만 아니라 영역국은 원조할 의무를 진다(시카고조약 제25조·제26조).

그러나 이러한 명령의 강제를 위한 영역국의 조치는 영공침입에 따르는 법익침해와 비교하여 불필요 또는 부당하게 큰 위해를 외국항공기와 그 승원·승객에게 끼치는 것이 되어서는 안된다(Lissitzyn, Treatment, 47 AJIL, 1953, 557, 587). 영토보전의 중요성 또는 영공주권의 배타성과 함께 특히 비무장의 상사민간항공기의 영공침입에 대응하는 조치가 국제적으로 합의된 절차(무선통신으로 응답을 구하고 날개를 흔들어 항공 등을 점멸하여 경고를 주는 것)에 따라서 행해질 필요가 있는 것이며, 부득이 최후의 수단으로서 행하는 진로방해(침입기의 국적확인과 안전비행에 필요한 유도를 위한 것)에 대해서도 항상 무력의 사용을 삼가해야 한다(시카고조약 제2부속서 부칙 A). 설사 국내법상 영공침해에 대한 군사력의 사용이 인정되고 있는 경우에도(1982. 12 '소련국경경비법' 제36조, 위반행위에 정지 또는 위반자의 신병구류를 목적으로 한다는 것) 무력에 의한 저항도 하지 않고 퇴거하는 민간항공기를 격추하는 것은 과잉조치이며, 국제법에 위반된다(1983. 9 '대한항공기격추사건에 관한 UN안전보장이사회결의' S/15966/수정 1호. 단 9대 2, 기권 4 소련의 거부권으로 부결. 영국대표발언).

1983년 소련공군기에 의하여 격추된 KAL機는 명백히 비무장민간항공기였다. 이것이 스파이기 또는 군용기라고 하는 소련의 주장은 억지다. 만약 외국의 군용기가 영공을 침범한 경우에는 영역국은 자위권으로써 이에 대항할 수 있고 스파이행위의 증거가 있는 경우에는 이것을 격추하거나 승원을 처벌할 수도 있다. 이러한 경우 침입기의 본국은 그 격추에 대하여 항의하지 않는다(1960년 소련에 의한 U-2형 미국 정찰기 격추사건, Lissitzyn, Some Legal Implications, 56 AJIL 1962, 135). KAL기사건을 계기로 1944년의 시카고조약에 의하여 창설된 國際民間航空機關(International Civil Aviation Organization: ICAO, UN 전문기관)의 총회는 84년 5월의 규약을 수정하여 민간항공기의 무력격추를 금한다고 하였다. 그러나 각국은 UN헌장상의 권한을 유보한다는 유보를 하였으므로 자위권을 이유로 한 유사사건의 재발가능성이 완전히 배제되지는 않고 있다.

여하간 KAL기는 군용기 내지 스파이기가 아니었으므로 이에 대한 무력사용은 국제적 행동과 인도에 관한 기본규범뿐만 아니라 시카고조약의 규칙·표준·권고에 위반된 것으로 인정하여 ICAO에 의한 사실조사가 행해졌고(1983. 9. 16 ICAO이사회결의. 26 대 2, 기권 3으로 채택), 피해국은 국가책임의 추급(陳謝, 재발방지의 확약, 손해배상의 청구. 동년 9. 14 일본의 對蘇口上書 등)과 양국간의 항공업무의 정지 등 대항조치를 취한다(소련은 KAL기가 스파이기라는 주장을 고집하여 그 격추를 정당화하며 소련의 국가책임의 추급은 성공하지 못하고 있다. 끝까지 풀리지 않는 의문은 KAL기가 무슨 이유로 소련 영공을 침범하였는가라고 하는 문제이다).

제 2 절 公 空

1. 公空의 自由

국가영역 외의 공해와 무주지의 상공은 公空이라고 불리며, 어느 국가의 영역권에도 속하지 않는다. 남극지역과 그 상공에 대한 영역권의 주장은 1959년의 南極條約(제4조)에 의하여 현재 동결중에 있다. 특히 公空의 법적 지위에 관하여 '公海에 관한 條約'은 '공해자유의 원칙'의 하나로서 '공해의 상공을 비행하는 자유'를 들고 있다. 최근의 해양법질서에 있어서 전통적 해양구분의 재편성화에 따라 公域의 지리적 구분도 영향을 받아, 예컨대 영해의 확대에 따른 국제해협의 상공비행과 같은 약간의 문제가 있기는 있으나, 영공과 공공으로 확연하게 이분된 공역질서에 있어서는 비교적 안정된 관할권의 배분구조가 공해상공에 유지되고 있다.

2. 防空識別圈

연안국이 국내법상으로 영공에 접속한 일정 범위의 공해상공(公空)에 자국의 안전보장을 위하여 관할권을 행사하는 일이 있다. 이 공역을 '防空識別圈'(Air Defence Identification Zone) 또는 接續空域(contiguous airspace)이라고 부른다. 이것은 속력이 빠른 항공기의 스파이행위나 기습공격에 대하여 자국의 안전을 수호하기 위해서는 영공에 있어서의 관할권행사만으로는 불충분하며, 그 관할권을 영해 외의 어느 범위의 공해상공에까지 확대할 필요가 있다는 이유에서 설정된 것이다.

1950년 미국은 국내법으로 이와 같은 공해상공에의 관할권을 주장하여, 이 공역에 들어오는 항공기에게 그 비행계획의 제출과 위치보고를 요구하였다(1951년 캐나다, 프랑스 등 10개국). 이 防空識別圈의 범위는 국가에 따라 일정치 않으나 미국의 경우 연안으로부터 1 내지 2시간의 비행거리 내의 공해상공으로 하고 있다. 그리고 규제대상도 영공에 진입하려고 하는 항공기만으로 하는 국가와 방공식별권을 통과하는 모든 항공기로 하는 국가가 있으며, 그 위반에 대한 처벌도 오직 벌금을 받는 데 그치는 국가에서 강력한 군사조치까지 하는 국가가 있는 등 구구하다.

그러나 적어도 강제조치를 수반하는 관할권의 확대는 공해의 상공비행의 자유를 침해하는 것으로서 국제법에 위반된다. 그것은 또한 自衛權行使의 요건을 충족하지도 못한 것이며, 국제관습법규로서도 성립되지 않은 것이다(Henkin, 295).

제 3 절 宇宙空間

1. 宇宙空間의 自由

우주공간은 국가가 영유하지 못하는 자유로운 공간(우주공간의 자유)이며, 동시에 그것을 자유롭게 이용할 수 있는 공간이다(우주공간이용의 자유). 1957년 소련의 스푸트니크(Sputnik) 1호가 최초로 발사된 이래 미·소 등 기술선진국이 잇따라 인공위성을 우주궤도 위에 쏘아올렸다. 그러나 이러한 인공위성의 자국상공의 통과에 항의하는 국가는 없고, 국가주권이 우주공간에 미치지 않는다는 사실을 의심할 여지는 없게 되었다.

1963년 UN총회는 '우주공간의 탐사 및 이용에 있어서의 국가활동을 규제하는 법원칙선언'의 채택에 성공하였다. 우주공간과 천체의 탐사와 이용은 전 인류의 복지와 이익을 위하여 평등하고 자유롭게 행해지지 않으면 안되며, 그것은 어떠한 수단에 의해서도 국가의 영유에 속하지 않는다고 규정하였다. 또한 핵무기 기타의 대량파괴병기 등을 우주궤도에 싣거나 또는 천체에 설치하는 것을 삼가해야 한다는 요청도 하였다.

1967년의 宇宙條約(정식명칭은 '달 기타의 천체를 포함한 우주공간의 탐사 및 이용에 있어서의 국가활동을 규율하는 원칙에 관한 조약'. UN총회의 하부기구로서 설치된 우주공간평화이용위원회의 노력에 의하여 1966년 UN총회에서 채택되고 1967년 모든 국가의 참가를 위하여 개방되었다)은 ① 우주공간과 천체의 탐사 및 이용은 모든 국가의 이익을 위하여 행해지는 것이며, 모든 국가에 자유롭게 개방되는 것이다(제1조). ② 우주공간과 천체는 어떠한 수단에 의해서도 영유 기타 국가에 의한 취득의 대상이 되지 않는다(제2조). ③ 천체는 비군사화되며 그 군사적 이용은 금지된다. 우주공간에 핵무기 기타의 대량파괴병기를 운반하는 물체를 배치하지 않을 것 등 우주공간의 자유를 비롯한 세 가지 원칙을 기본으로 하고 있다.

2. 宇宙空間의 平和的 利用

우주공간의 이용의 자유에는 여러 가지 제한이 가해지고 있다. 우주공간을 오염시킬 우려가 있는 '針衛星'을 쏘아올리는 일이나 핵실험 등이 금지되고 있다(우주조약 제 9 조 및 1963년의 '부분적 핵실험정지조약'(대기권내, 우주공간 및 수중에 있어서의 핵무기실험을 금지하는 조약) 제 1 조). 1979년 '달 기타의 천체에 있어서의 국가의 활동을 규율하는 협정'(이른바 달條約 1984년 발효)도 달이나 기타 천체의 평화적 이용의 원칙을 재확인하였다. 또한 그 천연자원을 인류의 공동재산이라고 규정하였으며, 그 개발이 실행가능하게 되었을 때는 국제레짐(*régime*)을 설립하기로 약속하고 있다.

그러나 여기서 유의할 것은 우주공간의 군사적 이용이 일체 금지되고 있는 것은 아니라고 하는 것이다. 예를 들면 우주조약이 핵무기 등을 우주공간에 설치하는 것을 금하고 있지만 군사목적의 스파이위성을 쏘아올리는 것은 조약위반이 되지 않으며, 동시에 위성궤도를 타지 않는 '부분궤도폭격장치'(Fractional Orbit Bombardment System, FOBS)의 등록도 금지되지 않고 있으므로 우주공간의 평화적 이용은 이 조약에 의하여 완전히 보증되는 것은 아니다.

3. 國際協力

최근 우주이용의 국제협력은 크게 진전되었다. 우주비행사는 우주공간에의 인류의 사절로 간주되며 조난비행사에 대해서는 가능한 모든 원조를 부여하고 그 우주비행기의 등록국에 안전 그리고 신속하게 송환된다(우주조약 제5조 1968년의 우주항공사의 구조반환 및 우주물체의 반환조약). 또한 우주물체의 등록국은 그 물체와 승원에 대한 관할권·관리권을 갖는다(우주조약 제8조 및 1975년의 우주물체등록조약). 그리고 이 물체의 등록국은 자국의 일체의 우주활동에 대하여 국제적 책임을 지며, 그 우주물체가 제3자에게 끼친 손해에 대하여, 無過失·無限의 損害賠償의 책임을 진다.

4. 國際電氣通信의 問題

1964년 國際電氣通信衛星機構(International Telecommunication Satellite Organization, INTELSAT)가 설립되고, 1979년에는 선박통신을 위하여 국제해사통신위성기구(인마르샛트)가 발족하면서 우주공간의 통신을 위한 이용은 광범하게 보급되고 있다.

우주공간을 이용하는 전기통신은 국경을 넘은 정보유동의 주요한 수단이며, 그 매체가 되는 것은 전파(주파수)이다. 국제전기통신업무는 전신·전화·방송업무를 포함하며, 오늘날에는 위성·컴퓨터 등의 신기술과 결합하여 개인 상호간의 통신으로부터 일반공중에 의한 수신·의견표명에 이르기까지 광범한 분야에 이르고 있다.

國際電氣通信法은 매체로서의 주파수대의 사용·관할을 규율함과 동시에 전기통신설치의 설정·이용과 전기통신업무의 제공에 관한 기준·조건을 정하는 것이다. 주파수대 내지 전파공간은 물리적으로 空域의 일부에 속하지만 그 기술적 특성에 의하여 영공주의의 원칙의 적용은 없으며, 항공업무와는 달리 그 사용의 자유가 인정되고 있다. 그리고 이 분야를 관할하는 國際電氣通信聯合(ITU)은 國際電信聯合(1865년 '파리 전신조약') 이래 존속하여 그 기본조약을 적시에 수정해 가면서 현재에 이르고 있다.

각국은 전기통신을 규율하는, 이른바 전기통신주권을 갖는 동시에 국경을 넘어 통신·정보의 교환과 유통을 촉진하기 위한 '전송의 자유'를 보장할 의무를 진다. 이것은 전기통신의 주요매체인 전파공간의 자유를 전제로 하는 것이다.

ITU는 주파수 기타의 통신자원의 사용과 배분, 전기통신시설의 설정과 운용에 관한 표준·절차·요금결정기준 등에 대하여 국제적으로 조정하는 임무를 갖는다. 각 가맹국은 이러한 국제적으로 결정된 규칙·기준에 따라서 전기통신의 회선과 설치의 효율적인 설정·운용(이용의 제공)·보호(방해의 방지·배제, 비밀의 확보)를 꾀하며, 전기통신업무를 이용자에 대하여 평등하게 제공할 의무를 진다(제18조-제23조). 가맹국은 안전·법령·공서양속에 반하는 전송을 停止하거나 절단하는 것을 예외적으로 할 수 있다.

그런데 무선통신의 주파수는 그 有效利用周波數帶에 한도가 있어 이것을 효과적으로 이용하려는 선진국과 장래 자국이 이용하기 위하여 미리 이용권을 확보해 놓으려는 개도국 간에 이해가 대립되고 있다. 또 하나의 문제는 오늘날에 있어서 통신·인공위성, 국제간데이터유통(Transborder Data Flow; TDF) 등 새로운 통신·정보 수단이 개발된 결과 전송의 자유가 많은 제약을 받게 된 것이다. 각국은 이 고도의 첨단기술이 가져오는 정치·경제·사회적 영향을 중시하여 국제통신·정보를 의도적으로 외교·안전보장의 일반정책 내지는 전략의 수단으로 인식하고 있기 때문이다.

이것과 관련하여 국제전기통신업무에 의하여 전송되는 통신·정보의 내용이 수신국에게 유해한 것인 경우 전송의 자유를 제한할 수 있는가의 문제가 있다. 예컨대 방송위성에 있어서 각국은 외국에 대하여 방송프로의 송출의 자유(free flow)를 갖는가(정보자유에 관한 개인의 인권을 실현하기 위하여, 국제인권 제2규약 제9조), 또는 수신국의 국내관할사항에 대한 위법의 간섭이 되는 것이므로 방송프로의 내용에 관하여 수신국의 사전의 동의 내지 협정을 송출의 요건으로 하는가의 대립이 있다(후자의 주장을 인정하는 것으로서 1982. 12. 10 '국제직접 TV방송을 위한 위성사용에 관한 원칙' UN총회결의 A-37-92호. 107 대 13, 기권 13).

컴퓨터와 국제통신회선을 접합하여 복수국의 영역에 걸쳐 데이터·정보의 처리와 전송을 하는 업무, 즉 TDF에 있어서 개인의 프라이버시보호, 각국의 공서·강행법규, 영업보호를 이유로 그 국제적 유통을 규제하는 일(1979년 EC정책, 1980년의 OECD 가이드라인, 1981년 구주심의회조약 등)은 새로운 비관세장벽으로서 위법인가 아닌가가 논쟁되고 있다(미국은 위법이라고 주장).

제 4 절 國際航空業務

1. 國際航空業務의 發達

國際航空이라고 하는 것은 2 이상의 국가의 영역에 걸친 항공기의 비행을 말하며, 이것을 규제하는 것이 국제항공법이라고 할 수 있다. 이 국제항공법은 다른 법역에 비하여 역사가 짧고 충분히 정비되어 있지 않다. 그것은 항공기와 항공기술의 비약적인 진보가 항공기업의 발달에 있어서의 국가간의 격차를 증대하며, 따라서 국가간의 이해가 날카롭게 그리고 복잡하게 대립되고 있기 때문에 국제항공법에서 국제관습법으로서 확립된 것은 영공주권 및 공해상공비행의 자유 등 극히 한정된 것에 불과하다. 이리하여 국제항공법에 있어서는 국가관할권의 행사와 空의 자유라는 두 가지 요구를 어떻게 조화시키는가가 문제이며, 많은 부분이 조약에 의하여 규제되어야 하므로 국제협력이 불가결한 것으로 되고 있다. 동시에 국제항공을 규제하는 국내법의 중요성에 관해서도 충분히 유의하지 않으면 안된다.

정기적인 民間航空輸送이 개시된 것은 제 1 차세계대전 이후의 일이다. 먼저 1919년의 파리조약에 의하여 민간항공을 위한 국제적 통일공법이 작성되어 이 조약을 계기로 영국·프랑스·네덜란드 등을 중심으로 유럽에 있어서의 항공운송사업이 발전하였다. 1926년에는 스페인과 중남미제국에 의하여 마드리드조약이 체결되고, 파리조약에 가입하지 않았던 미국은 1928년 중남미제국과 하나바조약을 체결하였다. 이들 조약은 파리조약과 같은 기본원리를 규정한 것들로서 오늘날의 국제항공법제의 기초를 이루고 있다.

한편 국제항공의 발달과 더불어 운송인의 권리·의무, 손해배상책임, 구조구원 등의 사법적 규정이 필요하게 되어 바르샤바조약(1929년), 로마조약(1933년), 브뤼셀조약(1938년)이 채택되었다. 航空運送人도 육상 또는 해상의 운송인과 같이 여객 또는 하주에 대하여 책임을 질 뿐만 아니라 항공운송행위에 의하여 손해를 입은 제 3 자에 대해서도 책임을 진다.

1929년의 '바르샤바조약' 및 '헤이그개정의정서'(1955년)——이 양자를 합하여 '헤이그개정조약'이라고 한다——는 책임의 통일 및 국제기준의 설절을 기하고 있다.

바르샤바조약은 항공운송인의 유한책임을 채용함과 동시에 면책의 조건으로서 무과실이라는 거증책임을 항공운송인에게 전환하고 있다. 즉 사고의 경우의 운송인의 책임에 관해서 과실추정주의를 취함과 동시에 책임액을 여객 1인당 12만 5,000금프랑, 탁송화물·수하물 1kg당 250금프랑에 제한하여 이 한도 이하의 면책약관을 금지하였다. 그리고 면책에 관해서는 운송인이 손해를 방지하기 위한 모든 필요한 조치를 취했다는 것 또는 그러한 조치를 취할 수가 없었다는 것을 증명했을 경우에는 책임을 지지 않는 것으로 하였다.

이에 대하여 헤이그개정조약은 책임제한액의 인상을 중심으로 바르샤바조약을 개정하여 한도액을 2배로 인상하였다. 그리고 이러한 손해배상소송에 있어서 裁判所地法에 의한 청구자의 결정 및 청구권의 내용의 결정을 인정하고 있다.

미국은 헤이그개정조약에 의한 인상에도 만족하지 않았으나 결국 국제항공운송협회(IATA)의 기업간협정(몬트리올협정)에 의하여 미국의 영역내의 한 지점을 발착지·기항지로 하는 운송에 관해서는 여객사상자의 책임한도액을 여객 1인당 7만 5,000달러, 운송인의 책임을 무과실책임으로 하는 데에 타협하여 바르샤바조약에 머물렀다.

2. 시카고 國際民間航空條約上의 國際航空制度

일반국제법상 외국항공기에게 영공의 무해항행권은 인정되지 않는다. 그러나 낱낱이 허가를 얻지 않고는 비행할 수 없다면 서로 불편하기 때문에 조약에 의하여 한정적으로 비행을 인정하는 체제가 취해지고 있다. 이 체제는 1919년의 파리조약에서 비롯되나 현재에는 1944년의 시카고조약에 대다수의 국가가 참가하고 있으며(1947년 발효), 이것이 국제항공에 관한 기본조약이 되고 있다. 이 시카고조약은 국제민간항공에 관한 일반원칙과 국제민간항공기관의 조직·임무를 규정하고 있다.

시카고조약은 조약당사국이 그 영공을 일정한 제한 하에 다른 당사국의 항공기에게 서로 개방할 것을 규정하였다. 그러나 정기적인 국제항공업무(상업항공)에 관해서는 영역국의 특별한 허가가 필요하며 허가 없이 그 상공을 통과하거나 진입하는 것은 허용되지 않는다(제6조). 따라서 시카고조약에 의하여 영역국의 영공을 그 사전의 허가 없이 비행할 권리가 부여된 것은 조약당사국의 不定期民間航空機에 한정된다. 이 비행은 영역 내에의 비행, 그 상공의 무착륙횡단 및 운수 이외의 목적을 가진 착륙권을 포함하나 영역국으로부터 착륙의 요구가 있는 경우에는 이에 따르지 않으면 안된다(제5조). 이에 대하여 정기국제항공업무를 위하여 다른 체약국의 상공을 통과하거나 그 영역에 진입하기 위해서는 그 국가의 허가를 필요로 한다(제6조).

항공의 자유에 대한 제한으로서는 정기국제항공에 관한 것 이외에 다음과 같은 제한이 있다.

(1) 영역국은 외국항공기에 대하여 자국영역 내의 두 지점간의 여객, 우편물 및 화물의 수송을 유상 또는 전세로 행하는 것(air cabotage 국내항공운수)을 금할 수 있다(제7조).

(2) 영역국은 군사상의 필요 또는 공공의 안전을 위하여 외국항공기가 일정구역의 상공을 비행하는 것을 일률적으로 제한 또는 금지할 수 있다(제9조). 외국항공기는 영역국의 상공을 사전의 허가 없이 군수품 또는 군용기재를 수송해서는 안된다(제35조).

다음 시카고조약의 적용을 받는 항공기는 그 당사국의 국적을 가진 민간항공기에 한정되며, 국가의 항공기(군, 세관, 경찰용의 항공기 등)에는 적용되지 않는다(제3조). 또 무조종자항공기는 영역국의 특별한 허가가 없는 한 그 상공을 비행할 수 없다(제8조).

無着陸橫斷飛行의 경우를 제외하고 당사국의 영역에 진입하는 모든 항공기는 그 국가의 규칙에 따라 세관 기타의 검사를 받기 위하여 지정된 공항에 착륙하지 않으면 안된다. 출국하는 경우에도 마찬가지로 지정된 세관공항에서 출발한다(제10조). 국제항공에 종사하는 항공기는 시카고조약이 정한 요건에 합치하는 일정한 서류(등록증명서, 耐空증명서, 각 승무원의 면허장, 항공일지, 항공기무선국면허장, 여객명부, 적하목록, 화물의 세목신고서)를 휴행하지 않으면 안된다(제29-34조).

3. 商業航空

시카고조약은 不定期飛行과 정기적 국제항공업무(상업항공)를 구별하여 비행의 자유를 전자에게만 인정하였다. 이에 따라 자가용비행기 등에 의한 비상업항공은 자유화되었으며, 또한 부정기의 유상 또는 전세의 여객·화물·우편물을 운송하는 권리는 조건부로 인정되었으나(제5조 2항) 국제상업항공의 주요 형태인 정기비행은 자유화되지 않았다. 정기국제항공에서는 당사국간에 하물을 싣고내리는 권리는 말할 것 없고, 착륙이나 상공비행의 권리조차도 부여되지 않고 모든 당사국간의 협의와 상호허가에 맡겨지고 있다. 이리하여 이러한 점들은 國際航空業務通過協定(International Air Services Transit Agreement)과 국제항공운송협정(International Air Transport Agreement)이 시카고조약과는 별개로 규정하여 그 가맹에 관해서는 각국의 선택에 맡기기로 하였다. 이 두 협정은 시카고조약의 보충협정이라고 할 수 있으며, 다같이 정기적 상업항공권의 확립을 의도하여 '空의 自由'의 원칙을 규정한 것이다. 전자는 2개의 자유협정, 후자는 5개의 자유협정이라고도 불린다.

전자는 미국이 주장한 '空의 5개의 自由' 중, ① 외국영역을 무착륙으로 횡단하는 자유, ② 운수 이외의 목적으로 외국영역내에 착륙하는 자유, 이 두 가지 자유를 인정하는 것으로서 이것에는 다수의 국가가 가입하였다. 후자는 앞서 말한 두 개의 자유 이외에, ③ 자국내에서 실은 여객·화물·우편물을 외국에서 내리는 자유, ④ 자국으로 향하는 여객·화물·우편물을 외국에서 실을 자유, ⑤ 외국에서 실은 화객을 다른 외국에서 내릴 자유를 인정하는 것인데, 여기에는 소수의 국가만이 가입하였으므로 주창자인 미국 자신도 탈퇴하고 말았다. 위의 ①과 ②의 두 개의 자유협정은 단순한 통과권의 교환에 불과하나 국제정기항공운송에 있어서는 운송의 권리를 인정하는 ③의 자유 이하가 중요한 것이다. 그러나 이러한 5개의 자유를 다 인정한다는 것은 '空의 開放'에 연결되어, 경쟁력이 약한 항공기업에 대해서는 대단히 불리하게 된다. 이 때문에 두 개의 자유협정에는 비교적 다수의 국가가 참가하였으나 5개의 자유협정에 대해서는 다수의 국가가 소극적이다. 결국 정기적 국제항공업무는 2국간 항공협정의 체결에 의하여 가능하게 된다.

4. 二國間航空協定

정기항공업무에 관하여 '空의 自由'를 확보하기 위해서는 다수국간 조약의 방법으로는 불가능하므로 전적으로 2국간 항공협정의 체결에 의할 수밖에 없게 되었다. 현재 각국간에는 다수의 항공협정이 체결되고 있는데, 그 원형이 된 것은 1946년에 미국과 영국 간에 체결된 이른바 버뮤다 항공협정(Bermuda Agreement)이다. 이것은 수송력의 자유를 주장하는 미국과 이것을 규제하여 자국기업의 보호를 기하려는 영국과의 타협에 의하여 성립된 것인데, 오늘날의 각국간의 항공협정은 이 버뮤다협정을 모델로 하고 있다. 이와 같이 2국간협정이 표준화됨으로써 정기항공업무에는 "숨겨진 多邊的 方式(cryptomultilateral regime)이 실재한다"고 말하고 있다(Alexandrowicz, 17-8, 141).

버뮤다협정에서 영국은 수송력의 사전결정의 주장을 철회하고 탄력적인 규제방식에 동의하였으며, 미국은 운임을 세계의 주요항공회사가 결성한 國際航空運送協會(IATA)에서 결정하는 데에 동의하였다.

체약국간의 수송력의 배분에 관해서는 종래의 사전고정이라는 방식에 한하지 않고 공정한 기회균등과 실세관계에 입각한 사후심사를 병용한 탄력적 방법을 취하였다. 예컨대, 버뮤다협정에 의하면 각 체약국의 지정항공기업이 제공하는 업무를 상대국기업의 이익을 고려하여 본국과 최종목적지국가와의 사이에 수송수요량에 상당하는 積載量(자국의 지분)의 유지(제1차적 목적의 수송량)가 인정되는 것으로 하였다. 자국에서 실은 여객·화물·우편물을 상대국에서 내릴 권리와 상대국의 영역에서 자국에 향하는 여객 등을 실을 권리에 한하여 경쟁원칙의 적용을 제한하는 것이다. 반면에, 제3

국의 영역에 발착하는 여객 등을 싣거나 내리는 일에 관해서는 충족방식(본국과 최종목적지의 국가와의 수송수요량, 직항편의 수요량, 나아가 지방업무를 고려하여 통과지역의 수송수요량에 관계가 있는 적재량)으로 제 2 차적 인정을 할 수 있다. 다만 이 수송량이 상기의 제 1 차적 목적의 수송량을 초과할 경우에는 사후에 그 비율을 조정하게 되었다.

버뮤다협정과 이것을 모방한 2국간협정(예, 1952년의 미일항공협정)은 수송력의 배분 이외에도 路線權 및 以遠權에 있어서 현재 미국에 압도적인 우위를 인정한 것이다. 노선권이라고 하는 것은 체약국이 상호간에 특정된 운항노선상의 지점을 기점으로 하여 자국의 지점과 상대국의 지점과의 사이에 그 노선을 사용할 수 있는 권리이다. 노선의 특정은 항공협정의 부표에서 행하는 것이 버뮤다협정 이래의 일반적 방식이 되고 있다. 이에 대하여 이원권은 특정된 운항로선상에 있는 상대국의 지점과 그 以遠의 제 3 국의 지점 간의 운항의 권리를 말한다. 이원권의 특정방법에는 이원의 땅을 전부 특정하는 방법(예, 영일 항공협정)과 이원의 땅을 특정하지 않는 방법(예, 미일 항공협정)이 있다. 무제한의 이원권을 갖는 국가의 항공기업은 상대국이원의 착륙지점을 자유로이 선택할 수 있으므로 대단히 유리하게 된다.

이리하여 미국·영국간의 제 2 차 버뮤다협정(1977년)은 위와 같은 불균형을 시정함과 동시에 경쟁원칙의 강화와, 국가의 개입·규제의 완화, 노선선정의 탄력화, 할인운임비행에 대처하기 위한 요금체계의 유연화 등을 규정하였다. 영국은 경쟁력이 강한 미국에 대항하기 위하여 수송력의 사전심사제를 요구하여 왔으나 미국이 응하지 않으므로 1976년 버뮤다협정의 폐기를 통고하였던 것이다. 실효까지의 1년간에 양국의 교섭의 결과 다음 해에 위와 같은 제 2 차 버뮤다협정이 체결되었는데, 상호의 이원권은 영국에 유리한 것으로 개정되었다.

위에서 본 바와 같이 國際商業航空은 종래 정기항공업무를 중심으로 운영되어 왔으나, 1960년대 이후 부정기항공으로서 전세비행(차터경)의 급격한 발달에 의하여 커다란 영향을 받게 되었다. 시카고조약 제 5 조는 부정기의 국제항공업무를 중요한 것으로 보지 않아 자유를 인정하였으나, 1952년 國際民間航空機關(ICAO)의 이사회는 부정기상업항공도 허가제로 할 수 있다는 해석결의를 함으로써 다수의 국가가 사전의 허가를 필요한 것으로 하고 있다. 그러나 요금이 싼 부정기항공은 수요가 많기 때문에 확대 일로를 걷고 있다. 이에 따라 IATA(국제항공운송협회)에 의한 운임 협정은 의의를 상실하여 1978년에는 각 항공회사가 자유로이 운임을 결정할 수 있다는 것이 승인되었다.

5. 國際民間航空機關

시카고조약은 국제항공의 원칙 및 기술을 발달시키기 위하여 國際民間航空機關(ICAO)을 설립하였다(제43조). UN의 창설과 더불어 이 기관은 UN의 전문기관의 하나가 되었다. 당초 사회주의국가는 시카고조약에 따라서 ICAO에 가입하지 않았으나, 현재에는 러시아(1970년 가입)를 비롯한 사회주의제국이 참가하여 명실상부한 세계적 기구가 되었다.

이 기관의 기능에 관하여는 항공업무면의 규제도 포함시켜야 한다는 제안(항공운임의 통일 등 영연방국의 제안)을 물리치고 기술기준에 한정된 규제(미국안)만을 담당하도록 하였다. 운송수단으로서의 항공기에 요구되는 것은 신속성과 안정성이나 특히 후자가 중요하다. 이 요구에 부응하기 위해서 ICAO는 항공기술에 관한 각종 규칙·표준·절차를 가능한 한 국제적으로 통일함과 동시에 그 내용을 부단히 기술의 변화에 적응한 것으로 만들 필요가 있다. 이리하여 ICAO의 이사회에는 기술문제에 관한 중요한 규제기능이 부여되었다(제37조, 제43조, 제44조).

ICAO의 주요기관에는 총회, 이사회, 항공위원회, 사무국이 있는데, 이 중에 이사회가 중요하다. 이사회는 33국으로 구성되며 3분의 2의 다수결에 의하여 항공기, 항공종사자, 항공로, 부속업무 등에 관하여 국제표준과 '권고된 방식·절차'를 시카고조약의 부속서의 형식으로 채택한다. 이 부속서 또는 그 개정을 송부된 날로부터 3개월(이사회는 그 이상의 기간을 정할 수 있다) 이내에 그 과반수의 체약국이 불승인을 통보하지 않는 한 그 기간이 만료된 날에 발효한다(제54조 I, 제90조). 이것은 이사회에서 채택된 국제규칙이 신속 또한 광범하게 적용되고, 각 관계국의 국내법령이 그 선에서 통일화되게 하기 위해서 일반적인 구속성을 과하는 특이한 방식(contracting out)이다.

이사회의 또 하나의 중요한 권능은 시카고조약 및 그 부속서의 해석·적용에 관한 체약국간에 의견의 차이가 있는 경우 분쟁당사국의 일방적 신청에 입각하여 이것을 결정하는 재판권을 갖는 것이다. 이 결정에 관하여 불복이 있는 경우 특별중재재판소 또는 ICJ에의 상소가 허용된다(제84조 · 1972. 8. 18 'ICAO이사회의 권능에 관한 상소사건' ICJ판결, ICK Reports 1972, 466).

제 5 절　航空機의 法的 地位

1. 航空機의 國籍

항공기의 정의에 관하여 파리조약(1919년) 및 시카고조약(1944년)은 각각의 부속서에서 항공기라고 하는 것은 "공기의 반동에 의하여 공중에 지탱될 수 있는 모든 기계"를 지칭한다고 하였다. 이러한 광의의 개념 중에는 비행기 · 비행선 · 기구 · 헬리콥터 · 글라이더 등이 포함되지만, 분사반동만을 이용하여 공중을 나는 로켓트나 인공위성은 여기에 포함되지 않는다.

항공기는 사람이나 선박과 마찬가지로 소속국에의 귀속관계를 표시하는 법적 유대, 즉 국적을 갖는다. 등록을 받은 국가의 국적을 갖는 것이다(시카고조약 제17조). 그러나 2 이상의 국가에서 유효한 등록을 받을 수는 없다(이중국적의 금지 제18조). 항공기는 배타적 영공주권을 갖는 다수국의 상공을 비행하는 경우 그 감독, 외교적 보호 등을 위하여 소속국을 명확히 해놓을 필요가 있기 때문이다.

항공기의 국적결정에는 등록주의를 채용하고 있기 때문에 소유자 또는 운항자의 국적은 묻지 않는다. 그러나 항공기의 등록 또는 그 변경은 각국의 국내법령에 따라서 하게 되어 있으므로(동 제19조) 실제에 있어서 다수의 국가는 자국민이 소유하지 않은 항공기에는 등록의 권리를 인정하지 않는다.

항공기의 등록은 어느 국가로부터 다른 국가로 변경할 수 있다(동 제18조). 국제항공에 종사하는 모든 항공기는 그 적정한 국적 및 등록의 기호를 게재하지 않으면 안된다(동 제20조). ICAO에는 등록에 관한 보고서를 제출해야 한다(동 제21조). 등록을 받은 항공기는 소유권에 관하여 제3자 대항요건을 취득한다. 여러 국가의 공동의 운영조직(아프리카항공, 스칸디나비아항공 등)에 속하는 항공기의 국적에 관해서는 문제가 있다. 이러한 항공기는 원칙적으로 공동운영국의 어느 국가에 등록되어야 한다. 그러나 시카고조약에 의하면 ICAO 이사회는 이러한 경우에 항공기의 국적에 관한 동조약의 규정을 어떠한 방법으로 적용할 것인가를 결정하지 않으면 안되게 되어 있으며(제77조), 1967년 동 이사회는 공동등기의 설정과 제3국과의 관계에 있어서는 그 중의 한 국가를 지정할 것을 요구하는 결의를 채택하였다. 이 결의는 공동운영조직과 정부간조직의 양자에 적용된다.

항공기에 대한 국적의 부여는 각국의 국내법에 명시적으로 맡겨지고 있으므로 국내법상 유효하게 등록된 항공기의 국적은 국제법상으로도 유효한 것으로 간주된다. 따라서 항공기의 국적에 있어서는 사람(1955년의 Nottebohm사건의 판결)이나 선박(공해조약 제5조, 해양법조약 제91조)과 같은 眞正結合(genuine link)관계는 필요없다는 부정론이 유력하다. 그러나 긍정론은 진정한 결합 없이는 시카고조약의 여러 규정이 준수될 수 없으며, 실질적인 소유권과 유효한 관리의 필요성이 다수의 2국간 조약에 규정되고 있다고 주장한다. 진정결합관계를 요구하지 않는 시카고조약의 제규칙이 과연 국제관습법으로 되고 있는가에는 다툼이 있으며, 동 조약의 비체약국과의 관계에 있어서는 眞正結合理論이 적용된다는 견해도 있다.

2. 航空機의 分類

시카고조약은 항공기를 국가의 항공기와 민간항공기로 분류하여 동 조약은 후자에만 적용되는 것으로 하였다(제3조(a) 일반국제법상으로는 국가의 관리에 속하는 公항공기와 사인의 관리에 속하는 私항공기로 분류된다). 군·세관 및 경찰의 업무에 종사하는 것은 국가의 항공기로 간주된다(제3조(b)). 국가의 항공기와 민간항공기의 구별은 소유권의 귀속에 의하는 것이 아니라, 그 용도가 국가를 위한 것인가 민간을 위한 것인가에 의하여 행하여진다.

항공기의 분류에 있어서 중요한 점은 특정시에 있어서의 항공기의 실제적 용도가 기준이 되며 소유관계는 묻지 않는다.

국가의 원수나 외교사절을 위하여 민간항공기를 전세하여 특별비행을 할 경우에는 국가의 항공기가 된다. 또한 국가는 민간항공회사를 경영하거나 민간항공회사의 경영에 참가하는 경우 국가가 소유하는 항공기일지라도 민간항공기이다.

3. 航空機의 地位

(1) 公海 · 無主地上의 地位

항공기가 공해상 또는 무주지상에 있을 때에는 비행의 자유를 향유하며, 원칙적으로 소속국의 지배에 복종한다. '국가의 항공기'에 대한 본국의 관할권은 배타적이지만 민간항공기의 경우에는 등록국 이외의 국가의 관할권이 미치는 경우가 있다(해적행위 등에 관한 국제법상의 규칙에 복종하는 등). 시카고조약은 공해의 상공에 시행되는 항공규칙은 동 조약에 입각하여 설정된 것이 아니면 안된다고 규정하였다(제12조). 근년 영해상공에 접속하는 일정범위의 공해상공에서 방공식별권(ADIZ)을 일방적으로 설정하여 국가의 안전보장상의 목적을 위한 관할권을 외국항공기에 대하여 행사하려는 약간의 연안국이 있어, 그 합법성을 둘러싸고 견해의 대립이 있다.

200해리 排他的 經濟水域 상공의 비행은 원칙적으로 자유이다.

(2) 外國領域에 있어서의 地位

外國領空에 있는 모든 항공기는 선박의 無害航行權과 같은 일반국제법상의 권리를 갖지 않는다. 따라서 항공기가 허가 없이 외국의 영공에 침입한 경우에는 영공침범이라고 하는 국제불법행위를 구성한다. 이에 대한 대응조치는 격추를 포함하여 下土國이 자유로이 결정할 수 있는 문제이나 이 자유는 무제한의 것이 아니다. 최소한 경고를 먼저 발하는 것이 일반적이며 비무장의 민간항공기의 경우에는 격추시켜서는 안되고 강제착륙시킬 수 있을 뿐이다(소련의 KAL기 격추는 국제법위반).

'국가의 비행기'가 외국영역의 상공을 비행하거나 그 영역에 착륙하는 경우에는 특별협정 기타의 방법에 의한 허가를 얻어야 하며 또한 그 조건에 따라야 한다. 허가를 얻어 외국영역에 있는 경우에는 특권·면제의 문제가 발생한다. 파리조약은 군용항공기에 대하여 원칙적으로 외국군함에 인정하는 특권의 향유를 규정하였다(제32조). 시카고조약은 이 점에 관하여 어떠한 규정도 두지 않고 있으나 군용항공기에 대한 이러한 특권은 국제관습법으로서 인정되는 것이라고 생각되고 있다. 다만 특별한 허가를 얻지 않은 비행기 또는 착륙명령을 받아서 착륙한 비행기 등은 그러한 특권을 갖지 않는다.

이에 대하여 외국영역에 있는 군용기 이외의 公航空機의 지위는 명백하지 않고 국제법상 확립되지 않았으나 군함 이외의 公船의 지위로부터 유추될 수 있다.

4. 航空犯罪에 대한 刑事管轄權

국제민간항공의 안전을 위협하는 범죄로서는 항공기의 납치(hijacking)·機上犯罪·항공시설에 대한 방해, 기타의 항공범죄가 있으며, 1960년대 후반부터 격증하고 있다. 이러한 항공범죄의 대부분은 해적행위의 요건에 해당하지 않으므로 ICAO는 그 방지와 처벌에 관한 각종의 다수국간 조약을 작성하여 국제협력을 기대하고 있다.

종래 항공범죄에 대한 형사관할권의 소재는 명확하지 않았다. 항공기는 국적을 갖는 것이나 타국의 영역에 있을 때에는 그 국가의 관할권에 복종한다. 그러나 고속으로 여러 국가의 영공을 통과하는 항공기내의 범죄는 행위지의 확인이 용이하지 않아 실효적으로 처벌하기가 곤란하다. 그리하여 등록국주의 또는 착륙국주의 등 여러 설이 있었으나, ICAO의 주도하에 3개의 조약이 체결되어 형사관할권문제에 대해서는 일단 종지부를 찍게 되었다. 그러나 이 조약들이 재판권의 일원화를 실현하지 못하고 있는 관계로 체약국들이 범죄인을 처벌하지 않고 끝낼 가능성이 있으며, 더 나아가 항공범죄의 다발지역에 체약국의 수가 적은 것이 문제이다.

(1) 東京條約

東京條約은 1963년의 '항공기내에서 범한 범죄 및 기타 행위에 관한 조약'의 약칭이다. 이 조약은 항공기의 등록국에게 재판권을 부여하였다(제3조 1항). 등록국의 속인적 관할권은 국외에 있는 자국항공기내에 있는 모든 사람(외국인 포함)에게 미치는 것이나, 외국영공을 비행중 또는 외국영역내에 주재중의 항공기내의 범죄에 관해서는 복수의 국가의 관할권이 경합하여 어느 국가가 재판권을 행사할 것인가 하는 문제가 생긴다. 東京條約은 旗國主義(항공기의 등록국)를 원칙으로 하면서 약간의 예외를 인정하였다. 동시에 기장에 대하여 비행중의 항공기내에서 승객이 범죄 또는 안전위해행위를 할 때에는 그 승객을 구속 또는 기타의 적절한 조치를 취하며, 그 승객을 強制下機시키거나 착륙국당국에게 인도할 수 있는 권한을 인정하였다(제6조 1항).

(2) 헤이그條約

東京條約으로는 그 후 급속히 증대된 항공기의 불법납치를 유효하게 방지 또는 처벌하기가 곤란하기 때문에 이 조약의 불비를 보충하기 위하여 1970년에 헤이그조약(항공기불법납치억제조약, 하이재킹 방지조약이라고도 한다)이 체결되었다. 이 조약은 하이재킹을 한 범인의 처벌에 관한 국제협력체제를 확립하려는 것으로서 직접적으로 하이재킹 방지를 목표로 하고 있다.

헤이그조약은 비행중의 항공기내에서 폭력수단 또는 협박에 의하여 그 항공기의 불법납치 또는 점거를 하거나 또는 하려고 하는 자를 범죄자로 규정한다(제1조). 조약당사국은 그러한 자들에게 엄벌로써 대하도록 필요한 조치를 취할 것을 약속한다(제2조). 그리고 재판권에 관해서는 등록국, 착륙국, 항공기임대의 경우는 그 운항국이 이것을 설정하기 위한 조치를 취하지 않으면 안되며, 그 밖에 용의자所在地國에게도 재판권이 인정되고(제4조), 용의자를 발견한 체약국은 그 자를 재판권이 있는 타국에 인도하지 않는 경우에는 소추를 위하여 자국의 권한 있는 당국에 사건을 부탁할 의무가 부과되고 있다(제7조). 더 나아가서 범죄인인도에 관해서는 하이재킹을 범죄인인도조약에 있어서의 引渡犯罪로 하며, 필요한 경우에는 이 조약을 범죄인인도를 위한 법적 근거로 간주할 수 있다.

헤이그조약은 범죄구성요건과 형사재판권의 설정 등 국제형법상 획기적인 의무를 규정한 것이다. 즉, 하이재킹 범인은 세계 어디로 도망을 가든 처벌할 수 있는 체제를 구축하였다. 그러나 헤이그조약에는 항공기의 폭파가 포함되지 않는 까닭에 이것을 불법납치와는 별개의 독립된 범죄로서 규정한 것이 다음 '民間航空不法行爲抑制條約'(몬트리올조약)이다.

(3) 몬트리올條約

항공범죄는 그 후에도 헤이그조약의 규제범위를 넘어서 확대되어 항공기 외부로부터의 공격이나 공중폭파 등의 사건이 발생함에 이르렀다. 이리하여 민간항공의 안전을 해하는 행위에 관하여 별개의 조약으로 작성된 것이 몬트리올조약(1971년의 '민간항공의 안전에 대한 불법행위의 억제에 관한 조약')이다. 하이재킹 그 자체는 아니지만 그 연장선상에 위치하는 항공범죄를 방지하는 조약으로서 헤이그조약과 밀접한 관련을 갖는다.

이 조약은 비행중의 항공기내의 사람에 대한 폭력행위를 범죄행위로 규정하고, 그 범인의 국적여하에 관계없이 처벌하기 위한 조치를 취할 것을 약속하였다(제1조, 제2조).

> 여기서 '운항중'이라는 말은 "비행을 위하여 지상업무원·승무원에 의하여 비행준비가 개시되었을 때부터 착륙후 24시간이 경과할 때까지"를 말한다.

그리고 또 이 조약은 헤이그조약과 같이 犯罪行爲地國, 항공기등록국, 용의자를 태운 항공기의 착륙국, 항공기의 임차국에 대하여 이 범죄행위에 관한 재판권을 설정하기 위한 필요한 조치를 강구할 것을 의무화하였다(제5조 1항). 보편주의에 입각한 재판권의 설정을 의무화한 것이다.

> 항공범죄의 방지에 관한 위 3개의 조약에도 불구하고 항공범죄는 여전히 근절되지 않고 있다. 민족해방전쟁, 테러리즘, 기타의 정치적 이유에서 항공범죄억제에 관한 제조약에 가입하지 않고, 또 가입했다 하더라도 그 의무를 이행하지 않는 국가들이 있기 때문이다. 헤이그조약이나 몬트리올조

약에 의하면 용의자의 신병을 억류하고 있는 국가가 스스로 기소절차를 밟는 경우에는 범죄실행의 주관적 의도나 동기가 무엇이든지간에 '어떠한 예외도 없이' 이 조치를 취할 의무를 진다(헤이그조약 제 7 조, 몬트리올조약 제 7 조). 이것은 정치적 범죄, 기타의 정치적 동기를 이유로 하는 기소편의주의의 원용을 인정하지 않는다는 취지이다.

또한 歐州理事會의 여러 국가도 헤이그조약 및 몬트리올조약에 규정된 범죄는 정치범죄로 인정하지 않는다는 합의를 보았다. 범죄인인도조약의 적용상 이러한 항공범죄에는 정치범불인도의 원칙은 적용되지 않으며 引渡犯罪에 포함시킨다는 취지이다(1977년 '테러리즘억제에 관한 유럽조약' 제 1 조 · 제 4 조 · 제 5 조).

제11장 個　人

제1절 國　籍

1. 國籍의 意義

國籍이란 個人(自然人, 法人)과 국가를 연결하는 법적 유대이다. 개인은 국적에 의하여 특정의 국가에 속하게 되고 그 국가의 국민이 된다. 국적을 갖는다고 하는 것은 그 국가의 구성원(국가의 3요소 중의 하나인 국민)임을 표시하는 것이며, 어느 국적도 갖지 않는, 즉 無國籍이라고 하는 것은 법적으로 귀속되는 국가가 없다는 것을 뜻한다. 이와 같이 국적의 근본적 기능은 국가에 대한 人의 법적 귀속을 표시하는 것이다.

고대 및 중세를 통하여 개인은 그 소속하는 민족의 법에 지배되어 왔고(로마인은 로마법에, 게르만인은 게르만법에 지배되었다), 이것을 屬人法主義라고 불러왔다. 그러나 근대국제사회에서는 국가체계가 정비되고 국가주권이 확립됨과 동시에 각국의 주권은 그 영역내에만 효력이 미치는 것으로 되었다. 이에 따라 人에 대한 법적 관할권은 그 人이 거주하는 국가의 법에 의하는 것이 가장 적당하다고 생각되어 점차 屬地法主義가 발달되었다. 현재에는 개인은 원칙적으로 어느 국가의 국적을 가지며 그 국적이 속하는 국가의 통치에 복종함과 동시에 외국에 있을 때에는 그 외국의 통치에 복종하는 것이 원칙으로 되었다. 외교사절로서 재판권이 면제되는 지위에 있는 경우에도 그 人의 행동이 개인적인 것인 경우에는 한 외국인으로서 駐在國의 재판권에 복종한다. 국가는 타국령내에서 관할권을 강제적으로 행사할 수는 없으나, 국적에 의하여 매개되는 人과 국가와의 유대가 무의미한 것은 아니고 자국민에 대한 관할권 자체는 그 존재를 계속한다. 특히 公海, 公空과 같은 비국가영역에서는 어느 국가도 領域的 管轄權을 행사할 수 없으므로 屬人的 管轄權이 그 곳에서의 법적 규율의 주요 수단이 되는 것이다.

2. 國籍의 二元的 構造

전통적으로 국적은 개인을 國民과 外國人이라고 하는 두 가지의 카테고리로 준별하여 그 권리의무관계를 이원적으로, 그리고 포괄적으로 처리하는 것으로 되었다. 이것은 국가의 의의를 중요시하고, 따라서 개인의 國家歸屬性을 절대시하던 19세기부터 20세기에 이르는 일반적 시대정신의 산물이다. 그러나 현실적으로는 개인의 권리의무관계의 모든 것이 국적에 의하여 확정된 것은 아니다.

어떤 개인에게 自國의 국적을 주고 이것을 自國民으로 하는가는 원칙적으로 그 국가가 자유롭게 결정할 문제이며, 국적의 문제는 일반적으로 國內問題이다(「'國籍法의 抵觸에 관한 어떤 종류의 문제에 관한 조약' 제1조 · 제2조). 韓國에도 헌법에 국적에 관한 규정이 있으며, 따로 國籍法이 있다. 각국은 그 역사적 전통 · 인구정책 · 경제정책 · 國防政策(특히 병역) 등을 고려하여 독자적으로 국적법을 제정하므로 국제사회에 통일적인 규칙을 보기는 어렵다.

위와 같이 개인이 어느 국가의 국적을 갖느냐의 여부의 문제는 그 국가의 법령에 따라서 결정된다. 그러나 개인의 국적이 국내법상 유효한 것이라 할지라도 그 국적이 국제법상 실효적으로 기능하기 위해서는 국적에 관한 국내법이 國際條約 · 國際慣習 및 국적에 관하여 일반적으로 인정된 법의 일반원칙에 일치된 것으로서 타국에 의하여 승인된 것이어야 한다. 자국에 거주하는 외국인에게 자국의 국적법을 일방적으로 적용하여 그 외국인을 자국의 국민으로 하는 것은 허용되지 않는다(튀니지 · 모로코국적법사건, PCIJ의견 4 1923. 2. 7 참조). 1955년의 노테봄(Nottebohm)사건에 있어서의 ICJ판결은 국적법이 국제적 무대에서도 타당하기 위해서는 그것이 특정의 개인을 법적으로 국가에 결부시키고 있는 것만으로는 충분하지 않고 국가와 개인과의 사실상의 眞正

한 結合關係에 입각한 實效的인 國籍이 아니면 안된다고 판시하고 있다(眞正結合理論 genuine link theory).

그런데 20세기 후반에 있어서 경제·문화·사회의 각 분야에 걸친 국제교류의 증대와 국제인권보장의 전개에 의하여 국적을 기준으로 하는 국민 대 외국인이라고 하는 이원주의적 구조는 점차 그 현실적 적응능력을 상실하고, 그 대신 문제영역에 따라 개별적·구체적 권리의무관계의 확정이 한층 중요성을 더하게 되었다.

제2차대전 후 南北問題와 더불어 노동력 또는 난민의 형태로 開發途上國으로부터 선진국에로 막대한 인구이동이 일어났다. 또한 전쟁 전에도 제국주의국가들의 식민정책에 의하여 식민지인구의 상당부분이 노동력으로서 자발적 내지 강제적으로 연행되었다(재일동포가 그 예). 이렇게 유입된 인구의 대부분은 단순한 일시적 체류자가 아니고 그 사회의 항구적 구성원으로서 생활하고 있다. 이리하여 오늘날의 선진국은 국민과 定住外國人과의 混成社會를 운영해 가지 않으면 안되게 되었다. 더욱이 전쟁 후 세계적 조류인 국제인권보장의 전개에 따라 외국인을 단순히 외국인이라는 이유만으로 차별하기는 어렵게 되었다. 기본적 인권이라고 하는 개념은 사람이 사람이기 때문에 당연히 누려야 하는 권리라는 의미에서 원래 인종·성·국적 등에 의한 차별이 불가능한 것이다. 人種差別撤廢, 性差別撤廢 등의 국제비차별법의 전개과정에서 국적에 의한 차별의 철폐 또는 완화도 서서히 실현되는 방향에 있다. 이것은 전통적 국제법의 外人法에 있어서의 국민의 권리 대 외국인의 권리라는 이원주의적 구조의 붕괴를 뜻하는 것이다(大沼保昭, 國籍とその機能的 把握 176-177).

3. 노테봄判決에 있어서의 機能主義

1881년 독일에서 출생한 Nottebohm은 1905년 Guatemala에 이주하여 각종의 사업을 경영하고 있었다. 1941년 Guatemala가 독일과 교전관계에 들어가기 전 1939년에 Nottebohm은 Lichtenstein에 歸化를 신청, 동국 국적법에 의하여 귀화가 인정되었다.

Nottebohm의 歸化에 의한 Lichtenstein국적의 효과가 문제된 이 사건에 있어서 ICJ는 ① 裁判所가 판결해야 할 점은 Nottebohm의 Lichtenstein국적의 모든 국가에 대한 모든 효과가 아니고, Lichtenstein이 Guatemala에 대하여 外交的 保護權을 행사할 수 있느냐의 문제에 한정된다. ② Guatemala가 Nottebohm의 Lichtenstein여권에 査證(visa)을 부여하고 外國人登錄法上 그를 Lichtenstein국적으로 등록한 것은 Guatemala가 Lichtenstein의 외교적 보호권을 승인한 것과는 별문제이다라고 하는 견해를 명백히하였다.

이리하여 ICJ는 Nottebohm의 Lichtenstein국적이 Lichtenstein의 Guatemala에 대한 외교적 보호권을 뒷받침할 수 있는 것이냐 아니냐라는 기능에 한정하여 문제를 고찰하여, 그 국적은 Nottebohm과 Lichtenstein과의 眞正結合이 인정되지 않는 것이라고 하여 그것을 부정하였다.

이 판결이 Guatemala가 査證, 外國人登錄상으로는 Nottebohm을 Lichtenstein국민이라고 인정하면서 Lichtenstein의 외교적 보호권에 한해 이것을 인정하지 않았다는 점에서 국적의 일체성을 파괴하였다는 비판을 받았다. 그러나 '國籍의 一體性'이라는 개념은 어느 특정시대, 특정의 학자에 의하여 국적이 관계되는 다양한 법관계를 일률적으로 해결하려는 비현실적인 도그마에 지나지 않는다. 이리하여 '國籍의 一體性'을 근거로 하는 Nottebohm판결에 대한 비판은 일반적 지지를 얻지 못하고 동판결은 현재 정착되었다고 볼 수 있다(大沼 176).

제 2 절 國籍의 取得과 喪失

1. 自然人의 國籍

국가가 그 국적을 어떠한 개인에게 부여하는가의 문제는 원칙적으로 국제법상의 문제가 아니라 각 국가의 국내법에 의하여 결정되는 문제이다. 즉 국내문제인 것이다(튀니지·모로코국적법사건, PCIJ 권고적 의견). 따라서 이 국내법은 국가에 따라 다를 수가 있으나 다음 두 가지 유형으로 크게 구분할 수 있다. 그 하나는 血統主義(*jus sanguinis*)라고 하는 것이다. 한국, 일본, 독일 등이 채용하고 있는 법제이다. 이것은 자식의 출생에 있어서 그 아버지의 국적을 자식에게도 부여하는 주의다. 둘째는 出生地主義(*jus soli*)라고 하는 것인데 미국, 영국 등이 채용하고 있는 법제이다. 이것은 어버이의 국적과 상관없이 자식의 출생지국의 국적을 부여하는 주의다. 위와 같이 혈통주의와 출생지주의가 있어 이 때문에 동일인이 2국 이상의 국적을 갖거나(二重國籍), 또는 전적으로 국적을 갖지 않거나(無國籍) 하는 경우가 발생한다. 그리고 이 어느 주의를 채용하는 국가에 있어서도 어느 하나의 주의에 철저하지 않고 대부분의 국가가 어느 하나의 주의를 원칙으로 하면서 다른 주의를 보조로 하는 併用主義를 채용하고 있는 것이 현실이다.

출생지주의의 적용에 있어서는 그 적용제외로서 외교특권을 享受하는 자의 자식은 接受國에서의 출생에 의하여 당연히 그 국적을 취득하지는 않는다(專任領事 기타의 派遣國의 公務員의 子는 출생국의 국적의 이탈을 허용한다. 1930년 '국적법저촉에 관한 어떤 종류의 문제에 관한 조약' 제12조, 1961년 '비엔나 외교관계조약·국적취득선택의정서' 제2조. 단, 1963년 '비엔나 영사관계조약·국적선택의정서'는 외교사절과 동일취급). 또한 영해내를 항해중의 외국선박·항공기내에서 출생한 자에 대하여 연안국의 국적을 당연히 부여할 수 있는 것은 아니다. 출생지주의라 할지라도 우연한 국적의 취득, 현실성 없는 국적의 부여에는 본인에게 포기의 권리를 인정하는 것을 조건으로 한다.

外國人 또는 無國籍者가 國家承繼 또는 身分關係의 變動(혼인, 입양 등)에 따라 자동적으로 타국의 국적을 취득하는 경우(본인의 의사에 의하지 않는 귀화)가 있다. 혼인에 의한 경우 과거에는 妻가 자동적으로 夫의 국적을 취득하는 것이 원칙이었고, 또는 夫婦同一國籍을 규정하는 국가가 많았으나 최근에는 兩性平等(처의 독립성)의 원칙이 우월해지는 경향이 있다. 그리하여 내국민과 외국인과의 혼인관계의 성립·해소 또는 夫의 국적의 변경이 자동적으로 妻의 국적에 변경을 가져오지는 않는다. 즉, 夫婦國籍獨立主義를 채용함에 이르고 있다(1957년 UN총회에서 채택된 '처의 국적에 관한 조약' 제1조·제3조, '부인차별철폐조약' 제9조 1항).

국가는 自國의 국적을 가진 사람에게 외국에 있는 경우에도 자국의 법령을 준수하도록 요구할 수가 있다. 그러나 국가는 외국에 거주하고 있는 자국민에 대하여 직접 그 國權을 행사할 수는 없다.

國籍取得의 國際的 效力 원래 국적취득의 기준과 조건은 각국의 專屬的 기능이지만, 국제적 대항력을 갖기 위해서는 관계국제법규와 일치된 내용의 것이라야 한다(1930년 '국적법 저촉에 관한 헤이그조약' 제 1 조). 특히 외교적 보호권의 행사가 타국에 대항하기 위해서는 國籍國과 본인과의 사이에 단순한 형식상·명목상의 것 이상의 '眞正한 聯關'이 존재하는 것을 요건으로 한다(Nottebohm 사건). 그 후 이와 같은 실효성의 기준은 이중국적자에 대한 외교적 보호에 있어서는 타당하지만 단일의 국적만을 보유하며 외국에 가족·주소 및 영업관계의 본거지를 두고 있는 자에게는 적용되지 않는다는 판례도 있다(1947년 對伊平和條約에 입각한 연합국민의 財產權補償請求에 관하여 '진정한 연관'의 결여를 원용하는 이탈리아의 주장을 배척한 바 있다).

2. 國籍의 抵觸

(1) 二重國籍

국적의 부여가 각국의 자유인 결과 1인이 2 이상의 국적(二重國籍)을 취득하는 경우가 많다(적극적 저촉). 첫째 출생에 의한 국적의 취득에 있어서 血統主義(*jus sanguinis*)를 취하는 국가와 출생지주의(*jus soli*)를 취하는 국가가 있는 경우, 전자의 국민의 자녀로서(예, 한국인의 자녀) 후자의 영역에서 출생한 자(예, 미국에서 출생한 자, 미국의 영해 12해리 내에서 출생한 자도 포함)는 출생과 동시에 양국(미국, 한국)의 국적을 취득한다. 둘째, 결혼에 의하여 妻가 夫의 국적을 취득하는 국가(예, 영국)와 여자가 결혼에 의하여 국적을 상실하지 않는 국가(예, 미국)가 있는 경우에, 후자의 여자가 전자의 남자와 결혼할 때는 그 여자는 자기의 국적을 보유하는 동시에 夫의 국가의 국적도 취득하게 되어 二重國籍者가 된다(기타 認知 또는 歸化의 경우에도 이러한 현상이 발생한다). 이러한 이중국적자는 이른바 混合臣民(*sujets mixtes*)으로서 여러 가지 곤란과 불편을 받게 된다. 그 개인은 어느 국가에 충성을 맹세할 것인가(특히, 병역의무), 또 어느 국가의 외교적 보호를 받을 것인가의 문제에 관하여 때때로 국가간의 분쟁을 일으킨다.

국제관습법상 이러한 이중국적에는 다음 같은 원칙이 인정된다. 먼저 국적소속의 양국간에는 어느 일방도 타방에 대하여 외교적 보호를 주장할 수 없다. 또한 어느 제 3 국은 국적소속의 쌍방국가의 외교적 보호를 다같이 인정할 필요가 없고 어느 일방만을 인정하면 족하다고 하는 것이다(1930년의 '국적법 저촉에 관한 어떤 종류의 문제에 관한 조약' 및 '重國籍의 어떤 종류의 경우에 있어서의 병역의무에 관한 의정성' 참조).

제 3 국은 二重國籍者를 하나의 국적만을 갖는 자로서 대우하는데, 복수의 국적국 중에 본인이 상주적이며 중요한 居所를 갖거나 또는 사실상 가장 깊은 관계에 있는 1국의 외교적 보호만을 인정한다(1930년 '국적법저촉에 관한 헤이그조약' 제 5 조, 이것을 '실효적 · 능동적 국적'이라고 한다).

(2) 無 國 籍

無國籍(statelessness)의 발생 사유는 여러 가지 있으나 보통 이중국적의 경우와는 반대로 出生地主義의 국가(예, 아르헨티나)의 국민이 血統主義의 국가(예, 한국, 일본, 독일)에서 출산한 경우 그 자녀는 무국적자가 된다(消極的抵觸). 출생 후에도 국적박탈의 결과 무국적자가 되는 경우가 있다(제 1 차대전 후 소련, 독일, 이탈리아, 터키 등이 일정한 이유로 자국민의 국적을 박탈한 사례가 있다). 뿐만 아니라 영토변경에 있어서 割讓地住民의 국적에 관하여 관계국간에 완전한 협정이 체결되지 않은 경우, 그 주민은 보통 무국적자로 남게 된다(베르사이유 조약은 신독립국의 재외국민에게 국적선택권을 부여하였다. 이 점에 있어서 한일협정은 다르다). 현재에는 그 본국과의 현실적 연관을 단절하여 屬人的 管轄을 받을 수 없는 '事實上의 無國籍者'도 많다. 일반적으로 무국적자는 거주국에서 보통의 외국인과 같이 취급되지만 그 국가로부터 불법적인 대우를 받은 경우 외교적 보호를 요청할 본국을 갖지 않는다.

제 1 차 國際法典編纂會議에서는 '無國籍에 관한 特別議定書' 및 '無國籍의 1경우에 관한 議定書'를 채택하여 무국적이 발생하는 경우를 적게 하고 그 대우를 적정화하기 위하여 약간의 원칙을 인정하였다. 제 2 차대전의 전후 정치적 또는 인종적 이유로 소련, 나치, 파시스트 등의 정권이 대량으로 국적박탈을 행하여 다수의 무국적자가 발생한 결과 무국적자의 법적 지위를 향상하고 국적법의 충돌로 인한 자동적 무국적의 발생을 제거하기 위하여 국제적 노력이 진행되었다(예를 들면 1951년 Hudson 교수를 보고자로 하는 UN 국제법위원회에서는, '장래 無國籍의 除去에 관한 協定案' 및 '장래 無國籍의 減少化에 관한 議定書'의 2개 條約案이 채택되었다). 모든 사람은 국적을 가질 권리가 있는 것이다(세계인권선언 제15조). 그러나 아직 실정국제법상의 것은 아니다.

한국의 국적법은 원칙적으로 父系血統主義를 채용하고 있다. 그러나 최근 남녀평등사상이 국제적 조류로서 유력하게 되어감에 따라 부계혈통주의를 父母兩系血統主義로 변경하는 국가가 늘고 있다. 일본의 경우 여성차별철폐조약에 가입하여(1985년), 동조약 제 9 조 2항의 "체약국은 子의 국적에 관하여, 여자에 대하여 남자와 평등한 대우를 부여한다"라는 규정에 저촉되지 않도록 국적법을 개정하여 부모양계혈통주의를 채용하였다. 이에 따라 재일동포 중 母를 일본인으로 하여 출생한 자식은 스스로 일본국적을 취득하게 되었다. 최근 일본인여자와 결혼하는 한국인남자의 수가 격증하는 추세에 비춰 韓國籍의 재일동포의 수는 줄어들고 있는 형편이다. 입법상으로는 자식에게 국적선택권을 부여하는 것이 바람직하다.

자식이 일본에서 출생한 경우, 부모가 다같이 누군지 모를 때, 또는 국적을 갖지 않을 때, 일본국민이 된다. 이것은 예외적으로 出生地主義를 채용한 경우이다.

국적은 위와 같이 보통 출생에 의하여 부여되는 것이나, 후천적으로 부여되는 경우도 있다. 국내법상의 원인에 의하는 경우로서 歸化나 復籍이 있고, 국제법상의 원인에 의하는 것으로서 領土의 割讓, 國家의 併合 또는 獨立 등이 있는데 이에 따라 국적이 변경되는 경우가 있다. 영토할양 등의 경우에는 할양지주민에게 신구 어느 국가의 국적을 선택케 하는 경우가 많다.

제 1 차대전 후의 국제법의 방향에 있어서는 領土變更의 경우 그 영향을 받는 사람들에게 國籍選擇權을 부여하는 것이 통례가 되었다. 제 2 차대전 후에 식민지독립의 과정에서 주민의 국적의 변경이 문제가 되었을 때 개인의 의사를 존중하는 것이 원칙으로 되어 왔다. 서독이 오스트리아인에게 국적선택권을 부여한 것은 그 좋은 예이다. 이에 비하여 일본은 종전후 재일동포의 의사를 확인하지도 않고 一片의 行政示達(1952. 4. 19 法務省 '民事局長通達' 438호)만으로 일본국적을 상실케 하고 이에 따른 여러 권리를 박탈하였다. 다만 현행 일반국제법상 국적선택권이 일반원칙화되었는지는 의문이다.

재일동포의 국적문제에 관한 日本最高裁判所의 판결은 다음과 같다(1961년 4월 5일 大法廷 判決). "日本國과의 평화조약은 제 2 조 (a)항에서 조선의 독립을 승인하고 조선에 속한 영토에 대한 주권을 포기할 것을 규정하고 있다. 이 규정은 조선에 속하는 영토에 대한 주권(영토주권)을 포기함과 동시에 조선에 속하는 사람에 대한 주권(대인주권)도 포기한다는 것은 의심의 여지가 없다." 이 판결을 지지하는 기본 사상은 할양지의 주민은 일괄적으로 그 토지와 함께 신영유국으로 이전한다는 생각(영토주 권설) 내지 평화조약의 취지는 한국을 병합 이전의 상태로 회복하는 것이라는 생각(원상회 복설)에 근거하고 있다.

그러나 위의 두 가지 생각은 인간을 영토의 부속물로 생각하는 오류를 범하고 있다. 토지는 합병 전의 상태로 회복할 수 있을지 모르나 인간에 있어서는 原狀回復이란 불가능한 것이다. 평화조약도 원상회복을 규정하고 있지는 않다. 재일동포는 오랫동안 일본에 정주하여 일본화 내지는 일본인화가 정착된 사람들이며, 한편 조국의 분단에 아무 책임도 없고 각 남북공화국의 건국에 자기의 의사를 반영할 수도 없었다. 이것을 안이하게 '원상회복'한다고 하는 것은 너무나 일방적·독단적인 식민주의적 사고방식이다(宮崎 147).

3. 法人의 國籍

法人의 국적도 자연인의 그것과 같이 각국의 專屬的 權能에 속하며 다만 조약규정에 의하여 그 自由裁量性이 제한을 받는다. 국가는 通商航海條約에서 법인의 國籍賦與에 관한 각국의 전속적 권능을 서로 승인하는 경우가 있다.

私法上의 法人, 특히 株式會社의 국적결정의 기준으로서 회사의 設立準據法(설립 지), 주된 사무소의 所在地, 業務中心地, 經營支配權(多數株主나 또는 회사의 실효적 지배를 확보한 자의 국적) 등이 있다. 각국은 이러한 기준의 어느 것이나 자유로이 선택하여 법인의 국적을 결정한다(국내 문제). 그러므로 자연인의 경우와 마찬가지로 법인의 경우에도 이중국적의 문제가 발생한다.

> 캐나다법에 준거하여 토론토에서 설립된 바르셀로나 전력회사(Barcelona Traction) 사건에서 ICJ는 동회사의 캐나다 국적을 인정하였다.

그런데 多國籍企業은 2개국 이상의 複數國의 영역에서 영업을 하는 복잡한 법형태를 취하는 까닭에 다국적기업에 대하여 침해가 있는 경우 누가 외교적 보호권을 행사하느냐, 이것을 실효적으로 관리·규제하는 것은 어느 국가인가 등의 문제에 있어서 특정국과의 연결, 귀속을 확정하기가 곤란하다는 문제가 있다.

지금까지의 국가실행과 학설에 의하면 외교적 보호권을 행사하기 위해서는 設立準據法과 같은 외형적인 기준뿐만 아니라 법인과 국적국과의 사이에 어느 정도의 실질적·실효적 연관의 존재가 필요하다고 하는 점에는 거의 일치를 보고 있다. 그러나 무엇이 그러한 실질적·실효적 연관인가 하는 점에는 견해의 대립이 있다.

예를 들면 自國民이 株主로서 회사에 보유하는 실질적 이익과 같은, 회사를 구성하는 실체의 주관적 의사를 기준으로 해야 한다는 설도 있다. 그러나 회사나 법인은 사원이나 주주의 단순한 집합체가 아니고 독립적·객관적 존재로서의 법인격을 갖는 것이며, 사원의 구성과 합의도 변동될 수 있는 것이므로 과연 주관적 기준이 설립준거법과 같은 객관적 기준에 우월할 수 있는가라는 반론도 있다. 그러나 국제판례의 다수는 위와 같은 실질적 이익뿐만 아니라 회사의 주요한 사무소의 所在地, 業務中心地, 住所地 등 회사의 사회적·객관적 요소를 병용하여 외교적 보호권행사의 근거로서의 실질적 연관을 구성하고 있다(Brownlie, 485-488).

그러나 ICJ는 '바르셀로나전력회사사건'에서 자연인의 경우의 '진정한 연관'이라는 기준의 무조건적 유추적용을 배척하면서 법인에 관한 외교적 보호권의 행사에 관해서는 전통적인 국가실행에 따라 설립준거법과 등기상의 주된 사무소를 기준으로 해야 한다고 판시하였다(이 사건에서는 캐나다를 본국으로 인정하였다. 단, Fitzmaurice, 田中, Jessup 등의 판사는 '眞正聯關'의 적용을 주장).

株主의 地位 '바르셀로나전력회사사건'에 있어서 제 3 국인 스페인의 조치(회사의 파산선고, 회사자산의 압류, 주식점유, 내국법인으로의 조직변경)에 의하여 회사에 발생한 손해에 대하여 배상청구를 제기할 수 있는 자는 회사의 본국이며, 주주가 입은 손해의 구제도 회사 본국의 외교적 보호권에 의존한다.

예외적으로 주주의 본국에 외교적 보호행사의 當事者適格이 인정되는 경우가 있다. 주주 자체의 직접적인 권리(이익청구권 등)가 침해된 경우, 특별한 법규에 의하여 회사를 경유하지 않고(lifting the corporate veil) 주주의 구제를 독립적으로 규정한 경우(파산관리, 외국자산의 국유화 등) 또는 일반적으로 회사가 법률상의 존재를 상실한 경우(해산·청산)에 한정된다(Barcelona Traction Case, ICJ Reports 1970. 34-38, 40-41, 48-50).

주주가 입은 손해는 회사재산과의 관계에서는 간접적이지만 그 본국의 국민재산에 대한 직접의 침해에 해당된다고 하여 주주의 본국의 외교적 보호권을 원칙적으로 인정해야 한다는 의견도 있다(동사건 田中, Jessup, Gro 각 재판관의 소수의견 Ibid., 130-135, 168-201, 268-279).

4. 在外自國民의 '外交的 保護'

국가는 外國에 在留하는 自國民이 그 외국으로부터 부당 또는 불법의 대우를 받은 경우 자국민에게 적당한 구제가 주어질 수 있도록 外交節次를 통하여 상대국에 요구할 수 있는 국제법상의 권리가 있다. 이것을 在外國民에 대한 국가의 외교적 보호라고 한다. 국가는 이와 같이 私人(자연인, 법인)의 사건을 국가적 사건으로 취급하여 상대국의 國家責任을 추구한다(마브로마티스 팔레스타인 특허사건, 세르비아 공채사건, PCIJ판결).

국가가 이러한 外交的 保護의 권리를 행사하기 위해서는 두 가지 조건이 필요하다. 첫째는 피해자 개인이 在留國에서 이용할 수 있는 모든 국내적 구제의 수단을 다하여야 하는 것이다. 즉, 國內的 救濟의 完了(exhaustion of local remedies)를 기다려 그 피해자의 본국이 외교적 보호권을 발동할 수 있다(1959. 11. 21 Interhandel사건〔선결적 항변〕 ICJ판결, ICJ Reports 1959, 27. '구주인권보호조약' 제26조). 이 원칙은 국제분쟁해결의 단순한 보조적 절차가 아니라 특별한 규정이 없는 한 국제관습법상 불가결한 요건이다. 그러나 이 원칙의 적용은 무제한이 아니고 국내적 구제가 실효성이 없는 경우에는 적용되지 않는다. 예를 들면 상급심에서는 사실심리를 하지 않는 경우(1934년 핀란드선사건, 핀란드·영중재판결), 원판결의 破棄를 기대할 수 없는 경우 또는 현재 재판관의 편견이 있어 '재판의 거절'이 예견되는 경우 등이다. 뿐만 아니라 국가 자체의 법익이 직접 침해된 경우에도 주권평등의 원칙에 입각하여 애당초 국내적 구제의 원칙은 적용되지 않는다.

둘째, 피해자 개인이 자국의 국적을 갖는 것이 필요하며, 동시에 그 국적은 침해를 받았을 때부터 외교적 보호가 부여될 때까지 계속적으로 보유되어야 한다. 이 요건을 '國籍繼續의 原則'이라고 한다(청구의 제출시부터 판결시까지 계속). 식민지주민은 施政國의 국민에 준하여 취급된다. 자연인뿐만 아니라 법인, 선박, 항공기도 같은 조건으로 각국의 외교적 보호권이 행사된다(이중국적자의 경우 국적소속의 국가상호간에 외교적 보호를 할 수 없고, 제 3 국으로서는 주소를 기준으로 보다 밀접한 관계에 있는 국가의 국적을 택하여 그 국가의 외교적 보호만을 인정한다. 무국적자에게는 외교적 보호가 부여되지 않는다).

그러나 제 1 차대전 이후 국제판례는 국적계속의 원칙의 요건을 완화하여 確定判決時까지를 요구하지 않고 외교적 보호권의 행사시까지로 하여 예를 들면 國家繼承의 경우의 국적의 強制的 變更과 같은 사정을 무시하고 있다.

국가의 外交的 保護權은 실정법상 국가 자신의 권리이고 개인의 권리를 대리하는 것은 아니다(이 점에 있어서 개인이 외교적 보호를 포기하는 Calvo조항은 문제가 된다). 따라서 국가는 피해국민의 요청이 있을지라도 이것을 발동해야 하는 의무가 없으며, 반대로 피해자의 요청이 없을지라도 이 권리의 행사가 있을 수 있다. 한국 정부는 1965년의 한일협정에서 한국 국민의 대일청구권을 포기하였으며, 일본도 연합국과의 평화조약에서 그 국민의 연합국에 대한 모든 청구권을 포기하였다(또한 1945년 4 월의 阿波丸사건에서도 청구권을 포기하였다).

국가가 자기 의사에 의하여 외교적 보호권을 포기한 경우에는 피해국민에 대한 보상이 자국의 국내법상 별개의 문제가 되는 일이 많다(對日平和條約 제19조 a). 또 조약으로써 보상을 의무화하는 경우도 있다(이탈리아평화조약 제78조).

피청구국은 외국인피해자에 대해서가 아니라 외국인의 본국에 대하여 보상할 의무를 지는 것이다. 이것은 傳統國際法上의 Vattel의 擬制, 즉 국가는 그 국민이 입은 손해에 의하여 손해를 입는다는 논리에 입각하여 타국에 대한 책임추구의 법적 근거로 하는 것이다. 그러나 최근 외교적 보호에 관한 국가의 자유재량권은 인권사상의 발달과 더불어 개인의 권리 보호의 방향으로 점차 제한되고 있는 경향에 있다.

제 3 절 外國人의 法的 地位

1. 一般的 地位

외국인은 외국의 국적을 가지며 동시에 自國의 國籍을 갖지 않는 자이다(자국과 타국의 이중국적자는 자국민이며, 무국적자는 오늘날 외국인과 같은 대우를 받는다).

로마의 hostis라는 말이 外國人과 敵國人의 두 가지 뜻을 포함하고 있는 것과 같이 고대 및 중세에 있어서 외국인은 적국인으로 취급되어 보호를 받지 못하였다. 그 후 17·18세기에 이르러 국제교통이 발달함에 따라 외국인의 지위도 인정을 받게 되어 일정한 보호가 부여되었으나 사법상의 보호에 한정되고 公法上의 보호는 부여되지 않았다. 私法上의 보호도 제한적이었다. 그러나 기본적 인권의 존중 및 사유재산제도의 확립과 더불어 오늘날에는 내국인 · 외국인이 원칙적으로 평등한 지위를 갖게 되었다(미국에서는 제14헌법개정의 채택 이래 외국인이 각 주에서 평등한 법적 보호를 받을 권리가 보장되었다. 19세기 및 20세기의 각국 헌법은 이와 같이 외국인의 권리를 도입하고 있다). 특히 2국간의 통상항해조약 중에 규정되는 最惠國民待遇條項(most-favored-nation clause), 즉 일국에 있어서의 조약상대국 국민의 대우를 그 국가의 조약상대국 국민 중 그 국가에서 가장 우대를 받는 자의 그것과 동일하게 한다는 조약규정은 1국에 있어서의 외국인의 지위를 평준화하고, 또한 內國民待遇條項은 내외국민의 권리를 접근화하는 데 이바지하고 있다(한미우호통상항해조약 제22조 참조). 또 최근의 일반조약에서는 노동이나 인권 분야에서 일국 내의 모든 개인에게 내외인의 구별 없이 국제적 보호가 규정되고 있다.

외국인은 원칙적으로 在留國이 권능하에 선다(단, 영사재판권이 설정된 경우, 또는 치외법권을 가진 자는 예외로 한다). 그러나 동시에 외국인은 국적을 통하여 본국과의 유대관계를 여전히 계속한다. 특히 본국은 재외국민에 대한 보호권을 가지므로 외국인은 재류국과 본국의 이중지배하에 서게 된다. 이러한 외국인의 특수지위로 인하여 재류국은 외국인의 신분상 또는 공법상의 권리 · 의무에 관하여 어느 정도의 차별을 두고 있으며 현행국제법도 이것을 인정하고 있다.

2. 外國人의 特權

外國人이 향유할 수 있는 권리에 관하여 국제법상 일반적으로 확립된 규칙은 없다. 그러나 외국인의 권리는 대부분 在留國의 국내법상의 권리인 까닭에 내국인의 권리에 비하여 여러 가지로 차별을 두는 것은 불가피한 일이다. 보통 재류국은 조약상 또는 국내법상으로 외국인에 대하여 공법상의 권리를 인정하지 않는다. 외국인을 관리로 임용하지 않으며 선거권이나 피선거권을 부여하지 않는 것이 보통이다. 私法의 권리에 있어서도 국가의 안전, 공공의 질서, 국가의 중대이익 등에 관련되는 재산권 및 직업을 외국인이 향유할 수 없음은 물론이다. 예를 들면 선박·항공기의 소유권, 광업권, 이러한 각 회사의 株主權, 선장, 公證人과 같은 직업이다.

그러나 외국인에 대한 차별의 권한은 무제한이 아니다. 2국간의 통상항해조약이나 국제협력에 관한 일반조약으로써 거주·영업 기타의 경제적·사회적 권리를 상호적으로 인정한 경우, 또 내국민대우나 최혜국민대우를 규정한 경우에는 조약상의 외국인의 권리를 성실히 보장해야 한다. 뿐만 아니라 일반국제법상 在留國은 외국인에 대하여도 訴權을 인정해야 하며 특히 외국인에게 인정한 권리에 대하여는 국민의 경우와 같은 행정상·사법상의 보호를 부여하지 않으면 안된다. 또한 신체·명예·재산에 관한 일정권리에 대하여도 최소한의 보호를 보장할 의무가 있다(여기에 객관적 표준설과 주관적 표준설이 있음은 주목하여야 한다).

이와 같이 외국인에 대한 국가권한의 제한은 국내법(예, 미국의 제14헌법개정), 조약, 국제관습법의 발동의 결과이나, 특히 외국인의 배후에 있는 본국의 외교적 보호권이 국가의 자의적 행동을 통제하는 데서 유력한 작용을 한다. 在留國에 대한 외국인의 권리에 최소한의 한계가 있다는 것과 같이 외국인에 대한 在留國의 권리에도 최대한의 한계가 있는 것이다.

3. 外國人의 義務

외국인은 원칙적으로 在留國의 法權下에 서며 국민과 거의 같은 의무를 부담한다. 재판, 경찰, 납세에 관하여 거의 완전히 그러하다. 그러나 국가와의 특수한 紐帶(예, 국적)를 전제로 한 신분상·공법상의 의무(병역, 교육)는 별도이다. 예를 들면 외국인은 재류국의 병역에 복무할 의무가 없다. 단, 미국에서는 전시 미국내의 중립국인이 選拔徵兵法(Selective Sevice Act)에 불응한 경우에는 그 후 미국의 시민권을 얻을 자격을 상실하게 된다. 뿐만 아니라 본국과 외국의 조약에 의하여 외국인의 강제징병도 가능한 일이다. 그러나 외국인은 위와 같은 특수한 경우를 제외하고는 병역의무뿐만 아니라 타국에 대한 일시적 적대행위에 참가할 의무도 없다. 다만 수해, 화재, 유행병, 폭동에 있어서 非常警察的인 의무, 전시의 방공활동의 의무 등은 국민과 같이 부과된다. 또한 외국인등록과 같이 국민에게 없는 특별의 의무가 부과되는 일도 있다(대한민국 외국인의 입국과 출국과 등록에 관한 법률, 제1조·제10조 및 동시행령 참조).

4. 外國人의 保護

외국인은 일반국제법상 신체·재산에 대하여 在留國의 보호를 받을 권리가 있고, 반대로 在留國은 그것을 보호할 의무가 있다. 보호의 방법으로는 행정상의 조치와 사법상의 조치가 있다. 전자는 경찰 등의 기관을 통하여 침해를 사전에 방지하는 것이며, 후자는 침해가 있은 후 피해자에게 적정한 구제를 부여하는 것이다.

문제가 되는 것은 보호의 정도이다. 여기에는 외국인에 대하여 내국인에 대한 것과 동등한 보호를 부여하면 족하다는 이른바 國內的 標準主義와 문명국이 그 국내에서 부여하고 있는 것과 동등한 보호를 부여해야 한다는 이른바 國際標準主義의 또는 文明國標準主義가 전통적으로 대립하고 있다. 경찰이나 재판제도가 충분히 정비되지 않은 발전도상의 국가에는 문명국표준주의에 반대하는 국가가 많다. 국제표준주의는 외국인을 내국인보다 후하게 보호하는 결과가 되어 공평하지 못하기 때문이다(선진국가에서는 2주의가 일치하므로 문제가 없다). 따라서 국제표준주의가 국제법의 규칙으로서 확립되었다고 볼 수는 없다. 그러나 현행법하에서도 국가가 최소한 자국민에 대한 것과 동등한 보호를 외국인에게 부여하지 않으면 안된다.

그리고 1970년대 이후에는 國際人權規約에서 보는 바와 같이 내외국민을 묻지 않고 시민적 자유의 보장에 관한 실정국제법규가 정비되어 외국인의 대우에 관한 최소한의 국제표준주의가 도입되었으므로 재류국의 재량권을 제한하는 기반이 마련되었다고 할 수 있다.

오늘날 각국은 재류외국인 상호간의 평등대우를 확보하기 위하여 서로 최혜국대우조항을 규정함으로써(한미통상항해조약) 재류국이 현재 및 장래에 있어서 제 3 국에 부여하는 가장 좋은 대우를 체약국 상호간에도 서로 보장하고 있다.

5. 外國人의 出入國

(1) 入 國

국가는 조약상의 의무를 지지 않는 한 외국인의 入國을 당연히 인정해야 할 일반국제법상의 의무가 없다. 평등대우에 관한 국제관습법규의 범위내에서 원칙적으로 이유를 제시하지 않고 외국인의 入國과 在留를 거부하거나, 그 조건을 자유로이 규정할 수 있다. 보통은 2국간의 通商航海條約에 의하여 상호적으로 入國(및 거주, 영업, 여행 등)을 인정하는 경우가 많다(한미우호통상항해조약 제 2 조). 특정 역내제국간에는 가맹국의 국민에게 고용을 위한 이동의 자유를 인정하는 조약도 있다(EC제국간에, 1955년 '구주재류조약'). 다만 조약이 없는 경우에도 외국인의 입국을 허용하는 것이 관행으로 되어 있다(허용하지 않는 경우에는 비우호적인 행위가 된다). 그러나 입국의 허가 또는 거절 및 입국의 조건 등에 관한 규율은 국가가 자유로 할 수 있는 국내문제이다. 따라서 경제적·정치적 이유로 백치, 빈곤자, 병자, 범죄인 등의 입국을 금지할 수 있음은 물론(대한민국 외국인의 입국과 출국과 등록에 관한 법률 제 6 조 참조), 입국에 관한 정치적·인종적 차별을 두는 것도 실정법상 위법이라고 말하기 곤란하다(단, 이 경우에 정치적 비난, 보복, 권리남용의 법리가 적용될 수 있다).

世界人權宣言(1948년 12월 10일 UN총회에서 채택)의 제14조 1항은 개인의 庇護權(right of asylum)과 交通權(right of communication)의 양자를 반영한 규정을 두고 있으나 비호권은 외국인의 권리가 아니고 국가의 권리이며 아직 국가의 의무로 인정되지는 않고 있다. 교통권에 관해서도 국가의 실행은 외국인의 입국을 제한할 수 있다는 전통적 학설(예, Vattel의 학설)에 더욱 충실하고 있는 것이다.

(2) 出 國

외국인의 출국은 自由이며(세계인권선언 제13조 2항) 국가는 원칙적으로 이 자유를 구속할 수 없다. 그러나 외국인이 在留中의 의무(예, 납세, 채무의 변제)를 이행하지 않는 경우 또는 기타 외국인에 대한 歸責事由가 있는 경우에는(형의 집행, 심문, 구금 등) 출국을 허가하지 않을 수도 있다. 또 戰時에는 필요한 경우 出國을 금하고 抑留할 수 있으며(국제인권 B규약 제12조 2항, 3항), 출국을 허가하는 경우에도 퇴거의 경로를 지정할 수 있다.

적법하게 입국 또는 재류를 인정받은 외국인은 국가의 안전보장상의 급박한 이유가 있는 경우를 제외하고는 在留國의 법률이 정하는 절차에 의해서만 강제출국의 처분을 받으며, 또 본인은 명백한 이유의 제시를 요구할 수 있고 처분에 관한 재판상 기타의 구제를 부여하는 등, 절차상의 보장이 있어야 한다(국제인권규약 B규약 제13조). 강제출국의 처분을 실시함에 있어서 在留國이 인권·기본적 자유·보건상의 의무를 위반한 경우 국제법위반이 되며 국내문제를 이유로 UN 기타의 국제기관의 개입을 거부할 수는 없다(UN헌장 제2조 7항).

追放(deportation)이란 強制退去(expulsion)와 동의어로 사용되나 入國拒否(exclusion)를 포함하는 넓은 의미로 사용되기도 한다. 강제퇴거와 입국거부는 다같이 외국인을 강제로 퇴거시키는 국가의 일방적 행위로서 외국인의 출입국에 대하여 갖는 고유의 규제권행사이다. 강제퇴거는 일단 합법적으로 입국이 허용된 경우이므로 외국인은 영토국에서 국내적 구제절차에 호소할 수 있으나, 입국거부는 아직 입국이 허용되지 않은 상태이므로 입국거부국에서의 구제절차는 불가능하다. 추방의 경우 보통은 외국인의 본국으로 추방되는 일이 많으나, 정치적 난민인 경우에는 제3국으로 추방하는 것이 소망된다(1951년의 '난민에 관한 조약' 제33조).

제 4 절 外國人財產의 保護

1. 外國人財產의 保護方式

오늘날 국경을 넘어 확대되는 자본주의의 자유무역과 그 경제적 활동에 따라 외국인의 재산권의 보호가 중요한 국제법상의 문제로 등장하고 있다. 일반적으로 2국간의 통상항해조약이나 영사조약 중에 외국인재산의 보호에 관한 내국민대우 또는 최혜국대우조항이 규정되고 있다. 종래 주로 자연인으로서의 외국인의 보호에 관계되는 것으로 생각되었던 외교적 보호는 최근에 와서 법인(외국회사)이나 外國人株主의 보호에까지 미치게 되었으며, 선진제국의 사기업 중에는 외교적 보호하에 개발도상국에의 진출을 도모하는 기업이 늘어나게 되었다. 이에 따라 이러한 외교적 보호하에 진출하는 선진국의 기업에 대하여 개발도상국은 이른바 '칼보조항'으로 대항하고 있다. 그리고 개발도상국에 있어서의 선진국기업의 활동(특히 광업)은 대부분 '컨세션'(concession)에 입각하여 행하여왔는데 제 2 차대전 후 이러한 개발도상국에 의한 외국인 재산의 국유화 및 컨세션의 파기가 국제법 문제로 제기되는 경우가 많았다.

(1) 內國民待遇

內國民待遇(national treatment)는 自國民待遇 또는 內外國民平等主義라고도 하며, 조약의 일방당사국이 자국의 영역 내에서 他方當事國의 국민에게 자국민에게 부여하는 것과 같은 권리를 부여하는 것을 말한다. 이것은 일반적으로 통상항해조약 중에 규정하는 것이 보통인데(한미우호통상항해조약 제 9 조) 초기에는 외국인의 出所權이나 신체적 보호 등의 사항에 한정되어 있었으나 그 후에는 모든 경제적 활동에까지 확대하여 규정하게 되었다.

일반국제법상 외국인의 권리의 보호는 각국의 국내법이 자유로이 결정할 수 있는 사항이며, 그 행정적·사법적 보호의 정도로서 '相當한 注意'(due diligence)를 기울일 의무를 진다는 것뿐이다. 이 '상당한 주의'라는 용어의 해석에 관하여 國際標準主義와 國內標準主義의 대립이 있는 것은 앞서 말한 바와 같다. 그러나 국내표준주의의 경우에도 일반국제법상 인정되고 있는 기본적 인권의 보장에 관해서는 국제적 표준이 요구되고 있으며, 실제문제로서 국내표준주의를 강조하는 경우 오히려 외자도입을 곤란하게 하는 사태도 일어날 수 있다.

그리고 내국민대우를 인정하는 경우에도 공법상의 권리에 대해서는 외국인에게 많은 제한을 두는 것이 보통이다.

(2) 最惠國待遇

最惠國待遇(most-favoured-nation treatment)라고 하는 것은 국가가 자국영역내에 있는 어떤 외국 또는 외국민에 대하여 다른 외국 중 가장 좋은 대우를 받고 있는 국가 및 국민과 같은 대우를 부여하는 것을 말한다. 이러한 대우의 약속은 보통 2국간의 통상조약이나 다수국간의 통상무약조약에 규정되는 경우가 많다(한미우호통상항해조약 제 9 조).

내국민대우가 내외국민의 무차별대우인 데 대하여 최혜국민대우는 자국내에 있는 제외국인간의 무차별대우를 의미한다.

최혜국대우가 부여되는 사항은 개개의 通商航海條約에서 그 내용이 일정하지 않으나 보통 出所權·재산의 보호·경제활동·수입산품의 취급·관세·영사직무 등에까지 미치고 있다. 특히 중요한 것은 관세에 관한 최혜국대우인데, 이것은 상대국의 수입산품에 대하여 제 3 국에 과하고 있는 관세율 중 가장 낮은 것(최혜국세율)을 적용할 의무를 지는 것이다.

그러나 국경무역에 있어서 인접국에 부여하는 특수한 권리와 이익, 내륙국이 바다에 도달하기 위하여 부여되는 특수한 권리와 이익, 관세동맹에 있어서 가맹국에게 부여되는 특별대우 등은 명시적 반대규정이 없는 한 최혜국조항의 적용범위 외에 있는 것으로 해석된다. 이 점에 있어서 '關稅 및 貿易에 관한 一般協定'(GATT)은 영국의 커먼웰스構成國이나, 종전의 프랑스共同体 구성국간, 시리아·레바논관세동맹 등에서 행해지는 특혜로서 일정한 한도를 넘지 않은 것은 최혜국조항에 입각한 의무와 양립되는 것으로 하여 앞으로의 관세동맹이나 자유무역지역의 조직·설정을 인정하고 있다. 歐洲共同體(EC)는 그 한 예이다.

최혜국조항의 적용에 관해서는 無條件主義와 條件主義가 있으며 이것을 기준으로 하여 다음 세 가지 형식으로 분류할 수 있다.

첫째는 조건에 관하여 특별한 규정을 두지 않고, 단순히 제 3 국의 국민에게 부여한 것과 같은 권리와 이익을 부여한다고 규정하는 형식이다. 이러한 조항을 單純條項이라고 한다.

둘째는 最惠國待遇를 제 3 국과 동일 또는 같은 모양의 조건으로 부여한다는 것을 명시하는 형식이다. 제 3 국에게 무상으로 부여한 권리나 이익은 마찬가지로 무상으로, 일정한 대상으로 부여한 것은 동일 또는 같은 모양의 대가로 각각 부여된다고 하는 것이다.

셋째는 최혜국대우를 무조건으로 즉시 체약국에게 부여하는 것을 명시하는 형식이다.

최혜국조항이 유럽제국에서 적용되기 시작한 것은 14·15세기경이었는데 오늘날과 같이 통상무역에 관하여 서로 최혜국대우를 약속하기는 자유무역주의가 활발하게 된 19세기 이후의 일이다. 이것을 역사적으로 볼 때 초기의 최혜국조항은 거의 다 단순조항이었다. 그러나 1778년 이래 미국은 조건부조항을 각국과의 조약에서 채용하면서 단순조항에 관해서도 조건부조항과 같이 해석하는 것을 관행으로 하였다. 이에 대하여 유럽제국은 1860년의 영국·프랑스간의 코브덴(Cobden) 조약 이래 무조건조항을 지지하여 단순조항에 관해서도 무조건조항과 같이 해석하게 되었다. 미국도 제 1 차대전 이후 그 세계경제상의 지위가 비약적으로 향상됨에 따라 무조건주의로 전환하기에 이르렀다.

최혜국조항은 국가간의 차별대우를 배제하고 경제활동에 있어서의 자유경쟁을 확보하는 기능을 발휘한다. 이른바 GATT체제는 이것의 국제적 조직화에 해당한다. 그러나 제국의 경제적 발전단계를 무시하고 이 최혜국조항을 모든 국가에 일률적으로 적용하는 것은 경제적 약자에 대한 암묵의 차별을 내포하는 것이 된다. 실제에 있어서 1964년의 UN무역개발회의 이래 개발도상국은 그 경제적 발전을 위하여 특별대우를 적어도 일정 기간 필요로 한다는 것을 주장하여 왔다.

(3) Calvo條項

국가는 외국인과 체결한 계약에서 ① 외국인은 계약에 관한 모든 사항에서 在留國의 국민으로 간주되며, ② 어떠한 경우에도 본국정부의 외교적 보호를 요구하지 않는다고 하는 조항을 삽입하는 경우가 있다. 이것을 칼보조항(Calvo clause)이라고 부른다. 이 조항은 아르헨티나의 국제법학자 Calvo가 라틴 아메리카 諸國이 外國私人과 체결한 계약에 관한 분쟁에 대하여 유럽열강이 빈번히 무력적으로 개입한 경험에 비추어 그것을 배제할 목적으로 제창한 것이다(예, 1902년 독·영·이에 의한 Venezuela 항의 봉쇄사건. 이 사건을 계기로 국가계약에 입각한 금전채무의 회수를 목적으로 외국인의 본국이 병력을 사용하는 것을 금하자고 하는 Drago주의가 나왔다). 그러므로 이 조항은 원래 라틴 아메리카 諸國이 체결하는 계약에 삽입되는 것이 보통이나 지금은 개발도상국가가 체결하는 컨세션(concession)에도 삽입되는 예가 늘어가고 있다(1957년의 일본수출석유회사 아라비아석유와 Saudi Arabia와의 협정 제49조 2항 및 아라비아 석유와 쿠웨이트와의 협정 제31조 2항은 다같이 "회사는 본협정 및 본협정상의 권리에 관한 사항에 관하여 외교적 수단에 호소할 권리를 포기한 것으로 양해한다"라고 규정하고 있다).

칼보조항의 국제법상의 효력에 관하여 국제판례는 일치하고 있지 않다. 이론상으로는 칼보조항이 국내적 구제를 이용하려는 약속한 한에서는 유효하다. 그러나 본국의 외교적 보호권을 배제하려는 의도라면 무효라고 보아야 한다. 왜냐하면 외교적 보호권이란 국가의 권리이지 개인의 권리는 아니므로 개인은 자신에 속하지 않고 국가에 속한 권리를 스스로 포기할 수는 없기 때문이다(국가의 외교적 보호권은 개인의 요청이 있어야만 발동되는 것은 아니고 국가가 자발적으로 발동할 수 있는 것이므로 칼보조항은 일반적으로 국가의 外交的 保護權의 발동을 저지하는 효과를 가질 수 있다).

그럼에도 불구하고 1926년의 북미준설회사(North American Dredging Company) 사건 이래 그 조항의 국제법적 효력이 어느 정도 인정되었다. 이 사건은 1912년 텍사스의 北美浚渫會社와 멕시코 정부간에 체결된 계약이 파기된 데 대하여 미국이 손해배상을 청구한 것인데 이 계약에는 그 회사를 멕시코인으로 간주한다는 Calvo clause가 삽입되었던 것이다. 양국은 합의에 의하여 국내적 구제를 경과하지 않고 仲裁委員會에 부탁하였다.

이 사건에서 재판소인 미국·멕시코 一般請求委員會는 다음과 같은 이유에서 Calvo조항의 국제법적 효력을 대폭으로 인정하였다. Calvo조항의 목적은 외교적 보호권의 남용을 방지하는 데에 있고, 그 권리를 소멸시키는 데에 있는 것은 아니다. 그것은 영역국이 재판의 거부 등 국제불법행위를 범한 경우에 개인의 본국이 외교적 보호를 하는 권리를 박탈할 수는 없다. 그러나 Calvo조항이 계약상의 분쟁에 있어서 당해 국가의 국내재판소에 구제를 구할 것을 요구하고, 동시에 개인이 이 문제에 관하여 본국의 외교적 보호를 구하지 않기로 합의한 점은 구속력이 있으며, 이것에 의하여 국가의 외교적 보호권이 침해된 것은 아니다라고 하는 것이다(이 중재판결은 종래의 유효설, 무효설에 대하여 절충설이다). 그런데 위원회는 Calvo조항이 국내적 구제를 구할 의무를 부과하고 있는 데도 불구하고 이 의무를 무시하여 개인(북미준설회사)이 자국정부의 보호를 요청할지라도 그것은 정당히 제출된 요청이라고 할 수 없다는 이유에서 訴를 각하하였다. 이 판결은 그 후의 중재판결에서도 답습되었다.

오늘날에 있어서 Calvo조항은 국내적 구제의 원칙을 확인하는 것일 뿐 그 이상 외교적 보호권의 포기를 의미하는 것이라면 그 한에서 국제법상 무효라고 해석된다.

2. 外國人財産의 國有化

외국인의 보호, 특히 그 재산의 보호에 있어서 최근에 빈번히 문제가 되고 있는 것은 國有化의 경우이다. 국유화(nationalization)라고 하는 것은 국가의 사회적·경제적인 변혁의 한 과정으로서 생산수단인 사유재산을 국가 또는 그 기관에 강제적으로 이전시키는 것이다. 公用收用(expropriation)이 원칙적으로 일정한 공공목적을 위하여 특정 개인의 특정 사유재산을 대상으로 행하여지는 데 대하여 국유화는 대규모의 사회적·경제적인 체제변혁의 일환으로서 일반적 내지 非個性的으로 단행되는 것이 특색이다. 이와 같이 국유화는 사유재산을 전제로 하는 公用收用과는 다른 것이다.

제 1 차대전 후 소련이 외국인자산을 포함한 모든 생산수단을 국유화한 것을 비롯하여 제 2 차대전 후에는 경제적 자립을 희망하는 新興諸國이 외국자본으로부터의 해방을 쟁취하기 위하여 국유화를 행하는 예가 많아졌다. 이들 신흥제국은 전통적인 주권평등·경제자유의 원칙이 각국의 국민경제에 대한 지배능력의 격차라고 하는 현실을 무시해 왔다고 판단하여, 그 정치적 주권·독립을 확보하는 실질적 기반으로서 국제사회에 대하여 영역주권의 배타성을 재인식하는 동시에 경제개발의 권리를 제도적으로 보장할 것을 요구한 것이다.

제 2 차대전 후 세계인권선언은 '恣意的인 탈취에 대한 사유재산의 보호'를 규정하고 있으나(제17조 2항) 국가의 적법절차에 의한 專斷的 수용을 금지하는 것은 아니며, 국제법의 일반원칙에 따른 강제수용 기타의 재산이용의 제한은 공인되고 있다(1952년 '구주인권보호조항 제일의정서' 제 1 조). 뿐만 아니라 오히려 외국자산도입국의 '天然資源에 대한 永久主權'의 개념(1952년 7차 UN총회결의 626호, 1962년 17차 동결의 1803호 등)이 우월하게 되었다(국제인권 A, B규약 제 1 조 2 항). 이러한 영구주권의 개념에 입각하여 자원보유국은 선진공업제국의 자본진출에 대항하여 그 천연자원의 생산방식과 개발계획을 자주적으로 결정할 수 있다고 해석되어 외국자산의 강제수용 내지 국유화는 이미 국제위법행위가 아니고 고유의 권리의 정당한 행사라고 주장되고 있다.

그러나 국유화가 국제법상 합법적인 것이 되기 위해서는 일반적으로 다음 세 가지 요건을 충족해야 하는 것으로 인정되고 있다. 첫째는 공익의 원칙이다. 국유화가 공공목적을 위하여 행해지는 것이 필요하다는 것이다('Poland령 상부 Silesia에 있어서의 독일인의 권익사건', PCIJ 판결). 사실 국제사회에 있어서 공익의 개념은 다의적이며 이것을 객관적으로 판단할 기준이나 기관도 존재하지 않으므로 결국 國有化國의 판단이 우선하게 된다. 둘째의 요건은 무차별의 원칙이다. 외국인 특히 특정의 외국인 또는 특정 외국의 국민의 자산만을 국유화하는 것은 원칙적으로 허용되지 않는다(1974년 '영석유회사 대 리비아사건' 중재재판판결). 제 3 의 요건은 자산의 소유자에 대한 補償의 원칙이다. 국유화가 일절 무보상으로 행해지는 경우, 이것은 몰수이며 전통적인 국제법하에서는 외국자산의 몰수는 원칙적으로 기득권을 침해하는 국제위법행위로 간주된다. 이것을 적법화하는 가장 중요한 요건은 이 보상의 원칙이라고 해도 과언은 아니다.

이 문제에 관하여 특수한 정치적 이데올로기를 제외하고는 조약·관행·판례·학설 등이 대체로 외국인의 기득권을 무보상으로 몰수할 수 없다는 점에 일치하고 있다. 설사 국민의 재산을 몰수할 수는 있어도 그것은 국내법상의 문제에 지나지 않으며, 외국인의 재산의 몰수는 국제법상의 문제가 된다. 외국인의 재산이 收用의 대상으로 되는 경우에는 외국인의 보호의 표준에 관한 國際標準主義와 國內標準主義와의 대립을 반영하여 구미·선진자본주의국에서는 수용은 항상 '충분·효과적·신속'한 보상이 수반되지 않으면 유효한 것이 되지 않는다고 주장되는 반면에 다수의 신생국가와 사회주의국가에서는 보상은 수용하는 국가가 독자적으로 결정할 수 있는 것이라 하고 내외국인을 차별하지 않는 한 유효하다고 반론되고 있다. 특히 이 반론은 대규모의 일반적 국유화의 경우 '충분·유효·신속'한 보상은 국가의 부담능력을 초과하는 것이며 경제적 자립을 위한 국유화를 봉쇄하는 것이고 또한 해외투자는 어느 정도의 위험부담을 당연히 예상하는 것임을 이유로 하고 있다.

종래 구미·선진자본주의국이 주장하는 보상의 원칙은, 첫째 충분한 보상이다. 수용시 수용재산의 시장가격을 기준으로 한 금액에 연체이자를 가한 것을 말한다. 둘째는 실효적 보상이다. 국제교환성이 있는 통화 또는 피수용자의 본국의 법정통화에 의한 지불이 이것이다. 셋째는 신속한 보상으로서 年賦償還을 인정하지 않는다고 하는 것이다(이른바 Hull 보상방식).

이에 대하여 최근의 국유화는 외국자산의 일반적·비개성적인 강제수용·몰수(국유화)에 의하여 국가경제의 기본구조 자체의 변혁을 목표로 하는 것이며, 국가실행상으로도 국유화국에 종전과 똑같은 기준에 의한 보상의 지불의무를 부과하는 것은 불가능 또한 불공평한 것이라고 판단되게 되었다(Verdross-Simma, 592-594).

1962년 12월 UN총회에서 압도적 다수결로 채택된 '天然의 富와 資源에 대한 永久的 主權에 관한 宣言'은 모든 국가가 그 천연자원을 자유로이 처분할 수 있는 不可讓의 권리를 갖는다고 하면서 국유화의 경우에는 국내법과 국제법에 따라 '정당한'(just) 보상을 지불해야 한다고 선언하였다(1974년 UN총회에서 채택한 '국가의 경제적 권리·의무에 관한 헌장' 제 2 조 역시 적절한 보상의무를 규정하고 있다). 보상은 收用國이 독자적으로 결정할 수 있다는 주장은 배척되었으나, 동시에 항상 '충분 · 유효 · 신속'한 보상이 필요하다는 설도 채용되지 않았다. '정당한' 보상의 개념에 있어서 여전히 보상의 정도와 방법이 명확하지 않으나, 이 결의는 보상의 문제로부터 분쟁이 발생한 경우에는 재판과 같은 공평한 제 3 자기관의 裁定에 맡기기를 시사하고 있다. 이것은 전통적인 국제표준의 요건을 배제하는 것(비국제화)이며, 종전의 국제법을 변경하는 효력을 갖지 않는 것이라고 하여 선진공업국은 이에 강력히 반발하였다(120 대 6 기권 10으로 채택. 미·영·서독 반대, 일본·불·가·이 기권). 이 헌장의 제 2 조가 '형성단계에 있는 국제법규'이며 오늘날에는 적용 가능한 법규가 되었다고 해석하는 입장(Brownlie, '리비아 · 아메리카석유회사 대 리비아' 중재재판판결)도 있고, 단순한 입법론에 불과하며 그 후의 국가실행에서 보더라도 國際慣習法으로 성숙하지도 않았다는 견해도 있다(1977. 1. 19 '텍사코 대 리비아사건' 국제중재재판판결).

> 국유화의 합법적 기준에 관한 전통적 견해는 公益의 原則, 無差別의 原則, 補償支拂의 原則 등을 들고 있다. Sabbatino 사건에서 미국연방재판소의 하급심은 Cuba에 의한 국유화가 보복적이고 공익의 원칙에 반하는 것이므로 그 합법성이 인정되지 않는다고 판결하였다. 그러나 상급심에서는 국제사회 전반에 타당한 공통적 기준을 찾기가 어렵다는 이유로 원심은 파기되었다. 1955년 이란이 Anglo-Iranian석유회사의 자산을 국유화하였는데 동회사는 동경지방재판소에 대하여 국유화 후에 일본의 출광흥산주식회사가 이란으로부터 수입한 석유의 점유회복을 목적으로 가처분의 신청을 냈다. 1958년 9월 동경고등재판소는 외국인자산이 보상 없이 수용되는 일이 없다고 하는 것은 확립된 국제법의 원칙이라고 판시하였다.

최근의 UN에 있어서의 국유화 문제의 심의 결과에 의하면 국유화문제의 국내문제화경향을 지적할 수 있다. 여기에는 개발도상국우위의 국제관계가 반영되어 국유화국에 유리한 상황은 절차면에 있어서도 촉진되어 국유화에 따르는 보상액, 지불방법, 분쟁의 재정 등은 국유화국의 국내사항으로 인정되고 있으며, 투자국의 의향 또는 국제책임에 관한 종래의 국제법은 배제되어가는 경향이 보인다.

3. 컨세션의 破棄

국가가 공익사업이나 국내의 천연자원의 개발을 목적으로 외국기업 또는 외국인에게 부여하는 特別許可(이권)나 또는 그것을 위한 계약을 '컨세션'(concession)이라고 부른다. 이것은 19세기 후반 이래 선진국이 개발도상국에 경제적 진출을 하기 위한 수단으로 이용되어 왔다.

이 컨세션계약은 보통 한쪽이 국가이고 다른 한쪽이 私人(외국인, 외국기업)이라고 하는 당사자능력을 달리하는 자간에 체결되는 계약이라는 점에 특징이 있으며, 최근에는 개발도상국에의 경제원조로서의 자원개발 컨세션이 중요성을 더해 가고 있고, 그것은 종래의 이권협정으로부터 경제개발협정에로 그 성격을 변경하고 있다.

이러한 컨세션계약은 供與國이 주권국가로서의 의식을 명확히 갖지 않으며, 또 大國의 실질적 지배하에 있던 시기에 체결된 '권리협정'으로서의 성격이 강한 것이었으므로 제 2 차대전 후 개발도상국이 주도하는 자원 내셔널리즘의 대두과정에서 이러한 컨세션은 일방적 파기의 대상이 되어 이것을 국제불법행위로서 국가책임을 추구할 수 있는가의 문제가 제기되었다.

그런데 이러한 利權契約은 보통의 행정계약과 달리(컨세션을 국내공법적 계약이라고 생각한다면 국가는 그 입법권, 행정권을 행사하여 일방적으로 그것을 파기할 수는 있다. 다만 이 경우 침해된 외국인권익의 구제가 문제된다) 국제적 성격을 갖고 있기 때문에 '準國際法的 協定'이라고 칭하기도 하므로 그만큼 이것을 일방적으로 파기하는 경우에는 조약파기의 경우에 준한 국제책임이 발생한다는 것이 선진제국의 주장이다. 이때 컨세션에 관계되는 국제법으로서 기득권존중의 원칙, 부당이득, '에스토펠'(estoppel), 권리남용금지의 원칙, 계약준수의 원칙(*pacta sunt servanda*)이 주장되는 것이 보통이다.

제 2 차대전 후의 컨세션의 일방적 파기에 관하여 국제법의 관할을 부인한 예가 있다(1952. 7. 22 '앵글로 · 이라니안 석유회사사건'〈선결적 항변〉 ICJ판결, ICJ Reports, 1952, 112). 그러나 정부권력에 의한 계약의무의 이탈은 재판의 거절에 해당하며 위법이라는 판례도 있다(1948년 '자라바철도회사청구권사건' 미·멕시코청구권위원회의 의견). 그러나 컨세션계약이 國際仲裁裁判에 의한 분쟁해결을 규정하고 있는 경우 이것은 준국제법적 협정으로서 당사자를 법적으로 구속하는 것이며, 국유화조치는 이것에 우월할 수 없다. 국유화의 국제법준거를 규정한 위의 1962년 총회결의 '천연자원에 대한 영구주권'은 이러한 공통의 법적 확신을 표명한 것이라는 판단도 있다(전기 '텍사코 대 리비아사건' 국제중재판결).

현실적으로는 컨세션에 입각한 투자의 안정을 국제법상으로 보장하기 위하여 자본수출국과 수입국간의 2국간 투자보호협정이나 다수국제협정(국제부흥개발은행에 의한 1965년의 '국가와 외국사인과의 사이의 투자분쟁의 해결에 관한 조약')이 체결되고, 개발도상국은 국유화에 따르는 권리남용이나 부당이득을 자제하며 국유화 후에도 외국자본의 기술제공과 조업참여를 인정하거나 현지자본의 우위를 인정하는 合作會社·共同事業方式에로의 전환에 의하여 급격한 국유화를 회피하는 예도 있다(Schachter, The Evolving International Law 15, Columbia Journal of Transnational Law, 1976, 7-9).

제 5 절　人權의 國際的 保護

1. 意　　義

제 2 차대전 이후의 가장 주목할 현상은 基本的 人權의 國際的 保障이라는 새로운 경향이다. 한 국가 내의 개인, 특히 그 국가의 국민의 인권은 그 국가의 국내법에 의하여 보장될 문제로서 이른바 國內管轄事項의 하나이다. 그러나 원래 보호해야 할 입장에 있는 국가 또는 정부가 스스로 인권을 침해하는 가해자가 되는 일이 많으며, 이러한 경우 침해된 인권의 구제는 그 국내에서는 불가능한 경우가 흔하다. 제 2 차대전 전에도 노예매매의 폐지에 관한 비엔나선언, 또는 소수민족(인종상·종교상·언어상의 소수자)의 일정 인권을 규정한 조약 등이 있었다. 그러나 이러한 국제적 인권보장은 그 적용 대상에 있어서나 또 지역적 범위에 있어서나 극히 한정된 것이었다. 그런데 소수민족에 대한 박해가 국제관계에 심각한 영향을 준 것은 주지의 사실이다. 제 2 차대전중의 나치스·독일에 의한 유태인 박해나 또는 오늘날의 남아프리카의 아파르트헤이트정책과 같이 특정의 인종이나 민족집단에 대한 것인 경우에는 국가간의 분쟁으로 발전하여 국제평화를 위협하는 요인이 된다. 사실 제 2 차대전은 극단적으로 인권을 무시한 파시즘·나치즘에 대한 민주주의국가의 공동전선이라고 할 수 있으므로 인권의 존중은 국내문제에 그치는 것이 아니라 국제관계의 일반적 기초로서 중시되지 않으면 안된다는 것을 깨닫게 되었다. 여기에 제 2 차대전 후 인권의 보장에 관한 다수의 국제조약이 범세계적으로 성립된 이유가 있다.

이리하여 인권의 보호를 국가에게만 맡기는 것은 불충분하다는 것과 한 나라 안의 인권보장과 국제평화의 유지는 불가분의 관계에 있다는 생각에서 UN을 중심으로 국제사회 전체의 과제로서 인권문제를 취급하게 되었다.

그러나 인권의 국제적 보호에는 몇 가지 곤란한 문제가 놓여 있다. 첫째는 國家主權이다. 종래 인권의 보장은 특정국가의 관할사항이었으므로 주권에 입각한 저항은 대단히 강하여 인권에 대한 국제적 요청과 국가주권과의 조화를 어떻게 달성하느냐의 문제가 있다. 둘째는, 오늘날의 국제사회의 구조와 인권의 이데올로기적 성격의 문제이다. 오늘날의 국제사회는 東西問題라고 하는 정치체제의 차이와 南北問題라고 하는 경제적 발전단계의 차이의 결과 다방면에 있어서의 다양성을 본질로 한다. 서구제국과 사회주의제국, 그리고 아시아·아프리카 신생제국간에는 인권의 내용과 중점에 있어서 다르고 인권의 보장능력에 있어서 국가 또는 지역마다 차이가 있으므로 이러한 국가간에 일률적으로 적용되는 통일적 기준(조약)을 작성하기는 쉬운 일이 아니다.

국제법상의 인권은 개인이 국민으로서의 자격에 의하여 본국을 매개하여 비로소 행사할 수 있는 것이 아니고, 개인이 개인으로서의 자격으로부터 직접 원용할 수 있는 것이 아니면 안된다. 이리하여 그 의무를 위반한 국가에 대해서는 인권침해 그 자체를 근거로 타국이 투쟁하거나 또는 직접적 피해자인 개인이 또한 투쟁하여 국제재판소 또는 이에 준하는 국제기관에 제소할 수 있는 권리가 인정되어야 한다.

그러나 국제사회 고유의 救濟組織이 확립되어 있지 않은 현상에서는 국가에 의한 구제는 여전히 인권분야에 있어서도 원칙이다. 그럼에도 불구하고 개인의 신청을 받아들이는 국제기관의 수는 증가하고 있으며, 그러한 기관에 의하여 인권침해 내지는 국제법위반이 선언되는 사례를 많이 볼 수 있게 되었다.

2. UN과 人權

(1) UN憲章과 人權

憲章의 기초자는 人權의 존중을 UN의 전 이데올로기적 구조의 기반으로 보았다(헌장의 전문 참조). 이리하여 헌장은 UN의 목적의 하나로서 "人種·性·言語·宗敎의 차별 없이 만인의 인권과 기본적 자유에 대한 존중을 장려·촉진하는 데에 국제협력을 달성할 것"을 규정하였다(제1조 3항). 동시에 이 목적달성을 위한 임무를 總會와 經濟社會理事會(및 헌장 제68조에 의하여 설치된 인권위원회 및 기타의 위원회)에 부과하면서 UN 각 기관의 임무와 관련하여 곳곳에 인권존중을 강조하고 있다(총회의 임무에 관한 제13조 1항 b, 국제협력의 구체적 목표에 관한 제55조 c, 경제사회이사회의 기능에 관한 제62조 2항, 신탁통치제도의 목표에 관한 제76조 c).

그러나 헌장의 규정만으로는 기본적 인권의 구체적 내용은 명백하지 않으며 인권의 존중을 勵行하는 방법도 규정되어 있지 않다. 그러므로 헌장의 인권규정은 인권존중을 위한 국제협력을 약속한 것에 지나지 않으며 가맹국에게 인권존중의 법적 의무를 과한 것이라고는 볼 수 없다. 캘리포니아주의 고등법원은 藤井事件(Sei Fujii v. California)에서 직접 헌장을 원용하여 인종차별을 하는 캘리포니아주의 '外國人土地法'은 헌장에 위반된다는 이유에서 조약이 주의 법률에 우선한다고 선언한 연방헌법(제6조 2항)에 입각하여 동법은 무효라고 판결함으로써 藤井의 승소를 인정한 사례가 있기는 있다. 이 판결은 헌장 제55조 및 제56조의 '自己執行'적 성격을 인정한 것이었으나, 캘리포니아주의 대법원은 이 성격을 부인하고, 오직 '외국인토지법'이 내·외국인의 평등한 법적 보호를 요구하는 헌법 제14改正에 반한다는 이유에서 동법의 무효를 선언했을 뿐이다(1948년의 Oyama V. California 참조).

위와 같이 헌장의 규정만으로는 가맹국이 그 국내에서 구체적인 인권을 적극적으로 보장할 의무를 지고 있다고는 말할 수 없다. 그러나 인권과 기본적 자유의 존중이 UN의 목적이며 이 목적을 달성하기 위한 UN

의 노력에 협력하며, 개별의 행동을 취할 것을 서약하고 있으므로 UN가맹국은 그 국내에서 UN의 목적에 반하는 인권침해행위를 삼가해야 할 소극적 의무와 UN이 그 목적달성을 위하여 행하는 활동에 협력해야 하는 도덕 이상의 의무를 지고 있다고 할 수 있다.

UN에서 제기된 구체적 인권문제는 대단히 많다. 그 중 몇 가지 실례를 들어본다. ① 1948년 소련주재 칠레대사의 자식과 결혼한 러시아여성이 출국을 금지당한, 이른바 '소련인처사건', 이 사건은 UN 제 3 총회에서 심의되었다. ② 동구 3국(루마니아, 헝가리, 불가리아)에 있어서 다수의 카톨릭 교회지도자가 정부전복 기타의 용의로 체포되어 처형된, 이른바 '민젠티(Mindsznety)추기경사건'. 이 사건은 1949년 UN총회의 'ad hoc정치위원회'에서 심의되었다. ③ 반정부운동 또는 노동운동가가 군사재판에 의하여 사형판결을 받거나 받을 우려가 있는 '그리스 및 스페인의 정치범문제'. 이것은 1948년 UN제 3 총회 및 제 6 총회(1951년)에서 취급되었다.

위의 제문제에 대하여 최종적으로 취해진 조치는, ①에 대해서는 출국금지의 조치를 철회하도록 권고하였다. ②에 대해서는 동구 3국이 당시 비가맹국이며, 평화조약의 적용의 문제였으므로 구체적 조치는 취해지지 않았다. ③에 대해서는 인도적 입장에서 그리스문제에 한하여 제 1 위원회의 위원장이 개인적 자격으로 그리스정부에 선처를 요청하는 데 그쳤다.

(2) 世界人權宣言

UN헌장은 기본적 인권의 존중을 일반적으로 규정하였으나 존중해야 할 인권의 구체적 내용과 가맹국에게 구체적 행동을 요구하는 법적 의무를 규정하지 않았다. 世界人權宣言(Universal Declaration of Human Rights)은 헌장에 규정된 추상적 · 일반적인 인권의 내용을 구체적으로 특정화한 것이다. 경제사회이사회의 보조기관인 인권위원회가 준비하여 UN의 제 3 차총회에서 채택되었다(1948년 12월 10일, 찬성 48, 반대 무 기권 8).

世界人權宣言은 전문과 본문 30조로 구성되며 크게 나누어 시민적 · 정치적 권리에 관한 '自由權的 基本權'과 경제 · 사회 · 문화의 면에서 최저수준을 보장하는 '生存權的 基本權'의 두 가지 종류를 포함하고 있다.

이 인권선언은 "모든 인민과 국가가 달성할 공통의 기준으로서" 채택된 것이며 그 자체가 UN가맹국을 법적으로 구속하는 것은 아니다. 그러나 이 선언이 일부 국가의 기권은 있었으나 반대 없이 채택되었다고 하는 것은 주목할 만하다. 세계의 제국가가 경제적 · 정치적 체제의 차이를 넘어서 이 선언의 채택에 동의한 의의는 크며, 이 선언이 채택된 이래 오늘까지 세계에 부여한 도의적 영향력은 무시할 수 없는 것이다. 특히 1968년의 Teheran선언은 세계인권선언의 내용을 국제사회구성원들이 준수해야 할 의무로 선언하고 있다.

(3) 國際人權規約

세계인권선언에 의하여 명백하게 된 기본적 인권의 내용을 국제적으로 보장하기 위하여 인권위원회, 경제사회이사회, 총회에서의 18년간의 심의를 거친 후 1966년 12월 16일 드디어 제21차 UN총회는 國際人權規約을 전원일치로 채택하였다. 이 규약은 인권보장의 법적 구속력과 보편성의 획득이라는 점에서 획기적인 것이 되었다.

國際人權規約은 '經濟的 · 社會的 · 文化的 諸權利에 관한 國際規約'(A규약)과 '시민적 · 정치적 제권리에 관한 국제규약'(B규약) 및 B규약에 대한 選擇議定書의 3자로 구성된다. 먼저 A규약은 社會權的 基本權을 규정한 것으로서 노동의 권리, 사회보장을 받을 권리, 교육을 받을 권리 등 31조로 구성되고 있다. B규약은 自由權的 基本權이라고 부르는 고전적 인권과 정치적 권리를 규정한 것으로서 신체의 자유와 안전, 이전의 자유, 언론의 자유 등 53조로 구성된 것이다. 이 두 규약과 선택의정서는 35개국의 비준을 얻은 1976년에 각각 발효하여 법적 구속력을 갖게 되었다.

국제인권규약의 실시조치는 각각 별개의 절차로서 규정되었다. A규약에 게재된 권리의 보장은 국가에 따라 대단히 다르며 획기적으로 규약당사국에 의무를 과하는 것은 곤란한 현상이므로 당사국은 경제사회이사회에 대하여 그 실시상황을 정기적으로 보고하여 이사회의 심사를 받는데 그친다. B규약에서는 적극적인 실시조치를 규정하였다. 18인의 위원으로 구성된 '人權委員會'를 설치하여 규약당사국은 규약의 실시조치나 규약의무위반에 대한 불평을 이 위원회에 보고한다. 위원회는 보고를 심리하고 조정을 시도한다. 이것으로써 해결되지 않은 경우에는 특별조정위원회를 구성하여 조정을 위임한다. 더 나아가서 B규약에는 별도로 선택의정서가 마련되어 이 의정서의 당사국에 대한 인권침해의 소가 어느 당사국의 관할하에 있는 어느 개인에 의하여 제기된 경우에는 인권위원회가 이것을 수리하여 심사할 방법이 열려 있다.

3. 平和條約의 人權規定

제 2 차대전 후 1947년의 평화조약은 패전국에 대하여 기본적 인권의 존중의무를 부과하였다. ICJ는 1950년 이 기본적 인권과 관련된 平和條約事件(Peace Treaties Case)에 권고적 의견을 부여하면서, 첫째, 평화조약에 규정된 인권조항의 해석은 국내문제임에도 불구하고 총회가 ICJ에 권고적 의견을 요구한 것은 越權(*Ultra vires*)이라고 비난하는 관계 3국(Mindszenty 추기경사건에 있어서의 Hungary, 신교특사재판사건에 있어서의 Bulgaria, Juliu Maniu 사건에 있어서의 Rumania)의 이른바 管轄權欠缺의 항변을 배척하였다. ICJ가 비난의 실질에 관여하지 않고 오직 '條約의 解釋', 즉 국제법상의 문제에만 관여하는 것이므로 그것은 당연히 ICJ의 관할에 속한다고 한 것이다. 둘째, ICJ에 대한 부탁에는 係爭當事者(평화조약의 당사국) 쌍방의 동의가 필요하다는 항변에 대하여는, 그 항변의 쟁송절차에 관한 원칙과 권고적 절차에 관한 원칙과의 혼동으로부터 빚어지는 것이며 어떠한 국가도 UN이 ICJ에 요청하는 권고적 의견의 부여를 저지할 수 없는 것이라고 하였다. ICJ의 의견은 특정 국가에게 부여되는 것이 아니라 그 의견을 요청할 자격을 가진 기관에 부여되는 것이다. 그 자체 UN의 기관인 ICJ의 회답은 UN의 행동에의 참가를 의미하는 것이며, 그 회답을 원칙적으로 거부할 수는 없다고 하였다. 셋째, Bulgaria, Hungary, Rumania의 3국이 인권에 관한 조약규정을 이행할 의무가 있는가의 질문에 대하여 ICJ는 또한 긍정적으로 대답하였다.

4. 地域的 人權條約

(1) 유럽人權協約

국제인권규약이 성립되기 이전에 이미 유럽諸國간에는 1953년 9월 '人權 및 基本的 자유의 보호를 위한 協約'이 발효하여 세계인권선언의 조약화가 처음으로 실현되었다. 이 유럽人權協約은 프랑스와 스위스를 제외한 서구 16국의 참가를 통하여 성립된 것으로서 주로 시민적·정치적 권리를 규정한 것이다. 이 협약의 실시기관으로 유럽人權委員會가 설립되어 협약당사국에 의한 인권침해에 대하여 개인의 청원을 심리하고 조정한다. 더 나아가서 유럽審議會의 閣僚委員會에 상소심의 역할을 담당케 하고 있다. 뿐만 아니라 협약당사국의 출소를 인정하는 유럽人權裁判所를 설치하여 사법적 해결을 도모하고 있다(이 재판소에 대한 개인의 출소권은 인정되지 않는다).

이 유럽인권협약의 위반에 대한 구제절차는 삼단계를 이루며, 사법적 절차를 포함한다.

먼저 조약위반의 문제는 체약국의 의사표시에 의하거나, 또는 피소된 체약국이 미리 선언에 의하여 관할을 인정한 경우에는 권리를 침해당한 개인의 청원에 입각하여 독립된 개인으로써 구성된 '유럽人權委員會'에 부탁된다. 위원회는 국내적 구제를 다 했으며 그 결정후 6개월 이내이고, 또한 개인에 관해서는 청원의 조건이 충족된 경우에 한하여 이것을 受理하며(제26조, 제27조), 그 우호적 해결을 도모하든가, 실패한 경우에는 그 인정된 사실과 그 사실이 조약위반의 증거가 되는가 여부의 의견을 붙여 각료위원회에 보고한다(제28조, 제30조, 제31조).

다음 '閣僚委員會'는 이 위원회보고에 관하여 문제를 유럽人權裁判所에 부탁하지 않는 경우에는 스스로 조약위반의 유무를 결정하여 관계체약국이 취해야 할 조치를 결정한다(제32조). 그 다음 '유럽人權裁判所'는 체약국 또는 그 위원회가 부탁한 조약의 해석·적용에 관한 사건으로서 강제관할권을 각료위원회가 감시한다(제53조, 제54조). 개인은 이 재판에 있어서 당사자적격을 갖지 않으나 위원회를 통하거나 또는 재판소의 요구에 의하여 그 의견을 표명할 수 있다.

위와 같은 인권보장체제의 특징은 첫째 법적 구속력이 있는 조약에 의하여 국제적으로 인권을 보장한 것, 둘째 이 협약의 적용을 보장하는 국제적 기구를 설치한 것, 셋째 한정된 범위에서나마 개인의 국제적 出訴가 인정된 것 등이다. 생각건대 이와 같은 국제적 인권보장의 체제는 서구라는 동질사회에서만 실현 가능한 것이라 장래의 산 표본으로서 충분히 주목할 가치가 있는 것이다(유럽 인권위원회에 대한 사건 부탁 건수는 1967년 현재 3,305건, 이 중에 2,581건이 결정이 내려지고 가맹국정부는 결정의 실시에 관하여 86건을 거부, 47건을 수리하였다. 인권재판소는 1968년 가을까지 3건의 판결을 내렸다. 1960년 11월의 그 최초의 사건은 The Lawless Case로서 Ireland의 군인 Lawless가 Ireland정부에 의하여 정당한 재판에 의하지 않고 구금된 사건을 조약위반이라고 출소한 사건인데 Lawless는 국내적 절차를 다하지 않았다는 이유로 패소하였다).

유럽인권협약에 열거된 권리를 침해당했다고 생각하는 개인은 위원회에 청원을 할 수 있다(제25조). 이 인권위원회가 이것을 수리한 경우에는 스스로 문제의 우호적 해결에 진력한다. 또는 인권재판소에 제소할 수도 있다. 이 조약은 위원회에 부탁하기 위해서는 국내적 구제수단을 다 할 것을 요구하여(제26조), 남용을 방지함과 동시에 국가의 구제제도와의 조화를 도모하고 있다.

(2) 美洲의 人權宣言과 人權條約

美洲諸國의 美洲機構(OAS)憲章의 인권규정을 보충하기 위하여 1948년 보고타에서 개최된 제 9 차美洲諸國會議에서 '사람의 權利 및 義務에 관한 美洲宣言'(美洲人權宣言)을 채택하였다. 이것은 UN에서 세계인권선언이 채택되기 이전에 채택되었으나 내용은 거의 동일한 것으로서 시민적·정치적 성질의 권리와 경제적·사회적·문화적 권리를 규정하고 있다. 1959년에는 이 선언에 게재된 제권리를 실시하기 위하여 美洲人權委員會를 설치하였다. 이 미주인권선언은 법적 구속력을 갖는 것은 아니나 미주인권위원회의 활동과 결부되어 선언이 규정한 권리의 준수가 크게 요청되는 것이었다.

미주에서도 1969년 '유럽인권조약'에 유사한 '美洲人權條約'이 체결되어(1982년 중남미 17국비준. 멕시코 등 5국은 자유권규약불가입. 미국은 미비준) 1978년에 발효하였다. 이 조약은 인권위원회에 조약상의 기초를 부여했으며, 美洲人權裁判所라는 사법적 실시기관을 창설하였다. 미주인권조약의 비준국과 동재판소의 강제관할권수락국은 착실히 증가하는 추세에 있다. 그러나 동조약은 사회권적 인권까지도 포괄하려 했으나 실패하였고, 자유권적 인권보장을 내용으로 하며 사회권에 관해서는 점진적으로 달성한다는 것만 규정하였다.

미주의 인권보장제도는 인권침해에 대한 사후구제적인 면에 중점을 두고 있으나 미주의 실정은 오히려 서구의 경우와는 달리 인권침해의 예방적 측면이 중요하다. 중남미에서 제 2 차대전 후 독립한 국가(13국)는 말할 것도 없고 종전의 독립국(20국)의 대부분도 후진국이다. 국제적 · 국내적으로 南北問題의 상황이 크게 존재하며 인권보장의 기반이 약하다. 그 위에 미국을 비롯하여 아르헨티나, 브라질, 칠레의 주요국가가 가입하지 않고 있다.

기타의 지역으로는 아프리카대륙에서도 1979년 아프리카인권헌장이 채택되었다(남아프리카공화국을 제외하고 전후 새로이 독립한 47국을 포함한 50국 참가). 서아시아로부터 북아프리카에 이르는 아랍제국(20국)도 아랍연맹의 조직을 가지며, 아랍인권위원회의 창립을 결정하고 아랍인권규약의 준비를 추진하고 있다. 이에 비하여 지역적 인권체제가 가장 낙후된 지역은 아시아다. 이 지역은 지역적으로 광범하고 민족적으로 다양하며 동서관계와 남북관계가 조잡한 지역이다. 따라서 인권제도의 창설이 가장 곤란한 지역이다. 이 지역에서는 지역적 기구도, 지역적 인권조약도 없고, 인권보장제도는 더구나 없다. 약간의 민간운동이 있을 뿐이다.

5. UN專門機關과 人權保障

(1) 國際勞動機構에 의한 人權保障

國際勞動機構(ILO)는 노동조건의 개선에 의하여 국제평화에 기여할 것을 목표로 하며, 노동자의 노동조건개선과 구체적 권리의 보장을 확인하기 위하여 다수의 조약을 채택하여 왔다. 예를 들면, 1948년의 結社의 自由 · 團結權保護條約(87호), 1949년의 團結權 · 團體交涉權條約(98호), 1951년의 同一報酬條約(100호), 1957년의 強制勞動禁止條約(105호), 1958년의 雇用·職業에 있어서의 差別禁止條約(111호) 등이 있다.

이 조약들은 보통 國際勞動條約이라고 불리는데 다른 국제기구 또는 국제회의에서 채택되는 조약과는 달리 정부대표 이외에 당해 국가의 사용자대표와 노동자대표가 각각 1명씩 참가하여 당사국대표의 서명은 하지 않고 총회의장과 사무국장이 인증을 위하여 서명한다. 그 후 조약은 모든 ILO가맹국에게 비준을 위하여 송부되며, 국가는 총회종료 후 1년 이내에 권한 있는 기관에 付議할 의무가 있고 그 동의를 얻지 못했을 경우에는 자국의 법률·관행의 현황을 사무국장에게 보고하지 않으면 안된다(ILO헌장 제19조). 조약의 실시에 관해서도 조약의무를 준수하지 않는 가맹국의 사용자 또는 노동자의 단체는 이 점에 관하여 사무국에 사유를 제출할 수 있다(제24조). 그리고 어느 가맹국도 다른 가맹국의 조약위반에 대하여 사무국에 불만을 신청할 수 있다(제26조).

(2) UN教育科學文化機關에 의한 人權保障

사람의 마음 속에 평화의 보루를 쌓기 위하여 세계 제인민간의 교육·과학·문화상의 협력을 촉진하는 것을 목적으로 하는 UN教育科學文化機關(UNESCO)은 약간의 인권의 보호에 관한 권고나 조약을 채택하고 있다. 예를 들면 1960년의 교육에 있어서의 차별대우의 방지에 관한 권고 및 조약, 1961년의 연주가·레코드 제작자 및 방송사업자의 보호에 관한 조약, 1966년의 교원의 지위에 관한 권고 등이다. 특히 교육에 있어서의 차별대우의 방지에 관한 조약은 광범위한 차별을 정의하면서(제1조), 체약국은 행정상·관행상의 교육차별을 폐지할 것, 입학·연구에 있어서의 차별을 금지할 것, 외국인에 대해서도 자국민에게 부여하는 것과 똑같은 교육의 기회를 부여할 것을 약속하고 있다(제3조).

조약의 실시에 있어서는 체약국은 총회에 제출하는 정기보고 중에 조약실시를 위하여 취한 조치에 관한 정보를 제공하기로 되었으며(제7조), 조약의 실시에 관한 체약국간의 불만을 처리하기 위하여 조약과는 별개의 의정서에 의하여 調停斡旋委員會를 설치하고 있다.

6. 人民의 自決權

(1) 自決權의 思想과 歷史

自決(self-determination)이라고 하는 것은 어느 민족이나 인민이 외부로부터 간섭을 받지 않고 스스로 政治的 地位를 자유로이 결정하며, 동시에 그 경제적·사회적·문화적 발전을 자유로이 추구하는 것을 말한다. 이것이 국제법상의 권리냐 아니냐는 논쟁의 여지가 있으나, 지금은 제2차대전 후의 국가간의 실행을 통하여 확립된 권리라고 하는 것이 통설이다. 포메란스(Pomerance)는 自決權이 법적 권리라고 하는 생각은 UN에서 압도적 지지를 받고 있으며 서방측 여러 나라도 이제는 이것을 묵인하지 않을 수 없게 되었다고 지적하고 있다(Self-Determination in Law and Practice, Martinus Nijhoff, 1982, 1, 63). 더 나아가 아비사브(Abi-Saab)는 일찍이 1966년에 자결원칙을 강행규범의 예로 들었으며, 브라운리도 또한 자결원칙을 강행규범의 '候補規則'의 하나로 꼽고 있다(Ian Brownlie, Principles of Public International Law, 3rd ed. 1979, 512-515).

여하간 이 권리는 제2차대전 후의 국가간의 실행을 통하여 비로소 실정법상의 권리로서 확립되었으나, 계몽기의 자연법사상에 그 싹을 볼 수 있다. 그리고 이 사상은 美國獨立宣言(1776년)과 프랑스혁명에 있어서의 '사람과 市民의 權利宣言'(1989년)에 구현되었으며, 유럽에 있어서의 민족국가 형성의 지도이념, 즉 근대내셔널리즘의 이념으로서 기능하였다. 그러나 '자결'이라고 하는 개념이 국가관계 또는 국제사회에 적용되는 국제법상의 원칙으로서 주장되게 된 것은 20세기에 들어와서부터이다. 먼저 1917년 10월혁명 후에 성립된 소비에트·러시아 정부는 민족자결을 국내외정책의 기본원칙으로 삼고 불평등조약의 폐기 등 그 구체적 적용을 주장하였다. 다음 제1차대전중 및 그 전후 처리과정에서 특히 미국대통령 윌슨에 의하여 소수민족 또는 영토귀속문제에 自決原則의 적용을 제창하였으나 결국 구체적 적용은 보지 못하고 말았다(3·1운동의 실패).

(2) 非植民地化와 自決權

自決의 개념이 정치적 원칙으로부터 법원칙 내지 실정법상의 권리로서 확립된 것은 제2차대전 이후의 식민주의체제의 붕괴, 즉 非植民地化(decolonization)의 과정에서이다. UN헌장은 "人民의 同權 및 自決의 原則의 존중에 기초를 두는 諸國間의 우호관계를 발전시키는 것"(제1조 2항)을 UN의 목적의 하나로 내걸고 있다. 이 규정 자체는 自決을 법적 권리로서 바로 승인한 것은 아니었으나 목적으로 삼은 이상 UN의 여러 기관이나 가맹국의 행동의 기준으로서 기능할 수 있는 것이었다. 또한 실제로 UN의 실천과정에 있어서 그 사상 내용에서 당연히 연역되는 것이지만 식민주의를 부정하며 식민지인민의 독립을 승인하는 중요한 법적 근거로서 빈번히 원용되었다. 같은 헌장 중에 규정되고 있는 信託統治制度와 非自治地域宣言이라고 하는 식민지통치에 대한 UN의 관여를, 자결의 원칙의 존중을 내건 제규정과 連動하여 제도적·법적으로 한층 강화시키는 동시에 반식민지주의노력의 증대와 더불어 비식민지화에 박차를 가하게 되었다.

특히 UN총회는 1952년 2월에 채택한 결의(637 [VII]) 중에서 UN가맹국은 자결의 원칙을 존중하며, 특히 식민지 지배하에 있는 인민의 자결의 승인과 행사를 인정하도록 요청하였으며, 무엇보다도 1960년 12월 14일에 채택된 '植民地獨立附與宣言'(1514 [XV])은 모든 인민은 자결의 권리를 갖는다고 선언하고, 아직 독립을 달성하지 않은 지역의 주민이 완전한 독립과 자유를 향수할 수 있게 하기 위하여 조속한 조치가 강구되지 않으면 안된다고 하였다. 그리고 이 선언을 구체적으로 실시하기 위하여 24국특별위원회(비식민지화위원회)를 설치하여 식민지의 독립을 촉진시켜 왔다. 이리하여 UN의 실천과정에 있어서의 自決權은 非植民地化를 법적으로 정당화하여 이것을 촉진하기 위하여 주장되고 적용되었다.

더 나아가 '獨立附與宣言' 10주년을 기한 '植民地와 人民에게 獨立을 부여하는 宣言의 完全履行을 위한 行動計劃'(2621 XXV)은 식민지주의의 계속은 '범죄'이며 평화와 안전의 위협으로서 안전보장이사회의 유효한 조치의 대상으로 될 수 있는 것이라고 하여 문제를 헌장 제 7 장에 결부시켰다. 이렇게 함으로써 자결의 실시를 위하여 행하여지는 개입은 국내문제로써 배제할 수 없는 것이 된다(헌장 제 2 조 7항 단서). 실제에 있어서 남아프리카연맹하의 위임통치령 '남서아프리카'(나미비아)의 병합 및 그 '아파르트헤이트'정책은 남로데지아의 백인소수지배와 함께 강제조치의 대상하에 놓인 바 있다.

끝으로 주의할 점은 자결권이라는 개념이 어떤 불만집단의 分離權까지 포함하는 것은 아니라고 하는 것이다. 예를 들면 인디아의 소수종족인 Nagas, 그리고 많은 중동국가의 Kurds와 같은 종족의 분리권까지 인정한다면 많은 신생국가의 통일은 저해되고 국력은 손상될 것이기 때문이다 (Lissitzyn, International Law Today and Tomorrow, 75).

(3) 人權과 自決權

자결권은 현대국제법의 기본개념으로서 존재하며 主權, 獨立權, 自衛權 등의 전통적 국제법의 기본권 내지 기본원칙과 같은 위치에 있는 것이다. 그리고 위에서 언급한 바와 같이 식민지인민의 독립권과 동의어라고 해도 과언은 아니다. 그런데 개인의 권리와 자유를 보장하는 국제인권규약이 양규약에서 다같이 그 제 1 조에 모든 인민은 자결권을 가지며 체약국은 이 권리를 존중할 의무가 있다고 규정하고 있는데, 이것은 자결권의 존중 또는 보장 없이는 인권의 보장은 있을 수 없다는 철학에서 나온 것이다. 자결권은 확실히 인민 또는 민족이라는 집단의 권리이나, 사상적으로는 인간의 자유·평등과 같은 인권의 존중을 그 이념으로 하고 있으며, 또 그 권리의 구체적 행사는 인민 또는 민족을 구성하는 각 개인의 권리, 즉 개개인의 참정권 등의 시민적·정치적 권리에 의하여 행하여진다. 바꾸어 말하면 자결권은 어떤 인민 또는 민족이 외부로부터의 간섭 없이 정치적 독립이나 자유가 보장된다고 하는 자결의 대외적 측면뿐만 아니라 각 개인의 인권이 그 내부에 있어서 존중되어야 한다는 대내적 측면도 확보됨으로써 비로소 미래의 의미의 자결권이 보장된다고 할 수 있다. 이리하여 자결권은 비식민지화에 따라 식민지의 독립에 법적 근거를 부여해 온 종래의 기능보다 오히려 독립국내의 인권보장이라는 대내적 측면이 보다 중요한 위치를 차지하게 되었다. 이와 같이 자결권과 인권은 불가분의 관계에 있다. 남아프리카의 아파르트헤이트정책이 아프리카주민의 인권뿐만 아니라 자결권도 침해하고 있는 사실은 이것을 여실히 증명하고 있다.

제 6 절 難民과 亡命者와 庇護權

1. 難民 · 亡命者의 定義

難民(refugee)이란 광의로 國籍國에 대한 忠誠關係를 포기하고 법률상 또는 사실상 그 外交的 保護를 받을 수 없는 자를 말한다. 바꾸어 말하면 정치적 · 종교적 · 인종적 기타의 이유에 의한 本國의 박해로부터 도피하여 외국에 보호를 구하는 것이 망명이며, 그러한 망명을 구하는 개인 또는 개인의 집단을 망명자 또는 난민이라고 한다. 그러나 이 난민(망명자)의 정의는 다양하며 국제법상 확립되지 않았다. 본국에서 정치범으로 소추된 정치범죄인은 난민에 포함되나 실제에 있어서는 보다 넓은 범위의 사람이 이에 포함된다. 즉, ① 박해를 받거나, 또는 받을 우려가 없을지라도 본국의 정치체제를 싫어하여 귀국하지 않거나 또는 외국에 거주를 구하는 자, ② 전쟁, 동란 또는 재해를 피하여 외국에 피난을 구하는 자(유민 displaced person)도 포함된다. 이와 같이 전통적 정치망명자에 해당하지 않는 넓은 범위의 사람도 포함하는 개념으로 사용되고 있다.

그러나 다음의 자는 국제적 보호의 대상이 되는 망명자로부터 제외된다. ① 평화에 대한 죄, 전쟁범죄 또는 人道에 대한 죄를 범한 자, ② 망명자로서 피난국에 입국하기 전, 그 국외에서 중대한 비정치적 범죄를 범한 자, ③ UN의 목적 및 원칙에 반하는 행위를 행한 자이다(난민의 지위에 관한 조약 제 1 조 F).

2. 難民의 保護

망명자 내지 난민의 보호가 국제적으로 문제가 되기는 러시아혁명의 결과 150만에 달하는 난민이 발생하였을 때 국제연맹이 1921년 노르웨이의 난센(Nansen)을 難民高等辦務官에 임명하고, 러시아난민에 대하여 신분증명서(이른바 Nansen Passport)를 발급하는 협정이 체결된 데 비롯한다. 1933년에는 '難民의 國際的 地位에 관한 條約'이 체결되었고 나치스의 유태인박해에 의한 난민의 유출을 계기로 1933년에 독일難民高等辨務官이, 1939년에는 國際聯盟高等辨務官이 설정되었다. 이것들은 형식상 1946년까지 존속되었으나 연맹의 권위저하에 따라 별개의 정부간기구인 정부간난민위원회가 설치되어 난민의 보호에 종사하였다.

제2차대전 후 주로 UN의 잠정적 전문기관인 國際難民機關(IRO)이 1948년 UN총회의 결정으로 설치되어 1951년의 임무종료까지 난민의 정주 또는 母國歸還活動을 하였다. 그 후 난민의 국제적 보호의 임무는 1950년의 UN난민고등판무관(UNHCR)사무소규정에 의하여 여기에 인계됨과 더불어 1951년의 '난민의 지위에 관한 조약'(난민조약)과 1967년의 '난민의 지위에 관한 의정서'에 의하여 이러한 조약의 당사국에 의해서도 국제적 보호가 행해지고 있다. 戰前의 난민보호는 특정의 난민집단에 대한 것이었는데 난민조약은 오히려 개인으로서의 난민에게도 적용될 수 있도록 난민에 관한 일반적 정의를 규정하였다. 이 조약에 의하면 난민이라고 하는 것은 "인종, 종교, 국적, 특정의 사회집단에의 소속 또는 정치적 의견을 이유로 박해를 받는다고 하는 충분히 근거 있는 공포 때문에 자국 이외의 땅에 있는 자로서 자국의 보호를 받을 수 없거나 또는 원하지 않는 자"로 되어 있다(제1조 A(2)).

이러한 난민을 받아들인 조약당사국은 그 국내의 여러 생활영역에 있어서 일정한 대우를 부여할 의무를 지고 있을 뿐만 아니라 불법입국한 난민에 대해서도 그것을 이유로 형벌을 과해서는 안된다(제31조 1항). 또 그 생명이나 자유가 위협을 받는 영역의 국경에 난민을 추방·송환해서는 안된다는 규칙(논 르풀르망〈non-refoulement〉 원칙 제33조 1항)을 규정하였다. 이 원칙은 망명자의 입국이 합법·불법의 여하를 막론하고 적용된다. 다만 조약당사국은 난민을 입국시킬 의무는 지지 않고 있다. 그리고 재류국의 안전에 위험하다고 생각하기에 충분한 이유가 있는 난민 등은 이 원칙의 적용을 요구할 수 없다(제33조 2항).

이 '追放·送還禁止의 原則'은 조약규정을 떠나서 국제관습법상 확립된 원칙이라고는 말할 수 없다. 그러나 '난민의 지위에 관한 조약'이 규정한 이 원칙이 그 후의 국내법 또는 국내재판에 수용되었고, 또한 1967년의 '領域內庇護宣言'이 세계인권선언 제14조를 원용하여 이 원칙을 확인하고 있으므로 난민의 추방·송환의 금지가 현재 국제관습화되고 있다는 견해도 유력하다.

3. 庇 護 權

망명자 또는 난민에게 부여되는 庇護는 그 부여되는 장소에 따라 領域內 庇護(territorial asylum)와 領域外 庇護(extraterritorial asylum)로 구별된다.

(1) 領域內 庇護

領域主義의 배타성으로 인하여 망명자 또는 난민에게 입국을 허가하고 비호를 부여하느냐의 여부를 자유로이 결정할 수 있는 것은 국가의 당연한 권리이다. 이러한 의미에서 庇護權이라고 하는 것은 개인에게 부여되는 국가의 권리이며 개인이 외국에 대하여 요구할 수 있는 권리가 아니다.

世界人權宣言이 "사람은 박해로부터의 보호를 타국에서 구하며, 이것을 향유할 권리를 갖는다"(제14조)라고 규정하고 있으나 이것은 개인이 국제법상 외국에 대하여 비호를 요구할 수 있다고 인정하자는 취지는 아니었다. 또한 1967년 UN총회에서 채택된 '領域內 庇護에 관한 宣言'은 "세계인권선언 제14조를 원용할 수 있는 자(식민주의에 반대하여 투쟁하고 있는 자를 포함)에 대하여, 그 주권의 행사로서 국가가 부여하는 비호는 다른 모든 국가에 의하여 존중되어야 한다. 비호를 부여하는 근거의 판단은 비호를 부여하는 국가에 있다"(제1조 1항·3항)라고 규정하여 비호권의 국가적 성격을 확인하고 있다. 이 선언의 중점은 비호권이 국가의 주권의 일부이며, 외국인에게 비호를 부여할지라도 그 본국에 대하여 위법행위가 되지 않고, 따라서 국가책임이 발생하지 않는다고 하는 취지이다.

그러나 국가의 권리로서의 비호권은 영역주권의 재인식에 불과하지만, 인권의 국제적 보호라고 하는 현대국제법의 조류하에서는 이 문제에 관한 국제문서에 비추어 생각할 필요가 있다. 세계인권선언이 "모든 사람은 박해로부터의 비호를 타국에서 구하며, 또 향유할 권리를 갖는다"(제14조 2항) 라고 말하며, 이것을 명확화하기 위한 위의 영역내 비호선언이 "국가가 그 주권에 의하여 부여한 비호는 모든 국가에 의하여 존중되지 않으면 안된다"라고 규정한 것은 비호권이 국가의 권리라고 하는 전통적 사고방식의 재인식에 그치는 것이 아님을 말해주는 것이다.

요컨대 '논 르폴르망'의 원칙이 국제문서 중에서 빈번히 확인되고 1977년의 '領域內庇護條約草案'도 그 제1에서 "비호는 이것을 타국으로부터 구할 수 있다는 이유만으로 체약국에 의하여 거부되어서는 안된다"라고 규정한 것을 생각하면 비호권은 국가의 완전한 자유재량에 속하는 권리가 아니고, 국가가 비호하고 존중할 의무와 개인이 향유할 권리를 동시에 포함하는 장차 있어야 할 법(*lege ferenda*)이라고 보아야 한다.

(2) 領域外 庇護

領域外 庇護에는 타국의 영역내에 있는 外交公館이 부여하는 外交的 庇護(diplomatic asylum)와, 영사관·군대·군함이 부여하는 비호가 있다. 그러나 이러한 비호는 조약 내지 국제관습법에 의하여 인정된 경우를 제외하고는 국제법상 일반적으로는 인정되고 있지 않다.

다만 외국의 공관이나 군함 등은 불가침이기 때문에 도망쳐 들어온 범인의 인도를 거부하고 비호가 부여된 경우라도 영역국의 경찰은 들어갈 수 없으며, 외교관원의 국외퇴거나 군함의 영역외퇴거를 요구하는 등의 대항조치를 취할 수 있을 뿐이다.

이와 같이 영역외 비호는 오늘날 국제법에 의하여 일반적으로 인정된 것은 아니다. 그러나 중남미제국은 비호에 관한 조약을 체결하여 정치범에 대한 외교적 비호를 인정하여 왔다(1928년의 하바나조약, 1954년의 카라카스조약). 그럼에도 불구하고 콜롬비아·페루간의 아야 데 라 토레(Haya de la Torre)에 관한 비호사건에서 ICJ는 외교적 비호가 미주제국간의 관습국제법으로서 성립되어 있지 않다고 판시하였다(1950년 11월 20일 판결).

16·17세기의 유럽에 있어서 가혹·편파적인 재판의 집행으로부터 보

호하기 위하여 공관에 범죄인을 庇護한 예는 많으며, 정세가 불안한 중남미제국에서도 정치범에 대한 비호의 관행은 거의 일반화된 형편이다. 그러나 공관의 불가침은 외국대표에 대한 예우의 관념과 절차의 직무수행을 수월하게 할 필요에서 나온 것이지 공관이 派遣國의 영토의 일부분이라는 뜻은 아니므로 19세기 이후 각국의 국내법이 정비됨에 따라 이 관행은 거의 폐지되었다. 다만 오늘날에는 내란·혁명이 빈발하는 라틴아메리카 제국에 있어서 정치범에 대한 비호가 조약(예, 1928년의 Havana 조약)에 의하여 인정되고 있을 뿐이며 일반국제법상으로는 외교공관에 庇護權은 없는 것으로 되어 있다(단, 칠레의 Alvarez 판사는 Asylum Case에서 정치범에 대한 외교적 비호권은 Latin-America 국제법의 일부분을 이루고 있다고 주장하였다).

外交的 庇護의 문제에 관해서는 1950년 ICJ가 내린 두 개의 판결, 즉 ① 콜롬비아·페루간 庇護權事件과 ② 아야 데 라 토레사건에 대한 판결이 先例가 된다. 1948년 페루에서 혁명을 일으켰으나 실패한 인민혁명당의 지도자 토레(Victor Raul Haya de la Torre)가 리마에 있는 콜롬비아 대사관에 비호를 얻었다. 콜롬비아대사는 토레의 국외퇴거를 위하여 페루정부에 그의 출국을 위한 安導券(안전통행증 safe conduct)을 요구하였다. 앞서 토레를 범인으로서 기소하면서 체포명령을 내린 페루정부는 단호히 콜롬비아대사의 요구를 거절하였다. 콜롬비아는 페루와 裁判付託에 관한 리마협정을 체결하고 1949년 10월 15일 사건을 ICJ에 부탁하였으니 이것이 바로 ①의 비호권사건이다. 係爭點은 (a) 토레의 지위에 관한 콜롬비아의 결정(토레가 정치적 망명자라고 하는 결정)은 페루를 구속하는가. (b) 비호의 부여는 1928년의 비호에 관한 하바나조약에 일치하는가 등이었다. ICJ는 1950년 11월 20일의 판결에서 콜롬비아가 정치적 망명자의 자격을 일방적으로 규정하여도 그것에 의하여 페루를 구속할 수 없으며 1928년의 하바나조약에 의하여 망명자에게 부여되는 보증은 영토국이 망명자의 출국을 요구하는 경우에만 한정되는 것이며 이 사건에는 적용되지 않는다. 콜롬비아가 페루에 대하여 토레의 신변의 안전과 출국에 필요한 보증을 요구할 권리는 없다고 판결하였다. 이리하여 ICJ는 콜롬비아 정부의 주장이 하바나조약과 일치하지 않는다고 말하면서 외교적 비호의 구속력을 배척하였다.

콜롬비아는 판결후 즉시 토레의 페루에의 引渡義務에 관하여 판결의 해석을 청구하였으나, ICJ는 1950년 11월 27일 인도문제가 재판소에 부탁된 문제의 내용에 포함되어 있지 않았다는 이유로 그 청구를 각하하였다(*non ultra petita*의 원칙).

페루는 위의 판결에 입각하여 11월 28일 토레의 인도를 콜롬비아에 요구하였으나 콜롬비아는 인도의무가 없다는 이유로 이를 거절하고 ICJ에 대하여 국제관습법과 美洲國際法에 의하여 콜롬비아가 토레를 페루에 인도할 의무가 있느냐의 여부에 관한 판결을 청구하였다. 이것이 ②의 토레사건이다. ICJ는 1951년 6월 31일의 판결로써, 라틴아메리카에 있어서 정치범에 대한 비호를 확립시킨 국제법은 없으므로 비호권의 근거는 전적으로 하바나조약에 있는데, 이 조약은 정치범의 신체에 급박한 위험이 있을 때만 비호권의 행사를 인정하고 있으며 토레의 경우는 이러한 급박성이 없으므로 콜롬비아공관에 이러한 비호권이 없다고 하고 토레에게 부여되어온 비호는 앞서 말한 ①의 판결의 언도후에는 종료되어야 한다고 하였다. 그러나 콜롬비아가 페루관헌에게 토레를 인도할 의무는 없는 것이며, 비호를 종료시키기 위하여 취할 수 있는 여러 가지 방법에 관하여 '實際的 助言'을 당사국에게 부여하는 것은 재판소의 사법적 임무를 이탈하는 것이므로 할 수 없다고 판결하였다(그러나 ICJ는 Latin-America 제국간의 관계에 있어서 항상 현저한 지위를 점령하여 온 예양과 선린의 고려로부터 지침을 구함으로써 실제적 또한 만족한 해결을 볼 수 있을 것이라고 하였다).

결국 이 판례에 의하면 국제법상 사절단의 공관은 정치망명자에 대하여 비호를 부여할 권리는 없으나 당사자를 인도할 것인가의 여부는 당사자간의 교섭에 의하여 결정되는 것이라고 할 수 있다.

토레는 판결후 5년간 콜롬비아대사관에 비호되어 양국간의 교섭의 결과 국외로 퇴거하였다. ICJ판결에 불만을 표시한 남미제국은 1954년 카라카스에서 외교적 비호권에 관한 새로운 조약을 체결하였다.

1967년 12월 14일 UN총회에서 채택된 '領域內 庇護權宣言'은 구속력을 갖지 않으므로 현재 UN에서는 영역내 비호에 관한 상세한 조약안을 작성중에 있으며, 이것이 성립된 경우에는 개인에 대한 비호가 국가의 국제법상의 의무가 된다.

제 7 절　犯罪人引渡

1. 意　　義

犯罪人引渡(extradition)라고 하는 것은 외국에서 죄를 범한 용의자 또는 유죄판결을 받은 자가 자국 내에 도망해 들어온 경우 외국의 청구에 응하여 그 범인을 그 외국에 인도하는 것을 말한다. 국가는 타국영역 내에서 주관적 기능을 행사할 수 없는 것이므로 범죄의 진압과 범죄의 不罰狀態防止라는 국가공통의 목적은 국제협력을 통하여 실현될 수밖에 없다.

따라서 범죄인인도는 형사사건에 관한 국제적 司法共助의 특수한 형태로서 해당국가의 범죄진압욕구를 달성하는 수단이 된다. 범죄인 또는 범죄피의자에 대한 인도청구는 그에 대한 심리·재판·처벌을 가장 유효·적절하게 행할 수 있는 犯罪行爲地國에 의하는 것이 보통이지만, 범죄인의 국적국 및 법익침해국의 청구도 가능하다.

현행국제법의 일반규칙에 따르면 국가는 조약상의 합의가 없는 한 범죄인의 인도의무를 지지 않는다. 실제에 있어서는 많은 국가가 양자조약의 형태로 특정 범죄인의 인도를 약속하고 있다(1933년 Montevideo 범죄인인도조약 및 1957년 유럽 범죄인인도조약은 지역적 다자조약). 조약의 부재가 인도의 금지를 의미하는 것은 아니기 때문에 국가는 범죄인인도에 관한 국내입법 또는 國際禮讓을 이유로 인도할 수도 있는데, 이때에는 상호주의의 보증을 조건으로 하는 것이 일반적이다. 범죄인인도의 청구는 일정한 형식과 내용을 갖추어 관계국가간의 외교경로를 통하여 정부차원에서 행한다.

범죄인인도는 일찍이 국가간의 관행으로 행해졌으나 현대적 범죄인인도제도는 산업혁명이 완료되고 교통이 비약적으로 발전되어 도망범죄인이 격증하는 19세기에 이르러 보통범죄인을 인도대상으로 하는 오늘날의 제도가 확립되게 되었다.

2. 引渡犯罪와 引渡相對國

引渡犯罪라고 하는 것은 범죄인인도를 요청함에 있어서 청구국이 당해 범죄인이 범하였다고 주장하는 범죄를 말한다. 무엇을 인도범죄로 하는가는 국가가 자유로이 결정할 수 있는 것이나 인도범죄의 유형과 경중을 조약 또는 국내법 내에서 미리 규정하는 경우가 많다.

引渡犯罪의 결정에는 다음과 같은 몇 가지 원칙이 지적된다. (a) 경미한 범죄는 인도하지 않는다. (b) 청구국과 피청구국의 쌍방의 형법에 있어서 다같이 규정된 범죄에 한한다(雙方犯罪性의 原則). (c) 자국민은 인도하지 않는다(自國民不引渡의 原則). (d) 정치범은 인도하지 않는다(政治犯不引渡의 原則).

영국이나 미국과 같이 재판관할에 관하여 犯罪地主義(속지주의)를 채용하고 있는 국가는 자국민의 인도도 인정한다. 또한 인도청구가 범죄지국 이외에 가해자 또는 피해자의 국적국 등의 2개국 이상에서 제기된 경우, 동일범죄의 경우에는 犯罪地國에, 상이한 범죄의 경우에는 보다 중한 범죄에 관해서 청구한 국가에게, 동일조건의 경우에는 청구를 빨리한 국가에게 인도되는 것이 보통이다.

(1) 雙方犯罪性의 原則

雙方犯罪性(double criminality)이란 인도청구국과 피청구국의 형법이 다같이 처벌 대상으로 규정한 행위만이 인도대상의 범죄가 된다는 것이다. 이 원칙은 罪刑法定主義(*nulla poena sine lege*)에 그 근거를 두고 있다. 쌍방범죄성은 특정행위에 대한 동일한 죄명 또는 처벌을 요구하는 것이 아니며 양국에서의 可罰性(punishable)만을 내용으로 하고, 동시에 일정한 형량 이상의 중벌이 가능한 경우에만 인도대상으로서의 요건이 완성된 것으로 본다.

(2) 特定性의 原則

인도된 범죄인 또는 피의자는 인도청구의 대상이 된 범죄행위에 한하여 소추되며 처벌된다. 그 이외의 인도 전의 범죄에 관해서는 처벌되지 않는다. 청구국이 특정성의 원칙을 위반하였을 때 引繼國(피청구국)이 항변 이상의 어떠한 법적 권리·의무관계를 주장할 수 있느냐에 관하여는 통일적인 국가관행을 발견할 수 없다. 실제에 있어서는 동 원칙의 위반은 신의위반으로 비난을 받으며, 법적인 효과보다는 정치적인 관계에 영향을 미친다. 동원칙의 준수는 인도국 형법질서의 존중뿐 아니라 범죄인·피의자의 인권보호를 위하여 중요한 의미를 갖는다.

3. 犯罪人引渡의 制限

(1) 自國民不引渡의 原則

범죄인에 대한 형사관할권과 관련하여 영미법계의 국가는 범죄행위지를 가장 적합한 法廷地로 보아 자국민의 국외범죄를 처벌하지 않는 대신 국적에 관계 없이 인도함을 원칙으로 하고 있으나, 대륙법계의 국가는 자국민을 인도하지 않는 대신 자국민의 국외범죄를 자국이 소추·처벌하는 원칙을 확립하고 있다. 영미법계의 국가가 대륙법계의 국가와의 관계에서 상호주의를 적용하여 외국에서 범행 후 도주해 온 자국민을 인도하지 않을 때는 자국에서도 처벌하지 못하게 되는 결과를 초래하여 범죄의 진압은 중대한 위기에 봉착한다.

自國民不引渡의 원칙은 외국의 법제나 재판을 신용하지 않고 자국민을 비호하려는 목적에서 나온 것이나, 범죄의 재판에는 범죄지가 가장 적당하며, 회복되어야 할 법질서는 범죄지의 그것이기 때문에 '자국민불인도의 원칙'은 충분한 이유가 없는 것이다. 대부분의 범죄인인도조약과 국내법은 자국민불인도의 원칙(non-extradition of nationals)을 채택하는 동시에 불법상태를 방지할 수 있는 조치를 보완하고 있다.

(2) 政治犯不引渡의 原則

政治犯이란 어느 특정 국가의 정치질서의 변혁을 목적으로 한 범죄라고 할 수 있다(그러나, 이 개념은 명확히 규정하기 곤란하다). 정치범죄는 가장 오랜 역사를 가진 유형의 범죄이면서도 원래 형법상의 용어는 아니었다. Lombrozo도 정치범죄의 범위를 지극히 광범하게 파악하여 특정 사회의 법률제도, 역사적·사회적·경제적인 제전통 또는 기존 사회조직의 어느 일부를 공격함으로써 결국 그 사회의 법률에 충돌하는 모든 행위를 포함시켰다.

정치범죄는 국가사회의 공익을 위한 것이라고 확신하면서 행하는 행위이므로 사익을 추구하는 자연범죄와 구별되며, 범죄의 실행을 보다 높은 가치의 실현을 위한 의무로 확신한다는 점에서 法律違反意識이 없으므로 그 저지를 기대할 수 없는 속성을 가진다. 그리고 無政府主義와 같이 특정 국가의 정치질서가 아니라 모든 국가·사회를 대상으로 하는 반사회적 범죄는 정치범으로 보지 않는다.

政治犯不引渡(non-extradition of political offender)는 오늘날 일반국제법상 확립된 원칙이라고 하는 것이 유력한 견해일 뿐 아니라 거의 모든 범죄인인도조약이 이를 규정하고 있다. 그러나 불인도대상으로서의 정치범죄는 순수정치범죄의 경우에 타당하며, 보통범죄가 경합된 상대적 정치범죄에 대하여는 관행이 일치하지 않고 있다. 불인도대상에서 제외되는 정치범죄는 다음과 같다. ① 첫째, 외국의 원수나 그 가족의 살해는 정치범죄로 보지 않는다는 이른바 加害條項(Clause Belge)이다. 1856년 벨기에에서 영국과 스위스를 제외한 歐洲諸國이 채용하였다(1854년 Napoleon 3세의 살해를 기도한 범인이 Belgium에 도망하여 France정부가 그 인도를 요구하였다. 범인은 Belgium의 1833년의 범죄인인도법에 정치범불인도가 규정되어 있음을 방패삼아 Belgium 재판소에 불인도의 권리를 주장하였다. 결국 France가 도중에 인도요구를 철회하여 무사하게 되었으나, 한때 Belgium은 궁지에 빠지게 되었던 것이다. 이 경험에 비추어 Belgium은 범죄인인도법을 개정하여 '외국의 원수 및 그 가족에 위해를 가하는 행위'는 정치범죄로 보지 않는다는 조항을 첨가하였다. 이것이 바로 벨기에 조항이다). ② '집단살해죄', 아파르트헤이트죄 및 하이재킹행위는 정치범으로 인정되지 않는다(제노사이드조약 제7조, 아파르트헤이트조약 제11조, 항공기불법납치억제조약 제8조). 위와 같이 정치범불인도의 원칙은 정치범을 대상으로 하는 만큼 정치적 성질을 다분히 포함하고 있으나 국가의 정치정세에 좌우되는 경향이 있다(그러나 동경지방재판소가 1969년 1월 다음과 같이 판시한 것은 주목된다. 정치범불인도의 원칙은 국제관습이며 정치범죄의 개념의 확정도 곤란하지는 않다. 순수한 정치범죄 이외의 범죄라도 본국의 처벌이 객관적으로 확실할 때는 인도해서는 안된다. 정치범불인도의 원칙은 본건처분과 같은 퇴거강제에도 적용된다).

정치범불인도원칙의 법적 성질에 관하여 전술한 바와 같이 이 원칙은 이미 국제관습법이 되고 있으며, 더 나아가 국가는 불인도의 의무를 지고 있다는 견해가 있고, 이에 반하여 이 원칙은 개별조약에 의하여 인정되는 것에 불과하며 국제관습법이 되지는 않았다는 견해도 있다. 여하간 망명자 및 난민의 보호에 관한 최근의 국제법발전을 생각한다면 이 원칙은 관습국제법으로서 성립되었다고 보아야 하며 국가는 불인도의 의무를 지고 있다고 하는 것이 타당하다.

> 일본의 경우 張曙根사건에서 그의 긴급피난과 정치적 망명의 주장에 대하여 형법의 긴급피난(제37조)에서 말한 위난, 그 현재성, 부득이한 사정 등의 구성요건을 엄격하게 해석하여 불법입국에 의한 형의 집행을 유예한다는 판결을 내렸다(祖川·小田 판례 139-143).

尹秀吉사건에서 1969년 동경지방재판소는 정치범불인도의 원칙은 국제관습법이라고 판시하였다. 이에 대하여 상소심의 동경고등재판소와 최고재판소에서는 윤수길을 정치범으로 인정할 수 없다는 것, 불인도의 원칙은 국제관습법이 아니라는 것, 퇴거강제처분은 범죄인인도와는 성질이 다른 행정처분이라는 것 등을 이유로 訴를 각하하였다.

제 8 절 船　舶

1. 私　船

船舶은 많은 이해관계의 여러 요소(선박소유주, 운항자, 선원, 장비, 선객, 하주, 보험업자 등)가 합쳐져서 단일의 운송공동체를 형성하는 것이지만, 국제법상으로는 독자적 단위로서 취급되며 고유의 국적 또는 內國性(national character)을 갖는다.

선박은 그 구성요소와는 별개의 국내법상 독자의 법인격을 가지며, 국제법상으로도 보통의 법인 또는 動産과 다른 특별한 취급을 받는다. 특히 민·형사관할권의 적용, 외국수역에의 출입, 내국민 · 최혜국대우의 허여, 연안무역의 규제, 전쟁중의 敵性의 인정, 외교보호권의 행사, 그리고 섭외사법상의 준거법의 지정 등에 있어서는 선박의 국적이 결정적 기준이 된다.

선박에 관한 일반적 정의는 실정국제법상 아직 성립되지 않았다. 개별조약에 의하여 그 목적 · 관할사항에 따라 개별적으로 정의하고 있다. 학설 · 판례상으로도 선박의 정의에 관하여 浮揚性 · 可航性 또는 船上에서의 사회집단관계 등의 기준을 사용하여 일률적이 아니다.

여하간 私船이란 사인의 관리하에 사목적에 종사하는 선박을 말한다. 소유권은 누구에게 있든지 상관없다. 그러나 국유선박으로서 私人(개인 또는 회사)에게 대여되어 그 직접적인 관리하에 놓인 선박은 한편으로 공선의 지위를 상실하면서도 다른 한편으로 국가소유권으로 인하여 외국에서 압류 등의 처분을 받지 않는다.

어떠한 국가도, 연안국이든 비연안국이든 공해에서 自國國旗를 게양한 선박을 航行시킬 권리를 갖는다(종래 Swiss, Czechoslovakia, Austria, Hungary 등 해항을 갖지 않는 국가에게는 그 소유선박에 대하여 그 국가의 국적을 인정하지 않았다). 국제법상 선박은 반드시 그 국기를 게양할 권리가 있는 국가의 국적을 갖는다. 이 국적을 船籍이라고 한다. 무국적 또는 이중국적의 선박은 물론이고, 소속국적을 증명하지 못하는 선박은 해적의 혐의가 있는 것으로 취급되어, 어떠한 국가의 군함에 의해서도 臨檢·搜索·沒收를 당하는 일이 있다(예, Asya Case 1946년).

또한 선박은 공해상에서 선적국의 배타적 관할권 밑에 선다. 선박 자체의 행동이나 또는 그 선박 내의 모든 人·物에 대하여 선적국의 관할권이 미친다. 이러한 의미에서 선적은 대단히 중요한 뜻을 갖는다. 선박과 국가를 연결하는 법적 유대가 선적이며 국가에 의한 보호 및 통제의 전제조건이 된다.

1) 船舶의 國籍 선박에 국적을 부여하기 위한 절차와 요건은 전적으로 국내관할사항에 속한다. 마치 개인에 대한 국적부여의 주의가 각국의 국내법에 의하여 결정되는 것과 같다.

국적부여에 있어서 선박의 각 구성요소의 국적과의 일치를 조건으로 하느냐의 여부의 문제도 旗國의 자유이다. 선박소유자 또는 내국회사의 사원·역원의 전원이 자국민임을 조건으로 하는 국가도 있다(일, 영, 미, 노르웨이, 서독, 소련 등). 또는 일정비율 이상(벨기에, 덴마크, 그리스, 네덜란드), 또는 국가에 따라서는 선장 기타의 고급선원의 전원과 일정비율 이상의 선원(영, 불, 미, 소련)이 자국민일 것을 조건으로 하는 국가도 있다. 그리고 또한 자국영역 내에서의 선박의 建造를 요구하는 국가(미)도 있다. 그러나 외국인이 소유하고 운항하는 선박이라 할지라도 자유로이 등록을 인정하며 국적을 부여하는 '便宜置籍'(flag of convenience)이라는 제도를 취하는 국가도 있다.

한국의 선박법(1982. 12. 31 법률 제3641호)은 제2조에서 한국선박으로서의 요건을 다음과 같이 규정하고 있다.

2. 대한민국 국민이 소유하는 선박

3. 대한민국의 법률에 의하여 설립된 商事法人으로서 출자의 과반수와 이사회의 의결권의 5분의 3 이상이 대한민국 국민에 속하는 법인이 소유

하는 선박. 이 경우 그 법인이 대표이사는 대한민국 국민이어야 한다.

4. 대한민국에 주된 사무소를 둔 제3호 이외의 법인으로서 그 대표자(공동대표인 경우에는 그 전원)가 대한민국 국민인 경우에 그 법인이 소유하는 선박.

2) **便宜置籍**　便宜置籍船은 국적부여의 조건을 설정하지 않거나 또는 그 조건이 극히 느슨한 법률을 가진 국가(파나마, 온두라스, 리베리아 등 이른바 Panhonlib, 그리고 코스타리카)에 등록된 선박이다(일정기간의 체재를 조건으로 외국인에게도 등록을 인정하는 등). 미국의 회사가 금주법, 관세법, 중립법 등의 국내법상의 규제를 회피하기 위하여 이용한 데서 비롯한 것인데, 오늘날에 있어서는 便宜置籍船의 총톤수의 80퍼센트 이상이 미국자본의 소유이다. 세금의 부담이 싸고 노동조건이나 사회보장도 저수준으로 선박운항비가 저렴한 까닭에 제2차대전 후 급격히 편의치적선이 증가하였다.

개발도상국은 외자와 기술의 도입, 자주적인 해운진흥정책의 추진, 자국산의 일차산품의 수출수단으로서 그 필요성을 강조하고 있다. 그러나 선진해운국의 선박소유자는 해운의 과당경쟁을 초래한다고 하며, 선원노동조합도 노동조건의 악화를 이유로 便宜置籍에 반대한다. 각국도 편의치적선에 해난사고나 해양오염이 많으며, 그 이유는 旗國의 감독·규제가 불충분하기 때문이라고 이것을 비난하며 선적부여의 기준을 엄격히하여 선박과 그 구성요소와의 국적의 일치를 도모해야 한다고 주장하고 있다(Sφrensen, The Law of the Sea, 520). ICJ가 '海上安全委員會事件'에서 선박과 선박소유자의 국적이 일치해야 한다는 주장은 본건과 관련성이 없다는 권고적 의견을 내렸으나 이것은 국제조직의 기본조약의 특정규정('정부간해사협의기관 헌장' 제28조 a항)에 관한 해석이며 편의치적의 당부에 관한 일반적 판단은 아니다(ICJ Reports 1960, 166-171).

제1차 UN해양법회의는 위와 같은 편의치적에 대한 경제적·법적 비판을 배경으로 개최되었다. 이 회의에서 성립된 公海條約(1958년)에서는 국적부여에 관한 국제통일기준의 작성이 곤란하므로 종래와 같이 국적부여 및 국기게양의 결정권을 각국에 인정하는 반면 새로이 旗國과 그 국적을 부여한 선박과의 사이에 '眞正한 聯關'(genuine link)이 존재하는 것을 요건으로 규정하였다(제5조 1항, 제3문 전단). 특히 旗國은 선박에 대하여 행정·기술·

사회상의 제사항에 관하여 유효하게 관리・규제하는 것을 조건으로 하였다(공해조약 제5조).

여기서 문제는, ① 이 규정이 旗國의 국적부여의 권능을 실질적으로 어디까지 규제할 수 있는가이다. 즉, '진정한 연관'이 없는 경우 기국은 국제위법행위에 입각한 국가책임을 지게 되는가, 또는 그 선박이 '국적없는 선박'(제6조 2항)과 같이 취급되어 타국이 위법하게 나포・억류하여도 旗國의 외교적 보호권이 행사될 수 없는 것인가라는 문제가 있다. 다음 ② '진정한 연관'의 내용에 관해서도 두 가지 해석이 대립된다. 하나는 自國籍의 선박에 대한 실효적인 관할・규제를 유지하도록 旗國에게 요구할 뿐이며, 이것을 어떠한 방법으로 확보하는가는 각국의 판단에 일임하는 것이고, 국적부여의 기준에까지 개입하는 것은 아니라고 하는 입장이다. 또 하나는 旗國에 대하여 선박과 선박소유자의 국적이 일치하도록 의무를 과하는 것으로서 국적부여 자체에 國際法上의 요건을 과하는 취지라고 해석하는 입장이다. 실정국제법의 해석으로는 전자가 通說이다. 다음, ③ 旗國이 현실적으로 자국선박에 대한 실효적인 관할・규제를 태만히하는 경우에는 곧 '진정한 연관'을 상실한 것으로 해석되는가의 여부에 대하여도 대립이 있다. UN해양법조약에서는 선박의 國籍附與에 관한 규정(제91조)과는 별개로 유효한 관할권・규제의 행사는 旗國의 의무에 관한 규정(제94조 1항)에 이전되었으므로 이러한 해석은 부정되었다고 할 수 있다.

결국 오늘날은 旗國은 국적부여에 관한 국내법상의 조건을 어떻게 규정하든 간에 그 국제적 대항력을 주장하기 위해서는 '진정한 연관'의 존재를 확보해야 한다. 그러나 편의치적선에 대한 규제는 국적부여의 기준의 강화보다는 기국의 의무(제94조 자국선박, 선장, 선원에 대한 행정・기술・사회상의 유효한 관할, 선박의 구조, 설비에 대한 정기적 검사, 선원의 기능훈련 등)를 강화하는 방향으로 처리될 문제라고 생각된다.

승무원의 자격기준이 엄격하지 않고 국가의 관리가 불충분한 까닭에 便宜置籍船의 해난사고가 많다. 1967년 영불해협에 발생한 Torrey Canyon사건, 1971년의 新瀉近海의 Juliana호 사건은 리베리아 선적의 편의치적선에 의한 油濁事故였다.

2. 公海上의 警察權

국제관습법상 공해상의 선박은 원칙적으로 그 기국의 관할하에 선다. 이 선박상에서 저질러진 범죄에 대하여 기타의 국가가 국가관할의 역외적용을 시도하는 일이 있으나(예, 반트러스트법의 역외적용—미국, 서독, EEC), 강제관할권의 행사는 원칙적으로 기국에 유보된다.

1) 旗國主義의 例外　그러나 각국은 공해의 법질서를 확보하기 위하여 위반선박에 대하여 공해상에서 경찰권을 행사하는 경우가 있다. 국제관습법이나 특별조약에 입각한, 旗國主義의 원칙에 대한 예외가 된다. 다만 군함과 국가의 선박(예, 국가가 소유하며 비상업적 역무에 종사하는 선박)은 완전한 면제를 향유하는 것이므로(UN해양법조약 제95조·제96조) 公海海上警察權의 대상에서 제외된다.

2) 接 近 權　각국의 군함은 공해에서 외국선박에 대하여 그 국기를 게양하는 권리와 국적을 확인(verification)하기 위하여 그 선박에 접근하여 관계서류의 제시를 요구할 수 있다. 이것을 接近權(right of approach)이라고 한다. 海賊의 경우는 이 권리가 국제관습법이 인정한 유일의 외국선박에 대한 간섭행위이다. 다만 容疑船舶을 외부로부터 국기·국적의 동일성 여부에 관하여 검열하는 것에 불과한 것이므로 설사 용의선박이 국기의 확인에 응하지 않는 경우에도 군함은 그 선박이 해적 기타의 해상범죄에 종사하고 있다고 의심하기에 족한 충분한 근거가 없는 한 단순히 국기확인만을 위하여 승선·임검 등의 강제조치를 취할 수 없다(공해조약 제22조 1항, UN해양법조약 제10조 1항). 다만 이 사실을 관계당국에 통고할 수 있을 뿐이다.

3) 臨 檢 權　국제관습법상 臨檢은 조약에 입각한 경우를 제외하고는 주로 해적행위, 노예수송, 무국적선박의 혐의가 있는 경우, 또는 외국국기를 게양하거나, 또는 국기확인을 거절하는 선박이 실제로는 임검국의 선박이라는 충분한 혐의가 있는 경우, 그리고 接續水域이나 追跡權의 법리에 입각한 경우에 한하여 허용된다.

오늘날에 있어서 臨劍을 할 수 있는 것은 군함 이외에 군용항공기, 나아가서 정부의 공무에 종사하는 다른 선박·항공기(식별가능한 명확한 표식이 있는 것)로 되었다(UN해양법조약 제110조 4항, 5항).

臨檢에 있어서 결과적으로 혐의에 근거가 없다는 것이 증명되고, 동시에 임검을 받은 선박에 용의사실이 전연 없다는 것이 판명된 경우에는 그 선박은 임검에 의하여 입은 손해를 보상받을 권리가 있다(공해조약 제22조 3항, UN해양법조약 제110조 3항).

4) **海　賊**　海賊은 일찍이 公海航行의 자유를 침해하는 것으로서 '人類一般의 敵'(*hostis humanis generis*)으로 취급되어, 어느 국가의 군함(또는 군용항공기 또는 이 목적을 위한 정부의 선박이나 항공기)도 해적의 혐의가 있는 선박을 臨檢·搜索·拿捕할 수 있다(제107조). 확실히 해적선으로 판명된 선박의 경우에는 이것을 나포하여 자국법정에서 처벌할 권리가 인정된다(제105조).

국제법상 해적이란 私船 또는 私항공기가 공해 또는 국가의 관할권에 속하지 아니하는 장소에서 사적 목적을 위하여 다른 선박·항공기 및 인명·재산에 대하여 행하는 불법적인 폭력·억류 또는 강탈행위라고 할 수 있다(제101조). 따라서 이러한 행위를 군함이나 정부선박이 행한 경우 또는 사유의 선박이 정치적 목적을 가지고 행한 경우에는 국제법상의 해적행위가 되지 않는다. 교전단체의 권한하에서 실행된 것도 사적 목적을 갖지 않는 것은 정당한 交戰權의 행사로 간주된다. 피해받은 중립국선박은 이러한 선박을 직접 나포하거나 처지하지 못하며, 오직 旗國에 대하여 그 처벌을 요구할 수 있을 뿐이다.

해적행위가 성립되기 위해서는 가해선과 피해선의 양자가 존재하는 것이 필요하다. 따라서 하나의 선박 내에서 선원이 반란을 일으켜 화물을 私取하거나 살인·폭행 등의 불법행위를 자행하거나 또는 선박 자체를 탈취하거나 하는 경우 그것만으로는 旗國의 국내법상의 범죄에 지나지 않는다(Santa Maria호 사건). 실제에 있어서는 해적의 취급을 받는다. 해적항공기는 해적선박과 같이 취급된다(제105조).

해적의 정의가 조약이나 국내법으로 규정되는 경우도 있다. 1937년 Spain 내란시에 국적불명의 잠수함이 지중해를 跳梁하여 해상교통을 위협한 까닭에 Swiss의 Nyon회의에서 국적을 표시하지 않고 또 1930년의 '잠수함의 전투행위에 관한 의정서'에 위반된 잠수함을 해적으로 간주한다는 결의가 성립되었다.

영국의 국내형법에 의하면 전시중 '왕의 적'(The King's Enemies)에 대하여 원조를 부여한 자, 또는 공해상에서 노예무역에 종사한 자를 해적으로 규정하였다. 그러나 국가는 공해에사 타국선박에 대하여 실시할 수 없으므로 국제법상의 해적이 아닌 경우에는 외국인을 해적으로 취급하지 못한다.

5) **無許可放送** 모든 국가는 公海(영해외 해양)로부터의 無許可放送(이른바 해적방송)의 방지에 협력할 의무를 진다(UN해양법조약 제109조. 이 조약은 관습법이나 조약에 입각한 종래의 공해상의 국제적 관할권에 새로이 마약거래와 해적방송의 규정을 추가하였다).

무허가방송이라고 하는 것은 국제규칙에 반하여 공해의 선박 또는 설비로부터 행하여지는 방송으로서 일반공중의 수신을 의도한 것(조난호출의 송신은 제외)이다. 무허가방송의 종사자는 선박의 旗國, 설비의 등록국, 그 자의 본국, 그 방송을 수신할 수 있는 국가, 무선통신에 방해를 받는 국가 등의 어느 재판소에서도 형사처벌할 수 있으며, 또 공해에서 체포·나포·압수할 수가 있다(UN해양법조약 제109조).

6) **奴隷輸送** 奴隷의 賣買는 현재 일반국제법상 금지되고 있다. 아프리카 및 그 근해에서 이것을 처벌하는 조약이 관계국간에 체결된 이래 1890년의 브뤼셀의 일반의정서가 이것을 전면 금지하였다. 각국은 자국선의 노예수송을 방지하며 이것을 처벌하며, 또 자국의 국기가 노예수송에 사용되는 것을 방지하는 조치를 취하지 않으면 안된다. 노예가 다른 국가의 선박(군함, 공선, 상선 등)에 피난하였을 경우에는 자유가 된다. 이것은 오늘날 일반관습법규가 되고 있다(공해조약 제13조, UN해양법조약 제99조).

7) **麻藥去來** UN해양법협약은 관습법이나 조약에 입각한 종래의 공해상의 국제적 관할권에 새로이 마약거래(및 해적방송)의 규정을 추가하였다.

모든 국가는 선박이 公海(영해외 해양)에서 마약이나 향정신제의 국제조약에 반하는 불법의 거래를 방지하기 위하여 협력할 의무를 진다. 자국선이 그러한 거래를 행하고 있다고 생각되는 경우에는 타국의 협력을 요청할 수 있다.

3. 公海上의 自衛

公海上에서 自衛權을 이유로 하는 管轄權을 행사할 수 있는가. 여기에는 이론이 많다.

첫째, Virginius호사건에 있어서는 1873년 스페인이 식민지 쿠바의 반란단체와 그 군사고문인 영국인을 수송중인 미국선 버지니어스호를 나포하여 선상에서 그 일부를 처형한 것이 自衛權에 해당하는가가 문제가 되었다. 식민지의 반란단체의 병력을 수송하는 제3국의 私船을 母國의 군함이 공해상에서 자위권행사라는 이유로 임검·나포를 행하는 경우가 이것이다. 그러나 자위권은 어느 경우에도 무력행사를 정당화하는 白紙委任狀(carte blanche)을 부여하는 것이 아니다. 이러한 강제조치는 급박한 위해에 대항하는 것이 아니면 안되는 것이고, 지체없이 그 선박의 기국에 통고되어야 하며 선박의 승무원이나 승객은 旗國에 인도되어 그 訴追는 기국법에 맡겨져야 하는 등 엄격한 조건에 따르는 경우에 한하여 정규의 경찰적 조치로 인정된다.

둘째, 알제리전쟁중(1956-1962), 반란군에게로 가는 무기수송에 종사하는 외국선박에 대하여 프랑스가 행한 臨檢·拿捕의 경우에는 유고슬라비아·포르투갈 등의 기국에 의한 항의를 받았으며, 이탈리아선주회사에 의해 프랑스 재판소에의 제소를 당했다. 소련의 공격용병기의 쿠바행수출을 저지하기 위한 미국에 의한 공해상의 규제는 스웨덴·소련의 항의를 받았다.

위와 같은 공해상의 자위조치는 國際慣習法으로서 확립된 것이 아니고, 오늘날에 있어서도 공해자유의 침해로서 외교상의 항의의 대상이 되기가 쉽다(미국은 1962년의 그 조치를 새로운 형태의 봉쇄인 격리 quarantine라고 기술하였다. Glahn, Law among Nations, 567).

셋째, 1968년 1월 23일 북한순시선이 미해군정보수집용보조함 푸에블로(Pueblo)호를 나포한 사건인데, 연안국이 자위·국방을 이유로 공해상의 외국함선에 停船·銃擊·拿捕·抑留 등의 실력행사를 하는 경우가 있다. Pueblo호는 距岸 15마일에서 활동하였기 때문에 미국측은 공해상이라고 주장한다. 무력공격의 급박한 위해가 있었던 것은 아니므로 북한의 조치는 자위권의 남용으로 비난을 면하지 못한다.

제12장 國際組織

제 1 절 國際社會의 組織化

1. 國際組織의 成立과 發展

유럽에 있어서 민족을 기반으로 하는 영역국가가 형성되어 그 상호간의 근대적 국제관계가 성립하게 되는 16·17세기의 국제사회에서는 그 국가간의 관계가 긴밀하지 않았다. 다만 이 병존하는 근대국가는 중세의 기독교 사회의 통일질서가 퇴조하여 감에 따라 상호간에 여러 가지 교섭을 갖는 동시에 서로 다투며 전쟁을 하는 국제관계를 전개해 나아갔다. 제국은 독립과 주권을 주장하여 그 발전을 도모하는 데에 급급한 나머지 국제관계는 경쟁, 대립, 투쟁이 지배적이었다.

그러나 19세기에 이르러 국제사회에는 중대한 변화가 발생하였다. 산업혁명의 진행과 통신·교통수단의 발달은 자본주의적 생산양식과 국가간의 통상 및 문화교류를 통하여 국가간의 상호의존을 촉진하는 반면, 국제적 경쟁과 대립을 격화시켰다. 이와 같은 국제관계의 긴밀화를 배경으로 하는 국가간의 대립과 경쟁을 합리적으로 규제하기 위하여 다수의 국제회의가 개최되고 여기에서 국제조약이 체결되었으니 국제법은 질적으로나 양적으로나 비약적으로 발전하게 되었으며, 국제사회의 조직화도 여기에서 시작되었다. 이것들은 國際行政聯合(International Administrative Unions)이라고 통칭되어 경제적·사회적·문화적 및 행정적인 분야에서 국제협력을 목적으로 설립된 것으로서 오늘날 존재하는 다수의 전문적 국제기구의 출발점이다. 다음 20세기에 들어와 제 1 차대전의 결과 긴밀화된 국제관계를 배경으로 국제평화의 유지와 국제협력이라는 두 가지 기능을 목적으로 하는 國際聯盟이 인류최초의 일반적(보편적) 국제기구로서 전세계적 규모로 성립되었다.

그러나 연맹이 평화유지를 위하여 개별 국가의 戰爭權에 간섭할 수 있다는 새로운 법원칙은 가맹국의 의식 속에 충분히 뿌리박지 못하였다. 약간의 국가는 연맹에 가입하지 않았으며, 약간의 국가는 탈퇴하고 말았다. 연맹국도 국가주권과 연맹의 권위와의 조화를 시도하였으나, 불행히도 제 2 차대전의 발발은 연맹의 결함을 실제로 露呈하였으며 마침내 그 붕괴를 초래하였다.

제 2 차대전 후 國際聯合(UN)이 탄생하였다. UN은 그 헌장 전문에서 보듯이 理想主義的 측면이 강조되고 있는 반면, UN의 실제적 기능면에서는 엄격한 국제정치상의 力關係를 반영한 현실주의적 측면이 보다 강하게 부각되고 있다. UN이 탄생한 지 40여년이 흘러간 오늘날 그 동안의 그 행적을 보면 평화기구로서의 UN에 커다란 한계가 있다는 것을 알게 되었다. UN에 한계가 있는 것은 UN의 이념이 틀렸다든가 조직으로서 결함이 있기 때문이라고 하기보다는 UN이 분열된 국제정치를 충실히 반영하는 거울이기 때문이다. 여전히 민족주의가 강하고 국가주권이 깊이 박혀 있는 현 국제사회에서 평화나 복지의 면에서 부여된 인류적 과제의 웅대함에 비하면 UN의 문제해결의 능력은 극히 미미한 것일지도 모른다. UN은 엄격한 법률적 입장에서만 해명될 수 있는 존재가 아니다. 그 존재가치는 국가간의 상호불신의 벽이 두꺼운 국제사회에서 권력정치의 전통적 방식 대신에 분쟁의 평화적 해결의 습성을 육성하는 데 있다. 만약 UN이 전과 같이 국가주권의 고집으로 인하여 또다시 실패로 돌아간다면 남은 방법은 제 3 차대전의 폐허 속에서 새로 탄생하는 강력한 세계국가의 조직이 될지도 모른다는 전망도 있다.

2. 國際組織(國際機構)의 意義와 種類

國際組織은 國際機關 또는 國際團體라고도 불리는 것으로서 광의로는 복수의 국가(정부)에 의하여 구성되는 政府間機構(intergovernmental organization)뿐만 아니라 非政府機構(民間團體 non-govermental organization)까지도 포함한다. 그러나 협의에서는 전자만을 의미한다.

국제조직은 다수국이 특정의 공통목적을 달성하기 위하여 조약 또는 기존의 상위기관의 결의를 바탕으로 설립된 조직체이다. 이것은 보통 그 기능을 수행하기 위한 기관(organ)을 가지며, 이 기관을 통하여 개개의 구성국의 의사와는 별개의 조직 자체로서의 의사를 표명하며, 그 조직의 이름으로 행동한다. 이에 대하여 非政府團體(NGO)는 보통 본부 소재지국의 국내법상의 법인이며, 제한적으로 국제조직의 내부기관으로부터의 협의·자문에 응하는 지위를 가질 뿐이다(UN헌장 제71조).

국제조직은 여러 가지 표준에 의하여 분류할 수 있다. 첫째는 管轄事項의 범위에 따라서, ① 각 분야에 걸쳐 포괄적·일반적인 관할권을 가진 것(일반적 국제조직), ② 어떠한 전문적 특수분야에 한정된 부분적 관할권을 가진 것(전문적 국제조직)이 있다. 둘째로 관할지역의 범위에 따라서, ① 전 세계적인 관할권을 가진 것, 또는 그것을 지향하는 것(세계적 국제조직), ② 특정의 지역·민족·언어·종교·문화 또는 정치적 이데올로기에 입각하여, 그 특수이익의 보호를 목적으로 조직된 것(지역적 국제조직) 등으로 분류된다. 위의 몇 가지 유형을 결합하면 국제조직에는, ① 일반적·세계적인 것으로서 UN, ② 일반적·지역적인 것으로서 '美洲機構'(OAS), ③ 전문적·세계적인 것으로서 만국우편연합, ④ 전문적·지역적인 것으로서 유럽석탄철강공동체 등을 예시할 수 있다.

나아가서 그 활동에 따라 각국의 정책이나 국내행정사무를 일정한 국제적 기준에 맞추기 위해서 그 조정을 목적으로 하는 심의기구와 私人에 대하여 일정의 설비·역무를 제공하는 국제조직과 같은 구별도 나타나고 있다. 특히 후자는 일반적으로 國際業務運營機構(international operational agency)라고 불리며, 정부의 대표 외에 국가가 지정하는 사업체·기업의 대표를 出資者로서 구성원으로 참가시키는데, 정부간의 합의에 의하여 설립된 것이고 국제법상의 권리의무는 政府間總會에서 담보하는 까닭에 역시 국제조직의 신형으로 취급되고 있다.

오늘날의 國際組織은 그 임무·기능이 포괄적이며, 그 권한은 단순한 사무적인 것에 그치지 않고 구성국가의 정치활동·주권작용을 규제하며 때로는 그것을 제한한다. 그러나 국제조직은 어느 것도 기능적 조직체인 것을 특징으로 한다. 국가 내지 국가결합체와 같은 일정 지역의 전체 사회를 기반으로 하는 권력적 지배단체와는 성질상 다르다.

國際社會의 조직화가 발전되어 국가나 다른 국제기구와의 사이에 국제법률행위를 행하며 국제법주체로서 국제법상의 권리를 가지며 의무를 진다.

다만 유럽공동체의 법규, 판례는 유럽법으로서 국제법 일반과는 별개의 법으로서 연구되고 있으며, 각각의 국제기구의 발전과 그 선례·관행·판례의 집적에 의하여 독자의 행정작용법적 분야를 형성하고 있다. 그러나 이러한 국제기구의 조직이나 작용만을 연구하는 국제조직법도 국제법의 한 분야로서 취급되고 있다.

제 2 절 國際聯合(UN)

1. 成 立 史

제 2 차대전이 진행중인 1943년 10월 영국, 미국, 소련 및 중국의 4개국은 공동선언을 발표하여 전후 새로운 평화기구의 설치의도를 처음으로 명백히 하였다(모스크바 선언). 이 선언의 취지에 입각하여 다음 1944년 덤버튼 오크스(Dumbarton Oaks) 회의에서 위의 4개국은 동년 10월 '일반국제기구의 설립에 관한 제안'을 발표하였는데, 이 제안이 바로 UN헌장의 모체이다.

이 덤버튼 오크스 제안에는 安全保障理事會의 표결방식과 信託統治制

度가 결정되지 않았었다. 이 문제에 관한 諒解가 성립되기는 1945년 2월 영·미·소간의 얄타회담에서였다. 계속해서 위의 덤버튼 오크스제안을 정식으로 조약화하기 위한 연합국전체회의가 동년 4월 25일부터 샌프란시스코에서 개최되었다. 이 회의에 참가한 국가는 樞軸國(독일 · 일본 · 이탈리아)에 대하여 宣戰한 51국 중 폴란드를 제외한 전체의 연합국이었다(폴란드가 불참한 이유는 런던 망명 정부와 와르소정권과의 대립 때문). 이 회의에서는 원안에 약간의 수정을 가한 후 6월 26일 참가국 전체의 서명을 얻어 회의는 폐막되었다(폴란드는 드디어 헌장에 서명). 즉, 이 회의에서 전후 평화기구의 준비과정을 주도해온 四大國(주최국)이 여기에 처음으로 참가한 기타의 중·소연합국(초청국)측의 大國主義에 대한 커다란 불만을 물리치고 그 통과를 강행한 결과가 되었다. 그러나 헌장은 서명만으로는 성립되지 않고 비준을 요하는 조약이므로 이것은 각국의 비준절차에 회부되어 영 · 미 · 프랑스 · 소련 · 중국의 5개국을 포함한 서명국 과반수의 비준을 얻은 1945년 10월 24일에 법적으로 성립되었다(헌장 제110조).

제 1 차 UN총회는 다음해인 1946년 1월 10일 런던에서 개최되어 UN은 정식으로 활동을 개시하였다. 그 후 UN은 국제사회가 자본주의국가 이외에 다수의 사회주의국가를 탄생시켜 동서의 대립을 가져왔고, 선진공업국가 이외에 수에 있어서 월등히 이것을 상회하는 반식민지주의의 개발도상국을 안고 있어 이러한 東西問題와 南北問題의 해결에 고민하고 있다. 앞으로의 UN의 과제는 이 두 가지 문제를 어떻게 해결하느냐에 있다.

2. UN의 特徵(國際聯盟과의 比較)

UN은 국제연맹과 비교하여 볼 때 여러 가지 특징을 가지고 있다. 그 중 중요한 것은 다음과 같다.

첫째, 국제연맹은 평화회의의 산물인 데 대하여, UN은 전쟁의 계속중에 창설된 것이다. 즉, 헌장은 전쟁중에 작성되고 중립국의 참가없이 연합국만의 회의에서 심의 · 결정되었다. 이에 대하여 연맹규약은 베르사이유조약 기타의 평화조약에 포함되었으며 그 작성과정에 중립국도 초청되었다. 이러한 성립 과정의 차이로 인하여 연합에는 戰時色彩가 강력히 반영되어 있다. 예를 들면 연합은 연맹과는 달리 原加盟國을 연합국에게만 한정하고 또 舊敵國에 대하여 특별조치를 인정하고 있는 것이다(헌장 제53조, 제107조).

둘째, 미·소 양국이 연맹에는 가입하지 않았으나, 연합에는 처음부터 참가한 점이다. 미국은 윌슨 대통령의 열렬한 주창에도 불구하고 먼로주의로 인하여 규약의 비준에 필요한 상원의 동의를 얻지 못하였다. 소련은 당시 혁명의 초기에 있었으므로 國內問題에 몰두하였을 뿐만 아니라, 연맹을 불신한 나머지 이에 가입할 의사가 없었다. 연맹의 후기에 이르러 연맹에 가입은 하였으나(일본과 독일이 연맹을 탈퇴한 후인 1934년 9월 18일 가입), 歐洲戰爭이 발발하자 핀란드를 침공하였으므로 연맹은 소련을 제명에 처하였다(1939년 12월 14일). 결국 미국은 처음부터 연맹에 가입하지 않았고, 소련은 겨우 5년 동안 명목상의 가맹국에 지나지 않았다. 이에 대하여 연합에는 미·소 양국이 다같이 처음부터 가입하고 있다. 이러한 사실들로 인하여 연맹과 연합은 다음과 같은 성격의 차이를 갖는다. 즉, 연맹은 미국과 소련을 제외한 기구로서 실질적으로는 유럽적인 기구인 데 대하여 연합은 전 세계적인 기구이다. 그러나 전자는 적어도 최초의 10년간은 동질적인 국가집단이었으며, 평화적 기능도 원만히 발휘할 수 있었다. 반대로 후자는 최초부터 이질적인 국가집단이었으며, 기능의 개시와 동시에 진영대립의 냉전장으로 변모하였다.

셋째, 연맹과 연합은 기구상으로 중요한 차이가 있다. 연맹의 주요기관은 총회, 이사회, 사무국인데 대하여, 연합의 그것은 총회, 3개의 이사회(안전보장이사회, 경제사회이사회, 신탁통치이사회), 국제사법재판소, 사무국이다. 또 연합은 다수의 전문기관을 둠으로써 여러 부분의 국제적 사업을 일원적·종합적으로 처리하게 된 것도 연맹에 비교하여 현저한 특징이라고 할 수 있다.

넷째, 연합은 표결방식에 다수결의 원칙을 채용하고, 또 대국에게는 그 우월적 지위를 솔직히 인정하여 안전보장이사회에서 거부권을 부여하였다. 연맹에 있어서는 총회나 이사회의 표결방식이 원칙적으로 전원일치였다. 대국과 소국이 다같이 평등하며 원칙적으로 어느 한 국가만이 반대하여도 결의는 성립될 수 없었다. 즉 가맹국은 모두 거부권을 가지고 있었던 것이다.

다섯째, 연합에 있어서 안전보장이사회는 구속력 있는 결의를 행할 수 있다(평화에 대한 위협, 평화의 파괴, 침략행위에 대한 결의, 국제사법재판소의 판결불이행국에 대한 조치에 관한 결의). 이에 반하여 연맹이사회는 같은 문제에 관해서도 권고적 성질의 결의밖에 행할 수 없었다. 이와 같이 한정된 범위에 있어서나마 안전보장이사회의 결의에 구속력을 부여한 것은 연합의 특징이며 연맹에 비하여 하나의 진보라고 할 수 있다(단, 이러한 구속력 있는 결의에는 5대국의 거부권이 작용하는 것이 결함이기도 하다).

3. UN의 目的과 原則

UN의 목적으로서 헌장은 다음 네 가지 사항을 열거하고 있다(제1조). 제1의 목적은 國際平和와 安全을 유지하는 일이다. 이 목적을 달성하기 위하여 UN은 첫째 침략에 대한 집단조치를 취하며(제7장), 둘째 분쟁을 평화적으로 해결한다(제6장, 제14장). 제2는 諸國間의 우호관계의 촉진, 기타 평화강화를 위한 조치를 취하는 것이다. 이 조치는 인민의 同權과 자결의 원칙에 기초를 둔다. 제3은 국제협력의 달성이며, 제4는 UN이 국제활동의 중심을 형성하는 것이다.

이상의 네 가지 목적 가운데 가장 중요한 목적은 첫째의 것이며 기타의 목적은 이 첫째의 목적을 위하여 존재한다고 볼 수 있다.

헌장은 또한 위의 목적을 달성하기 위한 다음과 같은 행동원칙을 규정하고 있다(제2조). ① 주권평등, ② 헌장의무의 성실한 이행, ③ 국제분쟁의 평화적 해결, ④ 정치적 독립의 존중 및 무력불사용, ⑤ UN의 행동에 대한 전면적 협력 및 집단적 안전보장의 대상국에 대한 원조의 회피, ⑥ 비가맹국의 협력의 확보, ⑦ 국내관할사항에 대한 불간섭.

4. 加 盟 國

(1) 原加盟國

原加盟國은 ① 샌프란시스코에서 개최된 연합국회의에 참가한 국가, 또는 ② 1942년 1월 1일의 연합국선언에 서명한 국가로서, 헌장에 서명하고 또한 제110조에 따라서 이것을 비준한 국가이다(제3조). 이 원가맹국은 실질상 제 2 차대전시 樞軸國과의 전쟁에 참가한 51개의 교전국을 말한다.

(2) 新加盟國(加入)

原加盟國 이외의 국가(제 2 차대전의 적국, 중립국 및 대전 후의 신생국가)는 헌장의 일정한 조건을 충족하고 있다는 것이 UN에 의하여 인정되었을 때 비로소 가맹국이 될 수 있다. 이 가입조건은, ① 헌장의 의무를 수락할 것, ② 헌장의 의무를 준수할 의사와 능력을 가질 것, ③ 평화수호국일 것 등이다(제4조 1항). 위에 세 가지 조건은 가입조건의 전부이고 이외의 타조건을 부가할 수 없을 뿐만 아니라 교환조건적인 일괄가입은 허용되지 않으며, 개개의 국가에 관하여 가입조건의 충족 여부를 검토하지 않으면 안된다(1948년 5월 28일 ICJ의 권고적 의견, 1952년 2월 1일 총회결의). 가입조건을 인정하는 절차는 '안전보장이사회의 권고에 따라' '총회가 결정'하기로 되었다(제4조 2항). 즉, 가입은 이사회와 총회의 共同權限事項인데, 제 1 차적 인정권자는 안전보장이사회이고, 총회의 인정권은 제 2 차적이다. 그러므로 이사회의 권고 없이 총회 단독으로 가입을 결정할 수 없음은 물론, 이사회의 권고를 총회가 반드시 승인해야 한다는 의무도 없다. 이사회의 권고는 가입을 인정하는 적극적인 권고에 한한다(1950년 3월 3일 ICJ의 권고적 의견).

새로운 가입에 관한 안전보장이사회의 권고는 '상임이사국의 동의투표를 포함한 9이사국의 찬성투표'에 의하여 행한다(제27조 3항). 총회의 결정은 '출석하고 투표한 가맹국의 3분의 2'로써 행한다(제18조 2항). 위와 같은 절차를 거쳐 가입된 新加盟國은 일단 가입이 인정된 이상 원가맹국과의 사이에 권리 · 의무의 면에서 조금도 차이가 없다(1971년 10월 중공이 드디어 UN에 참가하였다. 이것은 새로운 가입이 아니라 중국을 대표하는 '정권'이 국민당정부인가 또는 중공인가를 결정하는 '중국대표권문제'에 있어서 중공이 중국을 대표하는 정권으로 결정된 것을 말한다).

연맹의 경우에는 역시 原加盟國(전승국·중립국 포함)과 가입국의 구별이 있었으나 가입에는 일정한 실질적 요건(국제의무의 존중과 군비축소의 준칙의 수락) 이외에 총회의 3분의 2의 다수결에 의할 뿐이었다(규약 1조 2항). 즉, UN에 비하면 가입이 용이하게 이루어졌다. 그러나 보편화의 정도는 UN이 월등하게 크다.

(3) 脫　　退

헌장에는 脫退(withdrawal)의 규정이 없다. 그러나 이것은 탈퇴를 금지하는 취지가 아니고 샌프란시스코 회의에서도 '例外的 事情'이 있는 경우에는 탈퇴를 인정하기로 양해가 되었다. 이러한 예외적 사정의 존부를 판정하는 UN의 절차는 존재하지 않는다. 그러므로 결국 가맹국은 자기의 판단하에서 탈퇴의 자유를 갖는다고 할 수 있다(실제로 Indonesia가 1965년 탈퇴했으나 다음해에 복귀하였다).

(4) 除 名

UN은 헌장의 원칙을 지속적으로(persistently) 위반하는 가맹국을 除名(expulsion)할 수 있다(제6조). 제명의 절차는 안전보장이사회의 권고와 총회의 결정으로써 행하는데, 가맹의 경우와 완전히 같다. 즉, 이사회의 권고에 拒否權이 적용된다. 1종의 제재규정으로서 UN에서는 아직까지 그 예가 없다(연맹에서는 소련이 적용을 받은 유일한 예).

〈追 放〉 中國代表權問題에 관한 Albania안이 가결되어 대만은 UN으로부터 '追放'되었다. 그러나 추방의 규정은 헌장에는 없다. 한때 대만은 제명의 규정을 원용하여 헌장에 위반한 일이 없음을 강조하면서 총회가 제명을 결정하기 전에 안보이사회에서 거부권을 행사하여 除名勸告案을 분쇄하겠다고 말하였다. 그러나 중국대표권문제에 가맹국의 제명규정은 적용되지 않는다. 이 문제는 대표권의 문제이지 가맹이나 제명의 문제는 아니었다.

(5) 權利 · 特權의 停止

UN은 안전보장이사회의 방지행동 또는 강제조치의 대상이 된 가맹국에 대하여 그 가맹국의 지위에 근거한 권리 및 특권을 정지할 수 있다(제5조). 출석권 · 표결권 · 피선거권 등이 여기에 포함되나 가맹국으로서의 의무는 면제되지 않는다. 이러한 권리 · 특권의 정지 절차는 가입이나 제명의 경우와 같다. 권리정지의 회복은 이사회 단독으로 한다. 권리정지는 아니나 남아프리카는 대표의 위임장이 부인되어 1974년 이래 총회에 출석할 수 없게 되었다.

UN의 分擔金을 2년 이상 체납한 가맹국은 총회의 특별한 인정이 없는 한 당연히 총회에서 투표권을 상실한다(제19조). 총회에 출석하고 토의하는 것은 상관없다.

한때 수에즈, 콩고의 UN파견군 또는 평화군의 경비에 관하여 소련 기타의 공산주의가맹국 및 프랑스가 경비의 분담을 거부하여 본조의 적용이 문제가 되었다. 현재에는 남아프리카에 적용되고 있다. 국제연맹에는 權利停止의 제도가 없었다.

5. UN代表權의 問題

가맹국의 정부가 혁명이나 쿠데타에 의하여 비합법적으로 변경된 경우 新政府가 UN代表權을 주장하기 위해서는 UN의 심사와 승인이 필요한가? 헌장에는 대표권에 관한 규정이 전연 없다.

1950년 제5차 UN총회는 1가맹국의 대표권을 둘러싸고 2 이상의 정권이 다투는 경우, 이 문제는 헌장의 목적·원칙·개별적 사정에 입각하여 심의할 것, 또는 총회가 먼저 심의하고 총회가 취한 '태도'는 UN의 다른 기관 및 전문기관도 고려해야 한다는 '勸告'를 하였다(결의 396). 이 권고 결의는 헌장 제10조에 규정된 바 총회의 조정기능을 통하여 대표권 문제를 통일적으로 처리하려는 것이다. 그러나 결의에 표시된 판단의 기준은 대단히 막연한 것이고, UN의 각 기관은 각각 평등한 입장이므로 총회의 결정에는 구속력이 없다.

총회에 있어서 대표권의 승인은 종래 '信任狀의 審査'라는 형식으로 절차적으로 처리되어 왔다(총회의 절차규칙에 의하면 각 회기에 있어서 신임장위원회가 대표단이 제시한 신임장을 심사하고 총회는 위원회의 보고에 관하여 심의하여 결정한다. 규칙 제27, 28, 29조). 그러나 신임장의 발급주체의 정당성의 의문이 있는 경우에는 단순한 형식적 심사로 처리할 수 없게 된다. 총회의 실행을 보면 헝가리의 카다르정권의 경우에는 정권의 자주·자립성이 문제가 되어 1956년부터 1962년까지 승인이 보류되었다. 1951년 중국대표권의 사례에서는 중공정권의 국제법준수의 의사와 능력 및 그 평화수호성이 문제가 되어 1951년부터 1960년까지 심의가 보류되었다가 1961년 이래 계속적으로 채택되어 온 重要事項指定決議에 의하여 중국대표를 변경하고자 하는 어떠한 제안도 헌장 제18조에 따라 '重要問題'로 결정되었다. 1971년 10월 드디어 중공을 중국대표로 하고 대만을 추방하자는 알바니아안이 가결되어 중공은 UN에 대만과 교체되었다.

6. UN의 機關

UN의 主要機關으로서 ① 總會, ② 安全保障理事會, ③ 經濟社會理事會, ④ 信託統治理事會, ⑤ 國際司法裁判所, ⑥ 事務局이 있다(제7조 1항). 주요 기관 이외에 필요에 따라 補助機關을 설치할 수 있다(제7조 2항, 제22조, 제29조, 제68조). 이 밖에 국제협력의 분야에서는 UN과 밀접한 관계를 맺는 각종의 專門機關이 있다(제57조).

기능적 · 지역적인 보조기관(군축위원회, 아시아태평양경제사회위원회)은 필요에 따라 설치할 수 있고, 군사참모위원회, 인권위원회와 같이 헌장에 명기된 보조기관(제47조, 제68조)도 있다.

(1) 總　會

1) 構　成　총회는 모든 加盟國으로써 구성된다(제9조 1항). 각 가맹국이 여기에 출석시킬 수 있는 대표의 수는 5명을 한도로 한다(제9조 2항).

2) 會　合　매년 1회 定期總會를 개최한다(9월의 제3화요일부터 시작. 총회절차규칙 제1조). 안전보장이사회 또는 가맹국 과반수의 청구가 있으면 임시로 특별회의를 소집한다(제20조). 안전보장이사회에서 침략행위에 대한 강제조치를 결정하지 못할 경우에는 緊急總會의 개최가 인정된다(1950년 11월 3일의 평화를 위한 단결결의 및 총회절차규칙 제8조 b에 의하여 안전보장이사회의 단순 3분의 2국의 찬성투표로써 족하다). 또 총회의 休會中에는 그 기능을 대행하는 中間委員會(Interim Committee 이른바 소총회)가 계속적으로 회합을 갖는다.

3) 任務와 權限　총회는 헌장 제10조에 규정된 일반적 권한(헌장의 범위 내의 모든 사항에 미치며 타 기관의 권한과 경합한다) 이외에, 평화와 안전의 유지, 국제협력, 신탁통치, 재정에 관한 특별의 임무와 권한을 갖는다.

① 평화와 안전의 유지: 총회는 이 문제에 관한 협력의 일반원칙을 심의 · 토의 · 권고하는 기능을 갖는다. 즉, 군비축소 및 군비규제를 포함한 평화를 위한 협력방안을 심의하고, 이것을 가맹국 및 안전보장이사회에

권고할 수 있다(제11조 1항). 총회에 부탁되는 일체의 문제(가맹국, 이사회, 비가맹국도 여기에 부탁할 수 있다)를 토의하고, 관계국 및 이사회에 권고할 수 있다. 다만 '행동을 필요로 하는' 문제는 토의의 전 또는 후에 이사회에 부탁하여야 한다(제11조 2항). 또한 안전보장이사회가 특정한 분쟁이나 사태에 관하여 임무를 수행하고 있는 동안에는 총회는 이사회의 요청이 없는 한, 이 분쟁 또는 사태에 관하여 어떠한 권고도 해서는 안된다(제12조). 이 밖에 총회에는 평화조정의 권능이 인정되고 있다(제14조).

② 국제협력: 총회는 정치, 법률, 경제, 사회, 문화, 교육, 보건 등의 넓은 분야에서 연구와 권고를 행한다. 국제법의 法典化와 국제인권보장도 여기에 포함된다(제13조).

③ 신탁통치: 총회는 국제신탁통치에 관한 임무(제12, 13장)를 수행한다. 이 임무에는 비전략지구에 관한 신탁통치협정의 승인이 포함된다(제16조).

④ 재정문제: 총회는 UN의 예산을 심의하며 또한 승인한다. UN의 경비는 총회가 할당한 바에 따라 가맹국이 부담한다.

이 밖에 총회의 임무와 권한은 다음 표결 절차에서 보는 바와 같이 대단히 광범위하다.

4) **表 決** 각 가맹국은 1개의 투표권을 갖는다(제18조 1항. 단, 국가의 대소에 따라 투표권을 배분하는 가중투표제도(weighted voting system)의 채용을 주장하는 국가도 있으나 UN의 기관에서 채용하려면 헌장의 개정이 필요하다. UN총회와 같은 정치적 기관에서는 국가평등의 입장에서 1국 1표가 옳다). 총회의 결의는, ① 보통의 문제에 관해서는 '出席하고 또한 表決한'(present and voting) 국가의 과반수의 찬성(단순 과반수)으로써 성립한다. 3분의 2의 다수에 의하여 결정될 문제의 새로운 부류의 결정도 이 표결방식에 의한다. ② 제18조 2항에 열거된 '重要問題'에 관한 결의는 회의에 '출석하고 또한 표결한' 가맹국의 3분의 2의 다수결로써 행한다. 이러한 중요 문제는 (a) 국제평화 및 안전의 유지에 관한 권고(제10, 11, 14조), (b) 안전보장이사회의 비상임이사국의 선출(제23조), (c) 경제사회이사회의 이사국의 선출(제61조), (d) 신탁통치이사회의 비상임이사국의 선출, (e) 신가맹국의 가입(제4조 2장), (f) 가맹국의 권리·특권의 정지(제5조), (g) 가맹국의 제명, (h) 신탁통치제도의 운용(제12, 13장), (i) 예산문제(제17조) 등의 10항목이다. 이 밖에 총회는 3분의 2의 다수를 요하는 문제를 추가할 수 있는데, 이 결의가 단순 과반수로 성립되

는 것은 앞서 말한 바와 같다. ③ 제108조에 의한 헌장의 수정 및 ICJ규정 제69조에 의한 규정수정의 채택은 가맹국전부의 3분의 2의 찬성을 요한다(출석하고 투표한 가맹국 3분의 2의 찬성이 아니다).

'出席하고 投票한 加盟國'이라고 하는 것은 찬성 또는 반대의 투표를 행한 가맹국을 의미하여 투표를 기권한 가맹국은 투표를 행하지 않는 것으로 본다(총회절차규칙 제88조).

5) **決議의 效力**　총회의 결의의 효력에 관하여 헌장은 특별한 규정을 두고 있지 않다. 그러나 총회의 실질적 기능에 관한 결의 및 직접 가맹국에게 향해진 결의는 원칙적으로 勸告的 效力을 갖는 데 그친다고 해석된다. 왜냐하면 총회가 할 수 있는 것은 '토의'하고, '권고'하고, 연구를 '발의'하고, 타기관으로부터 제출된 보고를 '심의'하는 일이기 때문이다(제4장, 제10조 이하, 6장, 9장, 10장, 11장, 제62조 이하). 권고는 행동을 명령하는 것이 아니라 행동을 암시하는 것이며, 拘束的 · 立法的인 것은 아니나 UN의 위신이 커감에 따라 실제로 입법적 성질을 갖게 되는 것이다. 그러므로 결의의 내용의 실현은 가맹국의 수락의사와 실제행동에 의존한다.

이에 대하여 총회의 결의가 UN기구내부의 조직 · 운영 · 절차에 관한 사항인 경우에는 직접 구속력을 갖는 결의로서 성립하게 된다. 예를 들면 가입승인, 제명, 이사국의 선출, 사무총장의 임명 등을 들 수 있고, 또 節次規則의 채택과 적용, 보조기관의 설치, 예산의 승인과 경비의 할당 등에 있어서도 법적인 구속력이 인정된다.

(2) 安全保障理事會

1) **構　成**　이사회의 구성은 15개국이며 5개의 常任理事國(미국, 영국, 소련, 프랑스, 중국)과 10개의 非常任理事國으로써 구성된다. 비상임이사국은 매년 5국씩 3분의 2의 다수결로써 선출되며 임기는 2년이며 계속적인 재선을 불허한다. 그 투표에 있어서는 후보국의 국제평화 및 안전의 유지, 기타 UN의 목적에 공헌한 정도와 공평한 지리적 분포를 고려하여야 한다(제23조). 회의에 출석할 수 있는 대표의 수는 상임이나 비상임의 구별 없이 각 1명이다(이사회의 의장은 15개국 대표가 ABC순에 따른 輪番制로 매월 교대된다).

UN의 발족 당시 이사회의 구성은 11개국이었으며 그 중 6개의 비상임이사국은 당시의 지리적 분포(중남미 2, 서구 1, 동구 1, 중동 1, 영연방국 1)에 입각하여 선출되었다, 그 후 아시아 · 아프리카 지역의 가맹국이 격증함에 따라 드디어 1965년의 헌장개정에 의하여 비상임이사국의 수는 10개국으로 불어났다(새로운 지리적 분포는 아프리카 3, 아시아 2, 중남미 2, 서구 기타 2, 동구 1).

2) **任務와 權限** 안전보장이사회는 국제평화와 안전의 유지에 관하여 '주요한 책임'을 지며 '가맹국에 대신하여 행동'할 뿐만 아니라 이때 'UN의 목적과 원칙에 따라' 행동한다(제24조 2항). 이사회의 권한으로서 특별히 중요한 것은 헌장 제6장의 '紛爭의 平和的 解決', 제7장의 '平和에 대한 威脅, 平和의 破壞, 侵略行爲'에 관한 행동, 제8장의 '地域的 協定'에 관련된 사항 등이다(기타 신가맹국의 추천, 사무총장 지명, ICJ판사 선출 등).

3) **會　合** 안전보장이사회는 정기적으로 회의를 개최한다(제28조 2항). 임시회의에 관해서는 명문의 규정이 없으나, 안전보장이사회가 계속적으로 임무를 수행할 수 있도록 조직되며 각 이사국은 UN의 소재지에 대표를 상주시켜야 한다(제28조 1항). 이사회의 내규에 의하면 매년 2회의 定期會議를 개최하며, 그 밖에 다음과 같은 경우에는 이사회의 의장은 회의를 소집하기로 되어 있다. (a) 이사회의 어느 하나가 회의의 개최를 요구하였을 경우, (b) 헌장 제35조에 의하여 가맹국이나 비가맹국이 국제평화와 안전의 유지를 위태롭게 할 우려가 있는 분쟁 또는 사태의 존재에 관하여 이사회의 주의를 환기하였을 경우, (c) 제11조에 의하여 총회로부터 권고 또는 부탁이 있었을 경우, (d) 제99조에 의하여 사무총장이 이사회의 주의를 환기하였을 경우. 또한 이사회는 그 사명에 비추어 이사국 1국의 요구, 또 때로는 非理事國 1국의 요구에 의해서도 즉각적으로 회합할 수 있게 되었다(이것은 타기관과 상이한 특징이다. 제20조, 제21조, 제72조, 제90조와 비교하라).

4) **表　決** 이사회는 표결에 있어 각 1표를 갖는다. 결의의 성립에 필요한 표수는 문제의 종류에 따라 다음과 같은 구별이 있다(제27조).

① 절차상의 문제에 관한 결의는 단순 9이사국의 찬성으로써 성립한다(제27조 2항). 절차상의 문제라고 하는 것은 주로 헌장 제28조 이하에 게재된 제문제를 말한다. 예를 들면 定例會議의 기일, 임시회의의 소집, UN소재

지 이외에서 회의를 개최하는 절차, 의장의 선임방법, 회의의 공개와 비공개, 보조기관의 설치, 또는 비가맹국의 토의에의 참가조건 등에 관한 내규의 제정 또는 수정과 같은 것이다(ICJ 규정 제10조 및 제12조의 특별규정 참조).

② 분쟁의 평화적 해결에 관한 결의는 상임이사국의 전부를 포함한 9이사국의 찬성이 있으면 성립한다. 단, 분쟁의 당사국인 이사국은 상임이나 비상임을 막론하고 표결에 참가할 수 없다(제27조 3항 후단). 이러한 기권은 분쟁의 '平和的 處理'의 경우에 한하며 기타의 경우, 예를 들면 제7장의 집단보장의 조항에 입각한 결정에 있어서는 분쟁당사국도 투표권을 상실하지 않는다. 또한 기권을 필요로 하는 것은 분쟁의 당사국이며 사태의 당사국은 아니다. 분쟁과 사태와의 구별은 곤란한 문제이나 사건의 일방의 당사국이 명확한 청구를 제시하고 他方이 반대의 청구를 제시하여 다투는 경우에는 技術的 意味의 '紛爭'이 존재한다고 보는 것이다.

③ 상기 ①, ② 이외의 일체의 경우에는 역시 상임이사국 전부를 포함한 9이사국의 찬성이 있어야만 결의가 성립된다(제27조 3항). 결의에 대상이 된 국가가 이사국인 경우에도 그 국가는 표결에 참가한다. 이 ③의 표결방법에 의하는 문제는 평화유지에 관한 제문제(평화파괴자에 대한 조치, ICJ의 판결을 이행하지 않는 국가에 대한 권고 및 강제집행, 지역적 협정에 의거한 강제조치의 발동에 대한 동의, 군비축소에 관한 문제 등), 그리고 총회와의 공동권한인 내부조직상의 여러 문제(가입, 제명, 특권정지, 사무총장의 선임)뿐만 아니라 ①, ②에 속하는 것이 증명되지 않는 문제 전부를 포함한다. 어떤 구체적 문제가 ①에 속하는 것인지, 또는 ②에 속하는 것인지를 결정하고자 할 때에는 ③의 표결방법에 의한다.

그런데 절차사항 이외에서는 상임이사국이 1국이라도 반대하면 결의가 성립되지 않는다(설사 9개국 이상의 찬성이 있을지라도 결의는 불성립). 이것을 5大國의 拒否權(veto power)이라고 부른다. 또 특정사항이 節次事項으로 취급될 것인가, 또는 實質事項으로 취급될 것인가에 관한 이른바 先決問題의 결정에 있어서도 이러한 거부권이 적용되므로 이 경우를 二重拒否權이라고 한다. 거부권의 제한 또는 삭제는 제27조의 수정에 의하는 방법밖에 없고 이러한 헌장의 수정에는 역시 거부권이 적용된다. 거부권제도로 인하여 평화유지에 관한 UN의 사명은 대국간의 정치적 이해에 좌우되는 결과를 초래하였다. 그러나 거부권은 원래 국제정치의 현실을 승인한 결과이므로 이 제도의 법적 해결은 정치적 현실에 의존할 수밖에 없다(거부권은 1950년 11월 총회가 채택한 '평화를 위한 단결' 결의에서 보는 바와 같이 거부권이 없는 총회의 기능을 강화하는 방향을 열어놓았다).

어느 상임이사국이 명백한 반대 의사를 표시하지 않고 표결에 '缺席'하거나, 또는 '棄權'한 경우 그 이사국 이외의 상임이사국 전부를 포함한 9이사국(헌장개정 전에는 7이사국)의 찬성에 의하여 그 결의는 성립된 것으로 볼 수 있는가? 실제의 관행에서는 결석과 기권은 다같이 거부권의 행사를 의미하지 않는 것으로 처리되고 있다.

한국전쟁시의 안전보장이사국의 결의에 있어서 소련의 결석은 거부권의 행사로 취급되지 않았다. 그러나 이에 대한 찬반 양론이 있다(McDougal의 찬론에 대하여 Leo Gross의 반론). 기권의 경우에는 관행상 거부권의 행사가 아니라고 하는 것이 대체로 확립되고 있다. 결의에는 찬성할 수 없으나 자신 한 국가의 의사로 결의의 성립을 방해하고 싶지 않다는 것이 대국의 기권의 경우이기 때문이다.

5) **決議의 效力**　안전보장이사회에서 성립된 결의의 효력은, 첫째 절차사항에 관한 것(내부적인 조직운영에 관한 경우, 관할권행사의 전제로서 행하는 사실인정의 경우)에는 구속력을 갖는다고 보아야 한다(제28조-제32조 및 제43조). 둘째, 헌장 제6장의 '紛爭의 平和的 解決'에 관한 결의는 원칙적으로 권고이며 구속력이 없다. 셋째, 강제조치에 관한 '決定'(제7장, 특히 제39조, 제41조, 제42조, 제48조)은 전가맹국을 구속한다(제24조 1항, 제25조). 이 조치의 결정에 반대한 이사국은 물론이고 결정 자체에 참가하지 않은 가맹국 전체도 이에 복종하여야 한다. 그러나 이 경우의 결의가 결정이 아니고 권고의 형식을 취한 경우에는 그 결의는 구속력을 갖지 않는다. 다만 이사회의 결의가 명령의 의사를 갖고 있는 경우에도 가맹국의 주권존중의 입장에서 '要請'이라는 형식을 취하는 것이 보통이다. 그러므로 이사회의 결의가 '요청'의 형식으로 나타나는 경우 그 구속성 여부의 문제는 구체적 사정에 따라 판단하여야 한다.

(3) 經濟社會理事會

1) **構　成**　이사회는 총회로부터 선출된 54개 가맹국으로써 구성된다(1971년의 헌장개정 전의 이사국은 27개국). 이사국에는 상임·비상임의 구별이 없으며, 각

이사국의 임기는 3년, 매년 총회의 정기회의에서 18국씩 선출되며 계속적으로 재선될 수 있다(제61조).

2) 任務와 權限　이사회는 경제·사회·문화·교육·보건 등의 국제 관계사항에 있어서 연구와 보고를 행하며 총회, 가맹국, 전문기관에 대하여 권고를 행할 수 있다(제62조 1항). 또 그 권한에 관한 사항에 관하여 條約案을 작성하여 총회에 제출할 수 있다(제62조 3). 국제회의를 소집할 수도 있다(제62조 4항).

이사회는 다수의 전문적 국제조직(전문기관)과 협정을 체결하여(총회의 승인을 요한다. 제63조) UN과의 '提携關係'를 성립시키며, 전문기관의 정책과 활동을 조정한다(제58조, 제63조, 제64조).

3) 會　合　경제사회이사회는 그 자신이 정한 내규에 따라 필요한 때에 회합한다(제72조 2항). 이 내규에 의하면 연 2회정기회의를 개최하며, 그 중 1회는 총회의 정기회의 직전에 개최하기로 되었다. 이사국 과반수의 요구가 있을 경우(제72조 2항 후단) 및 기타 약간의 경우에 임시회의를 개최한다.

4) 表　決　각 이사국은 1개의 表決權을 가지며 결의를 '出席하고 投票한' 국가의 과반수의 찬성에 의하여 성립한다.

5) 決議의 效力　경제사회이사회의 결의는 원칙적으로 '勸告'의 효력을 가진다. 그러나 절차적 사항(제68조, 제72조)과 전문기관과의 협정체결에 관한 결정은 拘束力을 갖는다.

(4) 信託統治理事會

1) 構　成　信託統治理事會는 다음 3종의 이사국으로써 구성된다. ① 신탁통치지역의 施政國, ② 안전보장이사회의 상임이사국으로서 ①에 해당치 않은 국가, ③ 총회로부터 3년임기로 선출된 국가〔그 수는 일정치 않으며 ②의 이사국수와 합하여 ①의 이사국과 동수가 되어야 한다(제86조 1항)〕. 따라서 이사국 전체의 수는 施政國의 수의 증감에 따라 변동한다(현재 시정국은 미국뿐이므로 총회에서 선출되는 이사국은 없다).

과거에 11개 신탁통치지역은 그 후 차례로 독립을 달성하여 현재에는 하나도 남아 있지 않다. 이리하여 ③의 이사국의 선출은 ①의 이사국의 급속한 감소에 의하여 불가능하게 되었다. 따라서 1967년 이후는 ①과 ②의 이사국만으로 구성이 되었고, 1975년 이후에는 당시 하나밖에 남지 않은 신탁통치국 미국을 포함한 5대국만으로 구성되고 있다.

신탁통치지역의 축소와는 반비례하여 비자치지역에는 독립의 기운이 높아져 1960년대 이후 그것이 현저하게 되자, 1961년 총회 밑에 植民地獨立附與宣言(1960년) 履行特別委員會(비식민지화위원회)가 설치되었다. 이 위원회는 비자치지역에 있어서 신탁통치에 관한 이사회와 거의 변함 없는 감독기능을 수행하고 있다.

2) **任務와 權限** 이사회는 그 질문서(제88조)에 대한 施政國의 보고서를 심의한다. 청원을 수리하며 시정국과 협의하여 이것을 심사한다. 신탁통치협정에 따라 정기적으로 현지시찰을 한다(제87조). 본래 과도적 성격을 가진 이 이사회는 식민지독립운동이 진전됨에 따라 그 기능이 축소되어 가고 있다.

3) **會　合** 신탁통치이사회의 회합은 이사회 자신이 정한 내규에 의한다(제90조). 이 내규에 의하면 매년 6월과 9월의 각 후반에 정기회의를 개최하며, 이사국의 과반수의 요구가 있을 경우, 기타 약간의 경우에는 임시회의를 개최한다.

4) **表　決** 각 이사국의 表決權은 1개이며, 결의는 '出席하고 또 表決한' 국가의 과반수의 찬성으로써 성립한다.

5) **決議의 效力** 신탁통치이사회의 결의는 원칙적으로 권고의 효력을 가지며(제87조), 節次事項(제90조, 제91조) 및 질문서의 작성(제88조) 등에 관한 결정은 구속력을 갖는다.

(5) 國際司法裁判所

國際司法裁判所는 UN의 주요기관의 하나이다(제7조, 제92조-제96조). 제17장 제3절에서 상세히 설명하기로 한다.

(6) 事 務 局

1) **構　成**　사무국은 사무총장과 필요한 직원으로써 구성된다(제97조). 사무총장은 UN의 행정직원의 수반으로서 안전보장이사회의 추천에 의하여 총회가 임명한다. 이사회의 추천에는 상임이사국의 전부의 찬성이 필요하며 총회의 임명에는 과반수의 찬성으로 족한다. 헌장은 사무총장의 임기를 규정하지 않은 결과 이 문제는 총회와 이사회의 협의사항으로 하자는 諒解가 성립되었다(1950년 11월 1일 총회는 당시의 사무총장 Trygve Lie의 임기를 3년간 연장하는 결의를 채택하였는데 이 결의는 안전보장이사회의 권고없이 행해진 것이다. 이것은 헌장위반이라고 생각된다). 현재 사무총장의 임기는 5년으로 통용하고 있다.

〈任務와 權限〉 사무국은 사무적인 준비 또는 집행을 목적으로 하며 독자적인 의사결정기관은 아니다. 사무총장은 사무적 · 행정적 임무(헌장 제98조, 제12조 2항, 제20조, 제102조, ICJ규정 제5조 1항, 제7조, 제13조 4항, 제14조, 제35조 4항, 제40조 3항, 제67조, 제70조 기타)를 담당하는데 그 권한은 UN의 사무운영의 모든 면에 미친다. 예를 들면 UN의 주요 기관의 假議題 · 심의일정의 작성, 소집, 보고서의 제출 등의 행정상의 사무, 기술전문가의 파견 · 양성, 조약안작성 등의 기술상의 임무 또는 UN의 예산작성상의 임무 등이 있다. 평화와 안전을 위태롭게 하는 사항에 관하여 안전보장이사회의 주의를 환기할 수 있는 정치적 권한(제99조)도 갖는다. 또 주요기관으로부터의 광범한 수권에 입각하여 UN군을 편성하는 등, 그 중립적 성격을 반영하여 극히 고도의 정치적 결정을 행하도록 요청을 받기도 한다(제98조). 동시에 가맹국간의 분쟁에 자발적으로 調停的 역할도 수행하게 되었다. 사무국의 직원은 사무총장에 의하여 임명되며(제101조), 이 양자는 다같이 國際公務員으로서의 지위를 향유한다(제100조).

2) **國際公務員 및 加盟國代表의 地位**

① 國際公務員의 地位: UN의 직원(사무총장을 비롯한 사무국직원 기타 전문기관의 직원)은 그 임무수행에 필요한 특권 및 면제를 향유한다(제105조 2항). 직원의 종류와 범위는 사무총장이 정하여 이것을 총회에 제출하고 총회는 가맹국에게 통고한다. 國際公務員은 각각 특정국가의 국적을 보유하고 있는 것이 보통이나, 국가의 대표로서 근무하는 것이 아니고, UN에 직속되며 UN에만 책임을 진다.

국제공무원의 특권 · 면제에 관한 헌장 제105조의 규정에 대응하여

'UN의 특권·면제에 관한 일반조약'(1946년 2월 총회에서 채택, 1947년 11월 발효)과 '전문기관의 특권 및 면제에 관한 일반조약'(1947년 11월 총회에서 채택, 1948년 12월 발효)이 구체적으로 이것을 규율하게 되었다. 전자에 의하면 UN의 직원은 첫째 공적 자격에서 행한 일체의 행위에 관하여 조약가맹국의 재판관할권으로부터 면제된다(미국은 이 일반조약의 당사국이 아닌 결과, 특권 및 면제의 범위 또 그 허용 및 박탈에 관한 조건을 미국내법인국제기관면제법으로써 규정하고 있다. 이 면제법의 적용의 최초의 사건으로서 라노로(Ranollo)사건이 있다. 재판소는 다음과 같이 판시함으로써 피고국의 항변을 기각하였다. "피고가 UN의 직원이라는 것, 그리고 긴급시각에 UN사무총장의 자동차를 운전한다는 사실만으로는 반드시 속도제한위반의 소추로부터 면제될 근거가 되지 않는다. 면제가 요청되는 행동은 UN의 심의의 중요성이나 성패에 어떠한 관계를 갖는 것이 아니면 안된다"). 둘째 UN에서 받은 봉급에 대하여 과세가 면제되며, 셋째 國家役務로부터 면제되고, 넷째 이민의 제한 또는 외국인등록에 관한 법의 적용으로부터 면제되며, 다섯째 취임에 있어서 동산을 무관세로 수입할 수 있는 것 등이다(동조약 제5조). UN사무총장과 차장은 위에 서술한 특권 이외에 배우자 및 미성년자와 더불어 외교사절의 특권·면제에 상당하는 것을 향유한다.

다음 전문기관의 사무수뇌자 및 일반직원도 UN직원의 그것과 대체로 동일한 특권·면제를 향유한다.

② 加盟國代表의 地位: UN의 제기관의 가맹국대표 및 UN 주최의 회의에 출석하는 가맹국대표는 원칙적인 의사결정기관으로서 그들은 본국정부 대표의 자격에 있어서 UN의 기관구성원의 지위를 향유한다. 가맹국대표는 기관구성원으로서의 임무를 수행하는 데 필요한 특권·면제를 향유하며, 그것은 앞서의 국제공무원의 특권면제에 준한다(ICJ의 판사, 서기, 기타의 직원도 외교관에 준한 특권을 가지며 네덜란드 이외의 지역에 있을 때에는 특권 및 자유통행권을 각국이 인정하여 주도록 요구하는 결의도 성립되었다).

國際公務員의 특권이 외교특권과 상이한 점은 외교특권은 자국에 대하여는 효력을 갖지 않는 데 대하여 국제공무원의 초국가적 신분의 보장은 자국을 포함한 全加盟國에 의하여 부여된 것이기 때문에 자국에 대해서도 효력을 가진다.

7. UN의 權能

UN은 ① 平和의 維持와, ② 國際協力의 촉진이라는 2대목적을 달성하기 위하여 여러 가지 기능을 수행한다. 이 중에도 제1차적으로 중요한 것은 평화유지의 기능이며 UN의 활동은 대부분 이 기능을 중심으로 전개된다.

(1) 國際平和와 安全의 維持

헌장은 국제평화와 안전을 유지하기 위한 기능을 발휘할 목적으로 다음과 같은 구체적 방법을 규정하고 있다. ① 紛爭의 平和的 解決(제 1 조 1 항, 제 2 조 3 항, 제33조 이하, 제39조 이하, 제52조, 제92조 이하, 제99조), ② 戰爭(제39조, 평화에 대한 위협, 평화의 파괴, 침략행위)의 방지(제 1 조 1 항, 제39조), 이 밖에 ③ 軍備縮小(제26조, 제11조 1항, 제47조 1 항), ④ 秘密條約의 廢止(제102조), ⑤ 平和的 變更(제14조), ⑥ 國際法의 發達과 法典化(제13조 1 항) 등의 방법이다. 위와 같은 헌장의 규정사항 이외에도 과거 총회에서 심의된 사항 중에는 직접·간접으로 국제평화에 관계된 사항이 적지 않다. 동시에 중요한 일은 평화유지의 기능이 UN비가맹국에 대해서도 발휘되도록 확보하지 않으면 안 되는 것이다(제 2 조 6 항).

1) 國際紛爭의 平和的 解決 UN의 가맹국은 '一切의 紛爭'을 平和的 方法에 의하여 해결함을 원칙으로 하며(제 2 조 3 항), 특히 '國際平和와 安全의 유지를 위태롭게 할 우려가 있는 분쟁'(무력행사로 인도될 우려가 있는 분쟁)이 평화적 방법(교섭, 중개, 조정, 중재재판, 사법적 해결, 지역적 협정 기타)에 의하여 해결되지 않을 경우에는 그 분쟁을 안전보장이사회(또는 총회)에 부탁할 의무가 있다(제37조 1 항, 분쟁당사국의 어느 일방이 일방적으로 할 수 있다). 단, 가맹국의 부탁의무가 있는 것은 앞서와 같은 '국제평화와 안전의 유지를 위태롭게 할 우려가 있는 분쟁'에 한하고 '기타의 분쟁'은 이사회의 주의를 환기할 수 있을 뿐이다(제35조 1 항, 따라서 전자에서는 이사회의 권고의무가 있고 후자에서는 권고권한이 있다. 제37조 1 항). 그러나 '기타의 분쟁'도 당사국의 합의에 의하여 이사회에 부탁할 수 있다(제38조). 이사회는 이에 대하여 ① 적당한 조정절차 또는 방법을 권고할 수 있고(제36조 1 항), ② 해결조건을 권고할 수도 있다(제37조 2 항). 분쟁이 총회에 부탁된 경우에는 총회도 안전보장이사회와 마찬가지로 권고를 행할 수 있다(제10조). 다만 이사회에서 심의중에 있는 문제는 심의하는 동안 총회가 이것을 취급하지 못한다(제12조).

안전보장이사회와 총회는 당사국이 분쟁을 부탁하지 않는 경우 자발적으로 그 분쟁에 개입할 수 있다(제35조 1·2항, 제99조, 제11조 3항). 이 경우 먼저 제34조에 의한 조사를 행하며 필요한 경우에는 일정절차를 권고할 수 있으나 해결조건의 채용을 권고할 수는 없다(제36조).

2) 戰爭의 防止 '平和에 대한 威脅', '平和의 破壞', '侵略行爲' 등의 적대행위가 발생한 경우 UN은 이것을 방지 또는 진압하기 위하여 필요한 集團的 強制措置(제1조 1항, 제2조 5항, 제7장)를 취한다. 그 구체적 조치로서 우선 안전보장이사회가 그러한 사태의 존재 여부를 당사국의 주장과 분리하여 인정하기로 되었다(제39조). 다음 사태의 존재에 대하여 긍정적 인정을 내린 경우에는 안전보장이사회가 평화의 유지 또는 회복을 위하여 필요한 권고를 당사국에게 하며, 더 나아가 UN으로서 취하여야 할 強制措置(군사적·비군사적)를 결정한다. 강제조치에는 비군사적 조치(제41조, 외교관계의 단절, 교통·통신수단의 차단, 경제적 단교)와 군사적 조치(제42조, 육해공군에 의한 시위, 봉쇄)의 양자가 있는데 군사적 조치의 적용은 일정한 제한을 받는다(제42조). 단, 안전보장이사회는 권고와 강제조치의 채용을 결정하기 전에 잠정적 조치(군대의 원위치에로의 철퇴, 비무장지대의 설정, 휴전의 확립)를 강구할 수 있다(제40조). 잠정적 조치는 '사태의 악화를 방지하기 위한' 예방적·준군사적 조치이며, 안전보장이사회가 관계당사국(비가맹국도 포함)에게 이에 대한 복종을 '요청'한다. 잠정적 조치의 요청에는 당사국이 복종할 의무가 없고, 또 이 조치는 '당사국의 권리, 주장 또는 지위'를 해하는 것이 아니다. 그러나 이 잠정적 조치를 준수하지 않을 경우에는 이 사실에 대하여 이사회는 '타당한 고려'를 하는 것이므로(제40조) 이 '要請'은 단순한 '勸告'보다 강하다.

안전보장이사회의 위와 같은 결정에는 5대국의 拒否權이 적용된다. 그러나 일단 결의가 성립되면 '勸告'로서 행한 경우를 제외하고 그 결정은 전가맹국을 구속하는 법적 효력을 갖는다.

그러나 군사행동에 관한 가맹국의 의무는 제43조에 의거한 '特別協定'의 성립 후에 비로소 발생하는 것이다. 즉, 군사조치의 실시에 필요한 병력을 조직하기 위하여 안전보장이사회는 가맹국과 미리 협정을 체결하고 필요한 경우에 출동시킬 병력의 종류와 양, 제공할 원조와 편의의 최고 한도를 결정해 두기로 하였으므로, 이 특별협정이 성립되기 전에는 군사조치는 발동불능이다. 현재까지 특별협정을 체결한 가맹국은 하나도 없다. 그러므로 안전보장이사회는 가맹국에 대하여 군사조치를 명령할 수,

없고, 다만 비군사조치를 명령하거나 또는 군사조치를 권고할 수 있을 뿐이다. 특별협정이 성립되기까지의 과도적 기간에는 5대국이 평화유지를 위하여 '필요한 공동행동'을 UN에 대신하여 협의한 후, 이것을 실시하기로 되었다(제106조). 각 가맹국은 여기에 협력할 의무가 있다(제2조 5항). 그러나 이 공동행동도 5대국간의 의견 불일치가 있는 한 실행불능이다.

한국사변의 발발에 있어서 소련이 이사회를 보이콧하였기 때문에 제106조의 적용은 불가능하게 되었다. 이사회로서는 제39조 및 제40조의 일반규정에 의거하지 않을 수 없었다. 그러나 제42조를 위하여 이용할 수 있는 통일병력이 결여된 까닭에 이사회는 채택된 권고를 이행하는 가맹국의 개별행동에 의존하지 않으면 안되었다.

다음으로 총회는 전쟁의 방지 및 진압을 위하여 어떠한 권한을 갖는가. 일반적으로 총회는 이에 관한 제2차적 임무와 권한을 갖는다고 하는 것이 헌장상의 제도이다(제10조 이하, 제35조). 국제평화와 안전의 유지에 관하여는 안전보장이사회가 제1차적 책임을 지는 것이고(제24조), 총회가 이사회의 권한을 대행할 수는 없으나 평화파괴의 존재를 인정하며, 또 그 사태에 대하여 가맹국이 취하여야 할 행동을 정하여 각 가맹국에게 그 채용을 권고할 수 있다. 이러한 권한은 총회가 실질상 안전보장이사회의 지위를 대신하는 결과가 된다.

총회가 위와 같은 집단적 조치, 특히 무력사용을 권고할 권한을 갖느냐의 문제는 1950년 11월 3일 '평화를 위한 단결'(Uniting for Peace)이라는 결의를 채택할 때에 논의된 바이다. 헌장 제11조 2항은 총회가 이러한 문제를 취급한 경우, '행동'(action)를 요하는 문제는 토의의 전 또는 후에 안전보장이사회에 부탁하지 않으면 안 된다고 하였다. 이 규정에 있어서 '행동'이란 도대체 무엇을 의미하는 것인가에 문제가 있다. 만일 이것을 안전보장이사회의 배타적 권한인 강제행동(제39조, 제41조, 제42조)으로 해석한다면 총회는 강제행동을 명령할 수는 없으나, '권고'는 할 수 있다고 생각된다. 왜냐하면 헌장은 한편 제10조에서 총회의 일반적 권한을 인정하여 UN의 행동범위에 속한 일체의 문제나 사항을 토의·권고할 수 있다고 하였으며, 다른 한편 제11조 4항에서 그 일반적 권한을 제한하지 않는다고 하였으므로 제10조에 의한 총회의 권고권한이 평화파괴에 대한 행동에까지도 미칠 수 있는 것임은 의심의 여지가 없다. 뿐만 아니라 샌프란시스코 제헌회의의 당시 소국들이 상임이사국의 거부권을 인정함에 있어서 안전보장이사회가 그 제 1 차적 책임을 수행하지 못한 경우에는 총회에 대하여 제 6 장 및 제 7 장의 범위에 속한 사항에 개입하고 또한 권고를 행할 권한을 인정해야 한다는 조건을 붙였다는 사실은 '평화를 위한 단결'결의의 합법성을 증명하는 것이라고 보아야 한다.

3) **地域的 協定** 地域的 協定이라고 하는 것은 약간의 가맹국이 (a) 분쟁의 평화적 해결, (b) 안전보장을 목적으로 그들 상호간에 체결한 조약을 말한다. 어느 지역에 분쟁이 발생하거나 평화가 파괴된 경우, 이에 대한 이해와 관심을 가장 크게 갖는 국가는 항상 그 지역에 있는 국가들이므로, 그들의 협력에 의하여 문제를 해결케 하는 것이 가장 좋은 방법이다. 이러한 이유에서 '世界主義'를 표방하는 UN도 '지역적' 방법(지역적 협정 및 이 협정에 의하여 설치된 기관에 의한 해결)을 환영하고 있다(제 8 장. 단, 이 문제는 universalism v. regionalism으로 논쟁이 있다).

그 첫째는 지방적 분쟁의 지역적 협정에 의한 평화적 해결은 안전보장이사회가 장려한다(제52조 2항). 그러나 지역적 해결에 실패한 경우에는 반드시 이 문제를 이사회에 부탁하여야 한다(제33조 1항, 제37조 1항). 둘째, 안전보장이사회는 평화파괴국에 대한 강제조치를 실시함에 있어서 지역적 협정(또는 기관)을 이용할 수 있으나 지역적 협정의 체약국이 자발적으로 강제행동을 취하려고 할 때는 이사회의 허가를 얻어야 한다(제53조 1항). 그러나 이사회의 허가에는 5 대국의 거부권이 적용되므로 여기에는 헌장 제51조하의 '개별적' 또는 '집단적' 자위권이 발동될 여지가 있다. 이러한 지역적 협정 · 기관은 이 집단적 자위권과 결부됨으로써 집단보장보다는 오히려 개별보장으로 작용하며 실체적으로는 동맹체제(전통적 세력균형)에로의 복귀로 후퇴된 감이 있다.

(a) 국제평화 및 안전의 유지를 목적으로 하며 동시에 국제협력의 달성을 임무로 하는 지역적 기관으로서, ① 미주기구(OAS), ② Arab연맹, ③ 서구연합(WEU), ④ Africa통일기구(OAU) 등이 있다.

(b) 지역적 집단(공동)방위를 목적으로 하는 지역적 기관으로서는 ① 북대서양조약기구(NATO), ② 동남아시아 조약기구(SEATO, 1977년 해체),

③ 중앙조약기구(CENTO), ④ Warsaw조약기구 등이 포함된다.

(c) 전적으로 경제협력을 목적으로 하는 지역적 기관으로서는 ① 경제협력개발기구(OECD), ② 상호경제원조위원회(COMECON)를 들 수 있다.

(2) 經濟的 · 社會的 國際協力

UN의 제 2 의 목적은 國際協力의 촉진이며, 이 목적을 달성하기 위하여 UN은 (1) 경제적 · 사회적 · 문화적 · 인도적 성질의 국제문제를 해결하고, (2) 인종 · 성 · 언어 · 종교에 관한 차별 없는 인권과 자유의 존중을 보급하는 데에 노력하며, (3) 교육 및 위생에 관한 문제, (4) 한층 높은 생활수준 및 완전고용에 관한 문제의 해결을 촉진한다(제 1 조 제 3 항, 제13조, 제55조). UN의 평화유지의 기능은 국제협력의 기능과 불가분으로 관련되고 있으며, 국제협력은 평화유지를 돕는 작용을 한다.

UN에서 국제협력을 통합하는 최고기관은 총회이다. 경제사회이사회가 총회의 권위 밑에서 임무를 수행한다. 이사회는 보조기관으로서 각종의 위원회를 갖는 동시에 각 전문기관과 조약적 기초 위에 제휴한다(전문기관은 UN 외에 있는 국제조직). 또한 이사회는 '그 권한 내의 사항에 관계 있는 민간단체' 즉 비정부단체와 조직적 · 기능적으로 관련을 갖도록 예정되어 있다(제71조).

전문기관과 UN과의 관계는 협정에 입각한 제휴관계이며, 전자는 그 자신의 헌장, 가맹국, 기관, 예산을 가진 자주적 국제기관이다(즉, UN의 기관은 아닌 것이다). 전문기관은 또한 독자적인 법인격을 가지며(가맹국의 영역 내에서 그 법인격이 인정된다). 조약체결의 능력이 있고 ICJ에 권고적 의견을 요청할 수 있다(제96조).

專門機關에는 다음과 같은 것이 있다.

(1) **國際勞動機構**(ILO) 1919년 베르사이유 평화조약에 의하여 창설, 1946년 12월 UN의 전문기관이 되었다. 勞動條件의 改善을 목적으로 하며, 이를 위하여 국제노동조약 또는 권고의 형식으로 국제적인 노동기준을 설정한다. 총회, 이사회, 사무국의 3기관을 갖는다. 각국은 정부대표 2명 이외에 노동자, 사용자 각 1명의 계 4명의 대표를 내는 것이 특색이다. 각 대표는 개별적으로 투표할 권리를 갖는다. 이사회는 정부대표 24, 사용자대표 12, 노동자대표 12, 계 48명으로 구성되는데 정부대표 중 10명은 '주요산업국'인 가맹국이 임명한다. 본부는 제네바에 있으며 가맹국의 수는 121이다.

⑵ UN 食糧農業機構(FAO)　1945년 10월 성립(이전의 국제농사협회를 인계한 것). 농산물의 생산과 분배의 개선을 목적으로 한다. 총회, 이사회, 사무국이 있으며 본부는 로마에 있고 가맹국의 수는 116.

⑶ 國際通貨基金(IMF)　1945년 12월에 성립. 가맹국의 출자로써 換率平衡資金을 설정하여 국제수지의 불균형을 시정할 것을 목적으로 한다. 이를 위하여 기금은 가맹국에게 단기자금의 대부를 하여 통화의 안정을 도모한다. 총무회 · 이사회 · 전무이사의 기관을 갖는다. 표결은 1國 1票制度가 아니고 加重表決制를 채택하고 있으며, 가맹국은 기본표와 출자에 비례해 가산되는 표를 일괄적으로 행사하는데 원칙적으로 다수결이다. 본부는 워싱턴에 있고 가맹국수는 107.

⑷ 國際復興開發銀行(IBRD)　世界銀行이라고도 한다. 1945년 12월 IMF와 동시에 설립되었다. 加盟國의 출자로써 은행을 설립하고 復興 · 開發을 위한 長期의 융자를 한다. 총무회, 이사회, 총재 등의 기관을 가지며 持株에 비례한 가중표결제를 채택, 원칙적으로 다수결이다. 본부는 워싱턴, 가맹국의 수는 107이다.

⑸ 국제금융공사(IFC)　1956년 7월 성립. 저개발지역에 있어서의 민간기업의 활동을 활발하게 하기 위하여 정부의 보장없이도 융자하며 IBRD의 기능을 보충한다. 기관, 표결 등은 IBRD에 준한다. 가맹국은 IBRD의 기맹국에 한정되며 본부는 워싱턴에 있다. 가맹국의 수는 85.

⑹ 國際開發協會(IDA)　제 2 의 세계은행이라고도 한다. 특히 후진국의 경제성장과 개발원조를 목적으로 1960년 9월에 설립되었다. IBRD보다 완화된 조건으로 장기자금을 대여하는 것이 특징이며 IBRD를 보충하는 역할을 한다. 가맹국은 IBRD의 가맹국이라야 하며 이 IDA의 이사회, 총재, 사무국 등의 기관은 IBRD의 기관이 겸한다. 본부는 워싱턴, 가맹국의 수는 98.

⑺ 世界保健機構(WHO)　1948년 4월에 발족, 戰前의 국제보건국을 계승한 것이다. 보건의 문제를 위한 국제협력을 목적으로 하며 의약품의 국제기준화, 인구문제, 전염병의 예방 · 대책 등의 문제를 취급한다. 총회, 집행이사회, 사무국 등의 기관을 가지며, 본부는 제네바, 가맹국의 수는 125이다.

⑻ UN敎育科學文化機構(UNESCO)　1946년 11월에 성립. 본부는 파리, 가맹국의 수는 125이다. 교육 · 과학 · 문화에 관한 국제협력을 촉진해 세계평화에 공헌할 것을 목적으로 한다. 총회, 집행위원회, 사무국 등의 기관이 있다.

⑼ 國際民間航空機構(ICAO)　1944년의 시카고 國際民間航空條約에

입각하여 1947년 4월에 설립되었다. 그 목적은 국제민간항공의 안전과 발전을 확보하는 데 있다. 기술의 발달, 규칙의 제정, 부당경쟁의 방지, 차별의 철폐를 도모한다. 총회, 이사회, 사무국의 3기관이 있다. 본부는 캐나다의 몬트리올, 가맹국의 수는 118이다.

(10) **萬國郵便聯合**(UPU) 1874년의 일반우편연합의 후신이다. 1948년 7월에 성립. 우편업무에 관한 국제협력의 발전을 목적으로 한다. 본부는 베른, 가맹국은 135. 대회의·사무소회의·집행이사회·우편연구자문위원회·특별위원회·국제사무국 등의 기관을 갖는다.

(11) **國際電氣通信聯合**(ITU) 1865년의 萬國電信聯合의 후신. 1949년 1월에 성립하였다. 본부는 제네바, 가맹국의 수는 132. 전권위원회의·주관청회의·관리이사회·사무총국·3개의 전문위원회 등의 기관을 갖는다. 전기통신의 분야에 있어서의 국제협력을 목적으로 한다.

(12) **世界氣象機構**(WMO) 1878년의 국제기상기구를 계승하여 1950년 3월에 성립되었다. 기상에 관한 전문·기술적인 국제협력을 목적으로 한다. 세계기상회의·집행위원회·지역적 기관·기술위원회·사무국 등의 기관을 갖는다. 본부는 제네바, 가맹국의 수는 120이다.

(13) **政府間海事機構**(IMO: 구 IMCO) 1958년 3월에 성립. 본부는 런던에 있다. 국제해운업무에 관한 정부간의 협력을 목적으로 한다. 총회·이사회·해상안전위원회사무국 등의 기관이 있다. 가맹국의 수는 65.

이 밖에 국제피난민기구(IRO)는 이미 임무를 완료하여 해산했다. 국제무역기구(ITO) 성립되지 않고 말았다.

UN의 **專門機關**이 아닌 것으로서 중요한 것은 국제원자력기구(IAEA), 관세 및 무역에 관한 일반협정(GATT)을 승계한 세계무역기구(WTO), UN무역개발회의(총회의 1기관) 세계지적소유권기구(WIPO), 국제농업개발기금(IFAD), 유엔공업개발기구(UNIDO) 등이다.

(3) 地域的인 專門的 國際組織

국제협력의 달성을 목적으로 하는 전문적 국제조직은 보편적인 전문적 국제조직인 '전문기관' 이외에 지역적 기반 위에서 형성된 것도 있다. 특히 서구지역은 과거의 역사와 전통의 친근성으로 인하여 지역적 연대감이 강하며 조직화의 운동도 다른 지역보다 한층 활발하다.

1) **유럽理事會**(Council of Europe) 1949년 3월 유럽의 10국이 규정을 채택하고 이것을 발족시켰다. 이 기구의 목적은 가맹국의 전통을 옹호

하며 구주의 통합을 실현하는 데 있다. 군사 이외의 유럽공동의 문제를 심의하는 포괄적 기능을 가진 기구로서 기관으로 각료위원회, 협의총회, 사무국이 있고 이 밖에 유럽인권위원회, 인권재판소가 인권옹호의 활동을 하고 있다. 본부는 스트라스부르그에 있다.

2) **유럽연합(EU)** 유럽연합(EU)은 과거 유럽 공동체의 확대 발전에 따른 새로운 명칭이다. 과거 유럽공동체는 프랑스, 서독, 이탈리아, 벨기에, 네덜란드, 룩셈부르크의 6국을 가맹국으로 출발하였고 유럽石炭鐵鋼共同體(European Coal and Steel Community; ECSC), 유럽經濟共同體(European Economic Community; EEC), 유럽原子力共同體(European Atomic Energy Community; EURATOM)의 3공동체로 구성되었다.

이 중에 석탄철강공동체는 1951년의 파리조약에 입각하여 1952년에 설립되었는데, 독일과 프랑스의 석탄 및 철강의 전생산을 pool化하여 공동기관의 관리하에 두고 다른 4국도 참가하여 공동·단일시장을 형성함으로써 이 2개의 산업부문에 관한 관세를 철폐하여 자유로운 유통을 도모하려는 것이다. 유럽경제공동체와 유럽원자력공동체의 2공동체는 앞서의 ECSC의 성공에 자극을 받아 1957년의 로마조약에 의하여 설립되었다. EEC의 목적은 공동시장을 형성하여 그 내부에 있어서의 관세 기타의 제한을 철폐하고 域外로부터의 수입에 대하여는 공통의 관세를 설정하며, 또한 域內에서의 노동과 자본의 이동을 자유롭게 하는 데 있다. 다음 EURATOM은 원자력의 연구·개발, 정보의 교환 등을 통하여 원자력산업의 육성에 필요한 조건을 창조하는 데 목적이 있다.

이상의 3공동체는 1957년의 개정에 의하여 총회와 재판소를 공통으로 하고 다른 집행기관은 각각 별개로 설립되어 있었으나 1967년부터는 단일의 위원회(9명의 위원으로 구성)와 이사회를 각각 갖게 되었다. 특히 1993년 마스트리히트(Masstricht) 조약의 발표 이후 유럽 공동체는 통상 유럽연합으로 불리우고 있다. 이 유럽연합의 특색은 이른바 '超國家的 組織'이라는 데 있다. 예를 들면 유럽경제공동체의 이사회와 위원회는 설립조약에 규정된 조건에 따라 규칙을 제정하고, 명령 또는 결정을 행하며 권고 또는 의견을 표명한다. 권고와 의견은 구속력이 없지만, 규칙·명령·결정은 가맹국을 구속하게 되어 있다. 즉, 공동체의 집행기관은 목적사항에 관하여 다수결로써 가맹국을 구속할 수 있는 것이다. 비정부적 구성의 집행기관(비정부대표로서 선정되어 그 책임의 초국가성을 자각하며 그 임무의 국제성이 존중된다)이 가맹국의 자연인 또는 법인을 규칙 또는 결정의 형식으로써 구속할 수 있다는 사실은 국제조직의 발달과정에 있어서 주목할 만한 현상이다.

> EU법은 제 1 차적 법원으로서 기초법(설립제조약) 및 제 2 차적 법원으로서 파생법(제조약에 의하여 부여된 권한에 입각하여 공동체의 주요 입법기관인 이사회와 위원회가 제정하는 규칙, 명령, 결정)으로 구성된다.
>
> EU법과 구성국의 국내법과의 관계에 대해서는 유럽재판소가 "보통의 국제조약과는 달리 EEC조약은 조약의 발효와 더불어 구성국의 법체계에 통합되고 또한 그 재판소에 부과된 고유의 법질서를 구성한다"(1964년 7 월 14일 판결)는 것을 확인하였다. 그러나 국내판례는 반드시 이 우위를 인정하고 있다고는 할 수 없다. 그러나 EU법 중에도 派生法의 대부분은 self-executing이므로 그 실시를 위한 국내법이 필요없으며, 공동체의 여러 기관에 의하여 적용되고 있다.

제13장 條　約

제 1 절 條約의 概念

1. 意　義

條約이라고 하는 것은 국가 또는 기타의 국제법주체 상호간에 그 효과가 귀속되는 국제적 합의를 말한다. 비엔나 條約法條約은 문서의 형식에 의하여 체결되고 국제법에 의하여 규율되는 國際的 合意(명칭 여하에 불구하고) 중에 국가간에 체결된 것만으로 한정하고 있다(제2조 1항 a).

조약을 문서에 의한 국가간의 합의에 한정하는 조약법조약에도 불구하고, 첫째 국가 이외의 國際機構나 交戰團體도 국제법주체로서 조약을 체결할 수 있다. 둘째 조약은 반드시 서면에 의하지 않으면 안되는가의 문제에 있어서 조약은 서면의 형식을 취하는 것이 보통이나 구두로 맺어진 조약도 없지는 않다. 유효한 의사의 합치에 중점을 두어 온 국제관습법하에서는 당사자에 입증의 문제만 생기지 않는다면 조약은 반드시 서면에 의할 필요는 없다. 조약법조약도 서면의 형식에 의하지 않은 국제적 합의의 존재와 그 법적 효력을 인정하고 있다(제3조). 방식의 자유 자체는 國際判例(Preah Vihear 사원사건에 관한 ICJ판결)에서도 인정되고 있다. 이와 같이 서면에 의하지 않은 구두의 합의도 합의인 한 국가를 구속하나(1933년 East Greenland사건에 있어서의 PCIJ의 판결) 증거가치로서의 명확성이 결여되고 또 조약의 등록제도에 수용될 수도 없으므로 조약은 서면에 의하는 것을 원칙으로 한다. 조약은 보통 단일의 문서이나 交換公文과 같이 복수의 문서로 형성되는 경우도 있다.

오늘날 조약은 국제관계의 기본적 역할을 담당하는 것이며 國際法의 法源으로서 또한 국가간의 평화적 협력을 발전시키는 수단으로서 그 중요성이 더욱 커지고 있다(1962년의 조약법조약 전문 제 2 항, 제 3 항).

이러한 조약의 중요성의 증대는 다음 두 가지 요인 때문이다. 첫째는 法技術的인 이유인데 성문법규가 지니는 명확성·정밀성, 그리고 신속히 작성되어 국제사회의 새로운 필요에 적응하기 쉬운 점이다. 둘째는 정치적 이유인데, 社會主義諸國 및 新生國은 전통적 국제관습법이 서구의 식민지주의를 법적으로 위장한 것이라고 하여 조약법규의 작성을 유리하다고 판단하고 이것을 열렬히 추진해 왔기 때문이다.

우선 조약의 당사자는 원칙적으로 국가이다. 연방의 支分國은 보통 조약체결의 능력이 없으나 연방헌법이 인정한 한도 내에서 그 능력을 갖는다. 또 최근에는 국제기구가 조약의 당사자가 되는 일이 적지 않다(예, 'UN의 특권·면제에 관한 조약').

2. 條約法條約

'條約法'이라고 하는 것은 조약의 체결·효력·해석·개정 등에 관한 국제법의 총칭이다. 이 조약법은 10수 세기 동안 관습법으로서 발달해 왔는데 애매한 점이 많으므로 대체로 종래의 관습법을 성문화하여 1969년에 '조약에 관한 비엔나 조약'이 성립되었다.

이 條約法條約은 국가간의 조약을 규율의 대상으로 하는 조약이며(제1조), 국가와 국제기관간의 조약 또는 국제기관과 국제기관간의 조약에는 적용되지 않는다. 또 국가간의 조약이라 할지라도 조약법조약의 非當事國과 체결된 것에는 이 조약법조약은 적용되지 않는다. 이 조약은 1980년 발효하였으며, 발효 이후에 締約當事國간에 체결된 모든 조약에 적용된다(제4조). 다만 이 조약의 일반법규의 대부분은 개별조약에서 별도의 규정을 하지 않는 경우에 한하여 적용되며, 보충적 기능을 하는 데 그친다. 그러나 동 조약 제 5 부(조약의 무효, 종료 및 운용정지)의 여러 규정은 強行法規性을 갖는다.

한편 1986년에 채택된 '국가와 국제기구간 또는 국제기구 상호간에 체결된 조약에 관한 비엔나조약'은 국가와 국제기구간의 조약 및 국제기구 상호간의 조약에 적용된다는 점 이외는 1969년의 '조약법에 관한 비엔나조약'과 그 내용이 거의 동일하다.

3. 條約의 名稱

條約(treaty)이라는 말은 廣義와 狹義의 두 가지 의미로 사용된다. 협의의 조약은 특히 조약이라는 이름이 붙은 것만을 가리킨다(예, 한미우호통상항해조약). 광의의 조약은 協約(convention), 協定(agreement), 規約(covenant), 憲章(charter), 規程(statute), 決定書(act), 議定書(protocol), 合意書(agreed minute), 宣言(declaration), 交換公文(exchange of notes), 暫定協定(*modus vivendi*) 등 명칭이야 여하간에 국가간의 문서에 의한 합의가 전부 포함된다. 이러한 조약의 국제법상의 효과는 어느 것이나 다 같으며, 어떠한 명칭의 조약을 체결하든지 간에 그 체결, 해석, 종료에 관한 적용법규에는 구별이 없다. 그리고 국가간의 합의에 어떠한 명칭을 붙일 것인가에 관해서도 확립된 규칙이 없다(조약이나 헌장과 같은 명칭은 비교적 중요한 것에 사용된다).

위와 같이 조약은 조약으로서의 요건을 갖춘 것이면 그 명칭은 묻지 않으며 실질적인 기준에 의하여 조약인가 아닌가를 정한다.

> 조약의 명칭은 반드시 일정한 것은 아니나, 조약(treaty)은 비교적 격식을 갖춘 중요한 합의에, 협정(convention)은 다수국간의 立法條約에 쓰이는 경우가 많다. 협정(agreement)은 국회의 동의를 요하지 않는 정부간의 국제적 합의(미국의 행정협정)에, 또 約定(arrangement)은 협정 중에서 특히 유효기간이 짧은 것을 가리키는 경우가 많다.
>
> 規約(covenant)이나 憲章(charter)은 國際聯盟規約, 國際聯合憲章과 같이 국제기구의 기본법의 의미로 사용된다. 또 의정서(protocol)는 條約制定의 국제회의의 議事錄으로서 일반적으로 조약에 부속되어 그것을 보충할 목적으로 작성된 문서를 가리키는 경우가 많다. 결정서(act)는 국제회의 종료 후 새로이 만들어진 규칙이나 제도에 관한 합의, 선언(declaration)은 2국간 또는 수국간에 기존 일반국제법의 규칙을 확인하거나 명문화하기 위하여 사용된다.

4. 條約의 種類

조약은 여러 가지로 분류될 수 있다. 첫째, 그 내용에 따라 政治條約(예, 동맹조약, 중립조약, 평화조약, 방위조약)과 非政治條約(예, 국제노동조약, UNESCO헌장)으로 분류된다. 둘째, 당사국의 수에 의하여 兩者條約(2국간조약, bilateral treaty)과 多者條約(다국간조약, multilateral treaty)으로 구별된다. 이와 관련하여 2국 내지 소수국간의 조약을 特別條約, 대다수의 국가가 참가한 조약을 一般條約이라고 부르는 경우가 있다. 셋째, 조약의 성질에 의하여 契約條約(contract treaty)과 立法條約(law-making treaty)으로 분류할 수도 있다. 전자는 당사국의 서로 대향하는 의사표시를 내용으로 하며(예, 영토할양조약, 통상조약), 당사국간의 權利義務(급부 · 반대급부)의 쌍무성을 규정한 것이다. 후자는 다수의 국가에 대하여 공통의 행동규준을 정한 것이다(예, 국제인권규약). 넷째, 가입의 태양을 기준으로 하여 제 3 국의 가입을 예정하지 않은 조약을 閉鎖條約이라고 하며(예, Panama 운하에 관한 영국과 미국간의 Hay-Pauncefote 조약), 예정하고 있는 조약을 開放條約이라고 한다. 개방조약에는 제 3 국의 가입을 무조건으로 인정하는 것과(예, Suez 운하의 자유항행을 보증한 Constantinople 조약) 일정한 조건을 과하는 것(UN에의 가입에 있어서 헌장상의 의무를 이행할 의사와 능력이 있는 평화애호국이라야 한다는 실질적 요건과 이 요건이 총회와 안전보장이사회에서 인정되어야 한다는 형식적 요건을 규정한 UN헌장은 조건부개방조약의 좋은 예이다)이 있다.

제 2 절 條約의 成立

1. 條約의 成立要件

조약의 유효한 성립에는 무엇보다도 조약당사국(국가 또는 국제조직)간의 진정한 의사의 합치가 필요하다. 이러한 의사의 합치에는, ① 조약당사자가 조약체결의 능력(capacity)을 가질 것, ② 조약당사자에 있어서 조약체결의 권한을 가진 자(조약체결권자)가 조약을 체결할 것, ③ 條約締結權者가 조약체결을 위하여 임명한 대표자(전권대표)간에 하자없는 합의(consent)가 성립할 것, ④ 조약의 내용이 가능하고 적법한 것을 객체(object)로 할 것, ⑤ 일정한 조약성립의 절차(조약체결의 절차)를 완료할 것 등이 필요하다.

2. 條約當事者와 條約締結權者

국제법상의 條約締結權者를 국내법상의 그것과 구별하기 위하여 특히 條約當事者라고 부른다.

국제법상 당연히 조약체결권을 갖는 이러한 조약당사자는 주권국가이다. 보호국이나 종속국과 같은 半主權國은 조약체결권을 갖지 않는 것이 보통이다. 국제조직은 그 성립의 기초가 되는 국가간의 기본조약에 의하여 인정되는 한도 내에서 조약체결의 능력을 갖는다. 개인은 국제법의 능동적 주체가 아니므로 조약당사자의 지위에서 제외된다.

국제법상의 조약체결권자는 조약당사자에 있어서 현실적으로 조약체결의 권한을 가진 기관이다. 누가 조약당사자를 대표하는 이러한 기관이 되는가의 문제는 조약당사자 각각의 헌법에 위임되고 있다. 보통은 元首가 조약체결권을 갖는다. 원수는 행정기관의 首長(군주·국왕·대통령)이 되는 경우가 가장 많으나, 입법기관을 원수로 하는 국가도 있다(예, 스위스). 소련에서는 입법부나 행정부도 아닌 기타의 기관(최고회의 간부회)이 원수의 지위에 있다.

> 원수가 동시에 행정권의 수반으로 되어 있는 국가에 있어서는 형식적으로나 실질적으로나 그가 조약체결권자가 되지만, 원수가 행정권의 수반이 아니고 예의적·상징적인 존재에 불과한 경우에는 그는 다만 형식적인 조약체결권자에 불과하고 실질적인 조약체결권자는 그 밑에 있는 내각이다(예, 일본, 독일).
>
> 우리나라의 조약체결권자는 헌법 제73조에 의하여 대통령이 된다. 대통령은 헌법 제66조에 의하여 행정권의 수반이며 외국에 대하여 원수의 지위에 선다.

국제조직의 내부에 있어서 어느 기관이 條約締結權을 갖는가는 그 국제조직의 기본조약에 의하여 규정된다(UN에 있어서는 원칙적으로 총회가 조약체결권을 가지나, 병력·편의의 제공에 관한 특별협정은 안전보장이사회가 체결권을 갖는다(헌장 제43조). 경제사회이사회는 총회의 허가를 얻어 전문기관과 협정을 체결할 수 있다(헌장 제63조)). 조약체결권자는 그 권한을 타기관에 위임할 수 있다(정치적 중요성이 없는 기술적·행정적 사항에 관해서는 소관관청에 조약체결권을 부여하는 경우가 적지 않다. 우편요금협정을 체신부장관이 체결하는 경우가 이것이다. 그러나 한국에서 차관협정을 재정경제원장관이 체결하는 것은 법적 근거가 없다).

3. 條約의 締結

조약의 성립을 위하여 필요한 절차, 이른바 條約締結節次는 지금까지 주로 관습국제법으로서 발전해 왔으나, 확립된 절차는 없으며 당사자가 합의하여 어떠한 절차도 취할 수 있다. 그러나 최근에 국제관계가 긴밀화되고 조약의 비중이 높아짐에 따라 條約法條約은 조약체결의 절차에 관하여 일정한 정형을 규정하게 되었다(제2부 2절 제6-18조).

그런데 조약의 체결이라고 하는 것은 관계국간의 합의를 형성하기 위한 교섭과정을 말하며, 條約正文의 작성·채택과 교섭당사자에 의한 그 確認(서명)이라는 2개의 절차를 경유한다. 여기에는 국가간의 직접교섭에 의한 전통적 방식과 국제회의 또는 국제조직에서 작성되는 방식과를 구별할 필요가 있다.

1) 傳統的 方式 조약은 이것을 체결할 능력을 가진 법주체간의 합의이므로 각 당사국은 먼저 조약체결의 권한이 부여된 것을 표시하는 全權委任狀(full powers)을 가진 대표(자연인)를 선임한다. 이 전권대표자간의 교섭에서 합의가 성립된 경우 조약안이 작성된다.

과거에는 교섭의 개시에 앞서 전권위임장을 서로 제시하여 그것이 '유효·타당'한 것임을 확인한 후 교섭에 들어가는 것이 원칙이었다(조약법조약 제7조 1항 (a)). 다수국간의 조약체결에 있어서는 특별한 위원회를 설치하여 전권위임장을 심사하게 하는 것이 보통이었다. 그러나 최근에는 별로 중요치 않은 조약, 엄격한 형식을 요하지 않는 조약에 있어서는 일반적으로 전권위임장의 제시를 요건으로 하지 않는다(동조 1항 (b)).

국내법상의 조약체결권자가 스스로 교섭에 나가는 경우에는 전권위임장이 필요없다. 조약법조약에서는 ① 원수, ② 정부의 수반, ③ 외무장관은 전권위임장 없이 조약을 체결할 수 있다. 大使 또는 公使는 본국과 접수국간의 조약에 한하여 전권위임장이 없어도 본문의 채택에 동의할 수 있다고 하였다(제7조 2항 a, b).

우리나라 정부조직법 제24조에 의하여 외무부장관이 '외국과의 조약 기타 국제협정에 관한 사무'를 관장하게 되었고 '特命全權委員 및 정부대표의 임명과 권한에 관한 법률' 제 3 조에 의하여 외국정부 또는 국제기구와의 교섭에 있어서 특명전권위원 또는 정부대표가 된다. 在外公館長은 동법 제4조에 의하여 신임장을 접수한 외국정부 또는 국제기구와의 교섭에 있어서 정부대표가 된다. 특명전권위원과 정부대표와의 차이점은 전자가 외국정부와의 교섭권, 국제회의에의 참석권, 조약에의 서명권을 가지는 데 대하여 후자는 교섭권·참석권만 있고 서명권을 갖지 않는 데 있다.

전시에 한정된 戰場 또는 적대병력의 일부에서 행해지는 부분적 휴전이나 항복을 위한 조약에 관해서는 군지휘관에 대하여 국내법상의 권한의 유무에 관계 없이 예외적으로 조약체결권이 인정된다.

2) **採擇과 認證**(확정) 條約正文의 채택은 원칙적으로 그 작성에 참가한 모든 국가의 동의에 의한다(제9조 1항). 그러나 각국의 입장이 대립하여 교착상태에 빠졌을 경우에는 각국의 대립의 극복은 금후의 해석·적용·분쟁 해결절차에 맡긴다는 취지에서 조약문을 의도적으로 불명확한 것으로 놓아두고 다만 국가간의 관계를 조약제도 내에만 들어오게 하기도 한다.

조약의 내용을 확정하기 위하여 조약본문의 채택이라는 절차가 행해지는데, 이것은 조약본문에 기재된 것을 조약의 내용으로 하는 데에의 동의를 의미할 뿐이고 그 조약에 구속되는 것에의 동의를 포함하지 않는다.

다음 조약의 본문이 확정적인 正文이라는 것을 승인하고 또한 증명하기 위하여 認證(또는 확정 authentification)이라는 절차가 행해진다. 이로써 교섭단계가 최종적으로 끝나게 된다. 이후에는 조약문의 수정·변경은 개정절차에 의하지 않고는 일체 인정되지 않는다. 이 사실을 확인하고 증명하기 위하여 조약본문에 대한 서명, 또는 정부의 승인을 조건으로 하는 서명('追認을 요하는 서명' Signature ad referendum), 또는 假署名(initialling)이 행해진다(제10조).

조약체결의 권한을 갖지 않은 자가 행한 조약체결의 행위는 당해국가에 의하여 추인되지 않는 한 어떠한 법적 효과도 갖지 않는다(제8조). 이 경우의 추인은 그 조건규정을 원용하는 것과 같은 묵시적 방법에 의할 수도 있다.

서명은 보통 조약본문의 작성에 참가한 국가의 대표가 본문에 署名(조인)하는 형식으로 행하여지는 것이며, 이것은 단순히 조약본문의 認證의

뜻만을 갖는다. 그 조약에 구속되는 것을 수락한다는 뜻을 가진 서명과는 다른 것이다.

3) **國際會議에 의한 方式** 오늘날에는 多數國間條約의 대부분은 국제회의나 국제조직에서 교섭과 條約文案의 작성이 이루어진다.

국제회의에서의 조약의 채택은 전통적인 全會一致의 원칙을 수정하여 보통 출석하고 투표한 국가의 3분의 2 이상의 다수결에 의한다. 그러나 제 3 세계의 국가의 수가 급격히 증가함에 따라 이러한 제한적 다수결로는 불충분하게 되어 컨센서스(consensus) 방식에 의한 조약채택의 방식이 보급되었다. 이 방식은 참가국이 교섭중의 條約草案에 대하여 정식으로 반대를 표명하지 않고, 또 표결에 부탁할 것을 요구하지도 않는 점에서 묵시의 전원일치에 유사하다. 그러나 각국의 중요이익이 相互代償的으로 조정되도록 철저하게 교섭을 다하는 것에 이 방식의 적극적인 특징이 있다.

채택된 다수국간조약에 있어서는 최종의정서에서 正文을 확정하고, 각국이 서명한다.

4) **國際組織에 의한 方式** 국제조직이 채택하는 조약에 있어서는 그 작성도 그 국제조직의 기관에서 한다. 이를 기구화된 조약채택방식, 또는 '議會制度的인 外交'에 의한 조약채택방식이라고도 한다.

먼저 총회가 조약에 규정될 기본원칙을 지시하며, 총회에서 선출된 일정수의 국가대표로써 구성되는 위원회(UN의 우주평화 이용위원회 등), 또는 독립된 개인으로 구성된 전문위원회(UN국제법 위원회 등)가 조약안을 작성한다. 다음 각 가맹국 또는 관계기관의 검토와 회답을 경유하여 조약을 총회에서 3분의 2의 다수결로 채택된다.

국제노동기관의 조약채택방식은 다른 국제기구에서는 볼 수 없는 특이한 것이다. 총회는 출석대표의 3분의 2의 다수결에 의하여 조약을 채택한다(총회는 2명의 정부대표 · 사용자 · 노동자대표 각 1명으로 구성된다). 그리고 그 원본은 총회의장의 서명에 의하여 인증된다. 각 가맹국은 총회의 종료 후 1년 내지 18개월 이내에 그 조약을 의회 기타의 당해 사항에 관한 관할기관에 제출할 의무를 지며, 그 동의를 얻은 경우에는 조약의 正式批准을 국제노동사무국장에게 통지함과 동시에 그 국내실시에 필요한 입법, 기타의 조치를 취한다. 위의 동의를 얻지 못한 경우에는 각 가맹국은 그 조약이 취급하는 사항에 관한 국내법령과 노사관행에 관하여 정기적으로 國際勞動局長에게 통보할 의무를 진다(제19조 2항·4항·5항). 보통의 국제조직이 채택한 조약에 있어서는 이것을 수락하느냐 마느냐의 문제를 각 가맹국이 자유로이 결정할 수 있는 데 비해서 이 경우에는 수락에 관하여 간접적인 강제가 가해지게 되는 것이므로 그러한 한에서 각 가맹국의 재량권이 제한된다.

4. 條約에 拘束力을 부여하는 同意方式

국가가 조약에 구속되겠다는 뜻을 가진 동의를 표명하는 방식으로는 署名, 조약의 構成文書의 交換, 批准, 受諾, 承認, 加入 등이 있다. 어느 방식을 선택하는가는 교섭당사자의 합의에 의한다. 일반적으로 체약국의 국내법상 국회의 승인을 요하지 않는 사항의 조약에 있어서는 서명, 기타의 경우에는 비준이 주요한 방식이다.

1) **署　名**　條約에 의한 구속에의 동의를 표명하는 방식으로서의 서명은 다음 세 가지 경우에 행하여진다(제12조 1항). (a) 서명이 그러한 효력을 갖는다는 것을 조약이 규정하고 있는 경우, (b) 서명이 그러한 효과를 갖는다고 교섭국이 합의한 것이 다른 방법에 의하여 증명된 경우, 또는 (c) 서명에 이러한 효과를 부여하려는 국가의 의도가 그 국가의 대표자의 전권위임장에 명백히 표명되었거나 또는 교섭의 과정에서 표명된 경우.

동시에 본문의 假署名은 교섭국이 그 뜻에 합의한 것이 증명된 경우 서명이 된다. 또 정부의 승인을 조건으로서 행한 서명은 대표자의 본국에 의하여 확인된 경우 그 조약의 완전한 서명이 된다(동조 2항).

위와 같은 의미에 있어서의 조약의 서명에서는 조약은 참가자의 서명이라는 행위만으로 효력을 발생하는 것이며, 새로이 그 이외의 비준·수락 또는 승인 등을 필요로 하지 않는다.

2) **條約의 意味를 갖는 文書의 交換**　公文(note)이나 覺書(memorandum)와 같은 문서의 교환이 조약으로서의 효력을 갖는 경우가 있다. 이러한 문서의 교환이 조약에 구속되는 것에 대한 동의를 표명한 것이라

고 인정되는 경우는 그 뜻이 문서 자체에 규정되어 있든가, 또는 다른 방법으로 증명된 경우에 한한다(제13조).

3) **批 准** 비준은 全權委員이 서명한 조약을 조약체결권자가 확인하는 행위이며 그 국가의 조약체결의 의사를 최종적으로 확정하는 효과를 갖는다. 민주적 헌법을 채용한 대부분의 국가에서는 원수가 단독으로 비준을 행하지 않고 국회의 동의를 전제로 한다.

18세기 말까지는 비준은 전권위원에게 월권행위가 있었느냐의 여부를 확인하는 절차에 지나지 않았다. 그러므로 월권의 사실이 없음에도 비준을 거부하는 것은 국제법위반이 되었다. 그러나 민주주의가 보급된 오늘날에는 국민의 대표인 입법부가 원수의 조약체결에 개입하는 일이 일반화되었기 때문에 원수라 할지라도 항상 조약을 비준할 수 있는 것은 아니다. 이 결과 과거에는 '義務'로 되었던 비준이 점차 '任意'로 되어 오늘에 이르고 있다. 의회의 승인을 얻지 못하여 비준에 이르지 못하고 조약의 당사국이 되지 못한 예도 적지 않다(1920년 미국 연방의회의 고립주의에 의한 국제연맹규약의 승인거부, 1952년 '서구방위공동체설립조약'에 관하여 유럽의 군사적 통합을 싫어한 프랑스 국민의회의 토의중지).

이리하여 비준을 하느냐 또는 하지 않느냐는 임의이지만 비준이란 이미 확정된 조약의 내용을 결정적으로 확인하는 행위이므로 비준 후에는 조약 자체를 부인하거나 조약내용의 실현을 불능케 하는 행위는 불법이 된다. 동시에 위와 같은 이유에서 비준은 무조건 또는 전체적으로 행하지 않으면 안된다. 조건부의 비준 또는 부분적 비준은 비준의 거절이나 또는 조약내용의 새로운 제안이라고 생각된다.

일반적으로 중요한 조약에 비준을 요한다고 할 수 있으나 비밀리에 체결되는 조약이나 실시를 서두르는 조약은 비준을 요하지 않는 경우가 있다. 또 경제 · 행정 · 전문기술의 분야에서 신속히 처리할 필요가 있는 경우 交換公文 기타의 간이방식의 조약이 활용되어 비준을 요하지 않고 서명만으로 그 구속성에 동의를 표명하게 되었다.

비준절차의 완료와 더불어 批准書가 작성되는데 특히 二國間條約에서는 무조건수락을 원칙으로 하지만 부득이한 경우에는 해석선언을 붙일 수도 있다. 이국간조약에 있어서의 留保는 보통 인정되지는 않으나 예외적으로 인정되는 경우도 있다(미국이 1977년의 파나마운하조약에 붙인 유보에 대하여 파나마가 그 비준서를 수리하였다).

4) **受諾 · 承認** '수락'과 '승인'은 조약에 의한 구속에의 동의를 표명하는 새로운 방식으로서 제2차대전 후에 발달한 조약관행인데 국제법상으로는 비준과 실질적으로 동일한 효과를 갖는다. 이 양자는 새로운 방식이라고 하기보다는 오히려 새로운 용어상의 발명이라고 하는 것이 적절할지도 모른다.

먼저 '수락'에 있어서 '수락을 조건으로 하는 서명'이라고 하는 경우, 비준과 같이 의회의 승인을 필요로 하지 않고, 다만 정부가 더 조약을 검토할 기회를 갖기 위한 절차로서 수락이라는 말이 사용된다. 다시 말하면 조약에 의한 구속을 결정할 경우에 의회의 승인을 필요로 할 때에는 '비준을 조건으로 하는 서명', 의회의 승인을 필요로 하지 않을 때에는 '수락을 조건으로 하는 서명'이 된다. 각국은 이 방식을 선정하기 위해서는 미리 그 뜻을 全權委任狀에 명기하지 않으면 안된다. 이 방식은 국내적으로는 비준보다 간이한 절차이며 헌법상 비준을 요하지 않는 조약이라 할지라도 서명 후 더 충분히 그 내용을 심사하기 위한 시간적 여유를 둘 필요가 있는 경우에 이용되는 제도이다(미국에서 시작되어 네덜란드, 프랑스에 전파된 것).

또 승인에 관해서 어떤 국가의 헌법에 따라서는 비준보다 승인이라는 말이 보다 적당한 것이라고 하여 "조약은 의회의 승인을 얻지 않으면 안된다"고 표현되었다. 때문에 이러한 국가가 체결하는 조약에서는 "이 조약은 비준 또는 승인되지 않으면 안된다"고 규정하도록 요구되어, 그 결과 승인이라는 말이 국제법상의 용어로서도 사용되게 되었다. 이리하여 국제법상 '승인을 조건으로 하는 서명'이라는 형식으로 사용되고 위와 같은 의회의 승인을 필요로 하지 않는 것은 '수락을 조건으로 하는 서명'과 같은 의미를 갖는다.

條約法條約에서는 조약에 의한 구속에의 동의는 비준에 적용되는 것과 同樣의 조약으로 수락 또는 승인에 의해서도 표명된다고 하여(제14조 2항), 수락과 승인은 비준과 같은 절차라고 규정하고 있다(이 용어가 가입절차라는 의미로 사용된 경우에는 그 표현 여하에 불구하고 조약법조약상의 가입절차로 취급되어야 한다).

5) **批准(受諾 · 承認)書의 交換 · 寄託** 국가는 조약을 비준한 경우

이것을 증명하기 위한 일정형식의 비준서를 작성한다. 2국간의 조약의 경우에는 이 비준서를 교환하며, 다수국간조약의 경우에는 비준서를 특정의 장소에 기탁한다.

비준(수락·승인)서의 기탁은 일개소를 지정하는 것이 보통이나, 수개소를 지정하는 경우도 있다(1963년의 부분적 핵실험정지조약, 1968년의 핵병기불확산조약, 1971년의 해저비군사화조약에서는 미국, 영국, 소련의 각 정부가 기탁국정부로서 지정되었다).

UN이 관여하여 작성된 조약은 UN사무총장에게 기탁되는 경우가 많으나, 이것을 조약의 登錄(헌장 제102조)과 혼동해서는 안된다.

당사국간에 별도의 합의가 없는 한 조약은 그 비준서의 교환 또는 기탁의 일자에 성립하며, 조약의 효력도 이때부터 발생한다. 비준서의 교환·기탁은 전적으로 절차적인 행위이며, 따라서 이미 비준을 완성한 후 비준서의 교환·기탁을 거부할 수는 없는 것으로 해석된다.

6) 加　入　가입이라고 하는 것은 기존의 조약에 그 조약의 비당사자가 새로이 참가하는 행위를 말한다. 조약 특히 다수국간의 조약은 최초의 당사국 이외의 다른 국가의 참가를 인정하는 이른바 가입조항을 포함하는 것이 보통이다. 가입조항을 포함한 조약을 開放條約이라고 하는데 이러한 가입조항은 제 3 국의 가입을 초청하는 제안의 성질을 가진 것이다. 그러므로 개방조약에는 제 3 국이 일방적 가입의사의 표시(통고, 선언, 비준서 또는 가입서의 기탁)에 의하여 당사국의 동의 없이 확정적으로 가입할 수 있다(예, 1949년의 제네바 4조약). 다만 제 3 국의 가입을 인정하면서 일정한 조건의 만족을 요구하는 半開放條約에 있어서는 그 조건을 만족하게 함으로써 가입이 성립된다(예, UN 헌장). 뿐만 아니라 타국의 가입을 예정하지 않는 閉鎖條約도 조약당사자의 전부가 동의한 경우에는 개방조약 또는 반개방조약으로 변경될 수 있음은 물론이다. 이와 같이 가입은 가입하는 국가에 대하여는 하나의 조약의 성립을 의미한다.

가입은 조약이 발효한 후가 아니면 할 수 없다는 설이 있으나 최근에는 발효 이전에도 가입을 인정하는 것도 있다. 특히 국제기구가 조약문을 채택하고 각국의 서명 또는 비준을 위하여 개방하는 조약체결의 형식에 있어서는 가입만이 조약당사자가 되는 수단이다.

7) 登　錄　UN헌장 제102조는 UN 加盟國이 체결한 일체의 조

약을 되도록 속히 사무국에 등록하고 사무국은 이것을 공표할 것과 미등록조약의 당사국은 UN기관 앞에 이것을 원용하지 못한다고 규정하였다(조약법조약 제80조도 같은 취지).

조약의 등록은 원래 비밀조약의 체결을 배제할 목적으로 국제연맹이 처음 설정한 제도였다(연맹규약 제18조. Wilson 대통령의 전후평화계획 14항의 하나인 공개외교의 제도를 채택한 것). 이 제도는 UN에 계승되었는데 국제연맹에서는 미등록의 조약이 '효력을 발생하지 않는다'고 되었으나 UN에서는 단순히 미등록조약은 'UN기관 앞에 원용하지 못한다'고 규정되었을 뿐이다. 즉, 미등록의 조약도 당사국간에는 유효하게 성립하여 당사국을 구속하며, 당사국은 UN 이외의 기관에서는 이 조약에 입각한 권리를 주장할 수 있는 것이다. 따라서 등록은 조약의 성립요건이 아니고 다만 UN기관에 대한 대항요건에 지나지 않는다.

UN사무국은 등록된 조약을 공표하지 않으면 안되는데 공표는 UN발행의 條約集에 게재하는 방법으로 행한다. 非加盟國은 등록의무를 갖지 않으나 이 조약집에는 비가맹국으로부터 제출된 조약, 또는 국제기구 상호간의 협정도 게재된다.

5. 留　保

1) **意　義**　留保라고 하는 것은 국가가 전체적으로 조약의 목적·내용에 동의하여 그 당사국이 되고자 하는 의사를 가지면서도 특정의 규정의 자국에의 적용에 관하여 그 법적 효과를 배제 또는 변경하기 위하여 署名·批准(수락, 승인), 또는 가입시에 행하는 일방적 선언을 말한다(제2조 1항 d). 유보에는 조약의 일정조항을 유보하는 것(條項의 留保), 어느 조항을 특정의 의미로 해석하는 것(解釋의 留保), 영역의 일부에 대한 조약의 적용을 배제하는 것(適用地域의 留保) 등이 있다(조항의 유보가 가장 많으며 이것은 협의의 유보라고 한다. 예를 들면 1946년의 'UN의 특권 및 면제에 관한 조약'에 있어서 Thailand와 Turkey는 제18항인 '과세 및 병역의 면제' 등을 유보하고 있다). 2국간조약의 경우의 유보는 조약의 내용에 관한 교섭을 재개하자는 새로운 제안으로 인정되어 문제가 없다(단, 1953년의 미일통상항해조약 제8조 2에 관해서 미국이 비준시에 행한 유보와 같이 2국간조약에서도 행해지는 경우가 있다). 유보는 條約當事國 중에 유보를 인정하는 국가와 인정하지 않는 국가가 있기 때문에 문제가 생긴다.

유보라는 말은 다의적이다. 조약에 "批准을 유보하고 가입한다"라고 했을 경우 이때의 유보는 條件이라는 뜻이다. 仲裁裁判條約에서 "국내사항에 관한 분쟁을 유보하고 재판의무를 인정한다"라고 했을 경우 이때의 유보는 제외라는 뜻으로 사용되고 있는 것이다.

유보라는 제도는 多數國間條約의 성립을 용이하게 하고, 또 그 조약에 보다 많은 국가의 참가를 얻기 쉽게 하는 이점을 갖는다. 그러나 그 반면 특정의 국가의 유보에 의하여 조약의 통일적 적용이 저해되어 조약에 있어서의 국가간의 법률관계가 복잡하게 된다는 결점도 아울러 갖는다. 그런데 종래의 전통적 조약법이론에서는 조약의 일체성을 위하여 유보에 관한 '全當事國同意의 原則'이 중시되어 왔다. 국제연맹하에서 다수의 일반조약이 체결되는 동시에 조약당사국에 의한 유보도 많아졌는데 1927년의 연맹이사회는 어떤 국가가 행한 유보는 다른 당사국전부의 승인을 요한다는 결의가 채택되어 이것이 연맹의 관행으로 되었다.

이에 대하여 제 2 차대전 후에는 다수국간조약의 채택이 국제회의 또는 국제조직에서의 다수결에 의하게 되었다. 이 결과 그 성립은 용이하게 되었으나 그 대상으로서 留保制度가 도입되어 조약의 성립에 반대한 국가가 조약상의 의무의 내용과 범위를 일방적으로 변경 또는 제한할지라도 당사국이 될 수 있는 길을 열어놓았다. 1949년의 제노사이드(Genocide)조약에 있어서 소련·우크라이나·백러시아 3국이 행한 유보에 대하여 1951년 ICJ는 유보가 조약의 목적과 양립할 수 있는 것인 경우에는 유보국도 조약당사국이 될 수 있다는 권고적 의견을 발표하였다(ICJ Reports 1951, 22). 이러한 '兩立性의 原則'을 인정한 재판소의 견해는 그 후의 학설과 관행에 커다란 영향을 미치게 되어 UN國際法委員會에서도 1962년부터 이 원칙을 일반적 기준으로서 채용하고 있다. 조약은 합의된 내용을 그대로 일원적으로 모든 체결국에 적용하는, 이른바 '條約의 一體性'이 바람직한 것은 말할 것도 없으나, 동시에 일반적 다수국간 조약일수록 되도록 많은 국가를 당사국으로 포함시키는, 이른바 조약의 보편성도 필요한 것이다. 유보는 이러한 두 개의 요청이 모순되었을 때의 타협책으로서 조약의 일체성을 희생하고라도 그 적용의 보편성을 확보하려는 것이다.

국제회의의 결의에 부착되는 유보는 각국의 공식의 입장의 표명에 불과하며 그 의무의 내용을 변경·제한하는 것이 아니므로 조약의 유보와는 다른 것이다.

2) 留保의 有效性　一國(甲)이 조약규정에 붙인 留保(X)가 유효한 것으로 인정되기 위해서는 다른 체약국(乙, 丙, 丁)이 이것을 허용하느냐의 여부가 문제이며, 이 점에 관하여 전쟁 전부터 견해의 대립이 있었다.

첫째는 이른바 國際聯盟方式인데, 다른 모든 체약국의 동의를 필요로 하며 한 국가라도 반대하면 유보는 무효가 되어 갑국은 조약의 당사국이 될 수 없다는 가장 엄격한 방식이다(1927년의 국제연맹 국제법법전화전문위원회가 채택한 것). 둘째는 범미연합방식으로서 그 요건을 완화한 것인데, 비준시에 갑국이 붙인 유보(X)는 다른 모든 당사국이 全會一致로 반대한 경우에 한하여 무효로 하지만 일국(乙)이라도 이것에 동의한 경우에는 갑국은 조약의 당사국이 되며, 갑국의 유보에 반대한 다른 당사국(丙, 丁 등)과의 사이에는 조약은 적용되지 않는다는 방식(1932년)이다.

이 汎美聯合方式은 조약적용의 보편성의 확보라는 점에서는 장점이 있으나, 甲-乙간에는 A가 빠지고, 甲-丙-丁간에는 無條約, 乙-丙-丁간에는 條約全文(A규정 포함)이 적용되는 등, 조약관계가 지극히 복잡하게 된다.

ICJ는 위의 국제연맹방식은 국제관습법상의 규칙이 되지 않았다고 판단하고 범미연합방식에 가까운 입장을 취하였다. 즉, 조약에 특별한 규정이 없는 경우에는 원칙적으로 유보가 조약의 취지·목적과 양립되는 한 유효한 것으로 취급하고 조약의 당사국의 지위를 인정한다고 하였다(양립성의 기준이 주관적 판단에 좌우되어 조약의 일체성을 해한다는 반론이 있다. 1951년 국제법위원회에서 게레로, 막그네어 등 5재판관공동반대의견). UN총회에서는 다수국간조약의 기탁자로서 UN사무총장이 지금까지 취해 온 국제연맹방식을 개정하여 위의 ICJ의 勸告的 意見('집단살해죄방지처벌조약의 유보사건' ICJ 권고적 의견. ICJ Reports 1951, 21-26)에 따르도록 요구하였다(1952년 총회결의 598호. 1959년 동 142호 B).

條約法條約은 원칙적으로 범미연합방식에 따라 유보의 유효성의 요건을 완화하였다. 유보하려는 조약에 금지규정이 없는 한 조약의 목적에 반하지 않는 범위내에서 국가는 서명, 비준 또는 가입시에 유보를 할 수 있다(제19조). 다만 조약에 의하여 명시적으로 인정되고 있는 유보(제20조 1항) 이외의 유보는 조약의 他當事國에 의하여 수락되는 것이 필요하며, 동시에 수락한 국가와의 사이에서만 유효하게 성립된다(제20조 4항). 조약 전체가 전당사국에 적용되는 것이 불가결한 조건이 되는 조약에 있어서는 다른 모든 당사국의 동의가 없는 한 유보는 허용되지 않는다(제20조 2항, 예를 들면 1958년의 '어업 및 공해의 생물자원의 보존에 관한 협약' 제19조 및 1958년의 '대륙붕에 관한 협약' 제12조는 특정의 규정의 유보를 금지하고 있다). 또한 국제기구의 구성조약에 유보를 두고자 할 경우에는 원칙적으로 그 기구의 권한 있는 기관의 수락을 필요로 한다(제20조 3항).

유보는 상호적인 효과를 갖는다. 그러므로 유보한 국가는 이것을 수락한 국가에 대하여 자국이 유보에 의하여 면제된 조약상의 의무의 이행을 요구할 수 없다. 유보는 조약에의 가입을 용이하게 하는 장점이 있는 대신, 당사국간의 관계가 복잡하게 되며, 조약의 동질성 내지 입법적 효과를 크게 삭감시키는 단점도 있다. 그러나 가능한 한 유보의 유효성에 유리한 추정을 부여하는 것이 오늘날의 국제사회의 요청에 부응하는 것이 된다.

3) **留保의 制限**　多數國間條約 중에는 조약의 일체성을 확보하기 위하여 명문의 규정으로(UN해양법조약 제309조), 또는 묵시적으로(ILO가 채택하는 국제노동조약) 유보를 일체 금지하는 것이 있다. 또한 조약이 특정의 규정에 한하여 유보를 금지하는 경우에는(1958년의 '공해생물자원보존조약' 제19조, '대륙붕조약' 제12조) 그 이외의 규정에 붙여진 유보를 유효로 인정할 것인가의 여부는 다른 체약국의 자유로운 판단에 맡겨진다. 그런데 多數國間條約에 있어서 미리 특정의 열거된 사항에 관하여 유보가 허용된 경우에는(1928년 '국제분쟁평화적 처리일반의정서' 제39조 2항) 체약국이 동조약 중의 문언을 사용하여 행한 유보는 그 대응하는 사항을 적용 대상으로 했다고 해석되므로 타국의 수락이 없더라도 '許容된 留保'로 취급된다(대륙붕경계분쟁에 있어서 ICJ는 위의 일반의정서에 붙인 유보에 포함되지 않는다고 하여 재판소의 관할권이 있다는 그리스의 주장을 배척하였다. '에게해대륙붕사건〔관할권〕' ICJ판결 ICJ Reports 1978, 24).

일반조약에 있어서 양립성의 유무의 인정은 제 3 자기관에 회부되지 않는 한 각 관계국이 한다. 이 경우 유보를 한 국가와 여기에 이의를 제기한 국가간에 판단의 대립이 있을 때에는 결국은 다른 모든 체약국의 태도 여하에 달려 있다.

4) **留保에 대한 異議의 法的 效果**　과거의 국제연맹방식과 같이 모든 체약국의 전회일치에 의한 수락을 유보의 유효성의 요건으로 하는 입

장에서는 한 국가라도 이의를 제기하면 유보는 완전히 무효가 된다. 그러나 오늘날에 있어서는 유보가 허용되는 한 그 법적 효과로서 유보를 붙인 국가도 條約當事國이 되며 그 유보를 수락한 국가와만 아니라 여기에 이의를 제출한 국가(유보는 추정되지 않으며 이의의 제출, 유보의 수락은 서면에 의하여 표명되어야 하며, 다른 체약국 또는 당사국에 통보해야 한다. 제23조)와의 관계에서도 그 조약의 발효·적용이 확보된다(제20조 4항 a·b·5항, 제21조).

대륙붕의 경계획정에 관한 규정(대륙붕조약 제6조)에 관하여 프랑스가 특히 수심 200m를 넘은 부분에 있어서는 등거리원칙에 의한 경계획정의 원용을 거부한다는 유보를 붙였는데 이것은 유효한 것으로 인정되었다. 영국이 그것을 '許容되지 않은 유보'라고 하는 이의를 제출하였으며 그 이유로서는 그 유보가 실질적으로는 '大陸棚條約' 제1조에 대한 유보에 해당된다는 것이었다. 그럼에도 불구하고 그 유보는 양국간에 위 규정의 발효·적용을 방해하는 것이 아니며, 다만 영국에 대해서는 대항할 수 없다(동조는 유보의 한도에서 적용불능)고 판단되었다('영불해양대륙붕사건' 중재재판소판결).

條約法條約이 규정한 留保制度는 양립성의 원칙의 채용에 의하여 다수국간조약의 성립을 용이하게 함으로써 국제사회의 법적 조직화가 촉진되는 장점이 있는 동시에, 그 반면 조약체결시 각 국가가 붙이는 유보가 그 조약의 대상 및 목적과 양립되는가의 여부의 판정은 각 국가에 일임되어 있으며 또 그것을 위한 객관적 기준이 없고 그것을 판정할 기관도 없으므로 국가가 유보제도를 남용할 우려가 있다. 그리고 유보가 붙여진 경우 條約當事國은 그것을 수락한 국가와 그것에 이의를 제기하는 국가로 나눠지는 것이므로 조약관계가 복잡화하며 또 불안정한 것이 되는 단점이 있다.

제 3 절 條約의 效力

1. 當事國間의 效力

조약은 그 조약이 정한 바에 따라 또는 교섭국이 합의한 방법과 일시에 그 효력이 발생한다(제24조 1항). 그러나 批准(또는 수락·승인)을 필요로 하는 조약에 있어서는 그 절차가 아직 끝나지 않고 효력이 발생하지 않은 경우에 조약의 일부 또는 전부가 잠정적으로 적용되는 일이 있으며, 이것을 조약의 '暫定適用'이라고 한다. 조약법조약은 이에 관하여, (a) 조약 자체가 그렇게 규정한 경우, (b) 교섭국이 다른 어떠한 방법으로 그러한 합의를 한 경우, 조약은 그 효력이 발생하기 전에 잠정적으로 적용된다고 규정하고 있다(제25조).

조약은 효력의 발생과 더불어 당사국을 구속하며, 當事國은 그 조약을 성실하게 이행하지 않으면 안된다(*Pacta Sunt Servanda.* 제26조). 당사국은 조약의 문언을 字義대로 적용하는 것만으로는 불충분하며, 법률상으로도 사실상으로도 그 의무를 담보할 수 있도록 조약규정을 적용하지 않으면 안된다(소수민족에 대한 차별금지에 관하여 '단치히의 폴란드국민의 대우사건' PCIJ의 권고적 의견).

그러나 다만 경제분야의 多數國間條約에는 미리 조약의무의 이행을 실행가능한 범위에 제한하거나(1966년 개정의 GATT 협정 제37조 1항, 1976년 개정 국제통화기금협정 제4조 등), 보증조항(safeguard clause), 또는 예외조항을 두어 체약국간의 협의나 또는 국제기관에 의한 사전 또는 사후의 심사를 조건으로 하여 조약의무의 이탈을 허용하고 있다(특정산품의 긴급수입제한에 관한 GATT 협정 제19조 등).

조약은 체약국의 별도의 의사표시가 없는 한 그 영역 전체에 적용된다(제29조). 식민지 기타 체약국이 그 국제기관에서 책임을 지는 지역도 포함된다('식민지' 적용조항). 그러나 민족자결의 원칙에 입각하여 그 주민의 동의가 없는 한 그러한 지역에서는 적용제외를 원칙으로 해야 한다는 주장도 있다.

조약의 시간적 적용범위에 있어서도 체약국이 자유로이 결정할 수 있으나, 별도의 합의가 없는 한 條約不遡及의 원칙이 적용된다(제28조). 즉, 조약은 그 효력발생 이전에 생긴 행위 또는 사실, 또는 그 날 이전에 소멸한 사태에 관해서는 당사국을 구속하지 않는다는 취지이다. 그러나 時際法의 이론(현행법규의 소급적 적용을 인정하지 않는다는 이론)과의 관계에는 그 예외적 적용을 인정하는 경우가 있다. 즉, 조약발효일 이전에 행해진 국내조치에 입각하여 현재까지 계속되고 있는 私人의 상태에 관하여 조약상의 보장을 인정한 경우가 그것이다(1947년의 벨기에 국내재판소의 판결에 의하여 종신형을 받은 개인이 1955년 同國에 대하여 발효된 구주인권보호조약 제10조의 '표현의 자유'가 오늘날에도 계속적으로 침해되고 있다고 인정한 '데·벡커사건'에 있어서의 유럽인권위원회의 의견).

동일사항에 관한 조약규정의 내용이 서로 저촉되거나 충돌하는 경우가 있다. 條約法條約은 UN헌장 제103조(헌장의무의 우선), 또는 개개의 조약에서 특별의 규정을 두는 경우를 제외하고는 경합하는 양조약을 원칙적으로 다 같이 유효한 것으로 하여 각각의 적용범위를 정함으로써 당사국의 합의를 존중하는 調整原則을 제시하고 있다(제30조). 즉, 어느 하나를 당연히 무효로 하지 않고 각각의 상대적 우위성을 인정하는 것이다(제30조 3항·4항 참조).

2. 제 3 국에 대한 效力

조약은 당사국간의 약속이므로 그 조약의 효력은 당사국에만 한정되고 제 3 국에는 미치지 않는다는 것이 일반원칙이다(제34조). "조약은 제 3 국을 害하지도 않고 益하지도 않는다"(*pacta tertiis nec posunt; res inter alios acta*). 이것은 제 3 국의 주권과의 적합성을 기도하기 위한 것이다.

사실 조약은 제 3 국에 대하여 그 동의없이 의무나 권리를 창설할 수 없는 것이나 실제에 있어 조문 중에 제 3 국의 의무 또는 권리를 규정하는 예외적인 경우가 있다.

그리고 국제조직과 그 가맹국간에는 그 내부기관이 일가맹국과 체결하는 條約(예, UN헌장 제43조)에 의하여 제 3 국의 지위에서가 아니고 그 이행에 따르는 경비분담 기타의 의무를 당연히 지게 된다

1) 제 3 국에 義務를 課하는 條約 條約當事國이 조약규정으로 제 3 국에 의무를 과하고, 그것에 의하여 실제로 제 3 국에 의무가 발생하도록 하기 위해서는 미리 제 3 국이 서면으로써 명시적으로 그 의무를 수락할 필요가 있다(부대적 합의 accord 제35조). 그 의무의 변경 또는 취소도 조약의 당사국과 제 3 국의 동의에 의한다(제37조). 제 1 차대전 후 프랑스·스위스 국경지대에 설정한 젝스·사보이 自由地帶의 制度(스위스는 비당사국)를 일방적으로 폐지하려는 프랑스의 조치에 대하여 PCIJ는 제 3 국 스위스의 동의가 없는 것을 이유로 이것을 부인하였다('상부사보이와 젝스지역의 자유지대사건'의 PCIJ 판결).

2) 제 3 국에 權利를 부여하는 條約 제 3 국에 의무를 과하는 조약의 경우와는 달리 조약당사국이 그 조약규정에서 제 3 국에 권리를 부여

하는 경우에는 제 3 국이 여기에 동의하면 제 3 국에 권리가 생긴다. 그리고 이 경우의 제 3 국의 동의는 반대의 의사표시가 없는 한 존재하는 것으로 추정된다. 따라서 묵시적으로도 부여된다(제36조). 특히 二國間條約이나 多數國間條約이 모두 국가에게 권리(예, 항행·통항의 자유)를 부여한 경우에는 제 3 국은 적어도 그 권리와 그 행사의 條件(항행규칙 등)에 묵시적으로 동의하였다고 해석된다(동의의 추정).

수에즈운하에 관한 콘스탄티노플 조약이나 파나마운하에 관한 헤이폰스포트 조약은 조약의 비당사국의 선박에 대해서도 운하의 自由航行을 인정하고 있으나 이 경우의 제 3 국이 갖는 것은 일종의 反射的 利益이며, 만약 조약당사국이 제 3 국에 대하여 그 선박의 자유항행을 금지한 경우 이것을 조약위반으로서 제 3 국이 추궁하거나 또는 구제를 요구할 수 없다.

그러나 전기 제 3 국의 자유항행을 이미 국제관습화된 것이라고 해석한다면 제 3 국은 권리를 취득한 것이 되어 미국·영국이 제 3 국의 선박의 通航을 제한·금지한다면 기득권의 침해로서 제 3 국으로부터 국제청구가 제기될 수 있다는 견해도 있다.

UN헌장의 제 2 조 6항은 UN이 일반적 국제조직인 결과 헌장은 일반국제법으로 화한 것이며 비가맹국에 대해서도 헌장의 원칙에 따라 행동할 의무를 과한 것이라고 보는 견해가 있다. 그러나 이 조항은 오히려 UN 또는 UN가맹국이 비가맹국에 대하여도 가맹국과 같이 헌장의 원칙에 따라 행동을 취하도록 노력할 것을 규정한 것이라고 보아야 한다.

조약의 내용이 기존의 國際慣習法을 그대로 표현한 경우, 또는 조약의 체결 후에 국제관습법화된 경우에는 그 조약은 제 3 국에도 적용된다. 그러나 이것은 조약 그 자체의 효력이 제 3 국에 미친 것이 아니고, 제 3 국도 국제사회의 일원으로서 국제관습법의 구속을 받기 때문이다(제38조).

일본과의 평화조약 제21조는 중국과 한국이 그 조약상의 일정이익을 받는다고 규정하고 있는데, 이것은 중국과 한국이 그러한 권리를 일본에 대하여 요구한 경우 일본은 그것을 인정할 것을 평화조약의 각 체결국에게 약속한 것이라고 볼 수 있다.

제 4 절 條約의 無效

1. 條約의 無效原因

조약의 무효 원인에 관해서는 종래 여러 가지 학설이 제창되었고, 또 국가의 실행에 입각하여 관습법규가 성립되었으나 그 내용은 반드시 명확한 것이 아니었다. 이에 따라 1969년의 條約法條約은 무효원인을 원용할 수 있는 경우를 다음 8개 사항으로 특정하였다. 그리고 무효원인의 전부가 여기에 열거되었다고 하면서 이것 이외의 원인으로는 조약의 무효를 주장할 수 없다고 규정하였다(제42조 1항).

2. 眞正한 合意의 缺如

1) **條約締結에 관한 국내법규의 위반** 국내법상 條約締結權을 갖지 않는 기관이 국가를 대표하여 조약을 체결한 경우 그러한 국내법규위반의 사실을 원용하여 조약의 무효를 주장할 수 있는가. 여기에는 종래 학설상 또는 실행상으로 대립이 있어 왔다. 즉, (a) 국제법은 조약체결권에 관한 기관과 절차의 결정을 국내법에 일임하고 있으며, 이것에 위반하여 체결된 조약은 국제법상으로도 당연히 무효라고 하는 것, (b) 국가의 동의의 존재와 국내법상의 절차의 當否와는 구별되어야 하며 국제법상 적법하게 체결된 조약은 항상 유효라고 하는 설이다. 그러나 이 극단의 양설의 중간에, (c) 명백한 國內法違反의 경우(상대국이 그 위반을 현실적으로 알고 있었거나, 권한의 위반이 명백하기 때문에 당연히 상대국도 알고 있었으리라고 해석되는 경우)에 한하여 조약의 무효를 원용할 수 있다는 설이 있다. 이 문제에 관하여 조약법조약은 국내법에 위반하여 체결된 조약도 그것만으로는 즉시 조약의 무효를 주장할 수 없다는 입장을 취하여, "국내법의 위반이 명백하며, 또한 기본적인 중요성을 갖는 국내법의 규정에 관계되는 것이 아닌 한," 조약에의 동의를 무효화하기 위하여 그 위반을 수용할 수 없다고 하여 중간설을 취하였다(제46조 1항). 동시에 '違反이 명백하다'라고 하는 것은

"통상의 관행에 따라 또한 성실하게 행동하는 모든 국가에 있어서 그 위반이 객관적으로 명백한 경우"를 가리키는 것이라고 하고 있다(동조 제 2 항).

2) **代表者의 權限에 대한 制限의 不遵守** 조약에의 동의를 표명하는 대표자의 권한이 특별한 제한에 복종할 것을 조건으로 부여된 경우 이 대표자가 그 제한에 복종하지 않고 동의를 표명한 경우(즉, 권한일탈의 경우), 대표자의 本國은 그 동의의 무효를 주장할 수 있는가. 이 문제에 관하여 條約法條約은 "대표자의 권한에 대한 제한이 대표자의 동의의 표명에 앞서서 다른 교섭국에 알려지지 않는 한," 동의의 무효를 주장하기 위하여 원용할 수 없다고 규정하였다(제47조). 그러나 이것은 대표자의 서명만으로 발효하는 조약에 대해서만 말할 수 있는 것이고, 서명 후 본국의 비준·수락·승인 등에 의하여 최종적으로 체결되는 조약에는 관계가 없다.

3) **錯 誤** 조약법조약은 착오를 無效原因의 하나로 간주하였다(제48조). 이 착오는 조약체결의 불가결의 기초가 되는 사실 또는 사태에 관한 것으로 한정되며, 조약문작성상의 단순한 과오 또는 법에 관한 것은 제외된다(실제로 일어난 착오의 예로서는 거의 다 지리상 또는 지도상의 것이었다). 국가가 스스로의 행위를 통하여 그 발생에 기여하거나 또는 발생의 가능성을 예견할 수 있었던 착오에 있어서는 무효원인으로서의 원용을 인정하지 않는다(제48조 2항. '프레비히어사원사건' ICJ판결, ICJ Reports 1962, 26).

4) **詐欺와 買收** 국가가 허위의 의사표시 또는 방법에 의하여 상대국의 동의를 얻어내서 조약을 체결한 경우 그 조약은 무효이다(제49조). 그 구체적 인정은 국가실행과 국제재판에 일임된다(사기의 예는 기록상 아직 없다).

또한 '買收'(부패)라고 하는 것은 조약체결에 임하는 상대국의 대표의 판단에 실질적인 영향을 미치게 하기 위하여 행해진 행위를 말한다. 다른 교섭국으로부터 직접 또는 간접으로 自國代表者에게 가해진 買收行爲에 의하여 조약에의 동의가 얻어진 경우 그 대표자의 본국은 그 동의를 무효화하기 위하여 부패행위를 원용할 수 있다(제50조). 가벼운 증여나 국제예양상의 사교의 범위 내의 것은 여기에 포함되지 않는다(매수는 종래 국제관습법에 들어있지 않았고 학설상으로도 제창되지 않았으나 조약법조약의 작성단계에서 매수가 식민지주의시대에 사용되었고 앞으로도 사용될 우려가 있으므로 무효원인으로 할 것이 강력히 주장하게 되었다).

5) **強迫에 의한 同意**(當然無效) 조약에 대한 국가의 동의의 표명이 대표 또는 국가 자체에 가해진 강박에 의하여 행해진 경우에는 그 조

약은 절대적으로 무효가 된다.

(a) 국가의 代表個人에게 強迫(그 신체에 대한 압박, 공갈, 근친자에 관한 협박 등)을 가하여 체결한 조약은 그 본국의 의사를 진정으로 표명한 것이 아니므로 당연히 무효이다(제51조). 1905년 일본이 한국에 강제한 乙巳保護條約이 그 좋은 실례이다(1939년 3월 나치스 독일이 베를린에 호출된 체코대통령 하하에 대하여 보헤미아 · 모라비아의 보호관계설정조약의 서명을 강제한 선례도 있다). 이것은 위에서 말한 착오 · 사기 · 매수와 같이, 단순히 동의를 무효로 하는 것으로서 원용할 권리가 부여되는 것과는 달리, 강제라는 사실이 있는 것만으로 조약에의 동의가 당연히 무효로 된다고 하는 점이 중요하다.

(b) 종래 국가 자체에 대하여 무력 기타의 강제를 가한 조약은 위법으로 보지 않고 유효한 것으로서 취급되어 왔다. 勝戰國과 敗戰國간의 평화조약은 그 좋은 예가 된다. 그러나 UN헌장(제2조 4항)이 무력에 의한 위협 또는 무력의 행사를 금지함에 따라 국제법상 위법한 무력의 행사나 위협적 수단으로 강박을 가하여 체결한 조약은 무효로 취급된다(제52조). 이와 반대로, 침략국에 대하여 UN헌장에 입각한 조치는 強迫에 의한 조약이라도 유효한 것으로 해석된다(제75조. 제2차대전 말 일본에 제시된 포츠담선언은 3항 · 5항 · 13항에서 강박적인 것이었으나 역시 유효한 것으로 인정되었다). 그리고 무력의 행사 · 위협에 이르지 않은 정도의 정치 · 경제 · 군사적 압력은 國內問題不干涉의 의무의 위반은 될지라도 조약의 무효원인으로서의 강박에는 해당되지 않는다. 그러나 이러한 강박 속에 정치적 · 경제적 강제도 포함시켜야 한다는 의견도 강하기 때문에 이 취지를 삽입한 선언이 條約法條約附屬書로서 채택되고 있다.

이와 같은 규정은 조약법조약에서 처음으로 채용된 것이며, 현재의 국제관계에서 무력 기타의 힘의 사용에 의한 강제의 역할을 생각할 때 그 실효성은 상당히 의문시된다.

3. 強行規範違反(絶對無效)

당사국간에 진정한 합의가 있고 절차상 어떠한 결함도 없는 조약이라 할지라도 그 내용이 일반국제법상의 強行規範(*jus cogens*)에 반하는 경우에는 당연히 무효가 된다(제53조 · 제64조). 조약법조약은 이 강행규범은 “국제사회 전체에 의하여 수락되며 또한 승인된 규범"이라고 하였고, 또 그 변경은 "사후에 생긴 동일성질의(새로운) 일반국제법규범에 의해서만" 행해지지 않으면 안된다고 하였을 뿐, 구체적으로 어떠한 법규가 여기서 말하는 강행규범에 해당하는가는 구체적으로 제시하지 않았다.

현재 학자에 의하면 강행규범이라고 하는 것은 그 특별한 定立節次가 없기 때문에 지금은 형성과정에 있는 법규에 지나지 않고, 상황에 따라 국가실행 또는 국제재판에 의하여 점진적으로 발달하는 것이다. 그것은 구체적으로는 UN헌장의 제원칙에 위반하는 침략 등과 같은 위법한 무력행사의 금지, 또는 국제법위반의 범죄나 보편주의의 적용을 받는 犯罪(노예무역, 해적, 집단살해 등)의 규제 등 실정국제법규의 배후에 있는 기본적인 규범이며, 동시에 조약당사자에 대하여 국가의 가치관, 이데올로기의 차이를 넘어서 존중하고 실현하도록 의무화하는 것이다. 그리고 강행규범은 본래, 정당성의 원칙에 입각하여 現狀變更의 지향을 갖는 것(천연자원에 대한 영구주권, 신국제경제질서 등)이므로, 발효시에는 유효였던 조약도 그 후에 성립된 강행규범과 저촉된 경우에는 무효가 되는(제64조) 등, 조약 관계의 안정성을 번복하는 요인이 되기도 한다.

4. 條約의 無效化節次

조약의 무효를 주장하는 당사국은 그 이유를 다른 당사국에 통고하여 동의를 구하고 이의의 신청이 있는 경우에는 조정 또는 UN헌장 제33조에 규정된 절차에 부탁하지 않으면 안된다(제65조·제66조). 一定期間(원칙적으로 3개월 이상)의 만료 후 다른 당사자로부터 아무런 이의의 신청도 없는 경우에는 다른 당사자에게 정식의 문서를 전달함으로써 필요한 조치를 실시할 수 있다.

그러나 위의 분쟁의 평화적 해결의 절차에 부탁한 후 12개월 이내에 해결되지 못한 경우에는, (a) 強行法規에 관한 분쟁은 ICJ에 일방적으로 회부할 수 있다. (b) 기타의 무효·종료원인에 관한 분쟁은 부속서에 규정된 義務的 調停節次에 부탁할 수가 있다(제66조). 강행규범에 관한 분쟁에 한한 것이지만 일방적 부탁의 길을 열어놓은 것은 국제재판에 있어서 하나의 진보라고 할 수 있다. 그러나 현재까지 일방적 부탁에 대한 應訴의 의무가 없어 그 실효성은 의문이다.

제 5 절 條約의 終了 · 停止 · 改正

1. 條約의 終了 · 停止

조약의 終了(소멸이라고 도 한다)라고 하는 것은 모든 당사국에 대하여 조약의 효력을 상실하는 것을 말한다. 조약 그 자체는 소멸시키지 않고 조약의 효력을 정지시키는 것을 停止(운용정지 suspension of operation)라고 한다. 廢棄(denunciation)라고 하는 것은 보통 이국간조약에서 사용되는데, 일방의 당사국이 조약을 종료시키려는 의사를 일방적으로 표명하는 경우를 말한다. 脫退(withdrawal)라고 하는 것은 다수국간조약으로부터 이탈하는 경우(특히 국제기구의 설립조약으로부터)에 사용된다. 이 경우, 조약은 다른 당사국간에는 유효하게 존속하며, 탈퇴한 당사국에 대해서만 효력을 상실한다.

관습법상의 조약의 종료원인은 명확하지 않았으나 條約法條約은 그것의 명확화를 기하여 체계적으로 규정하였다(제42조 2항). 여기에 열거된 무효, 종료원인 이외의 원인의 원용은 인정되지 않는다.

2. 終了規定이 있는 경우

조약의 종료 또는 정지는 그러한 규정이 있는 경우에는 그것에 따라 발생한다(제54조 a, 제57조 a). 많은 조약은 무기한으로 존속하나, 일정한 유효기한을 규정한 것도 있는데 이 경우에는 기한의 만료와 더불어 자동적으로 종료된다. 이러한 규정이 없는 경우에는 모든 당사국이 동의하면 언제든지, 어떠한 형식으로든지 조약을 종료시킬 수 있다. 同樣의 것은 停止에 관해서도 타당하다. 또한 일정한 경우에는 일정수의 국가의 합의에 의하여 정지시킬 수가 있다(제58조).

3. 廢棄·脫退의 경우

多數國間條約에서 폐기·탈퇴의 규정이 없는 경우에는 당사국이 폐기·탈퇴의 가능성을 인정할 의도를 갖고 있었다는 것이 증명되는 경우 및 조약의 성질상 폐기·탈퇴의 권리가 당연히 포함되어 있다고 인정되는 경우에는 일정한 예고기간을 두고 폐기·탈퇴가 인정된다(제56조). 조약의 성질상 폐기·탈퇴가 허용되지 않는 것이 있다. 講和條約이나 國境劃定條約과 같은 것이다. UN헌장은 탈퇴에 관한 명문의 규정을 두지 않고 있으나(이 점은 국제연맹규약과 다르다), 헌장제정시에 탈퇴에 관한 선언이 채택되었고 실제에 있어서도 1965년에 인도네시아가 탈퇴한 예가 있다(翌1966년에 복귀). 그리고 별도의 규정이 없는 한, 설사 그러한 일방적 행위에 의하여 그 당사국의 수가 조약발효에 필요한 수 이하로 감소하더라도 조약은 종료되지 않는 것이 보통이다(제55조).

4. 新條約의 締結에 의한 終了·停止

조약의 모든 당사국이 동일한 사항에 관하여 새로운 조약을 체결하였을 때, 다음과 같은 경우에는 전조약은 종료된 것으로 간주된다. 첫째 당사국이 그 사항에 관해서는 후의 조약에 의하여 규율할 것을 의도하고, 그것이 그 조약으로부터 명백하든가, 또는 다른 방법에 의하여 증명된 경우, 둘째 후의 조약규정이 전조약의 규정과 근본적으로 양립되기 어려운 관계로 兩條約을 동시에 적용하기가 불가능한 경우이다(제59조 1항). 또 당사국의 의도가 조약의 정지에만 있다는 것이 명백한 경우에는 전조약은 운용을 정지한다(제59조 2항).

5. 重大한 違反에 의한 終了

2國間條約의 당사국의 한쪽에 중대한 조약위반이 있는 경우에는 廢棄權에 관한 규정이 그 조약에 없을지라도 다른 쪽의 당사국은 폐기권을

갖는다(제60조 1항). 多數國間條約의 1당사국에 중대한 위반이 있는 경우에는 타당사국은 전회일치의 합의에 의하여 위반국과의 관계에서만 조약을 종료시킬 수도 있고, 조약 자체를 종료시킬 수도 있다(제60조 2항).

위와 같은 폐기권 내지 解約告知權을 일방적으로 행사할 수 있는 정도의 조건에 관해서는 종래 국가실행상 대립이 있어 왔다. 그러나 위의 규정은 조약의 위반이 있을지라도 당연히 조약의 종료를 가져오는 것이 아니라고 하면서 중대한 위반의 경우(조약 자체를 부정하거나 또는 조약의 실현에 불가결한 규정의 위반)에 한하여 이것을 조약의 終了原因으로서 원용할 권리를 인정한다는 취지이며 그러한 의미에서 선언적 효과를 갖는 규정이다. 그런데 인권보호에 관한 조약(1949년의 제네바조약, 집단살해죄 등)의 위반에 관해서는 위의 권리를 원용하지 않기로 하여 인권침해를 용인하는 역설적인 결과를 가져온다.

6. 後發的 履行不能

조약의 실시에 불가결한 목적물이 소멸하거나 파괴된 결과(섬의 수몰, 하천의 고갈, 댐이나 수력 발전소의 파괴 등) 그 조약이 이행불능이 된 경우, 당사국은 그 이행불능을 조약을 종료시키는 근거로서 원용할 수가 있다. 그러나 그 이행불능이 일시적인 것인 경우에는 조약의 종료원인으로서 이용할 수 없고 조약의 운용정지를 위해서만 원용할 수 있다(제61조). 그러나 그 이행불능이 자국의 條約義務違反에 기인한 경우에도 원용의 자격을 상실한다.

7. 事情變更의 原則

조약체결의 당시의 사정이 그 때 예견할 수 없었던 관계로 근본적으로 변화한 경우 그 조약을 폐기할 수 있는가. 국제법에서도 국내법을 유추하여 원래 사법상의 원칙인 '事情變更의 原則'(*clausula rebus sic stantibus*)을 인정하고 있다. 조약의 효력은 그 체결시의 사정의 존속을 조건으로 하는 것이며, 그 사정에 근본적인 변화가 발생한 경우에는 조약의 소멸원인이 된다고 하는 것이다(제62조).

그러므로 사정변경의 원칙에 어느 정도의 합리성이 포함되고 있는 것은 부인할 수 없다. 그러나 사정의 중대한 변경이란 무엇인가, 어떠한 사정이 이 '사정변경의 원칙'을 원용할 수 있을 만큼 중대한 것인가를 판단할 수 있는 기관이 없는 국제사회에서는 남용의 위험이 크다. 이 난점을 극복하기 위하여 이 원칙의 적용과정에 국제기관을 관여케 하려는 것이 바로 '平和的 變更'의 제도인데(규약 제19조·헌장 제17조) 이것은 충분히 기능을 발휘하지 못하고 있는 형편이다.

이리하여 학설과는 대조적으로 국제재판 또는 국가의 실행에 있어서는 이것을 명시적으로 인정한 사례는 존재하지 않는다. '自由地帶事件'에서 프랑스가 이것을 원용하고 PCIJ도 국제법상 이 원칙의 존재를 인정은 하였으나 그 사건에는 적용하지 않았다. '1965년의 중국·벨기에 조약의 폐기에 관한 사건'에서는 중국이 이 원칙을 원용하였으나, 벨기에가 이것을 인정하지 않아, 결국 양국은 신조약의 체결에 의하여 문제를 해결하였다. 또 러시아는 1870년 보불전쟁의 발발에 있어, 흑해의 중립을 규정한 1856년의 파리조약을 사정변경의 원칙을 원용하여 폐기하려고 하였으나 영국은 여기에 항의하였다. 또 독일은 1935년에 이 원칙을 원용하여 라인란트의 비무장화를 규정한 베르사이유조약의 규정을 일방적으로 폐기하였으나 國際聯盟理事會는 이것을 인정하지 않았다.

조약법조약은 사정변경의 원칙을 국제법상의 원칙으로서 다음과 같은 조건하에 인정하기로 하고 있다. (a) 그 사정의 존재가 당사국의 조약에 대한 동의의 본질적 기초를 구성한 것이며, 또 (b) 사정변경의 결과, 조약상 이행해야 할 의무의 범위가 근본적으로 변화한 경우에만 이 원칙을 원용할 수 있다고 규정하였다(제62조 1항). 다만, 국경을 확정하는 조약의 경우 또는 사정의 근본적인 변화가 이것을 원용하는 당사국의 조약위반의 결과인 경우, 이 원칙을 원용할 수 없는 것으로 하였다(제62조 2항).

8. 新強行規範의 出現

一般國際法上의 강행규범이 새로이 탄생한 경우에는 그 규범에 저촉하는 현재의 조약은 무효가 되어 종료한다(제64조). 다만, 조약이 무효가 되어 종료하는 것은 새로운 강행규범이 성립한 후이며, 그 이전의 조약의 효력을 무효화하는 것은 아니다. 즉, 새로운 강행규범의 출현은 조약의 무효원인이 아니고 종료원인인 것이다.

9. 外交·領事關係의 斷絶

전쟁 등으로 外交·領事關係가 단절된 경우 조약은 적어도 그 운용이 정지되는 일이 많으나, 條約法條約은 그것에 의하여 확립되어 있는 법적 관계에 영향을 미치지 않는다고 규정하였다(제63조). 그러나 외교·영사관계의 존재가 조약의 적용에 불가결인 경우에는 그렇지 않은 것으로 하였다.

10. 侵略國의 경우

조약법조약 제75조는 침략국의 경우를 다음과 같이 규정하고 있다. 즉, "이 조약은 UN헌장에 입각하여 침략국의 침략에 관하여 취해진 조치의 결과 그 침략국에 대하여 발생될 수 있는 조약상의 의무에 영향을 미치는 것은 아니다." 이것은 침략국에 대해서는 條約法條約의 여러 규정의 적용이 배제될 수 있다는 것을 말하는 것이다

11. 平和的 變更의 問題

조약의 개정과 관련하여 '平和的 變更'(peaceful change)이라는 문제가 있다. 이것은 국제연맹규약 제19조에 규정된 것인데, "聯盟總會는 적용 불능이 된 조약의 재심의를 수시로 연맹국에 권고할 수 있다"고 한 것이다. 종래 일정한 정치적 상황하에서 체결된 조약이 그 후의 정치적·경제적 또는 사회적 사정의 변화로 인하여 실상에 맞지 않게 되었을 경우에 이것에 대한 관계 당사국간의 합의에 의한 조정은 반드시 용이한 일이 아

니며 대개는 무력에 의한 해결을 시도하는 경향이 있다. 때문에 국제연맹이라고 하는 새로운 국제평화기구는 군사력에 의한 조약의 파기나 현상의 타파를 금지함과 동시에 위의 규정에 의하여 평화적 방법에 의한 현상의 변경을 시도하려고 하였다.

이것은 국제사회의 발전과정에 있어서 하나의 획기적 의의를 가진 것이었으나, 이 조항은 그 해석·적용상 극히 중대한 제한이 있다. 첫째, 연맹총회는 條約改正(재심의)에 관한 강제적 권한을 갖지 않고 이것을 가맹국에게 勸告할 수 있을 뿐이며 개정에 관한 최종의 결정권은 당사국에 일임되고 있는 것이다. 둘째, 권고의 표결절차는 당사국을 포함한 전회일치의 것이라야 한다는 것이다. 결국 국제연맹의 평화적 변경의 시도는 단 한 번도 성공하지 못하였다.

UN헌장은 동일한 취지이긴 하지만 '條約'이라고 명시하지 않고, 보다 넓은 '事態'라는 말을 써서 총회의 권한으로서 "起因에 관계 없이 일반적 복지 또는 각 국가간의 우호관계를 해칠 우려가 있다고 인정되는 모든 사태를 평화적으로 조정하기 위한 조치를 권고할 수 있다"고 규정하였다(제14조). 이로써 총회는 조약 그 자체로서가 아니라 사태로서 조치의 권고가 가능하게 되었다. 그러나 연맹규약의 경우와 같이 총회의 권한을 권고에 한정한 것, 제12조의 유보에 의하여 安全保障理事會가 심의중에 있을 때에는 총회는 이 문제를 취급하지 못한다는 것, 또한 국내관할권조항에 의한 제한과 더불어 총회의 관할범위가 지극히 협소하여 총회의 실효적 기능은 미미한 것에 지나지 않는다. UN의 역사에서 이탈리아 平和條約改正問題, 한국의 독립, 남아연방의 인도인대우문제, 그리스문제, 스페인문제, 팔레스타인문제 등에 관련하여 헌장 제14조의 현실적 적용이 논의되었으며 총회는 권고의 권한을 행사하였으나, 결국 권고는 수락되지 않았다.

요컨대 평화적 변경의 문제는 정치적 현실의 진전없이 법적 규제만으로 달성될 수 있는 성질의 것이 아니다.

제 6 절 條約의 適用과 解釋

1. 條約의 適用

條約의 적용에 있어서 조약의 효력은 그 발효 이전으로 소급하지 않는 것이 원칙이다. 즉, 그 조약에서 별도의 의사가 명백한 경우, 또는 다른 방법에 의하여 이런 의사가 확인되는 경우를 제외하고는 조약은 그 발효 이전으로 遡及하여 당사국을 구속하는 것은 아니다(제28조). 그리고 효력을 발생한 모든 조약은 그 당사국을 구속하며 당사국은 그 조약을 성실히 이행하지 않으면 안된다(제62조 *Pacta sunt servanda*).

조약의 적용은 원칙적으로 각각의 당사국의 전영역에 미친다(제29조). 2국간조약에 있어서는 규정을 둠으로써 명확히 할 수 있고, 多數國間條約의 경우에는 여러 가지 형식으로 조약의 지역적 적용의 범위를 규정하는데, 이른바 식민지조항은 그 일례이다.

동일의 사항에 관해 서로 전후하는 신구 두 개의 조약이 존재하는 경우에는 UN헌장 제103조(헌장의무의 우선)에 따를 것을 조건으로 다음 규칙이 적용된다. 예를 들면 조약이 전의 조약 또는 후의 조약에 따라야 한다는 것, 또는 전의 조약이나 후의 조약과 저촉한다고 간주되어서는 안된다고 하는 것을 명기하고 있는 경우에는 이러한 전의 조약 또는 후의 조약의 규정이 우선한다(제30조 2항). 또 전의 조약의 모든 당사자가 동시에 후의 조약의 당사국이기도 하나 전의 조약이 종료 또는 운용을 정지하고 있지 않은 경우에는 전의 조약은 그 규정이 후의 조약의 규정과 양립하는 한도 내에서만 적용된다(동조 3항).

2. 條約의 解釋

조약이 구체적으로 기능하기 위해서는 조약을 해석하고 적용해야 한다. 해석이라고 하는 것은 條約當事國의 의사에 적합하도록 條約規定의 의미와 범위를 확정하는 것을 말한다. 성립한 조약에 어떠한 해석을 부여하는가에 따라 조약의 실질적 내용이 결정된다. 조약의 해석에 관하여 종래 학설이나 국가실행상 客觀的 解釋, 主觀的 解釋 및 實效性의 規則이라고 하는 세 개의 입장이 대립하고 있었는데, 실제에 있어서는 경우에 따라 각각의 입장이 우위에서 적용되어 왔다.

첫째의 입장은 객관적 해석이다. 조약당사국의 의사의 탐구에 중점을 두는 사고방식이다. 조약당사국의 의사는 條約文에 반영되어 있다고 생각하여 그 용어의 자연적 내지 통상적 의미내용에 따라 해석해야 한다는 입장이다. 국제판례상으로도 이러한 해석방법을 확립된 법이라고 인정하는 판단이 많다('UN가맹승인사건' ICJ 권고적 의견. ICJ Reports 1948, 57).

둘째는 주관적 해석이다. 조약당사자의 의사는 반드시 조약문에 충분히 반영되는 것이 아니라고 하여, 그 교섭시의 여러 사정(당시의 일반적 정치·경제 상황, 교섭당사자의 졸렬성 등의 배경사정 등)도 고려하여 종합적으로 해석해야 한다는 입장이다. 그러나 이 방식에는 그 판단이 恣意的으로 흐르기 쉬우며 조약문의 객관적 의의를 부정할 우려가 있는 약점을 가지고 있어 법적 안정성을 해칠 가능성이 있다는 비판을 받는다.

셋째는 실효성의 규칙(일명 기능적 효과설)인데 위의 객관적 해석의 약점을 시정하는 것으로 제창되고 있다. 즉, 조약의 취지·목적에 비추어 가장 적절하고, 실효적인 해석을 선정해야 한다. 일반적으로 사물은 이것을 무효화하는 것보다는 유효화하는 것이 可하다(*ut res magis valeat quam pereat*)라고 하는 입장이다.

國際判例上으로는 이 실효성의 규칙을 부정하는 것도 있다(인권침해에 관한 분쟁해결기관으로서의 위원회의 구성에 관하여 1950. 7.18 '평화조약의 해석사건〔제 2 단계〕' ICJ권고적 의견. ICJ Reports 1950, 228-229). 그러나 적어도 조약문의 文言의 의미가 불명확한 경우에는 이것을 해석기준으로 사용하고 있다(분쟁의 재판부탁의 범위에 관하여 1952. 7. 1 '암바티에로스사건〔선결적 항변〕' 판결. ICJ Reports 1952, 45. 국제위법행위의 인정에 관하여 손해배상책임의 유무 이외의 배상액의 산정도 포함된다고 한 '코르푸해협사건〔본안〕'판결. ICJ Reports 1949, 24).

3. 條約法條約의 解釋基準

비엔나條約法條約은 위의 객관적 해석을 원칙으로 하면서 그 범위 내에서 다른 방법과 기준을 채용하고 있다(제31조-제33조).

1) **一般原則** 조약은 그 문맥과 목적에 비추어 조약의 문언에 부여되는 '通常의 意味'에 따라 해석되지 않으면 안된다(제31조 1항). 그러나 조약체결시에 채택된 選擇議定書(1958년 해양법회의에서의 '분쟁의 의무적 해결에 관한 선택서명의정서', 1966년 '국제인권제이규약'부속의 '선택의정서' 등)나 결의(1958년 해양법회의에서의 '공해상의 핵실험에 관한 결의') 등이 조약문의 해석상 어느 정도의 문맥을 구성하는가의 문제에 관해서는 견해의 차이가 있다. 여기서 말하는 '文脈'이라고 하는 것은 전문 및 부속서를 포함한 본문에 가하여, 조약체결에 관련된 당사국간에 행해진 합의 및 작성된 문서로써 구성된다(동조 2항).

그리고 용어의 의미가 애매하고 불명확한 경우에는 위의 문맥 이외에 '後의 實行'(조약체결 후에 당사국간에 행해진 합의나 관행)을 고려하여 그 해석을 확정하는 것이 인정된다(동조 3항). 그러나 時際法의 이론이 여기에 개입되어 조약의 체결시 또는 해석시의 어느 시점의 실정법규에 준거해야 하는가의 문제가 발생한다.

예를 들면 위임통치에 관하여 受任國에 부과된, '文明의 神聖한 使命'(국제연맹규약 제22조 1항)이라는 용어에 대하여 그 개념의 발전적 성질을 고려하여 그 후의 실행으로 보아 해석시에 지배적이 된 法制度內(관계주민의 자결과 독립)에서 해석되어야 한다는 예도 있다('나미비아에 있어서의 남아프리카의 잔류상태에 관한 법적 결과사건' ICJ 권고적 의견. ICJ Reports 1971, 31).

조약의 해석에 있어서 준수해야 할 실체법규로서 두 가지가 있다(제31조 1항). 하나는 성실의 원칙의 적용이며, 또 하나는 조약의 취지·목적에 비추어 실효성의 규칙의 범위 내에서 목적론적 해석을 할 수 있는 여지를 인정한 것이 그것이다(대기권내핵실험의 위법성에 관하여 1974. 12. 20 '핵실험사건' ICJ판결. ICJ Reports 1974, 253, 457).

2) **補充的 解釋手段** 위의 일반원칙에 의한 조약의 해석에서도 조약규정의 의미가 애매하거나 불명확하거나 또는 그 해석이 명백히 부조리·불합리한 경우에는 조약의 준비작업(travaux préparatoires. 제안, 교섭의사록 등)과 체결시의 諸事情(조약체결의 배경)을 포함한 보조수단에 의거할 수 있다(제32조).

1929. 9. 10 '오데강 國際河川委員會의 屬地的 管轄權事件'에서는 베르사이유평화조약의 위원회의사록을 증거로서 인정하지 않았다. 준비작업에 관하여 미국은 조약문과 동등의 효력을 인정해야 한다고 주장한 반면 영국과 프랑스는 이것을 전적으로 부인하였다. 결국 原서명국 이외의 국가에 대항할 수 없다는 것이 그 이유였다.

제14장 國際關係의 國家機關

제 1 절 外交使節

1. 外交關係와 外交關係條約

外交關係는 국제관계를 유지 · 발전시키기 위한 정규의 절차이며, 국가는 일반국제법상 이것을 보전할 의무를 진다(1979년 '在테헤란 미국외교 · 영사사건〔가보전조치〕' ICJ 명령, 1980년 동사건에 대한 판결, ICJ Reports 1979, 19; Ibid., 1980, 31, 42). 外交使節 또는 외교사절단은 외국에서 본국을 대표하여 외교관계를 처리하는 국가의 주요한 기관이다.

外交使節은 국가간관계를 처리함에 있어 없어서는 안될 제도로서 인류의 가장 오랜 제도 중 하나이다. 일찍이 기원전 5·6세기경 이미 아테네 등의 지중해의 여러 도시국가간에 임시의 외교사절이 교환되었으며, 13세기(중세말기)에는 이탈리아의 여러 도시국가(로마 · 베니스 · 밀라노 등)간에 常置的인 外交使節이 교환됨에 이르렀다. 그 후 이 제도가 15-17세기 서구사회에 일반화되었고 오늘날에는 전세계적인 제도로서 보급되었다.

외교사절에 관한 국제법의 규칙은 오래전부터 발달해 왔으나, 일반적인 성문법규로서는 1815년의 비엔나회의에서 채택된 '外交使節의 席次에 관한 規則'(대사 · 공사 · 대리공사의 3계급을 설정)과, 이것을 보충한 1818년 Aix-la-Chappelle 회의의 규칙(공사와 대리공사간에 辨理公使를 설정, 이것은 주재공사라고도 한다)이 있을 뿐, 외교사절의 특권 · 면제는 거의 관습법의 규칙에 맡겨져 왔다. 그러나 1961년 3월 2일부터 4월 18일까지 비엔나에서 개최된 '外交關係 및 特權 · 免除에 관한 國際會議'에서 전문과 53개조로 구성된 '외교관계에 관한 비엔나조약'(Vienna Convention on Diplomatic Relations)이 정식으로 채택됨으로써 하나의 포괄적인 성문법규가 성립하게 되었다(81국 참가, 한국도 참석). 또한 이것을 보완한 '特別使節團條約'(1969년)도 성립되었다.

외교기관에 관한 관습법은 국제법 중에서도 비교적 고도로 발달된 분야이나, 위의 비엔나 조약은 1950년대의 냉전상황하에서 빈번하게 발생했던 위반·침해를 우려하여(1952년 12월 5일 UN 회의결의 685호), 이처럼 관습법을 법전화한 것이었다. 그러나 이에 관한 각국의 관행에 차이가 있어 자연히 입법적인 요소가 들어왔으며, 회의에서 격론이 벌어지기도 하였다. 또한 이 조약의 심의과정에서 보여졌던 특색은 동서대립이 거의 없는 대신 활발한 외교활동을 전개하는 대국과 그러한 외교활동의 대상이 되는 소국간의 상당한 대립을 볼 수 있었다는 것이다.

대국·소국은 첫째, 外交使節에게 인정되는 통신의 자유에 無線送信機 사용의 자유가 포함되는가의 문제에 대하여 대립하였다. 소국측은 무선전신기 설치 및 사용에는 접수국의 동의가 필요하다고 주장한 데 대하여 대국측은 동의를 조건으로 하면 외교사절의 통신의 자유가 침해된다고 반대하였다. 결국 소국측의 주장을 수용한 修正案이 채택되었으나(제27조) 이 대립은 심각하여 이후에도 문제의 여지를 남기는 것이었다. 둘째는 事務·技術職員(전신·통역·회계·문서·서무)에게도 외교사절에게 인정되는 특권면제를 인정할 것인가의 문제였다. 대국측은 이를 인정할 것을 주장하고 소국측은 가능한 한 그 제한할 것을 주장하였다. 타협을 통해 대국측의 주장에 따른 조문이 채택되었다(제37조 2항). 이 외에도 서명·가입국의 범위문제, 조약의 적용·해석상의 분쟁에 대한 ICJ의 強制管轄權을 인정할 것인가의 문제(선택의정서) 등이 논의되었다.

이 조약은 22번째의 批准書 또는 加入書가 UN사무총장에게 기탁되는 날로부터 30일째에 발효되도록 되었고(제51조), 드디어 1964년 4월 24일을 기하여 발효하였다. 이 조약은 1815년 비엔나 회의 이후에 외교관계에 관한 법과 관행을 광범위하게 법전화한 것이기는 하나 이 조약에 의하여 명시적으로 규제되지 않는 문제는 여전히 관습법이 규율하게 된다(전문).

2. 外交關係의 設定

비엔나外交關係條約은 외교관계 설정과 常駐外交使節團은 국가상호간의 합의에 의하도록 하고 있다(제2조). 이는 국가가 당연히 국제법상 타국과 외교관계를 설정하고 외교사절단을 설치할 권리를 갖는다고 하는 이른바 '外交權' 또는 '使節權'을 부인하는 것이다. 즉, 비엔나 조약에 따르면 외교권 내지 사절권이란 타국의 동의를 얻어 외교관계를 설정하고 상주외교사절단을 설치할 수 있는 '資格'(能力)에 지나지 않으며 엄격한 법적 의미의 '권리'는 아니라는 것이다.

위와 같은 자격을 가진 자는 주로 국가이지만 경우에 따라서는, 로마法王廳, 영연방구성국 프랑스공화체가입국 또는 연방구성국 및 국제단체에도 이 자격이 인정되기도 한다. 국제조직은 소극적 使節權(외교사절을 접수하는 자격)을 갖는 것이 보통이며 파견된 사절에는 당해 국제조직과 파견국간의 협정에 의하여 일정한 외교적 특권·면제가 부여되고 있다. 비엔나外交關係條約은 사절단의 장 또는 외교직원이 국제조직에서 파견국의 대표로서 행동하는 것을 인정하고 있다(제5조 2항). 한편 국제조직이 적극적 使節權(외교사절을 파견하는 권리)을 갖는 경우도 있다. 가령 유럽석탄철강공화체는 1956년 이래 영국에 대표부(Delegation of the High Authority)를 설치하고 있었다. 이상은 信任狀을 받은 정식의 외교사절의 경우로서, 이를 예의상 대사 또는 공사의 칭호와 대우가 부여되는 외교사절과 혼동하지 않도록 주의해야 한다(과거의 주일한국대표부의 長에 대사·공사의 칭호가 부여되었다. UN미가맹국인 스위스·모나코·한국의 UN대표부의 長에게도 그러한 칭호가 허용되었다).

요컨대 외교관계란 相互主義를 원칙으로 각각 接受國 영역에서 派遣國을 대표하여 교섭 등의 국가행위를 행하는 것(*jus tractus*)을 서로 인정하면서 상호공통이익의 실현을 도모하는 것이다.

다음으로 주의할 것은 승인과 외교관계 설정과의 관계이다. 양자는 별개의 행위로서, 어느 국가를 승인하는 것과 그 국가와 외교관계를 개설하는 것은 반드시 같은 행위가 아니다. 승인을 행하지 않은 국가와 외교관계가 존재할 수는 없으나 승인과 더불어 피승인국과 외교관계가 자동적으로 설정되는 것은 아니며, 외교관계를 유지하면서도 사절단을 常駐시키지 않는 경우도 있다. 이러한 문제는 상술한 바와 같이 파견국과 접수국간 합의에 따라 결정되는 것이다.

외교관계 설정이 상호간 동의에 의하는 것과 같이 그 종료도 일방의 국가가 이유를 밝히지 않고 언제든지 행할 수 있다. 접수국이 외교직원을 '좋지 않은 인물' 즉 *persona non grata*도 통고하여 그 소환을 요구한 경우나 파견국이 양국간 정치적 긴장을 이유로 사절단의 장을 일시적으로 소환한 경우(부재중에는 臨時代理大使를 임명한다)에는 그러한 한에서 그 임무가 정지 또는 종료한다(제9조, 제19조).

이에 반하여 외교관계 단절은 사절단의 폐쇄를 가져온다. 과거에는 흔히 선전포고의 전단계로 행해졌으나 오늘날에는 일반적으로 양국간에 분쟁이 있는 경우나 의무위반국에 대하여 국제기관이 집단적 제재를 행사하는 경우(UN헌장 제41조)에 행해진다(南로데시아에 대한 1970. 3. 18 안전보장이사회의 결의 277호).

3. 外交使節의 種類·階級·席次

1) **種 類** 外交使節에는 常置使節과 특정 임무를 띠고 임시로 외국에 파견되는 一時的 使節이 있다. 일시적 사절에는 국가의 정치적·행정적 사무수행을 목적으로 파견되는 事務使節과 외국의 축전이나 의식에 파견되는 禮儀使節이 있다. 이 중 가장 중요한 것은 국가를 일반적으로 대표하는 자격을 가지고 외국에 상주하는 상치사절이다. 외교사절에 관한 국제법원칙도 주로 이 상치사절을 중심으로 형성되었다(UN국제법위원회에서 일시적 사절에 관한 연구를 했으나 결론을 얻지 못하고 비엔나 외교관계조약에서 일시적 사절은 제외되었다).

常置 또는 常駐外交使節團은 외교관신분을 가진 長과 외교직원, 그리고 사무·기술직원과 역무직원으로 구성되고, 접수국은 그 정원을 합리적이고 정상적인 범위에 제한하도록 요구할 수 있다(비엔나외교관계조약, 이하 조문은 이 조약을 뜻한다. 제1조 b·c·e, 제11조).

2) **階 級** 원래 사절에는 계급이 없었으나 외교사절간 석차 다툼으로 국가간에 분규가 빈번하게 발생하여 이것을 제거하기 위해 1815년 비엔나회의에서 '外交官의 席次에 관한 規則'이 작성되었다. 이것은

1818년 Aix-la-Chappelle회의에서 보충되어 다음과 같이 4개의 계급이 인정되었다. ① 大使(ambassadeur)와 로마法王이 파견하는 legatus와 nuntius, ② 全權公使(ministre plénipotentiaire)와 로마법왕이 파견하는 internuntius, ③ 辨理公使(ministre résident), ④ 代理公使(chargé d'affaires). 이 중 辨理公使는 최근 이용되지 않고 있다(대리공사도 거의 없어졌으며 공사도 점점 적어지고 그 대신 제2차대전 후의 신독립국의 주장에 따라 대사가 현저하게 많아지고 있다). 비엔나조약은 외교사절을 ① 국가의 원수에 대하여 파견되는 대사 또는 로마법왕의 nuncios(대사) 및 이것들과 동등한 지위를 갖는 사절단의 장, ② 국가의 원수에 대하여 파견되는 공사 및 로마법왕의 internuncios(공사), ③ 외무장관에게 파견되는 대리공사라는 3개 계급으로 나누고 있다(제14조).

대사계급에 있어서 '이것들과 동등한 지위를 갖는 사절단의 장'이란 구체적으로 영연합의 高等辨務官이나 프랑스연합의 高等代表 등을 가리킨다(이 양자는 정식의 외교사절은 아니나 외교교섭, 조약의 체결을 행할 수 있으며 외교특권에 준하는 특권을 갖는다).

외교사절의 계급은 席次와 儀禮(儀式과 儀典, ceremonial and matters of conduct)에 관해서만 문제되고, 그 직무와 특권에는 영향을 주지 않는다(제14조 2항). 어느 계급의 사절을 파견하는가는 파견국과 접수국간 합의에 따라 결정된다(제15조). 사절단의 장이 질병이나 부재로 직무를 볼 수 없는 경우에 임시로 사절단의 장으로서 직무를 행하는 자를 臨時使節代理(chargé d'affaires ad interim)라고 한다(제19조). 이 사절대리는 정규 외교사절이 아니며 정규 외교사절인 대리공사와도 구별된다.

外交使節團(diplomatic mission)은 ① 사절단의 長 ② 사절단의 직원으로 구성된다. 사절단의 직원에는 (a) 외교직원, (b) 사무기술직원 및 (c) 역무직원이 있으며, 사절단의 장과 외교직원을 '외교관'이라고 한다. 또한 비엔나조약은 사절단의 직원 외의 사절단 구성원의 가사에 종사하는 '개인적 사용인'(파견국이 직접 고용하지 않은 사용인)은 '역무직원'과는 별도로 명확히 인정하였다. '외교직원'이란 외교관 신분을 가진 사절단의 직원으로, 이들의 인명·석차를 사절단의 장이 접수국 외무부에 통지한다(제17조). '사무기술직원'은 전신·통역·회계·문서·서무 등의 사무적·기술적 업무를 위하여 고용된 사람이며 본래 외교관 신분을 갖지 않는 자이다(이들을 attaché라고 부른다). 그러나 앞에서 말한 외교관명부에 기재된 사람은 외교직원으로 취급된다.

3) 席 次 使節團의 長(외교사절)의 석차는 먼저 계급에 따라 결정된다. 그리고 같은 계급의 사절간에는 접수국과의 관계에서 직무개시일의 순서에 따라 결정된다(제16조). 사절단의 장이 임무를 개시하는 시기는 관행상 信託狀을 제출한 때 또는 접수국의 외무부에 자신이 도착했다는 것을 통지하고 信任狀의 진정한 사본을 제출한 때가 된다. 이에 대해서는 국가에 따라 관행이 다르므로 각국에서 일률적으로 채택하는 방식에 따라 사절단의 장은 직무를 개시하게 된다(제13조). 이 외교사절이 임무를 개시하는 순서에 따라 같은 계급의 사절간에 석차순위가 결정된다.

일국에 주재하는 각국의 외교사절과 그 수행원 집단을 外交團(diplomatic corps)이라고 부르며 그 대표자를 外交團長(doyen)이라고 하는데 사절 중의 최상계급의 최선임자가 외교단장이 된다. 舊敎國에서는 法王廳의 사절이 이에 해당하는 관행이 있으나 국제예양의 문제이다. 외교단은 주로 예의상 문제에 공동으로 행동하며, 사절의 특권과 명예를 감시하는 역할도 한다.

4. 特別使節團

접수국에 상주하는 外交使節團 외에 특별한 임무를 수행하기 위하여 일국으로부터 타국에 임시로 파견되는 국가대표자의 公的 使節團을 特別使節(special mission)이라고 한다. 이는 1961년 비엔나 조약에 규정된 통상의 외교사절단과는 다르다. 특별사절은 상대국의 동의를 얻어 파견하는 임시사절이며(‘특별사절단조약’ 제1조), 이때 접수국의 동의는 정규 외교경로를 통하여 얻는 것이 보통이나, 양국간에 외교·영사관계가 없는 경우에도 상호간 인정되는 기타 방법으로 얻을 수 있다(제2조, 제7조). 特別使節團의 구성·임명·지위·특별면제 등은 원칙적으로 비엔나외교관계조약의 관계규정과 실질적으로 같다. 특별사절에는 수개국에서 특별한 임무를 수행하는 巡回使節(itinerant envoy)도 포함되지만 국제회의나 국제기구에 파견된 대표단은 여기에 포함되지 않는다. 특정국에 대하여 경제협력·원조를 위하여 파견되는 미국사절단, 사회주의국가의 商業使節團과 같은 '常駐特別使節團'도 제외되며 오로지 일시적인 사절을 의미한다. 제 1 차대전 후에 특별외교 또는 순회외교라는 새로운 외교형태가 발생하여 비엔나국제관계회의에서도 이에 대하여 국제법위원회가 준비한 잠정 초안을 심의하였으나 시간관계로 채택되지 못하고 동위원회에 이 문제에 관한 연구를 계속하도록 요청하는 결의를 채택하는 데 그쳤다. 그 후 1969년 정식으로 '特別使節에 관한 협약'(Convention on Special Missions)이 채택되어 특별사절의 능률적인 임무수행을 위하여 외교사절에 준하는 특권·면제가 인정되었다.

特別使節團의 직무는 사절단이 외무부와 공식적으로 접촉함과 동시에 개시되며, 常置使節과 같은 신임장이나 전권위임장 제출이 필요하지 않다(제13조). 특별사절단에는 선임순위는 없고, 상호 동등하지만 국가원수, 외무장관 등이 특별사절단으로 임명된 경우에는 접수국과 제 3 국에서 사절단으로서 누리는 특권 이외에 일반국제법상 이들에게 부여되는 명예·편의·특권면제가 자동적으로 적용된다(제21조).

5. 國際組織에 派遣된 國家代表

국가는 국제조직에 대표를 파견하거나 또는 常駐代表部를 설치할 수 있다. 전자는 그 국제조직의 내부기관이나 회의에서 파견국을 대표한다. 이에 비하여 상주대표부는 이러한 대표기능 외에 상주외교사절과 유사하여 국제조직과 파견국간의 관계를 처리하는 이중적인 임무를 수행한다. 이 양자에 대해서는 '국가대표와 보편적 국제조직과의 관계에 관한 비엔나 조약'(1975년)이 있다.

이 조약은 상주대표부(제5조-제41조)와 국가대표(제42조-제70조)의 국제법상 지위를 규정하고 비엔나외교관계조약의 여러 규정을 유추적용하고 있다. 그러나 국제조직과 가맹국간에는 외교관계의 경우와 같은 당사자간 상호주의가 적용되지 않는다. 가맹국은 국제조직에 상주대표부를 설치할 수 있는 권한을 갖지만 국제조직은 그 설치나 대표부의 장의 임명에 대하여 동의권이 없다(제9조, 제15조).

이 조약에서는 특히 국제조직에 대하여 本部所在地國이 관리·지배 권한을 거의 갖지 못하는 데 비하여 의무가 과중한 것이 문제가 되고 있다. 본부소재지국은 가맹국이 상주대표부를 설치하는 데 대하여 동의권이 없고, 그 長에 대하여 아그레망을 부여할 권리도 갖지 않는다. 본부 소재지국은 실제로 자국에 유해하거나 위험한 대표부의 구성원에 대하여 소환을 청구할 수 있으나 '좋지 않은 인물'에 관하여 접수국으로서 거부할 권한이 없으며, 또한 파견국이 이에 따르지 않을 경우에는 국제조직과 협의를 해야 하는 복잡한 절차를 밟아야 한다.

또한 비가맹국의 상주옵저버대표부 설치 및 구성원에 관해서는 국제조직 각 내부기관이 동의할 것이 필요하지만(제7조), 본부소재지국은 협의에 관여할 권한도 없고 그 召還請求에 있어서도 상주대표부 구성원의 경우와 마찬가지로 곤란한 면이 있다. 동시에 각국에게 민족해방단체의 옵저버대표에 대해서도 임무달성에 필요한 편의와 특권면제를 부여하도록 권장하는 결의가 행해지기도 하여(동조약채택 회의결의), 소재지국이 지는 부담은 가볍지 않다. 현재 주요한 국제조직의 本部所在地國(미국·영국·캐나다·오스트리아·스위스·프랑스)은 동조약에 가입하지 않고 있다.

6. 外交使節의 派遣

파견국이 使節團의 장을 파견하는 데 사전에 접수국의 동의를 구하는 것이 국제관습이다. 이 '同意'를 아그레망(agrément)이라고 한다. 사절단이 유효하게 임무를 수행하기 위해서는 그 구성원에 대하여 접수국이 악의의 감정을 갖지 않아야 되며, 특히 접수국이 호감을 갖지 못하는 인물이 외교사절로서 파견되는 경우에는 양국간 외교교섭이 원활할 수가 없기 때문이다. 사절단의 기타 구성원은 파견국이 일방적으로 임명하여 접수국에 통보하는 것으로 족하다(제7조).

접수국은 아그레망을 거부할 수 있다. 그러나 아그레망을 거부하는 것이 파견국에 대한 비호의적인 행위가 될 수는 없으며, 접수국은 아그레망을 거부하는 이유를 제시할 의무가 없다(제4조). 사절단의 장 외의 직원은 파견국이 아그레망을 구하지 않고 자유로이 임명할 수 있으나 육·해·공의 駐在武官을 임명하는 데 있어서는 접수국이 사전에 그 무관의 성명을 통지할 것을 요구하는 경우가 있다(제7조). 접수국은 언제든지 외교사절과 외교직원의 경우에는 *persona non grata*(좋지 않은 인물)로서, 기타 직원에 대해서는 '받아들일 수 없는 인물'로서 선언할 수 있다. 이러한 통지를 받은 경우 파견국은 당해 직원을 소환하든가 또는 해임하여야 한다. 파견국이 이것을 거부하든가 또는 상당 기간 동안 이 의무를 이행하지 않을 경우에는 접수국은 당해 직원을 使節團의 구성원으로 인정하지 않을 수 있다(제9조).

外交使節은 자국민일 것을 원칙으로 하나 예외적으로 접수국의 동의를 얻어 자국민이 아닌 사람을 파견하는 경우도 인정된다. 비엔나조약은 외교사절뿐만 아니라 일반적인 외교직원은 원칙적으로 파견국의 국적을 가질 것을 요구하고 있는 동시에(제8조 1항) "사절단의 외교직원은 접수국의 국적을 가진 자 중에서 임명해서는 안된다"고 하면서도 "단, 접수국이 동의한 경우에는 이러한 제한이 없다. 접수국은 언제든지 이 동의를 철회할 수 있다"고 규정하였다(제8조 2항). 또한 제3국의 국민에 관해서도 같은 권한을 규정하고 있다(제8조 3항).

보통, 파견된 常置使節은 대사·공사의 경우에는 본국원수가 상대국 元首에 보낸 正·副 신임장(lettre de créance) 2통을 휴대하여 副本은 외무장관에게 제출하고 正本은 접수국 원수를 면접할 때에 제출한다. 代理公使의 경우에는 정본을 외무장관에게 제출한다. 신임장의 正本이 원수 또는 외무장관에게 제출되어 정식으로 수리됨으로써 常置使節의 직무가 정식으로 개시되는 것이 보통이다(제13조 1항). 다만 외교사절이 특권·면제를 향유하는 시기는 반드시 그 직무가 개시하는 시기와 일치하지 않는 점에 유의해야 한다(특권의 향유는 사절이 접수국의 관할구역에 들어갔을 때 개시된다).

원수가 변경된 경우에는 합법적 또는 비합법적인 변경여부를 불문하고 새로운 원수로부터 새로운 신임장이 수여될 것이 필요하다. 그러한 신임장의 갱신은 파견국 또는 접수국 어느 한곳에서라도 원수가 변경된 경우에 요구된다.

使節團의 규모에 대해서는 당사국간 특별한 합의가 없는 경우 접수국은 자국내 정세 및 사절단의 필요를 고려하여 사절단의 규모를 합리적이고 정상적인 범위를 유지할 것을 요구할 수 있다(제11조 1항). 파견국은 接受國으로부터 명시적으로 이의가 없는 한, 정당한 통고를 행한 후에 사절단의 장 또는 외교직원을 2국 이상에 겸임으로 파견할 수 있다. 또한 둘 이상의 국가가 동일인물을 일국에 대하여 양국의 사절단의 장으로서 파견할 수가 있다(제5·6조).

7. 外交使節의 職務

비엔나外交關係條約은 외교사절의 직무를 종래의 국제관행과 같이 다음 다섯 가지를 들고 있다(제3조).

(1) 접수국에서 파견국을 대표한다(이것을 외교사절의 外交性이라고 한다. 영사는 이러한 외교성을 갖지 않는다).

(2) 접수국 정부와 交涉(negotiation)한다(외교교섭이 특히 조약체결을 목적으로 할 때는 전권위임장을 따로 필요로 한다).

(3) 접수국에서 파견국 및 그 국민의 이익을 국제법이 인정하는 범위 내에서 보호(protection)한다.

이 외교적 보호(diplomatic protection)는 한편으로 자국민에 대한 감독이다. 그 중요한 사무는 자국민의 사망·출생·혼인신고를 수리하며, 여권 또는 신분증명서발급, 증거조사나 소송서류송달과 같은 것이다. 이 사무가 본국법령에 입각한 것인 것은 물론이지만 동시에 접수국 법령의 제한이나 금지에 따라야 한다(보통 접수국 국내법상의 신고의무에도 복종해야 한다).

(4) 모든 적법한 수단에 의하여 접수국의 정세 및 동향을 확인하며, 또한 이를 파견국 정부에 보고한다. 이것은 觀察報告(observation)의 직무이다. 이 직무는 스파이행위와 미묘한 관계가 있음을 주의해야 한다.

(5) 파견국과 접수국간의 우호관계를 촉진하며 또한 양국의 경제상, 문화상 및 과학상의 관계를 발전시킨다. 접수국도 이 임무수행을 위하여 충분한 편의를 제공하여야 한다(제25조). 또한 외교사절은 접수국 법령을 존중하며 접수국의 국내문제에 개입하지 않을 의무를 진다(제41조 1항).

8. 職務의 終了

외교사절의 직무는 대체로 다음과 같은 사유가 발생함으로써 종료된다.

첫째 본국으로부터의 召喚(recall)의 경우 사절은 본국으로부터 받은 소환장을 접수국 元首에게(代理大使의 경우에는 외무장관에게) 제출하고 이것과 교환하여 信任答狀(lettre de récréance)을 받아 귀국한다. 이 신임답장을 수령함과 동시에 외교사절의 직무는 종료된다. 소환이 본국 또는 접수국의 상대국에 대한 불만표시로 행해진 경우에는 이러한 절차가 필요없으며 다만 安導券(safe-conduct) 발급을 요구할 수 있을 뿐이다. 둘째는 접수국으로부터의 退去要求이다. 셋째는 사절의 昇進(원래의 임무는 종료되고 새로운 신임장을 요한다), 넷째는 외교관계의 단절, 또는 전쟁의 勃發, 다섯째는 본국 또는 접수국 원수의 사망·퇴위·임기만료(유임하는 경우 새로운 신임장을 요한다), 여섯째는 본국 또는 접수국 政體의 변경, 일곱째는 본국 또는 접수국의 소감, 여덟째는 사절 자신의 사망이다.

9. 外交使節의 特權·免除

(1) 特權·免除의 根據

外交使節은 보통의 외국인과 달리 그 종류와 계급 여하를 불문하고 접수국에서 특권적 지위가 인정되며, 일정한 경우 접수국의 관할권으로부터 면제된다. 이것을 외교사절의 特權 및 免除(privileges and immunities)라고 한다. 외교사절이 특권·면제를 갖는 근거에 관해서는 여러 가지 설이 있으나, 사절이 임무를 능률적으로 수행하기 위하여 특권·면제가 필요하다는 설(기능설(functional necessity theory))이 제일 유력하다. 비엔나외교관계조약은 외교사절단의 특권·면제를 갖는 목적이 개인에게 치외법권적인 이익을 주기 위한 것이 아니고, 국가를 대표하는 외교사절이 직무를 능률적으로 수행하는 것을 확보하는 데 있다고 함으로써 주로 기능설의 입장을 따르고 있다(前文). 동시에 사절이 파견국의 국가대표로서의 성격(국가대표적 자격설)을 갖고 있는 점에도 유의하고 있으나 고전적인 治外法權적인 측면(영토외적 성질설)은 배제하고 있다. 현재에는 代表性說과 機能的 必要說을 병용하기는 하나(전문 제5항), 개개 구성원의 직무보다는 사절단 전체로서의 활동을 중시하여 대표성설을 우선하는 경우도 있다(사무·기술직원이 외교관과 동등한 특권·면제를 향유하는 것. 제37조 2항).

특권·면제의 원용 또는 포기는 외교관 자신의 권리가 아니라 엄밀히 말해서 파견국의 권리이다. 외교관은 접수국에 있어서 법적 책임이 면제되는 것이 아니라 그 재판절차로부터 면제되는 것이다. 그러므로 외교관의 지위가 끝나는 경우에는 그 외교관은 자신이 저지른 어떠한 형사적 또는 민사적 책임에 대해서 처벌되거나 기소될 수 있다. 그러나 예외적으로 공적 행위에 대해서는 현지법상의 법적 책임이 발생하지 않으며 그 공적 행위에 관하여 인정되는 소송절차면제는 절대적이며 또한 영구적이다.

⑵ 外交特權의 種類

外交使節의 특권·면제는 外交使節團 그 자체에 대하여 인정되는 특권·면제와 외교관에게 부여되는 특권·면제로 대별된다.

외교사절단의 특권면제로는, ⒜ 사절단의 公館의 불가침, ⒝ 사절단의 공문서·서류의 불가침, ⒞ 이동·여행의 자유, ⒟ 통신의 자유·공용통신과 外交封印袋의 불가침, ⒠ 국기·국장을 사용할 권리, ⒡ 접수국으로부터 시설취득 및 임무수행의 편의를 받을 권리, ⒢ 공관에 대한 과세면제 등이 있다.

외교관의 특권면제로는 ⒜ 신체·주거의 불가침, ⒝ 刑事裁判權으로부터의 면제(일정소송을 제외하고는 민사재판권·행정재판권이 면제되며, 또 증인으로서 증언할 의무도 지지 않는다). ⒞ 사회보장규정의 면제, 과세·역무·관세 및 검사의 면제 등 행정권의 면제 등이 있다.

⑶ 公館의 不可侵

外交使節團의 직무수행상 그 公館과 그 長의 자동차에 본국 국기와 국장을 게양할 수 있는데(제20조), 특히 그 公館(premises)은 소유, 또는 임차를 불문하고 불가침이다(제22조). 사절단의 공관은 건물과 부지 양자를 포함한 개념이며 접수국 官憲은 사절단의 장의 동의없이 공관에 들어갈 수 없다.

그러나 공관의 불가침이란 상대적인 것이므로 방화, 방역, 기타 접수국의 인명이나 공중위생, 재산 등을 지키기 위하여 긴급한 필요가 있는 경우 사절의 동의를 구했으나 얻지 못하였을 때 또는 동의를 얻을 시간적 여유가 없었을 때에는 사절(또는 그 대리자)의 동의없이도 관헌은 공관에 들어갈 수 있다(이것은 국제관습). 비엔나 조약은 공관의 불가침에 대해서만 말할 뿐, 이 점에 대해서는 침묵을 지키고 있으나 예외를 규정함으로써 오히려 그 원칙이 파괴될 것을 우려한 나머지 의식적으로 침묵한 것이 확연하다. 그러므로 비엔나 조약하에서도 긴급한 경우에는 사절의 동의없이도 접수국 관헌이 공관에 들어갈 수 있다고 보아야 한다(국제법위원회 초안의 주해).

더 나아가 비엔나 조약은 공관의 불가침을 보장하기 위하여 접수국은 일반인이 외부로부터 침입하거나 또는 손해를 주지 못하도록 공관을 보호하고 공관의 안녕이 방해되거나 위엄이 침해되는 것을 방지하기 위하여 적당한 조치를 취할 특별한 의무를 진다(제22조 2항)고 규정하고 있다. 또한 공사단의 공관, 공관 내에 있는 用具類 기타 재산 및 사절단의 運輸機關은 수색・징발・압류 또는 강제집행을 받지 않는다(제3항).

공관에 각종 令狀을 송달하는 것은 공관에 대한 침해로 보아 허용될 수 없으나 일단 접수된 경우에는 유효한 것으로 보아야 한다(이 점에 대해서도 비엔나조약은 침묵하고 있다). 또한 공관부지를 공공의 목적을 위하여 접수국이 당연히 수용할 수 있는가가 문제된다(서울에 있는 제정 러시아의 공관부지를 한국정부가 수용할 수 있느냐의 문제도 같다). 이 점에 관해서도 비엔나 조약은 아무런 규정도 두지 않고 있으나, 한편으로는 공관의 불가침에 따라 접수국이 일방적으로 수용할 수는 없으나 토지가 접수국 법령하에 있는 것을 고려하여 파견국은 이에 협력할 도의적 의무를 진다(국제법위원회의 초안의 주해).

이와 같이 외교사절의 공관은 파견국의 영토가 아니며 접수국 법령이 도달할 수 없는 곳에 놓여 있는 것도 아니다. 즉 외교사절단의 공관이 치외법권을 갖는 것은 아니라는 것이다. 그러므로 공관 내에서 이루어지는 상행위는 現地法, 특히 세법의 규율을 받으며, 공관 내에서의 출생은 그 부친이 외교관의 지위를 갖지 않는 한 현지 국적법이 적용된다.

파견국은 이러한 공관의 불가침권을 남용해서도 안 된다. 사절단의 임무와 양립하지 않는 방법으로 공관을 사용하는 것은 금지된다(제41조 3항). 현지법에 반하는 범죄는 면제권을 향유하는 자를 제외하고는 현지법에 의하여 처벌된다. 1934년 독일의 법정은 베를린주재 아프가니스탄 공관 내에서 公使를 살해한 아프가니스탄인을 체포하여 재판에 회부하였다. 또한 공관에 사람을 구금하거나 비호하는 것도 금지된다. 1896년 런던주재 청국공관에 孫逸仙이 구금된 사건에서 영국정부는 이것을 공관에 대한 특권을 남용한 것으로 보고 항의를 제기함으로써 孫逸仙은 석방될 수 있었다(孫逸仙의 청구에 대하여 면세권을 가진 청국대사관이 이에 따를 의무가 있느냐는 의문시된다). 이와 같이 공관 내에서 사람을 구금·처벌하거나 무기를 저장하는 등 특권을 남용한 명백한 증거가 있는 경우에는 접수국은 이를 국제법과 국내법령의 존중의무(제41조)에 대한 중대한 위반으로 간주하여 強制捜索(1972년 '在파키스탄 이라크대사관 무기반입사건') 등 개입을 할 수 있으며, 그러한 사태가 빈번히 발생하는 경우에는 사절단의 책임자에게 즉시 출국 또는 소환을 요구할 수 있다.

공관의 불가침과 관련하여 사절단의 공관에 庇護權(right of asylum)이 인정되느냐가 문제된다. 공관이 주재국(접수국) 관헌으로부터 피난해 온 자에게 부여하는 비호를 국가가 자국영역 내에서 외국인에게 부여하는 領土的 庇護(territorial asylum. 합법적임)와 구별하여 外交的 庇護(diplomatic asylum) 또는 領土外的 庇護(extra-territorial asylum)라고 하는데 공관이 과연 이러한 외교적 비호권을 갖느냐는 것이다. 16·17세기 유럽에서 가혹·편파적인 재판집행으로부터 범죄인을 보호하기 위하여 공관에 비호한 예는 흔하며, 정세가 불안한 중남미제국에서도 정치범에 대하여 비호를 부여하는 관행은 거의 일반화된 형편이다. 그러나 공관의 불가침은 외국대표에 대한 예우와 사절의 용이한 집무수행을 위하여 나온 것이지 공관이 파견국의 영토의 일부분이라는 뜻은 아니므로 19세기 이후 각국 국내법이 정비됨에 따라 이 관행은 거의 폐지되었다. 다만 오늘날에는 내란이나 혁명이 자주 발생하는 라틴아메리카 국가들에 있어서 정치범에 대한 비호가 조약(예컨대, 1928년의 하바나 조약)에 의하여 인정되고 있을 뿐이며 일반국제법상 외교공관에 庇護權은 없는 것으로 되어 있다(단, 칠레의 알바레즈 판사는 비호권 사건에서 정치범에 대한 외교적 비호권은 라틴 아메리카 국제법의 일부분을 이루고 있다고 주장하였다). 즉, 공관의 불가침으로부터 발생한 외교적 비호를 실행하는데 각국의 태도는 다르며 또한 이는 국제관습법상의 권리로서 확립되어 있지 않다('비호권사건' ICJ판결. ICJ Reports 1950, 266. 단, 1956년 헝가리동란 후 在부다페스트 미국대사관에 비호된 민젠티 추기경事件 참조).

외교적 비호의 문제에 관해서는 1950년 ICJ가 내린 두 개의 판결, 즉 ① 콜롬비아·페루간 비호권사건과 ② 아야 데 라 토레사건에 대한 판결이 선례가 된다. 1948년 페루에서 혁명을 일으켰으나 실패한 인민혁명당의 지도자 토레(Victor Raul Haya de la Torre)가 리마에 있는 콜롬비아 대사관에서 비호를 얻었다. 콜롬비아대사는 토레가 국외퇴거를 할 수 있도록 페루정부에 그가 출국을 하기 위한 安導券(안전통행증 (safe conduct))을 요구하였다. 그러나 토레를 범인으로 기소하고 체포명령을 내린 페루정부는 단호히 콜롬비아대사의 요구를 거절하였다. 콜롬비아는 페루와 재판부탁에 관한 리마협정을 체결하고 1949년 10월 15일 동 사건을 ICJ에 부탁하였으니 이것이 바로 ①의 비호권사건이다. 이때의 주된 係爭點은 (a) 토레의 지위에 대하여 콜롬비아의 결정(토레가 정치적 망명자라고 하는 결정)은 페루를 구속하는가, (b) 비호부여는 1928년 비호에 관한 하바나조약에 일치하는가 등이었다. ICJ는 1950년 11월 20일 판결에서 콜롬비아가 정치적 망명자의 자격을 일방적으로 규정하여도 그것으로 페루를 구속할 수 없으며 1928년 하바나조약에 의하여 망명자에게 부여되는 保證은 영토국이 망명자의 출국을 요구하는 경우에만 한정되는 것이고 이 사건에는 적용되지 않으므로 콜롬비아가 페루에 대하여 토레의 신변안전과 출국에 필요한 보증을 요구할 권리는 없다고 판결하였다. 이리하여 ICJ는 콜롬비아 정부의 주장이 하바나조약과 일치하지 않다고 하면서 외교적 비호의 구속력을 배척하였다.

콜롬비아는 재판 후 즉시 토레를 페루에 인도하는 의무에 관하여 판결해석을 청구하였으나, ICJ는 1950년 11월 27일 인도문제가 재판소에 부탁된 문제의 내용에 포함되어 있지 않았다는 이유로 그 청구를 각하하였다(*non ultra petita*의 원칙).

페루는 위의 판결에 입각하여 11월 28일 토레를 引渡할 것을 콜롬비아에 요구하였으나 콜롬비아는 인도의무가 없다는 이유로 이를 거절하고 ICJ에 대하여 국제관습법과 미주국제법에 의하여 콜롬비아가 토레를 페루에 인도할 의무가 있느냐의 여부를 결정해 달라는 판결을 청구하였다. 이것이 ②의 토레사건이다. ICJ는 1951년 6월 31일 판결을 통해 라틴아메리카에서 政治犯에 대한 비호를 확립시킨 국제법은 없으므로 비호권의 근거는 전적으로 하바나조약에 있는데, 이 조약은 정치범의 신체에 급박한 위험이 있을 때만 비호권행사를 인정하고 있으나 토레의 경우는 이러한 급박성이 없으므로 콜롬비아공관에 이러한 비호권은 없다고 하고 토레에게 부여된 비호는 앞서 말한 ①의 판결 후에는 종료되어야 한다고 하였다. 그러나 콜롬비아가 페루관헌에게 토레를 인도할 의무는 없는 것이며, 비호를 종료시키기 위하여 취할 수 있는 여러 가지 방법에 관하여 '실제적 조언'

을 당사국에게 부여하는 것은 재판소의 사법적 임무를 이탈하는 것이므로 할 수 없다고 판결하였다(그러나 ICJ는 라틴 아메리카제국간의 관계에 있어서 항상 현저한 지위를 점령하여 온 예의와 선린의 고려로부터 지침을 구함으로써 실제적이고 만족한 해결을 볼 수 있을 것이라고 하였다).

결국 이 판례에 의하면 국제법상 사절단의 공관은 정치망명자에 대하여 비호를 부여할 권리는 없으나 당사자를 인도할 것인가의 여부는 당사국간 교섭에 의하여 결정되는 것이라고 할 수 있다.

공관, 공관 내의 재산, 자동차 등은 접수국으로부터 搜索, 徵發, 押留 또는 强制執行(또는 영장 송달)을 받지 않는다(제22조 3항). 이러한 면제는 단순히 강제집행의 면제뿐만 아니라 통상의 사법절차에 의한 채권적 내지 물권적 청구권 행사로부터의 면제까지도 인정한 것이라고 해석된다(제31조와의 균형상). 그러나 자동차사고 등에 있어서는 사절의 대리인인 보험회사를 상대로 손해배상 청구가 가능하며, 이러한 경우 외교관의 직무수행에 지장이 없는 한 면제권을 기각하도록 권고하는 결의가 1961년 비엔나 회의에서 채택된 것을 주의해야 한다. 즉, 이는 면제원리로서 機能主義를 철저히 하여 직무에 지장이 없는 한 면제를 될 수 있는 대로 제한하려는 방향을 뚜렷이 하고 있는 것이다. 이는 '國家免除'(state immunity)에 있어서 면제의 대상인 국가행위를 *acta imperii*(權力的 · 公法的 行爲)와 *acta gestionis*(非權力的 · 私法的 · 商業的 行爲)로 구분하여 후자에 대한 면제를 되도록 제한함으로써 치외법권적인 절대적 · 일반적 면제주의로부터 기능주의적인 제한적 · 상대적 면제주의로의 이행과 경향을 같이하는 것이다.

공관에 대한 일체의 租稅(국세 및 지방자치단체의 조세) 및 賦課金은 면제된다(제23조). 그러나 전기, 수도, 가스, 요금과 같은 '제공된 특별한 역무에 대한 급부로서의 성질을 갖는 것'은 면제되지 않는다. 다만 국가에 따라 관행상으로 면제되는 경우에는 지불하지 않아도 된다. 사절단의 公用品을 수입하는 경우에는 관세가 면제된다(제36조 1항. 이것은 관습법이다).

공관의 문서와 서류는 불가침이다(제24조. 이 역시 국제관습법임). 문서(archives)와 서류(documents)는 어느 때나(사절단의 임무개시 전에도, 또는 외교관계가 단절된 경우에도) 어느 장소에서나(공관 내에서뿐만 아니라 공관 외에서도) 항상 불가침이다.

국제관습법상 접수국은 침입 · 파괴로부터 공관을 보호하며, 안녕 · 위엄이 침해되는 것을 방지하기 위하여 모든 적당한 조치를 취할 '특별한 의무'를 진다(제22조 2항은 이를 확인). 접수국은 공관의 점거를 즉시 종료시키고 원상회복을 위한 적절한 조치를 취할 의무를 진다('在테헤란 미국 외교 · 영사직원사건' ICJ판결. ICJ Reports 1980, 33). 접수국의 이러한 의무는 외교관의 개인적 주거뿐만 아니라 서류 · 통신 · 재산에도 미친다(제30조).

(4) 便宜提供과 旅行 · 通信의 自由

接受國은 사절단의 임무수행을 위하여 충분한 편의를 제공해야 한다(제25조, 단, 외환에 관한 공정시세의 혜택을 줄 의무는 없다). 이러한 편의로 중요한 것은 여행과 통신의 자유이다.

사절단의 모든 구성원은 국가안전을 이유로 접수국의 법령에 의하여 금지 또는 제한되는 지역을 제외하고는 이동하고 여행할 자유를 갖는다(제26조). 실제로 관행상 소련이 1941년부터 여행에 제한을 두어왔으며(모스크바로부터 40km 밖의 지역에는 허가를 요하게 되었다), 파견국은 이에 대하여 자국에서 소련 외교관에 대해서만 같은 제한을 두고 있다(미국은 首府로부터 25마일까지, 영국은 35마일까지, 일본은 40km까지만 자유여행을 허용하고 있다). 원래 접수국은 국가간에 차별대우를 못하도록 되어 있으나 접수국 사절이 상대국에서 특권 · 면제 제한을 받고 있는 경우에는 그 상대국 사절에 대해서도 같은 제한을 과하는 것은 위법이 아니다(제47조).

또한 사절단의 공용통신은 자유 · 불가침이며 외부와 통신하는 데는 암호나 부호를 사용할 수가 있다. 다만 무선송신기를 설치하고 사용하는 데 대해서는 접수국의 동의가 필요하다(제27조 1항). 이것은 비엔나 회의에서 소국측의 주장이 받아들여진 결과이다.

外交公囊(diplomatic bag)은 불가침이다. 이것을 開封하거나 유치해서는 안된다(제27조 3항).

신분증명서 및 外交公囊을 구성하는 봉인의 수를 표시하는 공문서를 가진 外交傳書使(courier)는 직무수행에 있어서 접수국의 보호를 받는다. 그 신체는 불가침이며 어떠한 방법에 의해서도 그를 압류 또는 구금할 수 없다(제27조 5항). 이러한 보호는 전달을 완료할 때까지 부여된다(전달 後 귀국여행 중에도 보호된다).

(5) 外交官 個人에게 부여되는 特權·免除

외교관은 공무집행중이든 또는 사인으로 행동하는 경우이든 간에 외교관 신분을 가지고 있다는 사실만으로도 특권·면제를 향유한다. 이러한 특권·면제는 외교관이 임무를 수행하는 데 접수국에 의해서 방해받는 것을 방지하기 위하여 인정된 것으로 외교관 개인에게 이익을 주기 위한 것이 아님은 물론이다.

1) **不可侵權** 외교관의 신체는 불가침이다. 따라서 어떠한 방법으로도(사법상, 행정상 또는 기타의 방법으로도) 외교관을 체포하거나 구류할 수 없다. 동시에 접수국은 상응하는 敬意로써 외교관을 대우하며 또한 외교관의 신체·자유·존엄에 대한 어떠한 침해도 방지하기 위하여 적당한 조치를 취해야 한다(제29조). 외교관의 신체나 명예가 손상된 경우에는 형사상 보통인에 대한 경우보다 중한 형벌을 과하는 것이 관례이다(한국형법 제108조).

외교관의 개인적 주택은 使節團의 공관과 마찬가지로 불가침이다(일시적으로 체재하는 호텔방이나 아파트도 같다).

외교관의 개인적 서류, 信書, 재산도 불가침이다(제30조). 다만 재산의 경우에는 접수국의 민사재판권이 예외적으로 인정되는 경우에 한하여(후술) 강제집행이 행해진다. 동시에 개인적 서류와 신서 중 위의 강제집행에 관계되는 것은 불가침권을 갖지 않는다고 생각된다.

2) **裁判權으로부터의 免除** 외교관은 원칙적으로 접수국의 재판관할권으로부터 면제된다. 이 면제는 형사재판권면제는 절대적이며, 예외가 없다. 민사재판권은 원칙적으로 면제되나 이에는 약간의 예외가 있다. 엄밀한 의미에서 재판관할권 자체의 면제는 아니나 이에 관련된 것으로서 증언의 면제가 있다.

① 刑事裁判管轄權으로부터의 免除: 외교관은 접수국의 형사재판관할권으로부터 완전히 면제된다(제31조). 외교관이 접수국의 형법에 위반된 행위를 범한 경우에도 이것에 대하여 소추하거나 처벌할 수 없다. 그러나 그러한 범법행위를 행한 외교관에 대해서는 *persona non grata*로서 본국에 소환을 요구하거나, 직접 외교관에 대하여 퇴거를 명령할 수도 있으

며, 또 긴급한 경우에는 일시적으로 그 신체를 구속할 수도 있다.

이와 같은 면제는 외교관이 접수국의 재판관할권으로부터만 면제된다는 뜻인가, 아니면 접수국의 법령으로부터도 면제되어 이것을 준수하지 않아도 된다는 뜻인가. 이론적으로는 다툼이 있으나 단순히 재판관할권으로부터 면제될 뿐이며 접수국의 법령은 존중되어야 한다는 것이 유권적 해석이다(국제법위원회의 견해). 즉 刑事裁判管轄權으로부터의 면제는 접수국이 권력적 압력을 외교관에게 행사하는 것을 방지하기 위하여 인정된 것이지 외교관이 접수국 법령의 적용을 받지 않는다는 취지는 아닌 것이다. 그러므로 외교관이 재임중 개인의 입장에서 행한 범죄행위에 대해서는 외교관 자격이 소멸되고 특권을 향유하는 기한이 경과된 후에는 그 자를 소추하거나 처벌할 수 있다(같은 이론은 민사재판관할권의 경우에도 똑같이 적용된다).

외교관을 접수국의 재판관할권으로부터 면제하는 것이 곧 파견국의 재판관할권을 면제한다는 의미는 아니다(제31조 3항). 접수국 법령을 위반한 외교사절은 본국으로 송환되어 본국의 처벌을 받을 수도 있다(1958년 4월 15일 워싱턴주재 하이테 대사관의 일등서기관이 공관에서 참사관을 사살한 사건에서 범인은 양국의 합의에 의하여 송환되었다). 또한 *persona non grata*로서 추방될 수도 있다.

② 民事裁判管轄權 및 行政裁判管轄權으로부터의 면제: 외교관은 원칙적으로 접수국의 민사재판권관할권 및 행정재판관할권으로부터 면제된다(제31조 1항). 그러나 (a) 접수국 영역내에 있는 개인소유의 부동산으로서 외교관이 파견국을 대신하여 보유하는 것이 아닌 것에 대한 소송, (b) 파견국 대표자로서가 아닌 개인으로서 유언집행자·유산관리인·상속인 또는 유산수취인으로서 외교관이 관계하고 있는 상속에 관한 소송, (c) 외교관이 접수국에서 공무범위 외에 행한 직업활동 또는 상업활동에 관한 소송 등에 있어서는 접수국의 민사상 또는 행정상의 재판권으로부터 면제되지 않는다. 외교관에 대한 강제집행은 (a), (b), (c)의 경우에만 행할 수 있으나 외교관의 신체 또는 주택의 불가침을 해하지 않을 것을 조건으로 허용된다(제31조 3항).

파견국은 외교관 및 기타 면제향유자(이에는 외교관의 가족, 사무 및 기술직원, 그 가족, 서비스 직원, 外交傳書使가 포함되며 개인적 사용인은 재판관할권의 면제를 향유하지 않으므로 면제의 포기는 문제가 안된다)가 누리는 재판관할권 면제를 포기할 수 있다

(제32조 1항). 이와 같이 면제의 포기를 행할 수 있는 자는 국가이며 당해 외교관 개인이 아니다. 면제가 포기된 경우에는 그 사건에 관하여 접수국이 재판권을 행사할 수 있음은 물론이다. 면제의 포기는 파견국이 명시적으로 행하는 것이며(사절단의 장이 정부를 대표한다. 그러나 장 자신의 소송에 관한 면제의 포기에는 본국의 동의가 필요하다) 면제포기의 추정은 원칙적으로 허용되지 않는 것으로 생각된다(외교관이 면제를 주장하지 않고 피고로서 출정하는 경우 면제를 포기했다고 생각해서는 안된다). 또한 외교관이 자진해서 소송을 제기한 경우에는 本訴에 직접 관련된 反訴에 대하여 재판관할권 면제를 원용할 수 없다(제32조 3항). 동시에 제1심 법원에서 포기가 행해진 경우에는 당해 사건이 상소심 법원으로 이송된 경우에도 새로이 면제를 원용하지 못한다. 동일한 사건인 한, 소송은 어느 단계에서도 불가분의 일체로 인정되기 때문이다.

민사소송 또는 행정소송에 관한 재판관할권 면제의 포기를 그 판결집행의 면제를 포기한 것으로 간주해서는 안된다. 판결집행의 면제를 抛棄하기 위해서는 별도의 포기가 필요하다(제32조 4항). 위와 같이 두 개의 면제를 구별하는 것은 학설과 관행이 모두 인정하는 것으로 판결에 의하여 사실을 확정하는 것만으로도 의미가 있으며 반드시 집행을 필요로 하지 않기 때문이다(재판관할권 면제의 포기는 판결의 집행면제의 포기를 자동적으로 포함한다는 주장이 있었으나 비엔나회의에서 배척되었다). 刑事裁判權으로부터의 면제포기도 신체나 재산의 불가침을 규정한 제29조 및 제30조로 보아 동일하게 취급되어야 하며 당연히 판결의 집행까지도 포함하는 것으로 보아서는 안된다.

외교관은 접수국의 민사재판관할권이 면제되는 결과 외교관이 교통사고를 저지른 경우 피해자는 손해배상을 청구할 수 있는 기회를 박탈당하게 된다. 이리하여 비엔나外交關係會議에서는 면제의 목적이 개인에게 이익을 주려는 것이 아니라 사절단의 능률적 임무수행을 확보하는 데 있으므로 파견국은 임무수행에 지장이 없는 한 이러한 민사청구에 관해서는 면제를 포기하거나 또는 청구권의 정당한 해결을 가져올 수 있도록 최선의 노력을 할 것을 결의하였다(민사청구권의 심의에 관한 결의). 그러나 이것은 勸告決議에 지나지 않은 것이며 파견국을 구속하는 것은 아니다.

외교관은 교통사고 기타 불법행위에 입각한 손해에 대하여 법률상 배상책임을 면하는 것이 아니라 재판권과 그 집행을 면할 뿐이다. 외교관에 대하여 불법행위책임을 인정한 접수국 재판소의 판결은 외교관이 퇴임한 후 집행되며 또한 그 파견국에 있어서 소송의 근거가 될 수 있다. 또 피해자는 보험회사를 상대로 접수국의 재판소에 損害賠償請求를 제기할 수 있다. 파견국이 면제를 포기하지 않거나 조정, 화해 등의 조치를 취하지 않은 경우에는 접수국은 그 외교관을 *persona non grata*로서 사절단에 통보할 수 있다.

③ 證言의 免除: 외교관은 형사소송이나 민사소송에 있어서 일반적으로 증언의 의무로부터 면제된다. 증언의 면제는 절대적이며 예외가 없다. 이 면제는 증인으로서의 증언에 한하며 당사자로서의 증언은 면제되지 않는다. 외교관이 당사자인 사건은 위에서 말한 제31조 1항의 각 (1), (2), (3)에 속한 사건 이외에 외교관 스스로 원고로서 소송을 제기한 사건, 타인이 제기한 사건에 응소한 경우 본소에 직접 결합된 반소의 경우 등이다. 또 외교관 스스로 임의로 증언하는 것은 상관없다.

3) 行政權으로부터의 免除

① 強制處分의 免除: 외교관은 접수국의 경찰 또는 행정관청의 강제처분으로부터 면제되며 외교관을 체포, 구류할 수 없다(교통사고에서 외교관을 처벌할 수는 없으나 위반사항을 사절에서 통지하여 빈번한 위반에 대하여는 전임 또는 해임을 요구할 수 있다).

② 役務의 免除: 외교관은 모든 인적 역무나 군사상 징발, 기부 및 숙소의 할당 같은 군사상 의무가 면제된다(제35조).

③ 課稅의 免除: 외교관은 다음의 경우를 제외하고 국세나 지방세 등 부과금·세금이 면제된다. (a) 물품 또는 역무의 가격에 보통 포함되는 間接稅(예, 통행세). (b) 접수국 영역내에 있는 개인 소유의 부동산에 대한 조세(단, 사절단의 목적을 위하여 파견국을 대신하여 부동산을 소유하는 경우에는 면제된다). (c) 접수국이 부과한 유산세 또는 상속세(비엔나조약 제39조 4항에 규정된 유산세 및 상속세는 별개로 취급된다). (d) 접수국 내에 근거하는 개인적 소득에 대한 조세 및 접수국이 상업 기업에 투자한 데 대한 자본세. (e) 급부된 특별 역무에 대한 요금. (f) 부동산에 관한 등록세, 법원수수료 또는 기록수수료, 담보세 및 인지세.

사절단의 공용물품, 외교관과 그 가족의 개인용물품 및 사무기술직원과 가족이 부임할 때 수입하는 물품에는 관세가 면제된다(제36조 1항). 외교관의 개인용 荷物은 검사가 면제되지만 면제가 적용되지 않는 물품이나 또는 수출국이 금지되고 있는 물품 등을 운반하고 있다고 추정할 만한 중대한 이유가 있는 경우에는 그 외교관이나 권한 있는 대리인이 입회하여 검사할 수가 있다(제36조 2항).

1964년 11월 17일 로마주재 아랍연합대사관으로부터 아랍연합외무부로 발송된 外交官用荷物이 로마교외 공항에서 항공기에 적재되려고 할 때 稅關吏가 그 하물 속에서 사람의 신음소리가 나는 것을 발견하였다. 외교관과 경찰관이 입회하여 그 화물을 열어 본 결과 그 속에는 Josef Dahan이라는 25세의 남자가 입이 틀어막히고 수족이 묶인 채 있었다. 이탈리아 정부는 아랍연합대사에게 외교특권을 남용한 데 대하여 엄중히 항의하고 관계외교관 2명에 대해서는 *persona non grata*로 국외로 퇴거할 것을 요구하였다.

④ 社會保障規定으로부터의 免除: 외교관은 파견국에 제공된 역무와 관련, 접수국의 사회보장규정으로부터 면제된다(제33조). 따라서 사회보험료 등은 징수되지 않으나 접수국 국민을 고용하고 있는 경우에는 사회보장규정상 고용자의 의무를 준수해야 한다.

10. 外交官의 特權이 認定되는 人的·時間的·場所的 範圍

(1) 人的 範圍

外交使節은 (a) 使節團의 長, (b) 外交職員(이상을 외교관이라 한다), (c) 事務的·技術的 職員(전신, 문서, 회계, 속기, type 등의 사무에 종사하는 자), (d) 役務職員(운전사, 요리사, 문지기) 등으로 구성되며, 그 밖에 사절단구성원의 가족과 사절단구성원이 개인적으로 고용한 사용인(식모, 유모)이 있다. 외교관의 특권이 위의 어느 범위까지, 또 어느 정도까지 미치는 것인가와 관련하여 (c) 이하의 구성원에 대한 것이 문제된다.

1) **事務的·技術的 職員** 사무적·기술적 직원도 원칙적으로 외교관과 동일한 특권을 갖는다. 다만 민사재판관할권 및 행정재판관할권으로의 면제는 공무 범위 밖의 행위에는 미치지 않으며, 또 관세는 부임시에 수입한 물품에 대해서만 면제가 인정된다(제37조 3항).

2) **役務職員** 공무수행중의 행위에 관한 裁判管轄權, 고용에 따른

보수에 대한 조세, 사회보장규정의 면제만이 인정되고 있어(제37조 3항) 외교관과 비교하면 특권의 범위가 대단히 좁다.

3) **使節團構成員의 個人的 使用人** 고용에 따른 보수에 대한 조세 면제가 인정될 뿐이고 그 밖의 것은 접수국의 재량에 의한다(제37조 4항).

4) **使節團構成員의 家族** 외교관의 동일세대에 속하는 가족은 접수국 국민이 아닌 한 외교관과 같은 특권을 갖는다(제37조 1항). 사무적·기술적 직원의 가족도 접수국 국민이 아니거나 또는 접수국에 영구히 거주하지 않는 경우에는 사무적·기술적 직원과 같은 특권이 인정된다(제37조 2항).

5) **使節團構成員이 接受國 國民인 경우** 외교관이나 기타 사절단구성원이 접수국의 국민이거나 접수국에 상주하는 경우에는 위에서 말한 특권이 제한된다(제38조). 외교관은 그 직무수행에 있어서의 공적 행위에 대해서만 裁判管轄權이 면제되고 불가침권을 가지며, 사절단의 구성원 및 그 개인적 사용인은 전적으로 접수국의 재량에 따라 접수국이 인정하는 한도까지만 특권을 갖는다.

(2) 時間的 範圍

외교관과 기타 特權·免除의 향유자가 특권·면제를 향유하는 시간적 범위는 직무의 개시 및 종료시간과 반드시 일치하지 않는다. 특권·면제권자는 자신이 부임하기 위하여 영토에 들어갔을 때(그 권리자가 이미 접수국의 영역 내에 있을 때에는 그 임명이 접수국의 외무부에 통고되었을 때)부터 특권·면제를 갖기 시작한다. 또한 직무가 종료된 경우에도 보통 그 자가 접수국을 떠나는 데 필요한 상당한 기한 특권·면제가 인정된다. 무력적 분쟁이 발생한 경우에도 접수국 영역을 벗어나는 데 필요한 상당한 기한까지 특권·면제는 존속한다. 뿐만 아니라 그 자가 사절단의 구성원으로서 임무를 수행하는 동안에 행한 행위에 대해 부여된 재판관할권 면제는 그 임무가 종료된 후에도 계속적으로 존속한다. 사절단의 구성원이 사망한 경우 가족 역시 퇴거에 필요한 상당한 기간이 경과할 때까지 특권·면제를 향유한다(제39조). 외교관과 가족은 부임 또는 귀국 도중에 제3국을 통과하는 경우에도 불가침권과 통과에 필요한 한도에서 면제(특히 형사재판관할권의 면제)특권을 누린다(제40조 1항).

(3) 場所的 範圍

외교관은 접수국의 排他的 統治가 미치는 공간까지 특권·면제를 향유할 수 있다. 따라서 면제특권은 접수국의 영역은 물론 그 조차지나 신탁통치지역, 더 나아가 공해상에 접수국의 선박과 항공기에도 미치는 것이라고 보아야 한다.

외교관은 제3국을 통과할 자유가 있는가. 역으로 말하면 제3국이 타국 외교관에게 자국의 영역을 통과할 것을 허용할 의무가 있는가가 문제된다. 외교관이 사적 목적을 위하여 또는 인 코니토(*in cognito*) 여행하는 경우는 물론이고, 공적 목적을 위하여 또는 공연히 여행하는 경우에도 제3국은 국제법상 당연히 외교관의 특권을 인정해야 하는 의무는 없다. 그러나 외교관이 부임, 귀임 또는 귀국하는 도중에 있어서 旅券査證(visa)이 필요한 경우에 그 비자를 부여한 제3국 영역을 통과하는 경우나 그 영역내에 있는 때 제3국은 그 외교관에게 "불가침권 및 통과나 귀환을 확실하게 하는 데 필요한 면제"를 부여해야 한다(제40조 1항). 외교관의 가족이 외교관과 동행하는 경우, 또는 외교관에게 가거나 귀국하기 위하여 개별적으로 여행하는 경우에도 같은 특권·면제를 부여하여야 한다. 이러한 특권·면제는 일종의 無害通行權이라고 볼 수 있다.

사절단의 구성원 및 그 가족(공적 통신과 外交行囊을 포함)이 불가항력으로 제3국의 영역내에 들어온 경우에는 정당한 절차로 제3국의 영역내에 들어온 경우와 같이 취급된다(제40조 4항).

제2절 領 事

1. 領事制度의 沿革

영사는 외국에 주재하여 본국 및 본국국민의 통상·경제·문화 등의 이익을 보호하는 임무를 수행하는 국가기관이다. 이 점에 있어서 영사는

常置外交使節의 보조기관으로 간주되기 쉬우나 실제로 영사제도는 상치외교사절보다 오래된 기원을 가지고 있으며, 또한 상치외교사절과 성질을 달리한다.

領事制度의 시초는 중세 십자군시대 이탈리아의 도시국가에서 상인간의 商事仲裁를 담당한 중재인제도에서 구할 수 있다. 이 중재인은 judge consul이라 하여 보통 그 도시에서 정주하고 있는 외국상인 중에서 선출된다. 과거에 중국, 터키와 같은 非西歐지역에서 본국의 국민에 대한 재판관할권이 영사에게 부여된 경우(영사재판권)를 제외하고는 영사의 기능이란 이와 같이 주로 상업적인 것이었고 외교적인 것은 아니었다(이탈리아 도시국가와 유럽제국은 동방제국의 군주와 영사재판조약(capitulation)을 맺어 자국국민을 본국법에 의하여 영사가 재판하게 하였다. 그러나 이 영사재판제도는 일본에서는 1899년, 중국에서는 1943년, 이집트에서는 1949년 완전히 폐지되었다).

19세기에 들어와 국제무역이 활발하게 되고 해운이 발달하며 여행자와 이주민이 증가하여 영사의 업무가 중요해짐에 따라 그 특권이 통상항해조약이나 영사조약에 상세히 규정되기에 이르렀다. 더 나아가 1963년 '영사관계에 관한 비엔나조약'이 체결되었다.

그런데 오늘날에는 상업적 활동과 외교적 활동을 구별하기 곤란하다. 많은 공식적인 외교교섭은 사실상 무역증진을 위한 것이며, 또한 무역을 증진하기 위해서는 자연히 많은 외교교섭을 필요로 한다. 이와 같이 외교적 기능과 상업적 기능의 융합은 불가피하게 외교적 업무와 영사적 업무의 결합을 가져왔으며 이에 따라 직업외교관은 대사관에 배치되었다가 다음에는 무역대표부로, 또 다음에는 영사관으로 순환근무하게 된다. 대사관에 따라서는 명백하게 영사업무를 두지 않고 동일한 건물내에서 동일한 사람으로 하여금 영사업무를 담당케 하는 곳도 있다. 따라서 외교관과 영사의 특권·면제간에는 차이가 있기는 하지만 사실상 이를 구별하기는 어렵다.

전통적으로 영사는 상업적인 것에만 관여하였으나 최근에는 점차로 조약의 실시를 감시하거나 정부가 소유하는 상선업무를 대행하는 것과 같이 모든 정부활동을 대표하게 되었다. 이런 점에서 외교관과 영사의 기능은 구별할 수 없는 것이다.

2. 領事의 種類·階級·職務

영사는 본국으로부터 임명·파견되어 전적으로 영사직무에만 종사하고 그에 대한 대가로 봉급을 받는 本務領事(專任領事, 專務領事, 派遣領事(career consular officer))와 접수국에 거주하는 유력자 중에서 선발되어 영사의 사무를 위탁받은 名譽領事(選任領事 (honorary consular officer))로 나뉜다. 명예영사는 파견국의 국민이 아니고 접수국 국민이 되는 경우가 많으며, 다른 사업에 종사해도 무방하나 다만 영사직무에 관하여 수수료에 해당하는 수당을 받는다. 영사는 연혁적으로 駐在地에 상주하는 상인 중에서 선임되는 것이 통례였는데 이것이 명예영사제도 속에 남아 있는 것이다. 영사는 접수국 내에서 각각 관할하는 구역을 정하여 영사직무를 수행한다.

領事機關(consular post, consular office)의 장(영사관장)은 비엔나 영사조약에 의하면, ① 總領事(consul general), ② 領事(consul), (3) 副領事(vice consul), ④ 領事代理(consular agent)의 4계급으로 구분된다(제9조).

동일한 국가 내에 주재하는 외국의 영사관장 상호간의 석차는 認可狀을 교부한 날짜에 따라 결정되는데, 사전에 임시인가가 부여되어 있는 경우에는(정식의 인가장이 부여되기 전) 그 날짜에 의한다. 명예영사인 관장은 본무영사인 관장보다 후순위이고 臨時代理館長(영사관장이 유고시 일시 관장으로서 행동하는 자(acting head of post). 제15조)은 그보다 후순위로 한다. 같은 계급상호간에는 통지서에 따라 직무를 개시한 일자의 순서에 의한다.

영사는 파견국을 외교적으로 대표하지 않는 점에서 외교사절과 다르나 영사도 파견국의 공무원이라는 점에서는 국가기관의 성격과 함께 일종의 대표적 기능을 갖는다. 다만 파견국과 접수국간에 정식 외교교섭방식이 아니라는 의미에서 대표기관이 아니라는 것이다. 그러므로 영사는 접수국에서 자국 외교사절에게 지휘감독을 받으며 중앙정부와의 교섭도 자국의 외교사절을 통하여 행한다. 그러나 접수국에 자국 외교사절이 없고, 제3국을 통한 이익대표도 없는 경우에는 극히 예외적으로 영사가 접수국의 동의를 얻어 외교교섭을 행할 수 있다. 그러나 이때에도 영사자격에는 영향을 끼치지 않으며 외교상 특권·면제를 요구할 수는 없다(제17조).

영사직무는 영사관에서 행해지는 것이 보통이나 때로는 外交使節團에 의해서도 행해지는 경우가 있다(제3조). 영사의 직무는 다음과 같다(제5조):

⑴ **自國의 利益保護** 접수국에서 접수국 법령과 기관에 의하여 자국과 자국민이 공정한 취급을 받는 것을 국제법이 인정하는 범위 내에서 확보하며 그 이익을 보호한다.

⑵ **通商·友好의 促進** 접수국과 자국간 상업·경제·문화·과학상 관계를 발전시키며, 또한 우호관계를 촉진한다.

⑶ **情報蒐集** 적법한 수단에 의하여 접수국의 상업·경제·문화·과학의 실상과 발전상황을 조사하고 본국정부에 보고하며 동시에 재류자국인에게 정보를 제공한다.

⑷ **旅券·査證發給** 자국민에게 여권이나 기타 여행에 필요한 서류를 발행하며, 파견국에 여행을 희망하는 국민에 대하여 사증이나 필요서류를 발행한다.

⑸ **自國民援助** 접수국에 있는 자국인과 자국법인을 원조한다.

⑹ **公證·戶籍事務** 자국민이 서명한 증명, 인증, 유언의 공증 등 공증사무나, 결혼·양자·출산·사망신고의 수리, 등록·증명 등 호적사무를 취급한다.

⑺ **相續權保護** 접수국에서 사망한 자의 유산에 관한 국민의 권리를 보호한다.

⑻ **後見的 保護** 접수국에 있는 자국민인 미성년자, 무능력자를 보호한다.

⑼ **調 停** 접수국 법령에 따를 것을 조건으로 자국민간의 분쟁을 조정한다.

⑽ **司法補助** 국제협정, 접수국 법령에 따라 자국 사법기관을 위하여 사법서류를 송달하거나 증인조사를 한다.

⑾ **船舶·航空機의 監督** 자국선박·항공기 및 그 승무원에 관하여 자국법령에 따른 감독·시찰을 행하며, 이들을 원조하고 선박서류를 검사·인증하며, 항행중의 사건에 대하여 조사하고 선장·선원·승무원·승객간의 분쟁을 처리한다.

3. 領事關係의 設定

영사는 정치적 교섭을 주임무로 하는 외교사절과 달리 접수국에서 파견국의 경제적 이익과 국민의 이익을 보호하는 것을 주임무로 하는 일종의 행정기관이다. 그러므로 영사기관의 설정은 외교기관의 설정과는 다른 국제법상 규율을 받는다. 지금까지 영사관계는 주로 2국간 조약에 따라 설정되고 임무나 특권·면제가 규정되어 왔으나 실제로 각국간의 友好通商航海條約에 포함된 최혜국대우조항이 적용됨으로써 그 내용은 널리 일반화되는 경향이 있다. 그러므로 2국간 조약은 대체로 공통내용을 갖게 되고, 또한 그 가운데는 관습법화된 것도 있게 되어 1963년 4월 23일 UN 國際法委員會가 작성한 초안을 기초로 통일적인 '영사관계에 관한 비엔나 조약'이 채택되었다(이전의 다자조약으로는 1928년 汎미회의에서 채택된 '영사에 관한 조약'이 있다).

영사관계 설정은 국가 상호간의 합의에 따르며 영사직무의 행사는 상대국의 허용을 전제로 한다. 따라서 영사의 파견·접수는 영사직무조약, 통상항해조약 기타 당사국간 합의를 기초로 행해진다. 그러나 외교관계가 당사국간 합의에 의하여 설정된 경우에는 특히 반대의 의사가 표명되지 않는 한 영사관계 설정에도 동의한 것으로 看做된다(영사관계에 관한 비엔나조약 제2조 2항). 이와 반대로 설사 외교관계가 단절된다 하더라도 당연히(*ipso facto*) 영사관계가 단절되는 것은 아니다. 동시에 외교관계가 없는 국가간에 영사관계만을 설정하는 것도 가능한데(과거의 인도네시아와 한국), 영사는 非政治的 事項(자국민보호, 통상보호)을 주 임무로 하기 때문이다. 또한 국가에 따라서는 외교사절이 없는 경우 영사가 접수국의 동의를 얻어 외교활동을 행하는 것이 인정되기도 한다(비엔나 조약 제17조 1항). 어쨌든 실제로 영사관을 설치하기 위해서는 접수국의 동의를 얻어야 하는데, 그 소재지·종류·영사관할구역 등은 파견국이 결정하고 이에 대하여 접수국이 승인하도록 되어 있다(비엔나 조약 제4조).

領事機關(consular post)의 장은 파견국이 임명하고 접수국이 그 임무 수행을 인가한다(비엔나 조약 제10조). 그러나 상치사절의 경우와 같이 상대국의 아그레망을 미리 구하는 절차는 필요없다(단, 일본·소련 제3조 1항은 접수국의 동의를 요하는 것으로 하여 외교사절의 경우와 유사한 절차를 규정하고 있다). 영사는 파견국의 원수 또는 외무장관의 이름으로 발행된 領事委任狀(consular commission)을 휴대하여 이것을 접수국에 있는 본국 외교사절을 통하여 접수국 외무장관에게 제출한다. 이에 대하여 접수국 원수의 이름으로 발행된 인가장(exequatur)을 받음으로써 정식으로 영사임무가 시작된다. 이때 접수국은 認可狀 발부를 거부할 수 있으며 거부이유를 제시할 의무는 없다(제11, 12조. 동시에 인가장 발부는 묵시적으로 국가를 승인하는 것이므로 파견국이 오히려 인가장을 원치 않는 경우도 있다. 한국은 자유당정권시에 캄보디아에서 할슈타인 원칙에 따라 2개의 한국을 배제하기 위하여 영사인가장을 받지 않았다). 접수국은 합의가 이루어진 경우 일방적으로 영사관의 접수 자체를 거부할 수는 없으나 영사관 자신에게 기인하는 개인적 이유에 의하여 인가를 거부할 수는 있다(제23조). 관장 이외에 영사관은 인가장이 필요치 않으나(제11조), 각 영사관이 임무에 착수하기 전에 씨명·계급 등을 접수국에 통지하고 접수국이 사전에 이를 거부할 수 있다(제19조 2항).

파견국은 영사기관의 구성원을 자유로이 임명할 수 있으나 영사관은 원칙적으로 파견국 국민이어야 하며, 접수국이 동의하지 않는 한 접수국 국민을 임명할 수 없다(제22조). 또한 접수국은 언제든지 특정 영사관이 *persona non grata*, 또는 영사기관의 기타 직원이 받아들이기 어려운 자임을 선언할 수가 있다. 이러한 통고가 있는 경우 파견국은 외교사절과 같이 그 자를 해임 또는 소환하여야 한다. 파견국이 이러한 의무를 이행하지 않을 경우에는 접수국은 그 자에 대한 인가장을 취소하거나 또는 그 자를 영사기관의 직원으로 인정하기를 거부할 수 있다(제23조).

영사기관의 구성원의 임무는, ① 파견국의 소환·해임, ② 접수국에 의한 인가장 철회, 또는 영사기관으로서의 승인 거부, ③ 영사관의 사망, ④ 영사관의 관할구역상 영역권 이전 등으로 인하여 임무가 종료된다(제25조).

4. 領事의 特權·免除

영사의 특권·면제는 외교사절의 특권·면제가 관습법적인 것과는 달리 2국간 통상항해조약이나 영사조약과 같은 조약상의 근거에 의하여 부여되어 왔다. 그러므로 국가에 따라서 그 내용과 정도가 다르기는 하나 通商航海條約 중 최혜국대우조항의 결과 대체로 공통된 점이 많으며, 어느 정도로 국제관습법이 형성되어 있음을 볼 수 있다. '영사관계에 관한 비엔나 조약'은 지금까지의 각국의 실행을 기초로 영사의 특권·면제를 성문화하였다. 일반적으로 영사의 특권·면제는 직무의 성질상 외교관의 그것에 비하여 약간 제한적인 것이라고 할 수 있으나 비엔나 영사관계조약은 A·A 제국의 주장을 바탕으로 외교관에 가까운 특권을 인정하고 있다.

(1) 領事機關의 特權·免除

領事機關(총영사관, 영사관, 부영사관, 영사대리사무소를 총칭)에게 접수국에서 능률적으로 임무를 수행할 수 있도록 필요한 특권·면제가 보장되고 있다(기능적 필요설). 영사활동을 위한 편의제공(제28조), 國旗와 國章의 사용(제29조), 시설취득의 편의제공(제30조), 영사기관 공관의 불가침(제31조), 영사기관 공관에 대한 과세면제(제32조), 영사기관의 공문서와 서류의 불가침(제33조), 이동의 자유(제34조), 통신의 자유(제35조), 파견국 국민과의 통신 및 접촉(제36조), 파견국 국민의 사망, 후견이나 재산관리 및 난파 또는 항공사고의 경우 접수국으로부터의 통보(제37조), 접수국 당국과의 연락(제38조) 등에 관하여 영사기관은 외교사절단에게 부여된 것과 거의 같은 특권·면제를 누리고 있다.

이러한 특권·면제는 공관의 불가침이 약간 제한되는 점을 제외하고는 명예영사기관에도 똑같이 인정되고 있다(제51조-제61조).

그러나 외교사절과 영사직무의 상대적 구별을 반영하여 양자에는 다음과 같이 약간 차이가 있다. 첫째는 공관의 불가침과 관련하여 '외교관계에 관한 비엔나 조약'은 예외의 경우를 규정하고 있지 않으나 '영사관계에 관한 비엔나 조약'은 "화재 기타 신속한 보호조치를 필요로 하는 재해의 경우에는 영사기관의 長의 동의가 있는 것으로 간주한다"라고 하여 일정한 경우에 기관의 장의 동의없이 공관에 들어갈 수 있음을 명시하고 있다.

> 1948년 뉴욕 경찰당국은 소련으로 귀환하기를 거부하는 소련시민(카센키나 Kasenkina) 여사가 뉴욕의 소련총영사관의 3층 창에서 뛰어내린 사건에서 이를 조사하고 여사를 치료할 목적으로 기관의 장의 동의없이 총영사관 내에 들어갔다. 이 사건으로 인하여 소련과 미국간 영사관계는 1964년 6월 1일 재개될 때까지 중단되었다.

둘째로 영사임무수행에 방해가 되는 것을 피하고, 또한 '신속, 충분 및 유효한 보상'을 지불할 것을 조건으로 하여 영사기관의 공관이나 용구류, 재산 및 수송수단을 접수국이 자국의 국방 또는 공익사업을 위하여 수용할 수 있다고 한 것은 중요한 차이점이다.

1948년 이전 영사특권에 있어서 수용으로부터 절대적으로 면제되었으나 제2차대전 이후에는 영사재산에 대한 수용이 일정한 조건하에서 허용되는 경향이 나타나고 있다. 미국은 1950년 중국이 美國領事館敷地를 징발했을 때 중국과 영사관계를 단절하였다.

셋째, 領事封印袋에 공문서가 아닌 것이 포함되어 있다고 추정할 만한 중대한 사유가 있는 경우에는 접수국은 당국이 입회하여 개봉할 것을 요구할 수 있으며, 이것이 거부되었을 때에는 그 封印袋를 발송지로 반송할 수 있다. 이 규정도 '외교관계에 관한 비엔나 조약'에는 없는 것이며 영사특권이 제한되고 있음을 뒷받침해 주고 있다.

과거 소련은 특히 제2차대전 후 영사기관이 파견국을 대표하는 것이라고 하여 외교관과 동등한 특권·면제를 주장하였기 때문에 관계국과 2국간조약으로 특별한 규정을 두어 타협을 이루었다(단, 소련도 비호권이 없음은 인정하였다).

(2) 領事官의 特權·免除

領事官은 접수국에서 신체·자유·존엄을 특별히 보호받을 특권이 있다(제40조). 또한 영사관은 재판권(제43조, 제44조) 및 행정권으로부터의 면제(제41, 46, 47, 48, 49, 50조)도 인정받고 있으나 그 범위는 외교관에 비하여 상당히 제한되고 있다.

첫째, 領事官 및 領事館職員(사무소 또는 기술적 업무를 위하여 고용된 자)도 재판권으로부터 면제를 받지만 그 범위는 '영사임무수행을 위해 행한 행위'로 한정되고 있으며, 더욱이 民事訴訟의 경우에는 공무중의 행위라 할지라도 (a) 영사관 등이 파견국을 위하여 계약한다는 뜻을 표시하지 않고 체결한 조약에 관한 것, (b) 접수국에서 차량, 선박 또는 항공기에 의하여 생긴 사고에서 기인하는 손해에 대하여 제3자가 제기한 것에는 재판권면제가 인정되지 않는다(제43조). 둘째, 증언의 면제와 관련해서 영사기관의 구성원(영사관, 영사관직원 및 역무직원을 포함)은 그 '임무의 수행에 관한 사항'에 대하여 증언할 의무가 없으며, 그 사항에 관한 공적 신서나 서류를 제출할 의무를 지지 않으나(제44조), 외교관과 같이 넓은 것은 아니다. 셋째, 영사관은 원칙적으로 경찰권에도 복종하는

데 '중대한 범죄를 행하고, 또한 권한있는 당국의 결정에 의한 경우에는' 체포 또는 미결구금을 면할 수 없다(단, 경찰규칙위반에만 의한 체포는 면제된다. 제41조). 넷째, 영사관에 대한 신체·명예·주택에 대해서는 불가침권이 인정되지 않는다(영사관에 있는 공문서에 관해서만 불가침권이 인정되고 주택에 있는 공문서 또는 사문서에는 인정되지 않는다).

공사기관 구성원의 특권·면제는 외교관의 경우와 같은 조건에 따라 파견국이 포기할 수 있다(제45조). 또한 그 임무수행에 있어서 행한 공무상 행위에 대해서만 재판권으로부터 면제되고 신체의 불가침권을 가지며, 자기의 임무수행에 관련된 사항에 관해서만 증언을 하거나 공적 서류를 제출할 의무를 지지 않는다. 이러한 영사의 특권·면제는 접수국이 임의로 그 이상의 것을 인정할 수도 있다. 영사기관 구성원과 그 가족 및 개인적 사용인은 접수국이 인정하는 범위 내에서 특권·면제를 갖는 데 지나지 않는다.

名譽領事官의 特權·免除　명예영사관은 접수국으로부터 그 공적 지위에 따라 필요한 보호를 받는다(제64조). 또한 本務領事와 동등하게 재판권 면제를 향유하며, 자기의 임무수행에 관련된 사항에 관하여 증언을 하거나 공적 서류를 제출할 의무를 지지 않는다(제58조 2항). 이 밖에 명예영사관이 영사임무수행에 관하여 파견국에서 지급받은 보수나 급료는 면세되며 기타 인적 역무나 금전적 부담도 부과되지 않는다(제66, 67조). 명예영사관과 영사관직원의 가족들은 원칙적으로 특권·면제를 향유하지 않는다(제58조 3항).

제 3 절　軍隊·軍艦·軍用機

1. 外國軍隊의 地位

일국의 군대가 외국에 주류하는 상황은 전시에 적국에 침입하는 경우뿐만 아니라 평시에도 발생할 수 있는데, 평시에 주류하기 위해서는 조약상 근거나 특별한 허가가 필요하다. 특히 제 2 차대전 후에는 동서 양진영의 대립을 반영하여 미·소 양국의 군대가 각각 동맹국 내에 주류하게 되었다. 한국에 주류하는 미국군대도 이러한 예에 속한다. 이때 주류군의 지위, 특히 군대구성원에 대한 형사관할권 행사여부는 중요한 문제로 등장한다.

국제법상 국가는 자국영역내에 있는 모든 사람에 대하여 배타적으로 관할권을 행사할 수 있다. 그러나 명시적으로 또는 묵시적으로 승인을 얻어 자국영역내에 들어온 외국의 국가기관이 일정한 범위에서 領域國의 관할권행사로부터 면제되는 것은 관습국제법으로 인정되어 왔다. 군대도 이러한 국가기관의 하나이며, 영역국으로부터 그와 같은 특권을 인정받는다. 이 특권은 治外法權이라고 표현되기도 하나 외국군대가 완전히 영역국의 '治外' 또는 '領土外'에 있는 것이 아니며 따라서 외국군대의 치외법권은 절대적인 것이 아니다. 외국군대는 국가기관으로서 위신을 가져야 하며 또한 그 宿營地內에서 군대로서 통일적인 조직활동을 하기 위해서 군대 내부의 문제(예컨대, 규율의 문제)에 대하여 영역국의 개입을 배제할 필요가 있다. 외국군대의 치외법권은 이러한 이유 때문에 인정되고 있다.

외국영역에 있는 군대(및 함선) 또는 그 구성원에 인정되는 특권면제 중에 특히 형사재판권 면제는 그 입국과 주류하는 목적에 따라 형태가 다르며, 오늘날에는 관계국간 특별조약에서 규정된다(브라운리, 366-372). 첫째, 영역내의 통과권이 인정된 외국군대는 영역국의 형사재판권으로부터 면제된다(미국에 입항한 프랑스 무장공선에 절대면제를 인정한 1812년 Schooner Exchange v. M'Faddon 사건. 미국 연방대법원 판결). 둘째, 제3국에 대한 작전상 외국영역의 특정 지역에 주류하는 군대(visiting forces)와 그 구성원에게 통과중인 군대와 마찬가지로 절대면제를 인정하는 입장, 원칙적으로 형사재판권 면제를 부인하는 입장, 기지내 또는 공무중에 행해진 범죄에 한하여 제한적으로 면제를 인정하는 입장 등이 있다. 또한 군대의 보전과 능률을 해하지 않기 위하여 원칙적으로 그 규율과 내부조직에 관한 사항, 그리고 군대구성원에 의한 공무중의 범죄에 관해서는 파견국의 專屬的인 관할권을 인정하는 입장도 있다.

일반적으로 외국군대는 우선 주류지역내에서 영역국의 재판권으로부터 면제된다. 그러나 문제는 과연 주류지역내에서 외국군대가 전속적 재판권을 가지느냐에 있다. 제2차대전 이후의 학설과 조약은 주류군의 전속관할권을 인정하지 않으며, 범행지가 구역내이냐 또는 구역외이냐에 따라서 재판관할권의 귀속을 구별하지도 않는다. 범인이나 피해자의 국적, 범행대상, 범죄의 성질 등에 의하여 그 귀속을 결정하는 것이 보통이다. 특히 '公務執行中'의 범행여부가 중요한 표준이 된다. 공무집행중의 범죄인 경우에는 제1차적 재판권을 주류권에게 부여하는 것이 원칙이다(한·미간의 SOFA 제22조 3항 (가)의 (1) 및 (2), 미·일 SOFA 제17조 3항 (a), NATO협정 제7조 3항, 미·필리핀 제13조 3항, 미·중협정 제14조 3항 (가)). 기타의 경우에는 재판권이 경합하거나 또는 영토국에게 제1차적 재판권이 인정된다(일본에서의 지라드사건). 주류군이 아닌 범죄자에 대하여는 영토국의 요구에 따라 인도하여야 한다.

다음으로 주류지역외에서 외국군대 구성원이 행한 범죄가 공무집행중인 경우에는 영토국의 관할권에서 면제되고 공무와 관계없는 범죄에 대하여는 면제되지 않는 것이 원칙이다. 이러한 원칙은 군함승무원이 타국에 상륙하여 행한 범죄에 대하여도 적용된다(일본 코베의 영국수병사건).

그러나 이상의 모든 경우에 있어서 '駐留地域內' 또는 '公務中'이라는 말의 개념과 범위가 애매하고, 영역국과 파견국간 법제도가 서로 다르다는 이유 및 기타 이유로 인하여 문제가 발생하기 쉽다. 첫째 기지 또는 宿營地가 군대구성원의 일상 생활과 군무수행이 동시에 행해지는 지역과 일치한다면 문제가 발생할 여지가 거의 없으나, 숙박하는 가옥과 군무를 수행하는 장소(예컨대, 포대 또는 사격장)가 다를 때에는 문제가 있다. 둘째 '公務中'이라는 말은 '勤務時間中'이라는 뜻인가. 근무시간중에 행한 행위를 모두 '公務中의 行爲'라고는 할 수 없을 것이다(1957년 5월 30일 지라드 3등특기하사관이 보초근무중 탄피를 주으려고 기지내에 들어온 일본여인를 사살한 사건). '공무중'임을 인정하기 위해서는 단순히 시간적 관련만이 아니라 부여된 임무와 직접적 관련이 있어야 한다고 보아야 한다. 셋째 영역국과 파견국간에 법개념의 차이로 혼선이 빚어지는 경우가 있다. 가령 custody와 confinement의 차이와 같은 것인데 영미법에 의하면 전자는 '居住制限을 위한 禁足'이며, 후자는 이른바 '구속'에 해당한다.

이것은 한·미간에 '美軍地位協定'이 발효한 후 가장 논란되었던 문제 중 하나이다. 구체적 사건이 발생한 경우 한국이 재판권행사를 결정하고 미군을 피의자로서 구속하려 하면 미측은 custody 상태에 있던 피해자가 이미 구속되었다고 한국측에 이의를 제기해 온 실례가 있어 혼선을 초래하고 협조가 원만하게 이루어지지 않았다. 그러다가 협정조항 중 판결 전의 未決拘禁日數를 형기에 통산하는 문제에 있어서 만약 custody를 구속이 아니라고 보면 위 전체형기에 산입할 수 없음을 미측에 고지하니 그 때서야 비로소 custody와 confinement를 구별하였다. 바꾸어 말하면 단순한 custody는 구금일로서 형기에 통산치 않고 confinement인 custody는 형기에 도입키로 하였으며, 또한 한국측이 구속한 후에 미측에 인도한 때에는 미측은 반드시 구속하도록 합의하였던 것이다.

최근 外國駐留軍의 지위에 관하여 특별협정을 체결하는 일이 많다. 이러한 협정은 상기의 원칙적 지위를 더욱 상세히 규정하기도 하고, 이것과 상이한 지위를 규정하는 경우도 있다.

(1) 1951년의 NATO 협정

1951년 '軍隊의 地位에 관한 北大西洋條約의 當事者間 協定'(Agreement Between the Parties to the North Atlantic Treaty Regarding the Status of Their Forces), 이른바 NATO 협정 제 7 조에 의하면, 첫째, 파견국과 영토국 쌍방의 관할권에 관한 원칙적 규정으로서, ① 파견국의 군당국은 자국 군법에 복종할 자에 대하여 파견국법에 따라 부여된 일체의 형사상 및 징계상 재판권을 영토국에서 행사할 수 있다. ② 영토국 당국은 영토국 내에서 행해진 범죄로서 영토국이 처벌할 수 있는 것은 군대구성원, 군속 및 그 가족에 대하여 관할권을 갖는다고 하였다.

둘째, 전속관할권에 관한 규정에 의하면 ① 파견국의 군당국은 안전에 관한 죄 등 파견국법에 의하여 처벌되지만 영토국법령에 의하여는 처벌되지 않는 범죄에 대하여 전속관할권을 행사한다. ② 이와 반대의 경우에는 영토국이 전속관할권을 행사한다.

셋째, 관할권이 경합하는 경우에는, ① 파견국은 군대구성원, 군속 또는 그 가족의 신체·재산에 대하여 파견국의 다른 군대구성원, 군속이 행한 범죄 및 공무집행중에 행한 범죄와 부작위범에 대하여 제 1 차적 관할권을 행사한다. ② 다른 범죄에 대하여는 영토국이 제 1 차적 관할권을 행사한다고 규정하였다. 이것은 관할권이 경합하는 경우 우선순위에 관한 규정인데, 만약 제1차적으로 관할권을 갖는 국가가 관리국이 그 권리를 포기하는 경우에는 되도록 빨리 상대방의 관헌에게 통지해야 하며, 또 상대방 국가가 특별히 중요하다고 생각하여 제1차적 관할권을 포기할 것을 요청하는 경우에는 이를 고려하기로 하였다. 따라서 결국 영토국은 외국군대구성원이 사용중에 범한 범죄 및 그 구성원의 가족이 범한 범죄에 대하여 재판권을 행사할 수 있게 된다.

(2) 美軍의 地位에 관한 韓·美協定

한국에서는 정부가 수립된 후 1948년 8년 24일 '大韓民國大統領과 駐韓美軍司令官간에 체결된 과도기에 실시될 暫定的 軍事安全에 관한 行政協定'이 미군의 지위를 규율하였다(1949년 9월 9일 미군철수로 효력상실). 6·25 사변중에는 한국정부와 주한미국대사간에 '駐韓美國軍隊의 裁判權에 관한 韓美協定'(1950년 7월 12일 대전에서 서한교환에 의하여 합의성립·대전협정이라고도 부른다)이 성립되어 주한미국군대 구성원에 대한 형사재판관할권을 전적으로 미군법회의에서 행사하기로 되었다(1952년 5월 24일 '대한민국과 통정', 이른바 마이야협정 제3조 13항은 미군을 포함한 통합사령부 산하의 개인과 기관에게 그들의 임무수행상 필요한 특권·면제 및 편의를 제공함으로써 광범위한 권한을 부여해 왔다). 이 '대전협정'은 그것이 '전쟁이라는 절박한 사태'(prevailing conditions of warfare)를 전제로 한 잠정적 조치임이 명시적으로 규정되었으며, NATO 협정과 대조할 때 변태적인 것이었다고 할 수 있다. 더 나아가 대전협정은 국회의 비준동의를 거치지 않았다는 점과(물론 전시에 성립한 것이지만 그 후정부가 공식적으로 발표한 적도 없다), 미군당국은 주한미국군대나 그 구성원의 안전에 대하여 범죄를 행하였다는 협의가 있는 대한민국 국민을 체포할 수 있다고 규정함으로써 헌법이 정한 법관에 의하여 재판을 받을 수 있는 국민의 권리를 조약에 의해서 박탈하였다는 점에서 위헌이다.

이후 새로이 미군의 지위를 규정하고자 하는 협정이 요구되어 오랜 난항 끝에 드디어 1966년 7월 9일 타결되어 우선 1967년 2월 9일 형사재판권부터 발효되었다(민사청구권은 6월 내지 1년 후에 발효). 이 협정의 公式名稱은 '대한민국과 아메리카합중국간의 상호방위조약 제4조에 의한 시설과 구역 및 대한민국에서의 합중국군대의 지위에 관한 협정'(Agreement Under Article Ⅳ of the Mutual Defense Treaty Between the Republic of Korea and the United States of America Regarding Facilities and Areas and the Status of the United States Armed Forces in the Republic of Korea)이며 간단히는 SOFA

(Status of Forces Agreement)라고 부른다(행정협정이라는 명칭은 이 SOFA가 한국행정부 단독으로 체결한 것이 아니라는 의미에서 부정확한 표현이다. 미국측에서 보면 행정협정이라고 할 수 있다). 이 협정은 원래 협정본문 이외에 이 협정의 합의의사록, 이 협정 및 합의의사록에 대한 합의양해사항, 그리고 형사재판관할권에 관한 교환서한 등 3개의 부속문서로 구성되어 있었다. 협정본문 자체는 1951년 NATO협정과 큰 차이가 없었지만(물론 전혀 문제가 없는 것은 아니다), 3개의 부속문서는 미국측에 지나치게 유리하였다.

이 지위협정은 제1차적 재판권을 한국이 보유하고 중요한 사건을 한국의 법원에서 재판하며, 중요하지 않은 사건은 포기하여 미군측에 이양하여 주는 NATO형으로 진일보한 것은 사실이다. 그러나 공무중이 아닌 미군범죄에 대한 재판권 중 대한민국 안보에 대한 범죄와 살인, 강도, 강간 등으로 예시된 범죄, 그리고 접수국에서 특히 중요하다고 인정하는 범죄를 제외한 기타 모든 사건은 대한민국 외무부장관과 주한미국대사간의 交換書翰(1966년 7월 9일)에 따라 한국의 법무부장관이 통보받은 때로부터 15일 이내에 또는 양자가 합의한 경우 그보다 짧은 기간 내에 재판권을 행사하겠다는 뜻을 서면으로 통고하지 않는 한 한국측 재판권은 자동적으로 포기되는 것으로 하였다(본문 제22조의 NATO형이 합의의사록(Agreed Minutes), 양해사항(Agreed Understandings) 및 교환서한(Exchange of Letters) 등의 부속문서에서 대단히 후퇴하고 있다). 특히 合意議事錄에서, 대한민국이 계엄령을 선포한 경우에는 계엄지역내에서는 형사재판권 규정의 적용이 즉시 정지되고 합중국군당국은 계엄령이 해제될 때까지 전속적으로 재판권을 행사할 권리를 갖는다고 한 것은 대전협정의 위헌성에 비추어보아 문제가 있다.

이 협정은 1991년 2월 1일 개정·발효되어 현재에 이르고 있지만, 한미 양국은 1967년 협정본문과 합의의사록은 전혀 손대지 않은 상태에서 합의양해사항과 교환서한을 폐기하였고, 이 2개의 부속문서를 새로운 합의양해사항으로 대체하였다. 새로운 양해사항에서는 1967년의 것보다 한국측의 형사재판권 행사의 확대, 미군의 불필요한 시설 및 구역의 반환, 미군 우편물에 대한 세관검사, 한국고용원의 노동조건을 국내노동법에 일치시키고 있는 등 그 동안 드러난 불평등성을 시정하였다.

개정된 내용 중 특히 주목을 끄는 것은 형사재판관할권과 관련된 다음과 같은 사항들이다. 첫째, 그 동안 불평등조항의 대표적인 것으로 지적되었던 형사재판권 자동포기조항이 포함된 교환서한을 폐기함으로써 한국의 제1차적 재판관할권행사 기회를 확대하였고, 개별사안에 대해 한국측의 재판관할권행사의 포기를 요청하도록 하였다. 둘째, 한국의 제1차적 형사재판관할권의 대상이 되었던 '특히 중요한' 범죄의 범위를 국가안전 관련범죄, 살인, 강도, 강간 등 중범죄에만 한정하여 다른 범죄에 대해서는 형사재판관할권을 행사하지 못하게 했던 과거의 합의 양해 사항을 폐기함으로써 한국은 이제 대부분의 범죄에 대해서 재판권을 행사하게 되었다. 셋째, 한국은 피의자를 체포한 후 신병을 미군당국에 인도하기 전에 사건에 대해 예비수사를 할 수 있는 제1차적 수사권을 확보하였다. 넷째, 한국의 일선 검사도 미군측이 발행한 공무증명서에 대해 이의제기를 할 수 있도록 하였다.

이외에도 여러 사항이 개선되어 불평등한 요소가 상당부분 시정된 것도 사실이나, 문제는 이러한 규정이 철저하지 못하고 운영방식에 따라서는 일탈의 여지를 남겨두고 있다는 점이다. 더욱이 그 동안 불평등한 요소를 많이 포함하고 있던 합의의사록상의 관련조항을 그대로 존속시킴으로써 협정본문의 내용을 상당히 변질시키고 있는 점도 문제라 할 수 있다.

2. 外國軍艦의 地位

(1) 軍艦 自體의 地位

軍艦도 軍隊와 같은 의미에서 국가기관이다(군함으로 될 수 있는 요건은 ① 일국의 군에 속하며 그 국가의 국적을 나타내는 외부표지를 가질 것, ② 그 국가의 정부에 의해 정당하게 임명되고 적절한 군적 내지 이와 동등한 명부에 등재되어 있는 장교가 지휘할 것, ③ 정규군율에 따르는 승무원이 배치될 것—1982년 UN해양법협약). 군함은 상선과 달리 외국의 영해에서 無害通船權(right of innocent passage)을 갖지 않으나(이 점에는 異論이 많다) 영해를 통항하거나 입항하는 데 대하여 특별한 국제조약 또는 국내법상의 금지규정이나 별다른 의사표시가 없는 한 일반적으로 허가가 있는 것으로 추정된다. 특히 국제항로에 해당하는 영해수역에서는 연안국이 그러한 무해항행권을 인정할 의무를 질 뿐만 아니라 영해통항의 안전에 대한 일반적 책임까지도 부담한다(단, 영해통과가 아니고 입항시에는 입항조건을 결정할 권한을 보유한다. 1949년 4월 9일 Corfu해협사건에 관한 ICJ판결).

군함은 합법적으로 외국의 領水, 港灣에 있는 동안 불가침권과 치외법권을 가지며 영수국의 재판관할권으로부터도 면제된다(公船의 경우는 치외법권만 있고 불가침권이 없는 점에서 차이가 있다). 군함에 부속하는 함정은 군함이 정박하는 도중 모항에서 떨어져 있는 경우에도 같은 특권을 갖는다. 그러나 군함은 旗國의 떠 있는 부분(floating portions of flag states)이라는 설은 하나의 의제에 지나지 않는 것으로서 배척되고 있다(Chung Chi Cheung v. King, 1939).

첫째, 군함은 不可侵權을 갖는다. 연안국 관헌은 함장의 동의없이 함내에 들어갈 수 없다. 범죄인이 도망해 들어간 경우에도 마찬가지이다. 함장에게 임의로 인도할 것을 부탁하거나, 그것을 기대할 수 없으면 외교기관을 통하여 인도를 요구하여야 한다.

그러면 군함은 범죄인을 비호할 권한이 있는가. 보통범죄에 대해서는 부정되지만 정치범에 대하여는 긍정된다(단, 군함이 정치범의 근거지가 되어서는 안된다).

둘째, 군함은 治外法權을 갖는다. 군함은 연안국의 관할권, 특히 司法權(재판권, 경찰권)에 복종하지 않는다. 소유권회복의 소송(The Schooner Exchange v. M'Faddon, 1812)이든, 선박충돌에 따른 손해배상청구소송(The Parlement Belge, 1879)이든, 또는 해난구조에 의한 보수청구소송이든, 기타 어떠한 소송도 군함에 대해서는 제기할 수 없다. 군함은 연안국의 경찰권에 복종하지는 않으나 항해·위생·경찰에 관한 연안국 법령을 준수할 의무가 있다. 그 위반에 대하여 연안국은 군함을 처벌할 수 없고 단지 퇴거를 요구할 수 있을 뿐이며, 위반에 의하여 발생하는 손실이나 손해에 대하여는 旗國이 국제책임을 진다(제30조, 제31조).

군함의 치외법권은 군함 자체에 대해서뿐만 아니라 군함 내의 사람에 대해서도 미치므로(승무원이든, 또 국적이 어디에 있든 불문한다) 함 내의 사람은 일체 연안국의 사법권으로부터 면제된다. 더 나아가 군함 내의 사람에 대해서는 군함소속국의 사법권이 적극적으로 미친다. 따라서 군함 내에서 발생한 범죄에 관하여는 군함 또는 旗國이 재판권을 행사하여, 연안국의 국민이 군함 내에서 저지른 범죄를 처벌하기 위하여 기국으로 범죄인을 후송할 수도 있다. 이 점에 있어서 군함의 치외법권은 외교사절의 치외법권과 질적으로 다르다(외교사절의 관사에서 특권향유자가 아닌 자가 행한 범죄에 대하여는 당연히 영토국의 재판권이 미치는 것과 대조적).

⑵ 軍艦乘務員의 地位

외국군함의 승무원의 법적 지위는 주로 승무원이 연안국에 상륙하여 범죄를 저지른 경우에 문제된다(함 내의 범죄에 대하여는 연안국의 사법권이 미치지 않기 때문이다). 첫째 승무원은 연안국의 동의없이 상륙할 수 없으며 동의없이 상륙한 경우에는 어떠한 특권도 인정되지 않는다. 둘째 연안국의 동의를 얻어 상륙한 경우, 公用의 상륙인 때에는 연안국의 司法權은 면제되고 본국의 사법권에 복종하지만, 공용 외의 상륙인 때에는 연안국의 사법권이 미친다. 공용 외에 상륙하고 있는 중에 범죄가 경미한 경우에는 재판권이 연안국에 있을지라도 禮讓上 범인을 군함에게 인도하는 일이 많다(1952년 일본코베의 영국병사건). 또한 범죄인이 체포되지 않고 군함에 귀환한 경우에는 함장은 연안국의 인도요구에 응할 의무가 없다. 그러나 연안국은 범죄인의 소추 및 그 결과에 대하여 통고를 받을 권리가 있다(국제법학회의 1898년 헤이그 결의 및 1928년 스톡홀름 결의).

제2차대전중과 대전 후에는 특별히 조약상 규정이 없는 한, 위의 원칙이 일반적으로 적용되었다.

⑶ 公船의 地位

군함 이외의 公船(주로 세관용 · 경찰용 선박이다. 1955년 한·미선박충돌사건에 있어서 해운공사 소속의 선박은 일종의 공선이다)도 국가의 공권력을 행사하는 국가기관이라는 의미에서 외국의 영수나 항만에 있을 때 원칙적으로 치외법권을 갖는다. 그러나 군함과 같이 치외법권이 국제법상 확립되어 있는 것은 아니다. 이 특권은 보통 직무수행의 범위 내로 한정되며, 순전히 통상 · 무역에만 종사하는 공선에 대하여는 각국의 관행이 일정하지 않으나 대체로 치외법권을 부인하는 경향이 있다. 더구나 공선은 군함과 같은 불가침권을 갖지 않는다.

公船이란 원래 국가가 직접 관리하고, 국가 공무원이 지휘하며, 국가 역무에 종사하는 선박을 말하는데, 소유권이 반드시 국가에 있지 않아도 관계없다. 영·미의 관행에 따르면 공선은 그 역무가 국가적이든 또는 사적이든 간에 그것이 타국이 소유하는 '재산'으로서의 외국의 통제하에 있는 한, 재판권에서 면제되고 있다. 소유권회복을 구하는 소송을 군함에 대하여 제기할지라도 각하된다는 원칙(The Schooner Exchange Case의 原則)은 公船에 대하여도 적용된다. 海難救助報酬請求訴訟도 각하되며(The Constitution Case의 원칙) 마찬가지로 선박충돌에 의한 손해배상청구 소송도 각하된다(The Parlement Belge Case의 원칙).

위 영·미의 관행은 제1차대전시 많은 私船이 징발되고 공선화하면서 혼란을 초래하였다. 이리하여 1926년의 브뤼셀협정(Brussel Convention)을 비준한 다수 국가는 체약국 상호간에 국가소유의 商船(즉, 공선)에 대한 면제를 폐지하였다(단, 영국은 아직 비준하지 않고 있다). 과거 소련은 국영무역의 원칙상 公船이 통상에 종사하고 있는 현실을 직시하여 이러한 공선에 대하여 특권을 인정하는 것은 민영상선과의 균형상 부당하다는 실질적 논의에서 사선과 같이 취급하는 경향이 있었다(소련정부는 그 무역대표를 통상활동에 관한 한 영역국 관할권에 복종케 한다는 다수의 조약을 체결하였다).

공선의 승무원이 연안국에 상륙한 경우 군함의 승무원의 경우와 같은 치외법권은 인정되지 않는다.

3. 軍用航空機의 地位

軍用航空機는 군의 지휘명령을 받는 군무종사자가 지휘하는 일체의 항공기를 말한다(1919년의 파리 항공조약 제31조). 이것은 군함의 無害船行權과 같은 무해항공권을 갖지 않는다. 특별한 허가없이 타국의 영공을 비행할 수 없고 또 타국의 영역에 착륙할 수도 없다. 그러나 허가가 있는 경우에는 원칙적으로 군함과 같은 특권을 갖는다(파리조약 제32조 I). 불시착하거나 강제착륙을 당한 군용기는 이러한 특권을 갖지 못한다(제33조 II).

군용기 이외에 공항공기의 타국영역을 비행하는 것은 관계국의 동의 또는 관계국과의 특별협정에 의하지만, 이러한 경우의 비행에 있어서도 군용기와 같은 특권을 갖지 않는다(제33조). 이 점에 있어서 公航空機는 公船과 다른 지위를 갖는다.

제 4 절 國際組織의 機關

1. 國際公務員의 槪念

국제공무원이라고 하는 것은 일국의 기관이 아니고 현재 UN 및 그 하부기구 또는 전문기관에서 근무하는 직원을 말한다(EC 기타의 지역적 국제기구 직원도 국제공무원이라고 칭하나 이것은 여기에서 제외된다). 국제공무원은 國籍 여하를 불구하고 국제적 임무를 수행하며, 그 중립성이 보장되고 있다. UN헌장은, 국제적 직원은 어떠한 정부 내지 권위로부터 훈령을 구하거나 받지 않고 UN에만 충성을 맹세하는 중립과 독립의 의무를 지고 있다는 것, 그리고 가맹국정부는 사무총장과 직원의 책임이 참으로 국제적 성질의 것이라는 것을 존중할 의무를 진다는 것을 명기하고 있다.

> 전체적으로 본다면 국제공무원제도는 우선 훌륭하게 기능하고 있다고 할 수 있다. 콩고나 레바논에서는 자기 생명을 버리면서까지 국제평화의 초석이 되는 직원이 있었다. 카시미르나 키프로스에서 停戰라인을 묵묵히 감시하기도 하고 분쟁당사자를 격리시키기도 하는 UN관계자가 때로는 당사국으로부터 악의에 찬 비난을 '공평'하게 받는 일도 드물지 않다. 그러나 이것은 당파적 정신을 초월한 調停者가 어느 시대에도 감수해야 하는 운명이라고 할 수 있을 것이다(아카시 야스시, 國際連合 276).

2. 國際公務員의 特權 · 免除

사무총장을 포함한 직원에게는 '자기의 임무를 독립적으로 수행하기' 위하여 필요한 특권 · 면제를 각 가맹국이 부여하고 있다(기능적 필요설). 그 법적 근거는 국제조직 자체의 특권 · 면제와 동일하다. 이 특권이 외교특권과 다른 점은 외교특권은 자국에 대해서 효력을 가지지 않는 데 대하여 국제공무원의 초국가적 신분보증은 자국을 포함한 전가맹국에게 부여되는 것이다.

국제공무원이 가맹국의 재판권으로부터 면제를 누리는 것은 일반적으로 공적 자격에서 행한 행위에 한정되며 사적 행위는 제외된다(1946년 'UN 특권면제조약' 제5조 18항 a). 그러나 사무총장과 사무차장 등 최고위 직원과 그 배우자 및 미성년의 자녀는 외교사절과 동등한 재판권면제를 누린다(동조 제19항). 이러한 면제는 국제조직의 이익을 위해서만 부여되는 것이므로 사무총장은 재판진행과 국제조직의 기능을 저해하지 않는다고 판단하는 경우에는 면제를 포기할 수 있는 권리와 의무를 갖는다(동조 제20항).

국제공무원의 중립성을 보장하는 것은 신분보장인데, 停年과 자발적 사직 이외에는 이른바 職員規則(Staff Rules)에 정해진 사유가 없는 한 직원의 의사에 반하여 해임할 수 없다. 해임에 불복하는 직원은 UN 행정재판소에 제소할 수 있다.

국제공무원이 국제조직으로부터 받은 급료·수당에 대한 과세는 면제된다(동조 제18항 b). 본부소재지국이 자국민이 직원에 대하여 과세면제를 인정하지 않는 경우(미국), 이에 대처하기 위하여 UN은 전직원의 소득총액에서 일정액을 공제하여 그 차액분을 충당함으로써 수령액의 평등을 꾀하고 있다.

ICJ 재판관은 재판소의 사무에 종사하는 동안 외교관과 동등한 특권면제를 향유한다(ICJ 규정 제19조). 즉 임무를 수행하는 동안 특권면제를 누리는데, 이것은 역시 기능적 필요설에 근거한 것이다.

제15장 國家의 國際責任

제 1 절 國家責任의 性質

1. 國際不法行爲와 國家責任

국가의 국제책임(國家責任)이란 보통 국가의 國際不法行爲에 대한 국제법상의 책임을 말한다. 주권국가가 국가간의 관계에서 책임을 진다고 하는 것은 主權의 개념에 모순된다는 사상이 있으나, 國家責任의 原則이 오늘날 확립된 국제법상의 기본원칙임은 의심의 여지가 없다.

國家責任은 원칙적으로 국제불법행위에서 발생한다. 피해국에 대한 직접적인 손해로부터 국가책임이 발생하는 것은 물론, 피해국의 국적을 가진 개인(또는 법인)에 대한 손해로부터도 간접적으로 국가책임은 발생한다. 외교사절의 특권을 무시하거나, 타국의 영역에서 국권을 행사하거나 또는 UN 헌장을 위반하여 무력을 행사하는 것은 전자의 예이며, 자국에 거주하는 외국인으로부터 국제법상으로 보장된 권리를 박탈하는 경우는 후자의 예이다.

또한 국가책임은 作爲(act)로부터 발생할 뿐만 아니라 不作爲(omission)로부터도 발생한다. 트레일熔鑛所事件(The Trail Smelter Case US v. Canada, 1938, 1941)에서는 캐나다영역 내의 사기업이 미국에 끼친 손해에 관하여 캐나다自治領政府에 손해배상의 책임이 인정되었다(캐나다의 트레일에 있는 사기업체인 용광소는 다량의 연과 아연을 용해하는데, 이때 발생한 亞硫酸 가스가 미국의 워싱턴州에 들어가 州의 농작물과 삼림 등에 많은 피해를 주었다. 國際仲裁委員會는 Canada정부에 책임이 있다고 판정하여 배상의 지불을 명령하였다. 미국에는 州 대 州의 분쟁으로서 공기오염(air pollution) 및 유수오염(water pollution)에 의한 손해배상에 관한 연방대법원의 판례가 있으며 위원회는 그 판례 및 '불법방해'(nuisance) 및 '불법침입'(trespass)의 법리도 원용하였다). 국제법상이나 국내법상이나를 막론하고 어떠한 국가도 자국의 영토를 타국의 영토·인민·재산에 피해를 주는 방향으로 사용할 권리가 없으며, 또한 그러한 사용을 허가할 권리도 없다.

다른 한편으로 國家責任은 불법행위가 아닌 適法行爲로부터 발생하는 경우도 있다. 예를 들면 국가는 외국인자산을 국유화할 수 있으나 '正當한 補償'(just compensation)의 책임을 진다(한·미통상항해조약 제6조 참조). 또 예를 들면 전시에 교전국이 '非常徵用權'(*jus angariae*)에 의하여 적법하게 중립국의 재산을 징발한 경우에도 당연히 전후에 배상책임을 진다. 그러나 모든 국가책임에 있어서 가장 문제가 되는 것은 국가의 불법행위로 인한 국제책임이다.

개인이나 국제기구도 한정된 國際法主體로서 國際不法行爲能力을 갖는다(The Right of International Organization to Sail Vessels Under Their Flags, A/CN·4/103, UN국제법위원회 제8차 회기에서의 프랑소아의 보고). 그러나 이것은 예외적이며, 國際不法行爲에 의하여 책임을 지는 자는 원칙적으로 국가이다.

2. 國家責任의 基本原則

(1) 個別的 責任追求의 原則

국가는 타국에 대하여 '法違反의 事實'(*factum contra jus*)이 없는 한 국가책임을 지지 않는다. 국가가 자기의 권리에 입각하여 행동하는 경우에는 결코 불법을 행하는 일이 없다. 예를 들면 국가의 自衛權에 의거한 권리행사는 이로써 타국을 침해하는 일이 있을지라도 불법행위가 되지 않는다.

그런데 國際不法行爲는 현실적으로는 조약이나 관습과 같은 실증법규의 위반이지만 이론적으로는 그 배후에 존재하는 根本規範(Grundnorm, 즉 *pacta sunt servanda*)에 대한 위반이다. 그렇다면 개개의 實證法規違反은 이 근본규범이 타당하는 전국제사회의 법규에 대한 위반으로 관념될 수도 있다. 따라서 國際法侵害가 '一般的으로 承認된 國際法規'(예, 국가의 기본적 권리나 의무)에 관계되는 경우에는 국제사회를 구성한 모든 국가가 이에 대한 干涉權을 가지며, 침해국에 대하여 법질서의 회복을 요구할 권리를 가져야 마땅하다. 그러나 현재 분권적인 국제법의 성질상 이러한 주장에 대하여는 부정적이다. 어떠한 국가도 국제법의 감독자로서의 지위를 주장할 수 없으며, 그 결과 직접 권리침해를 당한 국가만이 상대국에 대하여 국제법상의 책임을 추구할 수 있는 권리를 갖게 된다. 윔블던號사건(The S.S. Wimbledon Case, 1923)에서는 PCIJ가 키일운하의 자유항행을 승인한 베르사이유조약의 당사자인 영국·이탈리아·일본의 법적 이해관계를 인정하고 위의 3국이 직접의 피해자인 프랑스와 합동하여 프랑스선인 윔블던호의 항행거부를 이유로 한 독일에 대한 소송에의 참가를 허용하였다. 그럼에도 불구하고 선박의 손해에 대하여는 프랑스정부만이 배상금을 취득할 수 있다고 판시하였던 것이다.

(2) 民事責任의 原則

국내법에서 違法行爲(delict)는 사법상의 不法行爲(tort)와 형법상의 범죄(crime)라는 두 가지 종류로 구별되며, 그 각각의 종류에 따라 책임의 형태도 다르게 되어 있다. 불법행위와 범죄는 법률효과가 각각 다르다. 전자에 대하여는 주로 民事上의 損害賠償이 요구되며, 후자에 대하여는 刑罰이라는 제재가 부과된다.

그러나 국제법에서는 국제사회의 미숙한 발전단계를 반영하여 위법행위가 미분화상태에 머무르고 있다. 오히려 국제법상의 위법행위는 국내사법상의 불법행위에 유사한 것으로 취급되며, 그 법적 효과는 주로 손해배상의 책임에 국한되고 있다(위법행위는 국제사회 자체의 법익을 파괴하였다고 생각되지 않고 어느 개별국가의 법익을 파괴한 것이라고 생각되고 있으므로 위법의 구제는 피해국에 대한 손해배상의 형태를 취하며 국제사회 전체의 입장에서 제재를 가함으로써 법질서의 회복·유지를 도모하는 체제는 취해지지 않고 있다). 이리하여 책임추구의 방법도 국내법에 있어서 이 國家公權力의 발동과 같은 국제사회 전체의 공권력에 의하는 것이 아니라 일정한 경우를 제외하고는 일반적으로 被害當事國의 개별적인 自力救濟의 방법에 의존하고 있는 형편이다. 어느 의미에서 배상은 형벌이며, 형벌은 배상이라는 성격을 갖는다. 이러한 현상은 개별국가를 초월한 국제사회의 一般法益의 관념이 성숙되지 않은 것에 의한 당연한 귀결임은 말할 것도 없다.

1) '國際犯罪'의 槪念의 擡頭 현대국제법하에서도 범죄·형벌·

제재의 관념이 점차로 발달하고 있는 것은 사실이다. 일찍이 19세기에 '人類一般의 敵'(*hostis humani generis*)으로 취급된 海賊行爲(또는 노예매매, 마약의 거래)는 국제범죄로 불리었으며 국제법에 의한 처벌이 규정되기는 하였다. 그러나 이것은 여러 국가가 공통으로 갖고 있는 법익의 침해를 각국이 각각 국내형벌에 의거하여 처벌한 것으로서 국제사회의 법익의 침해행위를 국제사회의 기관이 처벌한다는 의미에서의 國際犯罪는 아니었다. 후자의 의미의 국제범죄라는 관념은 제 1 차대전 후 침략전쟁의 違法化의 움직임과 더불어 등장한 것이다. 그러나 제 2 차대전 전까지의 시기에 이 위법화의 움직임이 얼마만큼 실정법화되었는지는 의문이다. 제 2 차대전 후 비로소 연합국이 패전국의 전쟁지도자를 '平和에 대한 罪'(crime against peace), '人道에 대한 罪'(crime against humanity) 혹은 '通商의 戰爭犯罪'(전 2 자는 새로운 전쟁범죄) 등의 이유로 소추함에 이르러 국제위법행위는 바야흐로 민사법적 기반에서 형사법적 기반을 지향하게 되었다(단, 새로운 전쟁범죄에 대해서는 논의의 여지가 많고, 이 재판에 적용된 이른바 뉘른베르그의 원칙은 아직 정식화되지 않고 있다).

1948년 UN총회는 '集團殺害罪의 防止 및 處罰에 관한 條約'(Convention on the Prevention and Punishment of the Crime of Genocide)을 채택하였다(1951년 1월 효력 발생). 이 조약은 집단살해를 국제범죄로 규정하였는데, 개인의 국제범죄를 국제적 절차에 의하여 처벌하기로 약속한 최초의 것이다. 또한 1951년 UN국제법위원회는 뉘른베르그 원칙의 정식화를 목표로 '人類의 平和와 安全에 대한 犯罪에 관한 法典草案'(Draft Code of Offenses against the Peace and Security of Mankind)을 작성하여 침략행위와 그 위협을 인류의 평화와 안전에 대한 국제법상의 범죄로 규정하고 이에 관하여 책임이 있는 개인을 처벌하기로 규정하고 있다(1954년 초안개정).

이와 같이 국제사회의 조직화가 진행되고 國際社會의 一般利益이라는 관념이 형성됨에 따라 일정한 위법행위를 국제범죄로 간주하는 경향이 나타나기 시작하였다. 그러나 국제범죄라 할지라도 그 범위는 극히 한정되어 있고 또한 국내범죄와 같이 공권력에 의하여 처벌할 수 있는 국제적 조건은 아직 구비되어 있지 않다. 예를 들면 침략전쟁은 단순히 피해국만의 문제가 아니라 국제사회 전반에 관계되는 중대문제라는 의미에서 국제범죄라고 할 수 있으나 침략국을 처벌하기 위한 國際公權力은 확립되어 있지 않다. UN 헌장하의 집단적 안전보장의 조치는 국제공권력의 발동에 근사한 점이 있으나, 위법에 대한 제재로서의 형벌이라기보다는 오히려 전쟁을 방지하려는 경찰적 성격을 갖는 것이다(제재적 요소가 있다고 하더라도 강대국에 대해서는 실효성이 없다). 그리고 '人類의 平和와 安全에 대한 犯罪에 관한 法典草案'은 아직도 초안 단계에 머무르고 있으며 조약화로 발전되지 않았다. 조약화에 성공한 집단살해죄에 대해서도 처벌의 방법에 문제가 있고 '인류의 평화와 안전에 대한 범죄'와 아울러 이것들을 심리·처벌하는 것으로 예정된 國際刑事裁判所는 아직 설립되지 않았으며, 설사 설립된다고 하더라도 強制管轄權을 갖지 않는 까닭에 실제로 심리·처벌될 가능성은 극히 희박하다고 보아야 한다.

위에서 본 바와 같이 國際違法行爲에는 최근에 국제범죄라는 관념이 등장하고 있을지라도 그것은 아직도 국내사법상의 불법행위(또는 계약불이행)와 비슷한 것이라고 생각하지 않을 수 없다. 국가의 국제위법행위가 행해진 경우, 일반적으로 먼저 요구되는 것은 피해국에 대한 原狀回復 또는 손해배상이며, 피해국 자체의 법익을 회복하는 것이 문제가 된다. '호르죠工場사건'(Chorzow Factory Case, 1928년 9월 13일)의 판결에서 PCIJ가 "約定의 위반이 적당한 형태로 배상할 의무를 수반하는 것은 국제법상의 원칙이다. 따라서 배상은 조약불이행에 불가결의 보상인 것이며, 이것을 조약 자체 중에 규정해 둘 필요는 없다"고 말한 것은 이것을 표시한 것이다. 실제에 있어서 국제재판에 부탁된 소송사건은 국내의 民事訴訟의 방식을 따르고 있다(재판은 피해국의 제소에 의하여 개시되는 점, 소송당사자는 위반국과 피해국인 점 등).

2) UN 國際法委員會의 '國際違法行爲에 대한 國家責任' 條約案 그러나 위의 조약안에서는 국제위법행위를 國際不法行爲와 國際犯罪로 구분하여 "국가에 의한 위반이 국제사회 전체에 의하여 범죄로 인정될 만큼 국제사회의 기본적 이익의 보호를 위하여 불가결한 국제의무위반으로부터 발생한 국제위법행위는 국제범죄를 구성한다"고 하였다. 예시하면, i) 국제사회의 평화와 안전의 유지에 불가결한 중요성을 갖는 國際義務(침략의 금지 등), ii) 민족자결권의 보호에 불가결한 중요성을 갖는 국제의무(힘에 의한 식민

지지배의 확립 또는 유지의 금지 등), iii) 人權의 보호에 불가결한 중요성을 갖는 국제의무(노예제, 집단살해, 아파르트헤이트의 금지 등), iv) 인간환경의 보호와 보전에 불가결한 중요성을 갖는 국제의무(대기·해양의대규모오염의 금지 등) 등에 대한 중대한 위반이 '國際犯罪'로서 열거되고 있다.

위의 예시가 전부 실정법이냐 아니냐는 별문제로 하고, 여하간 국제사회에도 '犯罪'의 개념이 생기고 있는 것만은 부인할 수 없다.

> 이 조약안의 특색은 첫째, 實體的 規則(primary rule) ── 즉, 국가에 대하여 구체적인 작위나 부작위를 명하는 규칙을 피하고, 節次的 規則(secondary rule), 즉 어떤 실체적 규칙이 파괴된 경우에 비로소 기능하는 규칙만의 법전화를 꾀하고 있는 것이다.

3) **危險責任의 擡頭** 최근에 이르러 원자력·해양오염·우주병기 등에 의한 손해와 같이 고도의 위험성을 내포한 활동으로부터 발생한 제 3 자 손해에 대하여, 그 원인행위의 위법성이나 고의·과실의 유무를 불문하고 직접 또는 간접으로 국가의 위험책임을 규정하게 되었다. 危險責任理論은 '국제법상 금지된 행위는 아니나 해로운 위험을 수반하는 행위'에 대해 특별한 注意義務를 부과하고 이러한 행위로 인해 제 3 자에게 손해를 초래하면 그 결과에 대해 국가책임(international liability)을 인정한다는 점에서 國際法違反行爲에 한해 국가책임(international responsibility)을 인정하는 전통 국제법상의 국가책임이론과 구분된다. 이러한 위험책임은 당초 개별적 多數國間條約에 의하여 설정되었으나, UN국제법위원회는 1978년 이래 전기 국제위법행위에 관한 국가책임과는 별개로 '국제법상 금지되어 있지 않는 행위에 관한 국가책임'으로서 조약안의 작성을 검토 중에 있다.

이 조약안은 국가의 영역, 관할권 및 통제하의 모든 행위로 인해 발생한 '초국경적 손해'(transboundary harm)에 대해 문제의 행위가 사인의 행위이든 국가기관의 행위이든 관계없이 또는 동행위의 국제법상의 위법성 여부와 관계없이, 영역국이 絶對的 賠償責任을 진다고 규정하고 있다.

(3) 責任能力의 原則

국제위법행위의 성립에는 먼저 국제법상의 위법행위능력을 갖는 국제법 주체의 國際法違反行爲(작위 또는 부작위)가 있어야 한다. 이러한 국제위법행위의 주체는 원칙적으로 국가이며 그 國際責任은 또한 책임능력을 전제로 한다(UN에 이러한 책임능력이 있음은 물론이다). 완전한 주권국가는 책임능력도 완전하나 행위능력이 제한된 반주권국가는 그 제한된 범위 내에서 責任能力도 제한되는 것으로 보아야 한다. 따라서 연방국가의 構成國(예, 미국의 각주)의 불법행위에 대하여는 연방 자체가 책임을 지는 것이다. 附庸關係에 있어서 附庸國의 국제불법행위에 대하여는 宗主國이, 보호관계에서 피보호국의 국제불법행위에 대하여는 보호국이 각각 책임을 진다. 예를 들면 '모로코에 있어서의 美國人差別待遇 事件'(Case Concerning Right of Nationals of the US in Morocco, France v. US, ICJ 1952년 8월 27일 판결)에서 당시 모로코는 프랑스의 피보호국이었으므로 모로코의 불법행위에 대하여는 프랑스가 책임을 지게 되었다(모로코의 독립은 1956년).

국가는 자국에게 직접적으로 귀책되는 행위에 대하여 책임을 지는 直接責任을 원칙으로 하나 위와 같은 책임능력의 원칙에 의하여 타국에 귀책될 행위에 대해서도 책임을 지는 예외적인 경우가 있다. 이것을 間接責任이라고 부른다(전시점령에서도 군정당국의 권한내행위에 대하여는 피점령국의 책임능력이 제한되는 반면 점령당국의 국제책임이 발생한다).

제 2 절 國家責任의 成立

1. 國家責任의 成立要件

국가의 國際責任(국가책임)이 성립하기 위하여는 다음의 세 가지 요건이 필요하다. i) 국가의 國際法違反行爲(작위 또는 부작위의 국제위법행위)가 발생할 것, ii) 이 국제법위반행위에 대한 책임귀속의 가능성이 국가에 있을 것, iii) 그 國際違法行爲로 인한 국민에 대한 손해에 의하여 직접 또는 간접으로 국가에 대한 손해가 발생한 사실이 있을 것 등이다(1930년 헤이그국제법전편찬회의에서 만장일치로 승인된 요건).

위의 세 가지 요건 중 특히 문제가 되는 것은 첫째의 객관적 요건인 違法性과, 둘째의 주관적 요건인 責任性의 두 가지 문제이다. 셋째의 요건은 근대국제법상 국민에 대한 손해에 의하여 국가가 손해를 입은 것으로 추정되고 있다.

그러면 과연 누구의 행위에 의하여 국가의 국제위법행위가 객관적으로 성립되는가? 이것이 제 1 의 문제이다(중심적 귀책). 국가는 관념적인 團體人格(법인)에 지나지 않으므로 현실의 국가행위는 항상 국가기관에 속한 어느 개인(자연인)의 행위 이외에 아무것도 아니다. 따라서 어느 개인의 행위를 통하여 국가의 국제위법행위가 성립되는가를 먼저 검토할 필요가 있다. 제 2 의 문제는 국가책임의 성립에는 위와 같은 국가의 國際違法行爲라는 객관적 사실의 존재만으로 족한 것인가, 아니면 고의나 과실이라는 책임성의 요건을 따로 필요로 하는 것인가를 검토하는 것이다(주변적 귀책).

2. 中心的 歸責의 可能性

(1) 國家機關의 行爲(客觀的 要因)

단체인격으로서의 국가는 그 기관을 통하여 행동할 수밖에 없으며, 이러한 국가기관은 또한 그 기관의 지위에 있는 自然人(국가공무원)을 통하여 행동할 수밖에 없다. 따라서 국가기관의 행위란 그 기관의 자연인의 행위이다. 이와 같이 국가기관의 지위에 있는 자연인의 권한 내의 행위가 국가에 귀속된다고 하는 것은 국제책임에 관한 근본적 전제가 되고 있다. 이러한 國際違法行爲는 전적으로 국제법에 따라 그 성립 여부가 인정되는 것이며, 각국은 그 국내법을 원용하여 그 면책을 주장할 수 없다.

그런데 여기서 말하는 國家機關이라고 하는 것은 통치주체로서의 국가기관의 의미이고 기업주체로서의 국가기관의 의미는 아니다. 국유철도의 업무상의 행위에 의하여 외국인이 손해를 입은 것과 같은 경우에는 국가가 당연히 책임을 지지는 않는다(국가가 국제책임을 지는지의 여부는 후술할 私人의 행위에 의하여 국가가 책임을 지는 경우와 같은 법리에서 생각하지 않으면 안된다. 즉 사전에 있어서 사인의 행위를 '相當한 注意'로써 방지하지 않았든가, 또는 사후에 있어서 침해된 법익에 대하여 적절한 국내적 구제를 부여하지 않았든가 하는 경우이다). "국가가 전부 또는 일부를 소유하고 있더라도 보통 상업적인 것으로 간주되며, 또한 그 국가의 법 밑에서는 별개의 법인이고 그것에 대하여 국가가 면제를 부여하고 있지 않으며 또는 외국재판소에서 면제를 주장하지 않는 기업의 기관"은 국가기관과 구별되며 취급을 달리하는 것이다(하버드대학의 Draft Convention on the International Responsibility of States for Injuries to Aliens의 제17조 2항 참조).

또한 전범자의 재판 및 '集團殺害'(Genocide)罪의 처벌에 있어서는 국가기관의 지위에 있는 개인이 그 권한 내에서 행한 행위라 할지라도 직접 개인에게 國際責任이 귀속됨을 명백히 인정하고 있다. 이와 같이 개인의 개인책임이 추구되는 경우에는 개인의 행위 자체에 의하여 직접 국가의 국제책임은 발생하지 않는다. 그러나 이와 같은 개인의 직접적 국제책임에는 특별한 조약상의 근거가 필요하다.

국가에게 국제위법행위의 효과를 귀속시키는 국가기관은 중앙의 입법기관이든, 사법기관이든 또는 행정기관이든 어떠한 것이나 상관 없다. 동시에 지방자치단체이든, 또는 연방의 支邦(州)이든 간에 구별을 두지 않는다(미국의 State, 또는 스위스의 Canton이 국제불법행위를 행한 경우 그 State나 Canton을 국제불법행위의 당사자로 하지 않고 전적으로 미국 또는 스위스의 국제불법행위를 문제로 한다). 뿐만 아니라 국가가 헌법상(주로 삼권분립의 원칙상) 특정의 기관에 독립적 지위를 부여한 사실을 이유로 하여 그 기관의 행위에 대한 책임을 회피할 수는 없다. 국가기관 상호간의 권한관계는 국가내부의 문제이고 그러한 내부사정을 이유로 대외적인 국제책임을 거부하는 것이 허용될 수는 없기 때문이다.

국가는 하급기관의 국제위법행위에 대하여 책임을 지는가? 이 문제에 관한 학설·선례는 반드시 일치하지는 않고 있다. 1930년의 헤이그國際法典編纂會議에서는 계급의 고하를 구별치 않았으며, 또한 국가의 國際責任이 범인의 직위의 고하에 비례해야 한다는 제의도 상당한 반대에 봉착하였다. 그러므로 하급공무원이라 할지라도 그 권한 내의 행동에 대하여 국가에게 國際責任이 귀속된다고 보아야 한다(미국시민(Massey)이 멕시코에서 살해된 사건에서 범인이 형무소에 복무중 옥사의 과실로 범인이 탈옥하여 형의 집행이 중단되었다. 미국은 이것을 재판의 거부(denial of justice)라고 주장하고 이에 대한 항의를 제출하자 멕시코당국은 하급관리의 행위를 부인하고 면책을 주장하였다. 그러나 양국간의 일반청구위원회는 국가공무원의 불법행위는 국내법하에서의 그 공무원의 지위 및 위치의 여하에 불구하고 국제법상의 국가책임을 구성한다고 하여 멕시코의 책임을 인정하고 15,000불의 지불을 명령하는 재정을 내렸다. 그러나 경관의 우발적인 외국인살해는 국가의 공모가 없는 한 국가책임이 발생하지 않는다는 사례가 있다. Cadenhead Case, 1914, British-American Commission의 판결).

1) 立法機關에 의한 國際違法行爲 立法機關은 국가의 대외관계에 있어서 국가를 대표하는 기관은 아니다. 그러나 입법기관이 국제법에 위

반된 법률을 제정하였거나(작위), 또는 국제법상의 의무이행에 필요한 법률을 제정하지 않음으로써(부작위) 외국인에게 손해를 부여한 경우에 국제책임이 발생하는 것은 부인할 수 없다(1930년의 헤이그국제법전편찬회의 제 3 위원회조약안 제 6 조). 그러나 賠償責任의 추구는 이러한 국가의 작위 또는 부작위로 인하여 직접 피해를 입은 국가만이 행할 수 있으며, 하등 자국민의 이익이 현실적으로 침해되지 않은 외국은 그 국가의 국제책임을 추구할 수 없다(1849년 베네수엘라의 입법기관은 자국인의 외국인에 대한 채무의 삭감 및 그 지불정지를 명령하는 법률을 제정하였다. 이로 인하여 정부는 외국인에게 발생된 손해에 대하여 배상한 사례가 있다).

2) **行政機關에 의한 國際違法行爲** 행정기관을 구성하는 공무원이 직무상 권한 내에서 國際違法行爲를 행한 경우 국가의 국제책임이 발생한다고 하는 데는 異論이 없다. 예를 들면 행정당국자가, i) 외국 또는 외국인에 대한 公債의 지불을 거절한 경우, ii) 외국인을 불법적으로 체포·구금·살상하는 경우, iii) 외국인을 부당히 차별대우하는 경우, iv) 외국인을 부당하게 국외로 추방하는 경우, v) 조약을 이행하지 않는 경우, vi) 컨세션의 파기와 외국자산의 강제수용의 경우 등 대단히 많다.

그런데 여기서 문제가 되는 것은 行政機關(공무원)의 권한 외의 행위(*ultra vires act*)로서 외견상으로는 행정기관의 권한 내의 행위로 인식되는 국제위법행위가 발생한 경우 국가는 이에 대하여 책임을 지는가이다. 학설·선례는 일정치 않으나 이론상 행정기관의 권한외행위는 국가의 행위가 아니고 개인(사인)의 행위에 지나지 않는다. 그러나 실제에 있어서 행정기관의 자격을 가지고 행한 행동은 외견상 국가의 행동으로 인식되기 쉬우며, 과연 그 행동이 권한 내의 행동인가 또는 越權的 행동인가를 외부에서 식별하기는 사실상 곤란한 일이다. 그러므로 국가는 자국내부의 행정조직으로부터 발생한 위험의 부담을 외국인에게 전가하는 것은 부당하다는 의미에서 다수설은 이 경우에 국가의 國際責任을 인정하고 있다(예: 안지롯티). 선례로서도 이와 같은 경우에 국가책임을 인정하는 것이 보통이다(예를 들면, 화물이 중립화가 아니라고 오인되어 미국철도공무원에 의하여 압수된 1924년의 영·미간의 Under Bridge Company사건. 영·미청구재판소는 압수가 국제불법행위를 구성한다고 판결하였다). 이 점에 있어 權限踰越 또는 지시위반의 행위도 그것이 객관적으로 보아 국가기관의 자격에서 행해졌다고 인정되는 경우에는 국가의 행위로 간주된다고 하는 설이 유력하다(국가책임에 관한 조문초안 제10조).

그러나 국가의 無過失責任을 인정할 수 없다는 반대설도 유력하며 1930년의 헤이그국가법전편찬회의에서도 이 문제에 관한 합의에 도달하지 못하였다. 그러므로 오늘날 행정기관의 권한외행위로서 외견상 권한내 행위로 인식되는 행위에 대하여 국가가 국제책임을 진다는 원칙이 일반국제법상으로 확립되었다고는 볼 수 없다.

국가의 無過失責任은 주로 戰時法規에서 인정되고 있다. 예를 들면 1907년의 '陸戰의 法規·慣例에 관한 條約' 제3조는 交戰當事者가 군대 구성원의 '일체의 行爲'에 대하여 책임을 진다고 하였는데 여기에는 권한외의 행위도 포함된다(re Yamashita Case에서 일본의 야마시타 장군은 부하의 권한외행위에 대하여 책임을 지고 처형되었다). 이 밖에 '포로대우에 관한 1949년의 제네바조약'제12조 1항 및 '전시민간인의 보호에 관한 1949년의 제네바조약' 제29조와 같이 권한외의 행위에 관한 국가책임이 조약으로써 인정되고 있는 경우 국가에 無過失責任이 귀속되는 것은 말할 것도 없다.

3) **司法機關에 의한 國際違法行爲** 외국인에 대한 사법기관의 어떠한 행위로 인하여 국가에게 국제책임이 귀속되느냐의 문제는 명백치 않다. 일반적으로 사법기관이 외국인에 대하여 적정한 사법상의 보호를 부여하기를 거부하는 경우에 국가의 국제책임이 발생하는 것에는 의문의 여지가 없다. 이와 같이 사법기관이 외국인에게 사법적 보호의 부여를 거부하는 것을 보통 '裁判의 拒否'(denial of justice)라고 하는데 과연 무엇이 이러한 '재판의 거부'인지는 명백하지 않은 것이다(가장 넓은 의미의 '재판의 거부'는 입법·사법·행정의 모든 국가기관이 국제의무에 반하여 외국인에게 손해를 주는 행위를 말한다. 이와 같은 의미의 재판거부는 불필요한 혼란을 일으키는 용어이다). '재판의 거부'라는 말을 어떠한 의미로 사용하는가는 단순한 용어상의 문제가 아니라 사법기관의 행위를 통해서 국가가 국제책임을 지는 범위를 어디까지 인정하는가라는 점에 관한 근본적인 사고방식의 차이를 표시한다.

'재판의 거부'에는 보통 다음과 같은 것이 포함된다. i) 외국인의 소송의 수리를 거부하는(협의의 경우 재판거부). ii) 재판절차가 불공정한 경우. 여기에는 심리 또는 판결의 부당한 지연, 외국인의 차별대우에 입각한 재판상의 보호절차의 거부(변호인채택의 거부, 증거제출 또는 변론기회의 불인정) 등이 포함된다. iii) 명백히 불공평한 재판을 내린 경우(이때의 국가책임은 '국내적 구제'의 원칙에 의하여 제소할 수 있는 최고법원의 판결 후에 비로소 결정된다). iv) 약간의 국제판례에서는 피고에 대한 유죄판결을 집행하지 않는 경우, 또는 집행의 부당한 연기, 집행유예, 特赦 등의 경우도 裁判拒否로 인정한 예가 있다(미국과 멕시코 간의 Chattin위원회가 멕시코에 재판거부가 있다고 판정하고 다음과 같이 말했다. 즉 재판소의 절차가 부정규적인 것은 i) 적당한 조사가 행해지지 않은 것, ii) 반대심문이 불충분한 것, iii) 피의자에 대하여 訴因의 모든 것을 알 기회를 주지 않은 것, iv) 소송절차를 부당히 지연한 것, v) 공개법정에 있어서의 심리를 단순히 형식적인 것으로 한 것, vi) 재판소측에 일관적으로 성실성이 부족한 것 등으로 미루어 보아 증명된다고 하였다).

미국은 전통적으로 誤判에 관해서는 재판의 거부로 보지 않으며 다수의 仲裁判決도 이 원칙을 지지하고 있다. 또한 미국은 관할권결정의 오판도 재판거부로 보지 않고 오직 판사의 개인 책임을 인정할 뿐이다(이에 반하여 네덜란드와 영국간의 코스타리카 패킷號사건(The costa Rica Packet Case)에서 중재관 마르텐스는 네덜란드법정의 관할권 결정의 판결에 대하여 네덜란드의 국제책임을 인정하였다).

남미제국은 소송의 不受理 이외에는 어떠한 것도 재판의 거부로 인정하지 않고, 따라서 재판소가 어떠한 판결을 내리기만 하면 그 후의 절차는 어찌되든 간에 국제책임은 발생하지 않는다는 태도를 취하고 있다. 이것은 외국인의 사법적 보호에 관한 國際標準主義(선진제국에서 인정되고 있는 재판절차와 같은 정도로 외국인을 보호해야 한다는 주의)를 사실상 배제하는 것이다(국제표준주의는 역사상 약국에 대한 강국의 무기로 사용되어 온 많은 실례가 있다).

1961년의 제 2 차 하버드초안(Draft Convention on the International Responsibility of States for Injuries to Aliens)의 제 8 조는 '재판의 거부'의 경우로서 i) 당해 국가의 법의 명백한, 또한 차별적인 위반이 있는 경우, ii) 세계의 주요한 법체계에 의하여 승인된 정의의 제원칙으로부터 부당하게 이탈된 경우, iii) 국가에 의한 조약의 위반의 경우 등을 들고 있다.

(2) 私人의 行爲에 의한 國家責任

국가기관의 지위에 있지 않는 일반 私人이 외국이나 외국인의 법익을 침해한 경우 그것만으로 국가의 국제책임이 성립하지는 않는다. 국가가 책임을 지는 경우는 사전에 있어서 사인의 행위를 '상당한 注意'(due diligence)로써 방지하지 않았든가, 또는 사후에 있어서 침해된 법익에 대하여 적절한 '國內的 救濟'를 부여하지 않았든가 하는 경우에 한한다.

그러면 국가의 국제책임에 있어서 '상당한 注意'라고 하는 것은 무엇을 표준으로 결정되는가. 이 문제에 관해서는 國際標準主義(文明國標準主義 또는 客觀主義)와 國內標準主義(主觀主義)가 전통적으로 대립하고 있다. 국제표준주의는 문맹국 즉 서구의 근대국가의 국내경비체제를 기준으로 여기에서 기대할 수 있는 주의정도를 요구하는 것이며, 국내표준주의는 당해 국가의 국내에서 보통 자국민에게 부여되고 있는 주의의 정도를 요구하는 것이다. 이 문제에 관하여 한편으로는 내·외국인평등의 원칙에서 볼 때 국내표준주의가 정당하다는 설도 있고, 다른 한편으로는 영사재판제도가 소멸된 오늘날의 국제사회에서 일체의 국가가 국제적 표준의 문명에 도달하고 있는 것으로 인정되므로 國際標準主義를 채용하여 국제교통의 안전 및 외국인보호를 확보하는 것이 필요하다는 설도 있다. 1930년의 국제법전편찬회의에서는 이 문제를 토의하였으나 영·미·프랑스 등의 선진제국과 후진제국(남미제국, 포르투갈, 유고슬라비아, 체코슬로바키아, 루마니아, 폴란드, 터키, 중국, 페르시아 등 17국) 사이에 의견의 일치를 보지 못하였다. 그러므로 오늘날 국제표준주의를 요구하는 구속적 법규가 존재한다고 말하기는 곤란하다. 현존하는 여러 조건하에서 정부에 기대할 수 있는 가능성을 실제적 표준으로 삼는 국내표준주의가 타당한 것이라고 생각된다. 이리하여 항상 국내적 표준주의는 일반적으로 인정되고 있는 반면, 국제표준주의는 확립되어 있지 않은 까닭에 후진지역을 여행하는 외국인은 자기의 위험을 자기가 스스로 부담하지 않으면 안된다(단, 외교사절과 같은 특별보호의 의무가 있는 사람에 대해서는 국내적 표준주의가 적용되지 않는다. 동시에 국내적 표준주의라 할지라도 내국인과 똑같이만 외국인을 대우하면 국제책임이 발생하지 않는 것도 아니다. 예를 들면 내국인평등이라 할지라도 人道上 허용되지 않는 것은 인정될 수 없는 것이다).

暴徒에 의하여 外國人이 損害를 입은 경우 私人의 행위에 의하여 국가의 국제책임이 발생하는 중대한 경우로서 특히 폭도(mob)의 폭동과 내란에 의하여 외국인이 손해를 입은 경우를 들 수 있다. 이 경우의 국제책임의 발생에는 단일의 개인의 행위에 의한 國際責任理論이 그대로 적용된다. 즉, 사전의 '相當한 注意'의 방지와 사후의 적당한 '國內的 救濟'라는 두 가지 조치가 취해지지 않은 경우에 비로소 국가에 대한 歸責性을 말할 수 있는 것이다. 다만 이 경우에는 피해방지를 위한 국가의 책임이 보통의 경우보다 더욱 크게 요구된다. 동시에 절차면에 있어서도 暴徒의 경우에는 고의·과실의 부존재를 증명하는 擧證責任(burden of proof)이 國家側에 있고 피해외국인에게는 이 책임이 면제된다는 설이 유력하다. 반면에 叛徒의 경우에는 적법정부가 반도를 진압하는 데에 태만할 리가 없으므로 고의·과실에 관한 擧證責任을 피해외국인에게 지우고 국가는 이 책임으로부터 면제되는 것이 원칙이다.

私人이나 叛亂團體의 행위는 국가에 귀속하지 않으나 다음의 ICJ판결은 주목을 요한다.

첫째, 니카라과사건의 판결에 있어서 ICJ는 미국의 국가기관에 대신하여 행동한 사인의 행동을 미국의 행위로 인정하였다. 이와 같이 사인이 사실상 국가에 대신하여 행동하는 경우, 또는 사인이 국가의 통치권을 행사하지 않을 수 없는 상황에 있을 때, 하버드 초안 제8조는 당해 사인의 행위가 국가의 행위로 된다고 규정하고 있다.

둘째, 테헤란사건의 판결에 있어서 ICJ는 사적 집단에 의한 대사관의 점거나 人質行爲에 대한 이란의 책임을 인정하였다(사전의 상당한 주의, 사후의 구제의 의무에 대한 위반).

이 밖에 영역내의 私人의 활동에 의하여 타국영역내에서 손해가 발생한 경우 국가가 책임을 지는데(미국·캐나다간의 트레일 용광소 사건), 최근에는 영역외의 사인의 행위로부터 발생하는 손해에 대해서도 당해 행위에 대한 국가의 규제권을 이유로 하여 국가책임을 지는 경우가 있느냐 없느냐가 문제되고 있다.

맥내어(McNair)에 의하면 국가는 외국이 반란단체를 승인한 후 그 반란단체에 의하여 야기된 외국인의 손해에 대하여는 책임을 지지 않는다고 한다. 또한 국가는 보통 자국에 거주하는 외국인이 입은 손해에 관한 청구에 있어서 그 외국인이 보호와 보상을 자국민과 똑같이 받았다는 증거를 제시함으로써 그 청구를 기각할 수 있다고 한다(the plea of *diligentia quam in suis*). 그리고 일단 반란이 성공한 경우에는 그 반란단체가 반란중에 저지른 불법적인 作爲 또는 不作爲에 대하여 책임을 질 뿐만 아니라 전정부의 불법행위에 대해서도 책임을 지게 되는 것이다(조약문 제15조 2항).

3. 周邊的 歸責의 可能性

국가의 국제책임이 성립함에는 국가기관의 國際違法行爲(客觀的要件)에 故意·過失(主觀的要件)을 요하는가에 관하여 학설 및 관행은 일정하지 않다.

첫째, 過失責任의 理論은 그로티우스 이래의 통설이라고 볼 수 있다. 로마私法에 영향을 받은 이 過失責任說은 최근까지 주장되어 왔으나, 점차 국내법상의 책임이론에 자극을 받아 과실의 요소를 배제하는 경향으로

나가려고 한다. 이리하여 둘째, 無過失責任說(결과적 책임설)은 국가의 과실이란 하나의 유추로부터 발생하는 불명료한 개념에 지나지 않으므로 국가기관의 과실을 아무리 추구하여 보아도 국제법상으로 포착될 성질의 것이 아니라고 하면서 국가의 단순한 국제법상의 의무의 불이행에 의하여 바로 국제책임이 성립한다고 주장하는 것이다(안지롯티). 셋째, 折衷說은 국가기관의 작위에는 무과실책임을, 그리고 부작위에는 과실책임을 인정하려는 입장인데, 이것은 로마 사법상의 과실책임이론의 수정으로 나타난 것이다(슈트룹).

그러나 위의 어느 이론도 일반국제법상으로 수락된 것은 없다. 국제법상의 규정 여하에 따라 과실책임이 인정되는 경우도 있고 또는 무과실책임이 인정되는 경우도 있을 수 있다. 국가에 대하여 '상당한 주의'를 요구하는 국제법규의 경우에는(예를 들면 사인의 행위에 의하여 국가가 국제책임을 지는 경우, 또는 하급공무원의 권한외 행위에 의한 국가책임의 경우) 국가의 과실책임을 인정한 것이다(미국·파나마간의 Noyes 사건에서 일반청구위원회는 사고 발생 당시 경찰관은 그것을 방지하기 위하여 필요한 조치를 취했으므로 파나마에 책임이 없다고 결정하였다). 반대로 조약에 의하여 結果的 責任을 규정한 경우에는 무과실책임을 인정한 것이라고 할 수 있다(1907년의 '육전의 법규·관례에 관한 조약' 제3조는 군대구성원의 일체의 행위에 대하여 국가가 국제책임을 진다고 규정하였는데 이것은 국가의 무과실책임을 인정한 것이다. 1949년의 포로대우에 관한 조약 제12조 1항. 전시민간인보호에 관한 조약 제29조도 마찬가지다). 1934년의 '등대사건'(The Lighthouse Case, France v. Greece)에서 常設仲裁裁判所가 그리스측에 과실이 없다는 이유로 그리스의 국제책임을 부인하는 것은 過失責任의 이론에 입각한 것이다. 그러나 공무원의 권한외행위에 의하여 국가가 책임을 지는 것은 일종의 무과실책임의 이론을 도입한 것이라고 볼 수 있다.

일반적으로 국제법정 및 각국정부의 실제는 위의 어느 이론도 결정적인 것으로서 수락한 바 없으며, 국가의 불법행위에 의한 외국인권리의 침해와 고의·과실 사이에 기본적 구별을 두지도 않는다. 다만 불법행위시의 고의·과실의 정도를 손해배상의 산정에 참고로 하는 데 그친다.

그러나 최근 국내법에 있어서는 근대적인 공업화와 더불어 점차로 無過失責任이 인정되는 것과 같은 현상이 국제법의 분야에도 보이기 시작한다. 특히 원자력의 이용 및 우주개발의 면에서 이러한 경향이 두드러지게 나타나고 있다(1960년의 원자력의 분야에 있어서의 제3자책임에 관한 파리조약 제3조는 손해가 원자력사고에 의하여 발생했다는 증명만으로 시설의 운행자가 책임을 지게 되었다. 1952년의 로마조약도 항공기에 의한 지상 제3자의 손해에 관하여 결과적 책임을 인정하고 있다).

그러나 발생한 결과에 대해서만 착안하는, 문자 그대로의 絶對責任은 예컨대 위험회피를 지상의 요청으로 하는 領域使用의 제약을 결과하여 주권과의 관계에서 찬성을 얻기 어렵게 된다. 이는 결국 注意義務의 정도문제가 되어 결국 외국인의 처우와 마찬가지로 환경보전의 책임에 관해서도 국제·국내표준의 대립에 그칠 것이다. 國際法委員會草案은 이러한 난점을 피하기 위하여 過失論을 처음부터 회피하여 책임발생의 조건을 행위의 국가에의 귀속성과 의무위반의 양자로 하고 의무의 내용에 관해서는 '一次規範'으로 하여 당해 입법의 대상 외에 두고 있다. 과실의 양의 기초가 되는 '상당한 주의의무'도 따라서 '草案'에서는 책임판정의 범위 밖에 위치하게 된다. 종래, 이 의무(상당한 주의의무)로써 설명되어 온 사태, 예를 들면 私人이 외국대사관을 습격함으로써 국가책임이 문제가 되는 사태에서는 국가가 '상당한 주의'를 기울였느냐 아니냐가 아니라, '초안'에서는 습격이 국가의 행위에 귀속하느냐의 여부의 문제가 된다. 1979년의 학생 등에 의한 이란의 미대사관점거, 관원의 인질구속은 이란 혁명최고지도자의 지지에 의하여 국가에 귀속하는 행위가 되느냐의 여부의 문제가 된다(제8조).

제 3 절 國家責任의 解除

1. 國際請求의 要件

국가는 國際違法行爲에 의하여 국제책임을 지는 경우, 국제법상 책임해제의 조치를 취하는 것이 요구된다. 일찍이 PCIJ가 호르조工場事件에서 "조약의 위반이 賠償義務를 야기하는 것은 국제법의 일원칙이며, 법의 일반개념이기도 하다"라고 판시한 것은 이러한 책임해제의 의무의 존재를 단적으로 말하는 것이다. 이와 같은 책임해제의 의무에 대응하여 피해국에는 義務履行을 요구할 권리가 부여되며, 책임국의 의무불이행은 또 하나의 不法行爲를 구성한다.

그런데 國家責任의 發生(국제위법행위와 책임귀속관계의 존재)이 있을지라도 현실적으로 상대국에게 국가책임을 추구하여 구체화하기 위해서는 별도로 국제위법행위에 의하여 발생한 自國法益의 侵害(손해)의 존재라는 조건을 충족할 것이 요구된다(1928. 9. 13 호르죠 공장사건 PCIJ 판결). 국제위법행위가 있을지라도 법익침해가 발생하지 않는 한 그 구제를 요구할 권리는 확정되지 않고 국가책임의 추구는 구체화·현실화되지 않는다. 따라서 법익침해의 존재는 국가책임의 발생요건 그 자체는 아닐지라도 그 청구제기의 조건으로 인정된다.

여하간 국제책임의 해제 또는 國際請求의 제출에는 국제법 특유의 몇 가지 요건이 전제가 된다.

(1) 國際請求의 主體

첫째, 국제청구의 주체는 원칙적으로 국가이다. 즉, 國際不法行爲의 책임국에 대한 배상청구의 자격을 가진 자는 원칙적으로 국가이며, 개인에게는 원칙적으로 이러한 자격이 인정되지 않는다(단, 개인의 출소권이 인정된 경우 또는 국제조직에게 국제청구의 자격을 인정하는 경우는 예외이다). 직접의 피해자가 자국민인 경우에는 그 외교적 보호(diplomatic protection)를 위한 청구주체는 항상 국가 자신이고, 국가가 자신의 권리로서 청구를 제출하는 것이며, 國民의 代理라는 의미를 갖지 않는다(마브로마티스 팔레스타인 특허사건 PCIJ, 1924). 청구주체로서의 국가는 청구제출의 방법, 시기 및 범위를 결정하는 단독판사의 지위에 있다. 청구제출 후에도 국가는 이것을 포기할 수 있고, 仲裁裁判에 회부할 수도 있고 또 국가이익의 견지에서 다른 방법을 취할 수도 있다("시민을 부당히 대우한 자는 간접으로 국가를 해한다"라는 바텔의 고전적 이론이 아직도 현행 국제책임법을 지배하고 있는데 제섭은 이것을 의제라고 배척하면서 개인이 청구주체가 되어야 한다고 역설한다).

(2) 侵害된 法益의 特定化·個別化

국가책임을 추구하기 위해서는 국제위법행위에 의하여 발생한 법익침해가 특정화·개별화되는 것이 필요하다. 따라서 국제사회의 일반법익의 침해에 있어서도 실질적으로 손해를 입지 않은 국가에게는 국가책임추구의 當事者適格을 인정하지 않으며, 국제법상으로는 원칙적으로 民衆的爭訟(*actio popularis*)은 부정되고 있다(남아프리카에 의한 아파르트헤이트가 위임통치협정상의 의무에 위반한다는 뜻의 선언판결을 청구한 에티오피아와 리베리아의 청구에 관해서 '남서아프리카사건'[제2단계] ICJ판결. ICJ Reports 1966, 47). 그러나 다수국간조약이 명시 또는 묵시적으로 인정하는 범위 내에서는 모든 당사국에 대하여 일반이익의 침해를 회복하기 위한 당사자적격이 인정되는 경우도 있다('집단살해방지처벌조약의 유보사건' ICJ 권고적 의견. ICJ Reports 1951, 23. 국제운하의 자유항행에 관해서 '윔블던호사건' PCIJ 판결. 보편적 의무의 위반에 관해서는 '바르셀로나 전력회사사건' ICJ 판결. ICJ Reports 1970, 32, 47).

2. 外交的 保護

私人이 타국의 國際違法行爲에 의하여 손해를 입은 경우 그가 속하는 본국은 이것을 보호할 국제법상의 권리가 있다. 이것이 바로 국가의 外交的 保護權이다. 그런데 국가는 이와 같이 私人의 사건에 대하여 자신의 외교적 보호권을 행사함으로써 실은 자신의 법익의 침해로 간주하여 그것이 국가간의 관계로 바뀌게 되어 상대국의 국가책임을 추구하는 것이다(마브로마티스 팔레스타인 특허사건 PCIJ 판결. 세르비아국채사건 동 PCIJ 판결). 이 외교적 보호권의 행사에는 다음 두 가지 조건이 요구된다.

(1) 國內的 救濟의 原則

국가의 국제위법행위에 의하여 외국인에게 손해가 발생한 경우 이로써 직접 국가의 국제책임이 성립하는 것이 아니고, 국가가 피해외국인에게 행정상 또는 사법상의 구제절차, 즉 '국내적 구제'(local remedies)를 허용하지 않은 경우에 이르러 비로소 국가에게 책임이 귀속된다. 그러므로 피해 외국인의 본국이 가해국에 대하여 국제청구를 제출하기 위해서는 먼저 상대국의 국내에서 인정되는 손해구제의 절차를 다하는 것이 요구된다. 이것을 위와 같은 '國內的 救濟의 原則' 또는 '國內的 救濟完了(exhaustion of local remedies)의 원칙'이라고 부른다. 이러한 국내적 구제의 절차를 완료한 후에도 여전히 손해에 대한 구제가 얻어지지 않은 경우에 비로소 피해자의 본국은 외교적 보호권에 입각한 국제청구를 제출할 수가 있는 것이다(단, 국내적 구제의 원칙은 조약에 의하여 배제할 수 있다).

이 국내적 구제의 원칙은 國際紛爭解決의 단순한 보조적 절차가 아니고, 별도의 명문의 규정이 없는 한 국제관습법상의 불가결의 요건이다(1959. 11. 21 '인터한델사건'〔선결적 항변〕 ICJ판결. ICJ Reports 1959. 27 '구주인권보호조약' 제26조).

국내적 구제의 원칙이 인정된 중요한 이유는, 첫째, 관계국가의 주체적 입장을 존중하며 사인간의 문제가 국제분쟁으로 전화되는 것을 방지코자 하는 실제적 · 정치적 고려에 있으며 국제법 전체에서 나오는 논리적 필연성은 없는 것이다. 둘째, 피해사실이나 손해액 등에 관해서는 현지의 구제기관에 의하여 확인되는 것이 가장 적당하기 때문이다. 이리하여 결국 국내적 구제의 절차를 다한 후가 아니면 외교적 보호권에 입각한 국제청구를 제출할 수 없고, 국제재판에 있어서 상대국에 의한 先決的 抗辯(preliminary objection)의 대상이 된다(선결적 항변이라고 하는 것은 국제재판소가 사건의 본안을 심리하기 전에 당사국이 국제재판소의 관할권이나 청구의 허용성을 부인할 목적으로 이에 관한 결정을 청구함으로써 재판소의 사건심리를 배제하려는 절차이다). 따라서 국제소송행위와 외교적 보호에 대하여 '停止的 效果'를 갖게 된다. 이 국내적 구제의 원칙의 적용에는 다음 몇 가지 한계점을 유의해야 한다.

1) 국내적 구제의 원칙은 私人이 외국에서 손해를 입은 경우에 인정되는 것이다. 따라서 국가자신이 손해를 입은 경우에는 이 원칙이 적용되지 않는다. 예를 들면 국가의 원수나 외교사절과 같은 국가기관의 지위에 있는 자가 손해를 입었을 때에는 국가는 즉시 상대국의 국제책임을 추구할 수 있다.

나아가서 국가 자체의 法益이 직접적으로 침해된 경우에도 주권평등의 원칙에 입각하여 國內的 救濟의 원칙은 적용되지 않는다(트레일 용광사건).

2) 자기의 의사에 반하여 강제적으로 외국에 연행되어 손해를 입은 경우 또는 불가항력으로 우연히 외국영역에 들어가 손해를 입은 경우에는 국내적 구제의 원칙은 적용되지 않는다(1955년 7월 이스라엘 항공기가 우발적으로 불가리아 영역 내에 들어가 불가리아 군용기에 의하여 격추된 사건에 있어서 이스라엘이 ICJ에 제소한 데 대하여 불가리아는 선결적 항변을 제출하였는데, 그 이유의 하나가 이스라엘측이 불가리아에 있어서 국내적 구제를 다하지 않았다는 것이었다. 그러나 ICJ는 다른 이유로 재판관할권이 없다고 판결하였다. 불가리아가 1951년에 행한 선택조항수락선언에는, 불가리아가 ICJ규정이 발효한 당시 규정의 당사국이 아니었으므로 규정 제36조 5항의 적용이 없음을 이유로 한 것이다).

강제가 없는 경우에는 영토상의 침해행위뿐만 아니라, 영토 외에서 외국인에게 가해진 불법행위에 대해서도 국내적 구제의 원칙은 적용된다. 왜냐하면 국가에 의한 불법행위의 효과는 외국인이 물리적으로 영토내에 있지 않아도 발생할 수 있기 때문이다. 예를 들면 국가가 政府公債를 소유한 외국인에게 대해서도 손해를 주는 경우와 같다. 그러나 公海나 公空과 같은 어느 국가의 관할권에도 속하지 않은 장소에서의 불법행위로 인하여 사인에게 손해가 발생한 경우(예를 들면, 공해상을 항행중인 사인소유의 선박에 대하여 국가의 군함이 이것을 해적선으로 오인하고 발포하여 손해를 입힌 경우, 또는 공항에서 상업기가 연안경비비행기에 의하여 불법적으로 격추된 경우) 여기에 국내적 구제의 원칙은 적용되는가? 적용되지 않는다고 하는 것이 다수설이다. 이 원칙이 적용되는 기준에 관하여 定說은 없으나, 사인이 자유의사에 의하여 상대국의 관할권하에 있을 경우와 같이 사인과 가해국간에 미리 일정한 관계가 있어야만 이 원칙이 적용된다는 것이다.

3) 국내적 구제의 수단은 첫째, 이용 가능한(available) 것이라야 한다. 단순한 구제수단의 형식적 존재만으로는 加害國家가 유용한 구제수단을 제공했다고 할 수는 없다(인터한델 사건에서 스위스는 미국의 국내적 구제수단이 합리적 기대성을 결한 것이라고 주장하였다. 당시 미국은 敵產이란 개념을 미국국내법인 대적통상법에 의하여 결정하였고 국제법에 의하여 결정하지는 않았기 때문이다). 둘째, 국내적 구제는 실현가능(obtainable)하고 유효한(effective) 것이라야 한다.

상급심에서 사실심리를 하지 않는 경우(1934년 '핀란드船사건' 핀란드 · 영중재재판소판결), 원판결의 파기를 기대할 수 없는 경우('파네베지즈 · 사루쓰지스기스철도사건' PCIJ판결. 1956년 '암바티에로스중재재판사건' 중재위원회판결) 등과 같이 국내적 구제가 실효성을 결여한 경우이다. 또 국제법상 그 내국민보다 유리한 권리가 외국인에게 부여된 경우, 또는 역으로 현지의 국민감정이나 재판관의 편견이 있어 '裁判의 拒絶'이 인정되는 등은 사안의 성질상 국내적 구제에 적당치 않는 경우이다.

이러한 조건이 결여된 경우 國內的 救濟는 공허한 형식에 지나지 않는다. 그러므로 이용가능성, 유효성 및 실현가능성이 없는 국내적 구제의 경우에는 국내적 구제를 완료하지 않아도 이 원칙에 대한 위반이 되는 것은 아니다. 피해외국인이 손해에 대한 구제를 얻고자 하여도 이에 관한 管轄權을 가진 구제기관이 없거나 있어도 충분한 구제를 얻을 가능성이 전혀 없다는 것이 객관적으로 명백한 경우에는 그러한 구제수단에의 부탁은 반드시 필요하지 않다('파네베지즈 · 사루쓰지스기스철도사건,' '핀란드선사건').

4) 국내적 구제의 수단의 부존재와 '재판의 거부' 사이의 구별은 상당히 곤란하나, 다음의 항목들은 대개 일치하고 있다. i) 국가를 상대로 한 소송이 개방되지 않는 경우, ii) 最上級審이 사건의 상세한 부분까지 심판할 수 없는 경우(이상은 절차적 불능), iii) 국내법이 외국인에게 上訴權을 부여하지 않은 경우(이용불능), iv) 법원의 판결집행이 행정부에 의하여 방해를 받는

경우(국내관할권의 불완전), v) 국내법이 行政裁量行爲에 의하여 수정되는 경우(부적당).

5) 국내적 구제의 원칙은 合意(約定)에 의해 배제된다. 또한 국제재판소가 조정절차에 대한 회부의 의무를 심리하는 경우 이 원칙의 적용가능성 문제는 調停條約이 지정한 調停機關에 남겨진다. 또한 국가의 국제법위반사실만 판단하고 외국인에 대한 배상의 문제는 판단하지 않는 이른바 선언적 판결의 경우에는 역시 이 원칙이 배제된다고 보아야 한다. 또한 국가간의 중재조약이 국내적 구제의 원칙에 대하여 침묵하고 있는 경우 이 원칙은 배제되었다고 볼 수 있는가에 관하여는 異論이 있으나 많은 중재판결의 태도는 부정적이다. 특별한 명문규정이 없는 한 묵시적 배제는 부정되고 원칙은 적용된다고 판시되어 왔다(1958년 스위스와 서독간의 The Agreement on German External Debts에 관한 중재판결).

(2) 國籍繼續의 原則

外交的 保護權의 행사의 제 2 의 조건은 국적계속의 원칙이다. 국가는 국민이 외국에서 받은 손해의 배상을 얻기 위해서 외교적 보호권에 입각한 국제청구를 제출할 경우 위와 같은 국내적 구제를 완료할 것은 물론이며, 나아가서 그 국민이 당해 국가의 국적을 가질 것, 특히 손해를 받았을 때부터 국가가 국제청구를 제출할 때까지 당해 국가의 국적을 계속적으로 갖는 것이 필요하다(신탁통치지역이나 비자치지역의 주민으로서 통치국의 보호하에 있는 자는 그 국가의 국적이 없어도 외교적 보호가 인정된다). 따라서 i) 손해발생시에 그 국가의 국적을 가지고 있었으나, 그 후에 국적을 상실한 자, ii) 손해발생시에는 그 국가의 국적을 가지고 있지 않았으나 그 후에 그 국가의 국적을 취득한 자 등에 대해서는 국가가 외교적 보호를 할 수 없다. iii) 뿐만 아니라 상대국과의 교섭과정에 있어서 국적이 소멸하면 국가는 외교적 보호의 교섭을 계속할 수 없다. 전체적으로 국적은 국제청구에 대한 최종적인 해결(국제재판의 경우에는 판결)을 얻을 때까지 계속되지 않으면 안된다. 이와 같은 국적계속의 원칙이 인정되는 이유는 국가는 屬人的 管轄權에 입각하여 자국민에 대해서만 외교적 보호권을 행사할 수 있다는 것 이외에 피해자가 당초의 국적을 강대국의 국적으로 변경하여 이로써 강대국에 의한 권력적 개입을 기도하는 폐단을 막으려는 실제적 필요에서 나온 것이다. 그리고 개인의 국적과 국가의 외교적 보호권과의 관

계에 관하여 ICJ는 '노테봄사건'의 판결에서 진정한 관계를 갖지 않는 국적국이 피해자와 보다 밀접한 결합관계를 가진 국가에 대하여 외교적 보호권을 행사할 수 없다고 판시하였다.

이 원칙의 예외가 인정되느냐의 문제는 정설이 없으나 다음과 같은 경우에는 예외가 인정되어야 한다는 것이 다수설이다. i) 국가는 자국선박이 피해를 입은 결과, 여기에 승선하고 있던 외국적의 선원이 손해를 받은 데 대하여 외교적 보호를 할 수 있어야 한다. ii) 피해를 입은 자국민이 사망하고 그 상속인이 타국적을 가진 경우 사인의 이익보호라는 관점에서 외교적 보호를 할 수 있어야 한다(1903년의 스티븐슨사건에서는 피해자가 영국인이고 상속인은 베네수엘라 국적을 가졌으므로 중재관은 국적계속의 원칙을 너무 엄격하게 해석하여 이 사건을 각하하였다). iii) 국가영역의 변경에 의하여 국적의 변경이 자기의 의사와 관계없이 초래된 경우도 마찬가지다.

위의 '노테봄사건'의 판결은, 外交的 保護權을 발동하는 전제가 되는 국적은 실효적 국적이 아니면 안된다고 하는 것을 명백히한 것이나 이 판결은 歸化國籍者를 차별하는 것이며, 개인의 권리보호의 관점에서는 반드시 긍정할 수 없다는 비판도 있다. 그리고 회사의 국적은 회사의 설립준거법 및 본점소재지국의 그것이며, 다수주주의 국적국이 외교적 보호권을 행사할 수 있는 것은 아니다(1970년의 '바르셀로나 전력회사사건'판결).

3. 칼보條項

국가는 자기의 권리를 확보하기 위하여 외교적 보호권을 행사하는 것이므로 그 행사에 관한 裁量權을 갖는다. 당해 사안과 관계가 없는 정치적 고려를 포함하여 그 행사의 유무, 정도, 종료를 결정하는 자유가 있다('바르셀로나전력회사사건'〔제 2 단계〕 ICJ판결. ICJ Reports 1970, 43 '원폭소송' 동경지방재판소판결). 그러나 외교적 보호권의 행사가 통치행위에 속하는 것이라고 하여 이것을 거부하여도 국내법상 적법이라고 하는 국가(프랑스)도 있고, 외교적 보호를 받을 국민의 헌법상의 권리라고 규정한 국가(바이마르헌법)도 있다. 그런데 국가는 외국인과 체결한 계약에서 i) 외국인은 계약에 관한 모든 사항에서 在留國의 국민으로 간주되며, ii) 여하한 경우에도 본국 정부의 외교적 보호를 요구하지 않는다고 하는 조항을 삽입하는 경우가 있다. 이것을 칼보조항(Calvo clause)이라고 부른다. 이 조항은 아르헨티나의 국제법학자 칼보가 라틴 아메리카 제국이 外國私人과 체결한 계약에 관한 분쟁에 대하여 유럽열강이 빈번히 무력적으로 개입한 경험에 비추어 그것을 배제할 목적으로 제창한 것이다(예, 1902년 독·영·이에 의한 베네수엘라 항의 봉쇄사건. 이 사건을 계기로 국가계약에 입각한 금전채무의 회수를 목적으로 외국인의 본국이 병력을 사용하는 것을 금하자고 하는 드라고(Drago)주의가 나왔다). 그러므로 이 조항은 원래 라틴 아메리카제국이 체결하는 계약에 삽입되는 것이 보통이나 지금은 개발도상국가가 체결하는 컨세션(concession)에도 삽입되는 예가 늘어가고 있다(1957년의 일본수출석유회사 아라비아 석유와 사우디 아라비아와의 협정 제49조 2항 및 아라비아 석유와 쿠웨이트와의 협정 제31조 2항은 다같이 "회사는 본협정상의 권리에 관한 사항에 관하여 외교적 수단에 호소할 권리를 포기한다"라고 규정하고 있다).

칼보조항의 국제법상의 효력에 관하여 국제판례는 일치하지 않는다. 이론상으로는 칼보조항이 국내적 구제를 이용하려는 약속인 한에서는 유효하다. 그러나 본국의 외교적 보호권을 배제하려는 의도라면 무효라고 보아야 한다. 왜냐하면 외교적 보호권이란 국가의 권리이지 개인의 권리는 아니므로 개인은 자신에 속하지 않고 국가에 속한 권리를 스스로 포기할 수는 없기 때문이다(국가의 외교적 보호권은 개인의 요청이 있어야만 발동되는 것은 아니고 국가 자발적으로 발동할 수 있는 것이므로 칼보조항은 일반적으로 국가의 외교적 보호권의 발동을 저지하는 효과를 가질 수 있다).

다른 면에 있어 국제판례상으로는 동조항의 삽입을 위법으로서 금지하는 국제법규가 없으며 단순히 외국인의 본국에 대항할 수 없을 뿐이라는 판단도 있었다. 즉, 외국인은 동조항에 입각하여 국내적 구제를 다해야 할 의무를 지지만 현지의 국가가 재판의 거절 등의 국제법위반행위를 하는 경우 그 본국에 의한 외교적 보호권의 행사를 배제할 수 없다('북미준설회사사건' 미·멕시코 청구위원회의견).

1926년의 北美浚渫會社(North American Dredging Company)사건은 1912년 텍사스의 북미준설회사와 멕시코 정부간에 체결된 계약이 파기된 데 대하여 미국이 손해배상을 청구한 것인데 이 계약에는 그 회사를 멕시코인으로 간주한다는 칼보조항이 삽입되었던 것이다. 양국은 합의에 의하여 국내적 구제를 경과하지 않고 중재위원회에 회부하였다. 이에 대하여 위원회는 칼보조항을 이유로 청구를 수리할 수 없는 것이라고 각하하였다.

여하간 私法的 契約의 위반은 國際不法行爲가 아니며 외교적 보호권은 재판의 거부가 있을 때만 발생하는 까닭에 국내적 구제의 원칙은 이 칼보조항을 무의미한 것으로 만들기 쉽다. 그러나 국제법정에 관할권을 부여하자는 합의는 國內的 救濟의 원칙의 발동을 배제하고 칼보조항의 효력을 구체화한다.

오늘날에는 일반적으로 동조항은 국내적 구제의 원칙을 확인한 것에 불과하며 그 이상으로 외교적 보호권의 포기를 의미한 것이라면 그러한 한에서는 國際法上 無效라고 해석된다.

4. 國家責任의 解除方法

국제위법행위를 이유로 國家責任이 확정된 경우에 국가는 피해국에 대하여 그 위법을 시정하며 그 결과를 제거할 의무를 진다. 이 事後救濟의 의무는 국제법상의 실체법규를 준수해야 하는 의무(제1차적 법규)의 위반이 있는 경우 당연히 이에 수반되는 것이다.

그러나 사후구제는 국가책임 또는 위험책임이 없는 경우에도 전적으로 정치적 · 은혜적인 배려에서 행해지는 경우도 있다(제 2 차세계대전중 중립의무위반을 행한 산마리노에 대한 폭격에 관하여 영국이 손해배상을 한 것. 수폭실험에 의한 第五福龍丸이 입은 손실에 대하여 1955년 미일교환공문에 입각하여 은혜적으로(*ex gratia*) 미국이 보상한 것).

국가책임의 해제방법은 원상회복 · 금전배상과 같은 민사적인 것과 형사제재적인 것 등의 양면을 갖는다. 事後救濟請求의 累積性으로 인하여 국내법상의 책임의 경우보다 복합성을 갖는다. 예를 들면 조약상의 의무의 불이행이 있는 경우 위반국은 또다시 그 이행을 확보하는 조치를 취해야 하며 손해의 배상을 해야 할 뿐만 아니라 상대국이 행하는 對抗措置(조약의 종료·정지 등)를 감수해야 할 경우도 있다.

(1) 被害國의 對抗措置

국제법위원회의 국가책임에 관한 조약안은 책임해제에 관한 규정 이외에 위법행위 이전의 상태를 회복할 것을 목적으로 피해국이 위법행위국에 대하여 취할 수 있는 대항조치에 관한 규정을 두고 있다. 이에 의하면 일방의 국가가 위법하게 조약상의 권리를 침해한 경우, 피해국은 원칙적으로 위법행위에 대하여 동일한 조치를 즉시 취할 수가 있다. 더 나아가서 국제청구에 의하여 발생한 분쟁이 평화적 수단을 다해도 해결되지 않을 경우에는 피해국은 일정한 조건하에 위법행위국에 대하여 復仇(위법행위국에 대하여 본래 위법한 조치에 호소하는 것)에 호소할 수 있다고 하였다. 그러나 대항조치는 남용의 위험이 큰 것이므로 ICJ의 판결은 신중한 태도를 취하고 있다. 예를 들면 무력공격에 이르지 않는 간섭은 무력의 행사를 포함한 집단적 대항조치를 취하는 권리를 발생시킬 수 없다(니카라과 사건판결). 外交關係法의 여러 규칙은 사절단의 구성원에 의하여 있을 수 있는 임무위반에 대항하기 위하여 *persona non grata*의 통고 내지는 사절단의 즉각폐쇄의 요구 등 접수국이 자유로이 사용할 수 있는 수단을 명확하게 규정하고 있으므로 이러한 수단을 이용하지 않고 대사관과 그 직원에 대하여 강제행동에 호소하는 것은 위법이다(테헤란 사건판결). 위법행위의 증거보전이나 자력구제를 이유로 하여 상대국의 동의없이 그 영해를 침해하는 행위는 主權侵害이다(코르푸해협 사건판결).

(2) 原狀回復

원상회복은 국가의 국제책임을 성립케 한 국제위법행위가 행해지기 전의 상태를 재현하는 방법이다. 불법점령된 영역의 반환, 불법체포·감금된 외국인의 석방, 불법몰수된 재산의 반환 등이 이것이다. 원상회복의 가능성이 존재하는 경우에는 원상회복을 해야 하며, 그것이 실질상·법률상으로 불가능한 경우에는 손해배상으로 만족해야 한다(호르죠공장사건의 판결). 가해국은 국내법을 이유로 원상회복의 불능을 주장할 수 없는 반면, 피해국도 무리한 원상회복을 요구하는 것은 권리남용이 된다.

국제판례상으로는 원상회복에 있어서 균형을 잃을 정도로 경비를 요하는 경우에는 형평에 입각하여 금전배상의 방법으로 대신할 수 있다고 하여 가해국에 선택권을 인정하는 예도 있다(1920. 9. 4 '포르투갈교회재산사건' 상설중재재판소판결). 그러나 학설상으로는 사후구제의 의무의 본지에 비추어 이에 부정적인 입장도 적지 않다.

국제법위반의 법령, 판결 또는 행정행위에 의하여 국제법위반행위가 성립된 경우에는 국가는 원칙적으로 이러한 국가행위를 개폐하든가 기타의 시정조치를 취할 의무를 진다. 국제법위반으로 인정된 국내재판소의 판결에 관해서는 당해 국가는 그 판결을 취소할 의무를 진다.

⑶ 金錢賠償

原狀回復이 사실상 불능이거나(예, 무죄인의 사형집행) 또는 불충분한 경우에는 보통 금전배상의 방법이 이용된다. 불법감금자의 석방은 원상회복과 같으나 구류에 의한 물질적·정신적 손해에 있어서 물질적 손해에 대하여는 金錢賠償을, 정신적 손해에 대하여는 사죄 이하의 방법을 병용한다. 금전배상의 대상이 되는 것은 물질적 손해이나 정신적 손해에 대해서도 금전배상을 하는 경우가 적지 않다(1883년 파켓 하바나호의 네덜란드인 선장이 도미니카 당국에 의하여 불법적으로 체포되어 유죄판결을 받았다. 이 사건에 관하여 중재재판관인 프랑스 대통령은 그 선장이 구류 및 학대에 의하여 받을 정신적 손해에 대한 배상을 명하였다).

배상의 성질과 범위는 항상 문제가 된다. ICJ규정 제36조에 규정되어 있는 배상의 성질과 범위에 관한 분쟁이 ICJ에 부탁될 경우 특별한 조약과 관습이 없는 한 '法의 一般原則'이 적용되게 되어 있다(규정 제38조 1항 참조). 첫째는 배상의 성질이다. 국가의 불법행위에 의하여 타국가의 私人에게 손해가 발생한 경우 이 타국가가 청구하는 배상의 성질은 私人의 손해에 대한 배상이 아니고 국가자신에 대한 배상이며 사인이 받은 손해를 그 계산의 수단으로 함으로써 배상의 성질이 변경되지 않는다(호르죠공장사건의 판결).

둘째는 배상의 범위이다. 이에 관한 확립된 규칙은 없으나 결과가 크면 클수록 책임은 중대하며 결과와 책임 사이에 비례의 법칙이 발견된다. 대체로 금전배상의 범위내에는 i) 불법행위 자체에 의하여 발생한 직접손해, ii) 불법행위와 相當因果關係에 있는 간접손해, iii) 보통 기대할 수 있는 喪失利益(기대이익)이 포함된다. 상실이익은 간접손해의 일종으로서 불법행위와 상당인과관계가 있는 한 역시 배상의 범위 내에 들어간다(영국의 捕鯨船 코스타리카 패킷의 선장이 네덜란드 영해 내에서 무주의 선박을 사유하였다는 이유로 네덜란드 당국에게 체포되었다. 심리결과 범행이 공해상에서 실행되었다는 것이 판명되어 영국의 선장 및 승무원에 대한 손해뿐만 아니라 선박소유자가 이 사건으로 인하여 입은 일체의 손해도 함께 요구하였다. 중재재판관 마르텐스는 선장이 석방된 후 3개월간이나 무위로 기대할 필요가 없이 어로를 속행하려고 했더라면 즉시 승선할 수 있었음을 논증하고 전어로기간중의 이득에 대한 영국의 손해배상요구를 거절하였다). 손해의 발생에 있어서 피해자에게도 과실이 있는 경우에는 過失相計의 原則이 적용되며(위의 사건에서 상당한 주의를 했더라면 즉시 새 선장을 임명하여 항해를 계속할 수 있었다는 이유로 이러한 부수적 원인에 의한 과실은 선박소유자측에도 존재한다고 판시하였다—과실상계) 불법행위에 의하여 손해와 함께 이익도 발생한 경우에는 損益相計의 원칙이 적용된다. 또 금전배상에서 이자를 청구할 수 있는가의 문제에 대하여는 확립된 규칙이 없으나 '법의 일반원칙'상 청구할 수 있다고 해석된다(러시아 배당사건(The Russian Indemnity Case)에서는 연체이자의 관념이 인정되고, 윔블던호사건에서는 판결일자부터 6분의 이자가 부과되었다).

특히 문제가 되는 것은 間接損害이다. 간접손해란 불법행위에 의하여 간접으로 발생한 손해를 말한다. 그러나 손해를 직접 또는 간접으로 구별하는 일은 실제상 곤란하거나 부정확한 경우가 많다. 그러나 학설은 거의 간접손해라는 표현을 배격하나 실질적으로는 合理的 因果關係에 입각한 책임을 긍정함으로써 간접손해의 개념을 도입하고 있다. 간접손해의 문제에 관하여 국제법상의 주의를 처음으로 환기시킨 사건은 알라바마호사건(The Alabama Case)이었다. 미국정부는 영국에 대하여 알라바마호에 의한 직접손해 이외에 알라바마호의 활동의 결과로 초래된 보험료의 증가액, 미국 상선의 외국인에의 매각으로 인한 손해, 전쟁연장으로 인하여 사용된 비용 등의 총액을 요구하였다. 중재관은 미국측의 요구가 賠償範圍의 결정을 위한 법적 기초가 되지 않는다고 언명하였고 미국도 그 요구를 취하하였다. 그러나 원래 미국측의 배상청구는 相當因果關係와 거리가 먼 부분을 포함한 것이므로 알라바마호사건의 중재판결은 간접손해에 대한 비배상의 원칙을 확립한 선례가 아님을 주의할 필요가 있다.

위의 喪失利益 중에 적어도 자연인·법인의 소득에 귀착하는 것에 대하여는 사회주의제국을 비롯하여 배상책임을 인정하지 않는 국가가 있다.

(4) 謝 罪

사죄는 정신적 손해에 대한 구제방법으로서 어떠한 불법행위에 있어서도 최소한 필요한 방법이다. 대체로 위신이나 명예에 대한 손해의 구제방법으로 이용된다. 사죄의 방법으로서는 공식적인 사죄의사의 표시, 피해국의 국기에 대한 경례와 같은 象徵的 行爲, 謝罪使節의 派遣을 들 수 있다. 책임자의 처벌, 상급관청에 의한 하급관청의 위법행위의 부인, 장래에 대한 보장도 광의의 사죄에 포함한다.

학설·판례상으로는 국제위법행위의 실행자, 특히 하급공무원 또는 사인, 시위집단 등에 대한 국내법상의 제재도 이 방식에 포함시키는 입장도 있다.

원인행위의 위법성에 관한 국제재판소의 선언판결('코르푸해협사건'[본안]판결. ICJ Reports 1949, 36)이나, 또는 국제기관의 비난결의도 오늘날에는 국제책임을 해제하기 위한 조치로서 인정되고 있다.

제16장 國際經濟와 國際法

제 1 절 國際經濟의 法的 規制

1. 國際經濟法의 意義

상품거래 또는 자본거래 등의 경제행위가 일국의 영역을 넘어서 행해질 경우 이러한 작용을 '國際經濟'라고 하며, 이러한 국제경제를 주로 조약에 의하여 규율하는 법규범을 일반적으로 '國際經濟法'이라고 한다.

國際經濟法(international economic law)은 아직까지 그 개념이나 대상에 관하여 학설상의 일치가 없으나 '국제적인 경제활동을 조약으로써 규율하는 법규범'이라고 할 때 그것은 국제법의 일부라고 할 수 있다(에르러는 국제경제법이 국제법과 국내법 나아가서 공법과 사법을 포함하는 것이라고 하며, 슈와르젠버거는 이것을 국제법의 특수분야로 취급할 것을 제창하고 있다). 경제에 관한 국제법적 규제는 오늘날 다수에 이르며 국제경제관계는 과거의 국제경제가 자동적으로 조절되던 시대에 비하여 크나큰 변화를 가져오고 있다. 국제경제법은 오늘날에 있어서 시대적으로 요청되고 있는 연구과제이다. 왜냐하면 이 시대는 국제법의 시대이며, 국제경제에 있어서 그 경제질서의 존재양식이 중요한 과제로 되어 있는 시대이기 때문이다.

국제법에 의한 경제현상의 규제는 20세기 고유의 현상은 아니고 19세기 자유주의하에서도 국제법은 개인의 세계적 경제활동의 기초로서 존재하고 있었다(당시 2국간에 체결된 다수의 통상조약이 그 예가 된다). 그러나 大戰間의 시기에는 국가가 그 한계를 넘어 생산 · 소비 · 밸런스의 통제에까지 진출하였으며 제 2 차대전 후 이 경향은 더욱 진전하여 시대는 '세계경제에 있어서의 私的 이니셔티

브에 대한 정부간 협력의 완전한 우위'로의 결정적 전환을 보게 되었다. 一國의 貿易規制權은 무제한의 것이 아니며 통제가 심히 자국의 이익을 해하는 경우에는 항의가 나올 것이고 상대국이 쟁점해결을 위하여 교섭에 응하거나 나아가서 협정타결을 보게 되면 양국의 무역관계에는 명확한 법적 관계가 형성된다. 이러한 법적 관계가 다수국에 의하여 일반적으로 형성되면 무역은 일반적으로 국제법의 규제하에 놓이게 되고 국가에 의한 통제는 국제적 규제의 제약을 받게 되는 것이다. 자유주의경제하에서 국내법이나 국제법에 의하기보다 오히려 市場의 法則(예를 들면 국제분업, 금본위제 등)을 작용케 함으로써 소극적 역할을 담당해 왔던 국가는 양차의 대전을 겪고 나서는 경제질서 그 자체의 결정에까지 진출하고 있는 것이다. 오늘날 경제활동에 대한 국제법적 규제는 이미 1930년대에 세계적 대공황을 극복하기 위한 현실적 요청에서 각국의 독자적인 통제하에 놓여진 각각의 경제를 국제적 입장에서 조정하며, 국제법적 규제에 합치하도록 국내적 규제를 변경·수정할 것을 지시하게 되었다.

과거에는 경제의 자연적 질서가 국제적으로 확립되어 각국은 그 질서의 존중을 표명함으로써 충분하였고 다수의 二國條約은 특별한 國際經濟秩序를 창설할 필요가 없었다. 그러나 제 2 차대전 후에는 종래의 경제질서가 붕괴되고 조약을 통해 질서를 창설하지 않으면 안되게 되었고, 이 목적을 위하여 다수국간의 협정을 필요로 하였다. 國際貿易機構의 계획을 비롯하여 GATT나 브레튼우즈협정이 이와 같은 요청을 반영하여 다수국간 조약으로서 성립되게 되었다. 동시에 국제조직에 의한 통제가 경제의 메커니즘 일반에 미치게 되고 조약에 의한 국제법 대신에 국제조직에 관한 법이 가맹국에 대한 지휘권을 통하여 국제경제질서를 유지·발전시켜나가고 있다. 오늘날의 국제경제질서가 단순히 條約法에 의하여 규제되고 있을 뿐만 아니라 국제조직에 의한 집행을 수반하고 있다는 사실이 인정되는 것이다.

이리하여 오늘날의 국제경제법은 국가적 요청으로 성립된 각국 경제법의 단순한 연장이 아니다. 그것은 조약에 의하여 직접 국가를 구속하는 것이며, 국제사회에 있어서의 시민적 경제활동을 직접적으로 규율하는 법으로서 國際私法이나 세계적인 商慣習法과도 구별되는 것이다. 동시에 이러한 국제경제법의 궁극적 목적은 국가간의 상품이동을 가능케 하는 법적 여러 요건을 조약으로써 정비하는 일이 된다. 여기에는 단순히 무역의 자유화뿐만 아니라 그 매개가 되는 국제결제수단, 투자, 서비스 등의 국제법 규제가 미치지 않으면 안된다. 더 나아가서 자본주의경제만을 당연의 전제로 할 수 없는 오늘날의 국제사회에 있어서 국제경제법은 상이한 경제질서 상호간의 경제활동을 조절하는 역할을 수행할 뿐만 아니라 고전적인 예정조화의 사상을 극복하고 국제사회의 확대균형이나 개발과 같은 새로운 개념을 실현하기 위한 법규범으로서의 성격도 아울러 갖는 것이다.

2. 國際經濟關係의 歷史的 展開

국제법은 국제경제관계의 역사적 전개의 과정에 대응하여 변천되어 왔다. 전통적 국제법이 일단 완성된 19세기의 중엽은 유럽에 있어서의 自由貿易體制의 확립기이기도 하였다. 이 자유무역체제는 유럽제국간에 그물처럼 펼쳐진 二國間 通商條約에 의하여 실현되었다.

그런데 17세기부터 19세기의 시기에는 두 개의 경합하는 경향이 제국의 경제정책 중에 형성되었다. 즉, 自由貿易과 이에 대립하는 保護主義이다. 독일과 미국 등은 자국의 취약산업을 보호하기 위하여 외국상품에 관세를 부과하려 하고, 반대로 선진국인 영국과 프랑스 등은 자유무역주의를 주장하여 관세장벽의 철폐를 주장하였던 것이다. 그리하여 이러한 대립을 회피할 목적으로 通商(航海)條約이 체결되어 그 중에 제국간의 경제관계를 규율하는 규칙이 작성되어갔다. 여기서 주목할 만한 법제도는 관세에 대한 最惠國待遇와 協定關稅率이며, 사람과 재산 등에 대한 內國民待遇의 제도 등이다.

그러나 19세기 말부터 주기적으로 습격해 오는 공황에 대처하기 위하여 유럽제국은 경제과정에의 가입을 강화하였다. 특히 대외적으로 영국은 帝國特惠關稅에 대표되는 최혜국조항의 예외를 설정하여 경제블럭을 형성하였다. 이 경제블럭간의 전쟁이 제 1 차 세계대전이었다. 대전 후에도 여러 국가는 關稅, 輸入許可制, 輸入割當制, 換管理 등의 방법으로 경제블럭을 강화해 나갔다. 제 1 차대전 이전 유럽의 선진제국에 의하여 주장된 자유주의경제의 제원칙은 실은 해외에 있어서의 경제적 이권의 획득과 유대에 의하여 자본주의의 발전을 실현하려는 유럽제국의 기대의 표명인 동시에 '近代國際法'의 경제적 측면이기도 하다.

제 2 차대전 후의 세계경제질서는 거대한 부를 축적한 미국을 중심으로 국제경제기구에 의하여 자유무역체제를 부활시키려는 것이며, IMF=GATT체제라고 불린다.

그러나 미국의 절대적 우위를 전제로 한 이 질서는 일본, 서독 등의 경제발전에 의한 미국의 상대적 지위의 저하와 개발도상국의 국제무대에의 진출에 따라 오늘날 변혁과정을 걷고 있다. 특히 개도국은 전통적 경제질서를 근본적으로 비판하면서 1946년부터 1960년대 초두까지의 低開發諸國에 대한 기술적·금융적 원조의 범위를 넘어선 新國際經濟秩序(NIEO)의 수립을 요구하고 있다. NIEO는 구미선진국중심의 국제경제질서의 근본적 개혁뿐만 아니라 해양관할권질서의 재편성, 나아가서 경제발전과 인권과의 관계의 재검토를 포함하여 국제법질서의 거의 전체를 망라한 광범한 것이다.

더욱이 1917년에 소련이 탄생하고, 제 2 차대전 후에는 다수의 사회주의국가가 등장하여 그들은 기존의 국제경제질서의 변혁을 요구하는 동시에 독자적 경제질서를 형성하고 있다.

3. 通商航海條約

국경을 넘은 경제활동을 가능케 하고 그 안전을 확보하기 위해서는 2국간에 통상(항해)조약이 체결되어 그 활동을 규율하는 법적 테두리를 설정하는 것이 필요하다. 이리하여 국제경제활동을 규제하는 가장 기본적인 법형태는 2국간의 通商航海條約이다. 1국의 개인 또는 기업이 타국의 영역에서 무역이나 투자에 관하여 영업활동을 하기 위해서는 그 2국간의 통상항해조약으로써 기본적인 사항을 상세하게 규정하는 것이 보통이다.

특히 기업이 상대국의 국내법상으로도 법인으로서 활동할 수 있도록 하는 이른바 外國法人의 認許와 같은 것은 이러한 通商航海條約으로써 보장한다.

통상조약의 내용은 일률적이 아니며 해외투자가 활발해짐에 따라 또는 국가가 경제과정에 적극적으로 개입하는 정도에 따라 그 내용이 변화한다. 그러나 일반적으로 입국, 재류의 자유, 신체·재산의 보호, 경제활동의 자유, 관세·조세의 징수요건 등이 규정된다.

通商航海條約의 一般原則 중에 특히 중요한 것은 無差別待遇條項으로서 그 내용으로는 첫째 內國民待遇(national treatment)의 원칙이 있다. 내국민대우라고 하는 것은 일방 체약국의 영역내에서 자국의 국민, 회사, 산품, 선박 등에 대하여 부여하는 것과 동일한 대우를 동일한 경우에 他方의 체약국의 국민, 회사, 산품, 선박에 대해서도 부여하는 것을 말한다. 내국민 대우를 약속한 조항이 있으면 상대국에 대하여 적어도 자국민, 자국기업보다 불리하지 않은 대우를 부여해야 되는 것이다(한미우호통상항해조약 제22조 I, 미일통상항해조약제22조 I). 일반적으로 사법상의 권리에 관해서는 相互主義에 의하는 것이 원칙이다.

둘째의 원칙은 最惠國待遇(most favoured nation treatment)이다. 이 조항이 있을 경우 체약국은 자국영역에서 현재 및 장래에 제 3 국의 국민과 기업에 대하여 부여하는 것과 동일한 대우를 상대국의 국민과 기업에 대하여도 보장하여야 한다(한미통상항해조약 제22조 II, 미일통상항해조약 제22조 II). 最惠國待遇에는 無條件主義와 條件主義가 있다. 무조건주의는 일방의 체약국이 제 3 국에 대하여 어떤 새로운 은혜나 특혜를 부여한 경우 상대국에 대하여도 無對價로 즉시 동일한 이익을 부여하는 것이다. 반면 조건주의는 제 3 국에 대하여 어떤 이익의 대가로서 그러한 은혜나 특혜를 부여한 경우 상대국은 당연히 동일한 이익을 받는 것이 아니고, 다만 같은 대가를 제공한 경우에 비로소 동일한 이익을 향유하게 되는 것이다. 오늘날에는 '즉시 또한 무조건으로' 이러한 대우를 부여하여, 대가를 요구하지 않는 경향이 있다. 이것은 그 국가의 영역에서 외국인 상호간의 대우를 동일하게 하자는 취지에서이다.

無差別待遇 중에 자국국민과 상대국 국민과의 평등대우가 內國民待

遇이며, 상대국 국민과 제 3 국 국민과의 평등대우가 最惠國待遇이다. 다만 平等待遇라고 하는 경우 자국국민과 제 3 국 국민이 유리한 대우를 받고 있다는 것을 전제로 하며 상대국 국민에게도 그것과 동등한 유리한 대우를 부여하는 것을 의미한다.

> 通商航海條約上의 내국민대우나 최혜국민대우는 공산진영과 비공산진영간에 상당한 제약이 있는 동시에 비공산진영의 제국간에도 실제적용상 또는 조약상 여러 가지 제약이 있다.
>
> 첫째 영국의 커먼웰스 구성국은 상호간의 특혜에 관하여 약정하는 동시에 그 특혜는 비가맹국에 적용하지 않기로 하고 있다. 이들간의 특혜규정은 Commonwealth clause라고 불리는데 통상항해조약 등에 최혜국민대우조항을 둘지라도 타국은 그 적용으로부터 제외된다.
>
> 둘째는 유럽聯合(EU)인데, 이것은 가맹국간의 관세, 화물수출입의 제한조치를 철폐할 것과 비회원국에 대한 공동관세와 공동의 통상정책을 설정하기로 약속한 것이므로 공동체의 가맹국과 비가맹국간에 차별대우를 하는 결과가 된다.
>
> 셋째는 GATT가 인정한 逃避條項(escape clause)이다. 체약국은 경쟁관계에 있는 타국산품의 수입이 국내생산자에게 중대한 손해를 끼치는 경우에는 그 손해를 방지하고 구제하기 위하여 필요한 관세대책을 취할 수 있게 되었다. 이것은 체약국이 다른 체약국의 過當競爭(excessive competition)에 대하여 경제상의 자위조치를 규정한 도피조항의 1종이다.
>
> 넷째, 최혜국대우조항은 수출경쟁력이 우수한 국가에게는 통상확대를 위한 무기가 되기 때문에 공업선진국과 후진국의 쌍방으로부터 경계를 받아 그 조항의 설정을 거부하는 경향이 있다.

위의 無差別待遇의 원칙에 대하여 公平·衡平待遇의 原則(principle of fair and equitable treatment)이 있다, 이것은 첫째, 내국민대우 또는 최혜국민대우만큼 엄격하지 않고 따라서 평등무차별대우는 아니나 적어도 공평과 형평을 잃지 않는 대우을 요구하는 것이다. 둘째, 內外無差別待遇(내국민대우)로 만족하지 않고 보다 고차적인 공평과 형평의 대우를 요구하는 경우도 있다(국유화의 경우 내외평등으로 만족하지 않고 외국인에 대하여는 신속하고 충분한 보상을 요구하는 경우가 그 예다).

戰前의 통상항해조약은 외국인 또는 외국기업에 대하여 현지의 재판소에의 出訴權을 인정하는 것이 고작이었다. 戰後의 통상항해조약은 그 이상으로 외국법인에 대하여 그 입국·체류·회사설립·영리활동·재산의 취득과 보호 등 기업활동을 행할 수 있는 이른바 establishment에 관한 조항을 구비하고 있다. 첫째, 입국에 있어서는 무역활동 또는 투자활동을 목적으로 하는 한 상대국에의 입국을 절대적으로 보증한다(전쟁 전에는 상대국이 국내법에 따라 최혜국민대우를 부여하는 약한 것이었다). 둘째, 영리활동에 있어서는 상대방의 국민과 기업에 대하여 내국민대우를 부여한다(단, 우호관계에 있지 않는 국가와 내국민대우를 규정하는 경우는 드물다. 예, 1957년의 소·일통상조약). 업무상 필요한 지점·대리점의 설치, 공장 기타의 시설의 설립은 물론이고, 상대국의 상법에 의거한 회사의 설립, 상대국의 내국회사의 주식을 획득하는 것도 허용된다. 이른바 '制限業種'(공익사업, 조선, 항공운송, 해상운송, 은행업무, 토지·천연자원의 개발 등)에 관해서는 최혜국민대우에 입각한 상호주의에 의한다. 셋째, 일방 체약국의 국민이나 기업의 재산은 상대국의 영역에서 보호를 받으며, 내국민대우와 최혜국민대우에 의하여 '正當한 補償'을 받지 않고는 수용할 수 없다.

제 2 절 國際貿易制度

1. WTO의 設立背景

(1) 브레튼우즈 체제의 形成과 GATT의 發展

1929년 대공황을 전후하여 미국 등 세계각국은 관세를 인상하고 수입수량을 제한하는 등 보호주의적 체제를 강화하였는데, 무역장벽의 경쟁적 구축에 따른 무역전쟁을 종식시키기 위한 국제적 노력은 마침내 제2차 세계대전중인 1944년 7월 브레튼우즈(Bretton Woods) 체제를 출범시키는데 성공하였다.

미국의 브레튼우즈에서 연합국 44개국에 의해 형성된 브레튼우즈 체제는 國際通貨와 國際投資를 각각 담당하는 國際通貨基金(IMF)과 國際復興開發銀行(IBRD)을 발족시켰으나, 국제무역기구의 설립은 순조롭게 진척되지 못하였다. 1946년 이후 미국에 의해 추진된 國際貿易機構(International Trade Organization: ITO) 설립작업이 예상보다 늦어지자, 우선

1947년 10월 30일 暫定適用協定(Protocol of Provisional Application)이 체결 서명되었는데, 이 잠정적용협정에 의해 1948년 1월 1일자로 GATT가 발효하였다.

원래 GATT는 ITO설립을 전제로 체결되었고 1948년 초 쿠바의 하바나에서 ITO헌장이 채택되기도 하였으나, 미국 등의 반대로 ITO설립이 무산된 이후에는 GATT가 국제무역정책 조정의 중심으로 부상하게 되었다. GATT 체제는 IMF, IBRD를 중심으로 한 브레튼우즈 체제와 더불어 제 2 차 세계대전 이후 비공산권국가의 경제활동을 지탱하여 준 중심지주였다. GATT는 모두 여덟 차례에 걸친 다자간무역협상을 주도하였고, GATT 체약국회의는 국제무역정책에 관한 주요 토론장이 되었다. GATT는 법적으로는 국제기구가 아니며 국제협정에 불과하나 사무국, 총회, 이사회 등을 통한 그 후의 운영에 의해 사실상 국제무역기구로서의 역할을 수행해 왔다고 할 수 있다.

(2) GATT 체제에서 WTO 체제로

지난 1994년 4월 15일 모로코의 마라케시에서 세계 113개국이 '우루과이라운드(Uruguay Round: UR) 最終議定書'에 서명함으로써 1986년 9월부터 시작된 UR협상이 7년 7개월 만에 정식으로 종결되었다. 그리고 'UR 최종의정서'와 불가분의 관계를 이루고 있는 'WTO 設立協定'이 1995년 1월 1일자로 발효됨에 따라, 그 동안 사실상 국제기구 역할을 수행해 왔던, 기존의 GATT 관련기구는 WTO로 이전되거나 대체되는데, '국제무역분야의 UN'이라고 할 수 있는 WTO는 UR 이후 세계무역관계 전반을 관할하는 法人格을 보유한 國際機構로서 기능하게 된다. 여기서 주의할 것은 WTO의 출범으로 기존의 GATT가 폐기되거나 모든 GATT 규정이 무효화되는 것은 아니라는 사실이다. 즉 국제협정으로서의 GATT는 '1947년 GATT' 및 '1994년 GATT'의 형태로 WTO관할하의 'UR 최종협정'에 저촉되지 않는 범위내에서 계속 효력을 갖게 된다. '1994년 GATT'에는 ① WTO 발효 이전까지의 개정을 포함한 '1947년 GATT' 규정, ② 1947년 GATT와 관련된 관세양허의정서, 가입의정서, 의무면제 및 기타 결정들, ③ UR협상결과로 확정된 GATT 條文에 관한 7개 양해각서, ④ '1994년 GATT에 관한 마라케쉬 관세양허의정서' 들이 포함된다.

2. WTO 체제의 意義와 特徵

(1) 意 義

WTO 체제라 함은 'WTO 설립협정'(또는 'WTO 설립을 위한 마라케시 협정')에 부속된 다자간 무역협정들이 'UR 최종협정'에 따라 WTO를 중심으로 운영되는 국제무역체제를 말하는데, 'UR 최종협정'은 크게 'UR 최종의정서'(Final Act Embodying the Results of the Uruguay Round of Multilateral Trade Negotiations), 'WTO 설립협정'(Agreement Establishing the World Trade Organization), '각료결정 및 선언'(Ministerial Decisions and Declarations) 등 3부분으로 구성되어 있으며 각 분야별 협정들은 'WTO 설립협정'에 부속되어 있다(표 1 참조).

WTO 체제는 각종 무역장벽을 완화 철폐하고, 기존의 국제무역규범을 보다 구체화·명료화·강화하고, 농산물 및 서비스 무역분야 등에 대한 새로운 국제무역규범을 정립하고, 공정하고 객관적인 분쟁해결제도를 도입하여, 다자간 무역체제를 개선·강화함으로써 세계경제를 활성화하는 것을 주요 목표로 하고 있다. 기존 GATT 체제하에서의 국제무역질서는 비교우위에 입각한 자유무역을 제창해 왔음에도 불구하고 국제무역을 왜곡시키는 각종 비관세장벽, 역외국가들에 대한 지역경제공동체 회원국의 차별적 무역관행, 신보호주의에 입각한 선진국의 일방적 수입규제, 지적재산권의 보호와 관련한 국제무역규범의 미비 등은 결과적으로 국제통상마찰의 심화를 초래하였다. 따라서 WTO 체제는 기존 GATT 체제하의 이러한 문제점들을 시정·개선하는 제도적 장치로 기능하리라 예상된다.

〈표 1〉 UR 최종협정의 구성

Ⅰ. UR 최종의정서(Final Act Embodying the Results of the Uruguay Round of Multilateral Trade Negotiations)

Ⅱ. WTO 설립협정(Agreement Establishing the World Trade Organization)

- 부속서 1A: 상품무역협정
  1. 1994년 GATT(GATT 조문에 관한 협정)
     (a) 제 2 조 1항 ⓑ (관세양허표상의 기타 과세 및 부과금)에 관한 양해각서
     (b) 제17조(국영무역기업)에 관한 양해각서
     (c) 국제수지조항(제18조)에 관한 양해각서
     (d) 제24조(관세동맹 및 지역협정)에 관한 양해각서
     (e) 제25조(의무면제)의 해석에 관한 양해각서
     (f) 제28조(양허표의 수정)의 해석에 관한 양해각서
     (g) 제35조(특정체약국간의 협정부적용)의 해석에 관한 양해각서
  2. 1994년 GATT에 관한 UR 관세양허 의정서
  3. 농산물협정
  4. 위생 및 검역협정
  5. 섬유류협정
  6. 기술장벽협정
  7. 무역관련투자협정
  8. 반덤핑관세협정
  9. 관세평가협정
  10. 선적전검사협정
  11. 원산지규정협정
  12. 수입허가절차협정
  13. 보조금 및 상계조치협정
  14. 긴급수입제한협정
- 부속서 1B: 서비스무역에 관한 일반협정
- 부속서 1C: 무역관련 지적재산권협정
- 부속서 2: 분쟁해결규칙 및 절차에 관한 양해각서
- 부속서 3: 무역정책검토제도
- 부속서 4: 복수국간 협정
  (a) 민간항공기협정
  (b) 정부조달협정
  (c) 국제낙농협정
  (d) 쇠고기협정
- 서명(117개국 국가 및 EC의 서명란)

Ⅲ. 각료결정 및 선언(Ministerial Decisions and Declarations)

1. 최빈국 우대조치에 관한 결정
2. 세계경제정책결정의 일관성달성에 대한 UR의 공헌에 관한 선언
3. 통고절차에 관한 결정
4. 관세평가
   (a) 세관당국이 신고가격의 진실성이나 정확성을 의심할 만한 사유가 있는 경우에 관한 결정
   (b) 독점대리인, 독점분배권자 및 독점양수인에 의한 수입과 최소과세 기준가격에 관한 협정문
5. 기술장벽
   (a) UR－국제표준화기구의 표준정보체제에 대한 양해각서 제안
   (b) 국제표준화기구－국제전자기술위원회 정보센타출판의 검토에 관한 결정
6. 최빈국과 식량순수입개도국에 대한 개혁정책의 부정적효과에 관련된 조치에 관한 결정
7. 서비스무역 일반협정
   (a) 서비스무역 일반협정의 제도적 장치에 관한 결정
   (b) 서비스무역 일반협정을 위한 특정 분쟁해결절차에 관한 결정
   (c) 서비스무역 일반협정 제14조 (b)항에 관한 결정
   (d) 기본통신협상에 관한 결정
   (e) 금융서비스 약속에 관한 양해각서
   (f) 금융서비스에 관한 결정
   (g) 전문직서비스에 관한 결정
   (h) 자연인의 이동에 관한 결정
8. 정부조달협정 제24조 2항의 이행에 관한 결정
9. 분쟁해결 규칙 및 절차에 관한 양해각서의 적용과 검토에 관한 결정
10. GATT 분쟁해결 규칙 및 절차의 개선에 관한 결정
11. 1994년 GATT 제 6 조의 이행에 관한 협정
    (a) 우회방지에 관한 결정
    (b) 분쟁해결패널의 검토기준에 관한 결정
12. 1994년 GATT 제 6 조의 이행에 관한 협정 또는 1994년 보조금 및 상계관세협정 제 5 부에 따른 분쟁해결에 관한 결정

⑵ 特 徵

WTO 체제가 갖는 가장 큰 의미는 국제무역규범이 회원국의 국내법과 정책에 직접·간접으로 강제된다는 점인데('WTO 설립협정' 제16조 4항), 세계무역관계 전반을 관할하는 국제기구인 WTO를 창설한 것 외에도 WTO 체제가 기존의 GATT 체제와 구별되는 주요 특징은 다음과 같다.

1) 貿易範圍 및 市場開放의 擴大 WTO 체제는 공산품 분야 이외에도 기존 GATT 체제의 규율대상에서 실질적으로 제외되었던 농산물 및 섬유류분야는 물론 서비스, 지적소유권 등 신분야에 관한 국제무역규범을 정립하였다. 그리고 자유무역체제를 확립하기 위하여 관세인하의 폭을 대폭 넓히고 각종 비관세장벽의 철폐를 의무화하였으며, 관세만을 유일한 보호수단으로 하는 '例外없는 關稅化原則'을 농산물분야에서도 관철시킴으로써 회원국의 시장개방을 보다 확대하였다.

상품무역분야에 있어서도 동경라운드(1973-79)에서 채택되어 협정가입국들간에만 적용되어 온 다자간 무역협정들 중 일부(즉, '보조금 및 상계관세협정', '관세평가협정', '수입허가절차협정', '기술장벽협정', '반덤핑관세협정' 등 5개협정)가 WTO 체제로 복귀되어 '모든 회원국'에게 적용된다. 다만 민간항공기, 정부조달, 낙농, 쇠고기 등 4개분야는 가입국간에만 적용되는 '복수국간 협정'으로 남아 있으나, 과거의 동경라운드에서는 동협정들이 GATT와 무관하게 운용된 것에 비해 상기 '複數國間 協定'은 다른 협정들과 마찬가지로 WTO 체제하에서 운용되어야 한다.

이 밖에도 환경보호와 노동조건 등을 무역과 연계시키는 문제가 WTO 체제하에서 논의될 예정이나, 선진국과 개도국간의 의견대립에 비추어 볼 때 가까운 시일내에는 이에 대한 국제규범이 정립될 것 같지 않다.

2) 基本原則의 擴大 GATT 체제와 마찬가지로 最惠國待遇 및 內國民待遇 原則을 基本原則으로 채택하였으나, '서비스무역에 관한 일반협정'과 '무역관련 지적재산권협정'의 경우에는 광범위한 例外를 허용하였

다. 이에 비해 GATT 체제하에서는 일반적으로 수출입규제가 예외적으로 허용되는 경우에도 최혜국대우 및 내국민대우원칙이 일관되게 적용된다. 그리고 WTO 체제는 透明性(transparency)원칙을 기본원칙으로 채택하였는데, 여기서 투명성 원칙이라 함은 무역과 관련한 국내법규, 사법적·행정적 결정 및 정책을 명료히 하고 공개하는 원칙을 말한다. 결국 투명성 원칙은 국제무역규범의 예측가능성을 제고하고 WTO 체제의 실효성을 확보하기 위한 것이라 하겠다. 투명성원칙은 WTO 체제에 일관된 기본원칙이긴 하나 法執行에 방해가 되는 경우, 公益에 반하는 경우, 營業秘密에 관한 경우, 國家安保를 위한 경우 등 특정한 경우에는 예외를 인정하고 있다.

3) **國際貿易規範의 強化** 자의적이고 일방적인 무역규제조치를 엄격히 제한하였다. 그 동안 개별국가에 의해 자의적으로 운용되어 왔던 반덤핑관세제도, 상계관세제도, 긴급수입제한제도 등의 발동요건과 절차가 구체화·명료화되고 강화되었으며, 특히 수출자유규제(VER), 시장질서유지협정(OMA) 등과 같은 灰色地帶措置의 발동이 금지됨으로써 일방적 무역규제조치가 자제되고 공정무역질서가 확립될 것으로 전망된다.

4) **協定履行에 대한 監視機能의 強化** 協定履行에 대한 監視機能을 강화하였다. 회원국은 각종의 무역규제조치를 사무국이나 관련 이사회 및 위원회에 보고하여야 한다(〈표 2〉 참조). 예컨대 각 회원국은 모든 국내보조금의 자세한 내역을 매년 6월 30일 이전에 보조금 상계관세위원회에 제출하여야 하고, 상계관세부과와 관련한 모든 조치를 지체없이 동 위원회에 보고하고 6개월마다 자국이 취한 상계관세조치에 관한 보고서를 제출하여야 하는데, 동 위원회는 특별회의 또는 정기회의에서 이를 검토한다. 그리고 WTO 체제는 '貿易政策檢討制度'(Trade Policy Review Mechanism: TPRM)를 도입하였는데, 이는 각 회원국으로 하여금 자국의 貿易政策과 慣行을 정기적으로 WTO에 보고하도록 하고 이를 각료회의에서 평가하도록 함으로써 각 분야별 협정의 규정이나 원칙 및 공약의 준수여부를 감시하게 하는 제도적 장치로서 기능한다. 또한 WTO는 세계경제정책의 일관성확보를 위해 필요한 경우 IMF, IBRD 및 관련 산하기구들과

협력한다.

5) 紛爭解決權限 등 司法的 權能의 強化 司法的 權能을 강화하였다. 회원국간의 모든 貿易紛爭은 WTO산하 상설기구인 '紛爭解決機構'(Dispute Settlement Body: DSB)에 의해 '분쟁해결규칙 및 절차에 관한 양해각서'에 따라 해결하도록 함으로써 회원국의 일방적인 보복조치에 의한 분쟁해결을 금하고 있다. 또한 常設抗訴機構를 통한 抗訴檢討制度를 도입하였고, 패널보고서의 이행을 위해 채택된 권고 및 판정의 이행을 DSB가 계속 감시하도록 하였으며, 권고 및 판정사항이 합리적인 기간 내에 이행되지 않을 경우에는 DSB의 승인하에 補償 또는 報復이 가능하도록 하였다.

〈표 2〉 WTO의 조직표

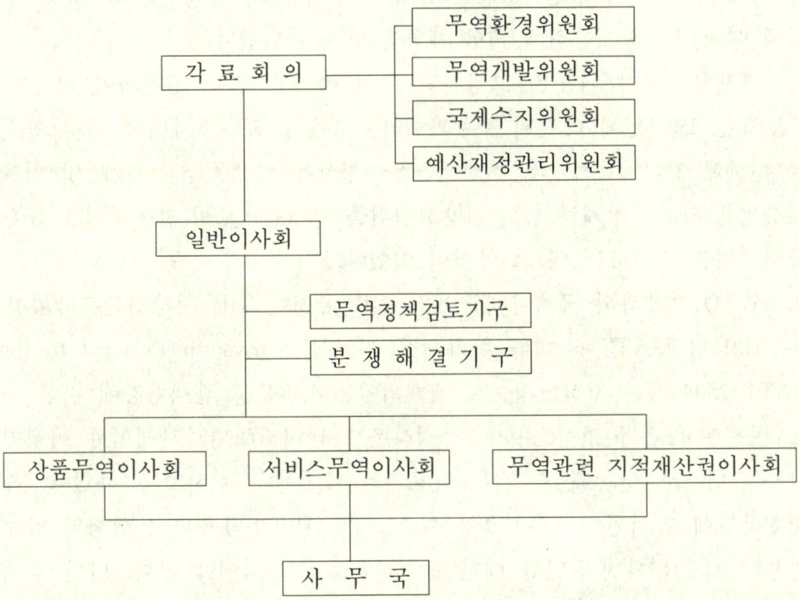

3. WTO의 法原則

(1) 自由貿易主義

自由貿易主義는 상품과 자본 및 노동의 자유로운 국가간 이동을 촉진하기 위하여 인위적인 각종 貿易障壁을 제거하여 시장경제의 원리에 입각한 自由로운 國際貿易을 보장하는 원칙을 말한다. 자유무역의 실현은 자원의 효율적 활용에 따른 범세계적 소득증대를 초래함으로써 산업조정의 지연, 구조적 실업, 자본이동의 경직성 등을 완화시키게 될 것이다. 자유무역주의 원칙은 관세만을 유일한 수입제한수단으로 허용하는 GATT규정 제2조(관세양허규정) 및 제11조(수량제한금지규정)에 잘 나타나 있다. 각 회원국이 제출한 關稅讓許表上의 稅率은 부과 상한선이기 때문에 각 회원국이 독자적인 결정에 따라 그 이하로 낮출 수 있다. 다만 대상품목은 관세양허표상 규정된 것에 한하며, 또한 WTO 비회원국으로부터의 수입에 대해서는 관세양허에 의한 제한을 받지 아니한다.

관세양허표의 내용은 고정적인 것이 아니라 계속 변경되어 왔는데, GATT는 1994년에 타결된 우루과이라운드까지 모두 8차례에 걸쳐 관세를 인하해 왔다. 특히 UR 시장접근분야협상은 교역물품의 관세 및 비관세장벽을 완화·철폐하고, 관세양허범위를 확대함으로써 자유무역을 통한 국제무역을 증진하는 데 그 목적이 있었다.

WTO 체제하의 국제관세규범을 주로 규정한 'UR 시장접근분야협정'은 '1994년 GATT에 대한 마라케쉬 의정서'(Marrakesh Protocol to the GATT 1994)라는 정식명칭으로 채택되었는데, 이 중 관세인하에 관한 주요 내용은 다음과 같다. 첫째, 동경라운드에 비해(8년) 관세인하 이행기간을 5년으로 단축해 무역자유화효과를 조기에 실현하고자 하였다. 즉 회원국간에 합의된 1986년 9월 기준 33% 관세인하율은 본협정의 발효일부터 1999년까지 5년간 매년 동일비율로 인하되어야 한다. 다만 관세양허표에 별도의 규정이 있는 경우에는 관세인하 이행기간에 대한 예외가 허용된다. 둘째, 관세양허계획의 이행은 요청이 있을 경우 WTO의 '多者間 審査'(multilateral examination)를 받도록 함으로써, 관세양허의 이행여부를 WTO가 감시할 수 있도록 하였다. 셋째, 사전에 서면으로 통고한 후에는 관세양허계획을 보류하거나 철회할 수 있다.

(2) 公正貿易主義

공정무역주의란 반덤핑, 보조금지급 등과 같은 차별적이고 제한적인 不公正貿易慣行을 제거함으로써 국제무역규범에 합치되는 자유롭고 공정한 競爭條件을 보장하는 원칙을 말한다. WTO는 自由貿易(Free Trade)과 公正貿易(Fair Trade)에 입각한 世界貿易秩序를 수립하기 위해 창설된 것이라 하겠는데, 반덤핑관세협정, 보조금 및 상계조치협정, 기술장벽협정 등 WTO가 관할하는 각종 多者間 貿易協定은 결국 자유무역과 공정무역을 실현하기 위한 국제무역규범이라 할 수 있다. 최근의 국제무역질서에 주목할만한 것은 공정무역이 자유무역보다 우선시되는 경향이 있는 점인데, 특히 미국은 각국의 不公正貿易慣行을 조사 선정하여 불공정무역관행국가를 상대로 각종 통상압력과 제재를 가하고 있다.

(3) 多者主義

다자무역(multilateralism)란 관세수준과 기타 무역제한수준 등과 같은 각종 국제무역규범의 제정, 변경, 적용 및 집행은 모든 관련국가의 참여하에 논의되고 결정되어야 하며, 협정당사국간에 분쟁이 발생한 경우에도 일방적 해결이 아닌 관련국가가 모두 참여한 多者間 協商을 통하여 해결되어야 한다는 원칙을 말하는 것으로, 이는 무역강대국에 의한 국제무역규범의 제정과 집행 및 분쟁해결의 一方性 및 恣意性을 방지하여 국제무역규범의 실효성을 높이기 위한 것이다. GATT 제28조(bis)는 관세인하를 위한 다자간협상을 GATT가 수시로 주관할 수 있다고 규정하고 있으며. GATT는 1994년에 타결된 UR 협상을 포함하여 모두 8차례의 다자간 무역협상을 주도한 바 있다. 'WTO 분쟁해결규칙 및 절차에 관한 양해각서'는 동 양해각서상의 절차에 따르지 않는 一方的 報復措置를 엄격히 통제하고 있다.

(4) 非差別主義

WTO 법원칙의 핵심이라고 할 수 있는 비차별주의는 국가간 또는 원산지간 차별을 철폐하는 원칙을 말한다. 어떠한 형태라 할지라도 차별은 또 다른 차별을 초래하여 장기적으로는 모든 국가가 차별로부터 연유하는 국제무역의 왜곡현상으로 모두 피해를 본다는 데 차별철폐의 의의가 있다. 非差別主義는 最惠國待遇(most favoured nation treatment)와 內國民待遇(national treatment)로 구성된다.

GATT 제 1 조에 규정된 최혜국대우란 일방회원국이 자국영역 내에서 同種物品(like product)에 대하여 제 3 국 또는 제 3 국 국민에게 부여하는 관세, 통관, 수출입에 관한 규칙 및 절차상의 모든 혜택을 타방회원국 또는 그 국민에게도 부여하는 것을 의미한다. 최혜국대우의 목적은 관세협정 일방당사국의 수출품에 대한 관세인하의 효과가 그 후 제 3 국에 대한 더 많은 관세인하로 인해 삭감되는 것을 방지하기 위한 것이다. 최혜국대우원칙은 형평 무차별의 원칙으로서 1 국의 관세를 최저수준으로 수렴시키는 기능을 한다. GATT 제 3 조에 규정된 內國民待遇란 회원국이 수입산품에 대한 내국세 및 기타 내국과징금의 부과, 수입산품의 판매 구입 운송 분배 또는 사용에 영향을 주는 법령, 규칙 및 요건에 관하여 동종의 국내산품에 부여하고 있는 대우보다 불리하지 아니한 대우를 부여하여야 한다는 것을 의미한다. 즉 일방회원국은 자국민이나 자국산품에 부여하는 것과 동일한 권리와 특권을 자국영역 내의 타방회원국의 國民이나 產品에 대해서도 부여하여야 한다. 最惠國待遇原則이 輸出國 또는 原產地國에 따른 차별을 금하는 것이라면, 內國民待遇原則은 輸入品과 國內產品간의 비차별을 의미한다.

(5) 數量制限禁止原則

GATT 제11조에 규정된 수량제한금지원칙은 수출입 산품에 대한 數量割當(quota), 輸出入許可 등 그 형태에 상관없이 관세나 조세 또는 기타 과징금을 제외한 금지 또는 제한을 수출입 산품에 부과하는 것을 금하는 원칙이다. 數量制限은 일반적으로 수입에 대해 적용되는 예가 많은데, 輸入數量制限이란 특정기간 내(대개 1년단위)에 1국으로 수입되는 특정물품의 總量(또는 總價額)에 상한선을 정하는 방식에 의한 수입규제이다. 즉 수입이 일정한 한도에 이르면 그 이상의 수입은 허용되지 않는 제도이다.

수량제한이란 국제무역에서 가장 논란이 많은 非關稅障壁이다. GATT 작성당시에도 가장 오랜 시일이 소요되었던 것이 이 부분이었으며, 이에 관한 조항은 다른 어떤 부분에 관한 GATT 규정보다도 길고 상세한 편이다. 수량제한은 수입제품에 대하여 세금을 부과하는 것이 아니며, 일단 쿼터에 다다르면 어떠한 가격에 의해서도 더 이상 수입될 수 없다는 점에서 관세에 의한 규제와는 근본적인 차이가 있다. GATT의 초반 15년 활동의 상당부분은 수량제한의 제거에 집중되었다고 하여도 과언은 아니며, GATT의 이같은 노력은 전후 국제무역에 대한 최대의 공헌으로 불리우기도 한다. 그러나 특히 1970년 이후에는 GATT의무를 피하여 이른바 輸出自律規制라는 변형된 형태의 수량제한이 성행하여 국제무역질서에 위협이 되고 있다. 그런데 'WTO 긴급수입제한협정'의 발효로 모든 WTO회원국은 수출자율규제와 같은 이른바 회색지대조치를 4년 이내로 철폐하여야 한다.

그리고 GATT 제11조는 수출입에 한하여 적용되는 것이나, 이와 유사한 개념으로 國內的 數量制限(Internal Quota Restriction)이 있다. 즉 어떤 제품을 만드는 데 일정한 비율의 국산원자재의 사용을 의무화하는 것으로 이는 국제적 수량제한과 동일한 保護主義的 效果를 가져온다. 이는 GATT 제 3 조의 내국민대우원칙에 의해 해결될 문제이다.

(6) WTO 法原則의 例外

WTO의 法原則에는 적지 않은 예외가 있다. GATT 규정상의 광범위한 例外條項(exception clauses)은 합의된 국제무역규범의 일관된 적용을 무의미하게 한다고 혹평하는 이도 있다. 그러나 현실의 국제사회에서 법원칙만을 너무 엄격하게 요구한다면 국가의 존립을 위하여 부득이 탈퇴하여야만 하는 극단적 상황까지도 예상할 수 있다. 국제경제관계는 내용상 국가이익에 극히 민감한 것이 적지 않으며, 또한 경제상황은 통상 유동적이어서 정확한 예측이 불가능하다. 그럼에도 불구하고 무리하게 엄격한 준수만을 고집한다면 그 협정은 존속될 수 없을 것이다. WTO의 적지 않은 예외조항들은 이러한 배경하에 규정된 것이다. WTO체제상의 예외조항은 국제협정에의 참여를 유도하는 이점이 있으나, 예외의 許容基準에 대한 구체적 合意가 없는 경우에는 오히려 분쟁을 유발시킬 위험이 있다.

WTO의 예외조항은 그 발동절차에 따라 크게 3가지로 분류할 수 있다. 첫째, 예외조치로 인정받기 위하여 타회원국의 事前承認을 요하는 것이 있다. 이에 해당하는 것으로는 義務免除(Waiver, 제25조 5항; GATT조문에 관한 협정 ⓔ 제25조의 해석에 관한 양해각서), 換率再評價後 特定關稅의 조정(제2조 6항), 經濟開發에 따른 特定例外(제18조), 伴덤핑關稅(제6조 6항 ⓑ호; WTO 반덤핑관세협정) 등이 있다. 둘째, 타회원국의 사전승인은 필요없으나 通告는 필요한 것으로 國際收支防禦를 위한 예외(제12조, 제14조), 關稅同盟 自由貿易地帶에 대한 예외(제24조 7항), 緊急輸入制限(Safeguard, 제19조; WTO 긴급수입제한협정) 등이 있다. 셋째, 통고조차 필요없이 각 회원국이 단독으로 실시할 수 있는 것으로는 一般的 例外(제20조), 國家安保를 위한 例外(제21조) 등이 있다. 여기서는 이 중 대표적인 몇 가지만을 설명하도록 한다.

1) **義務免除** GATT 제25조 5항과 '1994년 GATT조문에 관한 협정'의 하나인 '제25조의 해석에 관한 양해각서'에 규정된 의무면제는 GATT 및 WTO 협정에 규정되지 아니한 예외적인 사정하에서는 타회원국의 3/4의 찬성투표를 얻어 협정상의 어떠한 의무도 일시적으로 면제받을 수 있다(WTO설립협정 제9조 3항).

義務免除(waiver)를 받을 수 있는 例外的 事情(exceptional circumstances)에 대해서는 GATT규정에 정의된 바 없으며, 그 후의 운영실제에 있어서도 이에 대한 정의가 시도된 바 없었다. 반대로 필요한 투표수를 획득한 모든 사태에 대하여 의무면제가 부여되곤 하였다. 본조항에 의한 免除의 대상이 될 수 있는 의무는 GATT 및 WTO협정이 규정하고 있는 모든 의무이다. 다만 'GATT에 별도로 규정되지 아니한'의 의미는 협정내에 다른 구제수단이나 예외조치가 마련되어 있는 상황에 대해서는 本 義務免除條項의 적용이 없음을 의미한다.

2) **緊急輸入制限** '긴급수입제한'(safeguards)이란 관세양허를 받고 있는 특정제품의 수입증대로 인해 국내산업이 심각한 피해를 받거나 받을 우려가 있을 경우 해당 국내산업을 보호하기 위하여 취하는 關稅 및 非關稅 輸入制限措置로서 GATT 제19조에서 예외적으로 인정되고 있는데, 이는 반덤핑관세나 상계관세의 부과와는 달리 수출국의 公正貿易에 대한 수입규제이기 때문에 그 발동이 엄격히 제한되는 것이 특징이다. 그러나 逃避條項(escape clause)이라고도 불리우는 긴급수입제한조항은 발동요건, 절차, 보상과 보복조치 등에 있어 모호한 부분이 많아서, 미국과 캐나다 등 주요 선진국들이 취한 긴급수입제한조치의 정당성여부에 대한 논란이 많았고, 특히 차별적인 성격을 띤 긴급수입제한조치는 GATT의 기본원칙인 비차별원칙을 위반한 것으로 개도국의 비난을 받아 왔다. 1980년대 이후 미국과 EU 등 선진국들은 '수출자율규제'(Voluntary Export Restriction: VER)와 '시장질서유지협정'(Orderly Marketing Agreement: OMA) 등을 통해 이른바 '회색지대조치'(grey area measures)라 불리우는 수입제한조치를 선별적으로 취해 왔다.

상기와 같은 배경하에서 채택된 'WTO 긴급수입제한협정'(WTO Agreement on Safeguards)의 주요 내용은 다음과 같다. 첫째, 긴급수입제한은 수출국 또는 원산지에 관계없이 수입되는 모든 해당제품에 대하여 무차별적으로 적용되어야 하며, 수량제한의 경우 최근 3년 동안의 평균수입량 이하로 수입량을 감소시킬 수 없다. 둘째, 긴급수입제한은 심각한 피해를 방지하거나 구제하고 구조조정을 촉진하기 위해 필요한 기간(최대한 4년) 동안만 적용되어야 하고, 일정한 요건을 충족하는 경우에는 연장이 가능하나, 잠정조치 발동기간(최대한 200일)과 긴급수입제한의 최초발동기간 및 연장기간을 포함하여 8년을 초과할 수 없으며, 적용기간중 점진적으로 규제를 완화하여야 한다. 셋째, 긴급수입제한제도를 발동하는 국가는 해당국가와 협의하여 보상을 하도록 노력하여야 하며, 협의 개시

후 30일 이내에 합의에 도달하지 못할 경우 수출국은 수입국의 긴급수입제한 이후 90일 이내에 그에 상응하는 報復措置를 취할 수 있도록 하였다. 넷째, 기존의 긴급수입제한조치는 그 발동 후 8년 이내에, 또는 본협정 발효 후 5년 이내 중 늦은 기간 이내에 철폐하여야 한다. 또한 모든 체약국은 '1994년 GATT' 제19조에 부합되지 않는 조치를 취할 수 없으며, VER과 OMA 같은 회색지대조치나 기타 유사한 조치들(수출완화, 수출입가격감시제도 등)을 취할 수 없다. 이미 발동중인 회색지대조치는 협정발효일부터 180일 이내에 긴급수입제한위원회에 제출하도록 되어 있는 시간계획표에 따라 원칙적으로 4년 이내에 철폐되어야 한다.

3) **一般的 例外**　GATT 제20조상의 일반예외조항에 의해 허용되는 조치로는 ⓐ 공중도덕을 보호하기 위해 필요한 조치, ⓑ 인간이나 동식물의 생명 및 건강을 보호하기 위한 조치, ⓒ 금은의 수출입에 관한 조치, ⓓ GATT에 반하지 아니하는 국내법령의 보호, ⓔ 제소자 노동상품에 관한 조치, ⓕ 미술적·예술적·고고학적 가치가 있는 국보의 보호를 위하여 적용하는 조치, ⓖ 유한 천연자원의 보호에 관한 조치, ⓗ 정부간 상품협정상의 의무, ⓘ 국내원료가격 안정계획에 의한 국내원료의 수입제한, ⓙ 공급부족을 이유로 한 수출규제 등이 있다. 다만 상기 조치는 동일한 조건하에 있는 국가간에 자의적이며(arbitrary) 부당한(unjustifiable) 차별의 수단 또는 국제무역에 대한 위장된 제한을 가하는 방법으로 적용되어서는 아니된다(제20조 전문).

4. WTO 體制下의 紛爭解決節次

기존 GATT 체제상의 분쟁해결절차는 분쟁당사국이 자국에 불리한 패널보고서의 채택을 반대할 수 있고, 패널보고서가 개도국에 유리하게 채택되더라도 이를 효과적으로 집행하는 기구가 없기 때문에 무역강대국을 상대로 한 보복조치는 사실상 불가능하며, GATT와 각종 주요 문제에 관한 다자간 무역협정상의 분쟁해결절차의 분리로 혼돈이 야기되어 분쟁을 신속하고 일률적으로 해결하는데 비효율적이었다. 따라서 일부 무역강대국은 자국의 강력한 경제력을 배경으로 자국법을 일방적으로 적용함으로써 GATT체제 밖에서 쌍무적인 차원에서 貿易紛爭을 해결하려는 사례가 많았다. 이러한 문제점을 해결하고 GATT기능을 강화하기 위한 UR 협상은 보다 효과적이고 실시가능한 분쟁해결규칙과 절차를 마련하는 데 목표를 두었다.

'紛爭解決規則 및 節次에 관한 諒解覺書'(Understanding on Rules and Procedures Governing the Settlement of Disputes: DSU)는 기존의 GATT 규정에 비해 체계적이고 통합적인데, 그 구체적 내용과 특징은 다음과 같다(〈표 3〉 참조).

첫째, GATT 규정과 다자간 무역협정에 분산되어 규정되어 있던 분쟁해결 관련조항이 하나로 통일됨으로써 분쟁해결절차의 統一性을 제고하였다. 즉 DSU는 'WTO 설립협정', '상품무역협정', '서비스무역에 관한 일반협정'(GATS), '무역관련 지적재산권협정'(TRIPs), 'DSU', '복수국간 협정' 등에 대해 적용된다. 다만 상기 대상협정들에 특별 또는 추가적인 분쟁해결규정이 있는 경우에는 동 규정(特則)이 상기 양해각서 규정에 우선하여 적용된다.

둘째, 통일된 분쟁해결조항을 집행할 기구로서 상설적인 '紛爭解決機構'(DSB)를 설치함으로써 분쟁해결창구를 일원화하였다. 회원국간의 모든 무역분쟁을 WTO의 DSB로 일원화시킴으로써, 미국 통상법 301조와 같은 일방적 보복조치가 자제될 것으로 기대된다.

셋째, 분쟁당사국간의 자율적인 協議(consultation), 周旋(good office), 調停(conciliation) 및 仲介(mediation)에 의한 분쟁해결을 장려하였다. 특히 협의, 주선, 조정, 중개 등 외교적이고 비사법적인 분쟁해결방법을 도입한 것은 GATT 체제하의 전통적인 힘지향적이고(power-oriented) 실용주의적(pragmatic) 분쟁해결방법을 적절히 절충한 것으로 평가된다.

넷째, 常設抗訴機構에 의한 항소검토를 위한 절차를 도입하여 패널패소국의 항소를 허용함으로써 분쟁해결절차의 適正性을 제고하였다. 그리고 분쟁당사국은 합의하에 언제든지 특정쟁점에 관한 분쟁을 仲裁(arbitration)에 회부할 수 있는데, 일반적으로 중재에는 법의 엄격한 적용보다

〈표 3〉 WTO의 분쟁해결절차

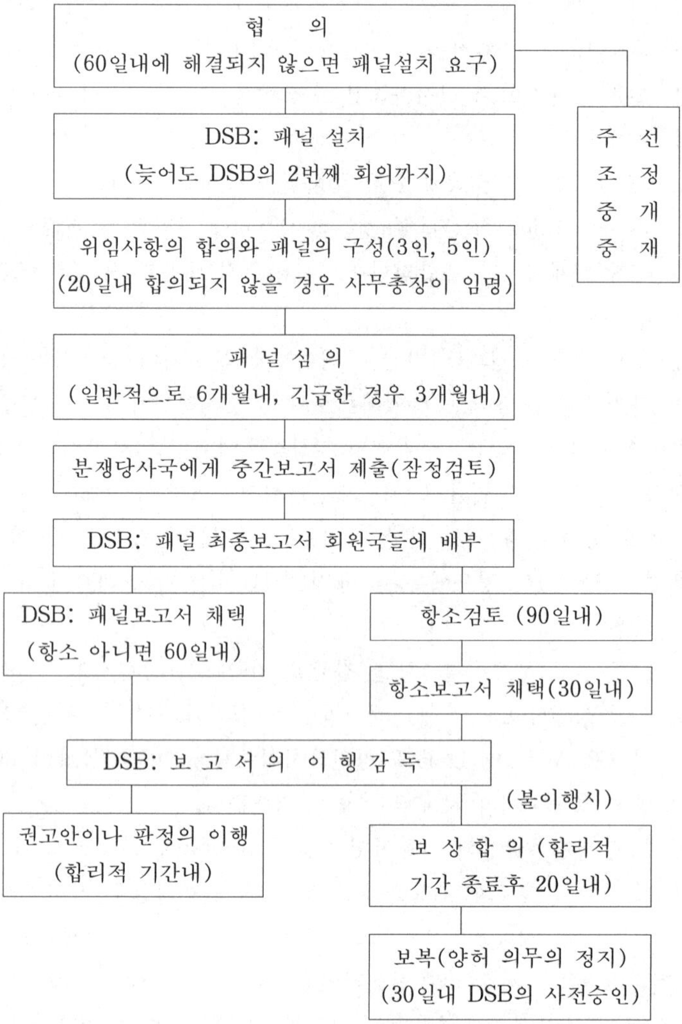

구체적 정의에 입각한 판정이 기대되므로 분쟁의 성질에 따라서는 당사국들의 합의가 존중되는 중재가 쌍방에 보다 만족스러운 해결책을 가져올 수 있을 것이다. 당사국에 대해 기속력이 있는 중재제도의 도입은 분쟁해결절차의 司法性을 제고한 것이라 하겠다.

다섯째, 패널설치와 패널보고서의 채택은 분쟁해결기구에서 總意로 반대하지 않는 한 자동적으로 가능하도록 하였고(이른바 '逆總意制' 방식), 패널진행이 지체되지 않도록 패널절차의 단계적 시한을 명시하는 등 패널절차에 대한 상세한 절차를 규정함으로써 신속하고 효율적인 분쟁해결체제를 확립하였다.

여섯째, DSB는 패널 또는 항소기구의 권고사항이나 판결이 이행되는지 감시하고, 이행되지 않을 경우 불이행국에 대해 피해보상이나 양허정지(報復措置)를 명할 수 있으며, 동일분야에 대한 보복이 비현실적이거나 효과적이지 못할 경우에는 타분야에 대한 보복(交叉報復) 또한 가능하도록 하였다. 그러나 DSU는 무제한적이고 일방적인 보복권을 인정하지 아니하며, 회원국이 보복조치를 취할 경우에는 일정한 절차와 규칙에 따른 DSB의 承認을 받도록 함으로써 보복권의 발동을 엄격히 통제하고 있다. 즉 제소국은 보복조치를 취하기 전에 반드시 DSB로부터 승인(authorization)을 받아야 하며, DSB는 권고안 및 판정의 이행을 위한 합리적 기간이 종료된 후 30일 이내에 '역총의제'(reverse consensus rule)에 따라 보복조치 허용여부를 결정하여야 한다. 그리고 報復措置는 一時的이어야 하며, 대상협정에 위반되는 조치가 철폐되거나, 권고안 또는 판정을 이행해야 하는 회원국이 이익의 무효화 또는 침해에 대한 해결책을 제시하거나, 또는 상호 만족스러운 해결책이 모색될 때까지만 적용되어야 한다.

일곱째, 그 밖에도 회원국간의 무역분쟁시에 상기 양해각서상의 규칙 및 절차를 준수하도록 의무화함으로써 다자간 무역체제를 강화하였으며, 분쟁해결과정에서 최빈개도국의 특수상황을 특별히 고려하도록 하는 특별절차를 규정함으로써 분쟁해결절차의 公正性을 제고하였다.

이처럼 기존의 GATT 체제에 비해 분쟁해결절차의 統一性, 司法性, 效率性, 適正性, 公正性이 강화된 WTO 체제하의 분쟁해결절차는 다자간 무역체제에 豫測可能性과 法的 安定性을 제공하리라 본다. 신속하고 공정한 분쟁해결절차에 의해 대상협정상의 권리침해가 구제될 수 있는 기회가 제공되지 않는 한 WTO 체제하의 국제무역규범은 효율적으로 이행될 수 없다. 따라서 상대적인 경제력 및 협상력에 의한 합의적 분쟁해결이 초래할 불공정성에 비추어 볼 때, 기존의 합의된 규범에 입각한 효율적이고 공정한 사법적 해결방법의 강화는 WTO 체제하의 국제무역규범에 대한 회원국의 신뢰를 고양시켜 줄 것이다.

제 3 절 地域經濟共同體와 國際貿易秩序

1. 地域經濟共同體의 意義와 性格

地域經濟共同體란 일정지역 내의 국가들이 地域經濟圈(regional economic sphere)을 형성하여 域內의 국가들간에 關稅 등 각종의 貿易障壁을 철폐하거나 상품과 생산요소(노동, 자본, 서비스)의 자유로운 이동을 보장함으로써 자원의 효율적 배분과 시장확대에 따른 공동의 경제적 이익을 향유하는 經濟共同體(economic community)를 일컫는 것으로 경제통합(economic integration), 경제블록(economic bloc), 지역경제협력(regional cooperation) 등 다양한 의미를 내포한다. 경제공동체의 형태로는 域內國家간의 결속도와 域外國家에 대한 배타성의 정도에 따라 i) 自由貿易地帶(Free Trade Area), ii) 關稅同盟(Customs Union), iii) 共同市場(Common Market), iv)經濟同盟(Economic Union), v) 完全經濟統合(Complete Economic Integration) 등이 있으며, 기타 지역적 차원에서의 경제협력을 위한 經濟協力體(Economic Cooperation)도 광의의 지역경제공동체 개념에 포함시킬 수 있다.

여기서 自由貿易地帶란 역내 회원국간의 관세 및 기타 제한적 통상규제의 철폐를 통한 貿易自由化를, 關稅同盟이란 역내회원국간의 무역자유화 및 비회원국에 대한 共同對外關稅(common external tariff)를, 共同市場이란 역내 회원국간의 무역자유화와 비회원국에 대한 공동대외관세 이외에 역내 회원국 영역내에서의 勞動과 資本 및 서비스의 자유로운 이동(free movement)을 보장하는 경제공동체를 말한다. 그리고 經濟同盟은 공동시장보다 발전된 형태로 역내 회원국간의 共同 經濟政策을, 完全經濟統合이란 通貨와 財政 및 社會政策上의 統合까지도 포함하는 개념이다.

지역경제공동체는 지역적 특성, 역사적 배경 및 역내국가들의 경제구조 등에 따라 정도의 차이는 있겠으나 역외국가에 대하여 共同關稅와 非關稅障壁을 만들어 차별적이고 보호주의적인 무역조치를 취하는 것이 일반적이다. 따라서 역외국가에 대한 차별성을 강하게 띠는 지역경제공동체의 경우에는 국제경제질서를 왜곡하는 부정적 결과를 초래할 수 있으나, 자원의 효율적 이용과 시장확대에 따른 규모의 경제를 실현하기 위한 경제협력과 성장을 주요 목표로 하는 지역경제공동체는 역외국가와의 교역증대를 초래하여 국제무역질서를 보완하고 활성화시키는 긍정적인 결과를 초래할 수도 있다.

최근 유럽연합(European Union: EU) 통합을 전후로 지역경제공동체의 결성이 확산 강화되고 있는 이유로는 무역강대국을 중심으로 한 보호주의 확산에 대한 공동대응, 다자간 무역협상에서의 협상력의 제고, 탈냉전 이후의 경제문제의 정치화현상, 사회주의 국가들의 시장경제체제로의 전환 등 여러 가지 경제적·정치적 배경에 기인한다.

2. 特別使節團

(1) GATT 規定上의 合法性要件

지역경제공동체의 결성은 최혜국대우원칙에 입각한 WTO체제에서도 예외적으로 허용되고 있는데, GATT 규정상의 요건을 충족하는 지역경제공동체에 대해서는 예외적으로 GATT 규정상의 義務가 免除된다. 이른바 GATT 제24조의 地域條項(regional clauses)은 i) 關稅同盟과 ii) 自由貿易地帶 및 iii) 關稅同盟 또는 自由貿易地帶를 설립하기 위한 暫定協定(interim agreement) 등 3가지 형태의 지역경제공동체 또는 지역협정에 대해 GATT 의무로부터의 면제를 허용하고 있는데, 이 규정은 관세동맹과 자유무역지대의 발전된 형태인 공동시장과 경제동맹 등의 지역경제공동체에 대해서도 적용된다. 이처럼 일정한 요건을 구비한 경제공동체에 대해

GATT 규정상의 의무를 면제해 주는 것은 비회원국에 대해 새로운 무역장벽을 구축하지 않는 한, 회원국간의 자발적 협정에 의거한 자유무역의 증대는 GATT 및 WTO체제와 양립할 수 있다고 보기 때문이다.

WTO는 지역경제공동체의 결성 및 운용에 대해 일정한 統制權을 행사할 수 있는데, 먼저 지역경제공동체가 GATT의 의무적용으로부터 예외를 인정받기 위해서는 GATT 제24조 규정상의 세 가지 要件을 충족하여야 한다. 즉 ① 회원국 영역간의 '실질적인 모든 무역'(substantially all the trade)에 대해 관세와 기타 제한적 통상규칙을 '철폐'하고, 관세동맹의 경우에는 관세동맹에 포함되지 않은 영역에 대해 '실질적으로 동일한'(substantially the same) 관세 및 기타 제한적 통상규칙을 적용하여야 하며(제8항), ② 관세동맹 또는 관세동맹의 결성을 위한 잠정협정의 경우 역외국가에 대해 공동관세 및 기타 통상규칙의 '전반적 수준'(general incidence)을 관세동맹의 결성이나 잠정협정의 체결 이전보다 '전체적으로'(on the whole) 더 높이거나 제한하지 말아야 하고, 자유무역지대 및 자유무역지대의 결성을 위한 잠정협정의 경우 공동관세 및 기타 통상규칙을 자유무역지대의 결성이나 잠정협정의 체결 이전에 존재하였던 '상응하는'(corresponding) 관세 및 기타 통상규칙보다 높이거나 제한하지 말아야 하며, ③ 잠정협정에는 '합리적 기간 내에'(within a reasonable length of time) 경제공동체를 결성하는 계획과 일정표를 포함하여야 한다.

그리고 지역경제공동체에의 참가를 결정한 회원국은 이 사실을 '즉시' 商品貿易理事會(GATT체제에서는 締約國團)에 통고하고 관련정보를 제공하여야 하며, 경제공동체 결성에 관한 계획 및 일정의 實質的인 變更 또한 통보하여야 한다. 또한 지역경제공동체 회원국은 지역협정의 운영과 동 협정의 중대한 변경 또는 진전사항을 상품무역이사회에 보고하여야 하며, 필요한 경우 동 이사회는 경제공동체 결성에 관한 協議를 관련 회원국에게 요청할 수 있다. 또한 상기 세 가지 여건을 구비하지 못한 경우라도 WTO 회원국 3/4 이상의 同意(waiver)를 얻을 경우에는 義務免除條項(제25조 5항)에 따라 WTO체제상 경제공동체 결성이 인정된다(WTO 설립협정 제9조 3항).

⑵ WTO體制上의 統制強化

GATT규정상의 상기 요건은 '실질적인 모든 무역' '전체적으로' '전반적인 수준' '합리적 기간 내에' 등의 용어의 기준 및 해석에 대한 모호성 때문에 논란이 많았다. 지역경제공동체 결성 및 운용의 합법성 여부에 관한 GATT의 관행을 보더라도 GATT 理事會가 구성한 작업단에 의한 검토는 논의결과만을 보고하는 다분히 형식적인데 불과했으며, 동 검토 후 실제로 GATT 체약국단으로부터 공식적인 승인을 받은 경우는 극소수에 불과했으며 제24조 규정을 근거로 경제공동체 결성이 거부된 적은 없었다.

이에 비해 WTO체제는 지역경제공동체 결성 및 운용에 대한 통제를 대폭 강화하였다. GATT조문에 관한 협정의 하나인 '1994년 GATT 제24의 해석에 관한 양해각서'는 지역경제공동체의 결성요건에 관한 評價基準과 節次를 명료히 하였는데, 관세동맹의 결성 전후에 관세 및 기타 통상규칙의 전반적인 수준을 평가함에 있어서는 관세 및 과징금의 경우 加重平均關稅率 및 關稅徵收額에 대한 전반적인 평가에 기초하도록 하였다. 수량화 및 집계가 어려운 기타 통상규칙의 수준에 대한 평가를 위해서는 개별조치, 규정, 대상품목 및 영향을 받는 무역량에 대한 검토를 요구할 수 있도록 하였다.

그리고 잠정협정과 관련한 '합리적 기간'에 대해서는 예외적인 경우에만 10년을 초과하도록 하였고 10년이 불충분하다고 판단하는 잠정협정 당사자인 회원국은 보다 장기간이 필요한 충분한 설명을 상품무역이사회에 제시하도록 규정하였다. 또한 통보된 잠정협정에 계획 및 일정표가 포함되지 아니한 경우 작업반이 그 보고서에서 그러한 계획 및 일정표를 권고할 수 있다고 규정함으로써 지역협정에 대한 실질적인 검토를 행할 수 있는 근거를 마련하였다.

그러나 과거 GATT에 있어 문제가 되었던 관세 및 기타 통상규칙의 철폐대상이 되는 '실질적인 모든 무역'의 의미에 대해, 상기 양해각서는 前文에서 모든 무역을 대상으로 해야 세계무역확대에의 기여가 증대되지,

중요한 무역분야가 제외되는 경우 동 기여가 감소된다는 원칙을 선언하였을 뿐 구체적인 기준을 제시하지 않아 여전히 분쟁의 소지를 남겨 두었다.

생각건대 GATT 규정상의 상기 요건과 절차를 충족시키는 개방적인 지역경제공동체의 결성과 운용은 다자간 무역체제의 보완과 자유무역체제의 확대에 기여할 수 있을 것이다. 그러나 지역경제공동체는 그 성격상 본질적으로 域外國家에 대한 差別的 待遇를 내포하는 것이므로, 상품무역이사회가 실질적인 통제기능을 충분히 발휘하지 못하고 관련국가들이 WTO의 기본정신에 따라 개방적으로 경제공동체를 운영하지 않을 경우 GATT 제24조의 예외적 허용은 다자간 무역체제인 WTO체제의 근간을 손상시키는 결과를 초래할 것이다.

3. EU

(1) EU의 설립

제2차 세계대전으로 유럽 전체가 황폐화되자, 유럽국가간의 협력을 공고히 하여 전쟁의 재발을 방지하고 유럽을 부흥시키기 위한 새로운 제도적 장치의 필요성이 논의되었다. 특히 프랑스 외무장관 로베르 슈망(Robert Schuman)은 프랑스와 독일을 중심으로 서유럽의 석탄과 철강을 공동으로 생산 관리하는 제3의 국제기구를 창설할 것을 제안하였는데, 이는 독일, 이탈리아, 네덜란드, 룩셈부르크, 벨기에의 지지를 받아 유럽석탄철강공동체(European Coal and Steel Community: ECSC)가 1952년에 설립되었다.

ECSC 6개국 정부는 공동체구성을 더욱 발전시키기로 하고 유럽통합에 대한 논의를 거듭한 결과 유럽경제공동체(EEC)와 유럽원자력공동체(Euratom)를 창설하는 로마조약을 1957년에 체결하였는데, 동 조약은 1958년 1월부터 발효하였다. EEC는 회원국간에 상품, 노동, 자본, 서비스의 자유로운 이동을 보장하는 경제공동체로서 기능한다.

ECSC, EEC, Euratom을 통칭하는 개념으로 사용되는 EC(European Community)는 1992년에 체결된 유럽연합조약(Treaty on European

Union)이 1993년 11월자로 발효됨에 따라 유럽연합(EU)으로 공식명칭이 변경되었고, EEC설립조약 또한 EC설립조약으로 명칭이 변경되었다. EU는 입법부, 행정부, 사법부에 상당하는 조직을 가진 초국가적인 법체제로서, 규칙제정과 회원국간의 통합의 정도라는 관점에서 볼 때 EU를 따라올 만한 지역적인 국제법체계는 존재하지 않는다.

(2) EU의 發展

1958년 출범 당시 6개국이던 EC 회원국은 그 후 1973년에 덴마크·아일랜드·영국이, 1981년에 그리스가, 1986년에 스페인·포르투갈이, 1994년에 오스트리아·스웨덴·핀란드가 각각 가입하여 1996년 1월 현재 회원국이 15개국으로 확대되었다. 본래 ECSC, EEC, Euratom는 각각 별개의 기관들을 가지고 있었는데, 1967년에 발효된 통합조약(merger treaty)에 의해 세 공동체는 EC委員會(EC Commission), EC理事會(EC Council), 유럽議會(European Parliament), 유럽司法裁判所(European Court of Justice)라는 공동기관을 가지게 되었다. 1968년 7월부터는 관세동맹이 결성되어 역외국가에 대하여 共同對外關稅를 갖게 되었다.

共同市場(common market)이라고 불리우는 EC의 설립취지는 로마조약 제2조에 명시되어 있는 바와 같이 공동시장의 형성을 통하여 공동체 전체의 지속적이고 균형적인 경제성장과 생활수준의 향상을 도모하자는 것인데, 이를 위해 동 조약은 회원국간에 상품, 노동, 자본, 서비스의 자유로운 이동을 규정하고 있다. 한편 유럽통합을 구체화시키기 위해 1986년 2월에 채택된 '단일유럽의정서'(Single European Act: SEA)는 1987년 7월에 발효했는데, SEA는 로마조약의 주요 규정을 개정하여 공동체 발전을 위한 경제 및 통화정책에 관한 상호협력과 공동의 대외정책을 수립 집행하기 위한 협력을 제도화시켰고 1992년 12월 31일까지 EC를 단일의 域內市場(internal market)으로 완성시키기 위한 단계적 조치를 취하도록 하였다.

1993년 1월 1일자로 완성된 상기 單一市場(single market)은 '상품, 사람, 서비스 및 자본의 자유로운 이동이 보장되는 국경없는 域內市場'으로 정의된다. 또한 EC는 1992년 5월 유럽자유무역연합(European Free Trade Association: EFTA) 회원국과 유럽경제지대(EEA)를 창설하기 위한 협정을 체결하였고 스위스를 제외한 EFTA 6개 회원국의 비준동의를 받은 동 협정은 1994년 1월 1일자로 발효하였다. EC와 EFTA 회원국으로 구성된 EEA에는 상품, 노동, 자본, 서비스의 자유로운 이동에 관한 EU법이 적용된다.

유럽통합을 위한 노력은 1992년 2월 네덜란드의 마스트리히트(Maastricht)에서 유럽연합조약이 체결됨으로써 가속화되었는데, 동 조약이 1993년 11월 발효함으로써 EC는 EU로 대체되었다. 유럽의 정치·경제·사회·통화 통합을 목표로 하는 마스트리히트조약은 궁극적으로 단일통화 '유러'(EURO)를 포함한 經濟·貨幣同盟의 수립, 공동방위정책을 포함하는 共同 外交·安保政策의 수립, 유럽聯合市民權(citizenship of European Union) 제도의 도입, 司法·內務分野에서의 협력, 이른바 '보충성의 원칙'(principle of subsidiarity)에 기초한 더욱 긴밀한 동맹의 창설 등을 규정하고 있다. 이로써 EU는 통상 및 경제정책은 물론 통화정책과 외교 및 안보정책에서도 공동정책을 취하는 단일의 政治經濟聯合體로 발전하는 기반을 마련하여 미국 등과 함께 신국제질서의 중심세력으로 부상하고 있다.

(3) EU의 組織

EU는 그 명칭에도 불구하고 법적으로는 단일의 정치적 실체가 아니다. EU는 제1기둥(first pillar)인 기존의 세 共同體(ECSC, EEC, Euratom), 제2기둥(second pillar)인 共同 外交·安保政策, 제3기둥(third pillar)인 司法·內務分野에서의 협력이라는 3개의 기둥(pillars)으로 구축된 이른바 三柱體制(three-pillar system)라고 불리우는 國家間 協力體라 할 수 있다. 그리고 마스트리히트조약에 의해 기존의 EEC가 EC로 명칭을 변경하였을 뿐, 기존의 세 공동체는 법적으로는 계속해서 별개의 법인격체로서 존재한다. 즉 공동체는 법인격을 가지나 EU는 법인격을 갖고 있지 않다. 따라서 법적으로는 기존의 공동체설립조약들을 적용하고 집행하는 EC위원회와 EC이사회 등이 제2기둥과 제3기둥의 시행을 관할한다.

로마조약에 의하면 유럽공동체는 委員會(Commission), 理事會(Council), 유럽議會(European Parliament), 유럽司法裁判所(European Court of Justice: ECJ), 監査院(Court of Auditors) 등 다섯 기관(institutions)으로 구성되어 있다. 특히 총 13명의 재판관으로 구성된 ECJ는 다른 공동체기관 및 회원국과는 완전히 독립된 존재로서 공동체설립조약을 해석하고 적용하여 회원국이 공동체법을 준수하도록 하기 위하여 설립되었다. ECJ는 회원국과 관련된 민사적·행정적·헌법적인 문제들에 대한 광범위한 권한을 갖고 있다. 회원국의 국내법원은 공동체법을 준수하여야 하며, ECJ는 공동체법에 대한 최종적인 審査權者이므로 공동체법의 발전에 있어 중심적인 위치를 차지한다.

(4) EU 共同體法의 性質

共同體設立條約은 입법·행정·사법에 관한 주권적 권한을 회원국으로부터 공동체기관에 이양하는, 주권국가간의 조약 이상의 것이며, 공동체는 제3국이나 다른 국제기구와 국제협정을 독자적으로 체결할 수 있는 법인격을 보유하고 있는 국제기구이다(제210조, 제238조). 회원국이 공동체에 권한을 이양한 분야에 있어서는 공동체만이 국제협정을 체결할 수 있는데, 보통 이사회로부터 권한을 부여받은 위원회가 국제협정의 체결을 위한 협상을 한 후 이사회는 유럽의회와 상의한 후 체결한다.

EU 共同體法(EU law)의 法源에는 제1차적 공동체법과 제2차적 공동체법으로 구성된다. 제1차적 공동체법은 EU의 헌법적 기초가 되는 공동체설립조약을 지칭하는 것으로, 이에는 흔히 로마조약으로 불리우는 EEC설립조약 및 Euratom설립조약(1957), ECSC설립조약(1951), SEA(1986), 마스트리히트조약(1992) 등이 포함된다. 제2차적 공동체법에는 共同體(履行)立法에 해당하는 規則·指針·決定 및 기타 措置, ECJ의 判決, 國際法, 法의 一般原則 등이 포함되는데, 이 중 법의 일반원칙과 국제법은 제1차적 및 제2차적 공동체법의 적용에 관련된 법규에 해당된다. 일반적으로 공동체법이라 함은 여러 공동체설립조약과 그 하위규범으로 제정된 모든 共同體立法을 총칭한다.

委員會와 理事會는 조약규정에 따라 규칙을 제정하고 지침을 발하고 결정을 내리며 권고 및 의견을 제시할 수 있다(제189조). 공동체입법 중 規則(regulation)은 전반적으로 적용되며 모든 회원국 내에서 直接的인 效力을 가진다. 指針 또는 命令(directive)은 지명된 회원국만을 구속하나, 해당 정부당국은 그 이행방법과 형식을 선택적으로 결정할 수 있다. ECJ는 몇몇 사건의 부수적 의견에서 지침은 특정한 경우 직접적인 효력을 갖는다고 표명하기도 했지만 통상 지침은 회원국의 국내입법을 통해서 실시되는 경우가 대부분이다. 또한 위원회와 이사회는 당사자를 구속하는 決定(decision)을 내릴 권능을 갖는다. 결정은 일반적 법규라기보다는 개별적이고 구체적인 내용을 지닌 행정수단으로서 기능하는데, 보통 私人에 대해 내려지므로 준사법적 권위를 가진다. 이에 비해 勸告(recommendation)나 意見(opinion)은 경제적 · 정치적 비중은 가지나 법적 구속력이 없다.

共同體法의 일반적인 法的 性格은 다음과 같다. 첫째, 공동체법과 회원국의 국내법이 충돌하는 경우에는 共同體法이 優先하는데 이는 공동체를 위한 회원국 주권의 제한 때문이다. 즉 공동체는 주권제한에 동의한 회원국의 공동이익을 위하여 '國際法上의 새로운 法秩序'(new legal order of international law)를 구축한 것이며, 공동체법상의 규정은 국제법도 아니고 회원국의 국내법도 아닌 '독자적인 法秩序'(separate legal order)를 형성한다. 따라서 회원국은 공동체법에 위반되는 회원국의 국내법적 조치를 취소하여야 하며, 양자가 충돌하는 경우에는 국내법에 대한 '共同體法優位'(supremacy of community law) 原則에 따라 공동체법을 적용하여야 한다. 그러나 공동체법의 통일적인 집행이 방해받지 않는 한 동일한 사항에 대하여 공동체법과 국내법이 동시에 적용될 수도 있다. 둘째, 공동체법은 회원국의 국내입법을 거치지 않고도 회원국과 그 시민의 권리 의무에 직접 효력을 미친다. 自己執行的 規範(self-executing norms)으로서의 공동체법의 이러한 특징은 直接適用性(direct applicablity) 또는 直接效力(direct effect)의 原則이라고 불리운다. 따라서 회원국의 國內法院은 공동체법을 집행할 의무가 있으며 회원국 市民도 국내법원에서 공동체법을 원용할 수 있다.

4. 기타 地域經濟共同體

1995년 말 현재 18개의 지역경제공동체가 존재하는 것으로 집계되고 있는데, 21세기를 전후한 세계경제의 가장 큰 특징은 지역주의 추세의 심화라고 할 수 있다. 여기서는 북미와 유럽 및 아시아지역의 지역경제공동체 결성 현황에 대해 간략히 살펴보기로 한다.

美國은 1985년 9월 이스라엘과, 1988년 1월 캐나다와 각각 자유무역지대(FTA)를 창설하는 협정을 체결한 데 이어 1992년 10월에는 캐나다 및 멕시코와 '北美自由貿易地帶'(North America Free Trade Area: NAFTA)를 창설하는 협정을 체결하였다. 1994년 1월 출범한 NAFTA는 3국간에 거래되는 물품에 대한 관세, 쿼터 및 기타 무역장벽을 제거하고 노동과 자본의 자유로운 이동을 보장하는 것을 주요 골자로 하고 있다. NAFTA에는 한국과 공업발전 수준이 비슷한 멕시코가 참여함으로써 역내국가간 관세 및 비관세장벽의 철폐로 인해 가격경쟁력이 멕시코에 비해 상대적으로 약화될 것이며, 특히 가전제품, 자동차 및 섬유류에 큰 영향을 미칠 것으로 전망되므로 이에 대한 적절한 대비책이 요망된다.

유럽지역에는 EFTA와 EC를 통합한 EEA가 1994년 1월부터 창설됨으로써 상품, 노동, 서비스, 자본의 자유로운 이동에 관한 공동체법이 EFTA 회원국에 대해서도 확대 적용된다. EU 15개국과 지중해 연안 12개국은 1995년 11월 외무장관회담에서 2010년까지 '地中海 自由貿易地帶'를 설립하기로 합의하였다. 또한 폴란드, 헝가리, 체코, 슬로바키아 등 4개국에 의해 '中유럽 自由貿易地帶'(Central European Free Trade Area: CEFTA)를 창설하는 협정이 1993년 3월 발효하였다.

아시아지역에서는 태국, 말레이시아, 인도네시아, 싱가포르, 필리핀, 브루나이 등 '동남아국가연합'(Association of Southeast Asian Nations: ASEAN) 6개국에 의해 1992년 1월 '아세안 自由貿易地帶'(AFTA)를 창설하는 협정이 체결되었다. 1993년 1월 출범한 AFTA는 1995년 12월 방콕에서 개최된 제5차 정상회의에서 2003년까지 AFTA의 창설을 완료하기로 합의하였으며, 이를 위해 2003년까지 대부분의 공산품과 농산물에 대한 역내 수입관세를 0-5%까지 삭감한 뒤 2010년에 전품목에 대한 관세장벽을 철폐하기로 하였다.

1989년 11월 호주의 캔버라에서 政府間 協議體로서 창설된 '아시아태평양 經濟協力體'(Asia Pacific Economic Cooperation: APEC)는 아태지역의 貿易 및 投資自由化의 촉진과 아태지역의 경제개발을 위한 협력 증진 및 개방적인 다자간 무역질서의 강화를 주요 목적으로 한다. APEC는 지난 1994년 인도네시아의 보고로에서 18개 회원국정상이 참석한 가운데 선진국은 2010년 개도국은 2020년까지 무역자유화에 합의하였는데, 1996년 1월 현재 한국, 미국, 일본, 중국 등 총 18개 회원국이 참여하고 있다. 그리고 1995년 11월 일본의 오사카 정상회의에서 채택된 '오사카선언'에는 농업분야의 예외를 허용하는 '伸縮性 條項'이 포함되었는데, 이로써 한국은 무역투자의 완전자유화원칙에서 農業自由化만은 例外를 인정받게 되었다. 또한 '오사카선언'은 범세계적 자유무역에 반하는 내부지향적 무역블록의 형성에 반대하며 '開放的 地域主義'(open regionalism)의 기조를 유지한다는 원칙을 선언하였으며, 무역마찰과 무역분쟁의 해결 등에 있어서도 WTO와 APEC간의 조화를 추구한다는 내용이 포함되어 있다. 현재 APEC은 EU나 NAFTA 같은 지역기구와는 달리 단순한 協議體에 불과하나, 한국의 대외교역에 있어 아태지역이 차지하는 비중(70% 이상)에 비추어 볼 때 한국의 APEC 참여는 중요한 의미를 갖는다. 한국의 APEC 참여는 다자간 무역협상에 있어 한국의 協商力을 제고시키고 국제무역규범과 국제통상분쟁 해결과정에서 한국의 국익을 최대한 반영시키는데 역점을 두어야 하겠다.

제 4 절 國際通貨制度

1. IMF의 成立

전후의 세계경제의 재건은 상품의 면에서는 GATT, 통화의 면에서는

IMF(國際通貨基金)라는 2개의 기본적 궤도 위에서 진행되었다. 이 IMF와 GATT의 기본적인 사고방식은 무차별·다각적인 自由貿易의 실현이며, 이 목적의 달성을 위하여 각국의 貿易·換에 대한 制限의 제거에 관한 조약상의 의무를 공동으로 지게 되었다. 1945년 12월에 발효된 브레튼우즈체제는 제2차대전 후의 貿易自由化를 실현하는 한 방법으로서 통화제도의 국제화가 필요하다고 생각한 것이다.

원래 국가는 對外債務의 실질을 해하지 않고 또한 그 準據法에 저촉하지 않는 한 그 통화를 자유로이 규제할 권리를 갖는다(1929년의 '세르비아 국채사건'에 있어서의 PCIJ 판결). 각국은 일정 단위의 통화를 발행하며 특히 金本位體制에서 통화는 항상 일정량의 금의 가치와 결부된다. 그 통화의 안정성은 관계국내법에 의하여 유지되며 대외적으로는 중앙은행 상호의 협력으로 국제적 결제를 행하였다. 즉, 자유주의적인 금본위제라는 경제법칙이 그대로 국제적 질서로서 가능하였을 때에는 국제법은 통화체제 그것의 내용을 결정할 필요가 없었다.

그러나 1930년대 이후 각국은 금본위제를 이탈하고 外國換管理制度를 채택하여 통화의 대외적 가치를 조작하게 되어 국제무역에 지장을 초래하였다. 여기에 브레튼우즈체제의 중요 부분을 이루는 IMF는 다수국간의 협정에 의하여 국제통화의 체제를 설정하였다. 즉, 일방으로는 가맹국에 대하여 통화의 對外換의 rate를 일정 기준으로 유지할 것을 의무화하는 동시에, 한편으로는 무역에 따르는 국제수지의 일시적 불균형에 있어서는 IMF가 다변적인 安定化基金을 제공하여 가맹국을 구제하기로 한 것이다. IMF는 이러한 목적을 위하여 설립되었다.

IMF의 基軸通貨인 달러의 불안정으로 IMF체제는 1971년 8월 미국의 일방적인 金兌換停止로 인하여 그 기능이 크게 마비되었다. 국제통화위기의 타개의 한 방법으로 12월에는 달러의 평가절하와 기타 주요국통화의 평가절상이 실시되고 금가격도 인상되었지만 1국의 국내통화로 국제통화의 구실을 하게 함으로써 생긴 流動性, 信認 및 조정과 관련된 국제통화제도의 근본 문제는 아직도 그 해결의 길이 아득하다.

2. IMF의 特徵

IMF協定(20조의 본문과 4개의 附表)은, 첫째 가맹국의 수지의 불균형에 대한 국제적 대책으로서의 換基金의 설치와 자금제공, 둘째 換時勢의 안정과 조정, 셋째 換制限의 철폐 등의 세 가지를 지주로 하고 있다.

(1) 첫째, IMF의 임무는 가맹국에 대하여 통화의 안정성을 유지시키는 것이다. 가맹국은 IMF와의 사이에 금 또는 달러로 확정된 통화의 교환비율(평가)을 항상 유지할 의무를 진다. 자국의 의사만으로 변경해서는 안되는 것이다(제4조 5항). 평가의 변경은 對抗的 換變更을 야기할 우려가 있으며 換의 안정을 해하기 때문이다(제4조 4항). 즉, 換은 국가의 권한 내에서 처리할지라도 국제관심사항인 것은 명백하며 IMF의 협정은 이것을 일정한 국제질서에 종속하도록 요구하는 것이다. 평가의 유지는 국가간의 지불관계를 용이하게 한다.

그러나 IMF의 자유주의적 규정은 절대적인 것이 아니며 교환비율의 변경은 기초적 불균형을 시정하려고 하는 경우에 한하여 허용되는데 IMF의 이사회와 사전에 협의하여야 한다(제4조 5항 a, f). 특히 1%를 넘는 변경에 관해서는 이사회는 그 필요를 인정하지 않는 경우 이에 반대할 수 있다. 더 나아가 IMF에서 총투표의 과반수를 얻으면 全加盟國의 평가를 일률적으로 변경할 수도 있다(제4조 7항).

(2) 둘째, 加盟國은 국제수지의 균형에 있어서의 일시적인 곤란에 직면한 경우 IMF의 원조를 받을 권리가 있다. IMF의 재원은 가맹국이 소정의 할당액(quota) 중에서 일정률을 금으로, 기타를 자국통화에 의하여 불입한 것으로 구성되는데(제3조 3항), 이 기금 중에서 가맹국은 희망하는 외화를 금이나 자국통화와의 교환으로 제공을 받을 수 있다(제5조).

> 이와 같이 IMF는 가맹국의 국제수지의 일시적인 적자를 치료하기 위한 자금제공을 함에 그치며 항구적·기초적인 불균형은 각국에 의한 평가절하 기타의 국내조치에 의하기로 되었다.

(3) 셋째, 가맹국은 국제무역의 발전을 저해하는 換制限을 철폐할 의

무를 진다. 1930년대에 각국이 경제적으로 행한 환관리로 인하여 세계경제가 축소되었고 그 결과 제2차대전의 궁지에 빠져들었던 경험에 비추어 이것은 당연한 의무이다. 이 제한철폐의 의무는 협정 제8조에 명기된 것인데(일본은 1964년에 IMF 8조국이 되었다) 대별하면 다음 세 가지로서 (a) 국제수지의 경상지불에 관한 제한을 철폐하는 것(국제거래의 자유화), (b) 差別的 通貨措置를 배제하는 것, (c) 외국이 보유한 자국통화의 잔액에 교환성을 부여하는 것 등이다. 이것은 國際決濟가 일국 내의 거래와 같이 자유·무차별·다각적으로 행해지는 것을 보장하는 것이다.

IMF는 가맹국의 일반적 의무로서 '경제적 국제거래를 위한 지불 및 자금이동'에 원칙적으로 제한을 과해서는 안된다는 것, 기존의 차별적 통화조치를 점진적으로 철폐하는 것 등을 규정한다(제8조). 위의 제한을 즉시 철폐할 수가 없는 경우에는 과도적 조치가 인정된다(제14조). 과도적 조치를 취하고 있는 국가를 14條國이라고 부르며, 제8조의 의무를 이행하고 있는 국가를 8條國이라고 한다.

당초 IMF는 固定時價制를 취하여 가맹국통화의 가치를 금 또는 美달러로 정하고 평가의 상하 일정의 폭내에서 거래를 하도록 의무화하였다(舊 제4조). 그러나 미국의 상대적 지위의 저하에 따라 1960년대에 '달러불안'이 발생하여, 이에 대처하기 위한 목적으로 IMF의 준비자산을 보충하기 위하여 금, 달러에 대신하는 제3의 통화라고 할 수 있는 特別引出權(SDR)이 1969년에 창설되었다(IMF협정 제1차 개정, 현 협정 제15조-제25조). 그러나 통화위기는 더욱 심화되어 1971년에는 달러와 금과의 교환이 정지(닉슨 쇼크)되면서 평가의 유지가 곤란하게 되자 變動時勢制에로 이행하였다. 1978년에는 변동시세제를 추인하는 형식으로 IMF협정이 개정되어 현행 협정으로 되었다(제2차 개정).

IMF는 환시세안정을 위하여 단기적 융자를 행하는 것을 중요한 임무로 한다. 가맹국은 필요에 따라 IMF로부터 외화를 차입할 수가 있다. 그러나 그 재량에 의하여 차입한도의 조건을 면제할 수가 있으므로 1960년대 이후에는 개도국에 대한 별도의 융자제도가 설정되었다(제5조 3항). IMF는 개도국에 대한 융자기능을 확대하고 있다.

(4) 加盟國은 확정된 의무를 그 국내에서 국제법상의 의무로서 집행하여야 한다. 즉, 협정에 반하는 가맹국의 국내법규는 입법·행정조치를 통하여 수정되어야 하며 국내재판소를 통하여 적용되어야 한다(협정 제8조 2항에 의하면 통화

에 관한 환계약으로서 협정에 위반된 것은 가맹국영역 내에서 강제력을 갖지 못한다. 즉, 당사자가 그 계약집행에 있어서 사법·행정당국의 조력을 얻지 못하게 되는 것이다).

제 5 절 國際金融

1. 國際復興開發銀行(IBRD)의 成立

투자가 경제발전을 위한 가장 기본적인 조건이라고 하는 것은 국제경제에 있어서도 국민경제와 마찬가지다. "불균형한 무역과 생산성에 대한 역사적 회답은 국제투자이다"라는 말과 같이 세계경제 내지 지역경제의 발전을 위해서는 정당한 방향에 있어서의 충분한 양의 투자가 불가결한 것이다. 이리하여 국가간에 차관을 공여하거나 융자 기타의 투자를 행하는 것은 국제협력 중에 가장 기본적인 활동이다. 그것은 IMF가 하는 것과 같은 무역수지의 일시적 불균형에 대한 구제가 아니라 수입국의 산업구조를 재건 또는 개혁하여 생산성을 발전시키기 위한 資本供與이기 때문이다.

IMF의 한정된 기금 중에서 부족한 통화를 공급하는 조작은 무역구조의 불균형이 시정되지 않는 한 수요가 많은 通貨(예를 들면 달러)의 유출과 외화부족국의 통화는 축적에 의하여 그 한계점에 달하고 만다. 무역구조의 불균형은 IMF의 가맹국에게는 不足通貨宣告 등에 의한 환거래제한의 도입 등에 의하여 일시적으로 회피할 수는 있으나 근본적으로는 항구적인 외화부족의 상태를 면하게 하는 경제의 구조적 개혁이 필요하다. 이 조치는 이미 IMF의 관할 외에 속하며(IMF는 구제, 부흥을 위한 변의 및 전쟁으로부터 발생한 채무의 처리를 목적으로 하지 않는다는 입장을 취한다. 제14조 1항), 경제구조의 개조에 의한 다각적 거래의 기초조건은 IMF와는 별개로 확립할 필요가 있고, 브레튼우즈協定은 또 하나의 기구인 IBRD에게 이 임무를 기대하고 있다.

과거에 국제적인 투자 내지 자본이동은 저개발국의 경제개발의 촉진을 위한 二國間方式에 의하여 증여 내지 차관으로 제공되었으며 원칙적으로 사법(국내법 또는 국제사법)의 규율에 복종하여 왔다(투자자의 권리가 침해된 경우, 차관수입국이 의무를 이행하지 않는 경우를 제외하고는 투자활동 자체에 국제법의 규율은 미치지 않았다). 동시에 이 경우에는 IBRD나 기타의 국제기관을 통한 경우와는 달리 정치적 의도가 개재되는 일이 많고 순전한 경제적 목적에 한정된 행동이라고 보기 어려운 경우도 많다. 그러나 이 분야에 정부간의 국제조직이 개입하여 국제법이 직접 관계하게 된 것은 제 2 차대전 이후의 일이다. 현재 세계적 규모의 개발자금의 공급은 법적으로는 보통 一般國際組織의 형태로 행해지고 있는 것이다.

2. IBRD의 特徵

(1) IBRD는 1944년 戰災國 또는 低開發國에 대한 借款供與를 보장하기 위하여 설립되었으며, UN의 전문기관이다. 은행의 최종 목적은 일반의 국제경제조직과 같이 생산성 내지 생활수준의 향상에 있다(협정 제1조 3항). 이 목적을 위하여 IBRD는 부흥개발을 위한 투자를 촉진하며(제1조 1항), 민간의 국제투자를 존중하여 이것을 보증하고, 또는 여기에 참가하고 그것을 보충하기 위하여 스스로 조달한 자본을 투하한다(제2조 2항). 따라서 IBRD는 政府間國際組織이면서 민간자본의 국제적 이동에 관한 업무집행기관으로서의 특징을 갖는다.

IBRD의 활동에 소요되는 자금은 각국에 할당된 100억불의 授權資本(authorized capital, 제 2 조)인데 이 중에 직접 불입되는 것은 20%이며 잔액은 은행이 채무지불을 위하여 필요하게 된 경우에 한하여 은행으로부터 직접 拂入請求를 받는다. IBRD의 자본금은 그 후 증자가 인정되어 현재 786억 5,000만 SDR이다. 가맹국은 은행의 자본의 주식에 응모할 의무가 있으며 그 최소한은 은행이 정한다(제2조).

(2) IBRD는 사적 투자의 보충을 위한 재정원조를 행하는 한편 개발도상국의 생산성 있는 시설 또는 자원(운수, 전력, 공업, 농림업, 전기, 통신, 급수 등의 각 부문)의 개발을 촉진하기 위한 貸付業務도 행한다.

재정원조의 방식은 첫째 사적 투자가에 의한 대부, 기타의 투자에 대한 보증 또는 참가에 의하는 것과, 둘째 IBRD 자체의 대부가 있다(IBRD는 민간투자의 촉진을 주로 하기 때문에 자기자금의 대출은 보충적 기능이다). IBRD 자체에 의한 貸付는 가맹국정부에 대하여 행하기도 하고, 변제와 이자지불에 관하여 그 정부의 보증이 있으면 지방 공공단체 · 공사 또는 사기업체에 대해서도 행한다(대부는 10년 내지 35년의 장기간인 것이다).

貸付 또는 보증에 앞서 IBRD는 자금사용계획이나 자금차입국의 경제상태를 심사하는 이외에 당해 국가의 경제 · 행정상의 개혁을 조언하는 경우도 있다.

(3) IBRD가 당해국 정부와 체결하는 대부 또는 보증에 관한 협정은 국제법의 규율을 받는다. 즉, IBRD의 貸付保證은 당사자와의 사이에 계약으로써 이루어지는 것이나 이 계약은 당사자가 국가(UN 가맹국)인 경우에는 UN헌장 제102조에 말하는 國際協定(조약)으로 사무국에 등록 · 공표되는 것이다. 반면, 민간의 회사와의 계약은 국제협정으로서 등록되지는 않는다.

조약으로서의 계약은 그 국내적 집행에 있어서 국내법과 저촉되는 경우 國際法的으로 처리되며, 많은 경우 국내법과 동등의 지위가 부여된다. 이에 대하여 개인을 일방의 당사자로 하는 계약의 효력은 국내법에 반대의 규정이 있는 경우에도 유효하며 집행력을 갖는다고 규정되고(1956년 6월 15일의 대부규칙), 조약과 동일한 취급이 요구되고 있다. 이 계약은 국제조직을 1당사자로 하여 단순한 국내계약과는 다른 특수한 성격을 갖는 것이다. 그 자신 조약이 되는 것은 아니다. 다만 이와 같은 종류의 계약은 그 국제적 성질상 국가 대 은행과의 계약과 같이 실질적으로 국제법으로서의 지위를 갖는 것이라고 보아야 한다.

3. IBRD 이외의 國際投資機關

1956년에 새로이 설립된 國際金融公社(IFC)는 IBRD와는 별개의 법적 및 재정적 실체이나 IBRD와 連携關係에 있다(IBRD의 총재는 *ex officio* IFC의 이사장이 되며 이사도 쌍방의 이사를 겸하는 경우가 많다). IFC의 목적은 특히 저개발국의 민간기업을 원조하여 가맹국의 경제개발을 촉진하는 데 있다. 이 점에 있어서 IBRD의 활동에는 제약이 있었던 것이다. IFC는 가맹국과 투자협정을 체결하지 않으며 정부의 보증없이 광범한 사기업에의 투자를 행한다. 다만 IFC와 IFC가 투자하는 민간기업과의 계약 또는 협정은 뉴욕의 법률을 일반적인 준거법으로 정하고 있다.

저개발국에 의한 자본의 수요는 종래와 같은 조건으로 상환할 능력보다 크고 절실하므로 이 필요에 응하여 새로운 國際的 貸付機關이 설립되었다. 즉, 1960년의 國際開發協會(IDA)는 통상의 대부보다 완화된 반환조건으로 운수·통신·전력 등의 기간산업에의 투자를 가능케 한 것이다. 나아가서 1965년에 창설된 UN개발계획(UNDP)은 개발도상국이 국제투자를 받기 위한 사전 조사와 상황 개선을 도모한다. 기타 EEC의 역내에서 산업투자를 행하는 歐洲投資銀行과, 아시아 지역 내의 개발도상국에 융자를 행하는 아시아 개발은행 등의 지역은행의 활동도 중요하다. 또한 특수한 지역적인 것으로는 콜롬보計劃(남 아시아 및 동남 아시아에 있어서의 기술협력을 위한 이사회)과, 미주기구의 모든 가맹국에 개방된 全美開發銀行(IADB)을 들 수 있다.

제 6 절 新國際經濟秩序

1. 成立背景

新國際經濟秩序(New International Economic Order)라고 하는 것은 "그 경제적·사회적 체제의 상이를 불문하고 모든 국가간에 수립된 질서로서 형평, 주권평등, 상호의존, 공통이익 및 협력을 기초로 하는 새로운 國際經濟秩序"(제국가의 경제적 권리의무헌장전문)를 의미한다. 그것은 단순히 국유화법만 아니라 무역, 경제협력, 생산국동맹의 형성 등 국제경제의 광범한 분야를 포함하는 것이며, 동시에 경제적 선진국과 개도국간의 격차를 시정하려는 목적을 가진 것이다.

NIEO가 국제경제관계를 규율하는 근본규범으로서 UN의 역사상 처음으로 정립되기는 1974년의 資源特別總會에서였는데, 거기에는 다음 세 가지 요인이 작용한 것이다. 첫째는 비동맹운동의 진전이고, 둘째는 개도국에 의한 경제적 자결권의 주장과 그 확대이며, 셋째는 UN무역개발회의(UNCTAD)의 성립과 그 전개를 들 수 있다.

위와 같은 요인과 함께 NIEO를 성립케 한 국제경제사적 배경을 살펴보면, 우선 식민지체제의 붕괴와 이에 따른 新興獨立諸國의 대두이다. 그리고 UN헌장이 '모든 인민의 동권과 자결의 원칙'을 승인한 것이 국제경제관계에 있어서도 구미선진국에 유리한 법적 구조의 수정을 요구하는 데에 박차를 가하게 되었다는 것은 당연한 일이다. 특히 1960년대에 실정국제법상의 권리로서 확립되었다고 하는 자결권의 구성요소로서 '經濟的 自決權'이 인정됨으로써 개도국은 법적 권리로서 진정으로 평등한 국제경제관계를 규율하는 법체계의 구축을 요구함에 이르렀다.

NIEO를 성립시킨 제2의 요인은 선진국과 개도국과의 경제적 격차를 발생시킨 국제경제의 법칙 그 자체에 내재하는 모순이다. 제2차대전 후의 국제경제관계를 규율하는 법칙은 브레튼우즈協定(1944년)과 하바나헌장(1948년)에서 승인된 '自由·無差別의 國際經濟關係'이며, 이것을 관리하는 국제경제기구로서 IMF와 GATT가 설립되었다.

그러나 IMF와 GATT를 중심으로 한 국제경제관계기구는 개도국의 경제발전을 조장·촉진하는 방향으로 작용하지는 않았다. 예를 들면 IMF의 고정외환시세제는 개도국의 경제성장을 억제하는 기능을 다했고, 경제발전을 위한 자금공여도 출자액이 적은 개도국에게는 지극히 불충분한 것이었다. GATT도 또한 1차산업의 수출에 의존하는 개도국에 대하여 유리하게 기능하지는 않았다. 특히 선진국에 의한 자국농산물의 보호를 위한 수입수량제한이 예외적으로 인정된 까닭에 다수의 개도국이 세계시장에서 압박을 받게 되었다. 또한 互惠原則에 입각한 관세인하교섭도 선진국에게 유리한 '主要供給國規則'(특정품목의 최대공급만이 관세인하를 요구할 권리를 갖는다는 규칙) 때문에 개도국은 교섭에 참가하기 어렵다고 하는 경향이 일반화되었다. 이 밖에 IBRD는 개도국에 대한 장기자금의 제공을 의도한 것이었으나 대출조건의 엄격성 등으로 인하여 이것도 개도국의 경제발전을 위하여 효과적인 것이 되지 못하였다.

이 결과 개도국은 그들의 경제적 후진성이, 즉 선진국과 개도국간의 경제적 격차를 발생시킨 진정한 원인이 그들의 국내경제정책의 실패에 있는 것이 아니라 구미선진국주도형의 국제경제관계의 기본적 구조에 있다는 것을 인식하기에 이르렀다. 이리하여 개도국은 기존의 질서를 근본적으로 변혁하여 '新國際經濟秩序'를 수립할 것을 요구하고 있다.

2. 新國際經濟秩序의 構造

이 질서는 1974년의 두 개의 總會決議, 新國際經濟樹立宣言, 국가의 경제적 권리의무헌장에 표현되고 있다.

이 질서의 구조는 다음과 같다. ① 국가는 자국의 경제사회체제를 자유로이 선택할 수 있으며, 천연자원을 자유로이 처분하며, 국내법에 입각하여 국유화를 할 수 있으며, 자국관할 내에서 다국적기업의 활동을 규제·감독할 수가 있는 등 경제적 주권을 갖는다. 무력행사뿐만 아니라 정치적·경제적 압력의 행사는 體制選擇權의 침해로서 비난된다. ② 국가는 법적으로 평등하며, 국제경제정책의 결정과정에 평등하게 참가할 권리를 갖는다. 先進國首腦會議(Summit)에 의한 경제정책의 결정이나, IMF, IBRD그룹의 加重投票制 등은 개도국의 평등한 참가권을 침해하는 것으로서 비판되고 있다. ③ 最惠國待遇原則에 입각한 자유롭게 형식적으로 평등한 전통적 질서는 경쟁력이 약한 개도국에 대하여는 실질적인 불평등이라고 비판되고 있다. ④ 선진국은 개도국의 발전에 협력하지 않으면 안되며, 군축에 의한 잉여자원이나 인류의 공동재산인 심해저자원은 개도국의 경제발전을 위하여 우선적으로 배분되지 않으면 안된다. 새로운 國際共同體概念에 입각한 선진국의 개도국에 대한 원조의무가 인정되고 있다.

위의 구조에서 표시된 총회결의는 그 자체로서는 법적 구속력이 없으나 소프트 로(soft law) 또는 법적 프로그램이라고 보는 의견도 있다. 즉, 그것을 미완성의 법규범의 萌芽狀態라고 보는 것이다. 여하간의 이 질서의 실현을 위하여 개도국의 경제발전을 도모할 목적으로 설립된 UNCTAD, UNDP, UNIDO 등에서는 UN과 마찬가지로 1국1표제가 취해지고, 도쿄라운드에서는 GATT 제1조의 最惠國待遇原則에도 불구하고 선진국이 개도국에 대하여 유리한 대우를 부여하는 것을 인정하고 있다.

그러나 UN에 있어서 신국제경제질서의 실현을 위한 작업의 대부분은 기본적 문제에 관하여 선진국과 개도국간에 합의가 이루어지지 않아 충분한 성과를 올리지 못하고 있다.

제 7 절 國家契約의 法的 性質

1. 國家와 外國企業間의 國際契約

일국 내에 있어서의 외국기업의 법적 지위 내지 그 국제적 활동은 종래 일반국제법이 적극적으로 관여하는 분야가 아니었다. 다만 외교적 보호권의 행사, 국가책임, 주권면제와 같은 국가의 국제법상의 전통적 법익에 저촉되는 경우에 한하여 자연인의 경우에 준한 관여를 함에 지나지 않았다. 바꾸어 말하면 기업이 본래의 영리활동을 정상적으로 행하고 있는 한 국제법은 여기에 관여하지 않으며 그 기업의 권리능력이나 법인격의 부여 등의 결정은 특정국의 국내법에 위임되었다. 또 기업의 법률관계의 국제적 저촉은 國際私法(涉外私法)에 의한 조정에 위임되는 형편이었다. 나아가서 기업이 체결한 국제계약도 특정국의 국내법이나 또는 당사자 자치의 원칙에 준거케 하였으며, 국제법은 그 성립과 이행에 대하여 소극적·간접적인 역할밖에 수행하지 않았다.

그러나 1933년의 이란과 앵글로 이라니안석유회사간의 石油開發利權協定이 사계약이면서도 그것은 이란 국내법 이외에 확립된 국제법규의 규율도 받는다는 判例(1953년의 도쿄지방재판소와 도쿄고등재판소 판결)에서 보는 바와 같이 그러한 계약은 그 국제적 성질로 인하여 단순한 사계약과 상이한 성격을 갖는다. 오늘날에는 국가가 보통의 상행위를 위하여 타국의 사법상의 계약주체가 되는 경우도 있는데 그 성립과 이행에 국제법이 직접 개입하는 경우가 늘어가고 있다. 이른바 國家契約(state contracts)이라고 하는 것은 그 좋은 예가 된다.

2. 經濟開發에 관한 國家契約

국제계약 중에는 국가가 외국의 사기업(외국의 민간자본)에 대하여 자원개발에 관한 컨세션(concession)을 부여한 것이 있는데 특히 이것을 經濟開發協定이라고 한다(맥내어는 컨세션이라는 용어보다 경제개발협정이라는 용어를 택한다. 그 이유로서는 이 용어가 1국의 경제개발이라는 목적을 명백히 표시하고 있는 것, 컨세션이라는 용어는 대체로 국가에 의한 일방적 인가를 함축하고 있어 법률행위의 본질적인 쌍무성을 숨기고 있다는 이유로서 컨세션이라는 말의 사용에 반대하고 있다). 이것은 1국의 정부와 다른 법체계에 속한 기업(개인 또는 국가)간에 체결되며 장기에 걸친 천연자원개발을 위한 계약으로서 프랑스법의 이른바 '行政契約'에 비유되는 것이다(프랑스법 및 다른 약간의 대륙법계재판소에서는 공공기관과 사인간의 컨세션 계약에 특별한 지위가 부여되어 있다. 행정계약의 기본원리는 공공의 이익을 위하여 계약의 이행을 통제하며 또한 변경하는 공공기관의 일방적 권리가 승인되고 있다. 그러나 이 권능의 행사는 충분한 보상의 지불을 조건으로 한다). 經濟開發協定 또는 행정계약의 법적 지위를 결정함에 있어서 다수의 학자는 그것이 국제조약도 아니고 또한 사인간의 계약도 아닌 혼합형태로 보고 있다. 이 협정에 의하여 창설된 권리는 순수한 계약적인 것이 아니며 재산권에 한층 가까운 것이고 협정의 대부분은 일부분이 公法, 다른 일부분이 私法에 의하여 규율되는 동시에 계약의 존속기간중 개인 및 법인은 본국의 외교적 보호 밑에 놓인다.

(1) 經濟開發協定의 法的 性質

1950년대부터 開發途上國家는 '天然의 富와 資源에 대한 永久主權'을 원용하여 경제개발협정의 존속기간중에도 이것을 일방적으로 파기하고 외국자산의 국유화를 단행하는 예가 늘어갔다(이란 정부는 1933년의 컨세션계약으로 장래의 일반적 또는 특수적 법률에 의하여 계약을 취소하지 않는다는 의무를 부담하였다. 그러나 1951년의 국유화법은 이 협정을 폐기하였다). 이 계약의 당사자의 지위는 본래 대등한 것이 아니며 한쪽은 영역과 천연자원에 대하여 주권적 권력작용을 가진 정부인 데 대하여 다른 한쪽은 외국의 사기업이다. 장기간 외국의 자본과 기술을 필요로 하는 현지정부의 이익과 과도한 경제적 위험부담을 걸고 있는 외국기업의 이해관계는 조정되어야 한다.

위와 같은 특수성에 입각하여 경제개발협정의 법적 성질에 관하여는 두 개의 견해가 대립하고 있다. (a) 첫째는 경제개발계약의 준거법은 보통 현지국가의 國內公法이며 이것은 속지적 성질을 가진 것이므로 현지의 정부는 공익 기타 국내법상의 적법한 공권력에 입각하여 그 일방적인 파기를 행할 권리가 있다는 생각이다. 이 견해가 따르면 국제법상으로는 단순히 경제개발협정의 파기에 따라 발생한 결과에 대하여 구제하면 족할 뿐이다. 이에 대하여, (b) 또 하나의 견해는 경제개발협정은 私人간의 보통의 국제계약과 같이 당사자의 합의내용과 法廷地國의 國際私法이 지정하는 법에 의하여 규율된다는 생각이다. 이 입장에 따르면 계약의 준거법이 된 현지국가의 국내법 자체가 외국인대우에 관한·국제법의 원칙이나 當事者自治의 原則에 입각하여 그 국제적 효력의 판정을 받게 된다. 즉, 경제개발협정의 일방적 파기는 국제법상의 불법행위나 계약위반의 책임을 발생하는 것이다. 오늘날의 국제사회의 실행에 있어서는 (b)의 견해가 점점 유력시되고 있다.

국제재판소는 다수의 사건에서 국가에 의한 계약의 일방적 파기를 충분한 배상을 해야 하는 위법행위로 보아 왔다. 일례를 들면 미국인 슈펠트(Shufelt)가 과테말라정부로부터 그 국유지의 일부에서 10년간의 치클검(chicle-gum) 채취를 인정하는 컨세션을 얻었는데, 과테말라정부는 입법조치에 의하여 이 컨세션을 파기하였다. 중재재판관은 이 컨세션의 파기에 의하여 충분한 보상을 지불할 의무가 발생하였다고 판결하였다. 동시에 그 판결은 현재 '나타난 손해'뿐만 아니라 장차 '얻었을 이익'도 배상해야 한다고 하였다.

(2) 裁判管轄權

涉外的 내지 國際法的 요소를 가진 민사분쟁의 해결에 관하여 어느 국가의 재판소가 관할권을 갖는가라는 國際的 裁判管轄權(또는 일반관할권)의 결정에 있어서 부동산에 관한 물적 소송에는 부동산소재국에 專屬的 裁判管轄權이 있다는 것이 널리 인정되고 있는 외에는 초국가적으로 타당하는 國際民事訴訟法上의 재판관할권에 관한 법칙은 거의 없다고 할 수 있다. 각국이 각각의 국제민사소송법을 가지며 거기에서 일반관할권에 관하여 각자가 정하게 되어 있다. 그러므로 관계국 내에서 準據法選擇의 法則(국제사법)이 통일되지 않는 한 法廷(forum)의 결정은 재판의 결과를 좌우하여 이른바 forum shopping의 가능성마저 있다. 따라서 관계국은 섭외적 거래의 안전을 기하기 위하여 특정국의 일반관할권의 전속적 합의를 미리 얻

어놓는 방법을 택하기도 한다.

現地政府가 공익을 이유로 경제개발협정을 일방적으로 파기하는 경우 그 외국사기업의 권익은 재판상 어떻게 보호되는가? 재판관할권이 현지의 재판소에 있는 경우에도 재판소는 국내법상의 國家行爲理論(act of state doctrine)을 근거로 공법상의 권력을 유효·적법한 것이라고 추정하여 경제개발협정의 파기의 문제에 그 관할권을 미치지 않는 경우가 많다. 한편 외국기업의 본국은 외교적 보호권을 행사할 수 있으나 여기에는 국내적 구제의 원칙에 의한 제약이 따른다. 또한 國際法上의 主權免除(sovereign immunity)의 적용을 국가에 고유한 기능 내지 권력작용에 속한 사항에만 한정하여, 경제개발협정 기타의 국제경제활동에는 미치지 않도록 시도하고 있다.

(3) 經濟開發協定에 대한 國際法的 規則

外國資本을 크게 필요로 하는 개발도상국가는 外國投資家(외국의 사기업)에게 여러 가지 형태의 법적 보증을 부여한다. 그럼에도 불구하고 현지법상 적법하게 행해진 경제개발협정의 파기는 지금까지 '裁判의 拒否' 등의 명백한 국제불법행위를 수반하지 않는 한 그것만으로는 국가책임이 발생하지 않는 것으로 되어 왔다(앵글로 이라니안 석유회사와 이란정부간의 1932년의 협정에는 이러한 법적 보증이 포함되었으나 이것은 이란 석유업의 국유화를 저지하지 못하였다). 그러나 경제개발협정이 당사자간의 합의에 반하여 자의적으로 파기된 경우에는 국제불법행위로 간주되며 여기에 국제법이 개입하는 경우가 늘어가고 있다(1934년의 오스카 친(Oscar Chinn)사건은 영국 국민의 벨기에에 있어서의 컨세션이 침해된 데 대하여 영국이 개입한 사건인데, PCIJ는 영국의 청구를 각하하였다).

섭외사건에 관한 재판의 실제에 있어서 재판관은 자국법, 즉 法廷地法의 적용에 호의적이 되는 경향(homeward trend)이 있으며, 또한 적용할 준거법을 선택할 수 없을 경우(또는 선택했을지라도 불분명한 경우)에는 '疑問 있을 때는 法廷地法에 의한다'(*in dubio lex fori*)라는 원칙에 따르는 것이 보통이다. 그러나 오늘날에는 경제개발협정에 준거법이 명시되지 않을 경우 현지국가의 국내법(즉, 법정지법)을 당연히 준거법으로 추정한다는 원칙은 벌써 적용되지 않게 되었다. 오히려 계약 중에는 국제중재재판조항과 '法의 一般原則'(예를 들면 부당이득, 금반언, 권리남용의 원칙 등)을 준거법으로서 지정하는 등의 사례가 많아지고 있다. 현재 '이란 석유 콘소시움'(Iranian Oil Consortium)과 이란 정부간의 1954년의 협정(영국, 미국, 프랑스, 이탈리아, 캐나다 등의 8개 외국회사와 Iran 정부간의 협정)에서는 법정지국의 국내법을 이 경제개발협정에 배타적으로 적용하는 것을 부인하였다. 가타의 최근 석유 컨세션에 관한 경제개발협정에서도 계약 자체를 완전한 자주법규로 인정하기로 하고 '법의 일반원칙'을 포함한 국제법을 준거법으로 인정한 것도 있다.

더 나아가 經濟開發協定에 있어서의 현지국가의 권능을 제한하고, 외국인의 권익을 보호하기 위하여 분쟁처리에 관한 관할권의 국제화를 규정한 多數國間條約도 성립되고 있다. IBRD가 1965년에 작성한 '국가와 타국의 국민과의 간의 투자분쟁처리에 관한 조약'이 바로 그것이다. 이 계약은 투자가와 투자수입국 사이의 사적 외국투자에 관한 분쟁을 국내적 구제에 의하기보다 국제센터의 중개로 國際仲裁裁判에 회부하도록 조장하는 것이다. 이 조약에 입각한 중재판단은 체약국의 國內裁判所의 판결과 동일한 근거로 집행되게 되었다.

> 위와 같은 법적 보증의 어느 것도 보증국의 정치·경제·사회구조의 근본적 변화에 대하여 확실하게 살아남을 수는 없다. 현행법을 무효로 하는 혁명·변혁에 관하여 법적으로 규정하는 것은 불가능하다. 투자가의 안전의 참다운 기초는 지속적인 共通利益이라는 것이 이해되는 것은 혁명이나 변형의 경우이다. 법적 수단은 공통이익을 명백히하여 그것을 자의적 행동으로부터 보호하는 데 도움이 되지만 그 자체가 공통이익을 생산하지는 못한다.

3. 金錢債務에 관한 國家契約

國家契約 중에는 국가가 外國私人으로부터 공채의 인수나 산업투자 등에 관한 자본·역무의 제공을 받아 金錢債務를 지는 것이 있다. 국가측에 이러한 계약상의 채무의 불이행이 있는 경우 外國私人의 본국은 여기에 간섭하거나 또는 自救行爲를 행할 수 있는가의 문제가 제기된 일이 있다. 예를 들면 1902년 독일·영국·이탈리아에 의한 베네수엘라 港의 봉쇄사건을 계기로, 국가계약에 입각한 금전채무의 회수를 목적으로 외국인

의 본국이 병력을 사용하는 것을 금지한 드라고(Drago)주의가 제창되었다. 동시에 이러한 금전채무의 이행에 관한 분쟁은 반드시 채무국의 국내적 구제절차에 의하여 처리되어야 하며, 외국인의 본국이 외교적 보호권을 발동하여 권력적으로 개입해서는 안된다는 뜻을 계약 중에 미리 명정하는 칼보條項(Calvo Clause)이 주장되었다(라틴 아메리카제국, AA신흥제국도 외국기업과 concession을 체결하는 경우 당사자간의 분쟁에 본국이 외교적 보호권으로써 개입하는 것을 배제한다. 일본의 아라비아석유회사가 1959년 사우디아라비아 정부 및 쿠웨이트 候와 각각 체결한 석유이권협정에도 칼보조항이 포함되어 있다). 1907년의 '계약상의 債務回收를 위하여 하는 병력사용의 제한에 관한 조약'은 위의 드라고주의를 원칙으로 하고 금전채무에 관한 국가계약의 이행에 관하여 국제법상의 의무를 설정한 것이다.

이와 같은 금전채무를 수반하는 국가계약의 이행에 있어서 오늘날에는 경제개발협정의 경우보다 한층 더 강력한 국제화가 진행되고 있다. 즉, 계약의 준거법이나 계약당사자의 법률행위능력을 결정함에 있어서 미리 특정국의 국내법에 유리한 추정을 부여하지 않고 당사자간의 합의를 존중하며, 또는 국제법이 관여하여 채무국의 공권력의 행사를 제한하려는 경향이 보인다(1929년의 세르비아 국채사건 및 브라질 국채사건에서 PCIJ는 국제사법의 해석원칙에 따라 국내법을 준거법으로 한다고 판결하였다. 1957년의 노르웨이 공채사건에서는 ICJ가 프랑스에 의한 자동적 유보의 원용에 대하여 세르비아도 이것을 원용할 수 있다는 이유로 관할권이 없다는 판결을 내렸다).

제17장 國際紛爭의 平和的 解決

제 1 절 國際紛爭의 槪念

1. 國際紛爭의 性質

國際紛爭이란 국제법상 법률관계나 국제정치상의 이해관계에 대하여 국가간에 발생하는 의견충돌이라고 할 수 있다(Mavrommatis Case에 관한 PCIJ의 판결). 국제법상 분쟁은 현행 法律關係나 權利義務關係와 관련한 분쟁인 데 대하여 국제정치상 분쟁의 그러한 법률관계·권리의무관계를 떠나서 그 변경을 요구하거나 또는 그것을 부인하는 분쟁이다.

국제분쟁은 원래 국가간의 분쟁을 말한다. 그러나 처음에는 '個人과 國家間의 것', 또는 '個人과 個人間의 분쟁'이었다 할지라도 개인의 본국이 이를 자기의 분쟁으로 취급하게 되면 분쟁은 새로운 국면인 국제법의 영역으로 들어가서 국가간 분쟁으로 변화하는 것이다.

法律的 紛爭과 政治的 紛爭 국제분쟁의 성질과 관련하여 종래 국제분쟁을 법률적 분쟁과 정치적 분쟁으로 구별하는 견해가 있다. 이 견해에 따르면 법률적 분쟁은 재판에 부탁할 수 있으나 정치적 분쟁은 조정 기타 재판 이외의 방법에 부탁할 수는 있어도 재판에 부탁하기는 적당하지 않다고 한다.

양자의 구별은 이론상으로뿐만 아니라 실정법상으로도 존재하는 것이 사실이다. 즉, 국제분쟁을 평화적으로 해결하기 위하여 재판의무를 설정한 조약이나 또는 ICJ 규정 제36조의 選擇條項은 대개 재판부탁의무를 법률적 조정에 부탁하도록 규정하고 있다. 그러나 이러한 구별을 위한 客觀的 標準은 반드시 확립되었다고 볼 수 없으며, 오히려 그러한 구별이 가지고 있는 상대적인 성격과 그러한 구별을 결정하는 데 채용된 主觀的 標準에 의하여 그 효용은 많이 감소되고 있다.

그러면 실정법상 어떠한 표준에 의하여 법률적 분쟁과 정치적 분쟁을 구별하여 왔는가? 여기에는 종래 세 가지 방식이 있었다. 첫째는 분쟁의 '政治的 重要性'에 의하여 구별하는 방식이다. 이에 의하면 법률적 분쟁이란 정치적으로 중요치 않은 분쟁이며, 정치적 분쟁이란 정치적으로 중요한 분쟁이다. 그러나 과거 많은 조약은 법률적 분쟁 중에 국가의 중대이익·독립·명예에 관한 분쟁을 재판에 부탁하는 것에서 제외하였는데, 만약 법률적 분쟁이 정치적으로 중요하지 않는다면 이러한 규정을 설정할 필요는 없는 것이다. 따라서 이 방식은 實定法上 표준으로서 채택할 수 없다.

둘째는 분쟁에 관하여 규정된 '國際法規의 有無'에 의하여 구별하는 방식이다. 이 방식에 의하면 분쟁에 관하여 미리 규정된 實定國際法規나 합의된 규범이 존재하는 분쟁은 법률적 분쟁이고 그러한 국제법규나 규범이 존재하지 않은 분쟁을 정치적 분쟁이라고 한다. 그러나 어떠한 분쟁에 적용할 법규가 존재하는가의 여부는 재판소가 당해 분쟁을 심리한 뒤에나 판명되는 것이므로 이 방식에 따른다면 법률적 분쟁을 미리 확정할 수 없게 된다. 그러므로 재판도 하기 전에 당사국이 미리 확정할 수 없는 분쟁을 재판에 회부하는 것에서 제외한다는 조약은 처음부터 무의미한 것이라고 보아야 한다.

셋째는 당사국이 분쟁을 국제법에 입각하여 다투느냐 또는 국제법 이외에 의거하여 다투느냐에 따라서 구별하는 방식이다. 이 방식에 의하면 국제법에 입각하여 다투는 분쟁은 法律的 紛爭이며 국제법 이외의 근거를 토대로 다투는 분쟁은 政治的 紛爭이 된다. 이 방식이 실제에 가장 적합한 것이라고 할 수 있다.

이와 같이 정치적 분쟁 또는 비법률적 분쟁이란 당사국이 국제법에 의거하여 해결하는 것을 원치 않는 분쟁을 말한다. 그러나 이러한 종류의 분쟁도 이론상 재판에 부탁할 수 없는 것은 아니다. 당사국이 합의하면 현행법의 적용을 배제하고 '衡平과 善'에 의한 재판을 요구할 수도 있다. 재판관이 현행법에 의한 해결은 적당하지 않다고 생각하여 '형평과 선'에 입각하여 판결을 내리고 당사자가 이것을 이행하면 분쟁은 최종적으로 해결되는 것이다.

> 국가간 분쟁은 항상 強度가 가변적이며 역사적으로 형태를 달리한다. 우리는 그 실례를 과거 미·중 관계와 닉슨이 중국을 방문한 이후 양국간의 관계를 비교해 보면 용이하게 찾을 수 있다. 동시에 과거의 정치적 분쟁이 오늘의 법률적 분쟁으로, 오늘의 법률적 분쟁이 내일의 정치적 분쟁으로 변화하는 일은 국제관계에서 흔히 볼 수 있다.

그러므로 같은 분쟁이라도 법적 측면과 정치적 측면을 함께 가지고 있는 분쟁이 많으며, 당사국의 주장에 따라 법률적 분쟁이 되기도 하고 또는 非法律的 紛爭(정치적 분쟁)이 되기도 하는 것은 피하기 어렵다. 따라서 분쟁을 이론적으로 법률적 분쟁과 비법률적 분쟁으로 구별하는 일은 불가능한 것이고, 오로지 재판에 부탁하여 해결하는 것이 보다 적절한 것인가 또는 당사국이 원하는 것인가 여부에 따라 분쟁의 성격이 결정된다. 결국 무엇이 법률적 분쟁인가를 미리 결정한다는 것은 그 자체가 불가능한 일이며, 國際社會에 있어서 법과 정치의 발전과 함께 변화할 문제일 것이다.

2. 國際紛爭의 平和的 解決義務

무릇 사회있는 곳에 紛爭이 있다. 국제사회도 사회인 까닭에 국가간에 분쟁이 발생하는 것을 피할 수 없으며, 분쟁이 없는 시대는 과거에도 없었고, 장래에도 없을 것이다.

분쟁은 흔히 전쟁이나 武力使用으로 진행될 가능성을 내포한다. 그러므로 국제평화를 유지하기 위해서는 분쟁을 전쟁이나 무력사용에 호소하지 않고 평화적으로 해결하는 것은 말할 것도 없다.

과거에는 국제분쟁을 해결하기 위하여 전쟁이나 무력사용이 금지되지 않았다. 그러나 20세기에 들어와서 이 목적을 위한 무력사용은 국제법상 금지되고 이에 대응하여 국제분쟁의 평화적 해결을 의무화하는 국제조약이 다수 체결되기에 이르렀다(예, 국제연맹규약 제12조, 부전조약 제 2 조, UN 헌장 제 2 조 3항, 제33조 1항 등의 일반조약에 입각하여 북대서양조약 제 1조, 바르샤바조약 제 1 조는 이러한 의무를 규정한 것).

그러나 어떠한 수단에 의하여 분쟁을 해결할 것인가는 원칙적으로 紛爭當事國이 자유롭게 선택하도록 일임되고 있으며, 이것을 '手段의 自由로운 選擇原則'(the principle of free choice of means)이라고 한다. 이 원칙은 1970년 友好關係宣言에서도 확인되고 있다. 다만 이 선택의 자유는 어디까지나 분쟁당사국의 합의를 전제로 한 것이며, 또 이러한 합의가 분쟁을 해결하는 데 반드시 연결되는 것이라고 할 수는 없다. 이러한 점을 고려하여 '友好關係宣言'은 "당사국간 분쟁의 사정 및 성질에 적합한 평화적 수단에 합의하여야 한다"라고 하면서, 어떠한 평화적 수단에 의해서도 분쟁해결에 도달하지 못한 경우에는 "합의에 따라 다른 수단에 의하여 계속적으로 분쟁해결을 추구할 의무를 진다"고 규정하고 있다.

일반적으로는 외교교섭 기타 '非裁判節次'에 의한 해결이 주권개념에 적합한 것으로서 중시되고 있으나, 이러한 절차에 의하여 해결되지 않는 경우에는 국제재판절차가 일종의 上訴機關으로서의 역할을 한다(Jiménez de Aréchaga, International Law, 159 R. C. 1978-Ⅰ, 146-147).

제 2 절 國際紛爭의 平和的 解決方式(一)

1. 平和的 解決手段의 制度的 發展

중세 國際法은 전쟁원인의 정당성을 따지는 正戰論을 발전시켰으나 19세기 국제법은 전쟁을 正戰과 不正戰으로 구별하기는 곤란하다는 이유로 정전론의 현실적 타당성을 부인하고 무차별전쟁관 밑에 전쟁을 합법화하였다. 즉, 국제분쟁을 해결하기 위한 전쟁도 인정한 것이다. 그러나 이러한 상황을 종결시키는 데 하나의 전기를 마련한 것은 헤이그평화회의였다. 1899년 제 1 차회의에서 채택된 國際紛爭의 平和的 解決條約(1907년 제 2 차 회의에서 개정)은 '병력에 호소하는 것을 되도록 방지하기 위하여', 체약국은 '국제분쟁을 평화적으로 해결하는 데'에 모든 노력을 경주해야 한다고 하였다(제1조).

헤이그조약은 이를 위한 수단으로서 直接交涉(외교 교섭) 이외에 주선, 중개(居中調停), 국제심사, 국제중재재판제도를 이용해야 한다고 하였다. 이 밖에 최근에는 국제사법재판소에 의한 사법적 해결방식이 추가되고 있다. 어느 제도나 모두 오래 전부터 이용되어 온 방법인데, 헤이그조약은 '兵力에 호소하기에 앞서' 이것들을 이용해야 한다고 규정하였다(제2조).

이 중에 交涉은 쟁점에 대하여 각 분쟁당사국이 인정하고 대립되는 주장을 당사자간 직접대화를 통해 조정함으로써 화해에 도달하는 방식이다. 紛爭을 解決하는 방식으로는 가장 기본적인 방식이라고 할 수 있으며 당사국간의 역학관계에 의하여 영향을 크게 받는다. 周旋을 비롯한 기타 모든 제 3 자(개인, 국가, 또는 국제기관)가 개입하여 분쟁해결을 도모하는 방식이다. 개입하는 이 제 3 자의 정치적 영향력이 당사국간의 분쟁해결을 촉진하며 보조한다. 그리고 그 개입형태에 따라 재판과 재판 이외의 방식으로 대별된다.

재판 이외의 방식은 제 3 자의 介入이라는 점에서는 재판과 같으나 구속력 있는 결정을 하지 않고 勸告에 의하여 당사국간 화해를 촉진하는 방법이다. 이것을 총칭하여 광의의 調停이라고 부른다. 이 중에는 제 3 국이 개입하는 주선과 중개, 제 3 자적인 국제기관이 개입하는 심사 및 조정(협의), 그리고 국제조직에 의한 紛爭解決(UN에서 안전보장이사회와 총회가 분쟁의 조사, 화해를 위한 주선, 해결조건에 대한 권고를 한다) 등 세 가지 종류가 있다. 이에 대하여 재판은 제 3 자인 재판소가 당사자를 구속하는 효력을 가지는 결정을 내림으로써 분쟁을 해결하는 방식이다. 그리고 국제재판은 재판소가 일시적인 것인가, 또는 상설적인 것인가에 따라서 중재재판과 사법재판의 두 가지로 구별된다.

재판 및 재판 이외의 방식은 모두 분쟁해결을 위하여 제 3 자가 개입하는 것이지만 양자는 다음과 같은 점에서 기본적으로 다르다. 첫째, 분쟁해결을 위한 근거에 있어서 국제재판은 원칙적으로 법을 근거로 하여 분쟁해결을 의도하는 법적 결정임에 대하여 기타 해결방식은 오히려 정치적 타협을 위주로 하는 방식에 속한다. 그러나 이 구별은 절대적인 것은 아니며 國際裁判에도 國際法 이외의 考慮(예, 형평과 선)를 할 수 있다. 다만 재판은 법적 결정을 본질로 하므로 국제재판 역시 법적 결정을 원칙으로 하는 것이다. 둘째, 介入의 효과에 있어서 국제재판을 통한 판결은 분쟁을 종국적으로 해결하는 데 당사국을 법적으로 구속하지만 기타의 방식은 그러한 법적 구속력이 없고 오로지 당사자간 합의에 의하여 분쟁해결을 촉진하는 효력을 가질 뿐이며, 따라서 법적으로는 다만 행동의 자유가 일정범위내로 제한되는 데 불과한 것이다.

直接交涉으로부터 國際裁判에 이르는 일련의 평화적 분쟁해결방식에 있어서 조약상 의무가 없는 한 꼭 어느 방식에 의하여 분쟁을 해결해야 한다는 일반적 의무는 존재하지 않는다. 그러므로 우선 이러한 절차문제에 국가간 합의가 이루어지지 않는 경우에는 분쟁을 평화적으로 해결할 기회와 가능성이 없으므로 국가간에 긴장이 그대로 지속될 우려가 있다.

2. 直接交涉

直接交涉은 국제분쟁을 해결하기 위하여 당사국간에 행해지는 外交交涉을 말하는데, 보통 제 1 차적인 분쟁해결방식으로 예정되는 것이다. 국가는 常駐外交使節 또는 臨時外交使節을 통하여 외교교섭을 행하는 것이 보통이며, 이러한 외교교섭을 일반적으로 거절할 수는 없는 것으로 해석된다. 국제분쟁을 평화적으로 해결하는 데 대한 여러 조약에는 다른 방식을 채용하기 전에 먼저 외교교섭방식을 통해 분쟁해결을 시도하도록 규정하는 것이 있다(1907년 국제분쟁의 평화적 해결조약 제38조, 국제연맹규약 제13조 1항, 국제분쟁의 평화적 해결에 관한 일반의정서 제 1 조, UN헌장 제33조 1항 및 제37조 1항).

그러나 조약에 규정된 외교교섭의무는 반드시 합의에 도달할 의무까지 포함하는 것이 아니다(일본과의 평화조약 제 9 조 참조). 다만 외교교섭에 대한 법적 의무는 가능한 한 합의에 도달하도록 '성실하게' 교섭할 의무를 포함하는 것으로 해석된다(남서아프리카 지위에 관한 사건에서의 de Nisscher 판사의 반대의견).

직접교섭은 당사국의 자유로운 판단에 의하여 국제분쟁을 한꺼번에 해결하는 장점이 있으나, 반대로 국가간 역학관계를 반영하여 국력이 서로 비슷한 국가간에는 교섭이 결렬되기 쉽고 강대국과 약소국간에는 弱小

國에게 불리한 해결이 강제되는 것(강박에 의한 조약)과 같은 결점도 있다.

또한 이미 분쟁당사국간에 중대한 무력분쟁이 발생한 경우에는 당사국이 直接交涉에 나설 가능성은 희박하며 제 3 국 또는 제 3 자의 개입이 불가피하게 된다. 이때 제 3 국의 발의에 의하여 소집된 국제회의가 중요한 역할을 하는 경우도 있다(1954년-1962년 인도차이나 분쟁에 관한 제네바회의).

최근에는 國際司法裁判所가 판결을 통하여 분쟁당사국에게 '성실하게 교섭할 의무'를 명령하기도 한다('북해대륙붕사건'판결. ICJ Reports 1969, 46-49, '어업관할권사건(본안)'판결. Ibid. 1974, 32-35). 이것은 분쟁당사국이 형평한 결과를 실현하기 위하여 國際司法裁判所가 정형화하여 제시한 여러 가지 요건을 기초로 그 범위 내에서 새로이 교섭을 행할 의무를 진다는 취지이다. 따라서 당사국간 교섭을 행할 의무를 명령하는 것은 실질적으로 중개나 조정기능을 갖는 것이며, 그러한 한에서 분쟁당사국간에 객관적이고 국제화된 교섭이 시행될 것을 도모한 것이라고 할 수 있다.

나아가 조약상 사전통보 및 협의의무를 설정함으로써 국제분쟁이 현실적으로 발생할 것을 예견하여 사전에 체약국간에 분쟁 회피와 방지를 도모하는 제도도 있다. 그러나 이것은 국제분쟁을 사후적으로 해결하는 절차인 직접교섭과는 이질적인 기능을 갖는다.

3. 周旋과 仲介

周旋(good office)과 仲介(mediation)는 모두 제 3 자가 분쟁당사국간에 개입하는 분쟁해결방식인데, 보통 그 개입정도에 의하여 구별된다. 주선은 제 3 자가 분쟁내용에는 개입하지 않고 당사자간 외교교섭의 타결에 조력하는 것이며(외교교섭의 권고, 회의장 · 통신시설과 같은 편의의 제공 등), 斡旋이라고도 한다(예, 러일전쟁 당시 미국의 주선에 의한 포츠머스 강화조약의 타결, 베트남에 관한 1973년 파리 협정 서명에 있어서 프랑스의 주선). 仲介는 제 3 자가 분쟁의 내용에까지 개입하여 양당사국간 의견을 조정하거나, 또는 스스로 분쟁해결안을 제시하는 것이다(예, 1904년 영국 · 러시아간의 The Dogger Bank Case에서 프랑스의 성공적인 중개). 이와 같이 중개는 주선에 비하여 제 3 자가 깊이 개입한다.

周旋과 仲介는 원칙적으로 임의적인 제도이다. 의무적인 주선과 중개는 특정조약에 규정된 경우 그 한도 내에 국한되는 것이다. 그리고 이 양자는 분쟁당사국의 주권을 엄격하게 존중하여 교섭내용을 구속하지 않는 점에서 유사하며, 실정법상으로도 구별하지 않고 사용하는 일이 많다.

비교적 최근에 볼 수 있었던 주선의 예로는 1947년 8월 네덜란드와 인도네시아간 분쟁에 UN안전보장이사회가 개입한 것과 1948년 팔레스타인 분쟁에서 역시 안전보장이사회가 仲介者(처음에는 Bernadotte, 그가 암살당한 후에는 Bunche)를 임명한 것을 들 수 있다. 1966년 인도·파키스탄간 분쟁이 소련수상이 알선한 타시켄트회의에서 해결의 실마리를 본 것은 중개의 예가 된다. 이 밖에도 중동전쟁시 이스라엘·이집트간 강화에 대한 미국무장관 키신저의 중개, 1978년 비글海峽仲裁判決의 이행을 둘러싼 칠레·아르헨티나간 분쟁해결을 위한 로마교황의 중개, 포클랜드분쟁시 이루어졌던 UN사무총장의 알선 등을 들 수 있다.

그런데 국제기관에 의한 周旋 또는 仲介는 다음에서 설명하는 '調停'에 해당하며, 최근의 집단적 분쟁해결제도하에서는 전통적인 주선 또는 중개기술이 국제기관의 조정형태에 흡수되는 경향까지 있다. 그러나 한국전쟁의 휴전의 경우에서 볼 수 있듯이 인도의 중개적 역할은 아직도 국가에 의해 이루어지는 전통적인 周旋 또는 仲介방법이 상당한 역할을 할 수 있다는 증거가 된다.

4. 審査와 調停

審査(inquiry)와 調停(conciliation)은 개입의 주체가 국가가 아니고, 審査委員會나 調停委員會와 같은 독립적인 국제기관이 분쟁에 개입하는 분쟁해결방식이다. 審査는 1899년 '국제분쟁의 평화적 解決條約'(1907년 개정)에 의하여 처음으로 창설된 것이며 이것이 한층 발전하여 調停制度가 성립되었다.

심사라는 것은 국가의 명예나 중대이익에 관한 것을 제외하고 당사국간에 다투어지고 있는 사실문제를 명백히 하는 절차를 말한다(1907년 조약 제 9 조). 심사는 원래 사실관계에 관한 법적 판단은 포함하지 않는 것으로 하고 있으나 실제로는 國際審査委員會가 국가책임 유무를 판단하는 등 중재재판에 가까운 기능을 수행하는 경우도 있다.

그런데 1899년의 조약에 의하여 분쟁에 있어서 당사국이 合意(심사 조약)하여 國際審査委員會를 설치하고 사실문제에 관한 보고를 제출케 함으로써 분쟁의 평화적 해결을 도모하게 되었다. 현실적으로 분쟁은 사실관계의 불명 또는 오해에서 기인하는 일이 많으므로 사실관계를 명확히 하는 것만으로도 분쟁해결에 도움을 주는 일이 많다(이 제도가 성공한 예로서는 The Dogger Bank Case가 있다. 영국과 러시아간에 있었던 이 분쟁은 프랑스의 중개에 의하여 양국이 사건을 국제심사위원회에 부탁하고 심사결과에 입각하여 러시아가 배상금을 지불함으로써 해결되었다. 이 사건은 러일전쟁중인 1904년 10월 러시아 함대가 조업중인 영국의 어선단을 적국함선으로 오인하고 포격을 가한 것이다. 또 영해내 위법조업의 의심을 받고 계속 추적당한 외국선박에 대하여 공해상에서 총격을 가함으로써 발생한 영·덴마크간에 1962년 3월 발생한 '렛드·그르세다호사건'도 심사에 의하여 해결된 사건이다).

그러나 이 심사방식은 審査委員會가 상설적이 아니며, 분쟁의 부탁도 의무적인 것이 아니고, 심사대상이 사실문제에 국한되며, 당사국을 구속하는 효력이 전혀 없다는 등에서 결함을 가지고 있다. 이후 이 제도를 개량하기 위해 1911년 녹스(Knox) 조약에 의하여 混合審査委員會가 설치되고 1913년에서 1914년에 걸쳐 체결된 다수의 브라이언(Bryan)조약에 따라 常設審査委員會가 나타났으며 이것들은 특히 분쟁의 사실관계뿐만 아니라 법률적인 면까지도 명확히 할 것을 목적으로 한 것이다. 한편 특별조약으로 심사부탁을 의무적인 것으로 하거나, 또는 審査의 결과를 중재재판의 전제로 하는 경우도 있다. 제 1 차대전 후에는 이 방식이 한층 발전되어 국제조정제도가 성립하게 되었다.

審査가 단순히 사실문제를 보고하는 데 불과한 것임에 비하여 調停은 國際調停委員會를 설치하여 분쟁사실을 심사하는 동시에 그 해결조건까지도 제시함으로써 분쟁의 평화적 해결을 도모하는 방식이다. 이 국제조정은 심사와 중개의 기능이 결합된 것으로 비교적 새로운 절차이다. 조정에 관한 조약은 2국간 조약인 경우가 많으나 다수국간 조약인 경우도 있고, 조정만을 약속한 調停條約 이외에 재판과 조정을 결부시킨 裁判調停條約도 있다. 1928년 국제연맹에서 채택되고 1949년 UN에서 개정된 '國際紛爭의 平和的 解決一般議定書'는 대표적인 재판조정조약으로서 중재재판 및 사법적 해결과 국제조정과의 유기적인 조화를 기도한 것이다.

위의 일반의정서에 의하면 체약국 일방이 타방에 대하여 常設調停委員會 설립을 청구하는 경우, 6개월 이내에 이를 설립한다(제3조). 분쟁발생 당시 常設委員會가 설치되지 않은 경우에는 임시위원회가 설치된다(제5조). 여하간 위원회는 원칙적으로 5명으로 구성하는데 그 선임방법은 당사국이 각각 1명을 선임하고 나머지 3명을 당사국이 합의에 의하여 결정하는 경우와 당사국이 2명씩을 선임하고 나머지 1명을 합의로써 결정하는 경우가 있다(제 4 조 참조. 단, 합의가 성립되지 않을 경우에는 제 6 조에 의한다). 紛爭付託은 당사국의 합의에 따른 청구로써 하는 것이 보통이나 합의가 없는 경우에는 당사국 일방에 의한 청구로도 할 수 있다. 위원회는 사실문제뿐만이 아니고 법률문제를 포함하여 분쟁내용을 검사하여 적당하다고 생각하는 분쟁해결조건을 제시할 수 있다. 위원회의 보고서에는 당사국을 구속하는 효력은 없으며, 분쟁해결조건도 단순한 권고적 효력에 그친다.

國際調停委員會는 개별적인 조약에 의하여 설립되며, 紛爭付託 의무를 당사국에 부과하지도 않고 그 해결안은 중재판결과 같은 구속력을 갖지 않는다. 그러나 동위원회는 국제재판에 준하는 절차법규를 적용하기도 하고 당사국이 심사보고를 거부할 경우에는 중재재판에 부탁할 것을 의무화하는 등 국제재판절차와 결합을 도모하고 있다.

國際調停委員會는 특정사항(영토분쟁, 경제분쟁 등)의 해결을 위하여 수시로 설립될 뿐만 아니라(UN해양법조약 제297조), 현재에는 일반조약을 적용하는 데서 발생하는 일체의 국제분쟁을 해결하기 위한 특별절차가 되고 있다('국제인권 제 2 규약' 제42조, '조약법조약' 제66조, 그러나 제 1 차대전 후 분쟁처리를 위한 하나의 수단으로 보급된 조정제도도 챠코지방의 국경분쟁을 해결한 볼리비아 · 파라과이 審査調停委員會를 포함하여 몇 건에 지나지 않았다).

5. 國際組織의 介入에 의한 紛爭解決節次

현재의 국제조직은 국제평화유지라는 일반적 임무에 입각하여 국제분쟁을 평화적으로 해결하는 절차에도 직접 · 간접으로 개입한다. 국제연맹이 최초로 그러한 역할을 하였다.

1) 국제연맹에 의한 해결 國際聯盟規約은 일반적으로 권고적 기능, 국내문제불간섭, 전회일치제 등을 채용함으로써 가맹국의 주권을 크

게 존중하였으나, 분쟁의 평화적 해결에 있어서는 재판외적인 절차(재판 이외의 절차)에 대해서 이사회의 개입을 널리 인정하였다.

각 가맹국은 국제관계에 영향을 미치는 일체의 사태로서 국제평화 또는 그 기초가 되는 각국간의 양호한 이해를 위태롭게 할 우려가 있는 것에 대하여는 연맹이사회에 주의를 환기할 권리를 갖는다(제11조 2항). 이사회는 이것을 받아 심사·주선·중개 및 조정 등 비재판적 절차를 취하였다(1925년의 그리스·불가리아 국경사건).

그리고 이사회는 國交斷絶을 가져올 우려가 있는 국제분쟁에 관해서는 분쟁당사국이 국제재판절차에 부탁할 것을 선택하지 않은 경우에는 일방 당사국의 일방적인 재판부탁에 입각하여 강제적으로 개입할 권한이 인정되었다(제12조, 제15조). 분쟁해결에 도달한 경우에는 그 분쟁에 관한 사실과 설명 그리고 해결조건을 기재한 調書를 공표하고, 만약 분쟁해결에 실패한 경우에는 분쟁사실과 공정하고 적당하다고 인정되는 권고를 포함한 보고서를 공표한다(제15조 3·4항, 1935년 콜롬비아·페루간 레지시아사건에 관한 보고서, 1933년 이·에티오피아분쟁에 관한 심사위원의 임명과 보고 등). 그리고 이 보고서가 분쟁당사국을 제외한 다른 연맹이사국 전체의 동의를 얻은 경우에는 이 보고서의 권고내용에 따르는 분쟁당사국에 대해서는 전쟁수단에 호소하지 않을 것을 약속하였다(제15조 6항).

이와 같이 연맹이사회에 의한 가맹국간의 분쟁해결제도는 '審査' 또는 '調停'의 쌍방을 혼합한 성격을 가지며, 특히 '전쟁모라토리움' 제도를 도입한 것은 주목된다.

분쟁이 연맹총회에 부탁된 경우(제15조 9항·10항)에도 실질적으로는 이사회와 동일한 절차로 심의하며 보고서를 작성한다(1933년 2월 만주사변에 관한 릿톤 검토심사위원회의 보고의 채택).

2) UN에 의한 해결 UN은 무력행사를 일반적으로 금지하고 모든 분쟁을 평화적으로 해결하는 의무를 加盟國에 가하고 있으며, 이 평화적 해결의무를 실효적인 것으로 하기 위하여 총회와 특히 평화유지에 중요한 책임을 지고 있는 안전보장이사회에 분쟁해결을 위한 광범위한 기능과 권한을 부여하고 있다(UN의 다른 각 기관도 평화의 파괴에 이를 우려가 있는 국제적 분쟁 또는 사태에 대하여 평화적 해결을 도모할 목적으로 심사, 중개, 조정기능을 한다).

安全保障理事會는 분쟁 또는 사태에 대해 직권에 의하여 다양한 개입을 행한다(제24조 1항. 이 개입에는 보조기관의 설치도 포함된다. 제29조). 이러한 해결방식은 유형적으로는 주선과 중개로 볼 수 있는 것으로부터 國際調停이나 審査에 해당하는 것까지 개개의 분쟁의 성질에 따라 여러 가지 형태를 취할 수 있다. UN에 의한 해결에는 정치적 영향력이 중시되는데, 특히 대국을 중심으로 구성된 안전보장이사회는 이러한 정치적 영향력을 무기로 하는 분쟁해결기관이다(총회는 국제여론을 배경으로 한다).

UN을 國際聯盟과 제도면에서 비교하면 다음과 같은 특색이 발견된다. 연맹에서는 이사회와 총회의 임무가 미분화된 상태에 있었다. 양자는 다같이 동일한 임무와 권한을 가지고 있었다(제3조 3항, 제4조 4항). 규약상 분쟁은 먼저 이사회에 부탁하도록 예정되어 있으나, 분쟁당사자 일방의 요구가 있으면 14일 이내에 분쟁을 자유로이 총회에 移管할 수 있었다(제15조). 이에 대하여 UN은 평화유지에 관한 '중요한 책임'은 안전보장이사회에 있는 것으로 하였다(헌장 제24조). 따라서 총회는 이사회가 어떠한 분쟁에 관하여 임무를 수행하고 있는 경우에는 이사회가 요청하지 않는 한 당해 분쟁에 대하여 권고도 할 수 없으며(제12조 1항), 또 '行動'(강제조치)을 필요로 하는 문제는 이사회에 부탁하여야 한다(제11조 2항). 결국 헌장은 평화유지에 관해서는 총회보다 安全保障理事會에 우월적인 권한을 부여하고 있는 것이다.

다음으로 제도적인 특징으로서 이 기관들의 의사결정방법이 주목된다. 연맹에서는 절차사항이나 또는 특별히 규정된 사항을 제외하고는 총회와 이사회는 모두 全會一致制를 취하고 있다(제5조 1항). 그 결과 가맹국 누구도 거부권을 갖게 되어 결의의 성립이 쉽지 않았다.

이에 대하여 UN은 모든 주요 기관에서 多數決制를 채용하였다. 이것은 하나의 중요한 제도적인 발전이라고 할 수 있다. 그러나 안전보장이사회에서의 표결은 비절차적 사항에 관해서는 5개常任理事國의 동의를 조건으로 하는 다수결을 채택하고 있다. 따라서 5개국의 거부권이 인정되고 있다(제27조 3항).

총회에서의 분쟁해결에 관한 표결은 3분의 2 다수결에 의한다(제18조 2항). 그리고 어느 기관에서의 표결도 그것이 분쟁의 평화적 해결에 대한 것일 경우에는 권고적 효력을 갖는 데 불과하며 법적 구속력은 인정되지 않는다(단, 제7장의 강제적 조치의 경우에는 이사회는 구속력 있는 결정을 할 수 있다).

3) **安全保障理事會에 의한 解決節次** 가맹국은 그 분쟁의 계속이 '국제평화 및 안전의 유지를 위태롭게 할 우려가 있는 경우'에 있어서는 먼저 交涉, 審査, 仲介, 國際裁判, 지역적 기관에 의한 해결을 구하여야 한다. 이 어느 것에 의하여도 해결이 얻어지지 않은 경우에는 분쟁당사국은 분쟁을 안전보장이사회에 부탁하여야 한다(제37조 1항). 부탁을 받은 이사회는 다음 중의 어떠한 조치를 취하여야 한다. 하나는 이사회의 중개적 기능으로서 분쟁당사국이 이미 취한 해결절차를 고려하여 '적당한 조정절차 또는 방법'을 권고하는 것이다(제36조 1항). 이 경우 이사회는 당해 분쟁이 '법률적 분쟁'으로 인정될 경우에는 원칙적으로 당사국에 의하여 國際司法裁判所에 부탁되어야 함을 고려하여야 한다(제36조 3항).

코르푸해협사건(1949년)은 군함의 무해통항권이 문제가 된 것인데, 처음에는 영국으로부터 이사회에 제소되었으나 이 사건을 국제사법재판소에 부탁하도록 권고하였다. 이에 입각하여 영국은 다시 재판소에 제소하였고, 알바니아는 이에 응소하여 사법적 해결이 개시되었다.

또한 大陸棚의 경계분쟁에 관하여 당사국간에 교섭을 계속한 후에도 여전히 남는 쟁점에 한하여 이사회는 사법적 해결을 고려하도록 권고하고 있다('에게해대륙붕사건'에 관한 1976. 8. 25 결의 395호. ICJ는 이 결의를 근거로 그리스가 청구한 가보전조치의 지시를 거부하였다. '동사건〔가보전조치〕' 동명령. ICJ Reports 1976, 12-13). 더 나아가 이사회는 이러한 분쟁이 이상의 절차에 의하여 해결되지 못한 경우에는 스스로 중개·조정기능을 행사한다(제37조, 제38조). 이 기능을 통해 분쟁에 대한 실체적 해결안으로서 구체적인 '해결조건'을 제시하거나 권고하기도 한다.

'재테헤란 美國外交·領事機關事件'에서 미국은 사건을 ICJ에 부탁함과 동시에 인질의 즉시석방을 요구하며 이것을 안전보장이사회에 제소하였다. 이사회는 全會一致로 대사관원의 즉시석방과 그들에 대한 보호제공 및 귀국승인을 이란에 권고하였다(결의 457, 1979년). 그러나 이란은 이 결의를 수락하지 않았다. 이사회의 권고는 법적 구속력이 없으므로 수락의 거부는 그 자체 의무위반을 구성하지 않는다. 그러나 사태가 악화되는 경우에는 제 7 장의 강제조치를 발동할 수 있다.

안전보장이사회는 위의 권고결의로부터 수주일 후 또다시 즉시석방을 호소하는 결의를 채택함과 동시에 만약 이란이 본결의를 이행하지 않는 경우에는 헌장 제39조·제40조의 '效果的 措置'를 취할 것을 시사하였다. 그러나 이 결의에 입각하여 제안된 대이란 경제제재결의는 소련이 거부권을 행사함으로써 부결되었다.

安全保障理事會는 분쟁당사국에 의하여 부탁이 없는 경우에도 자발적으로 조사를 개시하고 권고를 행할 수 있다(제38조).

이사회에서의 분쟁해결에 관한 토의에는 분쟁당사국은 투표권없이 참가할 수 있다(제32조).

위의 테헤란사건에서 이란은 이사회의 초청을 받아서 처음에는 토의에 참가했으나 그 후에 출석을 거부하였다.

만약에 상임이사국 중 어느 일국이 분쟁당사국인 경우에는 당해 이사국은 거부권을 행사할 수 없다(단, 제 7 장에 입각한 표결에는 관계당사국인 이사국도 투표권을 갖는다).

4) UN總會에 의한 紛爭解決節次　총회는 국제평화·안전을 유지하기 위하여 일체의 문제나 사항을 토의하고 권고할 수 있다(제10조, 제11조). 그 밖에 중대한 사태에 관해서는 직권으로 안전보장이사회에 주의를 환기하기도 하며(제11조 5항), 또는 평화적 調整(제14조)을 행하며 개입하기도 한다(단, 제12조의 제한). 또한 거부권행사에 의하여 안전보장이사회가 제대로 기능을 발휘하지 못하는 사태에 대처하기 위하여 총회의 권한이 강화되었는데, 총회가 휴회중인 때 中期委員會(소총회)를 개최할 것을 결정한 1947년 제 2 회 총회결의(제111호)와 '평화를 위한 단결'을 결의한 1950년 제 5 회 총회결의(제377호)가 그것이다.

1979년 소련이 아프가니스탄에 군사개입한 사례에서 아프가니스탄으로부터 모든 외국군대가 무조건철수할 것을 요구하는 결의안이 안전보장이사회에 제출되었으나 소련의 거부권에 의하여 부결되었다. 이사회는 즉시 긴급특별총회를 개최할 것을 요구하였다. 이에 따라 개최된 총회는 아프가니스탄으로부터의 외국군대가 즉시 조건없이 완전히 철수할 것을 요구하는 결의를 채택하였다(1980년). 이 결의와 사무총장의 노력이 주효하여 1988년 아프가니스탄으로부터 외국군대가 단계적으로 철수할 것이(9개월 이내) 결정되었다.

5) UN사무총장에 의한 분쟁해결 UN사무총장은 UN行政職員의 장으로서 지위를 갖는 외에 평화유지를 위하여 중요한 정치적 임무가 부여되고 있다. 즉, 국제의 평화·안전을 위태롭게 할 우려가 있다고 판단되는 사항에 관하여, 스스로 발의하여 안전보장이사회의 주의를 환기할(제99조) 뿐만 아니라 긴장완화를 요청하고, 周旋·仲介를 하며, 이사회 또는 총회가 위탁하는 기타 임무를 수행한다(제98조).

한국전쟁이 휴전된 후 중국에 억류되어 있는 미군을 석방하기 위한 교섭, 1956년 수에즈운하분쟁에 있어서 안전보장이사회의 결의채택을 유도하기 위한 분쟁당사국과의 교섭 등은 그 좋은 예가 된다. 테헤란인질사건에 있어서 이사회 결의는 인질석방을 위하여 사무총장이 중개를 포함한 적당한 조치를 취할 것을 요청하였고, 이 요청에 따라 사무총장은 테헤란에서 조정을 시도하였다. 이처럼 사무총장에 임무를 위탁한 예는 아프가니스탄문제, 포클랜드분쟁, 이란·이라크전쟁 등에 관한 총회 및 이사회의 결의 등에서도 볼 수 있다.

사무총장은 비동맹중립 입장을 취하는 국가의 출신으로서 개인적으로도 존경을 받는 인물이 선출되는 경우가 많으므로 중개자 또는 조정자로서 적격일 뿐만 아니라 다른 기관과는 달리 개인적인 판단으로 행동을 취할 수 있는 입장에 있기 때문에 분쟁의 평화조정자(peace-maker)로서 활약해 왔다.

6) 地域的 機關에 의한 紛爭解決 지역적 기관은 지역적 분쟁을 평화적으로 해결할 권한을 가지며(헌장 제52조 1항), UN은 加盟國에 대하여 지역적 분쟁을 안전보장이사회에 부탁하기에 앞서 地域的 機關(예, 미주기구, 아프리카통일기구)에 의한 평화적 해결을 시도하도록 요청하고 있다(제52조 2항).

그렇다면 지역적 분쟁해결과 관련한 이사회의 권한은 지역적 기관에 의한 분쟁해결절차가 실패한 경우나 분쟁을 해결해 줄 것을 요청받은 경우에 한정되는 보충적인 것에 불과한 것인가가 문제된다. 그러나 지역적 분쟁이라 할지라도 분쟁사태의 성질을 결정하는 데 안전보장이사회가 심사할 권한(제34조)과, UN가맹국이 총회 또는 안전보장이사회에 제소할 권리(제35조)가 명문으로 규정되어 있는(제52조 4항) 이상, 적어도 지역적 기관에 우월적인 권한을 인정하기는 곤란하다. 따라서 결국 이 문제에 대해서는 UN과 지역적 기관이 서로 권한을 경합적으로 갖는 것으로 해석된다.

제 3 절 國際紛爭의 平和的 解決方式(二)

— 國際裁判 —

1. 國際裁判의 두 종류

국제재판이라는 것은 당사자로부터 독립된 裁判機關(중재자 또는 재판소)이 당사자를 법적으로 구속하는 판결을 내림으로써 국제분쟁을 해결하는 방식이다. 여기에는 仲裁裁判(arbitraion)과 司法的 解決(judicial settlement)이라는 두 가지 종류가 있다. 중재재판은 분쟁이 발생할 때마다 당사자의 합의에 따라 선발된 재판관이 판결하는 재판이며 사법적 해결은 ICJ와 같이 미리 선임된 재판관으로 구성된 상설적인 재판소에서 행하는 재판을 말한다. 이와 같은 국제재판은 원칙적으로 국제법을 적용하는 사법적 절차에 의하여 분쟁을 최종적으로 해결하는 점에서 권고적 절차에 의하여 분쟁해결을 보조하는 調停과 구별된다.

근대적 국제재판의 초기 형태는 임의적 재판방식이었다. 이러한 국제재판이 분쟁해결수단으로 채용된 때는 고대나 중세에 볼 수 있는 것을 제외하고는 1794년 영·미간에 체결된 제이조약(Jay Treaty)에 입각하여 행해진 仲裁裁判에서 최초로 볼 수 있다. 특히 1872년 미국과 영국간의 알라바마호사건이 중재재판에 부탁되어 성공적으로 해결된 이래 재판은 분쟁해결을 위한 유력한 수단으로 평가되었다.

그러나 중재재판은 당사국이 분쟁이 발생할 때마다 분쟁을 부탁할 것을 합의하여야 하고, 부탁하기로 합의한 후에도 누구를 재판관으로 할 것인가에 관하여 또다시 합의하여야 하며, 재판기준과 재판절차도 각각의 분쟁에 따라 당사국이 개별적인 합의로써 결정해야 하는 단점을 갖는다. 이리하여 19세기에는 재판부탁을 미리 조약으로써 약속해 두어 재판을 의무적으로 부탁하게 하는 형태가 나타났으며, 20세기에 들어와서는 중재재판과는 별도로 상설적인 사법적 해결제도가 성립하기에 이르렀다. 1899년 '국제분쟁의 평화적 해결에 관한 조약'에 입각하여 설치된 常設仲

裁裁判所(Permanent Court of Arbitration)는 재판관을 常置한다는 고유한 의미이며 상설재판소가 아니라 각국이 각각 4명 이내로 임명한 중재재판관의 명부만이 비치된 것으로서 여전히 개별적인 중재재판소의 성격을 보유한 것이었다. 진정한 의미의 상설재판소로는 제1차대전 후에 탄생한 常設國際司法裁判所(PCIJ)가 최초이며, 이것을 계승한 것이 현재의 國際司法裁判所(ICJ)이다.

분쟁의 사법적 해결을 통해서는 객관적인 판결을 기대할 수 있으나 중재재판에서는 법의 엄격한 적용보다 구체적 정의에 입각한 재판이 기대되므로 분쟁의 성질에 따라서는 중재재판이 보다 적절한 해결을 가져오는 경우도 있음을 유의해야 한다.

중재재판에서는 분쟁의 범위, 재판관선임, 재판절차와 재판준칙의 결정, 판결의 효력, 재판비용의 분담 등 재판을 부탁하는 합의(compromise)에서 규정되는 사항이 많으며, 분쟁당사국의 주권이 최대한으로 존중되고 있다. 근래 개별적 중재재판제도가 더욱 활용되고 있는 이유가 여기에 있다. 그러나 제2차대전 후 '仲裁裁判規則모델'(1958. 11. 14 제13회 UN총회결의 1262호)에 의해 제시된 중재재판확충방안은 이론상의 난점으로 인하여 여러 국가의 저항을 받아 충분히 기능을 발휘하지 못하고 있다.

한편 국제중재재판의 새로운 발전으로서 주목할 사항은 국가와 사인간의 분쟁에 중재재판제도가 적용되고 있다는 것이다. 이미 제1차대전 후 사인의 청구권을 戰後處理(전쟁중 구적국이 취한 조치에 의하여 입은 연합국의 국민의 손해에 대한 배상청구권의 처리)하는데 이러한 중재재판제도가 활용된 예도 있기는 하나(베르사이유평화조약 제304조 · 제305조에 입각한 혼합중재재판소, 1947년 '對伊平和條約'에 입각한 佛·伊調停委員會 설립) 근래들어 國際經濟紛爭에 대해 적용이 특히 주목되고 있다. 예컨대, ① 국적이 다른 사인간의 분쟁처리에 있어서 외국에서 행한 중재판결의 승인과 집행(1958년 뉴욕조약), 또는 개발도상국과 현지에서 활동하는 외국기업간의 投資紛爭(1965년 국제부흥개발은행의 발의로 작성된 '투자분쟁해결조약'에 입각한 투자분쟁처리센터) 등 국제상사중재 분야라든가, ② 외국자산을 강제수용하거나 컨세션(concession)을 일방적으로 파기함으로써 국가계약을 둘러싸고 발생하는 분쟁에 중재재판이 활용되고 있다. 또 ③ 과거 동구권국가들은 국가면제 적용을 고집하여 시장경제체제를 취하는 국가의 기업과 자국간에 발생하는 무역분쟁에 관해서 상대국의 재판권에 복종하는 사법적 해결보다는 중재재판제도를 적극 활용하였다(1957년 '일·소통상조약' 제14조).

2. 裁判所의 構成

(1) 仲裁裁判所의 構成

중재재판소는 당사국의 합의에 따라 구성된다. 3명 또는 5명으로 구성되는 것이 보통인데 당사국이 각각 같은 수의 재판관을 선발하고 나머지를 합의하여 선임한다(이 중립적인 제3의 인물을 umpire라고 한다).

常設仲裁裁判은 '국제분쟁의 평화적 해결조약'에 입각한 재판인데, 이 조약당사국은 미리 4명 이내의 재판관을 6년 임기로 임명한다(재판관은 반드시 자국민이 아니라도 상관없다). 임명된 자는 재판소의 재판관으로서 事務局(Hague에 있음)에 비치된 명부에 기입된다. 분쟁이 발생한 경우 당사국은 이 재판관명부에서 사건을 담당할 재판관을 선정하여 중재재판부를 구성한다. 만약 당사국간에 합의가 없으면 당사국은 각각 2명씩을 지정하고(그 중 자국민이나, 또는 자국이 재판관으로 임명한 자는 1명에 한한다), 이 4명의 재판관이 합의하여 1명의 상급재판관을 선정한다. 이러한 선정이 불가능한 경우에는 당사국이 협의하여 지정한 제3국에 선정을 위탁한다(2개월 이내에 협의가 성립되지 않으면 양국은 재판관명부 중에서 당사국이 지정한 자도 아니고 또 당사국의 국민도 아닌 자를 각각 2명씩 선정하여 이 중에서 추첨으로 상급재판관을 선정한다. 제45조).

(2) 國際司法裁判所의 構成

국제사법재판소(ICJ)는 15명의 재판관으로 구성된다. 재판관 선임절차는 다음과 같다. 먼저 상설중재재판소의 국가별 裁判官團이 각각 4명 이내로 候補者(그 중 자국민은 2명 이내)를 지명한다(상설중재재판소에 자국의 裁判官團을 갖지 않는 당사국은 그 재판관의 임명과 같은 조건으로 지명을 위하여 재판관을 임명한다). 지명된 후보자 명부 중에서 UN총회와 안전보장이사회가 개별적으로 선거를 행하고 이 양자에서 모두 절대다수를 얻은 자가 재판관으로 당선된다. 선거를 행함에 있어서 유의할 점은 선출될 재판관이 재판관으로서 필요한 자격(자국의 최고사법관으로 임용될 자격이 있거나 또는 국제법에 유능한 법률가로서 덕망이 높은 사람일 것)을 가질 뿐만 아니라, 재판관 전체가 세계의 주요한 문명형태 및 법체계를 대표하도록 하는 것이다. 실제로 諒解事項으로서 재판관 구성은 안전보장이사회와 마찬가지로 국적·지역·정치적 진영 등을 기준으로 배분된다. 재판관의 임기는 9년이며 3년마다 실시되는 선거에 의하여 5명씩 更新되고 재선도 허용된다. 재판관은 퇴임 후에도 이미 착수한 사건이 일정 단계(phase)에 이르기까지는 완료할 의무가 있다. 재판관은 다른 업무에 종사할 수 없으며 재판소 사무에 종사하는 동안 외교관과 동일한 특권·면제를 향유한다. 재판소의 장 및 차장은 3년 임기로 호선된다. 또 재판관은 특별한 기피사유가 없는 한 자국이 당사자인 재판에도 출석할 수 있으나(단, 재판장은 자국사건에서는 재판장으로서 기능을 기피한다), 당사국의 국적을 가진 재판관이 없는 경우에는 그 당사국은 당해 사유에 한하여 임시로 재판관을 선임하고 이 사람을 재판에 참가시킬 권리가 인정된다. 이러한 재판관을 臨時裁判官(*ad hoc* judge) 또는 國籍裁判官(national judge)이라고 한다(단, 반드시 당사국의 국적을 가진 자가 아니더라도 상관 없다). 재판관은 특별한 이해관계가 있는 사건에 있어서는 스스로 재판을 회피할 것을 신청할 수 있으나(제7조, 제24조), 이것과는 별도로 재판관이 명백하게 정치적 편향을 가지고 있다는 의심을 이유로 분쟁당사국이 재판관에 대하여 기피신청을 하는 경우도 있다(나미비아사건에 관하여 1965년, 1970년의 남아프리카의 신청).

3. 國際裁判의 義務化(義務的 管轄)

一般國際法上 어떠한 국가도 분쟁을 재판소에 부탁할 의무를 지지 않는다. 그러나 국제재판을 의무화하기 위해서는, ① 독립적인 재판조약을 체결하는 형식(이로써 당사자간의 일정 분쟁을 재판에 의하여 해결하도록 미리 약속해 두는 형식)과 ② 通商航海條約과 같은 보통의 조약에 재판조항을 두어 재판의무를 합의하는 형식이 있다. ③ 또 하나의 형식은 選擇條項(optional clause) 제도이다.

選擇條項이란 ICJ규정 제36조 2항을 가리킨다(任意條項이라고도 부른다). 이것은 (a) 조약의 해석, (b) 국제법상의 문제, (c) 확증된 경우 국제의무에 대하여 위반이 될 사실의 존부, (d) 국제의무위반에 대하여 행할 배상의 성질과 범위 등을 둘러싼 모든 '法律的 紛爭'에 있어서 ICJ의 관할권을 수락할 뜻을 선언하고 이 뜻을 UN사무총장에게 기탁한 경우에는 특별한 합의가 없을지라도 동일하게 관할권수락선언을 행한 국가간에는 재판소의 관할권이 의무적으로 적용된다는 규정이다. 선택조항의 수락선언을 행한 국가간에 분쟁이 발생하여 당사국 일방이 소송을 제기한 경우에는 상대방의 당사국은 이에 응할 의무가 발생하게 된다. 그러므로 만약 모든 국가가 무기한으로, 또한 어떠한 유보도 없이 선택조항을 수락한다면 법률적 분쟁에 대해서는 ICJ가 강제관할권을 행사할 것을 인정한 것과 다름없다.

그러나 이 選擇條項 제도를 수락하느냐 여부는 規程에 가입한 국가가 任意로 선택할 수 있고(따라서 이 제도 자체를 규정한 규정 제36조 2항을 任意條項이라고도 부른다), 수락한 국가도 대다수가 수락선언에 기한과 유보를 붙이고 있다. 유보를 행하는 대표적인 경우는 국내관할사항을 제외하겠다는 것인데 국내관할사항인가의 문제를 자국이 재량으로 스스로 결정하겠다는 이른바 自動的 留保(automatic reservation)를 붙이는 경우도 있다(예, 1946년 미국을 비롯하여 France, Mexico, India 등). 또한 유보에는 언제든지 선택조항수락에 대하여 폐기통고를 할 수 있다는 것도 있어 자국이 불리할 경우에는 언제든지 재판의무를 면할 수 있다고 보면 선택조항제도가 진정한 의미에서 강제관할권을 수립한 것이라고는 볼 수 없다.

재판조약의 경우에도 선택조항에 있어서도 같은 유보를 붙이는 일이 많으며, 또한 일반적으로 비법률적인 분쟁은 재판으로부터 제외하고 있다. 재판조약이나 재판조항에 의하여 재판을 의무화한다는 것도 당사국이 사후가 아닌 사전에 동의를 부여하여 성립되는 것이므로 본질적으로 국제재판이 당사국의 합의에 따라 비로소 성립될 수 있다는 점에 있어서는 차이가 없다.

4. 國際裁判의 當事者(人的 管轄)

중재재판이나 또는 사법적 해결이냐를 불문하고 국제재판에 있어서 당사자는 원칙적으로 국가이다. ICJ는 당사자능력을 국가에만 한정시키고 있다.

① UN加盟國은 당연히 ICJ규정 당사국으로 인정되며 무조건으로 소송능력을 갖는다. 그러나, ② UN가맹국이 아닌 국가는 개개의 경우에 총회가 안전보장이사회의 권고에 입각하여 결정하는 조건에 따라 ICJ규정

당사국이 될 수 있는데, 그 소송능력은 특히 ICJ가 재판에 부탁하는 때에 결정하는 재판소비용을 부담할 것을 조건으로 인정된다. ③ ICJ규정의 비당사국도 안전보장이사회가 정한 조건을 수락한 경우에는 소송능력을 가질 수 있다. 다만 규정의 당사국에게는 규정 제36조 2항이 적용되지 않는다. 즉, 규정의 당사국도 선택조항을 수락할 수는 있으나, 규정당사국에 대하여는 특히 그 국가가 동의하지 않는 한 선택조항에 따른 의무적 관할권을 적용할 수 없다.

개인은 극히 한정된 범위 내에서 국가간의 합의에 의해서만 당사자능력을 갖는다. 과거에는 1907년에 창설된 中美司法裁判所와 제1차대전후 평화조약에 의하여 설치된 混合仲裁裁判所가 개인이 국가를 상대로 소송을 제기할 권리를 인정하기도 하였다. 오늘날에는 歐洲共同體司法裁判所가 EEC 등 歐洲共同體 기관의 행위에 대하여 개인이 출소할 권리를 부여하고 있다. 또한 1965년 '국가와 타국 국민간의 투자분쟁해결에 관한 조약'은 '투자분쟁해결 국제센터'를 설치하고 체약국의 국민이 다른 체약국과의 합의에 입각하여 調停 및 중재재판 절차를 청구할 권리를 인정하고 있다. 국제조직은 개인과 마찬가지로 당사자능력을 가질 수 있으나 국가간의 합의에 따른 한도 내에서 가능할 뿐이다. ICJ는 국제조직인 UN에게 출소권을 인정하지 않고 있다. 그러나 ICJ는 재판 이외에 법률문제에 관한 자문에 응하여 권고적 의견을 부여할 권한을 가지는데 UN 총회와 안전보장이사회는 이러한 권고적 의견을 요청할 자격을 갖는다. 이 밖에 다른 기관과 전문기관도 총회의 허가를 얻어 자신의 활동범위내서 발생한 法律問題에 관하여 권고적 의견을 요청할 수 있다. 그러나 국가에게는 이러한 자격이 없다. 권고적 의견은 구속력이 없다는 점에 있어서 재판의 판결과는 성질을 달리한다. 그러나 지금까지 권고적 의견은 자문을 행한 모든 기관에 의하여 존중되어 왔고, 더 나아가 권고적 의견에 재판판결과 동일한 효과를 부여하기 위하여 구속력을 부여하는 내용의 합의를 하는 경우가 있다.

5. 國際裁判에 付託되는 紛爭(物的 管轄)

國際裁判所에 부탁되는 분쟁이나 사건에는 일반적인 裁判事件(contentious cases)과 특수적인 권고적 의견(advisory opinions)이 있다. 재판사건으로 부탁된 분쟁에 대한 재판소의 관할권이 당사국의 동의를 기초로 한다는 것은 국제법상 확립된 원칙이다. 이에 반하여 권고적 절차에 부탁된 사건에 대한 관할권행사에는 반드시 관계국의 동의를 요하지 않는다. 그러나 권고적 의견이라도 이것이 분쟁의 실질(substance)에 관계된 경우에는 관계국의 동의없이는 의견을 부여하지 않는다고 하는 것이 常設國際司法裁判所 이래 관행으로 되었다.

이상과 같은 동의의 원칙이 사법재판에 있어서 어떻게 적용되고 있는가, 즉 재판소의 관할권에 대하여 어떠한 형식으로 동의를 부여하는가에 대하여 다음에서 고찰하기로 한다.

(1) 國際司法裁判所의 物的 管轄(裁判事件)

國際司法裁判所는 재판사건으로 당사국이 부탁하기로 동의한 사건이나 사항을 관할할 수 있다. 이 동의는, 각각 ① 특정 분쟁을 재판소에 부탁하려는 임의의 명시적인 또는 묵시적인 합의, ② 어떠한 형식으로 현재 또는 장래의 일정한 분쟁에 관하여 재판소의 강제적 관할권을 인정하는 의무부담, ③ 규정 제36조의 선택조항하에서 제한적이거나 또는 무제한적으로 재판소의 강제적 관할권을 수락하는 선언에 의하여 부여된다. 만약 이러한 일반적인 관할권수락규정이 적용되지 않는 경우에 재판절차에 대한 동의는 명시적인 특별합의나 기타 방법으로 또는 묵시적으로 재판절차를 개시하는 데 반대하지 않고 재판소에 出廷하거나(영국의 일방적 청구에 대한 수리가능성과 관련하여 알바니아가 이의신청할 권리를 포기한 것으로서 1948. 3. 25 '코르푸해협사건〔선결적 항변〕' ICJ Reports 1947-48, 28) 訴訟節次에 참가함으로써 부여된다('상부실레지아의소수자학교사건' PCIJ판결).

(2) 國際司法裁判所의 物的 管轄(勸告的 意見)

國際司法裁判所는 '법률문제'에 한하여 권고적 의견을 부여할 수 있다(규정 제66조 및 헌장 제96조 참조). 그리고 이 '법률문제'에 관한 권고적 의견은 분쟁(또는 분쟁의 형태를 띠지 않는 '문제') 당사국이 요청하는 것이 아니라, 그것을 처리하는 국제기관이 스스로 요청하게 되어 있으며, 이것이 재판사건(contentious case)과는 다른 권고적 관할권(advisory jurisdiction)의 특색이다(따라서 권고적 관할권에는 일반적으로 의무적 관할권이라는 것은 없고 국제기관의 권한문제가 있을 뿐이다).

6. 國際裁判의 節次

중재재판절차는 당사국이 분쟁을 실제로 재판에 부탁하기 위하여 체결하는 付託合意(compromis)에 의하여 정해진다. ICJ의 재판절차는 ICJ 규정에 정해져 있는 규칙이 적용되며 당사국간의 합의로도 이것을 변경할 수 없다.

중재재판의 부탁은 당사국간 재판 부탁에 대한 합의에 의하는 것이 보통이다. 재판조약이나 재판조항에 의하여 재판의무가 설정되어 있는 경우에도 및 재판소구성 기타사항에 관하여는 새로이 합의가 필요하기 때문이다.

ICJ에 대한 소송은 당사국 쌍방에 의해서 재판에 부탁한다는 합의를 통고하거나 또는 당사국 일방이 서면으로 신청함으로써 제기된다. ICJ에 強制管轄權(規程 제36조 2항)이 없는 경우에는 전자의 방식에 의하여, 강제권할권이 있는 경우에는 후자의 방식에 의한다고 해석된다. 또한 당사자간에 ICJ의 管轄權을 수락한다는 사전합의가 없는 경우에는 만약 一方 당사자가 사건을 ICJ에 일방적으로 부탁하고 상대방 당사자가 이에 대하여 절차를 개시할 것에 반대하지 않으면서 재판소에 出廷하든가 또는 소송절차에 참가하는 경우에는 이러한 개별적이고 연속적인 행동(The Corfu Channel Case에 있어서의 Albania의 행동이 그 예)에 의하여 ICJ의 관할권이 성립된다. 이러한 관할권을 *forum prorogatum* (확대관할권)이라고 부른다.

1) 先決的 抗辯 ICJ 규정에는 없으나 규칙에는 先決的 抗辯(preliminary objection) 절차를 명시적으로 인정하고 있다(규칙 제79조). 선결적 항변이라는 것은 ICJ가 본안심리에 들어가기 전에 당사국이 여기에 미리 일정한 사항을 결정해

줄 것을 청구함으로써 ICJ의 본안심리를 배제하려는 절차이다. 어떠한 문제가 선결적 항변으로 제기되는가에 대해서는 ICJ규정이나 규칙에 정해져 있는 바는 없으나 ICJ 실행상 ① 선택조항 수락선언이나 선언 당시 유보에 대한 해석, ② 재판부탁을 규정한 조약의 해석, ③ 재판부탁 이전에 외교적 교섭, 분쟁의 정의, 또는 지역적 구제 등과 같은 선행조건을 완수하지 않았다는 주장 등이다. 이 모든 선결적 항변은 ICJ의 관할권이 없음을 이유로 그 관할권부인을 목적으로 하는 것이다.

2) **假保全措置** 사건이 재판소에 부탁된 후 당사국의 권리를 보전하기 위하여 판결이 있기 전까지 취할 긴급조치를 재판소가 명령에 의하여 지시하는 경우가 있다. 이것을 假保全措置(interim measure of protection)이라고 한다(규정 제41조 규칙 제73-78조). 가보전조치명령은 당사국 일방의 요청에 의하여 내리는 경우도 있고, 재판소 자신이 필요에 따라 행하는 경우도 있다. 구체적으로 소송진행중인 분쟁의 주제가 되는 당사국의 권리가 관할권 결정이나 본안판결이 내려지기까지 아무런 조치없이 방치된다면 회복이 불가능할 정도로 침해될 우려가 있는 경우를 조건으로 한다. 지금까지 국제판례에 있어서도 원고의 청구가 아직 국제법상 권리로 확립되어 있지 않은 내용을 대상으로 하여, 단순히 타국으로부터 그 지위가 사실상 위협받고 있다는 사실만으로는 일반적으로 假保全措置를 지시할 것을 거부하고 있다. 그러나 본안에 관하여 재판소의 관할권이 명백히 결여된 경우를 제외하고는 적극적으로 假保全措置를 지시하는 경향도 볼 수 있다('프랑스 핵실험사건〔가보전조치〕' ICJ명령, ICJ Reports1973, 122, 156-157).

기타 당해 사안에 대하여 사전에 안전보장이사회 결의가 완성된 경우 등, 더 이상 분쟁이 악화될 긴박한 위험이 없는 경우에는 가보전조치의 지시는 행해지지 않는다(1976. 9. 11 '에게해대륙붕사건〔가보전조치' ICJ명령, ICJ Reports 1976, 11-12).

가보전조치로 지시되는 내용은 대개 분쟁을 확대 또는 악화시키거나 本案判決의 주제가 되는 상대국의 권리를 해칠 우려가 있는 어떠한 조치도 억제하도록 확보할 것 등이다('프랑스 핵실험사건' 명령. ICJ Reports 1973, 90-103, 135). 그러나 가보전조치는 분쟁당사국에 대한 지시로 그치고 구속력을 갖지는 않는다(실제로 피고국이 이 지시에 따르지 않는 경우가 많다. 1979년 '재테헤란 미국외교·영사직원사건').

3) **審理節次** ICJ의 재판절차는 裁判所規程 및 規則이 정한 바에 따른다. 먼저 ICJ에 있어서 공용어는 프랑스어와 영어이다. 당사국은 대리인을 선임하며 보좌인 또는 변호인의 원조를 받을 수 있다. 대리인·보좌인·변호인은 '직무를 독립적으로 수행하는 데 필요한 특권 및 면제'를 향유한다. ICJ 재판관은 어떠한 사건에서도 대리인·보좌인·변호인으로서 행동할 수 없다.

심리는 서면절차와 구두절차로 구분된다. 전자는 申述書·答辯書 등을 ICJ와 당사국에 송부하는 것이며 후자는 증인·감정인·대리인 등의 진술을 재판소가 청취하는 절차이다.

ICJ의 변론은 원칙적으로 공개하며, 심리는 비공개로 행한다. 판결을 포함하여 일체의 문제에 대한 결정은 출석한 재판관의 과반수에 의한다. 가부동수인 경우에는 재판장 또는 이를 대신하는 재판관이 결정투표권을 갖는다. 그러나 이때 반드시 자신이 결정투표권을 행사할 의무는 없고 과반수에 부족함을 이유로 결정이 성립되지 않았음을 선언할 수도 있다. 판결에는 이유를 붙인다. 재판관은 각자 개인적 의견(separate opinion)을 공표할 자유가 있다. 여기에는 판결의 결론에 대하여 반대하는 의견인 少數意見(dissenting opinion)과 결론에는 찬성하나 판결이유에는 찬성하지 않는 個別意見(individual opinion)이 포함된다.

7. 裁判의 準則

仲裁裁判의 기준은 당사국이 조약이나 합의에 의하여 결정하며 사법재판의 준칙처럼 미리 확립되어 있는 것은 아니다. 어떠한 일정 법규나 '형평과 선' 또는 '법과 형평'이 재판준칙으로 지정될 수도 있다. 중재재판은 원칙적으로 법을 기준으로 하나 그 이외의 것을 고려할 수도 있어 이것이 오히려 엄격한 사법재판보다 형평에 의한 재판에 적합한 것이라고 생각된다.

ICJ는 '분쟁을 국제법에 따라 재판'할 임무를 가지며, 중재재판에 비하여 보다 엄격하게 법에 의한 해결을 도모하고 있다. ICJ규정 제38조에 규정된 바와 같이 ICJ는 條約·國際實習法·'법의 일반원칙'을 순서대로 적용하여 재판한다. 판례 및 유력한 학설은 법칙결정의 보조수단으로 사용된다. 그런데 ICJ는 당사국이 특별히 합의한 경우에는 '衡平과 善'(*exaequo et bono*)에 입각하여 재판할 수 있다. 즉, 이때에는 실정법을 적용할 것을 배제하고 '형평과 선'이라는 具體的 正義에 입각하여 재판할 수 있는 것이다.

8. 判決의 效力

國際裁判의 판결은 당사국을 구속한다(ICJ규정 제59조). 당사국은 판결을 이행할 의무를 진다(헌장 제94조). 판결은 당사국간에, 그리고 부탁된 특정사건에 한해서만 구속력을 갖는다(규정 제59조). 판결이 갖는 이러한 구속력에 따라 국제재판소는 선례에 따라야 할 법적 의무가 없으며, 그러한 결과 先例拘束(*stare decisis*)의 원칙은 인정되지 않는다.

그러나 실제에 있어서 재판소는 사실상 자기판례를 추종하는 경향이 강하다. 그 이유는 판례란 첫째 법적 경험의 저장소와 같은 것이며, 둘째 재판소가 법이라고 생각할 바를 구현한 것이며, 셋째 판례를 존중하는 것은 질서 있는 법운영을 하는 데 본질을 이루는 계속성과 안정성에 공헌하는 것이며, 넷째 재판관은 과거 자기가 내린 판례에 대하여 오류를 인정하기를 싫어하기 때문이다.

판결은 소송당사자가 아닌 국가에 대하여 일정한 법적 효과를 나타내는 경우가 있다. 첫째는 訴訟參加(intervention)의 경우로서, 이는 두 가지 경우로 구별된다. 그 하나는 타국이 소송사건에 의하여 영향을 받을 이해관계로서 법률적인 성질을 갖는 이해관계가 있다고 스스로 생각하는 경우에는 제 3 당사자로서 소송에 참가할 것을 재판소에 청구할 수 있는데(규정 제62조 참조) 이때 내린 판결은 참가국을 구속한다. 다른 하나는 紛爭當事國이 아닌 국가도 가입하고 있는 조약에 대한 해석이 문제된 사건에서 裁判所書記로부터 이 사실을 통고받은 국가는 누구나 소송에 참가할 권리를 갖는데(규정 제63조 참조) 이 권리를 행사하여 소송에 참가한 국가는 판결에 의하여 직접적으로 구속되지는 않지만 재판소가 행한 조약해석은 그 참가국에 대해서도 같은 구속력을 갖는다.

국제판결은 一審으로 종결되고 상소를 인정하지 않음을 원칙으로 한다. 판결의 의의나 범위에 관하여 다툼이 있는 경우 재판소는 당사자 누구에 의한 요청에 따라서도 이것을 해석한다(규정 제60조). 판결 당시 알려지지 않은 사실로서, 결정적인 요소가 될 성질의 사실일 때에만 이를 이유로 재심을 청구할 수 있다(규정 제61조).

국제재판의 판결은 당사국의 합의를 재판을 부탁하는 조건으로 하는 것이므로 실제에 있어서 잘 이행된다. 그러나 판결이 현실적으로 반드시 이행된다는 보장은 없다. 따라서 국제사회는 판결이행을 강제하는 집행기관이 없으므로 과거에는 판결에 복종하지 않을 국가에 대한 武力使用을 인정해 왔다. 그러나 오늘날 UN은 무력사용을 일반적으로 금지한 대신 당사국이 판결에 복종하지 않을 경우 타방 당사국은 UN安全保障理事會에 이를 제소할 수 있게 하였다. 이때 理事會는 필요하다고 인정하는 경우 판결을 집행하기 위하여 권고를 하거나, 또는 구체적으로 취할 조치를 결정할 수 있다(헌장 제94조 2항).

9. 國際裁判의 役割과 限界

국제재판이 국제 평화에 대하여 행하는 역할과 그 한계를 정확히 측정하는 것은 대단히 중요한 일이다. 사실 과거에 있어서 국제재판이 평화에 대하여 기여한 공헌은 결코 위대하였다고는 할 수 없다. 첫째, 중대한 분쟁—당사국이 주관적으로 중대하다고 생각하는 분쟁—은 결코 재판에 부탁된 일이 없다. 또 가까운 장래에도 의무적 기초에서 분쟁결정이 실현될 것 같지도 않다. 그러나 국제분쟁은 당사국이 진실로 원한다면 아무리 중대한 분쟁이라 할지라도 평화적으로 해결할 수 있고, 반대로 어느 일방이 전쟁을 원한다면 아무리 경미한 분쟁이라 할지라도 전쟁을 유발하는 원인이 된다. 그러므로 국가간의 분쟁이 갖는 성질이 문제가 아니라 분쟁해결에 임하는 정신이 중요한 것이다(Elihi Root).

오늘날 UN헌장하에서 평화를 강제하는 것은 안전보장이사회의 책임이고 ICJ 및 기타 國際裁判機關은 아직까지 그 임무에 관여한 바가 거의 없다. 현재 국제재판소가 국제평화에 기여할 수 있는 최대의 역할은 평화유지를 위하여 분쟁을 평화적으로 해결하는 데 있는 것이다. 재판소의 이러한 기능은 극히 작은 것이지만 여러 방면에서 잘 나타나고 있다.

첫째, 재판소가 존재한다는 것은 그것이 強制管轄權을 갖고 있지 않다는 점에서 기본적으로 결함을 가지고 있어 기능적으로 극히 중요한 한계가 있으나 분쟁해결을 위하여 적당한 기회를 제공하는 것도 사실이다. 분쟁당사국은 때때로 국내여론을 고려하여 협상이나 타협을 통하여 해결안을 채택하는 데 주저하는 경우가 있다. 이때에도 국가가 전쟁을 원하지 않는 한 사건을 재판소에 부탁함으로써 국가간의 긴장을 완화하고 사태가 그 이상으로 악화되는 것을 방지하는 기회를 갖게 된다.

그러나 유감스럽게도 裁判所가 효용을 갖는 데 대한 또 하나의 제약은 재판소가 상호간 이익충돌에서 오는 정치적 분쟁을 해결할 능력을 충분히 구비하지 못하고 있다는 점이다. 국내에서와 마찬가지로 국제적으로도 법의 유지가 아닌 법의 변경을 요구하는 입법적 성질의 정치적 분쟁을 해결한다는 것은 재판소 본래의 임무와 거리가 멀다. 더구나 그러한 이익충돌이 사법적 또는 준사법적 절차에 의하여 해결되는 정도는 사회에 따라 다르지만 정치적 실력투쟁을 통해서만 해결되는 '利益領域'은 이러한 사회에도 존재한다는 사실을 무시할 수 없다.

동시에 국제사회에서는 국제법이 불명확하고 조직적인 집행기관이 결여되어 있으며 또한 평화적 변경을 위한 유효적 절차도 존재하지 않으므로 사법적 절차에 의하여 해결되는 분쟁의 범위는 그만큼 협소하다. 이처럼 국제사회에서는 오히려 실력행사가 이익을 가져올 수 있는 가능성이 크다. UN헌장 제36조 3항은 안전보장이사회가 분쟁을 평화적으로 해결하기 위한 권고를 할 때 '법률적 분쟁'은 원칙적으로 당사국에 의하여 재판소에 부탁되어야 함을 고려해야 한다고 하였다. 그러나 모든 국제분쟁은 법률적 요소와 정치적 요소를 동시에 가지고 있는 것이며, 어느 분쟁이 법률적이냐 또는 정치적이냐는 당사국의 태도에 좌우되어 결정되는 문제이다.

재판소가 갖는 효용을 제약하는 또 하나의 요인은 強制管轄權이 결여되어 있다는 사실이다. 국제재판에는 아직까지 국가만이 당사자가 될 수 있고, 재판소는 당사국의 동의에 기초하여 관할권을 행사한다. 재판소의 효용은 사실 재판소에 부여된 관할권의 범위에 달려 있다고 해도 과언은 아니다. 그러나 이러한 동의는 지극히 제한적인 성격을 가지고 있다.

1945년 샌프란시스코회의에서 재판소에 강제적 관할권을 인정하자는 제안이 대다수 국가의 찬성을 얻었으나, 미국과 소련이 이에 반대함으로써 좌절되고 말았다. 한편 선택조항하에 인정되고 있는 강제관할권이라 할지라도 수락선언과 함께 부가된 여러 종류의 유보와, 이러한 유보가 相互條件的인 효과를 갖는다는 사실은 확실히 선택조항의 실제적 효력을 축소시키고 있는 것이다.

재판소의 효용에 대한 한계와 관련하여 각종 국제분쟁은 재판소의 판결에 의하여 최종적으로 소멸되지 않는다는 데 문제가 있다. 재판소가 내린 결정이 정반대의 효과를 나타내어 전쟁발발에 요인이 된 역사적 실례는 적지 않다. 1637년의 Hampden사건에서는 함선을 제조하는 데 대한 세금(ship-money)을 둘러싸고 재판소가 영국 국왕의 과세권을 인정한 결과 내란이 발발하였다. 1857년 Dred Scott사건은 Scott라는 黑人奴隸가 북부의 노예를 금지하는 주에 이주함으로써 과연 그가 자유를 얻었는지 여부를 직접적인 쟁점으로 한 사건인데, 이에 대한 판결에서 미국 연방대법원은 1820년 자유주와 노예주간 경계를 정한 미주리 협정을 위헌이라고 선언하였다. 이 선언을 중심으로 남부에서 州權에 관한 헌법이론을 맹렬히 전개하여 마침내는 남북전쟁이 벌어지게 되었다. 즉, 재판소는 Dred Scott 사건을 판결할 수는 있었으나 노예제도를 폐지하는 데 대한 권한문제를 해결하지는 못하였다. 형식주의적 법이론에 의하면 PCIJ가 1935년 Mussolini가 행한 에티오피아 침공과 1939년 Hitler가 행한 폴란드 침공에 대한 그 합법성에 관하여 재판할 수 있었다고 주장할지도 모른다. 그러나 분쟁당사국이 권리 이외의 것을 다투는 데 대하여 재판소가 형식적으로 그 법적 권리를 선언하는 것은 진정한 의미에서 분쟁을 '解決'하기는 곤란하다. 위에서 말한 분쟁들은 틀림없이 '재판할 수 있는 분쟁'(justiciable dispute)이지만 그러한 분쟁에 대하여 재판소가 법에 의하여 내린 결정이 사태를 더욱 악화시키고 말았다는 사실에 유의할 필요가 있다.

국내에서 법이 비교적 잘 기능하는 이유는 사법기관이 국가의 통치기구의 일부로서 국가권력에 의하여 지지되고 있다는 사실에 의한 것이다. 그러나 국내에 있어서도 커다란 집단간의 이익에 관한 분쟁은 재판에 의하여도 만족할 해결을 보기는 어렵다. 특히 국가 내의 집단이 현존하는 법적 권리에 만족하지 않는 경우에는 재판에 의하여 해결되지 않으며, 오히려 이는 법의 변경에 대한 문제로서 입법적인 해결을 생각하지 않을 수 없다. 예컨대 미국의 경우 州상호간의 권한에 관한 분쟁, 연방정부와 주 사이의 분쟁, 입법부·사법부·행정부 상호간의 분쟁 등은 재판소의 관할권 대상으로부터 의식적으로 제외한다는 관행이 있다. 또한 노동문제에 관한 분쟁이 재판제도에 의해 처리되는 것을 보다 적당한 것으로 여기지 않고 있다.

國際紛爭은 성질상 국내에서 벌어지는 집단 또는 結社간의 분쟁과 유사한 면이 있어 보통 정치적인 해결방법이 더 많이 이용되는 종류의 분쟁이다. 이러한 분쟁원인은 인간의 힘으로도 어찌할 수 없는 지리·풍토·역사적 사실 등에 있는 것이므로 이 경우 분쟁을 해결하기 위해서는 同一한 標準으로 측정할 수 없는 잡다한 이해관계를 상호 조절하면서 분쟁이 발생할 수 있는 기회를 되도록 적게 하는 길이 상책이다. 따라서 여기에 국제분쟁을 법률적 분쟁과 비법률적 분쟁으로 구별하는 실익이 있는 것이다.

원래 사법부는 법과 정의를 개개의 사건에 적용함으로써 법과 정의에 의지하려는 국민의 태도를 함양하기에 가장 효과적인 국가기관이다. 그러나 사법부가 자유와 자유제도를 위협하는 전제정치의 커다란 물결로부터 모든 국민을 구원하였다는 현대적인 사례는 없다. 어떠한 재판소도 반동적 정치체제를 지지할 수도 없고, 또 새로운 정치체제를 창조할 수도 없다. 재판소가 어떠한 권한을 가지고도 프랑스혁명을 회피할 수 없었으며, 나폴레옹이 독재자가 되는 것을 저지하지도 못하였다. 사법적 기능은 오로지 사회의 분쟁을 자발적으로 재판에 부탁하며 그 권력을 이성에 종속시키는 사회에서만 정상적으로 발휘되는 것이다.

國際裁判의 관할권 문제에 있어서 극히 제한적이긴 하지만 이론상으로는 관할권을 확장하거나 전면적으로 강제관할권을 확립하는 데에 많은 지지자가 있다. 그러나 판결집행기관이 결여되어 있거나 또는 국제사회가 불완전한 현단계에서는 자발적인 판결의 이행을 기대하는 도리밖에 없고, 판결에 복종하는 가장 양호한 기록은 항상 任意的 管轄權에서 볼 수 있었다는 사실을 되새겨 볼 때 強制管轄權을 確立하는 것만이 유일한 분쟁해결책이 될 수는 없다고 본다. 재판소에 분쟁 부탁을 원치 않는 국가에 대하여 국제재판의 권위를 강제로 실현하려는 노력은 결국 판결을 무시하는 빈도를 증가시킴으로써 재판소의 위신과 효용을 해치게 되는 위험을 야기시키는 것이다. 종래 재판소에 부탁된 분쟁의 대다수는 분쟁발생 당시 평화를 위협하는 중대한 분쟁이 아니었다. 일단 분쟁을 재판에 부탁하였다는 사실 자체가 정치적 권력행사를 피하여 현행법의 테두리 안에서 사법적 해결을 추구하는 당사국의 의사를 반영한 것이며, 따라서 종래 재판소가 내린 판결이 원칙적으로 준수된 것은 당연한 결과라고 하겠다. 여하간 사소한 분쟁이라 할지라도 재판소에 부탁되는 횟수가 잦으면 잦을수록 각국의 행동에 적용될 일정한 틀(pattern)을 발달시키고 준법정신을 고양할 것만은 틀림없다.

강제적 관할권제도는 국제사회가 상호간의 관계에 있어서 '법의 지배'를 달성하려고 하는 감정이 발달하는 데 병행하여 발전할 것이며 그 현실적인 필요성이 증대함에 따라 성장할 것이다. 미국에 있어서 주의 경계문제에 대한 연방대법원 판결이 각주에 의하여 수락되기까지는 50년 이상이 걸렸고, 주상호간의 중대문제가 연방대법원에 부탁되기까지는 80년 이상이라는 세월이 소요되었다. 국제재판소의 강제적 관할권제도가 성장하는 속도도 이보다 늦을지언정 빠르지는 않을 것 같다.

國際裁判所가 평화유지에 대하여 행할 수 있는 또 하나의 역할은 분쟁을 평화적으로 해결하는 데 요구되는 준칙으로서 국제법의 발달을 촉진하는 기능에서 나타난다. 국가가 국제법에 따른 관할권을 무조건으로 승인하지 않는 이유 중 하나로 국제법의 불확실성이 지적되곤 하는데, 확실히 국제법의 기준은 그 명확성과 일반적 승인의 정도에 있어서 천차만별하여 전체적으로 불완전한 체계라고 할 수 있다. 국제법을 포함하여 일반적으로 법이 갖는 기능은 사회유지와 발전에 필요한 기준을 설정하고 이를 강제하며 분쟁을 해결하는 준칙을 세우는 것임에도 불구하고 국제법은 아직까지도 국제분쟁을 해결하는 준칙을 확립하지 못하였고, 따라서 국제분쟁과 국제적 긴장을 완화하는 수단으로서 국제법이 지니는 약점은 여기에 있다.

또한 국제법은 '主權' 국가들로 구성된 사회에서 발달해 온 것이며, 국가간에 정책 내지 이익이 충돌할 때 명시적인 법정립 또는 구속력 있는 결정에 의하여 충돌을 해결할 일반적인 권위 있는 기관이 존재하지 않는다. 조약체결은 일반국제법을 보충해 주는 것이기는 하나 세계 모든 국가에 의하여 보편적 승인을 얻기 어려우므로 이를 국제입법에 대신할 수 없다. 이와 같이 세계입법부가 존재하지 않음을 이유로 주로 국제재판소가 기존의 기준이 가지고 있는 결함을 지적하고 새로운 기준을 구성하며 국제법을 발달시키지 않으면 안된다.

설사 분쟁해결에 대한 준칙이 일반적으로 승인을 얻었다고 할지라도 이를 구체적으로 적용하기에는 애매한 점이 많다. 대부분의 법제도에서 이에 관한 분쟁은 보통 司法裁判所의 결정에 부탁되며 그 결정은 분쟁을 해결하는 데 근거가 되는 준칙의 내용과 범위를 명확히하고 장래의 행동에 대한 지침이 되는 것이다. 이와 같이 사법적 결정은 현행법의 결함을 명시하여 이러한 결함을 시정하는 입법이 필요하다는 사실을 표명함으로써 법의 발달에 기여하는 것이다(O. J. Lissitzyn, International Court of Justice).

제18장 安全保障

제 1 절 安全保障의 意義

1. 安全保障의 定義

安全保障이라고 하는 것은 외부로부터의 무력공격이나 침략에 대하여 국가가 자신을 방위하고 안전을 유지하기 위한 제도를 말한다. 국가의 대내적 안전인 치안의 확보는 국제법상의 문제가 아니라 국내법상의 문제이다(단, 국제평화에 영향을 주게 되면 국제문제화한다. 헌장 제2조 7항 단서). 한 마디로 말하면 안전보장이란 전쟁방지와 진압을 위한 제도라고 할 수 있다.

그런데 국가간 평화공존을 목표로 하는 국제법상의 안전보장은 분쟁의 평화적 해결, 전쟁의 위법화 및 軍備縮小와 본질적으로 상호 연관을 갖는다. 특히 분쟁의 평화적 해결은 전쟁의 원인이 되는 분쟁을 미리 평화적으로 해결하고 군비축소는 전쟁의 기회를 감소한다. 이 양자는 나아가 오늘날 집단적 안전보장제도하에서는 전쟁을 방지하고 진압하기 위한 강제조치의 실시를 용이하고도 확실하게 하는 데 이바지한다.

2. 安全保障의 두 가지 方式

안전보장에는 두 가지 방식이 있는데, 하나는 개별적 安全保障(예, 군비확장·동맹체결)이고, 다른 하나는 집단적 안전보장이다.

주권국가가 병존하는 근대 서구 국가체계에 있어서 각국은 안전보장을 위하여 개별적 안전보장 방식으로서 자조방식을 취하지 않을 수 없었고, 여기에는 당연히 세력균형과 동맹이라는 행동양식이 전제되는 것이었다. 그러나 하나의 동맹은 필연적으로 이에 대항하는 동맹을 부르고 이것은 다시 상대방동맹의 확장을 촉진하게 마련이다(同盟漸擴의 법칙). 이리하여 連鎖反應的으로 이루어지는 동맹망의 확대와 교착은 드디어 첨예하게 진영간 대립을 불러오게 되고, 그 동안 항상 존재했던 불균형 상태는 당사국으로 하여금 균형회복을 둘러싸고 절망적인 군사적 모험을 감행케 함으로써 마침내 전면전으로 돌입하는 것이 국제정치상 공식화되었다(예, 제 1 차대전에 있어 3 국동맹과 3국협상의 대립, 제 2 차대전에 있어 연합국과 추축국과의 대립). 이것은 바로 개별적 안전보장제도의 파국을 말하여 주는 것이다.

이에 대하여 집단적 안전보장은 대립관계에 있는 여러 국가를 포함하여 관계국 모두가 상호불가침을 약속하고 침략이 발생한 경우 관계국이 힘을 모아 침략을 방지하고 진압하는 제도이다. 이 경우에는 보통 관계국간에 공통의 법적인 협력관계(안전보장조약)가 마련되어 있고, 또 이것을 기초로 한 組織(안전보장기구)이 설치된다. 이러한 집단적 안전보장은 동일한 조직내부에서 상호안전을 보장하는 것이므로 개별적 안전보장과 같은 대립적 요소를 포함하지 않는 것이 특징이다. 그러나 집단적 안전보장이 효과적으로 기능하기 위해서는 하나의 공통이익의 관념이 모든 관계국에 의하여 일반적으로 승인되어 있어야 하는데, 이는 절대가치로서 바로 집단적 안전보장을 위한 필수조건인 것이다.

제 2 절 軍備縮小

1. 聯盟規約과 UN憲章에 있어서의 軍縮規定

UN은 국제연맹과 같이 군축의무를 가맹국에게 가하지 않고, 오직 총회와 안전보장이사회의 임무로 군축을 규정하고 있다(미국 최초의 원폭실험은 1945년 7월 6일, 廣島에의 원폭투하는 8월 6일, 따라서 UN헌장은 원폭과 전연 관계가 없는 것이 되었다), 聯盟規約(제8조)과 비교해 보면 UN헌장은 군축에 관하여 극히 간단한 규정만을 두고 있다. 즉 군축과 군비규제를 규율하는 원칙을 심의하는 것이 UN총회의 권한의 하나로서 열거되어 있고(제11조), 군비규제방식을 확립하기 위한 계획을 작성하는 것이 안전보장이사회의 임무로 되어 있을(제26조) 뿐이다. 집단안전보장체제가 불안전한 연맹에서는 군축 자체가 주요한 안전보장의 지주인 데 비하여 UN헌장에서는 집단적 안전보장을 실현하는 데 중점을 두고 있고 군축에는 부차적 의의만이 주어졌다고 말할 수 있을 것이다. 그러나 UN의 집단안전보장체제가 유효하게 기능하지 못하고 있는 상황하에서는 군축은 평화를 유지하기 위한 불가결한 과제라고 생각되고 있다.

특히 UN헌장 질서하에서는 復仇와 전쟁은 금지되고 자위만이 유일하고 적법한 자력구제 수단으로 인정되고 있으나 UN이 충분히 기능하지 못하고 있는 법적 상황하에서는 UN의 비가맹국 상호간에는 물론 비가맹국과 가맹국간 또는 가맹국 상호간에도 현실적으로 복구 내지 전쟁이 빈번하게 발생하고 있다. 이러한 사실은 각각 복구에 관한 국제법 또는 전쟁법(교전법규·중립법규)이 적용될 법적 상황이 여전히 존재한다는 것을 의미한다.

2. 軍縮의 原則

군비축소는 과연 국제법상 국가에 부과되고 있는 의무로서 확립되어 있는가. 1959년 UN總會決議(1378 XIV)가 전면적이고 완전하게 군축문제를 달성하기 위한 노력을 요청하고, 1961년 미·소군축교섭 8개원칙에 대한 공동성명이 교섭에 참가하는 국가가 군축을 위한 협정을 달성하기 위해 노력할 것을 내건 이래 학설상 군축원칙이 강조되어 왔다. 이것은 군비를 완전철폐할 것을 직접 국가에게 부과하는 것이 아니라 軍縮條約을 조기에 체결하는 조치를 취하도록 구속하는 것으로 이해되고 있다. UN창설 25주년을 기념한 총회에서 컨센서스방식으로 채택된 우호관계선언은 무력행사금지원칙의 계통으로 전면적인 군축을 위하여 일반조약을 체결할 것을 촉구하였다. 이 군축조항은 UN가맹국에 한정되지 않고 모든 국가에 적용되는 일반국제법상의 의무로서 성립된 것이다.

따라서 현행군축관련법체계하에서는 군축을 위하여 성실하게 교섭할 의무, 즉 전면적이고 안전한 군축과 핵무기감축을 위하여 계속하여 교섭할 의무를 모든 국가가 지며 특히 핵병기 보유국은 이를 위해 노력할 의무가 가중되고 있다고 할 수 있다. 이러한 의무는 이른바, 합의에 도달할 것을 목표로 하여 교섭할 의무(*pacta de contrahendo*) 라고 생각되고 있다 (1969년 북해대륙붕사건 ICJ 판결).

한편으로 이것을 UN총회결의 등에서 각국이 법적 의식을 표현한 soft law로 보아 이에 일정한 구속력을 인정하는 입장도 있다.

제 3 절 核武器體系의 規制

1. 核實驗의 規制

제 2 차대전 후 군축을 위한 교섭은 핵무기 감축을 중심으로 이루어졌으며, UN이 창설된 초기부터 미·소 양국을 주축으로 진행되어 왔다. 지금까지 국제합의를 바탕으로 구체적으로 규제가 이루어진 분야는 핵실험, 핵병기불확산, 전략핵병기체계 및 우발적 핵전쟁방지 등이다. 그러나 이러한 國際合意(조약)는 군사적 균형을 유지하거나 국제군사환경을 규제하여 안정시키는 등 이른바 군비관리(arms control)를 목적으로 한 것이며, 군비축소라고 하는 본래 의미의 軍縮措置라고는 말할 수 없다. 근래 군축이라고 말하는 경우 大量破壞兵器(핵병기, 화학병기, 생물 · 독소병기 등)와 통상군비를 구별하여 전자는 완전폐기, 후자는 자위를 위하여 필요한 최소한도까지 삭감할 것을 목표로 하고 있다.

군비관리라고 하는 것은 1960년대에 비로소 미국이 고안한 개념인데 반드시 군비의 축소, 삭감을 의미하지 오히려 미·소양국을 중심으로 상호 군사력의 균형을 유지하면서 직접적인 군사대결을 피하는 것을 목적으로 한다. 군비관리에는 군비 · 병기의 양 또는 파괴력에 상한을 설정하거나, 특정병기의 확산을 방지하는 조치 이외에도 이른바 신뢰를 조성하는 여러 조치

(핫라인설치, 우발핵전쟁방지조약, 헬싱키선언)도 포함된다.

(1) 部分的 核實驗禁止條約

核實驗에 대한 규제문제는 1954년 3월 남태평양 비키니環礁에서 미국이 수폭실험을 한 결과 第五福龍丸에 발생한 재해를 계기로 제기되었다.

그 후 1962년 10월 쿠바 위기를 계기로 당시 핵실험을 하던 미·영·소 3국은 1963년 8월 5일 '대기권내, 우주공간 및 수중에 있어서의 핵무기실험을 금지하는 조약'(세칭 부분핵실험금지조약)을 성립시켰다. 이 조약에는 100여국이 가입하여 '人間理性의 승리'라고 일컬어지고 있으나 두 가지 난점을 극복할 수가 없었다. 첫번째는 지하핵실험이 금지대상이 되지 않은 사실이고, 두 번째는 독자적으로 핵무기를 개발하고자 하는 조약의 비당사국을 조약으로써 저지하지 못하는 점이다. 이 조약은 직접적으로 핵확산방지에 도움을 주지 못하고 다만 잠재적 핵보유국이 이미 핵을 보유하고 있는 국가의 힘을 차용하여 핵실험을 행하는 것을 제재함으로써 간접적으로 핵확산방지에 이바지하는 것을 목표로 하고 있다.

그런데 이 조약은 지하핵실험을 금지하고 있지 않으므로 프랑스나 중국 등 후발적인 핵보유국과 핵병기를 개발할 가능성을 가진 국가(북한)가 많이 참가하고 있지 않아, 실질적인 군축으로 연결되지 않는 것이었다.

그러나 UN과 군축위원회가 계속적으로 노력을 기울인 결과 1995년 8월 미국이 전면적으로 핵실험을 영구히 중단한다고 선언한 것을 시작으로 다수의 핵보유국이 핵실험 중단을 선언하게 되었다.

또한 동년 9월 11일 UN에서 핵군축과 핵비확산을 위한 역사적인 전기를 마련할 포괄적 핵실험금지조약(CTBT) 결의안이 채택되었다. CTBT는 지하 핵실험 등 모든 형태의 핵실험을 금지하는 것을 골자로 하고 있다.

(2) 核擴散防止條約

1968년에는 核武器不擴散條約(NPT)을 체결하여 핵무기국을 5개국(미국·영국·소련·프랑스·중국)으로 한정하고 새로운 핵무기국의 증가를 방지할 것을 의도하였다. 이 조약은 이미 핵무기를 보유하고 있는 국가에게 아무런 제한도

가하지 못하면서 핵무기보유국의 의미만을 규정하였다는 점에서는 비난이 가해지고 있으나 핵무기불확산에 목표를 두고 동시에 전면적인 군비축소에 대한 조약체결을 위하여 성실하게 교섭할 것을 약속하고 있다. 이 조약은 과거 미·소간의 戰略武器制限協商(SALT)의 토대가 되었다.

프랑스는 처음에 이 조약에 서명하지 않았으나 이 분야에서 체약국과 행동을 같이한다고 밝혔으며, 중국도 이 조약이 핵무기미보유국의 주권을 박탈하는 것이라고 하여 반대하였다.

이후 중국은 1992년 3월에, 프랑스는 동년 8월에 이 조약에 가입하여 조약당사국이 됨으로써 명실상부하게 5대 핵강국이 모두 참가하는 조약이 되었다. 그리고 1995년을 기한으로 만료되는 본 조약을 무기한으로 연장하자는 결정이 1995년 5월 거의 모든 당사국이 참가한 가운데 전원일치로 가결되고 이와 아울러 '핵확산의 금지 및 핵감축에 대한 원칙과 목적'·'핵확산평가절차에 대한 강화방안'의 두 결의가 채택되기도 하였다. 이로써 조약의 항구적인 체제가 확립되기에 이르렀다.

(3) 中距離核戰力全廢條約

1987년 12월 미·소간에 中距離核戰力(INF) 全廢條約이 체결되었다. 이것은 지상에서 發射하는 中距離核兵器에 한정된 것에 불과하지만 기존의 군비를 실제로 폐기할 것을 규정하고 있어 진정한 군축조약이라고 할 수 있다. 이 조약에 따라 1991년 미·소간 지상발사 중거리미사일의 전폐가 완료되었다. 그러나 이 조약에 기초하여 폐기되는 핵탄두는 전체에서 몇 퍼센트에 불과하며, 또한 지금까지 핵군비확장에 대한 경쟁을 뒷받침했던 核抑止論도 여전히 포기되지 않고 있다. 따라서 이 조약이 이후의 모든 핵병기의 대폭삭감, 전면적 폐기로 연결되느냐의 여부를 예측하기는 어렵다.

(4) 戰略武器削減條約

미·소 양국은 거의 10여년에 걸친 전략무기삭감회의의 결과 1991년 7월 '제 1 차 전략무기삭감조약'(START-Ⅰ)을 체결하고 양국이 보유하고 있는 전략핵무기를 일정 수준 감축하기로 하였다.

또한 1993년 3월에는 미·러시아 양국 정상이 '제2차 전략무기삭감조약'(START-Ⅱ)을 서명하였는데, 이는 양국이 현재 보유하고 있는 전략핵무기를 3분의 1수준으로 감축할 것을 내용으로 하고 있다. 이에 따르면 대량 살상무기로 분류되는 지상발사 핵다탄투 유도탄이 완전 폐기되며 기타 핵무기도 단계적으로 감축되거나 전량폐기된다.

2. 軍縮의 問題點

지금까지 포괄적 핵실험이나 화학병기의 금지 등, 구체적인 군축조치에 관해서는 충분한 성과가 없다. 과거의 미·소간 그리고 현재 핵병기국과 핵병기 미보유국간에는 반드시 항상 동등한 법적 이익이 존재하는 것은 아니다. 따라서 이러한 국가들을 모두 포함한 다수국조약을 체결하는 경우 쌍방의 이익을 어떻게 조절하는가가 문제가 된다. 核擴散防止條約(NPT)이 핵병기미보유국에 과중한 부담을 지우는 불평등조약이라고 하는 이유도 여기에 있다. 이 점에 있어서 라틴 아메리카 지역의 비핵화를 규정한 도라데로루코조약과 같이 핵무기미보유국이 장래에 핵을 보유하지 않을 의무를 지는 반면, 핵병기국에게 비핵지대의 존중과 핵병기미보유국에 대하여 핵을 사용하지 않을 의무를 지게 하는 방식은 좋은 調整의 실례가 된다.

프랑스가 무르로아환초에서 행한 핵실험을 계기로 오스트레일리아, 뉴질랜드를 비롯한 태평양제도의 국가들로 구성된 남태평양포럼에서 1985년 南太平洋非核地帶條約(라로동가 조약)이 채택되었다. 이 조약은 남태평양 지역에서 핵병기제조, 사용, 배치 등을 금지한 것인데 그 적용범위는 북으로는 적도, 동으로는 도라데로루코조약의 적용지대, 남으로는 南極條約適用地域에 접하는 광대한 범위이며 그 대부분의 지역은 해양이다.

그런데 이러한 조약을 체결하는 경우 항상 크게 문제가 되는 것은 이행확보의 수단이다. 조약의 준수 여부를 확인하는 방법으로는 현지사찰, 국제사찰, 국제기관에의 통보, 기술적 檢證手段(인공위성 등) 등을 활용하는 방안이 있으나 국가주권의 저항을 가져온다는 것이 어려운 문제로 지적되고 있다.

제 4 절 戰爭의 不法化

1. 제 1 차대전 이전의 戰爭

국제사회는 대체로 중세의 正戰論시대, 16세기부터 20세기에 이르는 전쟁합법화시대, 국제연맹규약과 부전조약에서 시작하여 오늘날 UN헌장상 확인된 전쟁불법화시대를 거쳐 왔다. 특히 제 1 차대전 이전에 국제법은 전쟁을 불법적인 것으로 보지 않고 이 시대에 국제법의 관심은 전쟁발발을 규제하는 일이 아니라 전쟁이 발생한 경우 이를 어떠한 규칙에 따르게 하느냐는 점이었다. 이는 '전쟁을 행할 권리에 관한 법'(*jus ad bellum*)으로서 즉 어떠한 경우에 전쟁을 행하는 것이 정당한가에 관한 법으로서가 아니고 '전쟁과정에 있어서의 법'(*jus in bello*) 즉 교전자가 전쟁목적을 달성하기 위하여 행사할 수 있는 무력의 한계에 관한 법이었다.

단, Grotius를 비롯하여 근세초기의 국제법학들은 중세부터의 기독교신학의 전통에 따라서 정당한 원인에 입각한 전쟁만이 합법적이라고 하는 '正戰論'을 제창하였다. 무엇이 '正當한 戰爭'(*bellum justum*)의 원인이 되는가는 학자에 따라 견해가 다르나, 예컨대 Grotius는 방위, 권리침해에 대한 구제, 제재와 같은 세 가지의 경우를 정당한 원인으로 들고 있다. 요컨대 正戰論은 상대국의 위법행위에 대하여 자력구제를 행할 경우에는 전쟁의 합법성을 인정하지만 상대국의 위법행위가 없음에도 불구하고 전쟁에 호소하는 것을 위법으로 보았다.

그러나 실제로는 모든 교전국은 자국의 정당성을 주장하며, 또한 국제사회에서 어느 입장이 정당한 것인가를 판정할 수 있는 객관적 권위도 존재하지 않으므로 18세기 중엽 이후에는 正戰論이란 단순한 관념론에 지나지 않는 것으로 보았고, 따라서 正戰論이 국가간 관행으로 채택되는 일도 없었다. 이러한 이유로 '無差別戰爭觀'이 정전론을 대신하여 등장하게 되었다. 이 무차별전쟁관에 의하면 전쟁에 있어서 누가 정당한 전쟁원인(*justa causa*)을 가지는지를 판정할 수 없고, 따라서 어느 측이 정당한가에 대하여 가치판단을 내릴 수가 없다는 것이다. 그러므로 교전자 쌍방은 모두 평등하게 취급되어야 하며, 모든 전쟁에 동일한 효과를 부여하지 않으면 안된다는 것이다. 진정한 의미의 국민국가가 탄생한 프랑스 혁명 이후 제 1 차대전이 종결할 때까지 무차별전쟁관이 지배적이었고, 따라서 모든 전쟁은 적법시되어 국제법의 규율대상은 *jus in bello*가 될 수밖에 없었다.

2. 戰爭不法化의 系譜

전쟁이 실정법상 금지되기는 1907년 '계약상의 채무회수를 위한 병력사용의 제한에 관한 조약'이 처음이다(이 조약은 Calvo주의 또는 Drago주의가 발전한 것이며 미국대표 Porter가 제안한 관계로 Porter주의라고도 한다). 그리고 전쟁의 위법화와 違法한 戰爭을 일으킨 국가에 대한 제재를 결부시키기는 국제연맹규약이 처음이다. 연맹이 달성한 전쟁위법화는 집단적 안전보장과 표리일체를 이루는 것이다. 왜냐하면 국가간 동맹관계를 제 1 의 전쟁원인으로 생각한 연맹은 대립자를 연맹 외부에 방치하지 않고 그 내부에 포함시켜 집단적 안전보장체제를 지향하였기 때문이다. 이러한 체제에서는 전쟁이 금지되고 이것을 보장하는 제재장치가 구비되지 않으면 안되는 것이었다.

國際聯盟規約은 일정한 경우의 전쟁을 금지하였다. 즉, ① 연맹국은 상호간에 '國交斷切의 우려가 있는 분쟁'이 발생한 경우, 이를 중재재판, 사법재판 또는 연맹이사회에 의한 심사에 부탁할 의무를 지며, 그러한 절차에 부탁하지 않고 곧 전쟁에 호소하는 것은 금지되었다. ② 재판의 판결 또는 이사회의 보고가 있은 후 3개월이 경과할 때까지는 어떠한 경우에도 전쟁에 호소해서는 안된다(제12조 1항). ③ 판결에 복종하는 일방 당사자에 대하여 타방 당사자는 전쟁에 호소할 수 없다(제13조 4항). ④ 연맹이사회가 분쟁해결을 위하여 분쟁당사국을 제외한 다른 理事國의 전원일치로 권고를 행한 경우 일방이 여기에 복종하면 타방이 전쟁에 호소하는 것은 금지된다(제15조 6항).

이와 같이 규약은 일정한 전쟁을 금지하고 있으나 전쟁을 전반적으로 금지하는 데까지는 이르지 않아 전쟁을 합법적으로 행할 수 있는 여지가 남게 되었다. 이후 전쟁을 전면적으로 금지할 것을 조약화하려는 시도로 1928년 不戰條約('전쟁포기에 관한 조약' 또는 Briand-Kellog Pact라고도 칭한다)의 성립을 보게 되었다. 이 조약은 ① 국가분쟁을 해결하기 위한 전쟁과, ② 國家政策의 수단으로서 행해지는 전쟁을 금하고 있다. 이것은 광범위하게 침략전쟁을 금한 것이며 연맹규약에 비하면 전쟁불법화의 범위를 크게 확대한 것이었다. 그러나 부전조약은 이론 및 실제에 있어 많은 결함을 내포한 것이며 처음부터 실행불가능한 것이었다(조약위반에 대한 제재를 전혀 예정하지 않은 것, 전쟁의 합법성 여하를 판정하는 국제기관을 마련하지 않은 것 등이 이 조약의 치명적 결함이다).

제 2 차대전 후 UN헌장은 가맹국은 국제분쟁을 평화적 수단에 의하여 해결할 것(제 2 조 3 항), 무력행사 및 무력에 의한 위협을 타국에 가하지 않을 것(제 2 조 4 항) 등을 UN의 원칙으로 선언하고 있다. 이로써 UN헌장은 금지대상을 부전조약에서와 같이 '전쟁'에만 한정하지 않고 무력행사 및 무력에 의한 위협과 같은 일반적인 무력행사를 금지대상으로 하고 있다. 다만 예외적으로 자위권을 발동할 경우에만 무력행사를 허용하고 있을 뿐이다(제51조).

그러나 현단계의 국제사회에서는 전쟁을 전면적으로 금지하거나 전쟁을 불법화하는 문제에는 여전히 많은 이론적 난점이 따른다. 오늘날 UN에 있어서 국제분쟁을 평화적으로 해결하기 위한 제도는 대단히 불완전하며 많은 국제분쟁이 미해결상태로 방치될 여지가 있다. 이러한 가능성을 없애지 않는 한 국제사회에서 무력사용을 완전히 축출하기는 곤란하다고 생각된다. 실제로 現代國際法이 국제관계에 있어서 무력사용을 금지하고 있음에도 불구하고 지금까지 무력분쟁은 국제사회에서 끊임없이 일어나고 있다. 또한 내전이나 民族解放戰爭도 말할 수 없이 커다란 참화와 희생을 가져왔다.

제 5 절 戰爭의 犯罪化

1. 戰爭의 犯罪性

전쟁의 불법화는 전쟁의 범죄화를 요구한다. 실제에 있어서 침략전쟁은 국제범죄로 처벌되었다. 제 2 차대전 후 연합국은 뉘른베르크 국제군사재판소와 동경 極東國際軍事裁判所에서 각각 독일과 일본의 전쟁책임자를 재판하고 처벌하였다. 이 재판에 대해서는 법률상 많은 문제점이 제기되기도 하였으나 1946년 UN총회가 만장일치로 '뉘른베르크 군사법정조례와 동법정의 판결에 의하여 승인된 국제법의 제원칙'을 재확인하는 결의를 채택하였다는 사실은 침략전쟁을 범죄화하고자 하는 다수 국가의 법적 확신을 표명한 것으로서 중대한 의미를 갖는다(그러나 이 뉘른베르크원칙의 법전화 작업은 1954년 국제법위원회가 '인류의 평화와 안전에 대한 범죄에 관한 법전초안'을 작성하였으나 UN총회에서는 침략의 정의에 대한 합의가 이루어지지 않은 것을 이유로 심의가 연기되어 왔으나, 1993년 이후 UN총회에서 국제형사재판소(ICC)설립을 위한 논의가 진행되고 있고, 이 과정에서 동 법전초안은 논의의 중요한 기초가 되고 있다).

2. 새로운 戰爭犯罪

제 2 차대전에 이르러 戰爭犯罪는 '평화에 반하는 죄'와 '인도에 반하는 죄'라는 새로운 두 가지 범죄를 포함하게 되었다(종래의 전쟁범죄는 '통상의 전쟁범죄'라고 하여 새로운 전쟁범죄와 구별한다).

'평화에 반하는 죄'라고 하는 것은 "침략전쟁이나 국제조약, 협정, 서약에 위반하는 전쟁을 계획, 준비, 개시, 실행하는 것, 그리고 이러한 행위를 달성하기 위한 공동계획이나 모의에 참가하는 것"이다. 요컨대, 이는 침략전쟁을 행한 죄라고 할 수 있다. '인도에 반하는 죄'라고 하는 것은 "전쟁전 또는 전쟁중에 일반 인민대중에 대하여 행한 살해 · 절멸 · 노예적 혹사 · 추방 기타 비인도적 행위 또는 범행지 국내법에 대한 위반여부를 불문하고 재판소관할에 속하는 범죄를 수행하였거나, 이와 관련하여 정치적 · 인종적 또는 종교적인 이유에서 행한 迫害行爲"이다(국제군사재판소조례 제 6 조, 극동국제군사재판소조례 제 5 조). 반인도죄는 주로 독일 및 오스트리아에서 행해진 政敵살해,

집단적 억류, 대규모의 조직적 恐怖政策 및 猶太人迫害 등을 가리킨다. 또 이 반인도죄는 범행지의 국내법에 위반했는지 여부를 불문하므로 그 행위가 설사 반유태법과 같은 독일 국내법상 합법적이었다 할지라도 반인도죄를 구성하는 것을 방해하지 않는다.

이상 '평화에 반하는 죄'와 '인도에 반하는 죄'는 행위의 범죄성, 개인적 책임의 문제, 죄형법정주의, 재판소의 구성 및 공평의 원칙 등 법률상 문제 외에 전쟁방지의 효과에 관하여 적지 않은 의문과 반론이 있을 수 있다. 그러나 군사재판소 판결은 이에 대하여 형식론으로서 軍事裁判所條例는 결정적으로 법적 효력이 있으며, 조례제정은 점령당국이 명백하게 입법권을 행사한 것이라는 점과 실질론으로서 罪刑法定主義란 일반적 정의의 원칙이며, 조약을 무시하고 사전경고없이 타국에게 공격을 감행한 자를 처벌하는 것이 부당하다고 하는 것은 잘못이고, 오히려 그러한 불법이 처벌되지 않고 방임되는 것이 부당하다고 지적하였다. 개인책임의 문제에 대하여는 국제법상 범죄는 추상적인 단체가 범하는 것이 아니고 결국은 개인이 범하는 것이므로 개인을 처벌함으로써 비로소 국제법규의 존중한 실행을 확보할 수 있다고 하였다.

전통적 이론에 의하면 개인이 국가기관으로 행동한 경우 그 행위는 국가에 귀속하는 것이므로 개인이 직접 책임을 지지는 않는다고 한다. 그러나 국가라고 하는 단체인격에는 형사책임을 지우기 어려우며, 이러한 범죄를 유효하게 억지하기 위해서는 개인에게 형사책임을 지울 것이 요구되고 있다.

뉘른베르크법원칙의 기초가 되고 있는 철학은 위와 같은 범죄는 평화유지나 인권보장이라고 하는 국제사회의 일반적 이익을 침해하는 행위로서 국제범죄에 속한다고 생각하고 있다.

제 6 절 集團的 安全保障

1. 國際聯盟規約

규약은 "전쟁 또는 전쟁위협은 어느 연맹가맹국에게 직접적인 영향이 있는지를 불문하고 연맹 전체의 利害關係事項이다"고 하고(제11조), 규약이 규정한 분쟁해결절차에 반하여 전쟁에 호소한 국가에 대하여는 가맹국이 공동으로 제재하기로 규정하였다(제16조). 즉, 규약이 금지한 전쟁을 행한 가맹국은 당연히(*ipso facto*) 모든 가맹국에 대하여 전쟁행위를 한 것으로 간주되며, 다른 전체 가맹국은 모두 通商上·金融上 관계단절, 모든 교통금지 등 비군사적 재판인 경제적 제재를 가하기로 규정하였다. 아울러 군사적 재판도 두었으나 의무적인 것은 아니었다(제16조 2항).

이와 같이 연맹이 취하고 있는 집단적 안전보장이 침략국에 대한 인정 여부를 각 가맹국의 개별적 판단에 일임하고(1921년 연맹총회 해석결의), 안전보장을 궁극적으로 담보할 수 있는 군사제재를 불충분하게 마련한 것은 국제연맹의 치명적인 결함이었고(군사적 제재는 단 한 번도 실시된 일이 없다), 경제적 강제조치의 발동요건을 인정하는 것도 개개 가맹국의 자율에 따르게 되어 있어 철저하지 못한 것이었다(1936년 Italy에 대한 경제적 제재는 그 침략을 저지하기 못하였다).

미국은 처음부터 연맹에 가맹하지 않았고, 독일, 이탈리아, 일본은 탈퇴하였으며, 소련은 제명당하였으므로 국제연맹이 보편성을 갖지 않았다는 사실도 국제연맹이 마련했던 집단안전보장체제를 약화시키는 원인이 되었다.

2. UN憲章

첫째 安全保障理事會는 평화에 대한 위협·평화의 파괴·침략행위의 존재를 당사국의 주장과 별개로 독자적으로 결정한다(제39조). 이 결정은 5개 상임이사국을 포함한 9 이상의 이사국의 다수결에 의하면 모든 가맹국을 구속하는 법적 효력을 갖는다(인정권이 개개 가맹국에 있지 않고 이사회에 있는 것, 이사회의 인정이 구속력을 갖는 것, 이 두 가지 점은 규약과 비교하여 중대한 발전이다. 그러나 이사국 중에 분쟁당사국이 있어도 표결에서 제외되지 않으며, 거부권이 작용한다).

둘째 이사회는 평화와 안전의 유지 또는 회복을 위하여 '勸告'할 수 있으며(제39조), 또한 暫定措置를 취할 수도 있고(제40조), 더 나아가 군사적 · 비군사적 강제조치를 결정하여 가맹국에게 그 이행을 명령할 수도 있다(제41조, 42조).

한편 총회에도 평화유지에 관한 일반적인 권한이 인정되고 있으나(제10조, 11조, 14조), 이 문제에 관한 총회와 안전보장이사회가 가지는 권한과 책임의 한계는 대략 다음과 같다. ① 이사회가 임무를 수행하고 있는 동안 총회는 이사회가 요청하지 않는 한 권고할 수 없다(제12조 1항). ② 총회는 '행동을 요하는 문제'에 대해서는 권고할 권한이 없고, 토의의 전·후에 그것을 이사회에 부탁할 의무를 진다(제11조 2항). ③ 이사회가 安全保障에 관하여 제 1 차적 책임을 지는 데 대하여(제24조) 총회의 책임은 제 2 차적이다. 그러나 이사회가 자신의 책임을 다하지 못한 경우에는 1950년 11월 '평화를 위한 단결' 결의에서 볼 수 있듯이 제 2 차적으로 총회가 전면에 등장할 수 있다.

UN의 集團安全保障制度는 외부로부터 행해지는 공격뿐만 아니라 UN 가맹국 중 평화파괴자에 대해서도 대항조치를 발동할 것을 의무화하고 있는 점에서 방위동맹과는 질적으로 다르다. 다만 UN은 각국으로부터 병력의 일부를 제공받아 강제조치를 취하는 것이므로 세계국가군대의 성격은 갖지 않는다.

UN의 집단안전보장제도는, 안전보장이사회에서 첫째 침략의 존재를 인정하고, 둘째 침략을 실력으로써 배제하기 위한 강제조치를 행함으로써 2단계의 조치에 의하여 이행된다.

1) **侵略의 認定** UN이 強制措置를 발동하는 전제로서 안전보장이사회는 '평화에 대한 威脅', '평화의 파괴', 또는 '침략' 행위의 존재를 인정한다(UN헌장 제39조). 그 결정에는 5개상임이사국이 거부권을 행사할 수 있으므로 이 5개국 자신이 행하거나 그 지원을 받은 무력침입 기타 군사행동에 대하여 거부권이 행사됨으로써 UN의 조치는 제 1 단계에서 좌절되는 일이 많다.

2) **平和에 대한 威脅** '평화에 대한 위협'은 극히 포괄적인 개념으

로 무력에 의한 위협은 물론이고 평화적으로 처리하는 과정에 있어서 권고를 무시함으로써 발생한 사태도 이것에 포함될 수 있다는 것이 정설이다. 그러나 그에 대한 결정은 일체 安全保障理事會의 판단과 재량에 따른다고 할지라도 그것은 'UN의 목적과 원칙에 따라서' 행사되어야 하며(헌장 제24조), 그 '위협'은 '武力的 要素'와 결합된 것으로 현실적인 평화에 대한 위협이어야 한다. 실제로 이 문제는 안전보장이사회 관할권의 근거, 강제조치와의 연결에 대한 예측, 기타 정책적 판단으로 인하여 헌장 제39조가 적용되지 않거나 또는 이 조항을 명시적으로 언급하는 것을 기피하는 형태로 처리되고 만다.

強制措置의 대상이 되는 것은 적어도 당초에는 '국제'평화에 대한 위협에 한정되는 것으로 하였다. 그러나 이 점에 있어서도 이미 초기단계에서 5개국의 거부권이 행사되어 UN의 개입이 배제되었다(1948년 소련에 의한 베를린봉쇄). 그런데 본질적으로 국내문제에 관계되는 사태(정치적 혼란 또는 불안 등)를 본래 강제조치의 대상으로 보지 않고 고작해야 국제평화와 안전을 위태롭게 하는 사태로서(제34조) UN에 의한 평화적 해결절차의 대상으로 하는 데 그쳤다(1946년 6월 '스페인문제'에 관한안보리의 조치). 그런데 최근에는 안전보장이사회가 이러한 국내사태라 할지라도 국제적 무력분쟁의 가능성이 있는 경우에는 '평화에 대한 위협'으로 인정하는 등 광범위한 재량권을 행사하는 경향이 있다(단, 안보리는 1947년 '인도네시아분쟁'에 있어서는 이러한 인정을 하지 않고 헌장 제40조에 입각한 정전을 요청하였다).

UN의 집단안전보장체제는 연맹이 마련했던 체제에 비하여 훨씬 강력한 것이지만 5개국의 拒否權行事로 인하여 실제로 운용이 마비상태에 빠지는 일이 많았다(단, 1950년 한국전쟁에 있어서는 북한당국의 무력공격이 평화의 파괴를 구성한다고 결정하고 UN가맹국은 한국에 원조를 부여하도록 권고하였다. 이 결정이 가능했던 것은 당시 소련이 중국대표권문제로 안보리에 결석했기 때문이다).

安全保障理事會가 침략을 인정하는 데 실패한 예로 '재테헤란 미국외교·영사직원사건'을 들 수 있다. 이 사건에서 미국·이란간 위기가 국제평화와 안전에 중대한 위협이 된다고 인정할 것을 요청한 決議案(1980년 1월 10일 미국 제안)은 소련이 거부권을 행사하여 부결되었다.

소련의 '아프가니스탄침입사건'에 있어서도 소련의 침공행위가 '평화의 파괴'는 말할 것도 없고, '평화에 대한 위협'으로 인정되지도 않았다.

이 무력개입이 아프가니스탄의 주권, 영토보전, 정치적 독립을 존중하는 UN헌장의 원칙에 반한다고 하는 A·A제국의 공동결의안도 안전보장이사회에서는 부결되었고(소련·동독 반대) 단지 UN총회 긴급특별회기에서 채택되었을 뿐이다(1980. 1. 14).

위와 같이 5개 상임이사국 중 어느 일국이라도 관여하는 무력행사는 평화에 대한 위협으로 인정받지도 못하며 고작해야 國內問題不干涉義務의 위반으로 비난받는 데 그치는 정도이다. 이러한 현상은 말할 것도 없이 절차상 5개 상임이사국이 가지는 거부권에서 기인한다.

그러나 문제는 거부권이라는 제도 자체에 있는 것이 아니고 상임이사국간에 과연 의견이 일치되느냐에 달려 있는 것이다. 만약 상임이사국간에 존재하는 의견불일치를 무시하고 총회가 다수결로 집단적 조치를 발동한다고 하더라도 그 결과는 또 다른 세계대전을 가져올 우려가 있다. 사실, 白人少數政權에 의한 남로데시아(현재의 짐바브웨)문제나 일방적으로 독립한 남아프리카공화국에 의해 행해진 아파르트헤이트 정책 등 자결권존중에 입각하여 이것을 비난하는 의견일치가 상임이사국간에 존재하는 경우에는 안전보장이사회가 이에 대하여 비군사적 강제조치를 발동하는 데 성공하였으며, 5개국의 거부권은 강제조치발동에 장해가 되지 않았다.

3) **平和의 破壞** 평화의 파괴라고 하는 것은 타국에 대한 군사행동 또는 적대행위를 말한다. 지금까지 한국전쟁과 포클랜드-말비나스분쟁의 두 가지 경우를 제외하고는 이것이 인정된 예는 없다.

3. 集團措置의 內容

안정보장이사회가 헌장 제39조에 입각하여 평화에 대한 위협, 평화의 파괴, 또는 침략행위에 관한 構成要件該當性을 결정한 후에 취할 구체적 조치의 내용으로는 권고(제39조), 잠정조치(제40조), 비군사적 조치(제41조) 및 군사적 조치(제42조)의 네 종류가 있다.

무력분쟁이 발생한 경우 안전보장이사회는 즉시 정전, 병력철수 등, 사태악화를 방지하기 위한 잠정조치를 취할 것을 당사국에 요청하고(제40조),

다음 침략의 존재를 인정하며, 또한 국제평화와 안전의 유지 또는 회복을 위한 권고를 행하고(제39조) 단계적으로 강제조치를 강화하며 침략행위에 대항하는 UN의 반격조치를 조직적으로 시행한다. 강제조치로서는 당초 침략국에 대한 경제·교통통신·외교관계단절을 포함하는 非軍事措置(제41조)와 육·해·공군의 군사행동에 의한 軍事措置(제42조)를 예정하였으나, 예정된 군사조치는 오늘날에도 성립되지 않고 있다.

1) **軍事的 措置** UN헌장은 국제평화와 안전을 유지하거나 회복하기 위하여 비군사적인 조치로써 불충분한 경우에는 군사적 조치를 발동하도록 예정하고 있다. 군사조치는 特別協定(제43조)에 입각하여 UN가맹국 특히 안보리 5개 상임이사국이 제공하는 병력으로 편성되는 'UN군'이 담당하기로 되어 있으며(제44조, 제45조), 안전보장이사회 밑에 5개국의 참모총장으로 구성되는 군사참모위원회를 설치하여 'UN군'이 그 지휘와 명령을 받아 활동하는 것으로 하였다(제46조-제50조). 그러나 5개국의 의견이 불일치하지 않아 현재에도 헌장상 특별협정은 체결되지 않고 있어 침략에 대항할 수 있는 본래의 'UN군'은 성립하지 못하고 있다. 따라서 UN은 침략에 대하여 당초 헌장상 예정된 군사행동을 취할 수 없고 다만 비군사적 강제조치로 대처할 수밖에 없게 되었다.

UN군의 편성에 있어서 상임이사국은 병력의 규모, 5개국의 分擔比率(미국은 각국 군사력의 규모·내용에 비례, 구소련은 원칙적으로 평등분담을 주장), 평상시의 所在地(4개국은 특정 기지에서 주류, 구소련은 임무종료 후 귀국을 주장), 기지·통과권 기타 편익·원조의 제공(4개국은 일반협정에 의한 보증, 구소련은 개별적인 특별협정에 의한 교섭사항이라고 주장) 등에서 강하게 대립하고 있다. 이러한 대립이 아직까지 해소되지 않아 지금도 특별협정은 체결되지 않고 있다.

2) **韓國戰爭** 북한군의 남침으로 시작된 韓國戰爭(1950. 6. 25)에 대하여 안전보장이사회(소련 결석)는 한국에 대해 북한당국이 감행한 무력공격을 '평화의 파괴'라고 인정하여 즉시정전, 북한병력의 퇴거, UN가맹국은 UN에 원조할 것과 북한당국에 대해서는 원조하지 않을 것을 요청하였다(1950. 6. 25 결의). 그리고 한국에게 군사원조를 제공하고(6. 27 결의), 더 나아가 군대를 제공할 것을(미군하에 통합사령부를 두고 UN기사용을 허가 7.7 결의) 가맹국에 권고하였다(이 권고에 따라 인원, 수송, 물품, 자금, 시설을 39국과 9국제기관이 제공. 병력은 16국이 제공). 소련은 1950년 8월 1일 安全保障理事會에 복귀하여 그 이후 모든

韓國關係決議案에 정식으로 거부권을 행사하면서 위의 다수결의가 무효임을 주장하고 나섰다. 당시 안전보장이사회에서는 관행상 기권은 거부권 행사로 취급되지 않았으나 결석에 관해서는 확정된 관행이 없었다. 이후 결석도 거부권행사가 아니라고 보게 되었다(특히 소련의 결석은 헌장 제28조 위반). 한국전쟁에 파견된 각국군대에 관해서도 그것이 본래의 UN군이라는 견해와 국제관습법상 집단적 자위권을 행사하는 군대라는 입장이 대립하고 있으나, 이를 넓은 의미에서 UN군이라고 할 수 있다는 견해가 지배적이다.

3) **南로데시아問題** 이 문제에 있어서 안전보장이사회는 UN가맹국에게 스미스정권에 대하여 비군사적 조치를 취할 것을 요청하는 한편 同政權에 석유공급을 함으로써 결과되는 사태가 '평화에 대한 위협'에 해당한다는 결정을 하여 석유 수송에 종사하는 선박의 입항을 실력으로써 저지하고 그러한 선박을 拿捕 및 抑留할 수 있는 권한을 영국에 부여하였다(1966. 4. 9 결의 221호). 이것은 UN의 군사조치를 가맹국이 행하는 것을 인정한 것으로 해석된다.

4) **非軍事的 措置** 안전보장이사회는 남로데시아문제에 관하여 '평화에 대한 위협'이라고 인정하고 UN가맹국에 대하여 경제관계를 단절하도록 요청한 후(1965. 11. 20 결의 217호). 더 나아가 의무적인 경제제재를 가할 것을 결의하였다(1966. 12. 16 결의 232호). 이것은 UN이 비군사조치로 '決定'한 것으로서 구속력이 있는 것이라고 규정되었다.

南西아프리카(나미비아)문제에 있어서 안전보장이사회는 1970년대 전반까지 남아프리카가 행해 왔던 아파르트헤이트와 인종차별이 국제평화와 안전에 대한 '潛在的' 위협이 된다고 인정하였으나 구체적인 강제조치는 회피하였다. 그러나 그 후 남아프리카 흑인에게 취해 왔던 강경 조치가 '평화에 대한 위협'이 된다고 인정하여 경제관계를 단절할 것을 내용으로 하는 비군사조치를 UN가맹국이 가하도록 하는 의무를 부과하였다(1977년 결의 418호).

4. 集團的 措置의 適用上 問題點

UN의 집단안전보장체제는 兵力組織(제43조) 및 表決節次(제27조 3항)에서 이중적으로 내부적인 제약을 받는다. UN은 절차적인 방법을 통하여 이 제약을 극복하려고 노력하였다. 첫째, 특별협정이 성립하지 않은 것에 대처하기 위하여 군사조치실시에 관해서는 헌장 제39조가 규정하고 있는 권고권을 원용함으로써 '권고권에 의한 적용방식'을 취했다. 이러한 절차를 통해 발동된 것이 한국전쟁시 UN군이다. 둘째, 거부권행사에 의하여 안전보장이사회의 기능이 마비될 것에 대처하기 위하여 '평화를 위한 단결결의'를 채택함으로써 총회를 중심으로 하는 제 2 차적 집단안전보장을 조직화하는 데 성공하였다(본래 토의의 장으로 예정된 총회가 스스로 강제기관으로서 자기주장을 하는 것이 UN을 강화하는 방책인가 하는 의문을 제기하는 학자도 있다).

다른 한편 실질적인 측면에 있어서는 절차적 면에서 시도된 이러한 극복방법은 법적으로나 실효성의 면에서 많은 논쟁을 불러일으키고 있다.

'平和를 위한 團結決議' 이 결의의 주요 취지는 '평화에 대한 위협', '평화의 파괴' 또는 '侵略行爲'가 존재한다고 인정되는 경우(제39조에 해당하는 사태) 안전보장이사회가 상임이사국의 거부권행사로 그 책임을 다하지 못할 때 이를 대신하여 총회가 국제평화와 안전의 유지 또는 회복을 위하여 병력사용을 포함하는 집단조치를 행사하도록 가맹국에 권고할 수 있다는 것이다(1950년 5회 총회결의 377호 A1항). 이 결의에 대해서는 찬반의견이 대립하고 있는데, 결국 이 문제에 대한 판단은 평화유지기능이 안전보장이사회에 전적으로 속한 것인가(제24조의 해석), 또한 동이사회의 우선적 의결권에 속하는 '행동'(제11조 2항 말문)에는 強制措置(제41조, 제42조)뿐만 아니라 권고에 입각한 조치(제39조, 제40조)도 포함되는가 여부를 결정하는 데 달려 있다. 실제로 이 결의는 國際緊張이 존재하는 지역을 관찰(평화관찰위원회결의 B)하고 국제평화·안전강화책을 검토(집단조치위원회결의 D)하는 데 있어서는 실효를 거두지 못하고 있으나 총회의 緊急特別會期(안전보장이사회 또는 UN가맹국 과반수의 요청으로 24시간 이내에 개최 결의 A 1항)는 적절히 활용되어 이를 통해 다수의 결의를 채택하고 있다. 1950년 수에즈분쟁, 1956년 헝가리사태, 그리고 최근에는 소련의 아프가니스탄 침입사건과 중동문제 등에서 위 결의가 실제로 이용된 사례를 볼 수 있다.

5. 侵略의 定義

UN총회(1974년 12월 14일 제29회 총회)는 안전보장이사회가 '侵略行爲'의 존재를 인정하는 데 하나의 '지침'으로 삼을 수 있도록 '侵略의 定義'에 대한 결의를 채택하였다(결의 314호). 여기에는 종래 열거방식(소련)과 추상적 정의방식(미국)이 대립하기도 하였으나 다음과 같은 내용이 주목되고 있다.

"침략이라고 하는 것은 일국에 의해 타국의 주권, 영토보전 또는 정치적 독립에 대하여 행해지는 무력행사 또는 UN헌장과 양립되지 않는 기타 모든 방법에 의해 행해지는 무력행사이다"(제1조). 그러나 여기에는 '무력에 의한 위협'은 포함되지 않는다.

"UN헌장에 위반되는 일국의 先制兵力行使(the first use of armed force)는 침략행위를 추정하는 증거(*prima facie* evidence)를 구성한다." 무력의 先行性 또는 우선가격은 그에 반대되는 증거에 의하여 번복되지 않는 한 침략을 증명하는 데 일단 충분한 증거가 된다고 하였다. 그러나 무력행사라는 물리적 측면만을 고려하지 않고 침략의도라는 주권적 요소도 평가하며, 경우에 따라서는 그 행위결과의 중대성 등 關係事情(침략자의 목적·의도를 중시하는 영국의 주장)에 비추어 침략을 별도 결정할 수 있다(제2조).

선전포고의 유무에 관계 없이 타국 영토에 대한 무력침입, 공격 또는 이에 따르는 군사점령, 무력행사에 의한 합병, 타국의 항이나 연안에 대한 무력봉쇄, 駐留協定을 위반하는 기지사용 · 잔류 등도 침략이다(제3조).

그리고 안전보장이사회는 기타 행위에 대해서도 침략행위를 인정할 수 있다(제4조). 이른바 침략의 인정은 개개 사례에 있어서 모든 사정을 고려하여 개별적 · 구체적으로 행해져야 하는 것이므로 침략의 정의를 자동적으로 적용하는 것은 당연히 배제된다.

6. 平和維持活動

UN에 내재하는 숙명적 한계로 인하여 UN헌장이 예정한 'UN군'은 성립하지 못하였다. 따라서 현재 이른바 UN군은 헌장상 강제조치에 종사하는 본래의 UN군이 아니고 UN 여러 기관의 결의에 입각하여 停戰, 분쟁의 평화적 해결, 또는 국내치안유지 이행을 감시할 목적으로 파견된 군대이며, 일반적으로 평화유지활동(Peace-Keeping Operation: PKO)이라고 불리는 것이다. 한국, 수에즈, 콩고, 서이리안, 사이프러스 및 중동분쟁에 파견된 'UN군'이 그것이다. 이것들은 설치절차, 임무, 구성, 활동상황 및 비용부담방법 등에 있어서 일정하지 않다.

그러나 일반적으로 平和維持活動은 안전보장이사회 또는 UN총회의 개별적 권고나 결의에 입각하여 설정되고 있다. 그리고 이사회결정에 입각한 원래의 조치(제25조)와는 달리 그 때마다 그 편성과 병력·물자공급에 관해서는 병력을 제공하는 각 加盟國의 동의를 얻어야 하며 군대파견과 임무수행을 위해서는 사전에 현지 정부 또는 교전당사자의 동의가 있어야 한다. 마찬가지로 주류를 종료하는 것도 현지당사자의 요청에 의한다.

현재 PKO의 前身이라고 볼 수 있는 것은 인도네시아분쟁에 관한 1947년 결의, 카시미어 귀속문제에 관한 인도·파키스탄분쟁에 있어서의 1948년 결의 등이다.

'UN군'의 실례

1) **韓國 UN軍** 설치근거는 1950년 6월 27일 安全保障理事會決議(소련결석)이며 임무는 "북한의 무력공격을 격퇴하고, 이 지역의 국제평화와 안전을 회복하기 위하여 필요한 원조를 대한민국에게 제공할 것"이다.

1950년 7월 7일 안전보장이사회결의에 의하여, 6월 27일의 결의에 따라 병력을 제공하는 가맹국은 미국정부하에 있는 통합사령부에 병력을 제공하도록 권고받았으며, 또 미국정부는 사령관을 임명할 것을 요청받았다. 이 결의에 의하여 한국 UN군은 미국정부가 임명한 사령관의 지휘에 따라 조직되어 활동하였다.

위 결의에 입각하여 병력을 제공한 국가는 16개국(미국, 오스트레일리아, 벨기에, 캐나다, 콜롬비아, 이디오피아, 프랑스, 그리스, 룩셈부르크, 네덜란드, 뉴질랜드, 필리핀, 핀란드, 타이, 터키, 영국)이며, 5개 국가가 衛生部隊를 파견하였다(덴마크, 인도, 이탈리아, 노르웨이, 스웨덴).

한국은 UN가맹국이 아니었으므로 UN군의 구성원이 되지는 않았으나,

1950년 7월 한미간 협정 이래 한국군 전체의 작전지휘권이 UN사령부에 委讓되었기 때문에 실제적으로 UN군과 공동으로 전투행위에 종사하였다.

2) **수에즈 UN緊急軍** 강제조치가 아닌 平和維持活動(PKO)이 최초로 설정된 예는 이집트가 國有化(1956. 7. 26)함으로써 발생한 수에즈운하분쟁에 있어서 이집트에 이스라엘이 침입하고 이 문제에 대하여 영국·프랑스가 무력개입하자 UN총회가 구성한 'UN緊急軍'(UNEF)이다(1956. 11. 5 UN 긴급총회결의). 이 군대는 5개상임이사국을 제외한 가맹국(브라질, 캐나다, 콜롬비아, 덴마크, 핀란드, 인도, 인도네시아, 노르웨이, 스웨덴, 유고슬라비아 10국)이 병력을 편성하여 정전과 병력분리를 감시하는 임무를 맡았다(1967. 7.까지 주류).

경비부담방법에 있어서는 UN예산의 特別計定으로 전가맹국에 할당하였다. 그러나 이러한 경비부담이 의무적이냐에 관하여 가맹국간에 의견대립이 발생하였다.

3) **콩고 UN軍** 콩고獨立(1960. 6. 30) 직후 정부군 내부의 반란과 인명보호를 이유로 벨기에 駐留軍이 개입함으로써 발생한 콩고분쟁에 있어서 안정보장이사회는 벨기에군의 즉시철수, 국내치안회복, 정부군에 대한 군사원조를 임무로 하는 '在콩고 UN活動軍'(ONUC)(이른바 청헬멧군)을 파견할 것을 결정하였다(1960. 7. 14 안보리결의). 사무총장의 요청으로 군대 등을 파견한 국가는 34개국이며, 經費負擔은 UN예산의 특별계정으로 전가맹국에 할당하였다. 이 分擔金이 의무적이냐에 대해서도 다툼이 발생하고 UN내부에서 소련, 프랑스 등이 분담금지불을 거절하여 누적된 戰費 때문에 UN 재정이 막대한 영향을 받게 되어 부득이 2억불의 UN債를 발행하게 되었다. 더욱이 분담금문제는 제19회 총회의 기능을 마비시키기에 이르렀다. 그리고 UN군 운영에 관하여 당시 함마셜드 사무총장이 취한 조치에 불만을 가지고 있던 소련이 복수사무총장제(이른바 트로이카방식)를 제안하기도 하였다.

4) **西이리안 UN保安部隊** 이는 1962년 9월 21일 총회결의에 의하여 설치되었다. 이 결의의 내용은 1962년 8월 15일 네덜란드·인도네시아간에 서명된 서이리안협정을 승인하며, 이 협정에 규정된 사무총장의 권한을 인정한다는 것이었다. 동협정은 서이리안에 대한 施政權을 1963년 5월 1일 이후 인도네시아에 인도하기로 하고, 그 때까지 사무총장이 임명하는 잠정UN행정관이 동지역에 대한 시정을 담당하며 사무총장은

잠정행정관 밑에 '빠뿌아人 警察隊'를 보조하고 이 지역의 치안을 유지할 안전보장군을 구성하기로 하였다. 그 경비는 네덜란드・인도네사아간 협정에 따라 양국이 절반씩 부담하였다.

5) **사이프러스 UN平和維持軍**(UNICYP) 1960년 사이프러스가 영국으로부터 독립한 후 현지주민의 인종분규에 따라 발생한 폭동을 진압하고 내분확대를 저지하는 등 국내치안회복을 임무로 구성되었다(1964년 3월 4일 안전보장이사회결의).

이처럼 사이프러스 국내의 평화 및 질서유지와 회복을 위하여 공헌했던 평화유지군은 그 후 감소되었다가 1974년 7월 터키군이 사이프러스에 침공한 것을 계기로 다시 증강되어 터키군과 그리스군 및 그리스계 사이프러스간의 휴전을 감시하는 임무를 수행하였다.

6) **UN兵力分離監視軍**(UNDOF) **및 레바논 UN暫定軍**(UNFIL) 전자는 제4차 中東戰爭시 시리아・이스라엘간 휴전협정체결 후 안전보장이사회 결의에 따라 골란고원(이스라엘・시리아간의 완충지대)에 파견되어 병력분리를 감시하는 임무를 맡았고(1974년), 후자는 팔레스타인 특공대가 습격한 데 대한 보복으로 이스라엘이 남부 레바논을 침공한 후 1978년 안전보장이사회의 결의에 따라 파견되어 國境線(이스라엘・레바논) 경비를 담당한 것이다.

7) **캄보디아 UN平和維持團**(UNAMIC) 1991년 10월 안전보장이사회의 결의에 따라 구성된 평화유지단은 캄보디아에서 정전감시 총선거의 실시에 대한 감시 및 인권보호 피난민송환 등과 관련한 임무를 수행하였다. 이후 1992년 2월 안전보장이사회는 또 하나의 결의를 통해 캄보디아 국내에서 1993년 총선이 실시되기까지 전투원들에 대한 무장해제・투표업무・선거관리・피난민 귀환 등의 업무수행을 내용으로 하는 평화유지활동을 승인하여 캄보디아 내전종식과 민주적인 복수정당제선거를 기초로 신정부가 구성되기까지 임무를 수행토록 하였다.

8) **소말리아 UN平和維持活動**(UNOSOM) 1992년 12월 미국 주도로 안전보장이사회는 소말리아에 대한 군사개입결의안을 채택하였다. 이는 국제평화를 유지하기 위해 병력사용을 허용한 UN헌장 제7장에 근거하여 이루어진 것으로 주목된다. 특히 동 평화유지활동을 위하여 미국을 비롯하여 강대국 중심으로 다국적군이 구성되어 파병되고 이에 UN이 합

법적인 군사작전을 부여하는 방식이 채택되고 있으며 동시에 결의를 통해 작전통제권에 대한 UN의 권한강화를 꾀하고 있다. 그리고 본 평화유지활동군은 과거의 평화유지활동이 일반적인 경찰·치안업무에 국한되었던 것과는 달리 사태악화방지 및 사태수습을 위하여 선제공격을 포함하는 모든 종류의 무력을 사용할 것을 허가받은 군대라는 점이 특기할 만하다. 특히 소말리아파병에 대한 안전보장이사회의 결의는 분쟁당사국의 요청 또는 동의없이 순수한 인도주의적 목적과 차원에서 성립된 최초의 예가 되고 있다는 점에서 주목되고 있다.

9) 보스니아 UN保護軍(UNPROFOR) 안전보장이사회는 1992년 2월 결의를 통하여 유고내전에 있어서 정전상황을 유지하는 것을 주임무로 하는 UN보호군을 파견하였다. 이후 1992년 10월 안전보장이사회는 세르비아측의 수용소에서 석방된 회교도 및 크로아티아인을 보호하고 인도적인 구호물자수송차량을 지원 및 보호하는 것을 내용으로 하는 결의를 채택하여 UN보호군을 보스니아에 추가 파병하였다. 보스니아 UN보호군은 특히 자신이 보호대상으로 하고 있는 구호물자수송차량이 공격받거나 봉쇄되는 경우에는 무력사용할 것이 인정되었다.

10) 기 타 이 밖에도 UN평화유지활동은 세계각지에서 다양한 임무를 수행하고 있음을 알 수 있다. 예컨대, 1988년 이란-이라크 UN 군사감시단(UNIIMDG)은 양국국경지대에서 휴전상황을 감시하고, 1991년 4월 이라크-쿠웨이트 UN감시단(UNIKOM)은 철군감시와 치안유지를 담당하며, 동년 6월 앙골라 UN이행감시단(UNAVEM)은 내전 및 평화협정 이행을 감시하는 것이었다. 그리고 1991년 4월 서부사하라 UN선거감시단(UNMINURSO)은 정전 및 독립과 국민투표사무를 임무로 하며, 1993년 9월 하이트 UN군(UNMIH)은 민주회복을 지원하고, 1995년 3월 크로아티아 신뢰회복활동(UNCROC)은 정전감시와 난민에 대한 구호활동지원을 임무로 하고 있다.

또한 1993년 8월 그루지아 UN감시단(UNDMIG), 동년 9월 라이베리아 UN감시단(UNOMIL), 동년 10월 르완다 UN지원단(UNAMIR), 1994년 12월 타지키스탄 UN감시단(UNMOT)은 각각 당사국 내에서의 내전의 정전상황을 감시하는 임무를 수행하였다.

'平和維持活動'의 法的 性質 UN 平和維持活動, 구체적으로 표현하면 UN군에 대해서는 UN헌장상 명시적인 규정이 없기 때문에 가맹국간에 의견대립이 발생하였다. 한국 UN군은 헌장 제39조에 근거를 두고 있다는 견해도 있으나 평화유지활동은 반드시 安全保障理事會가 침략이나 평화에 대한 위협 또는 평화의 파괴 등이 존재한다는 것을 인정할 것을 조건으로 하지 않으므로 헌장에 예정하고 있는 강제조치와는 다른 것이다. 수에즈 UN 긴급군 이후에 볼 수 있는 사례들에 있어서는 헌장 제 6 장에서 그 근거를 구하려는 입장도 있다. 그러나 어느 것도 헌장조문의 해석상 난점이 있다. 그것은 현지에서 발생한 무력행사의 확대 또는 사태악화를 방지하기 위하여 무력충돌시 교전자에 대하여 개입하는 일종의 國際警察軍이라고 할 수 있다. 하지만 이는 단순한 '監視團'이 아니라 '헌장 제 6 장에 부분적으로 근거를 두고 있는 존재'라고 평가를 받고 있으므로 이러한 조직에 법적 근거를 부여하려면 헌장개정을 요한다는 의견도 있다. 그러나 平和維持活動은 안전보장이사회에 전속적인 것은 아니지만 그 주요 책임에 속하는 강제조치 행사권을 침해하는 권한일탈행위라고는 할 수 없으며, 국제평화와 안전의 유지에 관한 勸告(제11조 2 항, 제14조)를 실현하고 구체화하기 위하여 행하는 조치이므로, 오히려 UN의 목적달성을 위한 '推論된 機能'에 근거한 것이라고 보는 것이 타당하다('특정경비사건' 국제사법재판소 권고적 의견. ICJ Reports 1962, 163-165.167-168).

제 7 절 地域的 安全保障

1. UN과 地域的 協定

'地域的 協定'이라는 것은 지역적인 분쟁을 평화적으로 해결하거나 안전보장을 확보하기 위하여 마련된 조약을 말하며, 이 조약에 의하여 설정된 국제기구를 지역적 기관이라고 한다. UN은 자신과는 별도로 가맹국 일부가 개별적인 조약에 의하여 지역적 성격의 기구를 설치하는 경우 'UN의 목적과 원칙에 합치하는 한에서' 그 지역적 협정과 기관의 존재를 일반적으로 인정한다(제52조).

지역적 협정은 지리적으로 근접한 加盟國간 조약은 물론이고, 지리적으로 인접한 것과 관계 없이, 가맹국간 특정의 공동이해관계에 입각하여 체결된 조약도 포함한다. 뿐만 아니라 지역적 협정은 반드시 가맹국간의 조약만을 가리키는 것이 아니고 비가맹국과 가맹국간의 조약도 배제하지 않는다.

지역적 협정이나 기관이 제 1 차적인 주요 기능으로 하고 있는 것은 지역적 분쟁을 평화적으로 해결하는 것이다. UN은 지역적 협정이나 기관에 의하여 지역적 분쟁을 평화적으로 해결할 것을 장려한다(제52조 2·3항). 한편, 안전보장은 군사행동 기타 강제행동발동을 불가피한 내용으로 하고 있으므로 아무런 통제 없이 UN 밖에 방치할 수 없다. 따라서 헌장은 지역적 안전보장조치를 발동하는 데 엄격한 제한을 가하고 있다. 즉, 安全保障理事會는 지역적 협정이나 기관을 이용하여 스스로 강제행동을 취할 수 있으며, 지역적 협정 당사국이나 기관이 협정에 입각하여 강제행동을 발동하는 경우에는 안전보장이사회의 허가를 필요로 한다(제53조 1항).

2. UN의 許可를 要하지 않는 強制行動

지역적 협정을 맺은 당사국이나 기관을 다음과 같은 경우에 예외적으로 안전보장이사회의 허가없이 강제조치를 취할 수 있다.

첫번째는 舊敵國에 대한 조치로서, 제 2 차대전중 연합국과 싸운 패전국에 의한 침략이 재발할 것에 대비하여 지역적 협정이 작성된 경우, 이 지역적 협정에 입각한 강제행동은 안전보장이사회의 허가가 필요없다(제53조 1항). 예를 들면 대전이 끝난 후 연합군에 의한 일본점령은 적국에 대한 조치로서, 이사회의 허가를 요하지 않는 것이었다(이 과도기가 언제 끝나는 것인가에 관하여는 규정이 없다. 구적국은 UN에 가입한 후에도 이론상으로는 그 대상이 된다). 두 번째는 헌장 제51조에서 규정하고 있는 집단적 自衛權인데, 이 권리에 입각하여 강제행동을 취할 경우에는 안전보장이사회의 허가를 요하지 않는다. 왜냐하면 집단적 자위권도 일종의 자위권이므로 당사국이나 기관이 권리행사의 요건을 우선적으로 인정할 수 있는 것이며, 때문에 이사회의 사전허가가 필요 없는 것이다(단, 자위권의 발동에 관한 일정한 요건은 성립되어야 한다). 이와 같이 헌장은 공격을 받은 국가가 스스로 '個別的'인 자위권을 행사할 수 있게 하는 동시에 '集團的' 자위권이라는 새로운 개념을 도입함으로써 自國이 직접 공격을 받지 않더라도 자국과 연대관계에 있는 국가가 공격을 받았을 경우, 이를 도와서 싸울 수 있게 되었다(이 제51조는 제53조 1항의 적용을 받지 않고 상호원조를 할 수 있는 법적 근거로서 고안된 것이다. 그러나 지역적 안전보장체제와 세계적 안전보장체제의 연결은 이사회의 원활한 활동을 전제로 하는데, 이사회가 기능을 발휘하지 못할 경우 북대서양조약기구나 Warsaw조약기구와 같은 지역적 집단은 그 자율적 방위능력을 취득하는 반면에 집단상호간에는 조정수단을 갖지 못하여 오히려 대립 가능성을 더욱 강화하는 결과가 된다).

3. 集團的 安全保障과 集團的 自衛權

UN의 집단적 안전보장체제가 유효하게 기능하지 못한 상황에서 이를 극복하기 위하여 발달한 것이 지역적·집단적 방위조약이며 이 조약의 기초가 되는 것은 자위권, 특히 집단적 자위권이다.

그런데 집단적 방위조약은 국가의 안전을 집단적으로 보장한다는 의미에서 집단적 안전보장과 같은 종류로 보기 쉬우나 양자는 원리적으로 서로 다른 별개의 것이다. UN의 집단적 安全保障體制가 대립관계에 있는 국가를 모두 포섭하는 데 대하여 집단적 방위조약은 조약 외에 있는 국가로부터의 공격에 대비하여 체약국간에 공동방위를 약속하는 것으로 이전의 동맹조약과 다를 바가 없는 것이다.

집단적 방위조약은 그 근거가 되는 집단적 자위권이 UN헌장(제51조)에 명시적으로 승인된 이상, UN헌장에 위반된 것이라고는 할 수 없다. 그러나 집단적 자위권은 UN의 통제 밖에서 국가가 무력을 행사하는 것을 공인하는 것이 되었다. 따라서 집단적 자위권행사를 무조건으로 의무화하는 집단적 방위조약 내지 지역적 협정은 그것이 침략이든 자위이든 간에 특정의 적에 대한 공동전쟁을 약속하는 것이므로 UN의 집단적 안전보장체제와는 원리적으로 모순되는 것이다.

4. 集團的 自衛權과 制限主權論

(1) 브레즈네프主義

소련은 1956년 헝가리사태(나지정권의 복귀를 요구하는 반정부 데모에서 발단)과 1968년 체코슬로바키아사태(공산당의 자유화정책 추진과 보수파의 저항, 이른바 '프라하의 봄')에 무력으로 개입하여 진압하였다. 이때 개입의 논거로서 제시한 것이 이른바 브레즈네프주의였다. 그 주장내용은 공산주의제국에서 일어나고 있는 자유화운동은 사회주의에 적대적인 국내외 세력이 반혁명을 의도하여 행한 것이며, 이는 전체사회주의국가에 대한 공통의 위험과 관심사이므로 집단적 자위권에 입각한 원조(바르샤바조약 제4조)를 행할 필요가 있다는 것이었다.

소련국제법에 의하면 상호대립하는 경제·사회체제를 갖는 국가간에는 일반 국제법상 平和共存(평화적 수단에 의한 투쟁의 전개)을 원칙으로 하며, 동시에 사회주의국가간에는 社會主義國際法(프롤레타리아 국제주의에 입각한 지역적 특별국제법)이 우선적으로 적용된다는 것이다(Tunkin, Peaceful Coexistence). 그러므로 브레즈네프주의는 사회주의국제법이론에 입각하여 "社會主義共同體의 이익옹호를 위해서는 군사적 개입도 인정된다"는 사고방식이며, 이를 일명 제한주권론이라고 칭하기도 한다.

그러나 사회주의국가의 국내동란이 과연 타국으로부터의 '武力攻擊'(바르샤바조약 제4조)에 해당하고 집단적 자위권발동을 정당화할 수 있는가가 문제된다(중국은 이것을 覇權主義라고 비난). 또한 이러한 무력개입이 UN헌장의 우위(제103조)를 배제하여 UN에서 그 정당성을 원용할 수 있을지도 의문이다.

1988년 소련과 유고슬라비아간 이른바 '신베오그라드선언'은 모든 공산당은 독자노선을 선택할 자유를 갖고 있으며, 자기의 체제를 어느 누구에게도 강요할 뜻이 없다고 선언하였다. 이것은 제한주권론을 정식으로 무효화시킨 것이라고 볼 수 있다.

1989년 10월 27일 바르샤바조약기구 7개회원국 외무부장관들은 모든 나라의 주권원칙과 외세에 의한 불간섭원칙이 존중되어야 한다고 선언함으로써 브레즈네프주의를 폐기할 것을 천명하였다.

(2) 존슨主義

미국도 도미니카혁명 중 武力紛爭時(1965. 4. 24)에 인명보호를 이유로 군사개입을 하면서 집단적 자위권을 원용하였으며, 그 논거는 미주지역에 있서 공산주의정권이 수립되는 것을 용납할 수 없다는 것이었다. 이것을 이른바 '존슨주의'라 한다.

또한 미국은 소련제 공격용 미사일이 쿠바에 수입되는 것을 봉쇄하면서(1962. 10. 22) 공해상에서 외국선박에 대하여 정선, 임검, 퇴거명령, 억류 등 隔離措置(quarantine)를 취하였다. 그러나 미국은 이 조치에 대하여 전미기구에 의한 共同防衛措置('전미상호방위조약' 제6조, 제8조)에 입각한 것이라고 하였을 뿐 집단적 자위권을 원용하지 않았다.

제19장 戰 爭 法

제 1 절　戰爭 및 戰爭法의 一般的 問題

1. 戰爭에 대한 國際法的 認識의 變遷

戰爭에 대한 국제법적 인식에 있어서 국제사회는 역사적으로 많은 변천을 겪어 왔다. 제 1 은 중세의 正戰論이다. 당시의 유럽에서는 전쟁이 빈발하여 그 참화와 비인도적 상황은 측량할 수 없었다. 여기에 당시의 歐洲人들에게는 어떻게 전쟁을 방지할 수 있는가가 중요한 관심사로 될 수밖에 없었으며, 그것은 법의 문제로서 결정적 중요성을 갖게 되었다. 그러나 실제로 빈번히 일어나는 전쟁을 부인할 도리는 없었으며 결국 어떤 전쟁이 인정되는가의 문제, 즉 전쟁원인의 정당성의 문제를 확립하지 않을 수 없었다. Grotius의 「戰爭과 平和의 法」은 그러한 노력의 결과였다. Grotius는 여기에서 전쟁의 정당원인으로서 自己防衛, 재산의 회복, 처벌의 세 가지를 들고, 이에 대하여 보다 풍요한 토지를 얻기 위한 전쟁, 발견을 이유로 他者에 속한 토지를 박탈하기 위한 전쟁, 그 의사에 반하여 타인을 지배하기 위한 전쟁 등을 부정한 전쟁으로 하여 정당한 전쟁과 구별하였다(전술).

그러나 正戰論의 현실적 적용과정에 있어서 곤란한 문제는 첫째 전쟁의 당사국의 어느 일방이 정당한 원인을 갖고 있는가를 판단하는 문제의 곤란성이며, 둘째는 설사 전쟁의 정·부정을 판단할 수 있다 치더라도 불법적 전쟁을 수행하고 있는 국가에 대하여 어떠한 수단으로 이것을 억압하는가, 또 그러한 억압수단에 따르는 위험을 어떻게 제거하는가의 문제의 곤란성이다. 전자는 현대국제법이 당면한 侵略者를 인정하는 문제이며, 후자는 集團安全保障의 문제이다. 그러나 현재의 국제사회는 아직도 Grotius가 직면한 이 두 개의 문제를 해결하지 못하고 있다.

그런데 근세에 이르러 정전론을 한편으로 주장하면서 다른 한편으로 전쟁이 '克服할 수 없는 無知'(*ignorantia invincibilis*)에 입각한 경우에는 그 정당성을 인정하여 交戰當事國의 쌍방을 다같이 정당한 것으로 인정해야 된다는 이론이 나타남에 이르렀다. 이 이론은 설사 부당한 원인에 입각하여 전쟁을 행할지라도 스스로 정당하다고 믿고 그것이 불가피한 사정에 의한 법률 또는 사실의 무지에 근거한 경우에는 正當原因이 있는 경우와 마찬가지로 보지 않으면 안된다는 것이다. 이 이론에 의하여 실제로 전쟁이 발생한 경우 쌍방이 다같이 정당성을 주장하여 양보하지 않는 현실에 대한 조화를 기도하였다. 이 '克服할 수 없는 無知'의 이론은 Grotius의 이론에서도 주장되고 있는 것이다.

> 자연법을 주장하는 Vattel에 있어서도 "국가는 평등하며 독립적이며 서로 재판관이 될 수 없으므로 의심 있는 경우에 쌍방의 전쟁은 적어도 그 외부적 효과에 관하여 또한 正否가 결정될 때까지는 평등하게 합법적인 것으로 간주되지 않으면 안된다"고 하였다.

이와 같이 근세초기의 正戰論(즉, 차별적 전쟁관)은 正戰과 不正戰의 구별의 곤란성으로 인하여 그 현실적 타당성이 일반적으로 부인되고 實定法主義의 학설이 대두함에 따라 교전당사국의 입장을 평등한 것으로 보는 無差別戰爭觀이 18세기부터 제 1 차대전에 이르기까지의 국제법학에 있어서 지배적 견해가 되었다. 상급의 판정자가 없는 국제사회의 현실에 있어서는 각국의 주관적 판정을 그대로 인정할 수밖에 없다는 것이 무차별전쟁관의 기본적 사고방식이며 그 결과 국가가 행하는 전쟁은 사실상 일반적으로 합법화되게 되었다.

그런데 이 無差別戰爭觀에 의하면 국제법의 규율대상이 되는 전쟁은 '文明國'이라고 하는 대등한 당사자간의 전쟁을 의미하였다. 동시에 전쟁의 잔학성을 완화하고 무익한 파괴를 억제하기 위해서는 교전국을 대등한 자로 취급하는 것이 필요하게 되었다. 그 결과 내전이나 '野蠻人'에 대해서 행해지는 식민지전쟁과 같은 대등하지 않은 자간의 전쟁에는 국제법의 규율이 미치지 않고 그 전쟁은 처참한 상태에 방치될 수밖에 없었다.

이리하여 제 1 차대전 전에는 실정국제법상 전쟁을 행하는 것 자체의 合法性(*jus ad bellum*)의 문제는 거의 거론되지 않고 전적으로 전쟁개시의 절차(예, 1907년의 '적대행위 개시에 관한 조약')나 전쟁수행과정(*pendente bello*)에 있어서의 交戰法規(*jus in bello*)의 제정에 집중되었다. 이리하여 국제법학은 그 체계 속에 '전쟁'의 존재를 인정하여 戰時國際法과 平時國際法과의 二分論(dichotomy)을 채용하였으며, 전시국제법은 각국에 평등한 交戰權을 인정한다는 전제 위에서만 존립할 수 있었다.

그런데 정전론이 부인된 이후의 무차별전쟁관에 있어서도 모든 전쟁이 정당화된다는 뜻은 없고 역시 자조의 전쟁과 국제분쟁의 해결을 위한 최후의 수단으로서의 전쟁만이 허용된다는 생각이 밑바닥에 놓여 있었다. 그러나 이러한 전쟁의 합법성을 인정하는 것은 결국 모든 전쟁의 합법성을 사실상으로 인정하는 것이 되지 않을 수 없다. 따라서 전쟁을 규제하기 위해서는 전쟁을 일반적으로 제한하는 일이 필요하게 되었다. 이리하여 제 1 차대전 이후 자조의 전쟁 및 국제분쟁의 해결을 위한 전쟁까지도 국제법상 점차로 금지됨에 이르러, 대전 전의 무차별전쟁관은 후퇴하고 새로운 차별적 전쟁관이 등장하게 되었다(제19장 제 3 절 전쟁불법화의 계보 참조).

UN은 연맹을 발전시킨 것으로서 널리 전쟁을 금지하고, 이 금지를 깨뜨린 국가에 대해서는 安全保障理事會에 의한 제재를 예정하였다. 이 체제는 전쟁에 정·부정을 구별하여 부정한 전쟁에는 사회의 제재를 예정한 것이므로 중립을 인정하지 않으며 正戰論의 부활로서 파악되기도 한다(예를 들면 Kelsen). 그러나 실제에 있어서는 헌장을 위반하여 평화를 교란하는 국가에 대하여 안전보장이사회의 결의에 입각한 제재를 가할 뿐이며 내용이 정당한가 아닌가는 문제로 하지 않는다. UN하에서 허용되는 것은 말하자면 *bellum legale*(합법적 전쟁)이며, *bellum justum*(정당한 전쟁)은 아니다. 헌장은 고전적 정전론을 법문화한 것이 아니고, 따라서 부정에 대한 제재라는 사고방식을 채용한 것이라고 보기도 어렵다. 이리하여 헌장에서도 기능을 상실한 부분에 대해서는 일반국제법이 부활해 가는 것으로 보아야 한다.

이리하여 現代國際法에 있어서는 전통적 교전법규에 수정을 가할 필요가 생기게 된다. 첫째 인민의 자결권의 확립에 따라 民族解放戰爭(또는 민족통일전쟁)은 단순한 내전이 아니고 국제적 무력분쟁으로 간주되며, 이 전쟁에는 國際人道法 諸條約이 전면적으로 적용되게 되었다. 둘째 무력행사의 위법화에도 불구하고 현실적으로 발발한 무력분쟁의 참화를 억제할 필요가 있으므로 전통적인 교전법규는 대폭적으로 수정되어 현대의 무력분쟁을 규율하는 법으로서 계승·발전되고 있다. 오늘날에는 이러한 법을 武力紛爭法이라고 부른다. 그리고 최근에는 國際人道法이라고 하는 분야가 발달하고 있는데, 그것은 무력분쟁법 중에 특별히 적용되는 인도적인 규칙을 가리키거나 동의어로 사용되고 있다.

셋째 종래의 국제법상의 전쟁은 일국의 戰意表明에 의하여 개시되는 것으로 생각되었으나 전의표명을 수반하지 않는 무력행사, 즉 이른바 사실상의 전쟁에도 교전법규는 적용되게 되었다(1949년 제네바제조약 공통 제2조 1항). 넷째 제1차대전까지의 제조약에는 總加入條項(예, 1907년 헤이그 육전조약 제2조)이 삽입되어 조약의 적용범위를 크게 제한하였으나 그 후의 제조약에서는 배제되었다(예, 1949년 제네바제조약 공통 제2조 3항).

다섯째 제1, 2차대전 기타의 무력분쟁에서 보는 총력전이나 게릴라전의 전개, 전쟁수단의 파괴력의 비약적 증대라는 상황에 전통적 교전법규는 충분히 대응할 수 없다는 것이 판명되었다. 1949년의 제네바諸條約(제1조약, 제2조약, 제3포로조약, 제4문민조약)은 무력분쟁의 희생자를 보호하는 입장에서 개정의 필요가 생겼다. 또한 1977년의 제네바제조약에 대한 2개의 추가의정서는 제네바제조약을 보완할 뿐만 아니라 종래의 인도적 성질의 교전법규를 재확인 또는 수정한 것이다. 제2차대전 후의 이 제조약은 무력분쟁희생자에게 인도적 보호를 부여할 목적을 가진 것으로서 國際人道法의 주요 부분을 구성하고 있으며 현대의 무력분쟁법은 이러한 제조약을 중심으로 전개되고 있다.

2. 戰爭과 復仇

전쟁이라고 하는 것은 기술적 의미에서 볼 때 국가간의 전면적 무력투쟁으로서 당사국의 어느 일방이 戰意(*animus belligerendi*)를 표명한 경우이다. 이에 대하여 復仇라고 하는 것은 상대국의 위법행위에 의하여 입은 손해와 거의 같은 정도의 손해를 상대국에게 가한 경우를 말한다. 이와 같이 전쟁과 복구는 다같은 국제법상의 강제수단이나 다음과 같은 차이가 있다.

① 첫째는 무력사용의 목적에 차이가 있는데, 전쟁은 어떠한 목적을 위한 무력사용도 정당화하는 데 대하여 복구의 형태로 한 무력행사는 상대국의 위법행위에 대해서만 정당화된다. ② 둘째 전쟁에서는 戰爭目的을 달성하기 위하여 국제법이 특별히 금지하지 않는 어떤 종류의 害敵手段도 임의로 적법하게 사용할 수 있고, 또한 그 합법성이 추정된다. 그러나 복구의 경우에는 상대국의 위법행위에 상당한 정도 이상의 무력을 행사하지 못하게 되어 있다. ③ 셋째 전쟁의 경우에는 단순히 交戰當事國 상호간뿐만 아니라 제 3 국과 교전국간에도 평시관계와 상이한 법적 관계, 즉 중립관계가 설정된다. 復仇 기타의 전쟁의 경우에는 당사국과 제 3 국과의 법적 관계는 조금도 영향을 받지 않고 종래와 같은 평시관계가 그대로 계속된다. ④ 넷째 실질적 의미에 있어서의 전쟁개념의 본질은 行爲이며 법률적 의미에서의 전쟁개념의 본질은 狀態이다. 이에 대하여 復仇는 그것이 행위이냐 또는 상태이냐를 문제시하지 않는다.

3. 戰爭과 平和의 相對化

국제법상 전쟁과 평화는 절대적으로 배타적인 관계에 선다는 것이 전통적 견해였다. 국가간의 관계는 평시관계가 아니면 전시관계, 역으로 전시관계가 아니면 평시관계로 파악되며 전시관계도 아니고 평시관계도 아닌 제 3 의 관계는 인정되지 않는 것이었다('전쟁과 평화간에는 中間段階가 존재하지 않는다' *inter bellum et pacem nihil est medium*). 전쟁이라는 것은 보통 국가간의 전면적 무력투쟁을 말하나(정치학·사회학적 의의), 국제법상으로는 특수한 의미로 사용되는데, 전쟁인가 아닌가는 당사국의 어느 일방이 전의를 표명하는가에 의하여 결정되는 것이었다. 이러한 전쟁이 발발하기만 하면 별안간 평시관계가 단절되고 이것과 전연 다른 전시관계가 성립되었다. 말하자면 戰時法과 平時法이 이원적으로 존재하는 것이었다(전의의 표명을 기준으로 한 전쟁과 단순한 무력사용(예, 復仇)간에는 상이한 법적 효과가 인정되었다. 해적수단 또는 중립관계에 있어서 특히 그렇다).

그러나 戰意表示를 기준으로 한 전시와 평시와의 절대적 구별은 제1차대전 이후 국제연맹에 의한 집단적 안전보장제도가 성립됨에 이르러 점차로 상대화되었고, 오늘날 UN에 와서는 전쟁개념의 지양을 볼 수 있게 되었다. 첫째 聯盟規約이나 不戰條約에 있어서 武力行使違法化의 대상이 된 것은 '戰爭'이었으므로 국제연맹의 발족 이후 대부분의 무력사용이 국제연맹의 제재나 부전조약위반의 비난을 면하기 위하여 정식의 전의표시를 하지 않고 진행되어 전의표시의 유무가 반드시 이전과 같은 전쟁이냐 아니냐를 결정하는 기준으로 볼 수 없게 되었다. 예를 들면 1931년의 만주사변이나 1937년의 중일사변의 단순한 干涉 또는 復仇로써 설명할 수 없는 대규모의 무력투쟁이었음에도 불구하고 당사국인 일본과 중국의 어느 편에서도 戰意의 표명이 없었다는 이유에서 국제법상의 전쟁으로 간주되지는 않았으나, 전쟁이 아니라고 하는 것은 단순히 전의의 표시가 없었다는 이유에 의한 것이고 반드시 무력투쟁 그 자체의 실질에는 관계가 없는 것이었다.

滿洲事變과 중일사변의 경우 일본이 중국연안에 행한 봉쇄는 전시봉쇄가 아니라 평시봉쇄로 취급되며 봉쇄선을 넘어서 제3국의 선박이 출입하여도 일본은 교전권을 행사하여 이것을 나포할 수가 없었다. 이것은 전의의 표시가 없었던 까닭이다. 반대로 제1차대전의 경우 중국과 독일간에는 아무런 무력투쟁도 없었으나 중국이 독일에 대하여 선전포고(전의표시)를 했기 때문에 양국은 전쟁상태에 있는 것으로 하였다. 제2차대전에서도 대일평화조약에서 보는 바와 같이 연합국 중에는 단순히 선전포고만을 한 국가도 있었으나 전쟁상태에 있는 것으로 하여 평화조약에 참가하는 것이 인정된 것도 있다.

이와 같이 전의가 정식으로 표시된 전쟁을 '法律上의 戰爭'(*de jure* war)이라고 한다면 이러한 전의의 표시가 없는 전쟁은 '事實上의 戰爭'

(*de facto* war)이라고 할 수 있으며, 또 그렇게 취급되어 왔다(영·미의 法院도 이 양자의 구별을 인정하여 법적 효과를 달리하여 왔다). 사실상의 전쟁에 있어서도 交戰當事國間에는 법률상의 전쟁에 있어서와 마찬가지로 交戰法規가 적용되며(교전법규의 인도주의적 및 공리주의적 성격으로 인하는 것이다) 다만 전의의 표시가 없는 전쟁(사실상의 전쟁)의 경우에는 제 3 국과 교전당사국간에 당연히 중립관계가 설정되는 것이 아니라는 차이가 있을 뿐이다. 전의의 표시가 없는 전쟁에 있어서 제 3 국으로서는 그 전쟁성을 부인할 수도 있고 또 이 사실상의 전쟁을 정식의 법률상의 전쟁과 같이 취급하여 중립의 선언 또는 교전단체의 승인 등의 방법으로써 교전국과의 중립관계를 설정하는 자유를 보유할 수도 있다. 설사 이와 같은 선언이나 승인이 없는 경우에도 보통 제 3 국의 재판소가 전쟁상태의 존부를 자유로이 인정할 수 있음은 물론이다.

이와 같이 제 1 차대전 이후 사실상의 전쟁의 출현으로 인하여 전시와 평시와의 구별은 상대화되고 전쟁과 평화와의 절대적인 대립은 해소되었다. 국가는 상호간의 적대행위에 전쟁상태의 존재를 부인하고 법률상 평화관계를 유지하면서 전통적인 復仇로부터 전쟁에 이르기까지의 모든 대소, 강약의 강제행위를 적용할 수 있게 되었다. 또한 전의의 표명은 무력투쟁의 형태(전쟁 또는 復仇)와는 반드시 일치하지 않게 되었으며 전쟁과 전쟁 아닌 무력행사의 구별, 바꾸어 말하면 법률상의 전쟁과 사실상의 전쟁의 구별은 무력투쟁의 형태와는 직접 관계 없는 상대적인 것으로 되었다고 할 수 있다.

4. 戰爭槪念의 止揚

전쟁을 위법화하고 전쟁을 방지하는 國際平和機構가 성립함에 따라 종래의 기술적 의미의 전쟁개념은 또한 지양되었다. 전쟁이 위법화되지 않은 傳統國際法下에서도 '사실상의 전쟁'은 平時國際法에 위반되지 않는 방법으로 수행될 여지가 없는 것이기 때문에 위법이라고 단정하지 않을 수 없었다. 그것은 오직 전의의 표시에 의해서만 적법이 되고 전쟁상태의 존재에 의해서만 위법성이 조각되는 것이었다.

그러나 전쟁이 위법화되고 위법의 전쟁에 대한 제재가 예정된 국제기구하에서는 당사국의 전의표시에 의하여 전쟁의 존부를 결정한다는 것은 불합리하게 되었다. 왜냐하면 침략국은 단순히 전의를 부인함으로써 법률상의 전쟁의 존재를 부인할 수 있고, 또 그것으로써 제재를 면할 수 있게 되기 때문이다. 國際聯盟規約이 무력행사일반을 전쟁으로 보지 않고 일단 전쟁과 전쟁 아닌 무력행사를 구별하는 동시에 그 구별의 기준을 국가의 주관적인 전의에서 구하지 않고 무력행사의 성질 그것에서 구하면서 그 판정을 제 3 자인 국제기관에 위임하였다고 하는 것은 주목할 현상이다. 종래의 전의를 기준으로 한 기술적인 전쟁개념에 대하여 이른바 '構成的인 戰爭狀態'의 성립을 인정한 것으로서 이탈리아·에티오피아전쟁에 즈음하여 연맹이 취한 태도도 대체로 이 선을 따른 것이었다.

더 나아가 국제연맹의 '構成的 戰爭'의 개념도 철저한 것이 못 되었다. 제 3 자가 전쟁과 전쟁 아닌 무력행사를 판정한다 할지라도 그 구별은 결코 명확한 것이 될 수는 없었다. 왜냐하면 무력행동의 성질에 의하여 전쟁과 전쟁 아닌 무력행사를 구별하는 일은 다음 같은 사실에 의하여 거의 불가능하다고 하지 않을 수 없기 때문이다. 즉, 복구는 전쟁 아닌 무력행사의 대표적인 것으로 생각되고 있으나, 그것도 당사국의 어느 일방의 전의표시에 의하여 곧 전쟁으로 轉化될 수 있으며, 따라서 무력행사의 성질 자체에서 보는 경우, 전쟁과 복구 사이에 본질적인 구별을 인정할 수 없는 것이다. 뿐만 아니라 복구를 단순히 복구라는 이유만으로 전쟁과 구별하여 평화기구의 임무 밖에 방치해 둔다는 것도 불합리한 일이라고 보아야 한다. 이리하여 전쟁을 위법화한 국제법체제하에서는 사실상의 전쟁과 법률상의 전쟁을 구별할 이유도 없고 전쟁과 전쟁 아닌 무력사용을 구별할 필요도 없게 되었다.

따라서 전쟁의 위법화라고 하는 것은 전의의 표시가 있든지 없든지를 불문하고 객관적 사실로서의 戰爭'行爲'를 금하는 것이다. 원래 전의의 표명을 기준으로 하는 기술적 의미의 전쟁은 하나의 상태로서 '파악'되는 것이나, 무력행사의 위법화의 대상이 된 것은 무력행사라는 '행위' 그것이다. 설사 무력행사라는 '행위'가 전의의 표명과 결합되어 기술적 의미의 전쟁으로 간주되는 경우가 있을지라도 그러한 경우만을 금지하고 전의의 표명 없는 무력행사는 금지로부터 제외할 이유가 발견되지 않는다. 이러한 의미에서 戰爭의 違法化는 사실상의 전쟁이든 법률상의 전쟁이든 간에 일체의 전쟁을 금하는 것이다.

제 2 차대전 이후의 국제적 입법에서는 '戰爭'이라는 용어가 거의 자취를 감추고 말았다. 이것은 전쟁개념의 구조적 변화를 반영한 현상으로 볼 수 있다. 첫째 UN헌장에서는 일방으로 '自衛', '集團的 措置' 타방으로 '평화에 대한 위협', '평화의 파괴', '侵略行爲' 등의 표현을 사용하고 '전쟁'이라는 문구를 한 곳에서도 사용하지 않고 있다. 이것은 무력사용을 위법이라고 하는 입장에서는 당연한 조치라고 하겠다. 북대서양조약이나 바르샤바조약과 같은 지역적 집단안전보장조약에서도 전쟁이라는 용어의 사용을 피하고 있다. 더욱이 제 2 차대전 후 전쟁법의 國際立法으로서 가장 중요한 1949년의 제네바 조약은 이것을 모든 '宣戰된 戰爭'이나 또는 기타의 '무력분쟁'의 경우에 적용한다고 규정하였을 뿐만 아니라 체약국의 어느 일방이 '전쟁상태를 승인하거나 또는 하지 않거나를 불문하고' 적용된다는 것을 강조하고 있다(포로대우에 관한 조약 제 2 조, 문민의 보호에 관한 조약 제 2 조, 무력분쟁의 경우의 문화재의 보호에 관한 조약 제18조 등). 이 규정은 법률상의 전쟁에도, 그리고 사실상의 전쟁에도 구별없이 이 조약을 적용할 것을 명확하게 표현함으로써 도리어 사실상의 전쟁과 법률상의 전쟁과의 구별을 부정하고 있는 것으로 보아야 한다.

이와 같은 사실을 종합적으로 고찰할 때 오늘날에는 '戰爭'이라는 말을 법률상의 전쟁이나 또는 이에 대응하는 사실상의 전쟁의 그 어느 것으로 나누어 이해할 것이 아니라, 이 구별을 초월한 '실질적 의의에 있어서의 전쟁'(war in the material sense)이라는 의미로 이해하지 않으면 안되게 되었다. 이것은 전통적·기술적 의미의 전쟁개념을 거의 완전히 지양하고 어느 의미에서 새로운 독특한 전쟁개념을 구성하였다고도 볼 수 있다.

이와 같이 사실상의 전쟁과 법률상의 전쟁과의 구별은 적어도 무력투쟁의 형태나 당사국의 법관계에 관한 한 현저하게 상대적인 것으로 되었다. 그러나 현재의 단계에서 양자의 구별이 완전히 해소되었다고는 할 수 없다. 제 2 차대전에서는 다수의 국가가 전의의 표명을 함으로써 전쟁상태가 발생한 것으로 인정되었으며 제 2 차대전 후에도 이스라엘과 아랍諸國 間의 무력투쟁을 아랍측이 전쟁상태로 보았다. 또한 1965년의 인도·파키스탄의 무력투쟁에 있어서 파키스탄측이 전쟁상태의 성립을 인정한 예가 있다. 이 경우에 있어서 제 3 국과의 관계에는 전통적인 中立關係(또는 非交戰관계)가 여전히 인정되었다. 생각건대 이러한 현상은 전쟁을 위법화한 국제평화기구가 제대로의 기능을 발휘하지 못한 결과 그 기능이 정지된 부분은 서서히 一般國際法으로 대치되는 까닭 때문이라고 보여진다. 연맹규약에 있어서와 마찬가지로 헌장에서도 기능을 상실한 부분에는 일반국제법이 부활해 가는 것이다. UN헌장은 일반국제법의 지위에 대신할 수 없으며 UN은 일반국제법규를 폐기하는 권한을 갖지 않는다. 전쟁금지의 국제기구의 존재로 인하여 내용의 변화를 가져온 戰爭法은 다시 그 기능이 마비된 부분을 일반국제법으로 메우게 된 것이다(Kunz는 기능상실의 헌장부분에 일반국제법이 부활하지 않으면 이 분야에 무법상태가 지배하게 된다고 한다).

5. 戰爭法의 適用

(1) 不法的 武力使用에 대한 戰爭法의 適用

전쟁법은 원칙적으로 합법적인 무력사용의 경우뿐만 아니라 불법적인 무력사용의 과정중(*pendente bello*)에도 적용된다. 戰爭違法化의 원칙이 확립된 오늘날에 있어도 위법의 전쟁에 호소한 국가가 합법적인 전쟁을 행하는 국가와 똑같이 전쟁법의 적용을 받아 그 戰鬪行爲를 합법적인 것으로 인정한다면 "불법으로부터 법은 발생하지 않는다"(*ex injuria jus non oritur*)라는 원칙에 반한다고 할 수 있다. 그러나 첫째 전쟁법의 실체적 규정의 대부분은 인도적 성격을 가진 것이므로 전쟁의 합법성 여하에 불구하고 그러한 법규는 교전당사자 상호간에 준수되어야 한다. 둘째 전쟁이 발발하였을 경우 교전국의 쌍방은 다같이 자기 입장의 정당성을 주장할 여지가 남아 있으며(예, 자위권의 원용), 그 위에 어느 편이 침략자인가를 유권적으로 판정할 수 있는 국제기관은 존재하지 않기 때문에(존재할지라도 기능이 마비되어 있기 때문에) 어느 편이 정당한지를 객관적으로 판정할 수 없고 따라서 전쟁법은 쌍방에 공평히 적용되지 않으면 안된다. 셋째 설사 침략자의 판정이 가능하다 할지라도 이에 대한 전쟁법의 적용을 부인한 경우에는 실제로 부당한 결과가 발생한다. 예를 들면 침략자에 의한 점령을 국제법상의 전쟁이 아니라고 한다면 점령지지주민의 저항운동을 합법화할 수는 있으나, 반대로 점령군은 전쟁법상의 제약을 받지 않고 주민을 함부로 취급할 수 있게 되어 오히려 부당한 결과를 초래할 우려가 있다. 전쟁의 정·부정의 문제와 전쟁법규의 적용의 문제는 近世初頭의 正戰論 이래 처음부터 별개의 문제였다.

이와 같이 전쟁과정중에는 전쟁의 합법성 여하의 문제와 전쟁법의 적용의 문제와는 구별의 필요가 없으며, 그러한 한에서 '사실로부터 권리가 발생한다'(*ex factis jus oritur*)라는 원칙이 타당한 경우가 있음을 인정하지 않을 수 없다. 실제에 있어서 제 2 차대전에서의 연합국의 견해나 뉘른베르크와 동경의 국제군사재판소의 판결은 樞軸國을 침략자로 판정하였으나, 교전법규가 쌍방에 평등하게 적용되는 것을 부정하지 않았다. 그 후의 무력분쟁에 있어서도 武力紛爭法의 평등적용을 부인하지 않았다. 이러한 국가적 실행과 무력분쟁법의 法典化의 진전은 무력분쟁의 성질이나 기원의 문제와는 관계 없이 무력분쟁법의 평등적용의 필요성을 시사하는 것이다(제 1 추가의정서 전문).

(2) UN의 軍事行動과 戰爭法

UN이 加盟國의 위법한 무력행사에 대하여 국제조직의 제재로서 군사행동을 취할 경우(헌장 제42조, 제94조 2항) 여기에 전쟁법이 적용되는가? 연맹시대나 UN하에서도 최근까지 군사적 제재가 행해진 예는 없었으나(1935년의 Italy에 의한 Ethiopia 침략의 경우는 경제적 제재에 지나지 않았다), 1990년 걸프戰 이래로 UN안전보장이사회는 강제조치의 일환으로 회원국들이 무력을 사용하는 것을 正當化하고 UN차원에서의 平和強制軍(peace enforcement force)도 파견하고 있다(예컨대, 보스니아, 소말리아). 1950년의 한국전쟁에서 UN의 군사행동이 취해졌으나 이 군사행동의 성격을 경찰행동으로 본다 치더라도(북한과 중국은 UN의 가맹국이 아니므로 UN의 군사행동은 제재조치라고 할 수 없다) 그 행동은 실질적 의미의 전쟁이라고 할 수 있다. UN의 군사행동은 종래와 같은 국가와 국가간의 전쟁이 아니고 違法行爲에 대한 경찰행위라는 이유에서 違法國과 UN군간에 전쟁법을 평등히 적용하는 것은 부당하다는 설이 있다.

그러나 전쟁법의 본질은 전쟁목적의 달성을 위하여 불가결한 것이 아닌, 그리고 人道精神에 반하는 전투방법을 금하고자 하는 것이다. UN에 의한 강제의 경우에도 강제의 목적을 달성하는 데 필요하지 않는 인명·재산의 파괴는 금하여야 하므로 UN의 군사행동에 전쟁법의 적용을 부정할 이유는 없다. 또한 한국전쟁에서 대한민국이나 북한 및 중국은 전쟁법규의 구속을 받을 법적 의무가 없었으나 交戰當事國은 모두 자기의 행동을 전쟁법에 입각하여 정당화하면서 상대방의 행동을 전쟁법규의 근거 위에서 비난하였다(예, 포로의 자유송환문제). 이것은 위선이든 또는 진실이든 간에 어느 교전당사국도 전쟁법의 존재를 무시할 수 없다는 증거가 된다. 특히 1994년 UN총회에서 채택된 '국제연합 및 관련종사자의 안전과 보호에 관한 협약'은 이와 같은 경우에 國際人道法의 적용을 배제하고 있지 않다.

다음의 문제는 UN의 가맹국이 그 군사적 제재조치에 대하여 어떠한 지위에 서는가이다. 安全保障理事會의 침략국의 인정과 이에 대한 제재조치의 결정은 加盟國을 법적으로 구속하는 것이므로 만약 이사회의 이러한 결정이 내려진 경우에 모든 가맹국은 중립국이 될 수는 없다. 그러나 실제에 있어서 이러한 이사회의 결정은 성립되기 어려우며, 설사 성립되었다 하더라도 제43조의 특별협정이 체결되지 않았으므로 가맹국은 스스로의 판단에 의하여 中立國의 지위에 설 수 있는 여지가 충분히 있다.

(3) 戰數論

교전국은 군사적 필요(military necessity)에 따라 전쟁법을 적용받지 않고 그 구속으로부터 이탈할 수 있는가? 이에 관한 긍정적 이론이 이른바 戰數論(doctrine of Kriegsraison)이다.

19세기 독일이 전쟁법의 權威者 류더(Lueder)에 의하면 "개인의 경우에도 긴급상태는 그 중대한 침해행위를 처벌하지 않는데, 하물며 보다 중대한 국가이익을 걸고 싸우는 전쟁의 경우에는 더 말할 나위가 없다.

그러나 전수의 적용은 예외적으로 발생하는 것이며 戰數의 허용을 위험시해서는 안된다. 일단 예외가 발생하면 그 예외로서의 성질에 입각하여 원칙이 배제되고 전수가 전쟁법에 우선한다(Die Kriegsraison geht der Kriegsmanier vor)."

戰數論에 대한 반론을 상세하게 전개한 최초의 학자는 영국의 웨스트레이크(Westlake)인데 이 戰數否定論은 또한 영국의 통설로 되어 있다. 이 부정론에 의하면 "모든 전쟁법규는 군사적 필요와 인도적 원칙(및 제3국의 이익)과의 타협의 산물이며, 따라서 전쟁법규에는 이미 군사적 필요가 고려되어 있다. 이러한 전쟁법규를 또다시 군사적 필요에 의하여 파괴할 수 있다고 한다면 전쟁법규제정의 의의를 몰각하는 것이 된다."

1945년 영국군사법정은 페레우스호 사건(The Case of the Peleus)에서 내린 판결에서 다음과 같이 말하고 있다. 독일 潛水艦(U-852)이 그리스의 화물선 Peleus를 격침하고 구명정에 分乘한 승무원을 포격하였을 때 독일측은 그 행동이 격침의 흔적을 없애려는 군사적 필요에 의한 부득이한 조치였다고 항변하나 그러한 군사적 필요는 인정할 수 없고, 당시 독일 잠수함으로서의 적절한 행동은 침몰의 장소로부터 가급적 속히 이탈하는 일이었다고 동법정은 지적하였다.

미국의 군사법정도 자기가 안전한 장소에 피신하기 위하여 동행하기 귀찮은 포로를 살해한 독일인 병사를 유죄에 처하였다.

(4) 內戰 · 民族解放戰爭에의 적용

傳統國際法에 있어서 내전은 일반적으로 국내문제이며, 본래 국가간의 전쟁에 적용되는 교전법규는 내전의 경우 당연히 적용되지 않았다. 정통정부로서는 설사 외국이 반란측을 交戰團體로서 승인할지라도 자신이 직접 교전단체 승인을 하지 않는 한 반란측과의 교전에서 교전법규를 적용할 필요가 없고, 반란측을 국내법상의 범죄자로서 極刑에 처하는 것이 허용되었다. 오직 정통정부가 반란측을 교전단체로 승인하였을 경우에 한하여 내전은 국제법상의 전쟁으로 취급되어 교전법규가 적용되는 것이었다. 그러나 실제에 있어 正統政府는 반란측에 교전단체승인을 부여하여 자신과 대등한 지위를 인정하는 데에 소극적인 경우가 보통이었다. 이리하여 교전단체승인의 제도는 미국의 남북전쟁 이후 거의 이용되지 않게 되었다.

제2차대전 후의 武力紛爭法은 내전의 참화를 경감하기 위하여 종래의 교전법규와 다른 새로운 규칙을 작성하였다. 우선 1949년의 제네바제조약의 공통 3조는 '체약국의 一領域내에 발생한 국제적 성질을 갖지 않는 무력분쟁의 경우'에 각 분쟁당사자는 적대행위에 직접적으로 참가하지 않은 자를 인도적으로 대우하도록 규정하였다. 이 규정은 交戰團體承認의 유무에 관계없이 적용되지 않으면 안된다. 종래에는 非國際的 武力紛爭(예. 내전)에는 교전단체의 승인이 있은 경우에 한하여 전쟁법이 부분적으로 적용된 데 반하여 내전에 반하여도 법률상 당연히 최소한의 전쟁법규를 적용할 수 있게 되었다.

그러나 그 적용은 분쟁당사자의 법적 지위에 영향을 미치지 않는다고 하였으므로(제3조 4항) 반란측은 체포되었을 경우 포로대우를 받지 못하고 국내법상의 범죄자로서 재판을 받아야 할 입장에 있다. 또한 공통 3조는 군사행동의 영향으로부터 일반주민을 보호하는 규정을 두고 있지 않다.

이리하여 1977년의 國際人道法會議는 전쟁희생자의 보호에 관한 1949년의 제네바 4조약(제1조약 '육상군대의 상병자의 상태개선에 관한 조약', 제2조약 '해상군대의 상병자·난선자의 상태개선에 관한 조약', 제3조약 '포로대우에 관한 조약', 제4조약 '전시문민보호조약')을 보완하기 위하여 무력분쟁을 분류하여 2개의 추가의정서를 채택하였다. '국제적 무력분쟁의 희생자의 보호에 관한 追加議定書'('1977년 제1추가의정서'라고 약칭)와 '비국제적 무력분쟁의 희생자의 보호에 관한 추가의정서'('1977년 제2추가의정서'라고 약칭)가 그것이다. 이 第二追加議定書는 내전에 적용될 인도적 보호규칙을 확대강화하고 있으며, 군사행동으로부터 발생하는 위험에 대하여 일반주민을 보호하는 규칙도 신설하였다(제4편). 그러나 제2추가의정서가 적용되는 무력분쟁의 범위는 1949년의 제네바제조약 공통3조의 적용범위에 비하여 약간 협소하게 되었다(제이추가의정서 제1조). 또한 제2추가의정서에 있어서도 반란측은 정통정부와 대등한 지위가 인정되고 있지 않다(제3조).

그리고 폭동과 같은 국내적 사태로서 무력분쟁에 해당하지 않은 것은 武力紛爭法의 적용이 없으며(제1조 2항), 인권보호에 관한 일반국제법규의 구속을 받을 뿐이다.

다음 民族解放戰爭은 전통국제법에서는 내전으로 看做되어, 또 1949년의 제네바제조약의 해석으로서는 공통3조가 적용되는 분쟁이라고 하는 견해가 유력하였다. 그러나 1977년의 제 1 추가의정서에 의하여 민족해방전쟁은 제네바제조약 공통2조가 말하는 사태, 즉 국제무력분쟁으로 간주되었다(제1조 4항). 말하자면 인민이 "자결의 권리를 행사하여 식민지지배 및 외국에 의한 점령에 저항하여, 그리고 인종차별 체제에 저항하여 싸우고 있는 무력분쟁"에는 1949년의 제네바제조약 및 1977년의 제 1 추가의정서가 전면적으로 적용되어 국가간무력분쟁의 경우와 동등한 수준의 인도적 규제가 가해진다(해방단체의 전투원은 체포되었을 때 포로의 대우를 받는다).

단 解放團體는 조약당사자가 아니므로 조약상의 권리의무가 즉시 발생하는 것은 아니다. 이 점에 관하여 제 1 추가의정서는 해방단체가 조약기탁자(스위스연방정부)에 보내는 일방적 선언을 행함으로써 위의 제조약과 의정서의 적용을 약속할 수 있다(제96조 3). 그러나 해방단체가 그러한 선언을 행하지 않았을 경우에는 어떻게 되는가에 관해서 명문의 규정이 없다.

6. 戰爭法의 侵害에 대한 制裁

무엇이 전쟁법의 준수를 보장하는가? 근본적으로는 戰爭法의 3가지 성립요인이 戰爭法의 준수를 보장하는 요인이 되나 직접적으로는 전쟁법의 侵害에 대한 다음과 같은 제재가 전쟁법의 준수를 보장한다고 생각된다.

(1) 戰時復仇

戰時復仇(war reprisals)라고 하는 것이 交戰國이 상대국의 戰爭法違反의 행위에 대하여 자국도 또한 전젱밥에 위반되는 행위로써 報復하는 것을 말한다. 보복행위 그 자체는 원래 違法行爲를 전제로 행하는 한 그 違法性이 阻却되는 것이다.

전시복구가 이와 같이 상대방의 전쟁법 위반행위에 대한 反作用으로서 慣習法上 正當化되고 있는 것은 사실이나 실제에 있어서는 빈번히 법이 허용하는 한계를 넘어 상대방에게 법을 강제하기 위한 수단으로서 행하는 것이 아니라 戰局을 유리하게 전개하기 위한 방법으로서 행하는 경우가 많다. 이리하여 復仇는 再復仇를 부르고 이 連鎖反應的인 復仇行爲는 전쟁법 전체를 유명무실하게 화하는 결과가 된다.

그러나 전시복구 그 자체는 상대방에게 전쟁법의 준수를 강제하기 위한 목적을 가진 것이며 법을 보호하는 기능을 발휘하는 것이다.

> 1915年 2月 당시의 海軍長官 Churchil이 독일의 潛水艦乘務員을 Catham의 營倉에 구금하였을 때 독일은 곧 收用中의 39명의 영인장교에 대하여 같은 수단으로써 응수하였다. 그 후 후임자인 Balfore가 승무원을 戰時重罪人으로 취급하지 않고 보통의 포로로서 취급하였는데 이것은 독일의 戰時復仇의 行爲가 주효한 예다.
>
> 현재의 월남전에 있어서 월맹은 北爆에 종사하는 미국 비행사를 戰犯으로 처벌하겠다고 성명하였으나 미국의 報復措置를 취하겠다는 성명에 의하여 실행되지 않았다.

(2) 戰爭犯罪人의 處罰

전쟁법을 위반한 자는 군인이나 사인을 막론하고 적군에게 체포된 경우에는 포로로서의 대우를 받지 못하고 戰爭犯罪人으로서 처벌된다. 戰爭犯罪에는 제2차대전 후에 새로 생긴 '인도에 대한 죄'와 '평화에 대한 죄' 이외에 戰鬪法規의 違反에 관한 '통상의 전쟁범죄'가 포함된다.

'通常의 戰爭犯罪'라고 하는 것은 전쟁 그 자체의 개시·수행에 관한 범죄가 아니라, 일단 개시된 전쟁에 있어서의 '전투법규의 위반행위'를 말한다. 이 위반행위에는 ① 交戰國의 병력에 속한 자에 의한 전투법규의 違反(예, 毒武器使用, 平和的 人民의 殺傷, 捕虜·傷病者의 殺傷·虐待, 病院船의 攻擊), ② 병력에 속하지 않는 자에 의한 적대행위(점령지주민의 적대행위), ③ 전시위반(적에 대한 정보제공, 금품·노력의 임의적 제공), ④ 漂盜(전장을 배회하면서 전리품을 취득하는 행위), 간첩(사실상 전쟁범죄로 취급된다)이 포함된다.

(3) 輿 論

세계의 여론 및 교전국에 대한 제3의 비판은 交戰法規違反에 대한 압력이 된다. 특히 中立法의 분야에서 교전국에 의한 중립법규의 준수는 중립국의 정치적 압력에 달려 있다(제 1·2 차 대전 때와 같이 主要列強이 거의다 교전국이 되고 유력한 중립국이 존재하지 않는 경우에는 중립국의 권리가 무시되기 쉽다).

제 2 절 戰爭法의 發達과 法源

1. 戰爭法의 成立要因

(1) 인도적 정신이 전쟁법을 성립시키는 제 1 의 요인이 된다. 인간은 부득이 전쟁을 하면서도 殘忍과 卑怯을 증오하는 본성을 가지며, 이 본성으로 인하여 불필요한 살상과 무익한 파괴는 피해야 한다고 생각한다.

(2) 그러나 인도적 정신만으로는 戰爭法은 성립되지 않는다. 전쟁법은 인도의 요구와 전쟁의 필요가 조화된 곳에서 성립된다. 그러므로 人道에 극도로 치우친 것은 결국 준수되지 않으며 실효성이 없게 된다(인도주의의 입장을 고수한다면 전쟁이란 원래가 비인도적인 것이다). 그렇다고 역으로 아무 것이나 가리지 않고 살상과 파괴를 자행하는 것이 승리를 얻는 소이도 아니다. 한정된 역량을 가지고 적의 군사력을 효과적으로 격파하는 것이 승리를 얻는 첩경이다. 그러므로 이와 같은 '精力集中의 法則'이 전쟁법의 제 2 의 성립요인을 형성하는 것이라고 보아야 한다. 1899년 및 1907년의 평화회의에서 채택된 空爆禁止宣言은 전쟁의 필요성(정력집중의 원칙)을 무시하였기 때문에 空文化되고 말았다. 1868년의 St. Petersburg선언이나 1899년의 Dum-Dum탄 금지선언이 炸裂性·燒夷性의 소총탄을 금지하면서 대포의 탄환은 어찌하여 금지하지 않는가 하는 이유가 바로 여기에 있다.

新兵器의 合法性의 問題 정력집중의 원칙으로 보아 戰勝을 달성하는 데에 가장 효과가 큰 신병기는 인도주의적 감정만으로 불법화하기가 지극히 곤란하다. 원자폭탄의 투하가 종래의 無差別爆擊의 금지 및 불필요한 고통을 주는 병기의 금지와 같은 전통법규의 유추에 의하여 위법이라는 국내판결(1963년 일본 동경지방법원의 '원폭판결')이 있으나 국제법상으로 확립된 견해는 없다. 1996년 국제사법재판소는 '핵무기위협 또는 사용의 합법성'에 대한 권고적 의견에서 그러한 위협 또는 사용은 일반적으로 국제인도법의 원칙과 규칙에 반할 것이라고 하였다.

(3) 전쟁법은 또한 중립국의 이익에 대한 양보, 즉 교전국의 입장과 중립국의 입장이 타협점에서도 성립한다. 교전국은 전쟁수행상 중립국의 통상의 자유에 압박을 가할 필요가 있으나 중립국으로서는 자국민의 경제적 이익을 수호해야 할 절실한 요청이 있다. 이 두 가지 대립된 요청의 조화점에서 중립법규가 발생하였다.

2. 戰爭法의 發達과 課題

종래의 전쟁법은 그 기원을 중세에 두고 있다. 중세의 전쟁은 일반적으로 극히 잔인한 것이었으나 말기에 이르러 基督教와 騎士道의 정신에 의한 영향과 국제무역에 대한 고려 등으로 점차 완화되었다. 당시의 전쟁법은 이미 현대의 전쟁법의 원형으로 볼 수 있는 일련의 규칙을 포함하고 있었다(전투원과 평화적 인민의 구별, 종교 · 학술 · 자선의 용도에 제공된 재산의 불가침, 전쟁목적의 수행에 불필요한 살상과 파괴의 금지, 잔혹성이 큰 해적수단의 금지).

이와 같은 전쟁법의 발달을 촉진한 것은 당시 신학자 및 교회학자의 학설이었다. 중세의 봉건제후나 군주간에는 그 平時關係를 규율하는 법으로서 로마법이 있었으나 민법적인 성질의 로마법 속에는 전쟁을 규율하는 법규가 없었기 때문에 당시의 학자들은 전쟁에 적용할 법규의 발견에 노력하였던 것이다(전쟁의 합리적 설명, 합법적인 전쟁과 불법적인 폭력의 행사와의 구별, 교전자가 행사할 수 있는 무력의 한계, 전승자의 전패자에 대한 권력행사의 정도 등이 연구의 중심과제). 따라서 국제법학의 선구자의 저술이 대부분 전쟁법의 연구였다는 것을 짐작할 수 있다. 平時法의 연구는 戰爭法研究의 과정에 얻어진 副次的인 것이었으니 당시의 학자들은 전쟁을 정당화하는 원인을 국가의 권리침해에 구한 결과 침해의 대상이 되는 평시 국가의 권리를 명확화할 필요가 있었으며, 따라서 전쟁개시의 정당원인에 관한 연구의 일부로 평시법의 연구가 필요했던 것이다. Hugo Grotius의 '戰爭과 平和의 法'도 전쟁법을 主로 하고 평시법을 副로 하는 체계적 구성에서 벗어나지 않는 것이다.

이와 같은 국제법의 연구가 戰爭法(특히 正戰論)의 연구에서 발단하였으나 중세 및 근세초기의 전쟁법은 학자들의 이론적 주장에 지나지 않았고 국가의 관행에 합치되는 전쟁법규는 아니었다. 당시의 전쟁은 일반적으로 종교전쟁이었으므로 이교도에 대해서는 전쟁법상의 보호를 거부하였으며 또한 당시의 전쟁은 직업적 용병에 의하여 수행된 관계로 필요 이상의 약탈과 폭행 및 사리사욕을 억제하기가 곤란하였다.

그러나 18세기 이후 이같은 잔혹성은 완화되고 전쟁법의 발달은 촉진되었으니 그 이유는 다음과 같다. 첫째 종교의 차이에 대한 관용성의 발달로 인하여 이교도에 대한 무권리의 선언과 같은 관행은 자취를 감추었다. 둘째 프랑스 혁명시에 혁명정부가 채용한 國民皆兵制度는 구주전역에 보급되었으며, 이것은 군대의 질을 향상시키고 잔인성과 만행을 감소시키는 데에 현저히 이바지하였다. 셋째 산업혁명 이래 자본주의경제의 진전에 따라 사람과 물자의 국제교류가 빈번해지고 국제무역의 원활한 운행을 확보하기 위한 경제적·인도적 고려가 필요하게 되었다. 특히 중립국상업의 보호를 위한 交戰國에 대한 중립국의 간섭은 전쟁수단을 제한하는 법규의 발달을 촉진하는 유력한 원인이 된 것이다. 이와 같은 사정하에서 전쟁법은 실제로 잘 지켜지게 되었다. 특히 나폴레옹전쟁은 말기 이후 1850년대로부터 제 1 차대전에 이르는 동안 다수의 조약형태로 된 전쟁법이 형성되었다. 개개의 고립된 實行(practice)은 점차 慣行(usage)으로 변하여 이른바 '交戰規則'(*usus in bello*)이 되었고, 이 규칙은 관습과 조약을 통하여 實定法規로 성숙하였다. 동시에 주목할 것을 이러한 전쟁법의 발달의 방향이 전쟁을 행하는 것 자체의 정당성을 문제로 하는 것(*jus ad bellum*)으로부터 19세기에 이르러서는 전쟁행위의 구체적 현상을 문제로 하는 것(*jus in bello*)으로 내용적인 전환을 보게 된 것이다.

오늘날 전쟁법의 無用論을 주장하는 학자는 적지 않다. 그러나 전쟁법의 윤리적 내용을 구성하는 인도주의와 騎士道精神이 전쟁에 있어서의 바바리즘을 극복하고 무제한한 무력행사에 억제를 가한 작용을 다하였다는 인류문명의 성과를 망각해서는 안된다. 19세기 이래의 전쟁법을 그대로 적용하는 데에 많은 의문이 있을 수 있으나 *lege ferenda*(있어야 할 법)를 제시하기 위해서는 *lege lata*(있는 법)를 알아야 하며 그 중에 무엇이 실효성을 가진 실정법인가를 발견해 내야 한다. 이것이 바로 현대 전쟁법의 과제이다.

3. 條約形態의 戰爭法規의 發達

戰爭法規(교전법규)는 본질적으로 국제관습법 및 조약의 산물이나 그 기원으로 거슬러 올라가면 그것은 대개 지도적인 군사국가가 그 때까지의 관습을 참작하여 자국의 군대에서 지시한 軍務令 내지 국내법령에 공통된 규칙이라고 볼 수 있다(1386년 영국의 Richard 2세의 규칙, 1863년 미국의 Francis Lieber의 Field Instructions). 이와 같은 각국의 군대규율의 법전이 일반화하여 문명의 요청과 전쟁의 필요성과의 상호작용에 의하여 서서히 조약의 형태로 성문화되었으나 그것은 대체로 2국간의 조약에 지나지 않았다. 전쟁법에 관한 다변조약의 성립은 실로 19세기 후반 이래의 현상이며, 특히 그 주요 부분은 1899년의 제1회 헤이그평화회의와 1907년의 제2회 헤이그평화회의의 산물이다. 이러한 조약형태의 전쟁법규를 연대순으로 列記하면 다음과 같다.

1856년 해상포획법의 원칙에 관한 파리선언

1864년 전지군대에 있어서의 상병자의 상태개선에 관한 제네바조약(제1회 적십자조약)

1868년 400그람 이하의 炸裂彈 및 燒夷彈의 금지에 관한 세인트 피터스부르그선언

1899년 제1회 헤이그平和會議의 諸條約

1. 陸戰의 법규관례에 관한 조약(동규칙을 포함한다)
2. 적십자조약의 제원칙을 해전에 응용하는 조약
3. 담담탄의 금지선언
4. 공중으로부터의 투사물·폭발물의 투하의 금지선언(空爆禁止宣言)
5. 독가스금지선언

1904년 病院船에 관한 조약

1906년 戰地軍隊에 있어서 傷病者의 상태개선에 관한 제네바조약(제2회 적십자조약)

1907년 제 2 회 헤이그평화회의의 제조약

1. 국제분쟁의 평화적 처리에 관한 조약
2. 계약상의 채무회수를 위한 병력사용의 제한에 관한 조약
3. 開戰에 관한 조약
4. 육전의 법규관례에 관한 조약(1899년의 조약을 개정한 것)
5. 육전에 있어서의 중립국 및 중립인의 권리의무에 관한 조약
6. 개전시의 적상선의 취급에 관한 조약
7. 상선을 군함으로 변경하는 일에 관한 조약
8. 自動觸發水雷의 부설에 관한 조약
9. 전시 해군력에 의한 포격에 관한 조약
10. 적십자조약의 원칙을 해전에 응용하는 조약(제 1 회의 것을 수정한 것)
11. 해전에 있어서의 포획권행사의 제한에 관한 조약
12. 國際捕獲審檢所의 설치에 관한 조약(不發效)
13. 海戰에 있어서의 중립국의 권리의무에 관한 조약

1909년 해전법규에 관한 런던선언(不成立)

이상의 제조약은 제 1 차대전 전의 조약들인데, 이것들은 이른바 總加入條項(general participation clause)을 포함하고 있다. 總加入條項(연대조항 또는 공동조항)이라고 하는 것은 교전국의 전체가 조약가입국이 된 전쟁에 한해서만 그 조약을 적용할 수 있다는 것을 규정한 조항이다. 이 조항으로 인하여 위의 제조약은 다수국이 참가한 전쟁에 있어서 교전국의 1국이라도 조약에 가입하지 않은 국가가 있는 경우에는 그 전쟁 전체에 효력을 발생하지 않으며, 따라서 조약에 가입한 교전국 상호간에도 효력이 발생하지 않게 된다. 예를 들면 제 1 차대전에서는 전쟁에 참가한 이탈리아·터키 및 발칸諸國이 제 2 회 헤이그평화회의 제조약을 비준하지 않았기 때문에 이 조약은 대전에 적용되지 않았다. 그러므로 제 1 차대전 이후에는 헤이그조약에 가입하지 않은 新生諸國의 증가로 인하여 조약적용의 기회가 더욱 감소될 것으로 예상된다.

그러나 조약의 내용이 관습법을 성문화한 한에서는 그 조약은 관습법으로서 적용될 것이고 또 조약의 내용이 체약국 이외의 타국에 의하여 일

반적으로 실행됨으로써 관습법적 성질을 갖게 되는 경우에도 역시 관습법으로 적용을 보게 될 것이다. 예를 들면 1946년의 뉘른베르크 國際軍事裁判所는 '陸戰의 法規·慣例에 관한 條約'이 모든 문명국가에 의하여 전쟁의 법규·관례를 선언한 것으로 간주될 수 있다는 이유에서 체코가 비체약국이었음에도 불구하고 그 적용을 인정하였다.

여하간 總加入條項은 조약의 적용을 불가능하게 만드는 경우가 많으므로 제1차대전 이후의 조약에는 총가입조항을 삭제하는 경향이 있다. 특히 1949년의 제네바 4조약은 총가입조항을 두지 않았을 뿐만 아니라 비체약국이 조약규정을 수락하고 적용한 경우에는 이 비체약국과의 관계에 있어서도 체약국은 그 조약에 의하여 구속을 받도록 규정하고 있다(각 조약 제2조 3항).

제1차대전 이후의 전쟁법관계의 중요한 조약은 다음과 같다.

1922년 잠수함 및 독가스 사용제한에 관한 워싱턴 조약(France가 비준하지 않아 불성립)

1925년 化學戰 및 細菌戰의 금지에 관한 제네바의정서

1929년 戰地軍隊에 있어서의 상병자의 상태개선에 관한 제네바조약(제3회 적십자조약)

1929년 포로의 대우에 관한 제네바조약

1930년 런던海軍軍縮條約 제4편(잠수함의 사용 제한에 관한 것. 런던군축조약은 전체로서는 1937년 이후 실효. 단, 제4편만은 효력보유)

제2차대전 후 체결된 조약은 다음과 같다.

1949년 戰爭犧牲者의 보호에 관한 4조약

1. 전지군대의 상병자의 상태개선에 관한 조약(제1조약)
2. 해상병력중의 상병자 및 難船者의 상태개선에 관한 조약(제2조약)
3. 포로의 대우에 관한 조약(제3조약)
4. 전시에 있어서의 문민의 보호에 관한 조약(제4조약)

1954년 무력분쟁의 경우의 文化財保護를 위한 조약

1977년 환경변경기술의 군사적 또는 적대적 사용금지에 관한 조약

1977년 1949년 8월 12일자 제네바제협약에 대한 추가 및 국제적 無力衝突犧牲者의 보호에 관한 의정서(제1의정서)

1977년 1949년 8월 12일자 제네바제조약에 대한 추가 및 비국제적 무력충돌희생자의 보호에 관한 의정서(제 2 의정서)

1980년 특정재래식 무기사용금지・제한 협약 및 3개의 의정서

1993년 화학무기협약

제 3 절 戰爭의 開始와 效果

1. 戰爭開始의 節次

전통적으로 開戰의 節次(방식)에는 다음 세 가지가 있다. ① 宣戰의 통고, ② 條件附宣言을 수반한 最後通牒, ③ 사실상의 戰鬪行爲. 그러나 전쟁개시에 관한 헤이그 제 3 조약은 명시적인 戰意表示에 의한 전쟁개시만을 합법적인 방법으로 인정하고 묵시적인 전의표시에 의한 개전의 방식 및 국내적 선전의 고시에 의한 개전의 방식을 위법화하였다(즉, ①과 ②만이 합법적, ③은 불법적인 것). 동시에 선전의 통고에는 반드시 이유를 붙여야 한다. 어느 경우에도 전의의 표시는 명료한 형태로 행하여야 하며(따라서 문서의 형식을 요한다. 전보・전화・구두에 의한 통고는 허용되지 않는 것으로 해석된다), 또한 적대행위의 개시 전에 행하지 않으면 안된다(헤이그조약 제1·2조).

그러나 1907년의 제 2 회 헤이그平和會議 이전에도 戰爭宣言 없이 전쟁을 개시하는 국가의 관행을 확인할 수 있다(1899년 미서전쟁, 1904년의 러일전쟁 등). 그러므로 적대행위에 의한 전쟁개시는 헤이그조약에 대한 위반이 되지만 일반관습법에 대한 위반도 된다고는 할 수 없다. 다만 개전의 선언을 행하지 않고 무력충돌을 개시한 경우에는 개전조약에 대한 위반이 되는 외에 최초의 무력행사에 의하여 침략행위를 행한 것으로 인정될 가능성이 크다(침략의 정의에 관한 조약 제2조).

중립국에 대하여는 지체없이 전쟁개시를 통고하여야 한다. 중립국이 그 통지를 수령한 후가 아니면 교전국은 이에 대하여 전쟁개시의 효과를 주장할 수 없다. 중립국에 대한 통고는 電報라도 상관없다(제2조 전단). 이와 같은 중립국에 대한 통고가 요구되는 이유는 전시 中立法規의 적용(예, 중립법규의 침범에

(대한 제재)을 강제하는 데에 필요하기 때문이다. 따라서 중립국이 실제로 전쟁상태의 존재를 이미 알고 있는 경우에는 그 중립국은 無通告의 사실을 주장할 수 없다.

헤이그條約에 있어 전쟁선언 또는 최후통첩은 적대행위를 개시하기 위한 방식적 요건이지만 그 방식을 밟은 전쟁이 모두 국제법상 합법인지 또는 불법인지는 별개의 문제이다. '전쟁을 행할 권리에 관한 법'(*jus ad bellum*) 즉 어떠한 경우에 전쟁을 행하는 것이 정당한가에 관한 법과, '전쟁의 과정에 있어서의 법'(*jus in bello*), 즉 교전자가 전쟁목적의 달성을 위하여 행사할 수 있는 무력의 한계에 관한 법과는 구별된다. 侵略戰爭 또는 기타의 조약위반의 전쟁은 전쟁선언이나 최후통첩에 의하여 개시되었을지라도 여전히 위법의 전쟁이다.

동시에 헤이그조약의 당사자에 의한 不宣戰爭은 조약위반의 위법전쟁이다(동서의 양국제군사법정은 일본과 독일의 전쟁개시의 방식을 국제조약위반이라고 판결한 바 있다. 단 이 헤이그 제3조약은 총가입조항을 포함한 것임을 유의해야 한다). 헤이그조약의 적용은 제한된 범위에 국한될 뿐만 아니라 기습이라는 고도의 군사적 가치는 체약국 상호간에서도 그 준행을 확보하기가 곤란할 것으로 생각된다.

사실 1941년 일본이 對美開戰通告前에 하와이의 진주만을 공격한 것은 이 조약에 위반된 행위이며, 더욱이 1931년에 시작된 만주사변이나 1937년에 시작된 중일전쟁에는 開戰宣言 없이 대규모의 무력행사를 개시하였다는 점에서 이 조약에 명백히 위반된 것이었다. 이 때문에 일본의 무력행사가 침략전쟁이라는 판단의 하나의 근거가 되었으며, 極東軍事裁判은 이러한 무력행사개시의 정치적·군사적 지도자가 전쟁범죄인으로서 유죄판결을 받았다.

제2차대전 후에도 무력행사에 앞서 개전선언 또는 최후통첩을 상대국에 통고한 예는 거의 없다(1933년 소련을 중심으로 한 7개국간에 체결된 침략의 정의에 관한 조약은 최초의 개전선언을 행한 국가를 침략국이라고 규정하고 있다. 제2조 1호). 오늘날의 무력분쟁은 쌍방이 동시에 자위권을 원용하고 UN安全保障理事會가 거기에 유권적 판단을 내리지 못한 채 停戰을 구하는 형태의 것이 많다. 이 경우 인도적 성질의 교전법규는 적용될지라도 封鎖나 捕獲權行使의 可否, 그리고 제3국의 지위는 명백하지 않다(실질적으로는 법의 흠결상태에 놓여 있다).

2. 戰爭開始의 效果

전쟁의 개시에 의하여 交戰國 상호간에는 평시관계가 끝나고 새로이 전시관계가 시작된다. 중립국은 교전국과의 관계에 있어서 전시중립의 의무와 권리의 관계에 선다(교전국 또는 중립국의 국내법규도 각각 전쟁과 더불어 개폐를 면하지 못한다).

(1) 外交關係

外交關係의 단절은 반드시 전쟁을 뜻하는 것은 아니나 전쟁의 개시는 보통 외교관계를 단절시킨다(외교관계는 국가간의 우호관계를 전제로 하기 때문이다). 따라서 전쟁의 발발과 더불어 외교사절(및 그 수행원)은 각각 적국으로부터 退去(즉, 귀국)하는 것이 원칙이다. 퇴거에 필요한 기간중은 외교관의 특권과 면제를 상실하지 않는다(단, 당사국의 외교관이 송환되지 않은 동안 적국의 외교관이 억류되는 경우도 가끔 있다). 영사도 전시에는 그 직무를 수행할 수 없으므로 귀국한다. 그러나 영사는 외교관과 달라 퇴거의 자유를 갖지 않으며, 경우에 따라서는 敵國人으로서 억류되기도 한다(제 1 차대전시에는 영·독이 다같이 상대국의 영사를 억류하여 후에 협정을 맺고 이에 따라 상호 교환하였다).

대·공사관 및 문서, 그리고 적국 내의 자국민에 대한 보호 등은 어느 중립국에 의뢰하는 것이 보통이다. 이때의 중립국을 利益代表國이라고 부른다(제 2 차대전시 일본의 이익대표국은 미국·영국, 캐나다에 대해서는 Swiss였으며, 기타 연합국에 대해서는 처음에는 Spain, 나중에는 Sweden이었다).

(2) 條 約

조약 당사국간의 전쟁개시가 조약소멸의 일사유로 되는 것은 확실하나 그것이 어떠한 효과를 미치는가에 관하여는 국제법상 확립된 규칙이 없다. 개별적으로 특정조약을 그 취급한 주제 및 일체의 관계사항을 참작하여 검토함으로써 그 효과를 결정하는 것이 타당하다(Sir Cecil Hurst의 주관주의, Cardozo 객관주의에 대한 절충주의라고 할 수 있다).

국가간의 관행에 의하면 정치적 행동이나 우호관계를 전제로 한 조약은 전쟁의 개시와 더불어 폐지된 것으로 믿을 수 있다(예, 동맹조약, 통상우호조약). 기술적·행정적 조약은 소멸되지 않고 교전국간에 그 실시가 정지되나 전쟁종료시에는 부활하며 또는 전쟁중이라도 부분적으로 적용된다(예, 보건, 우편조약). 이른바

處分的 條約(영토할양조약 또는 국경획정조약)은 조약의 목적이 이미 달성되어 전쟁의 영향을 받지 않기 때문에 그 효력은 계속되는 것으로 볼 수 있다. 전시조약으로 국제법의 원칙을 선언한 것에 불과한 규칙은 條約非當事國인 교전국에게도 적용된다고 보아야 한다(전지상병자의 상태개선에 관한 조약 제63조 Ⅳ, 포로대우조약 제142조 Ⅳ, 전시문민보호조약 제158조 Ⅳ).

최근의 전쟁종료시의 평화조약은 전쟁 전에 체결된 당사국간의 일정 또는 전부의 조약에 관하여 존속·확인·갱신·부활의 규정을 두는 것이 보통이다. 제1,2차대전의 평화조약에서는 교전국간의 2국조약은 강화 후 일정기간 내에 전승국이 일방적으로 통고함으로써 효력이 계속되고 통고가 없으면 자동적으로 실효하는 것으로 하였으며(베르사이유조약 제289조, 이탈리아평화조약 제44조, 일본평화조약 제7조), 多數國間條約은 평화조약에 특별한 규정이 없는 한 원칙적으로 완전히 유효하며 평화조약의 최초의 효력발생시에 그 조약에 근거한 모든 권리·의무가 회복되는 것으로 하였다.

(3) 敵 國 民

交戰國은 자국 내의 적국민에게 상당한 기간 내에 퇴거하는 것을 허용하여야 한다(18세기 이래의 국제관습). 단, 적국의 병력에 속한 자, 또는 적국의 전쟁능력의 증강에 이바지할 수 있는 重要人物(예, 과학기술자, 적령기의 장정) 등은 억류할 수 있다(거주구역지정, 이전수용).

1949년의 문민보호에 관한 Geneva조약은 전쟁개시의 경우의 적국민의 지위에 관계가 있는 조약으로서 적국민의 퇴거의 권리를 명백히 인정하고 있다(퇴거의 신청을 거부한 경우에는 거부의 이유를 신속히 통지하여야 한다. 제35조 2·3항). 이 조약은 나아가서 퇴거하지 않고 교전국영역에 체재하는 피보호자의 보호에 관해서도 명예·신체의 존중(제27조), 군사상의 이용금지(제27조), 殘虐行爲의 금지(제32조) 등 상세한 규정을 하고 있다.

(4) 敵　　產

交戰國內에 있는 敵產 중 사유재산은 몰수하지 않는 것을 원칙으로 한다. 그러나 채권의 지불을 정지할 수 있으며 직접 군사상의 목적에 이용될 수 있는 것은 압수·관리·사용할 수 있다. 적국의 공유재산은 동산과 부동산에 따라 취급을 달리하는데, 부동산은 역시 몰수할 수 없고 다만 收益使用할 수 있을 뿐이며 동산으로서 직접·간접으로 전쟁의 용도에 제공될 수 있는 것은 몰수할 수 있다.

(5) 通　　商

각국은 필요에 따라 적국과의 통상을 금할 수 있다. 먼저 이에 관한 영·미주의에 의하면 전쟁개시와 더불어 對敵通商은 금지된다. 대륙주의는 이러한 당연의 효력을 인정하지 않고 국가의 특별조치에 의하여 금지된다(일본은 영·미주의).

영·미주의의 敵性標準은 住所主義이므로 적국영역에 있는 적국인은 물론이고 중립국인 또는 자국인이라 할지라도 적국영역에 거주하는 자와의 통상은 금지된다. 이에 반하여 적국인이라 할지라도 중립국영역내에 거주하는 경우에는 그 적국인과의 통상은 금지되지 않는 것이었다. 대륙주의에 있어서는 적성표준이 國籍主義이므로 중립국영역내에 거주하는 적국인과의 통상도 금지된다. 그런데 영·미주의에 있어서도 제 1 차대전 이래 중립국영역내의 적국인과의 통상이 금지되어 지금은 영미주의와 대륙주의가 큰 차이가 없는 것이 되고 말았다. 中立國 領域內의 적국인의 商社가 적국을 이롭게 하는 면이 많은 것을 알았기 때문이다(영국은 1915년 및 1939년 각각 對敵通商法(Trading with Enemy Act)을 제정하여 black list에 게재된 적국상사에 대하여는 그것이 중립국영역내에 있는경우에도 그것과의 통상을 금지하였다. 미국도 1917년 및 1941년 영국과 동일한 방침을 답습하였다).

(6) 商　　船

戰爭勃發時 교전국의 항내에 있는 적상선은 오늘날 일반적으로 해상의 적선이 포획몰수된다는 원칙의 예외를 구성한다. 즉 국제해군의 안전을 도모하기 위하여 일반원칙을 완화한 것인데, 전쟁발발시 자국항내에 있는 적상선은 이것을 곧 몰수 또는 억류하지 않고 일정한 恩惠期間(days of grace)을 주어 출범을 허용하는 것이다(Cremea전쟁 이래의 관습).

1907년의 '개전시 敵商船의 취급에 관한 조약'에 의하면, 체약국은 전쟁개시시 자국의 領水내에 있는 적상선에 대하여 즉각 또는 상당한 恩惠期間을 주어 출범하게 하고, 또한 通航卷을 부여한 후에 到達港 또는

指定港에 직항하도록 조치할 것을 희망한다(제 1 조 1항. 단, 이것은 의무적이 아니다). 이에 위반한 경우에는 도중에서 捕獲할 수 있다. 만약 출범을 허용하지 않은 경우 또는 불가항력으로 출범하지 않은 경우에도 몰수할 수 없다. 이것은 의무적이다(제 3 조 1항). 억류 · 징발은 가능하나 전후에 환부 또는 배상하여야 한다(제 2조). 또한 개전 전 최후의 기항지를 출발하여 해상에서 적군함을 만났을 때 전쟁의 발발을 알지 못한 商船(및 화물)도 몰수할 수가 없다(제 3조). 단 전쟁중 전후의 반환 또는 배상을 조건으로 압류할 수 있고 나아가서 인원과 선박서류의 보관을 조건으로 징발 · 파괴할 수 있다(제 3조).

이 조약은 상선의 구조가 군함으로 개조할 수 있음이 명백한 것에 대하여는 적용되지 않는다. 적국의 사항공기에 관하여는 상선의 경우와 같은 개전시의 특수한 취급을 하지 않는다.

> 제 2 차대전의 당초 독일의 로마나호사건(The Romana Case)에서 영국의 포획재판소는 개전의 직전 자국의 항 내에 있었던 同船의 출항금지조치, 선전후의 억류 및 그 몰수를 합법적이라고 판결하였다. 변호인측은 출항금지가 동선의 출항을 불가능케 한 불가항력이라고 하여 헤이그조약에 의한 이익을 주장하였다. 그러나 재판소는 영국이 1925년 11월 14일 동조약을 폐기한 사실 및 그 총가입조항(제 6 조)을 지적하였으며, 또한 헤이그조약이 국제법상의 원칙을 선언한 것이라는 변호인의 주장을 인정하지 않았다.

(7) 敵　性

交戰國은 전쟁의 개시와 더불어 '敵'(enemy)에게 여러 가지 가해수단을 적용할 권리를 가지므로 먼저 '적'이란 무엇인가를 결정할 필요가 생긴다. 따라서 적의 人(자연인, 법인) 및 적의 物(재산, 선박, 항공기)에 관하여 적으로서의 성질, 즉 적성을 결정하지 않으면 안된다.

敵性에 관한 조약규정으로서는 1907년의 '육전에 있어서 중립국 및 중립인의 권리 · 의무에 관한 조약'과 1909년의 런던선언이 있다. 그러나 전자는 총가입조항을 포함한 것이고 영국이 조인하지 않은 것이다. 후자는 선박의 적성을 규정한 것이나 조약으로서 성립되지 않았다. 이 문제에 관한 국제법규는 아직 일반적으로는 확립되지 않았다고 볼 수 있다. 각국의 실행으로서는 제 1 차대전 이래 敵性의 범위가 점차 확대되어 가는 경향이다. 주요한 원인은 總力戰 때문이라고 생각된다.

1) **自然人의 敵性** 종래 자연인의 적성을 결정하는 데 있어서 두 개의 주의가 대립하고 있었다. 하나는 英美主義인데 자연인의 주소를 기준으로 적성을 결정하는 主義(주소주의)이고, 또 하나는 프랑스主義인데 주소와는 관계 없이 國籍에 의하여 적성을 결정하는 主義(대륙주의 또는 국적주의)이다. 그러나 이 양주의는 안전보장 또는 經濟戰의 필요에서 자신의 기준에 중요한 예외를 설정하고 점차로 접근, 지금에는 거의 실제적 차이를 발견하기가 어려울 정도에 이르렀다.

전기 헤이그조약은 "전쟁에 참가하지 않은 국가의 인민은 中立人으로 한다"(제16조)라고 규정하여 국적주의를 채용하는 한편 다음과 같은 예외를 두고 있다. 즉, 中立國籍의 소유자라도 교전자에 대하여 적대행위를 행한 경우 및 교전자의 이익이 되는 행위를 행한 경우, 특히 임의로 교전자의 일방의 군에 입대하여 복무하는 경우에는 적성을 인정하여 적국인과 같이 취급된다(제17조). 그러나 敵國人보다 불리한 대우를 받지 않는다(예, 포로의 대우). 그러나 중립인으로서 적의 '경찰 또는 民政分野에서 提共된 勤務'에는 적성이 부여되지 않는다라는 條約規定(제18조 2호)은 일반관습법으로서 인정된 것이 아니고 조약당사국만을 구속한다(미·소·중·영·일·불 등 35국이 참가).

2) **法人의 敵性** 영국주의는 (a) 적국에서 설립된 법인, (b) 적국 또는 적점령지 내에서 영업하는 법인, (c) 법인의 사실상의 지배자가 적국에 거주하는 경우 또는 적에 속하거나 적으로부터 지령을 받거나 또는 적의 통제하에 행동할 경우, 적성을 인정하였다. 다수의 다른 국가들도 사실상의 지배권 및 자본, 설립준거법, 설립지, 영업지, 본점소재지 등을 적성의 기준으로 하고 있다.

3) **船舶의 敵性** 선박의 敵性에 관하여 영미주의는 國旗와 所有權의 두 가지를 적성의 기준으로 병용한다. 즉 敵國國旗下에서 항행하는 선박을 적선으로 하는 동시에 그 게양하는 국기 여하에 불구하고 선박의 전부 또는 일부가 적의 소유인 경우에는 그 선박에 적성을 인정하는 것이다. 이에 대하여 大陸主義는 전적으로 선박이 게양할 수 있는 권리가 있

는 국기를 기준으로 적성을 결정한다. 런던선언(조약으로서는 불성립)은 國旗主義를 채용하였다(제57조). 그런데 제 1 차대전중 영국과 프랑스는 런던선언의 국기주의를 실천하려고 하였으나 독일이 중립선박을 구입하여 중립국기를 달고 항행하므로 국기주의를 포기하고 재래의 영·미주의에로 환원하였다.

非敵性의 중립선박도 다음과 같은 경우에는 적성을 취득한다. (a) 직접전투에 참가한 경우, (b) 敵國政府가 그 선박내에 파견한 대리인의 명령 또는 감독을 받는 경우, (c) 선박의 전부가 적국정부에 고용된 경우, (d) 선박이 현재 그리고 전적으로 적국군대의 수송, 또는 적을 이롭게 하는 정보의 전달에 종사하는 경우(런던선언 제46조), (e) 정선·임검·나포에 실력으로써 저항하는 경우(런던선언 제63조).

4) **貨物의 敵性** 화물의 敵性은 그 소유자의 성질에 따라 결정된다. 즉 敵性人의 소유화물은 敵貨가 된다. 적선내의 모든 화물은 敵貨로 추정된다. 그것이 중립화인 경우에는 중립인인 소유자가 그 사실을 증명하여야 한다.

人의 적성의 기준이 일반적으로 확립되지 않은 결과, 화물의 적성을 결정하는 기준에도 人의 경우와 같이 영·미의 주소주의와 프랑스 등의 국적주의가 대립하고 있다. 그러나 이 양주의는 제 1 차대전 이래 확장되어 지금은 서로 접근한 것이 되었다.

해상운송중 敵人으로부터 중립인에의 소유권이전에 있어서는 영미주의는 화물이 적성 없는 자에게 현실적으로 인도될 때까지는 이전의 효력을 인정하지 않는다. 프랑스주의는 善意의 移轉인 경우에 효력을 인정한다. 런던선언은 대체로 영미주의의 원칙을 인정하였다(제60조).

제 4 절 陸戰法規

1. 交戰者(陸上의 兵力)

무력에 의한 害敵手段은 交戰資格(*facultas bellandi*)을 가진 자(교전자)만

이 행사할 수 있는데, 육전에 있어서 이러한 교전자(belligerents)는 육상의 병력이다. 육상의 병력은 정규의 병력과 비정규의 병력으로써 구성된다.

(1) 正規의 兵力

육상의 正規兵力(regular armies)은 육군이다. 육군은 국가에 의하여 임명된 지휘자의 밑에 일정한 조직을 가지며 동시에 외부에서 인식할 수 있는 記章(보통 제복)을 착용한다. 누가 육군에 속하는가의 문제는 각국의 국내법상으로 결정되며, 국제법은 여기에 관여하지 않는다. 육군은 주로 戰鬪員(combatants), 그 밖에 非戰鬪員(non-combatants)으로써 구성된다(육전법규 제 3 조 2항). 때때로 民間人(civilians)을 비전투원이라고 칭하는 경우가 있으나 '民間人'은 병력에 참가하지 않는 자이므로 개념의 혼동을 피하기 위하여 전후의 문맥에 따라 어느 의미로 사용한 것인지를 판단하여야 한다. 전투원은 직접 가해행위에 종사하는 자이며, 비전투원은 병력에 속하여 회계·서무·위생·통신·종교 등에 종사하는 자이다. 전투원과 비전투원은 적군에 체포되었을 경우 다같이 포로의 대우를 받을 권리가 있다(전쟁범죄를 범한 경우를 제외하고는 범죄인으로서 취급하지 못한다).

그러나 正規의 兵力(전투원과 비전투원)이라 할지라도 그것을 표시하는 제복을 착용하지 않은 경우, 예컨대 便衣隊와 같은 경우에는 교전자격이 인정되지 않으며, 따라서 적군에 체포된 경우에는 포로대우를 받지 못한다.

(2) 非正規의 兵力

다음과 같은 민중의 조직은 비정규의 병력(irregular armies)으로서 교전자격이 인정된다.

1) **民兵·義勇兵** 民兵(militia)은 전쟁시에 국가가 인민을 소집하여 조직한 병력이고, 義勇兵(volunteer corps)은 국가의 특별한 허가를 얻어 병력에 속한 자이다. 민병 또는 의용병이 교전자격을 가질 수 있는 조건은 다음과 같다. ① 부하를 위하여 책임을 지는 통솔자가 있을 것, ② 遠方으로부터 인식할 수 있는 고착의 特殊徽章을 가질 것, ③ 공공연히 병기를 휴행할 것, ④ 전쟁의 법규·관행에 따라 행동할 것. 이상과 같은

민중조직의 兵團에 교전자격을 인정하는 것은 점령지 외에서 병단을 조직하는 경우에 한하며 점령지 내에서는 점령군에 대한 저항운동은 그 형태 여하를 불문하고 戰時叛逆으로서 처벌되는 것이다. 그러나 제2차대전시 점령지역 내의 게릴라(guerrillas)활동이 중요한 역할을 행하였던 경험에 의하여 1949년의 제네바조약은 헤이그조약의 요건을 구비한 경우 점령지의 내외를 불문하고 민병 또는 의용병에게 교전자격을 인정하기로 하였다(포로대우조약 제4조 A2 전시군대의 상태개선조약 및 해상상병자의 상태개선조약, 각 제13조 2).

2) **群民兵** 群民蜂起(levée en masse)라고도 한다. 群民兵(franctireurs, partisans)은 아직 점령되지 않은 지방에서 민병 또는 의용병을 조직할 여가가 없어 병기로써 침입하는 적군에 대항하는 주민의 집단이다. 이 경우에는 사태가 급박하므로 조건을 완화하여 ① 공연히 병기를 휴행할 것, ② 전쟁의 법규·관례를 준행할 것, 이 두 가지 조건을 구비한 경우에는 교전자격을 인정한다(육전법규 제2조).

신제네바 조약이 점령지 내에서 전개되는 '組織的 抵抗運動團體'에게 교전자격을 부여한 것은 헤이그조약의 이 郡民蜂起條項을 실질적으로 확장한 것이다. 따라서 게릴라전의 대원도 일정한 요건을 구비하는 한 비정규의 병력으로서 교전자의 자격을 갖는다.

그러나 게릴라는 본래 적의 후방에서 비밀리에 전투를 전개하는 그 성질상 헤이그육전법의 요건을 구비하기가 극히 곤란한 까닭에 제2차대전에서는 체포된 게릴라를 재판에 회부하지 않고 즉결처분에 처하는 방법이 광범하게 실행되었다(간첩 또는 태업자도 동일하게 취급되었다). 이를 고려하여 1949년의 민간인 보호에 관한 제네바조약은 제5조에서 게릴라 또는 기타의 敵性活動에 종사한 자 및 그 피의자에게 인도적인 대우와 정식재판상의 보호를 부여하도록 규정하였다. 이에 반하여 역시 제2차대전중 독일의 침입에 대비하기 위한 영국의 本土防衛隊(Home Guard) 및 독일의 Volksturm은 비정규의 병력으로서의 요건을 구비하도록 조직된 것이므로 그 대원은 민간인의 특권·면제를 갖지 않는 동시에 적에 체포된 경우에는 포로의 대우를 받을 자격이 있는 것으로 생각된다(게릴라 자체는 즉결처분에서 면제될 뿐 재판을 경유하여 사형에까지 처해질 수 있다).

미국은 베트남전쟁에서 민족해방전선의 부대(베트콩)에게 대체로 교전자의 자격을 인정하였다. 제네바조약추가의정서도 비정규군에 부과되는 4조건의 의무를 완화하였다(제 1 추가의정서 제44조 3, 4, 5항).

2. 害敵手段의 制限

戰爭은 승리를 목적으로 하나, 이 목적을 달성하기 위하여 어떠한 해적수단을 사용하여도 무방한 것은 아니다. 交戰者는 해적수단의 선택에 있어서 무제한의 권리를 갖지 못한다(육전법규 제22조). 국제법은 해적수단에 관하여 일정한 제한을 두고 있다. 제한의 이유는 각각의 경우에서 반드시 동일하지는 않으나 일반적으로 말하면 단순한 인도적 고려만으로 제한법규를 두는 것이 아니고 항상 군사적 고려와의 較量下에서 잔학성에 비하여 군사적 효과가 적은 것을 제한하는 것이 보통이다. 이리하여 害敵手段은 파괴력이 강한 것보다 도리어 약한 것이 제한되는 역설적인 현상을 나타내고 있다. 한편 전쟁법은 교전자와 민간인과를 구별하여 해적수단이 민간인에게는 미치지 않도록 배려하고 있으나 현대전은 全體戰爭(총력전)의 성격을 띠고 국가 대 국가(Staat gegen Staat)의 전쟁은 국민 대 국민(Volk gegen Volk)의 전쟁으로 변하여 후방의 인민도 일선의 장병에 못지않게 자국의 전쟁수행에 공헌하는 관계상 해적수단의 인적 대상도 불가피하게 확대되어 간다. 그러나 해적수단에는 다음과 같은 원칙적인 제한이 존재함을 주의할 필요가 있다.

(1) 禁止된 害敵手段

1) **400그람 以下의 炸裂彈 및 燒夷彈**(1868년의 세인트 피터스부르그선언) 400그람 이하의 탄환은 소총탄인데 이 小銃彈을 炸裂性 또는 燒夷性으로 하여 사람을 살상한다는 것은 실리적으로나 인도적으로 보아 옳지 않으므로 금한 것이다. 따라서 공중전과 같이 보통의 소총탄으로서는 목적을 달성할 수 없는 경우에는 이 금지를 적용하기가 곤란하다. 1923년의 空戰法規案은 이 선언의 금지를 해제하고 있다(제18조).

2) **담담彈**(1899年의 헤이그宣言)　　담담彈은 인도 칼캇타 근교에 있는 담담(Dum-Dum)의 군수공장에서 영국이 제조한 탄환인데, 이 탄환은 인체에 들어가 편평하게 전개되어 명중자에게 불필요한 고통을 준다. 특별히 군사상의 효과가 있는 것도 아니므로 사용을 금지하는 것이다. 이와 같이 불필요한 고통을 주는 兵器·投射物 기타의 물질의 사용은 헤이그 육전법규 제23조 5호에서 일반적으로 금지되었다. 불필요한 고통이라고 하는 것은 적당한 군사적 목적에 도움이 되지 않는 행위에 의하여 생기는 고통이라고 정의된다. 그러나 '必要한 苦痛'과의 구별은 단순히 상대적인 것에 불과하며, 고통의 완화는 전쟁을 장기화할 뿐이라고 하는 '푸펜도르프'의 議論에는 아직도 경청할 만한 것이 있다. 인도적 관념은 의연히 이론적 승리를 거두고 있으나 실제상의 패배를 맛보고 있는 것이다.

3) **毒 또는 毒을 加한 兵器**(陸戰法規 제23조 1호)　　河流, 井水에 독을 투입하는 것은 전투원만이 아니라 일반 민간인을 해할 위험이 있으므로 금지된다. 독가스의 사용은 이 규정 중에 포함되지 않는다. 그 이유는 이 육전법규의 규정은 종래의 관습법을 성문화한 것에 불과하기 때문이다. 칼, 창, 화살에 독을 가하여 사용하는 것도 금지된다.

4) **背信行爲**(陸戰法規 제23조 2호)　　背信行爲는 국제법상 진실을 말할 의무가 있는 경우에 이를 어기는 행위이다. 軍使旗, 적십자기의 부당한 사용, 적국 또는 중립국의 국기를 걸고 또는 그 군복을 착용하고 공격하는 것은 육전법규에 의하여 금지된다. 休戰旗의 부당한 사용도 관습법상 금지되고 있다(단, 奇計는 금지되지 않음을 주의, 제24조).

5) **投降兵·傷病兵에 對한 殺傷**(陸戰法規 제23조 3호)　　投降兵을 살상할 수 없음은 관습법상 인정된 것인데 육전법규는 이것을 명문으로 규정하였다. 또 陸戰法規는 救命(quarter)하지 않는다고 미리 선언하는 것을 금하고 있다(제23조 4항). 상병자 또는 저항능력을 상실한 자를 살상하는 것은 일반관습법상 금지된다.

6) **空中으로부터의 發射物·爆發物의 投下**(1899年 헤이그平和會議의 宣言)　　이것은 현대전의 기술과 성격으로 보아 완전히 空文化된 규칙이다.

7) **毒가스 및 細菌**(1925年의 제네바 議定書)　1899년의 제 1 회 헤이그평화회의의 선언은 '窒息性의 가스 또는 유독가스의 撒布를 유일한 목적으로 하는 投射物'의 사용을 금지하였는데, 1925년의 제네바 의정서는 '질식성·독성·기타의 가스, 이것에 유사한 모든 액체·재료·고안 및 세균학적 전투방법'을 금하였다. 금지의 이유는 민간인에게도 손해를 끼치는 것, 잔인한 무기인 것이라고 하는 것이다. 그러나 금지의 주요한 이유는 일방의 사용이 타방에 복구의 구실을 주어 무제한의 독가스전으로 발전할지도 모른다는 우려에 있다. 제 2 차대전에서는 독가스와 세균의 사용은 전혀 없었다.

8) **大量破壞兵器**　핵병기, 세균병기, 화학병기 등은 大量破壞兵器이다.

〈**核兵器**(A병기)〉 이에 관해서는 군비관리의 면에서는 상당한 진전을 보이고 있으나 해적수단으로서의 사용 그 자체의 규제는 核保有國의 반대에도 불구하고 점차 이루어지고 있는 추세이다(핵보유국은 규제에 반대).

〈**細菌兵器**(B병기)〉 이것도 군비관리상의 규제는 있으나 사용금지까지에는 도달하지 못하고 있다.

〈**化學兵器**(C병기)〉 포괄적인 군비관리가 1993년 UN化學武器에 관한 협약으로 성립되었다. 무력분쟁시의 사용은 이미 금지되고 있으나(1925년의 '제네바의정서') 각국은 그 비준시 타국이 이것을 선제사용하는 경우에는 대항수단으로서 사용할 권리를 유보하고 있다.

(2) 民間人의 保護

國際慣習法上 전투원과 민간인, 군사목표와 民用物을 각각 준별하여 군사행동은 엄격히 그 대상을 전투원과 군사목표에 한정하는 것으로 하고 있다. 軍事目標主義의 원칙이다(1907년 헤이그규칙 제25-27조, 1977년 제 1 추가의정서 제48조 이하, 1949년 제 4 조약 제13조 이하).

交戰者는 원칙적으로 민간인에 대하여 害敵手段을 사용해서는 안된다. 민간인(문민이라고도 칭함)을 살상할 수 없을 뿐만 아니라 또한 이것을 강제하여 본국에 대한 작전행동에 참가시킬 수도 없다. 특히 인도상·종교상·위생상의 기관에 종사하는 민간인의 지위를 그 시설과 함께 존중하여야 한다(제 1 추가의정서 제51-54조). 민간인의 생명뿐만 아니라, 그 재산도 전쟁상의 필요 이외에는 파괴·압수 또는 약탈의 대상이 되지 않는다. 그러나 민간인의 활동이 그 당시 군사작전의 직접적 수행을 목적으로 한 경우에 한하여 이들을 민간인으로 대우하지 않을 수 있다(Christian Damson v. Germany(1925). 1914년 파리의 택시운전사가 택시와 함께 징용당하여 일선으로 군대수송에 동원되었다. 독일은 이것을 민간인으로 대우하지 않는다고 판결하였다).

民間人의 전쟁법상의 지위에 관하여 "전쟁은 국가간의 관계이다. 일국은 타국을 적으로 할 수 있으나 개인을 적으로 할 수는 없다. 국가와 개인은 성질상 다르며, 양자간에는 어떠한 진실의 관계도 성립하지 않는다"라는 루소(Rousseau)의 「社會契約論」을 근거로 설명하는 학자가 있는데, 만약 이 설이 옳다면 前記 해상포획을 비롯한 交戰國의 권리는 부정되지 않으면 안된다. 결국 해적수단의 제한·금지, 나아가서 전쟁법 일반을 人道主義로만 설명하는 것은 타당하지 않을 뿐만 아니라, 오히려 위험한 일이라고 생각된다. 일찍이 몽테스키외(Montesquieu)도 그의 저서 「法의 精神」에서 국제법의 기본적 정신은 "諸國이 自國의 진정한 이익을 해하지 않고 평시에는 상호간에 될 수 있는 한 많은 복지를 가져오고, 전시에는 상호간에 될 수 있는 한 적은 해를 가하는 것이다"라고 설파하였다(제1권 제3장). 이와 같이 전쟁법규는 교전국으로서의 진정한 이익에 손해를 보면서까지 상대국에게 선심을 쓰기를 요구하는 것이 아님을 주의하여야 한다.

3. 交戰區域

交戰區域(region of war)이라고 하는 것은 교전국이 병력에 의한 해적행위를 실행할 수 있는 공간을 말한다. 이에 대하여 현재 전투가 행해지는 지역을 作戰地帶(또는 戰場, zone of operations)라고 한다. 이 밖에 역사적·문화적 기념물을 보호하기 위한 保護地帶(1923년 空戰法規案 제26조), 또는 특정의 目的(예, 포로의 교환, 상병자의 수용)을 위하여 중립지대나 위생지대 등 해적수단의 사용으로부터 제외되는 지대를 설정할 수 있다(단, 장거리봉쇄의 출현에 따라 폐쇄구역이나 차단구역과 같은 특수한 교전구역이 인정되고 있다).

交戰區域은 원칙적으로 中立國領域(영토·영수·영공)을 제외한 모든 부분이다. 따라서 교전국의 영역, 公海 및 公空, 無主地 등은 당연히 교전구역으로 된다. 共同領有地(condominium), 租借地 또는 信託統治地域 등도 거기에서 통치권을 행사하는 국가가 교전국이 된 경우에는 역시 교전구역이 된다고 보아야 한다. 이상과 같이 중립국의 영역은 교전구역으로 되지 않는 결과, 中立國領域으로부터 공격을 행하거나 또는 중립국영역내에 있는 적을 공격하는 것은 허용되지 않는다. 그러나 다음과 같은 예외가 인정된다.

첫째 중립국이 자기의 영역의 전부 또는 일부를 어느 교전국의 군사적 사용에 제공한 경우, 예컨대 중립국의 영역내에 교전국의 군사기지가 인정된 경우(한미상호방위조약 제4조, 미일안전보장조약 제6조)에는 교전국의 군사적 사용이 인정되는 범위내에서 중립국영역도 교전구역이 된다. 둘째 교전국의 일방이 중립국의 허가 없이 중립국영역을 군사적으로 사용하고 중립국이 이것을 배제할 능력을 갖지 않은 경우에도 중립국영역은 교전구역이 된다. 역으로 공해 또는 교전국영역이라 할지라도 그것을 중립화하는 조약이 있고 교전국의 전부가 그 조약에 참가한 경우에는 이것을 교전구역으로 하지 못한다.

현재 공해에 관한 中立化條約은 없으나 국가영역에 관하여 중립화를 규정한 조약에는 다음과 같은 것이 있다. 즉 수에즈운하에 관한 1889년의 콘스탄티노플(Constantinople)조약, 파나마운하에 관한 1901년의 헤이 폰스포트(Hay-Pauncefote)조약, 마젤란(Magellan) 해협에 관한 1881년의 아르헨티나·칠레간의 조약, 아란드(Aaland)제도 및 그 연해에 관한 1921년의 조약(독일, 덴마크, 에스토니아, 핀란드, 프랑스, 영국, 이탈리아, 라트비아, 폴란드, 스웨덴간), 탄질(Tangier)에 관한 1923년의 조약(영국, 프랑스, 스페인간), 바티칸시(Vatican City)에 관한 1929년의 라테란(Lateran)조약(이탈리아·법황청간), 그리고 트리에스트(Trieste) 자유지역에 관한 1947년의 이탈리아와의 평화조약 부속규정 등이다.

4. 攻　擊

陸戰에서의 해적수단행사의 형태에는 여러 가지 있으나, 그 중에 突擊(assault), 포위(siege), 砲擊(bombardment)은 어느 것도 합법적인 공격수단으로서 인정되고 있다.

그러나 헤이그육전법규는 공격에 관하여 일정한 제한을 두고 있다. 즉, 防禦되지 않은 도시·촌락·주택·건물은 어떠한 수단에 의해서도 공격 또는 포격할 수 없다(제25조). 여기서 방어라고 하는 것은 지상군의 점령기도에 대하여 현실의 병력으로써 저항하고 방위하는 것을 의미한다. 그 지역에 요새 또는 기타의 군사시설이 있고 없는 것과는 관계가 없다. 육군 기타의 지상병력의 작전행동에 대하여 '防禦'의 관념이 성립하는 것이다. '어떠한 수단에 의해서도'라는 말은 항공기로부터 행하는 공격을 예상하고 삽입한 문구이다. 그러므로 無防備의 地域(undefended place)을 항공기로부터 폭격 기타의 방법으로 공격하는 것도 금지되는 것이다. 이와 같은 無防備地域에의 공격금지가 무저항의 일반주민을 실상으로부터 보호하는 데 목적이 있음은 물론이다(무방비도시의 선언을 행하기도 한다).

防禦된 지역에 대해서는 無差別의 공격이 허용된다. 특히 군사목표에 한하여 공격할 수 있는 것이 아니라 인가와 평화적 주민을 포함한 그 지역 전체를 공격할 수 있는 것이다(그러므로 무방비지역에 대한 군사목표의 공격은 허용된다고 본다. 군사목표주의). 즉 무방비지역에 대한 공격은 軍事目標主義이며, 방어지역에 대한 그것은 無差別主義라고 할 수 있다. 무차별공격에 있어서도 종교·기예·학술 및 자선의 용도에 제공된 건물·역사상의 기념건조물·병원·상병자의 수용소에 대하여는 그것들이 동시에 군사상의 목적에 사용되고 있지 않는 한 가급적 손해를 주지 않도록 필요한 일체의 수단을 취하지 않으면 안된다(제27조 1항). 그러므로 피공격측은 그러한 건조물 또는 수용소에 보기 쉬운 특별한 記章으로써 표시하여 그것을 미리 공격자에게 통고할 것이며(제2항), 그러한 조치를 취하지 않은 경우에는 건물의 파괴에 대하여 공격자에게 책임을 추궁하지 못한다. 기술적 과실로 인한 손해, 연소 때문에 발생한 손해에 대하여는 공격군은 책임을 지지 않는다(전시 해군력으로써 하는 포격에 관한 조약 제5조, 공전법규안 제25-26조 참조).

無差別攻擊에는 예고를 하지 않으면 안된다. 즉, 포격을 개시하기 전에 그 뜻을 관헌에게 통고하기 위하여 할 수 있는 일체의 수단을 다하여야 한다(제26조). 이 예고는 방어도시 내의 민간인에게 피난의 기회를 주기 위한 것이다. 그러나 상기의 규정은 '強襲의 경우'를 제외한다고 하였다. 즉, 보병의 돌격을 엄호하기 위하여 행하는 포격의 경우에는 예고를 요하지 않는다. 왜냐하면 강습의 경우에 포격을 예고한다는 것은 보병의 진격에 의한 강습을 무의미하게 만들기 때문이다.

5. 敵國領土의 占領

(1) 占領의 槪念

占領(occupation)이라고 하는 것은 일반적으로 相對國(적국, 중립국, 또는 동맹 내지 우호국)의 영역 또는 準領域(신탁통치지역, 조차지)의 일부 또는 전부를 사실상 군의 권력하에 두는 것을 말한다. 점령에는 몇 가지 형태가 있는데, ① 전시중 적의 영토를 점령하는 소위 戰時占領(belligerent occupation, *occupatio bellica*)이 있으며, ② 평시에 조약의 이행을 보장하기 위하여 또는 복구·간섭의 수단으로서 행하는 平時占領(pacific occupation)이 있고, ③ 휴전 후 국제법상의 전쟁이 종료하기 이전의 단계에서 당사국간의 합의에 의거하여 행하는 混合占領(Mischbesetzung)과 같은 특수한 점령의 형태도 있다. 또한 각도를 달리하여, ① 전쟁수행중 또는 항복 후의 적국을 군사적으로 점령하는 敵對的 占領(hostile occupation)과(예, 제 2 차대전 후의 일본, 독일의 점령), ② 군사적 필요 또는 적국으로부터의 해방을 목적으로 상대국의 동의 하에서 중립국이나 동맹국이나 기타의 우호국을 점령하는 소위 友好的 占領(friendly occupation)을 구별할 수 있다(예, 제 2 차대전중의 미국에 의한 영국, 필리핀점령, 그리고 미국의 한국점령도 우호적 점령으로 생각된다). 헤이그 육전법규는 오직 戰時占領(적대적 점령을 포함)만을 규정한 것이며, 1949년의 제네바 제 4 조약(전시 민간인의 보호에 관한 조약)도 전시점령을 예상한 것이라고 할 수 있다. 其他形態의 점령에 관해서는 이에 대한 특별의 조약규정이 없어 헤이그 육전법규 중의 점령에 관한 규정을 준용하고 있으나 점령의 성질이 서로 다르기 때문에 실정과 부합되지 않는 점이 많다. 그러므로 전시점령과 기타의 점령과는 동일하게 논할 수 없다. 일반적으로, 戰時占領은 점령 자체가 전투수행의 한 수단으로서의 의미를 가진 것이며, 점령군당국은 국제법상의 일정한 제한(그 중에 가장 중요한 것은 영토권의 처분금지)에 복종하는 이외에는 군사상 필요한 모든 일을 행할 수 있는 일반적 지배권을 갖는다. 따라서 전시점령은 기타의 형태에 비하여 월등하게 강력하다. 여기에서는 전시점령을 중심으로 고찰하고자 하며 이하 점령이라고 할 때는 戰時占領을 의미하는 것으로 한다.

점령은 우선 이것을 유사한 개념으로부터 구별할 필요가 있다. 첫째는 侵入(invasion)과의 구별인데, 침입은 점령 이전의 상태이며, 침입군이 권력(일정한 행정조직)을 수립하였을 때 점령이 개시되고, 침입군은 점령군으로 된다. 점령은 적국의 권력이 배제되고, 대체로 주민의 반항도 종식되어 질서가 유지된 데까지 도달한 상태이다.

둘째는 征服(conquest)과의 구별인데, 征服은 일반국제법상 영역권 이전의 효과를 가져오나 점령은 단순한 잠정적 지배에 불과하며 전쟁의 종료 전에 점령지를 처분하지 못한다. 18세기 이전에는 점령은 정복과 혼동되어 점령에 의해 점령지가 占領國領土로 되는 영토취득의 효과가 있는 것으로 생각되었다. 따라서 점령국은 점령지에서 무제한의 권력을 행사했던 것이다. 그러나 현재의 국제법상 점령국은 점령기간중 점령지를 지배할 수 있고, 질서의 유지와 군사상의 필요에서 占領地住民을 지배하고 점령지의 재산을 일정한 범위에서 이용할 수 있을 뿐이다. 이와 같은 점령군당국의 軍權(military authority)에 의한 통치작용은 합법적인 것으로 추정되나 피점령국의 주권의 행사 또는 그 대행으로 인정되지 않는 까닭에 점령국이 점령지를 일방적으로 합병하거나 타국에 양도하거나 또는 독립시키거나 하는 것은 위법이다. 점령지의 최종적 귀속은 講和條約에 의하여 결정되는 것이다.

점령은 적의 영토를 현실적으로 군의 권력 하에 두는 것이므로, 점령의 범위도 군의 권력을 현실적으로 확립하여 행사하는 지역에 한정된다(육전법규 제42조). 반드시 그 장소에 군대가 주둔할 필요는 없으나 필요에 따라 점령군이 출동하여 권력을 행사할 수 있는 지역이라야만 점령지라고 볼 수 있다. 이와 같은 사실상의 지배가 소멸한 경우에는 점령도 소멸하는 것이다.

점령에 관한 國際法規는 19세기 중에 확립되었다. 즉 1907년의 육전법규(제42-56조)는 대체로 그 때까지의 관습규칙을 성문화한 것이고 제 2 차대전의 경험에서 발견된 불비한 점은 1949년의 '戰時 文民의 保護에 관한 제네바조약'에 의하여 보충되고 있다. 이 제규정은 점령지에 대한 점령국의 권한을 인정하는 동시에 주로 점령지주민의 이익을 고려하여 점령국의 권한에 일정한 제한을 설정한 것이다.

(2) 占領地의 立法 · 司法 · 行政

1) 立　法　占領國은 치안의 유지와 군사상의 필요에 따라 점령지의 법률을 개폐하며 스스로 명령을 발할 수 있다. 占領地의 헌법이 인정하는 기본적 자유와 참정권도 상기의 필요가 존속하는 한 정지시킬 수 있다. 점령지 또는 점령군에 대한 범죄에 대하여는 점령국의 형법이나 군법을 적용하여 처벌해도 무방하다. 그러나 점령지의 질서유지와 군사상의 필요에 절대적인 지장이 없는 한 被占領國의 법령과 명령을 존중하여야 하며, 공공의 질서와 생활을 회복하고 또 확보하기 위하여 모든 일을 다하지 않으면 안된다(육전법규 제42조).

이 원칙은 미국의 法院에서도 인정하고 있는 바이다. 즉 1928년 호텅 회사 사건(Ho Tung and Co. v. The United States)에서 법원은 미국과 스페인간의 전쟁시 미군에 의한 마닐라항의 점령과 더불어 점령군은 군사적 필요상 군사령관이 명령으로써 변경할 때까지 지방법을 존중하고 그 실시에 조력할 의무가 있다고 하였다. 이와 반대로 제 1 차대전 후 벨기에의 법원은 독일점령당국이 발포한 법령과 규칙의 효력을 부인하면서 그것들은 헤이그육전법규 제43조의 범위를 초과하였다고 주장하였다.

그러나 실제상 점령국의 권능은 광범하여 국제법상의 특별한 금지가 증명되지 않는 한 그 행동의 일체는 적법한 것으로 추정된다. 점령당국이 발포한 명령 및 법칙은 피점령국의 헌법에 위반한 경우에도 점령기간중 효력을 보전한다. 그러므로 점령당국은 질서유지 또는 군사적 필요라는 구실하에서 가혹한 刑法令을 제정할 가능성이 없을 수 없다. 이것을 방지하기 위한 조치로서는 陸戰法規가 連坐罰의 금지를 규정한 것뿐이다(제50조, 문민보호조약 제33조 2). 제 1 차대전시 독일군은 특히 벨기에에서 연좌벌을 과하여 한 부락을 전멸시킨 사실이 있고, 제 2 차대전에서는 피점령지인민의 애국적 반항운동이 치열하여 이것을 진압하기 위한 점령당국의 형벌은 가혹성이 극에 달하였다. 이와 같은 제 1·2 차대전에서는 경험을 토대로 '전시 民間人의 보호에 관한 제네바조약'은 점령지 주민에 대한 부당한 취급을 방지하기 위한 제규정을 설정하였다. 그 중에 특히 중요한 것은 점령국이 제정한 형벌규정은 주민의 언어로써 공포하고 또한 주민에게 주지시킨 후가 아니면 효력을 발생하지 않는다고 한 것, 그러한 형벌규정의 효력은 遡及하지 않는다고 한 것(제56조), 법의 일반원칙 특히 형벌은 범죄행위에 상응한 것이 아니면 안된다는 원칙에 합치한 법령의 규정만을 적용하여야 한다고 한 것, 재판소는 피고인이 점령국의 국민이 아니라는 사실을 고려하지 않으면 안된다고 한 것(제67조) 등이다. 또한 동조약은 占領國을 해하고자 한 의사만으로써 행한 범죄행위로서 실제의 위해가 발생하지 않은 것에 대하여는 抑留나 拘禁을 유일한 형벌로 하고 또 그 기간은 범죄행위에 상당한 것이어야 한다고 하였다(제68조). 또한 간첩, 중대한 태업, 또한 1인 이상의 고의적 살인의 경우에 한하여 사형을 과할 수 있고, 동시에 18세 미만의 소년에 대하여는 사형을 언도할 수 없다고 규정하였다(제68조).

2) 司 法 占領當局은 사법에 관하여 점령지의 재판소를 존중한다. 전술한 바와 같이 치안 및 군사적 필요에 절대적 지장이 없는 한 피점령국의 법률·명령을 점령기간중 유지하여야 한다(육전법규 제43조). 해석상의 이의가 있으나(영국주의와 대륙주의간) 점령국은 피점령지의 주민에 대하여 사법상의 보호를 부여할 의무가 있다고 생각된다(육전법규 제23조 제8호). 이와 같은 고려는 점령지의 사법행정의 원활을 기하기 위함이며, 그것이 결국은 점령국의 이익에 합치되는 것이기 때문이다.

점령지의 재판소가 피점령국의 이름으로 재판할 수 있느냐의 문제에 관해서는 학설이나 관행이 구구하다. 1870년 프러시아가 점령한 프랑스의 낭시 재판소에서 독일연방의 이름으로 재판하기를 거절한 까닭에 프러시아는 그 재판소를 폐쇄한 데서부터 이 문제가 발단한 것이다. 이론적으로 말하면 점령국의 이름으로 재판하는 것이 정당하다고 볼 수 있으나 점령국은 피점령국의 이름으로, 또는 단순히 법의 이름으로 재판하는 것을 방임하는 일이 많다. 이것도 점령지 주민의 감정을 해하지 않는 것이 바람직스럽다는 정치적 고려에서 나온 것이며 결코 법률상으로 결정된 문제는 아니다.

점령국은 현지의 판사를 파면할 권리가 있고, 또한 특별재판소를 설치하여 특별한 재판을 행할 수도 있다. 점령군에 대한 범죄는 특별한 軍

事法廷에서 재판하는 것이 보통이다. 이와 같이 피점령국의 사법기관이 기능상 점령국의 전쟁목적과 충돌하는 경우에는 점령국은 그 기관의 활동을 정지시키고 새로운 재판소를 구성할 수도 있다. 제 2 차대전시 연합국은 나치즈에 의하여 설치된 독일의 소위 人民裁判所(Volksgerichtshöfe)와 特別裁判所(Sondergerichte) 및 기타의 사법기관을 폐쇄하였는데, 이것은 법적으로도 타당시되고 있다. 만약 현지에서 채용한 재판관의 충성심을 의심하는 경우에는 독일이 제 1 차대전시 벨기에에서 행한 바와 같이 服從의 宣誓(oath of obedience, not of allegiance)를 요구할 수도 있는 것이다. 그러나 점령국이 임명한 판사에 의한 판결의 효력에 관해서 피점령국이 그 효력을 어느 정도 인정해야 하는가의 문제는 각국의 판례에 따라 구구하다.

3) 行 政 占領國은 점령지의 '公共秩序와 生活을 回復하고 確保'하기 위하여 일체의 수단을 다하여야 한다(육전법규 제43조). 점령지 내의 행정관리는 그 職에 잔류할 의무가 없고 점령국으로서도 잔류를 요구할 권리가 없다. 요구에 불응한 행정관리에 대하여는 점령지 외로 추방할 수 있을 뿐 처벌하지는 못한다. 만약 현직에 잔류할 경우에는 재판관의 경우와 마찬가지로 복종을 요구할 수 있다(留任政策은 최근 전시점령당국의 기본적 정책으로 되어 있다). 그러나 점령당국은 그 의사에 반하여 占領地行政官吏(재판관도 포함)의 지위를 변경하거나, 보복적 제재를 가하거나 또는 차별대우를 행하지 못하며, 제네바 제 4 조약(제54조 1항)은 이에 관한 종래의 학설을 처음으로 실정화하였다. 행정관리가 점령당국에 의하여 유임되는 것과 같이 점령당국은 또한 행정관리를 파면할 수 있는 점도 제네바조약은 제54조 2항에서 재확인하고 있다.

조세행정에 관하여 점령당국은 현행의 賦課規則에 의거할 것이며 점령지의 행정비용을 지불할 의무가 있다(육전법규 제48조).

(3) 占領地住民의 取扱

占領地의 주민은 점령군의 계엄령하에 서며, 주민은 占領軍에 복종할 의무가 있다(복종의무는 국제법으로부터 발생하는 것이 아니고, 계엄령에서 나온다). 그러나 주민에 대한 점령군의 권한은 국제법상 무제한이 아니다. 점령군은 주민의 家의 명예 및 권리,

개인의 생명·신체를 존중하고, 영업과 종교의 자유를 보장해야 한다(제46조). 또한 점령지의 주민에게 本國軍의 상황이나 방어수단에 관한 정보의 제공을 강제하는 것, 또 주민을 강제하여 점령국에 대한 충성의 서약을 행하게 하는 것 등은 금지된다(제44조, 제45조). 점령군은 주민에게 役務의 제공을 요구할 수 있으나, 그 역무는 점령군의 수요나 점령지의 행정을 위한 것이고 본국에 대한 작전행동에 참가할 의무를 부담시키는 성질의 것이어서는 안 된다(제52조).

> 제 1, 2 차대전에서 독일은 점령지주민을 대량으로 징용하여 강제노동, 특히 독일본토의 산업부흥에 종사하게 하였는데 이것은 육전법규 제52조의 위반으로서 주요한 전쟁범죄를 구성하였다. 뉘른베르크 군사법정은 이와 같은 노예노동을 주관한 자우켈(F. Saukel) 장관에게 이 죄명 하나만으로 사형을 언도한 바 있다.

占領軍의 명령에 복종하지 않는 자를 처벌할 수는 있으나 連帶責任은 인정되지 않는다. 개인의 행위를 이유로 하여 금전 기타의 連坐罰을 과하는 것은 금지되고 있다(전술 제50조). 제 1 차대전중 독일은 벨기에에서 개인의 반역적 공격을 이유로 그 개인이 거주하는 촌락을 전소시킨 사실이 있는데 이것은 위법이다. 그리고 연좌벌의 금지는 인질도 금한 것으로 해석되고 있다. 점령군은 점령지 내에 中立國人이 있을 경우 적국주민과 차별적인 대우를 중립국인에게 부여할 의무는 없다. 즉 중립국인은 적국인 이상의 대우를 요구할 권리를 갖지 않는다. 점령군에 의한 피해에 관하여도 적국인과 똑같은 배상요구권을 가질 뿐이다.

전시 민간인의 보호에 관한 제네바 제 4 조약은 제 2 차대전의 경험을 살려서 주민의 인권·기본적 자유를 상세하게 규정하여 陸戰法規보다 한 걸음 앞으로 더 나아가고 있다. 예컨대, 명예·신체의 존중(제27조), 정보의 강제금지(제31조), 殘虐行爲의 금지(제32조), 협박·공갈·약탈의 금지(제33조), 인질의 금지(제34조)를 규정한 이외에 強制移送의 금지를 규정하였다. 즉 점령군은 이유여하를 불문하고 점령지역으로부터 점령국 또는 他國의 영역에 주민을 개별적 또는 집단적으로 강제이송하거나 또는 추방하지 못하게 되었다(제49조 1항, 단, 제2항의 경우는 예외). 또 강제노동에 관하여 점령군은 주민에게 자발적 지원을 목적으로 한 압박 또는 선전을 행하지 못하게 되었다(제51조 1항). 아울러 18세 이상의 자가 아니면 노동을 강제할 수 없으며(2항), 노동자에게는 공정한 임금을 지불해야 할 것, 노동은 노동자의 육체적·지적 능력에 상응한 것이 아니면 안되는 것, 노동조건 및 보호에 관한 피점령국의 법령을 적용할 것(3항), 利益保護國의 개입을 요청하기 위한 노동자의 권리를 보장할 것(제52조) 등을 규정하고 있다. 특히 조약상의 이익의 보장에 관한 제47조가 점령지의 주민을 포함한 피보호자는 일반적으로 어떠한 경우 어떠한 형태에 있어서도 점령의 결과 그 지역의 제도 또는 정치에 야기된 변경이나 점령국에 의한 점령지역의 전부 또는 일부의 병합에 의하여 이 조약상의 이익을 박탈당하지 않는다고 규정한 것은 주목을 요한다.

(4) 占領地財產의 取扱

점령지재산의 취급에 관하여 公有財產과 私有財產, 動產과 不動產 등 재산의 종류를 구별하는 것이 필요하다. 과거에는 敵地에서 발견되는 재산은 공유나 사유를 막론하고 몰수를 인정하던 시대도 있었으나 현행국제법은 그 재산의 종류와 성질에 따라서 취급을 달리한다. 원칙적으로 말하면 될 수 있는 대로 재산권을 존중하여 함부로 몰수나 파괴하는 것을 금하고 있다.

1) 公有財產

〈不動產〉 공유재산 중에 國有不動產은 순전히 군사적 성질의 것(예컨대, 요새·병기창·병영·가병사·창고 등)에 한하여 군사적 필요상 이것을 파괴하거나 손상하여도 관계 없다. 이에 반하여 군사적 성질을 갖지 않는 國有不動產(예컨대, 공공건물·토지·삼림·농장 등)은 用益權者 및 관리자의 입장에서 사용·수익·관리할 수 있다. 그러나 처분은 할 수 없다(육전법규 제55조). 단, 공유재산이라 할지라도 종교·자선·교육·기예 및 학술의 용도에 제공되는 建造物은 사유재산과 동일하게 취급하여야 한다(제56조). 따라서 이러한 건조물 또는 기예·학술상의 제작품 등을 압수나 파괴나 훼손하는 것은 금지된다. 그러나 점령군은 전쟁상의 필요에 의하여 예컨대 학교를 假兵舍로 또는 교회를 野戰病院으로 사용하는 것 등은 허용된다(1939-1940년 폴란드 점령시 독일은 국유재산을 일반적으로 몰수하였다고 하는데 이것은 물론 위법이다).

〈動 産〉 국유재산에 관하여는 작전행동에 제공할 수 있는 것(예컨대, 현금·유가증권·저장병기·수송재료·재고품·糧秣 등)은 압수할 수 있으나 기타의 것은 압수할 수 없다. 이때 압수의 개념 속에는 단순한 관리뿐만 아니라 처분도 포함된다.

公有財產 중에 시·군·면 소유의 재산은 사유재산과 같이 취득하여야 한다(제56조).

2) **私有財產** 사유재산은 몰수하지 못한다(제46조). 설사 사유의 토지나 건물을 몰수하여 이것을 매각할지라도 購買者는 이로써 아무런 권리도 취득하지 못하는 것이다. 이와 같이 사유의 부동산을 몰수하지 못하나, 전쟁상의 필요에 의하여 일시적으로 이용할 수는 있다. 즉, 상술한 공공건물의 이용의 경우와 같이 사유의 건물을 兵舍 또는 병원으로 사용할 수 있으며, 이 경우 소유자에게 배상을 지불할 필요가 없다.

사유의 동산은 軍用에 제공될 수 있는 것(예컨대, 보도의 전달이나 수송의 용도에 제공될 수 있는 일체의 교통기관, 저장병기, 기타의 군수품)에 한하여 압수할 수 있으나, 平和回復後에 이것을 반환하고 손해의 보상을 하지 않으면 안된다(제53조 2항). 군용에 제공될 수 있는 이외의 것에 대하여는 私有財產 非沒收의 原則(전기 제46조 2항)과 掠奪禁止의 原則(제47조)이 적용된다. 제 1 차대전에서 중부유럽 제국은 대규모로 사유재산을 침해하였다. 이와 같은 국제법 위반의 행동으로 인하여 베르사이유 조약은 이에 대한 배상을 규정한 바 있다(제238조, 제244조 부속서).

陸戰에서의 私有財產尊重의 原則은 원래 19세기 초에 확립되어 점차로 내용을 명확히 하면서 헤이그 육전법규에 명문화된 것인데, 제 1 차대전 후 전쟁이 총력전으로 되어 모든 물자가 직접·간접으로 전쟁과 관련을 갖는 경제전쟁이 된 까닭에 사유재산존중의 원칙이 미치는 범위는 협소하게 되어 드디어 원칙과 예외의 지위는 역전할 지경에 이르고 있다. 그러나 학설과 관행상으로 보아 육전법규 제53조 2항의 '軍需品'(munitions de guerre)의 개념을 war material 또는 matériel de guerre(전쟁물자)의 개념과 동일시하는 것은 타당치 않다. munitions의 개념은 또한 '戰時禁制品'(contraband)의 개념보다 좁은 것인데, 후자도 '전쟁의 용도에 제공될 수 있는 것'이기는 하나 전투에 직접 사용될 수 있는 것뿐만 아니라 일반적으로 전력의 증대에 공헌할 수 있는 일체의 물자를 포함하는 것으로서 전자와 구별된다. 그러므로 munitions는 교전국이 수행하는 전쟁 전체에 공헌하는 성질의 것을 말하는 것이 아니고 보다 좁은 作戰活動(operation of war) 또는 戰鬪(battle)에 관계되는 물자(동산)를 말한다. 교전국의 전쟁계획전반에 대하여 아무리 유용한 것이라 할지라도 실제의 작전활동이나 전투에 소용없는 것은 그것을 munitions라고 할 수 없고 교전국은 그것을 압수하지 못하는 것이다(1874년 브뤼셀회의 선언안 제6조 2항).

1956년 4월 13일 싱가포르 항소법원은 제2차대전중 일본군이 압수한 스마트라 석유에 관한 1사건(N. V. De Bataafsche Petroleum Maatschappli & Ors. v. The War Damage Commission)에서 地中의 原油는 정교한 시설과 전문기술자에 의하여 채굴되고, 나아가 정유소에서의 복잡한 精製過程을 경과함으로써 비로소 사용가능한 것이 된다. 때문에 지중의 원유가 압수된 경우 그 원유가 제53조의 munitions의 개념에 포함될 수 있을 만큼 '직접적 군사이용'이라는 개념과 밀접한 관련을 가지고 있지 않다고 하여 원유는 munitions가 아니라고 판결한 사례가 있다.

3) **文化財의 保護** 武力紛爭의 경우(점령의 경우 포함) 문화재를 보호하기 위한 일반조약이 1954년 체결되었다. 당사국은 문화재에 대하여 어떠한 적대행위도 해서는 안된다.

4) **貢納·徵發** 私有財産은 몰수할 수 없으나, 점령군은 조세를 징수할 수 있는 외에 貢納金(money contributions)의 제공을 명령할 수 있다(제49조). 이 공납금은 첫째 점령군 또는 점령지 행정상의 수요에 충당하기 위한 것이라야 하며 절대로 점령국의 일반적 요구를 만족시키기 위한 것이어서는 안된다. 둘째 공납금은 총지휘관의 명령서에 의해서만 그 제공을 요구할 수 있고 징발의 경우와 같이 점령지의 지휘관의 명령에 의하여 행하는 것이 아니다(제51조 1항). 셋째 貢納金은 현행의 租稅賦課規則에 따라서 징수하지 않으면 안된다(동조 2항). 이것은 주민의 빈부에 따라 그 부담의 공평을 기하려고 한 것이다. 넷째 공납금에 대하여는 납부자에게 영수증을 교부하여야 한다(동조 3항). 이것은 전후 주민의 본국정부에 대한 배상청구를 가능하게 하려는 목적을 갖는다.

점령군은 또한 주민으로부터 徵發(requisitions)을 할 수 있다(제52조). 징발이라고 하는 것은 군에 필요한 모든 물품 및 노무의 공급을 요구하는 것이다. 이러한 징발은 다음과 같은 요건을 구비하였을 경우에 합법적인 것으로 인정된다. ① 징발은 점령군의 필요를 충족하기 위한 것이라야 한다. 징발한 재산을 점령군이 직접적 요구 이외의 목적에 사용할 수 없으며, 또 그러한 재산을 점령지 이외의 장소(예, 본국)에 이송하는 것도 금지된다. ② 징발은 지방의 資力에 상응한 것이 아니면 안된다. 점령지의 경제를 混亂·破壞할 목적으로, 또는 주민을 기아에 빠뜨려 승리를 촉진할 목적으로 행하는 징발은 허용되지 않는다. ③ 본국에 대한 군사행동을 취하게 하는 성질의 것이어서는 안된다. 이 요건은 주로 노무의 징발에 관한 제한이나, 재산에 관해서도 마찬가지로 생각된다. ④ 占領地指揮官의 허가가 있는 경우에 한하여 징발을 할 수 있다. 개개의 사병이나 장교가 자의로 행할 수 없는 것이다. ⑤ 현금으로 지불하고 그것이 불가능한 경우에는 영수증을 발행하여 될 수 있는 대로 속히 대가를 지불하여야 한다. 제52조는 누가 지불의무를 지는가를 명확하게 규정하지 않았으나 이론적으로는 당연히 징발을 행한 점령국이다.

民間人保護에 관한 제네바 조약은 재산의 취급에 관하여 사유재산의 파괴금지(제53조)를 규정한 외에 특별한 신규정을 두지 않았다. 그러나 점령국은 주민의 식량 및 의료품의 공급을 확보할 의무를 지며(제55조), 이 점에서 공납과 징발에 의한 軍隊給養을 취지로 하여 온 헤이그 陸戰法規를 상당히 제한하고 있는 것은 주목할 만하다.

6. 捕虜와 傷病者와 民間人

(1) 捕虜의 意義

捕虜라고 하는 것은 '敵의 權力內에 떨어진'(have fallen into the power of the enemy) 자를 말한다('1949년 제3조약' 4조 A. 단, '적에 체포된'이라는 요건을 가한 것으로서는 '1907년 헤이그규칙' 제4조, 1929년 '제네바포로대우조약' 제1조 1항). 그 자격이 인정된 자의 구체적 범위는 전투원의 개념의 변화에 따라 오늘날에는 상당히 확대되었다. 포로는 전쟁범죄인이 아니며 국제법상 일정한 대우를 받는다.

이와 같은 포로의 관념이 성립한 것은 18세기에서 비롯된다. 고대에는 포로를 신에 바치는 희생물로서 살육하는 것이 통칙이었으며, 또한 포로는 노예의 주요한 공급원이기도 하였다. 중세에도 포로를 살육하거나 노예로 삼았으나 중세로부터 근세에 이르는 동안 기독교의 영향에 의하여 포로를 살해하는 일은 없었다. 노예로 하거나 범죄인 취급을 하여 학대가 심하였다. 몸값(ransom)을 요구하기도 하고 復仇行爲의 대상물이 되기도 하였다. 17세기 중 노예제도의 폐지가 일반화하고 近代國家機構가 형성되면서 포로는 포획자의 자의적인 처분에 방임되지 않고 국가의 권력(군주)하에 놓이게 되었다. 포로를 범죄인으로서 처벌할 것이 아니라 또다시 적군에 돌아가서 무기를 들지 못하도록 자국에 억류하는 것이 得策이라고 하는 사상은 실로 18세기의 산물이다. 이것은 19세기로부터 20세기에 이르는 동안 포로를 학대하지 못한다는 사상과 필요한 구속 이외에는 자국병사와 동등하게 대우해야 한다는 사상으로까지 발전하였다.

포로에 관한 일반법규로서 최초로 성립한 것은 1907년 '육전의 법규·관습에 관한 규칙'(제 4 조-제20조)이다. 1929년에는 제 1 차대전의 경험에 비추어 '포로대우에 관한 조약'이 체결되었다(일본과 소련을 제외한 31국 가입). 또다시 1949년에는 제 2 차대전의 경험을 기초로 國際赤十字委員會(ICRC)가 개정을 준비하여 제네바의 외교관회의에서 새로운 '捕虜待遇에 관한 조약'(The Geneva Convention relation to the Treatment of prisoners of War)의 성립을 보았다. 이 改訂條約에는 소련을 포함한 5 대국을 비롯하여 1994년말 현재 185개국이 비준 · 가입하였다(일본은 1953년 4 월에 가입, 중국은 한국사변중 1952년 7 월에 수락을 성명). 이 1949년의 조약도 세계의 전체 국가가 참가한 조약이 아니므로 가입하지 않은 국가에 대하여는 1929년의 조약이나 육전법규나 또는 관습국제법을 적용하여야 한다.

그러나 1929년 및 1949년의 조약은 전쟁의 경우에 교전국 중 조약에 참가하지 않은 국가가 있을지라도 조약당사국간에 적용하도록 되었다(구 제82조, 신 제 2 조 3 항). 또 陸戰뿐만 아니라 海·空戰에도 적용된다(구 제 1 조 2 항). 특히 개정된 신조약은 첫째 포로의 관념을 전쟁의 경우에만 한정하지 않고, 기타의 무력분쟁의 경우에도 적용하였다(제 2 조 1 항). 나아가서 '국제적 성질을 갖지 않은 분쟁', 즉 내란의 경우에도 일정한 범위 내에서 포로의 대우에 관한 규정을 적용하게 되었다(제3조). 둘째 제2차대전의 경우와 같이 전면적 점령이나 무조건항복과 같은 특별한 사태가 생겨도 포로의 해방 또는 송환시까지는 이 조약을 적용하지 않으면 안되게 하였다(제2조 1항). 셋째 조약의 적용을 실효성 있게 하기 위하여 利益保護國 및 利益保護機關의 역할을 강화하였다(제8조-제11조). 넷째 조약위반자에 대한 제재를 명백히 규정하였다(제129조-제132조). 이와 같이 새로운 포로조약에 의하여 수립된 법적 규칙은 지금까지 한국사변, 인도차이나 분쟁, 수에즈분쟁에서 그 기회가 있었는데, 특히 한국사변에서는 적대행위의 종료 후 포로의 송환에 관하여 이 조약이 중대한 缺陷을 가지고 있는 것을 알게 되었다.

(2) 捕虜의 範圍

포로의 자격을 가진 자는 주로 병력을 구성하는 戰鬪員과 非戰鬪員인데 1949년의 제네바조약 제4조에 의하면 포로의 범위는 다음과 같다.

(a) 군 및 군을 구성하는 民兵隊 또는 義勇隊의 대원.

(b) 기타의 민병대 또는 의용대의 대원으로서 전술한 교전자격획득을 위한 요건(육전법규 제1조)을 구비한 자. 여기에는 조직적 抵抗運動團體의 구성원(소위 빨치산)도 포함된다. 또한 그 영역이 점령된 지역이거나 아니거나 상관없다.

(c) 抑留國이 승인하지 않은 정부 또는 당국에 속하는 정규군의 대원. 따라서 승인 전의 국가 또는 정부에 소속하는 군대의 구성원이라도 포로가 된다.

(d) 군대의 구성원은 아니나, 군의 허가를 얻어 종군하는 자, 예컨대, 군속, 종군기자, 軍需契約者, 군노무자. 이 중에 衛生要員 및 종교요원에게는 특별한 편익이 부여되며, 이들을 포로로 하는 것은 허용되지 않는다(제33조).

(e) 상선의 승무원(선장, 승무원, 도선사, 연습생) 및 민간항공기의 승무원.

(f) 郡民兵의 구성원.

(g) 피점령국의 군대에 소속한 자, 또는 그 군대에 소속하였던 자로서

특히 전투에 종사하고 있는 所屬軍에 복귀하려다가 실패한 경우, 또는 억류를 목적으로 행한 召喚에 응하지 않는 경우에 그 부대에의 소속을 이유로 하여 점령국이 抑留하는 것을 필요로 하는 자.

(h) 상기 중 (a)-(g)의 하나에 속한 자로서 중립국 또는 비교전국이 자국의 영역내에 수용하고 있으며, 또한 그 국가가 국제법상 억류를 요하는 자.

종래에는 민병대와 의용대 중에 분쟁당사국의 정부가 소집하여 공연히 그 지휘하에 두는 등, 그 국가의 군대의 일부를 구성하는 자에 대해서는 군대의 구성원으로 취급하였다. 그러나 기타의 民兵隊 · 義勇隊(조직적 저항단체를 포함하며, 분쟁당사국의 영역의 내외에서 행동하는 자)가 포로로서의 대우를 받기 위해서는 (a) 부하에 대한 책임을 지는 지휘자의 존재, (b) 遠方으로부터 식별할 수 있는 特殊徽章의 착용, (c) 무기의 공공연한 휴대, (d) 전쟁의 법규 · 관례의 준수 등, 엄격한 조건이 부과되었다(1907년 헤이그규칙 제 1 조, 1949년 제 3 조약 제 4 조 A(2)).

이러한 전통적 조건에 따르는 한, 게릴라나 內戰 · 民族解放戰爭에 종사하는 저항단체는 민간대중에 섞여서 활동할 필요상 위의 (b) (c)의 요건을 충족할 수 없고, 따라서 체포된 경우 포로대우를 받지 못한다. 이 점을 시정하기 위하여 1977년 第一追加議定書는 정규군 · 비정규군의 구별을 버리고, 분쟁당사국의 군대라고 하는 것은 부하의 행동에 관하여 그 국가에 대하여 책임을 지는 사령부하에서 조직되고 무장된(전기(a)의 요건) 모든 병력 · 집단 · 부대를 말하는 것으로 하고, 그 구성원은 전투원으로서 포로의 대우를 부여한다고 규정하였다(제43조, 제44조 1항). 한편, 민간인을 적대행위의 영향으로부터 보호할 필요상 이러한 전투원이 그 자격을 保持하기 위하여는, 첫째 공격 또는 그 이전의 軍事行動에 종사하는 동안에 한하여 민간인과 식별할 수 있게 하든가(전기(b)요건), 적대행위의 성질상 그것이 불가능한 상황에 있는 경우에는 交戰에 종사하고 있는 동안 또는 공격의 개시에 앞선 군사전개에 종사중 적에 목격되는 동안에 한하여 공공연하게 무기를 휴행하지 않으면 안된다(전기(C)의 요건)고 하였다(제44조 3항). 이리하여 게릴라, 民族解放團體의 구성원은 이러한 요건을 충족하는 한, 전투원 · 포로의 자격을 부여받게 되었다. 다만 傭兵에 대해서는 이러한 자격의 부여가 부인되었다(제47조, UN총회결의 3103호는 용병을 국제범죄로 본다).

상기 이외의 원수, 장관, 외교사절과 같이 정치상의 중요지위에 있는 자에 관하여는 조약상의 규정은 없으나 관습에 의하여 이것을 포로로 할 수 있다. 경우에 따라서는 자국인이라 할지라도 포로로 할 수 있다(미국고등순회재판소는 미군에 의하여 체포된 자의 포로로서의 지위는 그 자가 미국시민이라는 사정에 의하여 영향을 받지 않는다라고 판결한 바 있다. In re Territo, 1946). 民間人을 포로로 할 수 없으며, 만약 그가 적대행위에 참가했을 경우에는(비정규군의 요건을 갖추지 않는 한) 전쟁범죄자가 된다.

포로가 되기 위한 요건은 적에 의하여 체포되는 것, 즉 '적의 권력내에 떨어지는'(have fallen into the power of the enemy) 것이다. 이 문구는 적국민 또는 적군인의 심리 속에 思想戰을 전개함으로써 충성심의 소재를 변경시키고 조국을 배반하게 하는 현대의 특수한 전술을 고려에 넣을 때 각별히 중요한 의미를 갖는다(그러나 조국이라는 말은 어느 면에서 지극히 애매하게 사용되고 있다. 프랑스 공산당서기장 또레즈가 "프랑스, 그것은 나의 국가이다. 소련, 그것은 나의 조국이다"라고 한 말은 유명한 것이다). 자기 소속부대를 이탈하여 적에게 귀순한 자는 적의 권력내에 자발적으로 들어간 것이며 체포된 것이 아니므로 '적의 권력내에 떨어진 것'이라고 할 수 없다. 이러한 背叛者(defectors)는 歸順兵(deserters)이라고 하여 포로와 구별되는 것이다.

(3) 捕虜의 待遇

포로의 학대가 전쟁범죄를 구성한다는 것은 뉘른베르크 및 동경의 각 國際軍事法廷, 그리고 각국의 軍事法廷에서 이미 증명된 바이다. 포로의 대우에 관한 일반원칙으로서 중요한 것을 열거하면, ① 포로는 이것을 포획한 개인이나 부대의 처분에 방임되는 것이 아니고, 포획한 국가의 권력하에 선다고 하는 것이다(29년조약 제 2 조, 49년조약 제12조). 이것은 포로대우의 최종적 책임이 捕獲國에 있음을 말한다. 東京裁判에서는 각료도 일본국의 권한내에 있는 포로(및 일반억류자)에 대하여 책임을 진다고 하였다. 포로에 대한 범죄가 범해지고 있는 것을 알면서 그것을 방지하기 위하여 자기권한내에 있는 조치를 취하지 않거나, 또는 그러한 사실을 알지 못한 데에 과실이 있는 경우에도 역시 책임을 진다(小磯國昭는 수상으로서, 重光葵는 외상으로서 유죄판결을 받았다). ② 포로는 언제나 인도적으로 대우하여야 하며, 복구의 대상이 되어서는 안된다(29년조약 제 2 조, 49년조약 제13조). 이것은 慣習國際法의 宣言이다. 비인도적 대우라고 할 만한 것은, 예를 들면 포로신체의 의학적 실험과 같은 행위를 가리킨다(뉘른베르크 미국군사법정은 불법적 의학실험을 유죄로 판결하였다 — 1947년 —).

(3) 포로는 그 신체 및 명예를 존중받을 권리가 있고, 완전한 사법상의 행위능력을 보유한다(49년조약 제14조). 여자는 여성에 대하여 부여하여야 하는 모든 것을 고려한 대우를 받는다.

플로렌스(Florence)의 미국군사위원회에서는 1946년의 판결에서 로마의 독일군사령관이 자기관리하의 포로를 모욕과 공중호기심에 방치하였다는 이유로 유죄를 선언한 바 있다(동경재판소에서는 포로를 시중에 끌고 다니며 군중의 모욕에 방치한 일본의 실행을 유죄로 하였다).

이 밖에 1949년의 제네바조약은 포로의 보호에 관하여 상세히 규정하고 있다. 즉 給養과 의료는 抑留國이 부담한다(제15조). 포로를 누구나 균등하게 대우하여야 한다(제16조). 포로로부터 정보를 얻기 위하여 포로를 고문하지 못한다(제17조)(부퍼탈(Wuppertal)의 영국군사법정에서는 피고가 정보를 얻기 위하여 과열된 실내에 포로를 감금한 사실에 대하여 1945년 유죄판결을 내린 바 있다). 기타 포로의 억류에 관한 취급(제21-24조), 포로의 幕舍·食糧 및 피복(제25-28조), 위생 및 의료(제29-32조), 종교적·지적 및 육체적 활동을 위한 기회의 제공(제34-38조), 규율(제39-42조), 이동(제46-48조), 노동(제49-57조), 금전수입(제58-68조), 포로의 외부와의 관계(제69-77조), 포로와 당국과의 관계(제78-81조), 형벌 및 징계벌(제82-108조), 포로정보국 또는 구호단체의 활동(제122-125조) 등을 규정하고 있다.

(4) 捕虜身分의 終了

포로의 신분은 일반적으로 다음과 같은 경우에 종료한다. ① 송환의 경우이다. 중병이나 중상의 포로는 수송할 수 있는 상태에 이른 경우에는 본국에 송환하여야 한다(29년조약 제74조). ② 中立國에의 수용이다. 중립국이 동의한 경우에는 중립국에 포로를 수용하게 할 수 있다. 또 포로가 중립국으로 도망을 완료한 경우에는 포로신분이 종료한다. ③ 解放의 경우이다. 단순해방도 있으나, 억류국은 포로로 하여금 재차 무기를 들지 않는다는 것을 선서케 한 후에 해방하는 것이 보통이다(release on parole). 이 선서를 준수하지 않고 무기를 들다가 또다시 체포된 경우에는 포로의 자격을 상실한다(사형에 처할 수 있다). ④ 逃走의 경우이다. 포로가 도주를 완료한 경우에는 포로신분이 종료한다. 逃走의 완료라고 하는 것은 自國軍에 도달하든가, 또는 적군의 점령지를 이탈하는 것이다(49년조약 제91조). 도주에 실패한 경우에는 懲罰에 회부되나 형벌을 받지는 않는다(도주는 포로의 의무라고 하는 설도 있다. Daris). 도주에 성공한 후, 재차 포로가 된 자에 대하여 이전의 도주에 관한 징벌을 과해서는 안 된다. ⑤ 戰爭終了의 경우이다. 전쟁의 종료는 포로의 신분을 종료하게 한다. 휴전조약에 포로의 송환을 규정하는 것이 보통이나 될 수 있는 대로 속히 송환의 절차를 취하지 않으면 안된다(29년조약 제75조).

1949년의 제네바조약은 새로운 규정을 두었다. 즉 '실제의 적대행위가 종료한 후'에는 포로를 지체없이 해방시키고, 또한 송환하여야 한다고 규정한 것이다(제118조). 이 규정은 실전의 종료와 평화조약의 체결 사이에 몇 년이 경과할지 모르는 제 2 차대전의 경험을 살린 것이다. 더욱이 포로는 이 조약에 의하여 보장된 권리를 부분적 · 전면적으로 포기할 수 없다는 제 7 조의 규정과 아울러 전기 제118조는 전쟁종료 후 평화조약의 체결시까지의 長期的 捕虜抑留를 방지하고자 하는 목적을 가진 것이라고 할 수 있다.

포로가 송환을 거부하고 抑留國 또는 중립국에 庇護를 요구할 수 있는가? 제네바조약은 이 문제에 관하여 규정하지 않았다. 해석상으로는 두 가지 주장이 대립하고 있는데, 하나는 조약에 庇護의 규정이 없으므로 강제력을 사용해서라도 포로를 본국에 송환하는 것이 억류국의 의무라고 한다(한국사변의 휴전시 공산측의 주장). 또 하나의 주장은 인도적 견지에서 포로를 정치적 망명자로 취급하여 포로에게 피난처를 제공하는 것은 一般國際法上으로 인정되는 국가의 당연한 권리이며 제네바조약에 모순되지 않는다고 한다. 이 문제는 아직도 충분한 일반적 합의에 도달하지 않는 미해결의 문제이며, 제네바조약의 중대한 맹점으로 되어 있다. 이와 같은 포로의 송환문제와 관련하여 歸順兵 또는 失鄕民(displaced persons)의 경우에도 강제송환이냐 또는 자유송환이냐의 문제가 제기되는데 이것도 역시 미해결의 문제이다.

(5) 傷病者의 保護

戰場의 상병자의 보호에 관한 조약은 17세기 이래 체결되었으나

1864년 赤十字條約(정식명칭은 '전장에 있어서의 상자 및 병자의 상태개선을 위한 조약')의 성립을 보기 이전에는 일반적 규칙은 존재하지 않았다. 이 유명한 적십자조약은 1860년 이탈리아의 통일전쟁시 스위스의 의사 앙리 뒤낭(Jean Henry Dunant)이 전장의 참상을 목격하고 「솔페리노의 追憶」(Un Souvenir de Solferino)이라는 책자를 발간하여 전장의 상병자 보호의 필요를 역설한 데서 그 성립기운을 얻은 것이다. 1864년 스위스정부는 이 사업을 공식적으로 취급하여 국제회의의 개최를 위한 알선의 노고를 다하였다. 이리하여 동년 8월 傷病者救護의 통일적 국제조약으로서의 최초의 조약이 체결된 것이다. 이 조약에 의하여 특권이 부여된 위생부원 및 위생기관을 표지하기 위한 기호로서 회의알선의 수고를 한 스위스정부에 경의를 표하기 위하여 그 赤地白十字의 國旗의 색을 역으로 한 白地赤十字로 결정한 까닭에 일반적으로 이 조약을 赤十字條約이라고 부른다.

적십자조약은 1906년에 개정되고, 다시 1929년에 개정되었으며, 제2차대전 후 1949년에는 또다시 개정되었다. 1899년 및 1907년의 헤이그평화회의에서는 '제네바조약의 원칙을 해전에 응용하는 조약'이 성립되어 해전에도 적용되게 되었다. 1949년의 개정에 있어서는 陸戰에 관한 것과 海戰에 관한 것의 두 가지 조약이 성립되었다. 空戰에 관해서도 특별의 조약은 없으나, 1929년의 赤十字條約의 체결시에 적십자조약의 공전에의 응용을 장래의 문제로 할 것을 결정하였다. 1949년의 적십자조약은 전기한 동년의 포로대우에 관한 조약과 같이, 종래의 조약에 약간의 중요한 수정을 가하였다. 첫째는 '전쟁'의 경우에만 한정하지 않고 '기타의 무력분쟁'의 경우에도 적용하게 하고, 내란의 경우에도 일정 범위의 규정을 적용하도록 마련하였다(제2조). 둘째 적대행위가 전면점령이나 무조건항복과 같은 특별한 상태에서 종료된 경우에도 적용하게 하였다(제2조 2항). 셋째 조약의 적용을 실효성 있게 하기 위하여 이익보호국이나 利益保護機關의 역할을 강화하였다(제8-11조). 넷째 조약위반자에 대한 제재를 명기하였다(제49-52조).

상병자가 된 軍人과 軍屬은 자국군에 속한 자뿐만 아니라 적군에 속한 자라 할지라도 국적에 구별없이 보호하고 인도적 대우를 하여야 한다(29년조약 제1조, 49년조약 제12조). 이와 같은 피보호의 자격을 가진 상병자의 범위는 포로대우를 받을 자격자의 범위와 정확히 일치한다. 傷病者로서 적군에 속한 자는 포로가 된다. 전투종료 후 死者 및 상병자를 발견한 군대는 이것을 수용하고, 약탈과 학대로부터 보호하며 死者는 예의를 다하여 매장하여야 한다.

> 1947년 미국군정재판소는 한 독일군의무장교가 프랑스에서 미국항공병의 시체를 절단하여 두개골의 표본을 작성한 데 대해서 유죄판결을 언도하였다(피고는 이것을 교육적 목적에 사용하였다고 주장하였다).

紛爭當事國은 그 권력 내에 떨어진 적국의 병자 및 사자에 관하여 그 소속국, 氏名 기타 그 자를 인식하는 데 필요한 자료를 서로 통지하고, 기타 사망증명서와 소지품을 송부하여야 한다(49년조약 제16-17조. 먼저 포로정보국에 통지하면 중앙포로정보국을 통하여 각 소속국에 통보하게 하였다).

交戰國軍에 속한 야전병원, 기타 상병자의 치료에 제공되는 고정적 또는 이동적 기관, 그 사용되는 기구류, 상병자의 후송에 사용되는 기관 및 위생부원은 불가침적 지위를 享有한다. 적군의 공격을 받지 않을 뿐만 아니라 적군의 수중에 들어간 경우에도 전리품 또는 포로가 되지 않는다. 적군의 수중에 들어온 이 기관 및 인원을 계속하여 상병자의 간호에 사용할 수 있다. 그러나 될 수 있는 대로 군사상의 필요가 허용하는 시기 및 도로를 선택하여 이것을 송환하지 않으면 안된다(49년조약 제19-30조).

> 美國高等巡廻裁判所는 적십자외과의로서 독일군에 참가한 자를 적으로 취급하지 않고 적십자외과의사는 '軍自體'(military forces proper)의 구성부분으로 간주될 수 없다고 판결한 바 있다. 1947년 네덜란드특별재판소에서는 독일적십자에의 근무는 국가에 대한 충성의 서약 및 군법에의 복종의 사실에도 불구하고 국가적 근무가 아니라는 판결을 내린 바 있다.

전기한 보호를 받을 위생기관 · 기구 및 인원은 그 표지로서 적십자 기장을 사용할 권리가 있으며, 약간의 회교국은 기독교를 연상케 하는 십자를 기피하는 결과 상이한 기장을 사용할 권리가 부여되었다. 예컨대, 터키는 白地赤色新月章, 이란은 白地赤色獅子 및 太陽章이다. 이스라엘은 赤色 다비드楯(red shield of David)의 사용을 유보하고 이 조약에 서명하였다. 군에 직속하지 않은 篤志協會(예, 대한적십자사)도 본국정부의 인가를 얻어 종군할 수 있는데, 그 명단을 미리 적국에 통고한 경우에는 전기의 기장을 사용하여 보호를 받을 권리를 갖는다. 일반적으로 조약상의 보호를 받을 위생기관, 기구 및 인원을 표시하기 위한 목적 이외에는 상기의 기장을 사용해서는 안되며 그 남용을 방지하기 위하여 조약당사국은 필요한 조치를 취하여야 한다(49년조약, 제53조 및 제54조). 이 기장의 남용은 제네바조약 및 일반국제법 위반이 된다. 특히 이 기장의 害敵手段으로서의 사용은 전쟁범죄를 구성하는 것이다.

1946년 하겐돌프(Hagendorf)사건에서 미국군사법정은 피고가 전투지역의 미군에게 적십자기장의 표지를 붙인 구호차로부터 사격을 가한 사실에 대하여 유죄판결을 내린 바 있다.

(6) 民間人의 保護

무력분쟁에 있어서의 民間人의 보호는 종래 기본적인 원칙규정에 한정되었으나(1907년 헤이그규칙 제23조, 제28조, 제39조, 제42조 이하) 오늘날에는 세목에 걸쳐 광범위하게 보장되고 있다('1949년 제 4 조약', '1977년 제 1 추가의정서' 제48조 이하, '동 제 2 추가의정서' 제13조 이하). 交戰當事國의 영역에 있는 敵國民은 그 국가의 사법 당국의 직접적인 보호하에 놓인다. 또 적대행위에 있어서는 민간인과 民用物에 대한 공격은 금지된다. 점령군당국은 주민의 강제이송이나 노동제공의 강제를 할 수 없고, 적법절차에 의한 처벌의 의무를 진다.

7. 人道法履行의 確保

人道法이 제규정의 준행을 확보하기 위하여 다음과 같은 방법이 강구되고 있다. 첫째 전통적인 利益保護國(인도적 단체를 포함한다)의 制度(1949년 제 3 조약 제 8-11조)를 활용한다. 둘째 조약위반의 사실에 관해서는 國際事實調査委員會에 의한 조사가 추가되었다(1977년 제 1 추가의정서 제90조). 셋째 전쟁희생자에 대한 고의적 중대한 위반행위에 대해서는 各締約國에 기소·처벌의 조치를 취할 의무를 부과하였다(1949년 제 3 조약 제129조·제130조). 넷째 부하의 위반행위에 대한 상관의 형사·징계책임이 규정되었다(1977년 제1추가의정서 제86조 2항).

제 5 절 海戰法規

1. 交戰者(海上의 兵力)

海上의 병력은 다음과 같이 구성된다.

(1) 正規의 海上兵力

해상의 정규의 병력은 해군이다. 해군은 군함과 그 승무원을 말한다. 누가 해군에 속하는가는 國內法上의 문제이고 국제법은 여기에 관여하지 않는다. 해군에서는 군함이 1개의 전투단위를 형성하는 결과 군함으로서의 交戰資格이 발생하는데, 이것은 육전에서 개인이 교전자격을 갖는 것과 구별되는 점이다. 이와 같은 해상에서 적극적으로 적대행위를 행할 수 있는 권리는 군함에 한정되며, 기타의 선박은 적군함의 포획행위에 대한 저항의 경우(이 경우에는 비정규의 병력이 된다)를 제외하고는 공격·나포 등의 적대행위를 할 수 없다. 만약 적대행위를 한 경우에는 전쟁범죄가 된다.

군함과 기타의 선박을 구별하는 표준, 따라서 군함이 될 수 있는 요건은 무엇인가? 대체로 ① 특수의 外部記章(군함임을 표시하는 旗)을 달고 있을 것, ② 소속국의 직접적 관할·감독·책임하에 있을 것, ③ 지휘관은 당해 관청에 의하여 정식으로 임명되고, 그 성명이 艦隊의 士官名簿中에 기재된 자일 것, ④ 승무원은 해군의 군기에 복종하는 자일 것. 이상의 제조건을 구비한 선박은 군함으로 인정되며, 무장의 유무, 선체의 형태, 무장의 종류, 선체의 종별 등은 군함자격의 유무를 결정하는 경우의 요건이 되지 않는다. 따라서 잠수함도 이상의 제요건을 구비하는 한 군함으로서의 교전자격을 갖는다.

군함의 요건을 구비한 선박 내의 승무원은 선내에 있는 한 개인적으로 교전자격을 표시할 필요가 없다. 역으로 교전자격이 없는 선박을 기점으로 하여 행사되는 害敵手段은 행사자가 교전국의 군인인 경우에도 교전범죄를 구성한다. 군함의 승무원이 군함을 기점으로 하지 않고 해적수단을 행사하는 경우, 예컨대 陸戰隊를 편성하여 육상에서 적대행위를 행하는 경우에는 개인적 교전자격의 유무 및 그 외부적 표지가 중요하게 된다. 이 경우에 교전자격이 없는, 또한 정당한 표지를 하지 않는 개인의 적대행위는 전쟁범죄를 구성한다.

商船도 군함으로 변경된 경우에는 정규의 병력이 된다. 그러나 '상선을 군함으로 변경하는 일에 관한 헤이그조약'은 일정한 요건의 충족을 요구하고 있다(전기 군함의 요건 참조). 그런데 이 조약은 첫째 상선을 군함으로 변경하는 장소의 문제를 결정하지 못하였다. 자국의 영수 내에서는 물론이고 점령지의 항구에서도 자국상선을 군함으로 변경할 수 있으나, 중립국의 영수 내에서 변경할 수 없음은 당연하다. 문제는 공해에서 변경할 수 있는가에 있다. 상선이 공해에서 군함으로 변경될 수 있다면 공해에서 갑자기 상선을 拿捕할 수 있게 되므로 공해의 교통의 안전은 위협을 받는다. 이 문제를 헤이그 평화회의에서도 결정을 하지 못하였다(영·미·일·이탈리아 등은 공해상의 변경을 위법이라고 하며, 프랑스·독일·러시아 등은 이와 반대의 의견을 가졌다). 둘째 일단 군함으로 변경한 상선을 재변경하여 상선으로 할 수 있는가의 문제도 결정하지 못하였다. 이러한 군함의 상선으로서 재변경의 허용은 중립항에서는 상선으로서 군함이 향유하지 않는 편익을 주고, 공해에 나아가서는 군함으로서 행동하여 전투 및 상선·중립선의 포획에 종사할 수 있는 편익을 부여하는 결과가 된다. 이 문제에 관해서도 贊否兩論이 있으나, 어느 것도 실증적으로는 미해결이라고 할 수밖에 없다.

(2) 非正規의 海上兵力

敵軍艦의 공격에 대하여 저항하는 私船 및 그 선원은 전쟁의 법규·관례를 준수하는 한 비정규의 병력으로 인정된다. 적에 의하여 포획된 선원은 포로대우를 받는다. 단, 자발적으로 적대행위를 행한 경우에는 전쟁범죄를 구성한다. 옛날에는 捕獲私船(privateers)과 義勇艦隊(volunteer fleets)가 있었으나 1856년의 파리선언에서 정식으로 폐지되었다.

포획된 상선의 선원이 적의 포획에 합법적으로 대항한 경우에 비정규의 병력으로서 포로가 되는 것은 전술한 바와 같으나, 아무런 저항도 시도하지 않고 捕獲된 경우에는 제 2 회 헤이그 평화회의에서 성립된 '海戰에서의 捕獲權行使의 制限에 관한 條約'의 규정에 의하여 규율된다. 이 조약규정에 의하면, ① 중립국민인 선원은 포로로 할 수 없다(제5조). ② 중립국민인 선장 및 고급선원은 전쟁계속중 적선에서 근무하지 않을 것을 서면으로써 정식으로 약속한 경우에만 포로로 할 수 없다(제5조 2항). ③ 적국민인 선장, 고급선원 및 선원은 전쟁계속중 작전동작에 관계가 있는 어떠한 근무에도 복종하지 않을 것을 서면으로써 정식으로 서약한 경우에는 포로로 할 수 없다(제6조).

敵船은 自衛(방어)를 위하여 무장할 수 있는가? 자위와 공격간에 명료한 한계를 짓기가 곤란하고, '捕獲私船의 금지에 관한 파리선언'의 효과를 감쇄할 염려가 있으나, 제 1 차대전에서 교전국의 상선은 자위를 위한 무장을 실시하는 일이 많았다. 이러한 무장상선은 법률상 군함으로 인정되지 않으며, 武裝商船이 공격적 태도를 취하지 않는 한, 바로 이것을 공격할 수 없는 것으로 되어 있다.

> 1934년의 프랑스의 해군훈령 제 1 조는 "상선이 단순히 자위를 위하여 무장하였다는 이유를 가지고 공격해서는 안된다"라고 규정하였다. 1914년 9월 미국의 武裝商船取締規則에는 "교전국의 상선은 단순히 방위만의 목적으로써 병기 및 탄약을 적재할 수 있다. 이 경우 상선은 군함으로 되는 것은 아니다"라고 규정하였다. 이에 반하여 독일은 제 1, 2 차대전시 무장상선을 군함으로 본다는 입장을 취하였다. 여하간 오늘과 같은 잠수함전이 실행되는 한 상선의 무장은 불가피한 것으로 보지 않으면 안된다.

2. 害敵手段의 制限

海戰에 있어서의 害敵手段에도 육전의 경우와 같이 일정한 제한이 있다. 그 제한적 규정은 헤이그 육전법규와 같이 총괄적 규정으로서 존재하지 않고 특정의 사항에 관하여 개별적으로 존재한다. 예컨대, 자동촉발수뢰의 부설, 해군력에 의한 연안포격, 잠수함에 의한 대상선행동 및 기타의 사항에 관하여 조약이 있으며, 또 많은 법규·관례가 있다. 해전의 경우에도 해적수단은 무제한이 아닌 것이다.

헤이그 陸戰法規는 그대로 해전에 적용하기는 곤란하고 또 근거도 없으나, "군사상의 필요가 허용하는 한 전쟁의 참화를 경감하는 데에 노력"하려는 정신은 해전의 경우에도 타당한 것이다. 해전에 관한 런던선언의 최종의정서에는 "各締約國은 될 수 있는 한 육전의 법규관례에 관한 헤이그조약의 정신을 해전에 적용"할 것이라는 희망을 표명하고 있다.

3. 機雷(自動觸發水雷)

1907년의 '自動觸發水雷의 敷設에 관한 條約'은 水雷에 관하여 다음 것의 사용을 금하였다(제1조). ① 부설자의 관리를 떠나서 한 시간 이내에 무해로 되지 않는 無繫維機雷(浮遊機雷). ② 繫維를 떠났을 때 즉시 무해로 되지 않는 繫維機雷. ③ 명중하지 않은 경우 무해로 되지 않는 魚形水雷. 그러나 제 6 조에서 체약국이 아직 이 조약에 규정한 바와 같은 완전한 부설수뢰를 갖지 않는 경우에는 될 수 있는 대로 속히 그 개량을 약속한다고 규정하였으므로 결국 자국공업기술의 미발달을 이유로 하여 전기 제 1조의 의무를 면할 수 있는 여지가 있다.

敷設의 장소에 관하여 헤이그조약은 단순히 상업상의 항해를 차단할 목적으로 적의 연안 및 항의 전면에 수뢰를 부설하는 것을 금하였을 뿐이다(제2조). 기타의 敷設場所에 관해서는 제한을 두지 않았으므로 교전국의 영수 내만이 아니라 공해에도 부설할 수 있다고 생각된다. 그러나 중립국의 영수 내에 부설할 수 없음은 물론이다.

제 1 차대전시 영국은 북해 전부를 軍事地域(military area)으로 선언하여 수뢰를 부설하였으며, 독일도 영국주변의 해면을 戰爭區域(Kriegsgebiet)으로 선언하고 다시 그 구역을 프랑스·이탈리아·그리스·북아프리카 주변의 해면에까지 확장하였다. 제 2 차대전에서는 영국과 독일이 다같이 水雷敷設區域 또는 危險區域(danger zone)이라는 명칭으로 광범위의 해면에 機雷를 부설하여 협소한 안전항로를 지정하는 방침을 취하였다.

조약은 또한 交戰國이 繫維機雷를 부설한 경우에는 평화적 항해의 안전을 위하여 일체의 할 수 있는 예방수단을 다할 것, 될 수 있는 한 일정기간의 경과 후에는 무해가 되는 장치를 실시할 것, 水雷를 감시하지 않게 된 경우에는 군사상의 지장이 없는 한 속히 항해자에 대한 고시로써 위험구역을 지시할 것, 그 고시는 외교상의 절차에 의하여 각국 정부에 통고될 것(제3조), 또 전쟁이 종료한 경우에는 각자 부설한 수뢰를 引揚하기 위하여 할 수 있는 수단을 다할 것 등을 규정하고 있다(제5조).

4. 海戰에서의 奇計와 背信行爲

海戰에서도 육전에서와 같이 背信行爲(perfidy)는 금지된다. 군사기, 적십자기, 휴전기를 부당히 사용하는 것은 배신행위이다. 교전국의 병원선이 적십자의 휘장을 걸고 군사적 작전을 수행하는 것도 명백한 배신행위인 것이다. 그러나 奇計(ruses)는 합법으로 인정된다. 교전국의 군함이 목적물에 접근하기 위하여, 또는 그것으로부터 이탈하기 위하여 중립국 또는 적국의 기장을 게양하는 것은 허용되는 기계이다. 그러나 공격을 개시하거나, 또는 임검·수색·나포 등을 행할 경우에는 반드시 자국의 旗章을 게양하지 않으면 안된다(1212년 프랑스훈령 제88조, 1938년 이탈리아전쟁법규 제138조).

제 1 차대전중 독일의 엠덴(Emden)호는 일본의 국기를 걸고 말레이반도의 페낭항에 들어가 정박중인 러시아함 젬슈그(Zhemshug)에 돌진, 일본기를 내리고 독일국기를 걸고서 공격을 시작, 드디어 同船을 격침시켰는데, 이 행위는 기계로서 합법적인 것으로 인정되고 있다. 이에 반하여 독일의 순양함 슈페호(Admiral Graf Spee)가 프랑스 국기를 게양한 채로 남아프리카 해안에서 영국의 화물선 트레바니온(Trevanion)을 공격한 사실은 국제법위반으로서 비난을 받았다(1939년 10월 2일).

5. 海軍에 依한 攻擊

敵艦船에 대한 공격과 해안에 대한 포격의 두 가지 경우가 문제가 된다.

(1) 艦船에 대한 攻擊

적의 군함 및 기타의 公船(예, 운송선, 연료보급선)에 대해서는 공해나 교전국의 영수내에서 이것과 遭遇한 경우에 즉시 공격을 가할 수 있다. 공선이라 할지라도 다음의 경우는 공격으로부터 면제된다. ① 학술, 종교 또는 박애의 임무를 띤 것(해전에서의 포획권행사의 제한에 관한 조약, 제 4 조). ② 軍用病院船(제네바조약의 원칙을 해전에 적용한 조약). ③ 카르텔船(cartel ships). 이것은 軍使船, 포로교환선, 적과의 공적 통신을 수송하는 선박이다.

태평양전쟁중, 일본객선 아와마루(阿波丸)는 연합국과의 협정에 의하여 安導券(safe conduct)을 얻어 일본에 억류된 연합국민의 구휼품을 수송하는 임무에 종사하고 있었는데 1945년 4월 1일 연합국이 제공한 구휼품을 적재하고 홍콩, 싱가포르 등지로부터 귀항 도중 미국의 잠수함에 의하여 격침되었다. 이 사건에서 미국정부도 전쟁법규위반을 인정하였다.

敵의 사선에 대해서는 즉시 공격할 수는 없으나 임검을 위한 정선의 명령을 거부한 경우, 적군함에 의하여 호송되는 경우 또는 임검이나 수색에 대하여 적극적으로 저항한 경우에는 공격할 수 있다. 군함 등에 대한 경우와 같이 경고를 발하지 않고 또는 臨檢搜索도 행하지 않고 즉시로 공격·파괴하는 것은 허용되지 않는다(1930년 런던조약 제22조). 따라서 통상의 경우 육상의 병력이나 항공기에 대한 무경고의 공격·파괴도 불법이 된다.

그리스의 화물선 페레우스호(Peleus)는 1944년 3월 13일 남대서양에서 독일잠수함(U-852)에 의하여 무경고의 격침을 당했다. 구명정에 분승한 승무원도 거듭 포격을 당하여 전원 35명 중 32명이 사망하였다. 공격을 받을 당시 페레우스호는 군함에 의하여 호송된 것도 아니었다. 약 2년 후 잠수함 852호는 영국 군함 폴마우스호(Falmouth)에 의하여 나포되어, 선장 이하 승무원 전원과 포격에 참가한 의무관까지 1945년 10월 20일 함부르크의 영국군사재판소에서 사형 기타의 선고를 받았다(The Peleus Trial, 1945, War Crimes Court, Hamburg). 뉘른베르크국제군사재판소에서도 독일의 잠수함에 의한 無警告擊沈을 전쟁범죄로 판결하였다. 그러나 동시에 연합국도 自國商船을 무장하였으며, 또한 敵潛艦의 공격을 명령한 것(1939년 10월 1일의 영국 해군성 명령), 또 영국은 스카게락(Skagerrak)의 해면을 항행하는 적선박에 대하여 일체를 격침하도록 명령을 발한 것(1940년 5월 8일) 등을 고려하여 되니츠(Doenitz)제독 등 일부의 피고인에 대하여는 그 부분에 관한 訴因을 불문에 붙였다. rockets나 doodle-bugs의 무차별사용에 대해서도 문제시하지 않았다. 연합국은 실제로 원자탄을 사용하였고 또 앞으로 기회 있을 때는 전기한 무기의 무차별사용의 의도를 가졌기 때문이라고 추측된다.

제 1 차세계대전의 초기 독일은 영국주위의 해역전부를 戰爭區域(Kriegsgebiet)으로 선언하여, 이 구역내의 적상선을 무경고격침하기로 하였으며, 또 영국정부가 자국선박에 中立國旗의 게양을 명령한 사실도 있어 중립선도 격침을 면할 수 없다고 경고하였다. 이 경고를 발한 3개월 후인 1915년 5월 7일 유명한 루시타니아(Lusitania)호사건이 발생하였다. 이것은 독일잠수함이 영국의 여객선인 同號를 무경고격침한 사건인데, 1,000여명의 희생자 중 미국민의 生命損失에 대하여는 독일정부가 책임을 지기로 하여 일단 이 사건은 낙착을 보았다(종전 후 미국과의 평화조약에 의거한 특별협정에 의하여 사건의 해결을 혼합청구권위원회의 처리에 위임하였다). 이와 같은 사건이 그 후에도 속출하던중, 1917년 1월 31일 독일은 영국, 프랑스, 이탈리아 등의 주변수역에 한층 광범한 금지구역 또는 遮斷區域(Sperrgebiet)의 설정을 선언하였으므로, 미국은 2월 3일 독일과의 외교관계를 단절하고 3월 12일 알곤퀴인(Algonquin) 등의 미국함에 대한 어뢰공격을 계기로 하여 4월 6일 독일에 대하여 선전을 포고하였다.

잠수함에 관한 워싱턴조약(1922년 2월 6일, 불실시), 런던조약(1930년 4월 2일, 역시 불실시), 런던의정서(1930년 11월 6일, 역시 불실시)는 상기 제 1 차대전의 경험을 살린 것인데 조약으로서 성립되지 못하였다. 제 2 차대전중 英船 아테니아(Athenia)가 대서양에서 독일잠수함에 의하여 격침된 것을 비롯하여, 교전국쌍방 및 중립국의 상선은 다대한 위협을 받았다. 그러나 제 2 차대전에서도 무경고격침을 불법으로 하는 원칙은 여전히 유지되었으며, 행위자는 전쟁범죄로서 처단되었다.

(2) 海岸에 대한 砲擊

1907년의 '戰時 海軍力으로써 하는 砲擊에 관한 條約'은 군함에 의한 해안, 도시에 대한 포격에 관해서도 육군에 의한 공격의 경우와 같이 '防禦地域'과 '無防備地域'과의 구별을 전제로 하고 있다.

먼저 방어지역에 대한 포격(함포사격)에 있어서는 무차별 포격이 인정된다. 이 경우에도 종교·기술·학술 및 자선의 용도에 제공되는 건물, 역사상의 기념건조물, 병원 및 상병자의 수용소는 군사상의 목적에 사용되지 않는 한 될 수 있는 대로 손해를 면하도록 필요한 일체의 수단을 다하여야 한다. 그 지역의 주민은 그러한 건조물을 특수한 기장으로써 표시할 의무를 진다(제 5 조 및 해상의 군대의 상자 · 병자 및 난선자의 상태개선에 관한 1949년의 제네자조약 제23조). 攻擊指揮官은 군사상 부득이한 경우를 제외하고는 포격을 개시하기 전 그 뜻을 관헌에게 통고하기 위하여 할 수 있는 일체의 수단을 다하여야 한다(제6조). 그러므로 군사상 부득이한 경우에는 예고할 필요가 없는 것으로 해석된다.

無防備地域에 대한 포격은 금지된다. 그 지역은 전면에 自動觸發水雷가 부설되어 있는 사실만으로는 방어지역으로 되지 않으며, 따라서 역시 포격은 금지된다(제1조). 그러나 이 포격금지는 무차별포격을 금지한다는 취지에 불과하며 무방비지역에 있는 군사목표에 대한 포격도 금지하는 것은 아니다. 전기의 조약은 陸戰法規와는 달리 이 점에 관하여 명확한 규정을 두고 있다. 즉, 무방비지역에 대한 포격의 금지 중에는 "군사상의 공작물, 육해군건설물, 병기 또는 군용재료의 저장소, 적의 함대 또는 군대의 용도에 제공될 공장 및 시설, 그리고 항내에 있는 군함"을 포함하지 않는다고 하였다(제2조 1항). 이와 같은 군사목표주의는 1924년의 헤이그 空戰法規의 표본이 된 것이다. 군사목표에 대한 포격의 경우에도 지휘관은 그 지역의 피해를 최소한으로 국한하도록 일체의 적당한 수단을 취하지 않으면 안 된다(제2조 3항).

해군함선에 의한 징발, 공납금의 징수는 희소한 일이라고 생각되나, 전기 조약은 징발에 불응한 無防備都市 · 村落의 무차별포격을 인정하는 한편(제3조), 공납금의 경우에는 그 지불의 거부를 이유로 하는 포격을 불법으로 하였다(제4조). 또한 도시 기타의 지역을 공격한 경우에도 이것을 약탈에 방임해서는 안된다(제7조).

6. 海上捕獲

(1) 海上捕獲의 意義

敵國의 海上財産을 일반적으로 소탕하고 적국의 외국과의 교통을 차단하는 海上捕獲은 육군에 대한 적국영토의 점령, 공군에 의한 적도시의 폭격과 함께 해전에 있어서의 중요한 전쟁수단이다. 근대전이 국민 대 국민(Volk gegen Volk)의 전면 전쟁의 성질을 띠고 경제전의 양상을 나타냄에 따라 해면은 교전국에 대한 보급로로서 경제전의 무대가 되어 海上捕獲은 그 중요성을 더하게 되었다. 그러나 해상포획은 중립국의 이익에 중대한 영향을 미치는 것이므로 과거 수세기간 교전국과 중립국간의 분쟁원인이 되는 경우가 많았다. 이러한 분쟁으로부터 교전국의 전쟁수행의 필요와 중립국의 통상자유의 주장과의 타협인 약간의 법규가 성립되었다. 이와 같은 법규의 종합을 海上捕獲法이라고 부른다.

현행의 해상포획법에 의하여 교전국이 갖는 권리는 다음과 같다.

① 敵船 및 敵貨를 포획하는 권리.

② 적의 연해에 봉쇄선을 설정하여 적의 해상교통을 차단하고, 이것을 침파하는 모든 선박을 처벌할 수 있는 권리.

③ 戰時禁制品을 해상에서 저지하는 권리.

④ 軍事的 幇助(비중립역무)를 억압할 수 있는 권리.

그런데 사유재산존중의 원칙은 육전에서는 일찍부터 확립되었으나 해전에서는 오히려 私有財產沒收의 원칙이 통용되고 있음을 유의하여야 한다. 그 이유는 육상의 사유재산의 몰수가 도리어 점령지의 행정, 따라서 작전행동을 곤란케 하는 사정은 해상사유재산의 경우에는 전연 존재하지 않는다는 군사적 고려에 있는 것으로 생각된다(전술). 최근의 총력전, 경제전의 경향이 국가와 사인과를 구별하는 전쟁법의 원리를 압박하여 제1, 2차대전에서 보는 바와 같이 해상사유재산의 포획·몰수의 원칙을 한층 강화하고 있는 것은 말할 것도 없다.

(2) 海上私有財產의 取扱에 관한 沿革

海上捕獲에 관한 가장 중요한 국제문서는 1856년 파리평화회의에서 조인된 '海法의 諸問題를 規律하는 宣言'이다. 이것은 또한 파리선언이라고도 부르는데 선언의 내용이 해상포획법의 기본적 제문제를 다루었으며, 그 효력이 보편적이라는 의미에서 海戰法上의 마그나 카르타적 존재라고 할 수 있다. 그러나 파리선언에 이르기까지 해상의 사유재산의 포획에 관한 규칙은 역사적으로 허다한 변천을 경과하였다.

1) **敵性感染主義**

(a) 敵船은 선박과 함께 화물도 전부 몰수한다(적선 내의 中立貨도 몰수).

(b) 中立船은 中立貨와 함께 몰수하지 않는 것을 원칙으로 하나, 敵貨가 있을 경우에는 적화와 함께 중립선도 몰수하며 심한 경우에는 중립화까지 몰수한다.

이와 같이 중립선이나 중립화도 적선 또는 적화와 동행할 경우에는 마치 적성이 감염하는 것과 같이 취급하는 것이므로 이 주의를 敵性感染主義라고 부른다. 프랑스가 16세기(1543년, 1548년의 칙령) 및 17세기(1690년의 칙령)에 이 주의를 채용하였고, 스페인은 18세기(1718년)에 동일한 주의를 채용하였다.

2) **콘솔라토 델 마레主義**

(a) 적선은 적화와 함께 몰수한다(적선 내의 중립화는 비몰수).

(b) 중립선 내의 적화만을 몰수하고 중립선 및 중립화는 몰수하지 않는다. 이것은 선박과 화물을 그 소유권을 표준으로 하여 포획 여부를 결정하는 주의라고도 부른다. 14세기 지중해 연안의 여러 국가간에 실행된 해상관습법인 Consolato del Mare가 채용한 주의이다. 프랑스가 1650년에, 영국은 18세기 중 및 19세기 전반에 이 주의를 채용하였다. 敵貨를 적재한 중립국의 선박은 교전국의 捕獲裁判所까지 인치되어 결국 몰수되지는 않을지라도 허다한 불이익을 받았다.

3) **國旗主義**

(a) 적선은 적화 및 중립화와 함께 몰수한다.

(b) 중립선은 적화나 중립화와 함께 몰수하지 않는다.

선박의 적성은 국기에 의하여 결정되기 때문에 國旗主義라고 칭하는데, '國旗는 화물을 지배한다'라는 원칙에 따라서 '敵船·敵貨, 自由船·自由貨'主義(enemy ships, enemy goods; free ships, free goods)라고도 한다. 이 주의는 17·18세기중 네덜란드가 항행업에 종사하는 중립국으로서 콘솔라토 델 마레주의에 의한 불편을 면하기 위하여 제창한 것인데 다수의 국가가 이 주의를 채용한 조약을 체결한 바 있다. 프랑스는 1778년에 영국과 이러한 조약에 체결하여 1856년의 파리선언시까지 이르렀다.

4) 파리宣言

(a) 敵船은 敵貨와 함께 몰수한다(중립화는 비몰수).

(b) 中立船은 화물과 함께 몰수하지 않는다(적화도 비몰수). 단, 戰時禁制品은 몰수한다.

이 선언은 적선내의 화물에 관해서는 콘솔라토 델 마레주의를 채용하고, 중립선내의 화물에 관해서는 國旗主義를 채용하여 중립국에게 유리한 방향으로 추진한 것이다. 이것을 최초로 주장한 것은 1780년의 제 1 회 무장중립동맹과 1800년의 제 2 회 무장중립동맹이며, 나아가 1854년-1856년의 크리미아전쟁에서는 교전국인 영국·프랑스 양국이 중립국의 지지를 얻기 위하여 이 주의를 채용하였는데, 전후의 파리선언 중에 명백히 규정되었다.

파리선언은 전기와 같이, ① 戰時禁制品을 제외하고 중립국기를 게양한 선박에 적재된 적화의 捕獲免除, ② 전시금제품을 제외하고 적국기를 게양하는 선박에 적재된 중립화의 포획면제를 규정한 이외에, ③ 捕獲私船의 폐지와, ④ 봉쇄가 유효화되기 위해서는 실력을 사용할 것 등의 네 가지 규칙을 정하였다. 이 선언에는 미국을 제외한 대부분의 국가가 가입하고 있을 뿐만 아니라 비가입국도 실제상 이 규칙을 따르고 있으므로 상기의 규칙은 일반적으로 승인된 국제법규라고 할 수 있다. 그러나 남북전쟁 이래 連續航海主義(중립항을 목적지로 하는 전금품도 적지로 갈 수 있는 것은 포획할 수 있다는 주의)가 채용되고, 또 제 1 차대전 이래 전시금제품의 범위가 크게 확대되었으며, 나아가 무해의 입증책임을 中立國荷主에게 부담하게 한 결과 파리선언의 효력은 대단히 감소되고 말았다. 이 경향은 제 2 차대전에서 한층 더 강화되었다(1939년 11월 7 일의 영국의 대독일통상보복령). 생각건대 파리선언은 전쟁에 의한 중립국의 해상무역의 피해를 극소화하려는 목적에서 중립국에게 유리하도록 작성된 것이므로, 중립국이 거의 존재하지 않는 최근의 대전에서는 이 선언을 수호할 만한 국제세력의 부존재 및 중립제도 자체의 동요로 인하여 중립선·중립화에 대한 교전권행사의 강화는 오히려 당연한 경향이라고 하겠다.

(3) 敵船·敵貨의 捕獲

敵船·敵貨는 해상에서 포획·몰수할 수 있음을 원칙으로 한다. 적의 함정 기타의 公船을 파괴(격침)할 수 있고 또는 拿捕할 수도 있으며, 나포한 경우에는 戰利品(booty)으로서 곧 拿捕國의 소유에 귀속시킨다. 적국의 사유재산(적선·적화)도 나포의 대상이 되며 일정한 요건에서는 파괴할 수 있으나 승무원의 보호 및 선박서류와 화물의 보전조치를 취하지 않고 무경고 격침을 행하는 것은 허용되지 않는다(적함선에 대해서 무경고격침이 일반적). 또한 적선·적화를 나포할지라도 그것은 당연히 拿捕國에 귀속하는 것이 아니고 일정한 포획절차를 경유한 후에 捕獲物(prize)로서 교전국이 몰수할 수 있는 것이다.

포획절차는 정선·임검·수색·나포·송치의 과정을 경과한 후 최후로 교전국의 捕獲裁判所(prize court)에 의해 검정에 이른다. 이 검정결과에 따라 포획물로서 확정된 경우에 교전국의 소유가 된다. 이 점에서 포획물은 전리품과 다르다.

그러나 중립선상의 적화(및 중립화)는 戰時禁制品만 몰수될 뿐이고 기타의 적화는 포획으로부터 면제된다. 적선상의 중립화는 역시 전시금제품을 제외하고 포획을 면하나 적선에 적재된 관계상 일반적으로 적화로서의 추정을 받는다. 상기의 제원칙이 전시금제품의 확장에 따라 실질적 제한을 받고 있음은 전술한 바와 같다.

적선·적화의 포획에 있어서, ① 적성을 결정하는 기준의 문제가 있고, ② 적선·적화라 할지라도 포획을 면하는 것이 있으며, ③ 형식적으로는 중립선·중립화라 할지라도 어느 경우에는 敵性을 취득하여 적선·적화로서 포획·몰수되는 것도 있다. ①과 ③의 문제는 이미 논급하였으므로 포획으로부터 면제되는 적성·적화를 설명하면 다음과 같다.

1) **慣習法上 捕獲을 免하는 것**　카르텔선과 학술·종교·박애의 임무를 띠고 항해하는 선박은 공선이든 또는 사선이든 간에 포획을 면한다. 단, 학술·종교·박애의 임무를 띤 선박이 교전국의 통항권을 갖는 것을 조건으로 한다('해전에서의 포획권행사의 제한에 관한 조약'도 이에 관한 포획면제를 규정하고 있으나 통행권을 요구하지 않고 있다. 제 4 조).

2) **條約에 의하여 捕獲을 免하는 것**　첫째 '개전시 적의 商船取扱에

관한 조약'은, (a) 개전시 교전국의 항 내에 있는 적선, (b) 개전 전에 최후의 寄港地를 떠나서 개전의 사실을 모르고 교전국의 항에 들어온 적선, (c) 개전 전에 최후의 기항지를 떠나서 개전의 사실을 모르고 해상에서 교전국의 군함에 遭遇한 적선 및 상기 세 종류의 적화에 관하여 포획금지를 규정하였다. 그러나 이 조약은 總加入條項을 포함한 것이며, 당초의 주요 당사국 중 이 조약을 파기한 국가(영국은 1925년에, 프랑스는 제2차대전에서 이 조약을 적용하지 않았다)가 생기고 또 그 적용에 상호주의를 조건으로 하는 국가가 있는 동시에 통신의 발달로 인하여 이 조약의 적용은 극심한 제한을 받고 있다.

둘째 '제네바조약의 원칙을 해전에 응용하는 조약'에 의하여 船名을 적국에 통고한 病院船은 포획을 면하게 되었다(이 조약은 1949년 개정되어 독립의 조약이 되었다).

셋째 '해전에 있어서의 포획권행사의 제한에 관한 조약'에 의하여, (a) 연안어업에 사용되는 선박, (b) 지방적 소항해에 사용되는 선박은 포획을 면하는 것으로 되었다.

(4) 戰時禁制品

戰時禁制品(contraband of war)은 군용에 공급되는 물품으로서 일방의 교전국에 공급되는 것을 타방의 교전국이 해상에서 그 수송을 방지할 수 있는 것이라고 정의된다(원 뜻은 '禁令違反'을 의미한다. 이탈리아어 *contrabando*, 라틴어의 *contrabandum*에서 나온 것이라고 한다). 파리선언은 포획몰수를 적선과 적선내의 적화에 일단 한정은 하면서, 적선내의 중립화나 또는 중립선내의 적화·중립화라 할지라도 전시금제품인 경우에는 역시 포획을 면할 수 없는 것으로 하였다. 따라서 몰수의 대상이 되는 전시금제품을 구성하기 위해서는 ① 軍用에 제공될 수 있는 것(susceptible of belligerent use), ② 敵性目的地(enemy destination)를 가질 것, 이 두 가지 요소가 필요함을 알 수 있다.

1) 戰時禁制品이 되는 物資　戰時禁制品은 첫째 군용에 제공될 수 있는 물품인데, 종래에는 이러한 물품이라 할지라도 당연히 전시금제품으로 되는 것이 아니고 국제관습법, 조약, 교전국의 국내법 등에 입각하여 전시금제품으로서 미리 선언됨으로써 비로소 전시금제품이 되었다. 1909년의 런던선언은 어떠한 물자가 전시금제품으로 간주되는가에 관하여 처

음으로 일반적 규정을 부여한 조약이었으나 이 조약은 비준되지 못하고 말았다. 더욱이 제 1 차대전 이후의 총력전에 있어서 런던선언의 원칙을 오늘도 그대로 인정하기는 곤란하게 되었다.

그로티우스 이래의 분류에 의하면 전시금제품은 전적으로 전쟁의 용도에 제공되는 物資(무기, 탄약), 즉 絶對的 禁制品(absolute contraband)과 전쟁용으로도 평화용으로도 사용되는 물자(식료, 의료), 즉 相對的 禁制品(또는 조건부 금제품, conditional contraband)의 양자로 구별되어 왔다. 런던선언은 이 구별을 인정하는 동시에 전시금제품으로 인정될 수 없는 자유품을 인정하였다. 그러나 제 1 차대전에서는 각국의 금제품 리스트가 현저히 확대되었으며 자유품도 계속 금제품으로 편입되었다(예, 면화, 양모). 제 2 차대전에서 각국 공통의 현상은 금제품의 품목을 낱낱이 열거하지 않고, '육상, 해상 및 공중의 무장에 직접 所用되는 모든 품목과 재료' 또는 '군사목적과 평시목적의 쌍방에 사용되는 모든 품목과 재료'와 같이 금제품을 일반적으로 규정한 것이다. 이로써 전시금제품의 범위가 크게 확장되었으며, 또한 절대적 금제품과 상대적 금제품을 구별하는 의미도 없어지게 되었다.

2) **敵性目的地** 戰時禁制品이 되기 위한 제 2 의 요건은 適性目的地로 수송되고 있는 사실이다. 이 점에 관하여 런던선언은 절대적 금제품과 상대적 금제품을 구별하였다. 절대적 금제품의 경우에는 적국의 영역(점령지를 포함)으로 수송되고 있는 것을 입증할 수만 있으면 포획할 수 있으나, 상대적 금제품의 경우에는 적국의 군이나 행정청에 수송되고 있는 것을 입증할 수 없으면 포획할 수 없는 것으로 하였다(제30조, 제33조). 그러나 그 후의 전쟁에 있어서 화물의 敵性目的地에 관하여 捕獲裁判所가 허다한 추정을 행하는 관행이 생기게 되었으며, 이 결과 실질적으로는 양자의 구별이 필요 없는 데까지 이르렀다.

화물이 직접적으로 적성목적지에 수송되는 경우에만 전시금제픔으로 인정되는가? 이 문제에 관하여 런던선언은 절대적 금제품에는 소위 連續航海主義(the doctrine of continuous voyage)를 적용하고(제30조 후문), 상대적 금제품에는 이 주의의 적용을 인정하지 않았다. 연속항해주의라고 하는 것은 화물의 표면상의 목적지가 직접 敵國(또는 적 점령지)이 아니고 중립항이라 할지라도 중립항에서 他船에 轉載하거나 또는 육로를 경유하여 적국영역으로 향한다는 것이 입증된 경우에는 중립항을 목적지로 하는 제 1 의 항해와 중립항으로부터 다시 敵港으로 향하는 제 2 의 항해를 연속한 하나의 항해로 보는 주의이다. 그러므로 런던선언에 있어서 절대적 금제품은 중립항을 목적지로 할지라도 敵國領域에 수송되리라는 증거가 있으면 그것을 포획할 수 있는 반면, 상대적 금제품은 중립항에 揚陸되지 않고 직접 적국을 향하여 항행하는 선박에 의하여 수송되는 경우에만 포획할 수 있게 된다(제35조 제 1 항). 2종의 금제품을 구별하는 의미도 여기에 있었으나 제 1 차대전시 連續航海主義를 상대적 금제품에도 적용하는 경향이 생기고, 제 2 차대전은 이 경향을 한층 강화하였다(제 1 차대전시 The Kim Case(김號事件)에서는 미국인 소유의 양식·피혁을 실은 노르웨이·스웨덴선박이 코펜하겐으로 향하는 도중 최종목적지가 독일이라는 추정을 받아 몰수되었다).

3) **戰時禁制品 및 그 輸送船의 捕獲** 戰時禁制品은 전쟁중 중립국 영수 이외의 해상에서 언제나 포획될 수 있다. 전시금제품이 적화이든 중립화이든 관계가 없으며, 또 그것이 적선상에 있든 중립선상에 있든 문제가 아니다. 적어도 전시금제품인 한에는 일체가 몰수된다.

非禁制品의 운명은 어떻게 되는가? 적화라 할지라도 중립선상의 비금제품은 파리선언에 의하여 몰수를 면한다. 또 중립화는 적선상에 있을지라도 역시 파리선언에 의하여 보호를 받으나 적선상의 적화가 일반적으로 일단 적화로서의 추정을 받는 것은 포획법상의 통칙이므로(런던선언 제59조) 중립화라는 입증을 다하지 못한 경우에는 포획의 대상이 된다. 런던선언은 이 문제에 관하여 적화 중의 非禁制品도 禁制品과 동일소유자에 속하는 것은 역시 포획되는 것으로 하였다(제42조). 영·미주의는 이와 같은 런던선언의 感染主義에 일치하는 것으로서 비금제품의 몰수를 원칙으로 하나 반드시 이 주의를 일관하지는 않고 先買權을 유보하는 실행도 있었다. 이에 대하여 大陸主義(프랑스 기타)는 이러한 비금제품의 비몰수를 관행으로 한다.

戰時禁制品의 수송선에 관하여는 中立船舶이 문제가 된다. 적선은 일반적으로 포획의 대상이 되기 때문이다. 영국주의에 의하면 선박소유자가 금제품의 소유자와 동일한 경우 및 선박소유자가 금제품수송에 관하여 악의를 가진 경우에 선박을 포획한다. 이에 반하여 대륙주의는 선박의 적화

중에 금제품이 기타의 화물에 비하여 비교적 다량인 경우에 한하여 선박을 몰수한다. 런던선언은 대륙주의를 취하여 "선박 내에 금제품이 그 가격상, 중량상, 용적상, 또는 운임상 全積貨의 반수를 초과한 경우에" 선박을 몰수할 수 있는 것으로 하였다(제40조). 그러나 禁制品輸送의 선박을 포획할 수 있는 경우는 現行中(*in delicto*)에 한정되며(런던선언 제38조) 과거에 전시금제품을 전송하였다는 이유로 포획할 수는 없다.

(5) 封　　鎖

封鎖(blockade)는 교전국이 實力(주로 해군력)으로써 敵國(또는 적국의 점령지)과 외계와의 해상교통을 차단하는 것을 말한다. 해면은 교전국에 대하여 중요한 보급로이므로 경제전의 치열한 무대가 된다. 원래 중립국은 교전국과 평화관계에 있고 따라서 교전국과 자유로이 해상교통을 행할 수 있어야 할 것이나, 적국의 해안을 봉쇄하여 그 보급로를 차단함으로써 적의 전력증강을 방지하는 방법이 허용됨에 이르러 중립국과 교전국과의 통상은 크게 위협을 받고, 중립국은 봉쇄가 합법적으로 실시된 경우에는 이것을 용인할 의무를 진다. 이와 같이 戰時封鎖(belligerent blockade)는 平時封鎖(pacific blockade)와는 달라서 중립국선박의 출입까지도 저지하는 효과를 가지며, 봉쇄선을 침파하는 선박은 적선뿐만 아니라 중립선까지도 나포할 수 있고 그 선박·화물을 몰수할 수 있는 법적 효과가 인정된다. 그러므로 봉쇄의 성립에는 엄중한 요건이 요구되고 있다.

1) 封鎖의 範圍와 種類　봉쇄는 적국 또는 적국점령지의 항이나 연안에 한하여 실시할 수 있고(런던선언 제 1 조), 중립항이나 중립연안에는 실시하지 못한다(제18조).

제 2 차대전 이래 經濟戰의 확대와 더불어 특수한 봉쇄가 실시되는 경향이 있다. 첫째는 교전국의 소위 長距離封鎖(long distance blockade)와 특수한 의미를 갖는 戰爭區域(war zones)이다. 전자는 제1, 2차대전에서 영국과 프랑스가 독일잠수함의 무경고격침에 대한 復仇로서 실시한 것이고, 후자는 閉鎖區域 또는 遮斷水域(Sperrgebiete)으로서 通航船舶은 국적여하를 불문하고 무경고격침을 행할 것을 선언한 수역인데 독일이 역시 제1, 2차대전에서 설정하였다. 한국사변중 국제연합군사령부가 설정한 '韓國防衛水域'(소위 Clark Line)도 이러한 차단수역의 일례라고 볼 수 있다(1952년 9월 27일 설정). 이 방위수역은 그 전의 맥아더 線(The McArthur Line)과 대치되어 한국연안에 대한 공격의 저지, 국제연합군의 보급선 확보, 전시금제품 수송의 방지 및 間諜活動의 봉쇄 등의 목적을 가진 것이었다(평화선은 이 클라크선과 대치된 것).

둘째는 중립국이 설정하는 차단수역인데 종래에 볼 수 없는 특수한 봉쇄의 일종이다. 제 2 차대전의 초기 美洲諸國은 安全水域(zone of security)에 관한 선언을 채택하고(1939년 10월 3일 제 1 회외상회의에서 채택. 1940년 6월 4일 범미중립위원회에서는 안전수역에 관한 권고를, 1940년 7월 21일 제 2 회 외상회의에서는 연안해 및 안전수역 내에서의 적대행위에 관한 선언을 각각 채택하였다), 교전국의 전쟁행위에 대한 미주대륙의 자위조치를 강구하였다. 그 안전수역의 범위는 당시의 중립국이었던 美洲諸國의 연안으로부터 수백 마일이나 되었으며, 영국, 프랑스, 독일은 이러한 안전수역의 국제법적 근거를 인정할 수 없다고 항의하였으나 미주제국은 이 안전수역의 수호를 선언하며 양보하지 않았다.

2) **封鎖의 成立要件**　봉쇄가 유효하게 성립되기 위해서는 ① 실효적인 봉쇄일 것, ② 봉쇄의 사실을 고지할 것, ③ 敵國海岸에 대하여 실시된 봉쇄일 것, 그리고 ④ 각 선박에 대하여 공평하게 적용된 봉쇄일 것 등의 요건을 필요로 한다.

(a) **實效性**　봉쇄는 먼저 실효적이 아니면 안된다. 즉, "적의 해안에 도달하는 것을 실제로 방지하는 데에 충분한 병력으로써 유지될 것"이 필요하다(파리선언 제 4 조). 근세 초엽으로부터 19세기 초엽에 이르기까지 일편의 선언으로써 봉쇄를 주장하면서 중립통상에 함부로 봉쇄권을 행사하던 소위 紙上封鎖(paper blockade), 擬似封鎖는 허용되지 않는다. 이 요건은 중립통상의 제한을 될 수 있는 대로 극소화하려는 목적을 갖는다. 그러나 봉쇄를 실효적으로 하는 방법에 관해서는 異論이 있다. 프랑스주의는 봉쇄항 또는 봉쇄연안의 전면에 함대가 연쇄적으로 정박하여 그 사이를 침범하는 선박에게 명백한 위험을 줄 만한 정도가 아니면 안된다고 한다(정박봉쇄). 이에 대하여 영미주의는 봉쇄항 또는 封鎖沿岸에 출입하는 선박을 대체로 포착할 수 있는 정도의 병력에 의하여 감시할 수 있으면 족한 것이고, 따라서 碇泊封鎖는 필요없다고 하는 것이다(巡航封鎖). 파리선언은 이 점

을 결정하지 않았으며, 런던선언은 이 문제를 사실상의 문제라고 하였다(제3조). 병기의 발달로 인하여 碇泊封鎖의 주장은 오늘날 무의미하게 되었으며, 프랑스도 제1차대전 이래 이 정박봉쇄주의를 버리고 있다. 따라서 각국관행의 불일치는 해소되었으나, 그 반면 봉쇄의 실효성에 관련하여 長距離封鎖라는 새로운 문제가 제기되고 있다.

(b) **告　知**　런던선언은 중립국정부 및 敵國地方官憲에게 봉쇄의 선언을 고지할 것을 요구하고 있다(제11조). 선언은 봉쇄개시의 일시, 봉쇄의 지리적 범위를 명백히 표시하여야 한다(제10조). 그러나 고지에 관한 각국의 실행은 반드시 일치한 것은 아니다. 영미주의는 고지를 봉쇄의 성립요건으로 하지 않고, 封鎖侵破處罰의 요건으로 하는 입장을 취하고 있다. 즉, 고지를 행하지 않은 까닭에 봉쇄의 사실을 알지 못한 경우에는 봉쇄선을 침파할지라도 처벌하지 않는다. 이에 반하여 大陸主義는 고지를 봉쇄의 성립요건으로 하고 있다.

(c) **公　平**　봉쇄는 모든 국가의 선박에 대하여 공평하게 적용되지 않으면 안된다(런던선언 제5조). 따라서 어느 중립국에 한하여 封鎖線의 통과를 허용한다든가, 또는 自國船舶에게만 봉쇄선의 통과를 허용한다든가 하는 것은 공평에 반하는 것으로서 봉쇄를 무효화한다.

예컨대, 영국의 樞密院은 프란시스카호(Franciska)사건에서 리가(Riga)의 봉쇄는 교전국 국민에게 피봉쇄항의 인민과 상거래를 할 수 있는 권한이 부여되었기 때문에 무효라는 근거에 입각하여 나포한 선박을 석방한 바 있다.

그러나 공평이라는 의미는 모든 國旗에 대한 평등을 의미하며, 모든 선박에 대한 평등을 의미하지 않으므로 각국에 대하여 공평하게 실시된다면 특정의 선박에 한하여 출입을 허가할지라도 봉쇄의 유효한 성립을 방해하지 않는다(제6, 7조 참조). 즉, 중립국 일반의 군함에 대하여 봉쇄항의 출입을 허용하거나 또는 해난을 만난 선박이라면 어떠한 선박에게도 봉쇄지역내에의 일시적 피난을 허용하는 것은 공평에 반하지 않는다. 또한 봉쇄항에의 출·입 중 출·입의 어느 일방만을 금지하는 경우에도 봉쇄의 공평을 해하지 않는 것으로 인정되고 있다.

(d) **敵國沿岸** 봉쇄가 전적으로 적국 또는 적국점령지의 港·沿岸에 실시되어야 하고, 중립국의 항·연안에는 실시될 수 없다고 하는 것은 전술한 바와 같다. 이 점은 역시 봉쇄에 관한 連續航海主義의 적용, 또는 장거리봉쇄에서 문제가 된다.

3) **封鎖侵破** 유효하게 성립된 봉쇄에 있어서 이것을 侵破하고, 봉쇄지역과 교통하는 선박은 교전국이 포획할 수 있다. 이 封鎖侵破의 성립요건은 봉쇄의 지식과 봉쇄선의 통과이며, 또한 현행중에만 봉쇄침파를 구성한다.

(a) **封鎖의 知識** 선박을 봉쇄침파로서 포획하기 위해서는 봉쇄의 사실을 알면서 봉쇄선의 통과를 시도한 것이 아니면 안된다. 이 경우 봉쇄의 사실을 실제로 알고 있는 것이 필요한가, 또는 일정한 사정하에서 알고 있는 것으로 인정될 수 있으면 족한가? 런던선언은 현실의 지식을 요구한다(제14조). 동시에 봉쇄의 일반적 고지를 받은 中立國港을 상기의 고지 후에 출범한 선박은 봉쇄의 사실을 알고 있는 것으로 추정을 받는다. 영미주의는 봉쇄가 유명하거나 봉쇄의 일반적 고지가 있는 경우에는 봉쇄를 알고 있는 것으로 추정하는 방침을 취하고, 따라서 封鎖의 不知는 선박측에서 입증(즉, 반증)하는 것으로 한다. 이에 반하여 프랑스주의는 현실의 지식을 요구하며, 봉쇄선에 접근하는 개개의 선박에게 봉쇄의 존재를 고지할 필요가 있는 것으로 한다(개별적 고지주의). 이 결과 프랑스주의에 의하여 중립선은 포획당할 위험 없이 적어도 한번은 封鎖通過를 시도할 수 있게 되었다. 그러나 제1차대전에서는 大陸諸國도 개별적 고지주의를 버리고 일반적 고지 후 적당한 시간이 경과한 후에는 봉쇄의 사실을 알고 있는 것으로 추정하는 방침을 취하였다.

(b) **封鎖線의 通過** 封鎖侵破成立의 또 하나의 요건은 선박이 封鎖線의 통과를 시도하는 것이다. 어떠한 경우에 봉쇄선의 통과를 시도한 것으로 인정되는가? 각국의 관행은 이 점에 관해서도 일치하지 않는다. 프랑스주의는 강력이나 기계를 사용하여 통과를 시도하는 것이 필요하다는 방침을 취하고 있다. 영미주의는 봉쇄선의 부근에서 봉쇄선을 넘어가는 방향으로 항행하고 있는 경우, 또는 그 봉쇄를 현재 고지하고 있는 항을

향하여 항행하고 있는 경우에는 봉쇄선의 통과를 시도한 것으로 인정한다. 더욱이 영미주의는 봉쇄에도 連續航海主義를 적용하여 표면은 비봉쇄항 또는 중립항을 향하여 항행하는 선박이라 할지라도 다시 그것을 경유하여 봉쇄항으로 향할 의도가 있는 것은 봉쇄선을 넘지 않은 최초의 항해시에 역시 그 선박을 포획할 수 있는 것으로 한다. 미국은 이때에 非封鎖港으로 항행하는 중립선이 악의로 화물을 수송하는 경우에는 선박과 화물을, 선의로 수송하는 경우에는 화물만을 封鎖侵破로서 포획한다. 런던선언은 이러한 連續航海主義를 부인하고 있다(제19조). 그러나 제1, 2차대전에서 영국·프랑스·미국 등이 행한 장거리봉쇄는 이 연속항해주의를 극단적으로 적용한 것이다.

(c) **現 行 中** 봉쇄침파는 現行中(*in delicto*)에만 성립한다. 과거의 봉쇄침파는 처벌의 대상이 되지 않는다. 그러나 어떤 경우를 현행중으로 보는가에 관하여 상반된 주장이 있다. 영미주의에 의하면 封鎖侵破의 의사를 가지고 출항한 선박은 봉쇄항을 향하는 항해중의 어느 지점에서도 나포할 수 있고, 또한 만약 그 선박이 봉쇄선의 돌파에 성공한 경우에는 귀선중 어느 때에도 포획할 수 있는 것으로 하여 全船程을 현행중으로서 捕捉한다(연속항해주의, 연속수송주의, 또는 최종목적지주의). 프랑스주의는 봉쇄선을 실제로 돌파하는 경우를 현행중이라고 본다. 런던선언은 대체로 프랑스주의에 따라 "중립선박은 봉쇄의 실효성을 확보하는 임무를 가진 군함의 행동범위 내가 아니면 봉쇄범으로서 나포할 수 없다"(제17조)고 하였다.

4) **封鎖侵破의 處罰** 封鎖侵破를 행한 선박은 적선·중립선을 불문하고 선박 내의 화물과 함께 몰수된다(런던선언 제21조). 파리선언에 의하여 포획을 면제하는 중립선 중의 非禁制品인 적화, 또는 적선 중의 비금제품인 중립화도 봉쇄침파의 경우에는 일체 捕獲(몰수)의 대상이 된다. 그러나 화물에 관해서는 예외로 선의의 荷積人을 보호하는데, 하적인이 積貨時에 봉쇄침파의 의도를 몰랐던가 또는 알 수가 없었던 것을 증명한 경우에는 몰수를 면한다(런던선언 제21조). 이 점에 관한 영미의 관행은 화물의 소유자가 악의인 경우 및 선박의 소유자와 동일한 경우에는 화물을 몰수하고 선원만은 석방한다(적선의 선원은 대체로 포로가 된다).

5) **長距離封鎖** 제1, 2차대전중 미국과 프랑스는 독일잠수함의 無警告擊沈에 대한 復仇措置로서 소위 長距離封鎖(long distance(range) blockade)를 실시하였다. 즉, ① 독일제항에서 출항하는 선박(적선, 중립선)의 화물(적화, 중립화), ② 독일 이외의 항으로부터 출항하는 선박 중의 적소유 또는 적국산의 화물, 이상 두 가지 경우의 화물을 일체 영국과 프랑스의 항에 양륙하게 하고, 이 화물에 대하여 포획·몰수는 하지 않으나 보관이나 強制買上을 실시, 최종적 처리는 원칙적으로 전후에 행하기로 하였다. 기타의 포획이유가 있는 것은(적선, 적화, 전시금제품, 봉쇄 침파, 군사적 방조 등의 경우) 별도로 그것에 의하여 포획·몰수하였다(1939년 2월 28일 미국의 獨貨拿捕令, 1940년 7월 31일의 복구령).

長距離封鎖의 합법성 여하의 문제에 관해서는 異論이 많다. 이 조치는 중립통상을 부당히 침해하는 것이므로 단순한 복구행위라고 볼 수 없다. 복구조치의 대상은 상대방 교전국이 아니면 안된다. 또 장거리봉쇄는 전통적 봉쇄로도 설명하기 곤란하다. 첫째 봉쇄지역에의 교통을 실제로 방지할 만한 특별한 해군력을 배치한 것이 아니므로 실효성의 요건에 반한다. 둘째 中立國沿岸의 봉쇄를 포함하고 있다. 셋째 공평의 요건에도 충실하지 않다. 넷째 봉쇄의 선언이나 고지를 행하지도 않는다.

그러나 오늘날의 전쟁에 있어서 엄격히 전통법적 요건을 준행하는 봉쇄란 전술적 가치가 거의 없는 것이다. 미국·멕시코간의 일반청구위원회가 '東洋航行會社'(Oriental Navigation Company)사건에서 강조한 바와 같이 현대전의 제조건하에서는 봉쇄에 관한 고전적 제원칙의 변경은 불가피하게 되었다. 더욱이 대다수의 국가(미국은 제1차대전 초 장거리봉쇄에 항의하였으나 참전 이래 이 조치에 동조)는 이 조치에 동조하거나 또는 묵인하고 있어 제1, 2차대전을 경과한 오늘날에는 장거리봉쇄를 단순히 실정법규위반이라고 규정하기 곤란하다.

(6) 軍事的 幇助(非中立役務)

交戰國에 대하여 군사적 이익이 되는 중립인의 행위를 軍事的 幇助 또는 非中立役務(unneutral service)라고 한다(Holland 교수는 enemy service라는 용어를 택한다). 戰時禁制品이나 봉쇄의 경우와 같이 적국에 대한 화물의 보급·거래가 문제되는 것이 아니고, 적국군대의 수송, 적국에 대한 정보의 전달과 같이 직접적인 이적행위가 문제되는 것이다. 전시금제품의 수송과 유사한 까닭에 운반되는 사람을 戰時禁制人, 운반되는 문서를 戰時禁制書, 또는 양자를 합하여 類似禁制品(analogues of contraband), 準禁制品(quasi-contraband)이라고도 부르나 이것들은 어느 것이나 공적 용어는 아니다.

軍事的 幇助를 행하는 중립선박은 국제관습법에 의하여 몰수된다(The Friendship Case, The Crozembo Case, 남북전쟁중의 英國郵船 The Trent Case). 문제의 사람은 납치하여 포로로 하거나 또는 억류할 수 있고, 문제의 정보도 몰수할 수 있다. 제 1 차대전중 중립국은 이러한 교전국의 권리에 반대하였으나 국가의 실행은 이 교전국의 조치를 인정한 것으로 간주된다. 1940년 1월 영국군함에 의하여 21명의 독일인이 납치당한 아사마마루호(淺間丸, Asama Maru)사건에서 일본정부는 공해상의 중립선박으로부터 적의 병력을 납치할 수 있는 교전국의 권리를 부인하지는 않았으나 병력 이외의 사람도 납치할 수 있는 권리는 부인하였다. 총력전의 現條件下에서는 적의 전쟁능력에 공헌하리라고 생각되는 모든 적국인을 납치할 수 있으며, 일본도 자신의 해전법규를 수정하여 이 권리를 규정한 바 있다(제82조).

런던선언은 군사적 방조를 輕幇助와 重幇助로 구별하였다. 경방조는, ① 선박이 적국군에 편입된 승객을 수송할 목적을 가지고 또는 적을 이롭게 하는 정보를 전달할 목적을 가지고 특별히 항해하는 경우, ② 선박소유자, 선박을 전체로 고용한 자 또는 선장이 사정을 알면서 적군대 또는 적의 작전을 원조할 자를 수송하는 경우이다(제45조). 이에 대하여 중방조는 ① 선박이 직접 전투에 참가하는 경우, ② 적국정부가 파견한 대리인의 명령 또는 감독하에 놓인 경우, ③ 전체로서 敵國政府에 고용된 경우, ④ 현재 또한 전적으로 적국군대의 수송, 또는 정보의 전달에 종사하는 경우를 말한다(제46조). 輕幇助의 경우에는 선박은 몰수되고, 화물은 선박소유자에 속한 것을 제외하고는 일체 몰수를 면하며, 승무원도 포로가 되지 않는다. 重幇助의 경우에는 선박 및 선박소유자에 속한 화물이 몰수되는 것은 전자와 같으나 적화 및 금제품인 중립화가 몰수되며, 승무원은 포로가 된다.

제 6 절 空戰法規

1. 空戰法規의 現段階

航空機의 비약적 발달에도 불구하고 空戰에 관한 법규는 지극히 불충분하다. 1899년의 제 1 회 헤이그평화회의에서 공전의 가능성을 예상하고 輕氣球 또는 이에 유사한 방법에 의하여 投射物·폭발물을 투하하는 것을 금하는 5개년협정을 체결하고, 1907년 제 2 회 평화회의에서는 같은 취지의 선언을 부활하였다. 다수의 主要國家(프랑스, 일본, 독일, 러시아 등)가 이 선언에의 서명을 거부하였으나, 그 대신 무방비도시의 공격·포격을 금하는 헤이그 陸戰法規(제25조)를 수정하여 항공기에 의한 폭격금지를 포함시키는 데에 성공을 보았다(제25조에 '어떠한 방법에 의할지라도'라는 문구를 삽입, 이것을 空爆禁止의 의미로 하였다).

제 1 차대전시 처음으로 대규모의 공전이 전개된 이래 공전법규를 정비할 필요를 통감하여 1922년 워싱턴 軍備制限會意에서 '전시법규의 개정을 심의하는 법률가위원회에 관한 결의'가 채택되었다. 이 결의에 의거하여 동년 헤이그에서 위원회(프랑스·영국·미국·이탈리아·일본·화란)가 개최되고, 그 결과 1923년 2월에 空戰法規案(Code of Rules of Aerial Warfare)이 작성됨에 이르렀다. 이 공전법규안은 비준되지 않아 조약으로서 성립을 보지 못하였으며, 또한 1919년의 國際航空條約을 보충코자 한 것에 불과하다. 그러나 공전에 관한 종합적 규칙으로서 그 권위는 각국에 의하여 인정되고 있으며 이것을 각국 당해 부대의 행동규범으로 채택한 국가도 있다(1938년 이탈리아 전쟁법규 제 4 편, 1941년 해전 및 공전에 관한 미해군 가훈령 제 2 편). 「무기 속에서는 법이 침묵한다」(*inter arma silent leges*)라는 법격언도 있으나, 헤이그 육전법규가 군사점령의 가혹성을 완화하는 데에 공헌한 것과 같이 이 空戰法規案도 항공기의 행동을 규율하는 지침이 되기에 충분한 가치를 보유한다.

2. 空中의 兵力

(1) 交 戰 權

空中의 병력은 空軍인데, 공군은 軍用航空機 및 국가의 공군조직에 속한 자(승무원, 정비원, 기타)로써 구성된다. 군용항공기에 한하여 교전권을 행사할 수 있다(공전법규안 제13조). 이것은 해전에 있어서 군함만이 교전권을 갖는 것과 같다. 비군용항공기는 적대행위에 종사하지 못한다(제16조). 여기서 '敵對行爲' 중에는 교전자의 즉시 사용을 위한 군사정보의 항공중의 전달을 포함한다. 적대행위에 종사하는 비군용항공기를 곧 공격할 수 있으며 그 승무원을 전쟁법규위반으로서 처벌할 수 있다. 이 경우 적대행위는 항공중에 행한 것에 한하지 않으면 안된다(헤이그전시무선통신 취체규칙 제 6 조(1)). 그러나 비군용 항공기에게도 공격에 대한 저항권을 인정하는 것이 합리적이라고 할 수 있다.

(2) 軍用航空機의 要件 및 特權

軍用航空機는 국가의 군무에 관하여 정당하게 임명 또는 징집된 자의 지휘하에 있지 않으면 안된다. 승무원은 전적으로 군에 복무하는 자가 아니면 안된다(공전안 제14조, 1919년 국제항공조약 제31조).

군용항공기는 특별한 허가없이 他國의 영공을 비행하거나 영수에 착수하거나 또는 영토에 착륙하지 못한다. 그 허가가 있는 경우에는 군용항공기가 외국군함에게 許與되는 특권을 향유하는 것을 원칙으로 한다(1919년 조약 제32조).

(3) 軍用航空機 및 그 乘務員의 標識

軍用航空機는 그 국적 및 군사적 성질을 표시하는 外部標識를 제시하여야 한다(공전안 제 3 조). 그 외부표지는 항공중 변경할 수 없는 고착의 것이라야 하며(제7조), 또 他國에 대하여 통고하여야 하고, 변경과 동시에 그것을 역시 통고하지 않으면 안된다(제8조). 군용항공기도 사항공기와 같이 하나의 국적만을 가질 수 있다(제10조).

軍用航空機의 승무원은 搭乘航空機에서 분리된 경우에 원방으로부터 인식할 수 있는 고착의 特殊徽章을 달아야 한다(제15조). 이 요구는 헤이그

육전법규 제 1 조의 취지에 합치하는 것이다. 어느 경우에도 허위의 외부 표지를 사용해서는 안된다(제19조). 그러한 외부표지의 사용은 적법의 기계가 아니고 배신행위로서 전쟁범죄를 구성한다.

(4) 非軍用航空機의 變更

交戰國의 비군용항공기는 군용항공기로 변경할 수 있다. 그러나 그 航空機所屬의 교전국의 관할 내에서는 변경할 수 있으나 공해에서는 변경할 수 없다(제9조).

(5) 空戰區域

空戰區域은 일반적으로 육전 및 해전의 구역과 같다. 모든 항공기는 중립국의 것이나 교전국의 것이나를 불문하고 공해에서는 공중의 통과 및 착수에 완전한 자유를 갖는다(제11조). 평시 다수의 국가가 외국항공기의 그 영공의 비행을 허용하는 조약상의 의무를 지고 있는 것이 보통이나, 전시에는 중립국, 교전국을 막론하고 일체의 국가는 자국영역내에 항공기의 출입·이동·체재를 금지할 수 있다(공전안 제12조, 1919년 국제항공조약 제38조, 1944년 국제민간항공조약 제89조).

3. 衛生航空機

衛生航空機(medical aircrafts) 또는 救護航空機(flying ambulances)는 적십자조약의 보호를 받으며, 따라서 불가침이다. 이러한 항공기는 백색으로 칠하고, 통상의 표지 이외에 적십자의 기장을 게시하여야 한다(공전안 제17조, 전지군대의 상자 및 병자의 상태개선에 관한 1949년의 제네바조약 제13조 제 6 장 제 7 장 및 해상군대의 상병자 및 난선자 상태개선에 관한 1949년의 제네바조약 제12조, 제15조, 제39조, 제43조).

위생 또는 구호의 항공기가 敵情偵察 기타의 적대행위에 유관한 행동을 행한 경우에는 배신행위가 되며 불가침권을 향유하지 못한다.

제 2 차대전중 독일의 하잉켈 59해상기는 적십자기장을 달고 영국해협에 격추된 獨逸空軍部隊員의 구호를 시도하였으나 1940년 7월 초 영국공군이 그 중 2기를 불시착시켜 조사한 결과 그 휴대서류에 의하여 정찰기인 것이 판명되었다. 그 때부터 영국은 육상 및 해상에서 전투가 진행중인 경우 및 영국 또는 동맹국의 점령지나 선박에 접근하는 경우에는 그 구호항공기에 대하여 특권을 인정할 수 없다고 성명하였다.

신제네바조약도 합의가 없는 한 위생항공기가 적의 영역 또는 점령지의 상공을 비행하는 것을 금하고 있다(전지군대의 상병자 상태개선조약 제36조 Ⅲ, 동해상관계조약 제39조 Ⅲ).

4. 空戰의 害敵手段

(1) 一般的 原則

1) 航空機에 의하여 또는 항공기에 대하여, 예광탄(tracer bullets), 또는 燒夷彈(incendiary bullets)을 사용하는 것은 금지되지 않는다. 이것은 1868년의 세인트 피터스부르그선언의 당사자 및 비당사자에 대해서도 똑같이 적용된다(제18조). 연소성성질이 투사물의 사용은 일반적 荒廢(general devastation)를 초래하기 쉬우며 적국영토의 일반적 황폐는 원칙적으로 금지된다.

2) 행동의 자유를 상실한 항공기로부터 낙하산으로 피난하는 자에 대하여는 그 강하중 공격할 수 없다(제20조). 이 규정은 避難者를 보호하려는 인도적 고려에 연유한 것이므로 군사상·작전상의 목적을 가지고 강하하는 낙하산부대원은 이 보호를 받을 수 없으며, 또한 피난자라 할지라도 강하를 완료한 자에 대하여는 공격을 가할 수 있다.

3) 선전삐라를 산포할 목적으로 항공기를 사용하는 것은 비합법적인 전쟁수단으로 인정되지 않는다. 따라서 그 승무원은 이러한 행위를 이유로 하여 포로가 될 수 있는 권리를 剝奪당하지 않는다(제21조). 그러나 살인·암살 등을 教唆하는 선전은 정당한 선전으로 인정되지 않으므로 그러한 선전원은 그 점에 관한 처벌을 면치 못한다.

4) 교전국 또는 중립국의 항공기 탑승자는 교전자의 작전지대 내에서 항공중 상대방의 교전자에게 통보할 의사를 가지고 은밀히 또는 허위의 구실하에 행동하여 정보를 수집하거나 또는 모집하려고 한 것이 아니면 이것을 간첩으로 인정하지 못한다(제27조, 육전법규 제29조 참조).

5) 일반주민을 위협하며, 군사적 성질을 갖지 않는 사유재산을 파괴

하고 또는 비전투원을 살상하는 것을 목적으로 空爆은 금지된다(제22조).

6) 현물의 徵發 또는 공납금의 지불을 강제하는 것을 목적으로 하는 공폭은 금지된다(제23조).

⑵ 軍事目標主義

空襲(공폭)은 空戰의 중심문제인 동시에 가장 해결하기 곤란한 문제이다. 이 문제에 관해서도 실정국제법의 규칙은 아직까지 존재하지 않으나 헤이그 공전법규안은 軍事目標(military objectives)에 한하여 폭격의 대상으로 하는 것을 허용하는 소위 군사목표주의를 그 기준으로서 채용하고 있다. 이 주의는 대부분의 전쟁법에 있어서와 마찬가지로 평화적 인민의 생명존중이라는 인도적 요구와 敵戰力의 중심에의 집중공격이라는 군사적 필요성과의 조화점에서 발생한 것이며, 일찍이 제 1 차대전 이전 1907년의 '전시해군력으로써 하는 포격에 관한 헤이그조약'을 비롯하여 깊은 법이론적 근거를 가지고 있다.

空爆은 군사적 목표, 즉 그 파괴가 명확한 군사적 이익을 교전자에게 부여하는 목표에 대하여 행할 경우에만 적법으로 한다(제24조 Ⅰ, Ⅱ). 즉, 그 목표는 ① 군대, ② 軍事工作物(military works), ③ 군사상의 건설물 또는 저장소(military establishments or depots), ④ 병기·탄약 또는 명료한 군용품의 제조에 종사하는 공장으로서 그 물품의 제조에 관하여 중요하고 또한 公知의 중심지인 곳(factories constituting important and well-known centres), ⑤ 군사交通線·輸送線 등이다(제24조 Ⅱ, Ⅳ). 이와 같이 공전법규안은 육전법규 제25조에 채용된 바와 같은 '防禦' 또는 '無防備'의 표준을 버리고 해군력으로써 하는 포격에 관한 헤이그조약 제 2 조에 표시된 사상, 즉 도시, 촌락 그 자체를 폭격목표로 하는 것을 부정하고 오직 군사적 목표에 대한 폭격만을 허용하는 주의를 채용하면서 공격자가 임의로 擴張解釋하는 것을 방지하기 위하여 군사적 목표의 범위를 엄격히 제한하고 있는 것은 하나의 특색이다. 그러나 군사목표중에 있는 인원이 민간인이라 할지라도 당연히 공폭의 희생이 되는 것은 인정하지 않으면 안된다. 空戰法의 권위인 스페트도 군수공장의 노동자는 전투원에 준한 것으로서 공습의 위험을 면할 수 없다고 하였다. 또한 군사목표가 있는 지역이 高射砲에 의하여 방어되고 또 저항하는 경우에는 일종의 작전지대가 발생하여 이 지역은 방어된 지역으로서 무차별폭격이 허용된다는 설도 있다.

더 나아가 空戰法規案은 地上部隊의 작전행동에 직근한 지역이 아닌 도시, 읍면, 촌락, 주택, 건물의 폭격을 금하고, 군사목표라도 평화적 인민에 대한 무차별폭격이 불가피한 경우에는 그 폭격을 피하지 않으면 안된다고 하였다. 육군병력의 작전행동에 직근한 지역에서는 병력의 집중이 중대하여 폭격에 의한 민간인의 위험을 고려할지라도 그 이상 폭격을 정당화하는 충분한 이유가 있는 경우에는 그 爆擊(무차별 폭격)을 적법한 것으로 하였다(제24조). 생각건대 공폭의 목표를 군사목표에 한정한 것은 인도적 견지에서 시인할 수 있다. 그러나 군사목표가 평화적 인민에 대한 무차별폭격을 행하지 않으면 폭격할 수 없는 위치에 놓인 경우에는 폭격을 금한다는 규정은 실행성을 갖지 않는 규정이다. 왜냐하면 교전자가 군사목표를 폭격금지의 위치에 둠으로써 적의 공폭을 피하는 수단을 강구한 경우에는 군사목표의 폭격이 불가능하게 되기 때문이다. 그러므로 오히려 반대방향에서 피해의 책임을 被攻擊國에게 지우고, 그러한 위험성 있는 장소에 군사목표를 위치하지 않도록 하는 것이 보다 나은 해결방책이라고 생각된다.

공폭의 경우에도 육전이나 해전의 경우와 같이 예고를 요하는가? 도시 등의 그 자체를 공격목표로 하지 않고 군사적 목표에 대해서만 공격할 수 있는 것이 원칙이므로 이론상 예고를 요하지 않으나, 일반 민간인에게 그 피난의 기회를 주기 위하여 될 수 있는 한 예고하는 것이 필요함은 말할 것도 없다(적십자국제위원회의 '전시 일반주민이 입는 위험의 제한에 관한 규칙안'(Draft Rules for the Limitation of the Dangers incurred by the Civilian Population in Time of War 1956)은 제 8 조 (c)에서 예고를 의무적으로 규정하였다).

폭격을 군사목표에 한정한 이상, 군사목표 이외의 것에 대한 폭격은 당연히 금지된다. 군사목표를 폭격하는 경우에도 종교 · 자선 · 역사적 기념물 · 병원선 · 병원 · 상병자수용소 등을, 그것들이 동시에 군사상의 목적에 사용되지 않는 한 공폭의 대상으로 해서는 안되는 것은 육전이나 해전의 경우와 같다(제25조 1항). 이러한 건물 및 장소는 晝間에는 항공기로부터 볼 수 있는 표지로써 표시함을 요한다. 제네바 조약에 의하여 보호되는 건물의 경우에는 백지적십자로써 표시하고, 기타의 것은 方形의 大板에 대각선을 한 개 그어, 일방을 흑색, 타방을 백색으로 하는 양삼각형으로 구획하여 이것으로써 표시한다. 야간에도 이러한 건물의 보호를 확보하기 위해서는 전기의 표지를 보기 쉽게 하기 위하여 필요한 조치를 강구하여야 한다. 전기의 기장의 허위사용은 배신행위가 된다(제25조 후단). 1949년의 제네바 조약은 '보호지대'의 설정을 인정하고 있다(상병자개선조약 제19조 이하, 동해상관계조약 제22조 이하, 전시문민보호조약 제18조 이하). 1991년 이라크정부에 의한 쿠르드 叛軍의 강경진압을 방지하기 위하여 유엔안보리는 coalition forces에 의한 '飛行禁止區域' 선포에 근거가 되는 결의를 채택하고 보스니아 내전중에는 강제조치의 하나로 이를 설치하였다.

(3) 誘導彈, 原子兵器

核武器의 합법성 여하의 문제에 관해서는 이론상 심각한 대립이 있다. 한편으로는 라우터팩트를 비롯하여 스톤(Stone) 등의 제한적 是認說이 있고, 다른 한편으로는 러셀(B. Russel), 싱 등의 전면적 부정설이 또한 유력하다.

스페트는 히로시마(廣島)와 나가사끼(長崎)에의 원자탄투하의 합법성에 관해서는 부정적이다. 원자탄투하가 야기한 너무도 광대한 破壞面積은 그 도시의 군사목표와의 비례를 잃고 있는 점에서 지역폭격과 동일하게 논할 수 없으며(스페트는 지역적 폭격의 합법성을 주장한다), 전쟁의 조기종료라는 이유도 통용되지 않는다고 말하고 나아가 방사선의 영향이라는 무시할 수 없는 해독을 지적하고 있다. 더 나아가서 무차별폭격은 현재에도 역시 불법이며, 단순히 심리적 효과를 노린 민간인에 대한 공격은 국제법위반이라고 명언하고 있다.

라우터팩트도 전쟁법의 불변적 원칙인 민간인의 보호라는 견지에 설 때 민간인의 심리적 위협효과를 노린 恐怖爆擊은 위법이라고 말한다. 그러나 법의 현상, 환언하면 법이 존재하지 않는다는 현상에서는 원자병기 사용의 합법성의 문제에 관하여 단정적인 대답을 부여할 수 없다. 원자병기와 공습과를 구별하는 법률상의 명확한 유일한 이유는 원자병기의 사용이 불필요한 고통, 불필요한 살상 또 일반적인 오염을 가져오는 것이므로, 그리고 毒性·窒息性의 가스의 사용과 같은 것이므로 그 사용은 이상과 같은 병기의 사용금지를 규정한 재래의 국제법규에 반한다고 하는 것이다. 그러나 원자탄의 이러한 면은 비교적 적은 문제에 불과하며, 민간인에 대한 원자병기의 抹殺的 파괴력에 비하면 第2義的인 면을 구성할 뿐이다. 만약 현행법의 조건하에서 대답하지 않으면 안된다고 하면 실제상 테러화를 목적한 원자탄의 경우를 제외하고는 그 합법성의 문제에 관하여 무조건 부정적 대답을 줄 수는 없다. 원자병기사용에 대한 법률상의 완전 금지 또는 제한은 현행법의 해석에 의하여 성취될 수 있는 것이 아니다. 원자무기사용의 합법성을 부인하는 이와 같은 법률해석은 필연적으로 현대의 과학전과 총력전의 제조건과 크게 상이한 옛날의 諸條件上에서 성취된 기본원칙을 토대로 한 것이 분명하며, 그러한 기본원칙으로부터의 연역은 현재의 광범한 실행을 무시하거나 또는 그 실행에 불법 및 범죄의 烙印을 찍고야 말 것이다. 그러나 결국 原子戰의 문제는 공습의 문제와 마찬가지로 그것을 금지 또는 제한의 이유를 제공할 만한, 일반적으로 승인된 법과 실행으로부터 연역된 법적 원칙을 갖지 않는다고 하는 것이 라우터팩트의 결론이다.

스미스는 원자전의 합법성 문제에 관해서는 언급을 회피하면서 다음과 같은 현실론을 전개한다. 중세기 이래 新無器의 사용금지를 위한 모든 노력이 수포에 돌아간 이유는 법이 전쟁에 대한 과학의 응용을 어느 일정한 점에서 저지할 수 없고 또 낡은 구식의 무기만 가지고 전쟁하도록 교전국에게 명령할 수도 없는 까닭이다. 현재 도달한 특수한 지점에서 정지하기를 요구할 수 있으리라고 믿는다면 그것은 모든 경험적 교훈을 반하는 것이다. 비록 전시의 원자력의 사용을 금지하는 일반적 합의의 협상이 가능할지라도 그러한 합의가 준행되리라는 확실성은 거의 없다. 일반적 국제합의가 에티오피아에 대한 전쟁에서 이탈리아의 독가스 사용을 방지해내지 못하였고, 최근의 전쟁에서도 모든 주요 교전국은 가스전의 재개에 충분한 대비를 하고 있었다. 대전의 당일부터 독일은 히틀러 정부가 불과 3일 전에 서명한 런던해군조약을 위반하여 잠수함을 사용하였다는 사실을 상기해 보자. 만약 우리가 일반국제협정에 신뢰를 둔다면 분명히 우리는 우리 자신을 기만한 데 지나지 않는다. 3세기 이전에 그로티우스가 지적한 바와 같이 국제법의 전구조는 궁극적으로는 상호간의 信義誠實(good faith)에 입각하고 있다. 이 신의성실이 결여된 경우에는 이것에 대신할 만한 것은 아무 것도 없다.

이론상 원자병기의 사용을 정당화하는 경우로서 復仇를 생각할 수 있다. 핵무기를 적이 최초로 사용한 경우에는 자국도 復仇措置로서 이것을 사용하는 것이 정당화된다는 입장이다. 그러나 복구가 또한 상대방의 복구를 부름으로써 연쇄반응적인 복구가 실현된 경우에는 그것이 곧 전면적인 핵전쟁이며, 중립국·교전국 할 것 없이 인류 전체에 대한 절멸적 위협이 된다. 이런 견지에서 금지된 병기를 복구로서 사용하는 데에도 넘어서는 안될 한계가 존재하는 것이다. 전쟁행위의 극한은 국가가 국제사회의 성원으로서 물리적으로 존속한다는 최저한의 제한(limit)에 의하여 제약되는 것이며 핵전쟁은 이 한도를 파괴할 것임에 틀림없다.

1955년의 美國海軍訓領(US Naval Instructions) 제613조는, "현재 핵무기의 전투시 사용을 명시적으로 금하는 國際法規가 없다. 명시적 금지가 없는 한, 敵戰鬪員 및 군사목표에 대한 핵무기의 사용은 허용된다"라고 규정하였으며, 육전법에 관한 1956년의 美陸軍野戰便覽(US Army Field Manual) 제35절에도 동일한 취지의 규정이 있다. 다수 학자의 의견과 같이 핵무기의 파괴력을 고려할지라도 조약상의 제한이 없는 현재 그 사용을 불법이라고 할 수는 없을지 모른다. 그러나 적어도 민간인이나 비군사적 목표에 대한 사용은 원칙적으로 허용되지 않는다고 보아야 한다.

이 점에 있어서 일본의 동경지방재판소가 1963년 7월 17일 廣島·長崎의 원폭피해자의 국가배상청구에 대한 판결에 있어서 미국의 원폭사용을 전시국제법위반이라고 판정한 것은 주목을 요한다. 판결이유는 원폭이 비인도적이며 잔혹한 병기라고 하는 이유 이외에 군사목표주의에 위반된 형태로 사용되었다고 하는 것이다.

국제사법재판소는 '핵무기의 위협 또는 행사의 적법성'에 관한 1996년의 권고적 의견에서 "핵무기의 위협 또는 행사는 일반적으로 무력분쟁에 적용되는 국제법규, 특히 인도법의 제원칙과 규칙에 반한다"고 회답하고 현행 국제법상 "국가의 생존이 걸려 있는 자기방어의 극단의 사정하에서는 그 위협과 행사의 불법 여부에 대하여 확정적으로 결론내릴 수 없다"고 하였다.

제 7 절 中立法規

1. 中立의 槪念

中立(neutrality)은 전쟁에 참가하지 않는 국가의 국제법상의 지위로서 쌍방의 교전국에 대한 公平과 無援助를 내용으로 한 것이다. 종래에는 중립을 단순히 '전쟁에 참가하지 않는 국가의 지위'라고 정의하여 왔으나, 최근 非交戰狀態(non-belligerency)의 출현 후로는 이와 같은 형식적 개념규정만으로 중립을 정의하기는 불충분하게 되었다. '쌍방의 교전국에 대한 공평과 무원조'라는 실질적 개념을 가함으로써 비로소 명확한 중립의 정의가 성립되는 것이다(비교전상태는 후술 참조). 동시에 통속적 의미에서는 전쟁에 참가하지 않는 국가의 교전국에 대한 태도를 중립이라고 할 수 있으나, 기술적 의미에서의 중립은 태도 이상으로 일정한 권리·의무를 포함한 '法的 地位'(legal status)로서 파악된다. 이와 같은 법적 지위는 일조일석에 성립된 것이 아니고 장구하고 복잡한 발달의 결과이며, 그 발달의 각 단계에 있어서 법적 지위의 내용은 국제사회내 정치력의 제조건에 따라서 변화하는 것이다.

다시 중립의 개념을 형식적인 면에서 분석적으로 고찰해 보자. 첫째 중립은 전쟁을 전제로 하는 개념이다. 따라서 양대진영의 냉전 속에 어느 편에도 가담하지 않는 中立主義(예, 인도의 중립주의)는 기술적 의미의 중립이 아니다. 둘째 중립은 국가의 지위이며 개인이나 어느 단체의 지위가 아니다. 셋째 중립은 교전국에 대해서만 취득하는 지위이다. 교전국 이외의 국가와의 관계는 평시관계가 그대로 계속되는 것이며 전쟁에 의하여 영향을 받지 않는다. 넷째 중립은 중립인 한에서 전쟁에 참가하지 않는 국가가 일률적으로 취득하는 지위이다. 전쟁과 평화간에 중간적인 지위가 없는 것과 같이(이론적으로는 Jessup 기타의 학자가 intermediate status의 인정을 주장하고 있다) 전쟁과 中立間에도 제 3 의 지위가 존재하지 않는다.

다음 중립의 실질적 개념인 공평과 무원조는 어떠한 내용을 가진 것인가? 교전국의 전쟁수행을 돕는 일체의 원조를 부여하지 않는 것은 중립의 가장 중요한 의무이다. 예컨대, 교전국에게 병력·무기 등의 공급을 회피할 의무(회피의 의무), 중립국의 영역이 교전국의 군사기지로 사용되지 않도록 방지할 의무(방지의 의무), 일방의 교전국에게 군사적 원조를 행하는 중립국에 대하여 타방의 교전국이 일정한 제재를 가하는 것을 묵인할 義務(묵인의 의무) 등이다. 상기 세 가지 의무는 광의에서 무원조의 의무라고 할 수 있는데, 중립국은 교전국쌍방에 대하여 이와 같은 無援助의 의무를 공평하게 지는 것이다(회피의무와 방지의무의 양자를 합하여 '공평의 의무'(duties of impartiality)라고 부르는 학자도 있다).

2. 準 中 立

중립이 전쟁에 대응하는 개념임은 이미 상술한 바와 같다. 그러나 전쟁에는 ① 전통적 의미의 전쟁과, ② '非戰爭'武力衝突(non-war armed conflict) 및 평화의 破壞(breaches of peace)의 양자가 포함되는데, 기술적 의미의 중립은 전자인 전통적 전쟁에 대응한 것이므로, 후자인 비전쟁무력충돌과 평화의 파괴에 대응하는 중립은 소위 準中立(quasi-neutrality)이라고 하여 양자를 구별하는 것이 필요하다. 국가 또는 비국가적 실체(non-state entities)가 상기와 같은 비전쟁무력충돌에 참가하지 않는 경우, 그러한 국가 또는 비국가적 실체의 지위도 막연히 중립국이라고 부르는 경향이 있으나 이것은 정확한 용어가 아니다. 예컨대 1953년 7월 27일의 한국휴전협정 제37조가 中立國監視委員(Neutral Nations Supervisory Commission)의 임명의 목적을 위하여는 韓國敵對行爲(Korean hostilities)에 참가하지 않은 국가를 중립국이라고 정의한 것과 같다. 한국사변은 대규모의 사실상의 전쟁이었으나 엄격한 의미에서 중립법규의 적용은 없었던 것이다.

일반적으로 집단적 안전보장체제하에서는, 특히 국제연합에서는 조직적 · 통일적으로 강제조치가 실시되는 결과, 거기에서의 무력사용은 국가 대 국가의 관계가 아니고 國際聯合 대 侵略國의 관계로 된다. 이와 같은 집단조치하에서는 무엇보다도 중립법규가 적용되지 않는 것이 특색이다. 가맹국은 국제연합의 행동을 원조하고 침략국에 대한 원조의 제공을 삼가할 의무가 있으므로 중립관계가 발생할 여지가 없는 것이다. 국제연합 체제 내에서의 무력충돌의 당사국인 가맹국은 법적으로 평등한 지위가 보장되는 교전국이 될 수 없는 까닭에 침략국은 중립의 의무를 제 3 국에게 요구할 수 없으며, 이것은 제 3 국에게 중립의 의무를 발생시키지 않는다는 것을 의미한다. 한편 국제연합의 기능상의 제약에 의하여 무력충돌의 발생을 보고도 아무런 조치를 취하지 못하는 경우가 생기며 加盟國이 '제 3 국'의 지위에 머물 경우도 있을 것이다. 그러나 이 제 3 국의 지위는 본래의 중립의 지위는 아니다. 이것을 전술한 바와 같이 準中立이라고 불러 본래의 전통적 · 기술적 중립과 구별하는 것이 마땅하다(일반적으로는 구별하지 않고 있으므로 어떠한 의미의 중립인지를 주의해야 한다).

준중립의 지위는 중립의 경우와 같은 일정한 확립된 내용을 갖지 않는다. 오히려 준중립의 성질은 관계분쟁의 특수사정에 따라서 좌우되는 것이다. 비전쟁무력충돌이 國際聯合安全保障理事會의 강제조치나 또는 총회에 의한 '平和를 위한 團結' 결의의 발동을 가져온 경우에는 국제연합의 가맹국 또는 비가맹국을 불문하고 그 준중립의 지위는 헌장의 諸規定(제39조-제51조)이나 '평화를 위한 단결'에 의하여 규율될 것이고, 또한 安全保障理事會나 총회의 결정 또는 권고에 따라서 규율될 것이다.

3. 中立의 通告, 中立의 始期와 終期

戰爭에 참가하지 않고 교전국과의 平時關係의 지속을 원하는 국가는 즉시 교전국에게 중립을 통고하는 것이 필요하다. 중립은 일정한 권리 · 의무를 창설하는 국가의 태도인 까닭에 중립국은 그 공무원이나 국민이 공평의무에 반하는 행위를 행하지 않도록 방지하기 위하여 소위 '中立의 宣言'(declaration of neutrality)을 발표하는 경우가 있으나 이것을 전기 교전국 기타의 世界(*urbi et orbi*)에 대한 중립의 통고와 혼동해서는 안된다. 그러나 중립의 통고는 중립의 지위를 취득하는 불가결의 요건이 아니며, 비록 중립의 통고를 행하지 않을지라도 사실상 전쟁에 참가하지 않고 교전국에 대하여 공평과 무원조의 태도를 취하는 국가는 중립국의 지위를 취득한다('중립의 통고'도 '중립의 선언'이라고 부르는 경우가 많다).

> 제 2 차대전의 실행을 보면 대부분의 중립국은 전쟁발발의 직후 중립을 선언하였을 뿐만 아니라, 교전국에게 이 사실을 통고하였다. 1939년 9월 1일의 쿠바의 중립선언은 국제법의 일반원칙상 非交戰國(중립국)에게 중립선언의 의무가 있다고 하였으나 이것은 부정확한 표현이다. 전기와 같은 중립의 실제적 선언은 이로써 일부 국제연맹의 회원국이 연맹규약의 의무를 면하고자 하는 특별의 목적을 가진 것이었다(일본 · 헝가리 · 그리스 · 불가리아 등은 중립선언을 행하지 않았다).

중립의 시기는 戰爭狀態의 존재와 동시이거나 또는 그 이후가 아니면 안된다. 통설은 중립할 국가가 전쟁상태를 알았을 때를 중립의 시기로 한다. 그러나 默認의 義務는 개전과 동시에 중립국이 지는 의무이므로 이 경우의 중립은 전쟁상태의 존재와 동시에 시작한다고 보아야 한다. 이에 대하여 회피의 의무와 방지의 의무는 중립국의 作爲 또는 不作爲를 요구하는 것이며, 전쟁의 사실을 알지 못한 중립국에게 그러한 의무를 課하는 것은 사실상 불가능하므로 회피의 의무와 방지의 의무의 시기는 중립국이 전쟁의 사실을 알았을 때라고 해석하는 것이 타당하다. 그러나 중립국이 실제로 전쟁상태를 안 것이 확실한 경우에는 그 중립국은 교전국에 의한 전쟁상태의 통고의 흠결을 주장하지 못하게 되어 있다(개전에 관한 헤이그 조약 제 2 조).

중립의 終期는 전쟁상태의 종료와 동시가 될 것은 설명을 요하지 않는다. 그러나 중립국이 교전국의 일방과, 또는 반대로 교전국의 일방이 중립국과 전쟁상태에 들어간 경우에도 중립은 종료한다. 단, 중립국이나 교전국이 각각 중립의 권리 · 의무를 확보할 목적으로 무력충돌을 개시할지라도 그것만으로는 반드시 전쟁을 의미한다고는 볼 수 없다. 특히 중립국이 중립의 침해를 방지할 목적으로 병력을 사용하는 것은 적대행위로 인정되지 않는다(육전의 경우에 있어서 중립국 및 중립인의 권리의무에 관한 조약 제10조, 이 점은 해전에 있어서도 마찬가지다. 해전중립조약 제26조).

4. 中立制度의 歷史

고대에는 중립의 사상이 존재하지 않았다. 물론 그리스시대에 종교적인 '場所의 中立化'가 있었고, 中立政策을 채용한 도시국가도 있었으나, 법적 개념으로서의 중립제도가 존재한 것은 아니었다. 그리스에 지배적으로 존재한 것은 오히려 동맹·우호의 관념이고 중립의 관념은 아니었다. 로마에 있어서는 더욱이 중립은 있을 수 없었고 모든 국가는 적이 아니면 동지, 동지가 아니면 적으로 나누어졌다. 로마의 정책은 결국 Pax Romana의 영속과 발전에 있었고 이것을 전쟁에 의하여 실현하고자 하였으므로 중립이 존재할 여지가 없었던 것이다.

중세에도 중립제도가 성립할 조건이 일반적으로 결여되고 있었다. 중세는 기독교와 봉건제도의 사회인데, 異教徒에 대한 基督教徒의 전쟁에서는 중립이란 생각할 수 없었다(예, 십자군). 기독교를 신봉하는 제후들은 교회의 적을 자기의 적으로 간주할 의무가 있었던 것이다. 기독교도 상호간에서는 그 전쟁은 '正戰'일 것이 요구되었으며, 봉건의무에 얽매인 제후가 자유로이 교전국이 되거나 중립국이 될 수는 없었다. 또 중세의 봉건제도하에서 각국은 지방적인 封鎖的 자연경제를 기반으로 하여 고립적 생존을 영위하고 있었으므로 전쟁에 있어서의 제 3 국의 법적 지위를 적극적으로 규정하는 중립제도는 문제가 될 수 없었다. 중립제도의 성립에는 戰爭遂行 그 자체가 제 3 국의 이해에 직접적으로 영향을 주는 경제적·사회적 조건의 성숙을 필요로 하는데 중세에는 그러한 조건이 일반적으로 결여되었던 것이다. 이리하여 중립은 실로 중세 말기 상인의 대두와 더불어 中立商業自由의 형태로 제기되었다. 즉, 당시 地中海商人間의 보편적인 海法으로 알려진 콘솔라토 델 마레(Consolato del Mare)는 화물과 선박에 관하여 소유자가 적국인인 경우에만 포획할 수 있는 것으로 하여 중립상업자유의 원칙을 제창한 것이다. 이것은 바로 중립상업의 자유를 근간으로 한 현대 중립법규의 맹아적 형태라고 할 수 있다.

16세기는 15세기 말부터의 '地理上의 發見'시대를 경과하여 세계의 상업이 비약적으로 발전한 시대이다. 봉건적 권력으로부터 독립적으로 존재하던 商業資本이 절대주의국가권력과 결부됨에 이르러 교전국은 무엇보다도 적국과 중립국과의 통상을 저지하는 것이 전쟁을 승리로 인도하는 가장 유효한 방법임을 통감하게 되었고, 중립국으로서도 통상의 자유는 死活에 관한 절실한 요구가 되었다. 여기에 지금까지 無關係의 교전국과 제 3 국은 중립상업을 매개하여 관계를 갖게 됨으로써 양자간의 관계를 규율하는 중립법규가 필요하게 되었다. 중립법규는 이와 같이 교전국과 제 3 국간의 矛盾·鬪爭을 전제로 한 것이며, 그 소산으로 볼 수 있다. 그러나 교전국쌍방에 대하여 공평한 태도를 취하지 않으면 안된다는 의미의 중립관념은 아직 비토리아(Vitoria)나 수아레즈(Suarez) 같은 당시의 국제법학의 선구자에게도 보이지 않았다.

17세기 및 18세기에 이르자 國際貿易에 신흥세력으로서 등장한 영국, 화란 및 프랑스 등은 각각 국내적으로 생산적 기초를 갖는 동시에 해외에는 식민지를 확보하여 中立商業의 존중에 공동의 이해를 발견하게 되었다. 이와 같은 사회적 조건을 배경으로 중립상업의 자유 및 그 법적 규제가 싹트기 시작한 것이다. 思想史上으로는 그로티우스에 있어서도 중립관념은 확실한 형태를 갖추지 못하였다고 해도 과언은 아니다. 즉, 그에게는 정전론의 영향이 강하여 제 3 국은 부정한 교전자의 이익이 되는 일은 일체 행하지 않을 것과, 정당한 교전자의 이익을 방해하는 어떠한 일도 행하지 않을 것을 주장하면서, 오직 正邪가 분명하지 않은 전쟁의 경우에만 양자를 평등하게 취급하지 않으면 안된다고 말하고, 제 3 국영역을 교전국의 군대가 통과하거나 또는 제 3 국이 交戰國에게 식량을 공급하는 것은 관계 없는 것으로 생각하였다. 교전국에 대한 공평이라는 입장에서 중립을 이해하게 된 것은 18세기 빈켈스혹(Bynkershoek)와 볼프(Wolf) 및 바텔(Vattel)에 유래한다(중립이라는 라틴어 neutralitas는 바텔의 저서에서 처음으로 발견된다). 특히 바텔은 1758년의 저서에서 "전쟁중의 중립국민은 양교전자의 어느 편에도 원조를 부여하지 않고, 쌍방에 대하여 우호관계를 유지하며, 또 일방의 군대만을 이롭게 함으로써 타방의 군대에 해를 끼쳐서는 안된다"라고 말하고 현행의 중립법과 유사한 학설을 수립하였다.

그러나 당시 18세기의 中立思想은 불완전한 그것이었다. 중립국은 전쟁 전에 체결한 조약에 의하여 교전국의 군대가 그 영역을 통과하는 것을 인정하였으며, 또한 조약이 없을지라고 쌍방의 교전국군대에게 공평히 중립국 영역의 통과를 인정하는 것은 적법한 것이라고 생각되었다. 평등한 입장을 주장하는 주권국가의 병존으로 인하여 正戰論이 바야흐로 조락하고 그 대신 交戰者雙方에 대하여 다같이 전쟁의 정당성을 인정하는 무차별전쟁관이 등장함과 더불어 상기와 같은 중립사상은 이러한 사상적 변화와 때를 같이하여 변화하였다. 뿐만 아니라 공평의 관념을 핵심으로 하는 중립법규는 제 3 국이 교전자에 대하여 공평의무를 준행함으로써 비로소 전쟁에 의한 피해를 최소한도로 막아낼 수 있다는 실제적 고려가 없다면 성립되기 어려웠을지도 모른다. 18세기 말로부터 19세기에 이르는 동안 제 1 회 武裝中立(1780년)과 제 2 회 武裝中立(1880년)은 中立通商의 자유를 확보하기 위하여 무력까지 사용하였으며, 교전국은 중립국의 강력한 요구에 양보하지 않을 수 없게 되었다. 이에 따라 중립국의 공평의무도 명확한 형태를 갖추게 되고, 이것을 최초로 확고하게 표명한 것이 1793년의 미국의 중립선언이었다.

19세기는 실로 중립제도의 완성기라 할 수 있다. 1856년의 파리선언은 중립에 관한 최초의 국제적 입법이다. 교전국은 중립통상을 전면적으로 금지하려 하고, 중립국은 중립통상을 전면적으로 유지하려고 하는 가운데 교전국과 중립국과의 이와 같은 대립은 이 모순관계를 법적으로 규제해야 할 필요성을 촉진시켰다. 전술한 바와 같이 파리선언은 捕獲私船의 폐지와 봉쇄의 실효성의 규칙을 확립한 이외에 중립선상의 적화나 적선상의 중립화는 戰時禁制品을 제외하고는 포획할 수 없다는 규칙을 선언하여 중립상업의 자유를 최대한으로 인정하였다. 이러한 안정된 중립법규의 확립은 영국을 중심으로 한 국제상업의 상승과 발전이라는 기초적 조건을 배경으로 하여 비로소 가능한 것이었다.

20세기 초 1907년의 헤이그평화회의에서는 이상과 같은 중립관념의 발전을 중심으로 '陸戰의 경우에 있어서의 중립국 및 중립인의 권리·의무에 관한 조약'과 '海戰의 경우에 있어서의 중립국 및 중립인의 권리·의무에 관한 조약'이 체결되어, 전시 중립국 및 중립인의 권리·의무를 상세히 규정하였다. 다시 1909년에 런던선언이 미국을 비롯한 關係諸國의 비준을 얻지 못하였으나 해상중립법의 중요부분, 특히 봉쇄・전시금제품・군사적 원조에 관하여 기존의 관습을 성문화하여 實定國際法의 내용을 명백히하였을 때 이 고전적 또는 전통적 중립은 그 발전의 극한에 도달하였다. 이로부터 국제조직의 성립 전야에 발생한 제1차대전에서 이미 중립제도의 기능은 조락의 첫걸음을 밟기 시작하였으니 중립제도의 역사적 성격을 정확히 인식하는 것은 대단히 필요한 일이다.

위에서 보아온 바와 같이 交戰法規의 경우와 마찬가지로 중립법규의 발달을 이데올로기로서 지탱한 것은 無差別戰爭觀이었다. 즉, 이 관념에 의하면 전쟁의 원인이 정당한가의 여부를 문제로 하지 않고 교전국은 모두 대등한 당사자로서 취급하지 않으면 안된다. 따라서 중립국은 전쟁의 국외에 서서 어느 일방에 가담하지 않고 양당사자에 대하여 공평한 입장을 취하여야 한다는 것이었다. 그러나 現代國際法에서는 전쟁에 호소하는 자유가 부정되고 무력행사가 원칙적으로 위법화되고 있기 때문에 전통적 중립법규가 그대로 존속할 수 있을 것인가 없을 것인가를 검토할 필요가 있다.

5. 中立國의 義務

(1) 中立國의 權利와 義務

中立國의 지위를 규율하는 중립법규는 교전국에 대한 중립국의 의무의 형태로 규정되고 있다. 중립국의 권리, 예컨대 中立領域의 불가침이나 중립상업의 자유는 平時國際法에 있어서 어느 국가도 향유하는 권리이며 중립법규에 의하여 비로소 허용되는 권리는 아니다. 이에 반하여 교전국의 권리, 따라서 이에 대응하는 중립국의 의무는 中立法規에 의하여 발생하는 것이다. 중립법규가 존재함으로 인하여 교전국은 중립국에게 평시에 없는 의무를 요구할 수 있으며, 그러한 의무를 규정한 것이 중립법규이다. 즉, 중립법규는 교전국의 이익을 중심으로 규정된 것이라고 할 수 있다(그러나 전쟁위법화와 국제조직의 발달에 따라 침략국은 이러한 의무를 제3국에 요구할 수 없게 되었음을 주의하라).

(2) 默認義務

默認義務(duties of acquiescence)는 교전국이 전쟁법상의 권리에 의거하여 행한 행위를 중립국이 묵인하지 않으면 안되는 의무이다. 그러나 교전국이 전쟁법상 허용되는 일정한 한도를 넘어서 중립국 국민에게 교전권을 행사하는 경우에는 당해 중립국은 外交的 保護權(the right of diplomatic protection)을 행사할 수 있다. 默認義務의 구체적 내용을 살펴보면 다음과 같다.

첫째, 중립국 국민과 교전국과의 통상은 원칙적으로 자유이며 교전국은 이것을 방지할 수 없으나, 戰時禁制品에 한해서는 이것을 몰수할 수 있고, 또 일정한 경우에는 선박도 몰수할 수 있다. 중립국은 자국민에게 가해진 이러한 불이익을 묵인할 의무가 있는 것이다. 둘째, 교전국은 봉쇄침파의 중립선박 및 그 화물을 몰수할 권리가 있는데 중립국은 이것을 역시 묵인할 의무가 있다. 셋째, 교전국은 적국에게 군사적 원조를 행하는 中立船舶과 中立貨物을 몰수할 수 있는데, 중립국은 역시 이것도 묵인할 의무가 있는 것이다(중립선박 중 적국민으로서 병역연령자는 포로로 할 수 있다. 후술하는 제 2 차대전중의 '淺間丸'사건 참조).

다음 중립국의 묵인의무에 관계가 있는 것으로 교전국의 非常徵用權(*jus angariae*)이 있다. 이 비상징용권은 교전국이 자국영역내 또는 점령지내에 있는 중립국민소유의 철도차량, 선박 기타의 수송재료를 긴급한 필요가 있으면 徵用할 수 있는 권리이다. 과거 오래 전부터 국제관습법상으로 인정된 권리인데 육전중립조약 제19조도 이 권리를 확인하고 있다. 이 권리의 행사에는 소유자의 동의가 필요 없으나 완전한 배상을 해야 하며, 또한 사용 후에는 조속히 반환할 것을 조건으로 한다. 과거의 '앙가리'권에 있어서는 징용한 선박의 승무원을 강제적으로 사용하는 것도 포함되었으나, 현대에는 징용의 대상은 交通材料에 한정되고 그것을 이용함에 있어서 승무원을 강제적으로 사역할 수는 없게 되었다. 중립국은 자국민에게 가해진 交戰國의 이와 같은 '앙가리'권을 묵인할 의무가 있는 것이다.

제 1 차대전의 발발과 동시에 영국은 당시의 중립국 칠레와 터키로 갈 건조 중인 군함 4척을 징발하였다. 구 터키정부(Porte)의 항의에 대하여 영국은 완전배상을 조건으로 징발의 권리를 주장하였다. 이와 같이 교전국이 자국 영수내에 있는 중립선박에 대하여 비상징용권을 행사하는 것은 좋으나, 공해에서 이 권리를 행사할 수 있는가에 관해서는 異論이 많다. 제 1 차대전 중 미국은 1918년 3월 20일 그 항내의 화란선박 77척을 징용하였고, 영국도 동양의 조치를 취한 바 있다. 그러나 제 1 차대전에서 발생한 새로운 현상은 중립국이 교전국에 대하여 앙가리권을 적용한 것이다. 이탈리아가 아직 중립국으로 있던 1915년에 자국항내의 독일선을 나포하였다. 제 2 차대전에서도 중립국인 미국이 먼저 자국항내에 있던 독일·이탈리아 상선을 징용하였고, 다른 미주국가도 이에 따랐다. 중립국에 의한 앙가리권 행사가 국제법상 인정될 수 있는 것인지는 의문이다.

기타 교전국은 敵國領土內의 중립국민의 사유재산을 전쟁수행의 필요상 파괴 또는 압수할 수 있다. 또 절대적인 군사상의 필요가 있으면 적국과 중립국을 연결하는 해저전선을 交戰區域내에서 절단하는 것도 허용된다. 중립국은 교전국의 이와 같은 행위를 묵인할 의무가 있는 것이다.

(3) 回避義務

回避義務(duty of abstention)는 중립국이 交戰國의 일방에 대하여 직접 또는 간접으로 전쟁수행에 관계되는 원조를 부여하지 않을 의무이다. 다음에 설명할 防止義務와는 달리, 어떤 행위를 행해서는 안된다는 소극적 의무에 불과하다. 조약에 의거하여 교전국에게 군대·병기를 공급함으로써 교전국의 일방을 직접으로 원조하거나, 또는 일방의 교전국에 부여하지 않은 특권을 타방의 교전국에 부여함으로써 간접으로 원조하는 것도 현재의 회피의무와 양립되지 않는다. 특히 주의할 것은 교전국의 쌍방에 원조를 부여하는 것도 중립위반이라고 하는 것이다. 回避義務는 방지의무와 더불어 公平義務(duties of impartiality)라고도 불리나 공평한 행위는 무엇이나 허용되는 것이 아니라는 의미에서 공평의무라는 용어는 타당치 않다. 일찍이 바텔도 지적한 바와 같이 同數의 군대, 同量의 병기·군수품, 기타의 물자가 상이한 상태하에서 부여될 경우에는 同樣의 원조가 되지 않기 때문이다.

회피의무의 구체적 내용을 보자. 첫째, 중립국이 직접으로 적대행위에 참가하여 교전국을 원조할 수 없음은 말할 것도 없다. 단, 중립국이 교전국에 의한 중립의 침해를 방지하기 위하여 병력을 사용하는 것은 敵對行爲로 인정되지 않는다(육전중립조약 제10조). 그렇지 않고 교전국을 공격할 목적으로 행하는 중립국의 무력행사는 전쟁상태를 초래하나, 중립국이 중립의 지위에 머물러 있는 한 이러한 적대행위를 행할 수 없는 것은 물론이다. 직접적인 적대행위가 아니라도 교전국의 일방에게 군대를 공급하거나, 군함·공선으로 군사적 수송·정보의 제공을 행하거나, 군함 기타 군용에 제공될 수 있는 선박·항공기, 병기·탄약 기타 일체의 軍用材料를 공급할 수 없다(해전중립조약 제 6 조). 또한 중립국은 교전국에게 대금을 대여하거나, 중립국에서 모집하는 교전국의 공채를 보증하거나, 교전국에 군수품을 매각하거나 또는 노무를 제공하는 등 평시에 허용되는 이러한 행위도 회피하지 않으면 안된다.

이와 같이 중립국은 回避義務에 의거하여 교전국의 일방에 원조를 부여해서는 안되게 되었으나, 이 회피의무는 중립국이 국가로서 회피하는 의무이며, 중립국의 국민이 私人의 입장에서 교전국의 일방을 원조하는 것도 금하는 취지가 아니다. 따라서 중립국의 국민이 개인적으로 交戰國에게 물자를 공급하거나 교전국의 공채에 응모하거나, 또는 그 군대를 지원하거나 기타 교전국의 공장에서 노동하는 것은 중립국이 방임할지라도 그것은 중립국의 회피의무에 위반되지 않는다. 또 중립국의 민간회사가 교전국을 원조할 목적으로 무기·탄약을 제조하여 교전국에 수출하는 것을 중립국이 방지하지 않는 것도 그것만으로는 중립의무에 반하는 것이 아니다. 육전중립조약 제 7 조 및 海戰中立條約 제 7 조는 다 같이 "중립국은 교전자의 일방 또는 타방을 위한 병기·탄약 기타 군대 또는 함대의 용도에 제공할 수 있는 일체 물건의 수출 또는 통과를 방지할 필요가 없는 것으로 한다"라고 규정하고 있다. 그러나 이 경우에 중립국이 그것을 국민에게 권장하거나, 또는 특별한 편익을 제공한 경우에는 회피의무의 위반이 된다.

(4) 防止義務

防止義務(duties of prevention)는 중립국의 영역이 교전국의 전쟁 목적에 이용되는 것을 그 중립국으로서 방지할 의무이다. 전술한 회피의무가 소극적인 의무인데 반하여, 防止義務는 일정한 행위를 적극적으로 방지하지 않으면 안되는 적극적 의무인 점에 특색이 있다. 이와 같은 방지의무는 육전중립조약과 해전중립조약에 상세히 규정되고 있는데, 중립국 영토 및 그 상공에 있어서의 방지의무와 中立國 領海(광의의 영해로서 항만, 내해를 포함한다) 및 그 상공에 있어서의 방지의무와의 사이에는 약간의 차이가 있다.

1) 領土內에서의 防止義務

① 中立國의 영역은 不可侵이며(육전중립조약 제1조), 중립국은 그 불가침을 수호할 의무가 있으므로 교전국이 중립국영토에서 적대행위를 행하는 것을 방지하여야 한다(비단 영토상에서의 육전뿐만 아니라, 영공에서의 공중전과 영수 내에서의 해전도 방지하지 않으면 안된다). 그러나 중립국이 실력부족으로 인하여 사실상 그러한 적대행위를 방지하지 못할지라도 그것은 중립국의 방지의무의 위반으로 인정되지 않는다(예, 청일전쟁시의 조선, 1941년 독일군의 침입을 방지하지 못한 룩셈부르크).

② 중립국은 교전국의 군대·군수품 또는 輜重의 自國領土 通過를 방지할 의무를 진다. 이것은 관습법상의 원칙인데, 육전중립조약 제2조도 이 원칙을 확인하고 있다. 단, 교전국의 일방에 복무하기 위하여 개인이 개별적으로 통과하는 것을 인정하여도 방지의무의 위반이 되지 않으며(제6조), 또 상병자의 통과를 인정하는 것은 관계 없다.

1940년 노르웨이에서의 적대행위의 종료 후 스웨덴은 독일군대의 영역통과를 허용하여 영국의 항의를 받았다. 1945년 7월 유럽에서 적대행위가 종료된 후 스위스는 歸國途上의 다수의 비무장영국군의 영역통과를 허용하였다. 당시 일본과의 전쟁은 끝나지 않았으므로 스위스는 그 군대를 극동의 전장에 사용하지 않겠다는 약속을 다짐한 바 있다.

③ 중립국은 교전국이 무선전신국, 또는 교전국병력과의 통신의 용도에 제공될 일체의 설비를 설치하는 것을 방지하여야 한다(제3조, 제5조). 단, 중립국은 國有 또는 民有의 여하를 막론하고 일반에 이용되는 통신기관의 교전국에 의한 사용을 금지·제한하는 의무를 지지는 않으나(제8조), 사용을

허용하는 경우에는 교전국 쌍방에 대하여 공평한 취급을 하여야 한다(제9조).

④ 중립국은 교전국이 그 中立國領域內에서 전투부대를 편성하거나, 또는 募兵事務所를 개설하는 것을 금지하지 않으면 안된다(제4조, 제5조).

⑤ 중립국은 교전국군대가 그 영토내에 피난하였을 경우에는 戰地에서 隔離된 일정한 장소에 유치·감시하지 않으면 안된다(제11조). 그러나 도주한 포로는 중립국의 영역내로 도주를 완료한 경우에 포로의 신분을 면하는 것이므로 중립국은 그러한 포로에게 자유를 주어야만 한다. 단, 중립국영역내에의 체류를 인정한 경우에는 그 居所를 제공할 수가 있다. 중립국 영토에 退避하는 군대가 인솔하는 포로에 대해서도 마찬가지로 대우하여야 한다(제13조 1항 및 2항).

상기와 같이 영토내에서의 방지의무는 상당히 엄격한 내용을 가진 것이며 다음의 중립국영해내의 방지의무와 대조적이다.

2) 領海內에서의 防止義務 中立國領海內의 방지의무는 해상교통의 특수성으로 인하여 약간 완화된 내용을 가진 것이다. 즉, 중립국은 반드시 교전국의 군함이나, 군용항공기의 통과 및 정박을 금지할 의무가 없다. 다만, 그 영해내에서 교전국이 전투나 포획행위나 또는 전투력을 증가하는 행위를 행하는 것을 방지할 의무가 있을 뿐이다. 그 요점은 다음과 같다.

① 중립국영해에서 교전국군함이 捕獲·臨檢·搜索 기타 일체의 적대행위를 행하는 것은 허용되지 않는다(해전중립조건 제2조). 교전국 군함이 중립국영해내에서 선박을 포획한 경우에는 중립국은 그것을 해방하기 위하여 필요한 일체의 수단을 강구하지 않으면 안된다(제1조 3항). 만약 포획된 선박이 중립국의 영해외로 나가버린 경우에는 포획국정부에게 그 해방을 요구할 수가 있다(제3조). 이와 같은 중립국의 의무는 중립국에게 실력 이상의 의무를 과한 것이 아니므로 중립국에 의한 방지의무의 이행은 그로 인하여 중립국의 안전이 위험에 빠질 우려가 없는 한도 내에서 요구된다.

② 交戰國은 중립국의 항이나 영해를 작전근거지로 삼을 수 없다. 특히 무선전신국이나 교전국병력과의 통신의 용도에 제공되는 기계를 설치할 수 없다. 중립국은 교전국의 이와 같은 행동을 방지할 의무가 있는 것

이다(제5조).

③ 교전국은 중립국의 영토내뿐만 아니라 영해에 있는 선박내에도 捕獲裁判所를 설치할 수 없다(제4조).

④ 중립국은 교전국의 군함 또는 그 포획한 선박의 단순한 中立領水의 통과·정박은 허용할 수 있다. 교전국의 군대나 항공기의 중립국 영토·영공의 통과가 중립의 침범이 되는 것과는 대척적이다(육전중립조약 제2조, 공전법규안 제40조). 그러나 상기와 같은 통과와 정박을 금지·제한할 수도 있으며, 그러한 경우에는 금지·제한을 교전국쌍방에 공평하게 적용하지 않으면 안된다(제9조, 제10조). 정박은, 破損 또는 海難狀態의 경우를 제외하고는, 원칙적으로 24시간을 초과해서는 안된다(제12조). 동일한 항에 동시에 碇泊할 수 있는 교전국 군함의 수는 각각 3척을 초과할 수 없다(제15조). 또 교전국쌍방의 군함이 동시에 동일한 항에 정박하는 경우에는, 일방의 군함의 출발과 타방의 군함의 출발과의 사이에 적어도 24시간의 간격을 두어야 한다(제16조).

⑤ 交戰國 軍艦은 중립국항에서 항해의 안정에 필요한 정도 이상으로 그 파손을 수리하거나, 또는 어떠한 방법에 의하든 간에 그 전투력을 증가할 수 없다(제17조).

⑥ 교전국군함은 군수품이나 무장을 갱신 또는 증가하기 위하여 그리고 승무원을 보충하기 위하여 중립국의 항을 이용할 수 없다(제18조, 제25조).

중립국은 교전국의 일방에 대하여 巡邏의 용도에 제공되고, 또는 적대행위에 참가하리라고 믿을 만한 상당한 이유가 있는 선박이 자국의 관할내에서 정비·의장 또는 무장하는 것을 방지하지 않으면 안되며, 또 교전국의 일방에 대하여 그러한 의도로 어느 선박이 자국의 관할내에서 전부 또는 일부전쟁의 용도에 적합하도록 된 경우에는 그 선박이 자기의 관할외로 출발하는 것을 방지하기 위하여 같은 형태의 감시를 하지 않으면 안된다(제8조).

이상과 같은 海戰中立條約 제8조와 제18조는 유명한 알라바마호사건(The Alabama Case)을 계기로 한 워싱턴 삼원칙(The Three Rules of Washington) 중 그 제1칙과 제2칙을 그대로 채용한 것이다.

알라바마호는 미국의 남북전쟁시 영국으로부터 교전단체의 승인을 받은 南部諸州가 영국에 주문한 군함의 명칭이었다. 영국은 이 내란에 대하여 중립을 선언하였는데, 그 후 알라바마호가 아조레스군도 부근의 洋上에서 무장되어 전쟁 행위에 참가하였다. 남북전쟁의 종료 후 미국정부는 알라바마호, 기타 영국에서 제조되고 동양의 용도에 사용된 선박에 의한 손실·손해에 대하여 영국에 손해배상을 요구하였던바, 양국 정부간의 교섭의 결과 1871년 5월 8일 본건을 중재재판에 회부하는 것에 관한 워싱턴조약이 성립한 것이다. 이 조약에 의하여 중재방법과 함께 중립국의 일반의무를 정립한 것이 워싱턴 3칙이다.

워싱턴 3원칙의 제 3 칙은 中立國政府는 제 1 칙 및 제 2 칙의 의무가 침범되는 것을 방지하기 위하여 자국의 港津 및 수역에 있어서 또한 그 관할 내의 일체의 사람에 관하여, 적절한 注意(due diligence)를 하지 않으면 안된다고 하는 것이다. 중재위원회는 1872년 9월 14일의 재판에서 영국이 제 1 칙과 제 3 칙에 위반하였음을 인정하고 미국에 대한 손해배상의 지불을 명령하였다. 워싱턴 3원칙은 중립국의 방지의무에 관한 기준을 명백하게 한 점에 역사적 의의를 가진 것이다.

⑦ 교전국의 군함은 원칙적으로 최근의 本國港에 도달함에 필요한 한도 이상의 연료를 중립국이 항에서 적재하거나 또는 중립국의 동일의 항에서 3개월 이내에 재차 연료를 적재할 수 없다(제19조).

⑧ 불가항력의 경우와 留置의 경우를 제외하고 交戰國軍艦은 포획한 선박을 중립국의 항에 引致할 수 없다(제21조). 인치한 경우에는 중립국은 이것을 해방시켜야 한다(제22조).

제 1 차대전 초, 아프리카연안에서 독일군함에 의하여 나포된 영국여객선 아팜호(The Appam)가 당시의 중립국 미국의 뉴포트 뉴스(Newport News)항에 인치되었다. 선박소유자가 제기한 同船解放의 소송에 대하여 미국재판소는 해전중립조약 제21조도 및 제22조가 현행국제법규를 선언한 것이며, 이 법규에 의하여 중립국항이 교전국포획물의 비호소로 이용될 수 없다고 판시하면서 아팜호는 항해불능이나, 악천후나, 또는 식량·연료의 결핍 이외의 이유에서 미국항에 인치된 것이므로 이것을 석방하지 않으면 안된다고 판결하였다. 연방대법원도 이 판결을 확인하였다.

6. 中立制度의 危機

(1) 非交戰狀態

하나의 제도로서의 중립은 제 2 차대전을 계기로 하여 심각한 위기에 봉착하고 있다. 대전은 실로 중립의 개념에 본질적인 혁명을 가져온 것이다. 중립 및 중립제도의 이와 같은 동요에 따라 새로이 나타난 현상은 '非交戰狀態'(non-belligerency)와 '非交戰國'(non-belligerent)이다. 과연 과거의 국제법상의 제제도가 국제정치의 산물인 것과 같이 비교전상태라는 현상도 제 2 차대전을 중심으로 한 국제정치의 산물인바, 국제법이 전쟁을 규정하는 반면 전쟁도 또한 국제법을 규정한다는 사실을 이 현상은 웅변으로 말하여 준다.

1) **非交戰狀態의 概念** 　非交戰狀態 또는 非交戰國이라는 용어는 두 가지 의미로 사용된다. 첫째는 전쟁에 참가하지 않는 국가가 교전국의 일방에게 특별한 원조를 부여하는 경우, 그 국가가 자국을 비교전국이라고 칭하고 자국이 비교전상태에 있다고 하는 것이다. 원조의 부여는 중립의 위반이 되므로 그 위반을 피하기 위하여 중립국이 아니고 非交戰國이라고 하면서 원조를 부여한 것이다. 이 의미에서 비교전국이라는 말을 처음으로 사용한 것은 이탈리아이며, 전쟁에 참가하기 직전 독일에 원조를 주기 위하여 자국을 비교전국이라고 칭하였다(참전은 1940년 6월). 다음은 미국이 사용하였다. 미국은 1940년 9월 驅逐艦 50척을 영국에 양도하였다. 1941년 3월에는 한층 적극적인 援助立法을 행하였다. 즉 당시의 대통령 루스벨트는 國防促進法(An Act to Promote the Defense of the U. S.), 즉 속칭으로 武器貸與法(Lend-Lease-Act)을 제정하여 정부관할하의 병기창 · 공장 · 조선소에서 反樞軸陣營을 위한 국방기재를 생산하여, 이것을 매각 · 교환 · 양도·대여, 기타의 방법으로 공급하였다. 전의 구축함양도가 '行政協定'으로 행해진 데 대하여, 이것은 의회에 의한 입법의 형태로 행해진 점이 주목할 만하며, 정부뿐만 아니라 미국민의 중립포기의 의향을 표시한 것이라고 보아도 좋다. 1941년 봄에는 연합국의 수송안전을 위하여 미국의

군함과 비행기가 대서양에서 哨戒(patrol)의 임무를 담당하였으며, 독일의 잠수함, 기타의 군함, 비행기를 발견하였을 때에는 이것을 영국에 통지하였다. 가을에는 더 나아가서 독일의 군함이나 잠수함에 발포까지 하였다. 이와 같은 행동이 중립위반임은 말할 여지가 없다. 그러므로 미국의 많은 학자는 미국은 이미 중립의 지위에 있지 않고, 非交戰狀態에 있다고 말하였다.

둘째로 전쟁에 참가하지 않은 국가가 교전국의 일방에 원조를 부여하기 위하여 그 교전국의 일방을 非交戰國이라고 칭하는 것이다. 그 예로서는 1942년 1월 리오데자네이로의 미주제국회의에서 채용된 '樞軸交戰國에 대한 비교전상태에 관한 결의'가 있다. 이 결의는 태평양전쟁에 참전한 미국 및 약간의 라틴 아메리카 제국에 원조를 부여하기 위하여 채용한 것인데, 참전한 미주제국을 交戰國으로 인정하지 않을 것, 이러한 비교전국에 대하여 특별한 편의를 부여할 것을 규정하였다. 이 결의에 의하여 부여될 원조는 주로 미국의 공군이나 해군에 대한 기타의 제공 또는 軍用物資의 공급이었다. 이와 같은 중립국의 교전국에 대한 원조가 중립법규의 위반이 됨은 물론이다.

상기 두 가지 의미의 비교전상태 및 非交戰國에 있어서 용어로서는 전자가 적당하다. 왜냐하면 후자가 실제로 교전중에 있는 국가를 비교전국이라고 칭하는 것은 사실과 틀리기 때문이다. 실제의 交戰國을 법률상 非交戰國으로 볼 수 없는 바는 아니나 그것은 하나의 의제에 불과하여 적당하지 않다. 여하간 비교전국이라는 말은 어느 의미에서도 중립국을 의미한 것이 아니다. 이 말은 단순히 교전국이 아니라는 의미, 즉 중립국의 의미로서는 종래에도 빈번히 사용되어 왔으나, 제 2 차대전에서는 적어도 중립국이 아니라는 의미로 사용되었다. 중립국도 아니고 교전국도 아닌 그 중간적 지위를 의미한 것으로서 非交戰狀態라는 용어와, 그 상태에 있는 국가적 지위를 의미한 것으로서 비교전상태라는 용어와 그 상태에 있는 국가를 의미한 것으로서 비교전국이라는 용어가 사용된 것이다. 전통적 중립제도에서는 전쟁과 중립은 이자택일의 관계에 놓였으며, 그 중간적 지위는 인정되지 않았다. 그러나 제 2 차대전에서, 즉 국제연맹과 국제연합에 이르는 戰爭違法化의 과정에서는 중간적 지위가 창설된 것을 특징으로 한다. 이와 같은 중간지위의 인정은 국제관계의 현실과 조화되는 것이다.

2) **非交戰狀態의 法理** 비교전상태는 적법인가? 비교전국의 행위 중에는 중립의무에 반하는 것과 반하지 않는 것의 양자가 있다. 교전국의 일방에 대하여 언론, 출판을 통해 단순한 호의를 표시하거나(호의적 중립), 또는 교전국의 일방과 동맹관계에 있는 사실 그 자체만으로는 중립위반이 되지 않는다. 이에 반하여 교전국의 일방에 전술한 바와 같은 특별한 援助(예, 구축함의 양도, 무기의 대여, 기타의 허용)를 부여하는 것은 위반이 된다. 비교전국이란 전통적 국제법에 의하면 중립국이며, 중립국인 한에서 중립법규의 위반을 구성하는 것이다.

미국의 학자 중에는 비교전국으로서의 미국의 입장을 침략의 방지 또는 自衛權의 법이론으로써 정당화하려는 시도가 있었다. 라이트 교수가 미국은 중립국의 지위에 있는 것이 아니라, '침략의 경우에 있어서의 국가의 권리의무에 관한 하버드條約案'(Draft Convention on Rights and Duties of States in Case of Aggression)에 있어서의 援助國(supporting state)의 지위에 있다고 하면서, 원조국이 됨으로써 국가는 침략국에게 불리한 차별대우를 행할 수 있는 권리를 취득한다고 논급한 것은 그 대표적 견해이다. 라이트는 또한 1934년 國際法協會(International Law Association)에서 不戰條約의 해석에 관하여 행한 소위 부다페스트결의(The Budapest Resolution)가 부전조약에 위반하여 전쟁을 행한 국가에 대하여 제3국은 벌써 공평한 중립국의 입장을 취할 필요가 없고, 被攻擊國에게 군수품을 포함한 물질적·금융적 원조를 부여해도 상관없다고 규정한 것을 들어서 미국의 영국에 대한 驅逐艦讓渡를 정당화하였다. 그러나, 하버드조약안은 현행법이 아니고 장차 '있어야 할 법'(*lege ferenda*)으로서 작성된 것이다. 부다페스트 해석결의도 구속력을 가진 것이 아니며, 무엇보다도 그러한 결의가 입법적인 결의라면 몰라도 해석적 결의로서는 무리라고 하는 데에 난점이 있다.

다음, 自衛權에 의한 正當化의 이론은 펜위크의 주장에서 볼 수 있다. 즉, "법의 정규의 절차가 실패한 경우에 발동하는 자위라고 하는 최후적 권리는 명백히 사법에 있어서와 같이 공법에서도 인정되고 있다. 그것은 법의 모든 제 2 차적인 의무에 우선하는 것이며, 불법행위가 직접 자기를 향했을 경우뿐만 아니라 직접적으로 타자에게 향했을지라도 지금 저항하지 않으면 不法行爲者를 유리한 지위에 세워, 현재로서는 그 희생이 되어 있지 않는 타자도 유효하게 공격할 수 있는 데까지 이를 것이 명백한 경우에는 자위의 권리에 의하여 국가가 불법행위자에게 저항할 수 있게 된다. 장래를 예견하여, 명일에는 방지할 수 없는 것을 금일에 방지할 수 있다는 것이야말로 정히 自衛權의 본질인 것이다"라고 역설하였다. 그러나 自衛權의 요건인 급박성에 관한 판단에 있어서 그 객관성이 충분히 확보되었는지는 의문이다.

상기와 같은 침략의 방지 또는 자위권 이외에 復仇로서 미국의 비교전상태를 정당화하려는 이론이 있다. 즉, 이글톤은 독일이 유럽의 다수한 중립국의 중립을 침해한 데 대하여 미국은 복구를 행사한 것이라고 말한다. 그러나 복구는 자국에 대한 국제법상의 권리침해에 대하여 행사되는 권리가 아니면 안된다.

이상에서 본 바와 같이 비교전국을 '전쟁에 참가하지 않는 국가'='중립국'으로 보는 한 어떠한 이유를 가지고도 위법성은 조각되지 않는다. 환언하면 전쟁에 참가하지 않는 국가가 중립의 권리와 이익을 요구하면서 非交戰國이라는 이름으로 교전국의 일방에 특별한 원조를 부여하는 것은 위법으로 보아야 한다. 왜냐하면 중립의 권리요구는 중립의무의 이행에 대응하는 것이기 때문이다. 그러나 중립의 지위에 서지 않고 중립의 권리와 이익을 요구하지 않는다면 문제는 달라진다. 중립의 권리와 의무는 표리의 관계에 서는 것이며, 그러므로 이미 중립의 권리를 요구하지 않는다면 중립의 의무를 준수할 필요도 없게 된다. 권리만을 요구하고 의무를 이행하지 않는 것이 허용되지 않는 것과 같이 권리를 요구하지 않는 경우에는 의무의 불이행도 허용되지 않으면 안된다. 이것은 자연의 도리이며, 당연한 논리이다. 이와 같은 의미에서 非交戰狀態의 적법성이 인정되는 것이다.

(2) 國際聯合과 中立

1) 國際聯合에서 중립의 여지가 존재하는가? 먼저 국제연합이 안전보장이사회의 결정에 의하여 강제조치를 발동하는 경우에 중립의 여지가 존재하는가를 검토해 보자. 安全保障理事會는 武力行使가 있을 경우 침략행위의 존재를 결정하고 헌장 제41조 또는 제42조에 따라서 어떠한 조치를 취할 것인가를 결정한다. 이러한 조치에는 군사적인 것과 비군사적인 것이 있으나 어떠한 조치를 결정하든지 간에 안전보장이사회의 결정에는 가맹국을 구속하는 법적 효력이 있다. 그러므로 원칙상 加盟國이 강제조치발동의 圈外에 설 수는 없다. 다만, 군사적 조치에 있어서 군대의 제공, 군사적 편익이나 원조의 제공은 특별협정을 전제로 하고 있으며, 따라서 특별협정이 체결되지 않는 한 가맹국이라고 하여 당연히 안전보장이사회의 결정에 따라야 한다는 의무는 없다. 그러나 제41조의 비군사적 조치의 경우에는 당연히 안전보장이사회의 결정에 따라야 하며, 이 경우에 동이사회는 무력행사에 이르지 않는 어떠한 조치도 결정할 수 있으므로 가맹국은 중립을 유지하기가 거의 불가능하다. 그리고 상기와 같은 군사적 조치에서나 또는 비군사적 조치에서나 강제조치에 직접 참가하지 않는 가맹국이 있을 수 있지만(제48조 1항), 그러한 加盟國일지라도 국제연합에 모든 원조를 부여하지 않으면 안되고, 또 침략국에 대하여 원조를 부여해서는 안될 뿐만 아니라(제2조 2항), 安全保障理事會가 결정한 조치를 이행함에 있어서 공동적으로 상호원조를 부여할 의무를 지게 되어 있다(제49조). 이와 같이 국제연합이 안전보장이사회의 결정에 의하여 강제조치를 취하는 경우에는 가맹국에게 법적으로는 중립의 여지가 없는 것이다.

국제연맹에서는 규약에 반한 전쟁이 발생하였을 경우, 제16조에 의하여 연맹국이 중립의 입장을 취하기가 곤란하게 되었다. 그러나 1921년 총회의 해석결의에 의하면 제16조에 의한 제재의 적용은 가맹국 개개이 판정에 의하여 실시되는 것이고, 연맹기관의 결의에 의하여 일치하게 실시되는 것이 아니었다. 따라서 가맹국 중 제재발동의 조건이 충족되어 있지 않다고 판단하는 국가는 연맹의 강제조치에 참가하지 않고 제3국의 지위에 머무를 수 있게 되었다. 사실, 이탈리아에 대한 연맹의 제재에 있어서 스위스·오스트리아·알바니아는 참가하지 않았다. 그러나 제 3 국의 지위라 할지라도 규약 제16조 3항에 의하여 연맹의 제재를 위하여 출동하는 군대의 자국통과를 인정할 의무가 있으며, 그러한 한에서 종래와 같은 중립의 지위에 서기는 곤란하게 되었다. 단, 이 경우 제재발동의 조건을 각 가맹국이 판정하는 결과 타국가가 그러한 통과를 당연히 인정할 의무를 지는 것인지는 확실하지 않다.

스위스는 군사적 제재에의 참가 및 외국군대의 통과인정의 의무를 유보하고 국제연맹에 가입하였는데 경제적·재정적 제재는 중립의무와 모순되지 않는 것으로 알고 처음에는 그것을 유보하지 않았다. 그러나 이탈리아 제재에 있어서는 경제제재에 참가하지 않았으며, 그 후 그 당시의 경험에 의하여 앞으로의 경제조치에는 일체 참가하지 않는다는 성명을 발하였다(1938년 4월 29일). 1939년 5월 14일 국제연맹은 전원일치로 이것을 승인하였다.

2) 문제가 되는 것은 安全保障理事會가 침략국에 대한 강제조치를 결정하지 않는 경우이다. 이와 같은 경우에 전쟁당사국 이외의 제 3 국은 어떠한 태도를 취할 수 있는가. 다음과 같은 두 가지 견해가 중요하다.

첫째의 견해는, 안전보장이사회가 침략의 존재를 결정하지 않거나 또는 강제조치를 결정하지 않는 경우에는 제 3 국은 自衛權의 행사를 제외하고는 절대적으로 공평하게 있지 않으면 안된다고 하는 입장이다.

둘째의 견해는, 안정보장이사회가 침략행위 또는 강제조치를 결정하지 않는 경우에는 加盟國은 침략국에 대하여 강제조치를 취할 의무가 없으나 침략국에 대하여 차별적 조치를 취하는 것은 위법이 아니라고 하는 입장이다. 헌장에 의하여 개별적 자위권 이외에 집단적 자위권이 인정되고 있으므로 이 경우에는 본래 중립법규에 위반되는 차별적 조치라 할지라도, 違法性이 조각된다고 하는 것이다.

첫째의 입장은 안전보장이사회가 침략행위의 존재를 결정하기 전에 각국이 어느 交戰國에게 원조를 부여하는 것은 인정의 객관성이 보장되지 않아 침략을 강화할 염려가 있다고 하는 것을 논거로 한다. 그러나 헌장에서는 이미 집단적 자위가 인정되고 있어 이 권리에 의하여 단순한 원조 정도뿐만 아니라 전면적인 투쟁관계까지도 違法性이 조각되는데, 그렇다면 보다 정도가 낮은 원조가 어찌하여 배척되지 않으면 안되는가를 이 입장으로서는 설명할 수가 없다.

결국 둘째의 입장이 오늘날 유력한 학설로서 등장하고 있는데, 라우터팩트는 安全保障理事會가 침략행위 또는 강제조치를 결정하지 않을 경우 "헌장에 있어서 완전한 중립의 태도를 의무화하는 것은 아무 것도 없다. 무력공격이 발생하였을 경우, 제51조에 의한 집단적 자위권을 행사하여 전쟁에 호소할 수 있는 권리와는 별도로 통상의 중립의 이익의 거부 및 침략국에 대한 차별적 조치를 포함한 적당하다고 생각되는 행동을 취할 수가 있다"고 주장한다. 이미 不戰條約의 해석에 있어서 침략국에 관한 한 제3국에 대한 중립의무를 요구할 수 없다는 설이 진실이라면, 이 경우에도 인정권이 남용될 염려는 있으나 제3국은 侵略國에 대한 관계에서 차별적 지위에 설 수 있다고 생각된다. 이것은 헌장이 集團的 自衛權을 인정한 것으로써 증명되는데, 이 집단적 자위권은 전술한 바와 같이 제3국에 의한 단순한 원조뿐만 아니라 전면적인 투쟁관계까지도 그 위법성을 조각하는 사유인 것이다.

이리하여 결국 둘째의 견해가 타당하다고 할 수 있다. 그 결과 國際聯合에 있어서는 안전보장이사회가 강제조치를 결정한 경우뿐만 아니라 그것을 결정하지 못한 경우에도 가맹국에게는 중립에 여지가 없다는 결론이 나온다. 국제연합은 이와 같이 전통적 중립제도에 근본적인 변화를 가져온 것이다. 이 변화는 다음 네 가지로 요약할 수 있다. 첫째 국제연합에서는 전통적 중립제도에서 보는 바와 같은 중립의 자유가 없다. 둘째 전통적 중립제도에서는 중립과 전쟁간에 중간적 지위가 인정되지 않았으나 국제연합은 전쟁도 아니고 중립도 아닌 제3의 지위인 非交戰狀態를 창설하였다. 셋째 전통적 중립의 지위는 교전국에 대한 무차별·공평을 특징으로 하나, 국제연합에서는 침략국과 희생국을 차별하며 희생국에 대하여는 원조를 부여하는 것을 원칙으로 한다. 넷째 전통적 중립법규는 교전국에 대한 중립국의 의무의 형태로 규정되었으나, 國際聯合에 이르러서는 이미 침략국은 이러한 의무를 제3국에 대하여 요구할 수 없게 되었다.

(3) 中立의 將來

中立法規는 다른 법현상과 같이 하나의 역사적 산물이다. 현재의 전통적 중립법규가 일찍이 16세기에는 알려진 것이 아니었고, 당시의 관습과 양립된 것도 아니었음은 이미 고찰한 바와 같다. 그것은 19세기의 세계상업의 안정과 영국산업자본의 상승적 발전에 규정되어 성립한 것이며, 전쟁에 대한 均衡者(balancer)로서의 영국의 실력에 의하여 주로 유지되어온 것이다. 헤이그조약에 의하여 형식적 수락의 표시로서의 법적 표현을 얻은 것은 사실이나 그 배후에는 이상과 같은 사회적 조건이 엄존하였음을 간과할 수 없다.

그러나 오늘날에는 국제사회에 유력한 균형자가 존재하지 않는다. 전통적 중립제도는 벌써 제 1 차대전 당시부터 위기에 봉착한 것이다. 戰時禁制品目은 확대되고, 실효성을 갖지 않는 장거리봉쇄가 출현하였으며, 非常徵用權은 남용되었다. 중립선박은 해상포획법상의 절차에 의하지 않고 격침되는 일이 많았다. 적국과 어떠한 관계가 있는 船舶과 船主를 Statutory List(Black List)에 기재하여 이것과 거래를 하는 자에게는 일체의 便宜提共을 거부하였다. 利敵行爲를 하지 않는다는 서약을 행한 선박에게 Ship's Warrants를 발급하는 방법, 기타 Navicert 또는 Export or Transhipment Licence 등의 방법으로써 교전국은 중립상업을 자유자재로 컨트롤하였다. 벨기에와 룩셈부르크의 양 영구중립국은 독일에 의하여 침범되고, 기타의 중소중립제국도 결국은 교전국의 압력에 굴복하고 말았다. 그동안 유일한 실력 있는 중립국이었던 미국도 연합국과 불가분의 경제적 이해관계로 인하여 참전하지 않을 수 없게 되었다.

제 2 차대전에서도 끝까지 유지한 국가는 극소수에 불과하였다. 스위스·스웨덴·스페인·포르투갈·아프가니스탄·아일랜드 등 6개국을 남기고는 세계의 모든 국가가 戰爭當事國이 되었다. 미국은 1793년의 워싱턴 대통령의 유명한 중립선언 이래 그 전통적 중립정책을 고수하기에 노력하여 왔으며, 1935년부터 수차 중립법을 규정한 바 있으나, 1939년 11월 4일에는 중립법을 또다시 수정할 필요가 있었다. 이 중립법은 미국선에 대하여 직접·간접으로 병기·탄약·군용기구를 포함한 일체의 화물을 교전국에 수출하는 것을 금하였다. 그러나 반면 '現金去來·自國船輸送主義'(Cash and Carry Plan)를 채용하여 수출금지의 상품이라도 미국영토내에서 교전국 국민이 현금으로 거래하는 경우에는 완전한 소유권을 취득할 수 있게 하고, 다만 그 수송에 한해서는 교전국선박이 자기의 위험부담하에 행하는 것을 인정하는 동시에, 이 주의를 어느 교전국에게도 공평하게 적용하는 입장을 취하였다. 그러나 실제에 있어서 '現金去來'나 '自國船輸送'의 능력과 편의를 가진 국가는 영국 기타 反樞軸陣營이었으므로 이 중립법은 실질상 연합국을 원조하는 것이 되었으며, 사실 그것이 修正立法의 목적이기도 하였다. 1940년 이후 참전에 이르기까지 미국은 영국에 대한 구축함 50척의 양도를 비롯하여 '전쟁에 이르지 않는 일체의 원조'를 연합국에게 부여하였다. 유럽의 소국들도 중립의 유지를 희망하였으나 노르웨이·벨기에·和蘭·덴마크와 같이 직접 교전국에 의하여 침략되었거나, 또는 불가리아·헝가리·루마니아와 같이 교전국군대의 주류·통과를 인정하거나 하여, 중립상업의 자유를 수호하는 것은 도저히 생각도 못할 형편이었다. 상기과 같이 제 2 차대전에 있어서 전통적 중립제도는 거의 완전한 破綻을 경험하였다.

이리하여 중립의 장래가 더욱 다난하리라는 것은 상상하고도 남음이 있다. 미래의 전쟁에서는 세계의 거의 모든 국가가 戰例에서 제외되기란 불가능하다고 추측된다. 설사 제 3 국이 잔존할 여지가 있다고 치더라도 그것은 옛날의 중립국으로 있지는 않을 것이고, 자국이 희망하는 국제체제에 따라 주관적으로 침략을 인정함으로써 오히려 침략국을 강화할지도 모른다. 원래 중립의 부정은 戰爭違法化의 코로러리(corollary)로서 당연한 귀결이며, 그러한 한에서 적극적인 역할이 예상되는 것이었다. 사실 침략전쟁에 있어서의 중립은 강도를 묵인하는 것과 같이 일종의 부작위에 의한 범죄행위로 볼 수 있고, 국제적 고립주의와 이기주의의 원리에 서는 것이라고 비판을 받아도 마땅한 것이다. 그러나 침략인정의 객관성이 보장되지 않는 사정하에서는 중립의 부정이 전쟁규모의 확대와 침략국의 강화라는 부정적인 면을 담당할 우려가 없지 않다. 이에 대하여 전통적 중립제도가 전쟁의 확대를 방지하는 기능을 수행함으로써 도리어 적극적 역할에로 轉化할 가능성을 갖는다. 한국전쟁에 있어서의 중립제국의 활동은 이것을 실증한 것이며, 오스트리아의 國際聯合에의 가입인정도 중립기능에 관한 재평가의 결과라고 보여진다.

이와 같이 오늘날의 불완전한 집단적 安全保障體制에 있어서의 중립주의 또는 중립정책에는 일정한 의의와 역할이 인정되고 있다. 중립은 본래 집단적 안전보장의 관념과 모순되는 것임에도 불구하고 집단안전보장에 대립하는 군사동맹이 지배하는 현재에는 중립이야말로 또다시 집단적 안전보장의 체제에로 전환시키는 초석이 될 수 있다는 역설적 상황하에 놓여 있다고 보여지는 것이다. 아시아 · 아랍제국의 현재와 같은 중립정책 내지 중립주의는 국제평화기구의 실체와 국제정치의 현실에 대한 냉정한 판단 위에 입각한 것이며, 전면전쟁의 회피를 위한 국제긴장의 완화에 제 1 차적 의의를 둔 것이다. 그러한 한에서 西歐陣營에도 케난(G. Kennan)의 封鎖政策(containment policy)이나 덜레스(J. F. Dulles)의 roll back 정책으로부터 점차 disengagement(라파키안과 같은 비핵무장지대의 설치, 대군사블록의 이탈, 이동 등 그 내용은 국가에 따라 다르다. 적당한 역어가 없어 독일 같은 나라에서도 원어 그대로 사용한다)의 정책에 대한 贊論이 대두하고 있는 것은 일종의 중립주의에 대한 접근이라고 볼 수 있다.

제 8 절 戰爭의 終了와 講和

1. 休 戰

(1) 休戰의 性質

교전국간의 적대행위는 보통 休戰(armistice)에 의하여 정지된다. 그러므로 휴전이란 교전자가 쌍방의 합의에 의하여 적대행위를 정지시키는 행위(육전법규 제36조) 및 그 행위에 의하여 발생한 적대행위의 정지상태를 의미한다고 할 수 있다. 이와 같이 휴전은 적대행위의 정지에 불과하고 전쟁의 종료가 아닌 것을 원칙으로 하는 것이다.

오펜하임에 의하면, 休戰期間中 교전자 쌍방간 및 교전국과 중립국과의 사이에는 단순한 적대행위의 정지 이외의 일체의 점에 있어서 여전한 전쟁의 제조건이 계속한다. 휴전이 일시적 평화를 의미하는 것으로 해석하는 설이 있으나, 휴전은 단순한 일시적 전투정지를 의미하는 것에 불과하고 휴전 후에도 전투행위를 재개할 수 있으므로 휴전을 일시적 평화로 보는 설은 타당하지 않다. 이리하여 國際法上 또는 국내공법상의 제관계가 휴전기간중은 전시관계로서 규정되며, 그 휴전기간이 아무리 장기에 걸치더라도 그 동안의 법적 관계는 戰時法의 적용을 받아야 한다. 휴전을 사실상 및 법률상의 어느 의미에서도 전쟁상태를 종결시키지 않는 것으로 취급하는 것이 實定國際法制度의 원칙이라고 보는 이 고전적 이론은 실제에 있어서 각국의 관행 및 재판소의 태도와도 일치되는 것이었다.

가까운 한 예를 들면 프랑스의 한 재판소는 1940년 6월 22일 꽁삐에뉴(Compiegne)의 휴전이 성립된 후 독일측과 연결하였다는 죄과로 기소된 신문기자 Suarez를 재판함에 있어서 휴전이란 적대행위의 일시적 정지를 가져올 뿐이고 그 자체 전쟁상태를 종결시키는 것은 아니라고 판시한 후 피고를 사형에 처한 바 있다. 라우터팩트도 이 판결을 논평하면서 "그 판결은 휴전의 법적 성질에 관한 고전적 이론과 완전히 일치한다"라고 말하고, 그 판결에 대한 찬동의 의견을 발표하였다.

상기와 같은 고전적 이론에 대하여 최근에 스톤은 일반휴전협정에 관한 현대적 경향을 분석한 후 휴전은 그것이 一般的 休戰(general armistices)인 한 일종의 '戰爭의 事實上의 終了'(*de facto* termination of war)를 결과하는 것이라고 지적한다. 그러한 실례로서 스톤은 베르사이유 평화조약의 체결 전 1919년 11월 11일(12월에 갱신)의 연합국과 독일간의 휴전이 전쟁의 사실상의 종료에 해당하며, 여러 재판소의 판례에도 이 견해가 실제로 채용되었음을 들고 있다(예, Ruffy-Arnell v. The King(1922)). 이와 같은 견지에 입각하여 1953년 7월 27일의 한국휴전도 그 휴전협정의 전문에는 이 조건 및 규정의 의도가 '純軍事的'(purely military) 성질에 속하는 것이라고 명기하였으나, 그것이 전면적인 일반휴전인 까닭에 '전쟁'(휴전협정에는 '전쟁'이라고 하지 않고 conflict 또는 armed hostilities라는 말을 쓰고 있다)의 '사실상의 종료'에 해당하는 역할을 할 수 있는 것이라고 단정한다. 또 그는 헤이그陸戰法規 제39조로부터 제41조에 이르는 휴전 규정은 이와 같은 새로운 경향에 비추어 조절과 적응을 요한다고 제창하는 것이다.

휴전은 전기 스톤의 현대적 고찰과 같이 일반적 휴전인 한에서 전쟁의 사실상의 종료를 의미한다고 보아도 무방하다. 그러나 법적으로는 휴전 자체가 전쟁을 종료하는 것이 아니다. 휴전기간중 교전당사국간에는 여전히 전쟁상태가 계속하며, 교전국과 제 3 국간에는 中立關係(또는 비교전상태)가 존속한다. 즉, 휴전기간은 전시로 규정되는 것이다. 따라서 휴전중에도 별도의 합의가 없는 한 海上捕獲은 금지되지 않는다. 해상포획도 일종의 적대행위인 까닭에 휴전과 더불어 정지되어야 마땅한 것이나, 반면 휴전은 전쟁상태의 종료가 아니므로 戰時禁制品이 적지에 수입되는 것을 차단할 수 있어야 하는 것이다. 휴전중의 戰禁品의 수입은 그만큼 적국의 전력을 증강하여 후일의 강화에 그만큼 적국의 지위를 강화할 것이고, 강화불성립의 경우에는 기왕의 노력에 증강된만큼 전투재개시의 적군에게 유리한 지위를 부여하게 되기 때문이다.

이와 같이 휴전은 전쟁의 종료가 아니다. 그러나 복잡한 양상을 지닌 近代戰에 있어서는 敵對行爲(전투)의 종료와 평화조약의 체결간에 그 시간적 거리가 점점 멀어지는 일반적 경향을 볼 수 있다. 그러므로 그러한 休戰期間中의 전통적인 법적 제도에 관하여 재고할 필요가 생기게 된다. 휴전기간이 단기로 끝나는 경우에는 그 기간을 전시로 보는 것도 무방하나, 그 기간이 장기화하는 경우에는 국민의 생활과 국가의 활동에 막대한 고통과 부담이 가중되기 때문이다. 그러므로 현행법으로부터 야기되는 중대한 불합리를 피하기 위하여 전쟁과 평화의 사이에 중간적인 새로운 법제도를 설정할 필요가 있다는 의견은 충분한 근거를 가진 것이다. 개인이나 국가가 전쟁상태에 얽매여서 몇 년이고 부자유스러운 생활을 인내해야 한다는 것은 현실에 맞지 않는 일이다.

(2) 休戰의 種類

休戰에는 다음과 같은 세 가지 종류가 있다.

첫째는 停戰(suspensions of arms)이다. 정전은 교전국군대의 합의에 의한 단기간의, 부분적 및 일시적인 전투행위의 중지를 의미한다. 예컨대 상자의 수용, 사자의 매장, 항복, 방비지대로부터의 철거, 휴전 또는 상관으로부터 이러한 사항에 관한 훈령을 받기 위한 목적으로 행해진다. 따라서 정전에는 정치적 목적이 없고 일시적인 지방적 의미밖에 없다(육전법규 제37조의 부분적 휴전은 정전을 포함한 것으로 해석된다). 교전국의 지휘관은 비준없이 이러한 정전의 협정을 체결할 권한을 갖는다(Rosenne는 Armistice와 Truce를 구별하여, 전자는 단순한 적대행위의 중지 이상의 적극적 조항을 포함하는데, 후자는 그렇지 않다고 한다).

둘째는 全般的 休戰(general armistice)이다. 일시적 · 지방적인 군사적 목적을 가진 정전과 달리 전 군대의 戰鬪地域全體에 걸친 전투행위의 정지를 의미한다. 전반적 또는 일반적 휴전은 항상 전쟁 전체에 영향을 미치는 정치적 중요성을 갖는다. 예를 들면, 1918년의 연합국 · 독일간의 휴전 및 1953년의 한국사변휴전 등이 그것이다. 이러한 일반적 휴전은 전쟁의 사실상의 종료와 같은 정치적 효과를 결과하는 것이 보통이다. 이와 같은 정치적 중요성으로 인하여 전반적 휴전협정의 체결은 교전국정부 자신, 또는 군의 총사령관만이 할 수 있는 것으로 생각하지 않으면 안된다. 전반적 휴전협정은 특별한 규정 여하에 불구하고 비준을 요한다고 해석되나 최근의 실행은 비준없이 발효케 하는 경향으로 나아가고 있다.

셋째는 部分的 休戰(partial armistice)이다. 이 부분적 휴전은 전반적 휴전과 같이 全軍의 전전쟁 구역에 걸친 전투의 정지는 아니나, 정전과 같이 일시적 · 국부적인 전투의 정지도 아니다. 정전과 상이한 점은 전전쟁에 영향을 미치는 정치적 중요성과 정치적 효과를 갖는 것이다. 이러한 부분적 휴전은 쌍방교전군의 총사령관에 의하여 합의될 수 있으며, 특별한 규정이 없는 한 비준을 요하지 않는다(단, 그 합의는 정부의 授權을 요한다고 생각된다).

(3) 休戰의 終了

休戰協定에 기간이 정해진 것은 그 기간의 만료와 동시에, 또 해제조건이 붙은 것은 그 조건이 되는 사건의 발생과 동시에 당연히 휴전은 종료한다. 그러나 최근의 휴전협정에는 휴전기간에 관한 약정이 없으며, 적대행위의 재개에 관해서도 하등의 규정을 두지 않는 경향이 있다. 이스라엘과 레바논간의 一般休戰協定 및 韓國休戰協定을 그 대표적인 예로서 들 수 있다(단, 후자에 있어서는 "쌍방의 정치적 수준에서의 평화적 해결을 위한 적당한 협정에 의하여 대치될 때까지" 계속 효력을 갖는다고 규정되어 있다).

반면 휴전협정도 일종의 조약이므로 일반원칙에 따라 종료한다고 해석된다. 그러한 사유로서 중요한 것은 조약의 위반인데 브뤼셀 선언 제51조 및 리버(Lieber)의 '陸戰訓令'(General Orders No. 100, April 24, 1863)에 의하면 경미한 규정위반에 의해서도 휴전협정의 폐기권이 발생하게 된다. 그러나 육전법규 제40조는 "당사자의 일방에 중대한 휴전협정위반이 있을 경우에는 타방이 협정폐기의 권리를 가질 뿐만 아니라, 긴급한 경우에는 즉각 전투를 개시할 수 있다"라고 규정하여 廢棄權의 발생을 중대한 위반의 경우에 한정시키는 반면, 전투개시는 긴급한 경우에만 국한하였다. 그러나 '중대한 위반'과 긴급한 경우를 판정할 제 3 의 권위와 그 표준이 확립되지 않는 한 違反相對國의 주관적 재량에 의하여 판정되지 않을 수 없다는 것에 난점이 있다.

이상은 휴전협정의 위반이 前線司令官 또는 본국정부의 명령에 의하여 실행된 경우이다. 이와는 별개로 군인이든 또는 민간인이든 간에 개인의 발의에 의하여 위반이 야기되는 경우가 있다. 이러한 경우에는 협정 그 자체가 무효로 되지 않고 위반자의 처벌 및 손해배상의 청구권이 발생한다는 설이 일반적이다(육전법규 제41조). 韓國休戰協定도 "이 정전협정 중의 어떠한 규정에든지 위반한 자로서 각자의 지휘하에 있는 인원을 적당히 처벌하도록 보장한다"라고 규정하였다(Vietnam 휴전협정 제22조도 동취지). 그리고 思想戰, 스파이전, 심리전 등은 현실적 적대행위가 아니므로 교전국은 휴전중에도 이러한 전술을 광범히 이용하는 것이 보통이며, 또 그것은 위법행위로 취급되지도 않는다. 문제는 게릴라전인데, 한국휴전협정은 제 2 조 12항에서 '적대 쌍방의 사령관은 육·해·공군의 일체부대와 인원을 포함한 그들의 통제하에 있는 일체의 무장역량이 한국에서의 적대행위를 완전히 정지하도록 명령하고 또한 이것을 보장한다"라고 규정하고 있으므로 遊擊隊에 의한 적대행위는 그것이 조직적 · 현실적으로 전개되는 한 휴전협정위반으로 간주될 수 있는 것이다. 또 한국휴전협정은 제 2 조 23항 4목에서 휴전기간중 破壞 · 破損 · 損耗 또는 소모된 작전비행기 · 장갑차량 · 무기 및 탄약은 동일한 성능과 동일한 유형의 물건과 1 대 1로 교환하는 기초 위에서 교체할 수 있으나 교환이 아니고 증원하는 작전비행기 · 장갑차량 · 무기 및 탄약을 한국국경 외로부터 반입하는 것은 금지되고 있다. 그러나 쌍방이 다같이 이 규정에 위반하지 않고 있는지는 의문이다.

2. 無條件降伏

제2차대전에서는 연합국의 압도적인 군사력에 의하여 소위 '無條件降伏'(unconditional surrender)이라는 방식으로써 적대행위가 중지되었다. 무조건항복은 종래의 휴전에 해당하며, 樞軸國이 수락한 항복문서는 휴전협정에 비교될 수 있는 것이다.

항복문서가 조건적 성질을 가진 것인가 아닌가에 관하여 異論이 있다. 미국의 트루먼 대통령으로부터 맥아더 연합국최고사령관에게 부여된 1945년 9월 6일의 훈령은 일본의 무조건항복이 계약적 기초나 계약적 관계를 가진 것은 아니라고 하였다. 일본의 국제법학자 橫田教授도 "無條件降伏은 전승국이 명령하고 패전국이 복종하는 관계에 서는 것이며, 대등한 합의가 아니고 조약의 성질을 갖지 않는다. 降伏文書는 전승국의 일방적인 의사표시이며 그 정책을 규정한 것에 불과하다. 패전국은 단순히 이것을 승인한 것이다"라고 하며 그 조건적 성질을 부인하고 있다. 그러나 항복문서는 포츠담선언을 흡수한 것이며 일종의 국제적 약정이라고 할 수 있다. 또 강제된 조약도 조약인 이상 敗戰國의 수락에 의하여 戰勝國과 패전국 사이에 하나의 합의가 성립되었다고 보아야 한다.

무조건항복은 일반적 휴전과 마찬가지로 전투중지의 효과를 가져오는 동시에 전쟁의 사실상의 종료를 의미하는 것이나, 전쟁의 정식적 종료는 평화조약의 체결 또는 전쟁상태의 終結宣言時까지 기다려야 한다(제2차대전의 무조건항복 후의 패전국은 소위 점령관리에 의하여 전시점령과 상이한 철저한 지배를 경험하였다. 이것은 질서의 대결의식에서 나온 것이다).

3. 戰爭狀態의 終結과 講和

(1) 戰爭終結의 方式

戰爭은 보통 ① 講和條約에 의하여 종료된다. 그러나, ② 교전국 쌍방이 사실상 적대행위를 중지하고 전쟁의사를 포기한 경우 및 ③ 일방의 교전국이 타방의 교전국을 정복병합한 경우에도 전쟁은 종료한다. 이 밖에 ④ 전승국에 의한 일방적 戰爭狀態終結宣言도 전쟁종료의 효과를 가져온다는 설이 있으나, 정설은 아니다.

전기 ①과 ②는 합의에 의한 전쟁종결의 방식인데, 특히 ①은 명시적 방법이고, ②는 묵시적 방법이다. 이에 대하여 ③은 일방적 행위에 의한 전쟁종결의 방식이며, ④가 여기에 해당되는 것인지는 의심스럽다.

(2) 講和條約

戰爭終了의 가장 일반적인 방법은 평화조약의 체결이다. 평화조약은 전쟁상태의 종결을 목적으로 한 조약으로서 講和條約이라고도 칭하나 반드시 이러한 명칭을 가질 필요는 없다(예, 1921년 5월 20일의 독일과 중국간의 평화조약은 '평화상태회복에 관한 협정'이라는 명칭이었다. 제 2 차대전 後 일본과 인도의 경우는 1952년 4월 28일의 전쟁상태종결에 관한 교환공문에 의하여 전쟁은 종료하고 동년 8월 27일에 체결된 평화조약은 전쟁종료를 전제로 한 위에서 전후처리를 규정한 것이었다).

平和條約의 효력발생과 더불어 전쟁상태는 전면적 및 확정적으로 종결되는 것이 원칙이다. 교전국간에 평시 권리의무관계는 회복되고 제 3 국의 중립의 지위는 당연히 해제된다. 그러나 여기에는 두 가지 예외가 있으니, 첫째 다수국가가 참가한 평화조약에 있어서는 일정 국가의 批准에 의하여 평화의 효력발생이 인정되는 경우가 있으며(예, 일본과의 평화조약), 이 경우에는 평화조약이 발효할지라도 그 조약을 비준하지 않고 있는 국가와의 관계에 있어서는 전쟁상태가 여전히 계속한다. 또 하나의 예외는, 1국에 두 개의 정부가 대립하고 있는 경우 그 일방과 평화조약을 체결할지라도 타방과의 관계에서는 전쟁상태가 계속하는 것이다.

平和條約은 전쟁상태의 종결과 평화의 회복을 규정함과 동시에(이 규정을 평화조항(Friedensklausel)이라고 한다. 예, 대일강화조약 제 1 조 (a)), 平和回復後의 당사국간의 법적 관계를 규정하는 것이 보통이다. 평화조약 중에 아무런 규정도 하지 않은 사항의 처리에 관해서는 학설상 대립이 있다. 다수설은 평화조약체결 당시의 현상을 그대로 인정하는 것으로 한다. 이것을 現有狀態主義(principle of *uti possidetis*)라고 부른다. 이 주의에 의하면 전쟁중 교전국이 押收한 國有動産(예, 병기 양식)과 그 收得한 점령지부동산의 과실은 여전히 그 압수한 국가의 소유가 되며, 또한 점령지는 평화조약 중에 하등의 규정도 없는 한 占領國의 영유가 된다고 한다. 이에 대하여 동산 및 부동산의 과실에 관하여는 현유상태주의를 인정하면서도 점령지에 관하여는 사실관계보다 법률관계를 중시하여 점령지의 영역권이 의연 피점령국에 있는 점을 근거로 평화조약에 특별히 점령국에의 할양을 규정하지 않는 한 점령국은 점령을 해제하고 점령지를 영역국에게 반환하지 않으면 안된다는 설도 있다.

당사자간의 권리의무는 평화조약에 별도의 규정이 없는 한 원칙적으로 原狀回復主義(*jus postliminii*)에 따른다. 즉, 開戰前의 狀態(*status quo ante bellum*)를 회복하는 것이다. 일반적으로 現有狀態主義가 적용되는 재산 이외의 사항, 예컨대 개인에 관한 사항 등은 원상으로 회복하는데, 예를 들면 포로는 석방되어야 하며, 지금까지의 敵國人의 법적 무능력은 회복되며, 외교관계는 재개된다. 양국 국민간의 계약적 자유도 원상회복주의에 의하여 복구되는 것이다. 이 밖에, 평화조약의 발효시기는 조약에 별도의 규정이 없는 한 署名時이다.

(3) 默示의 合意

交戰國이 전쟁상태의 종결에 관한 형식적 절차를 취하지 않고 단순히 적대행위를 정지하여 전쟁계속의 의사를 상실한 경우에도 전쟁은 종료한다.

> 예컨대, 1716년의 스웨덴·폴란드전쟁, 1720년의 스페인·프랑스전쟁, 1801년의 러시아·페르시아전쟁, 1867년의 프랑스·멕시코전쟁, 그리고 동년의 스페인·칠레간의 전쟁을 들 수 있다.

이 방식에 의한 전쟁의 종료에서는 전쟁이 확정적으로 종결한 시기가 불명료하기 때문에 交戰國間 및 그 국민간의 관계가 애매하지 않을 수 없고, 또 제3국의 중립의무의 존부에 관하여 의문을 남기는 경우가 많다.

또한 전쟁상태의 종결을 위한 교전국간의 제조건이 명시되지 않기 때문에 교전국간의 권리의무는 戰爭開始前(즉, 개전당시)의 狀態(*status quo ante bellum*)를 회복할 것인지, 또는 전쟁종결 후(즉, 종전당시)의 상태(*status quo post bellum*)를 그대로 유지할 것인지에 관하여 문제가 있다. 다수설은 후자에 찬동한다. 왜냐하면 평화조약을 체결하지 않고 戰意를 포기하여 전투를 중지한 국가는 현상을 묵인하면서 전쟁종결의 의사를 가진 것으로 해석하는 것이 온당하기 때문이다. 그러나 후에 조약을 체결하여 그것을 변경할 수 있음은 물론이다.

이와 같은 묵시적 방법에 의한 전쟁종결은 대개 19세기 이전의 현상이다. 그러나 국제연합의 집단조치하에서는 역설적으로 이와 같은 전쟁종료의 방식이 새로이 부활할 가능성도 있다. 콜롬비아와 페루간의 레티카(Letica)전쟁은 국제연맹이사회가 규약에 의하여 행동을 취한 결과, 1933년 단순히 적대행위의 중지를 통하여 종결을 보았던 것이다.

(4) 征服과 併合

征服(subjugation)에 의한 전쟁의 종료는 교전국의 일방이 타방의 전 영토를 완전히 점령하고 또한 그 점령한 영토를 병합하는 경우에 성립한다. 따라서 정복은 상대국의 국제법 주체로서의 존재를 소멸시킴으로써 전쟁상태를 종결시키는 방식이라고 할 수 있다. 이와 같은 국가의 戰亡(*debellatio*)에 의하여 전쟁이 종료한 실례는 근세의 역사상 대단히 많다. 그러나 20세기에는 벽두에 南阿戰爭의 결과 1900년 영국에 의한 오렌지(Orange) 및 트란스발(Transvaal)의 양공화국의 정복이 있었고, 1936년의 이탈리아에 의한 에티오피아정복이 있었을 뿐, 현대에는 그 예가 줄어드는 경향에 있다(에티오피아는 1937년에 이탈리아와의 평화조약에 의하여 독립을 회복하였다).

그런데 정복에 의한 國際法上의 효과가 인정되기 위해서는, 첫째 征服의 사실과 둘째 併合의 의사가 필요하다. 이 중에 어느 것을 결하여도 국가의 소멸과 전쟁의 종료라는 국제법상의 효과는 발생하지 않는다. 첫째의 정복의 사실이라고 하는 것은 일방의 교전국이 타방 교전국의 영토를 완전히 점령하여 피점령국 또는 그 동맹국의 군대가 완전히 저항할 수 없는 상태에 도달한 경우를 말한다. 그 인정은 물론 사실문제이다. 被占領國의 군대가 영토 외에서 抗戰을 계속하거나, 또는 그 同盟國이 占領國과 전쟁을 계속하는 경우에는 정복의 사실이 확정되었다고 말할 수 없다. 제 2 차대전중 폴란드는 독일과 소련에 의하여 완전히 점령되고 분할되었으나 이것은 국제법상 무효라고 할 수 있다.

다음, 정복의 사실이 확정되었을지라도 정복의 의사가 따르지 않으면 정복의 효과가 발생하지 않는다. 국제법은 국가에게 자기의 의사에 반하는 영토의 취득을 강요할 수 없는 것이다. 제 2 차대전 후의 독일의 법적 지위에 관해서 독일은 연합국의 정복에 의하여 일시 消滅되었다는 이론이 있었다. 그러나 독일에 있어서의 最高權力(supreme authority with respect to Germany)의 행사를 표명한 1945년 6월 5일의 영·미·프랑스·소련의 4국선언은 독일을 병합할 의사가 없음을 명시하였으며, 그 후의 연합국의 對獨政策을 볼지라도 연합국에게 정복의 의사가 있었다고 생각할 수는 없다. 확실히 독일군의 무조건항복으로부터 西獨(또는 동독) 정부의 수립까지의 중간기간에서는 독일을 현실적으로 지배한 자가 독일을 완전히 점령한 연합군이었음을 부정할 수 없으며, 따라서 정복의 사실은 있었다고 보아야 한다. 그러나 상기와 같이 정복의 의사가 없었으므로 국제법상의 정복은 완성되지 않은 것이다.

사실, 국제법의 현대적 발달로 보아 정복에 의한 전쟁종료가 성립될 수 있을는지는 의문이다. 이론상 침략 및 정복의 전쟁은 國際的 犯罪(전술, 전쟁의 범죄화 참조)이며, 1931년 이후에는 국가의 실행에 있어서도 불법적으로 초래된 영토적 변경의 승인을 거절하는 경향이 있다(미국의 유명한 Stimson 국무장관의 비승인주의(non-recognition doctrine)가 이것이며 이 주의는 국제연합총회에 의하여 승인된 바 있다). 실제에 있어서 병합된 국가가 합리적인 기간 내에 독립을 회복한 경우 표면상의 병합기간은 일시적 전시점령의 기간에 불과한 것으로 간주되며, 그 동안은 전쟁상태가 계속한 것으로 취급되고 있다. 예컨대, 에티오피아와 체코슬로바키아는 각각 1936년과 1939년 이후에 독립을 재획득한 것으로 취급되는 것이다.

⑸ 戰爭狀態終結宣言

交戰國의 일방(전승국)이 공식적인 평화조약을 체결하기 전에 타방의 교전국(전패국)에 대하여 戰爭狀態終結의 선언을 일방적으로 행하는 일이 있다. 이러한 전쟁상태종결의 선언은 그 절차가 구구할 뿐만 아니라 그 법적 효과에 관해서도 학설상의 대립이 있어, 과연 일방적 조치만으로 국제법상의 전쟁상태가 확정적인 종료를 볼 수 있는 것인지 단언하기 곤란하다.

스톤 교수는 일방적인 전쟁상태종결선언을 전쟁종결의 한 방식으로 취급하고 있으나, 오펜하임 · 라우터팩트 저서에는 이에 관한 언급이 없다.

제 1 차대전 이래 어떠한 이유로 인하여 평화조약이 체결되지 않은 경우에는 별도로 전쟁상태의 종결조치로 취하는 예가 나타나고 있다. 제 1 차대전 후 미국은 1921년 7월 2일 먼저 독일과의 전쟁상태를 종결하는 선언을 상하양원의 합동결의로써 행하고 그 후에 각국과 單獨講和條約을 체결하였다(오스트리아와는 1921년 8월 24일, 독일과는 8월 25일, 헝가리와는 8월 29일). 중국도 베르사이유조약의 山東條項에 반대하여(미국의 경우에는 국제연맹규약에 대한 반대) 이 조약에 서명도 하지 않은 관계상 1919년 9월 15일 대총통령으로써 독일과의 전쟁상태를 종결하고 1921년 5월 20일에 이르러 독일과 平和條約(정식명칭은 '평화상태 회복에 관한 협정')을 체결하였다.

제 2 차대전 후 영국은 1947년 9월 16일 오스트리아에 대하여 전쟁상태의 종결을 통고하였다(오직 영국뿐). 또한 서독일을 점령한 미·프랑스·영 3국은 1951년 7월 9일 독일에 대한 전쟁상태의 종결조치를 취하였으며, 미국만은 국회절차상 동년 10월 19일에 그 조치를 완료하였다. 그러나 3국의 독일에 대한 점령관리는 그대로 계속되었으므로 그것은 변태적인 전쟁상태의 종결조치라고 아니할 수 없다. 그 후 독일의 점령관리는 1954년 10월 23일 파리에서 서명된 '獨逸聯邦共和國에 있어서의 占領制度의 종료에 관한 의정서' 및 기타 일련의 문서에 의하여 종결되었다. 蘇聯(최고회의 간부회)도 1955년 1월 25일 독일에 대한 전쟁상태종결의 선언을 행하였다.

일본과 전쟁상태에 있었던 국가로서 전쟁상태의 종결을 선언한 것은 먼저 인도인데, 샌프란시스코 평화조약의 발효와 동시에(1952년 4월 28일) 전쟁상태도 종결한다는 요지의 國內的 告示案을 인도가 일본정부에 발송하였다. 이 경우에는 통고를 받은 일본이 동의의 뜻을 인도에 문서로서 회답하고 있는데, 일본과 인도간의 전쟁상태가 상기 交換公文(1952년 4월 28일)에 의하여 종료되었다고 보는 설이 유력하다. 즉 이 경우의 전쟁종료는 일방적 행위가 아니라, 합의에 의한 것으로 인정되는 것이다. 또한 다른 예에서 보는 바와 같이 그 후 동년 8월 27일 양국간에 單獨講和條約이 체결되었다.

상기와 같은 일방적 선언의 방식은 비교적 최근의 일이며(즉, 제1차대전 이후의 현상) 이 방식으로써 행하는 전쟁상태의 종결은 전통적 국제관습에는 발견되지 않는다. 상기 여러 선례의 대부분은 戰爭狀態終結宣言後에 평화조약을 새로이 체결하고 있다. 그러므로 전쟁상태종결의 일방적 선언은 일종의 예약적 신청으로서 후일의 평화조약체결과 동시에 전쟁종료의 효과를 발생한다고 해석되며, 전쟁종결의 선언은 그것을 발한 국가의 국내법상의 문제이고, 그 국가의 국내법상의 전시제법령이 실효한다는 것을 의미함에 불과한 것으로 해석된다. 다만 일방적 선언에 대하여 타방의 明示的 또는 默示的 승인이 있는 경우에는 전쟁의 종료가 인정된다고 할 수 있으나, 이 경우는 합의에 의한 전쟁종료에 해당하는 것이고 일방적 행위에 의한 전쟁종료는 아니다. 이리하여 결국 전쟁종결의 일방적 선언만으로 국가간의 전쟁상태를 확정적으로 종결시키기는 곤란하며, 그것에 의하여 전쟁상태가 종결된 것 같이 보이는 경우에도 실은 상대국의 동의가 있음으로써 비로소 그러한 효과가 발생한다고 보지 않으면 안된다.

1956년 10월 19일 모스크바에서 서명되고, 동년 12월 비준서의 교환에 의하여 발효된 日·蘇共同宣言은 일종의 평화조약이며 합의에 의한 전쟁상태종결의 일표본이라고 할 수 있다. 이 공동선언은 외교사절 및 영사의 교환(2항), 抑留者의 送還(5항), 賠償請求權의 處理(6항) 등 소위 강화조건에 상당한 항목을 구비하고 있으며, 동시에 批准條項을 포함한 것이다(10항). 그러나 영토문제만은 미해결로 남아 있으며, 이것이 평화조약이라는 호칭을 피하고 공동선언이라는 명칭을 채택하게 된 이유라고 생각된다. 그런데 이 공동선언은 제1항에서 일·소 양국간의 전쟁상태가 동선언의 효력 발생의 일자에 종료한다고 규정하는 한편 타방으로 제9항에서 일·소 양국은 "양국간에 정상적인 외교관계를 회복한 후, 평화조약의 체결에 관한 교섭을 계속하는 데에 동의한다"라고 하였다. 이 공동선언의 법적 해석은 구구하나, 그 중에 일·소 양국간에 있어서 영토문제에 관해서만은 전쟁상태가 종결되지 않았다고 보고, 그 懸案問題는 공동선언 제 9 항에서 예정된 평화조약의 체결을 기다려서 전쟁상태가 종결된다고 하는 해석이 유력하다. 이 해석에 따른다면 공동선언에 의하여 합의된 전쟁종결의 효과는 미해결의 현안문제에 관하여는 항목적으로 한정되어 있다고 보아야 한다(단계강화 또는 복식강화). 이와 같이 日·蘇共同宣言은 평화조약에 앞서 기간적 또는 항목적으로 전쟁상태의 한정적 종결의 효과를 갖게 하는 새로운 선례를 개척하여 놓았다고 생각된다.

參考文獻

〈본란에서는 비교적 최근에 발행된 문헌을 중심으로 국제법을 연구하려는 초심자들에게 지침이 될 만한 기본적인 서적만을 몇 가지 유형으로 분류하여 소개한다.〉

1. 一般 教材類

가. 論說書形式

Akehurst, A Modern Introduction to International Law, 6th ed.(1987).
Brierly-Waldock, The Law of Nations, 6th ed.(1963).
Brownlie, Principles of Public International Law, 4th ed.(1990).
Schwarzenberger, International Law vol. 1-4(1957-1986).
Shaw, International Law, 2nd ed.(1986).
Starke, Introduction to International Law, 10th ed.(1989).
Tunkin, Theory of International Law(1974).
山本草二, 國際法(1994).

나. 判例集 形式

Green, International Law through Cases, 5th ed.(1988).
Harris, Cases and Materials on International Law, 4th ed.(1991).
Henkin, Pugh, Schachter & Smit, International Law, Cases and Materials, 3rd ed.(1993).
Steiner & Vagt, Transnational Legal Problems, 3rd ed.(1986).

2. 各分野別 參考文獻

가. 一　般

American Law Institute, Restatement of the Law—The Foreign Relations Law of the United States vol. 1-2(1987).
Bos, A Methodology of International Law(1984).
Cassese, International Law in a Divided World(1986).
Lachs, The Teacher in International Law, 2nd ed.(1987).
Lissitzyn, International Law Today and Tomorraw(1965).
Macdonald & Johnston(ed.), The Structure and Process of International Law

(1983).

Snyder & Sathirathai(ed.), Third World Attitude toward International Law (1987).

나. 個別主題

제 1 장

Fisher, Points of Choice(1978).

Henkin, How Nations Behave, 2nd ed.(1979).

제 2 장

Nussbaum, A Concise History of the Law of Nations, rev. ed.(1947).

제 3 장

Parry, The Sources and Evidences of International Law(1965).

Villiger, Customary International Law and Treaties(1985).

제 6 장, 제 7 장

Chen, The International Law of Recognition(1951).

Crawford, The Creation of States(1979).

Lauterpacht, Recognition in International Law(1948).

Marek, Identity and Continuity of States in Public International Law, 2nd ed. (1965).

제 8 장

Jennings, The Acquisition of Territory in International Law(1963).

제 9장

Churchill & Lowe, The Law of the Sea(1983).

Nordquist(ed.), UN Convention on the Law of the Sea 1982—A Commentary (1985-).

제10장

Christol, The Modern International Law of Outer Space(1982).

McWhinney, Aerial Piracy and International Terrorism, 2nd rev. ed.(1987).

제11장

Hannum, Guide to International Human Rights Practice(1984).

Lillich & Newman, International Human Right Problems of Law and Policy (1979).

Meron(ed.), Human Rights in International Law(1984).

Shearer, Extradition in International Law(1971).

Siceghart, The International Law of Human Rights(1983).

제12장
Bowett, The Law of International Institutions, 4th ed.(1982).
Kirgis, International Organizations(1977).
Schermers, International Institutional Law(1980).
제13장
McNair, The Law of Treaties(1961).
Sinclair, The Vienna Convention on the Law of Treaties, 2nd ed.(1984).
제14장
Satow-Gore-Booth, Satow's Guide to Diplomatic Practice, 5th ed.(1979).
Sen, A Diplomatic Handbook of International Law & Practice, 3rd ed.(1988).
제15장
Brownlie, State Responsibility(1983).
제16장
Folsom, Gordon & Spanogle, Jr., International Business Transactions, 3rd ed. (1988).
Jackson & Davey, International Economic Relations, 2nd ed.(1986).
Vagt, Transnational Business Problems(1987).
제17장
Rosenne, The Law and Practice of the International Court, 2nd ed.(1985).
제18장, 제19장
Cassese(ed.), The Current Legal regulation of the Use of Force(1986).
Stone, Legal Control of International Conflict, 2nd ed.(1959).

判例集 · 辭典 · 資料集

가. 判 例 集

ICJ Report(국제사법재판소의 공식판례집)
International Law Report(국제법정은 물론 각국 국내법정에서 나온 국제법과 관련된 판례모음집).

나. 辭 典

Bernhardt(ed.), Encyclophedia of Public International Law(1981-)(전12권으로 된 국제법 사전으로 상당한 수준의 깊이 있는 설명을 전개하고 있음).

다. 資 料 集

International Legal Materials(미국 국제법학회에서 발간하며 국제법과 관련된 판례 · 조약 등 각종 자료에 대한 신속한 보급을 목적으로 한 격월간지).

4. **雜誌**(국제법 전문학술지로는 다음과 같은 것을 우선 접할 수 있다)

대한국제법학회 논총.
American Journal of International Law.
British Yearbook of International Law.
International & Comparative Law Quarterly.
日本 國際法外交雜誌.

索　引

† 著者略歷

1943年 東京帝國大學 法學部 卒業
1954～56年 美國 컬럼비아大學 修學
1968年 法學博士(서울大學校)
서울大學校 法科大學 教授 겸 法科大學長 歷任
監査院 院長 歷任
國務總理 歷任

著 譯 書

現代國際法(譯書)
國際條約集(共編)
國際法學(上・下)
韓國의 領土

新 訂 版
國際法講義

1973年	2月	15日	初版發行
1983年	3月	20日	修訂版發行
1990年	8月	15日	新稿版發行
1997年	7月	20日	新訂版發行
2010年	2月	10日	重版發行

著 者 李 漢 基
發行人 安 鍾 萬
發行處 (株) 博 英 社
서울特別市 鍾路區 平洞 13-31番地
電話 (733)6771 FAX (736)4818
登錄 1959. 3. 11. 제300-1959-1호(倫)

www.pakyoungsa.co.kr e-mail: pys@pakyoungsa.co.kr

定 價 35,000원 ISBN 89-7189-624-8